Matthäus (Mt) | Psalmen (Ps)

Markus (Mk)

Lukas (Lk)

Johannes (Joh)

Apostelgeschichte (Apg)

Römer (Röm)

1. Korinther (1. Kor) – 2. Korinther (2. Kor)

Galater (Gal)

Epheser (Eph)

Philipper (Phil)

Kolosser (Kol)

1. Thessalonicher (1. Thess)
2. Thessalonicher (2. Thess)

1. Timotheus (1. Tim) – 2. Timotheus (2. Tim)
Titus (Tit) – Philemon (Phlm)

Hebräer (Heb) – Jakobus (Jak)

1. Petrus (1. Petr) – 2. Petrus (2. Petr)

1. Johannes (1. Joh) – 2. Johannes (2. Joh)
3. Johannes (3. Joh) – Judas (Jud)

Offenbarung (Offb)

DEUTSCHE
BIBEL
GESELLSCHAFT

Die Kompakte

BasisBibel

Neues Testament und Psalmen

Deutsche
Bibelgesellschaft

www.basisbibel.de

Empfehlung der EKD zur BasisBibel
Die Lutherbibel 2017 ist die vom Rat der Evangelischen Kirche in Deutschland (EKD) für den kirchlichen Gebrauch empfohlene Übersetzung. In Ergänzung dazu empfiehlt der Rat der EKD die BasisBibel als gut lesbare Bibelübersetzung insbesondere zur Erstbegegnung mit der Bibel und im Bereich der Arbeit mit Kindern, Konfirmanden und Jugendlichen.

Über die Deutsche Bibelgesellschaft
Die Deutsche Bibelgesellschaft ist eine kirchliche Stiftung des öffentlichen Rechts. Sie übersetzt die biblischen Schriften, entwickelt und verbreitet innovative Bibelausgaben und eröffnet für alle Menschen Zugänge zur Botschaft der Bibel. International verantwortet sie die wissenschaftlichen Bibelausgaben in den Ursprachen. Durch die Weltbibelhilfe unterstützt sie in Zusammenarbeit mit dem Weltverband der Bibelgesellschaften (United Bible Societies) weltweit die Übersetzung und Verbreitung der Bibel, damit alle Menschen die Bibel in ihrer Sprache lesen können.
Weitere Informationen finden Sie unter www.die-bibel.de

BasisBibel. Die Kompakte.
Neues Testament und Psalmen

ISBN 978-3-438-00925-8

Innentypografie:
Farnschläder & Mahlstedt, Hamburg
Satz: pagina GmbH, Tübingen
Druck- und Bindearbeiten:
Druckerei C. H. Beck, Nördlingen
Printed in Germany

09.2022

Neues Testament

Die Evangelien
Die Gute Nachricht nach Matthäus 13
Die Gute Nachricht nach Markus 73
Die Gute Nachricht nach Lukas 111
Die Gute Nachricht nach Johannes 175

Die Geschichte der Apostel 220

Die Briefe
Der Brief an die Römer 279
Der erste Brief an die Korinther 305
Der zweite Brief an die Korinther 330
Der Brief an die Galater 347
Der Brief an die Epheser 356
Der Brief an die Philipper 365
Der Brief an die Kolosser 372
Der erste Brief an die Thessalonicher 379
Der zweite Brief an die Thessalonicher 385
Der erste Brief an Timotheus 389
Der zweite Brief an Timotheus 397
Der Brief an Titus 402
Der Brief an Philemon 406

Der Brief an die Hebräer 408
Der Brief von Jakobus 426
Der erste Brief von Petrus 433
Der zweite Brief von Petrus 440
Der erste Brief von Johannes 445
Der zweite Brief von Johannes 452
Der dritte Brief von Johannes 453
Der Brief von Judas 454

Das Buch der Offenbarung 456

Altes Testament

Die Psalmen 484

Vorspann
Einstieg in die Bibel 7

Anhang
Zu dieser Ausgabe 653
Beteiligte 659
Förderer 660
Partner 661
Zeittafel 662
Karten 663

Einstieg in die Bibel

Eine Bibel, viele Bücher

Die Bibel ist anders als andere Bücher. Bei anderen Büchern fängt ein Autor an zu schreiben und entwickelt eine Geschichte. In der Bibel haben viele verschiedene Menschen einzelne Abschnitte oder Bücher geschrieben, mal nur ein paar Seiten, mal viel mehr. Jedes Buch erzählt eine Geschichte oder enthält eine Sammlung von Gebeten, Sprüchen oder Worten, die Gott mitgeteilt hat. Diese vielen einzelnen Bücher wurden gesammelt. Zuerst entstand das Alte Testament, das Texte aus der Zeit vor Jesus Christus enthält. Für evangelische Kirchen besteht das Alte Testament aus 39 einzelnen Büchern. Andere Kirchen zählen noch weitere Bücher dazu. Beim Neuen Testament sind sich dagegen alle einig: Es besteht aus 27 einzelnen Büchern. Dazu gehören die Evangelien, die über das Leben von Jesus berichten, und viele Briefe. Auf der nächsten Seite findest du eine Übersicht, wie die Bibel aufgebaut ist.

Manche Bücher gehören inhaltlich eng zusammen. Im 1. Buch Mose/Genesis geht es um die Entstehung der Welt und die ersten Menschen. Ab 1. Mose/Genesis 12 steht die Geschichte der Familie von Abraham und Sara im Mittelpunkt. Aus dieser Familie wird später das Volk Israel. In den folgenden Büchern wird die Geschichte dieses Volkes erzählt. Diese Erzählung endet im 2. Buch Könige und beginnt im 1. Buch Chronik dann noch einmal von vorne, aus einem anderen Blickwinkel. Sie schließt mit dem Buch Ester. Alle anderen Bücher im Alten Testament setzen diese Geschichte voraus. Im Neuen Testament ist es ähnlich: Wenn du ein Evangelium und die Apostelgeschichte liest, kennst du die ganze Geschichte von Jesus und den ersten Menschen, die an ihn glauben. Die Geschichte von Jesus ist so wichtig, dass sie gleich viermal aus unterschiedlichen Perspektiven erzählt wird.

Die Bibel gibt es in verschiedenen Übersetzungen und Ausgaben – als Buch, im Internet oder als App. Deshalb gibt es auch ein System, eine bestimmte Stelle in jeder Bibel wiederzufinden:

Das ist die Nummer des Buches (kommt nur vor, wenn es mehrere Bücher mit gleichem Namen gibt).

Diese Nummer gibt das Kapitel an.

1. Korinther 13,1-3

Das ist der Name des Buches. Manchmal ist er auch abgekürzt angegeben. Die Abkürzung für »Korinther« ist »Kor«. Sie wird in der BasisBibel im Griffregister verwendet.

Diese Nummern geben die Verse an.

Einfach loslegen!

Schau dir mal die kurzen Inhaltsangaben auf den folgenden Seiten an. Die Punkte bei jedem Buch zeigen an, wie gut ein Buch für Einsteiger oder Fortgeschrittene geeignet ist.

Alle Bücher mit einem Punkt eignen sich für den Einstieg in das Lesen der Bibel. Wenn du mit einem Buch durch bist, mach einfach mit dem nächsten Buch mit einem Punkt weiter. Bücher mit zwei Punkten erfordern bereits etwas Hintergrundwissen. Probier einfach aus, ob dein Wissen schon reicht. Bei Büchern mit drei Punkten lohnt es sich, durchzublättern und die Abschnitte zu lesen, die dir ins Auge springen. Bücher mit vier Punkten sind etwas für Fortgeschrittene. Darin geht es oft um spezielle Themen.

- ● Eignet sich besonders gut für den Einstieg.
- ●● Einfach mal ausprobieren, ob das Hintergrundwissen schon reicht.
- ●●● Die Texte in diesen Büchern sind sehr unterschiedlich. Manche Abschnitte sind einen Versuch wert, also einfach mal durchblättern.
- ●●●● Etwas für Fortgeschrittene, hier geht es um echte Spezialthemen.

Neues Testament

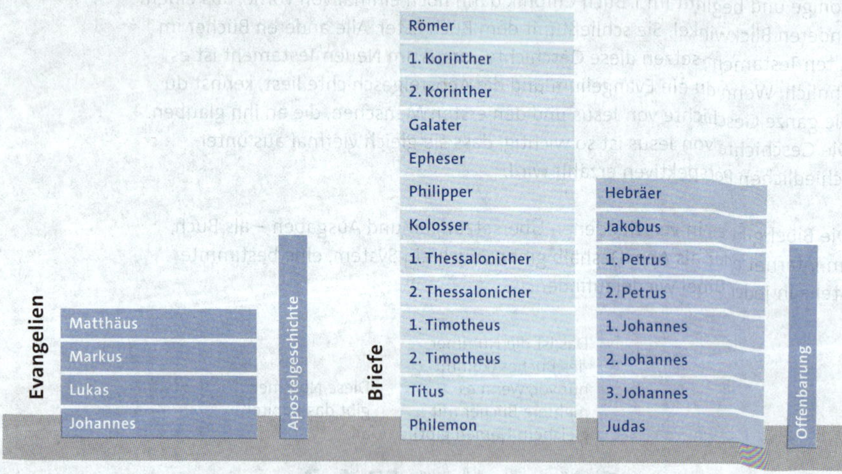

Der Inhalt dieser Ausgabe in aller Kürze

Neues Testament

Evangelien

Matthäus: Die Lebensgeschichte von Jesus unter besonderen Vorzeichen: Jesus ist derjenige, in dem sich Versprechen Gottes aus dem Alten Testament erfüllen. Die Bergpredigt steht in Kapitel 5–7. •

Markus: Eine Kurzfassung dessen, was man über das Leben von Jesus wissen sollte. •

Lukas: In den ersten Kapiteln wird erzählt, wie es zur Geburt von Jesus kam. Am Ende brauchen die Jünger von Jesus Nachhilfe, um an die Auferstehung glauben zu können. •

Johannes: Eine ganz andere Perspektive auf Jesus. Es geht um die Bedeutung von Jesus. Jesus selbst formuliert immer wieder, wer er ist. Darüber spricht er mit verschiedenen Menschen. ••

Apostelgeschichte: Die Fortsetzung des Evangeliums nach Lukas. Jesus ist im Himmel. Der Heilige Geist kommt zu den Menschen, die an Jesus Christus glauben – und die starten mit seiner Hilfe durch. •

Briefe

Römer: Paulus fasst die für ihn wichtigsten Themen des Glaubens in einem Brief zusammen. Er begründet, warum allein der Glaube zählt. ••

1. Korinther: Paulus schreibt, weil er von Streit in der Gemeinde in Korinth gehört hat. Außerdem beantwortet er Fragen, die ihm gestellt wurden. •••

2. Korinther: Paulus wehrt sich gegen Kritik und Verleumdung. Er erzählt, wie er Gott in seinem Leben erlebt und warum die Gemeinden in Korinth auf seine Botschaft vertrauen können. •••

Galater: Die Menschen in Galatien, die an Jesus Christus glauben sind in Gefahr. Sie wollen alten Traditionen folgen, statt ihre Freiheit zu leben. ••

Epheser: Wer daran glaubt, dass Gott den Menschen in Jesus Christus begegnet, gehört zu Gott. Deshalb sollen sich alle in Gemeinden versammeln und miteinander Gutes tun. ••

Philipper: Paulus dankt der Gemeinde in der Stadt Philippi für ihre großzügige Spende. Obwohl er selbst im Gefängnis sitzt, ermutigt er andere, fröhlich zu sein. •

Kolosser: Die Mitglieder der Gemeinde in der Stadt Kolossä sind verwirrt, ob sie fasten und bestimmte heilige Tage einhalten müssen. Gibt es Engel und Mächte, die die Welt beherrschen und vor denen man sich fürchten muss? ••

1. Thessalonicher: Paulus freut sich, dass die Mitglieder der Gemeinde in der Stadt Thessalonich trotz Verfolgung am Glauben festhalten. Er ermutigt sie und beantwortet ihre Frage, was mit den Verstorbenen passieren wird. ••

2. Thessalonicher: Einige Mitglieder der Gemeinde in der Stadt Thessalonich glauben so fest daran, dass Jesus bald wieder auf die Erde kommt, dass sie ihre Arbeit aufgeben. Doch sie sollen lieber ein normales Leben führen. ••

1. Timotheus: Timotheus war einer der engsten Mitarbeiter von Paulus und leitet jetzt selbst eine Gemeinde: Wie soll er mit der Herausforderung umgehen, dass manche Leute in der Gemeinde wilde Spekulationen vertreten? ••

2. Timotheus: Timotheus soll sich zum Vorbild nehmen, was Paulus getan und erduldet hat. ••

Titus: Auch Titus war ein enger Mitarbeiter von Paulus. Er leitet eine Gemeinde und steht vor ähnlichen Herausforderungen wie Timotheus. ●●

Philemon: Paulus bittet Philemon, den entlaufenen Sklaven Onesimus wieder aufzunehmen. Er soll ihn nicht bestrafen, weil er zum Glauben an Jesus Christus gefunden hat. ●

Hebräer: Die Bedeutung von Jesus vom Alten Testament her entfaltet. ●●●

Jakobus: Eine Interpretation der Reden von Jesus. Es geht um die Macht des Wortes und darum, den Worten entsprechende Taten folgen zu lassen. ●

1. Petrus: Die verfolgten Christen werden ermutigt, auf Jesus Christus zu vertrauen. Weil er auferstanden ist, können sie Hoffnung haben. ●●

2. Petrus: Manche behaupten, Jesus komme gar nicht wieder auf die Erde. Entsprechend verhalten sich die Leute. Dagegen wird betont, was Jesus selbst sagt: Er kommt wieder, aber es dauert noch. ●●●●

1. Johannes: Jesus war wirklich Mensch und hat die Menschen durch seinen Tod am Kreuz erlöst. Kein Mensch kann sich selbst erlösen. Es kommt nicht auf die Erkenntnis, sondern auf die Liebe an. ●●

2. Johannes: Es geht um dieselbe Frage wie im ersten Brief. Dieses Mal nicht allgemein formuliert, sondern direkt an eine Gemeinde geschrieben. ●●

3. Johannes: In der Gemeinde gibt es Streit. Wie soll man mit Mitgliedern aus anderen Gemeinden umgehen, die Unruhe in die Gemeinde bringen? ●●

Judas: Vom Alten Testament her wird betont, dass sich alle Menschen vor Gottes Gericht verantworten müssen. ●●●●

Offenbarung: Briefe und Visionen über das Ausharren in schwierigen Zeiten, bis Gott die Geschichte der Welt vollendet. Ein Buch voller Symbole, Zahlen und merkwürdiger Wesen. Obwohl es chaotisch wirkt, geht alles nach Plan: Gott ist der Herr über die Welt. Das soll trösten. ●●●

Altes Testament

Psalmen: Sammlung von 150 Liedern und Gebeten. Viele Sätze kann man heute noch genauso beten, allein oder gemeinsam im Gottesdienst. ●●●

Neues Testament

Die Gute Nachricht nach Matthäus

Die Geburt und Kindheit von Jesus 1,1–2,23

Der Stammbaum von Jesus

→ *Lukas 3,23-38*

1 [1] Das Buch vom Ursprung und der Geschichte von Jesus Chris-
tus, der ein Sohn Davids und ein Nachkomme Abrahams war.
[2] Abraham war der Vater von Isaak, Isaak von Jakob, Jakob von Juda
und seinen Brüdern. [3] Juda war der Vater von Perez und Serach – ihre
Mutter war Tamar –, Perez von Hezron, Hezron von Ram. [4] Ram war
der Vater von Amminadab, Amminadab von Nachschon, Nachschon
von Salmon. [5] Salmon war der Vater von Boas – seine Mutter war Ra-
hab –, Boas war der Vater von Obed – seine Mutter war Rut –, Obed
der Vater von Isai.

[6] Isai war der Vater von David, dem König, David von Salomo –
seine Mutter war die Frau von Urija. [7] Salomo war der Vater von
Rehabeam, Rehabeam von Abija, Abija von Asa, [8] Asa von Joschafat,
Joschafat von Joram, Joram von Usija, [9] Usija von Jotam, Jotam von
Ahas, Ahas von Hiskija, [10] Hiskija von Manasse, Manasse von Amos,
Amos von Joschija. [11] Joschija war der Vater von Jojachin und seinen
Brüdern. Dann kam die Verbannung nach Babylonien.

[12] Als die Verbannung nach Babylonien vorüber war, wurde Joja-
chin Vater von Schealtiel, Schealtiel von Serubbabel, [13] Serubbabel
von Abihud, Abihud von Eljakim, Eljakim von Azor, [14] Azor von Za
dok, Zadok von Achim, Achim von Eliud, [15] Eliud von Eleasar, Eleasar
von Mattan, Mattan von Jakob, [16] Jakob von Josef. Josef war der Mann
von Maria. Maria war die Mutter von Jesus, der Christus genannt
wird.

[17] Alle Generationen zusammen sind: von Abraham bis David vier-
zehn Generationen, von David bis zur Verbannung nach Babylonien
vierzehn Generationen, von der Verbannung nach Babylonien bis zu
Christus vierzehn Generationen.

Jesus wird geboren

[18] Zur Geburt von Jesus Christus kam es so: Seine Mutter Maria war
mit Josef verlobt. Sie hatten noch nicht miteinander geschlafen. Da
stellte sich heraus, dass Maria schwanger war – aus dem Heiligen
Geist.

[19] Ihr Mann Josef lebte nach Gottes Willen, aber er wollte Maria
nicht bloßstellen. Deshalb wollte er sich von ihr trennen, ohne Aufse-
hen zu erregen. [20] Dazu war er entschlossen. Doch im Traum erschien
ihm ein Engel des Herrn und sagte: »Josef, du Nachkomme Davids,

Sohn Davids: David ist ein bedeutender König von Israel. Nachdem das Königreich untergegangen war, hoffte man auf einen Nachkommen Davids als Retter und Erlöser Israels; vgl. 2. Samuel 7,12-16.

Nachkomme Abrahams: Ausdruck für die Zugehörigkeit zum Volk Israel, als dessen Stammvater Abraham gilt.

Christus: Bedeutet übersetzt »der Gesalbte«. Im Alten Testament werden Könige, aber auch Propheten und Priester bei Amtsantritt gesalbt. Später wird der von Gott zum Herrscher der Welt bestimmte Retter so genannt. Im Neuen Testament ist das Jesus.

Verlobung: Macht die Verbindung zwischen Mann und Frau rechtsgültig, ohne dass diese bereits zusammenleben.

aus dem Heiligen Geist: Die ungewöhnliche Formulierung weist auf die besonderen Umstände des Schwanger-Werdens hin. Der Heilige Geist ist die Kraft, durch die Gott in der Welt wirkt.

fürchte dich nicht, Maria als deine Frau zu dir zu nehmen. Denn das
Kind, das sie erwartet, ist aus dem Heiligen Geist. 21 Sie wird einen
Sohn zur Welt bringen. Dem sollst du den Namen Jesus geben. Denn
er wird sein Volk retten: Er befreit es von aller Schuld.«

22 Das alles geschah, damit in Erfüllung ging, was der Herr durch
den Propheten gesagt hat: 23 »Ihr werdet sehen: Die Jungfrau wird
schwanger werden und einen Sohn zur Welt bringen. Dem werden
sie den Namen Immanuel geben«, das heißt: Gott ist mit uns.

24 Josef wachte auf und tat, was ihm der Engel des Herrn befohlen
hatte: Er nahm seine Frau zu sich. 25 Aber er schlief nicht mit Maria,
bis sie ihren Sohn zur Welt brachte. Und er gab ihm den Namen Jesus.

Die Sterndeuter aus dem Osten

2 1 Jesus wurde in Betlehem in Judäa geboren. Zu dieser Zeit war
Herodes König. Da kamen Sterndeuter aus dem Osten nach Je-
rusalem. 2 Sie fragten: »Wo ist der neugeborene König der Juden?
Denn wir haben seinen Stern im Osten gesehen und sind gekom-
men, um ihn anzubeten.« 3 Als König Herodes das hörte, erschrak er
und mit ihm alle in Jerusalem. 4 Er rief zu sich alle führenden Pries-
ter und Schriftgelehrten des Volkes. Er fragte sie: »Wo soll der Chris-
tus geboren werden?« 5 Sie antworteten ihm: »In Betlehem in Judäa!
Denn im Buch des Propheten steht: 6 ›Du, Betlehem im Land Juda,
du bist keineswegs die unbedeutendste unter den Städten in Juda.
Denn aus dir wird der Herrscher kommen, der mein Volk Israel wie
ein Hirte führen soll.‹« 7 Später rief Herodes die Sterndeuter heimlich
zu sich. Er erkundigte sich bei ihnen genau nach der Zeit, wann der
Stern erschienen war. 8 Dann schickte er sie nach Betlehem und sagte:
»Geht und sucht überall nach dem Kind! Wenn ihr es findet, gebt mir
Bescheid! Dann will auch ich kommen und es anbeten.«

9 Nachdem die Sterndeuter den König gehört hatten, machten sie
sich auf den Weg. Derselbe Stern, den sie im Osten gesehen hatten,
ging vor ihnen her. Dann blieb er stehen, genau über der Stelle, wo
das Kind war. 10 Als sie den Stern sahen, waren sie außer sich vor
Freude. 11 Sie gingen in das Haus und sahen das Kind mit Maria, sei-
ner Mutter. Sie warfen sich vor ihm nieder und beteten es an. Dann
holten sie ihre Schätze hervor und gaben ihm Geschenke: Gold,
Weihrauch und Myrrhe. 12 Gott befahl ihnen im Traum: »Geht nicht
wieder zu Herodes!« Deshalb kehrten sie auf einem anderen Weg in
ihr Land zurück.

Die Flucht nach Ägypten

13 Die Sterndeuter waren gegangen. Da erschien Josef ein Engel des
Herrn im Traum. Er sagte: »Steh auf! Nimm das Kind und seine Mut-
ter und flieh nach Ägypten! Bleibe dort, bis ich es dir sage! Denn He-
rodes wird das Kind suchen, um es zu töten.« 14 Daraufhin stand Josef
mitten in der Nacht auf. Er nahm das Kind und seine Mutter und zog
mit ihnen nach Ägypten. 15 Dort blieb er bis zum Tod von Herodes.

Jesus: Der Name bedeutet übersetzt »der HERR rettet«.

sein Volk: Gemeint ist das Volk Israel.

durch den Propheten gesagt (Vers 22): Zitat aus der griechischen Übersetzung von Jesaja 7,14.

Herodes der Große: König über Judäa, Samarien, Galiläa und die angrenzenden Gebiete (37–4 v. Chr.).

König der Juden: Nachdem das Königreich Israel untergegangen war, hoffte man darauf, dass Gott einen Nachkommen von König David als Retter und Erlöser Israels senden würde.

Schriftgelehrte: Menschen, deren Aufgabe das Studium und die Auslegung der Heiligen Schrift ist.

Christus: Bedeutet übersetzt »der Gesalbte«. Im Alten Testament werden Könige, aber auch Propheten und Priester bei Amtsantritt gesalbt. Später wird der von Gott zum Herrscher der Welt bestimmte Retter so genannt. Im Neuen Testament ist das Jesus.

im Buch des Propheten steht: Das Zitat nimmt Worte aus Micha 5,1; 5,3 und 2. Samuel 5,2 auf.

Myrrhe: Kostbares duftendes Harz eines immergrünen Baums.

Dadurch ging in Erfüllung, was Gott durch den Propheten gesagt hat:
»Aus Ägypten habe ich meinen Sohn gerufen.«

Herodes tötet die Kinder in Betlehem

16 Herodes merkte bald, dass ihn die Sterndeuter getäuscht hatten.
Da wurde er sehr zornig. Er ließ in Betlehem und der Umgebung alle
Kinder töten, die zwei Jahre und jünger waren. Das entsprach dem
Zeitraum, den er von den Sterndeutern erfragt hatte. 17 Damals er-
füllte sich, was Gott durch den Propheten Jeremia gesagt hat: 18 »Ge-
schrei ist in Rama zu hören, Weinen und lautes Klagen. Rahel weint
um ihre Kinder. Sie will sich nicht trösten lassen, denn die Kinder
sind nicht mehr da.«

Die Rückkehr nach Nazaret

19 Herodes war gestorben. Da erschien Josef in Ägypten im Traum ein
Engel des Herrn. 20 Der sagte: »Steh auf! Nimm das Kind und seine
Mutter und geh in das Land Israel! Denn alle, die das Kind umbrin-
gen wollten, sind tot.« 21 Josef stand auf, nahm das Kind und seine
Mutter und kehrte in das Land Israel zurück. 22 Er hörte, dass nun
Archelaus König über Judäa war – anstelle seines Vaters Herodes.
Deshalb fürchtete sich Josef, dorthin zu gehen. Im Traum bekam er
neue Anweisung von Gott. Daraufhin zog er in das Gebiet von Ga-
liläa. 23 Dort ließ er sich in der Stadt Nazaret nieder. So ging in Erfül-
lung, was Gott durch die Propheten gesagt hat: »Er wird Nazoräer
genannt.«

Johannes der Täufer, Jesus und seine Jünger 3,1–4,22

Johannes der Täufer

→ Markus 1,2-6; Lukas 3,1-6; Johannes 1,19-23

3 1 Zu dieser Zeit trat Johannes der Täufer auf und verkündete in
der Wüste von Judäa: 2 »Ändert euer Leben! Denn das Himmel-
reich kommt jetzt den Menschen nahe!« 3 Dieser Johannes ist es, von
dem es bei dem Propheten Jesaja heißt: »Eine Stimme ruft in der
Wüste: ›Macht den Weg bereit für den Herrn, ebnet ihm die Straße!‹«
4 Johannes trug einen Mantel aus Kamelhaar und um seine Hüfte
einen Ledergürtel. Seine Nahrung bestand aus Heuschrecken und
Honig von Wildbienen. 5 Die Menschen strömten zu ihm aus Jerusa-
lem, aus ganz Judäa und aus der ganzen Gegend am Jordan. 6 Sie lie-
ßen sich von ihm im Fluss Jordan taufen und bekannten ihre Sünden.

Johannes fordert dazu auf, das Leben zu ändern

→ Lukas 3,7-9

7 Johannes sah, dass viele Pharisäer und Sadduzäer kamen. Sie
wollten sich von ihm taufen lassen. Er sagte zu ihnen: »Ihr Schlan-
genbrut! Wer hat euch auf den Gedanken gebracht, dass ihr dem

durch den Propheten gesagt (Vers 15): Zitat aus Hosea 11,1. Der Vers bezieht sich ursprünglich auf den Auszug des Volkes Israel aus Ägypten.

durch den Propheten Jeremia gesagt: Zitat aus Jeremia 31,15-16.

durch die Propheten gesagt: Ein Prophetenwort mit diesem Wortlaut ist nicht bekannt. Möglicherweise bezieht sich das Zitat auf Jesaja 11,1, wo von einem »Spross« (hebräisch: *nezer*) die Rede ist, der als Friedensherrscher in die Welt kommt.

Johannes der Täufer: Bereitet die Menschen auf das Kommen von Jesus vor.

Himmelreich: Wörtlich »Königsherrschaft der Himmel«. Bezeichnet den Herrschaftsbereich, in dem sich Gottes Wille durchsetzt.

es heißt beim Propheten Jesaja: Zitat aus der griechischen Übersetzung von Jesaja 40,3.

Pharisäer: Angehöriger einer jüdischen Glaubensgruppe, die die biblischen Vorschriften und Gesetze sehr streng auslegte.

Sadduzäer: Angehörige einer jüdischen Glaubensgruppe, in der Priester eine bedeutende Rolle spielten. Neben den vornehmen Priesterfamilien gehörten ihr auch andere Vertreter der führenden Gesellschaftsschicht an.

bevorstehenden Gericht Gottes entgeht? 8 Zeigt durch euer Verhalten, dass ihr euer Leben wirklich ändern wollt! 9 Und denkt ja nicht, ihr könnt sagen: ›Abraham ist unser Vater!‹ Denn ich sage euch: Gott kann diese Steine hier zu Kindern Abrahams machen. 10 Die Axt ist schon an die Baumwurzel gesetzt: Jeder Baum, der keine gute Frucht bringt, wird umgehauen und ins Feuer geworfen.«

Johannes weist auf Christus hin

→ Markus 1,7-8; Lukas 3,15-18; Johannes 1,24-28

11 Johannes sagte: »Ich taufe euch mit Wasser, denn ihr wollt euer Leben ändern. Aber nach mir kommt einer, der ist mächtiger als ich. Ich bin es nicht einmal wert, ihm die Sandalen auszuziehen: Er wird euch mit Heiligem Geist und mit Feuer taufen. 12 Er hat die Worfschaufel in seiner Hand. Damit wird er sein Getreide gründlich aussieben. Seinen Weizen wird er in die Scheune bringen. Aber das Stroh wird er in einem Feuer verbrennen, das nicht ausgeht.«

Jesus lässt sich von Johannes taufen

→ Markus 1,9-11; Lukas 3,21-22; Johannes 1,32-34

13 Damals kam Jesus aus Galiläa an den Jordan zu Johannes. Er wollte sich von ihm taufen lassen. 14 Johannes versuchte, ihn davon abzuhalten. Er sagte: »Ich müsste doch eigentlich von dir getauft werden! Und du kommst zu mir?« 15 Jesus antwortete: »Das müssen wir jetzt tun. So erfüllen wir, was Gottes Gerechtigkeit fordert.« Da gab Johannes nach.

16 Als Jesus getauft war, stieg er sofort aus dem Wasser. In diesem Moment öffnete sich der Himmel über ihm. Er sah den Geist Gottes, der wie eine Taube auf ihn herabkam. 17 Da erklang eine Stimme aus dem Himmel: »Das ist mein geliebter Sohn, an ihm habe ich Freude.«

Jesus wird auf die Probe gestellt

→ Markus 1,12-13; Lukas 4,1-13

4 1 Danach wurde Jesus vom Geist in die Wüste geführt. Dort sollte er vom Teufel auf die Probe gestellt werden. 2 Jesus fastete 40 Tage und 40 Nächte lang. Dann war er sehr hungrig. 3 Da kam der Versucher und sagte zu ihm: »Wenn du der Sohn Gottes bist, befiehl doch, dass die Steine hier zu Brot werden!« 4 Jesus aber antwortete: »In der Heiligen Schrift steht: ›Der Mensch lebt nicht nur von Brot. Nein, vielmehr lebt er von jedem Wort, das aus dem Mund Gottes kommt.‹«

5 Dann nahm ihn der Teufel mit in die Heilige Stadt. Er stellte ihn auf den höchsten Punkt des Tempels 6 und sagte zu ihm: »Wenn du der Sohn Gottes bist, spring hinunter! Denn in der Heiligen Schrift steht: ›Er wird seinen Engeln befehlen: Auf ihren Händen sollen sie dich tragen, damit dein Fuß nicht an einen Stein stößt.‹« 7 Jesus antwortete: »Es steht aber auch in der Heiligen Schrift: ›Du sollst den Herrn, deinen Gott, nicht auf die Probe stellen!‹«

Abraham: Stammvater des Volkes Israel, vgl. 1. Mose/Genesis 12–25.

taufen: Wörtlich »(in Wasser) eintauchen«. Religiöse Handlung, die den Willen zum Ausdruck bringt, sein Leben ganz auf Gott auszurichten.

mit Feuer taufen: Bild für eine umfassende Reinigung: Jesus wird die Menschen von Grund auf verändern.

Worfschaufel, worfeln: Mit einer Worfschaufel wurde das gedroschene Getreide in die Luft geworfen, um Getreidekörner von Stroh und Spreu zu trennen.

mein geliebter Sohn: Im Titel »Sohn Gottes« kommt das besondere Vertrauensverhältnis eines Menschen zu Gott zum Ausdruck. Im Neuen Testament wird der Titel nur für Jesus verwendet.

in der Heiligen Schrift steht (Vers 4): Zitat aus der griechischen Übersetzung von 5. Mose/Deuteronomium 8,3.

Heilige Stadt: Meint Jerusalem, das religiöse und kulturelle Zentrum des Landes.

in der Heiligen Schrift steht (Vers 6): Zitat aus Psalm 91,11-12.

in der Heiligen Schrift steht (Vers 7): Zitat aus der griechischen Übersetzung von 5. Mose/Deuteronomium 6,16.

[8] Wieder nahm ihn der Teufel mit sich, dieses Mal auf einen sehr
hohen Berg. Er zeigte ihm alle Königreiche der Welt in ihrer ganzen
Herrlichkeit. [9] Er sagte zu ihm: »Das alles will ich dir geben, wenn
du dich vor mir niederwirfst und mich anbetest!« [10] Da sagte Jesus
zu ihm: »Weg mit dir, Satan! Denn in der Heiligen Schrift steht: ›Du
sollst den Herrn, deinen Gott, anbeten und ihn allein verehren!‹«
[11] Daraufhin verließ ihn der Teufel. Und es kamen Engel und sorgten
für ihn.

Jesus beginnt zu predigen

→ Markus 1,14-15; Lukas 4,14-15

[12] Jesus hörte, dass Johannes der Täufer verhaftet worden war. Des-
halb zog er sich nach Galiläa zurück. [13] Er blieb aber nicht in Nazaret,
sondern ließ sich in Kapernaum nieder. Kapernaum liegt am See
Gennesaret, im Gebiet von Sebulon und Naftali. [14] So ging in Erfül-
lung, was der Prophet Jesaja gesagt hat: [15] »Du Land Sebulon und du
Land Naftali, am See gelegen, jenseits des Jordan: Du bist das Gali-
läa der Völker, und für dich gilt: [16] Das Volk, das in der Finsternis lebt,
sieht ein großes Licht. Und für alle, die im Land des Todesschattens
wohnen, strahlt ein Licht auf!« [17] Von da an verkündete Jesus: »Än-
dert euer Leben! Denn das Himmelreich kommt jetzt den Menschen
nahe.«

Die ersten Jünger

→ Markus 1,16-20; Lukas 5,1-11; Johannes 1,35-42

[18] Als Jesus am See Gennesaret entlangging, sah er zwei Brüder: Si-
mon, der Petrus genannt wird, und seinen Bruder Andreas. Sie war-
fen gerade ihre Netze in den See aus, denn sie waren Fischer. [19] Jesus
sagte zu ihnen: »Kommt, folgt mir! Ich mache euch zu Menschen-
fischern!« [20] Sofort ließen sie ihre Netze liegen und folgten ihm.
[21] Ein kleines Stück weiter sah Jesus zwei andere Brüder: Jakobus,
den Sohn von Zebedäus, und seinen Bruder Johannes. Sie waren mit
ihrem Vater Zebedäus im Boot und besserten gerade ihre Netze aus.
Jesus rief sie zu sich. [22] Sofort ließen sie das Boot und ihren Vater zu-
rück und folgten ihm.

Die Bergpredigt 4,23–7,29

Viele Menschen kommen zu Jesus

→ Markus 3,7-12; Lukas 6,17-19

[23] Jesus zog durch ganz Galiläa. Er lehrte in ihren Synagogen und ver-
kündete die Gute Nachricht vom Himmelreich. Er heilte jede Krank-
heit und jedes Leiden im Volk. [24] Sein Ruf verbreitete sich in ganz
Syrien. Und sie brachten alle zu ihm, die irgendwelche Krankheiten
oder Schmerzen hatten. Darunter waren Besessene, Mondsüch-
tige und Gelähmte. Jesus heilte sie alle. [25] Eine große Volksmenge

in der Heiligen Schrift steht (Vers 10): Zitat aus 5. Mose/Deuteronomium 6,13.

Johannes der Täufer: Bereitet die Menschen auf das Kommen von Jesus vor.

der Prophet Jesaja gesagt: Zitat aus Jesaja 8,23–9,1.

Himmelreich: Wörtlich »Königsherrschaft der Himmel«. Bezeichnet den Herrschaftsbereich, in dem sich Gottes Wille durchsetzt.

folgen: Jesus zu folgen bedeutet, das Leben ganz in seinen Dienst zu stellen.

Synagoge: Versammlungsstätte einer jüdischen Gemeinde.

Besessene: Menschen, die unter dem Einfluss böser Mächte standen.

Mondsüchtige: Menschen, die unter dem Einfluss übernatürlicher Mächte standen, die mit den Mondphasen in Verbindung gebracht wurden.

folgte ihm: Die Menschen kamen aus Galiläa, dem Gebiet der Zehn
Städte, aus Jerusalem, aus Judäa und aus dem Gebiet jenseits des Jor-
5 dan. 1 Als Jesus die Volksmenge sah, stieg er auf einen Berg. Er
setzte sich und seine Jünger kamen zu ihm. 2 Jesus begann zu re-
den und lehrte sie.

Wer glückselig ist (Die Seligpreisungen)

→ Lukas 6,20-23

3 »Glückselig sind die, die wissen, dass sie vor Gott arm sind. Denn ih-
nen gehört das Himmelreich. 4 Glückselig sind die, die trauern. Denn
sie werden getröstet werden. 5 Glückselig sind die, die von Herzen
freundlich sind. Denn sie werden die Erde als Erbe erhalten. 6 Glück-
selig sind die, die hungern und dürsten nach der Gerechtigkeit. Denn
sie werden satt werden. 7 Glückselig sind die, die barmherzig sind.
Denn sie werden barmherzig behandelt werden. 8 Glückselig sind
die, die ein reines Herz haben. Denn sie werden Gott sehen. 9 Glück-
selig sind die, die Frieden stiften. Denn sie werden Kinder Gottes
heißen. 10 Glückselig sind die, die verfolgt werden, weil sie für Got-
tes Gerechtigkeit eintreten. Denn ihnen gehört das Himmelreich.
11 Glückselig seid ihr, wenn sie euch beschimpfen, verfolgen und ver-
leumden, weil ihr zu mir gehört. 12 Freut euch und jubelt! Denn euer
Lohn im Himmel ist groß! Genauso wie euch haben sie früher die
Propheten verfolgt.«

Salz der Erde und Licht der Welt

→ Markus 9,49-50; Lukas 11,33; 14,34-35

13 »Ihr seid das Salz der Erde: Aber wenn das Salz nicht mehr salzt, wie
kann es wieder salzig werden? Es ist nutzlos! Also wird es weggewor-
fen und von den Menschen zertreten.

14 Ihr seid das Licht der Welt: Eine Stadt, die auf einem Berg liegt,
kann nicht verborgen bleiben! 15 Es zündet ja auch niemand eine Öl-
lampe an und stellt sie dann unter einen Tontopf. Im Gegenteil: Man
stellt sie auf den Lampenständer, damit sie allen im Haus Licht gibt.
16 So soll euer Licht vor den Menschen leuchten. Sie sollen eure guten
Taten sehen und euren Vater im Himmel preisen.«

Den Willen Gottes im Gesetz ganz ernst nehmen

→ Lukas 16,16-17

17 »Denkt ja nicht, ich bin gekommen, um das Gesetz und die Prophe-
ten außer Kraft zu setzen. Ich bin nicht gekommen, um sie außer
Kraft zu setzen, sondern um sie zu erfüllen. 18 Amen, das sage ich
euch: Solange Himmel und Erde bestehen, wird im Gesetz kein ein-
ziger Buchstabe und kein Satzzeichen gestrichen werden. Alles muss
geschehen, was Gott geboten und verheißen hat. 19 Keines der Gebo-
te wird außer Kraft gesetzt, selbst wenn es das unwichtigste ist. Wer
das tut und es andere Menschen so lehrt, der wird der Unwichtigste
im Himmelreich sein. Wer die Gebote aber befolgt und das andere

Zehn Städte: Zusammenschluss von zehn Städten östlich und südlich des See Gennesaret, der eine gewisse Unabhängigkeit gegenüber den jeweiligen Herrschern behauptete.

Berg: Die Szene erinnert an Mose, der den Berg Sinai bestieg und dort von Gott die Zehn Gebote erhielt; vgl. 2. Mose/Exodus 19–20.

vor Gott arm: Armut bezeichnet hier die Abhängigkeit von Gott.

Himmelreich: Wörtlich »Königsherrschaft der Himmel«. Bezeichnet den Herrschaftsbereich, in dem sich Gottes Wille durchsetzt.

gerecht, Gerechtigkeit: Meint ein Leben nach dem Willen Gottes.

Propheten verfolgen: Propheten verkünden, was Gott in einer bestimmten Situation zu sagen hat. Wenn ihre Botschaft unbequem war, konnte es sein, dass sie getötet wurden; vgl. Jeremia 2,30.

Salz: Wurde zum Haltbarmachen von Lebensmitteln verwendet und war kostbar.

das Gesetz und die Propheten: Im Neuen Testament eine gebräuchliche Bezeichnung für die Heilige Schrift.

Amen: Das hebräische Wort bedeutet »So ist es! / So soll es sein!«

so lehrt, der wird der Wichtigste im Himmelreich sein. 20 Denn ich
sage euch: Eure Gerechtigkeit muss größer sein als die der Schriftge-
lehrten und Pharisäer. Sonst werdet ihr niemals in das Himmelreich
kommen.«

Das Gebot, nicht zu morden

→ Lukas 12,57-59

21 »Ihr wisst, dass unseren Vorfahren gesagt worden ist: ›Du sollst
nicht töten!‹ Außerdem heißt es: ›Wer einen Mord begeht, der ge-
hört vor Gericht‹. 22 Ich sage euch aber: Schon wer auf seinen Bruder
oder seine Schwester wütend ist, gehört vor Gericht. Wer zu seinem
Bruder oder seiner Schwester ›Dummkopf‹ sagt, gehört vor den jüdi-
schen Rat. Wer ›Idiot‹ sagt, der gehört ins Feuer der Hölle.
23 Stell dir vor: Du bringst deine Opfergabe zum Altar und dort
fällt dir ein: ›Mein Bruder, meine Schwester hat etwas gegen mich.‹
24 Dann lass deine Opfergabe vor dem Altar liegen. Geh zuerst hin
und versöhne dich mit deinem Bruder oder deiner Schwester. Dann
komm zurück und bring deine Opfergabe dar.
25 Wenn du jemandem etwas schuldest, einige dich rechtzeitig mit
ihm. Tu das, solange ihr auf dem Weg zum Gericht seid. Sonst bringt
er dich vor den Richter, und der übergibt dich dem Gerichtsdiener:
Dann wirst du ins Gefängnis geworfen. 26 Amen, das sage ich dir: Du
wirst dort nicht wieder herauskommen, bis du die letzte Kupfermün-
ze zurückbezahlt hast.«

Das Gebot, die Ehe nicht zu brechen

27 »Ihr wisst, dass gesagt worden ist: ›Du sollst nicht ehebrechen!‹
28 Ich sage aber: Wer die Frau eines anderen begehrlich ansieht, hat
mit ihr schon die Ehe gebrochen. Er hat es in seinem Herzen getan.
29 Wenn dich dein rechtes Auge zum Bösen verleitet, reiß es aus und
wirf es weg! Besser du verlierst nur ein Körperteil, als dass du ganz in
die Hölle geworfen wirst. 30 Und wenn dich deine rechte Hand zum
Bösen verleitet, schlag sie ab und wirf sie weg! Besser du verlierst nur
ein Körperteil, als dass du ganz in die Hölle kommst.
31 Es ist gesagt worden: ›Wer sich von seiner Frau scheiden lassen
will, muss ihr eine Scheidungsurkunde ausstellen.‹ 32 Ich sage euch
aber: Jeder, der sich von seiner Frau scheiden lässt, der macht sie zur
Ehebrecherin – außer, sie war vorher schon untreu. Und wer eine ge-
schiedene Frau heiratet, begeht ebenso Ehebruch.«

Das Gebot, keinen falschen Eid zu schwören

33 »Ihr wisst auch, dass unseren Vorfahren gesagt worden ist: ›Du
sollst deinen Schwur nicht brechen! Vielmehr sollst du halten, was
du dem Herrn geschworen hast!‹ 34 Ich sage euch aber: Schwört über-
haupt nicht! Schwört weder beim Himmel , denn er ist der Thron
Gottes; 35 noch bei der Erde, denn sie ist sein Fußschemel; auch nicht
bei Jerusalem, denn sie ist die Stadt des höchsten Königs! 36 Du sollst

Pharisäer: Angehöriger einer jüdischen Glaubensgruppe, die die biblischen Vorschriften und Gesetze sehr streng auslegte.

gesagt worden ist (Vers 21): Das Zitat verbindet eines der Zehn Gebote aus 2. Mose/Exodus 20,13 mit 2. Mose/Exodus 21,12.

Bruder, Schwester: Meint sowohl die leiblichen Geschwister als auch andere Menschen, die einem nahestehen.

jüdischer Rat: Oberste Behörde zur Regelung religiöser Angelegenheiten.

gesagt worden ist (Vers 27): Zitat aus den Zehn Geboten, vgl. 2. Mose/Exodus 20,14.

ist gesagt worden (Vers 31): Der Text bezieht sich auf 5. Mose/Deuteronomium 24,1-4.

gesagt worden ist (Vers 33): Die folgenden Verse nehmen Texte aus 3. Mose/Levitikus 19,12; 4. Mose/Numeri 30,3 und 5. Mose/Deuteronomium 23,22-24 auf.

Fußschemel: Eine Art Fußbank, die vor dem Thron eines Herrschers steht.

höchster König: Ehrentitel für Gott, der als Herrscher der Welt für Recht und Gerechtigkeit sorgt.

auch nicht bei deinem Kopf schwören! Denn du kannst ja nicht ein-
mal ein einziges Haar weiß oder schwarz machen. 37 Sagt einfach ›Ja‹,
wenn ihr ›Ja‹ meint, und ›Nein‹, wenn ihr ›Nein‹ meint. Jedes weitere
Wort kommt vom Bösen.«

Das Gebot, maßvoll zu vergelten

→ Lukas 6,29-30

38 »Ihr wisst, dass gesagt worden ist: ›Auge für Auge und Zahn für
Zahn!‹ 39 Ich sage euch aber: Wehrt euch nicht gegen Menschen, die
euch etwas Böses antun! Sondern wenn dich jemand auf die rechte
Backe schlägt, dann halte ihm auch deine andere Backe hin! 40 Wenn
dich jemand verklagen will, um dein Hemd zu bekommen, dann gib
ihm noch deinen Mantel dazu! 41 Wenn dich jemand dazu zwingt,
seine Sachen eine Meile zu tragen, dann geh zwei Meilen mit ihm!
42 Wenn dich jemand um etwas bittet, dann gib es ihm! Und wenn je-
mand etwas von dir leihen will, dann sag nicht ›Nein‹.«

Das Gebot, den Mitmenschen zu lieben

→ Lukas 6,27-35

43 »Ihr wisst, dass gesagt worden ist: ›Liebe deinen Nächsten‹ und
hasse deinen Feind! 44 Ich sage euch aber: Liebt eure Feinde! Betet
für die, die euch verfolgen! 45 So werdet ihr zu Kindern eures Vaters
im Himmel. Denn er lässt seine Sonne aufgehen über bösen und
über guten Menschen. Und er lässt es regnen auf gerechte und auf
ungerechte Menschen. 46 Denn wenn ihr nur die liebt, die euch auch
lieben: Welchen Lohn erwartet ihr da von Gott? Verhalten sich die
Zolleinnehmer nicht genauso? 47 Und wenn ihr nur eure Geschwis-
ter grüßt: Was tut ihr da Besonderes? Verhalten sich die Heiden nicht
genauso? 48 Für euch aber gilt: Seid vollkommen, so wie euer Vater im
Himmel vollkommen ist!«

Die richtige Einstellung beim Spenden für Bedürftige

6 1 »Hütet euch, eure Gerechtigkeit vor den Menschen zur Schau
zu stellen. Sonst habt ihr von eurem Vater im Himmel keinen
Lohn mehr zu erwarten.«
2 »Wenn du also den Armen etwas gibst, häng es nicht an die große
Glocke! So verhalten sich die Scheinheiligen in den Synagogen und
auf den Straßen, damit die Leute sie bewundern. Amen, das sage ich
euch: Sie haben damit ihren Lohn schon bekommen. 3 Wenn du den
Armen etwas gibst, soll deine linke Hand nicht wissen, was die rechte
tut. 4 So bleibt deine Gabe im Verborgenen. Dein Vater, der auch das
Verborgene sieht, wird dich dafür belohnen.«

Die richtige Einstellung beim Beten (Das Vaterunser)

→ Markus 11,25; Lukas 11,2-4

5 »Wenn ihr betet, macht es nicht wie die Scheinheiligen: Sie stellen sich
zum Beten gerne in die Synagogen und an die Straßenecken – damit

der Böse: Bezeichnung für den Teufel, den Gegenspieler Gottes. Er versucht, die Menschen zu einem Verhalten zu bewegen, das Gottes Willen widerspricht.

gesagt worden ist (Vers 38): Zitat aus 2. Mose/Exodus 21,24. Dieses Prinzip besagt, dass das Ausmaß der Strafe das Vergehen nicht übersteigen darf. Die Strafe muss der Schuld entsprechen.

gesagt worden ist (Vers 43): Das Zitat nimmt Worte aus 3. Mose/Levitikus 19,18 auf.

Zolleinnehmer: Beamte, die im Namen des römischen Staats Zoll erhoben. Sie bekamen keinen Lohn vom Staat, sondern lebten von dem Geld, das sie auf die festgesetzten Steuern aufschlugen. Deshalb hatten sie ein schlechtes Ansehen.

Heiden: Bezeichnung für Menschen, die nicht an den Gott Israels glauben.

gerecht, Gerechtigkeit: Meint ein Leben nach dem Willen Gottes.

Vater im Himmel: Bezeichnung für Gott, die vor allem im Matthäusevangelium vorkommt.

Synagoge: Versammlungsstätte einer jüdischen Gemeinde.

Amen: Das hebräische Wort bedeutet »So ist es! / So soll es sein!«

die Leute sie sehen können. Amen, das sage ich euch: Sie haben damit
ihren Lohn schon bekommen. 6 Wenn du betest, geh in dein Zimmer
und schließ die Tür. Bete zu deinem Vater, der im Verborgenen ist.
Dein Vater, der auch das Verborgene sieht, wird dich dafür belohnen.
7 Sprecht eure Gebete nicht gedankenlos vor euch hin wie die Hei-
den! Denn sie meinen, ihr Gebet wird erhört, weil sie viele Worte
machen. 8 Macht es nicht so wie sie! Denn euer Vater weiß, was ihr
braucht, noch bevor ihr ihn darum bittet. 9 So sollt ihr beten:

Unser Vater im Himmel,
dein Name soll geheiligt werden.
10 Dein Reich soll kommen.
Dein Wille soll geschehen.
Wie er im Himmel geschieht,
so soll er auch auf der Erde Wirklichkeit werden.
11 Gib uns heute unser tägliches Brot.
12 Und vergib uns unsere Schuld –
so wie wir denen vergeben haben,
die an uns schuldig geworden sind.
13 Und stell uns nicht auf die Probe,
sondern rette uns vor dem Bösen.
[...]

14 Denn wenn ihr den Menschen ihre Verfehlungen vergebt, dann
wird euer Vater im Himmel euch auch vergeben. 15 Wenn ihr den
Menschen aber nicht vergebt, dann wird euer Vater euch eure Ver-
fehlungen auch nicht vergeben.«

Die richtige Einstellung beim Fasten

16 »Wenn ihr fastet, macht kein leidendes Gesicht wie die Scheinhei-
ligen. Sie vernachlässigen ihr Aussehen. Daran sollen die Leute mer-
ken, dass sie fasten. Amen, das sage ich euch: Sie haben damit ihren
Lohn schon bekommen. 17 Wenn du fastest, salbe deinen Kopf und
wasch dein Gesicht! 18 So merkt niemand, dass du fastest – außer dein
Vater, der im Verborgenen ist. Dein Vater, der auch das Verborgene
sieht, wird dich dafür belohnen.«

Wo man Schätze sammeln soll

→ Lukas 11,34-36; 12,33-34

19 »Häuft keine Schätze auf der Erde an. Hier werden Motten und
Rost sie zerfressen und Diebe einbrechen und sie stehlen. 20 Häuft
euch vielmehr Schätze im Himmel an. Dort werden weder Motten
noch Rost sie zerfressen und keine Diebe einbrechen und sie stehlen.
21 Denn wo dein Schatz ist, da wird auch dein Herz sein.
22 Aus dem Auge leuchtet das Innere des Menschen: Wenn dein
Auge klar ist, wird dein ganzer Körper voller Licht sein. 23 Wenn dein
Auge aber trübe ist, dann ist dein ganzer Körper voller Dunkelheit.
Wenn nun das Licht in dir dunkel ist, wie schrecklich ist dann die
Dunkelheit.«

Vaterunser, Unser Vater: Wichtigstes Gebet im Christentum. Jesus zeigt damit, wie die Menschen beten sollen.

Name: Steht für Gott selbst und seine Gegenwart in der Welt.

geheiligt: Gott wird gebeten, sich der Welt in seiner ganzen Heiligkeit zu offenbaren. Dann wird in der Welt nichts mehr geschehen, was seinem Willen widerspricht.

Reich Gottes: Wörtlich »Königsherrschaft Gottes«. Bezeichnet den Herrschaftsbereich, in dem sich Gottes Wille durchsetzt.

Schuld: Konkrete Verfehlungen, die von Gott trennen und das Gewissen belasten können.

[...]: Einige spätere Handschriften fügen hinzu: »Denn du bist der Herrscher. Dir gehört die Macht und die Herrlichkeit – in Ewigkeit. Amen.« Mit dieser Ergänzung wird das Vaterunser heute gebetet.

Fasten: Der freiwillige Verzicht auf Essen und Trinken ist in der Bibel eine übliche religiöse Praxis.

salben: Die Aufforderung, kostbares Salböl zu verwenden, macht deutlich, dass die Körperpflege auch während des Fastens nicht vernachlässigt werden soll.

Salomo: Einer der berühmtesten Könige von Israel, der etwa 970–930 v. Chr. regierte.

im Ofen verbrannt: Die ärmere Bevölkerung mähte die Wiesen und nutzte das getrocknete Gras als Brennmaterial.

Heiden: Bezeichnung für Menschen, die nicht an den Gott Israels glauben.

Reich: Bezeichnet den Herrschaftsbereich, in dem sich Gottes Wille durchsetzt.

gerecht, Gerechtigkeit: Meint ein Leben nach dem Willen Gottes.

Gericht, verurteilen: Als Herrscher über die ganze Welt ist Gott der Richter, der am Ende der Zeit ein Urteil über sie spricht.

heilig: Menschen oder Dinge, die zu Gott gehören und mit ihm in Verbindung stehen.

Hund: Gilt in der Bibel als unreines Tier. Wer streunende Hunde fütterte, musste damit rechnen, dass sie wiederkommen und vor Hunger über ihn herfallen.

Schwein: Gilt in der Bibel als unreines Tier. Es darf nicht gegessen werden oder in den Bereich Gottes kommen.

Worum man sich sorgen soll

→ Lukas 12,22-32; 16,13

24 »Niemand kann gleichzeitig zwei Herren dienen! Entweder wird
er den einen hassen und den anderen lieben. Oder er wird dem einen
treu sein und den anderen verachten. Ihr könnt nicht gleichzeitig
Gott und dem Geld dienen! 25 Darum sage ich euch: Macht euch
keine Sorgen um euer Leben – was ihr essen oder trinken sollt, oder
um euren Körper – was ihr anziehen sollt. Ist das Leben nicht mehr
als Essen und Trinken? Und ist der Körper nicht mehr als Kleidung?
26 Seht euch die Vögel an! Sie säen nicht, sie ernten nicht, sie sam-
meln keine Vorräte in Scheunen. Trotzdem ernährt sie euer Vater im
Himmel. Seid ihr nicht viel mehr wert als sie?

27 Wer von euch kann dadurch, dass er sich Sorgen macht, sein Le-
ben nur um eine Stunde verlängern? 28 Und warum macht ihr euch
Sorgen, was ihr anziehen sollt? Seht euch die Wiesenblumen an: Sie
wachsen, ohne zu arbeiten und ohne sich Kleider zu machen. 29 Ich
sage euch: Nicht einmal Salomo in all seiner Herrlichkeit war so
schön gekleidet wie eine von ihnen. 30 So schön macht Gott die Wie-
senblumen. Dabei gehen sie an einem Tag auf und werden am nächs-
ten Tag im Ofen verbrannt. Darum wird er sich noch viel mehr um
euch kümmern. Ihr habt zu wenig Vertrauen!

31 Macht euch also keine Sorgen! Fragt euch nicht: Was sollen wir
essen? Was sollen wir trinken? Was sollen wir anziehen? 32 Um all
diese Dinge dreht sich das Leben der Heiden. Euer Vater im Himmel
weiß doch, dass ihr das alles braucht. 33 Strebt vor allem anderen nach
seinem Reich und nach seiner Gerechtigkeit – dann wird Gott euch
auch das alles schenken. 34 Macht euch also keine Sorgen um den
kommenden Tag – der wird schon für sich selber sorgen. Es reicht,
dass jeder Tag seine eigenen Schwierigkeiten hat.«

Andere nicht verurteilen

→ Lukas 6,37-42

7 1 »Ihr sollt andere nicht verurteilen, damit Gott euch nicht ver-
urteilt. 2 Denn das Urteil, das ihr fällt, wird euch treffen. Und der
Maßstab, den ihr an andere anlegt, wird auch für euch gelten.

3 Du siehst den Splitter im Auge deines Gegenübers. Bemerkst du
nicht den Balken in deinem eigenen Auge? 4 Wie kannst du zu dei-
nem Gegenüber sagen: ›Komm her! Ich zieh dir den Splitter aus dei-
nem Auge.‹ Dabei steckt doch in deinem eigenen Auge ein Balken!
5 Du Scheinheiliger! Zieh zuerst den Balken aus deinem Auge. Dann
hast du den Blick frei, um den Splitter aus dem Auge deines Gegen-
übers zu ziehen.«

Wertvolle Perlen

6 »Gebt das, was heilig ist, nicht den Hunden! Werft eure Perlen nicht
vor die Schweine! Sonst zertreten sie die Perlen und reißen euch in
Stücke.«

Gott voll Vertrauen um etwas bitten

→ Lukas 11,9-13

7 »Bittet und es wird euch gegeben! Sucht und ihr werdet finden!
Klopft an und es wird euch aufgemacht! 8 Denn wer bittet, der be-
kommt. Und wer sucht, der findet. Und wer anklopft, dem wird auf-
gemacht. 9 Wer von euch gibt seinem Kind einen Stein, wenn es um
Brot bittet? 10 Oder eine Schlange, wenn es um einen Fisch bittet?
11 Ihr Menschen seid böse. Trotzdem wisst ihr, was euren Kindern
guttut, und gebt es ihnen. Wie viel mehr Gutes wird euer Vater im
Himmel denen geben, die ihn darum bitten.«

Eine einfache Grundregel

→ Lukas 6,31

12 »Behandelt andere Menschen genau so, wie ihr selbst behandelt
werden wollt. Denn so steht es im Gesetz und bei den Propheten.«

Das weite und das enge Tor

→ Lukas 13,23-24

13 »Geht durch das enge Tor! Denn das Tor zum Verderben ist weit,
und der Weg dorthin ist breit. Diesen Weg wählen viele Menschen.
14 Aber wie eng ist das Tor zum Leben, und wie schmal ist der Weg
dorthin! Diesen Weg finden nur wenige Menschen.«

Warnung vor falschen Propheten

→ Matthäus 12,33-37; Lukas 6,43-44

15 »Nehmt euch in Acht vor den falschen Propheten! Sie kommen zu
euch und verhalten sich wie Schafe. Aber im Innern sind sie Wölfe,
die auf Raub aus sind. 16 An ihren Früchten könnt ihr sie erkennen:
Oder erntet man Trauben von einem Dornbusch und Feigen von
einer Distel? 17 Ein guter Baum bringt gute Früchte hervor. Aber ein
schlechter Baum bringt schlechte Früchte hervor. 18 Ein guter Baum
kann keine schlechten Früchte hervorbringen und ein schlechter
Baum keine guten Früchte. 19 Ein Baum, der keine guten Früchte
bringt, wird umgehauen und ins Feuer geworfen. 20 Also gilt: An ih-
ren Früchten werdet ihr die falschen Propheten erkennen.«

Den Willen Gottes tun

→ Lukas 13,26-27

21 »Nicht jeder, der zu mir sagt: ›Herr, Herr!‹, wird in das Himmel-
reich kommen. Sondern das gilt für diejenigen, die den Willen mei-
nes Vaters im Himmel tun. 22 Am Tag des Gerichts werden viele zu
mir sagen: ›Herr, Herr! Haben wir nicht in deinem Namen als Pro-
pheten geredet? Und haben wir nicht in deinem Namen Dämonen
ausgetrieben? Und haben wir nicht in deinem Namen viele Wunder
getan?‹ 23 Dann werde ich ihnen frei heraus sagen: ›Ich kenne euch
überhaupt nicht! Macht, dass ihr fortkommt, ihr mit eurem gesetz-
losen Treiben!‹«

Vater im Himmel: Bezeichnung für Gott, die vor allem im Matthäusevangelium vorkommt.

im Gesetz und bei den Propheten: Im Neuen Testament eine gebräuchliche Bezeichnung für die Heilige Schrift.

Leben, neues Leben: Durch den Glauben an Gott von ihm bereits in dieser Welt geschenktes Leben in Gemeinschaft mit ihm.

falscher Prophet: Gibt vor, im Auftrag Gottes zu reden, und verführt seine Mitmenschen so zu falschem Tun.

Feigen: Wichtiges Nahrungsmittel im östlichen Mittelmeerraum, das getrocknet als Vorrat für die obstlose Zeit diente.

Herr, Herr: Anrede, die zum Ausdruck bringt, dass jemand Jesus mit Ernst und Hingabe als seinen Herrn anerkennt.

Tag des Gerichts: Der Tag, an dem Christus wiederkommt. Dann hält Gott Gericht und sein Reich bricht endgültig an.

Dämon: Eine böse Macht, die man sich in der Antike als Person vorstellte. Sie kämpft gegen Gott und nimmt einen Menschen ganz in Besitz.

Zeichen, Wunder: Ausweis der göttlichen Vollmacht, mit der eine Person handelt.

Das Gleichnis vom Hausbau

→ Lukas 6,47-49

24 »Wer diese Worte von mir hört und sie befolgt, ist wie ein kluger
Mann: Er baute sein Haus auf felsigem Boden. 25 Dann kam ein Wol-
kenbruch. Die Flüsse traten über die Ufer, die Stürme tobten und
rüttelten an dem Haus. Doch es stürzte nicht ein, denn es war auf fel-
sigem Untergrund gebaut. 26 Wer diese Worte von mir hört und sie
nicht befolgt, ist wie ein dummer Mann: Er baute sein Haus auf san-
digem Boden. 27 Dann kam ein Wolkenbruch. Die Flüsse traten über
die Ufer, die Stürme tobten und prallten gegen das Haus. Da stürzte
es ein und fiel völlig in sich zusammen.«

Die Menschen erkennen die Vollmacht von Jesus

28 So beendete Jesus seine Verkündigung. Die Volksmenge war von
seiner Lehre tief beeindruckt. 29 Denn an seiner Lehre erkannten sie,
dass Gott ihm die Vollmacht dazu gegeben hatte – ganz anders als bei
den Schriftgelehrten.

Jesus vollbringt Wunder 8,1–9,34

Jesus heilt einen Mann vom Aussatz

→ Markus 1,40-45; Lukas 5,12-16

8 1 Jesus stieg vom Berg hinab und zog weiter. Eine große Volks-
menge folgte ihm. 2 Da kam ein Mann zu Jesus, der an Aussatz er-
krankt war. Er fiel vor ihm auf die Knie und flehte ihn an: »Herr, wenn
du willst, kannst du mich rein machen.« 3 Jesus streckte die Hand aus,
berührte ihn und sagte: »Ich will. Sei rein!« Im selben Augenblick
wurde der Mann von seinem Aussatz geheilt und rein. 4 Jesus sagte
zu ihm: »Pass auf, dass du niemandem davon erzählst! Geh, zeige dich
dem Priester und bring die Opfergabe, die Mose vorgeschrieben hat.
Dadurch sollen alle erfahren, dass du geheilt worden bist.«

Der Hauptmann von Kapernaum

→ Lukas 7,1-10; 13,28-29; Johannes 4,46-53

5 Jesus ging nach Kapernaum. Da kam ihm ein römischer Haupt-
mann entgegen. Er sagte zu Jesus: 6 »Herr, mein Diener liegt gelähmt
zu Hause. Er hat furchtbare Schmerzen!« 7 Jesus antwortete: »Ich
will kommen und ihn gesund machen.« 8 Der Hauptmann erwider-
te: »Herr! Ich bin es nicht wert, dass du mein Haus betrittst! Aber
sprich nur ein Wort, und mein Diener wird gesund! 9 Denn auch
bei mir ist es so, dass ich Befehlen gehorchen muss. Und ich selbst
habe Soldaten, die mir unterstehen. Wenn ich zu einem sage: ›Geh!‹,
dann geht er. Und wenn ich zu einem anderen sage: ›Komm!‹, dann
kommt er. Und wenn ich zu meinem Diener sage: ›Tu das!‹, dann tut
er es.«
10 Als Jesus das hörte, staunte er. Er sagte zu den Leuten, die ihm

diese Worte: Meint die gesamte Bergpredigt in Matthäus 5–7.

Schriftgelehrte: Menschen, deren Aufgabe das Studium und die Auslegung der Heiligen Schrift ist.

Berg: Die Szene erinnert an Mose, der den Berg Sinai bestieg und dort von Gott die Zehn Gebote erhielt; vgl. 2. Mose/Exodus 19–20.

Aussatz: Bezeichnet verschiedene Arten von Hautkrankheiten. Als Ursache galten nicht nur medizinische Gründe, sondern auch eine gestörte Beziehung zu Gott.

rein: Bezeichnet Menschen, Tiere und Dinge, die dafür vorbereitet sind, in der Nähe Gottes zu sein. In der Bibel sind dabei bestimmte religiöse Vorschriften zu beachten.

die Mose vorgeschrieben hat: Die Anweisungen für die Opfer anlässlich einer Heilung von Aussatz finden sich in 3. Mose/Levitikus 14,1-32.

Kapernaum: Stadt am Nordufer des See Gennesaret.

wert: Einige Juden vermieden den Kontakt mit Nicht-Juden. Deshalb wollte der Hauptmann es Jesus nicht zumuten, zu ihm nach Hause zu kommen.

Amen: Das hebräische Wort bedeutet »So ist es! / So soll es sein!«

gefolgt waren: »Amen, das sage ich euch: Bei niemandem in Israel
habe ich so einen Glauben gefunden! 11 Ich sage euch: Viele werden
aus Ost und West kommen. Sie werden mit Abraham, Isaak und
Jakob im Himmelreich zu Tisch liegen. 12 Aber die Erben des Reiches
werden hinausgeworfen in die völlige Finsternis. Da draußen gibt
es nur Heulen und Zähneklappern.« 13 Dann sagte Jesus zum Haupt-
mann: »Geh! So wie du geglaubt hast, soll es geschehen!« In derselben
Stunde wurde sein Diener gesund.

Jesus heilt die Schwiegermutter von Petrus und viele andere Menschen

→ Markus 1,29-34; Lukas 4,38-41

14 Jesus ging in das Haus von Petrus. Er sah, dass die Schwiegermut-
ter von Petrus mit Fieber im Bett lag. 15 Da nahm er ihre Hand, und
das Fieber verschwand. Sie stand auf und brachte ihm etwas zu essen.
16 Am Abend brachten die Leute viele Menschen zu Jesus, die von Dä-
monen besessen waren. Er trieb die bösen Geister durch sein Wort
aus, und alle Kranken machte er gesund. 17 So ging in Erfüllung, was
der Prophet Jesaja gesagt hat: »Er hat unsere Leiden von uns genom-
men und die Krankheiten weggeschafft.«

Sich ganz auf Jesus einlassen

→ Lukas 9,57-60

18 Jesus sah, wie groß die Volksmenge um ihn herum war. Deshalb
befahl er seinen Jüngern: »Lasst uns wegfahren ans andere Ufer des
Sees.« 19 Doch da kam ein Schriftgelehrter und sagte zu ihm: »Leh-
rer, ich will dir folgen, wohin du auch gehst!« 20 Jesus antwortete
ihm: »Die Füchse haben ihren Bau, und die Vögel haben ihr Nest.
Aber der Menschensohn hat keinen Ort, an dem er sich ausruhen
kann.«
21 Ein anderer, einer von den Jüngern, sagte zu ihm: »Herr, erlaube
mir, zuerst noch einmal nach Hause zu gehen und meinen Vater zu
begraben.« 22 Aber Jesus antwortete ihm: »Folge mir! Überlass es den
Toten, ihre Toten zu begraben!«

Im Sturm auf die Probe gestellt

→ Markus 4,35-41; Lukas 8,22-25

23 Jesus stieg in das Boot, und seine Jünger folgten ihm. 24 Plötzlich
brach ein starker Sturm auf dem See los. Die Wellen drohten das
Boot unter sich zu begraben. Aber Jesus schlief. 25 Die Jünger gingen
zu ihm und weckten ihn. Sie riefen: »Herr, rette uns! Wir gehen un-
ter!« 26 Jesus sagte zu ihnen: »Warum habt ihr solche Angst? Ihr habt
zu wenig Vertrauen!« Dann stand er auf und bedrohte den Wind und
den See. Da wurde es ganz still. 27 Die Leute wunderten sich und sag-
ten zueinander: »Wer ist er eigentlich? Sogar der Wind und die Wel-
len gehorchen ihm!«

Abraham, Isaak, Jakob: Stehen zusammenfassend für die Anfänge Israels, wie sie in 1. Mose/Genesis 12–50 erzählt werden.

Himmelreich: Wörtlich »Königsherrschaft der Himmel«. Bezeichnet den Herrschaftsbereich, in dem sich Gottes Wille durchsetzt.

zu Tisch liegen: Bei festlichen Anlässen war es in der griechisch-römischen Welt üblich, beim Essen zu liegen.

Dämon: Eine böse Macht, die man sich in der Antike als Person vorstellte. Sie kämpft gegen Gott und nimmt einen Menschen ganz in Besitz.

was der Prophet Jesaja gesagt hat: Christen lesen bestimmte Texte aus dem Alten Testament als Ankündigung für das Schicksal von Jesus Christus. Ein zentraler Text ist beispielsweise Jesaja 52,13–53,12.

See Gennesaret: See im Norden Israels, zwischen den Golanhöhen und Galiläa gelegen.

folgen: Jesus zu folgen bedeutet, das Leben ganz in seinen Dienst zu stellen.

Menschensohn: Bezeichnung, die zum Ausdruck bringt, dass Menschen Geschöpfe Gottes sind. Im Neuen Testament ein Titel für Jesus, der von Gott zum Herrscher und Retter der Welt bestimmt wurde.

Sohn Gottes: Titel, der das besondere Vertrauensverhältnis eines Menschen zu Gott zum Ausdruck bringt. Im Neuen Testament wird der Titel ausschließlich für Jesus verwendet.

vor der Zeit: Die Dämonen erkennen, dass Jesus im Auftrag Gottes handelt. Sie wissen, dass sie im Gericht Gottes verurteilt werden. Nur der Zeitpunkt überrascht sie.

Schwein: Gilt in der Bibel als unreines Tier. Es darf nicht gegessen werden oder in den Bereich Gottes kommen.

Sünden: Konkrete Verfehlungen, die von Gott trennen und das Gewissen belasten können.

Menschensohn: Bezeichnung, die zum Ausdruck bringt, dass Menschen Geschöpfe Gottes sind. Im Neuen Testament ein Titel für Jesus, der von Gott zum Herrscher und Retter der Welt bestimmt wurde.

Zolleinnehmer: Beamte, die im Namen des römischen Staats Zoll erhoben. Sie bekamen keinen Lohn vom Staat, sondern lebten von dem Geld, das sie auf die festgesetzten Steuern aufschlugen. Deshalb hatten sie ein schlechtes Ansehen.

Jesus befreit zwei Männer, die von Dämonen beherrscht werden

→ Markus 5,1-20; Lukas 8,26-39

28 Jesus kam auf die andere Seite des Sees in das Gebiet von Gadara.
Da kamen ihm aus den Grabkammern zwei Männer entgegen, die
von Dämonen besessen waren. Sie waren so gefährlich, dass nie-
mand es wagte, diesen Weg zu benutzen. 29 Als sie ihn sahen, schrien
sie laut auf: »Was willst du von uns, Sohn Gottes? Bist du gekommen,
um uns schon vor der Zeit zu quälen?«
30 In einiger Entfernung von ihnen weidete eine große Schweine-
herde. 31 Die Dämonen baten Jesus: »Wenn du uns schon vertreibst,
dann schick uns in die Schweineherde.« 32 Jesus sagte zu ihnen:
»Geht!« Sogleich verließen die Dämonen die beiden Männer und
fuhren in die Schweine. Da stürzte sich die ganze Herde den Abhang
hinab in den See und ertrank im Wasser.
33 Die Schweinehirten ergriffen die Flucht und liefen in die Stadt.
Sie erzählten alles, was mit den beiden Männern geschehen war, die
von den Dämonen beherrscht waren. 34 Daraufhin kamen alle aus der
Stadt heraus und gingen Jesus entgegen. Als sie ihn sahen, forderten
sie ihn auf, ihre Gegend zu verlassen.

Jesus vergibt Sünden und heilt

→ Markus 2,1-12; Lukas 5,17-26

9 1 Jesus stieg wieder ins Boot und fuhr auf die andere Seite des
Sees. Dort ging er nach Kapernaum, wo er wohnte. 2 Da brachten
Leute einen Gelähmten zu ihm. Er lag auf einer Trage. Jesus sah, wie
groß ihr Glaube war, und sagte zu dem Gelähmten: »Nur Mut, mein
Kind! Deine Sünden sind dir vergeben!« 3 Aber einige der Schriftge-
lehrten dachten: »Das ist Gotteslästerung!« 4 Jesus durchschaute ihre
Gedanken und sagte zu ihnen: »Warum habt ihr so böse Gedanken?
5 Was ist denn einfacher? Zu sagen: ›Deine Sünden sind dir verge-
ben!‹, oder: ›Steh auf und geh umher!‹? 6 Aber ihr sollt sehen, dass der
Menschensohn von Gott Vollmacht bekommen hat. So kann er hier
auf der Erde den Menschen ihre Sünden vergeben.« Deshalb sagte
er zu dem Gelähmten: »Steh auf, nimm deine Trage und geh nach
Hause!« 7 Da stand der Mann auf und ging nach Hause. 8 Die Volks-
menge sah es und erschrak. Alle lobten Gott, dass er den Menschen
solche Vollmacht gegeben hat.

Jesus beruft Matthäus und isst mit Zolleinnehmern

→ Markus 2,13-17; Lukas 5,27-32

9 Jesus ging von Kapernaum weiter. Da sah er einen Mann an seiner
Zollstation sitzen. Er hieß Matthäus. Jesus sagte zu ihm: »Komm,
folge mir!« Da stand er auf und folgte ihm.
10 Später war Jesus im Haus zum Essen. Viele Zolleinnehmer und
andere Leute, die als Sünder galten, kamen dazu. Sie aßen mit Je-
sus und seinen Jüngern. 11 Als die Pharisäer das sahen, sagten sie zu
seinen Jüngern: »Warum isst euer Lehrer mit Zolleinnehmern und

Sündern?« 12 Jesus hörte das und antwortete: »Nicht die Gesunden
brauchen einen Arzt, sondern die Kranken. 13 Überlegt doch einmal,
was es bedeutet, wenn Gott sagt: ›Barmherzigkeit will ich und keine
Opfer!‹ Ich bin nicht gekommen, um die Gerechten zu rufen, son-
dern die Sünder.«

Es ist nicht die Zeit zu fasten

→ Markus 2,18-22; Lukas 5,33-39

14 Danach kamen die Jünger von Johannes zu Jesus. Sie fragten: »War-
um fasten wir und die Pharisäer so oft, aber deine Jünger nicht?«
15 Jesus antwortete ihnen: »Sollen die Hochzeitsgäste etwa trauern,
solange der Bräutigam bei ihnen ist? Aber es wird eine Zeit kom-
men, da wird ihnen der Bräutigam weggenommen. Dann werden sie
fasten.

16 Niemand näht neuen Stoff auf einen alten Mantel. Sonst wird
der neue Stoff vom Mantel abreißen, und der Riss wird größer als
vorher. 17 Niemand füllt neuen Wein in alte Weinschläuche. Sonst
platzen die Schläuche. Der Wein läuft aus, und die Schläuche werden
unbrauchbar. Nein: Neuer Wein gehört in neue Schläuche. So bleiben
beide erhalten.«

Jesus heilt eine Frau und weckt ein Mädchen vom Tod auf

→ Markus 5,21-43; Lukas 8,40-56

18 Während Jesus mit den Jüngern von Johannes sprach, kam einer
der führenden Männer des Ortes dazu. Er warf sich vor ihm nieder
und sagte: »Meine kleine Tochter ist gerade gestorben. Bitte komm
mit und leg ihr deine Hand auf. Dann wird sie wieder lebendig.« 19 Je-
sus stand auf und folgte ihm. Auch seine Jünger kamen mit.

20 Da drängte sich eine Frau von hinten an Jesus heran, die seit zwölf
Jahren an Blutungen litt. Sie berührte eine Quaste seines Mantels.
21 Denn sie sagte sich: »Wenn ich nur seinen Mantel berühre, werde
ich gesund.« 22 Jesus drehte sich um. Als er sie sah, sagte er: »Nur Mut,
meine Tochter! Dein Glaube hat dich gerettet!« Von diesem Augen-
blick an war die Frau gesund.

23 Dann kam Jesus in das Haus des führenden Mannes. Er sah die
Flötenspieler und die aufgeregten Menschen. 24 Er sagte: »Geht hin-
aus! Denn das Mädchen ist nicht tot, es schläft nur.« Da lachten die
Leute ihn aus. 25 Er aber warf all die Menschen hinaus. Dann ging er
zu dem Mädchen hinein und nahm seine Hand. Da stand es auf. 26 Die
Nachricht darüber breitete sich in der ganzen Gegend aus.

Jesus heilt zwei Blinde

27 Von dort ging Jesus weiter. Zwei Blinde folgten ihm. Sie riefen: »Hab
Erbarmen mit uns, Sohn Davids!« 28 Jesus ging ins Haus. Doch auch
dorthin folgten sie ihm. Da sagte Jesus zu den Blinden: »Glaubt ihr,
dass ich euch helfen kann?« Sie antworteten: »Ja, Herr!« 29 Er berührte
ihre Augen und sagte: »Wie ihr geglaubt habt, soll euch geschehen.«

Gott sagt: Zitat aus Hosea 6,6.

Gerechte: Menschen, die Gottes Gebote befolgen, sodass das Leben in Gemeinschaft miteinander gelingt.

Johannes der Täufer: Bereitet die Menschen auf das Kommen von Jesus vor.

Pharisäer: Angehöriger einer jüdischen Glaubensgruppe, die die biblischen Vorschriften und Gesetze sehr streng auslegte.

Bräutigam: Bild für Jesus. Die Jünger sollen sich freuen, dass der Sohn Gottes bei ihnen ist.

Weinschlauch: Aus Tierhäuten zusammengenähter Schlauch, der in der Antike zum Transport von Flüssigkeiten wie Wein diente.

Quaste: An den Ecken des Gebetsmantels sind Quasten angebracht, die an die Gebote Gottes erinnern sollen; vgl. 4. Mose/Numeri 15,37-41.

Flötenspieler: Das Spielen von Musik gehörte damals zu den Trauerbräuchen.

Sohn Davids: Hier Jesus. David ist ein bedeutender König von Israel. Nachdem das Königreich untergegangen war, hoffte man auf einen Nachkommen Davids als Retter und Erlöser Israels; vgl. 2. Samuel 7,12-16.

30 Da wurden ihnen die Augen geöffnet. Jesus befahl ihnen streng:
»Seht zu, dass niemand etwas davon erfährt!« 31 Aber sie gingen hin-
aus und erzählten in der ganzen Gegend von Jesus.

Jesus heilt einen Stummen

32 Die geheilten Männer waren gegangen. Da brachten Leute einen
stummen Mann zu Jesus, der von einem Dämon besessen war. 33 Je-
sus trieb den Dämon aus, und der Mann begann zu sprechen. Die
Volksmenge wunderte sich und sagte: »So etwas hat man in Israel
noch nicht gesehen.« 34 Aber die Pharisäer sagten: »Der Oberste der
Dämonen hilft ihm, andere Dämonen auszutreiben.«

Der Auftrag an die Jünger 9,35–11,1

Jesus beruft zwölf Jünger zu Aposteln

→ Markus 3,13-19; Lukas 6,12-16

35 Jesus zog durch alle Städte und Dörfer des Landes. Er lehrte in ih-
ren Synagogen und verkündete die Gute Nachricht vom Himmel-
reich. Dazu heilte er jede Krankheit und jedes Leiden. 36 Jesus sah die
große Volksmenge und bekam Mitleid mit den Menschen. Denn sie
waren erschöpft und hilflos – wie Schafe, die keinen Hirten haben.
37 Deshalb sagte er zu seinen Jüngern: »Hier ist eine große Ernte, aber
es gibt nur wenige Erntearbeiter. 38 Bittet also den Herrn dieser Ernte,
dass er Arbeiter auf sein Erntefeld schickt!«

10 1 Jesus rief seine zwölf Jünger zu sich. Er gab ihnen die Voll-
macht, böse Geister auszutreiben und jede Krankheit und
jedes Leiden zu heilen. 2 Das sind die Namen der zwölf Apostel: zu-
erst Simon, der Petrus genannt wird, und sein Bruder Andreas, dann
Jakobus, der Sohn von Zebedäus, und sein Bruder Johannes, 3 Philip-
pus und Bartholomäus, Thomas und Matthäus, der Zolleinnehmer,
Jakobus, der Sohn von Alphäus, und Thaddäus, 4 Simon, der Kananä-
er, und Judas Iskariot, der Jesus später verriet.

Jesus sendet seine Jünger zu den Menschen aus dem Volk Israel

→ Markus 6,7-13; Lukas 9,2-6; 10,4-12

5 Diese zwölf Jünger sandte Jesus aus. Er forderte sie auf: »Nehmt kei-
nen Weg, der zu den Heiden führt! Und geht in keine Stadt, die den
Samaritern gehört! 6 Geht stattdessen zu den verlorenen Schafen:
den Menschen, die zum Volk Israel gehören! 7 Geht zu ihnen und ver-
kündet ihnen: ›Das Himmelreich kommt jetzt den Menschen nahe!‹
8 Macht Kranke gesund, weckt Tote auf, befreit Menschen vom Aus-
satz, treibt Dämonen aus! Als Geschenk habt ihr alles bekommen –
als Geschenk sollt ihr es weitergeben!

9 Steckt auch kein Geld in eure Gürtel – weder Gold noch Sil-
ber noch Kupfermünzen! 10 Nehmt keine Vorratstasche für un-
terwegs mit, kein zusätzliches Hemd, keine Sandalen und keinen

Pharisäer: Angehöriger einer jüdischen Glaubensgruppe, die die biblischen Vorschriften und Gesetze sehr streng auslegte.

Synagoge: Versammlungsstätte einer jüdischen Gemeinde.

Himmelreich: Wörtlich »Königsherrschaft der Himmel«. Bezeichnet den Herrschaftsbereich, in dem sich Gottes Wille durchsetzt.

böser Geist: Eine böse Macht, die man sich als Person vorstellte. Sie kämpft gegen Gott und nimmt einen Menschen völlig in Besitz.

Apostel: Wörtlich »Ausgesandte«. Menschen, die dazu berufen sind, die Gute Nachricht von Jesus Christus zu verkünden. Im engeren Sinn die zwölf Jünger von Jesus, die ihn während seines Lebens begleiteten.

Heiden: Bezeichnung für Menschen, die nicht an den Gott Israels glauben.

Samariter: Aus den Israeliten hervorgegangene Glaubensgruppe, die nur die fünf Bücher Mose als Heilige Schrift anerkannte. Zwischen ihnen und den Juden herrschte Rivalität.

Israel: Nachkommen der zwölf Söhne Jakobs. Gott hat mit Israel einen Bund geschlossen.

Aussatz: Bezeichnet verschiedene Arten von Hautkrankheiten.

Wanderstock! Denn wer arbeitet, hat ein Anrecht darauf, versorgt zu
werden. 11 Wenn ihr in eine Stadt oder ein Dorf kommt, sucht jeman-
den, der es wert ist, euch aufzunehmen. Bei dem bleibt, bis ihr wei-
terzieht. 12 Wenn ihr sein Haus betretet, wünscht seinen Bewohnern
Frieden. 13 Wenn sie es wert sind, wird dieser Frieden in dem Haus
einkehren. Wenn sie es aber nicht wert sind, wird euer Gruß ohne
Wirkung bleiben. 14 Wenn jemand euch nicht aufnehmen und eure
Botschaft nicht anhören will: Verlasst das Haus oder die Stadt und
schüttelt den Staub von euren Füßen. 15 Amen, das sage ich euch: Für
die Leute von Sodom und Gomorra wird das Gericht Gottes erträg-
licher sein als für diese Stadt.«

Die schwere Aufgabe der Jünger

→ Markus 13,9-13; Lukas 21,12-19

16 »Ihr sollt wissen: Ich sende euch wie Schafe mitten unter die Wölfe.
Seid klug wie die Schlangen, aber zugleich aufrichtig wie die Tauben!
17 Nehmt euch in Acht vor den Menschen! Denn man wird euch an
die Gerichte ausliefern, die in den Synagogen tagen. Dort werden sie
euch auspeitschen. 18 Ihr werdet auch vor hohen Regierungsbeam-
ten und Königen stehen müssen, weil ihr euch zu mir bekennt. Und
ihr sollt als Zeugen für mich eintreten vor ihnen und den Menschen
aus den Völkern. 19 Wenn man euch den Gerichten ausliefert, macht
euch vorher keine Sorgen darüber, was ihr sagen sollt. Sagt einfach
das, was euch in dem Augenblick einfällt. 20 Denn nicht ihr selbst wer-
det dann reden. Vielmehr ist es der Geist eures Vaters, der durch euch
redet.

21 Geschwister werden sich gegenseitig dem Henker ausliefern,
und sogar ein Vater seine Kinder. Kinder werden sich gegen ihre El-
tern stellen und sie in den Tod schicken. 22 Alle werden euch hassen,
weil ihr euch zu mir bekennt! Wer aber bis zum Ende standhält, wird
gerettet werden.

23 Wenn sie euch in der einen Stadt verfolgen, flieht in eine andere.
Amen, das sage ich euch: Ihr werdet mit eurem Auftrag in den Städ-
ten Israels nicht fertig werden, bis der Menschensohn kommt.

24 Kein Jünger steht über seinem Lehrer und kein Diener über sei-
nem Herrn. 25 Für den Jünger genügt es, wenn es ihm ergeht wie sei-
nem Lehrer. Und für den Diener genügt es, wenn es ihm ergeht wie
seinem Herrn. Wenn sie schon den Hausherrn ›Beelzebul‹ nennen,
wie werden sie dann erst seine Leute beschimpfen!«

Keine Angst vor Menschen haben

→ Lukas 12,2-9

26 »Habt keine Angst vor Menschen! Es gibt nichts Verborgenes, das
nicht sichtbar wird, und nichts Geheimes, das nicht bekannt wird.
27 Was ich euch im Dunkeln anvertraue, das sagt am hellen Tag weiter!
Und was ich euch ins Ohr flüstere, das verkündet von den Dächern!
28 Habt keine Angst vor denen, die nur den Körper töten können, aber

Frieden: Begrüßung, mit der man sich im umfassenden Sinn Frieden, Glück und Wohlergehen wünscht, die ein Geschenk Gottes sind.

Staub abschütteln: Zeichenhafte Handlung, die den Abbruch aller Beziehungen zum Ausdruck bringt. Noch nicht einmal den Staub der anderen will man behalten.

Amen: Das hebräische Wort bedeutet »So ist es! / So soll es sein!«

Sodom, Gomorra: Die Städte wurden vernichtet, weil ihre Bewohner sich von Gott abgewandt hatten; vgl. 1. Mose/Genesis 19.

Geist Gottes: Kraft, durch die Gott in der Welt wirkt.

Städte Israels: Städte überall in der damals bekannten Welt, in denen Juden wohnen.

Menschensohn: Bezeichnung, die zum Ausdruck bringt, dass Menschen Geschöpfe Gottes sind. Im Neuen Testament ein Titel für Jesus, der von Gott zum Herrscher und Retter der Welt bestimmt wurde.

Jünger: Wörtlich »Schüler«. Frauen und Männer, die ihrem Lehrer folgten und von ihm lernten.

Beelzebul: Bezeichnung für den Anführer der Dämonen und bösen Geister.

nicht die Seele. Habt aber umso mehr Angst vor dem, der Seele und Körper in der Hölle vernichten kann. 29 Kann man nicht zwei Spatzen für eine Kupfermünze kaufen? Und doch fällt keiner von ihnen auf die Erde, ohne dass euer Vater es zulässt. 30 Aber bei euch ist sogar jedes Haar auf dem Kopf gezählt! 31 Habt also keine Angst! Ihr seid mehr wert als ein ganzer Schwarm Spatzen.

32 Wer sich vor den Menschen zu mir bekennt, zu dem werde auch ich mich bekennen vor meinem Vater im Himmel. 33 Wer mich aber nicht kennen will vor den Menschen, den will auch ich nicht kennen vor meinem Vater im Himmel.«

Nachfolge im Leiden

→ Markus 8,34-35; Lukas 12,51-53; 14,26-27; 17,33; Johannes 12,25

34 »Denkt ja nicht, dass ich gekommen bin, um Frieden auf die Erde zu bringen! Ich bin nicht gekommen, um Frieden zu bringen, sondern das Schwert. 35 Ich bringe Streit zwischen einem Sohn und seinem Vater, einer Tochter und ihrer Mutter, einer Schwiegertochter und ihrer Schwiegermutter. 36 Die engsten Verwandten eines Menschen werden dann zu seinen Feinden. 37 Wer Vater oder Mutter mehr liebt als mich, ist es nicht wert, zu mir zu gehören. Und wer Sohn oder Tochter mehr liebt als mich, ist es nicht wert, zu mir zu gehören. 38 Wer nicht sein Kreuz auf sich nimmt und mir folgt, ist es nicht wert, zu mir zu gehören. 39 Wer sein Leben erhalten will, wird es verlieren. Aber wer sein Leben verliert, weil er es für mich einsetzt, wird es erhalten.«

Wer die Jünger aufnimmt, nimmt Jesus auf

→ Markus 9,41; Lukas 10,16

40 »Wer euch aufnimmt, nimmt mich auf. Und wer mich aufnimmt, nimmt den auf, der mich gesandt hat. 41 Wer einen Propheten aufnimmt, weil er ein Prophet ist, wird auch wie ein Prophet belohnt werden. Und wer einen Gerechten aufnimmt, weil er ein Gerechter ist, wird auch wie ein Gerechter belohnt werden. 42 Und wer einem unbedeutenden Menschen nur einen Becher mit kaltem Wasser zu trinken gibt, weil er mein Jünger ist – amen, das sage ich euch – ein solcher Mensch wird ganz bestimmt seine Belohnung dafür erhalten.«

11 1 Jesus beendete seine Anweisungen an die zwölf Jünger. Dann ging er von dort weiter. Er wollte auch in den umliegenden Städten lehren und die Gute Nachricht verkünden.

Wer ist Jesus für die Menschen? 11,2-30

Johannes fragt – Jesus gibt Antwort

→ Lukas 7,18-23

2 Johannes saß im Gefängnis. Dort hörte er von den Taten des Christus. Deshalb schickte er seine Jünger zu Jesus 3 und ließ ihn fragen:

Hölle: Strafort für die Gottlosen nach dem Endgericht.

Vater: Vertrauensvolle Anrede oder Bezeichnung für Gott.

Schwert: Bild für Kampf und Streit. Die Zeit, bevor das Himmelreich anbricht, erwartete man als Schreckenszeit.

folgen: Jesus zu folgen bedeutet, das Leben ganz in seinen Dienst zu stellen.

Gerechte: Menschen, die Gottes Gebote befolgen, sodass das Leben in Gemeinschaft miteinander gelingt.

Amen: Das hebräische Wort bedeutet »So ist es! / So soll es sein!«

Gute Nachricht: Wörtliche Übersetzung von »Evangelium«. Steht für Gottes Willen, die Menschen mit sich zu versöhnen und in Gemeinschaft mit sich leben zu lassen.

Johannes der Täufer: Bereitet die Menschen auf das Kommen von Jesus vor.

Christus: Bedeutet übersetzt »der Gesalbte«. Im Alten Testament werden Könige, aber auch Propheten und Priester bei Amtsantritt gesalbt. Später wird der von Gott zum Herrscher der Welt bestimmte Retter so genannt. Im Neuen Testament ist das Jesus.

»Bist du der, der kommen soll, oder müssen wir auf einen anderen
warten?« 4 Jesus antwortete ihnen: »Geht und berichtet Johannes,
was ihr hört und seht: 5 ›Blinde sehen und Lahme gehen. Menschen
mit Aussatz werden rein. Taube hören, Tote werden zum Leben er-
weckt, und Armen wird die Gute Nachricht verkündet.‹ 6 Glückselig
ist, wer mich nicht ablehnt.«

Was Jesus über Johannes sagt

→ Lukas 7,24-35

7 Die Jünger von Johannes gingen wieder zurück. Jesus begann, zu
der Volksmenge über Johannes zu sprechen: »Was habt ihr erwar-
tet zu sehen, als ihr zu Johannes in die Wüste gegangen seid? Etwa
ein Schilfrohr, das sich im Wind bewegt? 8 Oder was sonst habt ihr
erwartet, dort draußen zu sehen? Einen Menschen in vornehmer
Kleidung? Ihr wisst doch: Leute in vornehmer Kleidung wohnen
in Palästen! 9 Oder was sonst habt ihr erwartet zu sehen? Einen Pro-
pheten? Ja, ich sage euch: Ihr habt sogar mehr gesehen als einen
Propheten! 10 Johannes ist derjenige, von dem es in der Heiligen
Schrift heißt: ›Siehe, ich sende meinen Boten vor dir her. Der wird
dir den Weg bereiten.‹ 11 Amen, das sage ich euch: Kein Mensch, der
je von einer Frau geboren wurde, war bedeutender als Johannes der
Täufer. Aber selbst der Unbedeutendste im Himmelreich ist bedeu-
tender als er.

12 Seit der Zeit von Johannes dem Täufer bis heute wird dem
Himmelreich mit Gewalt Widerstand geleistet. Gewalttätige Men-
schen wollen es an sich reißen. 13 Alle Propheten, das Gesetz und
auch Johannes haben es im Auftrag Gottes gesagt: 14 Ob ihr es wahr-
haben wollt oder nicht – Johannes ist tatsächlich der Prophet Elija,
dessen Kommen angekündigt ist. 15 Wer Ohren hat, soll gut zu-
hören!

16 Womit soll ich diese Generation vergleichen? Sie sind wie Kin-
der, die auf den Marktplätzen sitzen und sich beschweren: ›Ihr seid
Spielverderber! 17 Wir haben Tanzmusik für euch gespielt, aber ihr
habt nicht getanzt. Wir haben Trauermusik für euch gespielt, aber ihr
wart nicht traurig.‹ 18 Als Johannes kam, aß und trank er nicht. Des-
halb sagen die Leute über ihn: ›Er ist von einem Dämon besessen.‹
19 Als aber der Menschensohn kam, aß und trank er. Deshalb sagen
sie über ihn: ›Seht nur: Dieser Mensch ist ein Vielfraß und Säufer. Er
ist befreundet mit Zolleinnehmern und Sündern.‹ Doch die Weis-
heit Gottes ist immer im Recht – das zeigt sich durch das, was sie
bewirkt.«

Das Urteil über die Städte in Galiläa

→ Lukas 10,13-15

20 Dann machte Jesus den Städten Vorwürfe, in denen er die meis-
ten Wunder getan hatte. Er hielt ihren Bewohnern vor, dass sie
ihr Leben nicht ändern wollten: 21 »Wehe dir, Chorazin! Wehe dir,

der, der kommen soll: Der von Gott als Retter der Welt angekündigte Christus.

Aussatz: Bezeichnet verschiedene Arten von Hautkrankheiten. Als Ursache galten nicht nur medizinische Gründe, sondern auch eine gestörte Beziehung zu Gott.

es heißt in der Heiligen Schrift: Das Zitat setzt sich zusammen aus 2. Mose/Exodus 23,20 und Maleachi 3,1.

Himmelreich: Wörtlich »Königsherrschaft der Himmel«. Bezeichnet den Herrschaftsbereich, in dem sich Gottes Wille durchsetzt.

angekündigt ist: Maleachi 3,23 kündigt das Wiederkommen Elijas als Zeichen für das beginnende Gericht Gottes an.

Zolleinnehmer: Beamte, die im Namen des römischen Staats Zoll erhoben. Sie bekamen keinen Lohn vom Staat, sondern lebten von dem Geld, das sie auf die festgesetzten Steuern aufschlugen. Deshalb hatten sie ein schlechtes Ansehen.

Chorazin: Ortschaft in Galiläa, nördlich des See Gennesaret gelegen.

Betsaida! Wären in Tyros und Sidon die Wunder passiert, die ich
bei euch vollbracht habe: Die Menschen hätten schon längst den
Sack angelegt. Sie hätten sich Asche auf den Kopf gestreut und ihr
Leben geändert. 22 Aber ich sage euch: Der Tag des Gerichts wird für
Tyros und Sidon erträglicher sein als für euch. 23 Und du, Kapernaum,
meinst du, du wirst in den Himmel erhoben? In die Hölle wirst du
hinabgestoßen! Wären in Sodom die Wunder passiert, die ich in dir
vollbracht habe, würde Sodom heute noch stehen. 24 Aber ich sage
euch: Der Tag des Gerichts wird für Sodom erträglicher sein als für
dich.«

Jesus und der Vater

→ Lukas 10,21-22

25 Danach rief Jesus aus: »Ich preise dich, Vater, du Herr über den Him-
mel und die Erde! Denn du hast das alles vor den Weisen und Klugen
verborgen. Aber den einfachen Leuten hast du es offenbart. 26 Ja, Va-
ter, so hast du es gewollt! 27 Alles hat mir mein Vater übergeben. Nie-
mand kennt den Sohn, nur der Vater. Und niemand kennt den Vater,
nur der Sohn – und die Menschen, denen der Sohn den Vater zeigen
will.«

Bei Jesus Ruhe finden

28 »Kommt zu mir, ihr alle, die ihr euch abmüht und belastet seid! Ich
will euch Ruhe schenken. 29 Nehmt das Joch auf euch, das ich euch
gebe. Lernt von mir: Ich meine es gut mit euch und sehe auf nieman-
den herab. Dann werden eure Seelen Ruhe finden. 30 Denn mein Joch
ist leicht. Und was ich euch zu tragen gebe, ist keine Last.«

Der Streit zwischen Jesus und den Pharisäern 12,1-50

Hunger stillen auch am Sabbat

→ Markus 2,23-28; Lukas 6,1-5

12 1 Zu dieser Zeit ging Jesus an einem Sabbat durch die Felder.
Seine Jünger hatten Hunger. Deshalb rissen sie Ähren von
den Halmen und aßen die Getreidekörner. 2 Als die Pharisäer das sa-
hen, sagten sie zu Jesus: »Sieh doch, was deine Jünger tun! Das ist am
Sabbat verboten.« 3 Jesus antwortete: »Habt ihr denn nicht gelesen,
was David getan hat? Er und seine Männer hatten Hunger. 4 Da gin-
gen sie in das Haus Gottes und aßen die Schaubrote, obwohl es ihnen
verboten war. Nur die Priester durften davon essen. 5 Oder habt ihr
nicht im Gesetz gelesen, dass die Priester auch am Sabbat im Tempel
arbeiten? Dadurch entweihen sie den Sabbat. Und doch machen sie
sich nicht schuldig. 6 Ich sage euch: Hier geht es um etwas, das wichti-
ger ist als der Tempel! 7 Ihr habt nicht verstanden, was mit dem Wort
gemeint ist: ›Barmherzigkeit will ich und keine Opfer!‹ Sonst würdet
ihr diese Männer nicht verurteilen, die keine Schuld auf sich geladen

Tyros, Sidon: Bedeutende Hafenstädte, im heutigen Libanon gelegen. Zur Zeit von Jesus hatten sie einen großen nicht-jüdischen Bevölkerungsanteil.

Sack: Kleidungsstück aus rauem Leinen, das zum Zeichen von Trauer oder Buße auf der nackten Haut getragen wurde.

Sodom, Gomorra: Die Städte wurden vernichtet, weil ihre Bewohner sich von Gott abgewandt hatten; vgl. 1. Mose/Genesis 19.

Sohn Gottes: Titel, der das besondere Vertrauensverhältnis eines Menschen zu Gott zum Ausdruck bringt. Im Neuen Testament wird der Titel ausschließlich für Jesus verwendet.

Joch: Holzbalken, der Tieren über den Nacken gelegt wird, um einen Wagen oder Pflug zu ziehen. Hier Bild für ein Leben im Dienst von Jesus.

David: 1. Samuel 21,2-7 erzählt, dass König David auf der Flucht in einem Tempel Brot isst, das für die Priester bestimmt war.

im Gesetz gelesen: »Gesetz« bezeichnet hier die Lebensvorschriften des Alten Testaments, besonders die fünf Bücher Mose. Die Anweisungen für Opfergaben am Sabbat finden sich in 4. Mose/Numeri 28,9-10.

das Wort: Zitat aus Hosea 6,6.

haben. 8 Denn der Menschensohn kann bestimmen, was am Sabbat
erlaubt ist.«

Jesus heilt einen Mann am Sabbat

→ Markus 3,1-6; Lukas 6,6-11

9 Jesus zog weiter und ging in die Synagoge. 10 Dort war ein Mann
mit einer gelähmten Hand. Die Pharisäer wollten Jesus anklagen.
Deshalb fragten sie ihn: »Ist es erlaubt, am Sabbat zu heilen?« 11 Aber
Jesus antwortete: »Stellt euch vor: Einer von euch hat nur ein einzi-
ges Schaf, und das fällt am Sabbat in eine Grube. Wer von euch wird
da nicht zufassen und es herausziehen? 12 Ist ein Mensch nicht viel
mehr wert als ein Schaf? Deshalb darf man einem Menschen am
Sabbat Gutes tun!« 13 Dann sagte Jesus zu dem Mann: »Streck deine
Hand aus!« Der Mann streckte seine Hand aus, und sie wurde so ge-
sund wie die andere. 14 Da gingen die Pharisäer hinaus und überleg-
ten, wie sie Jesus loswerden konnten.

In Jesus erfüllt sich Gottes Zusage

15 Jesus wusste, was die Pharisäer vorhatten. Deshalb zog er von dort
weiter. Eine große Volksmenge folgte ihm, und er heilte alle Kranken.
16 Jesus schärfte ihnen ein, niemandem zu erzählen, wer er war.
17 So ging in Erfüllung, was durch den Propheten Jesaja gesagt ist:
18 »Sieh doch: Das ist mein Knecht, den ich erwählt habe. Ihn habe
ich lieb. An ihm habe ich Freude. Meinen Geist werde ich ihm ge-
ben, und er wird den Völkern das Recht verkünden. 19 Er wird nicht
streiten und nicht schreien. Seine Stimme wird man nicht auf den
Straßen hören. 20 Das geknickte Schilfrohr wird er nicht zerbrechen
und den glimmenden Docht nicht auslöschen. So wird er schließlich
dem Recht zum Sieg verhelfen. 21 Die Völker werden ihre Hoffnung
auf ihn setzen.«

Vorwürfe gegen Jesus

→ Markus 3,22-30; Lukas 11,14-23

22 Damals brachten sie einen Mann zu Jesus, der von einem Dämon
besessen war. Er war blind und stumm. Jesus heilte ihn, sodass er
sprechen und sehen konnte. 23 Die ganze Volksmenge war außer sich
und fragte: »Ist Jesus etwa der Sohn Davids?« 24 Als die Pharisäer das
hörten, sagten sie: »Der Oberste der Dämonen, Beelzebul, hilft ihm,
andere Dämonen auszutreiben.« 25 Aber Jesus wusste, was sie dach-
ten, und sagte zu ihnen: »Jeder Staat geht unter, wenn seine Machtha-
ber miteinander im Streit liegen. Keine Stadt und keine Familie kann
bestehen, wenn die Menschen miteinander im Streit liegen. 26 Und
wenn der Satan den Satan austreibt und mit sich selbst im Streit
liegt: Wie soll dann sein Reich bestehen? 27 Wenn Beelzebul mir hilft,
die Dämonen auszutreiben: Wer hilft dann eigentlich euren Anhän-
gern, sie auszutreiben? Deshalb werden eure eigenen Leute eure
Richter sein. 28 Wenn mir aber der Geist Gottes hilft, die Dämonen

Synagoge: Versammlungsstätte einer jüdischen Gemeinde.

durch den Propheten Jesaja gesagt: Zitat aus Jesaja 42,1-4.

Geist Gottes: Kraft, durch die Gott in der Welt wirkt.

Schilf: Pflanze mit dünnem Stängel, die mehrere Meter hoch werden kann. Daher gerät sie leicht ins Schwanken oder knickt um.

Dämon: Eine böse Macht, die man sich in der Antike als Person vorstellte. Sie kämpft gegen Gott und nimmt einen Menschen ganz in Besitz.

Sohn Davids: David ist ein bedeutender König von Israel. Nachdem das Königreich untergegangen war, hoffte man auf einen Nachkommen Davids als Retter und Erlöser Israels; vgl. 2. Samuel 7,12-16.

Pharisäer: Angehöriger einer jüdischen Glaubensgruppe, die die biblischen Vorschriften und Gesetze sehr streng auslegte.

Satan, Teufel: Gegenspieler Gottes. Er versucht, die Menschen zu einem Verhalten zu bewegen, das Gottes Willen widerspricht.

auszutreiben: Dann ist das Reich Gottes schon zu euch gekommen!
29 Oder wie kann ein Einbrecher einem starken Mann seinen Besitz
rauben, ohne ihn vorher zu fesseln? Dann kann er ihm das ganze
Haus ausrauben.
30 Wer nicht für mich ist, der ist gegen mich. Und wer nicht mit mir
sammelt, der treibt auseinander! 31 Darum sage ich euch: Alles kann
einem Menschen vergeben werden – jede Schuld und jede Gottesläs-
terung. Wenn aber jemand den Geist Gottes lästert, dem wird nicht
vergeben werden. 32 Wenn jemand etwas gegen den Menschensohn
sagt, kann ihm vergeben werden. Wenn aber jemand etwas gegen
den Heiligen Geist sagt, dem kann nicht vergeben werden – weder in
dieser Welt noch in der kommenden.«

Der Baum und die Früchte

→ Matthäus 7,16-20; Lukas 6,43-45

33 »Entweder ein Baum ist gut, dann sind auch seine Früchte gut.
Oder ein Baum ist schlecht, dann sind auch seine Früchte schlecht.
Denn an seinen Früchten könnt ihr einen Baum erkennen. 34 Ihr
Schlangen! Wie könnt ihr Gutes reden, wenn ihr böse seid? Denn wo-
von das Herz voll ist, davon redet auch der Mund. 35 Ein guter Mensch
holt aus der guten Schatzkammer in seinem Innern nur Gutes her-
vor. Ein schlechter Mensch holt aus seiner schlechten Schatzkammer
nur Schlechtes hervor.
36 Aber ich sage euch: Am Tag des Gerichts werden die Menschen
Rechenschaft ablegen müssen für jedes sinnlos dahergesagte Wort!
37 Denn aufgrund deiner eigenen Worte wirst du freigesprochen.
Und aufgrund deiner eigenen Worte wirst du schuldig gesprochen.«

Die Gegner fordern von Jesus einen Beweis

→ Lukas 11,29-32

38 Einige Schriftgelehrte und Pharisäer antworteten: »Lehrer, wir wol-
len von dir ein Zeichen sehen!« 39 Aber Jesus antwortete: »Die Men-
schen dieser Generation sind böse – wie Ehebrecher. Sie verlangen
ein Zeichen. Aber sie werden keines bekommen außer dem Zeichen
des Propheten Jona. 40 Jona war drei Tage und drei Nächte lang im
Bauch des Fisches. Genauso wird der Menschensohn drei Tage und
drei Nächte lang im Innern der Erde sein. 41 Am Tag des Gerichts wer-
den die Menschen von Ninive auferstehen zusammen mit dieser Ge-
neration. Sie werden diese Generation verurteilen. Denn sie änder-
ten ihr Leben, als Jona sie warnte. Seht doch: Hier steht ein Größerer
als Jona! 42 Am Tag des Gerichts wird die Königin von Saba auftreten,
zusammen mit dieser Generation. Sie wird diese Generation verur-
teilen. Denn sie kam vom äußersten Ende der Welt herbei, um die
weisen Lehren Salomos zu hören. Seht doch: Hier steht ein Größerer
als Salomo!«

Geist Gottes: Kraft, durch die Gott in der Welt wirkt.

Menschensohn: Bezeichnung, die zum Ausdruck bringt, dass Menschen Geschöpfe Gottes sind. Im Neuen Testament ein Titel für Jesus, der von Gott zum Herrscher und Retter der Welt bestimmt wurde.

Tag des Gerichts: Der Tag, an dem Christus wiederkommt. Dann hält Gott Gericht und sein Reich bricht endgültig an.

Zeichen, Wunder: Ausweis der göttlichen Vollmacht, mit der eine Person handelt.

Ehebrecher: Das Verhältnis zwischen Gott und Israel wird in der Bibel oft als Ehe beschrieben, in der das Volk Gott untreu wird.

Jona: Prophet, der die Bevölkerung der Stadt Ninive dazu aufrufen sollte, ihr Leben zu ändern, um Gottes Gericht zu entgehen. Bevor Jona seinen Auftrag erfüllte, musste er drei Tage im Bauch eines Fisches verbringen; vgl. Jona 2.

Auferstehung: Meint die Auferweckung vom Tod und das ewige Leben im Reich Gottes.

Königin von Saba: Mächtige Herrscherin, von deren Besuch bei König Salomo in 1. Könige 10,1-13 erzählt wird.

Ausgetriebene Geister können zurückkehren

→ Lukas 11,24-26

43 »Wenn ein böser Geist einen Menschen verlässt, irrt er in trocke-
nen Steppen umher. Er sucht nach Ruhe, aber er findet sie nicht.
44 Dann sagt er sich: ›Ich will in mein altes Haus zurückkehren, aus
dem ich ausgezogen bin.‹ Er geht zurück und findet es leer vor: Alles
ist sauber und aufgeräumt. 45 Da macht er sich auf und bringt noch
sieben weitere böse Geister mit. Die sind sogar schlimmer als er. Sie
ziehen ein und wohnen dort. Am Ende geht es dem Menschen noch
schlechter als am Anfang. Genauso wird es dieser bösen Generation
ergehen.«

Wer zur Familie von Jesus gehört

→ Markus 3,31-35; Lukas 8,19-21

46 Jesus redete weiter zu der Volksmenge. Da standen seine Mutter
und seine Brüder draußen und wollten mit ihm sprechen. 47 Einer der
Leute sagte zu ihm: »Sieh doch: Deine Mutter und deine Brüder ste-
hen draußen. Sie wollen mit dir sprechen.« 48 Aber Jesus antwortete:
»Wer ist meine Mutter? Und wer sind meine Brüder?« 49 Er zeigte
mit seiner Hand auf seine Jünger und sagte: »Das sind meine Mutter
und meine Brüder! 50 Wer tut, was mein Vater im Himmel will, der ist
mein Bruder, meine Schwester und meine Mutter.«

Jesus lehrt in Gleichnissen 13,1-53

Jesus spricht zum Volk

→ Markus 4,1-2; Lukas 8,4

13 1 Am gleichen Tag verließ Jesus das Haus und ging zum See.
Dort ließ er sich nieder, um zu lehren. 2 Es versammelte sich
eine so große Volksmenge um ihn, dass er in ein Boot stieg. Dort
setzte er sich hin. Die Volksmenge blieb am Ufer stehen. 3 Jesus er-
klärte den Menschen vieles in Form von Gleichnissen.

Das Gleichnis vom Säen auf verschiedenen Böden

→ Markus 4,3-9; Lukas 8,5-8

Jesus sagte: »Seht doch: Ein Bauer ging aufs Feld, um zu säen. 4 Wäh-
rend er die Körner auswarf, fiel ein Teil davon auf den Weg. Da ka-
men die Vögel und pickten sie auf. 5 Ein anderer Teil fiel auf felsigen
Boden, wo es nicht viel Erde gab. Die Körner gingen schnell auf, weil
sie nicht tief im Boden lagen. 6 Aber als die Sonne hoch stand, wurden
die Pflanzen verbrannt. Sie vertrockneten, weil sie keine tiefen Wur-
zeln hatten. 7 Ein anderer Teil fiel zwischen die Disteln. Die Disteln
schossen hoch und erstickten die junge Saat. 8 Aber ein anderer Teil
fiel auf guten Boden. Diese Körner brachten Ertrag: Manche hun-
dertfach, andere sechzigfach, andere dreißigfach. 9 Wer Ohren hat,
soll gut zuhören!«

böser Geist: Eine böse Macht, die man sich als Person vorstellte. Sie kämpft gegen Gott und nimmt einen Menschen völlig in Besitz.

Jünger: Wörtlich »Schüler«. Frauen und Männer, die ihrem Lehrer folgten und von ihm lernten.

Vater im Himmel: Bezeichnung für Gott, die vor allem im Matthäusevangelium vorkommt.

See Gennesaret: See im Norden Israels, zwischen den Golanhöhen und Galiläa gelegen.

Gleichnis: Erzählung, die ihre Botschaft in Bildern und Vergleichen vermittelt.

Warum Jesus in Gleichnissen redet

→ Markus 4,10-12; 4,25; Lukas 8,9-10; 8,18; 10,23-24

10 Die Jünger kamen zu Jesus und fragten ihn: »Warum erzählst du
den Menschen Gleichnisse?« 11 Er antwortete: »Euch ist es geschenkt,
das Geheimnis vom Himmelreich zu verstehen. Aber den anderen
Menschen ist es nicht geschenkt. 12 Denn wer etwas hat, dem wird
noch mehr gegeben – er wird mehr als genug bekommen. Doch
wer nichts hat, dem wird auch das noch weggenommen, was er hat.
13 Deswegen spreche ich zu ihnen in Gleichnissen. Denn sie sehen,
aber erkennen nichts. Sie hören, aber verstehen nichts. Sie begreifen
es nicht. 14 So geht an ihnen in Erfüllung, was der Prophet Jesaja ge-
sagt hat: ›Ihr sollt mit offenen Ohren hören, aber nichts verstehen.
Ihr sollt mit offenen Augen sehen, aber nichts erkennen. 15 Das Herz
dieses Volkes ist verschlossen. Ihre Ohren haben sie verstopft, und
ihre Augen haben sie geschlossen. Denn ihre Augen sollen nichts
sehen und ihre Ohren sollen nichts hören und ihr Herz soll nichts
verstehen – damit sie nicht zu Gott umkehren und ich, ihr Gott, sie
heile.‹

16 Aber ihr seid glückselig: Denn eure Augen sehen und eure Oh-
ren hören. 17 Amen, das sage ich euch: Viele Propheten und Gerechte
wollten sehen, was ihr seht – aber sie sahen es nicht. Und sie wollten
hören, was ihr hört – aber sie hörten es nicht.«

Jesus erklärt das Gleichnis vom Säen auf verschiedenen Böden

→ Markus 4,13-20; Lukas 8,11-15

18 »Ihr sollt deshalb hören, was das Gleichnis vom Bauern bedeutet:
19 Es gibt Menschen, die hören das Wort vom Reich Gottes, aber ver-
stehen es nicht. Dann kommt der Böse und nimmt weg, was in ihre
Herzen gesät wurde. Für sie steht der Teil der Körner, der beim Säen
auf den Weg fällt. 20 Ein anderer Teil fällt auf felsigen Boden. Er steht
für die Menschen, die das Wort hören und es sofort mit Freude an-
nehmen. 21 Aber es schlägt keine Wurzeln in ihnen, weil sie ihre Mei-
nung schnell wieder ändern. Wenn ihnen das Wort Schwierigkeiten
oder Verfolgung bringt, lassen sie sich sofort wieder davon abbrin-
gen. 22 Noch ein anderer Teil fällt zwischen die Disteln. Er steht für
die Menschen, die das Wort zunächst hören. Aber dann kommen die
Alltagssorgen und der Reiz des Geldes. Sie ersticken das Wort, und es
bringt keinen Ertrag. 23 Aber ein Teil wird auch auf guten Boden gesät.
Er steht für die Menschen, die das Wort hören und verstehen. Bei ih-
nen bringt es viel Ertrag: Manche Pflanzen bringen hundert, andere
sechzig, andere dreißig Körner.«

Das Gleichnis vom Unkraut zwischen dem Weizen

24 Jesus erzählte der Volksmenge noch ein weiteres Gleichnis: »Mit
dem Himmelreich ist es wie bei einem Bauern, der auf seinen Acker
guten Samen aussäte. 25 Als alle schliefen, kam sein Feind. Er säte Un-
kraut zwischen den Weizen und verschwand wieder. 26 Der Weizen

Jünger: Wörtlich »Schüler«. Frauen und Männer, die ihrem Lehrer folgten und von ihm lernten.

Himmelreich: Wörtlich »Königsherrschaft der Himmel«. Bezeichnet den Herrschaftsbereich, in dem sich Gottes Wille durchsetzt.

der Prophet Jesaja hat gesagt: Zitat aus der griechischen Übersetzung von Jesaja 6,9-10.

Amen: Das hebräische Wort bedeutet »So ist es! / So soll es sein!«

Prophet: Verkündet, was Gott in einer bestimmten Situation zu sagen hat.

Gerechte: Menschen, die Gottes Gebote befolgen, sodass das Leben in Gemeinschaft miteinander gelingt.

Reich Gottes: Wörtlich »Königsherrschaft Gottes«. Bezeichnet den Herrschaftsbereich, in dem sich Gottes Wille durchsetzt.

der Böse: Bezeichnung für den Teufel, den Gegenspieler Gottes. Er versucht, die Menschen zu einem Verhalten zu bewegen, das Gottes Willen widerspricht.

Gleichnis: Erzählung, die ihre Botschaft in Bildern und Vergleichen vermittelt.

wuchs hoch und setzte Ähren an. Da war auch das Unkraut zwischen
dem Weizen zu erkennen.
27 Die Feldarbeiter gingen zum Bauern und fragten ihn: ›Herr, hast
du nicht guten Samen auf deinen Acker gesät? Woher kommt dann
das Unkraut auf dem Feld?‹ 28 Er antwortete: ›Das hat mein Feind ge-
tan.‹ Die Arbeiter sagten zu ihm: ›Willst du, dass wir auf das Feld ge-
hen und das Unkraut ausreißen?‹ 29 Aber er antwortete: ›Tut das nicht,
sonst reißt ihr zusammen mit dem Unkraut auch den Weizen aus!
30 Lasst beides bis zur Ernte wachsen. Dann werde ich den Erntear-
beitern sagen: Sammelt zuerst das Unkraut ein! Bindet es zu Bün-
deln zusammen, damit es verbrannt werden kann. Aber den Weizen
bringt in meine Scheune.‹«

Die Gleichnisse vom Senfkorn und vom Sauerteig

→ Markus 4,30-32; Lukas 13,18-21

31 Jesus erzählte der Volksmenge ein weiteres Gleichnis: »Das Him-
melreich gleicht einem Senfkorn: Ein Mann nahm es und säte es auf
seinen Acker. 32 Das Senfkorn ist das kleinste aller Samenkörner. Aber
wenn eine Pflanze daraus gewachsen ist, ist sie größer als die ande-
ren Sträucher. Sie wird ein richtiger Baum. Die Vögel kommen und
bauen ihr Nest in seinen Zweigen.«
33 Jesus erzählte der Volksmenge ein weiteres Gleichnis: »Das
Himmelreich gleicht einem Sauerteig. Eine Frau nahm ihn und
mischte ihn unter drei Säckchen Mehl. Am Ende war der ganze Teig
durchsäuert.«

Noch einmal: Warum Jesus in Gleichnissen redet

→ Markus 4,33-34

34 Das alles erzählte Jesus der Volksmenge in Gleichnissen. Ohne
Gleichnisse redete er nicht zu ihnen. 35 So ging in Erfüllung, was
durch den Propheten gesagt worden ist: »Ich werde meinen Mund
öffnen, um in Gleichnissen zu sprechen. Ich will verkünden, was seit
der Erschaffung der Welt verborgen ist.«

Jesus erklärt das Gleichnis vom Unkraut

36 Jesus schickte die Volksmenge weg und ging ins Haus. Da kamen
seine Jünger zu ihm und baten: »Erkläre uns das Gleichnis vom Un-
kraut auf dem Acker!« 37 Jesus antwortete: »Der Bauer, der den guten
Samen sät, steht für den Menschensohn. 38 Der Acker ist die Welt.
Der gute Samen steht für die Menschen, die zum Reich Gottes ge-
hören. Das Unkraut steht für die Menschen, die dem Bösen folgen.
39 Der Feind, der das Unkraut sät, steht für den Teufel. Die Ernte steht
für das Ende der Welt. Die Erntearbeiter stehen für die Engel. 40 Das
Unkraut wird eingesammelt und im Feuer verbrannt. Genau so wird
es auch am Ende der Welt zugehen: 41 Der Menschensohn wird seine
Engel aussenden. Sie werden alle aus seinem Reich einsammeln, die
andere vom Glauben abbringen und Gottes Gesetz nicht befolgen.

Ähre: Oberer Teil des Getreidehalms, an dem die Körner sitzen.

Senfkorn: Ein Senfkorn hat einen Durchmesser von 1–2 mm.

Sauerteig: Brotteig, bei dem eine kleine Menge gegorener Teig zum neuen Teig gegeben wird. Dadurch geht der Teig auf und wird locker.

durch den Propheten gesagt: Zitat aus Psalm 78,2.

Menschensohn: Bezeichnung, die zum Ausdruck bringt, dass Menschen Geschöpfe Gottes sind. Im Neuen Testament ein Titel für Jesus, der von Gott zum Herrscher und Retter der Welt bestimmt wurde.

42 Die Engel werden sie in den brennenden Ofen werfen. Dort gibt es
nur Heulen und Zähneklappern. 43 Aber alle, die nach Gottes Willen
leben, werden im Reich ihres Vaters strahlen wie die Sonne. Wer Oh-
ren hat, soll gut zuhören!«

Die Gleichnisse vom versteckten Schatz und von der Perle

44 »Das Himmelreich gleicht einem Schatz, der im Acker vergraben
ist: Ein Mann entdeckte ihn und vergrub ihn wieder. Voller Freude
ging er los und verkaufte alles, was er hatte. Dann kaufte er diesen
Acker.
45 Ebenso gleicht das Himmelreich einem Kaufmann: Der war auf
der Suche nach schönen Perlen. 46 Er entdeckte eine besonders wert-
volle Perle. Da ging er los und verkaufte alles, was er hatte. Dann
kaufte er diese Perle.«

Das Gleichnis vom Fischernetz

47 »Ebenso gleicht das Himmelreich einem Fischernetz: Es wurde im
See ausgeworfen, um alle Arten von Fischen zu fangen. 48 Als es voll
war, zogen es die Fischer an Land. Sie hockten sich auf den Boden.
Dann legten sie die guten Fische in einen Korb, aber die unbrauch-
baren Fische warfen sie weg.
49 So wird es auch am Ende der Welt sein: Die Engel werden kom-
men. Sie werden die Frevler von den Gerechten trennen. 50 Und die
Engel werden die Frevler in den brennenden Ofen werfen. Dort gibt
es nur Heulen und Zähneklappern.«

Neue Schriftgelehrte

51 Jesus fragte seine Jünger: »Habt ihr das alles verstanden?« Sie ant-
worteten: »Ja!« 52 Darauf sagte Jesus zu ihnen: »Es gibt jetzt neue
Schriftgelehrte. Sie gehören zu meinen Jüngern, die über das Him-
melreich unterrichtet wurden. Jeder von ihnen ist wie ein Hausherr:
Aus seiner Vorratskammer holt er Neues und Altes hervor.«
53 Als Jesus diese Gleichnisreden beendet hatte, verließ er die Ge-
gend am See.

Jesus zeigt seine Vollmacht 13,54–14,36

Jesus wird in Nazaret abgelehnt

→ Markus 6,1-6; Lukas 4,16-30

54 Jesus ging in seine Heimatstadt Nazaret und lehrte die Menschen
in ihrer Synagoge. Erstaunt fragten sie: »Woher hat er diese Weisheit?
Und woher hat er die Kraft, Wunder zu tun? 55 Ist er nicht der Sohn
des Zimmermanns? Heißt seine Mutter nicht Maria? Und sind seine
Brüder nicht Jakobus, Josef, Simon und Judas? 56 Leben nicht auch
alle seine Schwestern bei uns? Woher also hat er das alles?« 57 Des-
halb lehnten sie Jesus ab. Aber er sagte zu ihnen: »Nirgendwo gilt ein

Himmelreich: Wörtlich »Königsherrschaft der Himmel«. Bezeichnet den Herrschaftsbereich, in dem sich Gottes Wille durchsetzt.

Engel: Boten Gottes, die in seinem Auftrag unterwegs sind und seine Botschaft überbringen.

Frevler: Menschen, die Gottes Gebote missachten und ihre eigenen Interessen gewaltsam durchsetzen.

Gerechte: Menschen, die Gottes Gebote befolgen, sodass das Leben in Gemeinschaft miteinander gelingt.

Schriftgelehrte: Menschen, deren Aufgabe das Studium und die Auslegung der Heiligen Schrift ist.

Neues und Altes: Bild dafür, dass die Texte der Heiligen Schrift ausgehend von der Botschaft vom Himmelreich verstanden werden sollen.

Gleichnis: Erzählung, die ihre Botschaft in Bildern und Vergleichen vermittelt.

See Gennesaret: See im Norden Israels, zwischen den Golanhöhen und Galiläa gelegen.

Nazaret: Ortschaft 30 km westlich des See Gennesaret.

Synagoge: Versammlungsstätte einer jüdischen Gemeinde.

Prophet so wenig wie in seiner Heimatstadt und bei seiner Familie.«
58 Jesus tat dort nicht viele Wunder. Denn die Menschen glaubten
nicht an ihn.

Der Tod von Johannes dem Täufer

→ Markus 6,14-29; Lukas 3,19-20; 9,7-9

14 1 Zu dieser Zeit hörte Herodes, der Landesfürst, was die Men-
schen über Jesus erzählten. 2 Herodes sagte zu seinen Leuten:
»Das ist Johannes der Täufer. Er ist von den Toten auferstanden. Des-
halb hat er solche Wunderkräfte.«
3 Herodes hatte Johannes festnehmen, in Fesseln legen und ins
Gefängnis werfen lassen. Der Grund war: Herodes hatte Herodias
geheiratet, die Frau seines Bruders Philippus. 4 Daraufhin hatte Jo-
hannes zu Herodes gesagt: »Es war dir nicht erlaubt, sie zu heiraten!«
5 Herodes wollte ihn töten lassen. Aber er fürchtete die Volksmenge,
denn die Leute hielten Johannes für einen Propheten.
6 Der Geburtstag von Herodes wurde gefeiert. Da tanzte die Toch-
ter von Herodias vor den Gästen. Herodes war begeistert. 7 Deshalb
versprach er ihr feierlich: »Ich gebe dir, was immer du willst!« 8 Von
ihrer Mutter angestiftet, sagte sie: »Bring mir den Kopf von Johannes
dem Täufer auf einer Schale her!« 9 Der König war bestürzt. Aber weil
er es vor seinen Gästen feierlich versprochen hatte, erteilte er den Be-
fehl: »Bringt ihn ihr!« 10 Dann ordnete er an, Johannes im Gefängnis
den Kopf abzuschlagen. 11 Sein Kopf wurde auf einer Schale herbei-
gebracht und dem Mädchen überreicht. Das Mädchen gab ihn seiner
Mutter.
12 Die Jünger von Johannes holten die Leiche und begruben sie.
Dann gingen sie zu Jesus und berichteten ihm, was geschehen war.

Jesus macht mehr als 5000 Menschen satt

→ Markus 6,30-44; Lukas 9,10-17; Johannes 6,1-13

13 Als Jesus das hörte, verließ er den Ort. Er fuhr mit dem Boot zu
einer abgelegenen Stelle, um allein zu sein. Die Volksmenge hörte
davon und folgte ihm. Die Menschen kamen auf dem Landweg aus
den umliegenden Orten herbei. 14 Als Jesus ausstieg, sah er die große
Volksmenge. Da bekam er Mitleid mit den Menschen und heilte die
Kranken unter ihnen.
15 Als es dunkel wurde, kamen seine Jünger zu ihm und sagten: »Es
ist eine einsame Gegend hier, und es ist schon sehr spät. Schick die
Leute doch weg. Dann können sie in die Dörfer gehen und sich et-
was zu essen kaufen.« 16 Aber Jesus antwortete: »Sie brauchen nicht
wegzugehen. Gebt doch ihr ihnen etwas zu essen!« 17 Da antworte-
ten sie: »Wir haben hier nur fünf Brote und zwei Fische!« 18 Aber Je-
sus sagte: »Bringt sie mir her!« 19 Dann ordnete er an: »Die Leute sol-
len sich zum Essen im Gras niederlassen!« Und Jesus nahm die fünf
Brote und die zwei Fische. Er blickte zum Himmel auf und dankte
Gott. Dann brach er sie in Stücke und gab sie den Jüngern. Die Jünger

Herodes Antipas: Sohn von Herodes dem Großen und Herrscher über Galiläa und Peräa (4 v. Chr.–39 n. Chr.).

Johannes der Täufer: Bereitet die Menschen auf das Kommen von Jesus vor.

Wunderkräfte: Ausweis der göttlichen Vollmacht, mit der eine Person handelt.

Prophet: Verkündet, was Gott in einer bestimmten Situation zu sagen hat.

Jünger: Wörtlich »Schüler«. Frauen und Männer, die ihrem Lehrer folgten und von ihm lernten.

verteilten sie an die Volksmenge. 20 Die Leute aßen, und alle wurden
satt. Danach sammelten sie die Reste ein und füllten damit zwölf
Körbe. 21 Etwa 5000 Männer hatten gegessen – dazu noch Frauen
und Kinder.

Jesus geht über das Wasser

→ Markus 6,45-52; Johannes 6,16-21

22 Sofort danach drängte Jesus die Jünger, in das Boot zu steigen. Sie
sollten an die andere Seite des Sees vorausfahren. Er selbst wollte
zuerst noch die Volksmenge verabschieden. 23 Als die Volksmenge
weggegangen war, stieg er auf einen Berg, um in der Einsamkeit zu
beten. Es war schon Abend geworden, und Jesus war immer noch al-
lein dort.
24 Das Boot war schon weit vom Land entfernt. Die Wellen mach-
ten ihm schwer zu schaffen, denn der Wind blies direkt von vorn.
25 Um die vierte Nachtwache kam Jesus zu den Jüngern. Er lief über
den See. 26 Als die Jünger ihn über den See laufen sahen, wurden sie
von Furcht gepackt. Sie riefen: »Das ist ein Gespenst!« Vor Angst
schrien sie laut auf. 27 Aber sofort sagte Jesus zu ihnen: »Fürchtet euch
nicht! Ich bin es. Ihr braucht keine Angst zu haben.«

Petrus findet Halt bei Jesus

28 Petrus sagte zu Jesus: »Herr, wenn du es bist, befiehl mir, über das
Wasser zu dir zu kommen.« 29 Jesus sagte: »Komm!« Da stieg Petrus
aus dem Boot, ging über das Wasser und kam zu Jesus. 30 Aber auf ein-
mal merkte er, wie stark der Wind war. Da bekam er Angst. Er begann
zu sinken und schrie: »Herr, rette mich!« 31 Sofort streckte Jesus ihm
die Hand entgegen und hielt ihn fest. Er sagte zu Petrus: »Du hast zu
wenig Vertrauen. Warum hast du gezweifelt?« 32 Dann stiegen sie ins
Boot und der Wind legte sich. 33 Die Jünger im Boot warfen sich vor
Jesus nieder. Sie sagten: »Du bist wirklich der Sohn Gottes!«

Jesus heilt Kranke in Gennesaret

→ Markus 6,53-56

34 Jesus und die Jünger setzten die Überfahrt fort und legten in Gen-
nesaret an. 35 Die Leute aus dem Ort erkannten Jesus. Sie schickten
Boten in die ganze Gegend. Da brachten die Leute alle Kranken zu
ihm. 36 Sie flehten ihn an: »Lass uns nur die Quasten deines Mantels
berühren!« Und wer immer sie berührte, wurde gesund.

Jesus wendet sich den Völkern zu 15,1–16,12

Gottes Gebote und menschliche Vorschriften

→ Markus 7,1-13

15 1 Damals kamen aus Jerusalem Pharisäer und Schriftge-
lehrte zu Jesus. Sie fragten: 2 »Warum halten deine Jünger

See Gennesaret: See im Norden Israels, zwischen den Golanhöhen und Galiläa gelegen.

vierte Nachtwache: Bei den Römern war es üblich, eine Nacht in vier »Nachtwachen« einzuteilen. Die vierte dauerte von 3 bis 6 Uhr morgens.

Sohn Gottes: Titel, der das besondere Vertrauensverhältnis eines Menschen zu Gott zum Ausdruck bringt. Im Neuen Testament wird der Titel ausschließlich für Jesus verwendet.

Gennesaret: Ortschaft am Westufer des See Gennesaret.

Quaste: An den Ecken des Gebetsmantels sind Quasten angebracht, die an die Gebote Gottes erinnern sollen; vgl. 4. Mose/Numeri 15,37-41.

Pharisäer: Angehöriger einer jüdischen Glaubensgruppe, die die biblischen Vorschriften und Gesetze sehr streng auslegte.

Schriftgelehrte: Menschen, deren Aufgabe das Studium und die Auslegung der Heiligen Schrift ist.

Jünger: Wörtlich »Schüler«. Frauen und Männer, die ihrem Lehrer folgten und von ihm lernten.

die Vorschriften der Vorfahren nicht ein? Denn sie waschen sich
nicht die Hände, bevor sie Brot essen!« 3 Aber Jesus antwortete: »Und
warum haltet ihr Gottes Gebote nicht ein, sondern folgt euren eige-
nen Vorschriften? 4 Denn Gott hat gesagt: ›Du sollst deinen Vater und
deine Mutter ehren und für sie sorgen!‹ Weiter heißt es: ›Wer Vater
oder Mutter verflucht, soll mit dem Tod bestraft werden.‹ 5 Ihr dage-
gen behauptet: ›Es genügt, wenn jemand zu Vater oder Mutter sagt:
Die Unterstützung, die ich euch schulde, soll dem Tempelschatz zu-
gutekommen. 6 Dann braucht er mit diesem Geld seine Eltern nicht
mehr zu ehren und für sie zu sorgen.‹ So setzt ihr das Wort Gottes
außer Kraft, um euren eigenen Vorschriften zu folgen. 7 Ihr Heuchler!
Was der Prophet Jesaja gesagt hat, trifft genau auf euch zu: 8 ›Dieses
Volk ehrt mich mit seinen Lippen, aber im Herzen ist es weit weg von
mir. 9 Ihre ganze Verehrung ist sinnlos. Denn die Lehren, die sie ver-
breiten, sind Gebote von Menschen.‹«

Was unrein macht

→ Markus 7,14-23

10 Dann rief Jesus die Volksmenge zu sich. Er sagte zu ihnen: »Hört
zu und versteht mich richtig! 11 Nicht das, was ein Mensch durch den
Mund in sich aufnimmt, macht ihn unrein. Vielmehr macht ihn das
unrein, was aus dem Mund herauskommt.« 12 Da kamen seine Jün-
ger zu ihm und sagten: »Hast du bemerkt, wie empört die Pharisäer
waren, als sie das gehört haben?« 13 Jesus antwortete: »Es wird jede
Pflanze ausgerissen, die mein Vater im Himmel nicht gepflanzt hat.
14 Lasst sie reden! Sie wollen Blinde führen, dabei sind sie selber blind.
Wenn ein Blinder einen Blinden führt, fallen beide in die Grube.«
15 Da sagte Petrus zu Jesus: »Erkläre uns doch den Sinn dieser Wor-
te!« 16 Jesus antwortete: »Habt auch ihr noch nichts begriffen? 17 Ver-
steht ihr denn nicht: Alles, was in den Mund hineinkommt, kommt in
den Magen und wird vom Körper wieder ausgeschieden. 18 Aber das,
was aus dem Mund herauskommt, das kommt aus dem Herzen. Und
das ist es, was den Menschen unrein macht. 19 Denn aus dem Herzen
der Menschen kommen böse Gedanken, Mord, Ehebruch, verbotene
sexuelle Beziehungen, Diebstahl, falsche Zeugenaussagen und Ver-
leumdungen. 20 Das ist es, was den Menschen unrein macht. Aber
mit ungewaschenen Händen zu essen, macht den Menschen nicht
unrein.«

Eine kanaanäische Frau vertraut auf Jesus

→ Markus 7,24-30

21 Jesus verließ Gennesaret und zog sich in das Gebiet von Tyros und
Sidon zurück. 22 Da kam eine kanaanäische Frau aus dieser Gegend zu
ihm. Sie schrie: »Hab Erbarmen mit mir, Herr, du Sohn Davids! Meine
Tochter wird von einem bösen Dämon beherrscht!« 23 Aber Jesus gab
ihr keine Antwort. Da kamen seine Jünger zu ihm und baten: »Schick
sie weg! Denn sie schreit hinter uns her.« 24 Aber Jesus antwortete:

Vorschriften der Vorfahren: Neben hygienischen Gründen spielen beim Händewaschen vor allem religiöse Vorstellungen eine Rolle.

Gott hat gesagt: Zitat aus den Zehn Geboten, vgl. 2. Mose/Exodus 20,12.

heißt es: Zitat aus 2. Mose/Exodus 21,17.

was der Prophet Jesaja gesagt hat: Zitat aus der griechischen Übersetzung von Jesaja 29,13.

unrein: Bezeichnet Menschen, Tiere und Dinge, die aus unterschiedlichen Gründen nicht dafür vorbereitet sind, in der Nähe Gottes zu sein.

Tyros, Sidon: Bedeutende Hafenstädte, im heutigen Libanon gelegen. Zur Zeit von Jesus hatten sie einen großen nicht-jüdischen Bevölkerungsanteil.

kanaanäisch: Bezeichnung, die hervorhebt, dass die Frau nicht zum Volk Israel gehört.

Sohn Davids: David ist ein bedeutender König von Israel. Nachdem das Königreich untergegangen war, hoffte man auf einen Nachkommen Davids als Retter und Erlöser Israels; vgl. 2. Samuel 7,12-16.

Dämon: Eine böse Macht, die man sich in der Antike als Person vorstellte. Sie kämpft gegen Gott und nimmt einen Menschen ganz in Besitz.

»Ich bin nur zu Israel gesandt, dieser Herde von verlorenen Scha-
fen.« 25 Aber die Frau fiel vor ihm auf die Knie und sagte: »Herr, hilf
mir doch!« 26 Aber Jesus antwortete: »Es ist nicht richtig, den Kindern
das Brot wegzunehmen und es den Hunden vorzuwerfen.« 27 Die
Frau entgegnete: »Ja, Herr! Aber die Hunde fressen doch die Krümel,
die vom Tisch ihrer Herren herunterfallen.« 28 Darauf antwortete
Jesus: »Frau, dein Glaube ist groß! Was du willst, soll dir geschehen!«
In demselben Augenblick wurde ihre Tochter gesund.

Jesus heilt viele Menschen

→ Markus 7,31-37

29 Danach verließ Jesus das Gebiet von Tyros und Sidon. Er kam wie-
der an den See von Galiläa. Dort stieg er auf einen Berg und ließ sich
nieder. 30 Eine große Volksmenge kam zu ihm. Die Leute brachten
ihre Kranken mit und legten sie vor seinen Füßen nieder: Gelähmte,
Blinde, Verkrüppelte, Stumme und Menschen mit anderen Krank-
heiten. Und er heilte sie. 31 Die Menschen staunten, was sie da sahen:
Die Stummen redeten, die Verkrüppelten wurden gesund, die Ge-
lähmten konnten gehen und die Blinden sehen. Deshalb lobten sie
den Gott Israels.

Jesus macht mehr als 4000 Menschen satt

→ Markus 8,1-10

32 Jesus rief seine Jünger zu sich und sagte ihnen: »Ich habe großes
Mitleid mit den Menschen. Sie sind nun schon drei Tage bei mir
und haben nichts zu essen. Ich will sie nicht hungrig wegschicken,
sonst brechen sie unterwegs zusammen.« 33 Seine Jünger fragten ihn:
»Woher sollen wir in dieser einsamen Gegend genug Brot bekom-
men, um diese Volksmenge satt zu machen?« 34 Jesus fragte sie: »Wie
viele Brote habt ihr?« Sie antworteten: »Sieben – und einige kleine
Fische.«
35 Jesus forderte die Volksmenge auf, sich auf dem Boden nieder-
zulassen. 36 Dann nahm er die sieben Brote und die Fische. Er dankte
Gott, brach sie in Stücke und gab sie seinen Jüngern. Und die Jünger
verteilten sie an die Volksmenge. 37 Alle aßen und wurden satt. Da-
nach sammelten sie die Reste und füllten damit sieben Körbe. 38 Es
waren etwa 4000 Männer, die gegessen hatten – dazu noch Frauen
und Kinder. 39 Dann verabschiedete Jesus die Volksmenge. Er selbst
stieg in ein Boot und fuhr ins Gebiet von Magadan.

Jesus soll seine Vollmacht beweisen

→ Markus 8,11-13; Lukas 12,54-56

16 1 Die Pharisäer und Sadduzäer kamen zu Jesus. Sie wollten
ihn auf die Probe stellen. Deshalb forderten sie ihn auf: »Be-
weise uns deine göttliche Vollmacht durch ein Zeichen!« 2 Aber Jesus
antwortete: »Abends sagt ihr: ›Es gibt gutes Wetter, denn der Himmel
ist rot.‹ 3 Und morgens sagt ihr: ›Heute regnet es, denn der Himmel

Kinder: Bild für das Volk Israel, in dem die enge Beziehung zwischen Gott und seinem Volk zum Ausdruck kommt.

Hund: Schimpfwort für Nicht-Juden.

Glaube, glauben: Meint das tiefe Vertrauen auf Gott, das zu einem Leben nach seinem Willen führt.

See von Galiläa: Anderer Name für den See Gennesaret, der im Norden Israels liegt.

Pharisäer: Angehöriger einer jüdischen Glaubensgruppe, die die biblischen Vorschriften und Gesetze sehr streng auslegte.

Sadduzäer: Angehörige einer jüdischen Glaubensgruppe, in der Priester eine bedeutende Rolle spielten. Neben den vornehmen Priesterfamilien gehörten ihr auch andere Vertreter der führenden Gesellschaftsschicht an.

Zeichen, Wunder: Ausweis der göttlichen Vollmacht, mit der eine Person handelt.

ist rot und trübe.‹ Das Aussehen des Himmels könnt ihr beurteilen.
Wieso könnt ihr die Zeichen der Zeit nicht genauso gut beurteilen?
4 Die Menschen dieser Generation sind böse – wie Ehebrecher. Sie
verlangen ein Zeichen. Aber sie werden keines bekommen außer
dem Zeichen des Propheten Jona.« Damit ließ er sie stehen und ging
weg.

Die Jünger verstehen Jesus nicht

→ Markus 8,14-21

5 Die Jünger fuhren im Boot ans andere Ufer. Sie hatten vergessen,
Brot zu besorgen. 6 Jesus sagte zu ihnen: »Nehmt euch in Acht und
hütet euch vor dem Sauerteig der Pharisäer und Sadduzäer!« 7 Sie
waren aber noch in Gedanken und sagten zueinander: »Wir haben
kein Brot besorgt.« 8 Jesus merkte das und sagte: »Ihr habt zu wenig
Vertrauen! Warum macht ihr euch darüber Gedanken, dass ihr kein
Brot habt? 9 Versteht ihr immer noch nicht? Erinnert ihr euch nicht
daran, wie fünf Brote für 5000 Menschen ausreichten? Wie viele
Körbe habt ihr mit Resten gefüllt? 10 Oder wie sieben Brote für 4000
Menschen ausreichten? Wie viele Körbe habt ihr da eingesammelt?
11 Warum begreift ihr nicht, dass ich mit euch nicht über Brot spre-
che? Nehmt euch in Acht vor dem Sauerteig der Pharisäer und Sad-
duzäer!« 12 Da begriffen die Jünger, was Jesus gemeint hatte. Er wollte
nicht sagen: »Hütet euch vor dem Sauerteig, der zum Brotbacken be-
nötigt wird.« Vielmehr meinte er: »Hütet euch vor der Lehre der Pha-
risäer und Sadduzäer.«

Nachfolge auf dem Weg des Leidens 16,13–17,27

Petrus spricht aus, wer Jesus ist

→ Markus 8,27-30; Lukas 9,18-21; Johannes 6,67-69

13 Jesus kam in die Gegend von Cäsarea Philippi. Er fragte seine Jün-
ger: »Für wen halten die Leute eigentlich den Menschensohn?« 14 Sie
antworteten: »Manche halten dich für Johannes den Täufer, andere
für Elija. Wieder andere meinen, dass du Jeremia oder einer der an-
deren Propheten bist.« 15 Da fragte er sie: »Und ihr, für wen haltet ihr
mich?« 16 Simon Petrus antwortete: »Du bist der Christus, der Sohn
des lebendigen Gottes!« 17 Jesus sagte zu ihm: »Glückselig bist du,
Simon, Sohn des Johannes! Diese Erkenntnis hast du nicht aus dir
selbst, sondern von meinem Vater im Himmel. 18 Und ich sage dir: Du
bist Petrus, und auf diesen Fels werde ich meine Gemeinde bauen.
Nicht einmal die Macht des Todes wird ihr etwas anhaben können.
19 Ich werde dir die Schlüssel zum Himmelreich geben: Was du auf
der Erde für gültig erklärst, wird auch im Himmel gelten. Was du
nicht für gültig erklärst, wird auch im Himmel nicht gelten.« 20 Dann
schärfte Jesus den Jüngern ein: »Sagt niemandem, dass ich der Chris-
tus bin!«

Zeichen des Jona: Jona 2 erzählt, dass der Prophet drei Tage im Bauch eines Fisches verbrachte. Matthäus 12,39-40 deutet das als Zeichen dafür, dass Jesus am dritten Tag von den Toten auferstehen wird.

Sauerteig: Brotteig, bei dem eine kleine Menge gegorener Teig zum neuen Teig gegeben wird, damit er aufgeht und mehr wird. Hier Bild für die Lehre der Pharisäer und Sadduzäer, die sich nicht verbreiten soll.

Johannes der Täufer: Bereitete die Menschen auf das Kommen von Jesus vor. Er wurde von Herodes getötet, vgl. Matthäus 3,1-10 und Matthäus 14,3-12.

Elija: Prophet, der am Ende seines Lebens direkt von Gott in den Himmel geholt wurde. Sein Wiederkommen wird als Zeichen für das beginnende Gericht Gottes erwartet, vgl. Maleachi 3,23.

Jeremia: Einer der drei großen Propheten des Alten Testaments, der hier stellvertretend für alle anderen Propheten genannt wird.

Christus: Bedeutet übersetzt »der Gesalbte«. Im Alten Testament werden Könige, aber auch Propheten und Priester bei Amtsantritt gesalbt. Später wird der von Gott zum Herrscher der Welt bestimmte Retter so genannt. Im Neuen Testament ist das Jesus.

Jesus kündigt zum ersten Mal seinen Tod an

→ Markus 8,31-33; Lukas 9,22

21 Von da an begann Jesus seinen Jüngern zu erklären, was Gott mit ihm vorhatte: »Ich muss nach Jerusalem gehen. Dort muss ich viel erleiden von den Ratsältesten, den führenden Priestern und den Schriftgelehrten. Sie werden mich hinrichten lassen. Aber am dritten Tag werde ich vom Tod auferweckt.« 22 Da nahm Petrus ihn zur Seite und fing an, ihm das auszureden: »Gott bewahre dich davor, Herr! Das darf dir nicht zustoßen!« 23 Aber Jesus wandte sich ab und sagte zu Petrus: »Weg mit dir, Satan, hinter mich! Du willst mich von meinem Weg abbringen! Dir geht es nicht um das, was Gott will, sondern um das, was Menschen wollen.«

Jesus folgen heißt: das Kreuz auf sich nehmen

→ Markus 8,34–9,1; Lukas 9,23-27

24 Dann sagte Jesus zu seinen Jüngern: »Wer zu mir gehören will, darf nicht an seinem Leben hängen. Er muss sein Kreuz auf sich nehmen und mir auf meinem Weg folgen. 25 Wer sein Leben retten will, wird es verlieren. Wer sich aber zu mir bekennt und deshalb sein Leben verliert, wird es erhalten. 26 Was nützt es einem Menschen, wenn er die ganze Welt gewinnt, aber sein Leben dabei verliert? Was kann ein Mensch einsetzen, um sein Leben dafür einzutauschen? 27 Denn der Menschensohn wird mit seinen Engeln in der Herrlichkeit seines Vaters wiederkommen. Dann wird er allen das geben, was sie für ihre Taten verdienen. 28 Amen, das sage ich euch: Hier stehen einige, die werden nicht sterben, bis der Menschensohn kommt. Dann werden sie erleben, wie er seine Herrschaft in dieser Welt antritt.«

Drei Jünger sehen Jesus in der Herrlichkeit Gottes

→ Markus 9,2-10; Lukas 9,28-36

17 1 Sechs Tage später nahm Jesus Petrus, Jakobus und dessen Bruder Johannes mit sich. Er führte sie auf einen hohen Berg, wo sie ganz für sich waren. 2 Da veränderte sich sein Aussehen vor ihren Augen: Sein Gesicht leuchtete wie die Sonne und seine Kleider wurden strahlend weiß wie Licht. 3 Da erschienen Mose und Elija vor ihnen und redeten mit Jesus. 4 Petrus sagte zu Jesus: »Herr, es ist gut, dass wir hier sind. Wenn du willst, werde ich drei Zelte aufschlagen: eins für dich, eins für Mose und eins für Elija.« 5 Noch während Petrus redete, legte sich eine Wolke aus Licht über sie. Da erklang eine Stimme aus der Wolke: »Das ist mein geliebter Sohn, an ihm habe ich Freude. Hört auf ihn!« 6 Als die drei Jünger das hörten, warfen sie sich nieder und fürchteten sich sehr. 7 Jesus ging zu ihnen und berührte sie. Er sagte: »Steht auf. Fürchtet euch nicht!« 8 Als sie aufblickten, sahen sie nur noch Jesus. 9 Während sie vom Berg herabstiegen, schärfte Jesus ihnen ein: »Erzählt keinem, was ihr gesehen habt, bis der Menschensohn von den Toten auferweckt worden ist.«

Ratsälteste: Mitglieder des jüdischen Rats, der obersten Behörde zur Regelung religiöser Angelegenheiten.

Satan, Teufel: Gegenspieler Gottes. Er versucht, die Menschen zu einem Verhalten zu bewegen, das Gottes Willen widerspricht.

folgen: Jesus zu folgen bedeutet, das Leben ganz in seinen Dienst zu stellen.

Menschensohn: Bezeichnung, die zum Ausdruck bringt, dass Menschen Geschöpfe Gottes sind. Im Neuen Testament ein Titel für Jesus, der von Gott zum Herrscher und Retter der Welt bestimmt wurde.

Berg: Die Szene erinnert an Mose, der den Berg Sinai bestieg und dort von Gott die Zehn Gebote erhielt; vgl. 2. Mose/Exodus 19–20.

Mose: Führte Israel im Auftrag Gottes aus Ägypten und erhielt am Berg Sinai die Zehn Gebote.

Elija: Prophet, der am Ende seines Lebens direkt von Gott in den Himmel geholt wurde. Sein Wiederkommen wird als Zeichen für das beginnende Gericht Gottes erwartet, vgl. Maleachi 3,23.

mein geliebter Sohn: Mit diesen Worten wird Jesus bei seiner Taufe von einer Stimme aus dem Himmel angeredet, vgl. Matthäus 3,17.

Elija und Johannes der Täufer
→ Markus 9,11-13
10 Die drei Jünger fragten Jesus: »Warum sagen die Schriftgelehrten,
dass vor dem Ende Elija wiederkommen muss?« 11 Jesus antwortete:
»Es stimmt zwar, dass Elija vor dem Ende kommt und alles für Gott
bereit macht. 12 Aber ich sage euch: Elija ist schon gekommen. Sie ha-
ben ihn aber nicht erkannt, sondern haben mit ihm gemacht, was sie
wollten. Genauso wird auch der Menschensohn unter ihnen leiden.«
13 Da begriffen die Jünger, dass Jesus mit ihnen über Johannes den
Täufer gesprochen hatte.

Jesus heilt ein Kind und fordert zum Vertrauen auf
→ Markus 9,14-29; Lukas 9,37-43; 17,5-6
14 Jesus ging mit den drei Jüngern zur Volksmenge zurück. Da kam
ein Mann auf ihn zu und kniete vor ihm nieder. 15 Er sagte: »Herr, hab
Erbarmen mit meinem Sohn! Er ist mondsüchtig. Sein Leiden ist so
schlimm, dass er oft ins Feuer oder ins Wasser fällt. 16 Ich habe ihn zu
deinen Jüngern gebracht, aber sie konnten ihn nicht heilen.« 17 Da ant-
wortete Jesus: »Was seid ihr nur für eine ungläubige und verkehrte
Generation! Wie lange soll ich noch bei euch bleiben? Wie lange soll
ich euch noch ertragen? Bringt ihn zu mir!« 18 Jesus bedrohte den Dä-
mon, und der verließ den Jungen. Von diesem Augenblick an war das
Kind gesund.
19 Später kamen die Jünger allein zu Jesus und fragten: »Warum
konnten wir den Dämon nicht austreiben?« 20 Er antwortete »Weil
ihr zu wenig Vertrauen habt! Amen, das sage ich euch: Wenn euer
Glaube nur so groß ist wie ein Senfkorn, könnt ihr diesem Berg be-
fehlen: ›Geh von hier nach dort!‹ – Und er wird dorthin gehen. Dann
wird für euch nichts unmöglich sein.« 21 [...]

Jesus kündigt zum zweiten Mal seinen Tod an
→ Markus 9,30-32; Lukas 9,43-45
22 Jesus war mit seinen Jüngern wieder in Galiläa. Da sagte Jesus zu
ihnen: »Der Menschensohn wird ausgeliefert werden in die Hände
der Menschen. 23 Sie werden ihn töten. Aber am dritten Tag wird er
vom Tod auferweckt werden.« Da wurden die Jünger sehr traurig.

Über die Tempelsteuer
24 Jesus und seine Jünger gingen nach Kapernaum. Da kamen Beamte
zu Petrus, um die Tempelsteuer einzuziehen. Sie sagten: »Zahlt euer
Lehrer eigentlich keine Tempelsteuer?« 25 Petrus antwortete: »Doch,
natürlich!« Als er dann ins Haus ging, kam ihm Jesus zuvor und
fragte: »Was meinst du, Simon: Von wem verlangen die Herrscher auf
dieser Welt Zoll und Steuern? Von ihren eigenen Söhnen oder von
den anderen Leuten?« 26 Petrus antwortete: »Von den anderen Leu-
ten!« Darauf sagte Jesus zu ihm: »Also müssen die Söhne keine Steu-
ern zahlen! 27 Aber wir wollen die Steuereinnehmer nicht verärgern.

Schriftgelehrte: Menschen, deren Aufgabe das Studium und die Auslegung der Heiligen Schrift ist.

vor dem Ende: Maleachi 3,23 kündigt das Wiederkommen Elijas als Zeichen für das beginnende Gericht Gottes an.

mondsüchtig: Mondsucht war eine Krankheit, die in der Antike mit den Mondphasen und dem Einfluss von Dämonen in Verbindung gebracht wurde.

Dämon: Eine böse Macht, die man sich in der Antike als Person vorstellte. Sie kämpft gegen Gott und nimmt einen Menschen ganz in Besitz.

Amen: Das hebräische Wort bedeutet »So ist es! / So soll es sein!«

Senfkorn: Ein Senfkorn hat einen Durchmesser von 1–2 mm.

[...]: Einige spätere Handschriften fügen hinzu: »Doch diese Art von bösen Geistern kann nur durch Gebet und Fasten ausgetrieben werden.«

Tempelsteuer: Wörtlich »Doppeldrachme«. Geldstück im Wert eines tyrischen Halb-Schekels, das jeder jüdische Mann jährlich als Steuer für den Tempel zahlen musste.

Lehrer: Ehrenvolle Anrede für die Schriftgelehrten, die auch Jesus gegenüber gebraucht wurde.

Deshalb geh zum See und wirf die Angel aus. Nimm den ersten Fisch,
den du fängst. Öffne ihm das Maul, und du wirst darin eine Silber-
münze finden. Nimm sie und gib sie den Steuereinnehmern. Es ist die
Tempelsteuer für mich und für dich.«

Anweisungen für die Gemeinschaft der Jünger 18,1-35

Wer ist bei Gott wichtig?

→ *Markus 9,33-37; Lukas 9,46-48*

18 1 Zu dieser Zeit kamen die Jünger zu Jesus und fragten: »Wer
ist der Wichtigste im Himmelreich?« 2 Jesus rief ein Kind
herbei und stellte es in ihre Mitte. 3 Dann sagte er: »Amen, das sage
ich euch: Ihr müsst euch ändern und wie die Kinder werden. Nur so
könnt ihr ins Himmelreich kommen. 4 Wer sich so klein und unbe-
deutend macht wie dieses Kind, der ist der Größte im Himmelreich.
5 Und wer so ein Kind aufnimmt, und sich dabei auf mich beruft, der
nimmt mich auf.«

Warnung vor jeder Art von Verführung

→ *Markus 9,42-48; Lukas 17,1-2*

6 »Wer einen von diesen Geringsten, die an mich glauben, von mir ab-
bringt, für den gilt: Es wäre besser für ihn, mit einem Mühlstein um
den Hals ins tiefste Meer geworfen zu werden. 7 Wehe der Welt, denn
in ihr werden Menschen von mir abgebracht. Das ist unvermeidlich.
Aber erst recht wehe dem Menschen, der dazu beiträgt.
8 Wenn dich deine Hand oder dein Fuß von mir abbringt: Schlag sie
ab und wirf sie weg! Es ist besser für dich, verstümmelt oder lahm bei
Gott zu leben – jedenfalls besser, als mit beiden Händen und Füßen
ins ewige Feuer geworfen zu werden. 9 Wenn dich dein Auge von mir
abbringt: Reiß es aus und wirf es weg. Es ist besser für dich, mit nur
einem Auge bei Gott zu leben – jedenfalls besser, als mit zwei Augen
in das Feuer der Hölle geworfen zu werden.«

Das Gleichnis vom verirrten Schaf

→ *Lukas 15,3-7*

10 »Nehmt euch in Acht: Ihr sollt keinen von diesen Geringsten von
oben herab behandeln! Denn das sage ich euch: Ihre Engel stehen im
Himmel stets unmittelbar vor meinem himmlischen Vater. 11 [...]
12 Was meint ihr: Ein Mann besitzt hundert Schafe, aber eines da-
von verläuft sich. Wird er dann nicht die neunundneunzig Schafe
im Bergland zurücklassen? Wird er nicht losgehen, um das verirrte
Schaf zu suchen? 13 Amen, das sage ich euch: Wenn er es gefunden
hat, freut er sich sehr über dieses eine Schaf – viel mehr, als über die
neunundneunzig anderen, die sich nicht verlaufen haben. 14 Genau
das will euer Vater im Himmel: Kein Einziger von diesen Geringsten
soll verloren gehen.«

See Gennesaret: See im Norden Israels, zwischen den Golanhöhen und Galiläa gelegen.

Silbermünze: Wörtlich »Stater«, hier ein tyrischer Schekel. Die gefundene Silbermünze entspricht der jährlichen Tempelsteuer für zwei Personen.

Himmelreich: Wörtlich »Königsherrschaft der Himmel«. Bezeichnet den Herrschaftsbereich, in dem sich Gottes Wille durchsetzt.

Amen: Das hebräische Wort bedeutet »So ist es! / So soll es sein!«

Hölle: Strafort für die Gottlosen nach dem Endgericht.

[...]: Einige spätere Handschriften fügen hinzu: »Der Menschensohn ist gekommen, die Menschen zu retten, die verloren sind.«

Vater im Himmel: Bezeichnung für Gott, die vor allem im Matthäusevangelium vorkommt.

Regeln für den Streitfall

→ Lukas 17,3

15 »Wenn dein Bruder – oder deine Schwester – dir Unrecht tut: Geh
hin und stell ihn unter vier Augen zur Rede! Wenn er auf dich hört,
hast du deinen Bruder zurückgewonnen. 16 Wenn er aber nicht auf
dich hört, dann nimm noch ein oder zwei andere mit zu ihm. Denn
jede Sache soll aufgrund der Aussage von zwei oder drei Zeugen ent-
schieden werden. 17 Wenn er auch auf sie nicht hört, dann sage es den
Leuten eurer Gemeinde. Wenn er auch auf die Gemeinde nicht hört,
behandle ihn wie einen Heiden und Zolleinnehmer. 18 Amen, das sage
ich euch: Was ihr auf der Erde für gültig erklärt, wird auch im Him-
mel gelten. Was ihr nicht für gültig erklärt, wird auch im Himmel
nicht gelten.«

Gemeinsam beten

19 »Und auch das sage ich euch: Wenn zwei von euch auf der Erde ge-
meinsam um irgendetwas bitten: Mein Vater im Himmel wird ihnen
ihre Bitte erfüllen. 20 Denn wo zwei oder drei Menschen in meinem
Namen zusammenkommen, da bin ich selbst in ihrer Mitte.«

Grenzenlose Vergebung

→ Lukas 17,4

21 Da wandte sich Petrus an Jesus und fragte ihn: »Herr, wenn mein
Bruder oder meine Schwester mir Unrecht tut, wie oft soll ich ihnen
vergeben? Bis zu siebenmal?« 22 Jesus antwortete: »Nicht nur sieben-
mal! Ich sage dir: Bis zu siebenundsiebzigmal!«

Das Gleichnis vom hartherzigen Verwalter

23 Jesus fuhr fort: »Das Himmelreich gleicht einem König, der mit
den Verwaltern seiner Güter abrechnen wollte. 24 Gleich zu Beginn
wurde einer zu ihm gebracht, der ihm 10 000 Talente Silber schulde-
te. 25 Er konnte ihm nichts davon zurückzahlen. Da befahl der König:
›Er soll als Sklave verkauft werden, ebenso seine Frau und seine Kin-
der. Verkauft auch seinen ganzen Besitz. Dann kann wenigstens ein
Teil zurückbezahlt werden.‹ 26 Der Mann fiel auf die Knie und flehte
den König an: ›Hab Geduld mit mir! Ich werde dir alles zurückzah-
len!‹ 27 Da bekam der Herr Mitleid mit dem Mann. Er gab ihn frei und
erließ ihm die Schulden.

28 Der Mann ging hinaus und traf dort einen anderen Verwalter.
Dieser schuldete ihm 100 Silberstücke. Er packte ihn an der Kehle,
würgte ihn und sagte: ›Bezahl deine Schulden!‹ 29 Der andere fiel vor
ihm auf die Knie und flehte ihn an: ›Hab Geduld mit mir! Ich werde es
dir zurückzahlen.‹ 30 Aber das wollte der Mann nicht. Im Gegenteil: Er
ging weg und ließ seinen Mitverwalter ins Gefängnis werfen. Dort
sollte er bleiben, bis seine Schulden bezahlt waren.

31 Als die übrigen Verwalter davon erfuhren, waren sie empört.
Sie gingen zum König und berichteten ihm alles. 32 Da ließ der Herr

zwei oder drei Zeugen: Diese Regel stammt aus 5. Mose/Deuteronomium 19,15.

behandle: Menschen, deren Verhalten nicht den Regeln der Gemeinde entsprach, wurden aus ihr ausgeschlossen.

Heiden: Bezeichnung für Menschen, die nicht an den Gott Israels glauben.

Zolleinnehmer: Beamte, die im Namen des römischen Staats Zoll erhoben. Sie bekamen keinen Lohn vom Staat, sondern lebten von dem Geld, das sie auf die festgesetzten Steuern aufschlugen. Deshalb hatten sie ein schlechtes Ansehen.

10 000 Talente: Ein »Talent« ist eine Gewichtseinheit zum Wiegen von Münzen und entspricht etwa 36 kg.

seinen Verwalter zu sich kommen. Er sagte zu ihm: ›Du boshafter
Mensch! Deine ganzen Schulden habe ich dir erlassen, weil du mich
darum gebeten hast. 33 Und du? Hättest du nicht auch Erbarmen mit
dem anderen Verwalter haben müssen – so wie ich es mit dir hatte?‹
34 Voller Zorn übergab er ihn den Folterknechten, bis seine Schulden
bezahlt waren.
35 So wird mein Vater im Himmel auch euch behandeln – wenn ihr
eurem Bruder oder eurer Schwester nicht von Herzen vergebt.«

Gespräche unterwegs nach Jerusalem 19,1–20,34

Über Ehescheidung und Ehelosigkeit

→ Markus 10,1-12

19 1 Jesus beendete seine Rede. Dann verließ er Galiläa und ging
in das Gebiet von Judäa auf der anderen Jordanseite. 2 Eine
große Volksmenge folgte ihm, und er heilte dort die Kranken.
3 Da kamen Pharisäer zu Jesus, um ihn auf die Probe zu stellen. Sie
fragten: »Darf sich ein Mann aus jedem beliebigen Grund von sei-
ner Frau scheiden lassen?« 4 Jesus antwortete: »Wisst ihr nicht, dass
der Schöpfer von Anfang an die Menschen als Mann und Frau ge-
schaffen hat?« 5 Weiter sagte er: »Deshalb verlässt ein Mann Vater
und Mutter und verbindet sich mit seiner Frau. Die zwei sind dann
eins mit Leib und Seele. 6 Sie sind also nicht mehr zwei, sondern
ganz eins. Was Gott so verbunden hat, das soll der Mensch nicht
trennen!« 7 Darauf sagten die Pharisäer zu Jesus: »Warum hat Mose
dann erlaubt, dass ein Mann seiner Frau eine Scheidungsurkunde
ausstellt und sie wegschickt?« 8 Jesus antwortete: »Weil ihr euer Herz
gegen Gott verschlossen habt! Nur deshalb hat euch Mose erlaubt,
eure Frauen wegzuschicken. Doch ursprünglich war das nicht so.
9 Ich aber sage euch: Wer sich von seiner Frau scheiden lässt und eine
andere heiratet, der begeht Ehebruch – außer sie hat zuerst die Ehe
gebrochen.«
10 Da sagten die Jünger zu Jesus: »Wenn das die Rechtslage des
Mannes gegenüber der Frau ist, sollte man besser gar nicht heiraten.«
11 Jesus antwortete: »Nicht alle werden verstehen, was ich jetzt sage –
nur die, denen Gott das Verstehen schenkt: 12 Es gibt Männer, die sind
von Geburt an zur Ehe unfähig. Andere werden durch den Eingriff
von Menschen dazu unfähig gemacht. Wieder andere verzichten auf
die Ehe, weil sie ganz für das Himmelreich da sein wollen. Wer das
verstehen kann, soll es verstehen!«

Jesus und die Kinder

→ Markus 10,13-16; Lukas 18,15-17

13 Einige Leute brachten Kinder zu Jesus. Sie wollten, dass er ih-
nen die Hände auflegt und für sie betet. Aber die Jünger wiesen sie
schroff zurück. 14 Aber Jesus sagte: »Lasst doch die Kinder! Hindert

Vater im Himmel: Bezeichnung für Gott, die vor allem im Matthäusevangelium vorkommt.

Bruder, Schwester: Wörtlich »Bruder«. Das griechische Wort bezeichnet männliche *und* weibliche Mitglieder der Gemeinde.

Galiläa: Gebiet zwischen dem See Gennesaret und der nördlichen Küstenebene.

Judäa: Römische Provinz mit Jerusalem als religiösem und kulturellem Zentrum.

Pharisäer: Angehöriger einer jüdischen Glaubensgruppe, die die biblischen Vorschriften und Gesetze sehr streng auslegte.

Jesus antwortete: Jesus nimmt hier Worte aus den Schöpfungsberichten 1. Mose/Genesis 1,27 und 1. Mose/Genesis 2,24 auf.

Mose hat erlaubt: Die Regelungen zur Scheidung finden sich in 5. Mose/Deuteronomium 24,1-4.

zur Ehe unfähig: Meint zeugungsunfähige Männer.

Himmelreich: Wörtlich »Königsherrschaft der Himmel«. Bezeichnet den Herrschaftsbereich, in dem sich Gottes Wille durchsetzt.

die Hände auflegen: Durch das Auflegen der Hände schenkt Jesus den Kindern den Segen Gottes.

sie nicht daran, zu mir zu kommen. Denn für Menschen wie sie ist
das Himmelreich da.« 15 Und Jesus legte den Kindern die Hände auf.
Dann zog er von dort weiter.

Die Gefahr des Reichtums

→ Markus 10,17-25; Lukas 18,18-26

16 Da kam ein Mann auf Jesus zu und fragte ihn: »Lehrer, was muss
ich Gutes tun, damit ich das ewige Leben bekomme?« 17 Jesus ant-
wortete: »Warum fragst du mich, was gut ist? Gut ist nur einer: Gott!
Wenn du den Weg gehen willst, der zum Leben führt, dann halte die
Gebote!« 18 Der junge Mann fragte: »Welche?« Da antwortete Jesus:
»Du sollst nicht töten! Du sollst nicht ehebrechen! Du sollst nicht
stehlen! Du sollst keine falschen Aussagen machen! 19 Du sollst dei-
nen Vater und deine Mutter ehren und für sie sorgen! Und: Liebe dei-
nen Mitmenschen wie dich selbst!« 20 Der Mann sagte zu Jesus: »Das
alles habe ich befolgt. Was muss ich noch tun?« 21 Jesus antwortete:
»Wenn du vollkommen sein willst, geh los, verkaufe deinen Besitz
und gib das Geld den Armen. So wirst du einen Schatz im Himmel
haben. Dann komm und folge mir!« 22 Als der junge Mann das hörte,
ging er traurig weg. Denn er hatte ein großes Vermögen.

23 Da sagte Jesus zu seinen Jüngern: »Amen, das sage ich euch:
Ein reicher Mensch hat es schwer, in das Himmelreich zu kommen.
24 Auch sage ich euch: Leichter geht ein Kamel durch ein Nadel-
öhr, als dass ein Reicher in das Reich Gottes hineinkommt.« 25 Als
die Jünger das hörten, waren sie völlig bestürzt und fragten: »Wer
kann dann überhaupt gerettet werden?« 26 Jesus sah sie an und sagte
zu ihnen: »Für Menschen ist es unmöglich. Aber für Gott ist alles
möglich.«

Der Lohn für die, die alles aufgegeben haben

→ Markus 10,26-31; Lukas 18,27-30

27 Darauf sagte Petrus zu Jesus: »Du weißt: Wir haben alles zurückge-
lassen und sind dir gefolgt. Was werden wir dafür bekommen?« 28 Je-
sus antwortete: »Amen, das sage ich euch: In der kommenden Welt
Gottes wird der Menschensohn in seiner Herrlichkeit auf dem Thron
sitzen. Dann werdet auch ihr, die ihr mir gefolgt seid, auf zwölf Thro-
nen sitzen. Ihr werdet Gericht halten über die zwölf Stämme Israels.
29 Jeder, der etwas zurückgelassen hat – Haus, Brüder, Schwestern,
Vater, Mutter, Kinder oder Felder –, um zu mir zu gehören, wird es
hundertfach neu bekommen. Und dazu bekommt er noch das ewige
Leben als Erbe geschenkt. 30 Viele, die jetzt zu den Ersten gehören,
werden dann die Letzten sein. Und viele, die jetzt zu den Letzten ge-
hören, werden dann die Ersten sein.«

Das Gleichnis von den Arbeitern im Weinberg

20 1 Jesus fuhr fort: »Das Himmelreich gleicht einem Grundbe-
sitzer. Der zog früh am Morgen los, um Arbeiter für seinen

Lehrer: Ehrenvolle Anrede für die Schriftgelehrten, die auch Jesus gegenüber gebraucht wurde.

ewiges Leben: Leben im Reich Gottes und in unmittelbarer Gemeinschaft mit Gott nach der Auferstehung vom Tod.

antwortete Jesus: Jesus zitiert aus den Zehn Geboten, vgl. 2. Mose/Exodus 20,1-17, und aus 3. Mose/Levitikus 19,18.

folgen: Jesus zu folgen bedeutet, das Leben ganz in seinen Dienst zu stellen.

Amen: Das hebräische Wort bedeutet »So ist es! / So soll es sein!«

Menschensohn: Bezeichnung, die zum Ausdruck bringt, dass Menschen Geschöpfe Gottes sind. Im Neuen Testament ein Titel für Jesus, der von Gott zum Herrscher und Retter der Welt bestimmt wurde.

früh am Morgen: Während der Erntezeiten war es üblich, direkt nach Tagesanbruch zusätzliche Arbeiter für den Tag anzustellen. Die sogenannten Tagelöhner versammelten sich dazu an einem zentralen Ort.

dritte Stunde: Die Zeit zwischen Sonnenaufgang und -untergang wurde in zwölf Stunden eingeteilt, die je nach Jahreszeit unterschiedlich lang waren. Die dritte Stunde ist vormittags, etwa um 9.00 Uhr.

Besitzer: Wörtlich »Herr«. Diese Bezeichnung kann sowohl einen Menschen als auch Gott meinen.

die Zwölf: Meint die zwölf Jünger, die während der Zeit seines Wirkens bei Jesus waren.

Menschensohn: Bezeichnung, die zum Ausdruck bringt, dass Menschen Geschöpfe Gottes sind. Im Neuen Testament ein Titel für Jesus, der von Gott zum Herrscher und Retter der Welt bestimmt wurde.

Schriftgelehrte: Menschen, deren Aufgabe das Studium und die Auslegung der Heiligen Schrift ist.

Heiden: Bezeichnung für Menschen, die nicht an den Gott Israels glauben. Hier sind die Römer gemeint, die das Land seit 63 v. Chr. beherrschten.

Kreuzigung: Verurteilte Sklaven, Räuber und Aufrührer wurden von den Römern am Kreuz hingerichtet.

Auferweckung: Meint die Auferstehung vom Tod und das ewige Leben im Reich Gottes.

Weinberg einzustellen. 2 Er einigte sich mit den Arbeitern auf einen
Lohn von einem Silberstück für den Tag. Dann schickte er sie in seinen Weinberg.
3 Um die dritte Stunde ging er wieder los. Da sah er noch andere
Männer, die ohne Arbeit waren und auf dem Marktplatz herumstanden. 4 Er sagte zu ihnen: ›Auch ihr könnt in meinen Weinberg gehen.
Ich werde euch angemessen dafür bezahlen.‹ 5 Die Männer gingen
hin. Ebenso machte der Mann es um die sechste Stunde und dann
wieder um die neunte Stunde. 6 Um die elfte Stunde ging er noch
einmal los. Wieder traf er einige Männer, die dort herumstanden.
Er fragte sie: ›Warum steht ihr hier den ganzen Tag untätig herum?‹
7 Sie antworteten: ›Weil uns niemand eingestellt hat!‹ Da sagte er zu
ihnen: ›Auch ihr könnt in meinen Weinberg gehen!‹
8 Am Abend sagte der Besitzer des Weinbergs zu seinem Verwalter: ›Ruf die Arbeiter zusammen und zahl ihnen den Lohn aus! Fang
bei den letzten an und hör bei den ersten auf.‹ 9 Also kamen zuerst
die Arbeiter, die um die elfte Stunde angefangen hatten. Sie erhielten ein Silberstück. 10 Zuletzt kamen die an die Reihe, die als Erste
angefangen hatten. Sie dachten: ›Bestimmt werden wir mehr bekommen!‹ Doch auch sie erhielten jeder ein Silberstück. 11 Als sie
ihren Lohn bekommen hatten, schimpften sie über den Grundbesitzer. 12 Sie beschwerten sich: ›Die als Letzte gekommen sind, haben
nur eine Stunde gearbeitet. Aber du hast sie genauso behandelt wie
uns. Dabei haben wir den ganzen Tag in der Hitze geschuftet!‹ 13 Da
sagte der Grundbesitzer zu einem von ihnen: ›Guter Mann, ich tue
dir kein Unrecht. Hast du dich nicht mit mir auf ein Silberstück geeinigt? 14 Nimm also das, was dir zusteht, und geh! Ich will dem Letzten hier genauso viel geben wie dir. 15 Kann ich mit meinem Besitz
nicht machen, was ich will? Oder bist du neidisch, weil ich so großzügig bin?‹ 16 So werden die Letzten die Ersten sein und die Ersten
die Letzten.«

Jesus kündigt zum dritten Mal seinen Tod an

→ Markus 10,32-34; Lukas 18,31-34

17 Danach zog Jesus nach Jerusalem. Unterwegs nahm er die Zwölf
beiseite und sagte zu ihnen: 18 »Wir ziehen jetzt nach Jerusalem. Dort
wird der Menschensohn den führenden Priestern und Schriftgelehrten ausgeliefert. Sie werden ihn zum Tod verurteilen 19 und an die
Heiden ausliefern, die unser Land besetzen. Die werden ihn verspotten, auspeitschen und kreuzigen. Aber am dritten Tag wird er vom Tod auferweckt.«

Nicht herrschen, sondern dienen

→ Markus 10,35-45; Lukas 22,24-27

20 Da kam die Mutter der beiden Söhne von Zebedäus zusammen mit
ihren Söhnen zu Jesus. Sie warf sich vor ihm nieder und wollte ihn
um etwas bitten. 21 Jesus fragte sie: »Was willst du?« Sie sagte zu ihm:

»Lass doch meine beiden Söhne neben dir sitzen, wenn du in deinem
Reich regierst – einen rechts von dir, den anderen links.« 22 Jesus ant-
wortete: »Ihr wisst nicht, um was ihr da bittet! Könnt ihr den Becher
austrinken, den ich austrinken werde?« Sie erwiderten: »Das können
wir!« 23 Da sagte Jesus zu ihnen: »Ihr werdet tatsächlich meinen Be-
cher austrinken. Aber ich habe nicht zu entscheiden, wer rechts und
links von mir sitzt. Dort werden die sitzen, die mein Vater dafür be-
stimmt hat.«

24 Die anderen zehn hörten das Gespräch mit an und ärgerten sich
über die beiden Brüder. 25 Da rief Jesus auch sie herbei und sagte zu
ihnen: »Ihr wisst: Die Herrscher der Völker unterdrücken die Men-
schen, über die sie herrschen. Und die Machthaber missbrauchen
ihre Macht. 26 Aber bei euch darf das nicht so sein: Sondern wer von
euch groß sein will, soll den anderen dienen. 27 Und wer von euch der
Erste sein will, soll euer Diener sein. 28 Genauso ist auch der Men-
schensohn nicht gekommen, um sich dienen zu lassen. Im Gegenteil:
Er ist gekommen, um anderen zu dienen und sein Leben hinzugeben
als Lösegeld für viele Menschen.«

Jesus heilt zwei Blinde

→ Markus 10,46-52; Lukas 18,35-43

29 Jesus verließ Jericho zusammen mit seinen Jüngern. Eine große
Volksmenge folgte ihm. 30 Da saßen zwei Blinde am Weg. Sie hörten,
dass Jesus vorbeiging, und riefen: »Hab Erbarmen mit uns, Herr, du
Sohn Davids!« 31 Die Leute aus der Volksmenge fuhren die Blinden
an: »Seid still!« Aber die Blinden schrien noch viel lauter: »Herr, du
Sohn Davids, hab Erbarmen mit uns!« 32 Da blieb Jesus stehen. Er rief
sie zu sich und fragte sie: »Was wollt ihr? Was soll ich für euch tun?«
33 Die Blinden sagten zu ihm: »Herr, dass wir sehen können!« 34 Jesus
hatte Mitleid mit ihnen und berührte ihre Augen. Sofort konnten sie
sehen und folgten Jesus.

Der Konflikt zwischen Jesus und seinen Gegnern spitzt sich zu 21,1–22,46

Jesus zieht in Jerusalem ein

→ Markus 11,1-11; Lukas 19,28-40; Johannes 12,12-19

21 1 Kurz vor Jerusalem kamen Jesus und seine Jünger nach Bet-
fage am Ölberg. Da schickte Jesus zwei seiner Jünger voraus
2 und sagte zu ihnen: »Geht in das Dorf, das vor euch liegt. Dort fin-
det ihr gleich eine Eselin angebunden, zusammen mit ihrem Jungen.
Bindet sie los und bringt sie mir. 3 Und wenn euch jemand fragt: ›Was
soll das?‹, dann sagt: ›Der Herr braucht sie.‹ Dann wird er sie euch so-
fort geben.«
4 So ging in Erfüllung, was Gott durch den Propheten gesagt hat:
5 »Sagt zu der Tochter Zion: ›Sieh doch: Dein König kommt zu dir! Er

Becher: Bei den Propheten des Alten Testaments Bild für das Gericht Gottes, das Menschen wie Betrunkene wanken lässt; vgl. Jeremia 25,15-29. Mit diesem Bild verweist Jesus auf seinen gewaltsamen Tod am Kreuz.

Jericho: Oasenstadt in der judäischen Wüste nördlich des Toten Meers.

Sohn Davids: David ist ein bedeutender König von Israel. Nachdem das Königreich untergegangen war, hoffte man auf einen Nachkommen Davids als Retter und Erlöser Israels; vgl. 2. Samuel 7,12-16.

folgen: Jesus zu folgen bedeutet, das Leben ganz in seinen Dienst zu stellen.

Jünger: Wörtlich »Schüler«. Frauen und Männer, die ihrem Lehrer folgten und von ihm lernten.

Ölberg: Berg etwa 1 km östlich von Jerusalem.

durch den Propheten gesagt: Das Zitat setzt sich zusammen aus Jesaja 62,11 und Sacharja 9,9.

Tochter Zion: Poetische Bezeichnung für die Stadt Jerusalem.

ist freundlich und reitet auf einem Esel, einem jungen Esel – geboren
von einer Eselin.‹«
6 Die Jünger gingen los und machten alles genau so, wie Jesus es ih-
nen aufgetragen hatte. 7 Sie brachten die Eselin und ihr Junges herbei
und legten ihre Mäntel über sie. Jesus setzte sich darauf. 8 Die große
Volksmenge breitete ihre Mäntel auf der Straße aus. Andere schnit-
ten Palmzweige von den Bäumen ab und legten sie ebenfalls auf die
Straße.
9 Die Volksmenge, die vor Jesus herging und ihm folgte, rief unab-
lässig: »Hosianna dem Sohn Davids! Gesegnet sei, wer im Namen
des Herrn kommt! Hosianna in himmlischer Höhe!« 10 So zog Jesus
in Jerusalem ein. Die ganze Stadt geriet in Aufregung. Die Leute frag-
ten sich: »Wer ist er nur?« 11 Die Volksmenge sagte: »Das ist Jesus, der
Prophet aus Nazaret in Galiläa.«

Jesus vertreibt die Händler aus dem Tempel

→ Markus 11,15-17; Lukas 19,45-48; Johannes 2,13-17

12 In Jerusalem ging Jesus in den Tempel. Er jagte alle Leute hin-
aus, die im Tempel etwas verkauften oder kauften. Die Tische der
Geldwechsler und die Stände der Taubenverkäufer stieß er um.
13 Er sagte zu ihnen: »In der Heiligen Schrift steht: Mein Haus soll
als Gebetshaus bekannt sein. Ihr aber macht eine Räuberhöhle
daraus.«
14 Da kamen im Tempel blinde und gelähmte Menschen zu Jesus,
und er heilte sie. 15 Die führenden Priester und Schriftgelehrten sa-
hen die Wunder, die Jesus tat. Sie hörten auch, wie die Kinder im
Tempel laut riefen: »Hosianna dem Sohn Davids!« Darüber ärgerten
sie sich sehr. 16 Sie sagten zu Jesus: »Hörst du, was sie rufen?« Jesus
antwortete: »Ja! Wisst ihr denn nicht, was in der Heiligen Schrift
steht: ›Aus dem Mund von kleinen Kindern und Säuglingen lässt du
dein Lob erklingen.‹« 17 Damit ließ Jesus sie stehen und verließ die
Stadt. Er ging nach Betanien und übernachtete dort.

Der Feigenbaum ohne Früchte

→ Markus 11,12-14; 11,20-25

18 Als Jesus früh am nächsten Morgen nach Jerusalem zurückkehrte,
bekam er Hunger. 19 Da sah er einen einzelnen Feigenbaum, der am
Weg stand. Jesus ging hin, fand aber nichts als Blätter daran. Des-
halb sagte er zu dem Baum: »Nie mehr sollen an dir Früchte wach-
sen!« Und sofort ging der Feigenbaum ein. 20 Als die Jünger das sa-
hen, fragten sie erstaunt: »Wie konnte der Feigenbaum so schnell
eingehen?« 21 Jesus antwortete: »Amen, das sage ich euch: Wenn ihr
glaubt und nicht zweifelt, werdet ihr nicht nur vollbringen, was mit
dem Feigenbaum geschehen ist. Ihr könnt dann sogar zu diesem
Berg sagen: ›Auf, stürze dich ins Meer!‹, und es wird geschehen. 22 Für
alles, worum ihr im Gebet bittet, gilt: Wenn ihr glaubt, werdet ihr es
bekommen.«

Palmzweige: Könige und Feldherren wurden beim Einzug in eine Stadt mit Palmzweigen und Jubel begrüßt.

Hosianna: Gebetsruf, wörtlich »Hilf doch!« oder »Rette doch!«.

Sohn Davids: David ist ein bedeutender König von Israel. Nachdem das Königreich untergegangen war, hoffte man auf einen Nachkommen Davids als Retter und Erlöser Israels; vgl. 2. Samuel 7,12-16.

Prophet: Verkündet, was Gott in einer bestimmten Situation zu sagen hat.

Geldwechsler: Bei ihnen konnten ausländische Währungen in den tyrischen Halb-Schekel gewechselt werden, mit dem die Tempelsteuer bezahlt wurde.

Taubenverkäufer: Tauben waren die üblichen Opfertiere der armen Leute.

in der Heiligen Schrift steht (Vers 13): Das Zitat setzt sich zusammen aus Jesaja 56,7 und Jeremia 7,11.

Haus Gottes: Bezeichnet den Tempel in Jerusalem.

in der Heiligen Schrift steht (Vers 16): Zitat aus der griechischen Übersetzung von Psalm 8,3.

so schnell eingehen: Das plötzliche Vertrocknen des Feigenbaums steht für die Macht Gottes, unerwartet in den Lauf der Dinge einzugreifen.

Woher hat Jesus seine Vollmacht?

→ Markus 11,27-33; Lukas 20,1-8

23 Jesus ging wieder in den Tempel. Während er dort lehrte, kamen die führenden Priester und Ratsältesten des Volkes zu ihm. Sie fragten: »Mit welchem Recht trittst du so auf? Und wer hat dir diese Vollmacht gegeben?« 24 Jesus antwortete: »Ich will euch auch eine Frage stellen. Wenn ihr sie beantwortet, werde ich euch sagen, mit welchem Recht ich so auftrete: 25 Von wem hatte Johannes den Auftrag zu taufen? Von Gott oder von Menschen?« Da überlegten sie und sagten zueinander: »Wenn wir sagen: ›Von Gott‹, wird er uns fragen: ›Warum habt ihr ihm dann nicht geglaubt?‹ 26 Wenn wir sagen: ›Von Menschen‹, müssen wir uns vor der Volksmenge fürchten. Denn alle halten Johannes für einen Propheten.« 27 Deshalb antworteten sie Jesus: »Wir wissen es nicht.« Da sagte Jesus zu ihnen: »Dann sage ich euch auch nicht, mit welchem Recht ich so auftrete.«

Das Gleichnis von den beiden Söhnen

28 »Was meint ihr zu folgender Geschichte: Ein Mann hatte zwei Söhne. Er ging zum ersten und sagte: ›Mein Sohn, geh und arbeite heute im Weinberg!‹ 29 Aber der antwortete: ›Ich will nicht!‹ Später tat es ihm leid, und er ging doch. 30 Genauso bat der Vater seinen zweiten Sohn. Der antwortete: ›Ja, Herr!‹ Aber er ging nicht hin. 31 Wer von den beiden Söhnen hat getan, was der Vater wollte?« Die führenden Priester und Ältesten des Volkes antworteten: »Der erste.« Da sagte Jesus zu ihnen: »Amen, das sage ich euch: Die Zolleinnehmer und die Huren kommen eher in das Reich Gottes als ihr. 32 Denn Johannes kam zu euch und zeigte euch den Weg, den Gottes Gerechtigkeit fordert. Aber ihr habt ihm nicht geglaubt. Doch die Zolleinnehmer und Huren haben ihm geglaubt. Nicht einmal, als ihr das gesehen habt, habt ihr euer Leben geändert. Selbst dann habt ihr Johannes nicht geglaubt.«

Das Gleichnis von den Pächtern des Weinbergs

→ Markus 12,1-12; Lukas 20,9-19

33 »Ich erzähle euch noch ein Gleichnis: Ein Grundbesitzer legte einen Weinberg an. Er baute eine Mauer darum, hob eine Grube als Kelter aus und errichtete einen Wachturm. Dann verpachtete er ihn und ging auf Reisen. 34 Als die Zeit der Weinlese kam, schickte der Besitzer seine Knechte zu den Pächtern. Sie sollten seinen Anteil an der Ernte abholen. 35 Aber die Pächter packten die Knechte: Den einen verprügelten sie, den anderen töteten sie und den dritten steinigten sie. 36 Daraufhin schickte der Besitzer noch einmal Knechte – mehr als beim ersten Mal. Aber die Pächter machten mit ihnen genau das Gleiche. 37 Schließlich schickte er seinen Sohn zu ihnen, denn er sagte sich: ›Vor meinem Sohn werden sie Achtung haben.‹ 38 Doch als die Pächter den Sohn kommen sahen, sagten sie

Johannes der Täufer: Bereitet die Menschen auf das Kommen von Jesus vor.

Amen: Das hebräische Wort bedeutet »So ist es! / So soll es sein!«

Zolleinnehmer: Beamte, die im Namen des römischen Staats Zoll erhoben. Sie bekamen keinen Lohn vom Staat, sondern lebten von dem Geld, das sie auf die festgesetzten Steuern aufschlugen. Deshalb hatten sie ein schlechtes Ansehen.

Reich Gottes: Wörtlich »Königsherrschaft Gottes«. Bezeichnet den Herrschaftsbereich, in dem sich Gottes Wille durchsetzt.

Gleichnis: Erzählung, die ihre Botschaft in Bildern und Vergleichen vermittelt.

Weinberg: Ein mit einer Mauer umgebener Garten, in dem Wein angebaut wird. In der Bibel wird er auch als Bild für das Volk Israel verwendet, vgl. Jesaja 5,1-7.

Kelter: Eine aus dem Fels gehauene Grube, die zum Auspressen von reifen Trauben diente. Die Trauben wurden dazu mit den bloßen Füßen zertreten.

Steinigung, steinigen: Hinrichtungsart, bei der ein Verurteilter öffentlich mit Steinen beworfen wird.

zueinander: ›Er ist der Erbe. Kommt, wir töten ihn, dann gehört sein Erbe uns.‹ 39 Sie packten ihn, warfen ihn hinaus vor den Weinberg und töteten ihn. 40 Wenn nun der Weinbergbesitzer kommt, was wird er mit diesen Pächtern machen?« 41 Sie antworteten Jesus: »Er wird diese Verbrecher töten und den Weinberg anderen Pächtern geben. Die werden ihm zur Zeit der Weinlese seinen Anteil an der Ernte abliefern.«

42 Weiter sagte Jesus zu ihnen: »Ihr kennt doch die Stelle in der Heiligen Schrift: ›Der Stein, den die Bauleute verworfen haben, ist zum Grundstein geworden. Der Herr hat ihn dazu gemacht. Es ist ein Wunder in unseren Augen.‹ 43 Deshalb sage ich euch: Gott wird euch das Reich Gottes wegnehmen. Er wird es einem Volk geben, das Früchte hervorbringt, die dem Reich Gottes entsprechen. 44 Wer auf diesen Stein fällt, wird zerschmettert. Und auf wen dieser Stein fällt, wird zerdrückt.«

45 Die führenden Priester und die Pharisäer hörten sich die beiden Gleichnisse an. Sie verstanden, dass Jesus von ihnen sprach. 46 Deshalb hätten sie ihn am liebsten verhaften lassen, aber sie fürchteten sich vor der Volksmenge. Denn die Menschen hielten Jesus für einen Propheten.

Das Gleichnis vom Hochzeitsfest

→ Lukas 14,16-24

22 1 Dann erzählte Jesus ihnen weitere Gleichnisse. 2 »Das Himmelreich gleicht einem König, der für seinen Sohn das Hochzeitsfest veranstaltete. 3 Er schickte seine Diener los. Sie sollten die Gäste holen, die zur Hochzeit eingeladen waren. Aber sie wollten nicht kommen. 4 Da schickte er noch einmal andere Diener los. Sie sollten den Eingeladenen sagen: ›Seht doch: Ich habe mein Festessen vorbereitet. Meine Ochsen und Mastkälber sind geschlachtet. Alles ist bereit. Kommt doch zum Hochzeitsfest!‹ 5 Aber die Eingeladenen kümmerten sich nicht darum, sondern gingen ihrer Arbeit nach: der eine auf seinem Acker, der andere in seinem Laden. 6 Manche packten die Diener sogar, misshandelten und töteten sie. 7 Da wurde der König zornig. Er schickte seine Soldaten. Die Mörder ließ er umbringen und ihre Stadt niederbrennen.

8 Dann befahl er seinen Dienern: ›Das Hochzeitsfest ist zwar vorbereitet, aber die Eingeladenen waren es nicht wert, daran teilzunehmen. 9 Geht hinaus bis ans Ende der Stadt! Ladet alle Menschen zum Hochzeitsfest ein, die euch begegnen!‹ 10 Die Diener gingen hinaus auf die Straßen und brachten alle mit, die sie dort fanden – böse wie gute Menschen. So füllte sich der Hochzeitssaal mit Gästen.

11 Der König kam in den Festsaal, um sich die Gäste anzusehen. Da sah er einen Mann, der nicht für eine Hochzeit gekleidet war. 12 Der König sagte zu ihm: ›Freund, wie bist du hier hereingekommen? Du bist ja gar nicht für eine Hochzeit angezogen!‹ Der Mann konnte aber keine Antwort geben. 13 Da befahl der König seinen Dienern: ›Fesselt

die Stelle in der Heiligen Schrift: Zitat aus Psalm 118,22-23.

verworfen: Für das Fundament lassen sich nur Steine von bester Qualität gebrauchen. Die Bauleute begutachten sie und sortieren sie aus.

Früchte: Ein Baum, der keine Früchte trägt, ist ein Bild für Menschen, die keine guten Taten hervorbringen.

führende Priester: Der amtierende Hohepriester, seine Vorgänger und weitere Priester aus der Führungsschicht.

Pharisäer: Angehöriger einer jüdischen Glaubensgruppe, die die biblischen Vorschriften und Gesetze sehr streng auslegte.

Gleichnis: Erzählung, die ihre Botschaft in Bildern und Vergleichen vermittelt.

Himmelreich: Wörtlich »Königsherrschaft der Himmel«. Bezeichnet den Herrschaftsbereich, in dem sich Gottes Wille durchsetzt.

gekleidet: Die Kleidung des Gasts ist hier Bild für sein öffentliches Auftreten im Allgemeinen. Sowenig er sich für eine Hochzeit angemessen anzieht, sowenig tut er in seinem Leben das Richtige.

ihn an Händen und Füßen und werft ihn hinaus in die Finsternis! Dort gibt es nur Heulen und Zähneklappern.‹ 14 Denn viele sind zwar berufen, aber nur wenige erwählt.«

Steuern für den Kaiser?

→ Markus 12,13-17; Lukas 20,20-26

15 Daraufhin kamen die Pharisäer zusammen. Sie überlegten, wie sie Jesus durch eine Frage in Bedrängnis bringen konnten. 16 Sie schickten ihre Jünger zu Jesus, zusammen mit einigen Anhängern des Herodes. Die sagten zu ihm: »Lehrer, wir wissen: Dir geht es nur um die Wahrheit. Du lehrst uns aufrichtig, wie wir nach Gottes Willen leben sollen. Dabei fragst du nach keinem anderen, denn du siehst nicht die Person an. 17 Sag uns bitte, was du für richtig hältst: Ist es erlaubt, dem Kaiser Steuern zu zahlen oder nicht?« 18 Jesus durchschaute ihre Absicht und sagte: »Warum wollt ihr mich auf die Probe stellen, ihr Scheinheiligen? 19 Zeigt mir eine Münze, mit der ihr die Steuern bezahlt!« Sie gaben ihm eine Silbermünze. 20 Jesus fragte sie: »Wer ist auf dem Bild zu sehen, und wer wird in der Inschrift genannt?« 21 Sie antworteten: »Der Kaiser.« Da sagte Jesus zu ihnen: »Dann gebt dem Kaiser, was dem Kaiser gehört, und Gott, was Gott gehört!« 22 Als sie das hörten, waren sie sehr erstaunt. Sie ließen Jesus in Ruhe und gingen weg.

Werden die Toten auferstehen?

→ Markus 12,18-27; Lukas 20,27-40

23 Am selben Tag kamen Sadduzäer zu Jesus. Die Sadduzäer behaupten, dass es keine Auferstehung der Toten gibt. Sie fragten Jesus: 24 »Lehrer, Mose hat gesagt: ›Wenn ein Mann kinderlos stirbt, soll sein Bruder die Frau heiraten. So kann er dem Verstorbenen Nachkommen verschaffen.‹ 25 Nun gab es bei uns sieben Brüder. Der erste heiratete und starb kinderlos. Deshalb heiratete sein Bruder die Witwe. 26 Ihm erging es genauso, auch dem dritten bis hin zum siebten. 27 Als Letzte von allen starb die Frau. 28 Wie wird es nun bei der Auferstehung der Toten sein? Mit wem von den sieben wird die Frau dann verheiratet sein? Alle haben sie ja zur Frau gehabt.«

29 Jesus antwortete: »Ihr irrt euch! Denn ihr kennt weder die Heilige Schrift noch wisst ihr, wie groß Gottes Macht ist. 30 Wenn die Menschen von den Toten auferstehen, werden sie weder heiraten noch geheiratet werden. Vielmehr werden sie leben wie die Engel im Himmel. 31 Was aber die Auferstehung der Toten angeht – wisst ihr nicht, dass Gott euch gesagt hat: 32 ›Ich bin der Gott Abrahams, Isaaks und Jakobs.‹ Gott ist doch nicht ein Gott der Toten, sondern der Lebenden.« 33 Die Volksmenge hatte Jesus zugehört. Sie war von seiner Lehre tief beeindruckt.

Herodes Antipas: Sohn von Herodes dem Großen und Herrscher über Galiläa und Peräa (4 v. Chr.–39 n. Chr.).

Silbermünze: Die römischen Kaiser ließen Münzen mit einem Bild ihres Kopfes und einer entsprechenden Inschrift prägen.

Sadduzäer: Angehörige einer jüdischen Glaubensgruppe, in der Priester eine bedeutende Rolle spielten. Neben den vornehmen Priesterfamilien gehörten ihr auch andere Vertreter der führenden Gesellschaftsschicht an.

Auferstehung: Meint die Auferweckung vom Tod und das ewige Leben im Reich Gottes.

Mose hat gesagt: Die folgenden Worte beziehen sich auf 5. Mose/Deuteronomium 25,5-6.

Gott hat euch gesagt: Mit diesen Worten stellt sich Gott dem Mose in 2. Mose/Exodus 3,1-12 vor und beruft ihn dazu, das Volk Israel aus der Gefangenschaft in Ägypten zu führen.

Gott Abrahams, Isaaks und Jakobs: Bezeichnung für den Gott Israels. Sie bringt das persönliche Treueverhältnis zwischen Gott und den Stammvätern seines Volkes zum Ausdruck.

Jesus antwortete: Zitat aus 5. Mose/Deuteronomium 6,5.

das folgende Gebot: Zitat aus 3. Mose/Levitikus 19,18.

Christus: Bedeutet übersetzt »der Gesalbte«. Im Alten Testament werden Könige, aber auch Propheten und Priester bei Amtsantritt gesalbt. Später wird der von Gott zum Herrscher der Welt bestimmte Retter so genannt. Im Neuen Testament ist das Jesus.

Sohn Davids: David ist ein bedeutender König von Israel. Nachdem das Königreich untergegangen war, hoffte man auf einen Nachkommen Davids als Retter und Erlöser Israels; vgl. 2. Samuel 7,12-16.

er sagte: David gilt als Dichter zahlreicher Lieder und Gebete. Im Folgenden wird aus Psalm 110,1 zitiert.

Herr: Der Herr einer Person kann eigentlich nicht auch ihr Sohn sein. Nur auf Jesus Christus trifft beides zu. Er ist sowohl Davids Nachkomme als auch sein Herr.

Lehrstuhl von Mose: In manchen Synagogen gab es Stühle, auf denen Schriftgelehrte Platz nahmen, um die Lebensvorschriften des Alten Testaments, besonders die fünf Bücher Mose, auszulegen.

Was ist das wichtigste Gebot?

→ Markus 12,28-31; Lukas 10,25-28

34 Die Pharisäer hörten davon, wie Jesus die Sadduzäer zum Schwei-
gen gebracht hatte. Deshalb kamen sie bei Jesus zusammen. 35 Einer
von ihnen, ein Schriftgelehrter, wollte Jesus auf die Probe stellen und
fragte: 36 »Lehrer, welches Gebot im Gesetz ist das größte?« 37 Jesus
antwortete: »›Du sollst den Herrn, deinen Gott, lieben mit deinem
ganzen Herzen, mit deiner ganzen Seele und mit deinem ganzen
Denken.‹ 38 Dies ist das größte und wichtigste Gebot. 39 Aber das fol-
gende Gebot ist genauso wichtig: ›Liebe deinen Mitmenschen wie
dich selbst.‹ 40 Diese beiden Gebote fassen alles zusammen, was das
Gesetz und die Propheten von den Menschen fordern.«

Davids Sohn oder Davids Herr?

→ Markus 12,35-37; Lukas 20,41-44

41 Als die Pharisäer bei Jesus zusammengekommen waren, 42 stellte
er ihnen eine Frage: »Was denkt ihr über den Christus? Wessen
Sohn ist er?« Sie antworteten: »Der Sohn Davids.« 43 Jesus fragte
weiter: »Wie kann David ihn dann ›Herr‹ nennen? Er wurde doch
vom Heiligen Geist geleitet, als er sagte: 44 ›Gott, der Herr, sagte zu
meinem Herrn: Setz dich an meine rechte Seite, bis ich deine Fein-
de unterwerfe! Ich mache sie zum Schemel für deine Füße.‹ 45 Da-
vid selbst nennt den Christus also ›Herr‹. Wie kann dieser dann
sein Sohn sein?« 46 Keiner konnte Jesus darauf eine Antwort ge-
ben. Von dem Tag an wagte es niemand mehr, Jesus eine Frage zu
stellen.

Jesus spricht über die Pharisäer und Schriftgelehrten 23,1-39

Die Pharisäer und Schriftgelehrten tun nicht, was sie lehren

→ Markus 12,38-39; Lukas 20,45-46

23 1 Dann wandte sich Jesus an die Volksmenge und seine Jün-
ger 2 und sagte: »Die Schriftgelehrten und Pharisäer sitzen auf
dem Lehrstuhl von Mose. 3 Alles, was sie euch sagen, sollt ihr tun und
befolgen. Aber verhaltet euch nicht so, wie sie sich verhalten! Denn
sie halten sich selbst nicht an das, was sie lehren: 4 Sie binden schwere
Lasten zusammen, die kaum zu tragen sind. Die legen sie den Men-
schen auf die Schulter. Aber sie selbst wollen keinen Finger krumm
machen, um sie zu tragen. 5 Alles, was sie tun, machen sie, damit sie
von den Leuten gesehen werden. Sie tragen besonders breite Gebets-
riemen und besonders lange Quasten. 6 Bei den Festessen und in den
Synagogen ist es ihnen wichtig, die Ehrenplätze zu bekommen. 7 Auf
den Marktplätzen wollen sie gegrüßt werden. Die Menschen sollen
sie ›Rabbi‹ nennen.

8 Aber ihr sollt euch nicht ›Rabbi‹ nennen lassen. Denn nur einer

ist euer Lehrer, aber untereinander seid ihr alle Brüder und Schwes-
tern. 9 Ihr sollt auch keinen von euch hier auf der Erde ›Vater‹ nennen.
Denn nur einer ist euer Vater: der Vater im Himmel. 10 Ihr sollt euch
auch nicht ›Lehrmeister‹ nennen lassen, denn nur einer ist euer Lehr-
meister: Christus. 11 Wer unter euch am größten ist, soll euer Diener
sein. 12 Wer sich selbst groß macht, wird von Gott niedrig und klein
gemacht werden. Und wer sich selbst niedrig und klein macht, wird
von Gott groß gemacht werden.«

Wehe den Scheinheiligen!

→ *Lukas 11,40-48*

13 »Wehe euch, ihr Schriftgelehrten und Pharisäer! Ihr Scheinheili-
gen! Denn ihr versperrt den Menschen den Weg zum Himmelreich.
Ihr selbst geht nicht hinein und ihr hindert alle daran, die hineinge-
hen wollen. 14 [...]

15 Wehe euch, ihr Schriftgelehrten und Pharisäer! Ihr Scheinheili-
gen! Denn ihr reist über Land und Meer, um einen einzigen Anhän-
ger zu gewinnen. Doch wenn er es geworden ist, dann habt ihr ihn
auf den Weg in die Hölle geschickt: Er wird doppelt so schlimm wie
ihr.

16 Wehe euch! Ihr wollt andere führen und seid selbst blind. Ihr
sagt: ›Wer beim Tempel schwört, muss seinen Schwur nicht halten.
Aber wer beim Gold des Tempels schwört, muss seinen Schwur hal-
ten.‹ 17 Ihr seid dumm und blind! Was ist denn wichtiger? Das Gold
oder der Tempel, der das Gold doch erst heilig macht? 18 Außerdem
sagt ihr: ›Wer beim Altar schwört, muss seinen Schwur nicht halten.
Aber wer beim Opfer auf dem Altar schwört, muss seinen Schwur
halten.‹ 19 Ihr seid blind! Was ist denn wichtiger? Das Opfer oder
der Altar, der das Opfer doch erst heilig macht? 20 Also gilt: Wer beim
Altar schwört, der schwört damit auch bei allem, was auf dem Altar
liegt. 21 Und wer beim Tempel schwört, der schwört damit auch bei
Gott, der im Tempel wohnt. 22 Und wer beim Himmel schwört, der
schwört damit auch beim Thron Gottes – und bei Gott selbst, der auf
dem Thron sitzt.

23 Wehe euch, ihr Schriftgelehrten und Pharisäer! Ihr Scheinheili-
gen! Denn ihr gebt Gott sogar den zehnten Teil von Gewürzen wie
Minze, Dill und Kümmel. Gleichzeitig beachtet ihr nicht, was im
Gesetz viel wichtiger ist: Gerechtigkeit, Barmherzigkeit und Glaube.
Das solltet ihr aber tun, ohne das andere zu lassen. 24 Ihr wollt andere
führen und seid selbst blind. Eine kleine Mücke fischt ihr aus dem
Becher, aber Kamele trinkt ihr mit.

25 Wehe euch, ihr Schriftgelehrten und Pharisäer! Ihr Scheinheili-
gen! Becher und Schüsseln haltet ihr von außen sauber. Aber innen
sind sie voller Gier und Selbstsucht. 26 Du blinder Pharisäer! Reini-
ge zuerst das Innere des Bechers, dann wird er auch außen sauber
sein!

27 Wehe euch, ihr Schriftgelehrten und Pharisäer! Ihr Schein-

Himmelreich: Wörtlich »Königsherrschaft der Himmel«. Bezeichnet den Herrschaftsbereich, in dem sich Gottes Wille durchsetzt.

[...]: Einige spätere Handschriften ergänzen: »Wehe euch, ihr Schriftgelehrten und Pharisäer! Ihr bringt die Häuser der Witwen in euren Besitz und sprecht nur zum Schein lange Gebete. Dafür werdet ihr sehr hart bestraft werden.« Dieser Text findet sich ähnlich in Markus 12,40 und Lukas 20,47.

zehnter Teil: Abgabe vom jährlichen Ernteertrag an das Heiligtum. Sie gehört Gott.

Gesetz: Die Lebensvorschriften des Alten Testaments, besonders die fünf Bücher Mose.

Mücke, Kamel: Mücke und Kamel gehören zu den unreinen Tieren, die den religiösen Speisevorschriften zufolge nicht gegessen werden dürfen; vgl. 5. Mose/Deuteronomium 14,3-21.

Schriftgelehrte: Menschen, deren Aufgabe das Studium und die Auslegung der Heiligen Schrift ist.

Pharisäer: Angehöriger einer jüdischen Glaubensgruppe, die die biblischen Vorschriften und Gesetze sehr streng auslegte.

heiligen! Denn ihr seid wie Gräber, die frisch gekalkt sind: Von außen sehen sie gepflegt aus, aber innen sind sie voll von toten Knochen und Unreinem. [28] So seid auch ihr: Von außen seht ihr aus wie Gerechte. Aber innen seid ihr voller Heuchelei und missachtet das Gesetz.

[29] Wehe euch, ihr Schriftgelehrten und Pharisäer! Ihr Scheinheiligen! Denn ihr errichtet Grabmäler für die Propheten und schmückt die Grabkammern der Gerechten. [30] Ihr behauptet: ›Hätten wir zu der Zeit unserer Vorfahren gelebt, hätten wir anders gehandelt. Wir hätten uns nicht wie sie am Tod der Propheten schuldig gemacht.‹ [31] Damit gebt ihr selbst zu: Ihr seid die Nachkommen der Prophetenmörder. [32] Macht nur so weiter wie eure Vorfahren! [33] Ihr Schlangen mit eurem Gift! Wie wollt ihr der Höllenstrafe entkommen?«

Die Strafe wird kommen

→ Lukas 11,49-51

[34] »Seht euch vor: Ich schicke euch Propheten, weise Männer und wahre Schriftgelehrte. Einige von ihnen werdet ihr töten und kreuzigen lassen. Andere werdet ihr in euren Synagogen auspeitschen und sie von Stadt zu Stadt verfolgen. [35] Deshalb werdet ihr zur Rechenschaft gezogen: für das Blut all der Gerechten, das auf der Erde vergossen wurde – angefangen bei Abel, der gerecht vor Gott lebte, bis zu Secharja, dem Sohn von Berechja. Ihn habt ihr im Hof des Tempels zwischen Tempel und Altar ermordet. [36] Amen, das sage ich euch: Die Strafe für das alles wird eure Generation treffen!«

Jesus klagt über Jerusalem

→ Lukas 13,34-35

[37] »Jerusalem, Jerusalem! Du tötest die Propheten und steinigst die Boten, die Gott zu dir sendet! Wie oft wollte ich deine Kinder um mich versammeln – wie eine Henne ihre Küken unter ihren Flügeln beschützt. Aber ihr habt nicht gewollt. [38] Seht euch vor: Euer Tempel wird von Gott verlassen und verwüstet daliegen. [39] Das sage ich euch: Ihr werdet mich von jetzt an nicht mehr sehen, bis ihr einst ausruft: ›Gesegnet ist, wer im Namen des Herrn kommt!‹«

Jesus spricht über die Endzeit und das Weltgericht

24,1–25,46

Jesus kündigt die Zerstörung des Tempels an

→ Markus 13,1-2; Lukas 21,5-6

24 [1] Jesus verließ den Tempel und wollte weiterziehen. Da kamen seine Jünger zu ihm. Sie wollten ihm die Tempelanlage zeigen mit ihren prächtigen Bauwerken. [2] Doch Jesus sagte zu ihnen: »Ihr bewundert das alles? Amen, das sage ich euch: Hier wird kein Stein auf dem anderen bleiben. Es wird alles zerstört werden.«

kalken: Der weiße Kalk ließ die Gräber von außen schön aussehen.

Unreines: Kontakt mit Toten macht unrein, weil man dadurch zu nah an die Grenze des Todes kommt.

Gerechte: Menschen, die Gottes Gebote befolgen, sodass das Leben in Gemeinschaft miteinander gelingt.

Gesetz: Die Lebensvorschriften des Alten Testaments, besonders die fünf Bücher Mose.

Schriftgelehrte: Menschen, deren Aufgabe das Studium und die Auslegung der Heiligen Schrift ist.

Kreuzigung: Verurteilte Sklaven, Räuber und Aufrührer wurden von den Römern am Kreuz hingerichtet.

Synagoge: Versammlungsstätte einer jüdischen Gemeinde.

Abel: Sohn von Adam und Eva, der von seinem Bruder Kain erschlagen wird; vgl. 1. Mose/Genesis 4,1-16.

Secharja: 2. Chronik 24,20-22 erzählt von einem Secharja, der umgebracht wurde, weil er im Auftrag Gottes den König und das Volk kritisierte.

Jerusalem: Das religiöse und kulturelle Zentrum des Landes steht hier stellvertretend für die religiösen Führer und Leitungsgremien.

Wann kommt das Ende?

→ Markus 13,3-8; Lukas 21,7-11

3 Dann ging Jesus auf den Ölberg und setzte sich. Nur seine Jünger
waren bei ihm. Sie traten zu ihm und fragten: »Sag uns, wann wird
das sein? Und an welchen Zeichen erkennen wir, dass du wieder-
kommst und das Ende der Welt bevorsteht?« 4 Jesus antwortete:
»Passt auf, dass euch niemand in die Irre führt! 5 Denn viele werden
unter meinem Namen auftreten und behaupten: ›Ich bin der Chris-
tus!‹ Damit werden sie viele Menschen in die Irre führen. 6 Ihr werdet
von Kriegen und Kriegsgerüchten hören. Passt auf, dass ihr nicht er-
schreckt! Denn das muss so geschehen. Aber das ist noch nicht das
Ende. 7 Denn ein Volk wird gegen das andere kämpfen, und ein Reich
das andere angreifen. An vielen Orten wird es Hungersnöte und Erd-
beben geben. 8 Doch das alles ist erst der Anfang der Geburtswehen.«

Standhalten in Verfolgung

→ Markus 13,9-13; Lukas 21,12-19

9 »Dann wird man euch in große Not bringen und sogar töten. Alle
Völker werden euch hassen, weil ihr euch zu mir bekennt. 10 Dann
werden sich viele vom Glauben abbringen lassen. Sie werden sich
gegenseitig verraten und einander hassen. 11 Viele falsche Propheten
werden auftreten und viele von euch in die Irre führen. 12 Weil der
Ungehorsam gegen Gottes Gesetz immer größer wird, wird die Lie-
be bei vielen Menschen erkalten. 13 Aber wer bis zum Ende standhält,
wird gerettet werden. 14 Die Gute Nachricht vom Himmelreich wird
in der ganzen Welt verkündet werden. Alle Völker werden davon hö-
ren, und erst dann wird das Ende kommen.«

Die Zeit der Not, bevor der Menschensohn kommt

→ Markus 13,14-23; Lukas 17,21-24; 17,37; 21,20-24

15 »Ihr werdet sehen, dass das ›Götzenbild der Verwüstung‹ im Heilig-
tum steht. So hat es Gott durch den Propheten Daniel angekündigt.
Wer das liest, soll überlegen, was es bedeutet! 16 Wenn das geschieht,
dann sollen die Einwohner von Judäa in die Berge fliehen. 17 Wer ge-
rade auf dem Dach ist, soll nicht erst hinuntersteigen, um noch etwas
aus seinem Haus zu holen. 18 Und wer gerade auf dem Feld ist, soll
nicht zurücklaufen, um noch seinen Mantel zu holen. 19 Wie schreck-
lich wird diese Zeit für die Frauen sein, die gerade ein Kind erwarten
oder stillen! 20 Betet, dass es nicht Winter oder Sabbat ist, wenn ihr
fliehen müsst! 21 Die Not wird schrecklich sein. Noch nie hat es eine
so große Not gegeben – vom Anfang der Welt an bis heute. Und es
wird sie auch künftig nicht geben. 22 Wenn Gott diese schreckliche
Zeit nicht verkürzen würde, könnte kein Mensch gerettet werden.
Aber er wird diese Zeit verkürzen – denen zuliebe, die er erwählt hat.
23 Wenn dann jemand zu euch sagt: ›Seht her, hier ist der Christus!‹,
oder: ›Dort ist er!‹, dann glaubt es nicht! 24 Denn mancher falsche
Christus und mancher falsche Prophet wird auftreten. Sie werden

Ende der Welt: Meint den Tag des Herrn, an dem Jesus Christus nach Tod und Auferstehung wiederkommt. An diesem Tag hält Gott Gericht und sein Reich bricht endgültig an.

Christus: Bedeutet übersetzt »der Gesalbte«. Im Alten Testament werden Könige, aber auch Propheten und Priester bei Amtsantritt gesalbt. Später wird der von Gott zum Herrscher der Welt bestimmte Retter so genannt. Im Neuen Testament ist das Jesus.

Geburtswehen: Das Bild einer Frau in den Wehen dient dazu, Angst und Not zu beschreiben. Die Tage, bevor Jesus Christus wiederkommt, stellte man sich als eine Zeit von Angst und Schrecken vor. Mit dem Gericht Gottes über die Welt bricht dann endgültig das Reich Gottes an.

Himmelreich: Wörtlich »Königsherrschaft der Himmel«. Bezeichnet den Herrschaftsbereich, in dem sich Gottes Wille durchsetzt.

Götzenbild der Verwüstung: Standbild einer fremden Gottheit, das den Tempel entweiht. Daniel 9,27 und Daniel 12,11 kündigen es für die Zeit vor dem Gericht Gottes an.

Sabbat: In der Bibel der siebte Tag der Woche, heute unser Samstag. Er gilt im Judentum als Feiertag, an dem nicht gearbeitet werden darf.

große Zeichen und Wunder tun. So wollen sie möglichst auch die
Menschen in die Irre führen, die von Gott erwählt sind. 25 Seht euch
vor: Ich habe es euch vorhergesagt! 26 Wenn jemand zu euch sagt:
›Seht doch: Er ist in der Wüste!‹, dann geht nicht hinaus! Wenn je-
mand sagt: ›Seht doch: Er ist hier im Haus versteckt!‹, dann glaubt
ihm nicht! 27 Denn wenn der Menschensohn wiederkommt, wird es
sein wie bei einem Blitz: Unübersehbar leuchtet er auf, vom Osten
bis zum Westen. 28 Er ist so unübersehbar wie die Geier, die über dem
Aas kreisen.«

Der Menschensohn kommt

→ Markus 13,24-27; Lukas 21,25-28

29 »Sofort nach dieser schrecklichen Zeit wird die Sonne sich ver-
finstern und der Mond nicht mehr scheinen. Die Sterne werden
vom Himmel fallen und die Mächte des Himmels erschüttert wer-
den. 30 Dann wird der Menschensohn für alle sichtbar am Himmel
erscheinen. Das ist das Zeichen, dass das Ende da ist. Dann werden
alle Völker der Welt jammern und klagen. Alle werden es sehen: Der
Menschensohn kommt auf den Wolken des Himmels mit großer
Macht und Herrlichkeit. 31 Zum Klang der Trompeten wird er seine
Engel ausschicken. Die bringen alle zusammen, die Gott erwählt hat.
Wie die vier Winde kommen sie aus allen Himmelsrichtungen, vom
einen Ende des Himmels bis zum anderen.«

Das Gleichnis vom Feigenbaum

→ Markus 13,28-32; Lukas 21,29-33

32 »Nehmt den Feigenbaum als Gleichnis, an dem ihr etwas lernt.
Wenn seine Zweige frisch austreiben und Blätter bekommen, dann
wisst ihr: Der Sommer ist bald da. 33 So ist es auch mit euch: Wenn ihr
das alles seht, dann wisst ihr: Das Ende ist nahe. Der Menschensohn
steht vor der Tür. 34 Amen, das sage ich euch: Diese Generation wird
nicht sterben, bevor dies alles geschieht. 35 Himmel und Erde werden
vergehen, aber meine Worte vergehen nicht. 36 An welchem Tag und
zu welcher Stunde das sein wird, weiß niemand – auch nicht die En-
gel im Himmel, nicht einmal der Sohn, sondern ganz allein der Vater.«

Bleibt wachsam!

→ Lukas 12,39-40; 17,26-35

37 »Wenn der Menschensohn wiederkommt, wird es sein wie zur Zeit
Noahs. 38 Vor der Sintflut aßen und tranken die Menschen, sie heira-
teten und verheirateten ihre Kinder. So lebten sie bis zu dem Tag, als
Noah in die Arche stieg. 39 Sie ahnten nichts, bis die Sintflut kam und
sie alle wegriss. Genauso wird es sein, wenn der Menschensohn wie-
derkommt. 40 Dann werden zwei Männer zusammen auf dem Feld
arbeiten. Den einen wird der Menschensohn zu sich holen und den
anderen zurücklassen. 41 Zwei Frauen werden mit der Mühle Korn
mahlen. Die eine wird er zu sich holen und die andere zurücklassen.

Menschensohn: Bezeichnung, die zum Ausdruck bringt, dass Menschen Geschöpfe Gottes sind. Im Neuen Testament ein Titel für Jesus, der von Gott zum Herrscher und Retter der Welt bestimmt wurde.

Herrlichkeit: Bezeichnet das, was einer Person Ansehen und Macht verleiht. Gottes Herrlichkeit stellt man sich auch als strahlenden Lichtglanz vor.

Gleichnis: Erzählung, die ihre Botschaft in Bildern und Vergleichen vermittelt.

Ende: Meint den Tag des Herrn, an dem Jesus Christus nach Tod und Auferstehung wiederkommt. An diesem Tag hält Gott Gericht und sein Reich bricht endgültig an.

Amen: Das hebräische Wort bedeutet »So ist es! / So soll es sein!«

Sohn Gottes: Titel, der das besondere Vertrauensverhältnis eines Menschen zu Gott zum Ausdruck bringt. Im Neuen Testament wird der Titel ausschließlich für Jesus verwendet.

Arche: Bezeichnung für das kastenartige Schiff, in dem die Familie Noahs und die Tiere vor der Sintflut gerettet wurden; vgl. 1. Mose/Genesis 6,9–9,17.

42 Bleibt also wachsam! Denn ihr wisst nicht, an welchem Tag euer
Herr wiederkommt. 43 Macht euch bewusst: Wenn der Hausherr
wüsste, wann der Dieb in der Nacht kommt, würde er wach bleiben.
Er würde es nicht zulassen, dass in sein Haus eingebrochen wird.
44 Darum sollt auch ihr jederzeit bereit sein. Denn der Menschensohn
kommt zu einer Stunde, in der ihr ihn nicht erwartet.«

Der zuverlässige Diener

→ Lukas 12,42-46

45 »Wer ist denn der treue und kluge Diener? Ihm hat sein Herr den
Auftrag gegeben, die übrigen Diener zu beaufsichtigen. Außerdem
soll er sie zur rechten Zeit mit Essen versorgen. 46 Glückselig ist er,
wenn der Herr bei seiner Rückkehr sieht, dass er seinen Auftrag ge-
wissenhaft erfüllt. 47 Amen, das sage ich euch: Der Herr wird ihm die
Verantwortung für seinen ganzen Besitz übertragen!
48 Wenn er aber ein schlechter Diener ist, sagt er sich: ›Mein Herr
wird lange weg sein.‹ 49 Er fängt an, die anderen Diener zu schlagen,
und er isst und trinkt mit Säufern. 50 Dann kommt sein Herr zurück.
Er kommt an einem Tag, an dem der Diener es nicht erwartet – und
zu einer Stunde, in der er nicht damit rechnet. 51 Der Herr wird ihn in
Stücke hauen und dorthin bringen lassen, wo die Scheinheiligen be-
straft werden. Dort wird es Heulen und Zähneklappern geben!«

Das Gleichnis von den Brautjungfern

25 1 »Wenn das Himmelreich kommt, wird es sein wie folgendes
Gleichnis: Zehn Brautjungfern nahmen ihre Fackeln und gin-
gen hinaus, um den Bräutigam zu empfangen. 2 Fünf von ihnen waren
dumm, die anderen fünf waren klug. 3 Die dummen Brautjungfern
nahmen zwar ihre Fackeln mit, aber kein Öl. 4 Die klugen Brautjung-
fern dagegen nahmen zusammen mit ihren Fackeln auch Krüge mit
Öl mit. 5 Doch der Bräutigam verspätete sich. Die Brautjungfern wur-
den müde und schliefen ein. 6 Mitten in der Nacht weckte sie der Ruf:
›Seht doch! Der Bräutigam kommt! Geht hinaus, um ihn in Empfang
zu nehmen!‹ 7 Da standen alle Brautjungfern auf und machten ihre
Fackeln bereit. 8 Die dummen Brautjungfern sagten zu den klugen:
›Gebt uns von eurem Öl, sonst gehen unsere Fackeln sofort wieder
aus!‹ 9 Aber die klugen Brautjungfern antworteten: ›Das geht nicht.
Das Öl reicht nicht für uns und euch! Geht doch zu den Händlern
und kauft euch selbst welches.‹
10 Die dummen Brautjungfern gingen los, um Öl zu kaufen. Inzwi-
schen traf der Bräutigam ein. Die klugen Brautjungfern, die vorge-
sorgt hatten, gingen mit ihm zum Hochzeitsfest. Hinter ihnen wurde
die Tür geschlossen. 11 Später kamen die anderen Brautjungfern nach.
Sie riefen: ›Herr, Herr, mach uns auf!‹ 12 Aber der Bräutigam antwor-
tete: ›Amen, das sage ich euch: Ich kenne euch nicht.‹ 13 Bleibt also
wachsam! Denn ihr kennt weder den Tag noch die Stunde, in der der
Menschensohn wiederkommt.«

Tag des Herrn: Der Tag, an dem Christus wiederkommt. Dann hält Gott Gericht und sein Reich bricht endgültig an.

kluger Diener: Bild für einen Menschen, der sich in der Zeit, bevor Christus wiederkommt, für andere einsetzt und so dem Reich Gottes dient.

Himmelreich: Wörtlich »Königsherrschaft der Himmel«. Bezeichnet den Herrschaftsbereich, in dem sich Gottes Wille durchsetzt.

Fackel: Eine Stange mit einem Gefäß, in dem ein in Öl getränkter Lappen brannte.

Bräutigam: Bild für Christus, der nach Tod und Auferstehung am Tag des Herrn wiederkommen wird. Dann wird Gottes Reich endgültig anbrechen.

Diener: Menschen, die für einen Herrn arbeiteten und in dessen Haus lebten. Es war üblich, dass sie mit geringen Geldbeträgen ihres Herrn Geschäfte machten. Der Gewinn gehörte ihrem Herrn, für einen Verlust mussten sie selbst aufkommen.

Talent: Ein »Talent« ist eine Gewichtseinheit zum Wiegen von Münzen und entspricht etwa 36 kg.

Freudenfest: Bild für das Anbrechen vom Reich Gottes. Dann herrscht Gott als König über die Welt, in der alles nach seinem Willen geschieht.

Menschensohn: Bezeichnung, die zum Ausdruck bringt, dass Menschen Geschöpfe Gottes sind. Im Neuen Testament ein Titel für Jesus, der von Gott zum Herrscher und Retter der Welt bestimmt wurde.

Herrscherthron: Bild für die Königsherrschaft Gottes. Als Herrscher über die ganze Welt ist er der Richter, der am Ende der Zeit ein Urteil über sie spricht. Hier tritt Christus an seine Stelle.

Das Gleichnis vom anvertrauten Geld

→ Lukas 19,11-27

14 »Es ist wie bei einem Mann, der verreisen wollte. Vorher rief er seine Diener zusammen und vertraute ihnen sein Vermögen an. 15 Dem einen gab er fünf Talente, einem anderen zwei Talente und dem dritten ein Talent – jedem nach seinen Fähigkeiten. Dann reiste der Mann ab. 16 Der Diener mit den fünf Talenten fing sofort an, mit dem Geld zu wirtschaften. Dadurch gewann er noch einmal fünf Talente dazu. 17 Genauso machte es der mit den zwei Talenten. Er gewann noch einmal zwei Talente dazu. 18 Aber der Diener mit dem einen Talent ging weg und grub ein Loch in die Erde. Dort versteckte er das Geld seines Herrn.

19 Nach langer Zeit kam der Herr der drei Diener zurück und wollte mit ihnen abrechnen. 20 Zuerst kam der Diener, der fünf Talente bekommen hatte. Er brachte die zusätzlichen fünf Talente mit und sagte: ›Herr, fünf Talente hast du mir gegeben. Sieh nur, ich habe noch einmal fünf dazugewonnen.‹ 21 Sein Herr sagte zu ihm: ›Gut gemacht! Du bist ein tüchtiger und treuer Diener. Du hast dich bei dem Wenigen als zuverlässig erwiesen. Darum werde ich dir viel anvertrauen. Komm herein! Du sollst beim Freudenfest deines Herrn dabei sein!‹ 22 Dann kam der Diener, der zwei Talente bekommen hatte. Er sagte: ›Herr, zwei Talente hast du mir gegeben. Sieh doch, ich habe noch einmal zwei dazugewonnen.‹ 23 Da sagte sein Herr zu ihm: ›Gut gemacht! Du bist ein tüchtiger und treuer Diener. Du hast dich bei dem Wenigen als zuverlässig erwiesen. Darum werde ich dir viel anvertrauen. Komm herein! Du sollst beim Freudenfest deines Herrn dabei sein.‹ 24 Zum Schluss kam auch der Diener, der ein Talent bekommen hatte, und sagte: ›Herr, ich wusste, dass du ein harter Mann bist. Du erntest, wo du nicht gesät hast, und du sammelst ein, wo du nichts ausgeteilt hast. 25 Deshalb hatte ich Angst. Also ging ich mit dem Geld weg und versteckte dein Talent in der Erde. Sieh doch, hier hast du dein Geld zurück!‹ 26 Sein Herr antwortete: ›Du bist ein schlechter und fauler Diener! Du wusstest, dass ich ernte, wo ich nicht gesät habe, und einsammle, wo ich nichts ausgeteilt habe. 27 Dann hättest du mein Geld zur Bank bringen sollen. So hätte ich es bei meiner Rückkehr wenigstens mit Zinsen zurückbekommen. 28 Nehmt ihm das Talent weg und gebt es dem, der die zehn Talente hat! 29 Denn wer etwas hat, dem wird noch viel mehr gegeben – er bekommt mehr als genug. Doch wer nichts hat, dem wird auch das noch weggenommen, was er hat. 30 Werft diesen nichtsnutzigen Diener hinaus in die Finsternis. Dort gibt es nur Heulen und Zähneklappern!‹«

Wonach der Menschensohn die Menschen beurteilt

31 »Der Menschensohn wird wiederkommen in seiner Herrlichkeit mit allen Engeln. Dann wird er sich auf seinen Herrscherthron setzen. 32 Alle Völker werden vor dem Menschensohn versammelt. Er wird sie in zwei Gruppen aufteilen – wie ein Hirte, der die jungen

Ziegenböcke von der Herde trennt. 33 Die Herde wird er rechts von
sich aufstellen und die jungen Ziegenböcke links. 34 Dann wird der
König zu denen rechts von sich sagen: ›Kommt her! Euch hat mein
Vater gesegnet! Nehmt das Reich in Besitz, das Gott seit der Erschaf-
fung der Welt für euch vorbereitet hat. 35 Denn ich war hungrig, und
ihr habt mir zu essen gegeben. Ich war durstig, und ihr habt mir zu
trinken gegeben. Ich war ein Fremder, und ihr habt mich als Gast
aufgenommen. 36 Ich war nackt, und ihr habt mir Kleider gegeben.
Ich war krank, und ihr habt euch um mich gekümmert. Ich war im
Gefängnis, und ihr habt mich besucht.‹

37 Dann werden die Gerechten fragen: ›Herr, wann haben wir dich
hungrig gesehen und haben dir zu essen gegeben? Oder durstig und
haben dir zu trinken gegeben? 38 Wann warst du ein Fremder und
wir haben dich als Gast aufgenommen? Wann warst du nackt und
wir haben dir Kleider gegeben? 39 Wann warst du krank oder im Ge-
fängnis und wir haben dich besucht?‹ 40 Und der König wird ihnen
antworten: ›Amen, das sage ich euch: Was ihr für einen meiner Brü-
der oder eine meiner Schwestern getan habt – und wenn sie noch so
unbedeutend sind –, das habt ihr für mich getan.‹

41 Dann wird er zu denen links von sich sagen: ›Geht weg von mir!
Gott hat euch verflucht. Ihr gehört in das ewige Feuer, das für den
Teufel und seine Engel vorbereitet ist. 42 Denn ich war hungrig, und
ihr habt mir nichts zu essen gegeben. Ich war durstig, und ihr habt
mir nichts zu trinken gegeben. 43 Ich war ein Fremder, und ihr habt
mich nicht als Gast aufgenommen. Ich war nackt, und ihr habt mir
keine Kleider gegeben. Ich war krank und im Gefängnis, und ihr habt
euch nicht um mich gekümmert.‹ 44 Dann werden auch sie antwor-
ten: ›Herr, wann haben wir dich hungrig oder durstig gesehen? Oder
als Fremden oder nackt oder krank oder im Gefängnis? Wann haben
wir nicht für dich gesorgt?‹ 45 Da wird er ihnen antworten: ›Amen,
das sage ich euch: Was ihr für andere nicht getan habt – und wenn
sie noch so unbedeutend waren –, das habt ihr für mich nicht getan!‹
46 Auf diese Menschen wartet die ewige Strafe. Aber die Gerechten
empfangen das ewige Leben.«

Die Passionsgeschichte: Jesus wird verurteilt, gekreuzigt und begraben 26,1–27,66

Pläne gegen Jesus

→ Markus 14,1-2; Lukas 22,1-2; Johannes 11,45-53

26 1 Damit hatte Jesus die letzte seiner Reden beendet. Zu sei-
nen Jüngern sagte er: 2 »Ihr wisst, dass in zwei Tagen das Pas-
safest beginnt. Dann wird der Menschensohn ausgeliefert und ge-
kreuzigt werden.«

3 Zur gleichen Zeit kamen die führenden Priester und die Rats-
ältesten des Volkes im Palast des Hohepriesters zusammen. Sein

Reich Gottes: Wörtlich »Königsherrschaft Gottes«. Bezeichnet den Herrschaftsbereich, in dem sich Gottes Wille durchsetzt.

Gerechte: Menschen, die Gottes Gebote befolgen, sodass das Leben in Gemeinschaft miteinander gelingt.

Amen: Das hebräische Wort bedeutet »So ist es! / So soll es sein!«

ewiges Leben: Leben im Reich Gottes und in unmittelbarer Gemeinschaft mit Gott nach der Auferstehung vom Tod.

Passafest: Fest, das jährlich im Frühjahr gefeiert wird und an die Befreiung des Volkes Israel aus der Sklaverei in Ägypten erinnert; vgl. 2. Mose/Exodus 12–13.

Kreuzigung: Verurteilte Sklaven, Räuber und Aufrührer wurden von den Römern am Kreuz hingerichtet.

führende Priester: Der amtierende Hohepriester, seine Vorgänger und weitere Priester aus der Führungsschicht.

Ratsälteste: Mitglieder des jüdischen Rats, der obersten Behörde zur Regelung religiöser Angelegenheiten.

Hohepriester: Hatte die Aufsicht über alles, was das Heiligtum, den Gottesdienst und den Dienst der Priester betraf.

Name war Kaiphas. 4 Gemeinsam hielten sie Rat, um Jesus mit einer
List zu verhaften und umzubringen. 5 Sie sagten aber: »Auf keinen
Fall während des Festes, damit es keinen Aufruhr im Volk gibt.«

Jesus wird gesalbt

→ Markus 14,3-9; Johannes 12,1-8

6 Jesus war in Betanien. Er war zu Gast bei Simon, dem Aussätzigen.
7 Da kam eine Frau zu Jesus. Sie hatte ein Fläschchen mit kostbarem
Salböl bei sich. Als Jesus zu Tisch lag und aß, träufelte sie ihm das
Salböl auf den Kopf. 8 Als die Jünger das sahen, ärgerten sie sich. Sie
sagten: »Wozu diese Verschwendung? 9 Man hätte es teuer verkaufen
und das Geld den Armen geben können.« 10 Jesus bemerkte das und
sagte zu ihnen: »Warum macht ihr der Frau das Leben schwer? Sie hat
etwas Gutes für mich getan. 11 Es wird immer Arme bei euch geben.
Aber mich habt ihr nicht für immer bei euch. 12 Sie hat mich im Voraus
für mein Begräbnis gesalbt. Dazu hat sie das Öl über meinen Körper
gegossen. 13 Amen, das sage ich euch: Auf der ganzen Welt wird man
die Gute Nachricht von mir verkünden. Dann wird man auch erzählen, was sie getan hat. So wird man sich immer an sie erinnern.«

Judas wird zum Verräter

→ Markus 14,10-11; Lukas 22,3-6

14 Danach ging einer der Zwölf – es war Judas Iskariot – zu den führenden Priestern. 15 Er fragte: »Was gebt ihr mir dafür, dass ich euch
Jesus ausliefere?« Sie zahlten ihm dreißig Silberstücke. 16 Von da an
suchte Judas nach einer günstigen Gelegenheit, um ihnen Jesus in
die Hände zu liefern.

Vorbereitungen zum Passamahl

→ Markus 14,12-16; Lukas 22,7-13

17 Es war der erste Tag vom Fest der ungesäuerten Brote. Da kamen
die Jünger zu Jesus und fragten: »Wo sollen wir das Passamahl für
dich vorbereiten?« 18 Jesus antwortete: »Geht in die Stadt zu einem
Mann, den ich euch nenne. Richtet ihm aus: ›Der Lehrer lässt dir
sagen: Die Zeit, die Gott für mich bestimmt hat, ist da. Ich will bei
dir das Passamahl feiern – zusammen mit meinen Jüngern.‹« 19 Die
Jünger machten alles so, wie Jesus es ihnen aufgetragen hatte. Und
sie bereiteten das Passamahl vor.

Jesus feiert mit seinen zwölf Jüngern das Passamahl

→ Markus 14,17-26; Lukas 22,14-23; Johannes 13,21-30

20 Als es Abend geworden war, ließ sich Jesus mit den zwölf Jüngern
zum Essen nieder. 21 Während sie aßen, sagte er zu ihnen: »Amen,
das sage ich euch: Einer von euch wird mich verraten.« 22 Die Jünger
waren tief betroffen. Jeder Einzelne von ihnen fragte Jesus: »Doch
nicht etwa ich, Herr?« 23 Jesus antwortete: »Der sein Brot mit mir in
die Schale taucht, der wird mich verraten. 24 Der Menschensohn muss

der Aussätzige: Der Name zeigt an, dass Simon an einer schweren Hautkrankheit gelitten hat.

Salböl: Ein mit wohlriechenden Zusätzen vermengtes, kostbares Öl. Es wird bei bestimmten religiösen Handlungen verwendet.

zu Tisch liegen: Bei festlichen Anlässen war es in der griechisch-römischen Welt üblich, beim Essen zu liegen.

Amen: Das hebräische Wort bedeutet »So ist es! / So soll es sein!«

Gute Nachricht: Wörtliche Übersetzung von »Evangelium«. Botschaft, dass die Menschen durch Tod und Auferstehung von Christus mit Gott versöhnt sind.

die Zwölf: Meint die zwölf Jünger, die während der Zeit seines Wirkens bei Jesus waren.

Fest der ungesäuerten Brote: Im Neuen Testament ein anderer Name für das Passafest, das jährlich im Frühjahr gefeiert wird und an die Befreiung des Volkes Israel aus der Sklaverei in Ägypten erinnert; vgl. 2. Mose/Exodus 12–13.

Menschensohn: Bezeichnung, die zum Ausdruck bringt, dass Menschen Geschöpfe Gottes sind. Im Neuen Testament ein Titel für Jesus, der von Gott zum Herrscher und Retter der Welt bestimmt wurde.

sterben. So ist es in der Heiligen Schrift angekündigt. Aber wehe
dem Menschen, der den Menschensohn verrät. Er wäre besser nie
geboren worden!« 25 Da sagte Judas, der ihn verraten wollte, zu Jesus:
»Doch nicht etwa ich, Rabbi?« Jesus antwortete: »Du sagst es!«
26 Beim Essen nahm Jesus ein Brot. Er lobte Gott und dankte ihm
dafür. Dann brach er das Brot in Stücke und gab es seinen Jüngern.
Er sagte: »Nehmt und esst! Das ist mein Leib.« 27 Dann nahm er den
Becher. Er dankte Gott, gab ihn seinen Jüngern und sagte: »Trinkt alle
daraus! 28 Das ist mein Blut. Es steht für den Bund, den Gott mit den
Menschen schließt. Mein Blut wird für die vielen vergossen werden
zur Vergebung ihrer Sünden. 29 Das sage ich euch: Ich werde von jetzt
ab keinen Wein mehr trinken – bis zu dem Tag, an dem ich mit euch
von Neuem davon trinken werde. Das wird geschehen, wenn mein
Vater sein Reich vollendet hat.« 30 Jesus und seine Jünger sangen die
Dankpsalmen. Dann gingen sie hinaus zum Ölberg.

Jesus sagt das Versagen von Petrus voraus

→ Markus 14,27-31; Lukas 22,33-34; Johannes 13,36-38

31 Da sagte Jesus zu seinen Jüngern: »Ihr werdet euch alle von mir
abwenden – noch in dieser Nacht. Denn so steht es in der Heiligen
Schrift: ›Ich werde den Hirten töten, und die Schafe seiner Herde wer-
den auseinanderlaufen.‹ 32 Aber nachdem ich vom Tod auferweckt
worden bin, werde ich euch nach Galiläa vorausgehen.« 33 Doch Pe-
trus widersprach ihm: »Auch wenn sie sich alle von dir abwenden –
ich werde es ganz bestimmt nicht tun!« 34 Jesus antwortete: »Amen,
das sage ich dir: In dieser Nacht, noch bevor der Hahn kräht, wirst du
dreimal abstreiten, mich zu kennen.« 35 Darauf sagte Petrus zu Jesus:
»Sogar wenn ich mit dir sterben muss – ich werde niemals abstreiten,
dich zu kennen!« Das Gleiche sagten auch die anderen Jünger.

Jesus betet im Garten Getsemani

→ Markus 14,32-42; Lukas 22,39-46

36 Dann kam Jesus mit seinen Jüngern zu einem Garten, der Getse-
mani hieß. Dort sagte er zu seinen Jüngern: »Bleibt hier sitzen. Ich
gehe dort hinüber und bete.« 37 Er nahm Petrus und die beiden Söhne
des Zebedäus mit. Plötzlich wurde er sehr traurig, und Angst über-
fiel ihn. 38 Da sagte er zu ihnen: »Ich bin verzweifelt und voller Todes-
angst. Wartet hier und wacht mit mir.« 39 Jesus selbst ging noch ein
paar Schritte weiter. Dort warf er sich zu Boden und betete: »Mein
Vater, wenn es möglich ist, dann erspare es mir, diesen Becher aus-
zutrinken! Aber nicht das, was ich will, soll geschehen – sondern das,
was du willst!«
40 Jesus kam zu den drei Jüngern zurück und sah, dass sie einge-
schlafen waren. Da sagte er zu Petrus: »Könnt ihr nicht diese eine
Stunde mit mir wach bleiben? 41 Bleibt wach und betet, damit ihr die
kommende Prüfung besteht! Der Geist ist willig, aber die mensch-
liche Natur ist schwach.«

in der Heiligen Schrift angekündigt: Christen lesen bestimmte Texte aus dem Alten Testament als Ankündigung für das Schicksal von Jesus Christus. Ein zentraler Text ist beispielsweise Jesaja 52,13–53,12.

Rabbi: Aramäisch für »mein Herr / mein Meister«. Zur Zeit von Jesus Ehrentitel für angesehene Lehrer.

Bund: Durch Tod und Auferstehung von Jesus Christus wird der Bund, den Gott mit Israel am Berg Sinai geschlossen hat, erneuert und auf die ganze Welt übertragen. Gottes Zusage, sich um sein Volk zu kümmern, gilt damit für alle Menschen, die an ihn glauben.

Ölberg: Berg etwa 1 km östlich von Jerusalem.

so steht es in der Heiligen Schrift: Im Folgenden werden Worte aus Sacharja 13,7 aufgenommen.

Söhne des Zebedäus: Beiname der beiden Jünger Johannes und Jakobus.

Becher: Bei den Propheten des Alten Testaments Bild für das Gericht Gottes, das Menschen wie Betrunkene wanken lässt; vgl. Jeremia 25,15-29. Mit diesem Bild verweist Jesus auf seinen gewaltsamen Tod am Kreuz.

42 Dann ging er ein zweites Mal einige Schritte weg und betete: »Mein Vater, wenn es nicht anders möglich ist, dann trinke ich diesen Becher. Es soll geschehen, was du willst.« 43 Als er zurückkam, sah er, dass seine Jünger wieder eingeschlafen waren. Die Augen waren ihnen zugefallen. 44 Jesus ließ sie schlafen. Wieder ging er weg und betete ein drittes Mal mit den gleichen Worten wie vorher. 45 Dann ging er zu den Jüngern zurück und sagte zu ihnen: »Schlaft ihr immer noch und ruht euch aus? Seht: Die Stunde ist da! Jetzt wird der Menschensohn in die Hände der Sünder ausgeliefert. 46 Steht auf, wir wollen gehen. Seht: Der mich verrät, ist schon da!«

Jesus wird verhaftet

→ Markus 14,43-50; Lukas 22,47-53; Johannes 18,3-11; 18,20

47 Noch während Jesus das sagte, näherte sich ihm Judas, einer der Zwölf. Mit ihm kam eine große Truppe, die mit Schwertern und Knüppeln bewaffnet war. Die führenden Priester und Ratsältesten hatten sie geschickt. 48 Der Verräter hatte mit den Männern ein Erkennungszeichen ausgemacht: »Wem ich einen Kuss gebe, der ist es. Nehmt ihn fest!« 49 Judas ging sofort auf Jesus zu. Er sagte: »Sei gegrüßt, Rabbi!«, und küsste ihn. 50 Doch Jesus sagte zu ihm: »Mein Freund, dazu bist du also gekommen!« Da traten die Männer heran, packten Jesus und nahmen ihn fest.

51 Da zog einer von denen, die bei Jesus waren, sein Schwert. Er schlug nach einem der Männer, die dem Hohepriester unterstanden, und hieb ihm ein Ohr ab. 52 Da sagte Jesus: »Steck dein Schwert wieder zurück an seinen Platz. Denn alle, die zum Schwert greifen, werden auch durch das Schwert umkommen. 53 Weißt du nicht, dass ich meinen Vater um Hilfe bitten kann? Dann schickt er mir sofort mehr als zwölf Legionen Engel. 54 Aber wie könnte sich dann erfüllen, was in der Heiligen Schrift steht? Es muss doch alles so kommen.«

55 In derselben Stunde sagte Jesus zu den Männern der Truppe: »Mit Schwertern und Knüppeln seid ihr ausgerückt, um mich gefangen zu nehmen. Bin ich denn ein Verbrecher? Ich habe doch täglich im Tempel gesessen und die Menschen gelehrt. Dabei habt ihr mich nicht festgenommen. 56 Aber all das musste so geschehen. Denn dadurch geht in Erfüllung, was in den Schriften der Propheten angekündigt ist.« Da ließen ihn alle Jünger im Stich und ergriffen die Flucht.

Jesus vor dem jüdischen Rat

→ Markus 14,53-65; Lukas 22,54-55; 22,63-71; Johannes 18,12-16; 18,19-24

57 Die Männer, die Jesus gefangen nahmen, brachten ihn zu Kaiphas, dem Hohepriester. Bei ihm hatten sich die Schriftgelehrten und Ratsältesten schon versammelt. 58 Petrus folgte Jesus in einiger Entfernung bis zum Palast des Hohepriesters. Dort ging er in den Innenhof hinein und setzte sich zu den Männern, die Jesus verhaftet hatten. Denn er wollte sehen, wie die Sache ausging.

Menschensohn: Bezeichnung, die zum Ausdruck bringt, dass Menschen Geschöpfe Gottes sind. Im Neuen Testament ein Titel für Jesus, der von Gott zum Herrscher und Retter der Welt bestimmt wurde.

Sünder: Menschen, die sich von Gott abgewendet haben und seinen Willen missachten.

die Zwölf: Meint die zwölf Jünger, die während der Zeit seines Wirkens bei Jesus waren.

Ratsälteste: Mitglieder des jüdischen Rats, der obersten Behörde zur Regelung religiöser Angelegenheiten.

Kuss: Geste, die die gegenseitige Verbundenheit zum Ausdruck bringt. In der Antike war ein Kuss zur Begrüßung und zum Abschied üblich.

Rabbi: Aramäisch für »mein Herr / mein Meister«. Zur Zeit von Jesus Ehrentitel für angesehene Lehrer.

Hohepriester: Hatte die Aufsicht über alles, was das Heiligtum, den Gottesdienst und den Dienst der Priester betraf.

Legion: Größte Abteilung des römischen Heeres, etwa 4000–6000 Mann.

Schriftgelehrte: Menschen, deren Aufgabe das Studium und die Auslegung der Heiligen Schrift ist.

59 Die führenden Priester und der ganze jüdische Rat suchten nach einer falschen Zeugenaussage gegen Jesus. Das sollte ihnen einen Vorwand liefern, damit sie ihn zum Tod verurteilen konnten. 60 Obwohl viele als Zeugen auftraten und falsche Aussagen machten, fanden sie nichts. Zum Schluss traten zwei Zeugen auf. 61 Sie sagten: »Dieser Mann hat behauptet: ›Ich kann den Tempel Gottes niederreißen und in drei Tagen wieder aufbauen.‹« 62 Da stand der Hohepriester auf und fragte Jesus: »Hast du nichts zu sagen zu dem, was diese Leute gegen dich vorbringen?« 63 Aber Jesus schwieg. Daraufhin sagte der Hohepriester: »Ich nehme dich unter Eid: So gewiss der Herr lebt – sag uns, bist du der Christus, der Sohn Gottes?« 64 Jesus antwortete: »Du sagst es. Aber ich sage euch: Von jetzt an werdet ihr sehen, wie der Menschensohn an der rechten Seite Gottes sitzt, der Macht über alles hat. Und wie er auf den Wolken des Himmels erscheint.«

65 Da zerriss der Hohepriester sein Gewand und sagte: »Er hat Gott gelästert! Wozu brauchen wir noch Zeugen? Ihr habt die Gotteslästerung doch selbst gehört! 66 Was ist euer Urteil?« Sie antworteten: »Er ist schuldig und muss sterben.« 67 Dann spuckten sie ihm ins Gesicht und schlugen ihn mit Fäusten. Einige gaben ihm Ohrfeigen. 68 Sie forderten ihn auf: »Du bist doch ein Prophet, du Christus! Sag uns: Wer hat dich geschlagen?«

Petrus verleugnet Jesus

→ Markus 14,66-72; Lukas 22,56-62; Johannes 18,17; 18,25-27

69 Petrus saß draußen im Hof. Da kam ein Dienstmädchen des Hohepriesters auf ihn zu und sagte: »Du warst doch auch mit diesem Jesus aus Galiläa zusammen!« 70 Petrus stritt das ab vor allen, die dabei waren, und sagte: »Ich weiß nicht, wovon du da sprichst.«

71 Dann ging er in das Torgebäude. Dort sah ihn ein anderes Dienstmädchen. Sie sagte zu denen, die dort standen: »Der war auch mit diesem Jesus aus Nazaret zusammen.« 72 Aber Petrus stritt es wieder ab und schwor: »Ich kenne diesen Menschen nicht!«

73 Kurz darauf sagten andere, die dabeistanden: »Natürlich gehörst du auch zu denen. Deine Sprache verrät dich.« 74 Da legte Petrus einen Schwur ab: »Gott soll mich strafen, wenn ich lüge! Ich kenne diesen Menschen nicht.« Im selben Moment krähte ein Hahn. 75 Da erinnerte sich Petrus an das, was Jesus gesagt hatte: »Noch bevor der Hahn kräht, wirst du dreimal abstreiten, mich zu kennen.« Und er lief hinaus und weinte heftig.

Jesus wird Pilatus übergeben

→ Markus 15,1; Lukas 23,1; Johannes 18,28-32

27 1 Früh am Morgen fiel die Entscheidung über Jesus. Alle führenden Priester und Ratsältesten des Volkes fassten den Beschluss: Jesus soll hingerichtet werden. 2 Sie ließen ihn fesseln, führten ihn ab und übergaben ihn dem römischen Statthalter Pilatus.

jüdischer Rat: Oberste Behörde zur Regelung religiöser Angelegenheiten.

Christus: Bedeutet übersetzt »der Gesalbte«. Im Alten Testament werden Könige, aber auch Propheten und Priester bei Amtsantritt gesalbt. Später wird der von Gott zum Herrscher der Welt bestimmte Retter so genannt. Im Neuen Testament ist das Jesus.

Sohn Gottes: Titel, der das besondere Vertrauensverhältnis eines Menschen zu Gott zum Ausdruck bringt. Im Neuen Testament wird der Titel ausschließlich für Jesus verwendet.

Gewand zerreißen: Das Zerreißen der Kleider gehört ursprünglich zu den Trauerbräuchen. Hier zerreißt der Hohepriester sein Gewand als Zeichen dafür, dass er die Worte von Jesus als Gotteslästerung versteht.

Sprache: Petrus sprach vermutlich einen galiläisch-aramäischen Dialekt.

Pontius Pilatus: Verwaltete 26–36 n. Chr. die römischen Provinzen Judäa und Samaria im Auftrag des Kaisers.

Judas bereut seinen Verrat und erhängt sich

3 Judas erfuhr, dass man Jesus zum Tod verurteilt hatte. Da packte
ihn die Reue, denn er hatte Jesus verraten. Er brachte den führen-
den Priestern und Ratsältesten die dreißig Silberstücke zurück 4 und
sagte: »Ich habe große Schuld auf mich geladen. Ein Unschuldiger
wird getötet und ich habe ihn verraten!« Sie antworteten: »Was geht
uns das an? Das ist deine Sache!« 5 Da warf Judas die Silberstücke in
den Tempel, lief weg und erhängte sich.

6 Die führenden Priester nahmen die Silberstücke und sagten:
»Sie können nicht zum Tempelschatz gelegt werden. Denn es ist
Geld, das für eine Bluttat gezahlt wurde.« 7 Deshalb beschlossen sie:
»Wir kaufen von dem Geld den Acker des Töpfers. Dieser Acker soll
als Friedhof für Fremde dienen.« 8 Daher heißt dieser Ort bis heute
»Blutacker«. 9 Damals erfüllte sich, was der Prophet Jeremia gesagt
hat: »Sie nahmen die dreißig Silbermünzen. Das ist der Preis, den er
den Leuten von Israel wert war. 10 Sie kauften davon den Töpferacker.
So hatte der Herr es mir befohlen.«

Jesus wird von Pilatus verhört

→ Markus 15,2-5; Lukas 23,2-5; Johannes 18,33-38

11 Jesus wurde vor den römischen Statthalter gebracht. Pilatus fragte
ihn: »Bist du der König der Juden?« Jesus antwortete: »Du sagst es.«
12 Die führenden Priester und Ratsältesten brachten ihre Anklage-
punkte gegen Jesus vor. Aber Jesus gab darauf keine Antwort. 13 Da
sagte Pilatus zu ihm: »Hörst du nicht, was sie alles gegen dich vorbrin-
gen?« 14 Jesus sagte kein einziges Wort dazu. Der römische Statthalter
wunderte sich sehr darüber.

Jesus wird zum Tod verurteilt

→ Markus 15,6-15; Lukas 23,17-25; Johannes 18,39-40; 19,4-16

15 Es war üblich, dass der römische Statthalter jedes Jahr zum Pas-
safest einen Gefangenen begnadigte. Dieser durfte von der Volks-
menge bestimmt werden. 16 Damals gab es einen berüchtigten Ge-
fangenen, der Jesus Barabbas hieß. 17 Als die Menschen versammelt
waren, fragte Pilatus sie: »Wen von beiden wollt ihr? Wen soll ich
euch freigeben: Jesus Barabbas oder Jesus, der Christus genannt
wird?« 18 Denn er wusste, dass man ihm Jesus nur aus Neid ausge-
liefert hatte. 19 Während er noch auf dem Richterstuhl saß, ließ ihm
seine Frau ausrichten: »Tu diesem Menschen nichts an! Er ist ein Ge-
rechter. Seinetwegen hatte ich heute Nacht einen Albtraum.«

20 Doch die führenden Priester und Ratsältesten überredeten die
Menschenmenge: Sie sollten von Pilatus verlangen, Barabbas zu be-
gnadigen und Jesus hinrichten zu lassen. 21 Da wandte sich Pilatus an
die Menschenmenge und fragte: »Wen von beiden wollt ihr? Wen
soll ich euch freilassen?« Sie riefen: »Barabbas!« 22 Pilatus fragte sie
weiter: »Was soll ich mit Jesus machen, der Christus genannt wird?«
Da schrien alle: »Ans Kreuz mit ihm!« 23 Er fragte sie: »Was hat er

führende Priester: Der amtierende Hohepriester, seine Vorgänger und weitere Priester aus der Führungsschicht.

Ratsälteste: Mitglieder des jüdischen Rats, der obersten Behörde zur Regelung religiöser Angelegenheiten.

Acker des Töpfers: Ein im Töpferviertel gelegenes Feld bei Jerusalem.

Fremde: Nicht-Juden, die nicht auf jüdischen Friedhöfen begraben werden durften.

der Prophet Jeremia hat gesagt: In Jeremia 32,8-9 wird erzählt, dass der Prophet Jeremia einen Acker bei Anatot kauft. Das Zitat findet sich in Sacharja 11,13.

Passafest: Fest, das jährlich im Frühjahr gefeiert wird und an die Befreiung des Volkes Israel aus der Sklaverei in Ägypten erinnert; vgl. 2. Mose/Exodus 12–13.

Christus: Bedeutet übersetzt »der Gesalbte«. Im Alten Testament werden Könige, aber auch Propheten und Priester bei Amtsantritt gesalbt. Später wird der von Gott zum Herrscher der Welt bestimmte Retter so genannt. Im Neuen Testament ist das Jesus.

Gerechte: Menschen, die Gottes Gebote befolgen, sodass das Leben in Gemeinschaft miteinander gelingt.

denn verbrochen?« Aber sie schrien nur noch lauter: »Ans Kreuz mit
ihm!«
24 Pilatus merkte, dass seine Versuche nichts bewirkten. Der Tu-
mult wurde sogar immer noch größer. Da ließ er sich Wasser brin-
gen und wusch sich vor der Volksmenge die Hände. Er sagte: »Mich
trifft keine Schuld an seinem Tod. Das ist eure Sache.« 25 Darauf rief
das ganze Volk: »Die Strafe für seinen Tod soll uns und unsere Kin-
der treffen!« 26 Daraufhin gab Pilatus ihnen Barabbas frei. Jesus aber
ließ er auspeitschen. Er übergab ihn den Soldaten, damit sie ihn
kreuzigten.

Die Soldaten verspotten Jesus

→ Markus 15,16-20; Johannes 19,2-3

27 Die Soldaten von Pilatus brachten Jesus in den Palast, das soge-
nannte Prätorium. Dort kam die ganze Kohorte zusammen. 28 Sie
zogen Jesus aus und hängten ihm einen scharlachroten Mantel um.
29 Sie flochten eine Krone aus Dornenzweigen und setzten sie ihm
auf den Kopf. In seine rechte Hand gaben sie ihm einen Stock. Dann
knieten sie vor ihm nieder und machten sich über ihn lustig: »Hoch
lebe der König der Juden!« 30 Sie spuckten ihn an, nahmen ihm den
Stock weg und schlugen ihn damit auf den Kopf. 31 Nachdem sie
ihn so verspottet hatten, zogen sie ihm den Mantel aus und seine
eigenen Kleider wieder an. Dann führten sie Jesus ab, um ihn zu
kreuzigen.

Jesus wird gekreuzigt

→ Markus 15,21-32; Lukas 23,26-38; Johannes 19,17-27

32 Als sie die Stadt verließen, trafen sie einen Mann aus Kyrene. Sein
Name war Simon. Den zwangen sie, für Jesus das Kreuz zu tragen.
33 So kamen sie zu der Stelle, die Golgota heißt – das bedeutet: Schä-
delplatz. 34 Sie gaben Jesus Wein zu trinken, der mit Galle gemischt
war. Er versuchte davon, wollte ihn aber nicht trinken.
35 Dann kreuzigten sie ihn. Sie verteilten seine Kleider und losten
sie untereinander aus. 36 Danach setzen sie sich hin und bewachten
ihn. 37 Über seinem Kopf brachten sie ein Schild an. Darauf stand der
Grund für seine Verurteilung: »Das ist Jesus, der König der Juden.«
38 Mit Jesus kreuzigten sie zwei Verbrecher, den einen rechts, den an-
deren links von ihm.
39 Die Leute, die vorbeikamen, lästerten über ihn. Sie schüttelten
ihre Köpfe 40 und sagten: »Du wolltest doch den Tempel abreißen und
in nur drei Tagen wieder aufbauen. Wenn du wirklich der Sohn Got-
tes bist, dann rette dich selbst und steig vom Kreuz herab!« 41 Genau-
so machten sich die führenden Priester zusammen mit den Schrift-
gelehrten und Ratsältesten über ihn lustig. Sie sagten: 42 »Andere hat
er gerettet. Sich selbst kann er nicht retten. Dabei ist er doch der ›Kö-
nig von Israel‹! Er soll jetzt vom Kreuz herabsteigen, dann glauben
wir an ihn. 43 Er hat auf Gott vertraut – der soll ihn jetzt retten, wenn

Prätorium: Palast im Zentrum von Jerusalem, der dem römischen Statthalter als Amtssitz diente.

Kohorte: Militärische Einheit von etwa 600 bis 1000 Mann.

scharlachroter Mantel: Römische Soldaten trugen scharlachrot gefärbte Mäntel.

Krone aus Dornenzweigen: Zum Zeichen des Spotts bekommt der »König der Juden« eine Krone aus wertlosen, schmerzhaften Dornenzweigen aufgesetzt.

Galle: Der Gallensaft machte den Wein bitter. Matthäus nimmt ein Bild aus Psalm 69,22 auf, in dem der Beter von seinen Feinden mit essigsaurem Wein gequält wird.

König der Juden: Das Schild am Kreuz nimmt einen Titel auf, der im Judentum mit der Hoffnung auf den Retter und Erlöser Israels verbunden ist, den Gott am Ende der Zeit schicken wird.

Sohn Gottes: Titel, der das besondere Vertrauensverhältnis eines Menschen zu Gott zum Ausdruck bringt. Im Neuen Testament wird der Titel ausschließlich für Jesus verwendet.

Schriftgelehrte: Menschen, deren Aufgabe das Studium und die Auslegung der Heiligen Schrift ist.

er Gefallen an ihm hat. Er hat doch behauptet: ›Ich bin Gottes Sohn.‹«
44 Genauso verspotteten ihn die beiden Verbrecher, die mit ihm ge-
kreuzigt worden waren.

Jesus stirbt

→ Markus 15,33-41; Lukas 23,44-49; Johannes 19,28-37

45 Es war die sechste Stunde, da breitete sich Finsternis aus über das
ganze Land. Das dauerte bis zur neunten Stunde. 46 Um die neunte
Stunde schrie Jesus laut: »Eli, Eli, lema sabachtani?« Das heißt: »Mein
Gott, mein Gott, warum hast du mich verlassen?«

47 Als sie das hörten, sagten einige von denen, die dabeistanden:
»Er ruft nach Elija.« 48 Sofort lief einer von ihnen hin, nahm einen
Schwamm und tauchte ihn in Essig. Dann steckte er ihn auf eine
Stange und hielt ihn Jesus zum Trinken hin. 49 Aber die anderen rie-
fen: »Lass das! Wir wollen sehen, ob Elija kommt und ihn rettet.«
50 Aber Jesus schrie noch einmal laut auf und starb.

51 In diesem Moment zerriss der Vorhang im Tempel von oben bis
unten in zwei Teile. Die Erde bebte, und Felsen spalteten sich. 52 Grab-
kammern öffneten sich, und die Körper vieler verstorbener Heiliger
wurden auferweckt. 53 Nach der Auferstehung von Jesus kamen sie
aus ihren Grabkammern heraus. Sie gingen in die Heilige Stadt, wo
sie von vielen Menschen gesehen wurden.

54 Ein römischer Hauptmann mit seinen Soldaten bewachte Jesus.
Sie sahen das Erdbeben und alles, was geschah. Da fürchteten sie sich
sehr und sagten: »Er war wirklich Gottes Sohn!«

55 Es waren auch viele Frauen da, die aus der Ferne alles mit ansa-
hen. Seit Jesus in Galiläa wirkte, waren sie ihm gefolgt und hatten
für ihn gesorgt. 56 Unter ihnen waren Maria aus Magdala, Maria,
die Mutter von Jakobus und Josef, und die Mutter der Söhne des
Zebedäus.

Jesus wird ins Grab gelegt

→ Markus 15,42-47; Lukas 23,50-56; Johannes 19,38-42

57 Als es Abend wurde, kam ein reicher Mann aus Arimatäa. Er hieß
Josef und gehörte zu den Jüngern von Jesus. 58 Er ging zu Pilatus
und bat ihn um den Leichnam von Jesus. Da befahl Pilatus, ihm den
Leichnam zu übergeben. 59 Josef nahm den Leichnam und wickelte
ihn in ein frisches Leinentuch. 60 Dann legte er Jesus in seine eigene
Grabkammer. Die war noch unbenutzt und in den Felsen gehauen.
Schließlich rollte er einen großen Stein vor den Eingang zur Grab-
kammer und ging weg. 61 Maria aus Magdala und die andere Maria
blieben dort und ließen sich gegenüber vom Grab nieder.

Das Grab wird bewacht

62 Am nächsten Tag – es war der Sabbat – gingen die führenden Pries-
ter und die Pharisäer gemeinsam zu Pilatus. 63 Sie sagten: »Herr, uns
ist etwas eingefallen. Als dieser Betrüger noch lebte, hat er gesagt:

Sohn Gottes: Titel, der das besondere Vertrauensverhältnis eines Menschen zu Gott zum Ausdruck bringt. Im Neuen Testament wird der Titel ausschließlich für Jesus verwendet.

neunte Stunde: Die Zeit zwischen Sonnenaufgang und -untergang wurde in zwölf Stunden eingeteilt, die je nach Jahreszeit unterschiedlich lang waren. Die neunte Stunde ist nachmittags, etwa um 15.00 Uhr.

Jesus schrie laut: Der Ruf von Jesus ist ein Zitat aus Psalm 22,2.

Vorhang: Trennte das Allerheiligste von dem Bereich, der für alle Menschen zugänglich war. Das Zerreißen des Vorhangs macht deutlich: Der Weg zu Gott ist jetzt für alle frei.

Heilige: Menschen, die in ihrem Leben eng mit Gott verbunden waren.

Pontius Pilatus: Verwaltete 26–36 n. Chr. die römischen Provinzen Judäa und Samaria im Auftrag des Kaisers.

Grabkammer: Ein in den Felsen geschlagener Raum mit mehreren Nischen zur Ablage von Toten, dessen Eingang nach der Bestattung verschlossen wurde.

›Nach drei Tagen werde ich vom Tod auferweckt!‹ 64 Gib doch den Be-
fehl, das Grab bis zum dritten Tag zu bewachen. Sonst kommen seine
Jünger, stehlen die Leiche und behaupten gegenüber dem Volk: ›Er
wurde von den Toten auferweckt!‹ Dieser letzte Betrug wäre schlim-
mer als alles vorher.« 65 Pilatus antwortete: »Ihr sollt die Wache be-
kommen. Geht und sichert das Grab, so gut ihr könnt!« 66 Da gingen
sie zum Grab. Sie versiegelten den Stein vor dem Eingang und sicher-
ten das Grab durch eine Wache.

Die Ostergeschichte: Jesus ist auferstanden 28,1-20

Die Frauen am leeren Grab

→ Markus 16,1-8; Lukas 24,1-11; Johannes 20,1-18

28 1 Der Sabbat war vorüber. Da kamen ganz früh am ersten Wo-
chentag Maria aus Magdala und die andere Maria. Sie wollten
nach dem Grab sehen. 2 Plötzlich gab es ein heftiges Erdbeben, denn
ein Engel des Herrn kam vom Himmel herab. Er ging zum Grab,
rollte den Stein weg und setzte sich darauf. 3 Seine Gestalt leuchtete
wie ein Blitz, und sein Gewand war weiß wie Schnee. 4 Die Wachen
zitterten vor Angst und fielen wie tot zu Boden.

5 Der Engel sagte zu den Frauen: »Fürchtet euch nicht! Ich weiß:
Ihr sucht Jesus, der gekreuzigt wurde. 6 Jesus ist nicht hier. Gott hat
ihn von den Toten auferweckt, wie er es vorausgesagt hat. Kommt
her und seht: Hier ist die Stelle, wo er gelegen hat. 7 Jetzt geht schnell
zu seinen Jüngern! Sagt ihnen: ›Jesus wurde von den Toten aufer-
weckt.‹ Er geht euch nach Galiläa voraus. Dort werdet ihr ihn sehen.
Auf diese Botschaft könnt ihr euch verlassen.« 8 Die Frauen waren er-
schrocken und doch voller Freude. Schnell liefen sie vom Grab weg,
um den Jüngern alles zu berichten.

9 Da kam ihnen Jesus selbst entgegen und sagte: »Seid gegrüßt!« Sie
gingen zu ihm, berührten seine Füße und warfen sich vor ihm zu Bo-
den. 10 Da sagte Jesus zu ihnen: »Fürchtet euch nicht! Geht und sagt
meinen Brüdern, sie sollen nach Galiläa gehen. Dort werden sie mich
sehen.«

Der Bericht der Wache

11 Während die Frauen noch auf dem Weg waren, liefen einige der
Wächter in die Stadt. Sie meldeten den führenden Priestern alles,
was geschehen war. 12 Diese fassten gemeinsam mit den Ratsältesten
einen Beschluss über das weitere Vorgehen: Sie gaben den Soldaten
viel Geld 13 und forderten sie auf: »Erzählt allen: ›Seine Jünger sind in
der Nacht gekommen. Als wir schliefen, haben sie den Leichnam ge-
stohlen.‹ 14 Wenn Pilatus davon hört, werden wir mit ihm sprechen.
Wir werden dafür sorgen, dass ihr nichts zu befürchten habt.« 15 Die
Soldaten nahmen das Geld und erfüllten ihren Auftrag. So ist dieses
Gerücht entstanden, das sich bis heute bei den Juden hält.

er hat vorausgesagt: Diese Ankündigung macht Jesus beispielsweise in Matthäus 16,21 und Matthäus 17,23.

Galiläa: Gebiet zwischen dem See Gennesaret und der nördlichen Küstenebene. Dort hatte Jesus sein Wirken begonnen.

Ratsälteste: Mitglieder des jüdischen Rats, der obersten Behörde zur Regelung religiöser Angelegenheiten.

taufen: Wörtlich »(in Wasser) eintauchen«. Die Handlung steht zeichenhaft für das Abwaschen von Schuld und Sünde.

im Namen: »Name« steht stellvertretend für den Herrschaftsbereich der Person, die den Namen trägt. Wer im Namen von Jesus Christus getauft wird, tritt in seinen Herrschaftsbereich und unterstellt sich seiner Fürsorge.

Ende: Meint den Tag des Herrn, an dem Jesus Christus nach Tod und Auferstehung wiederkommt. An diesem Tag hält Gott Gericht und sein Reich bricht endgültig an.

Jesus zeigt sich seinen Jüngern und sendet sie zu allen Völkern

16 Die elf Jünger gingen nach Galiläa. Sie stiegen auf den Berg, wohin
Jesus sie bestellt hatte. 17 Als sie Jesus sahen, fielen sie vor ihm nieder.
Aber einige hatten auch Zweifel.
18 Jesus kam zu ihnen und sagte: »Gott hat mir alle Macht gegeben,
im Himmel und auf der Erde. 19 Geht nun hin zu allen Völkern und
ladet die Menschen ein, meine Jünger und Jüngerinnen zu werden.
Tauft sie im Namen des Vaters, des Sohnes und des Heiligen Geistes!
20 Und lehrt sie, alles zu tun, was ich euch geboten habe! Seid gewiss:
Ich bin immer bei euch, jeden Tag, bis zum Ende der Welt.«

Die Gute Nachricht nach Markus

Der Beginn des Wirkens von Jesus 1,1-45

Der Anfang der Guten Nachricht

1 1 Die Gute Nachricht von Jesus Christus, dem Sohn Gottes: Anfang und Grundlage.

Johannes der Täufer

→ Matthäus 3,1-12; Lukas 3,1-18; Johannes 1,19-27

2 Schon im Buch des Propheten Jesaja steht: »Siehe, ich sende meinen
Boten vor dir her. Der wird dir den Weg bereiten. 3 Eine Stimme ruft
in der Wüste: Macht den Weg bereit für den Herrn, ebnet ihm die
Straße.« 4 Johannes der Täufer trat in der Wüste auf und verkündete
den Menschen: »Lasst euch taufen und ändert euer Leben! Gott will
euch eure Schuld vergeben.«
5 Die Menschen strömten zu ihm aus ganz Judäa und Jerusalem.
Sie ließen sich von ihm im Fluss Jordan taufen und bekannten ihre
Sünden. 6 Johannes trug einen Mantel aus Kamelhaar und um seine
Hüfte einen Ledergürtel. Er aß Heuschrecken und Honig von Wild-
bienen. 7 Er verkündete: »Nach mir kommt einer, der ist mächtiger als
ich. Ich bin nicht einmal wert, mich zu bücken und ihm die Riemen
seiner Sandalen aufzuschnüren. 8 Ich habe euch mit Wasser getauft.
Aber er wird euch mit Heiligem Geist taufen.«

Jesus wird getauft und auf die Probe gestellt

→ Matthäus 3,13–4,11; Lukas 3,21-22; 4,1-13; Johannes 1,32-34

9 Zu dieser Zeit kam Jesus aus Nazaret in Galiläa zu Johannes. Er ließ
sich von ihm im Jordan taufen. 10 Dann stieg Jesus aus dem Wasser.
In diesem Moment sah er, wie der Himmel aufriss. Der Geist Gottes
kam auf ihn herab wie eine Taube. 11 Dazu erklang eine Stimme aus
dem Himmel: »Du bist mein geliebter Sohn, an dir habe ich Freude.«
12 Gleich danach trieb der Geist Jesus in die Wüste. 13 Dort wurde er
40 Tage vom Satan auf die Probe gestellt. Jesus lebte mit den wilden
Tieren zusammen, und Engel sorgten für ihn.

Jesus verkündet die Gute Nachricht und beruft die ersten Jünger

→ Matthäus 4,12-22; Lukas 4,14-15; 5,1-11

14 Johannes der Täufer wurde ins Gefängnis geworfen. Danach kam
Jesus nach Galiläa und verkündete die Gute Nachricht von Gott:
15 »Die von Gott bestimmte Zeit ist da. Sein Reich kommt jetzt
den Menschen nahe. Ändert euer Leben und glaubt dieser Guten
Nachricht!«

Gute Nachricht: Wörtliche Übersetzung von »Evangelium«. Botschaft, dass die Menschen durch Tod und Auferstehung von Christus mit Gott versöhnt sind.

Jesus Christus: Der Name ist zugleich ein Bekenntnis. Wer Jesus als Christus anerkennt, glaubt an ihn als Retter und Erlöser der Welt.

Buch des Propheten Jesaja: Das Zitat setzt sich zusammen aus 2. Mose/Exodus 23,20; Jesaja 40,3 und Maleachi 3,1.

taufen: Wörtlich »(in Wasser) eintauchen«. Religiöse Handlung, die den Willen zum Ausdruck bringt, sein Leben ganz auf Gott auszurichten.

Heiliger Geist: Kraft, durch die Gott in der Welt wirkt.

mein geliebter Sohn: Im Titel »Sohn Gottes« kommt das besondere Vertrauensverhältnis eines Menschen zu Gott zum Ausdruck. Im Neuen Testament wird der Titel nur für Jesus verwendet.

Satan, Teufel: Gegenspieler Gottes. Er versucht, die Menschen zu einem Verhalten zu bewegen, das Gottes Willen widerspricht.

Reich Gottes: Wörtlich »Königsherrschaft Gottes«. Bezeichnet den Herrschaftsbereich, in dem sich Gottes Wille durchsetzt.

Simon: Anderer Name für Petrus, der ein Jünger von Jesus wird.

folgen: Jesus zu folgen bedeutet, das Leben ganz in seinen Dienst zu stellen.

Jünger: Wörtlich »Schüler«. Frauen und Männer, die ihrem Lehrer folgten und von ihm lernten.

Sabbat: In der Bibel der siebte Tag der Woche, heute unser Samstag. Er gilt im Judentum als Feiertag, an dem nicht gearbeitet werden darf.

Synagoge: Versammlungsstätte einer jüdischen Gemeinde.

Schriftgelehrte: Menschen, deren Aufgabe das Studium und die Auslegung der Heiligen Schrift ist.

der Heilige Gottes: Durch diese Anrede zeigt der böse Geist, dass er Gottes Wirken in und durch Jesus Christus erkennt.

Dämon: Eine böse Macht, die man sich in der Antike als Person vorstellte. Sie kämpft gegen Gott und nimmt einen Menschen ganz in Besitz.

Gute Nachricht: Wörtliche Übersetzung von »Evangelium«. Steht für Gottes Willen, die Menschen mit sich zu versöhnen und in Gemeinschaft mit sich leben zu lassen.

16 Als Jesus am See Gennesaret entlangging, sah er Simon und des-
sen Bruder Andreas. Sie warfen gerade ihre Netze im See aus, denn
sie waren Fischer. 17 Jesus sagte zu ihnen: »Kommt, folgt mir! Ich ma-
che euch zu Menschenfischern!« 18 Sofort ließen sie ihre Netze liegen
und folgten ihm.
19 Ein kleines Stück weiter sah er Jakobus, den Sohn von Zebedäus,
und seinen Bruder Johannes. Sie saßen in ihrem Boot und besserten
ihre Netze aus. 20 Sofort rief er sie. Da ließen sie ihren Vater Zebedäus
mit seinen Gehilfen im Boot zurück und folgten ihm.

Jesus zeigt seine Vollmacht in Kapernaum

→ Matthäus 8,14-15; Lukas 4,31-39

21 Jesus und seine Jünger kamen nach Kapernaum. Gleich am Sabbat
ging Jesus in die Synagoge und lehrte. 22 Die Zuhörer waren von sei-
ner Lehre tief beeindruckt. Denn an seiner Lehre erkannten sie, dass
Gott ihm die Vollmacht dazu gegeben hatte – ganz anders als bei den
Schriftgelehrten.
23 In der Synagoge war ein Mann, der von einem bösen Geist be-
herrscht wurde. Der schrie auf: 24 »Was willst du von uns, Jesus aus
Nazaret? Bist du gekommen, um uns zu vernichten? Ich weiß, wer
du bist: Du bist der Heilige Gottes.« 25 Jesus befahl dem bösen Geist
streng: »Sei still und gib den Mann frei!« 26 Da schüttelte der Geist
den Mann durch heftige Krämpfe und gab ihn frei mit lautem Ge-
schrei. 27 Alle erschraken und fragten sich gegenseitig: »Was ist das für
eine neue Lehre? In ihr zeigt sich Gottes Macht. Er gibt den bösen
Geistern Befehle, und sie gehorchen ihm.« 28 Schnell breiteten sich
die Berichte über Jesus in ganz Galiläa aus.
29 Von der Synagoge gingen sie direkt in das Haus von Simon und
Andreas. Auch Jakobus und Johannes waren dabei. 30 Aber Simons
Schwiegermutter lag mit Fieber im Bett. Sofort erzählten sie Jesus
von ihr. 31 Er ging zu ihr, nahm ihre Hand und richtete sie auf. Da ver-
schwand das Fieber, und sie sorgte für Jesus und die Jünger.

Jesus heilt viele Menschen und predigt an vielen Orten

→ Matthäus 8,16-17; Lukas 4,40-44

32 Inzwischen war es Abend geworden, und die Sonne war unterge-
gangen. Da brachten die Leute alle Kranken zu Jesus und alle, die von
Dämonen besessen waren. 33 Die ganze Stadt war vor der Haustür
versammelt. 34 Die Menschen litten an unterschiedlichsten Krank-
heiten. Jesus heilte viele Kranke und vertrieb viele Dämonen. Er
ließ die Dämonen nicht zu Wort kommen. Denn sie wussten, wer
er war.
35 Am Morgen, als es noch dunkel war, verließ Jesus die Stadt. Er
ging an einen einsamen Ort und betete dort. 36 Simon und die ande-
ren suchten nach ihm. 37 Als sie ihn gefunden hatten, sagten sie zu
ihm: »Alle suchen dich.« 38 Er sagte zu ihnen: »Lasst uns in andere
Dörfer in dieser Gegend gehen. Ich will auch dort die Gute Nachricht

verkünden, denn dazu bin ich gekommen.« 39 Jesus zog durch ganz Galiläa. Er verkündete die Gute Nachricht in den Synagogen und vertrieb die Dämonen.

Jesus heilt einen Mann vom Aussatz

→ Matthäus 8,1-4; Lukas 5,12-16

40 Einmal kam ein Mann zu Jesus, der an Aussatz erkrankt war. Er fiel vor ihm auf die Knie und flehte ihn an: »Wenn du willst, kannst du mich rein machen.« 41 Jesus hatte Mitleid mit ihm. Er streckte die Hand aus, berührte ihn und sagte: »Ich will. Sei rein!« 42 Im selben Augenblick verschwand der Aussatz, und der Mann wurde geheilt und rein. 43 Sofort schickte Jesus ihn weg. Dabei schärfte er ihm ein: 44 »Pass auf, dass du niemandem irgendetwas davon erzählst. Geh, zeige dich dem Priester und bring die Opfer, um deine Reinheit wiederherzustellen. So hat Mose es vorgeschrieben. Dadurch sollen alle erfahren, dass du geheilt worden bist.« 45 Aber der Mann ging weg und verkündete überall, was Jesus getan hatte. Bald konnte Jesus nicht mehr unerkannt in eine Stadt kommen. Deshalb blieb er an einsamen Orten. Trotzdem kamen die Leute von überall her zu ihm.

Der Streit um die Vollmacht von Jesus 2,1–3,6

Jesus vergibt Sünden und heilt

→ Matthäus 9,1-8; Lukas 5,17-26

2 1 Ein paar Tage später kam Jesus nach Kapernaum zurück. Es sprach sich herum, dass er wieder zu Hause war. 2 Daraufhin strömten so viele Menschen herbei, dass der Platz nicht ausreichte – nicht einmal draußen vor der Tür. Jesus verkündete ihnen das Wort Gottes.

3 Da brachten Leute einen Gelähmten zu Jesus. Er wurde von vier Männern getragen. 4 Aber wegen der Volksmenge konnten sie nicht bis zu ihm vordringen. Deshalb öffneten sie das Dach genau über der Stelle, wo Jesus war. Sie machten ein Loch hinein und ließen den Gelähmten auf seiner Matte herunter. 5 Jesus sah, wie groß ihr Glaube war, und sagte zu dem Gelähmten: »Mein Kind, deine Sünden sind dir vergeben.«

6 Es saßen aber auch einige Schriftgelehrte dabei. Die dachten: 7 »Wie kann er so etwas sagen? Das ist Gotteslästerung! Nur Gott allein kann Sünden vergeben.« 8 Doch Jesus wusste sofort, was sie dachten. Er sagte zu ihnen: »Warum habt ihr solche Gedanken? 9 Was ist einfacher? Dem Gelähmten zu sagen: ›Deine Sünden sind dir vergeben‹, oder: ›Steh auf, nimm deine Matte und geh umher‹? 10 Aber ihr sollt sehen, dass der Menschensohn von Gott Vollmacht bekommen hat. So kann er hier auf der Erde den Menschen ihre Sünden vergeben.« Deshalb sagte er zu dem Gelähmten: 11 »Ich sage dir: Steh auf, nimm deine Matte und geh nach Hause.« 12 Da stand der Mann auf,

Aussatz: Bezeichnet verschiedene Arten von Hautkrankheiten. Als Ursache galten nicht nur medizinische Gründe, sondern auch eine gestörte Beziehung zu Gott.

rein: Bezeichnet Menschen, Tiere und Dinge, die dafür vorbereitet sind, in der Nähe Gottes zu sein. In der Bibel sind dabei bestimmte religiöse Vorschriften zu beachten.

zu Hause: Vermutlich das Haus von Simon Petrus und Andreas, in dem Jesus die Schwiegermutter von Petrus geheilt hat; vgl. Markus 1,29-31.

Dach: Dächer waren flach, bestanden aus mehreren Lagen Reisig und Putz und wurden als eine Art Terrasse genutzt.

Matte: Unterlage zum Schlafen, die aus einem stabilen Geflecht aus Stroh besteht.

Glaube, glauben: Meint das tiefe Vertrauen auf Gott, das zu einem Leben nach seinem Willen führt.

Sünden: Konkrete Verfehlungen, die von Gott trennen und das Gewissen belasten können.

Menschensohn: Bezeichnung, die zum Ausdruck bringt, dass Menschen Geschöpfe Gottes sind. Im Neuen Testament ein Titel für Jesus, der von Gott zum Herrscher und Retter der Welt bestimmt wurde.

Sünder: Menschen, die sich von Gott abgewendet haben und seinen Willen missachten.

Schriftgelehrte: Menschen, deren Aufgabe das Studium und die Auslegung der Heiligen Schrift ist.

Zolleinnehmer: Beamte, die im Namen des römischen Staats Zoll erhoben. Sie bekamen keinen Lohn vom Staat, sondern lebten von dem Geld, das sie auf die festgesetzten Steuern aufschlugen. Deshalb hatten sie ein schlechtes Ansehen.

Johannes der Täufer: Bereitet die Menschen auf das Kommen von Jesus vor.

Bräutigam: Bild für Jesus. Die Jünger sollen sich freuen, dass der Sohn Gottes bei ihnen ist.

Weinschlauch: Aus Tierhäuten zusammengenähter Schlauch, der in der Antike zum Transport von Flüssigkeiten wie Wein diente.

Pharisäer: Angehöriger einer jüdischen Glaubensgruppe, die die biblischen Vorschriften und Gesetze sehr streng auslegte.

am Sabbat verboten: Die Pharisäer werten das Abreißen der Ähren als Arbeit, die am Sabbat verboten ist; vgl. 2. Mose/Exodus 20,8-11.

David: 1. Samuel 21,2-7 erzählt, dass König David auf der Flucht in einem Tempel Brot isst, das für die Priester bestimmt war.

nahm rasch seine Matte und ging weg – vor ihren Augen. Sie gerieten außer sich, lobten Gott und sagten: »So etwas haben wir noch nie erlebt.«

Jesus beruft Levi und isst mit Zolleinnehmern

→ Matthäus 9,9-13; Lukas 5,27-32

13 Jesus ging wieder hinaus zum See. Die ganze Volksmenge kam zu
ihm, und er lehrte sie. 14 Als er weiterging, sah er Levi, den Sohn des
Alphäus. Der saß an seiner Zollstation. Jesus sagte zu ihm: »Komm,
folge mir!« Da stand er auf und folgte ihm.
15 Später war Jesus bei ihm zu Hause zum Essen. Viele Zolleinnehmer und andere Leute, die als Sünder galten, aßen mit Jesus
und seinen Jüngern. Es waren inzwischen viele, die Jesus folgten.
16 Die Schriftgelehrten unter den Pharisäern sahen, dass Jesus mit
Leuten, die als Sünder galten, und mit Zolleinnehmern aß. Da sagten sie zu seinen Jüngern: »Wie kann er mit Zolleinnehmern und
Sündern essen?« 17 Jesus hörte das und gab ihnen zur Antwort:
»Nicht die Gesunden brauchen einen Arzt, sondern die Kranken. Ich bin nicht gekommen, um die Gerechten zu rufen, sondern die Sünder.«

Es ist nicht die Zeit zu fasten

→ Matthäus 9,14-17; Lukas 5,33-39

18 Die Jünger von Johannes und die Pharisäer fasteten regelmäßig. Deshalb kamen Leute zu Jesus und fragten ihn: »Warum fasten die Jünger von Johannes und die Jünger der Pharisäer, aber deine Jünger
nicht?« 19 Jesus antwortete: »Sollen die Hochzeitsgäste etwa fasten, solange der Bräutigam bei ihnen ist? Während der Bräutigam bei ihnen ist, können sie doch nicht fasten. 20 Aber es wird eine Zeit kommen, da wird ihnen der Bräutigam weggenommen. An diesem Tag werden sie fasten.
21 Niemand näht neuen Stoff auf einen alten Mantel. Sonst wird der neue Stoff von dem alten abreißen, und der Riss wird größer
als vorher. 22 Und niemand füllt neuen Wein in alte Weinschläuche. Sonst bringt der neue Wein die alten Schläuche zum Platzen. Dann geht der Wein verloren mitsamt den Schläuchen. Nein: Neuer Wein gehört in neue Schläuche.«

Hunger stillen auch am Sabbat

→ Matthäus 12,1-8; Lukas 6,1-5

23 An einem Sabbat ging Jesus durch die Felder. Unterwegs rissen seine Jünger Ähren von den Halmen. 24 Da sagten die Pharisäer zu
ihm: »Sieh doch, was deine Jünger tun! Das ist am Sabbat verboten.«
25 Er antwortete: »Habt ihr denn nicht gelesen, was David getan hat? Er und seine Männer waren in einer Notlage und hatten Hunger.
26 – Der Hohepriester war damals Abjatar. – Da ging David in das Haus Gottes und aß die Schaubrote, obwohl es verboten war. Nur

die Priester durften davon essen. Aber er gab sogar seinen Männern
von den Broten.«
27 Jesus sagte zu den Pharisäern: »Gott hat den Sabbat für den Men-
schen gemacht, nicht den Menschen für den Sabbat. 28 Also kann der
Menschensohn bestimmen, was am Sabbat erlaubt ist.«

Jesus heilt einen Mann am Sabbat

→ Matthäus 12,9-14; Lukas 6,6-11

3 1 Wieder ging Jesus in die Synagoge. Dort war ein Mann mit einer
gelähmten Hand. 2 Die Gegner von Jesus beobachteten genau, ob
Jesus den Mann am Sabbat heilen würde. Dann wollten sie ihn ankla-
gen. 3 Jesus sagte zu dem Mann mit der gelähmten Hand: »Steh auf
und stell dich in die Mitte.« 4 Dann fragte er sie: »Was ist am Sabbat
erlaubt? – Gutes tun oder Böses? Soll man einem Menschen das Le-
ben retten oder ihn umkommen lassen?« Keiner sagte etwas. 5 Jesus
blickte sie zornig an. Er war traurig, dass sie so unbarmherzig waren.
Zu dem Mann sagte er: »Streck deine Hand aus!« Da streckte der
Mann die Hand aus, und sie wurde geheilt.
6 Die Pharisäer gingen hinaus und trafen sich sofort mit den An-
hängern des Herodes. Gemeinsam überlegten sie, wie sie Jesus los-
werden konnten.

Wer Jesus ist und wer zu ihm gehört 3,7-35

Viele Menschen kommen zu Jesus an den See Gennesaret

→ Lukas 6,17-19

7 Jesus ging mit seinen Jüngern zurück zum See. Viele Menschen
folgten ihm: Leute aus Galiläa, aus Judäa, 8 aus Jerusalem, aus Idu
mäa, aus dem Gebiet jenseits des Jordan und aus der Gegend von
Tyros und Sidon. Sie hatten gehört, was Jesus tat. Deshalb kamen sie
zu ihm.
9 Jesus sagte zu seinen Jüngern: »Haltet ein Boot bereit, falls mich
die Volksmenge zu sehr bedrängt.« 10 Denn Jesus heilte viele Kranke.
Deshalb drängten sich alle um ihn, die ein Leiden hatten, und wollten
ihn berühren. 11 Menschen, die von bösen Geistern besessen waren,
warfen sich vor ihm nieder, sobald sie ihn sahen. Sie schrien: »Du bist
der Sohn Gottes!« 12 Aber Jesus schärfte ihnen nachdrücklich ein, nie-
mandem zu erzählen, wer er war.

Jesus beruft zwölf Jünger zu Aposteln

→ Matthäus 10,1-4; Lukas 6,12-16

13 Dann stieg Jesus auf einen Berg. Dort rief er die zu sich, die er bei
sich haben wollte. Sie kamen zu ihm, 14 und er bestimmte zwölf, die
er Apostel nannte. Sie sollten ständig bei ihm sein. Er wollte sie aber
auch aussenden, um die Gute Nachricht zu verkünden. 15 Außerdem
gab er ihnen die Vollmacht, Dämonen auszutreiben.

Menschensohn: Bezeichnung, die zum Ausdruck bringt, dass Menschen Geschöpfe Gottes sind. Im Neuen Testament ein Titel für Jesus, der von Gott zum Herrscher und Retter der Welt bestimmt wurde.

Synagoge: Versammlungsstätte einer jüdischen Gemeinde.

Herodes Antipas: Sohn von Herodes dem Großen und Herrscher über Galiläa und Peräa (4 v. Chr.–39 n. Chr.).

Tyros, Sidon: Bedeutende Hafenstädte, im heutigen Libanon gelegen. Zur Zeit von Jesus hatten sie einen großen nicht-jüdischen Bevölkerungsanteil.

Sohn Gottes: Titel, der das besondere Vertrauensverhältnis eines Menschen zu Gott zum Ausdruck bringt. Im Neuen Testament wird der Titel ausschließlich für Jesus verwendet.

Apostel: Wörtlich »Ausgesandte«. Menschen, die dazu berufen sind, die Gute Nachricht von Jesus Christus zu verkünden. Im engeren Sinn die zwölf Jünger von Jesus, die ihn während seines Lebens begleiteten.

Gute Nachricht: Wörtliche Übersetzung von »Evangelium«. Steht für Gottes Willen, die Menschen mit sich zu versöhnen und in Gemeinschaft mit sich leben zu lassen.

16 Das waren die zwölf, die er einsetzte: Simon, dem er den Namen
Petrus gab; 17 Jakobus, der Sohn des Zebedäus, und Johannes, der Bru-
der des Jakobus, denen er den Namen »Donnersöhne« gab. 18 Dazu ka-
men Andreas, Philippus, Bartholomäus, Matthäus, Thomas, Jakobus,
der Sohn von Alphäus; Thaddäus, Simon, der Kananäer, 19 und Judas
Iskariot – er war es, der Jesus später verriet.

Gefährliche Vorwürfe gegen Jesus

→ Matthäus 12,22-32; Lukas 11,14-23

20 Dann ging Jesus nach Hause. Wieder strömte die Volksmenge zu-
sammen, sodass Jesus und seine Jünger noch nicht einmal zum Es-
sen kamen. 21 Als seine Verwandten das hörten, machten sie sich auf
den Weg zu ihm. Sie wollten ihn mit Gewalt dort wegholen, denn sie
sagten: »Er ist verrückt geworden.« 22 Aus Jerusalem waren Schrift-
gelehrte gekommen. Sie sagten: »Er ist von Beelzebul besessen.«
Und: »Der Oberste der Dämonen hilft ihm, andere Dämonen aus-
zutreiben.« 23 Jesus rief sie zu sich und redete zu ihnen in Form von
Gleichnissen: »Wie kann der Satan den Satan austreiben? 24 Wenn die
Machthaber eines Staates miteinander im Streit liegen, kann dieser
Staat nicht bestehen. 25 Und wenn eine Familie miteinander im Streit
liegt, kann diese Familie nicht bestehen. 26 Wenn sich also der Satan
gegen sich selbst erhebt und mit sich im Streit liegt, kann er nicht be-
stehen. Es ist aus mit ihm. 27 Ebenso kann kein Einbrecher einem star-
ken Mann seinen Besitz rauben, ohne ihn vorher zu fesseln. Dann
kann er ihm das ganze Haus ausrauben.

28 Amen, das sage ich euch: Alles kann den Menschen vergeben
werden – jede Schuld und jede Gotteslästerung, wie viel auch immer
sie lästern. 29 Wenn aber jemand den Heiligen Geist lästert, dem kann
in Ewigkeit nicht vergeben werden. Er ist für immer schuldig gewor-
den.« 30 Das sagte Jesus, weil sie behauptet hatten: »Er ist von einem
bösen Geist besessen.«

Wer zur Familie von Jesus gehört

→ Matthäus 12,46-50; Lukas 8,19-21

31 Inzwischen waren die Mutter und die Brüder von Jesus gekom-
men. Sie blieben draußen stehen und schickten jemand, der ihn ru-
fen sollte. 32 Aber die Volksmenge saß um Jesus. Sie sagten zu ihm:
»Sieh doch, deine Mutter, deine Brüder und deine Schwestern ste-
hen draußen. Sie suchen nach dir.« 33 Aber Jesus antwortete: »Wer ist
meine Mutter? Und wer sind meine Brüder?« 34 Er blickte die Leute
an, die rings um ihn saßen, und sagte: »Das sind meine Mutter und
meine Brüder! 35 Wer tut, was Gott will, der ist mein Bruder, meine
Schwester und meine Mutter.«

Kananäer: Aramäischer Name für die Gruppe der Zeloten. Die Angehörigen dieser jüdischen Glaubensgruppe legten die biblischen Vorschriften sehr streng aus. Für ihre Durchsetzung setzten sie auch Gewalt ein.

nach Hause: Vermutlich das Haus von Simon Petrus und Andreas in Kapernaum, in dem Jesus die Schwiegermutter von Petrus geheilt hat; vgl. Markus 1,29-31.

Schriftgelehrte: Menschen, deren Aufgabe das Studium und die Auslegung der Heiligen Schrift ist.

Beelzebul: Bezeichnung für den Anführer der Dämonen und bösen Geister.

Satan, Teufel: Gegenspieler Gottes. Er versucht, die Menschen zu einem Verhalten zu bewegen, das Gottes Willen widerspricht.

Amen: Das hebräische Wort bedeutet »So ist es! / So soll es sein!«

Schuld: Konkrete Verfehlungen, die von Gott trennen und das Gewissen belasten können.

Heiliger Geist: Kraft, durch die Gott in der Welt wirkt.

Jesus lehrt in Gleichnissen 4,1-34

Jesus spricht zu dem Volk in Gleichnissen

→ Matthäus 13,1-3; Lukas 8,4

4 [1] Wieder einmal war Jesus am See und begann, die Menschen zu
lehren. Es versammelte sich eine so große Volksmenge um ihn,
dass er in ein Boot stieg. Dort setzte er sich hin. So war er auf dem See,
und die Volksmenge blieb am Ufer. [2] Jesus erklärte ihnen vieles von
seiner Lehre in Form von Gleichnissen.

Das Gleichnis vom Säen auf verschiedenen Böden

→ Matthäus 13,3-9; Lukas 8,5-8

[3] Jesus sagte zu den Menschen: »Hört mir zu! Ein Bauer ging aufs
Feld, um zu säen. [4] Während er die Körner auswarf, fiel ein Teil davon
auf den Weg. Da kamen die Vögel und pickten sie auf. [5] Ein anderer
Teil fiel auf felsigen Boden, wo es nicht viel Erde gab. Die Körner gin-
gen schnell auf, weil sie nicht tief im Boden lagen. [6] Aber als die Sonne
hoch stand, wurden die Pflanzen verbrannt. Sie vertrockneten, weil
sie keine tiefen Wurzeln hatten. [7] Ein weiterer Teil fiel zwischen die
Disteln. Die Disteln schossen hoch und erstickten die junge Saat.
Deshalb brachten sie keinen Ertrag. [8] Aber ein anderer Teil fiel auf
guten Boden. Die Körner gingen auf, wuchsen heran und brachten
Ertrag: manche dreißigfach, andere sechzigfach, andere sogar hun-
dertfach.« [9] Und Jesus sagte: »Wer Ohren zum Hören hat, soll gut
zuhören.«

Warum Jesus in Gleichnissen redet

→ Matthäus 13,10-17; Lukas 8,9-10

[10] Als Jesus allein mit ihnen war, fragten die Zwölf und seine anderen
Begleiter ihn nach den Gleichnissen. [11] Er antwortete: »Euch ist das
Geheimnis vom Reich Gottes anvertraut. Aber die anderen Men-
schen erfahren das alles nur in Gleichnissen. [12] Sie sehen nämlich mit
offenen Augen und erkennen nichts und hören mit offenen Ohren
und verstehen nichts – es sei denn, sie ändern ihr Leben und ihre Sün-
den werden ihnen vergeben.«

Jesus erklärt das Gleichnis vom Säen auf verschiedenen Böden

→ Matthäus 13,18-23; Lukas 8,11-15

[13] Und Jesus sagte zu seinen Jüngern: »Wenn ihr dieses Gleichnis
schon nicht versteht, wie wollt ihr dann all die anderen Gleichnisse
verstehen? [14] Der Bauer sät das Wort Gottes aus. [15] Ein Teil davon fällt
auf den Weg. Er steht für die Menschen, die das Wort hören, wenn
es gesät wird. Aber sofort kommt der Satan und nimmt das Wort
wieder weg, das in sie hineingesät wurde. [16] Ein anderer Teil fällt auf
felsigen Boden. Er steht für die Menschen, die das Wort hören und
es sofort mit Freude annehmen. [17] Aber es schlägt keine Wurzeln in
ihnen, weil sie ihre Meinung schnell wieder ändern. Wenn ihnen das

See Gennesaret: See im Norden Israels, zwischen den Golanhöhen und Galiläa gelegen.

Gleichnis: Erzählung, die ihre Botschaft in Bildern und Vergleichen vermittelt.

die Zwölf: Meint die zwölf Jünger, die während der Zeit seines Wirkens bei Jesus waren.

das Geheimnis vom Reich Gottes: In dem, was Jesus sagt und tut, können die Menschen bereits hier und jetzt das Reich Gottes erfahren.

Sünden: Konkrete Verfehlungen, die von Gott trennen und das Gewissen belasten können.

Wort Gottes: Meint die Botschaft, die Gott den Menschen gibt.

Wort Schwierigkeiten oder Verfolgung bringt, lassen sie sich sofort
davon abbringen. 18 Noch ein anderer Teil fällt zwischen die Disteln.
Er steht für die Menschen, die das Wort zunächst hören. 19 Aber dann
kommen die Alltagssorgen, der Reiz des Geldes oder die Gier nach
irgendetwas anderem. Sie ersticken das Wort, und es bringt keinen
Ertrag. 20 Aber ein Teil wird auch auf guten Boden gesät. Er steht für
die Menschen, die das Wort hören und aufnehmen. Bei ihnen bringt
es viel Ertrag: Manche Pflanzen bringen dreißig, andere sechzig, andere sogar hundert Körner.«

Das Gleichnis von der Lampe

→ Matthäus 13,12; Lukas 8,16-18

21 Dann sagte Jesus zu seinen Jüngern: »Bringt man etwa eine Öllam-
pe in einen Raum, um sie dann unter einen Tontopf zu stellen? Na-
türlich nicht! Vielmehr stellt man sie auf einen Lampenständer. 22 Es
gibt nichts Verborgenes, das nicht zutage kommen soll. Und nichts
geschieht im Geheimen, das nicht ans Licht kommen soll. 23 Wer Oh-
ren zum Hören hat, soll gut zuhören.«

24 Weiter sagte er zu ihnen: »Beachtet das, was ihr hört. Der Maßstab, den ihr an andere anlegt, wird auch für euch gelten. Wenn ihr
großzügig messt, werdet ihr noch dazubekommen. 25 Denn wer et-
was hat, dem wird noch mehr gegeben. Doch wer nichts hat, dem wird auch das noch weggenommen, was er hat.«

Das Gleichnis von der Saat, die ganz von selbst wächst

26 Danach sagte Jesus: »Mit dem Reich Gottes ist es wie bei einem
Bauern. Er streut die Körner auf das Land, 27 dann legt er sich schlafen
und steht wieder auf – tagaus, tagein. Die Saat geht auf und wächst – aber der Bauer weiß nicht, wie das geschieht. 28 Ganz von selbst
bringt die Erde die Frucht hervor. Zuerst den Halm, dann die Ähre
und zuletzt den reifen Weizen in der Ähre. 29 Wenn das Getreide reif
ist, schickt er sofort die Erntearbeiter los, denn die Erntezeit ist da.«

Das Gleichnis vom Senfkorn

→ Matthäus 13,31-35; Lukas 13,18-19

30 Dann fragte Jesus: »Womit sollen wir das Reich Gottes vergleichen? Mit welchem Gleichnis können wir es beschreiben? 31 Es ist
wie bei einem Senfkorn: Wenn es in die Erde gesät wird, ist es das
kleinste aller Samenkörner, die ausgesät werden. 32 Aber wenn es
ausgesät ist, geht es auf und wird größer als alle Sträucher. Es bringt so große Zweige hervor, dass die Vögel in seinem Schatten ihr Nest bauen können.«

33 Jesus verkündete seine Botschaft in vielen solchen Gleichnissen,
wie die Menschen sie verstehen konnten. 34 Ohne Gleichnisse redete
er nicht zu ihnen. Aber wenn er mit seinen Jüngern allein war, erklärte er ihnen alles.

Öllampe: Lampe, in der mit einem Docht Öl verbrannt wurde. Sie war lange Zeit die wichtigste künstliche Lichtquelle.

Ähre: Oberer Teil des Getreidehalms, an dem die Körner sitzen.

Erntezeit: Bild für das Ende der Zeit, in der Gott Gericht hält und sein Reich anbricht.

Reich Gottes: Wörtlich »Königsherrschaft Gottes«. Bezeichnet den Herrschaftsbereich, in dem sich Gottes Wille durchsetzt.

Gleichnis: Erzählung, die ihre Botschaft in Bildern und Vergleichen vermittelt.

Senfkorn: Ein Senfkorn hat einen Durchmesser von 1–2 mm.

Jesus vollbringt Wunder und sendet seine Jünger aus 4,35–6,56

Im Sturm auf die Probe gestellt

→ Matthäus 8,23-27; Lukas 8,22-25

35 Am Abend dieses Tages sagte Jesus zu seinen Jüngern: »Wir wol-
len ans andere Ufer fahren.« 36 Sie ließen die Volksmenge zurück und
fuhren mit dem Boot los, in dem er saß. Auch andere Boote fuhren
mit. 37 Da kam ein starker Sturm auf. Die Wellen schlugen ins Boot
hinein, sodass es schon volllief. 38 Jesus schlief hinten im Boot auf
einem Kissen. Seine Jünger weckten ihn und riefen: »Lehrer! Macht
es dir nichts aus, dass wir untergehen?« 39 Jesus stand auf, bedrohte
den Wind und sagte zum See: »Werde ruhig! Sei still!« Da legte sich
der Wind, und es wurde ganz still. 40 Jesus fragte die Jünger: »Warum
habt ihr solche Angst? Habt ihr immer noch keinen Glauben?« 41 Aber
die Jünger überkam große Furcht. Sie fragten sich: »Wer ist er eigent-
lich? Sogar der Wind und die Wellen gehorchen ihm!«

Jesus befreit einen Mann, der von Dämonen beherrscht wird

→ Matthäus 8,28-34; Lukas 8,26-39

5 1 Jesus und seine Jünger kamen auf die andere Seite des Sees in
das Gebiet der Stadt Gerasa. 2 Sofort als Jesus aus dem Boot stieg,
kam ihm aus den Grabkammern ein Mann entgegen. Der war von
einem bösen Geist besessen. 3 Der Mann hatte sein Zuhause in den
Grabkammern. Niemand konnte ihn bändigen, nicht einmal mit
Ketten. 4 Schon oft hatte man ihm die Füße gefesselt und Ketten an-
gelegt. Aber er hatte die Ketten und Fußfesseln immer wieder zerris-
sen. Keiner wurde mit ihm fertig. 5 Tag und Nacht war er in den Grä-
bern oder auf den Bergen. Dabei schrie er und verletzte sich selbst
mit Steinen. 6 Als der Mann Jesus von Weitem sah, lief er herbei und
warf sich vor ihm nieder. 7 Mit lauter Stimme schrie er: »Was willst
du von mir, Jesus, Sohn des höchsten Gottes? Ich beschwöre dich bei
Gott: Quäl mich nicht!« 8 Denn Jesus hatte zu ihm gesagt: »Du böser
Geist, gib diesen Menschen frei!« 9 Jesus fragte ihn: »Wie heißt du?«
Er antwortete: »Ich heiße Legion, denn wir sind viele.« 10 Und er bat
Jesus: »Vertreibe uns nicht aus dieser Gegend!« 11 Auf einem Berg-
hang in der Nähe weidete eine große Schweineherde. 12 Die bösen
Geister baten Jesus: »Schick uns doch in die Schweine, damit wir in
sie hineinfahren können.« 13 Und er erlaubte es ihnen. Da verließen
die bösen Geister den Mann und fuhren in die Schweine. Die Herde
stürzte sich den Abhang hinab in den See und ertrank. Es waren etwa
2000 Tiere.

14 Die Schweinehirten ergriffen die Flucht und erzählten davon
in der Stadt und in den Dörfern. Die Leute kamen herbei, um selbst
zu sehen, was geschehen war. 15 Sie kamen zu Jesus und sahen den
Mann, in dem die Legion böser Geister gewesen war. Er saß ruhig da,
war angezogen und ganz vernünftig. Da fürchteten sich die Leute.

See Gennesaret: See im Norden Israels, zwischen den Golanhöhen und Galiläa gelegen.

Glaube, glauben: Meint das tiefe Vertrauen auf Gott, das zu einem Leben nach seinem Willen führt.

Gerasa: Blühende Stadt etwa 60 km südöstlich des See Gennesaret auf nicht-jüdischem Gebiet.

Grabkammer: Ein in den Felsen geschlagener Raum mit mehreren Nischen zur Ablage von Toten, dessen Eingang nach der Bestattung verschlossen wurde.

böser Geist: Eine böse Macht, die man sich als Person vorstellte. Sie kämpft gegen Gott und nimmt einen Menschen völlig in Besitz.

Sohn Gottes: Titel, der das besondere Vertrauensverhältnis eines Menschen zu Gott zum Ausdruck bringt. Im Neuen Testament wird der Titel ausschließlich für Jesus verwendet.

Legion: Größte Abteilung des römischen Heeres mit 4000–6000 Mann.

Schwein: Gilt in der Bibel als unreines Tier. Es darf nicht gegessen werden oder in den Bereich Gottes kommen.

Zehn Städte: Zusammenschluss von zehn Städten östlich und südlich des See Gennesaret, der eine gewisse Unabhängigkeit gegenüber den jeweiligen Herrschern behauptete.

See Gennesaret: See im Norden Israels, zwischen den Golanhöhen und Galiläa gelegen.

Synagogenleiter: War für alle Angelegenheiten einer Synagoge, der Versammlungsstätte jüdischer Gemeinden, zuständig.

Glaube, glauben: Meint das tiefe Vertrauen auf Gott, das zu einem Leben nach seinem Willen führt.

16 Diejenigen, die es mit angesehen hatten, berichteten ihnen alles:
Was mit dem Mann geschehen war, den die Dämonen beherrscht
hatten, und wie es den Schweinen ergangen war. 17 Da forderten sie
Jesus auf, aus ihrer Gegend wegzugehen.

18 Als Jesus in das Boot steigen wollte, bat ihn der Mann, den die
Dämonen beherrscht hatten: »Ich möchte bei dir bleiben.« 19 Aber er
erlaubte es ihm nicht, sondern sagte zu ihm: »Geh nach Hause zu deiner Familie. Erzähl ihnen, was Gott für dich getan hat und wie er dir
seine Barmherzigkeit gezeigt hat.« 20 Da zog der Mann los. Er verkündete in dem Gebiet der Zehn Städte, was Jesus für ihn getan hatte.
Und alle staunten darüber.

Jesus heilt eine Frau und weckt ein Mädchen vom Tod auf

→ Matthäus 9,18-26; Lukas 8,40-56

21 Jesus fuhr in dem Boot zur anderen Seite des Sees zurück. Dort versammelte sich eine große Volksmenge um ihn. Als er noch am See
war, 22 kam einer der Synagogenleiter dazu – ein Mann namens Jairus.
Als er Jesus sah, warf er sich vor ihm nieder. 23 Er flehte ihn an: »Meine
kleine Tochter liegt im Sterben. Bitte komm! Leg ihr die Hände auf,
damit sie gerettet wird und am Leben bleibt.« 24 Da ging Jesus mit Jairus. Eine große Volksmenge folgte ihm und umdrängte ihn.

25 Unter den Leuten war auch eine Frau, die seit zwölf Jahren an
Blutungen litt. 26 Sie hatte bei vielen Ärzten viel durchgemacht und
alles dafür ausgegeben, was sie besaß. Aber es hatte nichts genützt –
die Blutungen waren nur noch schlimmer geworden. 27 Die Frau hatte
von Jesus gehört. Sie drängte sich in der Volksmenge von hinten an
ihn heran und berührte seinen Mantel. 28 Denn sie sagte sich: »Wenn
ich nur seinen Mantel berühre, werde ich gesund.« 29 Im selben Augenblick hörte die Blutung auf. Sie spürte, dass sie von ihrem Leiden
geheilt war. 30 Jesus merkte sofort, dass Kraft von ihm ausgegangen
war. Er drehte sich in der Volksmenge um und fragte: »Wer hat meinen Mantel berührt?« 31 Seine Jünger antworteten: »Du siehst doch,
wie die Volksmenge sich um dich drängt. Und da fragst du: ›Wer hat
mich berührt?‹« 32 Doch Jesus blickte sich um, um zu sehen, wer ihn
berührt hatte. 33 Aber die Frau fürchtete sich und zitterte. Sie wusste
ja, was mit ihr geschehen war. Sie trat vor, warf sich vor ihm nieder
und erzählte ihm alles. 34 Er aber sagte zu ihr: »Tochter, dein Glaube
hat dich gerettet. Geh in Frieden. Du bist endgültig von deinem Leiden befreit.«

35 Während er noch redete, kamen einige Leute aus dem Haus des
Synagogenleiters. Sie sagten: »Deine Tochter ist gestorben. Wozu
bemühst du den Lehrer noch?« 36 Aber Jesus hörte, was sie redeten.
Er sagte zu dem Synagogenleiter: »Hab keine Angst! Glaube nur.«
37 Jesus ließ sonst niemanden mitkommen, außer Petrus, Jakobus
und Johannes, den Bruder von Jakobus. 38 Als sie zum Haus des
Synagogenleiters kamen, sah Jesus die aufgeregten Menschen. Sie
weinten und klagten laut. 39 Jesus ging hinein und sagte zu ihnen:

»Warum seid ihr so aufgeregt? Warum weint ihr? Das Kind ist nicht
tot, es schläft nur.« [40] Da lachten sie ihn aus. Aber er warf alle hinaus.
Er nahm nur den Vater des Kindes, die Mutter und seine Jünger mit
sich. Sie gingen in den Raum, in dem das Kind lag. [41] Jesus nahm die
Hand des Kindes und sagte zu ihm: »Talita kum!«, das heißt: Mäd-
chen, ich sage dir: Steh auf! [42] Sofort stand das Mädchen auf und ging
einige Schritte umher. Es war zwölf Jahre alt. Da gerieten alle vor
Staunen außer sich. [43] Jesus schärfte ihnen ein: »Erzählt niemandem
etwas davon.« Dann sagte er: »Gebt dem Mädchen etwas zu essen.«

Jesus wird in Nazaret abgelehnt

→ Matthäus 13,54-58; Lukas 4,16-30

6 [1] Jesus ging von dort weg und kam in seine Heimatstadt Nazaret.
Seine Jünger begleiteten ihn. [2] Am Sabbat lehrte Jesus in der Syn-
agoge. Viele, die ihn hörten, waren tief beeindruckt. Sie fragten: »Wo
hat er das her? Was ist das für eine Weisheit, die er bekommen hat?
Und wieso geschehen durch ihn solche Wunder? [3] Ist das nicht der
Zimmermann, der Sohn von Maria? Ist er nicht der Bruder von Jako-
bus, Joses, Judas und Simon? Leben nicht auch seine Schwestern hier
bei uns?« Deshalb lehnten sie Jesus ab. [4] Aber Jesus sagte zu ihnen:
»Nirgendwo gilt ein Prophet so wenig wie in seiner Heimatstadt, bei
seinen Verwandten und bei seiner Familie.« [5] Deshalb konnte er dort
auch keine Wunder tun. Er legte nur einigen Kranken die Hände auf
und heilte sie. [6] Und Jesus wunderte sich über den Unglauben der
Leute dort.

Jesus sendet seine Jünger aus

→ Matthäus 10,5-14; Lukas 9,1-6

Jesus zog durch die Dörfer in der Umgebung und lehrte. [7] Er rief die
Zwölf zu sich. Dann sandte er sie jeweils zu zweit aus und gab ihnen
die Vollmacht über böse Geister. [8] Er forderte sie auf: »Nehmt außer
einem Wanderstock nichts mit auf den Weg: kein Brot, keine Vor-
ratstasche und auch kein Geld im Gürtel. [9] Ihr dürft Sandalen anzie-
hen, aber nehmt kein zusätzliches Hemd mit.« [10] Außerdem sagte er:
»Wenn ihr in einem Haus aufgenommen werdet, bleibt so lange dort,
bis ihr den Ort wieder verlasst. [11] Wenn euch die Leute in einem Ort
nicht aufnehmen und euch nicht zuhören wollen: Zieht gleich wei-
ter und schüttelt den Staub von euren Füßen. Dadurch sollen die
Leute erkennen, dass ihr Verhalten Folgen haben wird.« [12] Und die
Jünger zogen los. Sie verkündeten den Menschen: »Ändert euer Le-
ben!« [13] Sie trieben viele Dämonen aus, salbten viele Kranke mit Öl
und heilten sie.

Der Tod von Johannes dem Täufer

→ Matthäus 14,1-12; Lukas 3,19-20; 9,7-9

[14] Der König Herodes hörte von Jesus, denn sein Name war überall
bekannt geworden. Die Leute sagten: »Er ist Johannes der Täufer, der

Talita kum: Jesus redet das Mädchen mit aramäischen Worten an. Das ist die Sprache, die von den Menschen in Galiläa, westlich des See Gennesaret, gesprochen wurde.

Sabbat: In der Bibel der siebte Tag der Woche, heute unser Samstag. Er gilt im Judentum als Feiertag, an dem nicht gearbeitet werden darf.

Synagoge: Versammlungsstätte einer jüdischen Gemeinde.

Prophet: Verkündet, was Gott in einer bestimmten Situation zu sagen hat.

die Zwölf: Meint die zwölf Jünger, die während der Zeit seines Wirkens bei Jesus waren.

Staub abschütteln: Zeichenhafte Handlung, die den Abbruch aller Beziehungen zum Ausdruck bringt. Noch nicht einmal den Staub der anderen will man behalten.

Dämon: Eine böse Macht, die man sich in der Antike als Person vorstellte. Sie kämpft gegen Gott und nimmt einen Menschen ganz in Besitz.

Herodes Antipas: Sohn von Herodes dem Großen und Herrscher über Galiläa und Peräa (4 v. Chr.–39 n. Chr.).

Johannes der Täufer: Bereitet die Menschen auf das Kommen von Jesus vor.

von den Toten auferstanden ist. Deshalb hat er solche Wunderkräf-
te.« 15 Andere sagten: »Er ist Elija.« Wieder andere behaupteten: »Er
ist ein Prophet wie einer der Propheten aus vergangener Zeit.« 16 Als
Herodes das hörte, sagte er: »Es ist Johannes, dem ich den Kopf ab-
schlagen ließ. Er ist auferstanden.«

17 Herodes hatte Johannes festnehmen, in Fesseln legen und ins
Gefängnis werfen lassen. Der Grund war: Herodes hatte Herodias
geheiratet, die Frau seines Bruders Philippus. 18 Daraufhin hatte Jo-
hannes zu Herodes gesagt: »Es war dir nicht erlaubt, die Frau deines
Bruders zu heiraten!« 19 Deshalb war Herodias voller Hass auf Johan-
nes. Sie wollte ihn töten lassen, hatte aber keine Möglichkeit dazu.
20 Denn Herodes scheute sich, Johannes etwas anzutun. Er wusste,
dass Johannes gerecht vor Gott lebte und ein heiliger Mann war. Da-
her hielt er seine schützende Hand über ihn. Was er von Johannes zu
hören bekam, versetzte ihn oft in große Unruhe. Dennoch hörte er
ihm gerne zu.

21 Aber eines Tages war die Gelegenheit für Herodias günstig: He-
rodes hatte Geburtstag und veranstaltete ein Festessen. Er lud seine
hohen Regierungsbeamten, die Befehlshaber und die angesehensten
Bürger von Galiläa dazu ein. 22 Da kam die Tochter von Herodias her-
ein und tanzte. Herodes und seine Gäste waren begeistert. Der Kö-
nig sagte zu dem Mädchen: »Wünsch dir, was du willst – ich werde
es dir geben.« 23 Er schwor ihr sogar: »Um was du mich auch bittest,
ich werde es dir geben – und wenn es die Hälfte meines Königreichs
ist.«

24 Da ging das Mädchen hinaus und fragte seine Mutter: »Was
soll ich mir wünschen?« Die Mutter sagte: »Den Kopf von Johannes
dem Täufer.« 25 Eilig ging sie wieder zum König und sagte ihm ihren
Wunsch: »Ich will, dass du mir sofort den Kopf von Johannes dem
Täufer auf einer Schale bringst.« 26 Der König war bestürzt. Aber weil
er es vor seinen Gästen feierlich versprochen hatte, wollte er ihr die
Bitte nicht abschlagen. 27 Sofort schickte der König den Henker los.
Er befahl ihm, den Kopf von Johannes zu bringen. Der Henker ging
ins Gefängnis und schlug ihm den Kopf ab. 28 Dann brachte er den
Kopf von Johannes auf einer Schale. Er gab ihn dem Mädchen, und
das Mädchen gab ihn seiner Mutter.

29 Als die Jünger von Johannes davon erfuhren, kamen sie, holten
seine Leiche und legten sie in eine Grabkammer.

Die Rückkehr der Jünger

→ Matthäus 14,13; Lukas 9,10

30 Die Apostel kamen zu Jesus zurück. Sie berichteten ihm alles,
was sie getan und gelehrt hatten. 31 Er sagte zu ihnen: »Kommt mit
an einen ruhigen Ort, nur ihr allein, und ruht euch ein wenig aus.«
Denn ständig kamen und gingen die Leute. Sie fanden nicht einmal
Zeit zum Essen. 32 Also fuhren sie mit dem Boot an eine abgelegene
Stelle, um für sich allein zu sein.

Elija: Prophet, der am Ende seines Lebens direkt von Gott in den Himmel geholt wurde. Sein Wiederkommen wird als Zeichen für das beginnende Gericht Gottes erwartet, vgl. Maleachi 3,23.

Prophet: Verkündet, was Gott in einer bestimmten Situation zu sagen hat.

Herodes Antipas: Sohn von Herodes dem Großen und Herrscher über Galiläa und Peräa (4 v. Chr.–39 n. Chr.).

Johannes der Täufer: Bereitet die Menschen auf das Kommen von Jesus vor.

Frau deines Bruders: 3. Mose/Levitikus 18,16 verbietet Geschlechtsverkehr mit der Frau des eigenen Bruders.

Galiläa: Gebiet zwischen dem See Gennesaret und der nördlichen Küstenebene.

Grabkammer: Ein in den Felsen geschlagener Raum mit mehreren Nischen zur Ablage von Toten, dessen Eingang nach der Bestattung verschlossen wurde.

Apostel: Wörtlich »Ausgesandte«. Menschen, die dazu berufen sind, die Gute Nachricht von Jesus Christus zu verkünden. Im engeren Sinn die zwölf Jünger von Jesus, die ihn während seines Lebens begleiteten.

Jesus macht 5000 Menschen satt

→ Matthäus 14,14-21; Lukas 9,11-17; Johannes 6,1-13

33 Die Leute sahen sie abfahren, und viele erkannten, wo sie hinwoll-
ten. So strömten sie auf dem Landweg aus allen umliegenden Orten
herbei und kamen noch vor ihnen dorthin. 34 Als Jesus ausstieg, sah
er die große Volksmenge. Da bekam er Mitleid mit den Menschen,
denn sie waren wie Schafe, die keinen Hirten haben. Darum lehrte
er sie lange.

35 So vergingen viele Stunden. Da kamen seine Jünger zu ihm und
sagten: »Es ist eine einsame Gegend hier, und es ist schon sehr spät.
36 Schick doch die Leute weg. Dann können sie in die umliegenden
Höfe und Dörfer gehen und sich etwas zu essen kaufen.« 37 Aber Je-
sus antwortete: »Gebt doch *ihr* ihnen etwas zu essen.« Da sagten
sie zu ihm: »Sollen wir etwa losgehen und für 200 Silberstücke Brot
kaufen und es ihnen zu essen geben?« 38 Jesus fragte sie: »Wie viele
Brote habt ihr dabei? Geht und seht nach.« Als sie es herausgefunden
hatten, sagten sie: »Fünf, und zwei Fische.« 39 Dann ordnete Jesus an:
»Alle sollen sich in Gruppen zum Essen im grünen Gras niederlas-
sen.« 40 So setzten sich die Leute in Gruppen zu hundert oder zu fünf-
zig. 41 Dann nahm Jesus die fünf Brote und die zwei Fische. Er blickte
zum Himmel auf und dankte Gott. Dann brach er die Brote in Stücke
und gab sie seinen Jüngern, die sie verteilen sollten. Auch die zwei Fi-
sche ließ er an alle austeilen. 42 Die Leute aßen, und alle wurden satt.
43 Danach sammelten sie die Reste von Brot und Fisch, die sie übrig
gelassen hatten – zwölf Körbe voll. 44 Es waren 5000 Männer, die von
den Broten gegessen hatten.

Jesus geht über das Wasser

→ Matthäus 14,22-33; Johannes 6,16-21

45 Sofort danach drängte Jesus seine Jünger, in das Boot zu steigen. Sie
sollten an die andere Seite des Sees nach Betsaida vorausfahren. Er
selbst wollte zuerst noch die Volksmenge verabschieden. 46 Nachdem
er sich von der Menge getrennt hatte, stieg er auf einen Berg, um zu
beten.

47 Es war schon Abend geworden. Das Boot war mitten auf dem
See, und Jesus war allein an Land. 48 Da sah er, wie sich die Jünger
beim Rudern abquälten, denn der Wind blies ihnen direkt entge-
gen. Um die vierte Nachtwache kam er zu ihnen. Er lief über den See
und wollte an ihnen vorübergehen. 49 Als die Jünger ihn über den
See laufen sahen, hielten sie ihn für ein Gespenst. Da schrien sie laut
auf. 50 Denn sie sahen ihn alle und erschraken. Aber sofort sagte Je-
sus zu ihnen: »Habt keine Angst. Ich bin es. Fürchtet euch nicht!« 51 Er
stieg zu ihnen ins Boot, und der Wind legte sich. Da waren die Jünger
völlig fassungslos. 52 Denn trotz des Wunders mit den Broten hatten
sie nichts verstanden. Ihre Herzen waren wie verschlossen.

Hirte: Verantwortlich für den Schutz und Bestand der Herde. In der Antike steht das Hirtenbild oft für den König oder für Gott.

Jünger: Wörtlich »Schüler«. Frauen und Männer, die ihrem Lehrer folgten und von ihm lernten.

Männer: Gezählt wurden offensichtlich nur die Männer. Es ist aber davon auszugehen, dass auch viele Frauen und Kinder anwesend waren.

See Gennesaret: See im Norden Israels, zwischen den Golanhöhen und Galiläa gelegen.

Betsaida: Stadt nordöstlich des See Gennesaret und Heimatstadt der Jünger Petrus, Andreas und Philippus.

vierte Nachtwache: Nach römischem Brauch war die Nacht in vier »Nachtwachen« aufgeteilt. Die vierte ging von 3 bis 6 Uhr morgens.

Wunder mit den Broten: In Markus 6,33-44 wird erzählt, wie Jesus mehr als 5000 Menschen satt gemacht hat.

Jesus heilt Kranke in Gennesaret

→ *Matthäus 14,34-36*

53 Jesus und die Jünger setzten die Überfahrt fort und legten in Gen-
nesaret an. 54 Als sie aus dem Boot stiegen, erkannten ihn die Leute
sofort. 55 Sie liefen in der ganzen Gegend überall hin, um die Kran-
ken zu holen. Die Leute brachten sie auf ihren Matten dorthin, wo
sie hörten, dass Jesus war. 56 Wo Jesus auch hinkam, in Dörfer, Städte
oder Höfe: Sie legten die Kranken auf den Plätzen nieder. Dort fleh-
ten sie ihn an: »Lass uns nur die Quasten deines Mantels berühren!«
Und wer immer ihn berührte, wurde gesund.

Jesus wendet sich den Völkern zu 7,1–8,26

Gottes Gebote und menschliche Vorschriften

→ *Matthäus 15,1-9*

7 1 Einmal kamen aus Jerusalem die Pharisäer zu Jesus, zusammen
mit einigen Schriftgelehrten. 2 Sie sahen, dass einige seiner Jün-
ger ihr Brot mit unreinen Händen aßen. Sie hatten also die Hände vor
dem Essen nicht nach den religiösen Vorschriften gewaschen.

3 Wie alle Juden essen die Pharisäer nicht, wenn sie nicht vorher
ihre Hände gründlich gewaschen haben. So halten sie die Vorschrif-
ten der Vorfahren ein. 4 Und wenn sie vom Markt kommen, essen
sie nicht, ohne sich nach den religiösen Vorschriften gewaschen zu
haben. Es gibt noch viele andere Vorschriften, an denen sie festhal-
ten. So reinigen sie auch ihre Becher, Krüge, Kupferschüsseln und
Matten.

5 Die Pharisäer und die Schriftgelehrten fragten Jesus: »Warum
halten sich deine Jünger nicht an die Vorschriften der Vorfahren?
Warum essen sie das Brot mit unreinen Händen?« 6 Aber Jesus sagte
zu ihnen: »Was der Prophet Jesaja über euch Heuchler gesagt hat,
stimmt genau! In seinem Buch steht: ›Dieses Volk ehrt mich mit sei-
nen Lippen, aber im Herzen ist es weit weg von mir. 7 Ihre ganze Ver-
ehrung ist sinnlos. Denn die Lehren, die sie verbreiten, sind Gebote
von Menschen.‹ 8 Gottes Gebote schiebt ihr beiseite und haltet an
Vorschriften von Menschen fest.«

9 Weiter sagte er zu ihnen: »Ihr seid sehr geschickt darin, Gottes Ge-
bote für ungültig zu erklären. So setzt ihr eure eigenen Vorschriften
in Kraft. 10 Denn Mose hat gesagt: ›Du sollst deinen Vater und deine
Mutter ehren und für sie sorgen!‹ Weiter heißt es: ›Wer Vater oder
Mutter verflucht, soll mit dem Tod bestraft werden.‹ 11 Ihr dagegen
behauptet: Wenn jemand zu Vater und Mutter sagt: ›Korban‹ – das
bedeutet: ›Die Unterstützung, die ich euch schulde, soll dem Tempel-
schatz zugutekommen‹ –, 12 dann braucht er für seine Eltern nichts
mehr zu tun. 13 So setzt ihr das Wort Gottes außer Kraft durch eure
eigenen Vorschriften, die ihr weitergebt. Und so macht ihr es immer
wieder.«

Gennesaret: Ortschaft am Westufer des See Gennesaret.

Quaste: An den Ecken des Gebetsmantels sind Quasten angebracht, die an die Gebote Gottes erinnern sollen; vgl. 4. Mose/Numeri 15,37-41.

Pharisäer: Angehöriger einer jüdischen Glaubensgruppe, die die biblischen Vorschriften und Gesetze sehr streng auslegte.

Schriftgelehrte: Menschen, deren Aufgabe das Studium und die Auslegung der Heiligen Schrift ist.

Vorschriften der Vorfahren: Neben hygienischen Gründen spielen beim Händewaschen vor allem religiöse Vorstellungen eine Rolle.

in seinem Buch steht: Zitat aus der griechischen Übersetzung von Jesaja 29,13.

Gebote: Bestimmungen, die Gott den Menschen gegeben hat. Sie ordnen das Leben so, wie es nach Gottes Willen sein soll.

Mose hat gesagt: Es folgt ein Zitat aus den Zehn Geboten, vgl. 2. Mose/Exodus 20,12.

heißt es: Zitat aus 2. Mose/Exodus 21,17.

›Korban‹: Bezeichnet im Hebräischen ein Opfer, das Gott dargebracht wurde.

Was unrein macht

→ Matthäus 15,10-20

14 Dann rief Jesus die ganze Volksmenge wieder zu sich. Er sagte zu
ihnen: »Hört mir alle zu und versteht mich richtig! 15 Nicht das, was
von außen in den Menschen hineinkommt, kann ihn unrein machen. Vielmehr macht ihn das unrein, was aus dem Menschen herauskommt.« 16 [...]

17 Danach zog sich Jesus von der Volksmenge in ein Haus zurück.
Dort fragten ihn seine Jünger nach dem Sinn dieser Worte. 18 Da
sagte er zu ihnen: »Also habt auch ihr noch nichts begriffen? Versteht ihr denn nicht: Nichts, was von außen in den Menschen hineinkommt, kann ihn unrein machen. 19 Denn es kommt nicht in sein
Herz, sondern in seinen Magen. Dann wird es vom Körper wieder
ausgeschieden.« Damit erklärte Jesus alle Speisen für rein. 20 Weiter
sagte er: »Das, was aus dem Menschen herauskommt, das macht den
Menschen unrein. 21 Denn alle bösen Gedanken kommen von innen,
aus dem Herzen des Menschen: sexuelles Fehlverhalten, Diebstahl,
Mord, 22 Ehebruch, Habgier, Bosheit, Betrug, Zügellosigkeit, Neid,
Verleumdung, Überheblichkeit und Unvernunft. 23 Alle diese bösen
Dinge kommen aus dem Inneren des Menschen und machen ihn unrein.«

Eine nicht-jüdische Frau vertraut Jesus

→ Matthäus 15,21-28

24 Von Gennesaret brach Jesus auf und ging in das Gebiet von Tyros.
Er zog sich in ein Haus zurück und wollte nicht, dass es bekannt wird.
Aber es war nicht möglich, es geheim zu halten. 25 Im Gegenteil: Sogleich hörte eine Frau von ihm. Sie hatte eine kleine Tochter, die von
einem bösen Geist beherrscht wurde. Sie kam und warf sich vor ihm
nieder. 26 Die Frau war eine Griechin, die in Syrophönizien zu Hause
war. Sie bat ihn: »Treib den Dämon aus meiner Tochter aus!« 27 Jesus
antwortete: »Zuerst sollen die Kinder satt werden. Es ist nicht richtig,
den Kindern das Brot wegzunehmen und es den Hunden vorzuwerfen.« 28 Darauf antwortete sie: »Herr! Aber unter dem Tisch fressen sogar die Hunde von den Krümeln der Kinder.« 29 Da sagte Jesus zu ihr:
»Wegen dieser Antwort sage ich dir: Geh nach Hause! Der Dämon
hat deine Tochter verlassen.« 30 Sie kehrte nach Hause zurück und
fand das Kind. Es lag auf dem Bett, und der Dämon hatte es verlassen.

Jesus heilt einen Taubstummen

→ Matthäus 15,29-31

31 Danach verließ Jesus das Gebiet von Tyros wieder. Er kam über
Sidon zum See von Galiläa, mitten ins Gebiet der Zehn Städte. 32 Da
brachten Leute einen Taubstummen zu ihm. Sie baten Jesus: »Leg
ihm deine Hand auf!« 33 Jesus führte ihn ein Stück von der Volksmenge weg. Er legte seine Finger in die Ohren des Taubstummen
und berührte dessen Zunge mit Speichel. 34 Dann blickte er zum

[...]: Einige spätere Handschriften fügen hinzu: »Wer Ohren zum Hören hat, soll gut zuhören.«

rein: Tiere, Pflanzen und Lebensmittel, die den religiösen Vorschriften des Alten Testaments zufolge gegessen werden dürfen.

Tyros: Bedeutende Hafenstadt, im heutigen Libanon gelegen. Zur Zeit von Jesus hatte sie einen großen nicht-jüdischen Bevölkerungsanteil.

böser Geist: Eine böse Macht, die man sich als Person vorstellte. Sie kämpft gegen Gott und nimmt einen Menschen völlig in Besitz.

Syrophönizien: Bezeichnung, die hervorhebt, dass die Frau nicht zum Volk Israel gehört.

Kinder: Bild für das Volk Israel, in dem die enge Beziehung zwischen Gott und seinem Volk zum Ausdruck kommt.

Hunde: Schimpfwort für Nicht-Juden.

Zehn Städte: Zusammenschluss von zehn Städten östlich und südlich des See Gennesaret, der eine gewisse Unabhängigkeit gegenüber den jeweiligen Herrschern behauptete.

Speichel: Dem Speichel wurde eine heilende Wirkung zugeschrieben.

Himmel auf, seufzte und sagte: »Effata!«, das heißt: Öffne dich! 35 So-
fort öffneten sich seine Ohren, seine Zunge löste sich, und er konnte
normal sprechen. 36 Jesus schärfte ihnen ein, nichts davon weiterzu-
erzählen. Aber je mehr er darauf bestand, desto mehr verkündeten
sie, was Jesus getan hatte.

37 Die Leute gerieten völlig außer sich vor Staunen und sagten:
»Wie gut ist alles, was er getan hat! Durch ihn können die Tauben hö-
ren und die Stummen reden!«

Jesus macht 4000 Menschen satt

→ Matthäus 15,32-39

8 1 Zu dieser Zeit war wieder eine große Volksmenge bei Jesus zu-
sammengekommen. Da die Menschen nichts zu essen hatten,
rief Jesus die Jünger zu sich. Er sagte zu ihnen: 2 »Ich habe großes
Mitleid mit den Menschen. Sie sind nun schon drei Tage bei mir und
haben nichts zu essen. 3 Wenn ich sie hungrig nach Hause schicke,
werden sie unterwegs zusammenbrechen – denn einige sind von
weit her gekommen.« 4 Seine Jünger antworteten: »Wo soll in dieser
einsamen Gegend das Brot herkommen, um diese Leute satt zu ma-
chen?« 5 Und er fragte sie: »Wie viele Brote habt ihr?« Sie antworteten:
»Sieben.«

6 Jesus forderte die Volksmenge auf, sich auf dem Boden nieder-
zulassen. Dann nahm er die sieben Brote. Er dankte Gott, brach sie
in Stücke und gab sie seinen Jüngern zum Verteilen. Und die Jünger
teilten das Brot an die Volksmenge aus. 7 Sie hatten auch noch einige
kleine Fische. Jesus dankte Gott dafür und ließ sie ebenfalls austei-
len. 8 Die Menschen aßen und wurden satt. Danach sammelten sie
die Reste und füllten damit sieben Körbe. 9 Es waren etwa 4000, die
Jesus heimschickte. 10 Gleich darauf stieg Jesus mit seinen Jüngern in
ein Boot. Sie fuhren in die Gegend von Dalmanuta.

Jesus soll seine Vollmacht beweisen

→ Matthäus 16,1-4

11 Da kamen die Pharisäer. Sie fingen an, mit ihm zu streiten und for-
derten von ihm ein Zeichen seiner göttlichen Vollmacht. Damit woll-
ten sie ihn auf die Probe stellen. 12 Jesus seufzte und sagte: »Warum
verlangen die Menschen dieser Generation ein Zeichen? Amen, das
sage ich euch: Ich werde den Menschen dieser Generation ganz be-
stimmt kein Zeichen geben.« 13 Damit ließ er sie stehen, stieg wieder
ins Boot und fuhr ans andere Ufer.

Die Jünger verstehen Jesus nicht

→ Matthäus 16,5-12

14 Die Jünger hatten vergessen, Brot zu besorgen. Deshalb hatten
sie nur ein einziges Brot bei sich im Boot. 15 Jesus schärfte ihnen
ein: »Nehmt euch in Acht! Hütet euch vor dem Sauerteig der Phari-
säer und vor dem Sauerteig des Herodes.« 16 Sie aber waren noch in

Effata: Jesus redet den Mann mit aramäischen Worten an. Das ist die Sprache, die von den Menschen in Galiläa, östlich des See Gennesaret, gesprochen wurde.

Jünger: Wörtlich »Schüler«. Frauen und Männer, die ihrem Lehrer folgten und von ihm lernten.

Pharisäer: Angehöriger einer jüdischen Glaubensgruppe, die die biblischen Vorschriften und Gesetze sehr streng auslegte.

Zeichen, Wunder: Ausweis der göttlichen Vollmacht, mit der eine Person handelt.

Amen: Das hebräische Wort bedeutet »So ist es! / So soll es sein!«

Sauerteig: Brotteig, bei dem eine kleine Menge gegorener Teig zum neuen Teig gegeben wird, damit er aufgeht und mehr wird. Hier Bild für die Lehre der Pharisäer und des Herodes, die sich nicht verbreiten soll.

Herodes Antipas: Sohn von Herodes dem Großen und Herrscher über Galiläa und Peräa (4 v. Chr.–39 n. Chr.).

Gedanken, dass sie kein Brot hatten. 17 Jesus merkte das und sagte zu
ihnen: »Warum macht ihr euch darüber Gedanken, dass ihr kein Brot
habt? Versteht ihr immer noch nicht? Begreift ihr denn gar nichts?
Sind eure Herzen so fest verschlossen? 18 Ihr habt doch Augen – seht
ihr denn nichts? Ihr habt doch Ohren – hört ihr denn nichts? Erinnert
ihr euch nicht daran, 19 wie ich fünf Brote unter 5000 Menschen aus-
geteilt habe? Wie viele Körbe habt ihr mit Resten gefüllt?« Sie ant-
worteten: »Zwölf.« 20 »Und als ich sieben Brote unter 4000 ausgeteilt
habe? Wie viele Körbe habt ihr da mit Resten gefüllt?« Sie antwor-
teten: »Sieben.« 21 Da sagte Jesus zu ihnen: »Begreift ihr denn immer
noch nichts?«

Jesus heilt einen Blinden

→ Johannes 9,1-7

22 Jesus und seine Jünger kamen nach Betsaida. Dort brachten die
Leute einen Blinden zu ihm. Sie baten Jesus: »Berühre ihn!« 23 Er
nahm den Blinden bei der Hand und führte ihn aus dem Dorf her-
aus. Dann spuckte Jesus ihm auf die Augen, legte ihm die Hände auf
und fragte ihn: »Was siehst du?« 24 Er blickte auf und antwortete: »Ich
sehe Menschen. Sie sehen aus wie Bäume, die umhergehen.« 25 Noch
einmal legte Jesus ihm die Hände auf seine Augen. Da konnte er klar
sehen. Er war geheilt und konnte alles deutlich erkennen.

26 Jesus schickte ihn nach Hause und sagte: »Geh aber nicht in das
Dorf hinein.«

Nachfolge auf dem Weg des Leidens 8,27–9,32

Petrus spricht aus, wer Jesus ist

→ Matthäus 16,13-20; Lukas 9,18-21; Johannes 6,67-69

27 Jesus zog mit seinen Jüngern weiter in die Dörfer bei Cäsarea Phil-
ippi. Unterwegs fragte er sie: »Für wen halten mich eigentlich die
Leute?« 28 Sie antworteten: »Manche halten dich für Johannes den
Täufer, andere für Elija. Wieder andere meinen, dass du sonst einer
der alten Propheten bist.« 29 Da fragte er sie: »Und ihr, für wen haltet
ihr mich?« Petrus antwortete: »Du bist der Christus.« 30 Jesus schärfte
ihnen ein: »Sagt niemandem, wer ich bin!«

Jesus kündigt zum ersten Mal seinen Tod an

→ Matthäus 16,21-23; Lukas 9,22

31 Danach begann Jesus seinen Jüngern zu erklären, was Gott mit ihm
vorhatte: »Der Menschensohn wird viel leiden müssen. Die Rats-
ältesten, die führenden Priester und die Schriftgelehrten werden ihn
wie einen Verbrecher behandeln. Sie werden ihn hinrichten lassen,
aber nach drei Tagen wird er vom Tod auferstehen.« 32 Das sagte er ih-
nen ganz offen. Da nahm Petrus ihn zur Seite und fing an, ihm das
auszureden. 33 Aber Jesus drehte sich um, sah seine Jünger an und

spucken: Dem Speichel wurde eine heilende Wirkung zugeschrieben.

Johannes der Täufer: Bereitete die Menschen auf das Kommen von Jesus vor. Er wurde von Herodes getötet, vgl. Markus 6,17-29.

Elija: Prophet, der am Ende seines Lebens direkt von Gott in den Himmel geholt wurde. Sein Wiederkommen wird als Zeichen für das beginnende Gericht Gottes erwartet, vgl. Maleachi 3,23.

alte Propheten: Meint die Propheten, von denen das Alte Testament erzählt.

Christus: Bedeutet übersetzt »der Gesalbte«. Im Alten Testament werden Könige, aber auch Propheten und Priester bei Amtsantritt gesalbt. Später wird der von Gott zum Herrscher der Welt bestimmte Retter so genannt. Im Neuen Testament ist das Jesus.

Menschensohn: Bezeichnung, die zum Ausdruck bringt, dass Menschen Geschöpfe Gottes sind. Im Neuen Testament ein Titel für Jesus, der von Gott zum Herrscher und Retter der Welt bestimmt wurde.

Ratsälteste: Mitglieder des jüdischen Rats, der obersten Behörde zur Regelung religiöser Angelegenheiten.

Auferstehung: Meint die Auferweckung vom Tod und das ewige Leben im Reich Gottes.

wies Petrus streng zurecht: »Weg mit dir, Satan, hinter mich! Dir
geht es nicht um das, was Gott will, sondern um das, was Menschen
wollen.«

Das Kreuz auf sich nehmen

→ Matthäus 10,39; 16,24-28; Lukas 9,23-27; 17,33; Johannes 12,25

34 Dann rief Jesus das Volk und seine Jünger zu sich. Er sagte: »Wer mir
folgen will, darf nicht an seinem Leben hängen. Er muss sein Kreuz
auf sich nehmen und mir auf meinem Weg folgen. 35 Wer sein Leben
retten will, wird es verlieren. Wer sich aber zu mir und der Guten
Nachricht bekennt und deshalb sein Leben verliert, wird es erhalten.
36 Was nützt es einem Menschen, wenn er die ganze Welt gewinnt,
aber sein Leben dabei verliert? 37 Was kann ein Mensch einsetzen,
um sein Leben dafür einzutauschen? 38 Denn wer sich nicht zu mir
und meinen Worten bekennt vor dieser treulosen und schuldbelade-
nen Generation, der muss wissen: Der Menschensohn wird sich auch
nicht zu ihm bekennen, wenn er wiederkommt – in der Herrlichkeit
9 seines Vaters und mit den heiligen Engeln.« 1 Schließlich sagte er
zu ihnen: »Amen, das sage ich euch: Hier stehen einige, die nicht
sterben werden, sondern die Ankunft von Gottes Reich erleben. Sie
werden sehen, wie es machtvoll in diese Welt kommt.«

Die Jünger sehen Jesus in der Herrlichkeit Gottes

→ Matthäus 17,1-9; Lukas 9,28-36

2 Sechs Tage später nahm Jesus Petrus, Jakobus und Johannes mit
sich. Er führte sie auf einen hohen Berg, wo sie ganz für sich waren.
Da veränderte sich sein Aussehen vor ihren Augen: 3 Seine Kleider
wurden strahlend weiß – kein Tuchhersteller dieser Welt kann Stoff
so leuchtend weiß machen. 4 Da erschien Elija zusammen mit Mose
vor ihnen. Sie redeten mit Jesus. 5 Petrus sagte zu Jesus: »Rabbi, es ist
gut, dass wir hier sind. Wir wollen drei Zelte aufschlagen: eins für
dich, eins für Mose und eins für Elija.« 6 Denn Petrus wusste nicht,
was er sagen sollte – so sehr waren sie von Furcht erfüllt. 7 Dann zog
eine Wolke auf, und ihr Schatten legte sich über sie. Und eine Stimme
erklang aus der Wolke: »Das ist mein geliebter Sohn, an ihm habe ich
Freude. Hört auf ihn!«
8 Plötzlich waren sie mit Jesus allein. Als sie sich umsahen, konnten
sie niemanden mehr erblicken. 9 Während sie vom Berg herabstiegen,
schärfte Jesus ihnen ein: »Erzählt keinem, was ihr gesehen habt, bis
der Menschensohn von den Toten auferstanden ist.« 10 Diese Worte
beschäftigten sie, und sie überlegten miteinander: »Was bedeutet:
von den Toten auferstehen?«

Elija und Johannes der Täufer

→ Matthäus 17,10-13

11 Die drei Jünger fragten Jesus: »Warum sagen die Schriftgelehrten,
dass vor dem Ende Elija wiederkommen muss?« 12 Jesus antwortete:

Satan, Teufel: Gegenspieler Gottes. Er versucht, die Menschen zu einem Verhalten zu bewegen, das Gottes Willen widerspricht.

folgen: Jesus zu folgen bedeutet, das Leben ganz in seinen Dienst zu stellen.

Gute Nachricht: Wörtliche Übersetzung von »Evangelium«. Steht für Gottes Willen, die Menschen mit sich zu versöhnen und in Gemeinschaft mit sich leben zu lassen.

Herrlichkeit seines Vaters: Als Sohn Gottes hat Jesus Anteil am Ansehen und der Macht Gottes. Wenn er wiederkommt, wird er mit Gottes Vollmacht auftreten.

Elija: Prophet, der am Ende seines Lebens direkt von Gott in den Himmel geholt wurde. Sein Wiederkommen wird als Zeichen für das beginnende Gericht Gottes erwartet, vgl. Maleachi 3,23.

Mose: Führte Israel im Auftrag Gottes aus Ägypten und erhielt am Berg Sinai die Zehn Gebote.

Rabbi: Aramäisch für »mein Herr / mein Meister«. Zur Zeit von Jesus Ehrentitel für angesehene Lehrer.

mein geliebter Sohn: Mit diesen Worten wird Jesus bei seiner Taufe von einer Stimme aus dem Himmel angeredet, vgl. Markus 1,11.

»Es stimmt zwar, dass Elija vor dem Ende kommt und alles für
Gott bereit macht. Aber wieso heißt es dann in der Heiligen Schrift
vom Menschensohn: ›Er muss viel leiden und wird verachtet wer-
den‹? 13 Aber ich sage euch: Elija ist schon gekommen, und sie haben
mit ihm gemacht, was sie wollten. So steht es auch in der Heiligen
Schrift.«

Jesus heilt ein Kind und fordert zum Vertrauen auf

→ Matthäus 17,14-20; Lukas 9,37-43

14 Jesus kam mit den drei Jüngern zu den anderen zurück. Er fand eine
große Volksmenge um sie versammelt. Darunter waren auch einige
Schriftgelehrte, die mit den Jüngern stritten. 15 Die Volksmenge sah
ihn sofort und wurde ganz aufgeregt. Die Leute liefen zu ihm hin und
begrüßten ihn. 16 Er fragte sie: »Worüber hattet ihr Streit mit meinen
Jüngern?« 17 Ein Mann aus der Volksmenge antwortete: »Lehrer, ich
habe meinen Sohn zu dir gebracht. Er ist von einem bösen Geist be-
sessen, der ihn stumm gemacht hat. 18 Wenn der Geist ihn packt, wirft
er ihn zu Boden. Er bekommt Schaum vor den Mund, knirscht mit
den Zähnen, und sein ganzer Körper verkrampft sich. Ich habe deine
Jünger gebeten, den Geist auszutreiben, aber sie konnten es nicht.«
19 Da antwortete er ihnen: »Was seid ihr nur für eine ungläubige Ge-
neration? Wie lange soll ich noch bei euch bleiben? Wie lange soll ich
euch noch ertragen? Bringt ihn zu mir!«
20 Sie brachten den Jungen zu Jesus. Sobald der Geist Jesus sah,
zerrte er den Jungen hin und her. Er fiel zu Boden und wälzte sich
mit Schaum vor dem Mund auf der Erde. 21 Da fragte Jesus den Va-
ter: »Wie lange hat er das schon?« Er antwortete: »Von klein auf. 22 Der
böse Geist hat ihn auch schon oft ins Feuer oder ins Wasser gewor-
fen, um ihn umzubringen. Wenn du kannst, dann hilf uns! Hab doch
Mitleid mit uns!« 23 Jesus sagte zu ihm: »Was heißt hier: ›Wenn du
kannst‹? Alles ist möglich für den, der glaubt.« 24 Da schrie der Vater
des Jungen auf: »Ich glaube ja – und brauche doch, dass du mir in mei-
nem Unglauben hilfst!«
25 Immer mehr Menschen kamen zu der Volksmenge. Als Jesus das
sah, bedrohte er den bösen Geist: »Du stummer und tauber Geist, ich
befehle dir: Verlass den Jungen und kehr nie wieder in ihn zurück!«
26 Da schrie der böse Geist auf und zerrte den Jungen heftig hin und
her. Dann verließ er ihn. Der Junge lag da wie tot. Deshalb meinten
viele: »Er ist gestorben.« 27 Aber Jesus nahm seine Hand und zog den
Jungen hoch. Da stand er auf. 28 Dann gingen Jesus und seine Jün-
ger nach Hause. Als sie allein waren, fragten die Jünger ihn: »War-
um konnten wir den bösen Geist nicht austreiben?« 29 Er antwor-
tete: »Solche bösen Geister können nur durch Gebet ausgetrieben
werden.«

heißt es in der Heiligen Schrift: Christen lesen bestimmte Texte aus dem Alten Testament als Ankündigung für das Schicksal von Jesus Christus. Ein zentraler Text ist beispielsweise Jesaja 52,13–53,12.

Elija ist schon gekommen: Jesus spricht von Johannes dem Täufer, der in Markus 1,2-8 als sein Wegbereiter vorgestellt wird.

Schriftgelehrte: Menschen, deren Aufgabe das Studium und die Auslegung der Heiligen Schrift ist.

Lehrer: Ehrenvolle Anrede für die Schriftgelehrten, die auch Jesus gegenüber gebraucht wurde.

böser Geist: Eine böse Macht, die man sich als Person vorstellte. Sie kämpft gegen Gott und nimmt einen Menschen völlig in Besitz.

nach Hause: Vermutlich das Haus von Simon Petrus und Andreas in Kapernaum, in dem Jesus die Schwiegermutter von Petrus geheilt hat; vgl. Markus 1,29-31.

Gebet: Reden des Menschen mit Gott.

Jesus kündigt zum zweiten Mal seinen Tod an

→ Matthäus 17,22-23; Lukas 9,43-45

30 Jesus und seine Jünger verließen die Gegend und zogen durch Ga-
liläa. Aber Jesus wollte nicht, dass es jemand erfährt. 31 Denn er wollte
seine Jünger lehren und ihnen erklären, was ihm bevorstand: »Der
Menschensohn wird ausgeliefert werden in die Hände der Men-
schen. Sie werden ihn töten. Aber nach drei Tagen wird er vom Tod
auferstehen.« 32 Doch die Jünger verstanden nicht, was Jesus sagen
wollte. Und sie scheuten sich, ihn danach zu fragen.

Anweisungen für die Gemeinschaft der Jünger

9,33–10,52

Wer ist bei Gott wichtig?

→ Matthäus 18,1-5; Lukas 9,46-48

33 Jesus und seine Jünger gingen nach Kapernaum. Als sie zu Hause
angekommen waren, fragte er sie: »Worüber habt ihr euch unter-
wegs gestritten?« 34 Die Jünger schwiegen. Sie hatten unterwegs
darüber gestritten, wer von ihnen der Wichtigste war. 35 Jesus setzte
sich, rief die Zwölf zu sich und sagte zu ihnen: »Wer der Erste sein
will, muss der Letzte von allen werden und allen anderen dienen.«
36 Dann nahm Jesus ein Kind und stellte es in ihre Mitte. Er schloss
es in seine Arme und sagte zu den Jüngern: 37 »Wer ein Kind wie die-
ses aufnimmt und sich dabei auf mich beruft, der nimmt mich auf.
Und wer mich aufnimmt, nimmt nicht nur mich auf, sondern auch
den, der mich gesandt hat.«

Wer nicht gegen uns ist, ist für uns

→ Matthäus 10,42; Lukas 9,49-50

38 Johannes sagte zu Jesus: »Lehrer, wir haben gesehen, wie jemand
deinen Namen dazu benutzt hat, Dämonen auszutreiben. Wir woll-
ten ihn davon abhalten, denn er gehört nicht zu uns.« 39 Aber Jesus
antwortete: »Hindert ihn nicht daran! Denn niemand benutzt mei-
nen Namen dazu, Wunder zu tun, und redet kurz darauf schlecht
über mich. 40 Denn wer nicht gegen uns ist, der ist für uns. 41 Wer euch
auch nur einen Becher Wasser zu trinken gibt, weil ihr zu Christus
gehört – Amen, das sage ich euch: Ein solcher Mensch wird ganz be-
stimmt seine Belohnung dafür erhalten.«

Warnung vor jeder Art von Verführung

→ Matthäus 18,6-9; Lukas 17,1-2

42 Jesus sagte: »Wer einen von diesen Geringsten, die an mich glau-
ben, von mir abbringt, für den gilt: Es wäre besser für ihn, mit einem
Mühlstein um den Hals ins Meer geworfen zu werden. 43 Wenn dich
deine Hand von mir abbringt, schlag sie ab! Es ist besser für dich, ver-
stümmelt bei Gott zu leben – besser als mit beiden Händen in der

Galiläa: Gebiet zwischen dem See Gennesaret und der nördlichen Küstenebene.

Menschensohn: Bezeichnung, die zum Ausdruck bringt, dass Menschen Geschöpfe Gottes sind. Im Neuen Testament ein Titel für Jesus, der von Gott zum Herrscher und Retter der Welt bestimmt wurde.

Auferstehung: Meint die Auferweckung vom Tod und das ewige Leben im Reich Gottes.

Kapernaum: Stadt am Nordufer des See Gennesaret.

die Zwölf: Meint die zwölf Jünger, die während der Zeit seines Wirkens bei Jesus waren.

Dämon: Eine böse Macht, die man sich in der Antike als Person vorstellte. Sie kämpft gegen Gott und nimmt einen Menschen ganz in Besitz.

Amen: Das hebräische Wort bedeutet »So ist es! / So soll es sein!«

Glaube, glauben: Meint das tiefe Vertrauen auf Gott, das zu einem Leben nach seinem Willen führt.

Mühlstein: Schwerer Stein, der beim Mahlen von Getreide von einem Esel bewegt wurde.

Hölle, in der das Feuer nie ausgeht. 44 [...] 45 Wenn dich dein Fuß von mir abbringt, schlag ihn ab! Es ist besser für dich, lahm bei Gott zu leben – besser, als mit beiden Füßen in die Hölle geworfen zu werden. 46 [...] 47 Wenn dich dein Auge von mir abbringt, reiß es aus! Es ist besser für dich, mit nur einem Auge in das Reich Gottes zu kommen – besser, als mit beiden Augen in die Hölle geworfen zu werden. 48 Dort nehmen die Qualen kein Ende, und das Feuer erlischt nie.«

Von der Kraft des Salzes

→ Matthäus 5,13; Lukas 14,34-35

49 »Denn jeder bekommt durch Feuer des Leidens etwas von der Kraft des Salzes. 50 Salz ist etwas Gutes. Aber wenn das Salz seine Kraft verliert, wie kann man es wieder salzig machen? Bewahrt also die Kraft des Salzes in euch: Haltet Frieden untereinander!«

Über die Ehescheidung

→ Matthäus 19,1-12

10 1 Jesus brach von dort auf. Er kam in das Gebiet von Judäa auf der anderen Jordanseite. Wieder versammelte sich eine große Volksmenge bei ihm, und wie immer lehrte er die Menschen. 2 Da kamen Pharisäer und fragten ihn: »Darf sich ein Mann von seiner Frau scheiden lassen?« Damit wollten sie Jesus auf die Probe stellen. 3 Jesus antwortete: »Was hat euch Mose vorgeschrieben?« 4 Da sagten die Pharisäer: »Mose hat erlaubt, dass ein Mann seiner Frau eine Scheidungsurkunde ausstellt und sie wegschickt.« 5 Jesus erwiderte: »Nur weil ihr euer Herz gegen Gott verschlossen habt, hat Mose euch dieses Gebot gegeben. 6 Aber vom Anfang der Welt an hat Gott die Menschen als Mann und Frau geschaffen. 7 Deshalb verlässt ein Mann seinen Vater und seine Mutter und verbindet sich mit seiner Frau. 8 Die zwei sind dann eins mit Leib und Seele. Sie sind also nicht mehr zwei, sondern ganz eins. 9 Was Gott so verbunden hat, das soll der Mensch nicht trennen.« 10 Zu Hause fragten ihn die Jünger noch einmal danach. 11 Jesus sagte zu ihnen: »Wer sich von seiner Frau scheiden lässt und eine andere heiratet, der begeht Ehebruch gegenüber der ersten. 12 Ebenso gilt: Wenn sich eine Frau von ihrem Mann scheiden lässt und einen anderen heiratet, begeht sie Ehebruch.«

Jesus und die Kinder

→ Matthäus 19,13-15; Lukas 18,15-17

13 Einige Leute brachten Kinder zu Jesus. Sie wollten, dass er ihnen die Hände auflegte. Aber die Jünger wiesen sie schroff zurück. 14 Als Jesus das merkte, wurde er zornig und sagte zu ihnen: »Lasst doch die Kinder zu mir kommen, hindert sie nicht daran! Denn für Menschen wie sie ist das Reich Gottes da. 15 Amen, das sage ich euch: Wer sich das Reich Gottes nicht wie ein Kind schenken lässt, wird nie hineinkommen.« 16 Dann nahm er die Kinder in die Arme, legte ihnen die Hände auf und segnete sie.

[...]: Einige spätere Handschriften fügen in Vers 44 und 46 hinzu: »Dort nehmen die Qualen kein Ende, und das Feuer erlischt nie.«

Kraft des Salzes: Salz hat eine reinigende Kraft und macht Lebensmittel haltbar. In 3. Mose/Levitikus 2,13 steht es daher für den Bund Gottes mit seinem Volk.

Pharisäer: Angehöriger einer jüdischen Glaubensgruppe, die die biblischen Vorschriften und Gesetze sehr streng auslegte.

Mose vorgeschrieben: Die Bestimmungen über Scheidung und Wiederheirat finden sich in 5. Mose/Deuteronomium 24,1-4.

Scheidungsurkunde: Dokument, das ein Mann seiner Frau geben musste, wenn er die Ehe auflösen wollte.

Anfang der Welt: Von der Erschaffung der ersten beiden Menschen erzählt 1. Mose/Genesis 1,27.

Reich Gottes: Wörtlich »Königsherrschaft Gottes«. Bezeichnet den Herrschaftsbereich, in dem sich Gottes Wille durchsetzt.

Segen, segnen: Wer einen anderen Menschen segnet, bittet Gott, dem Gesegneten Kraft, Leben und Wohlergehen zu schenken.

Die Gefahr des Reichtums

→ *Matthäus 19,16-26; Lukas 18,18-27*

17 Jesus machte sich wieder auf den Weg. Da kam ein Mann angelau-
fen. Er fiel vor ihm auf die Knie und fragte ihn: »Guter Lehrer, was
muss ich tun, damit ich das ewige Leben bekomme?« 18 Jesus ant-
wortete: »Warum nennst du mich gut? Niemand ist gut außer dem
Einen: Gott. 19 Du kennst doch die Gebote: ›Du sollst nicht töten! Du
sollst nicht ehebrechen! Du sollst nicht stehlen! Du sollst keine fal-
schen Aussagen machen! Du sollst niemanden um das bringen, was
ihm zusteht! Du sollst deinen Vater und deine Mutter ehren und für
sie sorgen!‹« 20 Aber der Mann sagte: »Lehrer, das alles habe ich seit
meiner Jugend befolgt.« 21 Jesus sah ihn an. Er gewann ihn lieb und
sagte zu ihm: »Eins fehlt dir noch: Geh los, verkaufe alles, was du hast,
und gib das Geld den Armen. So wirst du einen Schatz im Himmel
haben. Dann komm und folge mir!« 22 Der Mann war betroffen von
dem, was Jesus sagte, und ging traurig weg. Denn er hatte ein großes
Vermögen.

23 Jesus sah seine Jünger an und sagte: »Wie schwer ist es doch für
die Menschen, die viel besitzen, in das Reich Gottes hineinzukom-
men.« 24 Die Jünger waren bestürzt über seine Worte. Aber Jesus
sagte noch einmal zu ihnen: »Ja, Kinder, wie schwer ist es doch, in das
Reich Gottes hineinzukommen. 25 Leichter geht ein Kamel durch ein
Nadelöhr, als dass ein Reicher in das Reich Gottes hineinkommt.«
26 Da gerieten die Jünger völlig außer sich und fragten einander: »Wer
kann dann überhaupt gerettet werden?« 27 Jesus sah sie an und sagte:
»Für Menschen ist es unmöglich, aber nicht für Gott. Denn für Gott
ist alles möglich.«

Der Lohn für die, die alles aufgegeben haben

→ *Matthäus 19,27-30; Lukas 18,28-30*

28 Da sagte Petrus zu Jesus: »Du weißt: Wir haben alles zurückgelas-
sen und sind dir gefolgt.« 29 Jesus antwortete: »Amen, das sage ich
euch: Jeder, der etwas zurückgelassen hat – Haus, Brüder, Schwestern,
Mutter, Vater, Kinder oder Felder –, um mir zu folgen und um die Gu-
te Nachricht weiterzusagen, 30 wird es hundertfach neu bekommen:
Haus, Brüder, Schwestern, Mutter, Kinder und Felder. Das gilt schon
jetzt in dieser Zeit – wenn auch unter Verfolgungen. Und dann, wenn
Gottes Reich kommt, bekommt er das ewige Leben. 31 Viele, die jetzt
bei den Ersten sind, werden dann die Letzten sein. Und viele, die jetzt
bei den Letzten sind, werden dann die Ersten sein.«

Jesus kündigt zum dritten Mal seinen Tod an

→ *Matthäus 20,17-19; Lukas 18,31-34*

32 Auf dem Weg nach Jerusalem ging Jesus vor den anderen her. Alle,
die dabei waren, wunderten sich. Aber die Jünger, die ihm folgten,
hatten Angst. Da nahm Jesus die Zwölf noch einmal beiseite. Er kün-
digte ihnen an, was mit ihm geschehen sollte: 33 »Wir ziehen jetzt

die Gebote: Die folgenden Gebote gehören zu den Zehn Geboten, vgl. 2. Mose/Exodus 20,1-17.

folgen: Jesus zu folgen bedeutet, das Leben ganz in seinen Dienst zu stellen.

Reich Gottes: Wörtlich »Königsherrschaft Gottes«. Bezeichnet den Herrschaftsbereich, in dem sich Gottes Wille durchsetzt.

Amen: Das hebräische Wort bedeutet »So ist es! / So soll es sein!«

Gute Nachricht: Wörtliche Übersetzung von »Evangelium«. Steht für Gottes Willen, die Menschen mit sich zu versöhnen und in Gemeinschaft mit sich leben zu lassen.

ewiges Leben: Leben im Reich Gottes und in unmittelbarer Gemeinschaft mit Gott nach der Auferstehung vom Tod.

die Zwölf: Meint die zwölf Jünger, die während der Zeit seines Wirkens bei Jesus waren.

nach Jerusalem. Dort wird der Menschensohn den führenden Priestern und Schriftgelehrten ausgeliefert. Sie werden ihn zum Tod verurteilen und an die Heiden ausliefern, die unser Land besetzen. 34 Die werden ihn verspotten und anspucken, ihn auspeitschen und töten. Aber nach drei Tagen wird er vom Tod auferstehen.«

Nicht herrschen, sondern dienen

→Matthäus 20,20-28; Lukas 22,24-27

35 Jakobus und Johannes, die Söhne des Zebedäus, traten zu Jesus und sagten zu ihm: »Lehrer, wir möchten, dass du uns eine Bitte erfüllst.« 36 Jesus fragte sie: »Was möchtet ihr denn? Was soll ich für euch tun?« 37 Sie antworteten: »Lass uns neben dir sitzen, wenn du in deiner Herrlichkeit regieren wirst – einen rechts von dir, den anderen links.« 38 Aber Jesus sagte zu ihnen: »Ihr wisst nicht, um was ihr da bittet! Könnt ihr den Becher austrinken, den ich austrinke? Oder könnt ihr die Taufe auf euch nehmen, mit der ich getauft werde?« 39 Sie erwiderten: »Das können wir!« Da sagte Jesus zu ihnen: »Ihr werdet tatsächlich den Becher austrinken, den ich austrinke. Und ihr werdet die Taufe auf euch nehmen, mit der ich getauft werde. 40 Aber ich habe nicht zu entscheiden, wer rechts und links von mir sitzt. Dort werden die sitzen, die Gott dafür bestimmt hat.«

41 Die anderen zehn hörten das Gespräch mit an und ärgerten sich über Jakobus und Johannes. 42 Da rief Jesus auch sie herbei und sagte zu ihnen: »Ihr wisst: Diejenigen, die als Herrscher der Völker gelten, unterdrücken die Menschen, über die sie herrschen. Und ihre Machthaber missbrauchen ihre Macht. 43 Aber bei euch ist das nicht so: Sondern wer von euch groß sein will, soll den anderen dienen. 44 Und wer von euch der Erste sein will, soll der Diener von allen sein. 45 Denn auch der Menschensohn ist nicht gekommen, um sich dienen zu lassen. Im Gegenteil: Er ist gekommen, um anderen zu dienen und sein Leben hinzugeben als Lösegeld für viele Menschen.«

Jesus heilt einen Blinden

→Matthäus 20,29-34; Lukas 18,35-43

46 Dann kam Jesus nach Jericho. Als er mit seinen Jüngern und einer großen Volksmenge die Stadt verließ, saß ein blinder Bettler am Weg. Es war Bartimäus, der Sohn von Timäus. 47 Als er hörte, dass Jesus aus Nazaret da war, fing er an, laut zu rufen: »Jesus, du Sohn Davids! Hab Erbarmen mit mir!« 48 Viele fuhren ihn an: »Sei still!« Aber der Blinde schrie noch viel lauter: »Sohn Davids! Hab Erbarmen mit mir!« 49 Da blieb Jesus stehen und sagte: »Ruft ihn her!« Die Leute riefen den Blinden herbei und sagten zu ihm: »Nur Mut! Steh auf, er ruft dich!« 50 Da warf der Blinde seinen Mantel ab, sprang auf und kam zu Jesus. 51 Jesus fragte ihn: »Was willst du? Was soll ich für dich tun?« Der Blinde antwortete: »Rabbuni, dass ich sehen kann!« 52 Jesus sagte zu ihm: »Geh nur, dein Glaube hat dich gerettet.« Sofort konnte er sehen, und er folgte Jesus auf seinem Weg.

Mk

Menschensohn: Bezeichnung, die zum Ausdruck bringt, dass Menschen Geschöpfe Gottes sind. Im Neuen Testament ein Titel für Jesus, der von Gott zum Herrscher und Retter der Welt bestimmt wurde.

Heiden: Bezeichnung für Menschen, die nicht an den Gott Israels glauben. Hier sind die Römer gemeint, die das Land seit 63 v. Chr. beherrschten.

Becher: Bei den Propheten des Alten Testaments Bild für das Gericht Gottes, das Menschen wie Betrunkene wanken lässt; vgl. Jeremia 25,15-29. Mit diesem Bild verweist Jesus auf seinen gewaltsamen Tod am Kreuz.

sein Leben hingeben: Der Text nimmt ein Bild aus dem Alten Testament auf. Jesaja 52,13–53,12 erzählt vom leidenden Knecht Gottes, der für sein Volk stirbt. Christen lesen den Text als Ankündigung für das Schicksal von Jesus Christus.

Sohn Davids: David ist ein bedeutender König von Israel. Nachdem das Königreich untergegangen war, hoffte man auf einen Nachkommen Davids als Retter und Erlöser Israels; vgl. 2. Samuel 7,12-16.

Rabbuni: Eine Steigerung der Anrede »Rabbi«, einem Ehrentitel für angesehene Lehrer.

Der Konflikt zwischen Jesus und seinen Gegnern spitzt sich zu 11,1–12,44

Jesus zieht in Jerusalem ein

→ *Matthäus 21,1-11; Lukas 19,28-40; Johannes 12,12-19*

11 1 Kurz vor Jerusalem kamen Jesus und seine Jünger nach Bet-
fage und Betanien am Ölberg. Da schickte Jesus zwei seiner
Jünger voraus 2 und sagte zu ihnen: »Geht in das Dorf, das vor euch
liegt. Gleich wenn ihr hineinkommt, findet ihr einen jungen Esel an-
gebunden. Auf ihm ist noch nie ein Mensch geritten. Bindet ihn los
und bringt ihn her. 3 Und wenn euch jemand fragt: ›Was macht ihr
da?‹, dann sagt: ›Der Herr braucht ihn, aber er wird ihn gleich wieder
zurückschicken.‹« 4 Die Jünger gingen in das Dorf und fanden den
Esel. Er war an einem Hoftor draußen an der Straße angebunden. Sie
machten ihn los. 5 Einige der Leute, die dort standen, fragten sie: »Was
macht ihr? Warum bindet ihr den Esel los?« 6 Die beiden Jünger ant-
worteten genau so, wie Jesus es ihnen aufgetragen hatte. Da ließen
sie es zu.
7 Sie brachten den jungen Esel zu Jesus und legten ihre Mäntel auf
seinen Rücken. Jesus setzte sich darauf. 8 Viele Leute breiteten ihre
Mäntel auf der Straße aus. Andere aber legten Zweige hin, die sie am
Feldrand abschnitten.
9 Die Leute, die vor Jesus hergingen und ihm folgten, riefen unab-
lässig: »Hosianna! Gesegnet sei, wer im Namen des Herrn kommt!
10 Gesegnet sei die Herrschaft unseres Vorfahren David, die jetzt neu
beginnt. Hosianna in himmlischer Höhe!« 11 So zog Jesus in Jerusa-
lem ein. Er ging in den Tempel und sah sich dort alles an. Als es spät
geworden war, ging er mit den Zwölf hinaus nach Betanien.

Der Feigenbaum ohne Früchte

→ *Matthäus 21,18-19*

12 Als sie Betanien am nächsten Morgen verließen, bekam Jesus Hun-
ger. 13 Von Weitem sah er einen Feigenbaum, der schon Blätter hatte.
Da ging er hin, um vielleicht auch Früchte an ihm zu finden. Aber als
er hinkam, fand er nichts als Blätter, denn es war nicht die Jahreszeit
für Feigen. 14 Da sagte Jesus zu dem Feigenbaum: »Nie mehr soll je-
mand eine Frucht von dir essen!« Und seine Jünger hörten es.

Jesus vertreibt die Händler aus dem Tempel

→ *Matthäus 21,12-17; Lukas 19,45-48; Johannes 2,13-17*

15 Zurück in Jerusalem, ging Jesus wieder in den Tempel. Dort fing
er an, die Leute hinauszujagen, die im Tempel etwas verkauften
oder kauften. Die Tische der Geldwechsler und die Stände der Tau-
benverkäufer stieß er um. 16 Er ließ nicht zu, dass jemand irgend-
etwas durch den Tempel trug. 17 Und er lehrte die Leute, die dabei
waren, und erklärte ihnen: »Steht nicht in der Heiligen Schrift: ›Mein
Haus soll als Gebetshaus für alle Völker bekannt sein.‹ Ihr aber habt

Ölberg: Berg etwa 1 km östlich von Jerusalem.

Esel: Hier wird ein Bild aus Sacharja 9,9 aufgenommen. Dort wird angekündigt, dass der künftige Retter der Welt auf einem Esel reitend in Jerusalem einziehen wird.

Hosianna: Gebetsruf, wörtlich »Hilf doch!« oder »Rette doch!«.

David: David ist ein bedeutender König von Israel. Nachdem das Königreich untergegangen war, hoffte man auf einen Nachkommen Davids als Retter und Erlöser Israels; vgl. 2. Samuel 7,12-16.

die Zwölf: Meint die zwölf Jünger, die während der Zeit seines Wirkens bei Jesus waren.

Betanien: 3 km südöstlich von Jerusalem auf der Ostseite des Ölbergs gelegene Ortschaft.

Geldwechsler: Bei ihnen konnten ausländische Währungen in den tyrischen Halb-Schekel gewechselt werden, mit dem die Tempelsteuer bezahlt wurde.

Taubenverkäufer: Tauben waren die üblichen Opfertiere der armen Leute.

in der Heiligen Schrift: Das Zitat setzt sich zusammen aus Jesaja 56,7 und Jeremia 7,11.

Haus Gottes: Bezeichnet den Tempel in Jerusalem.

eine Räuberhöhle daraus gemacht.« 18 Die führenden Priester und
Schriftgelehrten hörten, was Jesus sagte. Weil sie Angst vor ihm hat-
ten, suchten sie nach einer Möglichkeit, ihn umzubringen. Denn die
Volksmenge war begeistert über seine Lehre. 19 Am Abend verließen
Jesus und seine Jünger die Stadt wieder.

Glaube versetzt Berge

→ Matthäus 6,14; 21,20-22

20 Früh am nächsten Morgen kamen Jesus und seine Jünger wieder
an dem Feigenbaum vorbei. Sie sahen, dass er bis in die Wurzeln ab-
gestorben war. 21 Da erinnerte sich Petrus und sagte zu Jesus: »Rabbi,
sieh nur: Der Feigenbaum, den du verflucht hast – er ist abgestorben.«
22 Jesus antwortete ihnen: »Glaubt an Gott! 23 Amen, das sage ich
euch: Wenn jemand zu diesem Berg sagt: ›Auf, stürze dich ins Meer!‹,
und wenn er dabei in seinem Herzen nicht zweifelt, sondern fest
daran glaubt, dass eintrifft, was er sagt – dann wird es für ihn gesche-
hen. 24 Deshalb sage ich euch: Für alles, worum ihr im Gebet bittet,
gilt: Glaubt fest daran, dass ihr es bekommt, dann wird es euch ge-
schehen. 25 Wenn ihr euch hinstellt, um zu beten, dann vergebt dem
Menschen, gegen den ihr etwas habt. Dann wird euch euer Vater im
Himmel auch eure Verfehlungen vergeben.« 26 [...]

Woher hat Jesus seine Vollmacht?

→ Matthäus 21,23-27; Lukas 20,1-8

27 Jesus und seine Jünger kamen wieder nach Jerusalem. Als Jesus
im Tempel war, kamen die führenden Priester, die Schriftgelehrten
und die Ratsältesten zu ihm. 28 Sie fragten ihn: »Mit welchem Recht
trittst du so auf? Und wer hat dir die Vollmacht gegeben, so aufzutre-
ten?« 29 Jesus antwortete: »Ich will euch eine Frage stellen. Antwortet
mir! Dann werde ich euch sagen, mit welchem Recht ich so auftrete.
30 Von wem hatte Johannes den Auftrag zu taufen? Von Gott oder von
Menschen? Antwortet mir!« 31 Da überlegten sie und sagten zuein-
ander: »Wenn wir sagen: ›Von Gott‹, wird er fragen: ›Warum habt ihr
ihm dann nicht geglaubt?‹ 32 Aber sollen wir etwa sagen: ›Von Men-
schen‹?« – Dafür fürchteten sie die Volksmenge zu sehr. Denn alle
waren überzeugt, dass Johannes wirklich ein Prophet war. 33 Deshalb
antworteten sie Jesus: »Wir wissen es nicht.« Da sagte Jesus zu ihnen:
»Dann sage ich euch auch nicht, mit welchem Recht ich so auftrete.«

Das Gleichnis von den Pächtern des Weinbergs

→ Matthäus 21,33-46; Lukas 20,9-19

12 1 Jesus begann, ihnen Gleichnisse zu erzählen: »Ein Mann
legte einen Weinberg an. Er baute eine Mauer darum, hob
eine Grube als Kelter aus und errichtete einen Wachturm. Dann ver-
pachtete er ihn und ging auf Reisen. 2 Als es an der Zeit war, schickte
der Besitzer einen Knecht zu den Pächtern. Der sollte bei ihnen
seinen Anteil vom Ertrag des Weinbergs abholen. 3 Aber sie packten

Schriftgelehrte: Menschen, deren Aufgabe das Studium und die Auslegung der Heiligen Schrift ist.

Rabbi: Aramäisch für »mein Herr / mein Meister«. Zur Zeit von Jesus Ehrentitel für angesehene Lehrer.

Glaube, glauben: Meint das tiefe Vertrauen auf Gott, das zu einem Leben nach seinem Willen führt.

[...]: Einige spätere Handschriften fügen aus Matthäus 6,15 hinzu: »Wenn ihr den Menschen aber nicht vergebt, dann wird euer Vater euch eure Verfehlungen auch nicht vergeben.«

Ratsälteste: Mitglieder des jüdischen Rats, der obersten Behörde zur Regelung religiöser Angelegenheiten.

Johannes der Täufer: Bereitet die Menschen auf das Kommen von Jesus vor.

taufen: Wörtlich »(in Wasser) eintauchen«. Religiöse Handlung, die den Willen zum Ausdruck bringt, sein Leben ganz auf Gott auszurichten.

Gleichnis: Erzählung, die ihre Botschaft in Bildern und Vergleichen vermittelt.

Weinberg: Ein mit einer Mauer umgebener Garten, in dem Wein angebaut wird. In der Bibel wird er auch als Bild für das Volk Israel verwendet, vgl. Jesaja 5,1-7.

den Knecht, verprügelten ihn und jagten ihn mit leeren Händen
davon. 4 Daraufhin schickte der Besitzer noch einen Knecht. Dem
schlugen sie den Kopf blutig und beschimpften ihn. 5 Der Besit-
zer schickte noch einen weiteren Knecht. Den töteten sie sogar. Er
schickte noch viele andere. Die einen verprügelten sie, die anderen
töteten sie.

6 Da blieb nur noch einer übrig: sein geliebter Sohn. Ihn schickte er
als Letzten. Er sagte sich: ›Vor meinem Sohn werden sie Achtung ha-
ben.‹ 7 Aber die Pächter sagten zueinander: ›Er ist der Erbe. Kommt,
wir töten ihn, dann gehört sein Erbe uns.‹ 8 Sie packten ihn, töteten
ihn und warfen seine Leiche hinaus vor den Weinberg. 9 Was wird
der Weinbergbesitzer jetzt tun? Er wird selbst kommen, die Pächter
töten und den Weinberg anderen anvertrauen. 10 Ihr kennt doch die
Stelle in der Heiligen Schrift: ›Der Stein, den die Bauleute verworfen
haben, ist zum Grundstein geworden. 11 Der Herr hat ihn dazu ge-
macht. Es ist ein Wunder in unseren Augen.‹«

12 Die führenden Priester, Schriftgelehrten und Ratsältesten hät-
ten Jesus am liebsten verhaften lassen. Aber sie fürchteten sich vor
der Menge. Sie hatten verstanden, dass er in dem Gleichnis von ih-
nen gesprochen hatte. Sie ließen ihn in Ruhe und gingen weg.

Steuern für den Kaiser?

→ Matthäus 22,15-22; Lukas 20,20-26

13 Danach schickten die führenden Priester, Schriftgelehrten und
Ratsältesten einige Pharisäer und Anhänger des Herodes zu Jesus.
Die sollten ihn mit einer Frage in Bedrängnis bringen. 14 Sie gingen zu
ihm und sagten: »Lehrer, wir wissen: Dir geht es nur um die Wahrheit.
Dabei nimmst du auf niemanden Rücksicht, denn du siehst nicht auf
die Person. Vielmehr sagst du die Wahrheit und lehrst, wie wir nach
Gottes Willen leben sollen. Ist es erlaubt, dem Kaiser Steuern zu zah-
len oder nicht? Sollen wir sie nun zahlen oder nicht?« 15 Jesus durch-
schaute ihr falsches Spiel und sagte zu ihnen: »Wollt ihr mich auf die
Probe stellen? Gebt mir eine Silbermünze, ich will sie mir ansehen.«
16 Sie gaben ihm eine, und er fragte sie: »Wer ist auf dem Bild zu se-
hen, und wer wird in der Inschrift genannt?« Sie antworteten: »Der
Kaiser.« 17 Da sagte Jesus zu ihnen: »Gebt dem Kaiser, was dem Kai-
ser gehört, und Gott, was Gott gehört!« Über diese Antwort waren sie
sehr erstaunt.

Werden die Toten auferstehen?

→ Matthäus 22,23-33; Lukas 20,27-40

18 Dann kamen Sadduzäer zu Jesus. Diese Leute behaupten, dass es
keine Auferstehung der Toten gibt. Sie fragten Jesus: 19 »Lehrer, Mose
hat uns folgende Vorschrift gegeben: ›Wenn ein Mann stirbt und eine
Frau hinterlässt, aber keine Kinder, dann soll sein Bruder die Frau
heiraten. So kann er dem Verstorbenen Nachkommen verschaffen.‹
20 Nun gab es einmal sieben Brüder. Der erste heiratete eine Frau und

Stelle in der Heiligen Schrift: Zitat aus Psalm 118,22-23.

Ratsälteste: Mitglieder des jüdischen Rats, der obersten Behörde zur Regelung religiöser Angelegenheiten.

Pharisäer: Angehöriger einer jüdischen Glaubensgruppe, die die biblischen Vorschriften und Gesetze sehr streng auslegte.

Herodes Antipas: Sohn von Herodes dem Großen und Herrscher über Galiläa und Peräa (4 v. Chr.–39 n. Chr.).

Silbermünze: Die römischen Kaiser ließen Münzen mit einem Bild ihres Kopfes und einer entsprechenden Inschrift prägen.

Sadduzäer: Angehörige einer jüdischen Glaubensgruppe, in der Priester eine bedeutende Rolle spielten. Neben den vornehmen Priesterfamilien gehörten ihr auch andere Vertreter der führenden Gesellschaftsschicht an.

Auferstehung: Meint die Auferweckung vom Tod und das ewige Leben im Reich Gottes.

folgende Vorschrift: Die folgenden Worte beziehen sich auf 5. Mose/ Deuteronomium 25,5-6.

starb kinderlos. 21 Dann heiratete sie der zweite. Aber auch er starb
kinderlos und ebenso der dritte. 22 Alle sieben blieben kinderlos. Als
Letzte von allen starb auch die Frau. 23 Wie wird es bei der Auferste-
hung der Toten sein? Wenn sie tatsächlich auferstehen: Mit wem
wird die Frau dann verheiratet sein? Alle sieben haben sie ja zur Frau
gehabt.«
24 Da sagte Jesus zu ihnen: »Ihr irrt euch! Ihr kennt weder die Hei-
lige Schrift noch Gottes Macht. 25 Wenn die Menschen von den To-
ten auferstehen, werden sie weder heiraten noch geheiratet werden.
Vielmehr werden sie leben wie die Engel im Himmel. 26 Was aber die
Auferstehung der Toten angeht: Habt ihr nie im Buch des Mose die
Geschichte vom brennenden Dornbusch gelesen? Dort sagt Gott
zu Mose: ›Ich bin der Gott Abrahams, Isaaks und Jakobs.‹ 27 Gott ist
doch nicht ein Gott der Toten, sondern der Lebenden. Ihr seid völlig
im Irrtum.«

Was ist das wichtigste Gebot?

→ Matthäus 22,34-40; Lukas 10,25-28

28 Ein Schriftgelehrter war dazugekommen und hatte die Ausein-
andersetzung mit angehört. Als er merkte, wie treffend Jesus den
Sadduzäern geantwortet hatte, fragte er ihn: »Welches Gebot ist das
wichtigste von allen?« 29 Jesus antwortete: »Das wichtigste Gebot
ist dieses: Höre, Israel: Der Herr ist unser Gott, der Herr allein! 30 Du
sollst den Herrn, deinen Gott, lieben mit deinem ganzen Herzen, mit
deiner ganzen Seele, mit deinem ganzen Denken und mit deiner gan-
zen Kraft. 31 Und als Zweites kommt dieses dazu: Liebe deinen Mit-
menschen wie dich selbst. Kein anderes Gebot ist wichtiger als diese
beiden.«
32 Da antwortete der Schriftgelehrte: »Ja, Lehrer, du sagst die Wahr-
heit: Einer ist Gott, und es gibt keinen anderen Gott außer ihm. 33 Ihn
zu lieben mit ganzem Herzen, mit ganzem Verstand und mit ganzer
Kraft – und seinen Mitmenschen zu lieben wie sich selbst, das ist viel
wichtiger als alle Brandopfer und anderen Opfer.« 34 Als Jesus merkte,
mit wie viel Einsicht der Schriftgelehrte geantwortet hatte, sagte er
zu ihm: »Du bist nicht weit weg vom Reich Gottes.« Von da an wagte
es niemand mehr, Jesus etwas zu fragen.

Davids Sohn oder Davids Herr?

→ Matthäus 22,41-46; Lukas 20,41-44

35 Dann fing Jesus wieder an, im Tempel zu lehren. Er fragte die Leute:
»Wie können die Schriftgelehrten behaupten: ›Der Christus ist ein
Sohn Davids‹? 36 David selbst hat doch gesagt und wurde dabei vom
Heiligen Geist geleitet: ›Gott, der Herr, sagte zu meinem Herrn: Setz
dich an meine rechte Seite, bis ich deine Feinde unterwerfe! Ich
mache sie zum Schemel für deine Füße.‹ 37 David selbst nennt den
Christus also ›Herr‹. Wie kann dieser dann sein Sohn sein?«

Buch des Mose: In 2. Mose/Exodus 3,1-12 wird von der Begegnung Gottes mit Mose erzählt. Gott beruft Mose, sein Volk Israel aus der Sklaverei in Ägypten zu führen.

Gott Abrahams, Isaaks und Jakobs: Bezeichnung für den Gott Israels. Sie bringt das persönliche Treueverhältnis zwischen Gott und den Stammvätern seines Volkes zum Ausdruck.

Jesus antwortete: Jesus zitiert aus 5. Mose/Deuteronomium 6,4-5 und 3. Mose/Levitikus 19,18.

der Schriftgelehrte antwortete: Der Schriftgelehrte nimmt das Zitat aus 5. Mose/Deuteronomium 6,4-5 und 3. Mose/Levitikus 19,18 auf.

Sohn Davids: David ist ein bedeutender König von Israel. Nachdem das Königreich untergegangen war, hoffte man auf einen Nachkommen Davids als Retter und Erlöser Israels; vgl. 2. Samuel 7,12-16.

David hat gesagt: David gilt als Dichter zahlreicher Lieder und Gebete. Im Folgenden wird aus Psalm 110,1 zitiert.

Herr: Der Herr einer Person kann eigentlich nicht auch ihr Sohn sein. Nur auf Jesus Christus trifft beides zu. Er ist sowohl Davids Nachkomme als auch sein Herr.

Jesus warnt vor den Schriftgelehrten

→ Matthäus 23,1-14; Lukas 20,45-47

Die ganze Volksmenge hörte Jesus gerne zu. 38 Und das lehrte er sie:
»Nehmt euch in Acht vor den Schriftgelehrten: Sie zeigen sich gern
in ihren langen Gewändern und wollen auf den Marktplätzen ge-
grüßt werden. 39 In den Synagogen und bei den Festessen ist es ihnen
wichtig, die Ehrenplätze zu bekommen. 40 Sie bringen die Häuser der
Witwen in ihren Besitz und sprechen nur zum Schein lange Gebete.
Dafür werden sie sehr hart bestraft werden.«

Die Opfergabe der Witwe

→ Lukas 21,1-4

41 Dann setzte Jesus sich in die Nähe des Opferkastens. Dort beob-
achtete er, wie die Leute Geld hineinwarfen. Viele wohlhabende
Leute gaben viel hinein. 42 Da kam auch eine arme Witwe. Sie warf
zwei kleine Kupfermünzen hinein – das entspricht der kleinsten rö-
mischen Münze. 43 Jesus rief seine Jünger herbei und sagte zu ihnen:
»Amen, das sage ich euch: Diese arme Witwe hat mehr gegeben als
alle anderen, die etwas in den Opferkasten geworfen haben. 44 Denn
alle anderen haben nur etwas von ihrem Überfluss abgegeben. Aber
diese Witwe hat alles hergegeben, was sie selbst zum Leben hat – ob-
wohl sie doch arm ist.«

Jesus spricht über die Endzeit 13,1-37

Jesus kündigt die Zerstörung des Tempels an

→ Matthäus 24,1-2; Lukas 21,5-6

13 1 Als Jesus den Tempel verließ, sagte einer seiner Jünger:
»Lehrer, sieh, was für Steine und was für Bauwerke!« 2 Jesus
antwortete: »Du bewunderst diese mächtigen Bauwerke? Hier wird
kein Stein auf dem anderen bleiben. Es wird alles zerstört werden.«

Wann kommt das Ende?

→ Matthäus 24,3-8; Lukas 21,7-11

3 Jesus ging auf den Ölberg und setzte sich genau gegenüber vom
Tempel. Nur Petrus, Jakobus, Johannes und Andreas waren bei ihm.
Sie fragten ihn: 4 »Sag uns, wann wird das sein? Und an welchen Zei-
chen erkennen wir, dass das Ende von allem bevorsteht?« 5 Jesus
antwortete: »Passt auf, dass euch niemand in die Irre führt! 6 Viele
werden unter meinem Namen auftreten und behaupten: ›Ich bin
es.‹ Damit werden sie viele Menschen in die Irre führen. 7 Erschreckt
nicht, wenn ihr von Kriegen und Kriegsgerüchten hört. Das muss so
geschehen. Aber das ist noch nicht das Ende. 8 Denn ein Volk wird
gegen das andere kämpfen und ein Reich das andere angreifen. An
vielen Orten wird es Erdbeben und Hungersnöte geben. Doch das ist
erst der Anfang der Geburtswehen.«

Schriftgelehrte: Menschen, deren Aufgabe das Studium und die Auslegung der Heiligen Schrift ist.

Witwe: Frau, deren Mann verstorben ist und die dadurch rechtlich, sozial und wirtschaftlich in eine schwierige Lage geriet. Von der Gemeinschaft wird gefordert, dass sie Witwen versorgt und niemand ihre schwache Stellung ausnutzt.

Opferkasten: Geldbehälter für die Gaben, die von den Besuchern des Tempels in Jerusalem gespendet wurden.

Amen: Das hebräische Wort bedeutet »So ist es! / So soll es sein!«

Ölberg: Berg etwa 1 km östlich von Jerusalem.

Zeichen, Wunder: Ausweis der göttlichen Vollmacht, mit der eine Person handelt.

Ende: Meint den Tag des Herrn, an dem Jesus Christus nach Tod und Auferstehung wiederkommt. An diesem Tag hält Gott Gericht und sein Reich bricht endgültig an.

Geburtswehen: Das Bild einer Frau in den Wehen dient dazu, Angst und Not zu beschreiben. Die Tage, bevor Jesus Christus wiederkommt, stellte man sich als eine Zeit von Angst und Schrecken vor. Mit dem Gericht Gottes über die Welt bricht dann endgültig das Reich Gottes an.

Standhalten in Verfolgung

→ Matthäus 10,17-21; 24,9-14; Lukas 21,12-19

9 »Ihr selbst müsst aufpassen: Man wird euch an die Gerichte auslie-
fern, die in den Synagogen tagen. Dort wird man euch auspeitschen.
Ihr werdet vor hohen Regierungsbeamten und Königen stehen müs-
sen, weil ihr euch zu mir bekennt. Vor ihnen sollt ihr als Zeugen für
mich auftreten. 10 Es ist Gottes Wille, dass allen Völkern die Gute
Nachricht verkündet wird, bevor das Ende kommt. 11 Wenn sie euch
verhaften und den Gerichten ausliefern, macht euch vorher keine
Sorgen darüber, was ihr sagen sollt. Sagt vielmehr das, was euch in
dem Augenblick einfällt. Denn nicht ihr selbst werdet dann reden,
sondern der Heilige Geist.

12 Geschwister werden sich gegenseitig dem Henker ausliefern
und sogar ein Vater seine Kinder. Kinder werden sich gegen ihre El-
tern stellen und sie in den Tod schicken. 13 Alle werden euch hassen,
weil ihr euch zu mir bekennt. Wer aber bis zum Ende standhält, wird
gerettet werden.«

Die Zeit der Not, bevor der Menschensohn kommt

→ Matthäus 24,15-28; Lukas 21,20-24

14 »Ihr werdet das ›Götzenbild der Verwüstung‹ sehen – es wird dort
stehen, wo es nicht stehen darf. Wer das liest, soll überlegen, was es
bedeutet! Wenn das geschieht, dann sollen die Einwohner von Judäa
in die Berge fliehen. 15 Wer gerade auf dem Dach ist, soll nicht erst hin-
untersteigen. Er soll nicht ins Haus gehen, um noch etwas von dort
zu holen. 16 Und wer gerade auf dem Feld ist, soll nicht zurücklaufen,
um noch seinen Mantel zu holen. 17 Wie schrecklich wird diese Zeit
für die Frauen sein, die gerade ein Kind erwarten oder stillen! 18 Betet
aber, dass das nicht im Winter geschieht! 19 Die Not wird in diesen Ta-
gen schrecklich sein. Noch nie hat es eine solche Not gegeben – vom
Anfang der Welt an, als Gott sie geschaffen hat, bis heute. Und es wird
sie auch künftig nicht geben. 20 Wenn der Herr diese schreckliche Zeit
nicht verkürzen würde, könnte kein Mensch gerettet werden. Aber er
wird diese Zeit verkürzen – denen zuliebe, die er erwählt hat.

21 Wenn dann jemand zu euch sagt: ›Seht her, hier ist der Christus!‹,
oder: ›Seht her, dort ist er!‹, dann glaubt es nicht. 22 Denn mancher fal-
sche Christus und mancher falsche Prophet wird auftreten. Sie wer-
den Zeichen und Wunder tun. So wollen sie möglichst auch die Men-
schen in die Irre führen, die von Gott erwählt sind. 23 Passt also auf!
Ich habe euch alles vorhergesagt.«

Der Menschensohn kommt

→ Matthäus 24,29-31; Lukas 21,25-28

24 »Aber dann, nach dieser schrecklichen Zeit, wird die Sonne sich
verfinstern und der Mond nicht mehr scheinen. 25 Die Sterne werden
vom Himmel fallen und die Mächte des Himmels erschüttert wer-
den. 26 Dann werden alle es sehen: Der Menschensohn kommt auf

Synagoge: Versammlungsstätte einer jüdischen Gemeinde.

Gute Nachricht: Wörtliche Übersetzung von »Evangelium«. Steht für Gottes Willen, die Menschen mit sich zu versöhnen und in Gemeinschaft mit sich leben zu lassen.

Heiliger Geist: Kraft, durch die Gott in der Welt wirkt.

Götzenbild der Verwüstung: Standbild einer fremden Gottheit, das den Tempel entweiht. Daniel 9,27 und Daniel 12,11 kündigen es für die Zeit vor dem Gericht Gottes an.

Judäa: Römische Provinz mit Jerusalem als religiösem und kulturellem Zentrum.

Gebet: Reden des Menschen mit Gott.

Christus: Bedeutet übersetzt »der Gesalbte«. Im Alten Testament werden Könige, aber auch Propheten und Priester bei Amtsantritt gesalbt. Später wird der von Gott zum Herrscher der Welt bestimmte Retter so genannt. Im Neuen Testament ist das Jesus.

Menschensohn: Bezeichnung, die zum Ausdruck bringt, dass Menschen Geschöpfe Gottes sind. Im Neuen Testament ein Titel für Jesus, der von Gott zum Herrscher und Retter der Welt bestimmt wurde.

den Wolken mit großer Macht und Herrlichkeit. 27 Dann wird er die
Engel ausschicken, um die Menschen zusammenzubringen, die von
Gott erwählt sind. Wie die vier Winde kommen sie herbei, vom Ende
der Erde bis zum Ende des Himmels.«

Das Gleichnis vom Feigenbaum

→ *Matthäus 24,32-36; Lukas 21,29-33*

28 »Nehmt den Feigenbaum als Gleichnis, an dem ihr etwas lernt.
Wenn seine Zweige frisch austreiben und Blätter bekommen, dann
wisst ihr: Der Sommer ist bald da. 29 So ist es auch mit euch: Wenn ihr
seht, dass das alles geschieht, dann wisst ihr: Das Ende ist nahe. Der
Menschensohn steht vor der Tür. 30 Amen, das sage ich euch: Diese
Generation wird nicht sterben, bevor dies alles geschieht. 31 Himmel
und Erde werden vergehen, aber meine Worte werden nicht verge-
hen. 32 An welchem Tag oder zu welcher Stunde das sein wird, weiß
niemand – auch nicht die Engel im Himmel, nicht einmal der Sohn,
sondern nur der Vater.«

Bleibt wachsam!

→ *Lukas 12,35-40; 19,12-13*

33 »Passt auf und seid wachsam! Denn ihr wisst nicht, wann der Zeit-
punkt kommt. 34 Es ist wie bei einem Mann, der auf Reisen ging. Er
verließ sein Haus und übertrug seinen Dienern die Verantwortung.
Jedem teilte er seine Arbeit zu. Dem Wächter an der Tür befahl er:
›Bleib wachsam!‹ 35 Bleibt also wachsam! Denn ihr wisst nicht, wann
der Hausherr kommt: spät am Abend, um Mitternacht, beim ersten
Hahnenschrei oder früh am Morgen. 36 Wenn er plötzlich kommt, soll
er euch doch nicht im Schlaf überraschen. 37 Was ich euch sage, das
sage ich allen: Bleibt wachsam!«

Die Passionsgeschichte: Jesus wird verurteilt, gekreuzigt und begraben 14,1–15,47

Pläne gegen Jesus

→ *Matthäus 26,1-5; Lukas 22,1-2; Johannes 11,45-53*

14 1 Es waren noch zwei Tage bis zum Passafest und den Ta-
gen der ungesäuerten Brote. Die führenden Priester und die
Schriftgelehrten suchten nach einer Möglichkeit, Jesus mit einer List
zu verhaften und umzubringen. 2 Sie sagten aber: »Auf gar keinen Fall
während des Festes, damit es keine Unruhe im Volk gibt.«

Jesus wird gesalbt

→ *Matthäus 26,6-13; Johannes 12,1-8*

3 Jesus war in Betanien. Er war zu Gast bei Simon, dem Aussätzigen.
Als er sich zum Essen niedergelassen hatte, kam eine Frau herein.
Sie hatte ein Fläschchen mit Salböl dabei. Es war reines kostbares

Gleichnis: Erzählung, die ihre Botschaft in Bildern und Vergleichen vermittelt.

Sohn Gottes: Titel, der das besondere Vertrauensverhältnis eines Menschen zu Gott zum Ausdruck bringt. Im Neuen Testament wird der Titel ausschließlich für Jesus verwendet.

Zeitpunkt: Meint den Tag des Herrn, an dem Jesus Christus nach Tod und Auferstehung wiederkommt. An diesem Tag hält Gott Gericht und sein Reich bricht endgültig an.

Passafest: Fest, das jährlich im Frühjahr gefeiert wird und an die Befreiung des Volkes Israel aus der Sklaverei in Ägypten erinnert; vgl. 2. Mose/Exodus 12–13.

Schriftgelehrte: Menschen, deren Aufgabe das Studium und die Auslegung der Heiligen Schrift ist.

dem Aussätzigen: Der Name deutet darauf hin, dass Simon an einer schweren Hautkrankheit gelitten hat.

Salböl: Ein mit wohlriechenden Zusätzen vermengtes, kostbares Öl. Es wird bei bestimmten religiösen Handlungen verwendet.

Nardenöl. Sie brach das Fläschchen auf und träufelte Jesus das Salböl
auf den Kopf. 4 Einige ärgerten sich darüber und sagten zueinander:
»Wozu verschwendet sie das Salböl? 5 Das Salböl war über 300 Silber-
stücke wert. Man hätte es verkaufen und das Geld den Armen geben
können.« Sie überschütteten die Frau mit Vorwürfen.
6 Aber Jesus sagte: »Lasst sie doch! Warum macht ihr der Frau das
Leben schwer? Sie hat etwas Gutes an mir getan. 7 Es wird immer
Arme bei euch geben, und ihr könnt ihnen helfen, wann immer ihr
wollt. Aber mich habt ihr nicht für immer bei euch. 8 Die Frau hat ge-
tan, was sie konnte: Sie hat meinen Körper im Voraus für mein Be-
gräbnis gesalbt. 9 Amen, das sage ich euch: Auf der ganzen Welt wird
man die Gute Nachricht von mir verkünden. Dann wird man auch
erzählen, was sie getan hat. So wird man sich immer an sie erinnern.«

Judas wird zum Verräter

→ Matthäus 26,14-16; Lukas 22,3-6

10 Judas Iskariot, einer der Zwölf, ging zu den führenden Priestern. Er
wollte ihnen Jesus ausliefern. 11 Als sie das hörten, waren sie hoch-
erfreut und versprachen, ihm Geld dafür zu geben. Von da an suchte
Judas nach einer günstigen Gelegenheit, um ihnen Jesus in die
Hände zu liefern.

Vorbereitungen zum Passamahl

→ Matthäus 26,17-19; Lukas 22,7-13

12 Es war der erste Tag vom Fest der ungesäuerten Brote. Das ist der
Tag, an dem man die Passalämmer schlachtete. Da sagten die Jünger
zu Jesus: »Wo sollen wir hingehen und das Passamahl für dich vor-
bereiten?« 13 Jesus schickte zwei seiner Jünger los. Er sagte zu ihnen:
»Geht in die Stadt. Dort werdet ihr einem Menschen begegnen, der
einen Wasserkrug trägt. Folgt ihm! 14 Wenn er ein Haus betritt, sagt
zu dem Eigentümer: ›Der Lehrer lässt fragen: Wo ist der Raum, in
dem ich mit meinen Jüngern das Passamahl feiern kann?‹ 15 Er wird
euch einen großen Raum im ersten Stock zeigen. Der ist mit Polstern
ausgestattet und für das Fest hergerichtet. Dort bereitet alles für uns
vor.« 16 Da machten sich die Jünger auf den Weg und gingen in die
Stadt. Sie fanden alles genau so, wie Jesus es ihnen gesagt hatte. Und
sie bereiteten das Passamahl vor.

Jesus feiert mit seinen zwölf Jüngern das Passamahl

→ Matthäus 26,20-30; Lukas 22,14-23; Johannes 13,21-30

17 Als es Abend geworden war, kam Jesus mit den zwölf Jüngern dort-
hin. 18 Während sie zu Tisch lagen und aßen, sagte Jesus: »Amen, das
sage ich euch: Einer von euch wird mich verraten – einer, der hier
mit mir isst.« 19 Die Jünger waren tief betroffen. Einer nach dem an-
deren fragte Jesus: »Doch nicht etwa ich?« 20 Jesus antwortete: »Es
ist einer von euch Zwölf – der sein Brot mit mir in die Schale taucht.
21 Der Menschensohn muss sterben. So ist es in der Heiligen Schrift

Nardenöl: Kostbares Öl, das aus den getrockneten Wurzeln und Stängeln der Narde gewonnen wird, einer Pflanze, die nur im Himalaja wächst.

für mein Begräbnis gesalbt: Das Einreiben eines Toten mit bestimmten Ölen gehörte zu den Bräuchen bei der Vorbereitung einer Bestattung.

Gute Nachricht: Wörtliche Übersetzung von »Evangelium«. Steht für Gottes Willen, die Menschen mit sich zu versöhnen und in Gemeinschaft mit sich leben zu lassen.

die Zwölf: Meint die zwölf Jünger, die während der Zeit seines Wirkens bei Jesus waren.

Fest der ungesäuerten Brote: Im Neuen Testament ein anderer Name für das Passafest, das jährlich im Frühjahr gefeiert wird und an die Befreiung des Volkes Israel aus der Sklaverei in Ägypten erinnert, vgl. 2. Mose/Exodus 12–13.

Stadt: Gemeint ist Jerusalem, das religiöse und kulturelle Zentrum des Landes.

zu Tisch liegen: Bei festlichen Anlässen war es in der griechisch-römischen Welt üblich, beim Essen zu liegen.

Amen: Das hebräische Wort bedeutet »So ist es! / So soll es sein!«

angekündigt. Aber wehe dem Menschen, der den Menschensohn
verrät. Er wäre besser nie geboren worden!«

22 Beim Essen nahm Jesus ein Brot. Er lobte Gott und dankte ihm
dafür. Dann brach er das Brot in Stücke und gab es seinen Jüngern.
Er sagte: »Nehmt, das ist mein Leib.« 23 Dann nahm er den Becher.
Er dankte Gott und gab ihn seinen Jüngern. Sie alle tranken daraus.
24 Jesus sagte zu ihnen: »Das ist mein Blut. Es steht für den Bund,
den Gott mit den Menschen schließt. Mein Blut wird für die vielen
vergossen werden. 25 Amen, das sage ich euch: Ich werde nun keinen
Wein mehr trinken – bis zu dem Tag, an dem ich von Neuem davon
trinken werde. Das wird geschehen, wenn Gott sein Reich vollendet
hat.« 26 Jesus und seine Jünger sangen die Dankpsalmen. Dann gin-
gen sie hinaus zum Ölberg.

Jesus sagt das Versagen von Petrus voraus

→ Matthäus 26,31-35; Lukas 22,33-34; Johannes 13,36-38

27 Jesus sagte zu seinen Jüngern: »Ihr werdet euch alle von mir abwen-
den, wie es in der Heiligen Schrift steht: ›Ich werde den Hirten töten,
und die Schafe werden auseinanderlaufen.‹ 28 Aber nachdem ich vom
Tod auferweckt worden bin, werde ich euch nach Galiläa vorausge-
hen.« 29 Doch Petrus widersprach ihm: »Auch wenn sie sich alle von
dir abwenden – ich nicht!« 30 Jesus antwortete: »Amen, das sage ich dir:
Heute, in dieser Nacht, noch bevor der Hahn zweimal kräht, wirst du
dreimal abstreiten, mich zu kennen.« 31 Aber Petrus behauptete noch
fester: »Sogar wenn ich mit dir sterben muss – ich werde niemals ab-
streiten, dich zu kennen!« Das Gleiche sagten auch alle anderen.

Jesus betet im Garten Getsemani

→ Matthäus 26,36-46; Lukas 22,39-46

32 Jesus und seine Jünger kamen zu einem Garten, der Getsemani
hieß. Dort sagte Jesus zu seinen Jüngern: »Bleibt hier sitzen, während
ich bete.« 33 Er nahm Petrus, Jakobus und Johannes mit sich. Plötzlich
überfielen ihn Angst und Schrecken, 34 und er sagte zu ihnen: »Ich bin
verzweifelt und voller Todesangst. Wartet hier und bleibt wach.« 35 Er
selbst ging noch ein paar Schritte weiter. Dort warf er sich zu Boden.
Er bat Gott darum, ihm diese schwere Stunde zu ersparen, wenn es
möglich wäre. 36 Er sagte: »Abba, mein Vater, für dich ist alles möglich.
Nimm doch diesen Becher fort, damit ich ihn nicht trinken muss!
Aber nicht das, was ich will, soll geschehen – sondern das, was du
willst!«

37 Jesus kam zu den drei Jüngern zurück und sah, dass sie einge-
schlafen waren. Da sagte er zu Petrus: »Simon, du schläfst? Konntest
du nicht diese eine Stunde wach bleiben? 38 Bleibt wach und betet, da-
mit ihr die kommende Prüfung besteht! Der Geist ist willig, aber die
menschliche Natur ist schwach.«

39 Dann ging er ein zweites Mal weg und betete mit den gleichen
Worten wie vorher. 40 Als er zurückkam, sah er, dass seine Jünger

in der Heiligen Schrift angekündigt: Christen lesen bestimmte Texte aus dem Alten Testament als Ankündigung für das Schicksal von Jesus Christus. Ein zentraler Text ist beispielsweise Jesaja 52,13–53,12.

Bund: Durch Tod und Auferstehung von Jesus Christus wird der Bund, den Gott mit Israel am Berg Sinai geschlossen hat, erneuert und auf die ganze Welt übertragen. Gottes Zusage, sich um sein Volk zu kümmern, gilt damit für alle Menschen, die an ihn glauben.

Dankpsalmen: Vor und nach dem Passamahl werden bestimmte Psalmen gesungen.

Ölberg: Berg etwa 1 km östlich von Jerusalem.

in der Heiligen Schrift steht: Im Folgenden werden Worte aus Sacharja 13,7 aufgenommen.

Auferweckung: Meint die Auferstehung vom Tod und das ewige Leben im Reich Gottes.

Abba: Aramäisch für »Vater«.

Becher: Bei den Propheten des Alten Testaments Bild für das Gericht Gottes, das Menschen wie Betrunkene wanken lässt; vgl. Jeremia 25,15-29. Mit diesem Bild verweist Jesus auf seinen gewaltsamen Tod am Kreuz.

wieder eingeschlafen waren. Denn die Augen waren ihnen zuge-
fallen – so müde waren sie. Und sie wussten nicht, was sie antwor-
ten sollten. 41 Als Jesus das dritte Mal zurückkam, sagte er zu ihnen:
»Schlaft ihr immer noch und ruht euch aus? Es ist so weit. Die Stun-
de ist da! Seht doch: Jetzt wird der Menschensohn ausgeliefert in die
Hände der Sünder. 42 Steht auf, wir wollen gehen. Seht: der mich ver-
rät, ist schon da.«

Jesus wird verhaftet

→ Matthäus 26,47-56; Lukas 22,47-53; Johannes 18,3-12

43 Noch während Jesus das sagte, näherte sich Judas, einer der Zwölf.
Mit ihm kam eine Truppe, die mit Schwertern und Knüppeln be-
waffnet war. Die führenden Priester, Schriftgelehrten und Ratsältes-
ten hatten sie geschickt. 44 Der Verräter hatte mit den Männern ein
Erkennungszeichen ausgemacht: »Wem ich einen Kuss gebe, der ist
es. Nehmt ihn fest und führt ihn gut bewacht ab!« 45 Judas ging sofort
auf Jesus zu, sagte »Rabbi!« und küsste ihn. 46 Da packten sie Jesus
und nahmen ihn fest. 47 Einer von denen, die dabeistanden, zog sein
Schwert. Er schlug nach einem der Männer, die dem Hohepriester
unterstanden, und hieb ihm ein Ohr ab.

48 Jesus sagte zu den Männern: »Mit Schwertern und Knüppeln
seid ihr ausgerückt, um mich gefangen zu nehmen. Bin ich denn ein
Verbrecher? 49 Ich war doch täglich bei euch im Tempel und habe die
Menschen gelehrt. Dabei habt ihr mich nicht festgenommen. Aber all
das muss so geschehen, damit in Erfüllung geht, was in der Heiligen
Schrift steht.«

50 Da ließen ihn alle Jünger im Stich und ergriffen die Flucht. 51 Nur
ein junger Mann blieb bei ihm. Der war nur mit einem Leinentuch
bekleidet, darunter war er nackt. Auch ihn wollten sie festnehmen.
52 Aber da ließ er das Leinentuch fallen und rannte nackt davon.

Jesus vor dem jüdischen Rat

→ Matthäus 26,57-68; Lukas 22,54-55; 22,63-71; Johannes 18,12-14; 18,19-24

53 Die Männer brachten Jesus zum Hohepriester. Dort versammelten
sich alle führenden Priester, Ratsältesten und Schriftgelehrten. 54 Pe-
trus folgte Jesus in einiger Entfernung bis hinein in den Palast des
Hohepriesters. Im Innenhof setzte er sich zu den Leuten dort und
wärmte sich am Feuer.

55 Die führenden Priester und der ganze jüdische Rat suchten
nach einer Zeugenaussage. Die sollte Jesus belasten, damit sie ihn
zum Tod verurteilen konnten. Aber sie fanden nichts. 56 Viele mach-
ten falsche Aussagen gegen ihn, aber ihre Aussagen stimmten nicht
überein. 57 Einige, die Jesus mit ihren falschen Aussagen belasteten,
sagten: 58 »Wir haben gehört, wie er gesagt hat: ›Ich werde diesen Tem-
pel niederreißen, der von Menschen gemacht ist. Und in drei Tagen
werde ich einen anderen bauen, der nicht von Menschen gemacht
ist.‹« 59 Aber auch ihre Aussagen stimmten nicht überein.

Menschensohn: Bezeichnung, die zum Ausdruck bringt, dass Menschen Geschöpfe Gottes sind. Im Neuen Testament ein Titel für Jesus, der von Gott zum Herrscher und Retter der Welt bestimmt wurde.

Sünder: Menschen, die sich von Gott abgewendet haben und seinen Willen missachten.

die Zwölf: Meint die zwölf Jünger, die während der Zeit seines Wirkens bei Jesus waren.

Schriftgelehrte: Menschen, deren Aufgabe das Studium und die Auslegung der Heiligen Schrift ist.

Ratsälteste: Mitglieder des jüdischen Rats, der obersten Behörde zur Regelung religiöser Angelegenheiten.

Kuss: Geste, die die gegenseitige Verbundenheit zum Ausdruck bringt. In der Antike war ein Kuss zur Begrüßung und zum Abschied üblich.

Rabbi: Aramäisch für »mein Herr / mein Meister«. Zur Zeit von Jesus Ehrentitel für angesehene Lehrer.

jüdischer Rat: Oberste Behörde zur Regelung religiöser Angelegenheiten.

60 Da stand der Hohepriester auf und trat in die Mitte. Er fragte Je-
sus: »Hast du nichts zu sagen zu dem, was diese Leute gegen dich vor-
bringen?« 61 Aber Jesus schwieg und sagte kein Wort. Da stellte der
Hohepriester ihm noch eine Frage: »Bist du der Christus, der Sohn
unseres Gottes, den wir verehren?« 62 Da sagte Jesus: »Ich bin es! Ihr
werdet sehen, wie der Menschensohn an der rechten Seite Gottes
sitzt, der Macht über alles hat. Und ihr werdet sehen, wie der Men-
schensohn auf den Wolken des Himmels kommt.« 63 Da zerriss der
Hohepriester sein Gewand und sagte: »Wozu brauchen wir noch
Zeugen? 64 Ihr habt die Gotteslästerung gehört. Was ist euer Urteil?«
Sie erklärten einstimmig: »Er ist schuldig und muss sterben.« 65 Da
fingen einige an, ihn anzuspucken. Sie warfen ihm ein Tuch über den
Kopf, schlugen ihn mit Fäusten und riefen: »Sag, wer es war, du Pro-
phet!« Auch die Männer, die Jesus verhaftet hatten, schlugen ihn.

Petrus verleugnet Jesus

→ *Matthäus 26,69-75; Lukas 22,56-62; Johannes 18,15-18; 18,25-27*

66 Petrus war noch immer unten im Hof. Da kam ein Dienstmädchen
des Hohepriesters dazu. 67 Sie sah Petrus, der sich am Feuer wärmte,
und betrachtete ihn genauer. Dann sagte sie: »Du warst doch auch
mit diesem Jesus aus Nazaret zusammen!« 68 Petrus stritt das ab
und sagte: »Ich habe keine Ahnung, wovon du da sprichst.« Und er
ging hinaus in den Vorhof des Palastes. In dem Moment krähte der
Hahn.

69 Als ihn das Dienstmädchen dort wieder sah, fing sie noch einmal
damit an. Sie sagte zu denen, die dabeistanden: »Der gehört auch zu
denen.« 70 Aber Petrus stritt es wieder ab. Kurz darauf sagten dann
auch die anderen, die dabei waren, zu Petrus: »Natürlich gehörst du
zu denen! Du bist doch auch aus Galiläa.« 71 Da fing Petrus an zu flu-
chen und schwor: »Gott soll mich strafen, wenn ich lüge! Ich kenne
diesen Menschen nicht, von dem ihr redet.«

72 Im selben Moment krähte der Hahn zum zweiten Mal. Da erin-
nerte sich Petrus an das, was Jesus zu ihm gesagt hatte: »Noch bevor
der Hahn zweimal kräht, wirst du dreimal abstreiten, mich zu ken-
nen.« Und er fing an zu weinen.

Jesus wird von Pilatus verhört

→ *Matthäus 27,1-2; 27,11-14; Lukas 23,1-5; Johannes 18,28-38*

15 1 Gleich am frühen Morgen entschied der gesamte jüdische
Rat über Jesus – die führenden Priester zusammen mit den
Ratsältesten und Schriftgelehrten. Sie ließen Jesus fesseln, führten
ihn ab und übergaben ihn Pilatus. 2 Pilatus fragte ihn: »Bist du der
König der Juden?« Jesus antwortete: »Du sagst es.« 3 Die führenden
Priester brachten viele Anklagepunkte gegen ihn vor. 4 Da wandte
sich Pilatus noch einmal an Jesus und fragte ihn: »Hast du gar nichts
dazu zu sagen? Hör doch, was sie dir alles vorwerfen.« 5 Aber Jesus
sagte kein einziges Wort. Pilatus wunderte sich darüber.

Christus: Bedeutet übersetzt »der Gesalbte«. Im Alten Testament werden Könige, aber auch Propheten und Priester bei Amtsantritt gesalbt. Später wird der von Gott zum Herrscher der Welt bestimmte Retter so genannt. Im Neuen Testament ist das Jesus.

Menschensohn: Bezeichnung, die zum Ausdruck bringt, dass Menschen Geschöpfe Gottes sind. Im Neuen Testament ein Titel für Jesus, der von Gott zum Herrscher und Retter der Welt bestimmt wurde.

Gewand zerreißen: Das Zerreißen der Kleider gehört ursprünglich zu den Trauerbräuchen. Hier zerreißt der Hohepriester sein Gewand als Zeichen dafür, dass er die Worte von Jesus als Gotteslästerung versteht.

Prophet: Verkündet, was Gott in einer bestimmten Situation zu sagen hat.

jüdischer Rat: Oberste Behörde zur Regelung religiöser Angelegenheiten.

Pontius Pilatus: Verwaltete 26–36 n. Chr. die römischen Provinzen Judäa und Samaria im Auftrag des Kaisers.

König der Juden: Nachdem das Königreich Israel untergegangen war, hoffte man darauf, dass Gott einen Nachkommen von König David als Retter und Erlöser Israels senden würde.

Jesus wird zum Tod verurteilt

→ Matthäus 27,15-26; Lukas 23,17-25; Johannes 18,39-40; 19,4-16

6 Jedes Jahr zum Passafest begnadigte Pilatus einen Gefangenen, den
das Volk bestimmen durfte. 7 Damals saß ein gewisser Barabbas im
Gefängnis zusammen mit anderen, die bei einem Aufstand einen
Mord begangen hatten. 8 Die Volksmenge zog vor Pilatus und bat ihn
um die übliche Begnadigung. 9 Pilatus fragte sie: »Soll ich euch den
König der Juden freigeben?« 10 Denn er hatte erkannt, dass die füh-
renden Priester ihm Jesus nur aus Neid übergeben hatten. 11 Aber die
führenden Priester hetzten die Volksmenge auf. Sie sollten von Pila-
tus fordern, lieber Barabbas freizulassen.
12 Da wandte sich Pilatus noch einmal an die Volksmenge und
fragte sie: »Was soll ich mit dem anderen machen, den ihr den ›König
der Juden‹ nennt?« 13 Da schrien sie: »Kreuzige ihn!« 14 Pilatus fragte
sie: »Was hat er denn verbrochen?« Aber sie schrien nur noch lauter:
»Kreuzige ihn!« 15 Pilatus wollte die Volksmenge zufriedenstellen.
Deshalb gab er ihnen Barabbas frei. Jesus ließ er auspeitschen. Dann
übergab er ihn den Soldaten, damit sie ihn kreuzigten.

Die Soldaten verspotten Jesus

→ Matthäus 27,27-31; Johannes 19,2-3

16 Die Soldaten brachten Jesus in den Innenhof des Palastes, das so-
genannte Prätorium. Dort versammelte sich die ganze Kohorte um
ihn. 17 Dann hängten sie Jesus einen purpurroten Mantel um. Sie
flochten ihm eine Krone aus Dornenzweigen und setzen sie ihm auf.
18 Sie grüßten ihn voller Hohn: »Es lebe der König der Juden!« 19 Da-
bei schlugen sie ihm mit einem Stock auf den Kopf und spuckten
ihn an. Sie knieten nieder und warfen sich vor ihm auf den Boden.
20 Nachdem sie ihn so verspottet hatten, zogen sie ihm den purpurro-
ten Mantel aus und seine eigenen Kleider wieder an. Dann führten
sie Jesus aus der Stadt, um ihn zu kreuzigen.

Jesus wird gekreuzigt

→ Matthäus 27,32-44; Lukas 23,26-43; Johannes 19,17-27

21 Da kam ein Mann vorbei. Es war Simon von Kyrene, der Vater von
Alexander und Rufus. Er kam gerade vom Feld zurück. Den zwangen
sie, für Jesus das Kreuz zu tragen. 22 So brachten sie ihn zu der Stelle,
die Golgota heißt – das bedeutet übersetzt »Schädelplatz«. 23 Sie woll-
ten ihm Wein zu trinken geben, der mit Myrrhe versetzt war. Aber er
nahm ihn nicht.
24 Dann kreuzigten sie ihn. Sie verteilten seine Kleider und losten
aus, wer was bekommen sollte. 25 Es war die dritte Stunde, als sie ihn
kreuzigten. 26 Auf einem Schild stand der Grund für seine Verur-
teilung: »Der König der Juden«. 27 Mit Jesus kreuzigten sie zwei Ver-
brecher, den einen rechts, den anderen links von ihm. 28 [...]
29 Die Leute, die vorbeikamen, lästerten über ihn. Sie schüttelten
ihre Köpfe und sagten: »Ha! Du wolltest doch den Tempel abreißen

Passafest: Fest, das jährlich im Frühjahr gefeiert wird und an die Befreiung des Volkes Israel aus der Sklaverei in Ägypten erinnert; vgl. 2. Mose/Exodus 12–13.

Kohorte: Militärische Einheit von etwa 600 bis 1000 Mann.

purpurroter Mantel: Purpur war in der Antike ein sehr kostbarer Farbstoff, der vor allem für das Färben von Kleidungsstücken hoher römischer Beamter und des Kaisers verwendet wurde.

Krone aus Dornenzweigen: Zum Zeichen des Spotts bekommt der »König der Juden« eine Krone aus wertlosen, schmerzhaften Dornenzweigen aufgesetzt.

Myrrhe: Harz eines immergrünen Baums, das betäubende Wirkung hat.

dritte Stunde: Die Zeit zwischen Sonnenaufgang und -untergang wurde in zwölf Stunden eingeteilt, die je nach Jahreszeit unterschiedlich lang waren. Die dritte Stunde ist vormittags, etwa um 9.00 Uhr.

[...]: Einige spätere Handschriften fügen in Anlehnung an Lukas 22,37 hinzu: »So ging in Erfüllung, was in der Heiligen Schrift steht: ›Und er wurde zu den Schuldigen gezählt.‹ «

und in nur drei Tagen wieder aufbauen. 30 Rette dich selbst und steig vom Kreuz herab!« 31 Genauso machten sich die führenden Priester zusammen mit den Schriftgelehrten über ihn lustig. Sie sagten: »Andere hat er gerettet. Sich selbst kann er nicht retten. 32 Der Christus, der König von Israel, soll jetzt vom Kreuz herabsteigen. Wenn wir das sehen, glauben wir an ihn.« Auch die beiden Verbrecher, die mit ihm gekreuzigt worden waren, verspotteten ihn.

Jesus stirbt

→ Matthäus 27,45-56; Lukas 23,44-49; Johannes 19,28-30

33 Es war die sechste Stunde, da breitete sich Finsternis aus über das ganze Land. Sie dauerte bis zur neunten Stunde. 34 In der neunten Stunde schrie Jesus laut: »Eloi, Eloi, lema sabachtani?« Das heißt übersetzt: »Mein Gott, mein Gott, warum hast du mich verlassen?« 35 Als sie das hörten, sagten einige von denen, die dabeistanden: »Habt ihr das gehört? Er ruft nach Elija.« 36 Einer lief hin und tauchte einen Schwamm in Essig. Den steckte er auf eine Stange und hielt ihn Jesus zum Trinken hin. Er sagte: »Lasst mich nur machen! Wir wollen mal sehen, ob Elija kommt und ihn herunterholt.«

37 Aber Jesus schrie laut auf und starb. 38 Da zerriss der Vorhang im Tempel von oben bis unten in zwei Teile.

39 Ein römischer Hauptmann stand gegenüber vom Kreuz. Er sah genau, wie Jesus starb. Da sagte er: »Dieser Mensch war wirklich Gottes Sohn!«

40 Es waren auch Frauen da, die aus der Ferne alles mit ansahen. Unter ihnen waren Maria aus Magdala und Maria, die Mutter von Jakobus dem Jüngeren und von Joses, sowie Salome. 41 Schon als Jesus in Galiläa war, waren sie ihm gefolgt und hatten für ihn gesorgt. Außer ihnen waren noch viele andere Frauen da, die mit Jesus nach Jerusalem gezogen waren.

Jesus wird ins Grab gelegt

→ Matthäus 27,57-61; Lukas 23,50-56; Johannes 19,38-42

42 Es war schon Abend geworden, und es war der Tag, an dem der Sabbat vorbereitet wurde. 43 Da kam Josef von Arimatäa, ein angesehenes Mitglied des jüdischen Rates. Er gehörte zu denen, die darauf warteten, dass Gottes Reich in der Welt anbricht. Er wagte es, zu Pilatus zu gehen und ihn um den Leichnam von Jesus zu bitten. 44 Pilatus war erstaunt zu hören, dass Jesus schon tot war. Er rief den Hauptmann herbei und fragte ihn, ob Jesus wirklich schon tot war. 45 Als er vom Hauptmann die Bestätigung bekam, überließ er Josef den Leichnam. 46 Josef kaufte ein Leinentuch, nahm Jesus vom Kreuz ab und wickelte ihn in das Leinentuch. Dann legte er ihn in eine Grabkammer, die in einen Felsen gehauen war. Schließlich rollte er einen Stein vor den Eingang zur Grabkammer. 47 Maria aus Magdala und Maria, die Mutter des Joses, sahen mit an, wo der Leichnam hingelegt wurde.

Christus: Bedeutet übersetzt »der Gesalbte«. Im Alten Testament werden Könige, aber auch Propheten und Priester bei Amtsantritt gesalbt. Später wird der von Gott zum Herrscher der Welt bestimmte Retter so genannt. Im Neuen Testament ist das Jesus.

neunte Stunde: Die Zeit zwischen Sonnenaufgang und -untergang wurde in zwölf Stunden eingeteilt, die je nach Jahreszeit unterschiedlich lang waren. Die neunte Stunde ist nachmittags, etwa um 15.00 Uhr.

Jesus schrie laut: Der Ruf von Jesus ist ein Zitat aus Psalm 22,2.

Elija: Prophet, der am Ende seines Lebens direkt von Gott in den Himmel geholt wurde. Sein Wiederkommen wird als Zeichen für das beginnende Gericht Gottes erwartet, vgl. Maleachi 3,23.

Vorhang: Trennte das Allerheiligste von dem Bereich, der für alle Menschen zugänglich war. Das Zerreißen des Vorhangs macht deutlich: Der Weg zu Gott ist jetzt für alle frei.

Gottes Sohn: Als »geliebter Sohn« wird Jesus bei seiner Taufe in Markus 1,11 und in Markus 9,7 von einer Stimme aus dem Himmel angeredet.

Sabbat: In der Bibel der siebte Tag der Woche, heute unser Samstag. Er gilt im Judentum als Feiertag, an dem nicht gearbeitet werden darf.

Die Ostergeschichte: Jesus ist auferstanden

16,1-20

Die Frauen am leeren Grab

→ Matthäus 28,1-8; Lukas 24,1-12; Johannes 20,1-13

16 1 Als der Sabbat vorbei war, kauften Maria aus Magdala, Ma-
ria, die Mutter von Jakobus, und Salome wohlriechende Öle.
Sie wollten die Totensalbung vornehmen. 2 Ganz früh am ersten
Wochentag kamen sie zum Grab. Die Sonne ging gerade auf. 3 Un-
terwegs fragten sie sich: »Wer kann uns den Stein vom Grabeingang
wegrollen?«

4 Doch als sie zum Grab aufblickten, sahen sie, dass der große,
schwere Stein schon weggerollt war. 5 Sie gingen in die Grabkammer
hinein. Dort sahen sie einen jungen Mann. Er saß auf der rechten
Seite und trug ein weißes Gewand. Die Frauen erschraken sehr.

6 Aber er sagte zu ihnen: »Ihr braucht nicht zu erschrecken! Ihr
sucht Jesus aus Nazaret, der gekreuzigt wurde. Gott hat ihn von den
Toten auferweckt, er ist nicht hier. Seht: Hier ist die Stelle, wo sie ihn
hingelegt hatten. 7 Macht euch auf! Sagt seinen Jüngern, besonders
Petrus: Jesus geht euch nach Galiläa voraus. Dort werdet ihr ihn se-
hen, wie er es euch gesagt hat.« 8 Da flohen die Frauen aus dem Grab
und liefen davon. Sie zitterten vor Angst und sagten niemandem et-
was, so sehr fürchteten sie sich.

Die Erscheinungen des Auferstandenen

→ Matthäus 28,9-10; Lukas 24,50-53

[9 Früh am ersten Wochentag war Jesus vom Tod auferstanden. Zu-
erst zeigte er sich Maria aus Magdala, die er von sieben Dämonen
befreit hatte. 10 Sie machte sich auf den Weg und erzählte es denen,
die bei ihm gewesen waren – und die jetzt trauerten und weinten.
11 Die konnten nicht glauben, was sie von Maria hörten: »Jesus lebt!
Ich habe ihn gesehen.«

12 Danach zeigte sich Jesus zwei Jüngern. Er kam in fremder Ge-
stalt zu ihnen, als sie zu einem Ort auf dem Land unterwegs waren.
13 Da kehrten sie um und erzählten es auch den anderen. Aber auch
den beiden glaubten sie nicht.

14 Schließlich zeigte sich Jesus den elf Jüngern, als sie gerade beim
Essen zu Tisch lagen. Er warf ihnen vor, dass sie nicht geglaubt hat-
ten und uneinsichtig gewesen waren. Denn sie wollten denen nicht
glauben, die ihn nach seiner Auferstehung gesehen hatten. 15 Jesus
sagte zu den elf Jüngern: »Geht in die ganze Welt hinaus. Verkündet
allen Menschen die Gute Nachricht. 16 Wer glaubt und sich taufen
lässt, den wird Gott retten. Wer nicht glaubt, den wird Gott verurtei-
len. 17 An folgenden Zeichen sind die Menschen zu erkennen, die an
mich glauben: Sie werden in meinem Namen Dämonen austreiben
und in unbekannten Sprachen reden. 18 Wenn sie mit bloßen Händen
Schlangen anfassen und tödliches Gift trinken, wird ihnen nichts

Grabkammer: Ein in den Felsen geschlagener Raum mit mehreren Nischen zur Ablage von Toten, dessen Eingang nach der Bestattung verschlossen wurde.

Kreuzigung: Verurteilte Sklaven, Räuber und Aufrührer wurden von den Römern am Kreuz hingerichtet.

Auferweckung: Meint die Auferstehung vom Tod und das ewige Leben im Reich Gottes.

[...]: Die Verse Markus 16,9-20 fehlen in den wichtigsten Handschriften.

Dämon: Eine böse Macht, die man sich in der Antike als Person vorstellte. Sie kämpft gegen Gott und nimmt einen Menschen ganz in Besitz.

zu Tisch liegen: Bei festlichen Anlässen war es in der griechisch-römischen Welt üblich, beim Essen zu liegen.

Gute Nachricht: Wörtliche Übersetzung von »Evangelium«. Botschaft, dass die Menschen durch Tod und Auferstehung von Christus mit Gott versöhnt sind.

taufen: Wörtlich »(in Wasser) eintauchen«. Die Handlung steht zeichenhaft für das Abwaschen von Schuld und Sünde.

Gericht, verurteilen: Als Herrscher über die ganze Welt ist Gott der Richter, der am Ende der Zeit ein Urteil über sie spricht.

Zeichen, Wunder: Ausweis der göttlichen Vollmacht, mit der eine Person handelt.

[...]: Die Verse Markus 16,9-20 fehlen in den wichtigsten Handschriften.

passieren. Kranken werden sie die Hände auflegen, und sie werden gesund.«

[19] Nachdem Jesus, der Herr, das zu den elf Jüngern gesagt hatte, wurde er in den Himmel aufgenommen. Er setzte sich an die rechte
Seite Gottes. [20] Die elf Jünger zogen los und verkündeten überall die Gute Nachricht. Der Herr war mit ihnen am Werk und bestätigte ihre Worte durch viele wunderbare Zeichen.]

Die Gute Nachricht nach Lukas

Die Geburt und Kindheit von Johannes dem Täufer und von Jesus 1,1–2,52

Vorwort des Evangeliums

1 1 Schon viele haben es versucht, die Ereignisse im Zusammenhang aufzuschreiben, die Gott unter uns geschehen ließ – 2 und zwar so, wie es uns von den Augenzeugen überliefert wurde. Die waren von Anfang an dabei und erhielten den Auftrag, das Wort zu verkünden. 3 Auch ich bin all dem bis zu den Anfängen noch einmal sorgfältig nachgegangen. Dann habe ich mich dazu entschlossen, für dich, verehrter Theophilus, alles in der richtigen Reihenfolge aufzuschreiben. 4 So kannst du dich davon überzeugen, wie zuverlässig die Lehre ist, in der du unterrichtet wurdest.

Die Geburt von Johannes dem Täufer wird angekündigt

5 Zu der Zeit, als Herodes König von Judäa war, lebte ein Priester mit Namen Zacharias. Er gehörte zur Priestergruppe des Abija. Seine Frau stammte von Aaron ab und hieß Elisabet. 6 Beide lebten gerecht vor Gott: Sie hielten sich in allem genau an die Gebote und Vorschriften des Herrn. 7 Aber sie hatten keine Kinder. Denn Elisabet konnte keine Kinder bekommen, und beide waren schon alt.

8 Einmal hatte Zacharias im Tempel Gottesdienst zu halten, weil seine Priestergruppe an der Reihe war. 9 Es war üblich, die Aufgaben der Priester durch das Los zu verteilen. Zacharias fiel das Räucheropfer zu, deshalb ging er in den Tempel des Herrn hinein. 10 Die ganze Volksmenge betete draußen, während er das Räucheropfer darbrachte.

11 Da erschien ihm ein Engel des Herrn. Der stand auf der rechten Seite des Räucheraltars. 12 Als Zacharias ihn sah, erschrak er, und große Furcht überkam ihn. 13 Aber der Engel sagte zu ihm: »Fürchte dich nicht, Zacharias! Dein Gebet ist erhört worden. Deine Frau Elisabet wird dir einen Sohn schenken. Dem sollst du den Namen Johannes geben. 14 Du wirst dich freuen und jubeln. Ja, viele werden sich über seine Geburt freuen. 15 Der Herr hat ihn zu Großem bestimmt: Er wird auf Wein und Bier verzichten. Schon im Mutterleib wird Gott ihn mit dem Heiligen Geist erfüllen. 16 Viele aus dem Volk Israel wird er zurückbringen zum Herrn, ihrem Gott. 17 Er wird dem Herrn als Bote vorausgehen – im gleichen Geist und mit der gleichen Kraft wie der Prophet Elija. Die Herzen der Väter wird er den Kindern zuwenden. Ungehorsame wird er dazu bringen, vor Gott gerecht zu handeln und zu denken. So wird er ein Volk zum Herrn bringen, das

Theophilus: Vermutlich Mitglied einer der Gemeinden, für die Lukas schreibt. Er ist auch der Adressat der Apostelgeschichte, vgl. Apostelgeschichte 1,1.

Herodes der Große: König über Judäa, Samarien, Galiläa und die angrenzenden Gebiete (37–4 v. Chr.).

Aaron: Bruder von Mose und erster Hohepriester Israels. Er gilt in der Bibel als Stammvater der Priester.

gerecht, Gerechtigkeit: Meint ein Leben nach dem Willen Gottes.

Herr: Bezeichnung für Gott. Das griechische Alte Testament verwendet das Wort »Herr« an den Stellen, an denen im hebräischen Text der Gottesname steht.

Priestergruppe: 1. Chronik 24,7-19 zufolge gab es im Tempel 24 Priestergruppen, die zweimal im Jahr je eine Woche für den Gottesdienst verantwortlich waren.

Elija: Prophet, der am Ende seines Lebens direkt von Gott in den Himmel geholt wurde. Sein Wiederkommen wird als Zeichen für das beginnende Gericht Gottes erwartet, vgl. Maleachi 3,23.

Gabriel: Einer der obersten Engel in der himmlischen Ratsversammlung.

Verachtung: Kinderlosigkeit galt als Zeichen dafür, dass eine Frau von Gott nicht gesegnet war.

Verlobung: Macht die Verbindung zwischen Mann und Frau rechtsgültig, ohne dass diese bereits zusammenleben.

Gnade: Liebevolle Zuwendung Gottes, die er den Menschen ohne Vorbedingung schenkt.

der Höchste: Titel für Gott, der eng mit dem Tempel in Jerusalem verbunden ist.

David: David ist ein bedeutender König von Israel. Nachdem das Königreich untergegangen war, hoffte man auf einen Nachkommen Davids als Retter und Erlöser Israels; vgl. 2. Samuel 7,12-16.

Nachkommen Jakobs: Bezeichnung für das Volk Israel. Der Stammvater Jakob wird in 1. Mose/Genesis 32,29 in Israel umbenannt.

Heiliger Geist: Kraft, durch die Gott in der Welt wirkt.

Sohn Gottes: Titel, der das besondere Vertrauensverhältnis eines Menschen zu Gott zum Ausdruck bringt. Im Neuen Testament wird der Titel ausschließlich für Jesus verwendet.

für ihn bereit ist.« [18] Da sagte Zacharias zu dem Engel: »Woran kann
ich erkennen, dass es so kommt? Denn ich bin ein alter Mann, und
auch meine Frau ist schon alt.« [19] Der Engel antwortete: »Ich bin Gab-
riel, der vor Gott steht. Gott hat mich gesandt, um mit dir zu reden
und dir diese gute Nachricht zu bringen. [20] Doch nun höre: Du wirst
stumm sein und nicht reden können bis zu dem Tag, an dem das ein-
trifft. Denn du hast meinen Worten nicht geglaubt. Sie werden aber
in Erfüllung gehen, wenn die Zeit dafür gekommen ist.«
[21] Das Volk wartete auf Zacharias. Es wunderte sich, weil er so lange
im Tempel blieb. [22] Als er dann herauskam, konnte er nicht zu ihnen
sprechen. Da erkannten sie, dass er im Tempel eine Erscheinung ge-
habt hatte. Er gab ihnen Zeichen, blieb aber stumm. [23] Als die Zeit
seines Priesterdienstes vorüber war, kehrte er nach Hause zurück.
[24] Bald darauf wurde seine Frau Elisabet schwanger. Sie zog sich fünf
Monate lang völlig zurück. Sie sagte: [25] »Das hat der Herr an mir getan.
Jetzt hat er sich um mich gekümmert und mich von der Verachtung
der Menschen befreit.«

Die Geburt von Jesus wird angekündigt

[26] Elisabet war im sechsten Monat schwanger. Da schickte Gott den
Engel Gabriel zu einer Jungfrau in die Stadt Nazaret in Galiläa. [27] Sie
war mit einem Mann verlobt, der Josef hieß und ein Nachkomme
Davids war. Die Jungfrau hieß Maria. [28] Der Engel trat bei ihr ein und
sagte: »Sei gegrüßt! Gott hat dir seine Gnade geschenkt. Der Herr ist
mit dir.« [29] Maria erschrak über diese Worte und fragte sich: »Was hat
dieser Gruß zu bedeuten?«
[30] Da sagte der Engel zu ihr: »Fürchte dich nicht, Maria. Gott
schenkt dir seine Gnade: [31] Du wirst schwanger werden und einen
Sohn zur Welt bringen. Dem sollst du den Namen Jesus geben. [32] Er
ist zu Großem bestimmt und wird ›Sohn des Höchsten‹ genannt wer-
den. Gott, der Herr, wird ihm den Thron seines Vorfahren David ge-
ben. [33] Er wird für immer als König herrschen über die Nachkommen
Jakobs. Seine Herrschaft wird niemals aufhören.«
[34] Da sagte Maria zu dem Engel: »Wie soll das möglich sein? Ich habe
doch noch nie mit einem Mann geschlafen!« [35] Der Engel antwortete:
»Der Heilige Geist wird auf dich kommen. Die Kraft des Höchsten
wird dieses Wunder in dir bewirken. Deshalb wird das Kind, das du
erwartest, heilig sein und ›Sohn Gottes‹ genannt werden. [36] Sieh doch:
Auch Elisabet, deine Verwandte, erwartet einen Sohn trotz ihres ho-
hen Alters. Sie ist jetzt im sechsten Monat schwanger, und dabei hieß
es: Sie kann keine Kinder bekommen. [37] Für Gott ist nichts unmög-
lich.« [38] Da sagte Maria: »Ich diene dem Herrn. Es soll an mir gesche-
hen, was du gesagt hast.« Da verließ sie der Engel.

Maria besucht Elisabet

[39] Bald danach machte sich Maria auf den Weg. So schnell sie konnte,
wanderte sie zu einer Stadt im Bergland von Judäa. [40] Dort ging sie

in das Haus von Zacharias und begrüßte Elisabet. 41 Als Elisabet den
Gruß von Maria hörte, sprang das Kind vor Freude in ihrem Bauch.
Elisabet wurde vom Heiligen Geist erfüllt 42 und rief mit lauter Stim-
me: »Gesegnet bist du unter allen Frauen und gesegnet ist das Kind
in deinem Bauch! 43 Wie komme ich zu der Ehre, dass die Mutter
meines Herrn mich besucht? 44 Als ich deinen Gruß hörte, sprang das
Kind vor Freude in meinem Bauch. 45 Glückselig bist du, denn du hast
geglaubt: Was der Herr versprochen hat, geht in Erfüllung.«

Maria lobt Gott

46 Da sagte Maria:
»Ich lobe den Herrn aus tiefstem Herzen.
47 Alles in mir jubelt vor Freude
über Gott, meinen Retter.
48 Denn er wendet sich mir zu,
obwohl ich nur seine unbedeutende Dienerin bin.
Von jetzt an werden mich alle Generationen
glückselig preisen.
49 Denn Gott, der mächtig ist, hat Großes an mir getan.
Sein Name ist heilig.
50 Er ist barmherzig zu denen, die ihm Ehre erweisen –
von Generation zu Generation.
51 Er hebt seinen starken Arm
und fegt die Überheblichen hinweg.
52 Er stürzt die Machthaber vom Thron
und hebt die Unbedeutenden empor.
53 Er füllt den Hungernden die Hände mit guten Gaben
und schickt die Reichen mit leeren Händen fort.
54 Er kommt seinem Diener Israel zu Hilfe
und erinnert sich an seine Barmherzigkeit.
55 So hat er es unseren Vorfahren versprochen:
Abraham und seinen Nachkommen für alle Zeit!«

56 Maria blieb etwa drei Monate bei Elisabet. Dann kehrte sie nach
Hause zurück.

Johannes wird geboren

57 Für Elisabet kam die Zeit der Geburt, und sie brachte einen Sohn
zur Welt. 58 Ihre Nachbarn und Verwandten hörten, dass der Herr ihr
so große Barmherzigkeit erwiesen hatte. Sie freuten sich mit ihr. 59 Als
das Kind acht Tage alt war, kamen sie zur Beschneidung. Sie wollten
ihm den Namen seines Vaters Zacharias geben. 60 Aber seine Mutter
widersprach: »Nein, er soll Johannes heißen!« 61 Sie hielten ihr ent-
gegen: »Es gibt niemanden in deiner Verwandtschaft, der so heißt.«
62 Da fragten sie seinen Vater durch Zeichen: »Wie soll er heißen?«
63 Er verlangte ein Wachstäfelchen und schrieb: »Er heißt Johannes.«
Darüber wunderten sich alle. 64 Im selben Augenblick konnte Zacha-
rias wieder sprechen. Da begann er, Gott zu loben.

Segen, segnen: Wer einen anderen Menschen segnet, bittet Gott, dem Gesegneten Kraft, Leben und Wohlergehen zu schenken.

Herr: Titel für Jesus Christus. Im griechischen Alten Testament steht das Wort »Herr« an den Stellen, an denen im hebräischen Text der Gottesname steht. Wenn Jesus Christus so genannt wird, kommt darin zum Ausdruck: In ihm begegnet Gott selbst den Menschen.

unbedeutende Dienerin: Selbstbezeichnung, durch die Maria zum Ausdruck bringt, wie klein sie sich Gott gegenüber fühlt.

glückselig preisen: Wegen ihres Sohnes Jesus Christus werden die Menschen aller kommenden Generationen Maria ehren.

Abraham: Stammvater des Volkes Israel, vgl. 1. Mose/Genesis 12–25.

Beschneidung: Das Abtrennen der Vorhaut am männlichen Glied ist für Israel Zeichen des Bundes zwischen Gott und seinem Volk.

Johannes: Der Name bedeutet übersetzt »Gott ist gnädig«.

Wachstäfelchen: Kleine, mit Wachs beschichtete Holztafel, die zur Zeit des Neuen Testaments für kurze Notizen benutzt wurde.

Prophet: Verkündet, was Gott in einer bestimmten Situation zu sagen hat.

Herr: Bezeichnung für Gott. Das griechische Alte Testament verwendet das Wort »Herr« an den Stellen, an denen im hebräischen Text der Gottesname steht.

David: David ist ein bedeutender König von Israel. Nachdem das Königreich untergegangen war, hoffte man auf einen Nachkommen Davids als Retter und Erlöser Israels; vgl. 2. Samuel 7,12-16.

Bund: 1. Mose/Genesis 17 erzählt davon, dass Gott mit Abraham, dem Stammvater Israels, einen Bund schließt.

heilig: Menschen oder Dinge, die zu Gott gehören und mit ihm in Verbindung stehen.

Schuld: Konkrete Verfehlungen, die von Gott trennen und das Gewissen belasten können.

65 Große Furcht überkam alle, die aus der Nachbarschaft gekom-
men waren. Im ganzen Bergland von Judäa sprach sich herum, was
geschehen war. 66 Alle, die davon hörten, fragten sich: »Was wird aus
diesem Kind einmal werden?« Denn offensichtlich stand es unter
dem besonderen Schutz des Herrn.

Zacharias lobt Gott

67 Da wurde Zacharias, der Vater von Johannes, vom Heiligen Geist
erfüllt. Er begann wie ein Prophet zu reden:

68 »Gelobt sei der Herr, der Gott Israels!
Denn er ist seinem Volk zu Hilfe gekommen
und hat es erlöst.
69 Er hat uns einen starken Retter gesandt,
einen Nachkommen seines Dieners David.
70 So hat Gott es von jeher angekündigt
durch den Mund seiner heiligen Propheten –
71 einen Retter, der uns befreit von unseren Feinden
und aus der Gewalt aller, die uns hassen.
72 Damit hat Gott auch unseren Vorfahren
seine Barmherzigkeit erwiesen.
Er hat an den heiligen Bund gedacht,
den er mit ihnen geschlossen hat.
73 Ja, er hat an den Eid gedacht,
den er unserem Vater Abraham geschworen hat:
74 uns aus der Hand von Feinden zu retten.
Dann können wir ohne Angst Gott dienen
75 unser Leben lang –
in seiner Gegenwart
als Menschen, die heilig und gerecht sind.
76 Und du, Kind,
wirst ein Prophet des Höchsten genannt werden.
Du wirst dem Herrn vorangehen
und den Weg für ihn bereit machen.
77 Du schenkst seinem Volk die Erkenntnis,
dass der Herr es retten will
und ihm die Schuld vergibt.
78 Unser Gott hat ein Herz voll Erbarmen.
Darum kommt uns das Licht aus der Höhe zur Hilfe.
79 Es leuchtet denen,
die im Dunkel und im Schatten des Todes leben.
Es lenkt unsere Füße auf den Weg des Friedens.«

80 Johannes wuchs heran und wurde zu einem verständigen Men-
schen. Er lebte in der Wüste bis zu dem Tag, an dem er öffentlich in
Israel auftrat.

Jesus wird geboren

2 1 Zu derselben Zeit befahl Kaiser Augustus, im ganzen Römi-
schen Reich eine Volkszählung durchzuführen. 2 Es war die erste
Volkszählung. Sie fand statt, als Quirinius römischer Statthalter in
Syrien war. 3 Da machten sich alle auf, um sich in die Steuerlisten ein-
tragen zu lassen – jeder in seine Heimatstadt. 4 Auch Josef ging von
der Stadt Nazaret in Galiläa nach Judäa. Sein Ziel war die Stadt Bet-
lehem, aus der David kam. Denn er stammte von David ab. 5 In Betle-
hem wollte er sich eintragen lassen zusammen mit Maria, seiner Ver-
lobten. Maria war schwanger. 6 Während sie dort waren, kam die Zeit
der Geburt. 7 Maria brachte ihren ersten Sohn zur Welt. Sie wickelte
ihn in Windeln und legte ihn in eine Futterkrippe. Denn sie hatten in
der Herberge keinen Platz gefunden.

Die Engel verkünden die Geburt von Jesus

8 In der Gegend von Betlehem waren Hirten draußen auf den Fel-
dern. Sie hielten in der Nacht Wache bei ihrer Herde. 9 Auf einmal
trat ein Engel des Herrn zu ihnen, und die Herrlichkeit des Herrn
umstrahlte sie. Die Hirten erschraken und große Furcht erfasste
sie. 10 Der Engel sagte zu ihnen: »Fürchtet euch nicht! Hört doch: Ich
bringe euch eine gute Nachricht, die dem ganzen Volk große Freude
bereiten wird. 11 Denn heute ist in der Stadt Davids für euch der Ret-
ter geboren worden: Er ist Christus, der Herr. 12 Und dies ist das Zei-
chen, an dem ihr das alles erkennt: Ihr werdet ein neugeborenes Kind
finden. Es ist in Windeln gewickelt und liegt in einer Futterkrippe.«
13 Plötzlich war der Engel umgeben vom ganzen himmlischen Heer
der Engel. Die lobten Gott und riefen: 14 »Gottes Herrlichkeit erfüllt
die Himmelshöhe! Sein Frieden kommt auf die Erde zu den Men-
schen, denen er sich in Liebe zuwendet!«

Die Hirten kommen zu Jesus

15 Die Engel verließen die Hirten und kehrten in den Himmel zurück.
Da sagten die Hirten zueinander: »Kommt, wir gehen nach Betlehem!
Wir wollen sehen, was da geschehen ist und was der Herr uns mitge-
teilt hat!« 16 Die Hirten liefen hin, so schnell sie konnten. Sie fanden
Maria und Josef und das neugeborene Kind, das in der Futterkrippe
lag. 17 Als sie das sahen, erzählten sie, was ihnen der Engel über dieses
Kind gesagt hatte. 18 Alle, die es hörten, staunten über das, was ihnen
die Hirten berichteten. 19 Aber Maria merkte sich alle ihre Worte und
bewegte sie in ihrem Herzen. 20 Die Hirten kehrten wieder zurück.
Sie priesen und lobten Gott für das, was sie gehört und gesehen hat-
ten. Es war alles genau so, wie es ihnen der Engel gesagt hatte.

Jesus wird in den Tempel gebracht

21 Nach acht Tagen war es Zeit, das Kind zu beschneiden. Es bekam
den Namen »Jesus«. So hatte es der Engel bestimmt, noch bevor Je-
sus im Mutterleib empfangen wurde. 22 Die Zeit ihrer Reinigung war

Augustus: Regierte von 30 v. Chr. bis 14 n. Chr. als Kaiser über das Römische Reich.

römischer Statthalter: Verwalter einer Region oder Provinz im Auftrag des römischen Senats oder des Kaisers.

Betlehem: Ortschaft etwa 8 km südwestlich von Jerusalem. Micha 5,1-3 zufolge wird der zukünftige Retter der Welt und Herrscher über Israel aus dieser Stadt kommen.

Herrlichkeit: Bezeichnet das, was einer Person Ansehen und Macht verleiht. Gottes Herrlichkeit stellt man sich auch als strahlenden Lichtglanz vor.

Christus: Bedeutet übersetzt »der Gesalbte«. Im Alten Testament werden Könige, aber auch Propheten und Priester bei Amtsantritt gesalbt. Später wird der von Gott zum Herrscher der Welt bestimmte Retter so genannt. Im Neuen Testament ist das Jesus.

Beschneidung: Das Abtrennen der Vorhaut am männlichen Glied ist für Israel Zeichen des Bundes zwischen Gott und seinem Volk.

Zeit ihrer Reinigung: In der ersten Zeit nach der Geburt eines Kindes galt eine Frau als unrein und sollte nicht am religiösen und gesellschaftlichen Leben teilnehmen, vgl. 3. Mose/Levitikus 12.

vorbei, so wie sie im Gesetz des Mose festgelegt ist. Da gingen Maria
und Josef mit Jesus nach Jerusalem. Sie wollten das Kind im Tempel
zum Herrn bringen. 23 So schreibt es das Gesetz des Herrn vor: »Alle
Erstgeborenen sind mir heilig! Deshalb sollt ihr mir jeden Sohn über-
geben, der als erster geboren wird.« 24 Zugleich brachten sie das Rei-
nigungsopfer dar, wie es im Gesetz des Herrn vorgeschrieben ist: ein
Paar Turteltauben oder zwei junge Tauben.

Simeon und Hanna erkennen in Jesus den Retter

25 Damals lebte in Jerusalem ein Mann namens Simeon. Er lebte ge-
recht vor Gott und vertraute ganz auf ihn. So wartete er auf den Trost,
den Gott Israel schickt. Der Heilige Geist leitete ihn. 26 Durch den
Heiligen Geist hatte Gott ihn wissen lassen: »Du wirst nicht sterben,
bevor du den Christus des Herrn gesehen hast.« 27 Jetzt drängte ihn
der Heilige Geist, in den Tempel zu gehen. Gerade brachten auch die
Eltern ihr Kind Jesus dorthin. Sie wollten die Vorschriften erfüllen,
die im Gesetz für ihr Kind vorgesehen sind.
28 Simeon nahm das Kind auf den Arm. Er lobte Gott und sagte:
29 »Herr, jetzt kann dein Diener in Frieden sterben,
wie du es versprochen hast.
30 Denn mit eigenen Augen habe ich gesehen:
Von dir kommt die Rettung.
31 Alle Welt soll sie sehen –
32 ein Licht, das für die Völker leuchtet
und deine Herrlichkeit aufscheinen lässt
über deinem Volk Israel.«
33 Der Vater und die Mutter von Jesus staunten über das, was Sime-
on über das Kind sagte. 34 Simeon segnete sie und sagte zu Maria, der
Mutter von Jesus: »Dieses Kind ist dazu bestimmt, in Israel viele zu
Fall zu bringen und viele aufzurichten. Es wird ein Zeichen Gottes
sein, dem viele sich widersetzen. 35 So soll ans Licht kommen, was
viele im Innersten denken. Und für dich, Maria, wird es sein, als ob
ein Schwert deine Seele durchbohrt.«
36 Es war auch eine Prophetin im Tempel. Sie hieß Hanna und war
eine Tochter Penuels aus dem Stamm Ascher. Hanna war schon sehr
alt. Nach ihrer Hochzeit war sie sieben Jahre mit ihrem Mann ver-
heiratet gewesen. 37 Seitdem war sie Witwe und nun vierundachtzig
Jahre alt. Sie verließ den Tempel nicht mehr und diente Gott Tag und
Nacht mit Fasten und Beten. 38 Jetzt kam sie dazu und lobte Gott.
Dann erzählte sie allen von dem Kind, die auf die Rettung Jerusa-
lems warteten.

Jesus und seine Eltern kehren nach Nazaret zurück

39 Josef und Maria erfüllten im Tempel alle Vorschriften, die das Ge-
setz des Herrn vorsieht. Dann kehrten sie nach Galiläa zurück in ihre
Heimatstadt Nazaret. 40 Jesus wuchs heran. Er war ein kräftiges Kind.
Gott schenkte ihm immer mehr Weisheit, und seine Gnade beglei-
tete ihn.

Gesetz des Mose: Im Neuen Testament übliche Bezeichnung für die fünf Bücher Mose.

gerecht, Gerechtigkeit: Meint ein Leben nach dem Willen Gottes.

Trost: Mit Worten, wie sie sich beispielsweise in Jesaja 40,1-2 finden, wird Israel Trost und die Befreiung von Leid und Fremdherrschaft angekündigt. Zur Zeit von Jesus ist diese Hoffnung mit einer als Retter erwarteten Person verbunden, die die römische Fremdherrschaft beendet.

Heiliger Geist: Kraft, durch die Gott in der Welt wirkt.

Christus: Bedeutet übersetzt »der Gesalbte«. Im Alten Testament werden Könige, aber auch Propheten und Priester bei Amtsantritt gesalbt. Später wird der von Gott zum Herrscher der Welt bestimmte Retter so genannt. Im Neuen Testament ist das Jesus.

Segen, segnen: Wer einen anderen Menschen segnet, bittet Gott, dem Gesegneten Kraft, Leben und Wohlergehen zu schenken.

Jerusalem: Als Zentrum des religiösen und kulturellen Lebens steht Jerusalem hier stellvertretend für das ganze Volk Israel.

Gnade: Liebevolle Zuwendung Gottes, die er den Menschen ohne Vorbedingung schenkt.

Der zwölfjährige Jesus im Tempel

41 Jedes Jahr zogen die Eltern von Jesus zum Passafest nach Jerusa-
lem. 42 Als Jesus zwölf Jahre alt war, gingen sie mit ihm für das Fest
dorthin – so wie es üblich war. 43 Als das Fest vorüber war, machten
sie sich wieder auf den Heimweg. Ihr Sohn Jesus blieb in Jerusalem
zurück, aber seine Eltern merkten es nicht. 44 Sie dachten: »Er ist bei
den anderen Reisenden«, und wanderten den ganzen Tag weiter. Am
Abend suchten sie ihn bei den Verwandten und Bekannten. 45 Doch
sie konnten ihn nicht finden. Da kehrten sie nach Jerusalem zurück
und suchten ihn dort.
46 Am dritten Tag entdeckten sie ihn endlich im Tempel. Dort saß
er mitten unter den Lehrern. Er hörte ihnen zu und stellte ihnen
Fragen. 47 Alle, die ihn hörten, waren sehr erstaunt über seine klugen
Antworten. 48 Seine Eltern waren fassungslos, als sie ihn dort fan-
den. Seine Mutter fragte ihn: »Kind, warum hast du uns das angetan?
Dein Vater und ich haben dich verzweifelt gesucht!« 49 Er antwortete:
»Wieso habt ihr mich gesucht? Habt ihr denn nicht gewusst, dass ich
im Haus meines Vaters sein muss?« 50 Aber sie begriffen nicht, was
er da zu ihnen sagte. 51 Jesus kehrte mit seinen Eltern nach Nazaret
zurück und war ihnen gehorsam. Seine Mutter bewahrte alle diese
Worte in ihrem Herzen. 52 Jesus wuchs heran. Er wurde älter und wei-
ser. Gott und die Menschen hatten ihre Freude an ihm.

Das Auftreten von Jesus wird vorbereitet 3,1–4,13

Johannes der Täufer

→ Matthäus 3,1-6; Markus 1,2-6; Johannes 1,19-23

3 1 Es war im 15. Regierungsjahr des Kaisers Tiberius. Pontius Pi-
latus war römischer Statthalter in Judäa. Herodes regierte als
Landesfürst in Galiläa, sein Bruder Philippus als Landesfürst in Itu-
räa und Trachonitis. Und Lysanias war Landesfürst in Abilene. 2 Die
Hohepriester waren Hannas und Kaiphas.
Da rief Gott Johannes in seinen Dienst. Johannes war der Sohn
des Zacharias und lebte in der Wüste. 3 Nun zog er durch die ganze
Gegend am Jordan und verkündete den Menschen: »Lasst euch tau-
fen und ändert euer Leben! Gott will euch eure Schuld vergeben.«
4 So steht es im Buch des Propheten Jesaja: »Eine Stimme ruft in der
Wüste: ›Macht den Weg bereit für den Herrn, ebnet ihm die Straße.
5 Jede Schlucht soll aufgefüllt werden und jeder Berg und jeder Hügel
abgetragen. Was krumm ist, muss gerade werden und die unebenen
Wege eben. 6 Alle Welt soll sehen, dass Gott die Rettung bringt.‹«

Johannes fordert dazu auf, das Leben zu ändern

→ Matthäus 3,7-10

7 Die Menschen kamen in Scharen zu Johannes heraus, um sich von
ihm taufen zu lassen. Er sagte zu ihnen: »Ihr Schlangenbrut! Wer hat

Passafest: Fest, das jährlich im Frühjahr gefeiert wird und an die Befreiung des Volkes Israel aus der Sklaverei in Ägypten erinnert; vgl. 2. Mose/Exodus 12–13.

Lehrer: Hier Menschen, die über die Auslegung der Heiligen Schrift diskutieren.

Haus meines Vaters: Bezeichnung für den Tempel als Haus Gottes. Jesus nennt Gott hier seinen Vater.

Tiberius: Regierte 14–37 n. Chr. als Kaiser über das Römische Reich.

Hohepriester: Hatten die Aufsicht über alles, was das Heiligtum, den Gottesdienst und den Dienst der Priester betraf.

taufen: Wörtlich »(in Wasser) eintauchen«. Religiöse Handlung, die den Willen zum Ausdruck bringt, sein Leben ganz auf Gott auszurichten.

Schuld: Konkrete Verfehlungen, die von Gott trennen und das Gewissen belasten können.

so steht es im Buch des Propheten Jesaja: Zitat aus der griechischen Übersetzung von Jesaja 40,3-5.

euch auf den Gedanken gebracht, dass ihr dem bevorstehenden Ge-
richt Gottes entgeht? 8 Zeigt durch euer Verhalten, dass ihr euer Le-
ben wirklich ändern wollt! Redet euch nicht ein: ›Abraham ist unser
Vater!‹ Denn ich sage euch: Gott kann diese Steine hier zu Kindern
Abrahams machen. 9 Die Axt ist schon an die Baumwurzel gesetzt:
Jeder Baum, der keine gute Frucht bringt, wird umgehauen und ins
Feuer geworfen.« 10 Die Leute fragten Johannes: »Was sollen wir
denn tun?« 11 Er antwortete: »Wer zwei Hemden hat, soll dem eins ge-
ben, der keines hat. Wer etwas zu essen hat, soll auf die gleiche Weise
handeln.«

12 Es kamen aber auch Zolleinnehmer, um sich taufen zu lassen.
Die fragten Johannes: »Lehrer, was sollen wir tun?« 13 Er antwortete:
»Verlangt nicht mehr, als in euren Vorschriften steht!« 14 Es fragten
ihn aber auch Soldaten: »Und wir, was sollen wir tun?« Er antwor-
tete: »Misshandelt und erpresst niemanden, sondern gebt euch mit
eurem Sold zufrieden!«

Johannes weist auf Christus hin

→ Matthäus 3,11-12; 14,3-4; Markus 1,7-8; 6,17-18; Johannes 1,24-28

15 Das Volk setzte große Erwartungen in Johannes. Alle fragten sich:
»Ist er vielleicht der Christus?« 16 Johannes erklärte ihnen: »Ich taufe
euch mit Wasser. Aber es kommt einer, der ist mächtiger als ich. Ich
bin es nicht einmal wert, ihm die Riemen seiner Sandalen aufzu-
schnüren. Er wird euch mit Heiligem Geist und mit Feuer taufen.
17 Er hat die Worfschaufel in seiner Hand. Damit wird er sein Ge-
treide gründlich aussieben. Den Weizen wird er in seine Scheune
bringen. Aber das Stroh wird er in einem Feuer verbrennen, das nicht
ausgeht.« 18 Mit diesen und vielen anderen Worten rüttelte Johannes
das Volk auf. So verkündete er die Gute Nachricht.

19 Johannes tadelte auch den Landesfürsten Herodes. Denn Hero-
des hatte Herodias geheiratet, die Frau seines Bruders, und darüber
hinaus viel Unrecht getan. 20 Zusätzlich zu all dem Unrecht ließ He-
rodes auch noch Johannes ins Gefängnis werfen.

Jesus wird getauft

→ Matthäus 3,13-17; Markus 1,9-11; Johannes 1,32-34

21 Das ganze Volk ließ sich von Johannes taufen. Auch Jesus wurde
von ihm getauft. Auf einmal, während Jesus noch betete, öffnete sich
der Himmel. 22 Der Heilige Geist kam auf ihn herab. Er sah aus wie
eine Taube. Dazu erklang eine Stimme aus dem Himmel: »Du bist
mein geliebter Sohn, an dir habe ich Freude.«

Der Stammbaum von Jesus

→ Matthäus 1,1-17

23 Jesus war etwa 30 Jahre alt, als er sein Werk begann. Er galt als Sohn
Josefs. Josef war der Sohn von Eli, 24 Enkel von Mattat und Urenkel

Gericht, verurteilen: Als Herrscher über die ganze Welt ist Gott der Richter, der am Ende der Zeit ein Urteil über sie spricht.

Christus: Bedeutet übersetzt »der Gesalbte«. Im Alten Testament werden Könige, aber auch Propheten und Priester bei Amtsantritt gesalbt. Später wird der von Gott zum Herrscher der Welt bestimmte Retter so genannt. Im Neuen Testament ist das Jesus.

taufen: Wörtlich »(in Wasser) eintauchen«. Religiöse Handlung, die den Willen zum Ausdruck bringt, sein Leben ganz auf Gott auszurichten.

mit Feuer taufen: Bild für eine umfassende Reinigung: Jesus wird die Menschen von Grund auf verändern.

Worfschaufel, worfeln: Mit einer Worfschaufel wurde das gedroschene Getreide in die Luft geworfen, um Getreidekörner von Stroh und Spreu zu trennen.

Gute Nachricht: Wörtliche Übersetzung von »Evangelium«. Steht für Gottes Willen, die Menschen mit sich zu versöhnen und in Gemeinschaft mit sich leben zu lassen.

mein geliebter Sohn: Im Titel »Sohn Gottes« kommt das besondere Vertrauensverhältnis eines Menschen zu Gott zum Ausdruck. Im Neuen Testament wird der Titel nur für Jesus verwendet.

von Levi. Die Linie lässt sich zurückverfolgen über Melchi bis zu
Jannai.
Jannai war der Sohn von Josef, Enkel von 25 Mattitja und Urenkel
von Amos. Die Linie lässt sich zurückverfolgen über Nahum, Hesli
und Naggai bis zu 26 Mahat.
Mahat war der Sohn von Mattitja, Enkel von Schimi und Urenkel
von Josech. Die Linie lässt sich zurückverfolgen über Joda, 27 Johanan
und Resa bis zu Serubbabel.
Serubbabel war Sohn von Schealtiel, Enkel von Neri und Urenkel
von Melchi. Die Linie lässt sich zurückverfolgen 28 über Melchi, Addi,
Kosam und Elmadam bis zu Er.
Er war der Sohn von 29 Joschua, Enkel von Elieser und Urenkel von
Jorim. Die Linie lässt sich zurückverfolgen über Mattat, Levi und
30 Simeon bis zu Juda.
Juda war der Sohn von Josef, Enkel von Jonam und Urenkel von
Eljakim. Die Linie lässt sich zurückverfolgen 31 über Melea, Menna
und Mattata zu Natan.
Natan war der Sohn von David, Enkel von 32 Isai und Urenkel von
Obed. Die Linie lässt sich zurückverfolgen über Boas, Salmon und
Nachschon zu 33 Amminadab.
Amminadab war der Sohn von Admin, Enkel von Arni und Ur-
enkel von Hezron. Die Linie lässt sich zurückverfolgen über Perez,
Juda und 34 Jakob bis zu Isaak.
Isaak war der Sohn von Abraham, Enkel von Terach und Urenkel
von Nahor. Die Linie lässt sich zurückverfolgen 35 über Serug, Regu
und Peleg bis zu Eber.
Eber war der Sohn von Schelach, Enkel von 36 Kenan und Urenkel
von Arpachschad. Die Linie lässt sich zurückverfolgen über Sem,
Noah und Lamech bis 37 zu Metuschelach.
Metuschelach war der Sohn von Henoch, Enkel von Jered und Ur-
enkel von Mahalalel. Die Linie lässt sich zurückverfolgen über Ke-
nan, 38 Enosch und Set bis zu Adam. Adam stammte von Gott.

Jesus wird auf die Probe gestellt

→Matthäus 4,1-11; Markus 1,12-13

4 1 Vom Heiligen Geist erfüllt, ging Jesus vom Jordan weg. Er
wurde vom Geist in der Wüste umhergeführt, 2 40 Tage lang. Da-
bei wurde er vom Teufel auf die Probe gestellt. Die ganze Zeit über aß
er nichts. Am Ende war er sehr hungrig. 3 Da sagte der Teufel zu ihm:
»Du bist doch der Sohn Gottes! Dann kannst du diesem Stein hier
befehlen, dass er zu Brot wird.« 4 Jesus antwortete: »In der Heiligen
Schrift steht: ›Der Mensch lebt nicht vom Brot allein.‹«
5 Da führte der Teufel Jesus zu einer hochgelegenen Stelle. In
einem einzigen Augenblick zeigte er ihm alle Königreiche der Welt.
6 Dabei sagte der Teufel zu Jesus: »Ich will dir die Macht geben über
alle diese Reiche in ihrer ganzen Herrlichkeit. Denn Gott hat sie
mir übertragen, und ich gebe sie, wem ich will. 7 Wenn du mich nun

David: Bedeutender König in der Geschichte Israels, der etwa 1000–960 v. Chr. regierte. Er gilt als Dichter zahlreicher Lieder und Gebete.

Abraham: Stammvater des Volkes Israel, vgl. 1. Mose/Genesis 12–25.

Adam: Name des ersten Menschen. Das Wort kann im Hebräischen auch einen einzelnen Menschen oder die Menschheit bezeichnen.

Heiliger Geist: Kraft, durch die Gott in der Welt wirkt.

40 Tage: Die Zahl erinnert an die 40 Jahre, die Israel auf dem Weg in das von Gott verheißene Land durch die Wüste zog, und an die 40 Tage und Nächte, die Mose auf dem Berg Sinai war, als er die Zehn Gebote erhielt; vgl. 2. Mose/Exodus 34,28.

Satan, Teufel: Gegenspieler Gottes. Er versucht, die Menschen zu einem Verhalten zu bewegen, das Gottes Willen widerspricht.

Sohn Gottes: Titel, der das besondere Vertrauensverhältnis eines Menschen zu Gott zum Ausdruck bringt. Im Neuen Testament wird der Titel ausschließlich für Jesus verwendet.

in der Heiligen Schrift steht (Vers 4): Zitat aus 5. Mose/Deuteronomium 8,3.

anbetest, wird alles dir gehören.« 8 Jesus antwortete: »In der Heiligen Schrift steht: ›Du sollst den Herrn, deinen Gott, anbeten und ihn allein verehren.‹«

9 Da brachte der Teufel Jesus nach Jerusalem. Er stellte ihn auf den höchsten Punkt des Tempels und sagte zu ihm: »Wenn du der Sohn Gottes bist, spring von hier hinunter! 10 Denn in der Heiligen Schrift steht: ›Er wird seinen Engeln befehlen, dich zu beschützen.‹ 11 Und: ›Auf ihren Händen sollen sie dich tragen, damit dein Fuß nicht an einen Stein stößt.‹« 12 Jesus antwortete: »Es heißt aber auch: ›Du sollst den Herrn, deinen Gott, nicht auf die Probe stellen!‹« 13 Damit hatte der Teufel alles versucht, um Jesus auf die Probe zu stellen. Er verließ ihn eine Zeit lang.

Das erste Auftreten von Jesus 4,14-44

Jesus beginnt zu predigen

→ Matthäus 4,12-17; Markus 1,14-15

14 Jesus war erfüllt von der Kraft des Geistes. So kehrte er nach Galiläa zurück. Sein Ruf verbreitete sich in der ganzen Gegend. 15 Er lehrte in den Synagogen und alle redeten mit Hochachtung von ihm.

Jesus wird in Nazaret abgelehnt

→ Matthäus 13,54-58; Markus 6,1-6

16 Jesus kam auch nach Nazaret, wo er aufgewachsen war. Am Sabbat ging er wie gewohnt in die Synagoge. Er stand auf, um aus der Heiligen Schrift vorzulesen. 17 Man reichte ihm die Schriftrolle mit dem Propheten Jesaja. Jesus rollte sie auf und fand die Stelle, wo geschrieben steht: 18 »Der Geist des Herrn ruht auf mir, denn der Herr hat mich gesalbt. Er hat mich gesandt, den Armen gute Nachricht zu verkünden. Den Gefangenen soll ich zurufen, dass sie frei sind, und den Blinden, dass sie sehen werden. Den Unterdrückten soll ich die Freiheit bringen. 19 Ich soll verkünden: Jetzt beginnt das Jahr, in dem der Herr Gnade schenkt.«

20 Jesus rollte die Schriftrolle wieder zusammen, gab sie dem Synagogendiener zurück und setzte sich. Alle Augen in der Synagoge waren gespannt auf ihn gerichtet. 21 Da sagte er zu den Anwesenden: »Heute ist diese Stelle in der Heiligen Schrift in eurer Gegenwart in Erfüllung gegangen.« 22 Alle stimmten ihm zu. Sie staunten über die Botschaft von der Gnade, die er verkündete. Doch dann sagten sie: »Ist das nicht der Sohn Josefs?« 23 Jesus antwortete: »Sicher werdet ihr mir jetzt das Sprichwort vorhalten: ›Arzt, hilf dir selbst! Wir haben von den großen Taten gehört, die du in Kapernaum vollbracht hast. Vollbringe doch solche Wunder auch hier in deiner Heimatstadt!‹« 24 Weiter sagte er: »Amen, das sage ich euch: Kein Prophet wird in seiner Heimatstadt anerkannt! 25 Ich sage euch, wie es wirklich ist: Zur Zeit des Elija gab es viele Witwen in Israel. Damals regnete es drei

in der Heiligen Schrift steht (Vers 8): Zitat aus 5. Mose/Deuteronomium 6,13.

in der Heiligen Schrift steht (Vers 10): In den Versen 10-11 wird aus Psalm 91,11-12 zitiert.

es heißt auch: Zitat aus der griechischen Übersetzung von 5. Mose/Deuteronomium 6,16.

Geist Gottes: Kraft, durch die Gott in der Welt wirkt.

Synagoge: Versammlungsstätte einer jüdischen Gemeinde.

Salbung, salben: Handlung, die eine besondere Wertschätzung zum Ausdruck bringt. Ein wohlriechendes Öl wird dabei über bestimmte Körperteile ausgegossen.

Gnade: Liebevolle Zuwendung Gottes, die er den Menschen ohne Vorbedingung schenkt.

Zeichen, Wunder: Ausweis der göttlichen Vollmacht, mit der eine Person handelt.

Amen: Das hebräische Wort bedeutet »So ist es! / So soll es sein!«

zur Zeit des Elija: Prophet im Alten Testament. 1. Könige 17,8-16 erzählt, wie Elija einer Witwe, die nicht zum Volk Israel gehört, während einer Dürrekatastrophe hilft.

Jahre und sechs Monate nicht. Große Hungersnot herrschte im gan-
zen Land. 26 Trotzdem wurde Elija zu keiner von ihnen geschickt –
sondern nur zu einer Witwe in Sarepta im Gebiet von Sidon. 27 Eben-
so gab es zur Zeit des Propheten Elischa viele Aussätzige in Israel.
Aber Elischa hat keinen von ihnen geheilt, sondern nur den Syrer
Naaman.«

28 Alle in der Synagoge wurden wütend, als sie das hörten. 29 Sie
sprangen auf und trieben Jesus aus Nazaret hinaus – bis an den Ab-
hang des Berges, auf dem ihre Stadt gebaut war. Dort wollten sie ihn
hinunterstürzen. 30 Aber Jesus ging mitten durch die Menge hin-
durch und zog weiter.

Jesus zeigt seine Vollmacht in Kapernaum

→ Markus 1,21-28

31 Jesus ging nach Kapernaum, einer Stadt in Galiläa. Am Sabbat
lehrte er immer in der Synagoge. 32 Die Zuhörer waren von seiner
Lehre tief beeindruckt, denn in seinen Worten erkannten sie Gottes
Macht. 33 In der Synagoge war ein Mann, der von einem bösen Geist
beherrscht wurde – einem Dämon. Der schrie laut auf: 34 »He! Was
willst du von uns, Jesus aus Nazaret? Bist du gekommen, um uns zu
vernichten? Ich weiß, wer du bist: Du bist der Heilige Gottes.« 35 Je-
sus befahl dem Dämon streng: »Sei still und gib den Mann frei!« Da
schleuderte der Dämon den Mann mitten in die Synagoge. Dann gab
er ihn frei, ohne ihm Schaden zuzufügen. 36 Alle erschraken und frag-
ten sich gegenseitig: »Welche Vollmacht und Kraft hat sein Wort? Er
gibt den bösen Geistern einen Befehl, und sie fliehen!« 37 Die Berichte
über Jesus verbreiteten sich überall in der Gegend.

Jesus heilt die Schwiegermutter des Petrus und viele andere Menschen

→ Matthäus 8,14-17; Markus 1,29-34

38 Jesus verließ die Synagoge und ging in das Haus von Simon. Des-
sen Schwiegermutter hatte hohes Fieber. Sie baten Jesus, ihr zu
helfen. 39 Jesus beugte sich über sie und bedrohte das Fieber. Da ver-
schwand es. Sofort stand sie auf und sorgte für Jesus und die Jünger.

40 Als die Sonne untergegangen war, brachten die Leute alle Kran-
ken zu Jesus. Sie litten an unterschiedlichsten Krankheiten. Jesus
legte jedem von ihnen die Hände auf und heilte sie. 41 Aus vielen
Kranken fuhren Dämonen aus. Dabei schrien sie laut und riefen: »Du
bist der Sohn Gottes!« Jesus bedrohte sie und ließ sie nicht zu Wort
kommen. Denn sie wussten, dass er der Christus war.

Jesus verkündet die Gute Nachricht im ganzen Land

→ Markus 1,35-39

42 Bei Tagesanbruch verließ Jesus Kapernaum und ging an einen ein-
samen Ort. Die Leute suchten ihn, bis sie ihn fanden. Sie wollten ihn
daran hindern, von ihnen wegzugehen. 43 Da sagte Jesus zu ihnen:

zur Zeit des Elischa: Prophet im Alten Testament. 2. Könige 5,1-14 erzählt, wie Elischa einen Kranken heilt, der nicht zum Volk Israel gehört.

Sabbat: In der Bibel der siebte Tag der Woche, heute unser Samstag. Er gilt im Judentum als Feiertag, an dem nicht gearbeitet werden darf.

Synagoge: Versammlungsstätte einer jüdischen Gemeinde.

Dämon: Eine böse Macht, die man sich in der Antike als Person vorstellte. Sie kämpft gegen Gott und nimmt einen Menschen ganz in Besitz.

der Heilige Gottes: Durch diese Anrede zeigt der Dämon, dass er Gottes Wirken in und durch Jesus Christus erkennt.

Christus: Bedeutet übersetzt »der Gesalbte«. Im Alten Testament werden Könige, aber auch Propheten und Priester bei Amtsantritt gesalbt. Später wird der von Gott zum Herrscher der Welt bestimmte Retter so genannt. Im Neuen Testament ist das Jesus.

»Ich muss auch den anderen Städten die Gute Nachricht vom Reich Gottes verkünden. Denn dazu hat Gott mich gesandt.« [44] Und er verkündete die Gute Nachricht in den Synagogen überall in Judäa.

Jesus lehrt und handelt in Vollmacht 5,1–6,16

Die ersten Jünger

→ Matthäus 4,18-22; Markus 1,16-20; Johannes 21,1-11

5 [1] Einmal drängte sich die Volksmenge um Jesus und wollte hören, wie er Gottes Wort verkündete. Jesus stand am See Genneсaret. [2] Da sah er zwei Boote am Ufer liegen. Die Fischer waren ausgestiegen und reinigten die Netze. [3] Jesus stieg in das Boot, das Simon gehörte. Er bat Simon, ein Stück vom Ufer wegzufahren. Dann setzte er sich und lehrte die Leute vom Boot aus.

[4] Als Jesus seine Rede beendet hatte, sagte er zu Simon: »Fahre hinaus in tieferes Wasser! Dort sollt ihr eure Netze zum Fang auswerfen.« [5] Simon antwortete: »Meister, wir haben die ganze Nacht hart gearbeitet und nichts gefangen. Aber weil du es sagst, will ich die Netze auswerfen.« [6] Simon und seine Leute warfen die Netze aus. Sie fingen so viele Fische, dass ihre Netze zu reißen drohten. [7] Sie winkten die Fischer im anderen Boot herbei. Sie sollten kommen und ihnen helfen. Zusammen beluden sie beide Boote, bis sie fast untergingen.

[8] Als Simon Petrus das sah, fiel er vor Jesus auf die Knie und sagte: »Herr, geh fort von mir! Ich bin ein Mensch, der voller Schuld ist!« [9] Denn er und die anderen, die dabei waren, waren sehr erschrocken. So riesig war der Fang, den sie gemacht hatten. [10] Jakobus und Johannes, den Söhnen des Zebedäus, erging es ebenso. Die beiden arbeiteten eng mit Simon zusammen. Jesus sagte zu Simon: »Hab keine Angst! Von jetzt an wirst du ein Menschenfischer sein!« [11] Da zogen sie die Boote an Land, ließen alles zurück und folgten ihm.

Jesus heilt einen Mann vom Aussatz

→ Matthäus 8,1-4; Markus 1,40-45

[12] Einmal war Jesus in einer Stadt. Dort traf er einen Mann, der am ganzen Körper Aussatz hatte. Als der Jesus sah, warf er sich vor ihm nieder und bat ihn: »Herr, wenn du willst, kannst du mich rein machen.« [13] Da streckte Jesus die Hand aus, berührte ihn und sagte: »Ich will. Sei rein!« Im selben Augenblick verschwand der Aussatz bei dem Mann. [14] Jesus befahl ihm: »Erzähle niemandem davon. Geh, zeige dich dem Priester und bring die Opfer, um deine Reinheit wiederherzustellen. So hat Mose es vorgeschrieben. Dadurch sollen alle erfahren, dass du geheilt worden bist.«

[15] Darauf verbreitete sich die Nachricht von Jesus noch weiter. Die Leute strömten in Scharen herbei, um ihn zu hören und von ihren Krankheiten geheilt zu werden. [16] Aber Jesus zog sich immer wieder in einsame Gegenden zurück und betete dort.

Reich Gottes: Wörtlich »Königsherrschaft Gottes«. Bezeichnet den Herrschaftsbereich, in dem sich Gottes Wille durchsetzt.

See Gennesaret: See im Norden Israels, zwischen den Golanhöhen und Galiläa gelegen.

Simon: Anderer Name für Petrus, der ein Jünger von Jesus wird.

Meister: Anrede für Jesus, die nur im Lukasevangelium vorkommt. Sie entspricht der aramäischen Anrede »Rabbi«.

Herr: Titel für Jesus Christus. Im griechischen Alten Testament steht das Wort »Herr« an den Stellen, an denen im hebräischen Text der Gottesname steht. Wenn Jesus Christus so genannt wird, kommt darin zum Ausdruck: In ihm begegnet Gott selbst den Menschen.

Aussatz: Bezeichnet verschiedene Arten von Hautkrankheiten. Als Ursache galten nicht nur medizinische Gründe, sondern auch eine gestörte Beziehung zu Gott.

rein: Bezeichnet Menschen, Tiere und Dinge, die dafür vorbereitet sind, in der Nähe Gottes zu sein. In der Bibel sind dabei bestimmte religiöse Vorschriften zu beachten.

Jesus vergibt Sünden und heilt

→ Matthäus 9,1-8; Markus 2,1-12

17 Einmal in diesen Tagen, als Jesus lehrte, saßen unter den Zuhörern
auch Pharisäer und Schriftgelehrte. Aus allen Dörfern in Galiläa und
Judäa und auch aus Jerusalem waren sie gekommen. Die Kraft des
Herrn war mit Jesus, sodass er Kranke heilte. 18 Da brachten Männer
einen Gelähmten auf einer Trage herbei. Sie wollten ihn in das Haus
bringen und vor Jesus niederlegen. 19 Aber wegen der Volksmenge
fanden sie keine Möglichkeit, ihn hineinzutragen. Deshalb stiegen
sie auf das Dach und deckten einige Ziegel ab. Dann ließen sie den
Gelähmten auf der Trage hinunter – mitten in den Raum, genau vor
Jesus. 20 Jesus sah, wie groß ihr Glaube war, und sagte: »Du Mensch,
deine Sünden sind dir vergeben.«

21 Da überlegten die Schriftgelehrten und Pharisäer: »Wer ist das
eigentlich? Was er da sagt, ist Gotteslästerung! Nur Gott allein kann
Sünden vergeben.« 22 Doch Jesus wusste, was sie dachten. Er sagte zu
ihnen: »Warum habt ihr solche Gedanken? 23 Was ist einfacher? Zu
sagen: ›Deine Sünden sind dir vergeben‹, oder ›Steh auf und geh um-
her‹? 24 Aber ihr sollt sehen, dass der Menschensohn von Gott Voll-
macht bekommen hat. So kann er hier auf der Erde den Menschen
ihre Sünden vergeben.« Deshalb sagte er zu dem Gelähmten: »Ich
sage dir: Steh auf, nimm deine Trage und geh nach Hause.« 25 Sofort
stand er auf – vor ihren Augen. Er nahm seine Trage, auf der er gele-
gen hatte, und ging nach Hause. Dabei lobte er Gott. 26 Alle Anwesen-
den gerieten außer sich. Auch sie lobten Gott. Furcht erfüllte sie, und
sie sagten: »Was für unglaubliche Dinge haben wir heute gesehen!«

Jesus beruft Levi und isst mit Zolleinnehmern

→ Matthäus 9,9-13; Markus 2,13-17

27 Danach verließ Jesus das Haus. Da sah er einen Zolleinnehmer
mit Namen Levi. Der saß an seiner Zollstation. Jesus sagte zu ihm:
»Komm, folge mir!« 28 Da ließ Levi alles zurück, stand auf und folgte
ihm. 29 Später gab Levi in seinem Haus ein großes Festessen für Je-
sus. Viele Zolleinnehmer und andere Gäste aßen mit ihnen. 30 Da be-
schwerten sich die Pharisäer und die Schriftgelehrten unter ihnen
bei den Jüngern von Jesus: »Warum esst und trinkt ihr mit Zollein-
nehmern und Sündern?« 31 Jesus antwortete: »Nicht die Gesunden
brauchen einen Arzt, sondern die Kranken. 32 Ich bin nicht gekom-
men, um die Gerechten aufzurufen, ihr Leben zu ändern, sondern
die Sünder.«

Es ist nicht die Zeit zu fasten

→ Matthäus 9,14-17; Markus 2,18-22

33 Darauf sagten die Pharisäer und Schriftgelehrten zu Jesus: »Die
Jünger von Johannes fasten regelmäßig und sprechen ihre Gebete.
Genauso machen es unsere Jünger. Aber deine Jünger essen und trin-
ken.« 34 Jesus antwortete ihnen: »Wollt ihr etwa die Hochzeitsgäste

Pharisäer: Angehöriger einer jüdischen Glaubensgruppe, die die biblischen Vorschriften und Gesetze sehr streng auslegte.

Schriftgelehrte: Menschen, deren Aufgabe das Studium und die Auslegung der Heiligen Schrift ist.

Haus: Häuser waren zur Zeit des Neuen Testaments meist einstöckig. Sie hatten ein flaches Dach, das über eine Außentreppe zugänglich war.

Menschensohn: Bezeichnung, die zum Ausdruck bringt, dass Menschen Geschöpfe Gottes sind. Im Neuen Testament ein Titel für Jesus, der von Gott zum Herrscher und Retter der Welt bestimmt wurde.

Zolleinnehmer: Beamte, die im Namen des römischen Staats Zoll erhoben. Sie bekamen keinen Lohn vom Staat, sondern lebten von dem Geld, das sie auf die festgesetzten Steuern aufschlugen. Deshalb hatten sie ein schlechtes Ansehen.

folgen: Jesus zu folgen bedeutet, das Leben ganz in seinen Dienst zu stellen.

Sünder: Menschen, die sich von Gott abgewendet haben und seinen Willen missachten.

fasten lassen, solange der Bräutigam bei ihnen ist? 35 Es wird aber eine
Zeit kommen, da wird ihnen der Bräutigam weggenommen. In dieser
Zeit werden sie fasten.«
36 Jesus erzählte ihnen noch ein Gleichnis: »Niemand schneidet
Stoff von einem neuen Mantel ab und näht ihn auf einen alten. Sonst
zerschneidet er den neuen Mantel, aber der Flicken passt nicht zu
dem alten. 37 Und niemand füllt neuen Wein in alte Weinschläuche.
Sonst bringt der neue Wein die alten Schläuche zum Platzen. Der
Wein läuft aus, und die Schläuche werden unbrauchbar. 38 Nein: Neu-
er Wein gehört in neue Schläuche. 39 Und niemand, der alten Wein
getrunken hat, will neuen Wein haben. Denn er sagt: ›Der alte ist
besser.‹«

Hunger stillen auch am Sabbat

→ Matthäus 12,1-8; Markus 2,23-28

6 1 Einmal ging Jesus am Sabbat durch die Felder. Seine Jünger ris-
sen Ähren von den Halmen, rieben die Hülsen ab und aßen die
Körner. 2 Da sagten einige der Pharisäer: »Was tut ihr da? Das ist am
Sabbat verboten!« 3 Jesus antwortete: »Habt ihr denn nicht gelesen,
was David getan hat? Er und seine Männer hatten Hunger. 4 Da ging
er in das Haus Gottes, nahm die Schaubrote und aß sie. Er gab auch
seinen Männern von den Broten. Dabei durften nur die Priester da-
von essen.« 5 Jesus sagte zu den Pharisäern: »Der Menschensohn
kann bestimmen, was am Sabbat erlaubt ist.«

Jesus heilt einen Mann am Sabbat

→ Matthäus 12,9-14; Markus 3,1-6

6 An einem anderen Sabbat ging Jesus in die Synagoge und lehrte.
Dort war ein Mann, dessen rechte Hand gelähmt war. 7 Die Schrift-
gelehrten und Pharisäer beobachteten genau, ob Jesus am Sabbat
heilen würde. Sie suchten einen Grund, um ihn anzuklagen. 8 Doch
Jesus wusste, was sie dachten. Er sagte zu dem Mann mit der gelähm-
ten Hand: »Steh auf und stell dich in die Mitte!« Da stand er auf und
stellte sich hin. 9 Jesus sagte zu den Schriftgelehrten und Pharisäern:
»Ich frage euch: Was ist am Sabbat erlaubt – Gutes tun oder Böses?
Soll man einem Menschen das Leben retten oder ihn umkommen
lassen?« 10 Jesus blickte sie alle an. Dann sagte er zu dem Mann:
»Strecke deine Hand aus!« Er tat es, und seine Hand wurde geheilt.
11 Aber die Schriftgelehrten und Pharisäer berieten in ihrem Unver-
stand, was sie gegen Jesus unternehmen konnten.

Jesus beruft zwölf Jünger zu Aposteln

→ Matthäus 10,1-4; Markus 3,13-19

12 Einmal in diesen Tagen stieg Jesus auf einen Berg, um zu beten. Die
ganze Nacht betete er zu Gott. 13 Als es Tag wurde, rief er seine Jünger
zu sich. Er wählte zwölf von ihnen aus, die er auch Apostel nannte.
14 Es waren: Simon, den er auch Petrus nannte, und sein Bruder

Bräutigam: Bild für Jesus. Die Jünger sollen sich freuen, dass der Sohn Gottes bei ihnen ist.

Gleichnis: Erzählung, die ihre Botschaft in Bildern und Vergleichen vermittelt.

Weinschlauch: Aus Tierhäuten zusammengenähter Schlauch, der in der Antike zum Transport von Flüssigkeiten wie Wein diente.

Ähre: Oberer Teil des Getreidehalms, an dem die Körner sitzen.

am Sabbat verboten: Die Pharisäer werten das Abreißen der Ähren als Arbeit, die am Sabbat verboten ist; vgl. 2. Mose/Exodus 20,8-11.

David: 1. Samuel 21,2-7 erzählt, dass König David auf der Flucht in einem Tempel Brot isst, das für die Priester bestimmt war.

Menschensohn: Bezeichnung, die zum Ausdruck bringt, dass Menschen Geschöpfe Gottes sind. Im Neuen Testament ein Titel für Jesus, der von Gott zum Herrscher und Retter der Welt bestimmt wurde.

Apostel: Wörtlich »Ausgesandte«. Menschen, die dazu berufen sind, die Gute Nachricht von Jesus Christus zu verkünden. Im engeren Sinn die zwölf Jünger von Jesus, die ihn während seines Lebens begleiteten.

Andreas, dazu Jakobus, Johannes, Philippus, Bartholomäus, 15 Mat-
thäus, Thomas, Jakobus, der Sohn von Alphäus, Simon, der Zelot
genannt wurde, 16 Judas, der Sohn von Jakobus, und Judas Iskariot,
der zum Verräter wurde.

Jesus predigt auf einem Feld 6,17-49

Viele Menschen kommen zu Jesus

→ Markus 3,7-12

17 Jesus stieg mit den Aposteln vom Berg hinab bis zu einem ebenen
Platz. Dort hatten sich viele Menschen versammelt: eine große Schar
seiner Jünger, Leute aus ganz Judäa, aus Jerusalem und aus dem Küs-
tengebiet von Tyros und Sidon. 18 Sie waren gekommen, um Jesus zu
hören und von ihren Krankheiten geheilt zu werden. Menschen, die
unter bösen Geistern litten, wurden von ihnen befreit. 19 Die ganze
Volksmenge wollte Jesus berühren. Denn heilende Kraft ging von
ihm aus und machte alle gesund.

Wer glückselig ist (Die Seligpreisungen)

→ Matthäus 5,3-12

20 Jesus blickte auf seine Jünger und sagte: »Glückselig seid ihr, die ihr
arm seid. Denn euch gehört das Reich Gottes. 21 Glückselig seid ihr,
die ihr jetzt hungert. Denn ihr werdet satt werden. Glückselig seid
ihr, die ihr jetzt weint. Denn ihr werdet lachen. 22 Glückselig seid ihr,
wenn die Menschen euch hassen, aus ihrer Gemeinschaft ausschlie-
ßen, beschimpfen oder euren Namen in den Schmutz ziehen. Sie
tun das, weil ihr zum Menschensohn gehört. 23 Ja, freut euch, wenn
das geschieht. Springt vor Freude! Denn euer Lohn im Himmel ist
groß. Genauso haben es die Vorfahren dieser Leute auch schon mit
den Propheten gemacht.«

Wem Unheil droht

24 »Wehe euch, ihr Reichen! Denn ihr habt euren Trost bereits erhal-
ten. 25 Wehe euch, die ihr jetzt satt seid, denn ihr werdet hungern.
Wehe euch, die ihr jetzt lacht, denn ihr werdet weinen und klagen.
26 Wehe euch, wenn ihr von allen Menschen gelobt werdet. Denn ge-
nauso haben es die Vorfahren dieser Leute mit den falschen Prophe-
ten gemacht.«

Das Gebot, den Mitmenschen zu lieben

→ Matthäus 5,38-47; 7,12

27 »Aber euch, die ihr mir zuhört, sage ich: Liebt eure Feinde. Tut de-
nen Gutes, die euch hassen. 28 Segnet die, die euch verfluchen. Betet
für die, die euch beschimpfen 29 Schlägt dich einer auf die Backe, halte
ihm auch die andere Backe hin. Und nimmt dir einer den Mantel weg,
überlasse ihm auch das Hemd. 30 Gib jedem das, worum er dich bittet.

Zeloten: Angehörige einer jüdischen Glaubensgruppe, die die biblischen Vorschriften sehr streng auslegten und sich auch mit Gewalt für ihre Durchsetzung einsetzten.

Verräter: Lukas 22,3-6 erzählt, wie Judas mit den führenden Priestern verabredet, Jesus an sie auszuliefern.

Tyros, Sidon: Bedeutende Hafenstädte, im heutigen Libanon gelegen. Zur Zeit von Jesus hatten sie einen großen nicht-jüdischen Bevölkerungsanteil.

böser Geist: Eine böse Macht, die man sich als Person vorstellte. Sie kämpft gegen Gott und nimmt einen Menschen völlig in Besitz.

Reich Gottes: Wörtlich »Königsherrschaft Gottes«. Bezeichnet den Herrschaftsbereich, in dem sich Gottes Wille durchsetzt.

Trost: Hier Bild für Reichtum in dieser Welt. Beispielhaft wird in Lukas 16,19-31 die Geschichte vom reichen Mann und dem armen Lazarus erzählt.

falscher Prophet: Gibt vor, im Auftrag Gottes zu reden, und verführt seine Mitmenschen so zu falschem Tun.

Segen, segnen: Wer einen anderen Menschen segnet, bittet Gott, dem Gesegneten Kraft, Leben und Wohlergehen zu schenken.

Und wenn dir jemand etwas wegnimmt, das dir gehört, dann fordere
es nicht zurück.
31 Behandelt andere Menschen genauso, wie ihr selbst behandelt
werden wollt. 32 Wenn ihr nur die liebt, die euch auch lieben: Wel-
chen besonderen Dank erwartet ihr von Gott? Sogar die Sünder
lieben ja die, von denen sie geliebt werden. 33 Wenn ihr nur denen
Gutes tut, die euch Gutes tun: Welchen besonderen Dank erwartet
ihr von Gott? Sogar die Sünder handeln so. 34 Wenn ihr nur denen et-
was leiht, von denen ihr es wieder zurückerwarten könnt: Welchen
besonderen Dank erwartet ihr von Gott? Sogar die Sünder leihen
sich gegenseitig Geld, um den gleichen Betrag zurückzubekommen.
35 Nein! Liebt eure Feinde. Tut Gutes und verleiht, ohne etwas dafür
zu erhoffen. Dann werdet ihr großen Lohn erhalten und Kinder des
Höchsten sein. Denn Gott selbst ist gut zu den undankbaren und
schlechten Menschen.«

Andere nicht verurteilen

→ Matthäus 7,1-2

36 »Seid barmherzig, so wie euer Vater barmherzig ist. 37 Ihr sollt an-
dere nicht verurteilen, dann wird auch Gott euch nicht verurteilen.
Sitzt über niemanden zu Gericht, dann wird Gott auch über euch
nicht zu Gericht sitzen. Vergebt anderen, dann wird Gott auch euch
vergeben. 38 Schenkt, dann wird Gott auch euch beschenken: Ein gu-
tes Maß wird euch in den Schoß geschüttet – festgedrückt, geschüt-
telt und voll bis an den Rand. Denn der Maßstab, den ihr an andere
anlegt, wird auch für euch gelten.«

Nicht überheblich sein

→ Matthäus 7,3-5; 10,24-25; 15,14

39 Jesus erzählte ihnen auch ein Gleichnis: »Kann etwa ein Blinder
einen Blinden führen? Werden sie nicht beide in die Grube fallen?
40 Kein Jünger steht über seinem Lehrer. Auch wenn er fertig ausge-
bildet ist, ist er nur wie sein Lehrer.
41 Du siehst den Splitter im Auge deines Bruders oder deiner
Schwester. Bemerkst du nicht den Balken in deinem eigenen Auge?
42 Wie kannst du zu deinem Bruder oder zu deiner Schwester sagen:
›Komm her! Ich zieh dir den Splitter aus deinem Auge.‹ Siehst du
nicht den Balken in deinem eigenen Auge? Du Scheinheiliger! Zieh
zuerst den Balken aus deinem Auge! Dann hast du den Blick frei, um
den Splitter aus dem Auge deines Bruders oder deiner Schwester zu
ziehen.«

Der Baum und die Früchte

→ Matthäus 7,16-20; 12,33-35

43 »Ein guter Baum trägt keine schlechten Früchte. Genauso trägt ein
schlechter Baum keine guten Früchte. 44 Jeden Baum kann man an
seinen Früchten erkennen: Von einem Dornbusch kann man keine

Sünder: Menschen, die sich von Gott abgewendet haben und seinen Willen missachten.

der Höchste: Titel für Gott, der eng mit dem Tempel in Jerusalem verbunden ist.

Vater: Vertrauensvolle Anrede oder Bezeichnung für Gott.

Gericht, verurteilen: Als Herrscher über die ganze Welt ist Gott der Richter, der am Ende der Zeit ein Urteil über sie spricht.

gutes Maß: Bild aus der damaligen Handelspraxis: Händler füllen Getreide in einen Messbecher, drücken es fest und schütteln den Becher. Der Platz, der entsteht, wird mit Getreide aufgefüllt. Erst dann ist der Messbecher wirklich voll.

Gleichnis: Erzählung, die ihre Botschaft in Bildern und Vergleichen vermittelt.

Jünger: Wörtlich »Schüler«. Frauen und Männer, die ihrem Lehrer folgten und von ihm lernten.

Bruder, Schwester: Wörtlich »Bruder«. Das griechische Wort bezeichnet männliche *und* weibliche Mitglieder der Gemeinde.

Feigen pflücken und von Gestrüpp keine Trauben ernten. 45 Ein gu-
ter Mensch holt aus der guten Schatzkammer in seinem Herzen
nur Gutes hervor. Ein schlechter Mensch holt aus seiner schlechten
Schatzkammer nur Schlechtes hervor. Denn wovon das Herz voll ist,
davon redet auch sein Mund.«

Das Gleichnis vom Hausbau

→ Matthäus 7,21-27

46 »Warum nennt ihr mich ›Herr, Herr‹, und tut doch nicht, was ich
sage? 47 Wer zu mir kommt und meine Worte hört und sie befolgt –
ich will euch zeigen, wem er gleicht: 48 Er ist wie ein Mensch, der ein
Haus baute. Er hob eine tiefe Grube aus und legte das Fundament
auf felsigem Boden. Als es nun Hochwasser gab, prallten die Wasser-
massen gegen das Haus. Doch sie konnten es nicht erschüttern – so
gut war es gebaut. 49 Aber wer meine Worte hört und sie nicht befolgt:
der ist wie ein Mensch, der sein Haus ohne Fundament direkt auf die
Erde baute. Als die Wassermassen dagegenprallten, stürzte es sofort
ein und wurde völlig zerstört.«

Wer ist Jesus? 7,1-50

Der Hauptmann von Kapernaum

→ Matthäus 8,5-13; Johannes 4,46-53

7 1 Nachdem Jesus seine Rede vor dem Volk beendet hatte, ging er
nach Kapernaum. 2 Ein römischer Hauptmann hatte einen Die-
ner, den er sehr schätzte. Der war schwer krank und lag im Sterben.
3 Der Hauptmann hörte von Jesus und schickte einige jüdische Ältes-
te zu ihm. Sie sollten ihn bitten, zu kommen und seinen Diener zu
retten. 4 So gingen die Ältesten zu Jesus und baten ihn nachdrücklich:
»Der Hauptmann ist es wert, dass du ihm hilfst. 5 Denn er liebt un-
ser Volk. Er hat uns sogar die Synagoge gebaut.« 6 Da ging Jesus mit
ihnen.

Aber als er nicht mehr weit vom Haus entfernt war, schickte der
Hauptmann Freunde zu ihm. Er ließ ihm ausrichten: »Herr, bemühe
dich nicht. Denn ich bin es nicht wert, dass du mein Haus betrittst.
7 Deshalb hielt ich mich auch nicht für würdig, selbst zu dir zu kom-
men. Aber sprich ein Wort, und mein Diener wird gesund. 8 Denn
auch bei mir ist es so, dass ich höheren Befehlen gehorchen muss.
Und ich selbst habe Soldaten, die mir unterstehen. Wenn ich zu
einem sage: ›Geh!‹, dann geht er. Und wenn ich zu einem anderen
sage: ›Komm!‹, dann kommt er. Und wenn ich zu meinem Diener
sage: ›Tu das!‹, dann tut er es.« 9 Als Jesus das hörte, staunte er über ihn.
Er drehte sich um und sagte zu der Volksmenge, die ihm folgte: »Das
sage ich euch: Nicht einmal in Israel habe ich so einen Glauben ge-
funden!« 10 Die Boten des Hauptmanns kehrten in das Haus zurück.
Da sahen sie, dass der Diener gesund war.

Herr, Herr: Anrede, die zum Ausdruck bringt, dass jemand Jesus mit Ernst und Hingabe als seinen Herrn anerkennt.

Worte: Meint die gesamte Predigt auf dem Feld in Lukas 6,17-49.

Kapernaum: Stadt am Nordufer des See Gennesaret.

Älteste: Bezeichnung für ein leitendes Amt in der Gemeinschaft, das von älteren Männern ausgeübt wurde.

er liebt unser Volk: Ausdruck, der den Hauptmann als Nicht-Juden kennzeichnet, der dem jüdischen Glauben jedoch nahesteht.

Synagoge: Versammlungsstätte einer jüdischen Gemeinde.

wert: Einige Juden vermieden den Kontakt mit Nicht-Juden. Deshalb wollte der Hauptmann es Jesus nicht zumuten, zu ihm nach Hause zu kommen.

Israel: Nachkommen der zwölf Söhne Jakobs. Gott hat mit Israel einen Bund geschlossen.

Glaube, glauben: Meint das tiefe Vertrauen auf Gott, das zu einem Leben nach seinem Willen führt.

Jesus macht einen Toten lebendig

11 Danach zog Jesus weiter zu der Stadt Nain. Seine Jünger und eine
große Volksmenge zogen mit ihm. 12 Als Jesus sich dem Stadttor nä-
herte, wurde gerade ein Toter herausgetragen. Er war der einzige
Sohn einer Witwe. Viele Leute aus der Stadt begleiteten sie. 13 Als
der Herr die Witwe sah, bekam er Mitleid mit ihr und sagte: »Hör
auf zu weinen!« 14 Dann trat er näher heran und berührte die Bahre.
Die Träger blieben stehen. Jesus sagte: »Junger Mann, ich befehle dir:
Steh auf!« 15 Da richtete der Tote sich auf und fing an zu reden. Und
Jesus gab ihn seiner Mutter zurück. 16 Alle wurden von Furcht erfasst.
Sie lobten Gott und riefen: »Ein großer Prophet tritt unter uns auf!
Gott ist seinem Volk zu Hilfe gekommen.« 17 Die Nachricht darüber,
was Jesus getan hatte, verbreitete sich überall in Judäa und in der
ganzen Umgebung.

Johannes fragt – Jesus gibt Antwort

→ Matthäus 11,2-6

18 Auch Johannes erfuhr durch seine Jünger von all diesen Ereignis-
sen. Da rief er zwei von ihnen zu sich 19 und schickte sie zum Herrn.
Sie sollten ihn fragen: »Bist du der, der kommen soll, oder müssen
wir auf einen anderen warten?« 20 Als die Männer zu Jesus kamen,
sagten sie: »Johannes der Täufer schickt uns zu dir und lässt dich
fragen: ›Bist du der, der kommen soll, oder müssen wir auf einen an-
deren warten?‹« 21 Jesus heilte gerade viele Menschen von Krankhei-
ten, schlimmen Leiden und bösen Geistern. Vielen Blinden schenkte
er, dass sie wieder sehen konnten. 22 Er antwortete den Männern:
»Geht und berichtet Johannes, was ihr gesehen und gehört habt:
Blinde sehen und Lahme gehen. Menschen mit Aussatz werden
rein. Taube hören, Tote werden zum Leben erweckt, und Armen
wird die Gute Nachricht verkündet. 23 Glückselig ist, wer mich nicht
ablehnt.«

Was Jesus über Johannes sagt

→ Matthäus 11,7-19

24 Die Boten von Johannes gingen wieder weg. Jesus begann, zu der
Volksmenge über Johannes zu sprechen: »Was habt ihr erwartet zu
sehen, als ihr zu Johannes in die Wüste gegangen seid? Etwa ein
Schilfrohr, das sich im Wind bewegt? 25 Oder was sonst habt ihr er-
wartet, dort draußen zu sehen? Einen Menschen in vornehmer Klei-
dung? Ihr wisst doch: Leute, die prächtige Kleider tragen und im Lu-
xus leben, wohnen in Palästen! 26 Oder was sonst habt ihr erwartet,
dort draußen zu sehen? Einen Propheten? Ja, ich sage euch: Ihr habt
sogar mehr gesehen als einen Propheten! 27 Johannes ist derjenige,
von dem es in der Heiligen Schrift heißt: ›Siehe, ich sende meinen Bo-
ten vor dir her. Der wird dir den Weg bereiten.‹ 28 Das sage ich euch:
Kein Mensch, der je von einer Frau geboren wurde, war bedeutender
als Johannes. Aber selbst der Unbedeutendste im Reich Gottes ist

Prophet: 1. Könige 17,17-24 erzählt, wie der Prophet Elija den Sohn einer Witwe, die nicht zum Volk Israel gehört, wieder lebendig macht. Am Ende seines Lebens wurde Elija direkt von Gott in den Himmel geholt. Sein Wiederkommen wird als Zeichen für das beginnende Gericht Gottes erwartet, vgl. Maleachi 3,23.

Johannes der Täufer: Bereitet die Menschen auf das Kommen von Jesus vor.

der, der kommen soll: Der von Gott als Retter der Welt angekündigte Christus.

Aussatz: Bezeichnet verschiedene Arten von Hautkrankheiten. Als Ursache galten nicht nur medizinische Gründe, sondern auch eine gestörte Beziehung zu Gott.

Gute Nachricht: Wörtliche Übersetzung von »Evangelium«. Steht für Gottes Willen, die Menschen mit sich zu versöhnen und in Gemeinschaft mit sich leben zu lassen.

in der Heiligen Schrift heißt es: Das Zitat setzt sich zusammen aus 2. Mose/Exodus 23,20 und Maleachi 3,1.

Reich Gottes: Wörtlich »Königsherrschaft Gottes«. Bezeichnet den Herrschaftsbereich, in dem sich Gottes Wille durchsetzt.

bedeutender als er. 29 Alle aus dem Volk und sogar die Zolleinnehmer
haben Johannes zugehört. Sie haben geglaubt, dass seine Botschaft
von Gott kommt. Deshalb haben sie sich von Johannes taufen lassen.
30 Aber die Pharisäer und Gesetzeslehrer haben für sich die Rettung
abgelehnt, die Gott vorgesehen hatte. Deshalb haben sie sich nicht
von Johannes taufen lassen.
31 Womit soll ich die Menschen dieser Generation vergleichen?
Welches Bild passt auf sie? 32 Sie sind wie Kinder, die auf dem Markt-
platz sitzen und sich beschweren: ›Ihr seid Spielverderber! Wir haben
Tanzmusik für euch gespielt, aber ihr habt nicht getanzt. Wir haben
Trauermusik für euch gespielt, aber ihr habt nicht geweint.‹ 33 Als Jo-
hannes der Täufer gekommen ist, aß er kein Brot und trank keinen
Wein. Deshalb sagt ihr über ihn: ›Er ist von einem Dämon besessen.‹
34 Als aber der Menschensohn gekommen ist, aß und trank er. Des-
halb sagt ihr über ihn: ›Seht nur: Dieser Mensch ist ein Vielfraß und
Säufer. Er ist befreundet mit Zolleinnehmern und Sündern.‹ 35 Doch
die Weisheit Gottes ist immer im Recht – das zeigt sich durch alle
ihre Kinder.«

Der Pharisäer und die Sünderin

36 Einer der Pharisäer lud Jesus zum Essen ein. Jesus ging in das Haus
des Pharisäers und legte sich zu Tisch. 37 In der Stadt lebte eine Frau,
die als Sünderin bekannt war. Sie erfuhr, dass Jesus im Haus des Pha-
risäers zu Gast war. Mit einem Fläschchen voll kostbarem Salböl ging
sie dorthin. 38 Die Frau trat von hinten an das Fußende des Polsters
heran, auf dem Jesus lag. Sie weinte so sehr, dass seine Füße von ih-
ren Tränen nass wurden. Mit ihrem Haar trocknete sie ihm die Füße,
küsste sie und salbte sie mit dem Öl.
39 Der Pharisäer, der Jesus eingeladen hatte, beobachtete das al-
les und sagte sich: »Wenn Jesus ein Prophet wäre, müsste er doch
wissen, was für eine Frau ihn da berührt – dass sie eine Sünde-
rin ist.« 40 Da wandte sich Jesus an ihn und sagte: »Simon, ich habe
dir etwas zu sagen.« Er antwortete: »Lehrer, sprich!« 41 Jesus sagte:
»Zwei Männer hatten Schulden bei einem Geldverleiher: Der eine
schuldete ihm fünfhundert Silberstücke, der andere fünfzig. 42 Da
sie es nicht zurückzahlen konnten, schenkte er beiden das Geld.
Welcher von den beiden wird den Geldverleiher dafür wohl mehr
lieben?« 43 Simon antwortete: »Ich nehme an der, dem der Geld-
verleiher mehr geschenkt hat.« Da sagte Jesus zu ihm: »Du hast
recht.«
44 Dann drehte er sich zu der Frau um und sagte zu Simon: »Siehst
du diese Frau? Ich kam in dein Haus, und du hast mir kein Wasser für
die Füße gebracht. Aber sie hat meine Füße mit ihren Tränen nass ge-
macht und mit ihren Haaren getrocknet. 45 Du hast mir keinen Kuss
zur Begrüßung gegeben. Aber sie hat nicht aufgehört, mir die Füße
zu küssen, seit ich hier bin. 46 Du hast meinen Kopf nicht mit Öl ge-
salbt. Aber sie hat meine Füße mit kostbarem Öl gesalbt. 47 Deshalb

taufen: Wörtlich »(in Wasser) eintauchen«. Religiöse Handlung, die den Willen zum Ausdruck bringt, sein Leben ganz auf Gott auszurichten.

Pharisäer: Angehöriger einer jüdischen Glaubensgruppe, die die biblischen Vorschriften und Gesetze sehr streng auslegte.

Gesetzeslehrer: Menschen, deren Aufgabe das Studium und die Auslegung der Lebensvorschriften des Alten Testaments war, vor allem der fünf Bücher Mose.

Menschensohn: Bezeichnung, die zum Ausdruck bringt, dass Menschen Geschöpfe Gottes sind. Im Neuen Testament ein Titel für Jesus, der von Gott zum Herrscher und Retter der Welt bestimmt wurde.

Kinder: Menschen, die die Botschaft von Johannes und Jesus annehmen und an Gott glauben.

zu Tisch liegen: Bei festlichen Anlässen war es in der griechisch-römischen Welt üblich, beim Essen zu liegen.

Sünderin: Frau, die sich von Gott abgewendet hat und seinen Willen missachtet.

Salbung, salben: Handlung, die eine besondere Wertschätzung zum Ausdruck bringt. Ein wohlriechendes Öl wird dabei über bestimmte Körperteile ausgegossen.

sage ich dir: Ihre vielen Sünden sind ihr vergeben. Darum hat sie so
viel Liebe gezeigt. Wem aber wenig vergeben wird, der zeigt auch nur
wenig Liebe.« [48] Dann sagte Jesus zu der Frau: »Deine Sünden sind dir
vergeben.« [49] Die anderen Gäste fragten sich: »Wer ist dieser Mann,
der sogar Sünden vergibt?« [50] Aber Jesus sagte zu der Frau: »Dein
Glaube hat dich gerettet. Geh in Frieden.«

Gottes Wort hören und tun 8,1-21

Die Zwölf und viele Frauen begleiten Jesus

8 [1] In der folgenden Zeit zog Jesus von Stadt zu Stadt und von Dorf
zu Dorf. Überall verkündete er die Gute Nachricht vom Reich
Gottes. Die Zwölf begleiteten ihn. [2] Es waren auch einige Frauen da-
bei, die Jesus von bösen Geistern und Krankheiten geheilt hatte: Ma-
ria aus Magdala, die er von sieben Dämonen befreit hatte; [3] Johanna,
die Frau von Chuzas einem Verwalter im Dienst des Herodes; Su-
sanna und viele andere. Sie alle unterstützten Jesus und die Jünger
mit dem, was sie besaßen.

Das Gleichnis vom Säen auf verschiedenen Böden

→ Matthäus 13,1-9; Markus 4,1-9

[4] Eine große Volksmenge versammelte sich um Jesus, und aus allen
Orten strömten die Leute zu ihm. Da erzählte er ihnen ein Gleichnis:
[5] »Ein Bauer ging aufs Feld, um seine Saat auszusäen. Während er die
Körner auswarf, fiel ein Teil davon auf den Weg. Die Körner wurden
zertreten, und die Vögel pickten sie auf. [6] Ein anderer Teil fiel auf felsi-
gen Boden. Die Körner gingen auf und vertrockneten schnell wieder,
weil sie keine Feuchtigkeit hatten. [7] Ein weiterer Teil fiel zwischen
die Disteln. Die Disteln gingen mit auf und erstickten die junge Saat.
[8] Aber ein anderer Teil fiel auf guten Boden. Die Körner gingen auf
und brachten hundertfachen Ertrag.« Dann rief Jesus noch: »Wer Oh-
ren zum Hören hat, soll gut zuhören.«

Jesus erklärt das Gleichnis vom Säen auf verschiedenen Böden

→ Matthäus 13,10-23; Markus 4,10-20

[9] Da fragten ihn seine Jünger: »Was bedeutet dieses Gleichnis?« [10] Er
antwortete: »Euch ist es geschenkt, das Geheimnis vom Reich Got-
tes zu verstehen. Aber die anderen Menschen erfahren davon nur in
Gleichnissen. Denn sie sollen sehen, ohne etwas zu erkennen, und
hören, ohne etwas zu verstehen.
[11] Dies ist die Bedeutung des Gleichnisses: Die Saat ist das Wort
Gottes. [12] Was auf den Weg fällt, steht für die Menschen, die das
Wort hören. Aber dann kommt der Teufel. Er nimmt es wieder weg
aus ihren Herzen, damit sie nicht glauben und gerettet werden. [13] Ein
anderer Teil fällt auf felsigen Boden. Er steht für die Menschen, die
das Wort hören und gleich mit Freude in sich aufnehmen. Aber es

Liebe: Ausdruck der Dankbarkeit, nicht Ursache der Vergebung.

Reich Gottes: Wörtlich »Königsherrschaft Gottes«. Bezeichnet den Herrschaftsbereich, in dem sich Gottes Wille durchsetzt.

die Zwölf: Meint die zwölf Jünger, die während der Zeit seines Wirkens bei Jesus waren.

Dämon: Eine böse Macht, die man sich in der Antike als Person vorstellte. Sie kämpft gegen Gott und nimmt einen Menschen ganz in Besitz.

Herodes Antipas: Sohn von Herodes dem Großen und Herrscher über Galiläa und Peräa (4 v. Chr.–39 n. Chr.).

Gleichnis: Erzählung, die ihre Botschaft in Bildern und Vergleichen vermittelt.

Wort Gottes: Gottes Versprechen, dass die Menschen durch Tod und Auferstehung von Christus mit Gott versöhnt sind.

Satan, Teufel: Gegenspieler Gottes. Er versucht, die Menschen zu einem Verhalten zu bewegen, das Gottes Willen widerspricht.

schlägt keine Wurzeln. Eine Zeit lang glauben sie. Doch sobald sie
auf die Probe gestellt werden, wenden sie sich wieder ab. 14 Noch ein
anderer Teil fällt zwischen die Disteln. Er steht für die Menschen, die
das Wort zunächst hören. Doch dann gehen sie fort. Sie ersticken in
Sorgen, in Reichtum und den Freuden, die das Leben bietet. Daher
bringen sie keinen Ertrag. 15 Aber ein Teil fällt auch auf guten Boden.
Er steht für die Menschen, die das Wort mit offenem und bereitwil-
ligem Herzen hören. Sie bewahren es und halten durch – und so brin-
gen sie viel Ertrag.«

Das Gleichnis von der Lampe

→ Matthäus 13,12; Markus 4,21-25

16 Weiter sagte Jesus: »Niemand zündet eine Öllampe an und deckt
sie mit einem Gefäß zu oder stellt sie unter ein Bett. Vielmehr stellt
man sie auf einen Ständer. So können alle, die hereinkommen, das
Licht sehen. 17 Es gibt nichts Verborgenes, das nicht zutage kommen
wird. Und es gibt nichts Geheimes, das nicht bekannt wird und ans
Licht kommt. 18 Achtet darauf, dass ihr gut zuhört. Denn wer etwas
hat, dem wird noch mehr gegeben. Wer nichts hat, dem wird auch das
noch weggenommen, was er meint zu haben.«

Wer zur Familie von Jesus gehört

→ Matthäus 12,46-50; Markus 3,31-35

19 Da kamen die Mutter und die Brüder von Jesus zu ihm. Doch we-
gen der Volksmenge konnten sie nicht zu ihm durchkommen. 20 Je-
sus wurde mitgeteilt: »Deine Mutter und deine Brüder stehen drau-
ßen. Sie wollen dich sehen.« 21 Aber Jesus antwortete: »Meine Mutter
und meine Brüder sind alle, die das Wort Gottes hören und danach
handeln.«

Jesus tut Wunder 8,22-56

Im Sturm auf die Probe gestellt

→ Matthäus 8,23-27; Markus 4,35-41

22 Eines Tages stieg Jesus mit seinen Jüngern in ein Boot. Er sagte
zu ihnen: »Wir wollen ans andere Ufer des Sees fahren.« So legten
sie vom Land ab. 23 Unterwegs schlief Jesus ein. Plötzlich wühlte ein
Sturm den See auf, ein Fallwind von den Bergen. Wasser schlug in das
Boot, und sie waren in großer Gefahr. 24 Die Jünger gingen zu Jesus
und weckten ihn. Sie riefen: »Meister, Meister! Wir gehen unter!« Je-
sus stand auf und bedrohte den Wind und die Wellen. Da hörten sie
auf zu toben, und es wurde ganz still. 25 Jesus fragte die Jünger: »Wo
ist euer Glaube geblieben?« Da fürchteten sie sich und staunten zu-
gleich. Sie fragten sich: »Wer ist er eigentlich? Er befiehlt dem Wind
und den Wellen, und sie gehorchen ihm.«

Öllampe: Lampe, in der mit einem Docht Öl verbrannt wurde. Sie war lange Zeit die wichtigste künstliche Lichtquelle.

Jünger: Wörtlich »Schüler«. Frauen und Männer, die ihrem Lehrer folgten und von ihm lernten.

See Gennesaret: See im Norden Israels, zwischen den Golanhöhen und Galiläa gelegen.

Fallwind: Trockener Wind, der mit großer Geschwindigkeit vom Gebirge hinabfegt.

Meister: Anrede für Jesus, die nur im Lukasevangelium vorkommt. Sie entspricht der aramäischen Anrede »Rabbi«.

Glaube, glauben: Meint das tiefe Vertrauen auf Gott, das zu einem Leben nach seinem Willen führt.

Jesus befreit einen Mann, der von Dämonen beherrscht wird

→ Matthäus 8,28-34; Markus 5,1-20

26 Jesus und seine Jünger fuhren mit dem Boot in das Gebiet der
Stadt Gerasa. Das liegt gegenüber von Galiläa. 27 Als Jesus an Land
ging, kam ihm aus der Stadt ein Mann entgegen. Er war von Dämo-
nen besessen. Schon lange trug er keine Kleider mehr. Er lebte auch
nicht in einem Haus, sondern in den Grabkammern. 28 Als er Jesus
sah, schrie er auf und warf sich vor ihm nieder. Mit lauter Stimme
rief er: »Was willst du von mir, Jesus, Sohn des Höchsten Gottes? Ich
flehe dich an: Quäl mich nicht!« 29 Denn Jesus hatte dem bösen Geist
befohlen: »Gib diesen Menschen frei!« Der Geist hatte den Mann
schon lange in seiner Gewalt. Schon oft hatte man dem Mann Ket-
ten und Fußfesseln angelegt. So hatte man versucht, ihn in sicherem
Gewahrsam zu halten. Doch er hatte die Fesseln immer wieder zer-
rissen. Der Dämon hatte ihn dann immer wieder in einsame Gegen-
den getrieben.

30 Jesus fragte ihn: »Wie heißt du?« Er antwortete: »Legion.« Denn
viele Dämonen waren in den Mann gefahren. 31 Die Dämonen baten
Jesus: »Verbanne uns nicht in die Unterwelt!« 32 Auf dem Berg in der
Nähe weidete eine große Schweineherde. Die Dämonen baten Je-
sus: »Erlaube uns, in die Schweine hineinzufahren.« Und er erlaubte
es ihnen. 33 Da verließen die Dämonen den Mann und fuhren in die
Schweine. Die Herde stürzte sich den Abhang hinab in den See und
ertrank.

34 Als die Schweinehirten das sahen, ergriffen sie die Flucht. Sie er-
zählten davon in der Stadt und in den Dörfern. 35 Die Leute kamen
herbei, um selbst zu sehen, was geschehen war. Sie kamen zu Jesus
und fanden den Mann, aus dem die Dämonen ausgefahren waren. Er
saß Jesus zu Füßen, war angezogen und ganz vernünftig. Da fürchte-
ten sich die Leute. 36 Einige hatten aber gesehen, wie der Mann von
den Dämonen geheilt worden war. Diese berichteten den anderen
davon. 37 Die ganze Bevölkerung von Gerasa und aus der Umgebung
forderte Jesus daraufhin auf, von ihnen wegzugehen. Denn große
Furcht hatte sie erfasst.

Da stieg Jesus ins Boot, um zurückzufahren. 38 Aber der Mann, aus
dem die Dämonen ausgefahren waren, bat Jesus: »Ich möchte bei dir
bleiben.« Doch Jesus schickte ihn fort und sagte: 39 »Geh zurück nach
Hause und erzähle, was Gott für dich getan hat.« Da kehrte der Mann
zurück. Er verkündete in der ganzen Stadt, was Jesus für ihn getan
hatte.

Jesus heilt eine Frau und weckt ein Mädchen vom Tod auf

→ Matthäus 9,18-26; Markus 5,21-43

40 Jesus kehrte auf die andere Seite des Sees zurück. Dort empfing ihn
die Volksmenge. Alle hatten auf ihn gewartet. 41 Da kam ein Mann
namens Jairus zu ihm. Er war der Leiter der Synagoge. Der warf sich
vor Jesus nieder und flehte ihn an: »Komm in mein Haus! 42 Meine

Jünger: Wörtlich »Schüler«. Frauen und Männer, die ihrem Lehrer folgten und von ihm lernten.

Gerasa: Blühende Stadt etwa 60 km südöstlich des See Gennesaret auf nicht-jüdischem Gebiet.

Dämon: Eine böse Macht, die man sich in der Antike als Person vorstellte. Sie kämpft gegen Gott und nimmt einen Menschen ganz in Besitz.

Grabkammer: Ein in den Felsen geschlagener Raum mit mehreren Nischen zur Ablage von Toten, dessen Eingang nach der Bestattung verschlossen wurde.

Sohn Gottes: Titel, der das besondere Vertrauensverhältnis eines Menschen zu Gott zum Ausdruck bringt. Im Neuen Testament wird der Titel ausschließlich für Jesus verwendet.

Legion: Ausdruck für eine sehr hohe Zahl. Eine Legion ist die größte Abteilung des römischen Heeres mit etwa 4000–6000 Mann.

Unterwelt: Nach der damaligen Vorstellung ein Strafort, an dem die Gegner Gottes gefangen gehalten werden.

Schwein: Gilt in der Bibel als unreines Tier. Es darf nicht gegessen werden oder in den Bereich Gottes kommen.

Tochter liegt im Sterben! Sie ist mein einziges Kind und gerade ein-
mal zwölf Jahre alt.«
Unterwegs wurde Jesus von der Volksmenge fast erdrückt. 43 Unter
den Leuten war auch eine Frau, die seit zwölf Jahren an Blutungen
litt. Sie hatte ihr ganzes Vermögen für Ärzte ausgegeben, aber kei-
ner hatte sie heilen können. 44 Sie drängte sich von hinten an Jesus
heran und berührte einen Zipfel seines Mantels. Im selben Augen-
blick hörte ihre Blutung auf. 45 Jesus fragte: »Wer hat mich berührt?«
Keiner wollte es gewesen sein. Petrus sagte: »Meister, all die Leute
umringen und bedrängen dich.« 46 Aber Jesus erwiderte: »Jemand hat
mich berührt. Ich habe doch gemerkt, dass Kraft von mir ausgegan-
gen ist.« 47 Da wusste die Frau, dass sie es nicht verheimlichen konnte.
Zitternd trat sie vor und warf sich vor Jesus nieder. Vor dem ganzen
Volk erklärte sie, warum sie ihn berührt hatte. Und sie erzählte, wie
sie im selben Augenblick geheilt worden war. 48 Jesus aber sagte zu
ihr: »Tochter, dein Glaube hat dich gerettet. Geh in Frieden.«
49 Während er noch redete, kam jemand aus dem Haus des Synago-
genleiters. Er sagte: »Deine Tochter ist gestorben. Bemühe den Leh-
rer nicht mehr.« 50 Als Jesus das hörte, sagte er zu Jairus: »Hab keine
Angst! Glaube nur, dann wird sie gerettet.« 51 Als Jesus zum Haus von
Jairus kam, ließ er niemanden mit hineingehen – nur Petrus, Johannes
und Jakobus sowie den Vater und die Mutter des Kindes. 52 Alle wein-
ten und trauerten um das Mädchen. Aber Jesus sagte: »Hört auf zu
weinen! Denn das Mädchen ist nicht tot, es schläft nur.« 53 Da lachten
sie ihn aus. Sie wussten ja, dass es gestorben war. 54 Aber Jesus nahm
seine Hand und rief laut: »Mädchen, steh auf!« 55 Da kehrte das Leben
in das Mädchen zurück, und es stand sofort auf. Jesus ordnete an:
»Gebt ihm etwas zu essen!« 56 Seine Eltern gerieten außer sich. Jesus
aber befahl ihnen: »Erzählt niemandem, was geschehen ist.«

Nachfolge auf dem Weg des Leidens 9,1-50

Jesus sendet seine Jünger aus

→ Matthäus 10,9-15; Markus 6,7-13

9 1 Jesus rief die Zwölf zusammen. Er gab ihnen Kraft und Voll-
macht, alle Dämonen auszutreiben und Krankheiten zu heilen.
2 Er sandte sie aus, um das Reich Gottes zu verkünden und die Kran-
ken gesund zu machen. 3 Er sagte zu ihnen: »Nehmt nichts mit auf
den Weg: keinen Wanderstock, keine Vorratstasche, kein Brot, kein
Geld und kein zusätzliches Hemd. 4 Wenn ihr in einem Haus aufge-
nommen werdet, bleibt dort und zieht von dort aus weiter. 5 Wenn
euch die Leute nicht aufnehmen: Verlasst die Stadt und schüttelt den
Staub von euren Füßen. Dadurch sollen die Leute erkennen, dass ihr
Verhalten Folgen haben wird.« 6 Die Jünger zogen los und wanderten
von Dorf zu Dorf. Überall verkündeten sie die Gute Nachricht und
heilten die Kranken.

Meister: Anrede für Jesus, die nur im Lukasevangelium vorkommt. Sie entspricht der aramäischen Anrede »Rabbi«.

Glaube, glauben: Meint das tiefe Vertrauen auf Gott, das zu einem Leben nach seinem Willen führt.

Lehrer: Ehrenvolle Anrede für die Schriftgelehrten, die auch Jesus gegenüber gebraucht wurde.

die Zwölf: Meint die zwölf Jünger, die während der Zeit seines Wirkens bei Jesus waren.

Reich Gottes: Wörtlich »Königsherrschaft Gottes«. Bezeichnet den Herrschaftsbereich, in dem sich Gottes Wille durchsetzt.

Staub abschütteln: Zeichenhafte Handlung, die den Abbruch aller Beziehungen zum Ausdruck bringt. Noch nicht einmal den Staub der anderen will man behalten.

Gute Nachricht: Wörtliche Übersetzung von »Evangelium«. Steht für Gottes Willen, die Menschen mit sich zu versöhnen und in Gemeinschaft mit sich leben zu lassen.

Was Herodes über Jesus denkt

→ Matthäus 14,1-2; Markus 6,14-16

7 Der Landesfürst Herodes hörte von all diesen Vorgängen. Er war beunruhigt, denn einige sagten über Jesus: »Er ist Johannes, der von den Toten auferstanden ist.« 8 Andere sagten: »Elija ist aus dem Himmel zurückgekommen.« Wieder andere behaupteten: »Einer der alten Propheten ist auferstanden.« 9 Aber Herodes sagte: »Ich selber habe Johannes den Kopf abschlagen lassen. Wer ist dann der, über den ich solche Dinge höre?« Deshalb wollte er Jesus kennenlernen.

Jesus macht 5000 Menschen satt

→ Matthäus 14,13-21; Markus 6,30-44; Johannes 6,1-13

10 Die Apostel kehrten zu Jesus zurück. Sie berichteten ihm, was sie alles getan hatten. Dann nahm er sie mit sich. Er brachte sie in die Gegend bei der Stadt Betsaida, um mit ihnen allein zu sein. 11 Als die Leute davon erfuhren, folgten sie ihm. Jesus ließ sie zu sich. Er erzählte ihnen vom Reich Gottes und machte alle gesund, die Heilung brauchten. 12 Als es Abend wurde, kamen die Zwölf zu Jesus und sagten: »Schick doch die Leute weg. Dann können sie zu den umliegenden Dörfern und Höfen ziehen. Dort finden sie eine Unterkunft und etwas zu essen, denn wir sind hier in einer einsamen Gegend.« 13 Jesus antwortete: »Gebt doch ihr ihnen etwas zu essen!« Da sagten sie: »Wir haben nicht mehr als fünf Brote und zwei Fische. Oder sollen wir etwa losgehen und für das ganze Volk etwas zu essen kaufen?« 14 Es waren nämlich ungefähr 5000 Männer. Da sagte Jesus zu seinen Jüngern: »Sorgt dafür, dass sich die Leute zum Essen niederlassen – in Gruppen zu etwa fünfzig.« 15 So machten es die Jünger, und alle ließen sich nieder.

16 Dann nahm Jesus die fünf Brote und die zwei Fische. Er blickte zum Himmel auf und dankte Gott dafür. Dann brach er sie in Stücke und gab sie den Jüngern. Die sollten sie an die Volksmenge austeilen. 17 Die Leute aßen, und alle wurden satt. Dann wurden die Reste eingesammelt, die sie übrig gelassen hatten – zwölf Körbe voll.

Petrus spricht aus, wer Jesus ist

→ Matthäus 16,13-20; Markus 8,27-30; Johannes 6,67-69

18 Einmal hatte Jesus sich zurückgezogen, um allein zu beten. Nur die Jünger waren bei ihm. Da fragte er sie: »Für wen halten mich eigentlich die Leute?« 19 Sie antworteten: »Manche halten dich für Johannes den Täufer, andere für Elija. Wieder andere meinen, dass einer der anderen Propheten von früher auferstanden ist.« 20 Da fragte er sie: »Und ihr, für wen haltet ihr mich?« Petrus antwortete: »Für den Christus, den Gott gesandt hat.« 21 Aber Jesus schärfte ihnen mit aller Strenge ein: »Sagt das niemandem weiter!«

Herodes Antipas: Sohn von Herodes dem Großen und Herrscher über Galiläa und Peräa (4 v. Chr.–39 n. Chr.).

Johannes der Täufer: Bereitet die Menschen auf das Kommen von Jesus vor.

Elija: Prophet, der am Ende seines Lebens direkt von Gott in den Himmel geholt wurde. Sein Wiederkommen wird als Zeichen für das beginnende Gericht Gottes erwartet, vgl. Maleachi 3,23.

Apostel: Wörtlich »Ausgesandte«. Menschen, die dazu berufen sind, die Gute Nachricht von Jesus Christus zu verkünden. Im engeren Sinn die zwölf Jünger von Jesus, die ihn während seines Lebens begleiteten.

Reich Gottes: Wörtlich »Königsherrschaft Gottes«. Bezeichnet den Herrschaftsbereich, in dem sich Gottes Wille durchsetzt.

Männer: Gezählt wurden offensichtlich nur die Männer. Es ist davon auszugehen, dass auch viele Frauen und Kinder anwesend waren.

Christus: Bedeutet übersetzt »der Gesalbte«. Im Alten Testament werden Könige, aber auch Propheten und Priester bei Amtsantritt gesalbt. Später wird der von Gott zum Herrscher der Welt bestimmte Retter so genannt. Im Neuen Testament ist das Jesus.

Jesus kündigt zum ersten Mal seinen Tod an

→ Matthäus 16,21-23; Markus 8,31-33

22 Dann sagte Jesus: »Der Menschensohn wird viel leiden müssen.
Die Ratsältesten, die führenden Priester und die Schriftgelehrten
werden ihn als Verbrecher behandeln. Sie werden ihn hinrichten las-
sen. Aber am dritten Tag wird er vom Tod auferweckt werden.«

Das Kreuz auf sich nehmen

→ Matthäus 16,24-28; Markus 8,34–9,1

23 Dann sagte Jesus zu allen Jüngern: »Wer zu mir gehören will,
darf nicht an seinem Leben hängen. Er muss jeden Tag sein Kreuz
auf sich nehmen und mir auf meinem Weg folgen. 24 Wer sein Le-
ben retten will, wird es verlieren. Wer sich aber zu mir bekennt
und deshalb sein Leben verliert, der wird es retten. 25 Was nützt
es einem Menschen, wenn er die ganze Welt gewinnt – sich aber
selbst verliert oder schweren Schaden nimmt? 26 Denn wer sich
nicht zu mir und meinen Worten bekennt, muss wissen: Der Men-
schensohn wird sich auch nicht zu ihm bekennen, wenn er wieder-
kommt – in seiner Herrlichkeit und in der Herrlichkeit des Vaters
und der heiligen Engel. 27 Das sage ich euch, und es ist wahr: Hier
stehen einige, die werden nicht sterben, sondern das Reich Gottes
erleben.«

Drei Jünger sehen Jesus in der Herrlichkeit Gottes

→ Matthäus 17,1-9; Markus 9,2-10

28 Etwa acht Tage nachdem Jesus das gesagt hatte, nahm er Petrus,
Johannes und Jakobus mit sich. Er stieg auf einen Berg, um zu be-
ten. 29 Während er betete, sah sein Gesicht auf einmal ganz verändert
aus, und seine Kleidung glänzte strahlend weiß. 30 Da redeten zwei
Männer mit ihm. Es waren Mose und Elija, 31 die in Herrlichkeit er-
schienen. Sie sprachen mit Jesus über den Tod, der ihm nach Gottes
Plan in Jerusalem bevorstand. 32 Aber Petrus und die anderen waren
fast eingeschlafen. Trotzdem hielten sie sich wach. So sahen sie Je-
sus in seiner Herrlichkeit und die zwei Männer, die bei ihm standen.
33 Als die beiden sich von Jesus trennen wollten, sagte Petrus zu ihm:
»Meister, es ist gut, dass wir hier sind. Wir wollen drei Zelte aufschla-
gen: eins für dich, eins für Mose und eins für Elija.« Aber er wusste
nicht, was er da sagte.

34 Während Petrus noch redete, zog eine Wolke auf, und ihr Schat-
ten legte sich über sie. Die Wolke hüllte sie ganz ein, und sie fürchte-
ten sich. 35 Eine Stimme erklang aus der Wolke: »Das ist mein Sohn,
ihn habe ich erwählt. Hört auf ihn!« 36 Während die Stimme noch
erklang, war Jesus plötzlich wieder allein. Die Jünger behielten das
alles für sich. Sie erzählten damals niemandem, was sie gesehen
hatten.

Menschensohn: Bezeichnung, die zum Ausdruck bringt, dass Menschen Geschöpfe Gottes sind. Im Neuen Testament ein Titel für Jesus, der von Gott zum Herrscher und Retter der Welt bestimmt wurde.

Ratsälteste: Mitglieder des jüdischen Rats, der obersten Behörde zur Regelung religiöser Angelegenheiten.

Schriftgelehrte: Menschen, deren Aufgabe das Studium und die Auslegung der Heiligen Schrift ist.

Auferweckung: Meint die Auferstehung vom Tod und das ewige Leben im Reich Gottes.

folgen: Jesus zu folgen bedeutet, das Leben ganz in seinen Dienst zu stellen.

zu mir bekennt: Jemand spricht öffentlich aus, dass er an Jesus Christus glaubt. So wissen alle, dass diese Person ihr Leben in den Dienst von Christus stellt.

Mose: Führte Israel im Auftrag Gottes aus Ägypten und erhielt am Berg Sinai die Zehn Gebote.

Meister: Anrede für Jesus, die nur im Lukasevangelium vorkommt. Sie entspricht der aramäischen Anrede »Rabbi«.

mein Sohn: Mit diesen Worten wird Jesus bei seiner Taufe von einer Stimme aus dem Himmel angeredet, vgl. Lukas 3,22.

drei Jünger: Lukas 9,28 erzählt, dass Jesus die Jünger Petrus, Johannes und Jakobus mit auf den Berg nimmt.

Menschensohn: Bezeichnung, die zum Ausdruck bringt, dass Menschen Geschöpfe Gottes sind. Im Neuen Testament ein Titel für Jesus, der von Gott zum Herrscher und Retter der Welt bestimmt wurde.

Meister: Anrede für Jesus, die nur im Lukasevangelium vorkommt. Sie entspricht der aramäischen Anrede »Rabbi«.

Dämon: Eine böse Macht, die man sich in der Antike als Person vorstellte. Sie kämpft gegen Gott und nimmt einen Menschen ganz in Besitz.

Jesus heilt ein Kind und fordert zum Vertrauen auf

→ Matthäus 17,14-18; Markus 9,14-27

[37] Am folgenden Tag stiegen Jesus und die drei Jünger vom Berg
herab. Eine große Volksmenge kam Jesus entgegen. [38] Da schrie ein
Mann aus der Volksmenge: »Lehrer, ich bitte dich: Schau nach meinem Sohn! Er ist mein einziges Kind. [39] Immer wieder packt ihn ein
böser Geist, sodass er plötzlich aufschreit. Der Geist zerrt ihn hin
und her, bis er Schaum vor dem Mund hat. Er lässt ihn kaum wieder
los und richtet ihn noch zugrunde. [40] Ich habe deine Jünger gebeten,
den Geist auszutreiben, aber sie konnten es nicht.« [41] Da antwortete
Jesus: »Was seid ihr nur für eine ungläubige und verkehrte Generation! Wie lange soll ich noch bei euch bleiben und euch ertragen?
Bring deinen Sohn her!« [42] Als der Junge sich Jesus näherte, riss der
Dämon ihn zu Boden und zerrte ihn hin und her. Aber Jesus bedrohte
den bösen Geist. Er machte den Jungen gesund und gab ihn seinem
Vater zurück. [43] Da gerieten alle außer sich, so sehr staunten sie über
die Macht und Größe Gottes.

Jesus kündigt zum zweiten Mal seinen Tod an

→ Matthäus 17,22-23; Markus 9,30-32

Alle waren tief beeindruckt von dem, was Jesus tat. Da sagte er zu seinen Jüngern: [44] »Merkt euch gut, was ich jetzt sage: Der Menschensohn wird ausgeliefert werden in die Hände der Menschen.« [45] Aber
die Jünger verstanden nicht, was Jesus sagen wollte. Die Bedeutung
war ihnen verhüllt, sodass sie es nicht begreifen konnten. Und sie
scheuten sich, ihn danach zu fragen.

Wer ist bei Gott wichtig?

→ Matthäus 18,1-5; Markus 9,33-37

[46] Die Jünger stritten darüber, wer von ihnen der Wichtigste war. [47] Jesus wusste, was in ihnen vorging. Er nahm ein Kind, stellte es neben
sich [48] und sagte zu ihnen: »Wer dieses Kind aufnimmt und sich dabei auf mich beruft, der nimmt mich auf. Und wer mich aufnimmt,
nimmt den auf, der mich gesandt hat. Denn wer unter euch allen der
Geringste ist, der ist in Wirklichkeit groß.«

Wer nicht gegen euch ist, ist für euch

→ Markus 9,38-40

[49] Johannes sagte zu Jesus: »Meister, wir haben gesehen, wie jemand
deinen Namen dazu benutzt hat, Dämonen auszutreiben. Wir wollten ihn davon abhalten, denn er gehört nicht zu uns.« [50] Aber Jesus
antwortete: »Hindert ihn nicht daran! Denn wer nicht gegen euch
ist, der ist für euch.«

Was es bedeutet, Jesus nachzufolgen 9,51–10,24

Jesus wird in einem Dorf in Samarien abgewiesen

51 Dann war es so weit: Die Tage kamen näher, an denen Jesus die
Welt verlassen und in den Himmel aufgenommen werden sollte.
Jesus machte sich fest entschlossen auf den Weg nach Jerusalem.
52 Er schickte Boten voraus. Die kamen in ein Dorf der Samariter und
wollten dort für ihn eine Unterkunft suchen. 53 Doch die Dorfbewoh-
ner nahmen Jesus nicht auf, weil Jerusalem sein Ziel war. 54 Als die
Jünger Jakobus und Johannes das erfuhren, sagten sie: »Herr, wenn
du willst, befehlen wir: ›Feuer soll vom Himmel fallen und sie ver-
nichten!‹« 55 Da drehte er sich zu ihnen um und wies sie streng zu-
recht. [...] 56 Dann zogen sie weiter in ein anderes Dorf.

Sich ganz auf Jesus einlassen

→ Matthäus 8,19-22

57 Unterwegs sagte jemand zu Jesus: »Ich will dir folgen, wohin du
auch gehst!« 58 Jesus antwortete: »Die Füchse haben ihren Bau und
die Vögel ihr Nest. Aber der Menschensohn hat keinen Ort, an dem
er sich ausruhen kann.«
59 Einen anderen forderte Jesus auf: »Folge mir!« Aber der sagte:
»Herr, erlaube mir, zuerst noch einmal nach Hause zu gehen und
meinen Vater zu begraben.« 60 Aber Jesus antwortete: »Überlass es
den Toten, ihre Toten zu begraben. Du aber geh los und verkünde
das Reich Gottes!«
61 Wieder ein anderer sagte zu Jesus: »Ich will dir folgen, Herr! Doch
erlaube mir, zuerst von meiner Familie Abschied zu nehmen.« 62 Aber
Jesus antwortete: »Wer die Hand an den Pflug legt und zurückschaut,
der eignet sich nicht für das Reich Gottes.«

Jesus sendet 72 Jünger aus

→ Matthäus 10,7-16

10 1 Danach bestimmte der Herr weitere 72 von seinen Jüngern.
Er sandte sie jeweils zu zweit vor sich her. Sie sollten in alle
Städte und Orte vorausgehen, in die er selbst gehen wollte. 2 Er sagte
zu ihnen: »Hier ist eine große Ernte, aber es gibt nur wenige Ernte-
arbeiter. Bittet also den Herrn dieser Ernte, dass er Arbeiter auf sein
Erntefeld schickt. 3 Macht euch auf den Weg! Denkt daran: Ich sende
euch wie Lämmer mitten unter die Wölfe. 4 Nehmt keinen Geld-
beutel mit, keine Vorratstasche und keine Sandalen. Und haltet euch
nicht damit auf, unterwegs jemanden zu grüßen.
5 Wenn ihr in ein Haus kommt, dann sagt als Erstes: ›Ich wünsche
den Bewohnern dieses Hauses Frieden!‹ 6 Wenn dort ein Kind des
Friedens wohnt, wird dieser Frieden bei ihm einkehren. Sonst wird
euer Gruß ohne Wirkung bleiben. 7 Bleibt in diesem Haus. Esst und
trinkt, was euch angeboten wird. Denn wer arbeitet, hat ein Anrecht
auf seinen Lohn. Zieht nicht von Haus zu Haus.

in den Himmel aufgenommen: Von der Himmelfahrt erzählen Lukas 24,50-53 und Apostelgeschichte 1,4-11.

Jerusalem: Mit dem Tempel religiöses und kulturelles Zentrum des Landes.

Samariter: Aus den Israeliten hervorgegangene Glaubensgruppe, die nur die fünf Bücher Mose als Heilige Schrift anerkannte. Zwischen ihnen und den Juden herrschte Rivalität.

[...]: Einige spätere Handschriften fügen hinzu: »Er sagte: ›Ihr wisst nicht, was für ein Geist da aus euch spricht. Der Menschensohn ist nicht gekommen, um Menschenleben zu vernichten, sondern um sie zu retten.‹ «

folgen: Jesus zu folgen bedeutet, das Leben ganz in seinen Dienst zu stellen.

Reich Gottes: Wörtlich »Königsherrschaft Gottes«. Bezeichnet den Herrschaftsbereich, in dem sich Gottes Wille durchsetzt.

Herr: Anrede und Bezeichnung für Jesus. Sie bringt zum Ausdruck, dass man sich in seinen Dienst stellt.

Frieden: Begrüßung, mit der man sich in einem umfassenden Sinn Frieden, Glück und Wohlergehen wünscht, die aus der Beziehung mit Gott hervorgehen.

8 Wenn ihr in eine Stadt kommt und die Bewohner euch aufnehmen: Esst, was euch vorgesetzt wird. 9 Heilt die Kranken, die dort leben. Verkündet den Leuten: ›Das Reich Gottes kommt euch jetzt nahe!‹ 10 Aber wenn ihr in eine Stadt kommt und die Bewohner euch nicht aufnehmen: Geht hinaus auf die Straßen der Stadt und ruft: 11 ›Sogar den Staub aus eurer Stadt, der an unseren Füßen klebt, schütteln wir ab. Doch das sollt ihr wissen: Das Reich Gottes kommt jetzt nahe!‹ 12 Das sage ich euch: Für die Leute von Sodom wird es am Tag des Gerichts erträglicher sein als für diese Stadt.«

Das Urteil über die Städte in Galiläa

→ *Matthäus 10,40; 11,20-24*

13 »Wehe dir, Chorazin! Wehe dir, Betsaida! Wären in Tyros und Sidon die Wunder passiert, die ich bei euch vollbracht habe: Die Menschen hätten schon längst den Sack angelegt. Sie hätten sich hingesetzt, sich Asche auf den Kopf gestreut und ihr Leben geändert. 14 Aber wenn das Gericht kommt, wird es für Tyros und Sidon erträglicher sein als für euch. 15 Und du, Kapernaum, meinst du, du wirst in den Himmel erhoben? In die Hölle wirst du hinabgestoßen! 16 Wer auf euch hört, hört auf mich. Und wer euch ablehnt, lehnt mich ab. Aber wer mich ablehnt, lehnt den ab, der mich gesandt hat.«

Die Rückkehr der 72 Jünger

17 Die 72 Jünger kehrten zurück und berichteten voller Freude: »Herr, sogar die Dämonen gehorchen uns, wenn wir uns auf deinen Namen berufen.« 18 Jesus sagte zu ihnen: »Ich sah den Satan wie einen Blitz aus dem Himmel hinabstürzen. 19 Ich habe euch die Vollmacht gegeben, auf Schlangen und Skorpione zu treten. Die ganze Macht des Feindes könnt ihr überwinden! Nichts, aber auch gar nichts davon kann euch etwas anhaben. 20 Aber ihr sollt euch nicht darüber freuen, dass euch die Geister gehorchen. Freut euch vielmehr darüber, dass eure Namen im Himmel aufgeschrieben sind.«

Jesus und der Vater

→ *Matthäus 11,25-27; 13,16-17*

21 Im selben Augenblick wurde Jesus vom Heiligen Geist erfüllt und jubelte: »Ich preise dich, Vater, du Herr über den Himmel und die Erde! Denn du hast das alles vor den Weisen und Klugen verborgen. Aber den einfachen Leuten hast du es offenbart. Ja, Vater, so hast du es gewollt! 22 Alles hat mir mein Vater übergeben. Niemand weiß, wer der Sohn ist, nur der Vater. Und niemand weiß, wer der Vater ist, nur der Sohn – und die Menschen, denen der Sohn den Vater zeigen will.« 23 Dann wandte sich Jesus allein an die Jünger und sagte: »Glückselig sind die Augen, die sehen, was ihr seht. 24 Das sage ich euch: Viele Propheten und Könige wollten sehen, was ihr seht – aber sie sahen es nicht. Und sie wollten hören, was ihr hört – aber sie hörten es nicht.«

Reich Gottes: Wörtlich »Königsherrschaft Gottes«. Bezeichnet den Herrschaftsbereich, in dem sich Gottes Wille durchsetzt.

Sodom, Gomorra: Die Städte wurden vernichtet, weil ihre Bewohner sich von Gott abgewandt hatten; vgl. 1. Mose/Genesis 19.

Tag des Gerichts: Der Tag, an dem Christus wiederkommt. Dann hält Gott Gericht und sein Reich bricht endgültig an.

Chorazin: Ortschaft in Galiläa, nördlich des See Gennesaret gelegen.

Tyros, Sidon: Bedeutende Hafenstädte, im heutigen Libanon gelegen. Zur Zeit von Jesus hatten sie einen großen nicht-jüdischen Bevölkerungsanteil.

Sack, Asche: Einen Sack anzuziehen und Asche auf den Kopf zu streuen sind Zeichen tiefer Betroffenheit und gehören zu den Trauerbräuchen.

im Himmel aufgeschrieben: Man stellte sich vor, dass es ähnlich Bürgerlisten auf der Erde im Himmel ein »Buch des Lebens« gibt, in dem die Namen aller stehen, die zu Gott gehören.

Sohn Gottes: Titel, der das besondere Vertrauensverhältnis eines Menschen zu Gott zum Ausdruck bringt. Im Neuen Testament wird der Titel ausschließlich für Jesus verwendet.

Jesus als Lehrer 10,25–11,54

Die Frage nach dem ewigen Leben

→ Matthäus 22,34-40; Markus 12,28-31

25 Da kam ein Schriftgelehrter und wollte Jesus auf die Probe stellen.
Er fragte ihn: »Lehrer, was soll ich tun, damit ich das ewige Leben be-
komme?« 26 Jesus fragte zurück: »Was steht im Gesetz? Was liest du
da?« 27 Der Schriftgelehrte antwortete: »Du sollst den Herrn, deinen
Gott, lieben mit deinem ganzen Herzen, mit deiner ganzen Seele, mit
deiner ganzen Kraft und mit deinem ganzen Denken.« Und: »Liebe
deinen Mitmenschen wie dich selbst.« 28 Jesus sagte zu ihm: »Du hast
richtig geantwortet. Halte dich daran und du wirst leben.«

Das Beispiel des barmherzigen Samariters

29 Aber der Schriftgelehrte wollte sich verteidigen. Deshalb sagte
er zu Jesus: »Wer ist denn mein Mitmensch?« 30 Jesus erwiderte:
»Ein Mann ging von Jerusalem nach Jericho. Unterwegs wurde er
von Räubern überfallen. Sie plünderten ihn bis aufs Hemd aus und
schlugen ihn zusammen. Dann machten sie sich davon und ließen
ihn halb tot liegen. 31 Nun kam zufällig ein Priester denselben Weg
herab. Er sah den Verwundeten und ging vorbei. 32 Genauso machte
es ein Levit, als er zu der Stelle kam: Er sah den Verwundeten und
ging vorbei. 33 Aber dann kam ein Samariter dorthin, der auf der Rei-
se war. Als er den Verwundeten sah, hatte er Mitleid mit ihm. 34 Er
ging zu ihm hin, behandelte seine Wunden mit Öl und Wein und
verband sie. Dann setzte er ihn auf sein eigenes Reittier, brachte ihn
in ein Gasthaus und pflegte ihn. 35 Am nächsten Tag holte er zwei
Silberstücke hervor, gab sie dem Wirt und sagte: ›Pflege den Ver-
wundeten! Wenn es mehr kostet, werde ich es dir geben, wenn ich
wiederkomme.‹
36 Was meinst du: Wer von den dreien ist dem Mann, der von den
Räubern überfallen wurde, als Mitmensch begegnet?« 37 Der Schrift-
gelehrte antwortete: »Der Mitleid hatte und sich um ihn gekümmert
hat.« Da sagte Jesus zu ihm: »Dann geh und mach es ebenso.«

Jesus bei Maria und Marta

38 Als Jesus mit seinen Jüngern weiterzog, kam er in ein Dorf. Dort
nahm ihn eine Frau als Gast bei sich auf. Ihr Name war Marta. 39 Sie
hatte eine Schwester, die Maria hieß. Die setzte sich zu Füßen des
Herrn nieder und hörte ihm zu. 40 Aber Marta war ganz davon in An-
spruch genommen, sie zu bewirten. Schließlich stellte sie sich vor Je-
sus hin und sagte: »Herr, macht es dir nichts aus, dass meine Schwes-
ter mich alles allein machen lässt? Sag ihr doch, dass sie mir helfen
soll!« 41 Aber der Herr antwortete: »Marta, Marta! Du bist so besorgt
und machst dir Gedanken um so vieles. 42 Aber nur eines ist not-
wendig: Maria hat das Bessere gewählt, das wird ihr niemand mehr
wegnehmen.«

Schriftgelehrte: Menschen, deren Aufgabe das Studium und die Auslegung der Heiligen Schrift ist.

Lehrer: Ehrenvolle Anrede für die Schriftgelehrten, die auch Jesus gegenüber gebraucht wurde.

ewiges Leben: Leben im Reich Gottes und in unmittelbarer Gemeinschaft mit Gott nach der Auferstehung vom Tod.

Gesetz: Die Lebensvorschriften des Alten Testaments, besonders die fünf Bücher Mose.

antwortete: Das Zitat verbindet 5. Mose/Deuteronomium 6,5 und 3. Mose/Levitikus 19,18.

Jerusalem: Mit dem Tempel religiöses und kulturelles Zentrum des Landes.

Jericho: Oasenstadt in der judäischen Wüste nördlich des Toten Meers.

Priester, Levit: Priester und Leviten gehören zum Personal des Tempels in Jerusalem. Um ihren Dienst ausführen zu können, durften sie sich beispielsweise durch die Berührung mit einem Toten nicht unrein machen.

Samariter: Aus den Israeliten hervorgegangene Glaubensgruppe, die nur die fünf Bücher Mose als Heilige Schrift anerkannte. Zwischen ihnen und den Juden herrschte Rivalität.

Jünger: Wörtlich »Schüler«. Frauen und Männer, die ihrem Lehrer folgten und von ihm lernten.

Über das Beten (Das Vaterunser)

→ Matthäus 6,9-13; 7,7-11

11 1 Einmal hatte sich Jesus zurückgezogen, um zu beten. Als er
sein Gebet beendet hatte, bat ihn einer seiner Jünger: »Herr,
sag uns, wie wir beten sollen. Auch Johannes hat seine Jünger beten
gelehrt.« 2 Da sagte Jesus zu ihnen: »Wenn ihr betet, dann so:

Vater, dein Name soll geheiligt werden.
Dein Reich soll kommen.
3 Gib uns heute unser tägliches Brot.
4 Und vergib uns unsere Schuld –
denn auch wir vergeben allen,
die an uns schuldig werden.
Stell uns nicht auf die Probe.«

5 Dann sagte Jesus zu seinen Jüngern: »Stellt euch vor: Einer von euch
hat einen Freund. Mitten in der Nacht geht er zu ihm und sagt: ›Mein
Freund, leih mir doch drei Brote! 6 Ein Freund hat auf seiner Reise
bei mir haltgemacht. Ich habe nichts im Haus, was ich ihm anbieten
kann.‹ 7 Aber von drinnen kommt die Antwort: ›Lass mich in Ruhe!
Die Tür ist schon zugeschlossen, und meine Kinder liegen bei mir im
Bett. Ich kann jetzt nicht aufstehen und dir etwas geben.‹ 8 Das sage
ich euch: Schließlich wird er doch aufstehen und ihm geben, was er
braucht – wenn schon nicht aus Freundschaft, dann doch wegen sei-
ner Unverschämtheit.

9 Ich sage euch: Bittet und es wird euch gegeben! Sucht und ihr wer-
det finden! Klopft an und es wird euch aufgemacht! 10 Denn wer bit-
tet, der bekommt. Und wer sucht, der findet. Und wer anklopft, dem
wird aufgemacht. 11 Welcher Vater unter euch gibt seinem Kind eine
Schlange, wenn es um einen Fisch bittet? 12 Oder einen Skorpion,
wenn es um ein Ei bittet? 13 Ihr Menschen seid böse. Trotzdem wisst
ihr, was euren Kindern guttut, und gebt es ihnen. Wie viel mehr wird
der Vater im Himmel den Heiligen Geist denen geben, die ihn darum
bitten.«

Gefährliche Vorwürfe gegen Jesus

→ Matthäus 12,22-30; Markus 3,22-27

14 Jesus trieb einen Dämon aus, der stumm war. Als der Dämon ihn
freigab, konnte der Mann sprechen. Die Volksmenge staunte. 15 Ei-
nige der Leute sagten: »Beelzebul, der Oberste der Dämonen, hilft
ihm, andere Dämonen auszutreiben.« 16 Andere wollten ihn auf die
Probe stellen. Sie verlangten von ihm ein Zeichen vom Himmel.
17 Aber Jesus wusste, was sie dachten, und sagte: »Wenn ein Staat in
sich zerstritten ist, bricht er zusammen. Dann bleibt kein Stein auf
dem anderen. 18 Wenn nun der Satan mit sich selbst im Streit liegt:
Wie soll dann sein Reich bestehen? Ihr behauptet ja, Beelzebul hilft
mir, die Dämonen auszutreiben. 19 Aber wenn Beelzebul mir hilft, die

Johannes der Täufer: Bereitet die Menschen auf das Kommen von Jesus vor.

Name: Steht für Gott selbst und seine Gegenwart in der Welt.

geheiligt: Gott wird gebeten, sich der Welt in seiner ganzen Heiligkeit zu offenbaren. Dann wird in der Welt nichts mehr geschehen, was seinem Willen widerspricht.

Schuld: Konkrete Verfehlungen, die von Gott trennen und das Gewissen belasten können.

Vater im Himmel: Bezeichnung für Gott.

Heiliger Geist: Kraft, durch die Gott in der Welt wirkt.

Dämon: Eine böse Macht, die man sich in der Antike als Person vorstellte. Sie kämpft gegen Gott und nimmt einen Menschen ganz in Besitz.

Zeichen, Wunder: Ausweis der göttlichen Vollmacht, mit der eine Person handelt.

Satan, Teufel: Gegenspieler Gottes. Er versucht, die Menschen zu einem Verhalten zu bewegen, das Gottes Willen widerspricht.

Dämonen auszutreiben: Wer hilft dann eigentlich euren Anhängern,
sie auszutreiben? Deshalb werden eure eigenen Leute eure Richter
sein. 20 Wenn mir aber der Finger Gottes hilft, Dämonen auszutrei-
ben, dann ist das Reich Gottes schon zu euch gekommen! 21 Solange
der Starke gut bewaffnet seinen Palast bewacht, ist sein Besitz in Si-
cherheit. 22 Aber wenn ein Stärkerer ihn angreift, wird der ihn besie-
gen. Der Stärkere wird ihm alle Waffen wegnehmen, auf die er sich
verlassen hat. Dann wird er die Beute verteilen. 23 Wer nicht für mich
ist, der ist gegen mich. Und wer nicht mit mir sammelt, der treibt
auseinander!«

Ausgetriebene Geister können zurückkehren

→ Matthäus 12,43-45

24 »Wenn ein böser Geist einen Menschen verlässt, irrt er in trocke-
nen Steppen umher. Er sucht nach Ruhe, aber er findet sie nicht.
Dann sagt er sich: ›Ich will in mein altes Haus zurückkehren, aus
dem ich ausgezogen bin.‹ 25 Er geht zurück und findet es sauber und
aufgeräumt vor. 26 Da macht er sich auf und bringt noch sieben wei-
tere böse Geister mit. Die sind sogar schlimmer als er selbst. Sie zie-
hen ein und wohnen dort. Am Ende geht es diesem Menschen noch
schlechter als am Anfang.«

Wer sich freuen darf

27 Als Jesus das sagte, rief eine Frau aus der Volksmenge ihm zu:
»Glückselig ist der Leib, der dich zur Welt gebracht hat. Und glück-
selig sind die Brüste, die dich gestillt haben!« 28 Aber Jesus antwor-
tete: »Glückselig sind vielmehr die, die das Wort Gottes hören und
danach leben.«

Die Gegner fordern von Jesus einen Beweis

→ Matthäus 12,38-42

29 Immer mehr Leute strömten bei Jesus zusammen. Da sagte er: »Die
Menschen dieser Generation sind böse. Sie verlangen ein Zeichen.
Aber sie werden keines bekommen außer dem Zeichen des Prophe-
ten Jona. 30 Denn Jona wurde für die Leute von Ninive zu einem Zei-
chen Gottes. Genauso wird auch der Menschensohn für diese Gene-
ration zu einem Zeichen Gottes.

31 Am Tag des Gerichts wird die Königin von Saba auftreten, zu-
sammen mit den Menschen dieser Generation. Sie wird diese Men-
schen verurteilen. Denn sie kam vom äußersten Ende der Welt her-
bei, um die weisen Lehren Salomos zu hören. Seht doch: Hier steht
ein Größerer als Salomo!

32 Am Tag des Gerichts werden die Menschen von Ninive aufferste-
hen zusammen mit dieser Generation. Sie werden diese Generation
verurteilen. Denn sie änderten ihr Leben, als Jona sie warnte. Seht
doch: Hier steht ein Größerer als Jona!«

Reich Gottes: Wörtlich »Königsherrschaft Gottes«. Bezeichnet den Herrschaftsbereich, in dem sich Gottes Wille durchsetzt.

der Starke: Bild für den Satan, der den Menschen und die Welt in Besitz genommen hat.

ein Stärkerer: Bild für Christus, den von Gott zum Herrscher der Welt bestimmten Retter.

Wort Gottes: Gottes Versprechen, dass die Menschen durch Tod und Auferstehung von Christus mit Gott versöhnt sind.

Jona: Prophet, der die Bevölkerung der Stadt Ninive im Namen Gottes dazu aufrief, ihr Leben zu ändern, um Gottes Gericht zu entgehen; vgl. Jona 3.

Menschensohn: Bezeichnung, die zum Ausdruck bringt, dass Menschen Geschöpfe Gottes sind. Im Neuen Testament ein Titel für Jesus, der von Gott zum Herrscher und Retter der Welt bestimmt wurde.

Tag des Gerichts: Der Tag, an dem Christus wiederkommt. Dann hält Gott Gericht und sein Reich bricht endgültig an.

Königin von Saba: Mächtige Herrscherin, von deren Besuch bei König Salomo in 1. Könige 10,1-13 erzählt wird.

Vom Licht, das alles hell macht

→ Matthäus 5,15; 6,22-23; Markus 4,21

33 »Niemand zündet eine Öllampe an, um sie in eine Ecke zu stellen
oder unter einen Tontopf. Im Gegenteil: Man stellt sie auf den Lam-
penständer. So können alle, die das Haus betreten, das Licht sehen.
34 Die Lampe des Körpers ist dein Auge. Wenn dein Auge klar ist, ist
dein ganzer Körper voller Licht. Ist es aber trübe, ist auch dein Körper
voller Finsternis. 35 Achte deshalb darauf, dass das Licht in dir nicht
Finsternis ist. 36 Wenn nun dein Körper ganz voller Licht und nichts
an ihm finster ist: dann wird alles voller Licht sein – als ob eine Lampe
dich hell erleuchtet.«

Wehe den Gesetzeslehrern!

→ Matthäus 23,1-36

37 Jesus beendete seine Rede. Da lud ihn ein Pharisäer zum Essen ein.
Jesus ging in sein Haus und legte sich zu Tisch. 38 Der Pharisäer wun-
derte sich, dass Jesus sich vor dem Essen nicht zuerst wusch. 39 Da
sagte der Herr zu ihm: »So seid ihr Pharisäer: Becher und Schüsseln
haltet ihr von außen sauber. Aber in euerm Innern seid ihr voller Gier
und Bosheit. 40 Ihr Narren! Hat Gott nicht beides geschaffen, das Äu-
ßere und das Innere? 41 Gebt doch den Armen das, was euch zur Ver-
fügung steht. Dann ist bei euch alles rein!
42 Doch wehe euch, ihr Pharisäer! Denn ihr gebt Gott sogar den
zehnten Teil von Gewürzen wie Minze, Raute und jedem anderen
Gartengewächs. Gleichzeitig beachtet ihr nicht die Gerechtigkeit
und die Liebe zu Gott. Das solltet ihr aber tun, ohne das andere zu
lassen. 43 Wehe euch, ihr Pharisäer! In den Synagogen ist es euch
wichtig, die Ehrenplätze zu bekommen. Und auf den Marktplätzen
wollt ihr gegrüßt werden. 44 Wehe euch! Denn ihr seid wie Gräber, die
man nicht mehr erkennt. Die Leute gehen über sie hinweg, ohne es
zu merken.«
45 Da sagte einer der Gesetzeslehrer zu Jesus: »Lehrer! Mit diesen
Worten beleidigst du auch uns.« 46 Jesus antwortete: »Wehe auch
euch, ihr Gesetzeslehrer! Denn ihr legt den Leuten Lasten auf, die sie
kaum tragen können. Aber ihr selbst macht keinen Finger krumm,
um sie zu tragen. 47 Wehe euch! Denn ihr errichtet Grabmäler für
die Propheten, die von euren Vorfahren umgebracht worden sind.
48 Damit bezeugt ihr öffentlich: Ihr seid einverstanden mit den Ta-
ten eurer Vorfahren. Sie haben die Propheten umgebracht, und ihr
baut ihnen Grabmäler. 49 Deshalb hat die Weisheit Gottes gesagt: ›Ich
schicke Propheten und Apostel zu ihnen. Einige von ihnen werden
sie töten und verfolgen.‹ 50 So wird diese Generation zur Rechen-
schaft gezogen: für das Blut aller Propheten, das vergossen wurde
seit der Erschaffung der Welt – 51 angefangen bei Abel bis hin zu Se-
charja. Der wurde im Hof des Tempels ermordet, zwischen Altar und
Tempelhaus. Ja, ich sage euch: Diese Generation wird dafür zur Re-
chenschaft gezogen! 52 Wehe euch, ihr Gesetzeslehrer! Ihr habt den

Pharisäer: Angehöriger einer jüdischen Glaubensgruppe, die die biblischen Vorschriften und Gesetze sehr streng auslegte.

zu Tisch liegen: Bei festlichen Anlässen war es in der griechisch-römischen Welt üblich, beim Essen zu liegen.

waschen: Neben hygienischen Gründen spielen beim Händewaschen vor allem religiöse Vorstellungen eine Rolle.

zehnter Teil: Abgabe vom jährlichen Ernteertrag an das Heiligtum. Sie gehört Gott.

Raute: Aromatisches Staudengewächs, das im östlichen Mittelmeerraum wächst.

Synagoge: Versammlungsstätte einer jüdischen Gemeinde.

Apostel: Wörtlich »Ausgesandte«. Menschen, die dazu berufen sind, die Gute Nachricht von Jesus Christus zu verkünden. Im engeren Sinn die zwölf Jünger von Jesus, die ihn während seines Lebens begleiteten.

Abel: Sohn von Adam und Eva, der von seinem Bruder Kain erschlagen wird; vgl. 1. Mose/Genesis 4,1-16.

Secharja: 2. Chronik 24,20-22 erzählt, dass Secharja umgebracht wurde, weil er im Auftrag Gottes den König und das Volk kritisierte.

Schlüssel weggenommen, der die Tür zur Erkenntnis aufschließt. Ihr
seid selbst nicht hineingegangen und habt alle abgehalten, die hin-
eingehen wollten.«
53 Jesus verließ das Haus des Pharisäers. Die Schriftgelehrten und
Pharisäer gerieten in Wut. Sie bedrängten ihn hartnäckig mit immer
neuen Fragen. 54 Denn sie warteten darauf, aus seinem Mund etwas
zu hören, das sie gegen ihn verwenden konnten.

Worauf es in den letzten Tagen ankommt 12,1–13,35

Warnung vor Scheinheiligkeit

→ Matthäus 10,26-27

12 1 Inzwischen hatten sich Tausende von Menschen versam-
melt. Es waren so viele, dass sie sich gegenseitig auf die Füße
traten. Da begann Jesus zu sprechen, zuerst nur zu seinen Jüngern:
»Hütet euch vor dem Sauerteig der Pharisäer, das heißt: vor ihrer
Scheinheiligkeit! 2 Es gibt nichts Verborgenes, das nicht sichtbar
wird, und nichts Geheimes, das nicht bekannt wird. 3 Deshalb wird
alles, was ihr im Dunkeln sagt, am hellen Tag zu hören sein. Und was
ihr euch hinter verschlossenen Türen ins Ohr flüstert, wird von den
Dächern gerufen.«

Wen man fürchten muss

→ Matthäus 10,28-33

4 »Das sage ich euch, meine Freunde: Habt keine Angst vor denen,
die nur den Körper töten können. Darüber hinaus können sie euch
nichts anhaben. 5 Ich will euch sagen, vor wem ihr wirklich Angst ha-
ben sollt: Habt Angst vor dem, der euch töten kann und die Macht
hat, euch dann in die Hölle zu werfen. Ja, das sage ich euch: Vor
dem sollt ihr Angst haben! 6 Kann man nicht fünf Spatzen für zwei
Kupfermünzen kaufen? Und doch übersieht Gott keinen einzigen
von ihnen. 7 Aber bei euch ist sogar jedes Haar auf dem Kopf ge-
zählt! Habt keine Angst! Ihr seid mehr wert als ein ganzer Schwarm
Spatzen.
8 Das sage ich euch: Wer sich vor den Menschen zu mir bekennt,
zu dem wird sich auch der Menschensohn bekennen vor den Engeln
Gottes. 9 Wer mich aber vor den Menschen nicht kennen will, den
wird auch der Menschensohn nicht kennen vor den Engeln Gottes.
10 Wer etwas gegen den Menschensohn sagt, dem kann vergeben
werden. Wer aber den Heiligen Geist lästert, dem kann nicht verge-
ben werden. 11 Wenn sie euch vor die Gerichte schleppen, die in den
Synagogen tagen, oder vor die Behörden und Machthaber – dann
macht euch vorher keine Sorgen darüber, wie ihr euch verteidigen
oder was ihr sagen sollt. 12 Denn der Heilige Geist wird euch in dem
Augenblick eingeben, was ihr sagen müsst.«

Schriftgelehrte: Menschen, deren Aufgabe das Studium und die Auslegung der Heiligen Schrift ist.

Sauerteig: Brotteig, bei dem eine kleine Menge gegorener Teig zum neuen Teig gegeben wird. Dadurch geht der Teig auf und wird locker.

Kupfermünzen: Wörtlich »Assarion«. Der Assarion ist eine kleine römische Kupfermünze von geringem Wert.

Menschensohn: Bezeichnung, die zum Ausdruck bringt, dass Menschen Geschöpfe Gottes sind. Im Neuen Testament ein Titel für Jesus, der von Gott zum Herrscher und Retter der Welt bestimmt wurde.

lästert: Verächtliches Verhöhnen oder Verfluchen des Heiligen Geistes.

Heiliger Geist: Kraft, durch die Gott in der Welt wirkt.

Das Gleichnis vom reichen Grundbesitzer

13 Einer aus der Volksmenge sagte zu Jesus: »Lehrer, sag doch mei-
nem Bruder, dass er das Erbe mit mir teilen soll.« 14 Aber Jesus ant-
wortete: »Guter Mann, wer hat mich zum Richter oder Vermittler
in eurem Erbstreit gemacht?« 15 Dann sagte Jesus zu allen: »Gebt
acht! Hütet euch vor jeder Art von Habgier. Denn auch wenn je-
mand im Überfluss lebt, so hängt sein Leben nicht von seinem Be-
sitz ab.«

16 Dazu erzählte Jesus ihnen ein Gleichnis: »Die Felder eines rei-
chen Grundbesitzers brachten eine besonders gute Ernte. 17 Da über-
legte er: ›Was soll ich tun? Ich habe nicht genug Platz, um meine Ern-
te zu lagern.‹ 18 Schließlich sagte er sich: ›So will ich es machen: Ich
reiße meine Scheunen ab und baue größere. Dort werde ich dann
das ganze Getreide und alle meine Vorräte lagern. 19 Dann kann ich
mir sagen: Nun hast du riesige Vorräte, die für viele Jahre reichen.
Gönn dir Ruhe. Iss, trink und genieße das Leben!‹ 20 Aber Gott sagte
zu ihm: ›Du Narr! Noch in dieser Nacht werde ich dein Leben von dir
zurückfordern. Wem gehört dann das, was du angesammelt hast?‹
21 So geht es dem, der für sich selbst Schätze anhäuft, aber bei Gott
nichts besitzt.«

Worum man sich sorgen soll

→ Matthäus 6,25-34

22 Dann sagte Jesus zu seinen Jüngern: »Darum sage ich euch: Macht
euch keine Sorgen um euer Leben – was ihr essen sollt, oder um euren
Körper – was ihr anziehen sollt. 23 Denn das Leben ist mehr als Essen
und Trinken. Und der Körper ist mehr als Kleidung. 24 Seht euch die
Raben an: Sie säen nicht, sie ernten nicht, sie haben keine Vorrats-
kammer oder Scheune. Trotzdem ernährt Gott sie. Wie viel mehr
seid ihr wert als die Vögel! 25 Wer von euch kann dadurch, dass er sich
Sorgen macht, sein Leben nur um eine Stunde verlängern? 26 Nicht
einmal so eine Kleinigkeit bringt ihr fertig. Warum macht ihr euch
Sorgen um all die anderen Dinge?

27 Seht euch die Blumen an: Sie wachsen, ohne zu arbeiten und
ohne sich Kleider zu machen. Ich sage euch: Nicht einmal Salomo
in all seiner Herrlichkeit war so schön gekleidet wie eine von ihnen.
28 So schön macht Gott die Wiesenblumen. Dabei gehen sie an einem
Tag auf und werden am nächsten Tag im Ofen verbrannt. Wird er
sich dann nicht viel mehr um euch kümmern? Ihr habt zu wenig
Vertrauen!

29 Macht euch keine Gedanken darüber, was ihr essen und trin-
ken sollt. Lasst euch davon nicht beunruhigen. 30 Um all diese Dinge
dreht sich das Leben bei den Völkern der Welt. Euer Vater weiß
doch, dass ihr das braucht. 31 Strebt vielmehr nach seinem Reich –
dann wird Gott euch auch das alles schenken. 32 Hab keine Angst, du
kleine Herde! Denn euer Vater hat beschlossen, euch sein Reich zu
schenken.«

Lehrer: Ehrenvolle Anrede für die Schriftgelehrten, die auch Jesus gegenüber gebraucht wurde.

Gleichnis: Erzählung, die ihre Botschaft in Bildern und Vergleichen vermittelt.

Jünger: Wörtlich »Schüler«. Frauen und Männer, die ihrem Lehrer folgten und von ihm lernten.

Salomo: Einer der berühmtesten Könige von Israel, der etwa 970–930 v. Chr. regierte.

im Ofen verbrannt: Die ärmere Bevölkerung mähte die Wiesen und nutzte das getrocknete Gras als Brennmaterial.

sein Reich: Bezeichnet den Herrschaftsbereich, in dem sich Gottes Wille durchsetzt.

Wo man Schätze sammeln soll

→ Matthäus 6,19-21

33 »Verkauft euren Besitz, und gebt das Geld den Armen! Legt euch
Geldbeutel zu, die keine Löcher bekommen. Sammelt euch einen
Schatz im Himmel, der nie aufgebraucht werden kann. Dort kann
kein Dieb an ihn herankommen und keine Motte ihn zerfressen.
34 Denn wo euer Schatz ist, da wird auch euer Herz sein.«

Von den Dienern, die wach bleiben

→ Matthäus 24,43-44; Markus 13,33-37

35 »Haltet euch bereit und sorgt dafür, dass eure Öllampen brennen!
36 Seid wie Leute, die darauf warten, dass ihr Herr von einem Hoch-
zeitsfest zurückkehrt. Wenn er dann kommt und anklopft, können
sie ihm sofort aufmachen. 37 Glückselig sind die Diener, die der Herr
wach vorfindet, wenn er nach Hause kommt! Amen, das sage ich
euch: Er wird sich eine Schürze umbinden und sie zu Tisch bitten.
Dann wird er hinzutreten und sie bewirten. 38 Aber vielleicht kommt
der Herr erst in der zweiten oder dritten Nachtwache. Wenn er dann
seine Diener wach vorfindet, gilt erst recht: Glückselig sind sie!
39 Macht euch bewusst: Wenn der Hausherr wüsste, zu welcher Stun-
de der Dieb kommt – er würde es nicht zulassen, dass in sein Haus
eingebrochen wird. 40 Und auch ihr sollt jederzeit bereit sein. Denn
der Menschensohn kommt zu einer Stunde, in der ihr ihn nicht
erwartet.«

Der zuverlässige Diener

→ Matthäus 24,45-51

41 Da fragte Petrus: »Herr, gilt dieses Gleichnis nur für uns oder auch
für alle anderen?« 42 Der Herr antwortete: »Wer ist denn der zuverläs-
sige und kluge Verwalter? Ihm wird sein Herr den Auftrag geben, die
übrigen Diener zu beaufsichtigen. Außerdem soll er ihnen zur rech-
ten Zeit die tägliche Verpflegung austeilen. 43 Glückselig ist er, wenn
der Herr bei seiner Rückkehr sieht, dass er seinen Auftrag gewissen-
haft erfüllt. 44 Wirklich, das sage ich euch: Der Herr wird ihm die Ver-
antwortung für seinen ganzen Besitz übertragen.

45 Vielleicht sagt sich aber der Diener: ›Mein Herr kommt noch
lange nicht zurück!‹ Er fängt an, die anderen Diener und Dienerin-
nen zu schlagen, maßlos zu essen und sich zu betrinken. 46 Dann
kommt sein Herr zurück. Er kommt an einem Tag, an dem der Diener
es nicht erwartet – und zu einer Stunde, in der er nicht damit rechnet.
Der Herr wird ihn in Stücke hauen und dorthin bringen lassen, wo
die Treulosen bestraft werden.

47 Der Diener kannte den Auftrag seines Herrn. Aber er kümmerte
sich nicht darum und führte ihn nicht aus. Deshalb wird er hart be-
straft werden. 48 Im Gegensatz dazu gilt für einen Diener, der den Auf-
trag seines Herrn nicht kannte: Wenn er etwas getan hat, das Strafe
verdient, wird er weniger hart bestraft werden. Wem viel gegeben

Öllampe: Lampe, in der mit einem Docht Öl verbrannt wurde. Sie war lange Zeit die wichtigste künstliche Lichtquelle.

Amen: Das hebräische Wort bedeutet »So ist es! / So soll es sein!«

Nachtwache: Nach römischem Brauch wurde die Zeit zwischen Einbruch der Dunkelheit und dem folgenden Morgen in vier Nachtwachen aufgeteilt. Die dritte erstreckte sich von etwa 0 bis 3 Uhr.

Menschensohn: Bezeichnung, die zum Ausdruck bringt, dass Menschen Geschöpfe Gottes sind. Im Neuen Testament ein Titel für Jesus, der von Gott zum Herrscher und Retter der Welt bestimmt wurde.

kluger Verwalter: Bild für einen Menschen, der sich in der Zeit, bevor Christus wiederkommt, für andere einsetzt und so dem Reich Gottes dient.

taufen: Wörtlich »(in Wasser) eintauchen«. Hier Bild für den Leidensweg von Jesus, der in seiner Kreuzigung endet.

Pontius Pilatus: Verwaltete 26–36 n. Chr. die römischen Provinzen Judäa und Samaria im Auftrag des Kaisers.

Tempel: Das zentrale Heiligtum in Jerusalem. Der Tempel galt als Wohnung Gottes und war Zufluchtsort für Verfolgte.

Schuld: Konkrete Verfehlungen, die von Gott trennen und das Gewissen belasten können.

Schiloach: Teichanlage südlich des Jerusalemer Tempels innerhalb der Stadtbefestigung. Offenbar war einer der Türme der nahen Stadtmauer eingestürzt.

wurde, von dem wird viel verlangt. Und wem viel anvertraut wurde,
von dem wird umso mehr gefordert.«

Nachfolge im Leiden

→ Matthäus 10,34-36

49 »Ich bin gekommen, um auf der Erde ein Feuer zu entzünden. Und
ich wäre froh, wenn es schon brennen würde! 50 Aber zuvor muss ich
mich taufen lassen – mit einer Taufe, die mich schwer bedrückt, bis
sie vollzogen ist! 51 Meint ihr, dass ich gekommen bin, um Frieden auf
die Erde zu bringen? Nein, sage ich euch, sondern Streit. 52 Denn so
wird es von nun an sein: Wenn fünf Menschen in einer Familie leben,
dann werden sich drei gegen zwei stellen und zwei gegen drei. 53 Alle
werden im Streit liegen: der Vater mit dem Sohn und der Sohn mit
dem Vater; die Mutter mit der Tochter und die Tochter mit der Mutter; die Schwiegermutter mit ihrer Schwiegertochter und die Schwiegertochter mit der Schwiegermutter.«

Letzte Gelegenheit, sein Leben in Ordnung zu bringen

→ Matthäus 5,24-26; 16,2-3

54 Dann sagte Jesus zu den Leuten: »Wenn ihr seht, dass im Westen
eine Wolke aufzieht, sagt ihr gleich: ›Es gibt Regen.‹ Und so kommt
es auch. 55 Und wenn der Südwind weht, sagt ihr: ›Es wird heiß.‹ Und
so kommt es auch. 56 Ihr Scheinheiligen! Das Aussehen von Erde und
Himmel könnt ihr einschätzen. Wieso könnt ihr die Ereignisse dieser Zeit nicht genauso gut einschätzen? 57 Könnt ihr denn nicht von
selbst erkennen, was Gott jetzt von euch will? 58 Wenn einer mit dir
vor Gericht zieht, weil du ihm etwas schuldest: Dann gib dir Mühe, dich noch unterwegs mit ihm zu einigen. Sonst schleppt er dich
vor den Richter, und der übergibt dich dem Gerichtsdiener. Und
der Gerichtsdiener wirft dich dann ins Gefängnis. 59 Das sage ich dir:
Du wirst dort nicht wieder herauskommen, bis du die letzte kleine
Münze zurückbezahlt hast.«

Die getöteten Männer aus Galiläa und das Unglück am Teich Schiloach

13 1 Einige von den Anwesenden ergriffen die Gelegenheit
und erzählten Jesus von Männern aus Galiläa: »Pilatus ließ
sie töten, als sie im Tempel Opfer darbrachten. Ihr Blut vermischte sich mit dem der Opfertiere.« 2 Jesus sagte zu ihnen: »Meint ihr
etwa, diese Männer hatten größere Schuld auf sich geladen als alle
anderen in Galiläa? Und das wäre der Grund, warum sie einen so
schrecklichen Tod erlitten haben? 3 Bestimmt nicht! Das sage ich
euch: Wenn ihr euer Leben nicht ändert, werdet ihr alle genauso
umkommen.

4 Oder denkt an die achtzehn Menschen, die getötet wurden, als
der Turm bei Schiloach einstürzte. Meint ihr etwa, sie hatten größere Schuld auf sich geladen als alle anderen Einwohner Jerusalems?

5 Bestimmt nicht! Das sage ich euch: Wenn ihr euer Leben nicht än-
dert, werdet ihr alle genauso umkommen.«

Eine Gnadenfrist für den Feigenbaum

6 Dann erzählte Jesus den Leuten dieses Gleichnis: »Ein Mann
hatte in seinem Weinberg einen Feigenbaum gepflanzt. Er kam
und schaute nach, ob Früchte daran waren – aber er fand keine. 7 Da
sagte er zu seinem Weingärtner: ›Seit drei Jahren komme ich schon
und schaue nach, ob an diesem Feigenbaum Früchte sind – aber ich
finde keine. Jetzt hau ihn um! Wozu soll er dem Boden noch wei-
ter seine Kraft nehmen?‹ 8 Aber der Weingärtner antwortete: ›Herr,
lass ihn noch dieses Jahr stehen. Ich will die Erde um ihn herum
noch einmal umgraben und düngen. 9 Vielleicht trägt der Baum
im nächsten Jahr doch noch Früchte. Wenn nicht, dann hau ihn
um.‹«

Jesus heilt eine Frau am Sabbat

10 Als Jesus einmal am Sabbat in einer der Synagogen lehrte, 11 war
dort eine Frau. Seit achtzehn Jahren wurde sie von einem Geist ge-
plagt, der sie krank machte. Sie war verkrümmt und konnte sich
nicht mehr gerade aufrichten. 12 Als Jesus sie sah, rief er sie zu sich
und sagte zu ihr: »Frau, du bist von deiner Krankheit befreit!«
13 Und er legte ihr die Hände auf. Sofort richtete sie sich auf und
lobte Gott.

14 Aber der Leiter der Synagoge ärgerte sich darüber, dass Jesus die
Frau an einem Sabbat heilte. Deshalb sagte er zu der Volksmenge: »Es
gibt sechs Tage, die zum Arbeiten da sind. Also kommt an einem die-
ser Tage, um euch heilen zu lassen – und nicht am Sabbat!« 15 Doch
der Herr sagte zu ihm: »Ihr Scheinheiligen! Bindet nicht jeder von
euch am Sabbat seinen Ochsen oder Esel von der Futterkrippe los
und führt ihn zur Tränke? 16 Aber diese Frau hier, die doch eine Toch-
ter Abrahams ist, hielt der Satan gefesselt – volle achtzehn Jahre
lang! Und sie darf am Sabbat nicht von dieser Fessel befreit wer-
den?« 17 Als Jesus das sagte, schämten sich alle seine Gegner. Doch
die ganze Volksmenge freute sich über die wunderbaren Taten, die
Jesus vollbrachte.

Das Gleichnis vom Senfkorn und vom Sauerteig

→ *Matthäus 13,31-33; Markus 4,30-32*

18 Dann sagte Jesus: »Wie ist es mit dem Reich Gottes? Womit soll ich
es vergleichen? 19 Es gleicht einem Senfkorn: Ein Mann nahm es und
säte es in seinem Garten ein. Es ging auf und wurde zu einem Baum.
Und die Vögel bauten ihr Nest in seinen Zweigen.«

20 Noch einmal fragte Jesus: »Womit soll ich das Reich Gottes ver-
gleichen? 21 Es gleicht einem Sauerteig: Eine Frau mengte ihn unter
drei Säckchen Mehl. Am Ende war der ganze Teig durchsäuert.«

Gleichnis: Erzählung, die ihre Botschaft in Bildern und Vergleichen vermittelt.

Sabbat: In der Bibel der siebte Tag der Woche, heute unser Samstag. Er gilt im Judentum als Feiertag, an dem nicht gearbeitet werden darf.

Geist: Eine böse Macht, die man sich als Person vorstellte. Sie kämpft gegen Gott und nimmt einen Menschen völlig in Besitz.

Synagogenleiter: War für alle Angelegenheiten einer Synagoge, der Versammlungsstätte jüdischer Gemeinden, zuständig.

Tochter Abrahams: Ausdruck für die Zugehörigkeit der Frau zum Volk Israel, als dessen Stammvater Abraham gilt.

Satan, Teufel: Gegenspieler Gottes. Er versucht, die Menschen zu einem Verhalten zu bewegen, das Gottes Willen widerspricht.

Reich Gottes: Wörtlich »Königsherrschaft Gottes«. Bezeichnet den Herrschaftsbereich, in dem sich Gottes Wille durchsetzt.

Senfkorn: Ein Senfkorn hat einen Durchmesser von 1–2 mm.

Sauerteig: Brotteig, bei dem eine kleine Menge gegorener Teig zum neuen Teig gegeben wird. Dadurch geht der Teig auf und wird locker.

Die enge Tür – die verschlossene Tür

→ Matthäus 7,13-14; 7,21-24; 8,11-12

22 Jesus setzte seinen Weg nach Jerusalem fort. Er zog von Stadt zu
Stadt und von Dorf zu Dorf. Überall lehrte er die Menschen. 23 Einmal
fragte ihn jemand: »Herr, werden nur wenige gerettet?« Da sagte Je-
sus zu den Leuten: 24 »Ihr müsst euch anstrengen, um durch die enge
Tür hineinzukommen. Das sage ich euch: Viele werden hineinwol-
len, es aber nicht schaffen.

25 Wenn der Hausherr aufsteht und die Tür verschließt, dann wer-
det ihr draußen stehen. Dort werdet ihr an die Tür klopfen und rufen:
›Herr, mach uns auf!‹ Aber er wird euch antworten: ›Ich kenne euch
nicht. Wo kommt ihr her?‹ 26 Dann werdet ihr sicher sagen: ›Wir ha-
ben doch mit dir gegessen und getrunken! Du hast auf den Straßen
unserer Stadt gelehrt.‹ 27 Aber der Hausherr wird euch antworten:
›Ich kenne euch nicht. Wo kommt ihr her? Macht, dass ihr alle fort-
kommt! Ihr alle tut, was gegen Gottes Willen ist!‹ 28 Da draußen gibt
es nur Heulen und Zähneklappern! Denn ihr werdet alle im Reich
Gottes sehen: Abraham, Isaak, Jakob und sämtliche Propheten. Aber
ihr selbst werdet ausgeschlossen sein. 29 Viele werden kommen aus
Ost und West und aus Nord und Süd. Sie werden im Reich Gottes zu
Tisch liegen. 30 Ihr werdet sehen: Die jetzt bei den Letzten sind, wer-
den dann die Ersten sein. Und die jetzt bei den Ersten sind, werden
dann die Letzten sein.«

Jesus muss bis nach Jerusalem kommen

31 Zur selben Zeit kamen einige Pharisäer und warnten Jesus: »Geh
weg und zieh fort von hier! Denn Herodes will dich töten lassen.«
32 Jesus sagte zu ihnen: »Geht und sagt diesem Fuchs: ›Ich treibe Dä-
monen aus und heile Kranke – heute und morgen. Und am dritten
Tag werde ich am Ziel sein.‹ 33 Doch heute, morgen und übermorgen
muss ich meinen Weg fortsetzen. Denn es ist unmöglich, dass ein
Prophet außerhalb von Jerusalem ums Leben kommt.«

Jesus klagt über Jerusalem

→ Matthäus 23,37-39

34 »Jerusalem, Jerusalem! Du tötest die Propheten und steinigst die
Boten, die Gott zu dir sendet. Wie oft wollte ich deine Kinder um
mich versammeln – wie eine Henne ihre Küken unter ihren Flügeln
beschützt. Aber ihr habt nicht gewollt. 35 Seht euch vor: Euer Tempel
wird von Gott verlassen. Das sage ich euch: Ihr werdet mich nicht
mehr sehen, bis ihr einst ausruft: ›Gesegnet ist, wer im Namen des
Herrn kommt!‹«

Abraham, Isaak, Jakob: Stehen zusammenfassend für die Anfänge Israels, wie sie in 1. Mose/Genesis 12–50 erzählt werden.

zu Tisch liegen: Bei festlichen Anlässen war es in der griechisch-römischen Welt üblich, beim Essen zu liegen.

Herodes Antipas: Sohn von Herodes dem Großen und Herrscher über Galiläa und Peräa (4 v. Chr.–39 n. Chr.).

Dämon: Eine böse Macht, die man sich in der Antike als Person vorstellte. Sie kämpft gegen Gott und nimmt einen Menschen ganz in Besitz.

dritter Tag: Anspielung auf die Auferstehung von Jesus drei Tage nach seinem Tod.

Jerusalem: Das religiöse und kulturelle Zentrum des Landes steht hier stellvertretend für die religiösen Führer und Leitungsgremien.

Steinigung, steinigen: Hinrichtungsart, bei der ein Verurteilter öffentlich mit Steinen beworfen wird.

Herr: Bezeichnung für Gott. Das griechische Alte Testament verwendet das Wort »Herr« an den Stellen, an denen im hebräischen Text der Gottesname steht.

Jesus lehrt beim Gastmahl eines Pharisäers 14,1-24

Jesus heilt am Sabbat einen wassersüchtigen Mann

14 1 Einmal ging Jesus an einem Sabbat in das Haus eines der
führenden Pharisäer. Dort nahm er am Mahl teil. Alle beob-
achteten ihn genau. 2 Da war ein Mann in seiner Nähe, der an Was-
sersucht litt. 3 Jesus wandte sich an die Gesetzeslehrer und Pharisäer
und fragte: »Ist es erlaubt, am Sabbat zu heilen, oder nicht?« 4 Sie aber
schwiegen. Da berührte Jesus den Kranken, heilte ihn und ließ ihn
gehen. 5 Dann sagte er zu ihnen: »Wenn einem von euch ein Kind in
den Brunnen fällt oder nur ein Rind: Wer wird es nicht sofort heraus-
ziehen – auch wenn Sabbat ist?« 6 Sie wussten nicht, was sie darauf
antworten sollten.

Den richtigen Platz finden

7 Jesus beobachtete, wie sich die Gäste die Ehrenplätze am Tisch
aussuchten. Da erzählte er ihnen ein Gleichnis: 8 »Wenn du zu einer
Hochzeit eingeladen bist, such dir nicht den Ehrenplatz aus. Denn
es könnte ein Gast eingeladen sein, der vornehmer ist als du. 9 Sonst
wird euer Gastgeber kommen und dir sagen: ›Mach ihm bitte Platz!‹
Dann musst du beschämt auf den entferntesten Platz wechseln.
10 Nein! Wenn du eingeladen bist, geh hin und wähle den entferntes-
ten Platz. Dann wird der Gastgeber kommen und zu dir sagen: ›Lieber
Freund, rück doch näher zu mir.‹ So wirst du vor allen anderen Gäs-
ten geehrt. 11 Denn wer sich selbst groß macht, den wird Gott niedrig
und klein machen. Aber wer sich selbst niedrig und klein macht, den
wird Gott groß machen.«

Die richtigen Gäste einladen

12 Dann sagte Jesus zu dem Gastgeber: »Wenn du ein Mittag- oder
Abendessen gibst, lade keine Leute ein, die wiederum dich einladen –
deine Freunde, deine Brüder, deine Verwandten oder reichen Nach-
barn. Sonst ist deren Einladung dein ganzer Lohn. 13 Wenn du zu
einem Mahl einlädst, lade vielmehr Arme, Verkrüppelte, Gelähmte
und Blinde ein. 14 Glückselig wirst du sein, denn sie können dir nichts
zurückgeben! Du wirst aber deinen Lohn bekommen, wenn Gott die
Gerechten vom Tod auferweckt.«

Das Gleichnis vom großen Festmahl

→ Matthäus 22,1-10

15 Als einer der Gäste das hörte, sagte er zu Jesus: »Glückselig ist,
wer im Reich Gottes am Mahl teilnehmen darf!« 16 Jesus antwor-
tete: »Ein Mann veranstaltete ein großes Festessen und lud viele
Gäste ein. 17 Als das Fest beginnen sollte, schickte er seinen Diener
los und ließ den Gästen sagen: ›Kommt, jetzt ist alles bereit!‹ 18 Aber
einer nach dem anderen entschuldigte sich. Der erste sagte zu ihm:
›Ich habe einen Acker gekauft. Jetzt muss ich unbedingt gehen und

Sabbat: In der Bibel der siebte Tag der Woche, heute unser Samstag. Er gilt im Judentum als Feiertag, an dem nicht gearbeitet werden darf.

Pharisäer: Angehöriger einer jüdischen Glaubensgruppe, die die biblischen Vorschriften und Gesetze sehr streng auslegte.

Wassersucht: Krankheit, bei der es zur Einlagerung von Flüssigkeit im Körper kommt.

Gesetzeslehrer: Menschen, deren Aufgabe das Studium und die Auslegung der Lebensvorschriften des Alten Testaments war, vor allem der fünf Bücher Mose.

Ehrenplatz: Platz in der Nähe des Gastgebers.

Gerechte: Menschen, die Gottes Gebote befolgen, sodass das Leben in Gemeinschaft miteinander gelingt.

Reich Gottes: Wörtlich »Königsherrschaft Gottes«. Bezeichnet den Herrschaftsbereich, in dem sich Gottes Wille durchsetzt.

Ochsengespanne: Ochsen, die paarweise als Zugtiere vor einen Wagen gespannt werden.

Jünger: Wörtlich »Schüler«. Frauen und Männer, die ihrem Lehrer folgten und von ihm lernten.

folgen: Jesus zu folgen bedeutet, das Leben ganz in seinen Dienst zu stellen.

Salz: Wurde zum Haltbarmachen von Lebensmitteln verwendet und war kostbar.

ihn begutachten. Bitte, entschuldige mich!‹ 19 Ein anderer sagte: ›Ich
habe fünf Ochsengespanne gekauft und bin gerade unterwegs, um
sie genauer zu prüfen. Bitte, entschuldige mich!‹ 20 Und wieder ein an-
derer sagte: ›Ich habe gerade erst geheiratet und kann deshalb nicht
kommen.‹

21 Der Diener kam zurück und berichtete alles seinem Herrn. Da
wurde der Hausherr zornig und sagte zu seinem Diener: ›Lauf schnell
hinaus auf die Straßen und Gassen der Stadt. Bring die Armen, Ver-
krüppelten, Blinden und Gelähmten hierher.‹ 22 Bald darauf meldete
der Diener: ›Herr, dein Befehl ist ausgeführt, aber es ist immer noch
Platz.‹ 23 Da sagte der Herr zu ihm: ›Geh hinaus aus der Stadt auf die
Landstraßen und an die Zäune. Dränge die Leute dort herzukom-
men, damit mein Haus voll wird!‹ 24 Denn das sage ich euch: Keiner
der Gäste, die zuerst eingeladen waren, wird an meinem Festessen
teilnehmen!«

Jesus lehrt unterwegs 14,25–17,10

Was Jesus von denen verlangt, die ihm folgen wollen

→ *Matthäus 10,37-38*

25 Viele Leute begleiteten Jesus auf seinem Weg. Da drehte er sich um
und sagte zu ihnen: 26 »Wer zu mir kommt, dem muss alles andere un-
wichtig werden: sein Vater und seine Mutter, Frau und Kinder, Brü-
der und Schwestern, ja sogar das eigene Leben: Sonst kann er nicht
mein Jünger sein. 27 Wer nicht sein Kreuz trägt und mir auf meinem
Weg folgt, kann nicht mein Jünger sein.

28 Stellt euch vor: Einer von euch will einen Turm bauen. Setzt er
sich dann nicht als Erstes hin, berechnet die Kosten und prüft, ob
sein Geld reicht? 29 Sonst passiert es, dass er das Fundament legt,
aber den Bau nicht fertigstellen kann. Alle, die das sehen, lachen ihn
aus 30 und sagen: ›Dieser Mensch wollte einen Turm bauen – aber er
konnte ihn nicht fertigstellen.‹

31 Oder stellt euch vor: Ein König will gegen einen anderen König in
den Krieg ziehen. Setzt er sich dann nicht als Erstes hin und überlegt:
Sind zehntausend Mann stark genug, um gegen einen Feind anzu-
treten, der mit zwanzigtausend Mann anrückt? 32 Wenn nicht, dann
schickt er besser Unterhändler, solange der Gegner noch weit weg
ist. Die sollen Friedensverhandlungen führen. 33 So gilt auch: Wer von
euch nicht alles aufgibt, was er hat, der kann nicht mein Jünger sein.«

Von der Kraft des Salzes

→ *Matthäus 5,13; Markus 9,50*

34 »Salz ist etwas Gutes: Aber wenn das Salz nicht mehr salzt, wie kann
es wieder salzig werden? 35 Es ist weder für den Acker noch für den
Misthaufen zu gebrauchen. Also wirft man es weg. Wer Ohren zum
Hören hat, soll gut zuhören!«

Das Gleichnis vom verlorenen Schaf

→ Matthäus 18,12-14

15 1 Alle Zolleinnehmer und andere Leute, die als Sünder gal-
ten, kamen zu Jesus, um ihm zuzuhören. 2 Die Pharisäer und
Schriftgelehrten ärgerten sich darüber. Sie sagten: »Mit solchen Men-
schen gibt er sich ab und isst sogar mit ihnen!« 3 Da erzählte ihnen
Jesus dieses Gleichnis: 4 »Was meint ihr: Einer von euch hat hundert
Schafe und verliert eines davon. Wird er dann nicht die neunund-
neunzig Schafe in der Wüste zurücklassen? Wird er nicht das verlo-
rene Schaf suchen, bis er es findet? 5 Wenn er es gefunden hat, freut er
sich sehr. Er nimmt es auf seine Schultern 6 und trägt es nach Hause.
Dann ruft er seine Freunde und Nachbarn zusammen und sagt zu ih-
nen: ›Freut euch mit mir! Ich habe das Schaf wiedergefunden, das ich
verloren hatte.‹ 7 Das sage ich euch: Genauso freut sich Gott im Him-
mel über einen Sünder, der sein Leben ändert. Er freut sich mehr als
über neunundneunzig Gerechte, die es nicht nötig haben, ihr Leben
zu ändern.«

Das Gleichnis vom verlorenen Geldstück

8 »Oder wie ist es, wenn eine Frau zehn Silbermünzen hat und eine
davon verliert? Wird sie da nicht eine Öllampe anzünden, das Haus
fegen und in allen Ecken suchen – solange, bis sie das Geldstück fin-
det? 9 Und wenn sie es gefunden hat, ruft sie ihre Freundinnen und
Nachbarinnen zusammen und sagt: ›Freut euch mit mir! Ich habe die
Silbermünze wiedergefunden, die ich verloren hatte.‹ 10 Das sage ich
euch: Genauso freuen sich die Engel Gottes über einen Sünder, der
sein Leben ändert.«

Das Gleichnis vom Vater und seinen beiden Söhnen

11 Jesus erzählte weiter: »Ein Mann hatte zwei Söhne. 12 Der jüngere
sagte zum Vater: ›Vater, gib mir meinen Anteil am Erbe!‹ Da teilte
der Vater seinen Besitz unter den Söhnen auf. 13 Ein paar Tage später
machte der jüngere Sohn seinen Anteil zu Geld. Dann zog er in ein
fernes Land. Dort führte er ein verschwenderisches Leben und ver-
schleuderte sein ganzes Vermögen. 14 Als er alles ausgegeben hatte,
brach in dem Land eine große Hungersnot aus. Auch er begann zu
hungern. 15 Da bat er einen der Einwohner des Landes um Hilfe. Der
schickte ihn aufs Feld zum Schweinehüten. 16 Er wollte seinen Hun-
ger mit dem Schweinefutter stillen, das die Schweine fraßen. Aber
er bekam nichts davon. 17 Da ging der Sohn in sich und dachte: ›Wie
viele Arbeiter hat mein Vater, und sie alle haben mehr als genug Brot.
Aber ich komme hier vor Hunger um. 18 Ich will zu meinem Vater ge-
hen und zu ihm sagen: Vater, ich bin vor Gott und vor dir schuldig
geworden. 19 Ich bin es nicht mehr wert, dein Sohn genannt zu wer-
den. Nimm mich als Arbeiter in deinen Dienst.‹ 20 So machte er sich
auf den Weg zu seinem Vater.

Sein Vater sah ihn schon von Weitem kommen und hatte Mitleid

Zolleinnehmer: Beamte, die im Namen des römischen Staats Zoll erhoben. Sie bekamen keinen Lohn vom Staat, sondern lebten von dem Geld, das sie auf die festgesetzten Steuern aufschlugen. Deshalb hatten sie ein schlechtes Ansehen.

Pharisäer: Angehöriger einer jüdischen Glaubensgruppe, die die biblischen Vorschriften und Gesetze sehr streng auslegte.

Schriftgelehrte: Menschen, deren Aufgabe das Studium und die Auslegung der Heiligen Schrift ist.

Gleichnis: Erzählung, die ihre Botschaft in Bildern und Vergleichen vermittelt.

Sünder: Menschen, die sich von Gott abgewendet haben und seinen Willen missachten.

Gerechte: Menschen, die Gottes Gebote befolgen, sodass das Leben in Gemeinschaft miteinander gelingt.

Öllampe: Lampe, in der mit einem Docht Öl verbrannt wurde. Sie war lange Zeit die wichtigste künstliche Lichtquelle.

mit ihm. Er lief seinem Sohn entgegen, fiel ihm um den Hals und
küsste ihn. 21 Aber sein Sohn sagte zu ihm: ›Vater, ich bin vor Gott
und vor dir schuldig geworden. Ich bin es nicht mehr wert, dein
Sohn genannt zu werden.‹ 22 Doch der Vater befahl seinen Dienern:
›Holt schnell das schönste Gewand aus dem Haus und zieht es ihm
an. Steckt ihm einen Ring an den Finger und bringt ihm Sandalen
für die Füße. 23 Dann holt das gemästete Kalb her und schlachtet es:
Wir wollen essen und feiern! 24 Denn mein Sohn hier war tot und ist
wieder lebendig. Er war verloren und ist wiedergefunden.‹ Und sie
begannen zu feiern.
25 Der ältere Sohn war noch auf dem Feld. Als er zurückkam und
sich dem Haus näherte, hörte er Musik und Tanz. 26 Er rief einen der
Diener zu sich und fragte: ›Was ist denn da los?‹ 27 Der antwortete:
›Dein Bruder ist zurückgekommen! Dein Vater hat das gemästete
Kalb schlachten lassen, weil er ihn gesund wiederhat.‹ 28 Da wurde
der ältere Sohn zornig. Er wollte nicht ins Haus gehen. Doch sein
Vater kam zu ihm heraus und redete ihm gut zu. 29 Aber er sagte zu
seinem Vater: ›So viele Jahre arbeite ich jetzt schon für dich! Nie war
ich dir ungehorsam. Aber mir hast du noch nie einen Ziegenbock ge-
schenkt, damit ich mit meinen Freunden feiern konnte. 30 Aber der da,
dein Sohn, hat dein Vermögen mit Huren vergeudet. Jetzt kommt er
nach Hause, und du lässt gleich das gemästete Kalb für ihn schlach-
ten.‹ 31 Da sagte der Vater zu ihm: ›Mein lieber Junge, du bist immer
bei mir. Und alles, was mir gehört, gehört dir. 32 Aber jetzt mussten wir
doch feiern und uns freuen: Denn dein Bruder hier war tot und ist
wieder lebendig. Er war verloren und ist wiedergefunden.‹«

Vom schlauen Umgang mit Geld

16 1 Dann sagte Jesus zu den Jüngern: »Ein reicher Mann hatte
einen Verwalter. Den beschuldigte man, das ihm anvertraute
Vermögen zu verschleudern. 2 Deshalb rief der Mann den Verwalter
zu sich und sagte zu ihm: ›Was muss ich über dich hören? Leg deine
Abrechnung vor! Du kannst nicht länger mein Verwalter sein.‹
3 Da überlegte der Verwalter: ›Was soll ich nur tun? Mein Herr ent-
zieht mir die Verwaltung. Für schwere Arbeit bin ich nicht geeignet.
Und ich schäme mich, betteln zu gehen. 4 Aber ich weiß, was ich tun
muss, damit mich die Leute in ihre Häuser aufnehmen – dann, wenn
ich als Verwalter abgesetzt bin.‹ 5 Und er rief alle einzeln zu sich, die bei
seinem Herrn Schulden hatten. Er fragte den Ersten: ›Wie viel schul-
dest du meinem Herrn?‹ 6 Der antwortete: ›Hundert Fässer Olivenöl.‹
Da sagte der Verwalter zu ihm: ›Hier ist dein Schuldschein. Setz dich
hin und schreib schnell fünfzig!‹ 7 Dann fragte er einen anderen: ›Und
du, wie viel bist du schuldig?‹ Er antwortete: ›Hundert Sack Weizen.‹
Der Verwalter sagte: ›Hier ist dein Schuldschein, schreib achtzig!‹«
8 Der Herr lobte den betrügerischen Verwalter, weil er so schlau
gehandelt hatte: »Die Kinder dieser Welt sind schlauer im Umgang
mit ihren Mitmenschen als die Kinder des Lichts. 9 Ich sage euch:

Schuld: Konkrete Verfehlungen, die von Gott trennen und das Gewissen belasten können.

Gewand: Prächtiges, verziertes, langärmeliges Obergewand, das vor allem wohlhabende Leute anstelle des einfachen Hemdes trugen.

Ring: Der Siegelring gibt dem Träger die Vollmacht über die Finanzgeschäfte. Der Vater will seinen Sohn wieder in die Familie aufnehmen.

Jünger: Wörtlich »Schüler«. Frauen und Männer, die ihrem Lehrer folgten und von ihm lernten.

Herr: Anrede und Bezeichnung für Jesus.

schlau handeln: Das Lob gilt der Entschlossenheit, mit der der Verwalter seine Situation verbessern will. So entschlossen sollen sich auch alle, die Jesus nachfolgen, für das Reich Gottes einsetzen.

Kinder des Lichts: Bezeichnung für die Jünger von Jesus und die Angehörigen der frühen Gemeinden.

Nutzt das Geld, an dem so viel Unrecht haftet, um euch Freunde zu
machen! Dann werdet ihr in die ewigen Wohnungen aufgenommen,
wenn diese Welt zu Ende geht.«

Vom zuverlässigen Umgang mit Geld

→ Matthäus 6,24

10 »Wer in den kleinsten Dingen zuverlässig ist, ist es auch in den gro-
ßen. Und wer in den kleinsten Dingen unzuverlässig ist, ist es auch in
den großen. 11 Wenn ihr mit dem Geld, an dem so viel Unrecht haftet,
nicht zuverlässig umgeht – wer wird euch dann das wirklich Wert-
volle anvertrauen? 12 Und wenn ihr mit dem nicht zuverlässig um-
geht, was euch gar nicht gehört – wer wird euch dann schenken, was
eigentlich euer Eigentum ist?
13 Kein Diener kann gleichzeitig zwei Herren dienen! Entweder
wird er den einen hassen und den anderen lieben. Oder er wird dem
einen treu sein und den anderen verachten. Ihr könnt nicht gleichzei-
tig Gott und dem Geld dienen.«

Der Spott der geldgierigen Pharisäer

14 Das alles hörten die Pharisäer. Sie waren geldgierig und lachten Je-
sus aus. 15 Jesus sagte zu ihnen: »Vor den Menschen tut ihr so, als ob
ihr vor Gott gerecht lebt. Aber Gott kennt eure Herzen! Was bei den
Menschen Eindruck macht, das verabscheut Gott.«

Von der Gültigkeit des Gesetzes und von der Ehe

→ Matthäus 5,17-18; Markus 10,11-12

16 »Das Gesetz und die Propheten galten bis zu Johannes. Seitdem
wird die Gute Nachricht vom Reich Gottes verkündet – und alle
drängen hinein. 17 Aber eher vergehen Himmel und Erde, als dass
auch nur ein Strichlein vom Gesetz ungültig wird.
18 Jeder, der sich von seiner Frau scheiden lässt und eine andere hei-
ratet, begeht Ehebruch. Und wer eine geschiedene Frau heiratet, be-
geht ebenso Ehebruch.«

Die Geschichte vom reichen Mann und dem armen Lazarus

19 »Einst lebte ein reicher Mann. Er trug einen Purpurmantel und
Kleider aus feinstem Leinen. Tag für Tag genoss er das Leben in vol-
len Zügen. 20 Aber vor dem Tor seines Hauses lag ein armer Mann, der
Lazarus hieß. Sein Körper war voller Geschwüre. 21 Er wollte seinen
Hunger mit den Resten vom Tisch des Reichen stillen. Aber es ka-
men nur die Hunde und leckten an seinen Geschwüren. 22 Dann starb
der arme Mann, und die Engel trugen ihn in Abrahams Schoß. Auch
der Reiche starb und wurde begraben. 23 Im Totenreich litt er große
Qualen. Als er aufblickte, sah er in weiter Ferne Abraham und La-
zarus an seiner Seite. 24 Da schrie er: ›Vater Abraham, hab Erbarmen
mit mir! Bitte schick Lazarus, damit er seine Fingerspitze ins Wasser
taucht und meine Zunge kühlt. Ich leide schrecklich in diesem Feuer!‹

euer Eigentum: Bild für den Anteil am Reich Gottes, der denen geschenkt wird, die an Jesus Christus glauben.

Pharisäer: Angehöriger einer jüdischen Glaubensgruppe, die die biblischen Vorschriften und Gesetze sehr streng auslegte.

gerecht, Gerechtigkeit: Meint ein Leben nach dem Willen Gottes.

Gesetz und Propheten: Im Neuen Testament eine gebräuchliche Bezeichnung für die Heilige Schrift.

Johannes der Täufer: Bereitet die Menschen auf das Kommen von Jesus vor.

Reich Gottes: Wörtlich »Königsherrschaft Gottes«. Bezeichnet den Herrschaftsbereich, in dem sich Gottes Wille durchsetzt.

Strichlein: Gemeint ist ein Häkchen oder Zierstrich an einem hebräischen Buchstaben.

Gesetz: Die Lebensvorschriften des Alten Testaments, besonders die fünf Bücher Mose.

Abrahams Schoß: Abraham, der Stammvater Israels, gilt als Vater der Gläubigen und als Beschützer der Gerechten. In seinem Schoß warten die Verstorbenen darauf, in den Himmel aufgenommen zu werden.

25 Doch Abraham antwortete: ›Kind, erinnere dich: Du hast deinen
Anteil an Gutem schon im Leben bekommen – genauso wie Lazarus
seinen Anteil an Schlimmem. Dafür findet er jetzt hier Trost, du aber
leidest. 26 Außerdem liegt zwischen uns und euch ein tiefer Abgrund.
Selbst wenn jemand wollte, könnte er von hier nicht zu euch hin-
übergehen. Genauso kann keiner von dort zu uns herüberkommen.‹
27 Da sagte der Reiche: ›So bitte ich dich, Vater: Schick Lazarus doch
wenigstens zu meiner Familie. 28 Ich habe fünf Brüder. Lazarus soll
sie warnen, damit sie nicht auch an diesen Ort der Qual kommen!‹
29 Aber Abraham antwortete: ›Sie haben doch Mose und die Prophe-
ten: Auf die sollen sie hören!‹ 30 Der Reiche erwiderte: ›Nein, Vater
Abraham! Nur wenn einer von den Toten zu ihnen kommt, werden
sie ihr Leben ändern.‹ 31 Doch Abraham antwortete: ›Wenn sie auf
Mose und die Propheten nicht hören – dann wird es sie auch nicht
überzeugen, wenn jemand von den Toten aufersteht.‹«

Warnung vor Verführung und Regeln für den Streitfall

→ Matthäus 18,6-7; 18,15; 18,21-22; Markus 9,42

17 1 Jesus sagte zu seinen Jüngern: »Das ist unvermeidlich: Es
werden Dinge geschehen, die Menschen von mir abbringen.
Aber wehe dem Menschen, der dazu beiträgt. 2 Es wäre besser für ihn,
mit einem Mühlstein um den Hals ins Meer geworfen zu werden –
jedenfalls besser, als einen von diesen Geringsten von mir abzubrin-
gen. 3 Nehmt euch in Acht!

Wenn dein Bruder – und das gilt entsprechend für deine Schwes-
ter – dir Unrecht tut, weise ihn zurecht! Wenn er sich dann ändert,
vergib ihm! 4 Vielleicht tut er dir siebenmal am Tag Unrecht und
kommt siebenmal zu dir und sagt: ›Ich will mich ändern!‹ Dann sollst
du ihm jedes Mal vergeben.«

Aufforderung zum Vertrauen

→ Matthäus 17,20

5 Die Apostel baten den Herrn: »Stärke unseren Glauben.« 6 Aber
der Herr sagte: »Wenn euer Glaube nur so groß ist wie ein Senf-
korn, könnt ihr diesem Maulbeerbaum befehlen: ›Zieh deine Wur-
zeln aus der Erde und verpflanze dich ins Meer!‹ – und er wird euch
gehorchen.«

Kein Anspruch auf besondere Anerkennung

7 »Stellt euch vor: Einer von euch hat einen Knecht, der den Acker
pflügt oder das Vieh hütet. Der kommt vom Feld zurück. Wer von
euch wird zu ihm sagen: ›Komm gleich her und leg dich zu Tisch‹? 8 Im
Gegenteil! Er wird zu ihm sagen: ›Mach mir etwas zu essen! Binde dir
eine Schürze um und bediene mich, solange ich esse und trinke. Da-
nach kannst auch du essen und trinken.‹ 9 Bedankt er sich etwa bei
seinem Knecht, weil der seinen Auftrag erledigt hat? 10 So soll es auch
bei euch sein: Wenn ihr alles getan habt, womit euch Gott beauftragt

Mose und Propheten: »Mose« steht hier stellvertretend für die Lebensvorschriften des Alten Testaments, die sich in den fünf Büchern Mose finden. Zusammen mit den »Propheten« ist der Ausdruck im Neuen Testament eine gebräuchliche Bezeichnung für die Heilige Schrift.

Bruder, Schwester: Wörtlich »Bruder«. Das griechische Wort bezeichnet männliche *und* weibliche Mitglieder der Gemeinde.

Apostel: Wörtlich »Ausgesandte«. Menschen, die dazu berufen sind, die Gute Nachricht von Jesus Christus zu verkünden. Im engeren Sinn die zwölf Jünger von Jesus, die ihn während seines Lebens begleiteten.

Glaube, glauben: Meint das tiefe Vertrauen auf Gott, das zu einem Leben nach seinem Willen führt.

Senfkorn: Ein Senfkorn hat einen Durchmesser von 1–2 mm.

Maulbeerbaum: Stämmiger, knorriger Baum mit starken Wurzeln. Maulbeerbäume sind schwer zu entwurzeln. Sie entwickeln immer wieder neue Stämme und werden sehr alt.

zu Tisch liegen: Bei festlichen Anlässen war es in der griechisch-römischen Welt üblich, beim Essen zu liegen.

hat, dann sagt: ›Wir sind Knechte, weiter nichts. Wir haben nur unsere Pflicht getan.‹«

Wer in das Reich Gottes kommt 17,11–19,27

Der dankbare Samariter

11 Auf seinem Weg nach Jerusalem zog Jesus auch durch das Grenz-
gebiet von Samarien und Galiläa. 12 Er kam in ein Dorf. Dort begeg-
neten ihm zehn Männer, die an Aussatz erkrankt waren. Sie blieben
in einiger Entfernung stehen 13 und riefen laut: »Jesus, Meister, hab
Erbarmen mit uns!« 14 Jesus sah sie an und sagte zu ihnen: »Geht und
zeigt euch den Priestern!« Noch während sie unterwegs waren, wur-
den sie geheilt und rein. 15 Einer von ihnen kehrte wieder zurück, als
er merkte, dass er geheilt war. Er lobte Gott mit lauter Stimme, 16 warf
sich vor Jesus zu Boden und dankte ihm. Und dieser Mann war ein
Samariter! 17 Da fragte Jesus ihn: »Sind nicht zehn Männer rein ge-
worden? Wo sind denn die anderen neun? 18 Ist sonst keiner zurück-
gekommen, um Gott die Ehre zu geben – nur dieser Fremde hier?«
19 Und Jesus sagte zu ihm: »Steh auf, du kannst gehen! Dein Glaube
hat dich gerettet.«

Wann richtet Gott seine Herrschaft auf?

20 Die Pharisäer fragten Jesus: »Wann kommt das Reich Gottes?« Je-
sus antwortete: »Das Reich Gottes kommt nicht so, dass man es an
äußeren Anzeichen erkennen kann. 21 Man wird auch nicht sagen:
›Schau her, hier ist es!‹, oder: ›Dort ist es!‹ Nein, das Reich Gottes ist
schon da – mitten unter euch.«

Wenn der Menschensohn kommt

→ Matthäus 10,39; 16,25; 24,26-28; 24,37-41; Markus 8,34-35; Johannes 12,25

22 Dann sagte Jesus zu den Jüngern: »Die Zeit wird kommen, in der
ihr euch danach sehnt, unter der Herrschaft des Menschensohns zu
leben – nur einen einzigen Tag lang, aber ihr werdet ihn nicht erle-
ben. 23 Die Leute werden zu euch sagen: ›Seht doch, dort!‹, oder: ›Seht
doch, hier!‹ Dann geht nicht hin, lauft ihnen nicht nach. 24 Denn wenn
der Menschensohn an seinem Tag kommt, wird es sein wie bei einem
Blitz: Unübersehbar leuchtet er auf, von einem Ende des Himmels
bis zum anderen. 25 Aber vorher wird er viel leiden müssen. Diese Ge-
neration wird ihn als Verbrecher behandeln.
26 Wie es zur Zeit Noahs war, so wird es auch zur Zeit des Men-
schensohns sein: 27 Die Menschen aßen und tranken, sie heirate-
ten und verheirateten ihre Kinder. So lebten sie bis zu dem Tag, als
Noah in die Arche stieg. Dann kam die Sintflut und vernichtete alle.
28 Es wird auch sein wie zur Zeit Lots: Die Menschen aßen und tran-
ken, sie kauften und verkauften, sie bestellten das Land und bauten

Aussatz: Bezeichnet verschiedene Arten von Hautkrankheiten. Als Ursache galten nicht nur medizinische Gründe, sondern auch eine gestörte Beziehung zu Gott.

rein: Bezeichnet Menschen, Tiere und Dinge, die dafür vorbereitet sind, in der Nähe Gottes zu sein. In der Bibel sind dabei bestimmte religiöse Vorschriften zu beachten.

Samariter: Aus den Israeliten hervorgegangene Glaubensgruppe, die nur die fünf Bücher Mose als Heilige Schrift anerkannte. Zwischen ihnen und den Juden herrschte Rivalität.

Pharisäer: Angehöriger einer jüdischen Glaubensgruppe, die die biblischen Vorschriften und Gesetze sehr streng auslegte.

Reich Gottes: Wörtlich »Königsherrschaft Gottes«. Bezeichnet den Herrschaftsbereich, in dem sich Gottes Wille durchsetzt.

an seinem Tag: Der Tag, an dem Christus nach Tod und Auferstehung wiederkommt. Dann hält Gott Gericht und sein Reich bricht endgültig an.

Arche: Bezeichnung für das kastenartige Schiff, in dem die Familie Noahs und die Tiere vor der Sintflut gerettet wurden; vgl. 1. Mose/Genesis 6,9–9,17.

Häuser. 29 Aber an dem Tag, als Lot Sodom verließ, fielen Feuer und
Schwefel vom Himmel und vernichteten alle. 30 Genauso wird es an
dem Tag sein, an dem der Menschensohn erscheint.
31 Wer an diesem Tag auf dem Dach ist und seine Sachen im Haus
hat, soll sie nicht erst heraufholen. Genauso gilt: Wer gerade auf dem
Feld ist, soll nicht noch zurücklaufen. 32 Denkt an die Frau von Lot!
33 Wer sein Leben retten will, wird es verlieren. Wer es aber verliert,
wird es bewahren. 34 Das sage ich euch: In dieser Nacht werden zwei
Menschen in einem Bett liegen. Den einen wird der Menschensohn
zu sich holen und den anderen zurücklassen. 35 Zwei Frauen werden
zusammen Korn mahlen – die eine wird er zu sich holen, aber die an-
dere zurücklassen.« 36 [...] 37 Da fragten die Jünger Jesus: »Wo wird das
sein, Herr?« Er antwortete: »Wo das Aas liegt, da sammeln sich un-
übersehbar auch die Geier.«

Das Gleichnis vom Richter und der Witwe

18 1 Jesus wollte den Jüngern deutlich machen, dass sie immer
beten sollen, ohne darin nachzulassen. Deshalb erzählte
er ihnen ein Gleichnis: 2 »In einer Stadt lebte ein Richter. Der hatte
keine Achtung vor Gott und nahm auf keinen Menschen Rücksicht.
3 In der gleichen Stadt wohnte auch eine Witwe. Die kam immer wie-
der zu ihm und sagte: ›Verhilf mir zu meinem Recht gegenüber mei-
nem Gegner.‹ 4 Lange Zeit wollte sich der Richter nicht darum küm-
mern. Doch dann sagte er sich: ›Ich habe zwar keine Achtung vor Gott
und ich nehme auf keinen Menschen Rücksicht. 5 Aber diese Witwe
ist mir lästig. Deshalb will ich ihr zu ihrem Recht verhelfen. Sonst
verpasst sie mir am Ende noch einen Schlag ins Gesicht.‹«
6 Und der Herr fuhr fort: »Hört genau hin, was der ungerechte
Richter hier sagt! 7 Wird Gott dann nicht umso mehr denen zu ih-
rem Recht verhelfen, die er erwählt hat – und die Tag und Nacht zu
ihm rufen? Wird er sie etwa lange warten lassen? 8 Das sage ich euch:
Er wird ihnen schon bald zu ihrem Recht verhelfen! Aber wenn
der Menschensohn kommt, wird er so einen Glauben auf der Erde
finden?«

Das Gleichnis vom Pharisäer und dem Zolleinnehmer

9 Einige der Leute waren davon überzeugt, dass sie gerecht vor Gott
lebten. Für die anderen hatten sie nur Verachtung übrig. Ihnen er-
zählte Jesus dieses Gleichnis: 10 »Zwei Männer gingen zum Tempel,
um zu beten. Der eine war ein Pharisäer und der andere ein Zollein-
nehmer. 11 Der Pharisäer stellte sich hin und betete leise: ›Gott, ich
danke dir, dass ich nicht so bin wie die anderen Menschen – kein Räu-
ber, Betrüger, Ehebrecher oder Zolleinnehmer wie dieser hier. 12 An
zwei Tagen in der Woche faste ich. Und ich gebe sogar den zehnten
Teil von allem, was ich kaufe.‹ 13 Der Zolleinnehmer aber stand weit
abseits. Er traute sich nicht einmal, zum Himmel aufzublicken. Er
schlug sich auf die Brust und sagte: ›Gott, vergib mir! Ich weiß, dass

Dach: Dächer waren flach und wurden als eine Art Terrasse genutzt.

Frau von Lot: Als Lot und seine Familie vor der Zerstörung der Städte Sodom und Gomorra fliehen, dreht seine Frau sich um und erstarrt zur Salzsäule; vgl. 1. Mose/Genesis 19,26.

[...]: Einige spätere Handschriften fügen hinzu: »Zwei Männer werden zusammen auf dem Feld arbeiten. Den einen wird der Menschensohn zu sich holen und den anderen zurücklassen.« Diese Worte finden sich auch in Matthäus 24,40.

gerecht, Gerechtigkeit: Meint ein Leben nach dem Willen Gottes.

Pharisäer: Angehöriger einer jüdischen Glaubensgruppe, die die biblischen Vorschriften und Gesetze sehr streng auslegte.

Zolleinnehmer: Beamte, die im Namen des römischen Staats Zoll erhoben. Sie bekamen keinen Lohn vom Staat, sondern lebten von dem Geld, das sie auf die festgesetzten Steuern aufschlugen. Deshalb hatten sie ein schlechtes Ansehen.

von allem, was ich kaufe: Vorsichtsmaßnahme für den Fall, dass der Verkäufer es unterlässt, den vorgesehenen zehnten Teil als Abgabe an den Tempel abzugeben.

sich auf die Brust schlagen: Ausdruck von Trauer und Schmerz.

ich ein Sünder bin.‹ 14 Das sage ich euch: Der Zolleinnehmer ging nach
Hause und war nun vor Gott gerecht – im Unterschied zu dem Pha-
risäer. Denn wer sich selbst groß macht, wird von Gott niedrig und
klein gemacht. Aber wer sich selbst niedrig und klein macht, wird von
Gott groß gemacht werden.«

Jesus und die Kinder

→ Matthäus 19,13-15; Markus 10,13-16

15 Einige Leute brachten kleine Kinder zu Jesus. Sie wollten, dass er
ihnen die Hände auflegte. Als die Jünger das sahen, wiesen sie die
Leute schroff zurück. 16 Doch Jesus rief die Kinder zu sich und sagte:
»Lasst doch die Kinder zu mir kommen und hindert sie nicht daran.
Denn für Menschen wie sie ist das Reich Gottes da. 17 Amen, das sage
ich euch: Wer sich das Reich Gottes nicht wie ein Kind schenken
lässt, wird nie hineinkommen.«

Die Gefahr des Reichtums

→ Matthäus 19,16-26; Markus 10,17-27

18 Einer der führenden Männer des jüdischen Rats fragte Jesus: »Gu-
ter Lehrer, was muss ich tun, damit ich das ewige Leben bekomme?«
19 Jesus antwortete: »Warum nennst du mich gut? Niemand ist gut
außer einem: Gott. 20 Du kennst doch die Gebote: ›Du sollst nicht
ehebrechen! Du sollst nicht töten! Du sollst nicht stehlen! Du sollst
keine falschen Aussagen machen! Du sollst deinen Vater und deine
Mutter ehren und für sie sorgen!‹« 21 Aber der Mann sagte: »Das alles
habe ich seit meiner Jugend befolgt.« 22 Als Jesus das hörte, sagte er
zu ihm: »Eins fehlt dir noch: Verkaufe alles, was du hast, und verteile
das Geld an die Armen. So wirst du einen Schatz im Himmel haben.
Dann komm und folge mir!« 23 Der Mann wurde sehr traurig, als er
das hörte. Denn er war sehr reich.
24 Als Jesus den Mann so traurig sah, sagte er: »Wie schwer ist es
doch für die Menschen, die viel besitzen, in das Reich Gottes hin-
einzukommen. 25 Leichter geht ein Kamel durch ein Nadelöhr, als
dass ein Reicher in das Reich Gottes hineinkommt.« 26 Da fragten die
Leute, die das hörten: »Wer kann dann überhaupt gerettet werden?«
27 Jesus antwortete: »Was für Menschen unmöglich ist, das ist mög-
lich für Gott.«

Der Lohn für die, die alles aufgegeben haben

→ Matthäus 19,27-30; Markus 10,28-31

28 Da sagte Petrus zu Jesus: »Du weißt: Wir haben unseren Besitz
zurückgelassen und sind dir gefolgt.« 29 Jesus antwortete: »Amen,
das sage ich euch: Jeder, der für das Reich Gottes etwas zurückge-
lassen hat – Haus, Ehefrau, Geschwister, Eltern oder Kinder – 30 wird
es um das Vielfache neu bekommen. Das gilt schon jetzt in dieser
Zeit. Und dann, wenn Gottes Reich kommt, bekommt er das ewige
Leben.«

Sünder: Mensch, der sich von Gott abgewendet hat und seinen Willen missachtet.

die Hände auflegen: Durch das Auflegen der Hände schenkt Jesus den Kindern den Segen Gottes.

Reich Gottes: Wörtlich »Königsherrschaft Gottes«. Bezeichnet den Herrschaftsbereich, in dem sich Gottes Wille durchsetzt.

Amen: Das hebräische Wort bedeutet »So ist es! / So soll es sein!«

jüdischer Rat: Oberste Behörde zur Regelung religiöser Angelegenheiten.

ewiges Leben: Leben im Reich Gottes und in unmittelbarer Gemeinschaft mit Gott nach der Auferstehung vom Tod.

die Gebote: Die folgenden Gebote gehören zu den Zehn Geboten, vgl. 2. Mose/Exodus 20,1-17.

Jesus kündigt zum dritten Mal seinen Tod an

→ Matthäus 20,17-19; Markus 10,32-34

31 Jesus nahm die Zwölf beiseite und sagte zu ihnen: »Wir ziehen jetzt nach Jerusalem. Dort wird alles in Erfüllung gehen, was die Propheten über den Menschensohn geschrieben haben: 32 Er wird an die Heiden ausgeliefert, die unser Land besetzen. Er wird verspottet, misshandelt und angespuckt werden. 33 Sie werden ihn auspeitschen und töten. Aber am dritten Tag wird er vom Tod auferstehen.« 34 Die Zwölf verstanden kein Wort. Der Sinn dieser Worte blieb ihnen verborgen. Sie begriffen nicht, wovon er sprach.

Jesus heilt einen Blinden

→ Matthäus 20,29-34; Markus 10,46-52

35 Als Jesus in die Nähe von Jericho kam, saß ein Blinder am Weg und bettelte. 36 Er hörte, wie die Volksmenge an ihm vorbeiging, und fragte: »Was ist denn los?« 37 Die Leute sagten zu ihm: »Jesus von Nazaret kommt gerade hier vorbei.« 38 Da rief er laut: »Jesus, du Sohn Davids, hab Erbarmen mit mir!« 39 Die Leute, die vor Jesus hergingen, fuhren ihn an: »Sei still!« Aber der Blinde schrie noch viel lauter: »Sohn Davids, hab Erbarmen mit mir!« 40 Da blieb Jesus stehen und sagte: »Bringt ihn zu mir!« Als der Blinde bei ihm war, fragte Jesus ihn: 41 »Was willst du? Was soll ich für dich tun?« Der Blinde antwortete: »Herr, dass ich sehen kann!« 42 Jesus sagte zu ihm: »Du sollst sehen können! Dein Glaube hat dich gerettet.« 43 Sofort konnte er sehen. Er folgte Jesus und rühmte Gott. Auch das ganze Volk, das alles miterlebt hatte, lobte Gott.

Jesus und Zachäus

19 1 Jesus kam nach Jericho und ging durch die Stadt. 2 Dort lebte ein Mann, der Zachäus hieß. Er war der oberste Zolleinnehmer und sehr reich. 3 Er wollte unbedingt sehen, wer dieser Jesus war. Aber er konnte es nicht, denn er war klein, und die Volksmenge versperrte ihm die Sicht. 4 Deshalb lief er voraus und kletterte auf einen Maulbeerfeigenbaum, um Jesus sehen zu können – denn dort musste er vorbeikommen. 5 Als Jesus an die Stelle kam, blickte er hoch und sagte zu ihm: »Zachäus, steig schnell herab. Ich muss heute in deinem Haus zu Gast sein.« 6 Sofort stieg Zachäus vom Baum herab. Voller Freude nahm er Jesus bei sich auf.

7 Als die Leute das sahen, ärgerten sie sich und sagten zueinander: »Bei einem Sünder ist er eingekehrt!« 8 Aber Zachäus stand auf und sagte zum Herrn: »Herr, die Hälfte von meinem Besitz werde ich den Armen geben. Und wem ich zu viel abgenommen habe, dem werde ich es vierfach zurückzahlen.« 9 Da sagte Jesus zu ihm: »Heute bist du gerettet worden – zusammen mit allen, die in deinem Haus leben. Denn auch du bist ein Nachkomme Abrahams! 10 Der Menschensohn ist gekommen, um die Verlorenen zu suchen und zu retten.«

die Zwölf: Meint die zwölf Jünger, die während der Zeit seines Wirkens bei Jesus waren.

geschrieben haben: Die Worte von Jesus erinnern an die Worte des Propheten Jesaja über den Knecht Gottes, die sich beispielsweise in Jesaja 52,13–53,12 finden.

Heiden: Bezeichnung für Menschen, die nicht an den Gott Israels glauben. Hier sind die Römer gemeint, die das Land seit 63 v. Chr. beherrschten.

Sohn Davids: David ist ein bedeutender König von Israel. Nachdem das Königreich untergegangen war, hoffte man auf einen Nachkommen Davids als Retter und Erlöser Israels; vgl. 2. Samuel 7,12-16.

Glaube, glauben: Meint das tiefe Vertrauen auf Gott, das zu einem Leben nach seinem Willen führt.

Zolleinnehmer: Beamte, die im Namen des römischen Staats Zoll erhoben. Sie bekamen keinen Lohn vom Staat, sondern lebten von dem Geld, das sie auf die festgesetzten Steuern aufschlugen. Deshalb hatten sie ein schlechtes Ansehen.

Nachkomme Abrahams: Ausdruck für die Zugehörigkeit zum Volk Israel, als dessen Stammvater Abraham gilt.

Das Gleichnis vom anvertrauten Geld

→ Matthäus 25,14-30

11 Die Leute hörten, was Jesus zu Zachäus sagte. Außerdem war er
schon in der Nähe von Jerusalem. Daher meinten sie, das Reich
Gottes werde jetzt gleich anbrechen. Deshalb erzählte er ihnen ein
weiteres Gleichnis. 12 Er sagte: »Ein Mann von vornehmer Herkunft
reiste in ein fernes Land. Er wollte sich dort zum König über sein
Land einsetzen lassen und anschließend zurückkehren. 13 Vorher
rief er zehn seiner Diener und gab jedem Geld im Wert von einem
halben Kilogramm Silber. Er sagte zu ihnen: ›Macht mit dem Geld
Geschäfte, bis ich wiederkomme!‹ 14 Aber die Einwohner seines
Landes hassten ihn. Sie schickten eine Gesandtschaft hinter ihm
her und ließen erklären: ›Wir wollen nicht, dass dieser Mann un-
ser König wird!‹ 15 Trotzdem übernahm er die Herrschaft. Als er
dann zurückkehrte, ließ er die Diener rufen, denen er das Geld an-
vertraut hatte. Er wollte wissen, welchen Gewinn sie damit erzielt
hatten.

16 Der erste kam und berichtete: ›Herr, ich habe dein Silber ver-
zehnfacht.‹ 17 Der König sagte: ›Gut gemacht! Du bist ein tüchtiger
Diener. Du hast dich in einer so unbedeutenden Sache als zuver-
lässig erwiesen. Darum übertrage ich dir die Verantwortung für
zehn Städte.‹ 18 Der zweite kam und berichtete: ›Herr, ich habe dein
Silber verfünffacht.‹ 19 Der König sagte zu ihm: ›Ich übertrage dir
die Verantwortung für fünf Städte.‹ 20 Der nächste kam und be-
richtete: ›Herr, sieh nur: Hier hast du dein Silber. Ich habe es in ein
Tuch gewickelt und sicher aufbewahrt. 21 Ich hatte Angst vor dir,
weil du ein strenger Mann bist. Du nimmst Geld, das du nicht an-
gelegt hast. Und du erntest, was du nicht gesät hast.‹ 22 Der König
sagte zu ihm: ›Du hast dir selbst das Urteil gesprochen, du schlech-
ter Diener: Du hast gewusst, dass ich ein strenger Mann bin – dass
ich Geld nehme, das ich nicht eingezahlt habe, und ernte, was ich
nicht gesät habe. 23 Warum hast du mein Geld nicht zur Bank ge-
bracht? So hätte ich es bei meiner Rückkehr wenigstens mit Zinsen
zurückbekommen.‹

24 Dann sagte der König zu denen, die dabeistanden: ›Nehmt ihm
das Silber weg und gebt es dem, der sein Silber verzehnfacht hat!‹
25 Sie sagten zu ihm: ›Herr, er hat doch schon das Zehnfache!‹ 26 Der
König erwiderte: ›Das sage ich euch: Wer etwas hat, dem wird noch
viel mehr gegeben. Doch wer nichts hat, dem wird auch das noch
weggenommen, was er hat. 27 Und nun zu meinen Feinden, die nicht
wollten, dass ich ihr König werde: Holt sie her und bringt sie um –
hier vor meinen Augen.‹«

Reich Gottes: Wörtlich »Königsherrschaft Gottes«. Bezeichnet den Herrschaftsbereich, in dem sich Gottes Wille durchsetzt.

Gleichnis: Erzählung, die ihre Botschaft in Bildern und Vergleichen vermittelt.

einsetzen lassen: Wer als König über sein eigenes Land herrschen wollte, musste vom römischen Kaiser offiziell in dieses Amt eingesetzt werden.

Diener: Menschen, die für einen Herrn arbeiteten und in dessen Haus lebten. Es war üblich, dass sie mit geringen Geldbeträgen ihres Herrn Geschäfte machten. Der Gewinn gehörte ihrem Herrn, für einen Verlust mussten sie selbst aufkommen.

Der Konflikt zwischen Jesus und seinen Gegnern spitzt sich zu 19,28–21,4

Jesus zieht in Jerusalem ein

→ *Matthäus 21,1-11; Markus 11,1-11; Johannes 12,12-19*

28 Nachdem Jesus das Gleichnis erzählt hatte, zog er weiter nach Jerusalem. 29 Kurz vor Betfage und Betanien kam Jesus zum Ölberg. Von dort schickte er zwei seiner Jünger voraus 30 und sagte: »Geht in das Dorf, das vor euch liegt. Wenn ihr hineinkommt, findet ihr einen jungen Esel angebunden. Auf ihm ist noch nie ein Mensch geritten. Bindet ihn los und bringt ihn her. 31 Und wenn euch jemand fragt: ›Warum bindet ihr ihn los?‹, dann sagt: ›Der Herr braucht ihn!‹« 32 Die beiden Jünger, die Jesus geschickt hatte, gingen in das Dorf. Sie fanden alles genau so, wie Jesus es ihnen gesagt hatte. 33 Als sie den Esel losmachten, fragten die Besitzer: »Warum bindet ihr den Esel los?« 34 Sie antworteten: »Der Herr braucht ihn!«

35 Sie brachten den jungen Esel zu Jesus und legten ihre Mäntel auf seinen Rücken. Dann ließen sie Jesus aufsteigen. 36 Während er weiterzog, breiteten die Jünger ihre Mäntel auf der Straße aus. 37 So kam Jesus zu der Stelle, wo der Weg vom Ölberg nach Jerusalem hinabführt. Da brach die ganze Schar der Jüngerinnen und Jünger in lauten Jubel aus. Sie lobten Gott für all die Wunder, die sie miterlebt hatten. 38 Sie riefen: »Gesegnet ist der König, der im Namen des Herrn kommt! Friede herrscht im Himmel und Herrlichkeit erfüllt die Himmelshöhe!«

39 Es waren auch einige Pharisäer unter der Volksmenge. Die riefen ihm zu: »Lehrer, bring doch deine Jünger zur Vernunft!« 40 Jesus antwortete ihnen: »Das sage ich euch: Wenn sie schweigen, dann werden die Steine schreien!«

Jesus weint über Jerusalem

41 Als Jesus sich der Stadt näherte und sie vor sich liegen sah, weinte er über sie: 42 »Wenn doch auch du heute erkannt hättest, was dir Frieden bringt! Aber jetzt ist es vor deinen Augen verborgen. 43 Denn es wird eine schlimme Zeit über dich hereinbrechen: Deine Feinde werden einen Wall aus spitzen Pfählen rings um dich errichten. Sie werden dich umzingeln und von allen Seiten einschließen. 44 Dich und deine Bewohner werden sie restlos vernichten. Keinen Stein werden sie auf dem anderen lassen – weil du den Tag nicht erkannt hast, an dem Gott dir zu Hilfe gekommen ist.«

Jesus vertreibt die Händler aus dem Tempel

→ *Matthäus 21,12-17; Markus 11,15-19; Johannes 2,13-17*

45 In Jerusalem ging Jesus in den Tempel. Er fing an, die Leute hinauszujagen, die im Tempel etwas verkauften. 46 Er sagte zu ihnen: »In der Heiligen Schrift steht: ›Mein Haus soll ein Gebetshaus sein. Ihr aber habt eine Räuberhöhle daraus gemacht.‹«

Ölberg: Berg etwa 1 km östlich von Jerusalem.

Esel: Hier wird ein Bild aus Sacharja 9,9 aufgenommen. Dort wird angekündigt, dass der künftige Retter der Welt auf einem Esel reitend in Jerusalem einziehen wird.

Zeichen, Wunder: Ausweis der göttlichen Vollmacht, mit der eine Person handelt.

Herr: Bezeichnung für Gott. Das griechische Alte Testament verwendet das Wort »Herr« an den Stellen, an denen im hebräischen Text der Gottesname steht.

Herrlichkeit: Bezeichnet das, was einer Person Ansehen und Macht verleiht. Gottes Herrlichkeit stellt man sich auch als strahlenden Lichtglanz vor.

Pharisäer: Angehöriger einer jüdischen Glaubensgruppe, die die biblischen Vorschriften und Gesetze sehr streng auslegte.

Stadt: Gemeint ist Jerusalem.

Frieden: Umfassender Zustand von Glück und Wohlergehen des Einzelnen und der Gemeinschaft, der aus der Beziehung mit Gott hervorgeht.

in der Heiligen Schrift steht: Das Zitat setzt sich zusammen aus Jesaja 56,7 und Jeremia 7,11.

47 Jesus war jeden Tag im Tempel und lehrte. Aber die führenden
Priester, die Schriftgelehrten und auch die Ratsältesten des Volkes
suchten nach einer Möglichkeit, ihn umzubringen. 48 Doch sie wuss-
ten nicht, wie sie vorgehen sollten. Denn das Volk war die ganze Zeit
bei ihm und hörte ihm aufmerksam zu.

Woher hat Jesus seine Vollmacht?

→ Matthäus 21,23-27; Markus 11,27-33

20 1 Eines Tages war Jesus wieder einmal im Tempel. Er lehrte
das Volk und verkündete die Gute Nachricht. Da traten ihm
die führenden Priester, die Schriftgelehrten und die Ratsältesten
entgegen. 2 Sie fragten ihn: »Sag uns: Mit welchem Recht trittst du so
auf? Und wer hat dir diese Vollmacht gegeben?« 3 Jesus antwortete:
»Ich will euch auch eine Frage stellen. Sagt mir: 4 Von wem hatte Jo-
hannes den Auftrag zu taufen? Von Gott oder von Menschen?« 5 Da
überlegten sie und sagten zueinander: »Wenn wir sagen: ›Von Gott‹,
wird er fragen: ›Warum habt ihr ihm dann nicht geglaubt?‹ 6 Wenn
wir sagen: ›Von Menschen‹, wird das Volk uns steinigen. Denn alle
sind überzeugt, dass Johannes ein Prophet war.« 7 Deshalb antwor-
teten sie Jesus: »Wir wissen nicht von wem.« 8 Da sagte Jesus zu
ihnen: »Dann sage ich euch auch nicht, mit welchem Recht ich so
auftrete.«

Das Gleichnis von den Pächtern des Weinbergs

→ Matthäus 21,33-46; Markus 12,1-12

9 Nun erzählte Jesus dem Volk dieses Gleichnis: »Ein Mann legte
einen Weinberg an. Dann verpachtete er ihn und ging länger auf Rei-
sen. 10 Als es an der Zeit war, schickte der Besitzer einen Knecht zu
den Pächtern. Der sollte seinen Anteil vom Ertrag des Weinbergs ab-
holen. Aber die Pächter verprügelten ihn und jagten ihn mit leeren
Händen davon. 11 Noch einmal schickte der Besitzer einen Knecht.
Aber auch den verprügelten und beschimpften sie. Dann jagten sie
ihn ebenfalls mit leeren Händen davon. 12 Der Besitzer schickte einen
dritten. Den schlugen sie blutig und warfen ihn hinaus. 13 Da sagte der
Weinbergbesitzer: ›Was soll ich jetzt tun? Ich werde meinen gelieb-
ten Sohn schicken. Vor ihm werden sie wohl Achtung haben!‹ 14 Als
die Pächter den Sohn kommen sahen, sagten sie zueinander: ›Das ist
der Erbe. Wir bringen ihn um, und dann gehört sein Erbe uns.‹ 15 Sie
warfen ihn hinaus vor den Weinberg und töteten ihn. Was wird der
Weinbergbesitzer jetzt mit ihnen machen? 16 Er wird selbst kommen,
diese Pächter töten und den Weinberg anderen anvertrauen.«
Als die Leute das hörten, sagten sie: »Das darf nicht passieren!«
17 Aber Jesus schaute sie an und sagte: »Was bedeutet denn die Stel-
le in der Heiligen Schrift: ›Der Stein, den die Bauleute verworfen ha-
ben, ist zum Grundstein geworden.‹ 18 Wer auf diesen Stein fällt, wird
zerschmettert. Und auf wen dieser Stein fällt, wird zerdrückt.« 19 Die
Schriftgelehrten und die führenden Priester wollten ihn am liebsten

Schriftgelehrte: Menschen, deren Aufgabe das Studium und die Auslegung der Heiligen Schrift ist.

Ratsälteste: Mitglieder des jüdischen Rats, der obersten Behörde zur Regelung religiöser Angelegenheiten.

Gute Nachricht: Wörtliche Übersetzung von »Evangelium«. Steht für Gottes Willen, die Menschen mit sich zu versöhnen und in Gemeinschaft mit sich leben zu lassen.

Johannes der Täufer: Bereitet die Menschen auf das Kommen von Jesus vor.

Steinigung, steinigen: Hinrichtungsart, bei der ein Verurteilter öffentlich mit Steinen beworfen wird.

Prophet: Verkündet, was Gott in einer bestimmten Situation zu sagen hat.

Gleichnis: Erzählung, die ihre Botschaft in Bildern und Vergleichen vermittelt.

Weinberg: Ein mit einer Mauer umgebener Garten, in dem Wein angebaut wird. In der Bibel wird er auch als Bild für das Volk Israel verwendet, vgl. Jesaja 5,1-7.

die Stelle in der Heiligen Schrift: Zitat aus Psalm 118,22.

sofort festnehmen. Aber sie fürchteten sich vor dem Volk. Sie hatten
verstanden, dass er in dem Gleichnis von ihnen gesprochen hatte.

Steuern für den Kaiser?

→ Matthäus 22,15-22; Markus 12,13-17

20 Die führenden Priester und Schriftgelehrten ließen Jesus nicht
mehr aus den Augen. Sie schickten Leute zu ihm, die ihn beobachten
sollten. Die sollten vorgeben, gerecht vor Gott zu leben, und Jesus
mit einer Frage in Bedrängnis bringen. Es ging ihnen darum, ihn an
die Gerichte und in die Gewalt des römischen Statthalters auszulie-
fern. 21 Diese Leute fragten Jesus: »Lehrer, wir wissen: Du redest und
lehrst aufrichtig und siehst dabei nicht die Person an. Vielmehr sagst
du die Wahrheit und lehrst, wie wir nach Gottes Willen leben sollen.
22 Ist es uns erlaubt, dem Kaiser Steuern zu zahlen oder nicht?«
23 Jesus durchschaute ihre Absicht und sagte: 24 »Zeigt mir eine Sil-
bermünze. Wer ist auf dem Bild zu sehen, und wer wird in der In-
schrift genannt?« Sie antworteten: »Der Kaiser.« 25 Da sagte Jesus zu
ihnen: »Dann gebt dem Kaiser, was dem Kaiser gehört, und Gott, was
Gott gehört!« 26 So konnten sie nichts von dem, was er vor dem Volk
sagte, gegen ihn verwenden. Sie waren sehr erstaunt über seine Ant-
wort und konnten nichts mehr darauf erwidern.

Werden die Toten auferstehen?

→ Matthäus 22,23-33; Markus 12,18-27

27 Dann kamen einige Sadduzäer zu Jesus. Die Sadduzäer behaupten,
dass es keine Auferstehung der Toten gibt. Sie fragten Jesus: 28 »Leh-
rer, Mose hat uns vorgeschrieben: ›Wenn ein Mann stirbt und eine
Frau hinterlässt, aber kinderlos ist, dann soll sein Bruder die Frau
heiraten. So kann er dem Verstorbenen Nachkommen verschaffen.‹
29 Nun gab es einmal sieben Brüder. Der erste heiratete eine Frau und
starb kinderlos. 30 So erging es auch dem zweiten. 31 Auch der dritte
heiratete sie, ebenso die nächsten, bis hin zum siebten – alle starben
kinderlos. 32 Zuletzt starb auch die Frau. 33 Wie wird es nun bei der
Auferstehung der Toten sein? Mit wem wird die Frau dann verheira-
tet sein? Alle sieben haben sie ja zur Frau gehabt.«
34 Da sagte Jesus zu ihnen: »In dieser Welt heiraten die Menschen
und werden geheiratet. 35 Anders ist es für alle, die in Gottes neuer
Welt leben dürfen und von den Toten auferstehen. Weder heiraten
sie noch werden sie geheiratet. 36 Diese Menschen können dann auch
nicht mehr sterben: Sie sind wie Engel und Kinder Gottes – denn sie
sind Kinder der Auferstehung. 37 Dass Gott die Toten auferwecken
wird, hat Mose schon bei der Begegnung am Dornbusch deutlich
gemacht: Er nennt den Herrn ›den Gott Abrahams, den Gott Isaaks
und den Gott Jakobs‹. 38 Gott ist doch nicht ein Gott der Toten, son-
dern der Lebenden. Für ihn sind alle lebendig!« 39 Da sagten einige
der Schriftgelehrten: »Lehrer, das war eine gute Antwort!« 40 Von da
an wagte es niemand mehr, Jesus etwas zu fragen.

gerecht, Gerechtigkeit: Meint ein Leben nach dem Willen Gottes.

römischer Statthalter: Verwalter einer Region oder Provinz im Auftrag des römischen Senats oder des Kaisers.

Silbermünze: Die römischen Kaiser ließen Münzen mit einem Bild ihres Kopfes und einer entsprechenden Inschrift prägen.

Sadduzäer: Angehörige einer jüdischen Glaubensgruppe, in der Priester eine bedeutende Rolle spielten. Neben den vornehmen Priesterfamilien gehörten ihr auch andere Vertreter der führenden Gesellschaftsschicht an.

Auferstehung: Meint die Auferweckung vom Tod und das ewige Leben im Reich Gottes.

Mose hat vorgeschrieben: Die folgenden Worte beziehen sich auf 5. Mose/Deuteronomium 25,5-6.

am Dornbusch deutlich gemacht: 2. Mose/Exodus 3,1-12 erzählt, wie Gott Mose in einem brennenden Dornbusch erscheint, ihm seinen Namen offenbart und seinem Volk die Befreiung aus der Sklaverei verspricht.

Herr: Bezeichnung für Gott. Das griechische Alte Testament verwendet das Wort »Herr« an den Stellen, an denen im hebräischen Text der Gottesname steht.

Davids Sohn oder Davids Herr?

→ Matthäus 22,41-46; Markus 12,35-37

41 Da stellte Jesus den Schriftgelehrten eine Frage: »Wie kann man be-
haupten: ›Der Christus ist ein Sohn Davids!‹? 42 David selbst sagt doch
im Buch der Psalmen: ›Gott, der Herr, sprach zu meinem Herrn: Setz
dich an meine rechte Seite 43 bis ich deine Feinde unterwerfe! Ich ma-
che sie zum Schemel für deine Füße.‹ 44 David selbst nennt den Chris-
tus also ›Herr‹. Wie kann dieser dann sein Sohn sein?«

Jesus warnt vor den Gesetzeslehrern

→ Matthäus 23,1; 23,6-7; 23,14; Markus 12,38-40

45 Das ganze Volk hörte zu, als Jesus zu seinen Jüngern sagte: 46 »Nehmt
euch vor den Schriftgelehrten in Acht: Sie zeigen sich gern in ihren
langen Gewändern und wollen auf den Marktplätzen gegrüßt wer-
den. In den Synagogen und bei den Festessen ist es ihnen wichtig, die
Ehrenplätze zu bekommen. 47 Sie bringen die Häuser der Witwen in
ihren Besitz und sprechen nur zum Schein lange Gebete. Dafür wer-
den sie sehr hart bestraft werden.«

Die Opfergabe der Witwe

→ Markus 12,41-44

21 1 Jesus blickte auf und sah, wie reiche Leute ihre Opfergaben
in den Opferkasten warfen. 2 Er sah auch eine arme Witwe.
Sie warf zwei kleine Kupfermünzen hinein. 3 Da sagte Jesus: »Wirk-
lich, das sage ich euch: Diese arme Witwe hat mehr gegeben als alle
anderen. 4 Denn alle anderen haben nur etwas von ihrem Überfluss
als Opfergabe eingeworfen. Aber diese Witwe hat alles hergegeben,
was sie selbst zum Leben hat – obwohl sie doch arm ist.«

Jesus spricht über die Endzeit 21,5-38

Jesus kündigt die Zerstörung des Tempels an

→ Matthäus 24,1-2; Markus 13,1-2

5 Einige Leute dort im Tempel schwärmten: »Aus herrlichen Steinen
ist das alles gebaut und mit Weihegaben prächtig ausgestattet!« Aber
Jesus sagte: 6 »Es kommt die Zeit, da wird kein Stein auf dem anderen
bleiben. Alles, was ihr hier seht, wird zerstört werden.«

Wann kommt das Ende?

→ Matthäus 24,3-8; Markus 13,3-8

7 Die Leute fragten Jesus: »Lehrer, wann wird das sein? Und an wel-
chen Zeichen erkennen wir, dass es so weit ist?« 8 Jesus antwortete:
»Passt auf und lasst euch nicht in die Irre führen. Viele werden un-
ter meinem Namen auftreten und behaupten: ›Ich bin es!‹ Und: ›Die
von Gott bestimmte Zeit ist da!‹ Lauft ihnen nicht nach! 9 Erschreckt
nicht, wenn ihr von Kriegen und Aufständen hört. Das alles muss

Christus: Bedeutet übersetzt »der Gesalbte«. Im Alten Testament werden Könige, aber auch Propheten und Priester bei Amtsantritt gesalbt. Später wird der von Gott zum Herrscher der Welt bestimmte Retter so genannt. Im Neuen Testament ist das Jesus.

Sohn Davids: David ist ein bedeutender König von Israel. Nachdem das Königreich untergegangen war, hoffte man auf einen Nachkommen Davids als Retter und Erlöser Israels; vgl. 2. Samuel 7,12-16.

David sagt: David gilt als Dichter zahlreicher Lieder und Gebete. Im Folgenden wird aus Psalm 110,1 zitiert.

Schemel: Eine Art Fußbank, die vor dem Thron eines Herrschers steht.

Herr: Der Herr einer Person kann eigentlich nicht auch ihr Sohn sein. Nur auf Jesus Christus trifft beides zu. Er ist sowohl Davids Nachkomme als auch sein Herr.

Synagoge: Versammlungsstätte einer jüdischen Gemeinde.

Opferkasten: Geldbehälter für die Gaben, die von den Besuchern des Tempels in Jerusalem gespendet wurden.

Tempel: Das zentrale Heiligtum in Jerusalem. Der Tempel galt als Wohnung Gottes und war Zufluchtsort für Verfolgte.

zuerst geschehen. Aber dann kommt noch nicht sofort das Ende.«
10 Jesus fuhr fort: »Ein Volk wird gegen das andere kämpfen und ein
Reich das andere angreifen. 11 Es wird schwere Erdbeben geben.
An vielen Orten werden Hungersnöte und Seuchen ausbrechen.
Schreckliche Dinge werden geschehen, und am Himmel werden ge-
waltige Zeichen erscheinen.«

Standhalten in Verfolgung

→ Matthäus 10,16-25; 24,9-14; Markus 13,9-13

12 »Bevor das alles eintrifft, wird man euch Gewalt antun und euch
verfolgen. Man wird euch an die Synagogengerichte ausliefern und
ins Gefängnis werfen. Vor Könige und hohe Regierungsbeamte wird
man euch stellen, weil ihr euch zu mir bekennt. 13 So werdet ihr als
Zeugen für mich eintreten. 14 Dabei sollt ihr beherzigen: Bereitet
keine Verteidigungsrede vor! 15 Denn ich selbst werde euch Worte in
den Mund legen, die kein Gegner widerlegen kann. Und ich werde
euch Weisheit schenken, der niemand widerstehen kann.

16 Ihr werdet verraten werden: von euren Eltern und Geschwistern,
von euren Verwandten und Freunden. Einige von euch wird man so-
gar töten. 17 Alle werden euch hassen, weil ihr euch zu mir bekennt.
18 Aber keinem von euch wird auch nur ein Haar gekrümmt werden.
19 Haltet also durch und gewinnt so das Leben!«

Die Zeit der Not, bevor der Menschensohn kommt

→ Matthäus 24,15-22; Markus 13,14-20

20 »Das sollt ihr wissen: Wenn ihr seht, dass Jerusalem von feindlichen
Heeren umzingelt ist, steht seine Zerstörung unmittelbar bevor.
21 Dann sollen die Bewohner von Judäa in die Berge fliehen. Wer in
der Stadt ist, soll sie schnell verlassen. Und wer auf dem Land ist, soll
nicht in der Stadt Zuflucht suchen. 22 Denn das ist die Zeit der Bestra-
fung. Jetzt geht alles in Erfüllung, was in der Heiligen Schrift steht.

23 Wie schrecklich wird diese Zeit für die Frauen sein, die gerade ein
Kind erwarten oder stillen! Große Not wird im Land herrschen und
Gottes Zorn wird über dieses Volk kommen. 24 Viele werden durch
das Schwert umkommen. Andere werden als Gefangene in die ganze
Welt verschleppt. Jerusalem wird von Heiden verwüstet werden, bis
deren Zeit abgelaufen ist.«

Der Menschensohn kommt

→ Matthäus 24,29-31; Markus 13,24-27

25 »Zeichen werden zu sehen sein an der Sonne, dem Mond und den
Sternen. Auf der Erde werden die Völker zittern. Sie werden weder
aus noch ein wissen vor dem tosenden Meer und seinen Wellen.
26 Die Menschen werden vor Angst vergehen. Sie warten auf die Er-
eignisse, die über die ganze Welt hereinbrechen werden. Denn sogar
die Mächte des Himmels werden erschüttert werden. 27 Dann werden
alle es sehen: Der Menschensohn kommt auf einer Wolke mit großer

Ende: Meint den Tag des Herrn, an dem Jesus Christus nach Tod und Auferstehung wiederkommt. An diesem Tag hält Gott Gericht und sein Reich bricht endgültig an.

Synagogengericht: Ein örtliches Gericht, das in der Synagoge tagte.

Jerusalem: Mit dem Tempel religiöses und kulturelles Zentrum des Landes.

Judäa: Römische Provinz mit Jerusalem als religiösem und kulturellem Zentrum.

in der Heiligen Schrift steht: Christen lesen bestimmte Texte aus dem Alten Testament als Ankündigung dafür, dass Gott seinen Sohn Jesus Christus in die Welt schickt. Ein zentraler Text ist beispielsweise Daniel 7,13-14, wo das Kommen des Menschensohns angekündigt wird.

Heiden: Bezeichnung für Menschen, die nicht an den Gott Israels glauben.

Himmel: Im übertragenen Sinn beschreibt »Himmel« den Bereich, in dem Gott wohnt.

Menschensohn: Bezeichnung, die zum Ausdruck bringt, dass Menschen Geschöpfe Gottes sind. Im Neuen Testament ein Titel für Jesus, der von Gott zum Herrscher und Retter der Welt bestimmt wurde.

Macht und Herrlichkeit. 28 Aber ihr sollt euch aufrichten und euren
Kopf heben, wenn das alles beginnt: Eure Erlösung kommt bald!«

Das Gleichnis vom Feigenbaum

→ Matthäus 24,32-35; Markus 13,28-31

29 Dann erzählte Jesus den Leuten ein Gleichnis: »Schaut euch doch
den Feigenbaum an oder all die anderen Bäume. 30 Wenn ihr seht, dass
sie Blätter bekommen, dann wisst ihr: Der Sommer ist bald da. 31 So ist
es auch mit euch: Wenn ihr seht, dass das alles geschieht, dann wisst
ihr: Das Reich Gottes ist nahe. 32 Amen, das sage ich euch: Diese Ge-
neration wird nicht sterben, bevor dies alles geschieht. 33 Himmel und
Erde werden vergehen, aber meine Worte werden nicht vergehen.«

Bleibt wachsam!

34 »Nehmt euch in Acht! Maßlosigkeit, Trunksucht und Alltagssor-
gen sollen euch nicht gefangen nehmen. Sonst kommt dieser Tag
für euch so überraschend 35 wie eine Falle, die plötzlich zuschnappt.
Denn er kommt unerwartet über alle, die auf der Erde leben. 36 Seid
zu jeder Zeit wachsam und betet! Dann seid ihr in der Lage, allem zu
entgehen, was da kommt. So könnt ihr dann auch vor den Menschen-
sohn treten.«

Jesus lehrt im Tempel

37 Jeden Tag war Jesus im Tempel und lehrte. Am Abend aber verließ
er die Stadt und übernachtete auf dem Ölberg. 38 Jeden Morgen in al-
ler Frühe kam das ganze Volk zu ihm in den Tempel, um ihn zu hören.

Die Passionsgeschichte: Jesus wird verurteilt, gekreuzigt und begraben 22,1–23,56

Pläne gegen Jesus

→ Matthäus 26,1-5; Markus 14,1-2; Johannes 11,45-53

22 1 Es war kurz vor dem Fest der ungesäuerten Brote, das Passa-
fest genannt wird. 2 Die führenden Priester und die Schrift-
gelehrten suchten nach einer Möglichkeit, Jesus umzubringen. Denn
sie hatten Angst vor dem Volk.

Judas wird zum Verräter

→ Matthäus 26,14-16; Markus 14,10-11

3 Da ergriff der Satan Besitz von Judas, der auch Iskariot genannt
wurde. Er war einer aus dem Kreis der Zwölf. 4 Judas ging zu den
führenden Priestern und den Hauptleuten der Tempelwache. Er be-
sprach mit ihnen, wie er ihnen Jesus ausliefern konnte. 5 Sie waren
hocherfreut und vereinbarten, ihm Geld dafür zu geben. 6 Judas war
einverstanden. Von da an suchte er nach einer günstigen Gelegenheit,
ihnen Jesus auszuliefern. Das Volk sollte nichts davon bemerken.

Herrlichkeit: Bezeichnet das, was einer Person Ansehen und Macht verleiht. Gottes Herrlichkeit stellt man sich auch als strahlenden Lichtglanz vor.

Gleichnis: Erzählung, die ihre Botschaft in Bildern und Vergleichen vermittelt.

Reich Gottes: Wörtlich »Königsherrschaft Gottes«. Bezeichnet den Herrschaftsbereich, in dem sich Gottes Wille durchsetzt.

Amen: Das hebräische Wort bedeutet »So ist es! / So soll es sein!«

Gebet: Reden des Menschen mit Gott.

Ölberg: Berg etwa 1 km östlich von Jerusalem.

Passafest: Fest, das jährlich im Frühjahr gefeiert wird und an die Befreiung des Volkes Israel aus der Sklaverei in Ägypten erinnert; vgl. 2. Mose/Exodus 12–13.

Schriftgelehrte: Menschen, deren Aufgabe das Studium und die Auslegung der Heiligen Schrift ist.

Satan, Teufel: Gegenspieler Gottes. Er versucht, die Menschen zu einem Verhalten zu bewegen, das Gottes Willen widerspricht.

die Zwölf: Meint die zwölf Jünger, die während der Zeit seines Wirkens bei Jesus waren.

Vorbereitungen zum Passamahl

→ Matthäus 26,17-19; Markus 14,12-16

7 Es kam das Fest der ungesäuerten Brote. Am ersten Tag musste das
Passalamm geschlachtet werden. 8 Jesus schickte Petrus und Johan-
nes los. Er sagte: »Geht voraus und bereitet das Passamahl für uns
vor, damit wir es essen können.« 9 Sie antworteten: »Wo sollen wir es
vorbereiten?« 10 Da sagte er zu ihnen: »Wenn ihr in die Stadt kommt,
werdet ihr einem Menschen begegnen, der einen Wasserkrug trägt.
Folgt ihm bis zu dem Haus, in das er hineingeht. 11 Sagt zu dem Eigen-
tümer des Hauses: ›Der Lehrer lässt fragen: Wo ist der Raum, in dem
ich mit meinen Jüngern das Passamahl feiern kann?‹ 12 Er wird euch
einen großen Raum im ersten Stock zeigen, der mit Polstern ausge-
stattet ist. Dort bereitet alles vor.« 13 Sie gingen los und fanden alles
genauso, wie Jesus es ihnen gesagt hatte. Und sie bereiteten das
Passamahl vor.

Jesus feiert mit den Aposteln das Passamahl

→ Matthäus 26,20-29; Markus 14,17-25

14 Als die Stunde für das Passamahl gekommen war, legte sich Jesus
mit den Aposteln zu Tisch. 15 Jesus sagte zu ihnen: »Ich habe mich
sehr danach gesehnt, dieses Passamahl mit euch zu essen, bevor
mein Leiden beginnt. 16 Das sage ich euch: Ich werde das Passamahl
so lange nicht mehr essen, bis es im Reich Gottes in Vollendung ge-
feiert wird.«

17 Dann nahm Jesus den Becher, dankte Gott und sagte: »Nehmt
diesen Becher und teilt den Wein unter euch! 18 Das sage ich euch:
Ich werde von nun an keinen Wein mehr trinken – so lange, bis das
Reich Gottes kommt.« 19 Anschließend nahm er das Brot. Er dankte
Gott, brach das Brot in Stücke, gab es ihnen und sagte: »Das ist mein
Leib, der für euch gegeben wird. Tut das zur Erinnerung an mich.«
20 Ebenso nahm Jesus nach dem Essen den Becher und sagte: »Die-
ser Becher steht für den neuen Bund, den Gott mit den Menschen
schließt – durch mein Blut, das für euch vergossen wird.«

Wer ist der Verräter?

→ Matthäus 26,21-25; Markus 14,18-21; Johannes 13,21-30

21 »Aber seht euch vor: Einer wird mich verraten. Er sitzt hier mit mir
am Tisch. 22 Der Menschensohn muss den Weg gehen, den Gott für
ihn bestimmt hat. Aber wehe dem Menschen, der ihn verrät!« 23 Da
fingen die Jünger an, sich gegenseitig zu fragen: »Wer von uns könnte
es sein?«

Wer ist der Wichtigste?

→ Matthäus 19,28; 20,25-28; Markus 10,42-45

24 Die Jünger begannen darüber zu streiten, wer von ihnen der Wich-
tigste war. 25 Aber Jesus sagte zu ihnen: »Die Könige herrschen über
ihre Völker, und die Machthaber lassen sich Wohltäter nennen.

Fest der ungesäuerten Brote: Im Neuen Testament ein anderer Name für das Passafest, das jährlich im Frühjahr gefeiert wird und an die Befreiung des Volkes Israel aus der Sklaverei in Ägypten erinnert, vgl. 2. Mose/Exodus 12–13.

Passamahl: Festliche Mahlzeit, die fester Bestandteil des Passafestes ist. Zur Mahlzeit gehören ungesäuerte Brote und das Passalamm.

Apostel: Wörtlich »Ausgesandte«. Menschen, die dazu berufen sind, die Gute Nachricht von Jesus Christus zu verkünden. Im engeren Sinn die zwölf Jünger von Jesus, die ihn während seines Lebens begleiteten.

neuer Bund: Durch Tod und Auferstehung von Jesus Christus wird der Bund, den Gott mit Israel am Berg Sinai geschlossen hat, erneuert und auf die ganze Welt übertragen. Gottes Zusage, sich um sein Volk zu kümmern, gilt damit für alle Menschen, die an ihn glauben.

26 Aber ihr sollt nicht so sein: Sondern wer unter euch der Wichtigste
ist, soll sein wie der Geringste – und wer führen will, wie einer, der
dient. 27 Wer ist denn wichtiger? Der zu Tisch liegt und isst oder der
ihn bedient? Natürlich der zu Tisch liegt! Doch ich bin unter euch
wie einer, der dient. 28 Ihr habt mit mir durchgehalten, wann immer
ich auf die Probe gestellt wurde. 29 So gebe ich euch Anteil an der
Herrschaft, die mein Vater mir übertragen hat: 30 In meinem Reich
sollt ihr an meinem Tisch essen und trinken. Ihr sollt auf Thronen
sitzen und über die zwölf Stämme Israels Gericht halten.«

Jesus sagt das Versagen von Petrus voraus

→ Matthäus 26,33-34; Markus 14,29-30; Johannes 13,36-38

31 »Simon, Simon! Sieh doch: Der Satan hat sich von Gott erbeten,
euch durchzusieben wie den Weizen! 32 Aber ich habe für dich ge-
betet, dass dein Glaube nicht aufhört. Wenn du dann wieder zu mir
zurückgekehrt bist, sollst du deine Brüder und Schwestern stärken.«
33 Petrus entgegnete Jesus: »Herr! Ich bin bereit, mit dir ins Gefängnis
zu gehen – ja, sogar mit dir zu sterben!« 34 Aber Jesus erwiderte: »Das
sage ich dir, Petrus: Noch bevor heute der Hahn kräht, wirst du drei-
mal abstreiten, dass du mich kennst.«

Von jetzt an wird für die Jünger alles anders

35 Jesus fragte die Jünger: »Ich habe euch ohne Geldbeutel, ohne Vor-
ratstasche und ohne Sandalen ausgesandt. Hat euch da irgendetwas
gefehlt?« Sie antworteten: »Nein, nichts!« 36 Jesus sagte zu ihnen:
»Von jetzt an gilt: Wer einen Geldbeutel hat, soll ihn mitnehmen und
ebenso eine Vorratstasche. Wer aber nichts anderes hat, soll seinen
Mantel zu Geld machen und sich dafür ein Schwert kaufen. 37 Das
sage ich euch: An mir muss in Erfüllung gehen, was in der Heiligen
Schrift steht: ›Er wurde zu den Schuldigen gezählt.‹ Denn was über
mich vorausgesagt ist, trifft jetzt ein.« 38 Die Jünger sagten: »Herr, sieh
doch: Hier haben wir zwei Schwerter.« Aber er antwortete: »Genug
davon!«

Jesus betet im Garten Getsemani

→ Matthäus 26,36-46; Markus 14,32-42

39 Jesus verließ die Stadt und ging wie gewohnt zum Ölberg. Die Jün-
ger folgten ihm. 40 Als er dort ankam, sagte er zu ihnen: »Betet, damit
ihr die kommende Prüfung besteht!« 41 Er selbst ging noch ein paar
Schritte weiter – etwa einen Steinwurf weit. Dann kniete er nieder
und betete. 42 Er sagte: »Vater, wenn du willst, nimm diesen Becher
weg, damit ich ihn nicht trinken muss! Aber nicht, was ich will, soll
geschehen, sondern was du willst!« [43 Da erschien ihm ein Engel
vom Himmel und stärkte ihn. 44 Todesangst überfiel ihn, und er be-
tete noch angespannter. Dabei tropfte sein Schweiß wie Blut auf
den Boden.] 45 Dann stand er vom Gebet auf und ging zurück zu den
Jüngern. Er sah, dass sie vor lauter Trauer eingeschlafen waren. 46 Er

zu Tisch liegen: Bei festlichen Anlässen war es in der griechisch-römischen Welt üblich, beim Essen zu liegen.

Satan, Teufel: Gegenspieler Gottes. Er versucht, die Menschen zu einem Verhalten zu bewegen, das Gottes Willen widerspricht.

durchsieben: Um Getreidekörner vor dem Mahlen von den letzten Verunreinigungen zu trennen, werden sie gesiebt.

Glaube, glauben: Meint das tiefe Vertrauen auf Gott, das zu einem Leben nach seinem Willen führt.

Bruder, Schwester: Wörtlich »Bruder«. Das griechische Wort bezeichnet männliche *und* weibliche Mitglieder der Gemeinde.

in der Heiligen Schrift steht: Zitat aus Jesaja 53,12.

Ölberg: Berg etwa 1 km östlich von Jerusalem.

Gebet: Reden des Menschen mit Gott.

Becher: Bei den Propheten des Alten Testaments Bild für das Gericht Gottes, das Menschen wie Betrunkene wanken lässt; vgl. Jeremia 25,15-29. Mit diesem Bild verweist Jesus auf seinen gewaltsamen Tod am Kreuz.

[...]: Die Verse Lukas 22,43-44 fehlen in den wichtigsten Handschriften.

fragte sie: »Wie könnt ihr nur schlafen? Steht auf und betet, damit ihr
die kommende Prüfung besteht!«

Jesus wird verhaftet

→ Matthäus 26,47-56; Markus 14,43-50;
Johannes 18,3-11; 18,20

47 Noch während Jesus das sagte, näherte sich eine Truppe. Judas,
einer der Zwölf, ging an der Spitze. Er kam auf Jesus zu, um ihn zu
küssen. 48 Aber Jesus sagte zu ihm: »Judas, willst du den Menschen-
sohn wirklich mit einem Kuss verraten?« 49 Da verstanden seine Be-
gleiter, was geschehen sollte. Sie fragten: »Herr, sollen wir mit dem
Schwert zuschlagen?« 50 Und einer von ihnen schlug nach einem der
Männer, die dem Hohepriester unterstanden. Er hieb ihm das rechte
Ohr ab. 51 Aber Jesus sagte: »Hört auf damit!« Er berührte das Ohr
und heilte den Mann. 52 Dann wandte er sich an die Leute, die ihn
festnehmen wollten: die führenden Priester, die Hauptmänner der
Tempelwache und die Ratsältesten. Er sagte: »Mit Schwertern und
Knüppeln seid ihr hier angerückt! Bin ich denn ein Verbrecher? 53 Ich
war täglich bei euch im Tempel. Aber dort habt ihr keine Hand gegen
mich erhoben. Doch jetzt ist eure Stunde gekommen, und die Fins-
ternis tritt ihre Herrschaft an.«

Petrus verleugnet Jesus

→ Matthäus 26,57-58; 26,69-75; Markus 14,53-54; 14,66-72;
Johannes 18,12-18; 18,25-27

54 Die Männer nahmen Jesus fest, führten ihn ab und brachten ihn
in das Haus des Hohepriesters. Petrus folgte in einiger Entfernung.
55 In der Mitte des Hofes brannte ein Feuer, um das sich einige Leute
versammelt hatten. Petrus setzte sich mitten unter sie. 56 Ein Dienst-
mädchen sah Petrus dort im Schein des Feuers sitzen. Sie musterte
ihn aufmerksam und sagte: »Der da war auch mit ihm zusammen!«
57 Petrus stritt das ab und sagte: »Ich kenne ihn gar nicht, Frau!«
58 Kurz darauf sah ihn jemand anderes und sagte: »Du gehörst auch zu
denen!« Aber Petrus erwiderte: »Mensch, ich doch nicht!« 59 Etwa eine
Stunde später behauptete ein anderer: »Ganz bestimmt gehört er zu
denen! Er kommt doch auch aus Galiläa.« 60 Aber Petrus stritt es wie-
der ab: »Mensch, ich weiß überhaupt nicht, wovon du sprichst.« Im
selben Moment, während er noch redete, krähte ein Hahn. 61 Der Herr
drehte sich um und blickte Petrus an. Da erinnerte sich Petrus an das,
was der Herr zu ihm gesagt hatte: »Noch bevor heute der Hahn kräht,
wirst du dreimal abstreiten, mich zu kennen.« 62 Und Petrus lief hin-
aus und weinte heftig.

Jesus wird verspottet und geschlagen

→ Matthäus 26,67-68; Markus 14,65

63 Die Männer, die Jesus bewachten, verspotteten und schlugen ihn.
64 Sie warfen ihm ein Tuch über und forderten ihn auf: »Du bist doch

die Zwölf: Meint die zwölf Jünger, die während der Zeit seines Wirkens bei Jesus waren.

küssen: Geste, die die gegenseitige Verbundenheit zum Ausdruck bringt. In der Antike war ein Kuss zur Begrüßung und zum Abschied üblich.

Menschensohn: Bezeichnung, die zum Ausdruck bringt, dass Menschen Geschöpfe Gottes sind. Im Neuen Testament ein Titel für Jesus, der von Gott zum Herrscher und Retter der Welt bestimmt wurde.

Hohepriester: Hatte die Aufsicht über alles, was das Heiligtum, den Gottesdienst und den Dienst der Priester betraf.

führende Priester: Der amtierende Hohepriester, seine Vorgänger und weitere Priester aus der Führungsschicht.

Ratsälteste: Mitglieder des jüdischen Rats, der obersten Behörde zur Regelung religiöser Angelegenheiten.

Galiläa: Gebiet zwischen dem See Gennesaret und der nördlichen Küstenebene.

Herr: Anrede und Bezeichnung für Jesus. Sie bringt zum Ausdruck, dass man sich in seinen Dienst stellt.

ein Prophet! Sag uns: Wer hat dich geschlagen?« 65 Und noch viele an-
dere Beschimpfungen musste er über sich ergehen lassen.

Jesus vor dem jüdischen Rat

→ Matthäus 26,64-65; 27,1; Markus 14,53; 14,61-64; 15,1

66 Als es Tag wurde, versammelten sich die Ratsältesten des Volkes,
dazu die führenden Priester und Schriftgelehrten. Dann ließen sie Je-
sus vor den jüdischen Rat führen. 67 Sie forderten ihn auf: »Wenn du
der Christus bist, dann sag es uns!« Jesus antwortete: »Wenn ich es
euch sage, werdet ihr mir nicht glauben! 68 Und wenn ich euch etwas
frage, werdet ihr nicht antworten. 69 Aber von jetzt an wird der Men-
schensohn an der rechten Seite des allmächtigen Gottes sitzen.« 70 Da
riefen alle: »Also bist du der Sohn Gottes?« Jesus antwortete: »Ihr sagt
es – ich bin es!« 71 Da sagten sie: »Wozu brauchen wir noch weitere
Zeugenaussagen? Wir haben es aus seinem eigenen Mund gehört!«

Jesus wird von Pilatus verhört

→ Matthäus 27,2; 27,11-14; Markus 15,1-5; Johannes 18,28-38

23 1 Die ganze Ratsversammlung erhob sich, und sie führten Je-
sus zu Pilatus. 2 Dort brachten sie ihre Anklagepunkte gegen
ihn vor: »Wir haben festgestellt, dass dieser Mann unser Volk auf-
hetzt. Er sagt: ›Gebt dem Kaiser keine Steuern!‹, und: ›Ich bin Christus,
der König!‹« 3 Pilatus fragte ihn: »Bist du der König der Juden?« Jesus
antwortete: »Du sagst es.« 4 Pilatus sagte zu den führenden Priestern
und der Volksmenge: »Ich finde keine Schuld an diesem Menschen.«
5 Aber sie bestanden darauf: »Mit seiner Lehre hetzt er im ganzen jü-
dischen Land das Volk auf – angefangen von Galiläa bis hierher!«

Jesus wird Herodes Antipas übergeben

6 Als Pilatus das hörte, fragte er: »Kommt dieser Mann aus Galiläa?«
7 Die Leute antworteten: »Ja, er kommt aus dem Herrschaftsgebiet
von Herodes.« Da ließ Pilatus Jesus zu Herodes bringen. Herodes
hielt sich zu dieser Zeit gerade in Jerusalem auf. 8 Als Herodes Jesus
sah, freute er sich sehr. Er wollte ihn schon lange kennenlernen, denn
er hatte viel von ihm gehört. Vor allem hoffte er, eines seiner Wunder
mitzuerleben. 9 Herodes stellte ihm viele Fragen. Aber Jesus gab ihm
keine Antwort. 10 Die führenden Priester und Schriftgelehrten stan-
den dabei und beschuldigten ihn schwer.

11 Herodes und seine Soldaten hatten nur Verachtung für ihn übrig.
Um ihn lächerlich zu machen, zogen sie ihm ein prächtiges Gewand
an. Dann schickten sie ihn zu Pilatus zurück. 12 An diesem Tag wur-
den Herodes und Pilatus Freunde – vorher waren sie Feinde gewesen.

Pilatus stellt die Unschuld von Jesus fest

13 Pilatus ließ die führenden Priester zusammenrufen, dazu die an-
deren Mitglieder des jüdischen Rates und das Volk. 14 Er sagte zu ih-
nen: »Ihr habt diesen Menschen zu mir gebracht, weil er angeblich

jüdischer Rat: Oberste Behörde zur Regelung religiöser Angelegenheiten.

Christus: Bedeutet übersetzt »der Gesalbte«. Im Alten Testament werden Könige, aber auch Propheten und Priester bei Amtsantritt gesalbt. Später wird der von Gott zum Herrscher der Welt bestimmte Retter so genannt. Im Neuen Testament ist das Jesus.

Sohn Gottes: Titel, der das besondere Vertrauensverhältnis eines Menschen zu Gott zum Ausdruck bringt. Im Neuen Testament wird der Titel ausschließlich für Jesus verwendet.

Pontius Pilatus: Verwaltete 26–36 n. Chr. die römischen Provinzen Judäa und Samaria im Auftrag des Kaisers.

Herodes Antipas: Sohn von Herodes dem Großen und Herrscher über Galiläa und Peräa (4 v. Chr.–39 n. Chr.).

Zeichen, Wunder: Ausweis der göttlichen Vollmacht, mit der eine Person handelt.

das Volk aufhetzt. Also habe ich ihn in eurem Beisein verhört. Keiner eurer Anklagepunkte hat sich bestätigt. 15 Ja sogar Herodes hat ihn zu uns zurückgeschickt. Seht doch: Er hat nichts getan, wofür er den Tod verdient. 16 Ich lasse ihn auspeitschen, dann gebe ich ihn frei.« 17 [...]

Jesus wird zum Tod verurteilt

→ Matthäus 27,15-26; Markus 15,6-15; Johannes 18,39-40; 19,4-16

18 Da schrien sie alle wie aus einem Mund: »Weg mit ihm! Gib uns Barabbas frei!« 19 Barabbas hatte sich an einem Aufruhr in der Stadt beteiligt und einen Mord begangen – deshalb saß er im Gefängnis. 20 Noch einmal redete Pilatus den Leuten zu, denn er wollte Jesus freilassen. 21 Aber die schrien: »Kreuzige, kreuzige ihn!« 22 Da wandte er sich zum dritten Mal an sie: »Was hat er denn verbrochen? Ich kann nichts an ihm finden, wofür er den Tod verdient. Ich lasse ihn auspeitschen, dann gebe ich ihn frei.« 23 Aber sie bedrängten ihn weiter und schrien immer lauter: »Ans Kreuz mit ihm!«

Zuletzt hatte ihr Geschrei Erfolg: 24 Pilatus entschied, ihre Forderung zu erfüllen. 25 Er ließ den Mann frei, um den sie gebeten hatten – der wegen Aufruhr und Mord im Gefängnis saß. Aber Jesus lieferte er aus, so wie sie es gewollt hatten.

Jesus auf dem Weg zur Hinrichtung

→ Matthäus 27,32; Markus 15,21

26 Die Soldaten führten Jesus zur Hinrichtung. Unterwegs hielten sie Simon von Kyrene an, der gerade vom Feld zurückkam. Sie luden ihm das Kreuz auf, damit er es hinter Jesus hertrug. 27 Viele Leute aus dem Volk folgten Jesus. Darunter waren Frauen, die sich auf die Brust schlugen und um ihn weinten. 28 Aber Jesus drehte sich zu ihnen um und sagte: »Ihr Töchter von Jerusalem, weint nicht um mich! Weint vielmehr um euch selbst und um eure Kinder. 29 Denn bald kommt die Zeit, in der die Menschen sagen werden: ›Glückselig sind die Frauen, die keine Kinder bekommen können – der Schoß, der kein Kind geboren hat, und die Brüste, die nie gestillt haben.‹ 30 Dann werden die Leute zu den Bergen sagen: ›Stürzt auf uns!‹, und zu den Hügeln: ›Begrabt uns!‹ 31 Denn wenn schon das grüne Holz angezündet wird, was wird dann erst mit dem trockenen geschehen?« 32 Zusammen mit Jesus wurden auch zwei Verbrecher zur Hinrichtung geführt.

Jesus wird gekreuzigt

→ Matthäus 27,33-44; Markus 15,22-32; Johannes 19,17-29

33 So kamen sie zu der Stelle, die »Schädel« genannt wird. Dort kreuzigten sie Jesus und die beiden Verbrecher – den einen rechts, den anderen links von ihm. 34 [Aber Jesus sagte: »Vater, vergib ihnen. Denn sie wissen nicht, was sie tun.«] Die Soldaten verteilten seine Kleider und losten sie untereinander aus. 35 Das Volk stand dabei und schaute zu.

Die Mitglieder des jüdischen Rates verspotteten ihn. Sie sagten:

[...]: Einige spätere Handschriften fügen hinzu: »Jedes Jahr zum Passafest begnadigte Pilatus einen Gefangenen.«

Kreuzigung: Verurteilte Sklaven, Räuber und Aufrührer wurden von den Römern am Kreuz hingerichtet.

sich auf die Brust schlagen: Ausdruck von Trauer und Schmerz.

grünes Holz: Bild für Jesus, der am Kreuz einen grausamen Tod stirbt, obwohl er unschuldig ist. Um wie viel grausamer wird daher der Tod der schuldigen Menschen sein.

[...]: Der Anfang von Vers 34 fehlt in den wichtigsten Handschriften.

Vater: Vertrauensvolle Anrede oder Bezeichnung für Gott.

jüdischer Rat: Oberste Behörde zur Regelung religiöser Angelegenheiten.

»Andere hat er gerettet. Jetzt soll er sich selbst retten, wenn er der
Christus ist, den Gott erwählt hat.« 36 Auch die Soldaten trieben ih-
ren Spott mit ihm. Sie gingen zu Jesus und reichten ihm Essig. 37 Da-
bei sagten sie: »Wenn du der König der Juden bist, rette dich selbst!«
38 Über Jesus war ein Schild angebracht: »Das ist der König der Ju-
den.« 39 Auch einer der Verbrecher, die mit ihm gekreuzigt worden
waren, verspottete Jesus. Er sagte: »Bist du nicht der Christus? Dann
rette doch dich und uns!« 40 Aber der andere wies ihn zurecht: »Fürch-
test du noch nicht einmal Gott? Dich hat doch dieselbe Strafe getrof-
fen wie ihn! 41 Wir werden zu Recht bestraft und bekommen, was wir
verdient haben. Aber er hat nichts Unrechtes getan!« 42 Und zu Jesus
sagte er: »Jesus, denke an mich, wenn du in dein Reich kommst.« 43 Je-
sus antwortete: »Amen, das sage ich dir: Heute noch wirst du mit mir
im Paradies sein!«

Jesus stirbt

→ Matthäus 27,45-56; Markus 15,33-41; Johannes 19,28-30

44 Es war schon um die sechste Stunde, da breitete sich im ganzen
Land Finsternis aus. Das dauerte bis zur neunten Stunde – 45 so lange
hatte die Sonne aufgehört zu scheinen. Dann zerriss der Vorhang im
Tempel mitten durch. 46 Und Jesus schrie laut: »Vater, ich lege mein
Leben in deine Hand.« Nach diesen Worten starb er. 47 Der römische
Hauptmann sah genau, was geschah. Da lobte er Gott und sagte:
»Dieser Mensch war wirklich ein Gerechter.« 48 Eine große Menge
Schaulustiger war gekommen und sah alles, was dort geschah. Da
schlugen sie sich auf die Brust und kehrten in die Stadt zurück. 49 In
einiger Entfernung standen die beieinander, die Jesus kannten. Un-
ter ihnen waren die Frauen, die Jesus gefolgt waren, seit er in Galiläa
gewirkt hatte. Auch sie sahen alles mit an.

Jesus wird ins Grab gelegt

→ Matthäus 27,57-61; Markus 15,42-47; Johannes 19,38-42

50 Unter den Ratsältesten war ein Mann namens Josef, der vorbild-
lich und gerecht vor Gott lebte. 51 Dem Beschluss und dem Vorgehen
des jüdischen Rates hatte er nicht zugestimmt. Josef kam aus Arima-
täa, einer Stadt in Judäa. Er wartete darauf, dass Gott sein Reich in
der Welt anbrechen lässt. 52 Dieser Josef ging zu Pilatus und bat ihn
um den Leichnam von Jesus. 53 Dann nahm er ihn vom Kreuz ab und
wickelte ihn in ein Leinentuch. Schließlich legte er ihn in eine Grab-
kammer. Die war in Felsen gehauen, und es hatte noch niemand in
ihr gelegen. 54 Das geschah an dem Tag, an dem der Sabbat vorbereitet
wurde.

55 Die Frauen, die zusammen mit Jesus aus Galiläa gekommen wa-
ren, gingen Josef nach. Sie sahen das Grab und beobachteten, wie
der Leichnam hineingelegt wurde. 56 Dann kehrten sie in die Stadt
zurück und bereiteten wohlriechende Öle und Salben vor. Aber den
Sabbat verbrachten sie in Ruhe, wie das Gesetz es vorschreibt.

Christus: Bedeutet übersetzt »der Gesalbte«. Im Alten Testament werden Könige, aber auch Propheten und Priester bei Amtsantritt gesalbt. Später wird der von Gott zum Herrscher der Welt bestimmte Retter so genannt. Im Neuen Testament ist das Jesus.

Amen: Das hebräische Wort bedeutet »So ist es! / So soll es sein!«

neunte Stunde: Die Zeit zwischen Sonnenaufgang und -untergang wurde in zwölf Stunden eingeteilt, die je nach Jahreszeit unterschiedlich lang waren. Die neunte Stunde ist nachmittags, etwa um 15.00 Uhr.

Vorhang: Trennte das Allerheiligste von dem Bereich, der für alle Menschen zugänglich war. Das Zerreißen des Vorhangs macht deutlich: Der Weg zu Gott ist jetzt für alle frei.

Gerechte: Menschen, die Gottes Gebote befolgen, sodass das Leben in Gemeinschaft miteinander gelingt.

sich auf die Brust schlagen: Ausdruck von Trauer und Schmerz.

Sabbat: In der Bibel der siebte Tag der Woche, heute unser Samstag. Er gilt im Judentum als Feiertag, an dem nicht gearbeitet werden darf.

Gesetz: Die Lebensvorschriften des Alten Testaments, besonders die fünf Bücher Mose.

Die Ostergeschichte: Jesus ist auferstanden 24,1-53

Die Frauen am leeren Grab

→Matthäus 28,1-6; Markus 16,1-8; Johannes 20,1-2

24 1 Am ersten Tag der neuen Woche gingen die Frauen gleich
in der Morgendämmerung zum Grab. Sie brachten die wohl-
riechenden Öle mit, die sie vorbereitet hatten. 2 Da entdeckten sie,
dass der Stein vom Grab weggerollt war. 3 Sie gingen in die Grabkam-
mer. Doch den Leichnam von Jesus, dem Herrn, konnten sie nicht
finden.
4 Sie überlegten noch, was sie von alldem halten sollten. Da traten
zwei Männer in leuchtenden Gewändern zu ihnen. 5 Die Frauen er-
schraken und hielten den Blick gesenkt. Die beiden Männer sagten
zu ihnen: »Warum sucht ihr den Lebenden bei den Toten? 6 Er ist
nicht hier: Gott hat ihn von den Toten auferweckt! Erinnert euch an
das, was er damals in Galiläa zu euch gesagt hat: 7 ›Der Menschensohn
muss ausgeliefert werden in die Hände der Sünder und am Kreuz
sterben. Aber am dritten Tag wird er von den Toten auferstehen.‹«
8 Da erinnerten sich die Frauen an das, was Jesus gesagt hatte.

Petrus am leeren Grab

→Matthäus 28,7-10; Markus 16,7-8; Johannes 20,3-10

9 Die Frauen kehrten vom Grab zurück und berichteten alles den elf
Jüngern und den anderen Anwesenden. 10 Es waren Maria aus Mag-
dala, Johanna, Maria, die Mutter von Jakobus, und noch andere, die
zu ihnen gehörten. Die Frauen erzählten den Aposteln, was sie er-
lebt hatten. 11 Die Apostel hielten ihren Bericht für reine Erfindung
und glaubten ihnen nicht. 12 Aber Petrus stand auf und rannte zum
Grab. Er schaute hinein, sah aber nur die Leinenbinden. So ging er
wieder zurück und fragte sich verwundert, was da wohl geschehen
war.

Jesus begleitet zwei Jünger auf dem Weg nach Emmaus

13 Am selben Tag waren zwei Jünger unterwegs zu dem Dorf Emmaus.
Es lag gut zehn Kilometer von Jerusalem entfernt. 14 Sie unterhielten
sich über alles, was sie in den letzten Tagen erlebt hatten. 15 Während
sie noch redeten und hin und her überlegten, kam Jesus selbst dazu
und ging mit ihnen. 16 Aber es war, als ob ihnen jemand die Augen zu-
hielt, und sie erkannten ihn nicht.
17 Er fragte sie: »Worüber unterhaltet ihr euch auf eurem Weg?« Da
blieben sie traurig stehen. 18 Einer von ihnen – er hieß Kleopas – ant-
wortete: »Du bist wohl der Einzige in Jerusalem, der nicht weiß, was
dort in diesen Tagen passiert ist?« 19 Jesus fragte sie: »Was denn?« Sie
sagten zu ihm: »Das mit Jesus aus Nazaret! Er war ein großer Pro-
phet. Das hat er durch sein Wirken und seine Worte vor Gott und
dem ganzen Volk gezeigt. 20 Unsere führenden Priester und die ande-
ren Mitglieder des jüdischen Rates ließen ihn zum Tod verurteilen

Herr: Titel für Jesus Christus. Im griechischen Alten Testament steht das Wort »Herr« an den Stellen, an denen im hebräischen Text der Gottesname steht. Wenn Jesus Christus so genannt wird, kommt darin zum Ausdruck: In ihm begegnet Gott selbst den Menschen.

Auferweckung: Meint die Auferstehung vom Tod und das ewige Leben im Reich Gottes.

Menschensohn: Bezeichnung, die zum Ausdruck bringt, dass Menschen Geschöpfe Gottes sind. Im Neuen Testament ein Titel für Jesus, der von Gott zum Herrscher und Retter der Welt bestimmt wurde.

Sünder: Menschen, die sich von Gott abgewendet haben und seinen Willen missachten.

Apostel: Wörtlich »Ausgesandte«. Menschen, die dazu berufen sind, die Gute Nachricht von Jesus Christus zu verkünden. Im engeren Sinn die zwölf Jünger von Jesus, die ihn während seines Lebens begleiteten.

jüdischer Rat: Oberste Behörde zur Regelung religiöser Angelegenheiten.

und kreuzigen. 21 Wir hatten doch gehofft, dass er der erwartete Ret-
ter Israels ist. Aber nun ist es schon drei Tage her, seit das alles ge-
schehen ist. 22 Und dann haben uns einige Frauen, die zu uns gehö-
ren, in Aufregung versetzt: Sie waren frühmorgens am Grab. 23 Aber
sie konnten seinen Leichnam nicht finden. Sie kamen zurück und
berichteten: ›Wir haben Engel gesehen. Die haben uns gesagt, dass
Jesus lebt!‹ 24 Einige von uns sind sofort zum Grab gelaufen. Sie fan-
den alles so vor, wie die Frauen gesagt haben – aber Jesus selbst haben
sie nicht gesehen.«
25 Da sagte Jesus zu den beiden: »Warum seid ihr so begriffsstutzig?
Warum fällt es euch so schwer zu glauben, was die Propheten gesagt
haben? 26 Musste der Christus das nicht alles erleiden, um in die Herr-
lichkeit seines Reiches zu gelangen?« 27 Und Jesus erklärte ihnen, was
in der Heiligen Schrift über ihn gesagt wurde – angefangen bei Mose
bis hin zu allen Propheten.

Jesus gibt sich den beiden Jüngern zu erkennen

28 So erreichten sie das Dorf, zu dem sie unterwegs waren. Jesus tat
so, als wollte er weiterziehen. 29 Da drängten sie ihn: »Bleib doch bei
uns! Es ist fast Abend, und der Tag geht zu Ende!« Er ging mit ihnen
ins Haus und blieb dort. 30 Später ließ er sich mit ihnen zum Essen
nieder. Er nahm das Brot, dankte Gott, brach das Brot in Stücke und
gab es ihnen. 31 Da fiel es ihnen wie Schuppen von den Augen, und sie
erkannten ihn. Im selben Augenblick verschwand er vor ihnen.
32 Sie sagten zueinander: »Brannte unser Herz nicht vor Begeis-
terung, als er unterwegs mit uns redete und uns die Heilige Schrift
erklärte?« 33 Sofort brachen sie auf und liefen nach Jerusalem zurück.
Dort fanden sie die elf Jünger beieinander, zusammen mit allen an-
deren, die zu ihnen gehörten. 34 Die Jünger riefen ihnen zu: »Der Herr
ist wirklich auferstanden! Er hat sich Simon gezeigt!« 35 Da erzählten
die beiden, was sie unterwegs erlebt hatten – und wie sie den Herrn
erkannt hatten, als er das Brot in Stücke brach.

Jesus zeigt sich seinen Jüngern

→ Johannes 20,19-23

36 Während sie noch redeten, stand der Herr plötzlich mitten unter
ihnen. Er sagte: »Friede sei mit euch!« 37 Da erschraken alle und fürch-
teten sich. Denn sie meinten, einen Geist zu sehen. 38 Jesus sagte zu
ihnen: »Warum seid ihr so erschrocken? Und warum zweifelt ihr in
euren Herzen? 39 Ich bin es wirklich: Seht meine Hände und Füße
an. Fasst mich an und überzeugt euch selbst – ein Geist hat weder
Fleisch noch Knochen, wie ihr sie bei mir sehen könnt.« 40 Während
er das sagte, zeigte er ihnen seine Hände und Füße. 41 Vor lauter
Freude konnten sie es immer noch nicht fassen und waren außer
sich vor Staunen. Da fragte er: »Habt ihr etwas zu essen hier?« 42 Sie
gaben ihm ein Stück gebratenen Fisch. 43 Er nahm es und aß es vor
ihren Augen.

Kreuzigung: Verurteilte Sklaven, Räuber und Aufrührer wurden von den Römern am Kreuz hingerichtet.

Christus: Bedeutet übersetzt »der Gesalbte«. Im Alten Testament werden Könige, aber auch Propheten und Priester bei Amtsantritt gesalbt. Später wird der von Gott zum Herrscher der Welt bestimmte Retter so genannt. Im Neuen Testament ist das Jesus.

Mose und Propheten: Zur Zeit von Jesus eine gebräuchliche Bezeichnung für die Heilige Schrift. Christen lesen bestimmte Texte aus dem Alten Testament als Ankündigung für das Schicksal von Jesus Christus. Ein zentraler Text ist beispielsweise Jesaja 52,13–53,12.

sie erkannten ihn: Sie erkennen Jesus daran, dass er sich so verhält wie bei dem letzten großen gemeinsamen Essen; vgl. Lukas 22,19

in Erfüllung gehen: Christen lesen bestimmte Texte aus dem Alten Testament als Ankündigung für das Schicksal von Jesus Christus. Ein zentraler Text ist beispielsweise Jesaja 52,13–53,12.

Schuld: Konkrete Verfehlungen, die von Gott trennen und das Gewissen belasten können.

Geist Gottes: Kraft, durch die Gott in der Welt wirkt.

Segen, segnen: Wer einen anderen Menschen segnet, bittet Gott, dem Gesegneten Kraft, Leben und Wohlergehen zu schenken.

Der Auftrag an die Jünger

44 Der Herr sagte zu ihnen: »Als ich noch bei euch war, habe ich zu euch
gesagt: Es muss alles in Erfüllung gehen, was über mich geschrieben
steht – im Gesetz des Mose, bei den Propheten und in den Psalmen.«
45 Dann half er ihnen, die Heilige Schrift richtig zu verstehen. 46 Er
erklärte ihnen: »In der Heiligen Schrift heißt es: Der Christus muss
leiden und am dritten Tag von den Toten auferstehen. 47 Und allen
Völkern muss in seinem Namen verkündet werden: ›Ändert euer
Leben! Gott will euch eure Schuld vergeben.‹ Fangt in Jerusalem an!
48 Ihr seid Zeugen für alles, was geschehen ist. 49 Ich werde den Geist
zu euch senden, den mein Vater versprochen hat. Bleibt hier in der
Stadt, bis ihr diese Kraft von oben empfangen habt.«

Jesus wird in den Himmel aufgenommen

→ Markus 16,19-20

50 Jesus führte sie aus der Stadt hinaus bis nach Betanien. Dann hob er
die Hände und segnete sie. 51 Noch während er sie segnete, entfernte
er sich von ihnen und wurde zum Himmel emporgehoben. 52 Sie fie-
len zu Boden und beteten ihn an. Dann kehrten sie voller Freude
nach Jerusalem zurück. 53 Sie verbrachten die ganze Zeit im Tempel
und lobten Gott.

Die Gute Nachricht nach Johannes

Vorwort: Jesus ist das Wort Gottes 1,1-18

Das Wort Gottes von Anfang an

1 1 Von Anfang an gab es den, der das Wort ist. Er, das Wort, gehörte
zu Gott. Und er, das Wort, war Gott in allem gleich. 2 Dieses Wort
gehörte von Anfang an zu Gott. 3 Alles wurde durch dieses Wort ge-
schaffen. Und nichts, das geschaffen ist, ist ohne dieses Wort entstan-
den. 4 Er, das Wort, war zugleich das Leben in Person. Und das Leben
war das Licht für die Menschen. 5 Das Licht leuchtet in der Finsternis,
aber die Finsternis hat es nicht angenommen.
6 Ein Mensch trat auf, den Gott gesandt hatte. Er hieß Johannes.
7 Dieser Mensch war ein Zeuge für das Licht. Alle sollten durch ihn
zum Glauben kommen. 8 Er selbst war nicht das Licht. Aber er sollte
als Zeuge für das Licht auftreten. 9 Er, das Wort, war das wahre Licht.
Es ist in die Welt gekommen und leuchtet für alle Menschen.
10 Er, das Wort, war schon immer in der Welt. Die Welt ist ja durch
ihn entstanden. Aber sie erkannte ihn nicht. 11 Er kam in die Welt, die
ihm gehört. Aber die Menschen dort nahmen ihn nicht auf. 12 Aber
denen, die ihn aufnahmen, verlieh er das Recht, Kinder Gottes zu
werden. – Das sind alle, die an ihn glauben. – 13 Kinder Gottes wurden
sie nicht durch ihre Abstammung. Sie wurden es auch nicht, weil ein
Mensch es wollte oder weil sie einen Mann zum Vater haben. Kinder
Gottes wurden sie allein dadurch, dass Gott ihnen das wahre Leben
schenkte.

Das Wort Gottes ist Mensch geworden

14 Er, das Wort, wurde ein Mensch. Er lebte bei uns, und wir sahen
seine Herrlichkeit. Es war die Herrlichkeit, die ihm der Vater gege-
ben hat – ihm, seinem einzigen Sohn. Er war ganz erfüllt von Gottes
Gnade und Wahrheit.
15 Johannes trat als sein Zeuge auf. Er rief: »Diesen habe ich ge-
meint, als ich sagte: ›Nach mir kommt einer, der mir immer schon
voraus ist. Denn lange vor mir war er schon da.‹«
16 Aus seinem Reichtum hat er uns beschenkt – mit überreicher
Gnade. 17 Durch Mose hat Gott uns das Gesetz gegeben. Durch Jesus
Christus sind die Gnade und die Wahrheit zu uns gekommen. 18 Kein
Mensch hat Gott jemals gesehen. Nur der eine, der Mensch gewor-
den ist, selbst Gott ist und an der Seite des Vaters sitzt – der hat uns
über ihn Auskunft gegeben.

Wort: Wörtlich »Logos«. Der philosophische Fachbegriff ist im Griechischen männlich (nicht sächlich) und kann deshalb mit einer Person identifiziert werden. Im Johannesevangelium bezeichnet er Jesus, der als Wort bereits vor der Schöpfung bei Gott war und durch den Gott die Welt geschaffen hat.

Licht: Bild für das Leben, das Jesus Christus als Licht der Welt schenkt. Durch ihn erhalten die Menschen das ewige Leben in unmittelbarer Gemeinschaft mit Gott.

Johannes der Täufer: Bereitet die Menschen auf das Kommen von Jesus vor.

wahres Leben: Durch den Glauben an Gott geschenktes Leben in Gemeinschaft mit ihm.

Wahrheit: Wahr ist etwas, wenn es hält, was es verspricht. In diesem Sinne ist »wahr«, was von Gott kommt. Als Mensch ist Jesus Zeuge für diese Wahrheit, als Sohn Gottes, der von Gott kommt, ist er die Wahrheit selbst.

Jesus Christus: Der Name ist zugleich ein Bekenntnis. Wer Jesus als Christus anerkennt, glaubt an ihn als Retter und Erlöser der Welt.

Das erste öffentliche Auftreten von Jesus 1,19–2,25

Was Johannes der Täufer über sich selbst sagt

→ Matthäus 3,1-12; Markus 1,2-8; Lukas 3,1-6; 3,15-18

19 Das war die Zeugenaussage, die Johannes ablegte. Die jüdischen Behörden hatten nämlich aus Jerusalem Priester und Leviten zu ihm gesandt. Die sollten ihn fragen: »Wer bist du eigentlich?« 20 Er bekannte frei heraus und erklärte offen: »Ich bin nicht der Christus.« 21 Da fragten sie ihn: »Wer dann – bist du Elija?« Er sagte: »Nein, der bin ich nicht.« »Bist du der erwartete Prophet?« Wieder antwortete er: »Nein.« 22 Sie fragten ihn weiter: »Wer bist du? Wir müssen doch denen Auskunft geben, die uns geschickt haben. Was sagst du selbst denn über dich?« 23 Er antwortete: »Ich bin, was der Prophet Jesaja vorausgesagt hat: Die Stimme, die in der Wüste ruft: ›Bahnt den Weg für den Herrn!‹«

24 Es waren auch Abgesandte der Pharisäer dabei. 25 Sie fragen ihn: »Warum taufst du überhaupt, wenn du weder der Christus bist noch Elija oder der erwartete Prophet?« 26 Johannes antwortete: »Ich taufe nur mit Wasser. Aber mitten unter euch steht einer, den ihr noch nicht kennt. 27 Er kommt nach mir. Ich bin nicht einmal wert, die Riemen seiner Sandalen aufzuschnüren.« 28 Das alles geschah in dem Ort Betanien, der auf der anderen Seite des Jordan liegt. Dort taufte Johannes.

Was Johannes über Jesus sagt

→ Matthäus 3,13-17; Markus 1,9-11; Lukas 3,21-22

29 Am nächsten Tag sieht Johannes Jesus zu sich kommen. Da sagt er: »Seht doch! Das ist das Lamm Gottes. Es nimmt die Sünde dieser Welt weg! 30 Diesen habe ich gemeint, als ich sagte: ›Nach mir kommt ein Mann, der mir immer schon voraus ist. Denn lange vor mir war er schon da.‹ 31 Auch ich wusste nicht, wer er ist. Aber damit er dem Volk Israel bekannt wird, bin ich gekommen und taufe mit Wasser.« 32 Weiter bezeugte Johannes: »Ich sah den Geist Gottes wie eine Taube vom Himmel herabkommen und bei ihm bleiben. 33 Auch ich wusste nicht, wer er ist. Aber Gott, der mich beauftragt hat, mit Wasser zu taufen, hat zu mir gesagt: ›Der, auf den du den Geist herabkommen und bei ihm bleiben siehst – der ist es. Er tauft mit dem Heiligen Geist.‹ 34 Ich habe es gesehen und kann bezeugen: Er ist der Sohn Gottes.«

Die ersten Jünger

35 Am nächsten Tag stand Johannes mit zwei seiner Jünger wieder dort. 36 Als Jesus vorbeiging, schaute Johannes ihn an und sagte: »Seht doch! Das ist das Lamm Gottes!« 37 Die beiden Jünger hörten diese Worte und folgten Jesus. 38 Jesus drehte sich um und sah, dass sie ihm folgten. Da fragte er sie: »Was wollt ihr?« Sie antworteten: »Rabbi« – das heißt übersetzt »Lehrer« – »wo wohnst du?« 39 Er forderte sie

jüdische Behörden: Wörtlich »die Juden«. Im Johannesevangelium sind damit je nach Zusammenhang unterschiedliche Personen oder Gruppen gemeint, die Jesus als Gegner gegenübertreten.

Leviten: Erfüllen bestimmte Aufgaben beim Gottesdienst im Heiligtum. Mit den Priestern gelten sie als Nachkommen des Stammvaters Levi.

Elija: Prophet, der am Ende seines Lebens direkt von Gott in den Himmel aufgenommen wurde. Sein Wiederkommen wird als Zeichen für das beginnende Gericht Gottes erwartet, vgl. Maleachi 3,23.

Pharisäer: Angehöriger einer jüdischen Glaubensgruppe, die die biblischen Vorschriften und Gesetze sehr streng auslegte.

Lamm Gottes: Bild, das Christus mit einem Opfertier vergleicht. Es nimmt die Sünde weg, die trennend zwischen Gott und Mensch steht.

taufen: Wörtlich »(in Wasser) eintauchen«. Die Handlung steht zeichenhaft für das Abwaschen von Schuld und Sünde.

Sohn Gottes: Titel, der das besondere Vertrauensverhältnis eines Menschen zu Gott zum Ausdruck bringt. Im Neuen Testament wird der Titel ausschließlich für Jesus verwendet.

auf: »Kommt und seht selbst!« Da gingen sie mit und sahen, wo er
wohnte. Sie blieben den ganzen Tag bei ihm. Das geschah etwa um
die zehnte Stunde.
40 Andreas war einer der beiden Jünger, die Johannes gehört hatten
und Jesus gefolgt waren. Er war der Bruder von Simon Petrus. 41 An-
dreas traf zuerst seinen Bruder Simon und sagte zu ihm: »Wir haben
den Messias gefunden« – das heißt übersetzt »der Christus«. 42 Er
brachte Simon zu Jesus. Jesus sah ihn an und sagte: »Du bist Simon,
der Sohn des Johannes. Dich wird man Kephas nennen« – das heißt
übersetzt Petrus und bedeutet »Fels«.

Philippus und Natanael

43 Am nächsten Tag wollte Jesus nach Galiläa aufbrechen. Da traf er
Philippus. Jesus sagt zu ihm: »Folge mir!« 44 Philippus kam aus Bet-
saida, das ist die Stadt, aus der auch Andreas und Petrus stamm-
ten. 45 Philippus sucht Natanael auf und sagt zu ihm: »Wir haben
den gefunden, von dem Mose im Gesetz geschrieben hat und den
die Propheten angekündigt haben. Es ist Jesus, der Sohn Josefs. Er
kommt aus Nazaret.« 46 Da fragte ihn Natanael: »Kann aus Naza-
ret etwas Gutes kommen?« Philippus antwortete: »Komm und sieh
selbst!«
47 Als Jesus Natanael zu sich kommen sah, sagte er über ihn: »Das
ist ein wahrer Israelit: ein durch und durch aufrichtiger Mann!«
48 Da fragte ihn Natanael: »Woher kennst du mich?« Jesus antwor-
tete: »Noch bevor Philippus dich rief, habe ich dich unter dem Fei-
genbaum gesehen.« 49 Natanael erwiderte: »Rabbi, du bist der Sohn
Gottes. Du bist der König Israels!« 50 Jesus antwortete: »Glaubst du
das, weil ich dir sagte, dass ich dich unter dem Feigenbaum gese-
hen habe? Du wirst noch viel größere Dinge zu sehen bekommen!«
51 Und er sagte zu ihm: »Amen, amen, das sage ich euch: Ihr werdet
den Himmel offen sehen. Und die Engel Gottes werden vom Men-
schensohn zum Himmel hinaufsteigen und von dort wieder zu ihm
herabsteigen!«

Die Hochzeit in Kana

2 1 Am dritten Tag fand in Kana in Galiläa eine Hochzeit statt. Auch
die Mutter von Jesus nahm daran teil. 2 Jesus und seine Jünger
waren ebenfalls zur Hochzeitsfeier eingeladen. 3 Während des Festes
ging der Wein aus. Da sagte die Mutter von Jesus zu ihm: »Sie haben
keinen Wein mehr!« 4 Jesus antwortete: »Was willst du von mir, Frau?
Meine Stunde ist noch nicht gekommen.« 5 Doch seine Mutter sagte
zu den Dienern: »Tut alles, was er euch sagt!«
6 Es gab dort sechs große Wasserkrüge aus Stein. Die Juden benö-
tigten sie, um sich zu reinigen. Jeder Krug fasste etwa 100 Liter. 7 Jesus
sagte zu den Dienern: »Füllt die Krüge mit Wasser.« Die füllten sie bis
zum Rand. 8 Dann sagte er zu ihnen: »Schöpft jetzt etwas heraus und
bringt es dem, der für das Festessen verantwortlich ist.« Sie brachten

Christus: Bedeutet übersetzt »der Gesalbte«. Im Alten Testament werden Könige, aber auch Propheten und Priester bei Amtsantritt gesalbt. Später wird der von Gott zum Herrscher der Welt bestimmte Retter so genannt. Im Neuen Testament ist das Jesus.

Gesetz und Propheten: Der Ausdruck »im Gesetz und bei den Propheten« ist im Neuen Testament eine gebräuchliche Bezeichnung für die Heilige Schrift.

König Israels: Nachdem das Königreich Israel untergegangen war, hoffte man darauf, dass Gott einen Nachkommen von König David als Retter und Erlöser Israels senden würde.

Menschensohn: Bezeichnung, die zum Ausdruck bringt, dass Menschen Geschöpfe Gottes sind. Im Neuen Testament ein Titel für Jesus, der von Gott zum Herrscher und Retter der Welt bestimmt wurde.

meine Stunde: Der Zeitpunkt, an dem deutlich wird, dass Jesus als Sohn Gottes in diese Welt gesandt ist, um die Menschen zu erlösen. Dies zeigt sich in seinem Tod am Kreuz, in dem Gottes liebevolle Zuwendung zu den Menschen ihren Höhepunkt erreicht.

Reinigung, sich reinigen: Religiöse Handlung, mit der Menschen und Dinge dafür vorbereitet werden, in der Nähe Gottes zu sein.

es ihm. 9 Als der Mann einen Schluck davon trank, war das Wasser
zu Wein geworden. Er wusste natürlich nicht, woher der Wein kam.
Aber die Diener, die das Wasser geschöpft hatten, wussten Bescheid.
Da rief er den Bräutigam zu sich 10 und sagte zu ihm: »Jeder andere
schenkt zuerst den guten Wein aus. Und wenn die Gäste dann be-
trunken sind, folgt der weniger gute. Du hast den guten Wein bis
jetzt zurückgehalten.«

11 Das war das erste Zeichen. Jesus vollbrachte es in Kana in Gali-
läa. Er offenbarte damit seine Herrlichkeit und seine Jünger glaub-
ten an ihn. 12 Danach ging Jesus nach Kapernaum. Seine Mutter, sei-
ne Brüder und seine Jünger begleiteten ihn. Dort blieben sie einige
Tage.

Jesus vertreibt die Händler aus dem Tempel

→ Matthäus 21,12-13; Markus 11,15-17; Lukas 19,45-46

13 Das Passafest der Juden stand kurz bevor. Da ging Jesus nach Jeru-
salem. 14 Im Tempel traf er auf Händler, die Rinder, Schafe und Tau-
ben verkauften. Auch Geldwechsler saßen dort. 15 Da machte Jesus
sich aus Stricken eine Peitsche und jagte sie alle aus dem Tempel hin-
aus – samt ihren Schafen und Rindern. Die Münzen der Geldwechs-
ler schleuderte er auf den Boden und stieß ihre Tische um. 16 Zu den
Taubenhändlern sagte er: »Schafft das weg von hier! Macht das Haus
meines Vaters nicht zu einer Markthalle!« 17 Seine Jünger erinnerten
sich daran, dass in der Heiligen Schrift steht: »Der Einsatz für dein
Haus wird mich aufreiben!«

18 Da fragten ihn die Vertreter der jüdischen Behörden: »Mit was
für einem Zeichen kannst du uns beweisen, dass du so etwas tun
darfst?« 19 Jesus antwortete: »Reißt diesen Tempel ab, und in drei Ta-
gen werde ich ihn wieder aufbauen.« 20 Da sagten die Juden: »An die-
sem Tempel hat man 46 Jahre lang gebaut. Und du willst ihn in drei
Tagen wieder aufbauen?« 21 Jesus hatte aber mit dem Tempel seinen
Leib gemeint. 22 Als er von den Toten auferstanden war, erinnerten
sich seine Jünger, dass er das gesagt hatte. Sie glaubten der Heiligen
Schrift und dem, was Jesus ihnen gesagt hatte.

23 Während des Passafests hielt Jesus sich dann in Jerusalem auf.
Viele Menschen glaubten an ihn, denn sie sahen die Zeichen, die
er vollbrachte. 24 Aber Jesus vertraute sich den Menschen nicht an.
Denn er durchschaute sie alle. 25 Er hatte es auch nicht nötig, dass ihm
jemand Auskunft über die Menschen gab. Denn er selbst kannte das
Innerste der Menschen genau.

Jesus redet mit Nikodemus 3,1-21

Neu geboren werden durch den Geist

3 1 Unter den Pharisäern gab es einen, der Nikodemus hieß. Er
war einer der führenden Männer des jüdischen Volkes. 2 Eines

Kana: Stadt im Bergland von Galiläa. Von Kana nach Jerusalem waren es etwa 160 km Fußweg.

Kapernaum: Stadt am Nordufer des See Gennesaret.

Passafest: Fest, das jährlich im Frühjahr gefeiert wird und an die Befreiung des Volkes Israel aus der Sklaverei in Ägypten erinnert; vgl. 2. Mose/Exodus 12–13.

in der Heiligen Schrift steht: Zitat aus Psalm 69,10.

Vertreter der jüdischen Behörden: Wörtlich »die Juden«. Im Johannesevangelium sind damit je nach Zusammenhang unterschiedliche Personen oder Gruppen gemeint, die Jesus als Gegner gegenübertreten.

Zeichen, Wunder: Ausweis der göttlichen Vollmacht, mit der eine Person handelt.

Auferstehung: Meint die Auferweckung vom Tod und das ewige Leben im Reich Gottes.

Heilige Schrift: Für das Judentum und für das frühe Christentum die Bücher, die sich im Alten Testament finden.

Pharisäer: Angehöriger einer jüdischen Glaubensgruppe, die die biblischen Vorschriften und Gesetze sehr streng auslegte.

Nachts ging er zu Jesus und sagte zu ihm: »Rabbi, wir wissen: Du
bist ein Lehrer, den Gott uns geschickt hat. Denn keiner kann sol-
che Zeichen tun, wie du sie vollbringst, wenn Gott nicht mit ihm
ist.« 3 Jesus antwortete: »Amen, amen, das sage ich dir: Nur wenn
jemand neu geboren wird, kann er das Reich Gottes sehen.« 4 Dar-
auf sagte Nikodemus zu ihm: »Wie kann denn ein Mensch gebo-
ren werden, der schon alt ist? Man kann doch nicht in den Mut-
terleib zurückkehren und ein zweites Mal geboren werden!« 5 Jesus
antwortete: »Amen, amen, das sage ich dir: Nur wenn jemand aus
Wasser und Geist geboren wird, kann er in das Reich Gottes hin-
einkommen. 6 Was von Menschen geboren wird, ist ein Menschen-
kind. Was vom Geist geboren wird, ist ein Kind des Geistes. 7 Wun-
dere dich also nicht, dass ich dir gesagt habe: ›Ihr müsst von oben
her neu geboren werden.‹ 8 Auch der Wind weht, wo er will. Du
hörst sein Rauschen. Aber du weißt nicht, woher er kommt und
wohin er geht. Genauso ist es mit jedem, der vom Geist geboren
wird.«

9 Nikodemus fragte Jesus noch einmal: »Wie kann das gesche-
hen?« 10 Jesus antwortete: »Du bist Lehrer Israels und verstehst das
nicht? 11 Amen, amen, das sage ich dir: Das, was wir wissen, davon
reden wir. Und das, was wir gesehen haben, das bezeugen wir. Aber
das, was wir bezeugen, nehmt ihr nicht an. 12 Ihr glaubt mir schon
nicht, wenn ich zu euch von weltlichen Dingen spreche. Wie werdet
ihr mir dann glauben, wenn ich zu euch von himmlischen Dingen
rede?«

Wer an Jesus glaubt, hat das ewige Leben

13 »Nur einer ist in den Himmel hinaufgestiegen. Es ist der, der auch
vom Himmel herabgekommen ist: der Menschensohn. 14 Es ist wie
damals bei Mose, als er in der Wüste den Pfahl mit der Schlange
aufgerichtet hat. So muss auch der Menschensohn erhöht werden,
15 damit jeder, der an ihn glaubt, das ewige Leben hat. 16 Denn so sehr
hat Gott die Welt geliebt, dass er seinen einzigen Sohn für sie hin-
gab. Jeder, der an ihn glaubt, soll nicht verloren gehen, sondern das
ewige Leben haben. 17 Gott hat den Sohn nicht in die Welt gesandt,
damit er sie verurteilt. Vielmehr soll er die Welt retten. 18 Wer an ihn
glaubt, wird nicht verurteilt. Wer aber nicht glaubt, ist schon verur-
teilt. Denn er hat nicht an den geglaubt, der Gottes einziger Sohn
ist.

19 So geschieht die Verurteilung: Das Licht ist in die Welt gekom-
men. Aber die Menschen liebten die Finsternis mehr als das Licht.
Denn ihr ganzes Tun war böse. 20 Jeder, der Böses tut, hasst das
Licht. Er tritt nicht ins Licht, damit seine Taten nicht herauskom-
men. 21 Wer sich bei dem, was er tut, nach der Wahrheit richtet, tritt
ins Licht. Seine Taten sollen bekannt werden, denn Gott selbst be-
stimmt sein Handeln.«

geboren: Nikodemus versteht die Worte von Jesus wörtlich. Für Jesus ist das jedoch ein Bild dafür, dass jemand das Leben ganz neu beginnen kann.

Wasser: Bild für die Taufe, bei der zeichenhaft Schuld und Sünde abgewaschen werden. Damit wird alles weggenommen, was die Beziehung zwischen dem Getauften und Gott stört.

Menschensohn: Bezeichnung, die zum Ausdruck bringt, dass Menschen Geschöpfe Gottes sind. Im Neuen Testament ein Titel für Jesus, der von Gott zum Herrscher und Retter der Welt bestimmt wurde.

erhöhen: In 4. Mose/Numeri 21,9 wird erzählt, dass Mose eine Schlange aus Bronze auf ein Feldzeichen steckt und die Israeliten damit rettet. Jesus, der gekommen ist, um die ganze Welt zu retten, wird am Ende seines Lebens am Kreuz in die Höhe gehoben.

ewiges Leben: Leben im Reich Gottes und in unmittelbarer Gemeinschaft mit Gott nach der Auferstehung vom Tod.

Licht: Bild für das Leben, das Jesus Christus als Licht der Welt schenkt. Durch ihn erhalten die Menschen das ewige Leben in unmittelbarer Gemeinschaft mit Gott.

taufen: Wörtlich »(in Wasser) eintauchen«. Die Handlung steht zeichenhaft für das Abwaschen von Schuld und Sünde.

Juden: Im Johannesevangelium sind damit unterschiedliche Personen oder Gruppen gemeint, die Jesus als Gegner gegenübertreten.

Reinigung von Schuld: Gemeint ist die Taufe als Zeichen für das Abwaschen von Schuld.

Rabbi: Aramäisch für »mein Herr / mein Meister«. Zur Zeit von Jesus Ehrentitel für angesehene Lehrer.

Geist Gottes: Kraft, durch die Gott in der Welt wirkt.

Sohn Gottes: Titel, der das besondere Vertrauensverhältnis eines Menschen zu Gott zum Ausdruck bringt. Im Neuen Testament wird der Titel ausschließlich für Jesus verwendet.

ewiges Leben: Leben im Reich Gottes und in unmittelbarer Gemeinschaft mit Gott nach der Auferstehung vom Tod.

Pharisäer: Angehöriger einer jüdischen Glaubensgruppe, die die biblischen Vorschriften und Gesetze sehr streng auslegte.

Samariter: Aus den Israeliten hervorgegangene Glaubensgruppe, die nur die fünf Bücher Mose als Heilige Schrift anerkannte. Zwischen ihnen und den Juden herrschte Rivalität.

Jesus und Johannes der Täufer 3,22-36

Die Menschen streiten, welche Taufe wirksamer ist

22 Bald darauf ging Jesus mit seinen Jüngern in das judäische Land. Er
blieb mit ihnen dort und taufte. 23 Auch Johannes taufte in Änon, in
der Nähe von Salim, denn dort gab es zahlreiche Quellen. Die Men-
schen kamen und ließen sich taufen. 24 Johannes war nämlich noch
nicht ins Gefängnis geworfen worden.

25 Da gerieten die Jünger des Johannes mit einem Juden in Streit
über die Reinigung von Schuld. 26 Sie gingen zu Johannes und sag-
ten zu ihm: »Rabbi, da war ein Mann bei dir auf der anderen Seite des
Jordan. Du selbst hast seine Bedeutung bezeugt. Der tauft jetzt auch,
und alle gehen zu ihm hin!« 27 Johannes antwortete: »Kein Mensch
kann sich irgendetwas nehmen, wenn es ihm nicht vom Himmel ge-
geben ist. 28 Ihr selbst könnt bezeugen, dass ich gesagt habe: ›Ich bin
nicht der Christus.‹ Vielmehr habe ich gesagt: ›Ich bin vor ihm her
gesandt.‹ 29 Nur wer die Braut heiratet, ist der Bräutigam. Der Freund
des Bräutigams steht dabei. Er hört den Bräutigam vor Freude jubeln
und freut sich mit. Genau solche Freude erfüllt mich jetzt. 30 Seine Be-
deutung wird zunehmen, aber meine wird abnehmen.«

Johannes bezeugt, dass Jesus der Sohn Gottes ist

31 »Wer von oben kommt, steht über allen. Wer dagegen von der Erde
stammt, gehört zur Erde und spricht aus weltlicher Sicht. Er, der vom
Himmel kommt, steht über allen. 32 Was er dort gesehen und gehört
hat, dafür tritt er hier als Zeuge auf. Aber niemand glaubt seiner Zeu-
genaussage. 33 Wer auf das hört, was er bezeugt, bestätigt: Was Gott
sagt, das ist wahr. 34 Der, den Gott gesandt hat, spricht die Worte Got-
tes. Denn Gott gibt ihm den Geist in seiner ganzen Fülle. 35 Der Vater
liebt den Sohn und hat alles in seine Hand gelegt. 36 Wer an den Sohn
glaubt, hat das ewige Leben. Wer aber nicht auf den Sohn hört, wird
das Leben nicht sehen. Dem Zorn Gottes entgeht er nicht.«

Jesus und die Samariterin 4,1-42

Jesus bittet eine Samariterin um Wasser

4 1 Die Pharisäer hörten, dass Jesus mehr Menschen zu Jüngern
machte und taufte als Johannes. 2 – Allerdings taufte Jesus nicht
selbst, sondern seine Jünger. – 3 Als Jesus das erfuhr, verließ er Judäa
und kehrte wieder nach Galiläa zurück. 4 Dabei musste er das Gebiet
durchqueren, in dem die Samariter lebten. 5 Unterwegs kam er nach
Sychar, einem Ort in Samarien. In seiner Nähe liegt das Grundstück,
das Jakob einst seinem Sohn Josef vererbt hatte. 6 Dort befand sich
der Jakobsbrunnen. Jesus war müde von dem langen Weg und setzte
sich an den Brunnen. Es war um die sechste Stunde. 7 Da kam eine
Samariterin, um Wasser zu schöpfen. Jesus bat sie: »Gib mir etwas

zu trinken.« 8 Seine Jünger waren nämlich in den Ort gegangen, um etwas zum Essen zu kaufen. 9 Da sagte die Samariterin zu ihm: »Du bist ein Jude, und ich bin eine Samariterin. Wie kannst du mich um etwas zu trinken bitten?« Denn die Juden vermeiden jeden Umgang mit Samaritern.

Von Jesus kommt das Wasser des Lebens

10 Jesus antwortete: »Wenn du wüsstest, was für ein Geschenk Gott den Menschen macht und wer dich hier bittet: ›Gib mir etwas zu trinken‹! – dann würdest du ihn bitten, und er würde dir lebendiges Wasser geben!« 11 Die Frau erwiderte: »Herr, du hast nichts, um Wasser zu schöpfen, und der Brunnen ist tief. Woher hast du denn dieses lebendige Wasser? 12 Bist du etwa mehr als unser Stammvater Jakob? Er hat uns diesen Brunnen hinterlassen. Er selbst hat daraus getrunken, ebenso seine Söhne und sein Vieh.« 13 Darauf antwortete Jesus: »Wer von diesem Wasser hier trinkt, wird wieder Durst bekommen. 14 Aber wer von dem Wasser trinkt, das ich ihm gebe, wird nie wieder Durst haben. Denn das Wasser, das ich ihm geben werde, wird in ihm zu einer Quelle werden: Ihr Wasser fließt und fließt – bis ins ewige Leben.« 15 Da bat ihn die Frau: »Herr, gib mir dieses Wasser! Dann habe ich nie mehr Durst und muss nicht mehr herkommen, um Wasser zu schöpfen.«

Wie Gott angebetet werden soll

16 Jesus sagte zu ihr: »Geh, ruf deinen Mann und bring ihn her!« 17 Da antwortete die Frau: »Ich habe keinen Mann.« Jesus sagte zu ihr: »Es stimmt, wenn du sagst: ›Ich habe keinen Mann.‹ 18 Denn fünfmal warst du verheiratet, und der, mit dem du jetzt zusammen bist, ist nicht dein Mann. Da hast du die Wahrheit gesagt.«

19 Da sagte die Frau: »Herr, ich sehe: Du bist ein Prophet! 20 Unsere Vorfahren haben Gott auf dem Berg dort verehrt. Aber ihr behauptet, dass sich in Jerusalem der richtige Ort befindet, um Gott zu verehren!« 21 Da antwortete Jesus: »Glaub mir, Frau: Es kommt die Stunde, in der ihr den Vater weder auf diesem Berg noch in Jerusalem verehren werdet. 22 Ihr Samariter betet Gott an und kennt ihn nicht. Wir beten Gott an und kennen ihn. Denn die Rettung für alle Menschen kommt von dem jüdischen Volk. 23 Aber es kommt die Stunde, ja, sie ist schon da! Dann werden die Menschen, die Gott wirklich verehren, den Vater anbeten. Dabei werden sie von Gottes Geist und von Gottes Wahrheit erfüllt sein. Denn der Vater sucht Menschen, die ihn so anbeten. 24 Gott selbst ist Geist – und wer ihn anbetet, muss vom Geist und von der Wahrheit erfüllt sein.«

25 Da sagte die Frau zu ihm: »Ich weiß, dass der Messias kommt. Man nennt ihn auch Christus – den Gesalbten. Wenn der kommt, wird er uns über all das Auskunft geben.« 26 Jesus antwortete: »Ich bin es. Ich, der mit dir spricht.«

27 In diesem Augenblick kamen seine Jünger zurück. Sie wunderten

lebendiges Wasser: Der griechische Begriff bezeichnet Quellwasser im Unterschied zu Wasser aus einer Zisterne. In Johannes 7,37-39 ist »lebendiges Wasser« ein Bild für den Heiligen Geist, durch den Gott in der Welt wirkt.

der Berg: Auf dem Berg Garizim stand bis 110 v. Chr. der Tempel, in dem die Samariter Gott verehrten. 5. Mose/Deuteronomium 27,11-12 erzählt, dass Mose die Stämme Israels vor dem Einzug in das verheißene Land vom Garizim aus segnen lässt.

der richtige Ort: Für die Mehrheit der jüdischen Glaubensgruppen zur Zeit von Jesus war Jerusalem der einzige Ort, an dem man Gott in einem Tempel verehren durfte.

Vater: Vertrauensvolle Anrede oder Bezeichnung für Gott.

jüdisches Volk: Bezeichnung für das Volk Israel, mit dem Gott am Berg Sinai einen Bund geschlossen hat.

der Gesalbte: Übersetzung des aus dem Hebräischen stammenden »Messias« und des aus dem Griechischen stammenden »Christus«. Im Alten Testament werden Könige, aber auch Propheten und Priester bei Amtsantritt gesalbt. Später wird der von Gott zum Herrscher der Welt bestimmte Retter so genannt.

sich, dass Jesus mit einer Frau redete. Aber keiner fragte ihn: »Was
willst du von ihr?«, oder: »Worüber redest du mit ihr?« 28 Die Frau ließ
ihren Wasserkrug stehen, lief in den Ort und sagte zu den Leuten:
29 »Kommt und schaut euch das an! Da ist ein Mensch, der hat mir
alles gesagt, was ich getan habe. Ist er vielleicht der Christus?« 30 Da
liefen die Leute aus dem Ort zu Jesus hin.

Jesus lebt von einer besonderen Nahrung

31 Inzwischen drängten ihn die Jünger: »Rabbi, iss etwas!« 32 Aber Je-
sus sagte zu ihnen: »Ich lebe von einer Nahrung, die ihr nicht kennt.«
33 Da fragten die Jünger einander: »Hat jemand ihm zu essen ge-
bracht?« 34 Jesus sagte zu ihnen: »Es ist meine Nahrung, dass ich
Gottes Willen erfülle und sein Werk vollende. Damit hat mich Gott
beauftragt. 35 Sagt ihr nicht auch: ›In vier Monaten ist Erntezeit‹? Ich
sage euch: Macht die Augen auf und schaut euch die Felder an. Sie
sind schon reif für die Ernte. 36 Wer die Ernte einbringt, erhält sei-
nen Lohn: Er sammelt die Frucht für das ewige Leben. So freut sich
der, der sät, zusammen mit dem, der erntet. 37 In diesem Fall trifft das
Sprichwort zu: ›Einer sät und ein anderer erntet.‹ 38 Denn ich habe
euch ausgesandt, um dort zu ernten, wo ihr nicht gearbeitet habt.
Andere haben sich abgemüht, und ihr erntet die Frucht ihrer Arbeit.«

Viele Samariter kommen zum Glauben an Jesus

39 Viele Samariter aus dem Ort kamen wegen der Worte der Frau
zum Glauben an Jesus. Denn sie hatte bezeugt: »Er weiß alles, was
ich getan habe.« 40 Als nun die Samariter zu Jesus kamen, baten sie
ihn: »Bleibe bei uns!« So blieb er zwei Tage dort. 41 Da kamen wegen
seiner Worte noch viel mehr Menschen zum Glauben an Jesus. 42 Sie
sagten zu der Frau: »Wir glauben nicht wegen deiner Erzählung, son-
dern weil wir ihn selbst gehört haben. Jetzt wissen wir: Er ist wirklich
der Retter der Welt.«

Jesus heilt zwei Menschen 4,43–5,47

Jesus heilt den Sohn eines königlichen Beamten

→ Matthäus 8,5-13; Lukas 7,1-10

43 Nach den zwei Tagen brach Jesus von Sychar nach Galiläa auf. 44 Er
selbst hatte ausdrücklich erklärt: »Ein Prophet gilt nichts in seiner
Heimat.« 45 Als er nun nach Galiläa kam, nahmen ihn die Galiläer
freundlich auf. Sie hatten alles miterlebt, was er während des Passa-
fests in Jerusalem getan hatte. Denn sie waren auch dort gewesen.
46 Jesus kam wieder nach Kana in Galiläa, wo er das Wasser zu
Wein gemacht hatte. Da gab es einen königlichen Beamten, dessen
Sohn lag schwer krank in Kapernaum. 47 Der Beamte hörte, dass Je-
sus aus Judäa nach Galiläa gekommen war. Da ging er zu ihm und
bat: »Komm nach Kapernaum und mache meinen Sohn gesund.

Christus: Bedeutet übersetzt »der Gesalbte«. Im Alten Testament werden Könige, aber auch Propheten und Priester bei Amtsantritt gesalbt. Später wird der von Gott zum Herrscher der Welt bestimmte Retter so genannt. Im Neuen Testament ist das Jesus.

Rabbi: Aramäisch für »mein Herr / mein Meister«. Zur Zeit von Jesus Ehrentitel für angesehene Lehrer.

Erntezeit: Die Getreideernte fand in der Zeit von April bis Juni statt. Im übertragenen Sinn ist die Ernte ein Bild für das Gericht Gottes, bei dem Gott als Herrscher über die ganze Welt am Ende der Zeit ein Urteil über sie spricht.

ewiges Leben: Leben im Reich Gottes und in unmittelbarer Gemeinschaft mit Gott nach der Auferstehung vom Tod.

Samariter: Aus den Israeliten hervorgegangene Glaubensgruppe, die nur die fünf Bücher Mose als Heilige Schrift anerkannte. Zwischen ihnen und den Juden herrschte Rivalität.

Retter der Welt: Titel für Jesus Christus, in dem die Hoffnung der Menschen auf Hilfe in allen Nöten des Lebens erfüllt ist.

Er liegt im Sterben.« 48 Jesus sagte zu ihm: »Wenn ihr nicht Zeichen
und Wunder seht, glaubt ihr nicht.« 49 Der königliche Beamte erwi-
derte: »Herr, bitte komm, bevor mein Kind stirbt.« 50 Jesus sagte zu
ihm: »Geh ruhig nach Hause! Dein Sohn lebt!« Der Mann glaubte
dem Wort, das Jesus ihm gesagt hatte, und ging. 51 Unterwegs kamen
ihm schon seine Diener entgegen. Sie riefen: »Dein Kind lebt!« 52 Der
Mann erkundigte sich, seit wann es dem Jungen besser ging. Sie be-
richteten ihm: »Gestern um die siebte Stunde hat das Fieber aufge-
hört.« 53 Da erkannte der Vater: Das war genau zu der Stunde, in der
Jesus zu ihm gesagt hatte: »Dein Sohn lebt!« Er kam zum Glauben
und mit ihm alle, die in seinem Haus lebten.
54 Das war bereits das zweite Zeichen, das Jesus vollbrachte. Es ge-
schah, als er von Judäa nach Galiläa zurückkam.

Die Heilung am Teich Betesda und der Konflikt mit den jüdischen Behörden

5 1 Einige Zeit später war wieder ein jüdisches Fest und Jesus zog
nach Jerusalem.
2 Beim Schaftor in Jerusalem gibt es einen Teich mit fünf Säu-
lenhallen. Auf Hebräisch wird dieser Ort Betesda genannt. 3 In den
Hallen lagen viele Kranke, Blinde, Gelähmte und Menschen mit
verkrüppelten Gliedern. [... 4 ...] 5 Dort war auch ein Mann, der seit 38
Jahren krank war. 6 Jesus sah ihn dort liegen und erkannte, dass er
schon lange krank war. Da fragte er ihn: »Willst du gesund werden?«
7 Der Kranke antwortete: »Herr, ich habe keinen, der mich in den
Teich bringt, sobald das Wasser in Bewegung gerät. Wenn ich es aber
allein versuche, steigt immer ein anderer vor mir hinein.« 8 Da sagte
Jesus zu ihm: »Steh auf, nimm deine Matte und geh!« 9 Im selben Au-
genblick wurde der Mann gesund. Er nahm seine Matte und ging.
Der Tag, an dem dies geschah, war ein Sabbat. 10 Da sagten die Ver-
treter der jüdischen Behörden zu dem Geheilten: »Es ist Sabbat! Du
darfst deine Matte nicht tragen!« 11 Er antwortete ihnen: »Der Mann,
der mich geheilt hat, der hat zu mir gesagt: ›Nimm deine Matte und
geh!‹« 12 Sie fragten ihn: »Wer ist das gewesen? Wer hat zu dir gesagt:
›Nimm deine Matte und geh!‹?« 13 Der Geheilte wusste es aber nicht.
Denn Jesus war in der Menschenmenge verschwunden, die sich dort
versammelt hatte.
14 Später traf Jesus den Mann im Tempel und sagte zu ihm: »Du bist
gesund geworden! Lade keine Schuld mehr auf dich, damit dir nichts
Schlimmeres geschieht.« 15 Der Mann ging weg und berichtete den
jüdischen Behörden: »Es war Jesus, der mich gesund gemacht hat.«
16 Von da an verfolgten die jüdischen Behörden Jesus, weil er das an
einem Sabbat getan hatte. 17 Aber Jesus sagte zu ihnen: »Mein Vater
ist ständig am Werk, und ich bin es auch.« 18 Daraufhin waren die jü-
dischen Behörden umso fester entschlossen, Jesus zu töten. Denn
er hatte nicht nur den Sabbat missachtet, sondern auch Gott seinen
Vater genannt. Damit hatte er sich Gott gleichgestellt.

siebte Stunde: Die Zeit zwischen Sonnenaufgang und -untergang wurde in zwölf Stunden eingeteilt, die je nach Jahreszeit unterschiedlich lang waren. Die siebte Stunde ist mittags, etwa um 13.00 Uhr.

Glaube, glauben: Meint das tiefe Vertrauen auf Gott, das zu einem Leben nach seinem Willen führt.

jüdisches Fest: Vermutlich das Wochenfest, ein Erntefest, das sieben Wochen nach dem Passafest gefeiert wurde.

Betesda: Wasserbecken und Badeanlage im Nordosten der heutigen Altstadt von Jerusalem.

[...]: Viele spätere Handschriften fügen hinzu: »Sie warteten darauf, dass das Wasser in Bewegung geriet. 4 Denn von Zeit zu Zeit stieg ein Engel zum Becken herab und brachte das Wasser in Bewegung. Wer dann als Erster in das bewegte Wasser stieg, der wurde gesund – ganz gleich, welche Krankheit er hatte.«

Sabbat: In der Bibel der siebte Tag der Woche, heute unser Samstag. Er gilt im Judentum als Feiertag, an dem nicht gearbeitet werden darf.

Schuld: Konkrete Verfehlungen, die von Gott trennen und das Gewissen belasten können.

Vater: Vertrauensvolle Anrede oder Bezeichnung für Gott.

Jesus hat die Vollmacht vom Vater

19 Jesus erwiderte auf die Vorwürfe der jüdischen Behörden: »Amen,
amen, das sage ich euch: Von sich aus kann der Sohn nichts tun. Er
kann nur das tun, was er den Vater tun sieht. Was der Vater tut, das
tut genauso auch der Sohn. 20 Der Vater liebt den Sohn. Er zeigt ihm
alles, was er selbst tut. Und er wird ihm noch größere Taten zeigen –
Taten, über die ihr staunen werdet! 21 Der Vater weckt die Toten auf
und schenkt ihnen das wahre Leben. Genauso schenkt auch der Sohn
das wahre Leben den Menschen, denen er es geben will. 22 Der Vater
verurteilt nämlich niemanden. Vielmehr hat er seine ganze richter-
liche Macht dem Sohn übergeben. 23 Denn alle sollen den Sohn ge-
nauso ehren wie den Vater. Wer den Sohn nicht ehrt, ehrt auch den
Vater nicht, der ihm seinen Auftrag gegeben hat. 24 Amen, amen, das
sage ich euch: Wer mein Wort hört und dem glaubt, der mich beauf-
tragt hat, hat das ewige Leben. Er kommt nicht vor Gottes Gericht,
sondern ist aus dem Tod ins Leben hinübergegangen.

25 Amen, amen, das sage ich euch: Die Stunde kommt, ja sie bricht
schon an: Da werden die Toten die Stimme des Gottessohnes hören.
Und diejenigen, die den Ruf hören, werden leben! 26 Aus sich selbst
heraus schenkt der Vater das wahre Leben. Genauso hat er es auch
dem Sohn gegeben, aus sich selbst heraus das wahre Leben zu schen-
ken. 27 Er hat ihm auch die Vollmacht gegeben, Gericht zu halten.
Denn er ist der Menschensohn.

28 Wundert euch nicht darüber: Es kommt die Stunde, in der alle
Toten in ihren Gräbern seine Stimme hören. 29 Sie werden alle her-
auskommen. Diejenigen, die Gutes getan haben, werden auferste-
hen, um das ewige Leben zu empfangen. Diejenigen aber, die Böses
getan haben, werden auferstehen, um verurteilt zu werden. 30 Ich
kann nichts von mir aus tun: Ich urteile so, wie ich es vom Vater höre.
Und mein Urteil ist gerecht. Denn ich folge nicht meinem eigenen
Willen, sondern dem Willen dessen, der mich beauftragt hat.«

Zeugen für Jesus

31 »Wenn ich als Zeuge für mich selbst auftreten wollte, wäre meine
Aussage nicht glaubwürdig. 32 Es gibt aber einen anderen, der als
Zeuge für mich aussagt. Und ich weiß, dass seine Aussage über mich
wahr ist. 33 Ihr habt bei Johannes nachfragen lassen, und er hat die
Wahrheit bezeugt. 34 Ich brauche aber keinen Menschen als Zeugen.
Ich sage das, damit ihr gerettet werdet. 35 Johannes war wie eine hell
leuchtende Lampe. Aber ihr wolltet euch nur ein paar Stunden lang
an ihrem Licht erfreuen.

36 Für mich spricht noch etwas, das bedeutender ist als die Aussage
des Johannes: Es sind die Taten, die mir mein Vater übertragen hat,
damit ich sie zu Ende bringe. Diese Taten, die ich vollbringe, sprechen
für mich. Sie bestätigen, dass der Vater mich gesandt hat. 37 Der Va-
ter, der mich beauftragt hat, hat selbst als Zeuge für mich ausgesagt.
Doch ihr habt seine Stimme nie gehört und seine Gestalt niemals

Amen: Das hebräische Wort bedeutet »So ist es! / So soll es sein!«

der Sohn: Jesus spricht hier von sich selbst. In dem, was er tut, wirkt sein Vater: Gott.

wahres Leben: Durch den Glauben an Gott geschenktes Leben in Gemeinschaft mit ihm.

Gericht, verurteilen: Als Herrscher über die ganze Welt ist Gott der Richter, der am Ende der Zeit ein Urteil über sie spricht.

aus dem Tod ins Leben gehen: Im Johannesevangelium ist der Tod nicht nur das Ende des biologischen Lebens, sondern der Verlust der Verbindung zu Gott. Wer ins Leben geht, lebt in unmittelbarer Gemeinschaft mit Gott in seinem Reich.

Menschensohn: Bezeichnung, die zum Ausdruck bringt, dass Menschen Geschöpfe Gottes sind. Im Neuen Testament ein Titel für Jesus, der von Gott zum Herrscher und Retter der Welt bestimmt wurde.

Auferstehung: Meint die Auferweckung vom Tod und das ewige Leben im Reich Gottes.

Johannes der Täufer: Bereitet die Menschen auf das Kommen von Jesus vor.

Vater: Vertrauensvolle Anrede oder Bezeichnung für Gott.

gesehen. 38 Auch sein Wort bleibt nicht bei euch. Denn ihr glaubt dem nicht, den er gesandt hat.

39 Ihr erforscht die Heilige Schrift, weil ihr meint, durch sie das ewige Leben zu haben. Tatsächlich ist sie mein Zeuge. 40 Doch ihr wollt nicht zu mir kommen, um das ewige Leben zu haben. 41 Ich bin nicht darauf aus, von Menschen geehrt zu werden. 42 Vielmehr kenne ich euch und weiß, dass ihr keine Liebe zu Gott in euch habt. 43 Ich bin im Auftrag meines Vaters gekommen, und ihr nehmt mich nicht auf. Wenn aber ein anderer in seinem eigenen Auftrag kommt, den werdet ihr aufnehmen. 44 Wie könnt ihr überhaupt zum Glauben kommen? Es geht euch doch nur darum, dass einer vom anderen geehrt wird! Aber ihr strebt nicht nach der Ehre, die nur der einzige Gott schenkt.

45 Ihr braucht nicht zu denken, dass ich euch vor dem Vater anklagen werde. Es ist vielmehr Mose, der euch anklagt – Mose, auf den ihr eure Hoffnung gesetzt habt. 46 Denn wenn ihr Mose wirklich glauben würdet, dann würdet ihr auch an mich glauben. Denn von mir hat er geschrieben. 47 Wenn ihr aber seinen Schriften nicht glaubt, wie wollt ihr dann meinen Worten glauben?«

Jesus ist das Brot des Lebens 6,1-71

Jesus macht mehr als 5000 Menschen satt

→ Matthäus 14,13-21; Markus 6,30-44; Lukas 9,10-17

6 1 Bald darauf ging Jesus ans andere Ufer des Sees von Galiläa, der auch See von Tiberias genannt wird. 2 Eine große Menschenmenge folgte ihm. Denn sie hatten die Zeichen gesehen, die er an den Kranken tat. 3 Jesus stieg auf einen Berg und setzte sich dort mit seinen Jüngern nieder. 4 Es war kurz vor dem Passafest, dem großen Fest der Juden. 5 Jesus blickte auf und sah, dass die große Menschenmenge zu ihm kam. Da sagte er zu Philippus: »Wo können wir Brot kaufen, damit diese Leute zu essen haben?« 6 Das sagte er aber, um Philippus auf die Probe zu stellen. Er selbst wusste längst, was er tun wollte. 7 Philippus antwortete: »Nicht einmal Brot für 200 Silberstücke reicht aus, dass jeder auch nur ein kleines Stück bekommt!« 8 Da sagte einer seiner Jünger – Andreas, der Bruder von Simon Petrus: 9 »Hier ist ein kleines Kind. Es hat fünf Gerstenbrote und zwei Fische. Aber was ist das schon für so viele Menschen?« 10 Jesus sagte: »Sorgt dafür, dass die Menschen sich setzen.« Der Ort war dicht mit Gras bewachsen. Dort ließen sie sich nieder, es waren etwa 5000 Männer.

11 Jesus nahm die Brote und dankte Gott. Dann verteilte er sie an die Leute, die dort saßen. Genauso machte er es mit den Fischen. Alle bekamen, so viel sie wollten. 12 Als sie satt waren, sagte Jesus zu seinen Jüngern: »Sammelt die Reste ein, damit nichts verdirbt.« 13 Das taten sie und füllten zwölf Körbe mit den Resten von den fünf Gerstenbroten. So viel war nach dem Essen übrig geblieben. 14 Als die Leute sahen, was für ein Zeichen Jesus getan hatte, sagten sie: »Er ist wirklich

Heilige Schrift: Für das Judentum und für das frühe Christentum die Bücher, die sich im Alten Testament finden.

ewiges Leben: Leben im Reich Gottes und in unmittelbarer Gemeinschaft mit Gott nach der Auferstehung vom Tod.

Glaube, glauben: Meint das tiefe Vertrauen auf Gott, das zu einem Leben nach seinem Willen führt.

Mose: Führte Israel im Auftrag Gottes aus Ägypten und erhielt am Berg Sinai die Zehn Gebote.

seine Schriften: Die fünf Bücher Mose. Der Tradition nach hat Mose am Berg Sinai nicht nur die Zehn Gebote, sondern alle Lebensvorschriften für das Volk Israel erhalten.

Zeichen, Wunder: Ausweis der göttlichen Vollmacht, mit der eine Person handelt.

Passafest: Fest, das jährlich im Frühjahr gefeiert wird und an die Befreiung des Volkes Israel aus der Sklaverei in Ägypten erinnert; vgl. 2. Mose/Exodus 12–13.

Männer: Gezählt wurden offensichtlich nur die Männer. Es ist davon auszugehen, dass auch viele Frauen und Kinder anwesend waren.

der Prophet, der in die Welt kommen soll!« 15 Da merkte Jesus, dass
sie bald kommen würden, um ihn mit Gewalt zu ihrem König zu ma-
chen. Darum zog er sich wieder auf den Berg zurück – er ganz allein.

Jesus geht über das Wasser

→ Matthäus 14,22-33; Markus 6,45-52

16 Als es Abend wurde, gingen seine Jünger zum See hinunter. 17 Sie
stiegen in ein Boot und wollten über den See nach Kapernaum fah-
ren. Es war schon dunkel, und Jesus war noch nicht zu ihnen zu-
rückgekehrt. 18 Ein starker Wind wehte und wühlte den See auf. 19 Sie
hatten schon eine ganze Strecke zurückgelegt, etwa viereinhalb oder
fünfeinhalb Kilometer. Plötzlich erblickten sie Jesus. Er ging über
das Wasser und näherte sich dem Boot. Da gerieten sie in Furcht.
20 Er sagte: »Ich bin's! Fürchtet euch nicht!« 21 Sie wollten ihn zu sich
ins Boot nehmen. Aber das Boot war schon am Ufer, das sie erreichen
wollten.

Das Brot des Lebens ist eine Nahrung, die nicht verdirbt

22 Die Volksmenge stand noch auf der anderen Seite des Sees. Am
nächsten Morgen erinnerten sich die Leute, dass am Ufer nur ein
einziges Boot gelegen hatte. Sie hatten gesehen, dass Jesus nicht zu-
sammen mit seinen Jüngern in dieses Boot gestiegen war. Vielmehr
waren die Jünger allein abgefahren. 23 Inzwischen kamen von Tibe-
rias andere Boote herbei. Sie legten nahe bei der Stelle an, wo der Herr
Gott gedankt hatte. Dort hatte dann die Menge das Brot gegessen.
24 Schließlich merkten die Leute, dass Jesus nicht mehr da war und
seine Jünger auch nicht. Da stiegen sie in die Boote und fuhren nach
Kapernaum, um Jesus zu suchen.

25 Sie fanden ihn tatsächlich auf der anderen Seite des Sees und
fragten ihn: »Rabbi, wann bist du hierhergekommen?« 26 Jesus ant-
wortete und erklärte ihnen: »Amen, amen, das sage ich euch: Ihr sucht
mich nicht, weil ihr Zeichen gesehen habt. Ihr sucht mich nur, weil
ihr von den Broten gegessen habt und satt geworden seid. 27 Müht
euch nicht ab für verderbliche Nahrung. Bemüht euch um Nahrung,
die bis zum ewigen Leben vorhält. Die wird euch der Menschensohn
geben. Ihn hat Gott, der Vater, mit seinem Siegel bestätigt.« 28 Darauf-
hin fragten ihn die Leute: »Was sollen wir tun, damit wir so handeln,
wie Gott es erwartet?« 29 Jesus gab ihnen zur Antwort: »Das bewirkt
und erwartet Gott von euch: Glaubt an den, den er gesandt hat.«

Jesus ist das Brot des Lebens

30 Die Leute fragten weiter: »Was ist das denn für ein Zeichen, das
du tust? Lass es uns sehen, dann glauben wir dir! Was bewirkst du
denn schon? 31 Damals in der Wüste haben unsere Vorfahren Manna
gegessen. In der Heiligen Schrift steht es doch: ›Er gab ihnen Brot
vom Himmel zu essen.‹« 32 Darauf sagte Jesus zu den Leuten: »Amen,
amen, das sage ich euch: Mose hat euch kein Brot vom Himmel

der Prophet: Als Zeichen für das beginnende Gericht Gottes wird ein Prophet wie Mose erwartet. Ein solcher Prophet wird in 5. Mose/Deuteronomium 18,15-19 angekündigt.

Herr: Titel für Jesus Christus. Im griechischen Alten Testament steht das Wort »Herr« an den Stellen, an denen im hebräischen Text der Gottesname steht. Wenn Jesus Christus so genannt wird, kommt darin zum Ausdruck: In ihm begegnet Gott selbst den Menschen.

Rabbi: Aramäisch für »mein Herr / mein Meister«. Zur Zeit von Jesus Ehrentitel für angesehene Lehrer.

Amen: Das hebräische Wort bedeutet »So ist es! / So soll es sein!«

Zeichen, Wunder: Ausweis der göttlichen Vollmacht, mit der eine Person handelt.

Menschensohn: Bezeichnung, die zum Ausdruck bringt, dass Menschen Geschöpfe Gottes sind. Im Neuen Testament ein Titel für Jesus, der von Gott zum Herrscher und Retter der Welt bestimmt wurde.

Siegel: Persönlicher Stempel, durch den etwas als echt gekennzeichnet wird. Hier Bild dafür, dass Jesus Christus wirklich im Namen Gottes auftritt und handelt.

in der Heiligen Schrift steht: Zitat aus 2. Mose/Exodus 16,4.

gegeben. Vielmehr gibt euch mein Vater das wahre Brot vom Him-
mel. 33 Denn dieses Brot Gottes ist der, der vom Himmel herabkommt
und dieser Welt das wahre Leben schenkt.« 34 Da baten sie ihn: »Herr,
gib uns immer von diesem Brot!« 35 Jesus entgegnete: »Ich bin das
Brot des Lebens. Wer zu mir kommt, wird nicht mehr hungern. Und
wer an mich glaubt, wird nie mehr Durst haben.

36 Aber ich habe es euch ja schon gesagt: Obwohl ihr meine Taten
gesehen habt, schenkt ihr mir keinen Glauben. 37 Alle, die mein Vater
mir anvertraut, werden zu mir kommen. Und wer zu mir kommt, den
werde ich nicht abweisen. 38 Denn dazu bin ich vom Himmel herab-
gekommen: Nicht um zu tun, was ich selbst will, sondern was der
will, der mich beauftragt hat. 39 Und das ist der Wille dessen, der mich
beauftragt hat: Ich soll keinen von denen verlieren, die er mir anver-
traut hat. Vielmehr soll ich sie alle am letzten Tag vom Tod erwecken.
40 Denn das ist der Wille meines Vaters: Alle, die den Sohn sehen und
an ihn glauben, werden das ewige Leben erhalten. Am letzten Tag
werde ich sie vom Tod erwecken.«

Wer vom Brot des Lebens isst, wird nicht sterben

41 Die jüdischen Zuhörer waren empört, dass Jesus gesagt hatte: »Ich
bin das Brot, das vom Himmel herabgekommen ist.« 42 Sie sagten: »Ist
das nicht Jesus, der Sohn von Josef? Wir kennen doch seinen Vater
und seine Mutter! Wie kann er behaupten: ›Ich bin vom Himmel
herabgekommen‹?« 43 Jesus gab ihnen zur Antwort: »Seid nicht so em-
pört! 44 Niemand kann von sich selbst aus zu mir kommen. Mein Va-
ter, der mich beauftragt hat, muss ihn zu mir führen. Und am letzten
Tag werde ich ihn vom Tod auferwecken. 45 Bei den Propheten steht
ja: ›Gott selbst wird sie alle lehren.‹ Wer den Vater hört und von ihm
lernt, kommt zu mir. 46 Das bedeutet nicht, dass je ein Mensch den Va-
ter gesehen hat. Nur der Eine, der von Gott kommt, der hat den Vater
gesehen. 47 Amen, amen, das sage ich euch: Wer glaubt, hat das ewige
Leben. 48 Ich bin das Brot des Lebens. 49 Eure Vorfahren haben in der
Wüste das Manna gegessen und sind dann doch gestorben. 50 Aber
dies ist das wahre Brot, das vom Himmel herabkommt. Wer davon
isst, wird nicht sterben. 51 Ich bin das Lebensbrot, das vom Himmel
herabgekommen ist. Wenn jemand von diesem Brot isst, wird er das
ewige Leben haben. Das Brot, das ich geben werde, ist mein Leib. Ich
gebe ihn hin, um dieser Welt das Leben zu schenken.«

Leib und Blut des Menschensohnes sind das Brot des Lebens

52 Das löste Streit unter den jüdischen Zuhörern aus, und sie fragten:
»Wie kann dieser Mensch uns denn seinen Leib zu essen geben?«
53 Jesus antwortete: »Amen, amen, das sage ich euch: Wenn ihr den
Leib des Menschensohnes nicht esst und sein Blut nicht trinkt, habt
ihr das Leben nicht in euch. 54 Wer meinen Leib isst und mein Blut
trinkt, erhält das ewige Leben. Und am letzten Tag werde ich ihn
vom Tod erwecken. 55 Denn mein Leib ist die wahre Nahrung. Und

letzter Tag: Der Tag, an dem Christus wiederkommt. Dann hält Gott Gericht und sein Reich bricht endgültig an.

Auferweckung: Meint die Auferstehung vom Tod und das ewige Leben im Reich Gottes.

Sohn Gottes: Titel, der das besondere Vertrauensverhältnis eines Menschen zu Gott zum Ausdruck bringt. Im Neuen Testament wird der Titel ausschließlich für Jesus verwendet.

ewiges Leben: Leben im Reich Gottes und in unmittelbarer Gemeinschaft mit Gott nach der Auferstehung vom Tod.

bei den Propheten steht: Das Zitat nimmt Worte aus Jesaja 54,13 auf.

Manna: Nahrung, die direkt vom Himmel kommt. Mit ihr versorgte Gott die Israeliten auf dem Weg durch die Wüste, vgl. 2. Mose/Exodus 16.

das sage ich euch: Die folgenden Worte spielen auf die Worte an, die beim Abendmahl gesprochen werden. Es erinnert an das Abschiedsmahl, das Jesus mit seinen Jüngern am Abend vor seinem Tod am Kreuz feierte; vgl. Lukas 22,14-20.

mein Blut ist der wahre Trank. 56 Wer meinen Leib isst und mein Blut
trinkt, bleibt mit mir verbunden und ich mit ihm. 57 Der Vater, von
dem das Leben kommt, hat mich gesandt. Ich lebe durch den Vater.
Genauso werden alle, die mich essen, durch mich leben. 58 Dies ist das
Brot, das vom Himmel herabkommt! Es ist nicht wie das Brot, das un-
sere Vorfahren gegessen haben. Sie sind gestorben. Aber wer dieses
Brot isst, wird in Ewigkeit leben.« 59 Das sagte Jesus, als er in der Syn-
agoge von Kapernaum lehrte.

Viele Jünger wenden sich von Jesus ab

60 Nachdem sie diese Rede gehört hatten, sagten viele Jünger von Je-
sus: »Das war eine unerträgliche Rede! Wer kann sich so etwas anhö-
ren?« 61 Jesus war sich darüber im Klaren, dass seine Jünger empört
waren. Er sagte zu ihnen: »Daran nehmt ihr Anstoß? 62 Was werdet ihr
dann erst tun, wenn ihr seht: Der Menschensohn steigt zum Himmel
hinauf – dorthin, wo er vorher war? 63 Der Geist macht lebendig. Der
Leib nützt gar nichts. Die Worte, die ich zu euch gesprochen habe,
sind Geist und schenken wahres Leben. 64 Aber unter euch gibt es
einige, die nicht glauben.« Jesus wusste nämlich von Anfang an, wer
von ihnen nicht glaubte, und auch, wer ihn verraten würde. 65 Und er
fügte hinzu: »Deshalb habe ich euch gesagt: ›Niemand kann zu mir
kommen, wenn es der Vater ihm nicht möglich macht.‹« 66 Von da an
wandten sich viele seiner Jünger von ihm ab und zogen nicht länger
mit ihm umher.

Die Zwölf halten an Jesus fest

→ *Matthäus 16,13-17; Markus 8,27-30; Lukas 9,18-21*

67 Da fragte Jesus die Zwölf: »Wollt ihr etwa auch weggehen?« 68 Si-
mon Petrus antwortete: »Herr, zu wem sollten wir denn gehen? Du
sprichst Worte, die ewiges Leben schenken. 69 Wir glauben und ha-
ben erkannt: Du bist der Heilige Gottes!« 70 Jesus erwiderte: »Habe
ich nicht selbst euch Zwölf ausgewählt? Und doch ist einer von euch
ein Teufel.« 71 Er meinte Judas, den Sohn von Simon Iskariot, denn
der sollte ihn später ausliefern. Er war einer von den Zwölf.

Der Streit zwischen Jesus und seinen Gegnern 7,1–8,11

Jesus reist heimlich zum Laubhüttenfest nach Jerusalem

7 1 Danach zog Jesus in Galiläa umher. Nach Judäa wollte er näm-
lich nicht gehen, weil die jüdischen Behörden entschlossen wa-
ren, ihn zu töten. 2 Es war kurz vor dem jüdischen Laubhüttenfest.
3 Da sagten seine Brüder zu ihm: »Zieh fort von hier und geh nach Ju-
däa! Auch dort sollen deine Jünger die Taten sehen, die du vollbringst.
4 Niemand tut etwas im Verborgenen, wenn er zugleich öffentlich
bekannt sein möchte. Wenn du schon solche Taten vollbringst, dann
zeige dich auch vor aller Welt!« 5 Seine Brüder glaubten nämlich nicht

Synagoge: Das Wort bezeichnet sowohl das Synagogengebäude als auch die Versammlung der jüdischen Gemeinde.

Menschensohn: Bezeichnung, die zum Ausdruck bringt, dass Menschen Geschöpfe Gottes sind. Im Neuen Testament ein Titel für Jesus, der von Gott zum Herrscher und Retter der Welt bestimmt wurde.

Geist Gottes: Kraft, durch die Gott in der Welt wirkt.

die Zwölf: Meint die zwölf Jünger, die während der Zeit seines Wirkens bei Jesus waren.

Herr: Titel für Jesus Christus. Im griechischen Alten Testament steht das Wort »Herr« an den Stellen, an denen im hebräischen Text der Gottesname steht. Wenn Jesus Christus so genannt wird, kommt darin zum Ausdruck: In ihm begegnet Gott selbst den Menschen.

Glaube, glauben: Meint das tiefe Vertrauen auf Gott, das zu einem Leben nach seinem Willen führt.

Satan, Teufel: Gegenspieler Gottes. Er versucht, die Menschen zu einem Verhalten zu bewegen, das Gottes Willen widerspricht.

Laubhüttenfest: Siebentägiges Erntefest im Herbst. Während dieser Zeit leben die Menschen in Hütten aus Laub und Zweigen, die an die Zeit der Wüstenwanderung Israels erinnern sollen.

an ihn. [6] Jesus antwortete: »Meine Zeit ist noch nicht da. Aber für euch ist jede Zeit die richtige. [7] Euch kann diese Welt gar nicht hassen. Aber mich hasst sie, weil ich als Zeuge gegen sie auftrete. Und ich bezeuge, dass ihr Tun böse ist. [8] Geht ihr ruhig zum Fest nach Jerusalem, ich werde nicht zu diesem Fest gehen! Meine Zeit ist noch nicht gekommen!« [9] Das sagte er und blieb selbst in Galiläa.

[10] Als seine Brüder zum Fest gegangen waren, zog auch Jesus nach Jerusalem. Er tat das allerdings nicht öffentlich, sondern heimlich. [11] Die jüdischen Behörden suchten ihn unter den Festbesuchern und fragten: »Wo ist er?« [12] Es gab viel Gerede über ihn unter den Leuten. Die einen meinten: »Er ist ein guter Mensch!« Andere erwiderten: »Nein, im Gegenteil. Er führt das Volk in die Irre!« [13] Doch niemand äußerte sich öffentlich über ihn aus Angst vor den jüdischen Behörden.

Jesus lehrt im Tempel

[14] Das Fest war schon zur Hälfte vorüber. Da ging Jesus in den Tempel und lehrte. [15] Die Juden wunderten sich: »Wieso kennt er die Heilige Schrift so gut? Er ist doch gar nicht darin ausgebildet!« [16] Jesus erwiderte und erklärte ihnen: »Das ist nicht meine eigene Lehre. Ich habe sie von dem, der mich beauftragt hat. [17] Wer bereit ist, Gottes Willen zu tun, wird erkennen, woher meine Lehre kommt: ob sie von Gott ist oder ob ich aus mir selbst heraus rede. [18] Wer aus sich selbst heraus redet, dem geht es nur um seine eigene Ehre. Wem es aber um die Ehre dessen geht, der ihn beauftragt hat, der ist glaubwürdig und durch und durch aufrichtig.

[19] Hat Mose euch nicht das Gesetz gegeben? Und doch befolgt es niemand von euch! Warum also wollt ihr mich töten?« [20] Die Volksmenge antwortete: »Du bist wohl von einem Dämon besessen! Wer will dich denn töten?« [21] Jesus antwortete ihnen: »Eine einzige Tat habe ich am Sabbat vollbracht, und ihr alle staunt immer noch darüber. [22] Es ist doch so: Mose hat die Beschneidung angeordnet. Sie stammt allerdings nicht erst von Mose, sondern schon von seinen Vorfahren. Dementsprechend beschneidet ihr einen Menschen auch am Sabbat. [23] Ein Mensch wird also am Sabbat an einem Teil seines Körpers beschnitten. Das geschieht, um das Gesetz des Mose einzuhalten. Warum seid ihr dann so wütend auf mich? Ich habe am Sabbat einen Menschen am ganzen Körper gesund gemacht! [24] Urteilt nicht nach dem bloßen Augenschein, sondern fällt ein gerechtes Urteil!«

Ist Jesus der versprochene Retter?

[25] Da sagten einige Leute aus Jerusalem: »Ist das nicht der, den sie töten wollen? [26] Er redet hier in aller Öffentlichkeit, und niemand widerspricht ihm. Hat der jüdische Rat vielleicht erkannt, dass er der Christus ist? [27] Wir wissen doch, woher dieser Mann stammt. Aber wenn der Christus kommt, weiß niemand, woher er stammt!« [28] Jesus, der immer noch im Tempel lehrte, rief laut: »Ihr kennt mich und

meine Zeit: Der Zeitpunkt, an dem deutlich wird, dass Jesus als Sohn Gottes in diese Welt gesandt ist, um die Menschen zu erlösen. Dies zeigt sich in seinem Tod am Kreuz, in dem Gottes liebevolle Zuwendung zu den Menschen ihren Höhepunkt erreicht.

Heilige Schrift: Für das Judentum und für das frühe Christentum die Bücher, die sich im Alten Testament finden.

Dämon: Eine böse Macht, die man sich in der Antike als Person vorstellte. Sie kämpft gegen Gott und nimmt einen Menschen ganz in Besitz.

Beschneidung: Das Abtrennen der Vorhaut am männlichen Glied ist für Israel Zeichen des Bundes zwischen Gott und seinem Volk.

Sabbat: In der Bibel der siebte Tag der Woche, heute unser Samstag. Er gilt im Judentum als Feiertag, an dem nicht gearbeitet werden darf.

jüdischer Rat: Oberste Behörde zur Regelung religiöser Angelegenheiten.

Christus: Bedeutet übersetzt »der Gesalbte«. Im Alten Testament werden Könige, aber auch Propheten und Priester bei Amtsantritt gesalbt. Später wird der von Gott zum Herrscher der Welt bestimmte Retter so genannt. Im Neuen Testament ist das Jesus.

wisst, woher ich komme. Aber ich bin nicht im eigenen Auftrag ge-
kommen. Der, der mich beauftragt hat, ist die Wahrheit selbst. Ihr
kennt ihn nicht. 29 Aber ich kenne ihn: Denn von ihm stamme ich her,
und er hat mich gesandt.«
30 Da wollten sie ihn festnehmen. Aber niemand konnte Hand an
ihn legen, denn seine Stunde war noch nicht gekommen. 31 Viele in
der Menge kamen zum Glauben an ihn, und sie sagten: »Wird der
Christus, wenn er kommt, noch mehr Zeichen tun, als dieser Mensch
getan hat?«

Jesus kündigt an, dass er weggeht

32 Die Pharisäer hörten, was die Leute über Jesus redeten. Daraufhin
sandten die führenden Priester und die Pharisäer die Tempelwache
zu ihm. Die sollten ihn festnehmen. 33 Da sagte Jesus: »Ich bin nur
noch kurze Zeit bei euch. Dann gehe ich fort – zu dem, der mich be-
auftragt hat. 34 Ihr werdet mich suchen, aber ihr werdet mich nicht
finden. Wo ich dann bin, dahin könnt ihr nicht kommen.«
35 Die jüdischen Zuhörer fragten sich gegenseitig: »Wohin will der
denn gehen, dass wir ihn nicht finden können? Will er vielleicht zu
den Juden gehen, die verstreut unter den Griechen leben? Will er
vielleicht sogar die Griechen lehren? 36 Was bedeutet dieses Wort, das
er gesagt hat: ›Ihr werdet mich suchen, aber ihr werdet mich nicht fin-
den. Wo ich dann bin, dahin könnt ihr nicht kommen‹?«

Lebendiges Wasser im Überfluss

37 Am letzten Tag, dem Höhepunkt des Festes, trat Jesus vor die Men-
schenmenge und rief laut: »Wer Durst hat, soll zu mir kommen. Und
es soll trinken, 38 wer an mich glaubt. So sagt es die Heilige Schrift:
›Ströme von lebendigem Wasser werden aus seinem Inneren flie-
ßen.‹« 39 Jesus bezog dies auf den Heiligen Geist. Den sollten die
erhalten, die zum Glauben an ihn gekommen waren. Denn der Hei-
lige Geist war noch nicht gekommen, weil Jesus noch nicht in seiner
Herrlichkeit sichtbar war.

Verschiedene Meinungen über Jesus

40 Einige Leute aus der Menge, die diese Worte gehört hatten, mein-
ten: »Er ist wirklich der erwartete Prophet!« 41 Andere sagten: »Er ist
der Christus!« Wieder andere erwiderten: »Der Christus kommt
doch nicht aus Galiläa! 42 Sagt nicht die Heilige Schrift: Der Christus
ist ein Nachkomme Davids und kommt aus Betlehem, dem Dorf, in
dem David lebte?« 43 So kam es wegen Jesus zu Meinungsverschie-
denheiten unter den Leuten. 44 Einige hätten ihn am liebsten festge-
nommen. Aber niemand konnte Hand an ihn legen.

Die Priester und die Pharisäer glauben nicht an Jesus

45 Die Tempelwache kehrte zu den führenden Priestern und den Pha-
risäern zurück. Die fragten sie: »Warum bringt ihr ihn nicht mit?«

seine Stunde: Der Zeitpunkt, an dem deutlich wird, dass Jesus als Sohn Gottes in diese Welt gesandt ist, um die Menschen zu erlösen. Dies zeigt sich in seinem Tod am Kreuz, in dem Gottes liebevolle Zuwendung zu den Menschen ihren Höhepunkt erreicht.

verstreut unter den Griechen: Juden, die in Gegenden mit überwiegend nicht-jüdischer Bevölkerung lebten.

so sagt es die Heilige Schrift: Das Zitat nimmt Worte aus Psalm 78,20 und Sacharja 14,8 auf.

erwarteter Prophet: Als Zeichen für das beginnende Gericht Gottes wird ein Prophet wie Mose erwartet. Ein solcher Prophet wird in 5. Mose/Deuteronomium 18,15-19 angekündigt.

Christus: Bedeutet übersetzt »der Gesalbte«. Im Alten Testament werden Könige, aber auch Propheten und Priester bei Amtsantritt gesalbt. Später wird der von Gott zum Herrscher der Welt bestimmte Retter so genannt. Im Neuen Testament ist das Jesus.

Nachkomme Davids: David ist ein bedeutender König von Israel. Nachdem das Königreich untergegangen war, hoffte man auf einen Nachkommen Davids als Retter und Erlöser Israels; vgl. 2. Samuel 7,12-16.

46 Die Männer antworteten: »Noch nie hat jemand so geredet wie die-
ser Mensch.« 47 Da entgegneten ihnen die Pharisäer: »Habt ihr euch
etwa auch irreführen lassen? 48 Ist denn ein Mitglied des jüdischen
Rats oder ein Pharisäer zum Glauben gekommen? 49 Aber das Volk,
das das Gesetz nicht kennt, ist es: Verflucht sind sie!« 50 Da sagte Niko-
demus, einer von ihnen, der Jesus früher einmal aufgesucht hatte:
51 »Seit wann kann man nach unserem Gesetz einen Menschen verur-
teilen, ohne ihn vorher anzuhören? Erst muss man doch wissen, was
er getan hat!« 52 Sie gaben ihm zur Antwort: »Kommst du etwa auch
aus Galiläa? Forsche doch in der Heiligen Schrift nach. Sieh doch ein:
Aus Galiläa kommt kein Prophet!«

Jesus vergibt einer Ehebrecherin ihre Schuld

8 [53 Da gingen sie alle nach Hause. 1 Jesus aber ging hinauf zum
Ölberg. 2 Früh am Morgen kehrte er zum Tempel zurück. Das
ganze Volk kam zu ihm. Er setzte sich und lehrte sie. 3 Da brachten die
Schriftgelehrten und die Pharisäer eine Frau herbei, die beim Ehe-
bruch überrascht worden war. Sie stellten sie in die Mitte 4 und sag-
ten zu Jesus: »Lehrer, diese Frau da wurde auf frischer Tat beim Ehe-
bruch überrascht. 5 Im Gesetz schreibt uns Mose vor, solche Frauen
zu steinigen. Was sagst nun du dazu?«

6 Das fragten sie, um ihn auf die Probe zu stellen und dann ankla-
gen zu können. Aber Jesus beugte sich nur nach vorn und schrieb mit
dem Finger auf die Erde. 7 Als sie nicht aufhörten zu fragen, richtete er
sich auf und sagte zu ihnen: »Wer von euch ohne Schuld ist, soll den
ersten Stein auf sie werfen!« 8 Dann beugte er sich wieder nach vorn
und schrieb auf die Erde.

9 Als sie das hörten, ging einer nach dem anderen fort, die Älteren
zuerst. Jesus blieb allein zurück mit der Frau, die immer noch dort
stand. 10 Er richtete sich auf und fragte: »Frau, wo sind sie? Hat dich
niemand verurteilt?« 11 Sie antwortete: »Niemand, Herr.« Da sagte Je-
sus: »Ich verurteile dich auch nicht. Geh, und lad von jetzt an keine
Schuld mehr auf dich.«]

Jesus ist das Licht der Welt 8,12–9,41

Streit um die Glaubwürdigkeit von Jesus

12 Ein anderes Mal sprach Jesus zu den Leuten. Er sagte: »Ich bin das
Licht der Welt. Wer mir folgt, irrt nicht mehr in der Finsternis umher.
Vielmehr wird er das Licht des Lebens haben.«

13 Da sagten die Pharisäer zu ihm: »Du trittst für dich selbst als Zeu-
ge auf. Deine Zeugenaussage ist nicht glaubwürdig.« 14 Jesus antwor-
tete ihnen: »Auch wenn ich mein eigener Zeuge bin, ist meine Zeu-
genaussage glaubwürdig. Denn ich weiß, woher ich gekommen bin
und wohin ich gehe. Aber ihr wisst nicht, woher ich komme und wo-
hin ich gehe. 15 Ihr urteilt nach menschlichen Maßstäben. Ich urteile

jüdischer Rat: Oberste Behörde zur Regelung religiöser Angelegenheiten.

Heilige Schrift: Für das Judentum und für das frühe Christentum die Bücher, die sich im Alten Testament finden.

[...]: Die Verse Johannes 7,53–8,11 fehlen in den wichtigsten Handschriften.

Schriftgelehrte: Menschen, deren Aufgabe das Studium und die Auslegung der Heiligen Schrift ist.

Pharisäer: Angehöriger einer jüdischen Glaubensgruppe, die die biblischen Vorschriften und Gesetze sehr streng auslegte.

Gesetz: Die Lebensvorschriften des Alten Testaments, besonders die fünf Bücher Mose.

Steinigung, steinigen: Hinrichtungsart, bei der ein Verurteilter öffentlich mit Steinen beworfen wird.

Schuld: Konkrete Verfehlungen, die von Gott trennen und das Gewissen belasten können.

folgen: Jesus zu folgen bedeutet, das Leben ganz in seinen Dienst zu stellen.

über niemanden. 16 Wenn ich aber ein Urteil spreche, dann ist mein
Urteil gültig. Denn ich bin damit nicht allein. Ich urteile wie der Va-
ter, der mich beauftragt hat. 17 So steht es in eurem Gesetz: Die über-
einstimmende Aussage von zwei Zeugen ist gültig. 18 Ja, ich bin mein
eigener Zeuge. Und der Vater, der mich beauftragt hat, ist ebenfalls
mein Zeuge.« 19 Da fragten sie ihn: »Wo ist denn dein Vater?« Jesus
antwortete: »Ihr kennt weder mich noch meinen Vater. Wenn ihr
mich kennen würdet, würdet ihr auch meinen Vater kennen.« 20 Die-
se Worte sprach Jesus in der Nähe des Schatzhauses, als er im Tem-
pel lehrte. Aber niemand nahm ihn fest, denn seine Stunde war noch
nicht gekommen.

Wohin ich gehe, dorthin könnt ihr nicht kommen

21 Noch einmal sprach Jesus zu den Leuten: »Ich gehe fort, und dann
werdet ihr mich suchen. Aber ihr werdet in eurer Sünde sterben.
Wohin ich gehe, dorthin könnt ihr nicht kommen.« 22 Die jüdischen
Zuhörer fragten sich: »Meint er, dass er sich selbst töten will, wenn
er sagt: ›Wohin ich gehe, dorthin könnt ihr nicht kommen‹?« 23 Jesus
sagte zu ihnen: »Ihr seid von hier unten, ich bin von oben. Ihr seid von
dieser Welt, ich bin nicht von dieser Welt. 24 Ich habe euch ja schon
gesagt: Ihr werdet in euren Sünden sterben. Wenn ihr nicht glau-
ben wollt, dass ich es bin, werdet ihr eben in euren Sünden sterben.«
25 Da fragten sie ihn: »Wer bist du denn?« Jesus antwortete: »Ich habe
euch gesagt, wer ich bin und von Anfang an war. 26 Ich könnte noch
viel über euch sagen und in vieler Hinsicht über euch urteilen. Aber
der, der mich beauftragt hat, ist die Wahrheit selbst. Und ich sage der
Welt das weiter, was ich von ihm gehört habe.«

27 Sie verstanden aber nicht, dass er zu ihnen vom Vater sprach.
28 Deshalb sagte Jesus zu ihnen: »Wenn ihr den Menschensohn er-
höht habt, dann werdet ihr begreifen, dass ich es bin. Ihr werdet
auch erkennen, dass ich nichts von mir aus tue. Vielmehr sage ich
das, was der Vater mich gelehrt hat. 29 Und der, der mich beauftragt
hat, steht mir zur Seite. Er lässt mich nicht allein, denn ich tue stets,
was ihm gefällt.« 30 Als Jesus das sagte, kamen viele zum Glauben an
ihn.

Die Wahrheit macht frei

31 Jesus sagte zu den Juden, die zum Glauben an ihn gekommen wa-
ren: »Wenn ihr an meinem Wort festhaltet, seid ihr wirklich meine
Jünger. 32 Dann werdet ihr die Wahrheit erkennen, und die Wahrheit
wird euch frei machen.« 33 Sie entgegneten: »Wir sind Nachkommen
Abrahams und waren nie die Sklaven irgendeines Menschen. Wie
kannst du da sagen: ›Ihr werdet frei sein‹?« 34 Jesus antwortete ih-
nen: »Amen, amen, das sage ich euch: Wer Schuld auf sich lädt, ist ein
Sklave der Schuld. 35 Ein Sklave gehört nicht für immer zur Familie,
aber der Sohn gehört für immer dazu. 36 Wenn also der Sohn euch frei
macht, seid ihr tatsächlich frei.

so steht es im Gesetz: Als Gesetz werden im Neuen Testament die Lebensvorschriften des Alten Testaments bezeichnet, besonders die fünf Bücher Mose. Die folgende Bestimmung findet sich beispielsweise in 5. Mose/Deuteronomium 19,15.

Sünde: Die Trennung des Menschen von Gott, seinem Schöpfer. Sie führt dazu, dass der Mensch sein Leben nicht nach Gottes Willen ausrichten kann.

von Anfang an: Die Formulierung ist schwer zu übersetzen. Sie bezieht sich auf Johannes 1,1-18. Dort wird Jesus Christus als das Wort vorgestellt, das von Anfang an bei Gott war.

erhöhen: Anspielung auf die Kreuzigung. Durch das Aufstellen des Kreuzes wird Jesus in die Höhe gehoben. So macht sein Tod am Kreuz gleichzeitig seine Herrlichkeit und Zugehörigkeit zu Gott für alle sichtbar.

Wahrheit: Wahr ist etwas, wenn es hält, was es verspricht. In diesem Sinne ist »wahr«, was von Gott kommt. Als Mensch ist Jesus Zeuge für diese Wahrheit, als Sohn Gottes, der von Gott kommt, ist er die Wahrheit selbst.

Nachkommen Abrahams: Bezeichnung für das Volk Israel, mit dessen Stammvater Abraham Gott einen Bund geschlossen hat.

37 Ich weiß, dass ihr Nachkommen Abrahams seid. Doch ihr wollt mich töten, weil mein Wort bei euch keinen Platz findet. 38 Ich rede von dem, was ich beim Vater gesehen habe. Ihr tut das, was ihr vom Vater gehört habt.« 39 Sie gaben ihm zur Antwort: »Unser Vater ist Abraham.« Jesus erwiderte: »Wenn ihr wirklich Kinder Abrahams wärt, würdet ihr auch so handeln wie Abraham. 40 Ich habe euch die Wahrheit gesagt, die ich von Gott gehört habe. Jetzt aber wollt ihr mich töten. So hat Abraham nicht gehandelt. 41 Ihr handelt wie euer wirklicher Vater!«

Da sagten sie zu ihm: »Wir sind doch keine unehelichen Kinder. Wir haben nur einen Vater: Gott.« 42 Jesus antwortete: »Wenn Gott euer Vater wäre, dann würdet ihr mich lieben. Denn von Gott her bin ich zu euch gekommen! Ich komme ja nicht im eigenen Auftrag, sondern er hat mich gesandt. 43 Warum versteht ihr denn nicht, was ich sage? Weil ihr mein Wort nicht richtig hören könnt! 44 Vom Teufel stammt ihr ab, der ist euer Vater. Und was er verlangt, das tut ihr. Er war von Anfang an ein Mörder, und mit der Wahrheit hat er nichts zu tun. Denn bei ihm gibt es keine Wahrheit. Wenn er lügt, so entspricht das genau seinem Wesen. Denn er ist ein Lügner, und alle Lüge stammt von ihm.

45 Aber weil ich die Wahrheit sage, glaubt ihr mir nicht. 46 Wer von euch kann mir nachweisen, dass ich irgendeine Schuld auf mich geladen habe? Wenn ich doch die Wahrheit sage, warum glaubt ihr mir nicht? 47 Wer Gott zum Vater hat, kann die Worte Gottes hören. Ihr hört sie nicht, weil Gott nicht euer Vater ist.«

Jesus ist mehr als Abraham

48 Die Juden entgegneten Jesus: »Sagen wir nicht zu Recht: ›Du bist ein Samariter und von einem Dämon besessen‹?« 49 Jesus antwortete: »Ich bin von keinem Dämon besessen, sondern ich ehre meinen Vater, und ihr entehrt mich. 50 Mir geht es nicht um meine Ehre. Dafür sorgt ein anderer, und der ist auch der Richter. 51 Amen, amen, das sage ich euch: Wer an meinem Wort festhält, wird in Ewigkeit nicht von Gott getrennt.«

52 Da sagten die Juden zu ihm: »Jetzt haben wir erkannt, dass du von einem Dämon besessen bist. Abraham ist gestorben und ebenso die Propheten. Und du sagst: ›Wer an meinem Wort festhält, wird in Ewigkeit nicht von Gott getrennt‹? 53 Bist du etwa mehr als unser Vater Abraham? Der ist gestorben, und auch die Propheten sind gestorben. Für wen hältst du dich eigentlich?« 54 Jesus antwortete: »Wenn ich mich selbst ehren wollte, dann wäre diese Ehre nichts wert. Mein Vater ist es, der mich ehrt. Ihr sagt über ihn: ›Er ist unser Gott.‹ 55 Aber ihr habt ihn nie kennengelernt. Ich dagegen kenne ihn. Ich wäre ein Lügner wie ihr, wenn ich sagen würde: ›Ich kenne ihn nicht.‹ Aber ich kenne ihn und halte an seinem Wort fest. 56 Euer Vater Abraham hat gejubelt, weil er erleben sollte, dass ich in die Welt komme. Er hat es tatsächlich erlebt und war voller Freude.«

Satan, Teufel: Gegenspieler Gottes. Er versucht, die Menschen zu einem Verhalten zu bewegen, das Gottes Willen widerspricht.

Schuld: Konkrete Verfehlungen, die von Gott trennen und das Gewissen belasten können.

Juden: Im Johannesevangelium sind damit unterschiedliche Personen oder Gruppen gemeint, die Jesus als Gegner gegenübertreten.

Samariter: Aus den Israeliten hervorgegangene Glaubensgruppe, die nur die fünf Bücher Mose als Heilige Schrift anerkannte. Zwischen ihnen und den Juden herrschte Rivalität.

Dämon: Eine böse Macht, die man sich in der Antike als Person vorstellte. Sie kämpft gegen Gott und nimmt einen Menschen ganz in Besitz.

Richter: Als Herrscher über die ganze Welt Ist Gott der Richter, der am Ende der Zeit ein Urteil über sie spricht.

Amen: Das hebräische Wort bedeutet »So ist es! / So soll es sein!«

Abraham: Stammvater des Volkes Israel, vgl. 1. Mose/Genesis 12–25.

er hat es tatsächlich erlebt: Abraham wird als Zeuge dafür in Anspruch genommen, dass mit dem Auftreten von Jesus das Reich Gottes anbricht.

57 Da sagten die Juden zu ihm: »Du bist noch keine fünfzig Jahre alt und willst Abraham gesehen haben?« 58 Jesus antwortete ihnen: »Amen, amen, das sage ich euch: Ich bin – schon bevor Abraham da war.« 59 Da hoben sie Steine auf, um ihn zu steinigen. Aber Jesus brachte sich in Sicherheit und verließ den Tempel.

Jesus heilt einen Mann, der blind geboren wurde

→ Markus 8,22-26

9 1 Jesus ging an einem Mann vorbei und sah, dass der von Geburt an blind war. 2 Da fragten ihn seine Jünger: »Rabbi, wer war ein Sünder, sodass er blind geboren wurde – dieser Mann oder seine Eltern?« 3 Jesus antwortete: »Weder war er selbst ein Sünder, noch waren es seine Eltern. Vielmehr sollen die Taten Gottes an ihm sichtbar werden. 4 Wir müssen die Taten vollbringen, mit denen Gott mich beauftragt hat, solange es noch Tag ist. Es kommt eine Nacht, in der niemand mehr etwas tun kann. 5 Solange ich in der Welt bin, bin ich das Licht der Welt.«

6 Nachdem er das gesagt hatte, spuckte er auf den Boden. Aus der Erde und dem Speichel machte er eine Paste und strich sie dem Blinden auf die Augen. 7 Dann sagte er ihm: »Geh und wasch dich im Teich von Schiloach!« – Schiloach heißt übersetzt »der Gesandte«. – Der Mann ging dorthin und wusch sich. Als er zurückkam, konnte er sehen.

8 Da sagten seine Nachbarn und die Leute, die ihn vorher als Bettler gekannt hatten: »Ist das nicht der Mann, der immer dasaß und bettelte?« 9 Die einen sagten: »Das ist er!« Die anderen sagten: »Nein, er sieht ihm nur ähnlich!« Er selbst aber sagte: »Ich bin es wirklich!« 10 Da fragten sie ihn: »Wieso kannst du auf einmal sehen?« 11 Er antwortete: »Der Mann, der Jesus heißt, machte eine Paste und strich sie mir auf die Augen. Dann sagte er zu mir: ›Geh zum Teich von Schiloach und wasch dich.‹ Ich ging dorthin, wusch mich und konnte sehen.« 12 Sie fragten ihn: »Wo ist er jetzt?« Er antwortete: »Ich weiß es nicht.«

Die Pharisäer untersuchen die Heilung

13 Sie brachten den Mann, der blind gewesen war, zu den Pharisäern. 14 Der Tag, an dem Jesus die Paste gemacht und dem Blinden die Augen geöffnet hatte, war ein Sabbat. 15 Nun fragten ihn auch die Pharisäer, wie er sehend geworden war. Da erzählte er es noch einmal: »Der Mann strich eine Paste auf meine Augen. Dann wusch ich mich und konnte sehen.« 16 Einige von den Pharisäern sagten: »Dieser Mensch kommt nicht von Gott, denn er hält den Sabbat nicht ein.« Andere meinten aber: »Wie kann jemand solche Zeichen tun, wenn er selbst ein Sünder ist?« So kam es zu Meinungsverschiedenheiten unter ihnen. 17 Da fragten sie den Blinden noch einmal: »Und du, was sagst du über ihn? Schließlich hat er dir die Augen geöffnet!« Er antwortete: »Der Mann ist ein Prophet.«

ich bin: In dieser Formulierung klingt der Name an, mit dem Gott sich Mose in 2. Mose/Exodus 3,14 vorstellt. In Johannes 1,1-18 wird Jesus als das Wort vorgestellt, das bereits vor der Schöpfung bei Gott war.

Steinigung, steinigen: Hinrichtungsart, bei der ein Verurteilter öffentlich mit Steinen beworfen wird.

Rabbi: Aramäisch für »mein Herr/mein Meister«. Zur Zeit von Jesus Ehrentitel für angesehene Lehrer.

Sünder: Mensch, der sich von Gott abgewendet hat und seinen Willen missachtet.

Licht der Welt: Auch in Johannes 8,12 spricht Jesus von sich selbst als dem Licht der Welt.

Speichel: Dem Speichel wurde eine heilende Wirkung zugeschrieben.

Pharisäer: Angehöriger einer jüdischen Glaubensgruppe, die die biblischen Vorschriften und Gesetze sehr streng auslegte.

Sabbat: In der Bibel der siebte Tag der Woche, heute unser Samstag. Er gilt im Judentum als Feiertag, an dem nicht gearbeitet werden darf.

Zeichen, Wunder: Ausweis der göttlichen Vollmacht, mit der eine Person handelt.

Prophet: Verkündet, was Gott in einer bestimmten Situation zu sagen hat.

18 Nun glaubten die jüdischen Behörden nicht, dass er blind gewe-
sen war und jetzt sehen konnte. Deshalb ließen sie die Eltern des
Geheilten rufen 19 und fragten sie: »Ist das euer Sohn? Ihr sagt, dass
er von Geburt an blind war. Wieso kann er jetzt sehen?« 20 Die Eltern
antworteten: »Wir wissen, dass er unser Sohn ist und blind geboren
wurde. 21 Wir wissen nicht, wieso er jetzt sehen kann. Wir wissen
auch nicht, wer ihm die Augen geöffnet hat. Fragt ihn selbst. Er ist
alt genug, um für sich selbst zu sprechen.« 22 Das sagten seine Eltern,
weil sie sich vor den jüdischen Behörden fürchteten. Die hatten näm-
lich schon beschlossen: Wer bekennt, dass Jesus der Christus ist, wird
aus der jüdischen Gemeinde ausgeschlossen. 23 Deswegen sagten
seine Eltern: »Er ist alt genug! Fragt ihn selbst!«

Das Bekenntnis des Geheilten

24 Die Pharisäer ließen den Mann, der blind gewesen war, noch ein-
mal zu sich rufen. Sie forderten ihn auf: »Bei der Ehre Gottes: Sag
die Wahrheit! Wir wissen, dass dieser Mensch ein Sünder ist!« 25 Der
Mann antwortete: »Ich weiß nicht, ob er ein Sünder ist. Aber ich weiß
eins: Ich war blind, und jetzt kann ich sehen.« 26 Sie fragten ihn weiter:
»Was hat er mit dir gemacht? Wie hat er dir die Augen geöffnet?« 27 Er
antwortete ihnen: »Das habe ich euch schon gesagt, und ihr habt es
nicht gehört. Warum wollt ihr es noch einmal hören? Wollt ihr etwa
auch Jünger von ihm werden?« 28 Da beschimpften sie ihn und sag-
ten: »Du bist ein Jünger von ihm! Aber wir sind Jünger von Mose.
29 Wir wissen, dass Gott mit Mose gesprochen hat. Aber von dem da
wissen wir nicht, woher er kommt.«

30 Der Mann gab ihnen zur Antwort: »Das ist doch erstaunlich: Ihr
wisst nicht, woher er kommt. Aber mir hat er die Augen geöffnet!
31 Wir wissen doch: Gott erhört nicht die Sünder. Gott hört auf die, die
ihn ehren und seinen Willen tun. 32 Seit die Welt besteht, hat man das
noch nie gehört: Jemand hat einem Menschen die Augen geöffnet, der
von Geburt an blind war. 33 Dieser Mann könnte nichts vollbringen,
wenn er nicht von Gott käme.« 34 Sie gaben ihm zur Antwort: »Von Ge-
burt an bist du ganz und gar ein Sünder! Ausgerechnet du willst uns
belehren?« Und sie warfen ihn hinaus aus der jüdischen Gemeinde.

35 Jesus hörte, dass sie den Mann hinausgeworfen hatten. Als er ihn
dann fand, fragte er ihn: »Glaubst du an den Menschensohn?« 36 Der
Mann antwortete: »Herr, sag mir, wer ist es, damit ich an ihn glauben
kann.« 37 Jesus sagte: »Du hast ihn gesehen. Es ist der, der mit dir re-
det.« 38 Da sagte der Mann: »Ich glaube, Herr!« Und er fiel vor ihm auf
die Knie.

Die Blindheit der Pharisäer

39 Jesus sprach: »Ich bin in diese Welt gekommen, um Gericht zu hal-
ten: Die nicht sehen können, sollen sehend werden. Und die sehen
können, sollen blind werden.« 40 Das hörten einige von den Phari-
säern, die bei ihm waren. Sie fragten ihn: »Sind wir etwa auch blind?«

jüdische Behörden: Wörtlich »die Juden«. Im Johannesevangelium sind damit je nach Zusammenhang unterschiedliche Personen oder Gruppen gemeint, die Jesus als Gegner gegenübertreten.

Christus: Bedeutet übersetzt »der Gesalbte«. Im Alten Testament werden Könige, aber auch Propheten und Priester bei Amtsantritt gesalbt. Später wird der von Gott zum Herrscher der Welt bestimmte Retter so genannt. Im Neuen Testament ist das Jesus.

Mose: Steht hier für das »Gesetz des Mose«, eine Bezeichnung für die Lebensvorschriften des Alten Testaments, besonders der fünf Bücher Mose.

Menschensohn: Bezeichnung, die zum Ausdruck bringt, dass Menschen Geschöpfe Gottes sind. Im Neuen Testament ein Titel für Jesus, der von Gott zum Herrscher und Retter der Welt bestimmt wurde.

Herr: Titel für Jesus Christus. Im griechischen Alten Testament steht das Wort »Herr« an den Stellen, an denen im hebräischen Text der Gottesname steht. Wenn Jesus Christus so genannt wird, kommt darin zum Ausdruck: In ihm begegnet Gott selbst den Menschen.

Gericht halten: Am Ende der Zeit wird Jesus Christus im Namen Gottes als Richter ein Urteil über die Welt fällen.

41 Jesus antwortete: »Wenn ihr blind wärt, wäret ihr keine Sünder.
Aber jetzt behauptet ihr: ›Wir sehen!‹ Darum bleibt eure Sünde
bestehen!«

Jesus ist der gute Hirte 10,1-42

Das Gleichnis vom Hirten und den Schafen

10 1 »Amen, amen, das sage ich euch: Wer nicht durch die Tür in
den Schafstall hineingeht, sondern anderswo einsteigt, ist
ein Dieb und ein Räuber. 2 Wer aber durch die Tür hineingeht, ist der
Hirte der Schafe. 3 Der Türhüter öffnet ihm, und die Schafe hören auf
seine Stimme. Er ruft die Schafe, die ihm gehören, einzeln beim Na-
men und führt sie ins Freie. 4 Wenn er alle seine Schafe hinausgetrie-
ben hat, geht er vor ihnen her. Die Schafe folgen ihm, denn sie ken-
nen seine Stimme. 5 Aber einem Fremden werden sie nicht folgen,
sondern sie werden vor ihm fliehen. Denn die Stimme von Fremden
kennen sie nicht.« 6 Dieses Gleichnis erzählte ihnen Jesus. Aber sie
verstanden nicht, was er damit sagen wollte.

Das Gleichnis vom Tor zu den Schafen

7 Da begann Jesus noch einmal: »Amen, amen, das sage ich euch:
Ich bin die Tür zu den Schafen. 8 Alle, die vor mir gekommen sind,
sind Diebe und Räuber. Aber die Schafe haben nicht auf sie gehört.
9 Ich bin die Tür. Wer durch mich hineingeht, wird gerettet. Er wird
hinein- und hinausgehen und eine gute Weide finden. 10 Der Dieb
kommt nur, um die Schafe zu stehlen. Er schlachtet sie und stürzt
sie ins Verderben. Ich bin gekommen, um ihnen das wahre Leben zu
bringen – das Leben in seiner ganzen Fülle.«

Das Gleichnis vom guten Hirten

11 »Ich bin der gute Hirte. Der gute Hirte setzt sein Leben ein für die
Schafe. 12 Anders ist das bei einem, der die Schafe nur für Geld hütet.
Er ist kein Hirte, und sie gehören ihm nicht: Wenn er den Wolf kom-
men sieht, lässt er sie im Stich und läuft weg. Und der Wolf reißt die
Schafe und jagt die Herde auseinander. 13 Denn so ein Mensch hütet
die Schafe nur für Geld, und ihm liegt nichts an den Schafen.
14 Ich bin der gute Hirte. Ich kenne die, die zu mir gehören, und die
zu mir gehören, kennen mich. 15 Genauso kennt mich der Vater, und
ich kenne ihn. Ich bin bereit, mein Leben für die Schafe einzusetzen.
16 Ich habe noch andere Schafe, die nicht aus diesem Stall kommen.
Auch die muss ich führen, und sie werden auf meine Stimme hören.
Alle werden in einer Herde vereint sein und einen Hirten haben.
17 Deshalb liebt mich der Vater: Denn ich bin bereit, mein Leben
herzugeben, um es wieder neu zu bekommen. 18 Niemand nimmt
mir das Leben, sondern ich gebe es freiwillig her. Es steht in meiner
Macht, es herzugeben. – Und genauso steht es in meiner Macht, es

Sünde: Die Trennung des Menschen von Gott, seinem Schöpfer. Sie führt dazu, dass der Mensch sein Leben nicht nach Gottes Willen ausrichten kann.

Amen: Das hebräische Wort bedeutet »So ist es! / So soll es sein!«

Türhüter: Ein anderer Hirte, der Nachtwache hält, um die Schafe vor Räubern und wilden Tieren zu schützen.

Gleichnis: Erzählung, die ihre Botschaft in Bildern und Vergleichen vermittelt.

Hirte: Verantwortlich für den Schutz und Bestand der Herde. In der Antike steht das Hirtenbild oft für den König oder für Gott.

andere Schafe: Bild dafür, dass Jesus sich mit seiner Botschaft nicht nur an das Volk Israel wendet, sondern an alle Menschen.

wieder neu zu bekommen. Diesen Auftrag habe ich von meinem Vater erhalten.«

Erneute Meinungsverschiedenheiten über Jesus

19 Wegen dieser Worte kam es zu Meinungsverschiedenheiten un-
ter den jüdischen Zuhörern. 20 Viele von ihnen meinten: »Er ist von
einem Dämon besessen und verrückt. Warum hört ihr ihm zu?« 21 An-
dere erwiderten: »So redet kein Besessener. Kann ein Dämon etwa
Blinden die Augen öffnen?«

Jesus wird vorgeworfen, Gott zu lästern

22 Es war im Winter, als in Jerusalem das Tempelweihfest gefeiert
wurde. 23 Jesus ging im Tempel in der Salomohalle auf und ab. 24 Da
umringten ihn die Juden und fragten: »Wie lange willst du uns noch
hinhalten? Wenn du der Christus bist, dann sag es uns frei heraus!«
25 Jesus antwortete: »Ich habe es euch gesagt, aber ihr glaubt nicht. Die
Taten, die ich im Auftrag meines Vaters vollbringe, sind meine Zeu-
gen! 26 Aber ihr glaubt nicht, weil ihr nicht zu meinen Schafen gehört.
27 Meine Schafe hören auf meine Stimme. Ich kenne sie, und sie fol-
gen mir. 28 Ich gebe ihnen das ewige Leben. Sie werden in Ewigkeit
nicht ins Verderben stürzen, und niemand wird sie aus meiner Hand
reißen. 29 Mein Vater, der sie mir anvertraut hat, ist mächtiger als alle.
Niemand kann sie aus seiner Hand reißen. 30 Ich und der Vater sind
eins.«

31 Da hoben die Juden wieder Steine auf, um ihn zu steinigen. 32 Je-
sus hielt ihnen entgegen: »Ich habe im Auftrag des Vaters vor euren
Augen viele gute Taten vollbracht. Für welche dieser Taten wollt
ihr mich steinigen?« 33 Die Juden antworteten ihm: »Wir steinigen
dich nicht wegen einer guten Tat, sondern wegen Gotteslästerung:
Denn du bist ein Mensch und machst dich selbst zu Gott.« 34 Jesus
antwortete: »Steht nicht sogar in eurem Gesetz: ›Ich habe gesagt: Göt-
ter seid ihr doch!‹? 35 Gott selbst nennt also diejenigen Götter, an die
er seine Worte richtet. Und die Heilige Schrift kann nicht aufgeho-
ben werden! 36 Der Vater hat mich selbst erwählt und in die Welt ge-
sandt. Wie könnt ihr mir Gotteslästerung vorwerfen, wenn ich sage:
›Ich bin der Sohn Gottes‹? 37 Wenn das, was ich tue, nicht die Taten
meines Vaters sind, braucht ihr mir nicht zu glauben. 38 Wenn sie es
aber sind, dann glaubt wenigstens diesen Taten – wenn ihr schon
mir nicht glauben wollt. Dann werdet ihr erkennen und verstehen:
Der Vater ist in mir gegenwärtig, und ich bin im Vater gegenwärtig.«
39 Da versuchten sie erneut, ihn festzunehmen. Aber er konnte ihnen
entkommen.

40 Jesus überquerte erneut den Jordan und ging an den Ort, wo Jo-
hannes früher getauft hatte. Dort blieb er. 41 Viele Menschen kamen
zu ihm und sagten: »Johannes hat zwar keine Zeichen getan. Aber al-
les, was er über diesen Menschen gesagt hat, hat sich als wahr erwie-
sen.« 42 Und viele kamen dort zum Glauben an Jesus.

Tempelweihfest: Achttägiges Lichterfest, das an die Wiedereinweihung des Tempels in Jerusalem 164 v. Chr. erinnert.

Juden: Im Johannesevangelium sind damit unterschiedliche Personen oder Gruppen gemeint, die Jesus als Gegner gegenübertreten.

Christus: Bedeutet übersetzt »der Gesalbte«. Im Alten Testament werden Könige, aber auch Propheten und Priester bei Amtsantritt gesalbt. Später wird der von Gott zum Herrscher der Welt bestimmte Retter so genannt. Im Neuen Testament ist das Jesus.

ewiges Leben: Leben im Reich Gottes und in unmittelbarer Gemeinschaft mit Gott nach der Auferstehung vom Tod.

Steinigung, steinigen: Hinrichtungsart, bei der ein Verurteilter öffentlich mit Steinen beworfen wird.

steht nicht in eurem Gesetz: Als Gesetz werden im Neuen Testament die Lebensvorschriften des Alten Testaments bezeichnet, besonders die fünf Bücher Mose. Die folgenden Worte stehen in Psalm 82,6.

ich: Der Sprecher ist Gott.

Johannes der Täufer: Bereitet die Menschen auf das Kommen von Jesus vor.

Zeichen, Wunder: Ausweis der göttlichen Vollmacht, mit der eine Person handelt.

Die Auferweckung des Lazarus 11,1-57

Lazarus ist gestorben

11 1 Ein Mann war schwer krank, Lazarus aus Betanien. Das ist
das Dorf, in dem Maria und ihre Schwester Marta lebten. 2 –
Maria war es, die Jesus später mit Öl gesalbt und mit ihren Haaren
seine Füße abgetrocknet hat. – Der kranke Lazarus war ihr Bruder.
3 Die Schwestern ließen Jesus die Nachricht zukommen: »Herr, sieh
doch! Der, den du lieb hast, ist krank.« 4 Als Jesus das hörte, sagte er:
»Diese Krankheit führt nicht zum Tod. Sie soll vielmehr die Herrlich-
keit Gottes zeigen. Denn durch sie soll die Herrlichkeit von Gottes
Sohn sichtbar werden.«
5 Jesus liebte Marta und ihre Schwester und auch Lazarus. 6 Nun
wusste Jesus, dass Lazarus krank war. Er blieb noch zwei Tage an dem
Ort, wo er war. 7 Dann sagte er zu den Jüngern: »Lasst uns wieder nach
Judäa gehen.« 8 Die Jünger erwiderten: »Rabbi, vor Kurzem wollten
die Leute in Judäa dich steinigen! Und du willst wieder dorthin ge-
hen?« 9 Jesus antwortete: »Hat der Tag nicht zwölf Stunden? Wer bei
Tag umhergeht, stolpert nicht, denn er sieht das Licht der Welt. 10 Wer
aber bei Nacht umhergeht, stolpert, denn er hat kein Licht bei sich.«
11 Nachdem er dies zu den Jüngern gesagt hatte, fuhr er fort: »Unser
Freund Lazarus ist eingeschlafen. Aber ich gehe hin, um ihn aufzu-
wecken.« 12 Da sagten die Jünger zu ihm: »Herr, wenn er schläft, wird
er wieder gesund werden.« 13 Jesus hatte aber über den Tod des La-
zarus gesprochen. Die Jünger dagegen meinten, es gehe um den ge-
wöhnlichen Schlaf. 14 Da sagte Jesus ganz offen zu ihnen: »Lazarus ist
gestorben. 15 Und ich freue mich für euch, dass ich nicht bei ihm war.
Denn dadurch werdet ihr zum Glauben kommen. Also lasst uns jetzt
zu ihm gehen.« 16 Thomas, der auch Didymus genannt wird, sagte zu
den anderen Jüngern: »Lasst uns mit Jesus gehen, um mit ihm zu
sterben.«

Jesus ist die Auferstehung und das Leben

17 Als Jesus nach Betanien kam, lag Lazarus schon vier Tage im Grab.
18 Betanien war nahe bei Jerusalem, knapp drei Kilometer entfernt.
19 Viele Juden waren von dort zu Marta und Maria gekommen. Sie
wollten sie in ihrer Trauer um den Bruder trösten.
20 Als Marta hörte, dass Jesus kam, ging sie ihm entgegen. Maria
aber blieb zu Hause. 21 Marta sagte zu Jesus: »Herr, wenn du hier ge-
wesen wärst, dann wäre mein Bruder nicht gestorben. 22 Aber auch
jetzt weiß ich: Alles, worum du Gott bittest, das wird er dir geben.«
23 Jesus antwortete: »Dein Bruder wird auferstehen!« 24 Marta erwi-
derte: »Ich weiß, dass er auferstehen wird – bei der Auferstehung der
Toten am letzten Tag.« 25 Da sagte Jesus zu ihr: »Ich bin die Auferste-
hung und das Leben! Wer an mich glaubt, wird leben, auch wenn er
stirbt. 26 Und wer lebt und an mich glaubt, wird in Ewigkeit nicht von
Gott getrennt. Glaubst du das?« 27 Sie antwortete: »Ja, Herr, ich glaube

Salbung, salben: Handlung, die eine besondere Wertschätzung zum Ausdruck bringt. Ein wohlriechendes Öl wird dabei über bestimmte Körperteile ausgegossen.

Herrlichkeit: Bezeichnet das, was einer Person Ansehen und Macht verleiht. Gottes Herrlichkeit stellt man sich auch als strahlenden Lichtglanz vor.

Gottes Sohn: Jesus spricht hier von sich selbst. In dem, was er tut, wirkt sein Vater, Gott, selbst.

Rabbi: Aramäisch für »mein Herr / mein Meister«. Zur Zeit von Jesus Ehrentitel für angesehene Lehrer.

Licht der Welt: In Johannes 8,12 spricht Jesus von sich selbst als dem Licht der Welt.

Glaube, glauben: Meint das tiefe Vertrauen auf Gott, das zu einem Leben nach seinem Willen führt.

Auferstehung: Meint die Auferweckung vom Tod und das ewige Leben im Reich Gottes.

letzter Tag: Der Tag, an dem Christus wiederkommt. Dann hält Gott Gericht und sein Reich bricht endgültig an.

fest: Du bist der Christus, der Sohn Gottes, der in die Welt kommen
soll!«

Jesus kommt zum Grab des Lazarus und weint

28 Nachdem Marta das gesagt hatte, ging sie weg und rief ihre Schwes-
ter Maria. Leise sagte sie zu ihr: »Der Lehrer ist da und lässt dich ru-
fen.« 29 Als Maria das hörte, stand sie schnell auf und ging zu Jesus.
30 Jesus war noch nicht ins Dorf hineingegangen. Er hielt sich dort
auf, wo Marta ihn getroffen hatte. 31 Im Haus waren immer noch die
Leute, die Maria trösten wollten. Als sie sahen, dass Maria aufstand
und schnell hinausging, folgten sie ihr. Sie dachten: »Sie will zum
Grab gehen, um dort zu weinen.«

32 Maria kam dorthin, wo Jesus war. Als sie ihn sah, fiel sie vor ihm
auf die Knie und sagte: »Herr, wenn du hier gewesen wärst, dann
wäre mein Bruder nicht gestorben.« 33 Jesus sah, wie sie weinte und
wie auch die Leute weinten, die sie begleiteten. Da war er im Inners-
ten zornig und tief erschüttert. 34 Er fragte: »Wo ist sein Grab?« Sie
antworteten: »Herr, komm und sieh selbst!« 35 Da brach Jesus in Trä-
nen aus. 36 Die Leute sagten: »Seht doch, wie sehr er ihn geliebt hat!«
37 Aber einige von ihnen meinten: »Dem Blinden hat er die Augen ge-
öffnet. Konnte er nicht verhindern, dass Lazarus stirbt?«

Jesus weckt Lazarus vom Tod auf

38 Da wurde Jesus erst recht zornig und ging zum Grab. Es bestand
aus einer Höhle, die mit einem großen Stein verschlossen war. 39 Je-
sus sagte: »Wälzt den Stein weg!« Marta, die Schwester des Verstorbe-
nen, erwiderte: »Herr, er stinkt schon, denn er ist vier Tage tot.« 40 Je-
sus entgegnete ihr: »Habe ich nicht zu dir gesagt: Wenn du glaubst,
wirst du die Herrlichkeit Gottes sehen«? 41 Da wälzten sie den Stein
weg. Jesus blickte zum Himmel empor und sprach: »Vater, ich danke
dir, dass du mich erhört hast. 42 Ich selbst weiß ja, dass du mich immer
erhörst. Aber ich sage es wegen der Leute, die hier stehen. Sie sollen
glauben, dass du mich gesandt hast.« 43 Nachdem er das gesagt hatte,
rief er mit lauter Stimme: »Lazarus, komm heraus!« 44 Da kam der To-
te heraus. Seine Füße und seine Hände waren mit Leinentüchern
umwickelt und sein Gesicht war mit einem Tuch verhüllt. Jesus sagte
zu den Leuten: »Befreit ihn davon und lasst ihn nach Hause gehen.«

Einer soll für das Volk sterben

→ Matthäus 26,1-5; Markus 14,1-2; Lukas 22,1-2

45 Die Leute, die bei Maria waren, hatten miterlebt, was Jesus getan
hatte. Viele kamen zum Glauben an Jesus. 46 Aber einige von ihnen
gingen zu den Pharisäern und erzählten ihnen, was er getan hatte.
47 Da beriefen die führenden Priester und die Pharisäer den jüdischen
Rat ein. Sie sagten: »Was sollen wir machen? Dieser Mensch tut viele
Zeichen! 48 Wenn wir ihn so weitermachen lassen, werden alle an ihn
glauben. Dann werden die Römer kommen und uns den Tempel und

Christus: Bedeutet übersetzt »der Gesalbte«. Im Alten Testament werden Könige, aber auch Propheten und Priester bei Amtsantritt gesalbt. Später wird der von Gott zum Herrscher der Welt bestimmte Retter so genannt. Im Neuen Testament ist das Jesus.

Lehrer: Ehrenvolle Anrede für die Schriftgelehrten, die auch Jesus gegenüber gebraucht wurde.

Grabkammer: Ein in den Felsen geschlagener Raum mit mehreren Nischen zur Ablage von Toten, dessen Eingang nach der Bestattung verschlossen wurde.

Pharisäer: Angehöriger einer jüdischen Glaubensgruppe, die die biblischen Vorschriften und Gesetze sehr streng auslegte.

jüdischer Rat: Oberste Behörde zur Regelung religiöser Angelegenheiten.

Zeichen, Wunder: Ausweis der göttlichen Vollmacht, mit der eine Person handelt.

das Volk nehmen.« 49 Zum jüdischen Rat gehörte auch Kaiphas, der
in dem Jahr der Hohepriester war. Er sagte: »Ihr versteht gar nichts!
50 Ihr bedenkt auch nicht, dass es besser für euch ist, wenn ein Mann
für das Volk stirbt – besser, als wenn das ganze Volk vernichtet wird.«
51 Das sagte er aber nicht von sich aus, sondern weil er in dem Jahr Ho-
hepriester war. Dadurch konnte er wie ein Prophet ankündigen, dass
Jesus für das Volk sterben wird. 52 Das sollte nicht nur für das Volk ge-
schehen. Auch die in aller Welt verstreuten Kinder Gottes sollten zu
einer Gemeinschaft zusammengeführt werden.

53 Von dem Tag an war der jüdische Rat fest entschlossen, Jesus
umzubringen. 54 Danach zeigte sich Jesus nicht mehr in der Öffent-
lichkeit. Er zog sich in die Gegend am Rand der Wüste zurück, in
einen Ort namens Efraim. Dort blieb er mit seinen Jüngern.

55 Das jüdische Passafest stand kurz bevor. Viele Menschen zogen
schon vor dem Fest nach Jerusalem. Sie kamen aus dem ganzen Land,
um sich für das Fest zu reinigen. 56 Die Leute hielten auch nach Je-
sus Ausschau. Während sie im Tempel beisammenstanden, sagten
sie zueinander: »Was meint ihr? Wird er zum Fest kommen?« 57 Die
führenden Priester und die Pharisäer hatten angeordnet: »Wer weiß,
wo er sich aufhält, soll es melden!« Denn sie wollten ihn festnehmen.

Jesus in Betanien und Jerusalem 12,1-50

Eine Frau salbt Jesus für sein Begräbnis

→ Matthäus 26,6-13; Markus 14,3-9

12 1 Sechs Tage vor dem Passafest kam Jesus wieder nach Beta-
nien. Dort wohnte Lazarus, den er von den Toten auferweckt
hatte. 2 Zusammen mit seinen Schwestern veranstaltete er ein Fest-
mahl für Jesus. Marta bewirtete die Gäste. Lazarus lag mit Jesus und
den anderen zu Tisch. 3 Da nahm Maria eine Flasche Salböl. Es war
reines, kostbares Nardenöl. Damit salbte sie Jesus die Füße. Dann
trocknete sie seine Füße mit ihren Haaren ab. Das ganze Haus wurde
vom Duft des Salböls erfüllt.

4 Da sagte einer von den Jüngern, Judas Iskariot, der Jesus später
verriet: 5 »Warum hat man dieses Salböl nicht für 300 Silberstücke
verkauft und das Geld den Armen gegeben?« 6 Das sagte er aber nicht
etwa, weil es ihm um die Armen ging. Vielmehr war er ein Dieb. Er
verwaltete die gemeinsame Kasse und schaffte Geld daraus beiseite.
7 Doch Jesus erwiderte: »Lass sie! Sie hat es aufbewahrt, um mich da-
mit schon heute für mein Begräbnis zu salben. 8 Arme wird es immer
bei euch geben. Aber mich habt ihr nicht für immer bei euch.«

Lazarus soll getötet werden

9 Nun erfuhren viele Juden, dass Jesus in Betanien war. Sie kamen
nicht nur wegen Jesus. Sie wollten auch Lazarus sehen, den Jesus von
den Toten auferweckt hatte. 10 Da beschlossen die führenden Priester,

Hohepriester: Hatte die Aufsicht über alles, was das Heiligtum, den Gottesdienst und den Dienst der Priester betraf.

Reinigung, sich reinigen: Religiöse Handlung, mit der Menschen und Dinge dafür vorbereitet werden, in der Nähe Gottes zu sein.

Pharisäer: Angehöriger einer jüdischen Glaubensgruppe, die die biblischen Vorschriften und Gesetze sehr streng auslegte.

Passafest: Fest, das jährlich im Frühjahr gefeiert wird und an die Befreiung des Volkes Israel aus der Sklaverei in Ägypten erinnert; vgl. 2. Mose/Exodus 12–13.

zu Tisch liegen: Bei festlichen Anlässen war es in der griechisch-römischen Welt üblich, beim Essen zu liegen.

Nardenöl: Kostbares Öl, das aus den getrockneten Wurzeln und Stängeln der Narde gewonnen wird, einer Pflanze, die nur im Himalaja wächst.

für mein Begräbnis zu salben: Das Einreiben eines Toten mit bestimmten Ölen gehörte zu den Bräuchen bei der Vorbereitung einer Bestattung.

Auferweckung: Meint die Auferstehung vom Tod und das ewige Leben im Reich Gottes.

auch Lazarus zu töten. 11 Denn seinetwegen gingen viele Juden dorthin und kamen zum Glauben an Jesus.

Jesus zieht in Jerusalem ein

→ Matthäus 21,1-11; Markus 11,1-11; Lukas 19,28-40

12 Am nächsten Tag hörte die große Menge, die sich zum Fest in der Stadt aufhielt: Jesus ist auf dem Weg nach Jerusalem. 13 Da nahmen sie Palmzweige und liefen ihm entgegen. Sie riefen: »Hosianna! Gesegnet sei, wer im Namen des Herrn kommt! Er ist der König Israels!« 14 Jesus fand einen jungen Esel und setzte sich darauf. So steht es auch in der Heiligen Schrift: 15 »Fürchte dich nicht, Tochter Zion! Dein König kommt! Er sitzt auf dem Jungen einer Eselin.« 16 Die Jünger von Jesus verstanden das zunächst nicht. Aber als Jesus in seiner Herrlichkeit sichtbar war, erinnerten sie sich daran. Da wurde ihnen bewusst, dass sich diese Stelle in der Heiligen Schrift auf ihn bezog. Denn genau so hatten ihn die Leute empfangen.

17 Die vielen Leute, die dabei gewesen waren, bezeugten: »Er hat den Lazarus aus dem Grab gerufen und ihn von den Toten auferweckt!« 18 Deshalb kam ihm ja auch die Volksmenge entgegen. Sie alle hatten gehört, dass er dieses Zeichen getan hatte. 19 Aber die Pharisäer sagten zueinander: »Da merkt ihr, dass ihr nichts machen könnt. Alle Welt läuft ihm nach!«

Griechische Besucher des Passafests suchen Jesus

→ Matthäus 10,39; Markus 8,35; Lukas 17,33

20 Es befanden sich auch einige Griechen unter denen, die zum Fest nach Jerusalem gekommen waren, um Gott anzubeten. 21 Die gingen zu Philippus, der aus Betsaida in Galiläa stammte, und baten ihn: »Herr, wir wollen Jesus sehen!« 22 Philippus ging zu Andreas und sagte es ihm. Dann gingen die beiden zu Jesus und berichteten es ihm. 23 Da sagte Jesus zu ihnen: »Die Stunde ist gekommen! Jetzt wird der Menschensohn in seiner Herrlichkeit sichtbar. 24 Amen, amen, das sage ich euch: Das Weizenkorn muss in die Erde fallen und sterben, sonst bleibt es allein. Wenn es aber stirbt, bringt es viel Frucht. 25 Wem sein Leben über alles geht, der verliert es. Aber wer sein Leben in dieser Welt gering achtet, wird es bewahren bis ins ewige Leben. 26 Wer mir dient, muss mir auf meinem Weg folgen. Denn wo ich bin, wird auch mein Diener sein. Wer mir dient, wird beim Vater Anerkennung finden.«

Jesus spricht von seinem Tod

27 »Meine Seele ist voller Angst. Soll ich da sagen: ›Vater, rette mich aus dieser Stunde‹? Nein, denn jetzt ist die Stunde da – jetzt geschieht, wofür ich gekommen bin! 28 Ich sage vielmehr: ›Vater, offenbare jetzt die Herrlichkeit, für die dein Name steht!‹« Da ertönte vom Himmel her eine Stimme: »Ich habe sie schon offenbart und werde sie wieder offenbaren!«

Hosianna: Gebetsruf, wörtlich »Hilf doch!« oder »Rette doch!«.

König Israels: Nachdem das Königreich Israel untergegangen war, hoffte man auf einen Nachkommen Davids als Retter und Erlöser Israels.

so steht es in der Heiligen Schrift: In Sacharja 9,9 reitet der Retter der Welt, den Gott schickt, auf einem jungen Esel in Jerusalem ein.

Zeichen, Wunder: Ausweis der göttlichen Vollmacht, mit der eine Person handelt.

Philippus, Andreas: Die beiden Männer gehören zu den ersten Jüngern, die sich Jesus angeschlossen haben; vgl. Johannes 1,40-46.

die Stunde: Der Zeitpunkt, an dem deutlich wird, dass Jesus als Sohn Gottes in diese Welt gesandt ist, um die Menschen zu erlösen. Dies zeigt sich in seinem Tod am Kreuz, in dem Gottes liebevolle Zuwendung zu den Menschen ihren Höhepunkt erreicht.

Menschensohn: Bezeichnung, die zum Ausdruck bringt, dass Menschen Geschöpfe Gottes sind. Im Neuen Testament ein Titel für Jesus, der von Gott zum Herrscher und Retter der Welt bestimmt wurde.

ewiges Leben: Leben im Reich Gottes und in unmittelbarer Gemeinschaft mit Gott nach der Auferstehung vom Tod.

29 Die Volksmenge, die dabeistand, hörte die Stimme. Da sagten
einige: »Es hat gedonnert.« Andere meinten: »Ein Engel hat mit ihm
gesprochen!« 30 Jesus entgegnete: »Diese Stimme hat nicht meinet-
wegen gesprochen, sondern euretwegen. 31 Jetzt wird Gericht gehal-
ten über diese Welt! Jetzt wird der Herrscher dieser Welt gestürzt!
32 Aber ich werde über die Erde erhöht werden, und dann führe ich
alle zu mir.« 33 Damit deutete er an, auf welche Weise er sterben sollte.
34 Die Leute erwiderten: »Aus dem Gesetz haben wir erfahren: Der
Christus bleibt für immer bei uns. Wie kannst du dann sagen: ›Der
Menschensohn muss erhöht werden‹? Wer ist überhaupt dieser
Menschensohn?« 35 Darauf sagte Jesus zu ihnen: »Das Licht ist nur
noch für kurze Zeit bei euch. Geht euren Weg, solange ihr das Licht
habt. Sonst überwältigt euch die Finsternis! Wer in der Finsternis
umhergeht, weiß nicht, wohin sein Weg führt. 36 Glaubt an das Licht,
solange ihr es habt. Dann werdet ihr selbst zu Kindern des Lichts.«
Nachdem Jesus das gesagt hatte, ging er weg und verbarg sich vor der
Menge.

Die Menge glaubt nicht an Jesus

37 Obwohl Jesus so große Zeichen vor ihnen getan hatte, glaubten sie
nicht an ihn. 38 So ging in Erfüllung, was der Prophet Jesaja voraus-
gesagt hatte: »Herr, wer hat unserer Botschaft geglaubt? Und wem
hat sich die Macht des Herrn gezeigt?« 39 Jesaja hatte auch vorausge-
sagt, warum sie nicht zum Glauben kommen konnten: 40 »Gott hat
ihre Augen blind gemacht und ihr Herz verhärtet. Ihre Augen sollen
nichts sehen und ihr Herz soll nichts verstehen – damit sie nicht um-
kehren und ich, ihr Gott, sie heile.« 41 Das hatte Jesaja gesagt, weil er
schon damals die Herrlichkeit von Jesus gesehen hat. Und von ihm
hatte Jesaja gesprochen.
42 Dennoch waren auch viele Mitglieder des jüdischen Rats zum
Glauben an Jesus gekommen. Aber wegen der Pharisäer bekannten
sie sich nicht öffentlich dazu. Denn sie wollten nicht aus der jüdi-
schen Gemeinde ausgeschlossen werden. 43 Von den Menschen ge-
ehrt zu werden, war ihnen wichtiger als die Ehre Gottes.

Jesus ruft zur Entscheidung auf

44 Jesus rief laut: »Wer an mich glaubt, glaubt nicht an mich, sondern
an den, der mich beauftragt hat. 45 Und wer mich sieht, sieht den, der
mich beauftragt hat! 46 Ich bin als Licht in die Welt gekommen, damit
jeder, der an mich glaubt, nicht in der Finsternis bleibt.
47 Wer hört, was ich sage, und sich nicht danach richtet, den verur-
teile ich nicht. Denn ich bin nicht gekommen, um über diese Welt
Gericht zu halten, sondern um sie zu retten. 48 Wer mich ablehnt und
meine Worte nicht annimmt, hat seinen Richter schon gefunden:
Das Wort, das ich gesprochen habe, wird ihn am letzten Tag verur-
teilen. 49 Denn was ich gesagt habe, stammt nicht von mir selbst. Der
Vater, der mich beauftragt hat, hat mir befohlen, was ich sagen und

Gericht, verurteilen: Als Herrscher über die ganze Welt ist Gott der Richter, der am Ende der Zeit ein Urteil über sie spricht.

Herrscher dieser Welt: Bezeichnung für den Teufel, den Gegenspieler Gottes, der versucht, die Menschen zu einem Verhalten zu bewegen, das Gottes Willen widerspricht.

erhöhen: Anspielung auf die Kreuzigung. Jesus wird am Kreuz in die Höhe gehoben. Durch seinen Tod am Kreuz wird gleichzeitig seine Herrlichkeit und Zugehörigkeit zu Gott für alle sichtbar.

Licht: Bild für das Leben, das Jesus Christus als Licht der Welt schenkt. Durch ihn erhalten die Menschen das ewige Leben in unmittelbarer Gemeinschaft mit Gott.

was Jesaja vorausgesagt hatte (Vers 38): Zitat aus der griechischen Übersetzung von Jesaja 53,1.

Herr: Bezeichnung für Gott. Das griechische Alte Testament verwendet das Wort »Herr« an den Stellen, an denen im hebräischen Text der Gottesname steht.

Jesaja hatte auch vorausgesagt (Vers 39): Das folgende Zitat nimmt Worte aus Jesaja 6,10 auf.

letzter Tag: Der Tag, an dem Christus wiederkommt. Dann hält Gott Gericht und sein Reich bricht endgültig an.

reden soll. 50 Und ich weiß: Das, was er mir aufgetragen hat, schenkt
euch das ewige Leben. Darum gilt: Was ich euch sage, sage ich genau
so weiter, wie es der Vater mir gesagt hat.«

Jesus kündigt seinen Abschied an 13,1–17,26

Jesus isst ein letztes Mal mit seinen Jüngern und wäscht ihnen die Füße

13 1 Das Passafest stand unmittelbar bevor. Jesus wusste, dass
seine Stunde gekommen war. Jetzt sollte er die Welt verlas-
sen und zum Vater gehen. Er hatte die Menschen immer geliebt, die
in der Welt zu ihm gehörten. Und so liebte er sie bis zuletzt.
2 Jesus aß an diesem Abend mit seinen Jüngern. Der Teufel hatte
Judas, dem Sohn von Simon Iskariot, schon den Gedanken einge-
geben, Jesus zu verraten. 3 Jesus wusste, dass der Vater alles in seine
Hand gelegt hatte. Er wusste, dass er von Gott gekommen war und
wieder zu Gott zurückkehren sollte. 4 Er stand vom Tisch auf, legte
den Mantel ab und band sich ein Tuch um. 5 Dann goss er Wasser in
eine Schüssel und begann, den Jüngern die Füße zu waschen. Da-
nach trocknete er sie mit dem Tuch ab, das er umgebunden hatte.
6 Als er zu Simon Petrus kam, sagte der zu ihm: »Herr, du willst mir
die Füße waschen?« 7 Jesus antwortete: »Was ich tue, das verstehst
du jetzt noch nicht. Du wirst es aber später verstehen.« 8 Petrus er-
widerte: »Nie und nimmer sollst du mir die Füße waschen!« Jesus
antwortete: »Wenn ich dich nicht wasche, gibt es für dich keine Ge-
meinschaft mit mir.« 9 Da sagte Simon Petrus: »Herr, dann wasche mir
nicht nur die Füße, sondern auch die Hände und den Kopf!« 10 Jesus
antwortete: »Wer gebadet hat, ist ganz rein. Er braucht sich später nur
noch die Füße waschen zu lassen. Und ihr seid rein – aber nicht alle!«
11 Er wusste nämlich, wer ihn verraten würde. Deshalb sagte er: »Ihr
seid nicht alle rein.«
12 Nachdem Jesus seinen Jüngern die Füße gewaschen hatte, zog
er seinen Mantel an und nahm wieder Platz. Dann sagte er zu ihnen:
»Versteht ihr, was ich für euch getan habe? 13 Ihr nennt mich Lehrer
und Herr. Und ihr habt recht, denn das bin ich. 14 Ich habe euch die
Füße gewaschen – ich, der Herr und Lehrer. Also sollt auch ihr ein-
ander die Füße waschen. 15 Denn ich habe euch ein Beispiel gegeben.
Ihr sollt das tun, was ich für euch getan habe. 16 Amen, amen, das sage
ich euch: Kein Diener ist bedeutender als sein Herr. Und kein Abge-
sandter ist bedeutender als der, der ihn beauftragt hat. 17 Ihr wisst, was
ich für euch getan habe. Glückselig seid ihr, wenn ihr auch so handelt.
18 Ich rede nicht von euch allen. Ich weiß genau, wen ich ausgewählt
habe. Aber das Wort aus der Heiligen Schrift muss in Erfüllung gehen:
›Einer, der mein Brot isst, tritt mich mit Füßen.‹ 19 Ich sage euch das
schon jetzt, bevor es geschieht. Wenn es dann geschieht, werdet ihr
glauben, dass ich es bin. 20 Amen, amen, das sage ich euch: Wer einen

ewiges Leben: Leben im Reich Gottes und in unmittelbarer Gemeinschaft mit Gott nach der Auferstehung vom Tod.

Passafest: Fest, das jährlich im Frühjahr gefeiert wird und an die Befreiung des Volkes Israel aus der Sklaverei in Ägypten erinnert; vgl. 2. Mose/Exodus 12–13.

seine Stunde: Der Zeitpunkt, an dem deutlich wird, dass Jesus als Sohn Gottes in diese Welt gesandt ist, um die Menschen zu erlösen. Dies zeigt sich in seinem Tod am Kreuz, in dem Gottes liebevolle Zuwendung zu den Menschen ihren Höhepunkt erreicht.

die Füße waschen: Indem Jesus die Aufgabe eines Dieners übernimmt, bringt er die Liebe Gottes zu den Menschen zum Ausdruck. Sie zeigt sich später in Tod und Auferstehung von Jesus, die allen Menschen die Möglichkeit eröffnen, in Gemeinschaft mit Gott im Reich Gottes zu leben.

rein: Bezeichnet Menschen, Tiere und Dinge, die dafür vorbereitet sind, in der Nähe Gottes zu sein. In der Bibel sind dabei bestimmte religiöse Vorschriften zu beachten.

das Wort aus der Heiligen Schrift: Zitat aus Psalm 41,10.

dass ich es bin: In dieser Formulierung klingt der Name an, mit dem Gott sich Mose in 2. Mose/Exodus 3,14 vorstellt.

Menschen aufnimmt, den ich beauftragt habe, nimmt mich auf. Und
wer mich aufnimmt, nimmt den auf, der mich beauftragt hat.«

Jesus kündigt an, dass ihn Judas verraten wird

→ Matthäus 26,20-25; Markus 14,17-21; Lukas 22,21-23

21 Als Jesus das gesagt hatte, war er im Innersten tief erschüttert. Er
erklärte ihnen: »Amen, amen, das sage ich euch: Einer von euch wird
mich verraten.« 22 Da sahen sich die Jünger ratlos an und fragten sich:
»Von wem spricht er?« 23 Einer von seinen Jüngern, den Jesus beson-
ders liebte, lag bei Tisch an der Seite von Jesus. 24 Ihm gab Simon Pe-
trus ein Zeichen. Er sollte Jesus fragen, von wem er gesprochen hatte.
25 Der Jünger lehnte sich zurück zu Jesus und fragte ihn: »Herr, wer
ist es?« 26 Jesus antwortete: »Es ist der, für den ich ein Stück Brot in
die Schüssel tauche und dem ich es gebe.« Er nahm ein Stück Brot,
tauchte es ein und gab es Judas, dem Sohn von Simon Iskariot.
27 Sobald Judas das Brot genommen hatte, ergriff der Satan Besitz
von ihm. Da sagte Jesus zu ihm: »Was du tun willst, das tue bald!«
28 Von den anderen am Tisch verstand keiner, warum Jesus das zu
Judas sagte. 29 Weil Judas die Kasse verwaltete, dachten einige, dass
Jesus zu ihm gesagt hatte: »Kauf ein, was wir für das Fest brauchen.«
Oder sie dachten: Jesus hat ihm aufgetragen, den Armen etwas zu ge-
ben. 30 Als Judas das Stück Brot gegessen hatte, ging er sofort hinaus.
Es war aber Nacht.

Das neue Gebot: Liebt einander!

31 Nachdem Judas hinausgegangen war, sagte Jesus: »Jetzt ist der
Menschensohn in seiner Herrlichkeit offenbart worden. Und durch
ihn ist auch die Herrlichkeit Gottes offenbart worden. 32 Wenn der
Menschensohn die Herrlichkeit Gottes offenbart hat, dann wird
auch Gott die Herrlichkeit des Menschensohnes offenbaren. Und
das wird bald geschehen. 33 Meine Kinder, ich bin nur noch für kurze
Zeit bei euch. Ihr werdet mich suchen. Aber was ich schon den füh-
renden Männern des jüdischen Volks gesagt habe, das sage ich jetzt
euch: Wohin ich gehe, dorthin könnt ihr nicht kommen.
34 Ich gebe euch ein neues Gebot: Liebt einander! Genauso wie ich
euch geliebt habe, sollt ihr einander lieb haben. 35 Daran werden alle
erkennen, dass ihr meine Jünger seid: wenn ihr einander liebt.«

Jesus sagt das Versagen von Petrus voraus

→ Matthäus 26,31-35; Markus 14,27-31; Lukas 22,31-34

36 Simon Petrus fragte Jesus: »Herr, wohin gehst du?« Jesus antwor-
tete: »Wohin ich gehe, dorthin kannst du jetzt nicht mitkommen. Du
wirst mir aber später folgen.« 37 Da sagte Petrus: »Herr, warum kann
ich jetzt nicht mitkommen? Ich bin bereit, mein Leben für dich ein-
zusetzen!« 38 Jesus erwiderte: »Du bist bereit, dein Leben für mich
einzusetzen? Amen, amen, das sage ich dir: Bevor der Hahn kräht,
wirst du dreimal abstreiten, dass du mich kennst.«

zu Tisch liegen: Bei festlichen Anlässen war es in der griechisch-römischen Welt üblich, beim Essen zu liegen.

Satan, Teufel: Gegenspieler Gottes. Er versucht, die Menschen zu einem Verhalten zu bewegen, das Gottes Willen widerspricht.

Menschensohn: Bezeichnung, die zum Ausdruck bringt, dass Menschen Geschöpfe Gottes sind. Im Neuen Testament ein Titel für Jesus, der von Gott zum Herrscher und Retter der Welt bestimmt wurde.

meine Kinder: Damals übliche Anrede eines Lehrers für seine Schüler.

jüdisches Volk: Wörtlich »die Juden«. Im Johannesevangelium sind damit je nach Zusammenhang unterschiedliche Personen oder Gruppen gemeint, die Jesus als Gegner gegenübertreten.

neues Gebot: Im Alten Testament findet sich das Gebot der Nächstenliebe in 3. Mose/Levitikus 19,18. Neu ist hier die Begründung: Die Liebe von Jesus ist nicht nur Vorbild für die Liebe der Jünger zueinander, sondern macht auch sie zu dieser Liebe fähig.

Jesus ist der Weg zum Vater

14 1»Lasst euch im Herzen keine Angst machen. Glaubt an Gott
und glaubt an mich. 2Im Haus meines Vaters gibt es viele
Wohnungen. Wenn es nicht so wäre, hätte ich dann zu euch gesagt:
›Ich gehe dorthin, um für euch einen Platz vorzubereiten‹? 3Und
wenn ich dorthin gegangen bin und für euch einen Platz vorbereitet
habe, werde ich wiederkommen. Dann werde ich euch zu mir holen,
damit auch ihr dort seid, wo ich bin. 4Ihr kennt ja den Weg zu dem
Ort, wo ich hingehe.«
5Thomas sagte zu ihm: »Herr, wir wissen nicht, wo du hingehst.
Wie können wir dann den Weg dorthin kennen?« 6Jesus antwortete:
»Ich bin der Weg, die Wahrheit und das Leben. Es gibt keinen ande-
ren Weg zum Vater als mich. 7Wenn ihr mich erkannt habt, dann wer-
det ihr auch meinen Vater erkennen. Schon jetzt kennt ihr ihn und
habt ihn gesehen.«
8Philippus sagte zu ihm: »Herr, zeig uns den Vater. Das genügt
uns.« 9Jesus antwortete ihm: »Jetzt bin ich schon so lange bei euch,
und du kennst mich immer noch nicht, Philippus? Wer mich gese-
hen hat, hat den Vater gesehen! Wie kannst du da verlangen: ›Zeig
uns den Vater‹? 10Glaubst du nicht, dass ich mit dem Vater verbun-
den bin und der Vater mit mir? Die Worte, die ich euch gesagt habe,
stammen nicht von mir selbst. Der Vater, der immer mit mir verbun-
den ist, vollbringt seine Taten durch mich. 11Glaubt mir, dass ich mit
dem Vater verbunden bin und der Vater mit mir. Wenn ihr das nicht
glauben könnt, dann glaubt es wenigstens wegen der Taten.
12Amen, amen, das sage ich euch: Wer an mich glaubt, wird genau
solche Taten vollbringen, wie ich sie vollbringe. Ja, er wird noch grö-
ßere Taten vollbringen. Denn ich gehe zum Vater. 13Wenn ihr dann
in meinem Namen um etwas bittet, werde ich eure Bitte erfüllen. So
wird die Herrlichkeit des Vaters durch den Sohn sichtbar gemacht.
14Wenn ihr mich also in meinem Namen um etwas bittet, werde ich
es tun.«

Jesus verspricht den Heiligen Geist

15»Wenn ihr mich liebt, werdet ihr meine Gebote befolgen. 16Und
ich werde den Vater um etwas bitten: Er wird euch an meiner Stelle
einen anderen Beistand geben, einen, der für immer bei euch bleibt.
17Das ist der Geist der Wahrheit. Diese Welt kann ihn nicht empfan-
gen, denn sie sieht ihn nicht und erkennt ihn nicht. Aber ihr kennt
ihn, denn er ist mit euch verbunden und wird immer mit euch ver-
bunden bleiben.
18Ich lasse euch nicht wie Waisenkinder allein. Ich komme wieder
zu euch. 19Es dauert nur noch kurze Zeit, dann wird diese Welt mich
nicht mehr sehen. Aber ihr werdet mich sehen, weil ich lebe und weil
auch ihr leben werdet. 20An dem Tag werdet ihr erkennen: Ich bin mit
dem Vater verbunden, ihr seid es mit mir, und ich bin es mit euch.
21Wer meine Gebote hält und sie befolgt, der liebt mich wirklich.

Wahrheit: Wahr ist etwas, wenn es hält, was es verspricht. In diesem Sinne ist »wahr«, was von Gott kommt. Als Mensch ist Jesus Zeuge für diese Wahrheit, als Sohn Gottes, der von Gott kommt, ist er die Wahrheit selbst.

Vater: Vertrauensvolle Anrede oder Bezeichnung für Gott.

Philippus: Einer der ersten Männer, die sich Jesus als Jünger angeschlossen haben; vgl. Johannes 1,43-46.

Amen: Das hebräische Wort bedeutet »So ist es! / So soll es sein!«

Name: Der Name steht für die Person, die den Namen trägt. Wer im Namen eines anderen oder im Namen Gottes handelt, handelt stellvertretend für ihn.

Herrlichkeit: Bezeichnet das, was einer Person Ansehen und Macht verleiht. Gottes Herrlichkeit stellt man sich auch als strahlenden Lichtglanz vor.

Beistand: Ursprünglich der Anwalt vor Gericht. Bei Johannes der Heilige Geist, der an die Stelle von Jesus tritt, bei den Jüngern bleibt und ihnen hilft.

Frieden: Umfassender Zustand von Glück und Wohlergehen des Einzelnen und der Gemeinschaft, der aus der Beziehung mit Gott hervorgeht.

Herrscher dieser Welt: Bezeichnung für den Teufel, den Gegenspieler Gottes, der versucht, die Menschen zu einem Verhalten zu bewegen, das Gottes Willen widerspricht.

wahrer Weinstock: Meint den liebevoll gepflegten Weinstock im Gegensatz zum verwilderten. Im Alten Testament ist der Weinstock oft ein Bild für das Volk Israel, vgl. Jesaja 5,1-7.

Vater: Vertrauensvolle Anrede oder Bezeichnung für Gott.

Rebe: Einzelner Zweig, der aus dem Weinstock hervorgeht und an dem sich Blätter, Blüten und anschließend die Früchte bilden.

reinigt: An den Zweigen, die Früchte tragen, werden die überflüssigen Triebe und Knospen entfernt, um einen besseren Ertrag zu erhalten.

Herrlichkeit: Bezeichnet das, was einer Person Ansehen und Macht verleiht. Gottes Herrlichkeit stellt man sich auch als strahlenden Lichtglanz vor.

Wer mich liebt, wird von meinem Vater geliebt. Und auch ich liebe
ihn und werde mich ihm zeigen.«
22 Judas – nicht Judas Iskariot – sagte zu ihm: »Herr, warum willst
du dich nur uns zeigen und nicht der Welt?« 23 Jesus antwortete ihm:
»Wer mich liebt, wird sich nach meinem Wort richten. Mein Vater
wird ihn lieben, und wir werden zu ihm kommen und für immer bei
ihm bleiben. 24 Wer mich nicht liebt, wird sich nicht nach meinem
Wort richten. Dabei kommt das Wort, das ihr hört, nicht von mir. Es
kommt vom Vater, der mich beauftragt hat. 25 Ich habe euch das gesagt, während ich noch bei euch bin. 26 Der Vater wird euch in meinem
Namen den Beistand senden: den Heiligen Geist. Der wird euch alles
lehren und euch an alles erinnern, was ich selbst euch gesagt habe.

27 Zum Abschied schenke ich euch Frieden: Ich gebe euch meinen
Frieden. Ich gebe euch nicht den Frieden, wie ihn diese Welt gibt.
Lasst euch im Herzen keine Angst machen und lasst euch nicht entmutigen. 28 Ihr habt gehört, dass ich euch gesagt habe: ›Ich gehe fort,
aber ich komme zu euch zurück.‹ Wenn ihr mich wirklich liebt, dann
müsst ihr euch doch darüber freuen, dass ich zum Vater gehe: Der Vater ist größer als ich. 29 Ich habe euch das schon jetzt gesagt, bevor es
geschieht. Denn so werdet ihr zum Glauben kommen, wenn es dann
geschieht.

30 Ich werde nicht mehr viel mit euch reden. Denn der Herrscher
dieser Welt ist schon unterwegs. Er hat keine Macht über mich.
31 Aber dies geschieht, damit diese Welt erkennt, dass ich den Vater
liebe. Darum handle ich so, wie es mir mein Vater aufgetragen hat.
Steht auf! Wir wollen von hier weggehen!«

Jesus ist der wahre Weinstock

15 1 »Ich bin der wahre Weinstock. Mein Vater ist der Weinbauer. 2 Er entfernt jede Rebe an mir, die keine Frucht trägt.
Und er reinigt jede Rebe, die Frucht trägt, damit sie noch mehr Frucht
bringt. 3 Ihr seid schon rein geworden durch das Wort, das ich euch
verkündet habe. 4 Bleibt mit mir verbunden, dann bleibe ich mit euch
verbunden. Eine Rebe kann aus sich selbst heraus keine Frucht tragen. Dazu muss sie mit dem Weinstock verbunden bleiben. So könnt
auch ihr keine Frucht tragen, wenn ihr nicht mit mir verbunden
bleibt.

5 Ich bin der Weinstock, ihr seid die Reben. Wer mit mir verbunden bleibt so wie ich mit ihm, bringt reiche Frucht. Denn ohne mich
könnt ihr nichts erreichen. 6 Wer nicht mit mir verbunden bleibt,
wird weggeworfen wie eine unfruchtbare Rebe und vertrocknet.
Man sammelt die vertrockneten Reben ein und wirft sie ins Feuer,
wo sie verbrennen. 7 Wenn ihr mit mir verbunden bleibt und meine
Worte in euch bewahrt, dann gilt: Ihr dürft bitten, was immer ihr
wollt – und eure Bitte wird erfüllt werden. 8 Die Herrlichkeit meines
Vaters wird darin sichtbar, dass ihr viel Frucht bringt und euch als
meine Jünger erweist.«

An der Liebe festhalten

9 »Wie der Vater mich liebt, so liebe ich euch. Haltet an meiner Lie-
be fest! 10 Ihr haltet an meiner Liebe fest, wenn ihr meine Gebote be-
folgt. Ich befolge ja auch die Gebote meines Vaters und halte so an
seiner Liebe fest. 11 Das habe ich zu euch gesagt, damit meine Freude
euch ansteckt. Die Freude wird euch ganz und gar erfüllen!
12 Das ist mein Gebot: Ihr sollt einander lieben – so wie ich euch ge-
liebt habe. 13 Niemand liebt mehr als einer, der sein Leben für seine
Freunde einsetzt. 14 Ihr seid meine Freunde, wenn ihr mein Gebot
befolgt.
15 Ich bezeichne euch nicht mehr als Diener. Ein Diener weiß nicht,
was sein Herr tut. Vielmehr nenne ich euch Freunde. Denn ich habe
euch alles anvertraut, was ich von meinem Vater gehört habe. 16 Nicht
ihr habt mich ausgewählt, sondern ich habe euch ausgewählt. Ich
habe euch dazu bestimmt, dass ihr hinausgeht und reiche Frucht
bringt. Eure Frucht wird Bestand haben: Alles, worum ihr den Vater
in meinem Namen bittet, das wird er euch geben. 17 Das ist mein Ge-
bot für euch: Ihr sollt einander lieben!«

Der Hass der Welt

18 »Wenn diese Welt euch hasst, dann denkt daran: Mich hat sie schon
vor euch gehasst. 19 Wenn ihr zu dieser Welt gehören würdet, würde
diese Welt euch als ihr Eigentum lieben. Ihr gehört aber nicht zu die-
ser Welt, sondern ich habe euch aus dieser Welt heraus erwählt. Des-
halb hasst euch diese Welt. 20 Erinnert euch an das Wort, das ich zu
euch gesagt habe: ›Kein Diener ist bedeutender als sein Herr.‹ Wenn
sie mich verfolgt haben, werden sie auch euch verfolgen. Wenn sie
sich nach meinem Wort gerichtet haben, werden sie sich auch nach
eurem Wort richten. 21 Das alles werden sie euch antun, weil ihr euch
zu mir bekennt. Denn sie kennen den nicht, der mich beauftragt
hat.
22 Sie hätten keine Schuld, wenn ich nicht gekommen wäre und
zu ihnen gesprochen hätte. So aber haben sie keine Ausrede für
ihre Schuld. 23 Wer mich hasst, hasst auch meinen Vater. 24 Sie hätten
auch keine Schuld, wenn ich nicht bei ihnen Taten vollbracht hätte,
die kein anderer je getan hat. Jetzt aber haben sie alles gesehen, und
trotzdem hassen sie mich und auch meinen Vater. 25 Aber so soll das
Wort in Erfüllung gehen, das in ihrem Gesetz steht: ›Sie hassten mich
ohne jeden Grund.‹ 26 Wenn der Beistand kommt, den ich euch vom
Vater her sende, wird er mein Zeuge sein. Er ist der Geist der Wahr-
heit, der vom Vater kommt. 27 Auch ihr werdet als Zeugen für mich
auftreten, denn ihr seid von Anfang an bei mir gewesen.

16 1 Das habe ich euch gesagt, damit euch niemand von mir ab-
bringen kann. 2 Man wird euch aus der jüdischen Gemeinde
ausschließen. Ja, es kommt die Stunde: Dann wird jeder, der euch tö-
tet, meinen, dass er Gott damit einen Dienst erweist. 3 Das werden
sie tun, weil sie weder den Vater noch mich erkannt haben. 4 Ich habe

mein Gebot: Im Alten Testament findet sich das Gebot der Nächstenliebe in 3. Mose/Levitikus 19,18. Die Liebe von Jesus ist nicht nur Vorbild für die Liebe der Jünger zueinander, sondern macht sie auch zu dieser Liebe fähig.

Name: Der Name steht für die Person, die den Namen trägt. Wer im Namen eines anderen oder im Namen Gottes handelt, handelt stellvertretend für ihn.

zu euch gesagt: Die Worte finden sich in Johannes 13,16.

Schuld: Die Schuld der Menschen besteht darin, dass sie Jesus und seine Botschaft ablehnen und sich damit Gott und seiner Liebe verschließen.

in ihrem Gesetz steht: Als Gesetz werden im Neuen Testament die Lebensvorschriften des Alten Testaments bezeichnet, besonders die fünf Bücher Mose. Die folgenden Worte stehen in Psalm 35,19 und Psalm 69,5.

Beistand: Ursprünglich der Anwalt vor Gericht. Bei Johannes der Heilige Geist, der an die Stelle von Jesus tritt, bei den Jüngern bleibt und ihnen hilft.

euch das jetzt schon gesagt. Wenn dann die Stunde kommt, werdet
ihr euch daran erinnern, dass ich es euch angekündigt habe.«

Der Heilige Geist wird den Jüngern beistehen

»Ich habe euch das alles nicht von Anfang an gesagt, weil ich ja bei
euch war. 5 Aber jetzt gehe ich zu dem, der mich beauftragt hat. Und
keiner von euch fragt mich: ›Wohin gehst du?‹ 6 Vielmehr seid ihr
traurig, weil ich das zu euch gesagt habe. 7 Doch ich sage euch die
Wahrheit: Es ist gut für euch, dass ich fortgehe. Denn wenn ich nicht
fortgehe, kommt der Beistand nicht zu euch. Aber wenn ich fortge-
he, werde ich ihn zu euch senden. 8 Wenn dann der Beistand kommt,
wird er dieser Welt die Augen öffnen – für ihre Schuld, für die Ge-
rechtigkeit und das Gericht. 9 Ihre Schuld besteht darin, dass sie nicht
an mich glauben. 10 Die Gerechtigkeit zeigt sich darin, dass ich zum
Vater gehe – dorthin, wo ihr mich nicht mehr sehen könnt. 11 Das Ge-
richt bedeutet, dass der Herrscher dieser Welt schon verurteilt ist.

12 Ich habe euch noch vieles zu sagen, aber das könnt ihr jetzt nicht
ertragen. 13 Wenn dann der Beistand kommt, der Geist der Wahrheit,
wird er euch helfen, die ganze Wahrheit zu verstehen. Denn was er
sagt, stammt nicht von ihm selbst. Vielmehr sagt er das weiter, was
er hört. Und er wird euch verkünden, was dann geschehen wird. 14 Er
wird meine Herrlichkeit sichtbar machen: Denn was er euch verkün-
det, empfängt er von mir. 15 Alles, was der Vater hat, gehört auch mir.
Deshalb habe ich gesagt: Was der Geist euch verkündet, empfängt er
von mir.«

Abschied und Wiedersehen

16 »Es dauert nur noch kurze Zeit, dann werdet ihr mich nicht mehr
sehen. Doch noch einmal kurze Zeit später werdet ihr mich wieder-
sehen.« 17 Da fragten die Jünger einander: »Was bedeutet das, wenn
Jesus zu uns sagt: ›Es dauert nur noch kurze Zeit, dann werdet ihr
mich nicht mehr sehen. Doch noch einmal kurze Zeit später werdet
ihr mich wiedersehen‹? Und: ›Ich gehe zum Vater‹?« 18 Sie fragten wei-
ter: »Was bedeutet das, wenn er sagt: ›Es dauert nur noch kurze Zeit‹?
Wir verstehen nicht, wovon er redet.«

19 Jesus merkte, dass sie ihn fragen wollten. Deshalb erklärte er ih-
nen: »Ich habe gesagt: ›Es dauert nur noch kurze Zeit, dann werdet
ihr mich nicht mehr sehen. Noch einmal kurze Zeit später werdet ihr
mich wiedersehen.‹ Macht ihr euch nun darüber Gedanken? 20 Amen,
amen, das sage ich euch: Ihr werdet weinen und klagen, aber diese
Welt wird sich freuen. Ja, ihr werdet traurig sein, aber eure Trauer
wird sich in Freude verwandeln. 21 Es ist wie bei einer Frau: Sie lei-
det Schmerzen, wenn sie ein Kind zur Welt bringt – ihre Stunde ist
gekommen. Aber wenn das Kind geboren ist, denkt sie nicht mehr
an ihre Angst. Sie freut sich nur noch, dass ein Mensch zur Welt ge-
kommen ist. 22 Auch ihr seid jetzt traurig. Doch ich werde euch wie-
dersehen. Dann wird euer Herz voll Freude sein, und diese Freude

Beistand: Ursprünglich der Anwalt vor Gericht. Bei Johannes der Heilige Geist, der an die Stelle von Jesus tritt, bei den Jüngern bleibt und ihnen hilft.

Herrscher dieser Welt: Bezeichnung für den Teufel, den Gegenspieler Gottes, der versucht, die Menschen zu einem Verhalten zu bewegen, das Gottes Willen widerspricht.

Wahrheit: Wahr ist etwas, wenn es hält, was es verspricht. In diesem Sinne ist »wahr«, was von Gott kommt. Als Mensch ist Jesus Zeuge für diese Wahrheit, als Sohn Gottes, der von Gott kommt, ist er die Wahrheit selbst.

Herrlichkeit: Bezeichnet das, was einer Person Ansehen und Macht verleiht. Gottes Herrlichkeit stellt man sich auch als strahlenden Lichtglanz vor.

Amen: Das hebräische Wort bedeutet »So ist es!/So soll es sein!«

Schmerzen: Das griechische Wort bedeutet sowohl »Schmerz« als auch »Trauer«.

kann euch niemand mehr nehmen. 23 An diesem Tag werdet ihr mich
nichts mehr fragen.

Amen, amen, das sage ich euch: Alles, worum ihr den Vater in mei-
nem Namen bittet, das wird er euch geben! 24 Bis jetzt habt ihr in mei-
nem Namen um nichts gebeten. Bittet – und ihr werdet es bekom-
men. Dann wird die Freude euch ganz und gar erfüllen!«

Der Sieg über die Welt

25 »Ich habe euch das alles in rätselhaften Worten gesagt. Es kommt
die Stunde, wenn ich nicht mehr in rätselhaften Worten zu euch re-
den werde. Dann werde ich zu euch offen und unverhüllt vom Vater
reden. 26 An dem Tag werdet ihr in meinem Namen bitten. Ich sage
nicht, dass ich den Vater für euch bitten werde. 27 Denn der Vater
selbst liebt euch, weil ihr mich liebt – und weil ihr glaubt, dass ich
von Gott gekommen bin. 28 Vom Vater her bin ich in die Welt ge-
kommen. Jetzt verlasse ich die Welt wieder und kehre zum Vater
zurück.«

29 Da sagten seine Jünger zu ihm: »Jetzt sprichst du offen und un-
verhüllt und redest nicht mehr in rätselhaften Worten. 30 Jetzt wissen
wir, dass du alles weißt. Es ist gar nicht erst nötig, dass dir jemand
eine Frage stellt. Deshalb glauben wir, dass du von Gott kommst.«
31 Da antwortete Jesus: »Jetzt glaubt ihr? 32 Seht doch! Die Stunde
kommt, ja, sie ist schon da: Man wird euch auseinandertreiben – je-
den dorthin, wo er herkommt. Und mich lasst ihr allein zurück! Aber
ich bin nicht allein, denn der Vater ist bei mir. 33 Das habe ich euch ge-
sagt, damit ihr bei mir Frieden findet. In der Welt habt ihr Angst. Aber
fasst Mut, ich habe die Welt besiegt!«

Jesus betet für sich selbst

17 1 Jesus beendete seine Rede. Danach blickte er zum Himmel
auf und sagte: »Vater, die Stunde ist jetzt da! Lass die Herr-
lichkeit deines Sohnes sichtbar werden, damit der Sohn deine Herr-
lichkeit sichtbar machen kann. 2 Du hast ihm Macht über alle Men-
schen gegeben. So kann er allen, die ihm anvertraut sind, das ewige
Leben schenken. 3 Darin aber besteht das ewige Leben: dich zu er-
kennen, den einzig wahren Gott, und den, den du gesandt hast, Jesus
Christus. 4 Ich habe auf der Erde deine Herrlichkeit sichtbar gemacht.
Denn ich habe das Werk vollendet, das du mir aufgetragen hast. 5 Lass
nun an mir die Herrlichkeit wieder sichtbar werden, die ich hatte, als
ich bei dir war – bevor die Welt geschaffen wurde.«

Jesus betet für seine Jünger

6 »Ich habe dich bei den Menschen bekannt gemacht, die du mir in
dieser Welt anvertraut hast. Sie gehörten dir, und du hast sie mir an-
vertraut. Sie haben sich nach deinem Wort gerichtet. 7 Jetzt wissen sie:
Alles, was du mir aufgetragen hast, kommt wirklich von dir. 8 Denn
ich habe ihnen die Worte weitergegeben, die du mir aufgetragen hast,

Name: Der Name steht für die Person, die den Namen trägt. Wer im Namen eines anderen oder im Namen Gottes handelt, handelt stellvertretend für ihn.

Frieden: Umfassender Zustand von Glück und Wohlergehen des Einzelnen und der Gemeinschaft, der aus der Beziehung mit Gott hervorgeht.

die Stunde: Der Zeitpunkt, an dem deutlich wird, dass Jesus als Sohn Gottes in diese Welt gesandt ist, um die Menschen zu erlösen. Dies zeigt sich in seinem Tod am Kreuz, in dem Gottes liebevolle Zuwendung zu den Menschen ihren Höhepunkt erreicht.

deines Sohnes: Jesus spricht hier von sich selbst. In dem, was er tut, wirkt sein Vater, Gott, selbst.

ewiges Leben: Leben im Reich Gottes und in unmittelbarer Gemeinschaft mit Gott nach der Auferstehung vom Tod.

Jesus Christus: Der Name ist zugleich ein Bekenntnis. Wer Jesus als Christus anerkennt, glaubt an ihn als Retter und Erlöser der Welt.

und sie haben sie angenommen. Sie haben wirklich erkannt, dass ich
von dir gekommen bin. Und sie glauben nun, dass du mich gesandt
hast. 9 Ich bete für sie. Ich bete nicht für diese Welt, sondern für die
Menschen, die du mir anvertraut hast. Denn sie gehören dir. 10 Alles,
was mir gehört, gehört auch dir, und was dir gehört, gehört auch mir.
Durch diese Menschen wird meine Herrlichkeit sichtbar. 11 Ich bleibe
nicht länger in der Welt. Ich komme ja zu dir. Aber sie bleiben in der
Welt.

Heiliger Vater, bewahre sie in der Gemeinschaft mit dir, die ich ihnen verkündet habe. Dann gehören sie zusammen – so wie wir untrennbar eins sind.
12 Solange ich bei ihnen war, habe ich sie in der Gemeinschaft mit dir bewahrt, die ich ihnen verkündet habe. Ich habe
sie gut beschützt, und keiner von ihnen ist verloren gegangen – außer
dem, der verloren gehen musste. Denn damit ging in Erfüllung, was
die Heilige Schrift vorausgesagt hatte.

13 Jetzt komme ich zu dir. Ich sage das alles, solange ich noch in der
Welt bin. Ich sage es, damit meine Freude sie ansteckt und ganz und
gar erfüllt. 14 Ich habe ihnen dein Wort weitergegeben, und jetzt werden sie von dieser Welt gehasst. Denn sie gehören nicht zu dieser
Welt, so wie auch ich nicht zu ihr gehöre. 15 Ich bitte dich nicht, sie
aus dieser Welt wegzunehmen. Aber ich bitte dich, sie vor dem Bösen zu bewahren.
16 Sie gehören nicht zu dieser Welt, so wie auch ich
nicht zu ihr gehöre. 17 Mach sie durch die Wahrheit zu Menschen, die
heilig sind. Dein Wort ist die Wahrheit. 18 So wie du mich in die Welt
gesandt hast, genau so habe ich sie in die Welt gesandt. 19 Für sie gebe
ich mein Leben hin und gehöre so ganz zu dir. Dann gehören auch sie
ganz zu dir und leben in der Wahrheit.«

Jesus betet für alle, die zum Glauben kommen werden

20 »Ich bete nicht nur für sie. Sondern ich bete auch für alle, die durch
ihr Wort zum Glauben an mich kommen. 21 Sie sollen alle untrennbar eins sein, so wie du, Vater, mit mir verbunden bist und ich mit
dir. Dann können auch sie mit uns verbunden sein. Dann kann auch
diese Welt glauben, dass du mich gesandt hast. 22 Ich habe ihnen die
Herrlichkeit weitergegeben, die du mir geschenkt hast. Denn sie sollen eins sein, so wie wir eins sind.
23 Ich bin mit ihnen verbunden und
du mit mir, damit sie untrennbar eins sind. Daran soll diese Welt
erkennen: Du hast mich gesandt, und du liebst sie, so wie du mich
liebst.

24 Vater, du hast sie mir anvertraut. Ich will, dass sie mit mir dort
sind, wo ich dann bin. Sie sollen mich in meiner Herrlichkeit sehen,
die du mir geschenkt hast. Denn du hast mich schon geliebt, bevor die
Welt erschaffen wurde. 25 Gerechter Vater, diese Welt hat dich nicht
erkannt. Aber ich habe dich erkannt, und diese haben erkannt, dass
du mich gesandt hast. 26 Ich habe dich bei ihnen bekannt gemacht
und werde es weiter tun. Dann bleibt die Liebe, mit der du mich geliebt hast, auch bei ihnen. Und so bleibe ich mit ihnen verbunden.«

Herrlichkeit: Bezeichnet das, was einer Person Ansehen und Macht verleiht. Gottes Herrlichkeit stellt man sich auch als strahlenden Lichtglanz vor.

die Heilige Schrift vorausgesagt: Judas, einer der Jünger von Jesus, sorgt dafür, dass Jesus gefangen genommen wird; vgl. Johannes 18,1-14. Das wird hier mit Psalm 41,10 in Verbindung gebracht.

sie: Gemeint sind die Menschen, die Jesus anvertraut sind.

Wahrheit: Wahr ist etwas, wenn es hält, was es verspricht. In diesem Sinne ist »wahr«, was von Gott kommt. Als Mensch ist Jesus Zeuge für diese Wahrheit, als Sohn Gottes, der von Gott kommt, ist er die Wahrheit selbst.

heilig: Menschen oder Dinge, die zu Gott gehören und mit ihm in Verbindung stehen.

Vater: Vertrauensvolle Anrede oder Bezeichnung für Gott.

Die Passionsgeschichte: Jesus wird verurteilt, gekreuzigt und begraben 18,1–19,42

Jesus wird verhaftet und zu Hannas geführt

→ Matthäus 26,47-58; Markus 14,43-54; Lukas 22,47-54

18 1 Nachdem Jesus sein Gebet beendet hatte, brach er mit seinen Jüngern auf. Sie überquerten den Kidronbach. Auf der anderen Seite war ein Garten, in den Jesus und seine Jünger hineingingen. 2 Diesen Ort kannte auch Judas, der Jesus verriet. Denn Jesus war dort oft mit seinen Jüngern gewesen. 3 Dorthin kam Judas mit einer Kohorte römischer Soldaten und der Tempelwache. Die war von den führenden Priestern und Pharisäern mitgeschickt worden. Die Männer waren bewaffnet und trugen Laternen und Fackeln.

4 Jesus wusste genau, was ihm bevorstand. Er ging den Männern entgegen und fragte sie: »Wen sucht ihr?« 5 Sie antworteten: »Jesus, den Nazoräer.« Jesus sagte: »Ich bin es!« – Auch Judas stand dabei. Er wollte ihn den Behörden ausliefern. – 6 Als Jesus sagte: »Ich bin es«, wichen sie zurück und fielen zu Boden. 7 Da fragte er sie noch einmal: »Wen sucht ihr?« Und sie sagten wieder: »Jesus, den Nazoräer.« 8 Jesus erklärte: »Ich habe euch gesagt, dass ich es bin. Wenn ihr also mich sucht, dann lasst diese hier gehen.« 9 Damit ging das Wort in Erfüllung, das Jesus früher gesagt hatte: »Ich habe keinen von denen verloren, die du, Vater, mir anvertraut hast.«

10 Simon Petrus hatte ein Schwert dabei. Er zog es und schwang es gegen einen der Männer, die dem Hohepriester unterstanden. Dabei schlug er ihm das rechte Ohr ab. Dieser Mann hieß Malchus. 11 Da sagte Jesus zu Petrus: »Steck das Schwert wieder weg! Soll ich etwa den Becher nicht austrinken, den mir der Vater gegeben hat?«

12 Die römischen Soldaten mit ihrem Anführer und die Tempelwache der jüdischen Behörden nahmen Jesus fest. Sie fesselten ihn 13 und führten ihn zuerst zu Hannas. Der war der Schwiegervater von Kaiphas, der in jenem Jahr der Hohepriester war. 14 Kaiphas war es, der zuvor den jüdischen Behörden den Rat gegeben hatte: »Es ist besser, wenn ein Mann für das Volk stirbt.«

Petrus verleugnet Jesus

→ Matthäus 26,69-70; Markus 14,66-68; Lukas 22,55-57

15 Simon Petrus und ein anderer Jünger folgten Jesus. Dieser Jünger war mit dem Hohepriester bekannt. Deshalb konnte er mit Jesus in den Palast des Hohepriesters hineingehen. 16 Petrus dagegen blieb draußen vor dem Tor stehen. Der andere Jünger, der mit dem Hohepriester bekannt war, kam wieder heraus. Er sprach mit der Türhüterin und nahm dann Petrus mit hinein. 17 Die Türhüterin fragte Petrus: »Bist du nicht auch einer von den Jüngern dieses Mannes?« Er erwiderte: »Nein, das bin ich nicht!« 18 Es war kalt. Deshalb hatten die Diener des Hohepriesters und die Tempelwache ein Holzkohlenfeuer

Kohorte: Militärische Einheit von etwa 600 bis 1000 Mann.

Tempelwache: Bewaffnete Untergebene des jüdischen Rats.

führende Priester: Der amtierende Hohepriester, seine Vorgänger und weitere Priester aus der Führungsschicht.

Pharisäer: Angehöriger einer jüdischen Glaubensgruppe, die die biblischen Vorschriften und Gesetze sehr streng auslegte.

Nazoräer: Bezeichnung für die Herkunft von Jesus aus der Stadt Nazaret.

Hohepriester: Hatte die Aufsicht über alles, was das Heiligtum, den Gottesdienst und den Dienst der Priester betraf.

Becher: Bei den Propheten des Alten Testaments Bild für das Gericht Gottes, das Menschen wie Betrunkene wanken lässt; vgl. Jeremia 25,15-29. Mit diesem Bild verweist Jesus auf seinen gewaltsamen Tod am Kreuz.

zuvor: Die hier zitierten Worte von Kaiphas finden sich in Johannes 11,50.

angezündet. Sie standen um das Feuer herum und wärmten sich. Pe-
trus stellte sich zu ihnen und wärmte sich ebenfalls.

Jesus wird von Hannas verhört

→ Matthäus 26,57-68; Markus 14,53-65; Lukas 22,54-55; 22,63-71

19 Der Hohepriester befragte Jesus über seine Jünger und über seine
Lehre. 20 Jesus antwortete: »Ich habe stets öffentlich und vor aller
Welt gesprochen. Ich habe immer in den Synagogen und im Tem-
pel gelehrt, wo alle Juden zusammenkommen. Niemals habe ich et-
was im Geheimen gesagt. 21 Warum also fragst du mich? Frag doch
die Leute, die gehört haben, was ich zu ihnen gesagt habe. Die wis-
sen, was ich gesagt habe!« 22 Als Jesus das sagte, schlug ihm einer
von der Tempelwache, der dabeistand, ins Gesicht und fragte: »Wie
kannst du dem Hohepriester so antworten?« 23 Jesus entgegnete
ihm: »Wenn ich etwas Unrechtes gesagt habe, dann weise mir nach,
dass es Unrecht ist. Wenn ich aber im Recht bin, warum schlägst du
mich?« 24 Daraufhin sandte Hannas ihn in Fesseln zum Hohepriester
Kaiphas.

Petrus verleugnet Jesus noch einmal

→ Matthäus 26,71-75; Markus 14,69-72; Lukas 22,58-62

25 Simon Petrus stand immer noch am Feuer und wärmte sich. Da
fragten sie ihn: »Bist du nicht auch einer von seinen Jüngern?« Er
stritt es ab und sagte: »Nein, das bin ich nicht!« 26 Einer von ihnen war
mit dem Mann verwandt, dem Petrus das Ohr abgeschlagen hatte.
Der sagte: »Ich habe dich doch im Garten bei ihm gesehen!« 27 Wieder
stritt Petrus es ab. Im selben Augenblick krähte ein Hahn.

Jesus wird von Pilatus verhört

→ Matthäus 27,1-2; 27,11-14; Markus 15,1-5; Lukas 23,1-5

28 Die Vertreter der jüdischen Behörden brachten Jesus von Kaiphas
zum Sitz des römischen Statthalters, dem sogenannten Prätorium.
Es war früh am Morgen. Sie selbst gingen nicht ins Prätorium hin-
ein, um nicht gegen die Reinheitsvorschriften zu verstoßen. Sie
wollten ja bald darauf am Passamahl teilnehmen. 29 Deshalb kam Pi-
latus zu ihnen heraus und fragte: »Welche Anklage erhebt ihr gegen
diesen Mann?« 30 Sie gaben ihm zur Antwort: »Wenn er kein Verbre-
cher wäre, hätten wir ihn dir nicht ausgeliefert!« 31 Pilatus entgegnete
ihnen: »Nehmt *ihr* ihn doch und verurteilt ihn nach eurem eigenen
Gesetz.« Da sagten die Vertreter der jüdischen Behörden: »Wir dür-
fen aber niemanden hinrichten!« 32 So ging das Wort in Erfüllung, mit
dem Jesus vorausgesagt hatte, welchen Tod er sterben musste.

33 Pilatus ging wieder in das Prätorium hinein. Er ließ Jesus rufen
und fragte ihn: »Bist du der König der Juden?« 34 Jesus antwortete:
»Fragst du das von dir aus oder haben andere dir das über mich ge-
sagt?« 35 Pilatus erwiderte: »Bin ich etwa ein Jude? Dein Volk und die
führenden Priester haben dich zu mir gebracht. Was hast du getan?«

Synagoge: Versammlungsstätte einer jüdischen Gemeinde.

Reinheitsvorschriften: Als rein werden Menschen bezeichnet, die dafür vorbereitet sind, in die Nähe Gottes zu kommen. Dabei sind bestimmte religiöse Vorschriften zu beachten. Da Nicht-Juden diese Vorschriften nicht beachteten, vermied man vor allem während der großen Feste das Betreten ihrer Häuser, um nicht unrein zu werden.

Passamahl: Festliche Mahlzeit, die fester Bestandteil des Passafestes ist. Zur Mahlzeit gehören ungesäuerte Brote und das Passalamm.

Pontius Pilatus: Verwaltete 26–36 n. Chr. die römischen Provinzen Judäa und Samaria im Auftrag des Kaisers.

Gesetz: Die Lebensvorschriften des Alten Testaments, besonders die fünf Bücher Mose.

welcher Tod: Gemeint ist die Kreuzigung, eine Hinrichtungsart, die im Römischen Reich für verurteilte Sklaven, Räuber und Aufrührer üblich war.

König der Juden: Nachdem das Königreich Israel untergegangen war, hoffte man darauf, dass Gott einen Nachkommen von König David als Retter und Erlöser Israels senden würde.

36 Jesus antwortete: »Das Reich, dessen König ich bin, stammt
nicht von dieser Welt. Wenn mein Reich von dieser Welt wäre, hät-
ten meine Leute für mich gekämpft. Dann wäre ich jetzt nicht in
den Händen der jüdischen Behörden. Aber mein Reich stammt eben
nicht von dieser Welt.« 37 Pilatus fragte weiter: »Also bist du doch ein
König?« Jesus antwortete: »Du sagst es: Ich bin ein König! Das ist der
Grund, warum ich geboren wurde und in die Welt gekommen bin:
Ich soll als Zeuge für die Wahrheit eintreten. Jeder, der selbst von der
Wahrheit ergriffen ist, hört auf das, was ich sage.« 38 Da fragte Pilatus
ihn: »Wahrheit – was ist das?«

Jesus wird zum Tod verurteilt

→ Matthäus 27,15-31; Markus 15,6-20; Lukas 23,13-25

Nach diesen Worten ging Pilatus wieder zu den Vertretern der jüdi-
schen Behörde hinaus. Er sagte: »Ich halte ihn für unschuldig. 39 Es
ist aber üblich, dass ich euch zum Passafest einen Gefangenen frei-
gebe. Wollt ihr, dass ich euch den König der Juden freilasse?« 40 Da
schrien sie: »Nein, nicht den, sondern Barabbas!« Barabbas war aber
ein Verbrecher.

19 1 Daraufhin ließ Pilatus Jesus abführen und auspeitschen.
2 Die Soldaten flochten eine Krone aus Dornenzweigen und
setzten sie ihm auf den Kopf. Sie hängten ihm einen purpurroten
Mantel um. 3 Dann stellten sie sich vor ihn hin und riefen: »Hoch lebe
der König der Juden!« Dabei schlugen sie ihm ins Gesicht.
4 Pilatus ging wieder zu den Leuten hinaus und sagte: »Ich lasse ihn
zu euch herausbringen. Ihr sollt wissen, dass ich ihn für unschuldig
halte.« 5 Jesus kam heraus. Er trug die Krone aus Dornenzweigen und
den purpurroten Mantel. Pilatus sagte zu den Leuten: »Seht her! Da
ist der Mensch!«
6 Als die führenden Priester und die Tempelwache Jesus sahen,
schrien sie: »Kreuzigen! Kreuzigen!« Pilatus erwiderte: »Nehmt ihr
ihn und kreuzigt ihn. Ich halte ihn für unschuldig.« 7 Die Vertreter der
jüdischen Behörde erwiderten: »Wir haben ein Gesetz, und nach die-
sem Gesetz muss er sterben. Denn er hat behauptet, er sei der Sohn
Gottes.« 8 Als Pilatus das hörte, erschrak er noch mehr. 9 Er ging wie-
der in das Prätorium hinein und fragte Jesus: »Woher kommst du?«
Aber Jesus gab ihm keine Antwort. 10 Pilatus sagte zu ihm: »Weigerst
du dich, mit mir zu reden? Weißt du nicht, dass es in meiner Macht
steht, dich freizulassen? Ich habe aber auch die Macht, dich kreuzi-
gen zu lassen!« 11 Jesus antwortete ihm: »Du hättest keine Macht über
mich, wenn sie dir nicht von oben gegeben wäre. Deshalb hat der die
größere Schuld, der mich dir ausgeliefert hat.«
12 Daraufhin wollte Pilatus Jesus freilassen. Aber die Wortführer
der Juden schrien: »Wenn du ihn freigibst, bist du kein Freund des
Kaisers. Wer sich selbst als König ausgibt, stellt sich gegen den Kai-
ser!« 13 Als Pilatus das hörte, ließ er Jesus herausführen. Er setzte sich
auf den Richterstuhl auf dem Platz, der »Steinpflaster« heißt, auf

Reich: Bezeichnet den Herrschaftsbereich, in dem sich Gottes Wille durchsetzt.

Passafest: Fest, das jährlich im Frühjahr gefeiert wird und an die Befreiung des Volkes Israel aus der Sklaverei in Ägypten erinnert; vgl. 2. Mose/Exodus 12–13.

Krone aus Dornenzweigen: Zum Zeichen des Spotts bekommt der »König der Juden« eine Krone aus wertlosen, schmerzhaften Dornenzweigen aufgesetzt.

purpurroter Mantel: Purpur war in der Antike ein sehr kostbarer Farbstoff, der vor allem für das Färben von Kleidungsstücken hoher römischer Beamter und des Kaisers verwendet wurde.

Kreuzigung: Verurteilte Sklaven, Räuber und Aufrührer wurden von den Römern am Kreuz hingerichtet.

Sohn Gottes: Titel, der das besondere Vertrauensverhältnis eines Menschen zu Gott zum Ausdruck bringt. Im Neuen Testament wird der Titel ausschließlich für Jesus verwendet.

Prätorium: Palast im Zentrum von Jerusalem, der dem römischen Statthalter als Amtssitz diente.

Hebräisch Gabbata. 14 Es war der Tag, an dem das Passafest vorbereitet wird, etwa um die sechste Stunde. Pilatus sagte zu den Juden: »Seht her: Da ist euer König!« 15 Aber sie schrien: »Weg mit ihm! Weg mit ihm! Lass ihn kreuzigen!« Da fragte Pilatus sie: »Euren König soll ich kreuzigen lassen?« Die führenden Priester antworteten: »Wir haben keinen anderen König als den Kaiser!« 16 Da lieferte Pilatus ihnen Jesus aus, damit er gekreuzigt werden konnte.

Jesus wird gekreuzigt

→ Matthäus 27,32-44; Markus 15,21-32; Lukas 23,33-43

Jesus wurde abgeführt. 17 Er trug sein Kreuz selbst aus der Stadt hinaus zu dem Ort, der »Schädelplatz« heißt, auf Hebräisch Golgota. 18 Dort wurde Jesus gekreuzigt und mit ihm noch zwei andere – einer auf jeder Seite und Jesus in der Mitte. 19 Pilatus ließ ein Schild oben am Kreuz anbringen, auf dem geschrieben stand: »Jesus der Nazoräer, der König der Juden.« 20 Viele Juden lasen das Schild. Denn der Ort, wo Jesus gekreuzigt wurde, lag nahe bei der Stadt. Die Inschrift war in hebräischer, lateinischer und griechischer Sprache abgefasst. 21 Die führenden Priester des jüdischen Volkes sagten zu Pilatus: »Schreibe nicht: ›Der König der Juden‹, sondern: ›Dieser Mann hat behauptet: Ich bin der König der Juden.‹« 22 Pilatus erwiderte: »Was ich geschrieben habe, das habe ich geschrieben.«

23 Nachdem die Soldaten Jesus gekreuzigt hatten, teilten sie seine Kleider unter sich auf. Sie waren zu viert, und jeder erhielt einen Teil. Dazu kam noch das Untergewand. Das war in einem Stück gewebt und hatte keine Naht. 24 Die Soldaten sagten zueinander: »Das zerschneiden wir nicht! Wir lassen das Los entscheiden, wem es gehören soll.« So ging in Erfüllung, was in der Heiligen Schrift steht: »Sie verteilen meine Kleider unter sich und werfen das Los über mein Gewand.« Genau das taten die Soldaten.

25 Nahe bei dem Kreuz von Jesus standen seine Mutter und ihre Schwester. Außerdem waren Maria, die Frau von Klopas, und Maria aus Magdala dabei. 26 Jesus sah seine Mutter und neben ihr den Jünger, den er besonders liebte. Da sagte Jesus zu seiner Mutter: »Frau, sieh: Er ist jetzt dein Sohn.« 27 Dann sagte er zu dem Jünger: »Sieh: Sie ist jetzt deine Mutter.« Von dieser Stunde an nahm der Jünger sie bei sich auf.

Jesus stirbt

→ Matthäus 27,45-50; Markus 15,33-38; Lukas 23,44-46

28 Nachdem das geschehen war, wusste Jesus, dass jetzt alles vollbracht war. Damit vollendet würde, was in der Heiligen Schrift steht, sagte er: »Ich bin durstig!« 29 In der Nähe stand ein Gefäß voll Essig. Die Soldaten tauchten einen Schwamm hinein. Dann legten sie ihn um einen Ysopbund und hielten ihn Jesus an den Mund. 30 Nachdem Jesus den Essig genommen hatte, sagte er: »Es ist alles vollbracht.« Er ließ den Kopf sinken und starb.

Passafest: Fest, das jährlich im Frühjahr gefeiert wird und an die Befreiung des Volkes Israel aus der Sklaverei in Ägypten erinnert; vgl. 2. Mose/Exodus 12–13.

Kreuzigung: Verurteilte Sklaven, Räuber und Aufrührer wurden von den Römern am Kreuz hingerichtet.

König der Juden: Das Schild am Kreuz nimmt einen Titel auf, der im Judentum mit der Hoffnung auf den Retter und Erlöser Israels verbunden ist, den Gott am Ende der Zeit schicken wird.

Hemd, Untergewand: Kurz- oder langärmeliges Hemdkleid, das unter dem Mantel getragen wurde. Wohlhabendere Menschen trugen oft ein zweites Hemd.

in der Heiligen Schrift steht (Vers 24): Zitat aus Psalm 22,19.

in der Heiligen Schrift steht (Vers 28): Die Worte nehmen ein Bild aus Psalm 22,16 auf.

Essig: Hier kein Würzmittel, sondern ein billiger, saurer Wein. Johannes nimmt ein Bild aus Psalm 69,22 auf, in dem der Beter von seinen Feinden mit essigsaurem Wein gequält wird.

Ysopbund: Zu Büscheln zusammengebundene Zweige des Ysopstrauchs.

Jesus wird vom Kreuz abgenommen

→ Matthäus 27,46-56; Markus 15,34-41; Lukas 23,46-49

31 Es war der Tag vor dem Sabbat, der außerdem ein hoher Festtag war. Die jüdischen Behörden wollten nicht, dass die Gekreuzigten den Sabbat über am Kreuz hängen blieben. Deshalb baten sie Pilatus, ihnen die Beine brechen zu lassen. Dann sollten die Toten weggebracht werden. 32 Die Soldaten gingen hin. Sie brachen nacheinander die Beine der beiden Männer, die zusammen mit Jesus gekreuzigt worden waren. 33 Als sie zu Jesus kamen, merkten sie, dass er schon tot war. Darum brachen sie ihm nicht die Beine. 34 Aber einer der Soldaten stach ihm mit seiner Lanze in die Seite. Da flossen Blut und Wasser heraus. 35 Derjenige, der das gesehen hat, hat es bezeugt. Seine Zeugenaussage ist glaubwürdig. Er weiß, dass er die Wahrheit sagt. Dadurch könnt auch ihr zum Glauben kommen. 36 Das alles ist geschehen, damit die Heilige Schrift in Erfüllung geht. Dort heißt es: »Sie werden ihm keinen Knochen brechen!« 37 Und an einer anderen Stelle steht: »Sie werden auf den schauen, den sie durchbohrt haben.«

Jesus wird ins Grab gelegt

→ Matthäus 27,57-61; Markus 15,42-47; Lukas 23,50-56

38 Danach ging Josef aus Arimatäa zu Pilatus. Er bat ihn, den Leichnam von Jesus vom Kreuz abnehmen zu dürfen. Josef war ein Jünger von Jesus, aber nur heimlich, weil er Angst vor den jüdischen Behörden hatte. Pilatus erlaubte es ihm. Da ging Josef zum Kreuz und nahm den Leichnam ab. 39 Auch Nikodemus kam dazu, der früher einmal Jesus bei Nacht aufgesucht hatte. Er brachte eine Mischung aus Myrrhe und Aloe mit, über 30 Kilogramm. 40 Die beiden Männer nahmen den Leichnam von Jesus. Zusammen mit den wohlriechenden Duftstoffen wickelten sie ihn in Leinentücher ein. So war es bei jüdischen Begräbnissen üblich. 41 Dort, wo Jesus gekreuzigt worden war, befand sich ein Garten. In dem Garten gab es eine neue Grabkammer, in die noch niemand hineingelegt worden war. 42 Dort legten sie nun Jesus hinein. Es war ja der Tag vor dem Sabbat, und das Grab lag in der Nähe.

Die Ostergeschichte: Jesus ist auferstanden 20,1-29

Maria aus Magdala, Petrus und der andere Jünger am leeren Grab

→ Matthäus 28,1-8; Markus 16,1-8; Lukas 24,1-12

20 1 Am ersten Wochentag nach dem Sabbat ging Maria aus Magdala zum Grab. Es war früh am Morgen und noch dunkel. Da sah sie, dass der Stein vor der Grabkammer weggenommen war. 2 Sie lief fort und kam zu Simon Petrus und zu dem anderen Jünger, den Jesus besonders liebte. Denen berichtete sie: »Sie haben den Herrn aus dem Grab weggenommen. Und wir wissen nicht, wo sie ihn hingelegt haben.«

hoher Festtag: Gemeint ist der erste Tag des Passafests, das jährlich im Frühjahr gefeiert wird und an die Befreiung des Volkes Israel aus der Sklaverei in Ägypten erinnert; vgl. 2. Mose/Exodus 12–13.

jüdische Behörden: Wörtlich »die Juden«. Im Johannesevangelium sind damit je nach Zusammenhang unterschiedliche Personen oder Gruppen gemeint, die Jesus als Gegner gegenübertreten.

Beine brechen: Den Gekreuzigten wurden die Unterschenkel zertrümmert, um das Eintreten des Todes zu beschleunigen.

Glaube, glauben: Meint das tiefe Vertrauen auf Gott, das zu einem Leben nach seinem Willen führt.

dort heißt es: Die Worte nehmen Bezug auf die Vorschriften für das Passamahl in 2. Mose/Exodus 12,43-47.

an anderer Stelle steht: Zitat aus Sacharja 12,10.

Myrrhe: Kostbares duftendes Harz eines immergrünen Baums.

Aloe: Holzspäne des Adlerbaums, die als Duftstoff verwendet wurden.

Tag vor dem Sabbat: Der Tag vor dem Sabbat ist in diesem Fall auch der Tag vor dem Beginn des Passafests.

3 Sofort machten sich Petrus und der andere Jünger auf und kamen
zum Grab. 4 Die beiden liefen zusammen los, aber der andere Jünger
lief voraus. Er war schneller als Petrus und kam zuerst ans Grab. 5 Er
beugte sich vor und sah die Leinentücher dort liegen. Aber er betrat
die Grabkammer nicht. 6 Als Simon Petrus nachkam, ging er gleich in
die Grabkammer hinein. Er sah die Leinenbinden dort liegen 7 und
auch das Tuch, mit dem das Gesicht von Jesus verhüllt gewesen war.
Das lag aber nicht bei den Leinenbinden. Es war zusammengerollt
und lag an einem anderen Platz. 8 Nun ging auch der andere Jünger
hinein, der zuerst am Grab angekommen war. Er sah alles und kam
zum Glauben. 9 Sie hatten ja die Heilige Schrift noch nicht verstanden, nach der Jesus von den Toten auferstehen musste. 10 Dann kehrten die Jünger wieder nach Hause zurück.

Jesus zeigt sich Maria aus Magdala

→ Matthäus 28,9-10; Markus 16,9-11

11 Maria blieb draußen vor dem Grab stehen und weinte. Mit Tränen
in den Augen beugte sie sich vor und schaute in die Grabkammer
hinein. 12 Da sah sie zwei Engel in weißen Gewändern dort sitzen, wo
der Leichnam von Jesus gelegen hatte. Einer saß am Kopfende, der
andere am Fußende. 13 Die Engel fragten Maria: »Frau, warum weinst
du?« Maria antwortete: »Sie haben meinen Herrn weggenommen.
Und ich weiß nicht, wo sie ihn hingelegt haben!«

14 Nach diesen Worten drehte sie sich um und sah Jesus dastehen. Sie wusste aber nicht, dass es Jesus war. 15 Jesus fragte sie: »Frau,
warum weinst du? Wen suchst du?« Maria dachte: Er ist der Gärtner.
Darum sagte sie zu ihm: »Herr, wenn du ihn weggebracht hast, dann
sage mir, wo du ihn hingelegt hast. Ich will ihn zurückholen!« 16 Jesus
sagte zu ihr: »Maria!« Sie wandte sich ihm zu und sagte auf Hebräisch:
»Rabbuni!« – Das heißt: »Lehrer«. 17 Jesus sagte zu ihr: »Halte mich
nicht fest! Ich bin noch nicht hinaufgegangen zum Vater. Aber geh
zu meinen Brüdern und Schwestern und richte ihnen von mir aus:
›Ich gehe hinauf zu meinem Vater und eurem Vater, zu meinem Gott
und eurem Gott.‹« 18 Maria aus Magdala ging zu den Jüngern. Sie verkündete ihnen: »Ich habe den Herrn gesehen!« Und sie erzählte, was
er zu ihr gesagt hatte.

Jesus zeigt sich den Jüngern

→ Markus 16,14-18; Lukas 24,36-49

19 Es war Abend geworden an diesem ersten Wochentag nach dem
Sabbat. Die Jünger waren beieinander und hatten die Türen fest verschlossen. Denn sie hatten Angst vor den jüdischen Behörden. Da
kam Jesus, trat in ihre Mitte und sagte: »Friede sei mit euch!« 20 Nach
diesen Worten zeigte er ihnen seine Hände und seine Seite. Die Jünger freuten sich sehr, als sie den Herrn sahen. 21 Jesus sagte noch einmal: »Friede sei mit euch! Wie mich der Vater gesandt hat, so sende
ich jetzt euch!« 22 Dann hauchte er sie an und sagte: »Empfangt den

die Heilige Schrift noch nicht verstanden: Christen lesen bestimmte Texte aus dem Alten Testament als Ankündigung für das Schicksal von Jesus Christus. Ein zentraler Text ist beispielsweise Jesaja 52,13–53,12.

Auferstehung: Meint die Auferweckung vom Tod und das ewige Leben im Reich Gottes.

Rabbuni: Eine Steigerung der Anrede »Rabbi«, einem Ehrentitel für angesehene Lehrer.

Vater: Vertrauensvolle Anrede oder Bezeichnung für Gott.

Bruder, Schwester: Wörtlich »Bruder«. Das griechische Wort bezeichnet männliche *und* weibliche Mitglieder der Gemeinde.

Sabbat: In der Bibel der siebte Tag der Woche, heute unser Samstag. Er gilt im Judentum als Feiertag, an dem nicht gearbeitet werden darf.

jüdische Behörden: Wörtlich »die Juden«. Im Johannesevangelium sind damit je nach Zusammenhang unterschiedliche Personen oder Gruppen gemeint, die Jesus als Gegner gegenübertreten.

Heiligen Geist! 23 Wem ihr die Sünden vergebt, dem sind sie wirk-
lich vergeben. Wem ihr sie aber nicht vergebt, dem sind sie nicht
vergeben.«

Jesus zeigt sich den Jüngern und Thomas

24 Thomas, der auch Didymus genannt wird, gehörte zum Kreis der
Zwölf. Er war nicht bei ihnen gewesen, als Jesus gekommen war.
25 Die anderen Jünger berichteten ihm: »Wir haben den Herrn ge-
sehen!« Er entgegnete ihnen: »Erst will ich selbst die Wunden von
den Nägeln an seinen Händen sehen. Mit meinem Finger will ich sie
fühlen. Und ich will meine Hand in die Wunde an seiner Seite legen.
Sonst kann ich das nicht glauben!«
26 Acht Tage später waren die Jünger wieder beieinander. Diesmal
war Thomas bei ihnen. Wieder waren die Türen verschlossen. Da
kam Jesus, trat in ihre Mitte und sagte: »Friede sei mit euch!« 27 Dann
sagte er zu Thomas: »Leg deinen Finger hierher und sieh meine
Hände an. Streck deine Hand aus und leg sie in die Wunde an mei-
ner Seite. Sei nicht länger ungläubig, sondern komm zum Glauben!«
28 Thomas antwortete: »Mein Herr und mein Gott!« 29 Da sagte Jesus
zu ihm: »Du glaubst, weil du mich gesehen hast. Glückselig sind die,
die mich nicht sehen und trotzdem glauben!«

Nachwort 20,30–21,25

Der Zweck dieses Buches

30 Jesus hat vor den Augen seiner Jünger noch viele andere Zeichen
getan. Sie sind nicht in diesem Buch aufgeschrieben. 31 Was aber in
diesem Buch steht, wurde aufgeschrieben, damit ihr festbleibt in
dem Glauben: Jesus ist der Christus, der Sohn Gottes! Wenn ihr das
glaubt, habt ihr das wahre Leben durch ihn!

Jesus zeigt sich sieben Jüngern am See von Tiberias

→ Lukas 5,1-11

21 1 Später zeigte sich Jesus seinen Jüngern noch einmal. Das
war am See von Tiberias und geschah so: 2 Es waren dort bei-
einander: Simon Petrus, Thomas, der Didymus genannt wird, Nata-
nael aus Kana in Galiläa, die Söhne des Zebedäus und zwei weitere
Jünger. 3 Simon Petrus sagte zu den anderen: »Ich gehe fischen!« Sie
antworteten: »Wir kommen mit.« Sie gingen zum See und stiegen ins
Boot. Aber in jener Nacht fingen sie nichts.
4 Als es schon Morgen wurde, stand Jesus am Ufer. Die Jünger
wussten aber nicht, dass es Jesus war. 5 Jesus fragte sie: »Meine Kin-
der, habt ihr nicht etwas Fisch zu essen?« Sie antworteten: »Nein!«
6 Da sagte er zu ihnen: »Werft das Netz an der rechten Bootsseite
aus. Dann werdet ihr etwas fangen!« Sie warfen das Netz aus. Aber
dann konnten sie es nicht wieder einholen, so voll war es mit Fischen.

Heiliger Geist: Kraft, durch die Gott in der Welt wirkt.

Sünden: Konkrete Verfehlungen, die von Gott trennen und das Gewissen belasten können.

die Zwölf: Meint die zwölf Jünger, die während der Zeit seines Wirkens bei Jesus waren.

Herr: Titel für Jesus Christus. Im griechischen Alten Testament steht das Wort »Herr« an den Stellen, an denen im hebräischen Text der Gottesname steht. Wenn Jesus Christus so genannt wird, kommt darin zum Ausdruck: In ihm begegnet Gott selbst den Menschen.

Zeichen, Wunder: Ausweis der göttlichen Vollmacht, mit der eine Person handelt.

in diesem Buch: Gemeint ist das Johannesevangelium.

Christus: Bedeutet übersetzt »der Gesalbte«. Im Alten Testament werden Könige, aber auch Propheten und Priester bei Amtsantritt gesalbt. Später wird der von Gott zum Herrscher der Welt bestimmte Retter so genannt. Im Neuen Testament ist das Jesus.

wahres Leben: Durch den Glauben an Gott geschenktes Leben in Gemeinschaft mit ihm.

meine Kinder: Damals übliche Anrede eines Lehrers für seine Schüler.

7 Der Jünger, den Jesus besonders liebte, sagte zu Petrus: »Es ist der
Herr!« Als Simon Petrus hörte, dass es der Herr war, zog er sich seinen
Mantel über und band ihn hoch. Er war nämlich nackt. Dann warf er
sich ins Wasser. 8 Die anderen Jünger folgten im Boot und zogen das
Netz mit den Fischen hinter sich her. Sie waren nicht mehr weit vom
Ufer entfernt, nur etwa 100 Meter. 9 Als sie an Land kamen, sahen sie
dort ein Kohlenfeuer brennen. Darauf brieten Fische, und Brot lag
dabei. 10 Jesus sagte zu ihnen: »Bringt ein paar von den Fischen, die
ihr gerade gefangen habt.« 11 Da stieg Simon Petrus ans Ufer und
zog das Netz an Land. Es war voll mit großen Fischen – genau 153
Stück. Und das Netz zerriss nicht, obwohl es so viele waren. 12 Da
sagte Jesus zu ihnen: »Kommt und esst!« Keiner der Jünger wagte
es, ihn zu fragen: »Wer bist du?« Sie wussten doch, dass es der Herr
war. 13 Jesus trat zu ihnen, nahm das Brot und gab ihnen davon. Ge-
nauso machte er es mit dem Fisch. 14 Das war schon das dritte Mal,
dass Jesus sich den Jüngern zeigte, nachdem er von den Toten auf-
erstanden war.

Jesus und Petrus

15 Als sie gegessen hatten, sagte Jesus zu Simon Petrus: »Simon, Sohn
des Johannes, liebst du mich mehr als irgendein anderer hier?« Er
antwortete ihm: »Ja, Herr, du weißt, dass ich dich lieb habe.« Da sagte
Jesus zu ihm: »Führe meine Lämmer zur Weide!« 16 Dann fragte er
ihn ein zweites Mal: »Simon, Sohn des Johannes, liebst du mich?«
Petrus antwortete: »Ja, Herr, du weißt, dass ich dich lieb habe!« Da
sagte Jesus zu ihm: »Hüte meine Schafe!« 17 Zum dritten Mal fragte
er ihn: »Simon, Sohn des Johannes, hast du mich lieb?« Da wurde
Petrus traurig, weil er ihn zum dritten Mal gefragt hatte: »Hast du
mich lieb?« Er sagte zu Jesus: »Herr, du weißt alles! Du weißt, dass
ich dich lieb habe!« Da sagte Jesus zu ihm: »Führe meine Schafe zur
Weide! 18 Amen, amen, das sage ich dir: Als du jung warst, hast du
dir selbst den Gürtel umgebunden. Du bist dahin gegangen, wo-
hin du wolltest. Aber wenn du alt bist, wirst du deine Hände aus-
strecken. Dann wird ein anderer dir den Gürtel umbinden. Er wird
dich dahin führen, wohin du nicht willst.« 19 Mit diesen Worten
deutete Jesus an, wie Petrus sterben und dadurch die Herrlichkeit
Gottes sichtbar machen würde. Dann sagte Jesus zu Petrus: »Folge
mir!«

Petrus und der andere Jünger

20 Petrus drehte sich um und sah, dass der Jünger, den Jesus besonders
liebte, ihnen folgte. Es war derselbe Jünger, der beim Festmahl an der
Seite von Jesus gelegen hatte. Er hatte Jesus damals gefragt: »Herr,
wer ist es, der dich verraten wird?« 21 Als Petrus ihn sah, fragte er Je-
sus: »Herr, was wird aus ihm?« 22 Jesus erwiderte: »Wenn ich will, dass
er bleibt, bis ich wiederkomme – was geht das dich an? Folge du mir
nach!« 23 So kam in der Gemeinde das Gerücht auf, dass dieser Jünger

Herr: Titel für Jesus Christus. Im griechischen Alten Testament steht das Wort »Herr« an den Stellen, an denen im hebräischen Text der Gottesname steht. Wenn Jesus Christus so genannt wird, kommt darin zum Ausdruck: In ihm begegnet Gott selbst den Menschen.

Auferstehung: Meint die Auferweckung vom Tod und das ewige Leben im Reich Gottes.

Lämmer: Bild für die Menschen, die an Christus glauben. Ihnen gegenüber steht der Hirte, ein Titel, der in der Antike auch für Könige oder Gott verwendet wurde.

Amen: Das hebräische Wort bedeutet »So ist es! / So soll es sein!«

wie Petrus stirbt: Der Überlieferung der frühen Kirche zufolge wurde Petrus wie Jesus gekreuzigt.

Herrlichkeit: Bezeichnet das, was einer Person Ansehen und Macht verleiht. Gottes Herrlichkeit stellt man sich auch als strahlenden Lichtglanz vor.

folgen: Jesus zu folgen bedeutet, das Leben ganz in seinen Dienst zu stellen.

damals gefragt: Das Gespräch zwischen Jesus und seinem Jünger wird in Johannes 13,23-26 erzählt.

bleibt: Gemeint ist, dass er durch dieses Buch in der Gemeinde gegenwärtig bleibt.

nicht sterben wird. Aber Jesus hatte nicht gesagt, dass er nicht sterben wird. Sondern er hat gesagt: »Wenn ich will, dass er bleibt, bis ich wiederkomme – was geht das dich an?«

24 Dieser Jünger ist es, der Zeuge all dieser Ereignisse gewesen ist, die er hier aufgeschrieben hat. Und wir wissen, dass alles glaubwürdig ist, was er bezeugt.

Schlusswort zum gesamten Buch

25 Jesus hat aber noch viel mehr Taten vollbracht. Wenn alles einzeln aufgeschrieben werden sollte, so denke ich: Diese Welt könnte die Bücher nicht fassen, die dann geschrieben werden müssten.

Die Geschichte der Apostel

Der Auftrag an die Apostel 1,1-26

Vorwort der Apostelgeschichte

1 1 Lieber Theophilus, im ersten Bericht habe ich alles aufgeschrie-
ben, was Jesus getan und gelehrt hat – und zwar von Anfang an
2 bis zu dem Tag, an dem er in den Himmel aufgenommen wurde.
Vorher hat er den Aposteln, die er ausgewählt hatte, durch den Heili-
gen Geist noch Anweisungen gegeben. 3 Nach seinem Leiden zeigte
er sich ihnen immer wieder und bewies ihnen so, dass er lebt. 40 Tage
lang erschien er ihnen und sprach zu ihnen über das Reich Gottes.

Jesus wird in den Himmel aufgenommen

4 Als Jesus wieder einmal bei den Aposteln war und mit ihnen aß,
schärfte er ihnen ein: »Verlasst Jerusalem nicht! Wartet darauf, dass
in Erfüllung geht, was der Vater versprochen hat. Ihr habt es ja schon
von mir gehört: 5 Johannes hat mit Wasser getauft. Aber ihr werdet in
wenigen Tagen mit dem Heiligen Geist getauft werden.« 6 Da fragten
ihn die Versammelten: »Herr, wirst du dann die Herrschaft Gottes in
Israel wieder aufrichten?« 7 Jesus antwortete: »Ihr braucht die Zei-
ten und Fristen nicht zu kennen. Mein Vater allein hat sie in seiner
Vollmacht festgelegt. 8 Aber wenn der Heilige Geist auf euch herab-
kommt, werdet ihr Kraft empfangen. Dann werdet ihr meine Zeugen
sein – in Jerusalem, in ganz Judäa und Samarien und bis ans Ende der
Erde.«

9 Nach diesen Worten wurde er vor ihren Augen emporgehoben.
Eine Wolke nahm ihn auf, und er verschwand. 10 Die Apostel starr-
ten wie gebannt zum Himmel und schauten ihm nach. Da standen
plötzlich zwei weiß gekleidete Männer bei ihnen. 11 Die sagten: »Ihr
Männer aus Galiläa, was steht ihr da und schaut zum Himmel? Die-
ser Jesus, der von euch weg in den Himmel aufgenommen wurde,
wird wiederkommen – genauso wie ihr ihn habt in den Himmel ge-
hen sehen.«

12 Danach kehrten die Apostel vom Ölberg nach Jerusalem zu-
rück. Der Ölberg liegt nahe bei Jerusalem, nur etwa einen Sabbatweg
entfernt.

Die Apostel zurück in Jerusalem

13 In Jerusalem gingen die Apostel in den Raum im oberen Stockwerk
ihres Hauses, wo sie von nun an immer wieder zusammenkamen. Es
waren: Petrus, Johannes, Jakobus und Andreas, Philippus und Thomas,
Bartholomäus und Matthäus, Jakobus, der Sohn des Alphäus, Simon

Theophilus: Vermutlich Mitglied einer der Gemeinden, für die Lukas schreibt. Er ist auch der Adressat des Lukasevangeliums, vgl. Lukas 1,3.

Apostel: Wörtlich »Ausgesandte«. Menschen, die dazu berufen sind, die Gute Nachricht von Jesus Christus zu verkünden. Im engeren Sinn die zwölf Jünger von Jesus, die ihn während seines Lebens begleiteten.

40 Tage: Die Zahl erinnert an die 40 Jahre, die Israel auf dem Weg in das von Gott verheißene Land durch die Wüste zog, und an die 40 Tage und Nächte, die Mose auf dem Berg Sinai war, als er die Zehn Gebote erhielt; vgl. 2. Mose/Exodus 34,28.

Reich Gottes: Wörtlich »Königsherrschaft Gottes«. Bezeichnet den Herrschaftsbereich, in dem sich Gottes Wille durchsetzt.

Vater: Vertrauensvolle Anrede oder Bezeichnung für Gott.

Herrschaft Gottes in Israel: Nachdem es in Israel kein Königreich mehr gab, hoffte man darauf, dass Gott einen Nachkommen von König David schicken würde, der in seinem Namen als Retter und Erlöser herrschen würde; vgl. 2. Samuel 7,12-16.

Sabbatweg: Wegstrecke von etwa 1000 m, die am Sabbat zurückgelegt werden darf.

der Zelot und Judas, der Sohn des Jakobus. 14 Sie alle kamen dort im-
mer wieder zum Gebet zusammen. Auch einige Frauen nahmen
daran teil, darunter Maria, die Mutter von Jesus, sowie seine Brüder.

Matthias wird in den Kreis der Apostel nachgewählt

15 In dieser Zeit waren dort einmal etwa 120 Menschen versammelt.
Da stand Petrus auf und sagte: 16 »Brüder und Schwestern! Was in
der Heiligen Schrift steht, musste in Erfüllung gehen: Der Heilige
Geist hat durch David vorausgesagt, was mit Judas geschehen wird.
Der hat ja den Männern, die Jesus festnahmen, den Weg gezeigt.
17 Dabei gehörte er doch zu uns und hatte denselben Auftrag bekom-
men wie wir. 18 Von dem Lohn für die ungerechte Tat kaufte sich Ju-
das ein Stück Land. Dort kam er durch einen Sturz ums Leben. Sein
Körper platzte auf, und die Eingeweide quollen heraus. 19 Alle Bewoh-
ner von Jerusalem haben davon erfahren. Deshalb wird dieses Stück
Land in ihrer Sprache Hakeldamach genannt. Das bedeutet: Blut-
acker. 20 Denn im Buch der Psalmen steht: ›Sein Haus soll leer stehen,
niemand soll mehr darin wohnen.‹ Und: ›Sein Amt soll ein anderer
übernehmen!‹ 21 Sein Nachfolger muss einer der Männer sein, die
schon immer bei uns waren – während der ganzen Zeit, in der Jesus,
der Herr, bei uns ein und aus ging: 22 angefangen von der Taufe durch
Johannes bis zu dem Tag, an dem Jesus in den Himmel aufgenom-
men wurde. Einer, auf den dies zutrifft, soll künftig gemeinsam mit
uns Zeuge dafür sein, dass Jesus auferstanden ist.«

23 Die Versammelten stellten zwei Männer zur Wahl: Josef, der
auch Barsabbas genannt wurde und den Beinamen Justus trug, und
Matthias. 24 Dann beteten sie: »Herr, du kennst die Herzen aller Men-
schen. Zeige uns, welchen von diesen beiden du ausgewählt hast.
25 Der soll anstelle von Judas dessen Aufgabe übernehmen und Apos-
tel werden. Judas hat seinen Platz ja verlassen, um an den Ort zu ge-
hen, wo er hingehört.« 26 Man gab den beiden Männern Lose. Das Los
fiel auf Matthias, und er ergänzte den Kreis der elf Apostel.

Die Gemeinde empfängt den Heiligen Geist 2,1-47

Pfingsten: Der Heilige Geist kommt auf die Gemeinde

2 1 Als das Pfingstfest kam, waren wieder alle zusammen, die zu
Jesus gehörten. 2 Plötzlich kam vom Himmel her ein Rauschen
wie von einem starken Wind. Das Rauschen erfüllte das ganze Haus,
in dem sie sich aufhielten. 3 Dann erschien ihnen etwas wie züngeln-
de Flammen. Die verteilten sich und ließen sich auf jedem Einzel-
nen von ihnen nieder. 4 Alle wurden vom Heiligen Geist erfüllt. Sie
begannen, in fremden Sprachen zu reden – ganz so, wie der Geist es
ihnen eingab.

5 In Jerusalem lebten auch fromme Juden aus aller Welt, die sich
hier niedergelassen hatten. 6 Als das Rauschen einsetzte, strömten sie

was in der Heiligen Schrift steht: Christen lesen bestimmte Texte aus dem Alten Testament als Ankündigung für das Schicksal von Jesus Christus. Hier klingt Psalm 41,10 an, in dem sich der Beter darüber beklagt, von seinem besten Freund verraten worden zu sein.

Judas: Einer der zwölf Apostel, die Jesus begleiteten. Lukas 22,47-53 erzählt, dass er Jesus an seine Gegner ausliefert.

im Buch der Psalmen steht: Zitate aus der griechischen Übersetzung von Psalm 69,26 und aus Psalm 109,8.

Herr: Titel für Jesus Christus. Im griechischen Alten Testament steht das Wort »Herr« an den Stellen, an denen im hebräischen Text der Gottesname steht. Wenn Jesus Christus so genannt wird, kommt darin zum Ausdruck: In ihm begegnet Gott selbst den Menschen.

Taufe durch Johannes: Von der Taufe von Jesus durch Johannes den Täufer erzählt Lukas 3,21-22.

Pfingstfest: Wörtlich »der fünfzigste Tag«. Meint den fünfzigsten Tag nach dem Passafest, an dem im jüdischen Festkalender das Wochenfest beginnt.

Heiliger Geist: Kraft, durch die Gott in der Welt wirkt.

zusammen. Sie waren verstört, denn jeder hörte sie in seiner eigenen
Sprache reden. 7 Erstaunt und verwundert sagten sie: »Sind das nicht
alles Leute aus Galiläa, die hier reden? 8 Wie kommt es, dass jeder
von uns sie in seiner Muttersprache reden hört? 9 Wir kommen aus
Persien, Medien und Elam. Wir stammen aus Mesopotamien, Judäa
und Kappadozien, aus Pontus und der Provinz Asia, 10 aus Phrygien
und Pamphylien. Aus Ägypten und der Gegend von Kyrene in Li-
byen, ja sogar aus Rom sind Besucher hier. 11 Wir sind Juden von Ge-
burt an, aber auch Fremde, die zum jüdischen Glauben übergetreten
sind. Auch Kreter und Araber sind dabei. Wir alle hören diese Leute
in unseren eigenen Sprachen erzählen, was Gott Großes getan hat.«
12 Erstaunt und ratlos sagte einer zum anderen: »Was hat das wohl
zu bedeuten?« 13 Wieder andere spotteten: »Die haben zu viel süßen
Wein getrunken!«

Die Pfingstpredigt des Apostels Petrus

14 Da trat Petrus vor die Menge, zusammen mit den anderen elf
Aposteln. Mit lauter Stimme wandte er sich an die Leute: »Ihr Leute
von Judäa, Bewohner von Jerusalem! Lasst euch erklären, was hier
vorgeht, und hört mir gut zu! 15 Diese Leute hier sind nicht betrun-
ken, wie ihr meint. Es ist ja erst die dritte Stunde des Tages. 16 Nein,
was hier geschieht, hat der Prophet Joel vorhergesagt: 17 ›Gott spricht:
Das wird in den letzten Tagen geschehen: Ich werde meinen Geist
über alle Menschen ausgießen. Eure Söhne und Töchter werden als
Propheten reden. Eure jungen Männer werden Visionen schauen,
und eure Alten von Gott gesandte Träume haben. 18 Über alle, die
mir dienen, Männer und Frauen, werde ich in diesen Tagen meinen
Geist ausgießen. Und sie werden als Propheten reden. 19 Ich werde
Wunder tun droben am Himmel und Zeichen erscheinen lassen
unten auf der Erde: Blut und Feuer und dichte Rauchwolken. 20 Die
Sonne wird sich verfinstern, und der Mond wird blutrot werden.
Dies alles geschieht, bevor der große und prächtige Tag des Herrn
anbricht. 21 Jeder, der dann den Namen des Herrn anruft, wird geret-
tet werden!‹

22 Ihr Leute von Israel, hört diese Worte: Es geht um Jesus, den Na-
zoräer. Gott selbst hat euch gezeigt, wer er war. Mitten unter euch hat
Gott durch ihn machtvolle Taten, Wunder und Zeichen geschehen
lassen. Das wisst ihr ja selbst! 23 Es war Gottes Wille und Plan, dass
dieser Mann euch schutzlos ausgeliefert war. Ihr habt ihn von den
Heiden ans Kreuz schlagen und umbringen lassen. 24 Aber Gott hat
ihn auferweckt und aus der Gewalt des Todes befreit. Denn der Tod
hatte keine Macht über ihn und konnte ihn nicht festhalten.

25 Deshalb sagt schon David über ihn: ›Der Herr steht mir immer
vor Augen. Mit ihm an meiner Seite falle ich nicht. 26 Darum ist mein
Herz so fröhlich, und mein Mund jubelt vor Freude. Selbst wenn
mein Körper im Grab liegt, gibt es noch Hoffnung. 27 Ja, du gibst mich
nicht dem Totenreich preis. Du lässt nicht zu, dass dein treuer Diener

Apostel: Wörtlich »Ausgesandte«. Menschen, die dazu berufen sind, die Gute Nachricht von Jesus Christus zu verkünden. Im engeren Sinn die zwölf Jünger von Jesus, die ihn während seines Lebens begleiteten.

der Prophet Joel hat vorhergesagt: Zitat aus der griechischen Übersetzung von Joel 3.

letzte Tage: Die Tage, bevor Christus wiederkommt, Gott Gericht hält und sein Reich endgültig anbricht.

Nazoräer: Bezeichnung für die Herkunft von Jesus aus der Stadt Nazaret.

Heiden: Wörtlich »Gesetzlose«. Bezeichnung für Menschen, die nicht an den Gott Israels glauben und die Lebensvorschriften des Alten Testaments nicht kennen, die im Neuen Testament »Gesetz« genannt werden.

David sagt über ihn: König David gilt als Dichter zahlreicher Lieder und Gebete. Christen lesen bestimmte Texte aus dem Alten Testament als Ankündigung für das Schicksal von Jesus Christus. In diesem Sinn wird im Folgenden ein Zitat aus der griechischen Übersetzung von Psalm 16,8-11 als Aussage von Jesus interpretiert.

verwest. 28 Du zeigst mir Wege zum Leben. Große Freude finde ich in
deiner Gegenwart.‹
29 Ihr Brüder und Schwestern! Lasst mich ganz offen zu euch spre-
chen: Unser großer Vorfahre David ist damals gestorben und wurde
begraben. Sein Grab ist noch heute bei uns zu sehen. 30 Er war ein
Prophet und wusste: Gott hatte ihm feierlich geschworen, einen
seiner Nachkommen auf seinen Thron zu setzen. 31 Weil David das
vorausgesehen hat, konnte er über die Auferstehung von Christus sa-
gen: ›Er wurde nicht dem Totenreich preisgegeben, und sein Körper
verweste nicht.‹ 32 David hat hier von Jesus gesprochen. Den hat Gott
auferweckt. Dafür sind wir alle Zeugen. 33 Er ist emporgehoben wor-
den, sodass er an der rechten Seite Gottes sitzt. Er hat vom Vater die
versprochene Gabe erhalten: den Heiligen Geist. Den hat er über uns
ausgegossen. Und genau das ist es, was ihr hier seht und hört. 34 Denn
nicht David ist in den Himmel hinaufgestiegen. Er sagt ja selbst:
›Gott, der Herr, sprach zu meinem Herrn: Setz dich an meine rechte
Seite, 35 bis ich deine Feinde unterwerfe! Ich mache sie zum Schemel
für deine Füße.‹ 36 Daran soll ganz Israel mit unerschütterlicher Ge-
wissheit erkennen: Diesen Jesus, den ihr gekreuzigt habt, hat Gott
zum Herrn und Christus gemacht.«

Die Wirkung der Predigt

37 Mit seinen Worten traf Petrus die Zuhörer mitten ins Herz. Sie
fragten ihn und die anderen Apostel: »Ihr Brüder, was sollen wir tun?«
38 Petrus antwortete: »Ändert euer Leben! Lasst euch alle taufen im
Namen von Jesus Christus. Dann wird Gott euch eure Schuld verge-
ben und euch den Heiligen Geist schenken. 39 Diese Zusage gilt für
euch und eure Kinder. Und sie gilt für alle in den fernen Ländern – so
viele der Herr, unser Gott, noch zum Glauben an Jesus hinzurufen
wird.«
40 Mit diesen und noch vielen weiteren Worten beschwor Petrus
die Leute und ermahnte sie: »Lasst euch retten! Wendet euch ab von
dieser ungerechten Generation!« 41 Viele nahmen die Botschaft an,
die Petrus verkündet hatte, und ließen sich taufen. An diesem Tag
gewann die Gemeinde ungefähr 3000 Menschen hinzu.

Das Leben in der Gemeinde

42 Die Menschen, die zum Glauben gekommen waren, trafen sich
regelmäßig und ließen sich von den Aposteln unterweisen. Sie leb-
ten in enger Gemeinschaft, brachen das Brot miteinander und bete-
ten. 43 Die Leute in Jerusalem wurden von Ehrfurcht ergriffen. Denn
durch die Apostel geschahen viele Wunder und Zeichen. 44 Alle Glau-
benden hielten zusammen und verfügten gemeinsam über ihren
Besitz. 45 Immer wieder verkauften sie Grundstücke oder sonstiges
Eigentum. Den Erlös verteilten sie an die Bedürftigen – je nachdem,
wie viel jemand brauchte. 46 Tag für Tag versammelten sie sich als
Gemeinschaft im Tempel. In den Häusern hielten sie die Feier des

vorausgesehen hat: Das Zitat nimmt Worte aus Psalm 16,10 auf.

Christus: Bedeutet übersetzt »der Gesalbte«. Im Alten Testament werden Könige, aber auch Propheten und Priester bei Amtsantritt gesalbt. Später wird der von Gott zum Herrscher der Welt bestimmte Retter so genannt. Im Neuen Testament ist das Jesus.

Heiliger Geist: Kraft, durch die Gott in der Welt wirkt.

er sagt: David gilt als Dichter zahlreicher Lieder und Gebete. Im Folgenden wird aus Psalm 110,1 zitiert.

Kreuzigung: Verurteilte Sklaven, Räuber und Aufrührer wurden von den Römern am Kreuz hingerichtet.

im Namen: »Name« steht stellvertretend für den Herrschaftsbereich der Person, die den Namen trägt. Wer im Namen von Jesus Christus getauft wird, tritt in seinen Herrschaftsbereich und unterstellt sich seiner Fürsorge.

Glaube, glauben: Meint das tiefe Vertrauen auf Gott, das zu einem Leben nach seinem Willen führt.

Zeichen, Wunder: Ausweis der göttlichen Vollmacht, mit der eine Person handelt.

Brotbrechens. Voller Freude und in aufrichtiger Herzlichkeit aßen
sie miteinander das Mahl. 47 Sie lobten Gott und waren beim ganzen
Volk hoch angesehen. Der Herr aber führte täglich weitere Men-
schen zur Gemeinde, die gerettet wurden.

Die Gemeinde in Jerusalem 3,1–5,42

Ein Gelähmter wird geheilt

3 1 Einmal gingen Petrus und Johannes zum Tempel. Es war um die
neunte Stunde, die Zeit für das Nachmittagsgebet. 2 Da wurde
ein Mann herbeigetragen, der von Geburt an gelähmt war. Tag für
Tag setzte man ihn an das Tor zum Tempelvorhof, das die »Schöne
Pforte« genannt wird. Dort sollte er bei den Tempelbesuchern um
eine Gabe betteln.
3 Der Mann sah Petrus und Johannes, als sie gerade in den Tem-
pel gehen wollten. Er bat sie um eine Gabe. 4 Petrus und Johannes
blickten ihn an, und Petrus sagte: »Sieh uns an!« 5 Der Gelähmte sah
zu ihnen auf und erwartete, etwas von ihnen zu bekommen. 6 Doch
Petrus sagte: »Gold und Silber habe ich nicht. Aber was ich habe, das
gebe ich dir: Im Namen von Jesus Christus, dem Nazoräer: Steh auf
und geh umher!« 7 Petrus fasste den Mann bei der rechten Hand und
zog ihn hoch. Im selben Augenblick kam Kraft in seine Füße und
Gelenke. 8 Mit einem Sprung war er auf den Beinen und machte ein
paar Schritte. Er folgte Petrus und Johannes in den Tempel. Dort lief
er umher, sprang vor Freude und lobte Gott. 9 Das ganze Volk sah, wie
er umherlief und Gott lobte. 10 Sie erkannten in ihm den Bettler, der
immer an der Schönen Pforte des Tempels gesessen hatte. Sie staun-
ten und konnten nicht fassen, was mit ihm geschehen war.

Petrus spricht im Tempel

11 Der geheilte Mann wich Petrus und Johannes nicht mehr von der
Seite. Das ganze Volk lief zusammen. Staunend umringte es sie in der
Salomohalle. 12 Als Petrus die Leute sah, sagte er zu ihnen: »Ihr Leute
von Israel, worüber staunt ihr? Was starrt ihr uns so an? Dass er um-
herlaufen kann, haben wir nicht aus eigener Kraft bewirkt – oder weil
wir ein frommes Leben führen. 13 Es war der Gott Abrahams, Isaaks
und Jakobs, der Gott unserer Vorfahren, der dies bewirkt hat. Damit
hat er die Herrlichkeit seines Dieners Jesus sichtbar gemacht – des-
selben Jesus, den ihr Pilatus ausgeliefert habt.

Ihr habt ihn abgelehnt, obwohl Pilatus schon entschieden hatte,
ihn freizulassen. 14 So habt ihr den abgelehnt, der heilig und gerecht
ist. Stattdessen habt ihr verlangt, dass ein Mörder begnadigt wird.
15 Ihr habt den getötet, der das Leben bringt. Doch Gott hat ihn von
den Toten auferweckt. Dafür sind wir Zeugen. 16 Dieser Mann, den
ihr hier seht und den ihr kennt, hat an Jesus geglaubt. Durch diesen
Glauben wurde ihm neue Kraft geschenkt. Der Glaube, den Jesus

Brotbrechen: Frühchristliche Bezeichnung für die Feier des Abendmahls.

Tempel: Das zentrale Heiligtum in Jerusalem, das als Wohnung Gottes galt.

neunte Stunde: Die Zeit zwischen Sonnenaufgang und -untergang wurde in zwölf Stunden eingeteilt, die je nach Jahreszeit unterschiedlich lang waren. Die neunte Stunde ist nachmittags, etwa um 15.00 Uhr.

Jesus Christus: Der Name ist zugleich ein Bekenntnis. Wer Jesus als Christus anerkennt, glaubt an ihn als Retter und Erlöser der Welt.

Nazoräer: Bezeichnung für die Herkunft von Jesus aus der Stadt Nazaret.

Salomohalle: Säulenhalle auf dem Tempelplatz, die nach König Salomo benannt wurde.

Pilatus ausgeliefert: Lukas 23,1-5 erzählt, dass die Mitglieder des jüdischen Rats Jesus dem römischen Statthalter Pontius Pilatus ausliefern, damit er von ihm verurteilt wird.

gerecht, Gerechtigkeit: Meint ein Leben nach dem Willen Gottes.

in ihm geweckt hat, hat ihn völlig geheilt. Mit euren eigenen Augen
habt ihr es gesehen.
17 Brüder und Schwestern, ich weiß wohl, dass ihr aus Unwissen-
heit so gehandelt habt – genau wie eure führenden Männer. 18 Aber
Gott ließ dadurch in Erfüllung gehen, was er durch alle Propheten an-
gekündigt hatte: dass sein Christus leiden muss. 19 Ändert also euer
Leben und kehrt zu Gott zurück. Dann wird er eure Schuld besei-
tigen! 20 So lässt der Herr für euch eine Zeit des Aufatmens anbrechen:
Er wird den Christus schicken, den er für euch zum Retter bestimmt
hat: Jesus. 21 Zunächst muss der Himmel ihn aufnehmen. Dort bleibt
er, bis die Zeit kommt, in der alles wiederhergestellt wird – genau so,
wie Gott es durch seine heiligen Propheten von jeher angekündigt
hat. 22 Mose hat nämlich gesagt: ›Der Herr, euer Gott, wird von deinen
Brüdern einen Propheten wie mich für euch berufen. Auf den sollt ihr
hören in allem, was er euch sagt! 23 Wer nicht auf diesen Propheten
hört, wird aus dem Volk ausgestoßen.‹ 24 Auch Samuel und alle Pro-
pheten, die nach ihm kamen, haben davon gesprochen. Sie haben an-
gekündigt, was in unseren Tagen geschieht. 25 Ihr seid die Nachkom-
men dieser Propheten. Und ihr habt Anteil an demselben Bund, den
Gott mit euren Vorfahren geschlossen hat. Denn er hat zu Abraham
gesagt: ›Durch deinen Nachkommen werde ich alle Völker der Erde
segnen.‹ 26 Ihr seid die Ersten, für die Gott seinen Diener Jesus beru-
fen hat. Er hat ihn geschickt, um euch zu segnen. So sollt ihr euch von
euren bösen Taten abwenden – und zwar jeder Einzelne von euch.«

Petrus und Johannes vor dem jüdischen Rat

4 1 Petrus und Johannes waren noch dabei, zum Volk zu sprechen.
Auf einmal kamen die Priester, der Hauptmann der Tempel-
wache sowie die Sadduzäer auf sie zu. 2 Sie waren aufgebracht. Denn
Petrus und Johannes lehrten das Volk und verkündeten am Beispiel
von Jesus die Auferstehung der Toten. 3 Sie nahmen die beiden fest
und sperrten sie bis zum nächsten Morgen ins Gefängnis. Es war
nämlich schon Abend. 4 Viele, die Petrus reden gehört hatten, kamen
zum Glauben. So stieg allein die Zahl der Männer in der Gemeinde
auf etwa 5000.
5 Am nächsten Morgen trafen sich in Jerusalem die Mitglieder des
jüdischen Rats: die führenden Männer des Volkes, die Ratsältesten
und die Schriftgelehrten. 6 Auch der Hohepriester Hannas war dabei,
ebenso Kaiphas, Johannes, Alexander und all die anderen, die zur Fa-
milie des Hohepriesters gehörten. 7 Sie ließen Petrus und Johannes
vorführen und verhörten sie: »Woher hattet ihr Kraft, den Gelähm-
ten zu heilen? In wessen Namen habt ihr das getan?«
8 Da wurde Petrus vom Heiligen Geist erfüllt. Er antwortete: »Ihr
führenden Männer des Volkes! Ihr Ratsältesten! 9 Ihr verhört uns
heute, weil wir einem kranken Menschen geholfen haben. Ihr wollt
erfahren, wodurch dieser geheilt worden ist. 10 Nun, ihr alle und das
ganze Volk Israel sollt es wissen: Er ist im Namen von Jesus Christus,

durch alle Propheten angekündigt: Christen lesen bestimmte Texte aus dem Alten Testament als Ankündigung für das Schicksal von Jesus Christus. Ein zentraler Text ist beispielsweise Jesaja 52,13–53,12.

Mose hat gesagt: Das Zitat nimmt Worte aus 3. Mose/Levitikus 23,29 und 5. Mose/Deuteronomium 18,15-19 auf.

zu Abraham gesagt: Das Zitat nimmt 1. Mose/Genesis 22,18 auf.

Sadduzäer: Angehörige einer jüdischen Glaubensgruppe, in der Priester eine bedeutende Rolle spielten. Neben den vornehmen Priesterfamilien gehörten ihr auch andere Vertreter der führenden Gesellschaftsschicht an.

jüdischer Rat: Oberste Behörde zur Regelung religiöser Angelegenheiten.

Schriftgelehrte: Menschen, deren Aufgabe das Studium und die Auslegung der Heiligen Schrift ist.

Hohepriester: Hatte die Aufsicht über alles, was das Heiligtum, den Gottesdienst und den Dienst der Priester betraf.

Name: Der Name steht für die Person, die den Namen trägt. Wer im Namen eines anderen oder im Namen Gottes handelt, handelt stellvertretend für ihn.

dem Nazoräer, geheilt worden. Den habt ihr gekreuzigt, und den hat Gott von den Toten auferweckt. Durch seine Kraft steht dieser Mann hier gesund vor euch. 11 Dieser Jesus ist der Stein, von dem die Heilige Schrift sagt: ›Ihr – die Bauleute – habt ihn verworfen, aber er ist zum Grundstein geworden.‹ 12 Kein anderer kann Rettung bringen. Und Gott hat uns auch keinen anderen Namen unter dem Himmel bekannt gemacht, durch den wir Rettung finden.«

13 Die Ratsältesten wunderten sich, wie unerschrocken Petrus und Johannes auftraten. Dabei waren sie doch keine Gelehrten, sondern einfache Leute. Sie erkannten, dass die beiden zu Jesus gehört hatten, 14 und sahen den Geheilten bei ihnen stehen. Da waren sie nicht in der Lage, etwas dagegen zu sagen. 15 Sie befahlen den beiden, die Ratsversammlung zu verlassen. Dann beratschlagten sie 16 und sagten zueinander: »Was sollen wir mit diesen Menschen tun? Offensichtlich ist durch sie ein Zeichen geschehen. Alle Bewohner von Jerusalem wissen davon. Und wir können es nicht bestreiten! 17 Aber die ganze Sache soll im Volk nicht noch mehr bekannt werden. Deshalb wollen wir ihnen verbieten, künftig noch einmal zu irgendjemandem im Namen von Jesus zu sprechen – andernfalls sollen sie bestraft werden!«

18 Dann riefen sie Petrus und Johannes wieder herein. Sie verboten ihnen jede Verkündigung oder Lehre im Namen von Jesus. 19 Aber Petrus und Johannes antworteten: »Entscheidet selbst: Ist es vor Gott recht, euch mehr zu gehorchen als ihm? 20 Wir können doch nicht verschweigen, was wir gesehen und gehört haben.« 21 Da drohten die Ratsältesten ihnen noch einmal und ließen sie frei. Sie sahen keine Möglichkeit, die beiden zu bestrafen. Denn das ganze Volk lobte Gott für das, was geschehen war. 22 Denn der Gelähmte war schon über 40 Jahre alt, als er durch dieses Wunder geheilt wurde.

Die Gemeinde betet um Kraft

23 Nach ihrer Freilassung gingen Petrus und Johannes zur versammelten Gemeinde. Sie berichteten, was die führenden Priester und die Ratsältesten zu ihnen gesagt hatten. 24 Als sie das gehört hatten, wandten sie sich an Gott. Alle zusammen beteten sie: »Herr, du hast den Himmel, die Erde und das Meer geschaffen mit allem, was darin ist. 25 Du hast unseren Vorfahren David, deinen Diener, durch den Heiligen Geist sagen lassen: ›Warum sind die Völker in Aufruhr geraten? Wozu schmieden die Nationen sinnlose Pläne? 26 Die Könige der Welt haben sich aufgelehnt; die Machthaber haben sich verbündet gegen den Herrn und seinen Gesalbten.‹ 27 Tatsächlich ist es hier in dieser Stadt genauso gekommen: Herodes und Pontius Pilatus, Heiden und Menschen aus dem Volk Israel haben sich verbündet – gegen Jesus, deinen heiligen Diener, den du zum Christus gemacht hast. 28 Sie haben das ausgeführt, was du in deiner Macht und nach deinem Plan schon längst vorherbestimmt hast. 29 Herr, höre jetzt, wie sie uns drohen. Hilf uns, deinen Dienern, deine Botschaft mutig und offen zu verkünden. 30 Strecke deine Hand aus und heile

die Heilige Schrift sagt: Zitat aus Psalm 118,22.

verworfen: Für das Fundament lassen sich nur Steine von bester Qualität gebrauchen. Die Bauleute begutachten sie und sortieren sie aus.

Grundstein: Fundamentstein, der für das Bauwerk unverzichtbar ist.

beteten: Das Gebet nimmt in den Versen 25-26 Psalm 2,1-2 auf.

Herr: Bezeichnung für Gott. Das griechische Alte Testament verwendet das Wort »Herr« an den Stellen, an denen im hebräischen Text der Gottesname steht.

Gesalbter: Hebräisch *Messias*. Bezeichnet den im Auftrag Gottes eingesetzten König Israels, später auch den zum Herrscher der Welt bestimmten Retter.

Herodes Antipas: Sohn von Herodes dem Großen und Herrscher über Galiläa und Peräa (4 v. Chr.–39 n. Chr.).

Heiden: Bezeichnung für Menschen, die nicht an den Gott Israels glauben.

Christus: Bedeutet übersetzt »der Gesalbte«. Im Alten Testament werden Könige, aber auch Propheten und Priester bei Amtsantritt gesalbt. Später wird der von Gott zum Herrscher der Welt bestimmte Retter so genannt. Im Neuen Testament ist das Jesus.

Kranke! Lass Zeichen und Wunder geschehen durch den Namen
deines heiligen Dieners Jesus.« 31 Nachdem sie so gebetet hatten,
bebte die Erde an dem Ort, wo sie versammelt waren. Der Heilige
Geist erfüllte sie alle, und sie verkündeten das Wort Gottes mutig
und offen.

In der Gemeinde wird der Besitz geteilt

32 Die ganze Gemeinde war ein Herz und eine Seele. Keiner betrach-
tete etwas von seinem Besitz als sein persönliches Eigentum. Viel-
mehr gehörte alles, was sie hatten, ihnen allen gemeinsam. 33 Mit gro-
ßer Kraft traten die Apostel als Zeugen dafür auf, dass Jesus, der Herr,
auferstanden war. Gottes Gnade war unter ihnen in reichem Maß
spürbar. 34 Keiner von ihnen musste Not leiden. Wer Grundstücke
oder Häuser besaß, verkaufte diese und stellte den Erlös zur Verfü-
gung. 35 Er legte das Geld den Aposteln zu Füßen. Davon erhielt jeder
Bedürftige so viel, wie er brauchte.

36 So machte es auch Josef, ein Levit, der aus Zypern stammte. Die
Apostel nannten ihn Barnabas, das bedeutet: der Tröster. 37 Josef ver-
kaufte einen Acker, der ihm gehörte. Den Erlös stellte er der Gemein-
de zur Verfügung und legte ihn den Aposteln zu Füßen.

Hananias und Saphira belügen den Heiligen Geist

5 1 Ein Mann namens Hananias und seine Frau Saphira verkauften
ebenfalls ein Grundstück. 2 Aber Hananias behielt etwas vom Er-
lös zurück, und seine Frau wusste darüber Bescheid. So stellte er der
Gemeinde nur einen Teil zur Verfügung und legte ihn den Aposteln
zu Füßen. 3 Doch Petrus fragte ihn: »Hananias, warum hat der Satan
sich in deinem Herzen so breitmachen können? Warum hast du den
Heiligen Geist belogen und etwas vom Erlös des Grundstücks für
dich behalten? 4 Du hättest das Grundstück nicht verkaufen müs-
sen! Und was du mit dem Erlös machst, war allein deine Sache. Was
hat dich nur dazu gebracht, so zu handeln? Du hast nicht Menschen
belogen, sondern Gott!« 5 Als Hananias diese Worte hörte, brach er
tot zusammen. Alle, die davon erfuhren, wurden von großer Furcht
gepackt. 6 Ein paar junge Männer standen auf und hüllten ihn in ein
Tuch. Sie brachten ihn hinaus und begruben ihn.

7 Etwa drei Stunden später kam auch seine Frau. Sie wusste nicht,
was geschehen war. 8 Petrus fragte sie: »Sag mir: Habt ihr das Grund-
stück zu diesem Preis verkauft?« Sie antwortete: »Ja, zu diesem Preis.«
9 Da sagte Petrus zu ihr: »Warum habt ihr beide euch nur verabredet,
den Geist des Herrn auf die Probe zu stellen? Vor der Tür stehen
schon die Leute, die deinen Mann begraben haben. Sie werden auch
dich hinaustragen!« 10 Im selben Augenblick brach sie tot vor seinen
Füßen zusammen. Die jungen Männer kamen wieder herein und sa-
hen sie tot daliegen. Sie brachten die Tote hinaus und begruben sie
neben ihrem Mann. 11 Große Furcht packte die ganze Gemeinde und
alle, die davon hörten.

Wort Gottes: Gottes Versprechen, dass die Menschen durch Tod und Auferstehung von Christus mit Gott versöhnt sind.

Auferstehung: Meint die Auferweckung vom Tod und das ewige Leben im Reich Gottes.

zu Füßen legen: Ein alter Brauch, um das Eigentums- und Verfügungsrecht zu übertragen.

Leviten: Erfüllen bestimmte Aufgaben beim Gottesdienst im Heiligtum. Mit den Priestern gelten sie als Nachkommen des Stammvaters Levi.

Satan, Teufel: Gegenspieler Gottes. Er versucht, die Menschen zu einem Verhalten zu bewegen, das Gottes Willen widerspricht.

Herz: Sitz des Verstandes und des Willens.

Heiliger Geist: Kraft, durch die Gott in der Welt wirkt.

Zeichen, Wunder: Ausweis der göttlichen Vollmacht, mit der eine Person handelt.

Salomohalle: Säulenhalle, die zum Tempel in Jerusalem gehört. Sie wurde nach König Salomo benannt.

Glaube, glauben: Meint das tiefe Vertrauen auf Gott, das zu einem Leben nach seinem Willen führt.

böser Geist: Eine böse Macht, die man sich als Person vorstellte. Sie kämpft gegen Gott und nimmt einen Menschen völlig in Besitz.

Sadduzäer: Angehörige einer jüdischen Glaubensgruppe, in der Priester eine bedeutende Rolle spielten. Neben den vornehmen Priesterfamilien gehörten ihr auch andere Vertreter der führenden Gesellschaftsschicht an.

Älteste: Bezeichnung für ein leitendes Amt in der Gemeinschaft, das von älteren Männern ausgeübt wurde.

Steinigung, steinigen: Hinrichtungsart, bei der ein Verurteilter öffentlich mit Steinen beworfen wird.

Holzbalken: Bezeichnung für das Kreuz, an dem Jesus gestorben ist. 5. Mose/Deuteronomium 21,22-23 zufolge gilt ein Mensch, der an einen Holzbalken gehängt stirbt, als Verfluchter.

Das Ansehen der Gemeinde wächst

12 Durch die Apostel geschahen im Volk viele Zeichen und Wunder.
Die ganze Gemeinde kam regelmäßig in der Salomohalle zusam-
men. 13 Von den anderen Tempelbesuchern wagte es keiner, sich ih-
nen anzuschließen. Aber das Volk schätzte sie sehr. 14 Die Gemeinde
gewann immer mehr Menschen hinzu, die an den Herrn glaubten –
eine große Zahl von Männern und Frauen. 15 Man brachte sogar die
Kranken auf die Straße und legte sie dort auf Matten und Tragen.
Wenn Petrus vorbeikam, sollte wenigstens sein Schatten auf den
einen oder anderen von ihnen fallen. 16 Auch aus der Umgebung von
Jerusalem strömten die Menschen herbei. Sie brachten Kranke zu
den Aposteln und Menschen, die von bösen Geistern gequält wur-
den. Sie alle wurden geheilt.

Die Apostel werden verhaftet und vor den jüdischen Rat gestellt

17 Der Hohepriester und seine Leute – die Gruppe der Sadduzäer –
wurden eifersüchtig auf diese Erfolge. Deshalb beschlossen sie ein-
zugreifen. 18 Sie ließen die Apostel festnehmen und ins öffentliche
Gefängnis werfen. 19 Aber in der Nacht öffnete ein Engel des Herrn
die Gefängnistüren, führte sie hinaus und sagte: 20 »Geht in den Tem-
pel und stellt euch dort vor das Volk. Verkündet die Botschaft von
dem Leben, das Jesus gebracht hat!« 21 Die Apostel gehorchten. Früh
am Morgen gingen sie zum Tempel und lehrten dort.

Inzwischen waren der Hohepriester und seine Leute im Ratsgebäude eingetroffen. Sie ließen den jüdischen Rat einberufen, zusammen mit allen Ältesten des Volkes Israel. Dann schickten sie die Tempelwache ins Gefängnis, um die Apostel zu holen. 22 Als die Wache im
Gefängnis ankam, fand sie die Apostel dort nicht. Sie kehrte zurück
und berichtete: 23 »Das Gefängnis war ordnungsgemäß verschlossen,
und die Wachposten standen vor den Türen. Aber als wir die Türen
aufschlossen, war niemand darin.« 24 Der Hauptmann der Tempel-
wache und die führenden Priester waren ratlos, als sie das hörten.
Sie wussten nicht, was nun geschehen sollte. 25 Da kam jemand und
berichtete ihnen: »Seht doch! Die Männer, die ihr ins Gefängnis ge-
worfen habt, stehen im Tempel und lehren das Volk!« 26 Daraufhin
zog der Hauptmann mit seinen Leuten los und ließ die Apostel ab-
führen. Dabei wendeten sie keine Gewalt an. Denn sie hatten Angst,
sonst vom Volk gesteinigt zu werden.

27 Sie führten die Apostel vor den jüdischen Rat. Dort verhörte sie
der Hohepriester. 28 Er sagte: »Haben wir euch nicht streng verboten,
im Namen von Jesus zu lehren? Und doch ist eure Lehre mittlerwei-
le in ganz Jerusalem verbreitet. Und außerdem wollt ihr, dass wir für
den Tod dieses Menschen verantwortlich gemacht werden!« 29 Petrus
und die anderen Apostel antworteten: »Man muss Gott mehr gehor-
chen als den Menschen. 30 Der Gott unserer Vorfahren hat Jesus von
den Toten auferweckt – Jesus, den ihr an einen Holzbalken gehängt
und getötet habt. 31 Ihn hat Gott zum Herrscher und Retter gemacht.

Er hat ihn emporgehoben, sodass er an seiner rechten Seite sitzt. Da-
mit schenkt er Israel die Möglichkeit, sich von Grund auf zu ändern,
und die Vergebung ihrer Sünden. 32 Wir sind Zeugen für diese Bot-
schaft, und Zeuge ist auch der Heilige Geist. Ihn hat Gott all denen
gegeben, die ihm gehorchen.«

Der Pharisäer Gamaliel rät, die Apostel freizulassen

33 Als die Ratsältesten die Apostel so reden hörten, gerieten sie außer
sich vor Zorn. Der Rat war schon entschlossen, sie zu töten. 34 Da mel-
dete sich eines seiner Mitglieder zu Wort, ein Pharisäer namens Ga-
maliel. Er war ein Gesetzeslehrer, der beim ganzen Volk großes An-
sehen genoss. Er verlangte, die Angeklagten kurz nach draußen zu
bringen. 35 Dann sagte er zu den Ratsältesten: »Ihr Männer aus Israel,
überlegt euch gut, was ihr mit diesen Leuten tun wollt! 36 Vor einiger
Zeit trat doch Theudas auf. Er behauptete von sich, etwas Besonde-
res zu sein. 400 Männer hatten sich ihm angeschlossen. Er wurde
umgebracht, und alle, die ihm gefolgt waren, liefen auseinander. Es
war, als hätte es sie nie gegeben. 37 Danach, zur Zeit der Volkszählung,
kam Judas aus Galiläa. Er brachte das Volk hinter sich und rief zum
Aufstand auf. Auch er kam um, und alle seine Anhänger wurden zer-
streut. 38 Deshalb rate ich euch jetzt: Geht nicht gegen diese Leute vor,
sondern lasst sie laufen! Wenn das, was sie vorhaben oder unterneh-
men, nur das Werk von Menschen ist, wird es von selbst zugrunde
gehen. 39 Aber wenn es Gottes Werk ist, könnt ihr nichts dagegen un-
ternehmen. Oder soll es am Ende heißen, dass ihr euch gegen Gott
stellt?« Die Ratsältesten ließen sich von Gamaliel überzeugen. 40 Sie
riefen die Apostel wieder herein und ließen sie auspeitschen. Dann
verboten sie ihnen, künftig öffentlich zu sprechen und sich dabei auf
den Namen Jesus zu berufen. Schließlich ließen sie die Apostel frei.
41 Als die Apostel daraufhin den jüdischen Rat verließen, waren sie
froh gestimmt. Denn sie betrachteten es als Ehre, für den Namen von
Jesus beschimpft und beleidigt zu werden. 42 Unbeirrt lehrten sie Tag
für Tag im Tempel und in den Häusern. Sie verkündeten die Gute
Nachricht, dass Jesus der Christus ist.

Stephanus und die anderen Helfer in der Gemeinde von Jerusalem 6,1–8,3

Sieben Helfer für die Apostel

6 1 In dieser Zeit wuchs die Zahl der Jünger stetig. Doch bald wur-
den in der Gemeinde Klagen laut. Sie kamen von den Griechisch
sprechenden Mitgliedern, die aus anderen Ländern zugezogen wa-
ren. Die warfen den Hebräisch sprechenden Einheimischen vor, ihre
Witwen bei der täglichen Speisung zu übergehen. 2 Daraufhin be-
riefen die Zwölf eine Versammlung aller Jünger ein und sagten: »So
geht das nicht! Wir können doch nicht die Verkündigung von Gottes

Sünden: Konkrete Verfehlungen, die von Gott trennen und das Gewissen belasten können.

Heiliger Geist: Kraft, durch die Gott in der Welt wirkt.

Apostel: Wörtlich »Ausgesandte«. Menschen, die dazu berufen sind, die Gute Nachricht von Jesus Christus zu verkünden. Im engeren Sinn die zwölf Jünger von Jesus, die ihn während seines Lebens begleiteten.

Gesetzeslehrer: Menschen, deren Aufgabe das Studium und die Auslegung der Lebensvorschriften des Alten Testaments war, vor allem der fünf Bücher Mose.

Name: Der Name steht für die Person, die den Namen trägt. Wer im Namen eines anderen oder im Namen Gottes handelt, handelt stellvertretend für ihn.

Christus: Bedeutet übersetzt »der Gesalbte«. Im Alten Testament werden Könige, aber auch Propheten und Priester bei Amtsantritt gesalbt. Später wird der von Gott zum Herrscher der Welt bestimmte Retter so genannt. Im Neuen Testament ist das Jesus.

die Zwölf: Meint zwölf Jünger, die während der Zeit seines Wirkens bei Jesus waren und nach seinem Tod eine führende Rolle in der Gemeinde hatten.

Wort vernachlässigen – und uns stattdessen selbst um die Essensausgabe an den Tischen kümmern. 3 Brüder und Schwestern, wählt aus eurer Mitte sieben Männer aus. Sie sollen einen guten Ruf haben und vom Geist Gottes und von Weisheit erfüllt sein. Ihnen werden wir diese Aufgabe übertragen. 4 Wir dagegen werden uns ganz dem Gebet und der Verkündigung widmen.« 5 Der Vorschlag fand die Zustimmung der ganzen Versammlung. Sie wählten Stephanus, einen Mann mit festem Glauben und erfüllt vom Heiligen Geist. Hinzu kamen Philippus, Prochorus, Nikanor, Timon, Parmenas und Nikolaus aus Antiochia, der zum jüdischen Glauben übergetreten war. 6 Diese sieben ließ man vor die Apostel treten. Die beteten für sie und legten ihnen die Hände auf.

7 Das Wort Gottes breitete sich aus, und die Zahl der Jünger in Jerusalem wuchs immer weiter. Sogar von den Priestern nahmen viele den Glauben an Jesus an. 8 Stephanus war ganz erfüllt von der Gnade und Kraft Gottes. So konnte er beim Volk Wunder und große Zeichen vollbringen.

Stephanus wird verhaftet und angeklagt

9 Da traten Leute auf, die Stephanus in einen Streit verwickelten. Einige gehörten zur Synagoge der Freigelassenen, andere zu den Synagogen der Juden, die unterschiedlicher Herkunft waren. Sie stammten aus Kyrene und Alexandria, aus Kilikien und der Provinz Asia. 10 Stephanus aber redete mit großer Weisheit und in der Kraft, die Gottes Geist ihm gab. Deshalb konnten sie seinen Worten nichts entgegensetzen. 11 Also stifteten sie einige Männer zu der Aussage an: »Wir haben gehört, wie er Mose und Gott gelästert hat.« 12 So hetzten sie das Volk, die Ratsältesten und die Schriftgelehrten gegen ihn auf. Dann ergriffen sie Stephanus und schleppten ihn vor den jüdischen Rat. 13 Dort ließen sie falsche Zeugen auftreten, die behaupteten: »Dieser Mensch hört nicht auf, Reden gegen diese heilige Stätte und gegen das Gesetz zu führen. 14 Wir haben gehört, wie er gesagt hat: ›Jesus, der Nazoräer, wird diese Stätte niederreißen. Außerdem wird er die Vorschriften des Gesetzes umstürzen, die Mose uns gegeben hat.‹« 15 Alle Ratsältesten blickten Stephanus gespannt an. Da merkten sie, dass sein Gesicht leuchtete wie das eines Engels.

Stephanus erinnert an den Bund Gottes mit Abraham

7 1 Der Hohepriester fragte Stephanus: »Ist das wahr?« 2 Stephanus erwiderte: »Ihr Brüder und Väter, hört mich an! Gott, dem Ehre gebührt, erschien unserem Stammvater Abraham, als der noch in Mesopotamien lebte. Das war, bevor er sich in Haran niederließ. 3 Gott sagte zu Abraham: ›Verlass dein Land und deine Verwandtschaft! Geh in das Land, das ich dir zeigen werde!‹ 4 Da verließ Abraham das Land der Babylonier und ließ sich in Haran nieder.

Nachdem sein Vater gestorben war, brachte Gott ihn hierher in

die Hände auflegen: Geste, mit der eine höherstehende Person einer anderen Person bestimmte Rechte überträgt. So kann beispielsweise ein Nachfolger eingesetzt werden.

Wort Gottes: Gottes Versprechen, dass die Menschen durch Tod und Auferstehung von Christus mit Gott versöhnt sind.

Synagoge der Freigelassenen: Versammlungsstätte einer Gruppe von Juden, die vermutlich Nachkommen von Kriegsgefangenen oder Sklaven waren.

Mose: Führte Israel im Auftrag Gottes aus Ägypten und erhielt am Berg Sinai die Zehn Gebote.

Schriftgelehrte: Menschen, deren Aufgabe das Studium und die Auslegung der Heiligen Schrift ist.

jüdischer Rat: Oberste Behörde zur Regelung religiöser Angelegenheiten.

heilige Stätte: Andere Bezeichnung für den Tempel in Jerusalem.

Nazoräer: Bezeichnung für die Herkunft von Jesus aus der Stadt Nazaret.

Gott sagte zu Abraham: Zitat aus 1. Mose/Genesis 12,1.

dieses Land, in dem ihr heute lebt. 5 Doch er gab ihm keinen Erbbe-
sitz in diesem Land, nicht einen Fußbreit. Er versprach ihm nur: ›Ich
gebe dir das Land zum Besitz – dir und deinen Nachkommen.‹ Da-
bei hatte Abraham noch gar kein Kind. 6 Aber Gott sagte auch: ›Deine
Nachkommen werden als Fremde in einem fremden Land leben. Sie
werden als Sklaven dienen müssen und unterdrückt werden – 400
Jahre lang. 7 Aber dann werde ich das Volk bestrafen, dem sie dienen
müssen‹, sagte Gott. ›Danach werden deine Nachkommen von dort
wegziehen. Und sie werden mich hier an diesem Ort verehren.‹
8 Gott schloss mit Abraham einen Bund. Dessen Zeichen war die
Beschneidung. Abraham bekam seinen Sohn Isaak und beschnitt ihn
am achten Tag nach der Geburt. Genauso machte es Isaak mit Jakob
und ebenso Jakob mit seinen Söhnen, den zwölf Stammvätern.«

Josef in Ägypten

9 »Die anderen Stammväter waren neidisch auf ihren Bruder Josef
und verkauften ihn als Sklaven nach Ägypten. Aber Gott stand ihm
bei 10 und rettete ihn jedes Mal, wenn er in Not war. Gott schenkte
ihm Weisheit und die Gunst des Pharao, des Königs von Ägypten.
Der übertrug ihm daraufhin die Verwaltung ganz Ägyptens und die
Aufsicht über alle königlichen Güter.
11 Dann brach in ganz Ägypten und Kanaan eine Hungersnot aus.
Die Not war sehr groß, und unsere Stammväter hatten nichts mehr
zu essen. 12 Jakob hörte, dass es in Ägypten noch Getreide gab. Des-
halb schickte er unsere Stammväter ein erstes Mal dorthin. 13 Als sie
später ein zweites Mal nach Ägypten kamen, gab sich Josef seinen
Brüdern zu erkennen. So erfuhr der Pharao, aus welcher Familie Jo-
sef stammte. 14 Josef ließ seinen Vater Jakob und die ganze Verwandt-
schaft nachkommen. Das waren insgesamt 75 Leute. 15 So zog Jakob
nach Ägypten. Später starb er dort und unsere Stammväter ebenso.
16 Sie wurden nach Sichem gebracht und dort bestattet. Das Grab in
Sichem hatte schon Abraham für eine Anzahl Silberstücke von den
Söhnen Hamors gekauft.«

Die Rettung von Mose und sein Einsatz für das unterdrückte Volk

17 »Dann war es so weit: Gott wollte das Versprechen einlösen, das er
Abraham gegeben hatte. Inzwischen war unser Volk gewachsen und
hatte sich in Ägypten ausgebreitet. 18 Aber dann kam in Ägypten ein
neuer König an die Macht, der von Josef nichts mehr wusste. 19 Mit
heimtückischer Grausamkeit ging er gegen unser Volk vor: Er zwang
unsere Vorfahren, ihre neugeborenen Kinder auszusetzen. Keines
sollte am Leben bleiben. 20 In dieser Zeit wurde Mose geboren. Gott
hatte Gefallen an ihm. Drei Monate lang konnten seine Eltern ihn zu
Hause aufziehen, 21 dann mussten sie ihn aussetzen. Aber die Tochter
des Pharao nahm ihn zu sich und zog ihn auf als ihren eigenen Sohn.
22 Mose erhielt eine Ausbildung in aller Weisheit der Ägypter. Er war
redegewandt und tatkräftig.

Erbbesitz: Der Anteil der Israeliten an dem Land, das Gott ihnen gibt. Sie dürfen das Land für ihren Lebensunterhalt nutzen, der Eigentümer bleibt Gott.

er versprach ihm: Zitat aus 1. Mose/Genesis 17,8.

Gott sagte auch: Zitat aus 1. Mose/Genesis 15,13-14.

an diesem Ort: Meint den Tempel in Jerusalem.

Bund: 1. Mose/Genesis 17 erzählt, dass Gott einen Bund mit Abraham schließt. Als Zeichen für diesen Bund werden alle männlichen Nachkommen Abrahams beschnitten.

Stammväter: Hier Bezeichnung für die zwölf Söhne Jakobs, auf die sich die zwölf Stämme Israels zurückführen.

Kanaan: Bezeichnung für das Gebiet zwischen Jordantal und Mittelmeer bis zur Stadt Sidon, bevor es durch das Volk Israel in Besitz genommen wurde.

wurde Mose geboren: Von der Geburt und Kindheit von Mose erzählt 2. Mose/Exodus 1,15–2,10.

23 Als Mose 40 Jahre alt war, erwachte in seinem Herzen ein Wunsch: Er wollte sich um seine Brüder, die Israeliten, kümmern. 24 Einmal sah er, wie ein Israelit von einem Ägypter misshandelt wurde. Er kam ihm zu Hilfe und erschlug den Ägypter. So rächte er das Unrecht. 25 Mose dachte: ›Meine Brüder werden verstehen, dass Gott ihnen durch mich Rettung schickt.‹ Aber sie verstanden es nicht. 26 Am nächsten Tag kam er gerade dazu, als zwei Israeliten sich stritten. Er wollte Frieden zwischen ihnen stiften und sagte: ›Männer, ihr seid doch Brüder! Warum streitet ihr miteinander?‹ 27 Derjenige, der im Unrecht war, stieß Mose zur Seite und fragte: ›Wer hat dich zum Aufseher und Richter über uns eingesetzt? 28 Willst du mich etwa auch totschlagen, so wie gestern den Ägypter?‹ 29 Als Mose das hörte, floh er aus Ägypten und lebte als Fremder im Land Midian. Dort bekam er zwei Söhne.«

Die Berufung von Mose und der Auszug Israels aus Ägypten

30 »Weitere 40 Jahre später war Mose in der Wüste am Berg Sinai. Da erschien ihm ein Engel in den Flammen eines brennenden Dornbuschs. 31 Mose wunderte sich über das, was er da sah. Er ging näher heran, um es genauer zu betrachten. Da ertönte die Stimme des Herrn: 32 ›Ich bin der Gott deiner Vorfahren, der Gott Abrahams, Isaaks und Jakobs.‹ Mose zitterte vor Angst und wagte nicht, genauer hinzuschauen. 33 Der Herr sagte zu ihm: ›Zieh deine Schuhe aus! Der Ort, auf dem du stehst, ist heiliges Land. 34 Ich habe die Not meines Volkes in Ägypten gesehen. Ihre Klage habe ich gehört. Deshalb bin ich herabgekommen, um sie zu befreien. Nun geh! Ich sende dich nach Ägypten.‹

35 Dabei hatten die Israeliten Mose zuvor abgelehnt und gesagt: ›Wer hat dich zum Aufseher und Richter eingesetzt?‹ Und nun schickte Gott diesen Mose als Aufseher und Befreier – durch den Engel, der ihm im Dornbusch erschienen war. 36 Mose war es auch, der die Israeliten in die Freiheit führte. Dabei vollbrachte er Wunder und Zeichen – zuerst in Ägypten, dann am Roten Meer und schließlich 40 Jahre lang in der Wüste. 37 Und es war Mose, der zu den Israeliten sagte: ›Gott wird von deinen Brüdern einen Propheten wie mich für euch berufen.‹ 38 Mose war es auch, der bei der Versammlung der Israeliten in der Wüste auftrat. Damals war er der Vermittler zwischen unseren Vorfahren und dem Engel Gottes. Der Engel sprach zu ihm auf dem Berg Sinai. Mose empfing dort die Worte, die zum Leben führen. Und Mose sollte sie an uns weitergeben.«

Der Ungehorsam des Volkes in der Wüste

39 »Aber unsere Vorfahren wollten Mose nicht gehorchen. Sie lehnten sich gegen ihn auf. Im Herzen waren sie schon wieder auf dem Weg zurück nach Ägypten. 40 Zu Aaron sagten sie: ›Mach uns Götter, die vor uns her ziehen! Denn wir wissen nicht, was mit diesem

als Mose 40 Jahre alt war: 2. Mose/Exodus 2,11-14 erzählt, dass Mose einen ägyptischen Aufseher tötet, der zuvor einen Israeliten erschlagen hat.

weitere 40 Jahre später: In 2. Mose/Exodus 3,1-12 wird die Begegnung von Mose mit Gott im brennenden Dornbusch erzählt.

Engel: Boten Gottes, die in seinem Auftrag unterwegs sind und seine Botschaft überbringen.

in Ägypten: Um den Pharao dazu zu bewegen, die Israeliten freizulassen, vollbringt Mose im Namen Gottes eine Reihe von Wundern; vgl. 2. Mose/Exodus 7,8–11,10.

am Roten Meer: 2. Mose/Exodus 14 erzählt, wie Mose im Namen Gottes die Israeliten am Roten Meer vor dem ägyptischen Heer rettet, das sie verfolgt.

Prophet: Verkündet, was Gott in einer bestimmten Situation zu sagen hat.

Berg Sinai: Gottesberg in der Wüste, auf dem Gott im Gewittersturm erscheint und Mose die Zehn Gebote erhält; vgl. 2. Mose/Exodus 19–20.

Mose passiert ist, der uns aus Ägypten geführt hat.‹ 41 So fertigten sie sich damals das goldene Kalb an und brachten dem Götzenbild Opfer dar. Sie hatten Freude an dem Werk, das sie selbst erschaffen hatten.
42 Da wandte sich Gott von ihnen ab. Er ließ sogar zu, dass sie die Gestirne als Götter anbeteten. So steht es auch im Buch der Propheten: ›Ihr seid 40 Jahre lang durch die Wüste gezogen, ihr Leute vom Volk Israel! Habt ihr da etwa für mich Schlachtopfer und andere Opfer dargebracht? 43 Nein, ihr habt das Zelt des Moloch und den Stern eures Gottes Räfan mitgeführt. Diese Götzenbilder habt ihr gemacht, um sie anzubeten. Darum werde ich euch in die Verbannung führen – weit über Babylon hinaus.‹«

Der Tempelbau und der Thron Gottes im Himmel

44 »Unsere Vorfahren hatten in der Wüste das Zelt der Begegnung. Gott hatte Mose angewiesen, es nach dem Vorbild anfertigen zu lassen, das er ihm gezeigt hatte. 45 Die nächste Generation übernahm dieses Zelt. Sie brachte es mit, als sie unter der Führung von Josua das Land in Besitz nahm. Vorher hatten dort Menschen aus anderen Völkern gewohnt, aber Gott hatte sie vor unseren Vorfahren vertrieben. Bis zur Zeit Davids blieb das Zelt ihr Heiligtum.

46 David fand Gnade bei Gott und bat ihn: ›Lass mich doch einen Ort finden, an dem die Nachkommen Jakobs ein Heiligtum für dich bauen können.‹ 47 Aber erst Salomo baute Gott ein festes Haus. 48 Doch der Höchste wohnt nicht in einem Bauwerk, das von Menschenhand gemacht ist. Deshalb sagt der Prophet: 49 ›So spricht der Herr: Der Himmel ist mein Thron und die Erde ein Schemel für meine Füße. Was für ein Haus wollt ihr mir da bauen? An was für einem Ort sollte ich mich da ausruhen? 50 Habe ich nicht mit meiner eigenen Hand die ganze Welt erschaffen?‹«

Stephanus klagt seine Ankläger an

51 »Ihr seid Starrköpfe! Ihr seid nicht am Herzen beschnitten, und eure Ohren sind taub für Gottes Stimme. Ständig widersetzt ihr euch dem Heiligen Geist – ihr genauso wie damals eure Vorfahren! 52 Gab es jemals einen Propheten, den eure Vorfahren nicht verfolgt haben? Stets haben sie die getötet, die das Kommen des Gerechten vorausgesagt haben. Und jetzt seid *ihr* zu Verrätern und Mördern an ihm geworden. 53 Dabei habt ihr das Gesetz sogar durch Vermittlung von Engeln empfangen. Aber ihr habt es nicht befolgt.«

Stephanus wird gesteinigt

54 Als die Mitglieder des jüdischen Rats das hörten, gerieten sie außer sich vor Zorn über Stephanus. Vor Wut knirschten sie mit den Zähnen. 55 Aber Stephanus war ganz vom Heiligen Geist erfüllt. Er blickte zum Himmel empor und sah Gottes Herrlichkeit – und Jesus, der an der rechten Seite Gottes stand. 56 Da rief er: »Ich sehe den Himmel

goldenes Kalb: In 2. Mose/Exodus 32,1-35 wird erzählt, wie die Israeliten ein goldenes Kalb als Gott verehren und dafür bestraft werden.

steht im Buch der Propheten: Zitat aus der griechischen Übersetzung von Amos 5,25-27.

Verbannung: Meint die Zeit zwischen 586 und 538 v. Chr., in der ein Teil des Volkes Israel gezwungen war, in Babylonien zu leben.

Zelt der Begegnung: Transportables Zeltheiligtum der Israeliten in der Zeit, als sie durch die Wüste ziehen und bis zum Bau des Tempels in Jerusalem.

David: Bedeutender König in der Geschichte Israels, der etwa 1000–960 v. Chr. regierte. Er gilt als Dichter zahlreicher Lieder und Gebete.

Nachkommen Jakobs: Bezeichnung für das Volk Israel. Der Stammvater Jakob wird in 1. Mose/Genesis 32,29 in Israel umbenannt.

sagt der Prophet: Zitat aus Jesaja 66,1-2.

nicht am Herzen beschnitten: Wer nur äußerlich und nicht auch am Herzen beschnitten ist, lässt sein Leben nicht von innen heraus durch Gottes Willen bestimmt sein.

Gesetz: Die Lebensvorschriften des Alten Testaments, besonders die fünf Bücher Mose.

offen. Und ich sehe den Menschensohn. Er steht an der rechten Seite Gottes!« 57 Die Mitglieder des jüdischen Rats schrien laut auf und hielten sich die Ohren zu. Alle miteinander stürzten sie sich auf Stephanus. 58 Sie trieben ihn aus der Stadt hinaus und steinigten ihn. Die Zeugen legten ihre Kleider zu Füßen eines jungen Mannes ab, der Saulus hieß. 59 Während sie ihn steinigten, rief Stephanus zum Herrn: »Herr Jesus, nimm meinen Geist bei dir auf!« 60 Dann sank er auf die Knie und rief laut: »Herr, rechne ihnen diese Schuld nicht an!«

8 Mit diesen Worten starb er. 1 Saulus aber war einverstanden mit der Hinrichtung von Stephanus.

Die Gemeinde wird verfolgt

An diesem Tag begann für die Gemeinde in Jerusalem eine schwere Verfolgung. Mit Ausnahme der Apostel zerstreuten sich alle über das Gebiet von Judäa und Samarien. 2 Einige fromme Männer bestatteten Stephanus und hielten eine große Totenklage für ihn. 3 Aber Saulus wollte die Gemeinde vernichten. Er ließ die Häuser durchsuchen, Männer und Frauen abführen und ins Gefängnis werfen.

Die Gute Nachricht wird in Samarien verkündet

8,4-40

Philippus in Samarien

4 Die nach der Flucht über das Land zerstreuten Glaubenden zogen umher und verkündeten die Gute Nachricht. 5 Philippus aber ging in die Hauptstadt Samariens und verkündete ihren Bewohnern die Botschaft von Christus. 6 Die Leute hörten Philippus mit ungeteilter Aufmerksamkeit zu und schenkten seinen Worten Beachtung. Sie konnten ja selbst die Wunder sehen, die er tat. 7 Denn viele wurden von den bösen Geistern befreit, von denen sie besessen waren. Mit lautem Geschrei verließen sie ihre Opfer. Und viele Gelähmte und Verkrüppelte wurden geheilt. 8 In der ganzen Stadt herrschte große Freude.

9 Dort lebte aber auch schon länger ein Mann namens Simon. Er betrieb Zauberei und verschaffte sich damit die Bewunderung der Einwohner von Samarien. Er nannte sich selbst »der Große«. 10 Alle, die einfachen Leute wie die Mächtigen, hörten ihm aufmerksam zu. Man sagte über ihn: »Er ist die ›Große Kraft‹ Gottes in Person.« 11 Dass sie ihm so aufmerksam zuhörten, hatte seinen Grund: Er hatte sie schon längere Zeit durch seine Zauberei regelrecht um den Verstand gebracht. 12 Aber nun verkündete Philippus die Gute Nachricht vom Reich Gottes. Er erzählte den Leuten von Jesus Christus und wie die Jünger in seinem Namen wirkten. Da kamen sie zum Glauben und ließen sich taufen – sowohl Männer als auch Frauen. 13 Auch Simon selbst kam zum Glauben. Nach seiner Taufe blieb er bei Philippus. Er

Menschensohn: Bezeichnung, die zum Ausdruck bringt, dass Menschen Geschöpfe Gottes sind. Im Neuen Testament ein Titel für Jesus, der von Gott zum Herrscher und Retter der Welt bestimmt wurde.

Zeugen: Zeugen, die in der Verhandlung gegen Stephanus ausgesagt hatten. Sie mussten mit der Steinigung beginnen.

Saulus: Hebräischer Name von Paulus, der nach seiner Berufung zu einem Anhänger von Jesus wird. Er verkündet die Gute Nachricht, dass die Menschen durch Tod und Auferstehung von Christus mit Gott versöhnt sind, vor allem bei den nichtjüdischen Völkern.

Philippus: Apostelgeschichte 6,1-6 erzählt, dass Philippus zu den sieben Männern gehört, die berufen werden, die zwölf Apostel zu unterstützen.

böser Geist: Eine böse Macht, die man sich als Person vorstellte. Sie kämpft gegen Gott und nimmt einen Menschen völlig in Besitz.

Große Kraft: Bezeichnung für den Gott Israels, die von Simons Anhängern auf ihn übertragen wird.

Reich Gottes: Wörtlich »Königsherrschaft Gottes«. Bezeichnet den Herrschaftsbereich, in dem sich Gottes Wille durchsetzt.

sah die Zeichen und großen Wunder und geriet darüber außer sich
vor Bewunderung.

Die Getauften empfangen den Heiligen Geist

14 Die Apostel in Jerusalem erfuhren, dass die Menschen in Sama-
rien das Wort Gottes angenommen hatten. Da schickten sie Petrus
und Johannes dorthin. 15 Nach ihrer Ankunft beteten die beiden und
baten Gott, den Getauften den Heiligen Geist zu schenken. 16 Denn
der war noch auf keinen von ihnen herabgekommen. Sie waren bis-
her nur im Namen von Jesus, dem Herrn, getauft. 17 Petrus und Jo-
hannes legten ihnen die Hände auf. Da empfingen sie den Heiligen
Geist.

Der Zauberer Simon wird zurechtgewiesen

18 Simon sah, dass die Menschen den Heiligen Geist empfingen, als
die Apostel ihnen die Hände auflegten. Da bot er Petrus und Johan-
nes Geld an 19 und sagte: »Verleiht doch auch mir diese Vollmacht.
Jeder, dem ich die Hände auflege, soll den Heiligen Geist empfan-
gen!« 20 Aber Petrus antwortete: »Zur Hölle mit dir und deinem Geld!
Meinst du vielleicht, dass man die Gabe Gottes kaufen kann? 21 Du
hast weder Anteil an unserer Vollmacht noch ein Anrecht darauf.
Denn im Grunde deines Herzens bist du nicht aufrichtig vor Gott.
22 Ändere dein Leben! Wende dich ab von deiner Bosheit und bete
zum Herrn. Vielleicht vergibt er dir deine üblen Absichten! 23 Ich sehe
ja: Du bist voller Neid, und das Unrecht hat dich fest im Griff.« 24 Si-
mon antwortete: »Betet ihr für mich zum Herrn, dass nichts von dem
eintrifft, was ihr mir angedroht habt!«
25 Petrus und Johannes legten weiter Zeugnis ab für den Herrn und
verbreiteten seine Botschaft bei den Menschen. Dann kehrten sie
nach Jerusalem zurück. Unterwegs verkündeten sie die Gute Nach-
richt in vielen Dörfern Samariens.

Philippus und der königliche Beamte aus Äthiopien

26 Philippus dagegen erhielt vom Engel des Herrn den Auftrag: »Steh
auf! Geh nach Süden zu der Straße, die von Jerusalem nach Gaza
führt und menschenleer ist.« 27 Philippus stand auf und ging zur
Straße. Dort war ein Mann aus Äthiopien unterwegs. Er war Eunuch
und ein hoher Beamter am Hof der Kandake, der Königin von Äthi-
opien. Er verwaltete ihr Vermögen und war nach Jerusalem gekom-
men, um Gott anzubeten. 28 Jetzt war er auf der Rückreise. Er saß in
seinem Wagen und las im Buch des Propheten Jesaja.
29 Der Heilige Geist sagte zu Philippus: »Geh hin und bleib in der
Nähe des Wagens!« 30 Philippus lief hin und hörte, wie der Mann
laut im Buch des Propheten Jesaja las. Philippus fragte: »Verstehst
du eigentlich, was du da liest?« 31 Der Eunuch sagte: »Wie soll ich es
verstehen, wenn mir niemand hilft?« Und er bat Philippus: »Steig
ein und setz dich zu mir!« 32 An der Stelle, die er gerade las, stand:

Wort Gottes: Gottes Versprechen, dass die Menschen durch Tod und Auferstehung von Christus mit Gott versöhnt sind.

Heiliger Geist: Kraft, durch die Gott in der Welt wirkt.

im Namen: »Name« steht stellvertretend für den Herrschaftsbereich der Person, die den Namen trägt. Wer im Namen von Jesus Christus getauft wird, tritt in seinen Herrschaftsbereich und unterstellt sich seiner Fürsorge.

Gute Nachricht: Wörtliche Übersetzung von »Evangelium«. Botschaft, dass die Menschen durch Tod und Auferstehung von Christus mit Gott versöhnt sind.

Eunuch: Durch einen Eingriff zeugungsunfähig gemachter Mann, oft ein hoher Hofbeamter.

Buch des Propheten Jesaja: In Vers 32 folgt ein Zitat aus der griechischen Übersetzung von Jesaja 53,7-8.

»Wie ein Schaf wurde er zur Schlachtbank geführt. Wie ein Lamm stumm bleibt, wenn es geschoren wird, sagte er kein einziges Wort. 33 Er wurde zutiefst erniedrigt, doch das Urteil gegen ihn wurde aufgehoben. Wer wird seine Nachkommen zählen können? Denn sein Leben wurde von der Erde weg zum Himmel emporgehoben.« 34 Der Eunuch fragte Philippus: »Bitte sag mir, von wem spricht der Prophet hier – von sich selbst oder von einem anderen?« 35 Da ergriff Philippus die Gelegenheit: Ausgehend von dem Wort aus Jesaja, verkündete er ihm die Gute Nachricht von Jesus.

36 Als sie auf der Straße weiterfuhren, kamen sie an einer Wasserstelle vorbei. Der Eunuch sagte: »Dort ist eine Wasserstelle. Spricht etwas dagegen, dass ich getauft werde?« 37 [...] 38 Er befahl, den Wagen anzuhalten. Beide, Philippus und der Eunuch, stiegen ins Wasser, und Philippus taufte ihn. 39 Als sie aus dem Wasser herausstiegen, wurde Philippus vom Geist des Herrn fortgenommen. Der Eunuch sah ihn nicht mehr. Aber er setzte seinen Weg voller Freude fort. 40 Philippus fand sich in Aschdod wieder. Von dort zog er weiter bis nach Cäsarea. Unterwegs verkündete er in allen Städten die Gute Nachricht.

Die Berufung des Paulus und der Beginn seiner Verkündigung 9,1-30

Paulus (Saulus) begegnet Christus

9 1 Saulus verfolgte immer noch die Jünger des Herrn und drohte ihnen mit Hinrichtung. Er ging zum Hohepriester 2 und bat um eine schriftliche Vollmacht für die Synagogen in Damaskus. Er hatte vor, dort die Anhänger des neuen Weges aufzuspüren. Er wollte sie, Männer und Frauen, festnehmen und nach Jerusalem bringen.

3 Auf dem Weg nach Damaskus, kurz vor der Stadt, umstrahlte ihn plötzlich ein Licht vom Himmel. 4 Er stürzte zu Boden und hörte eine Stimme, die zu ihm sagte: »Saul, Saul, warum verfolgst du mich?« 5 Er fragte: »Wer bist du, Herr?« Die Stimme antwortete: »Ich bin Jesus, den du verfolgst. 6 Doch jetzt steh auf und geh in die Stadt. Dort wirst du erfahren, was du tun sollst.« 7 Den Männern, die Saulus begleiteten, verschlug es die Sprache. Sie hörten zwar die Stimme, doch sie sahen niemanden. 8 Saulus erhob sich vom Boden. Aber als er die Augen öffnete, konnte er nichts sehen. Seine Begleiter nahmen ihn an der Hand und führten ihn nach Damaskus. 9 Drei Tage lang war Saulus blind. Er aß nichts und trank nichts.

10 In Damaskus lebte ein Jünger namens Hananias. Dem erschien der Herr und sagte zu ihm: »Hananias!« Hananias antwortete: »Hier bin ich, Herr!« 11 Der Herr sagte: »Steh auf und geh in die Gerade Straße. Dort sollst du im Haus von Judas nach Saulus aus Tarsus fragen. Er ist dort und betet. 12 In einer Erscheinung hat er einen Mann namens Hananias gesehen. Der kam zu ihm und legte ihm die Hände

ausgehend von dem Wort aus Jesaja: Christen lesen bestimmte Texte aus dem Alten Testament als Ankündigung für das Schicksal von Jesus Christus. Ein zentraler Text ist beispielsweise Jesaja 52,13–53,12.

taufen: Wörtlich »(in Wasser) eintauchen«. Die Handlung steht zeichenhaft für das Abwaschen von Schuld und Sünde.

[...]: Einige jüngere Handschriften fügen hinzu: »Philippus sagte: ›Wenn du von ganzem Herzen glaubst, kann es geschehen.‹ Der Eunuch antwortete: ›Ich glaube, dass Jesus Christus der Sohn Gottes ist.‹ «

Saulus: Hebräischer Name des Paulus, der nach seiner Berufung in Damaskus zu einem Anhänger von Jesus wird. Apostelgeschichte 8,3 erzählt, dass er davor die Gemeinde verfolgte.

neuer Weg: Eine der ältesten Kurzbezeichnungen für das, was im Namen von Jesus Christus verkündet wird.

Herr: Titel für Jesus Christus. Im griechischen Alten Testament steht das Wort »Herr« an den Stellen, an denen im hebräischen Text der Gottesname steht. Wenn Jesus Christus so genannt wird, kommt darin zum Ausdruck: In ihm begegnet Gott selbst den Menschen.

auf, damit er wieder sehen konnte.« 13 Hananias antwortete: »Herr, ich
habe schon viel von diesem Mann gehört. Er hat deinen Heiligen in
Jerusalem viel Böses angetan. 14 Und jetzt ist er mit einer Vollmacht
von den führenden Priestern hierhergekommen. Er will alle festneh-
men, die deinen Namen anrufen.« 15 Aber der Herr sagte zu ihm: »Geh
nur hin! Denn gerade ihn habe ich mir als Werkzeug gewählt. Er soll
meinen Namen bekannt machen – vor den Völkern und ihren Köni-
gen wie auch vor dem Volk Israel. 16 Ich werde ihm zeigen, wie viel er
leiden muss, weil er sich zu mir bekennt.«

17 Da machte sich Hananias auf den Weg und ging in das Haus. Er
legte Saulus die Hände auf und sagte: »Saul, mein Bruder, der Herr
hat mich gesandt – Jesus, der dir auf dem Weg hierher erschienen ist.
Du sollst wieder sehen können und mit dem Heiligen Geist erfüllt
werden.« 18 Sofort fiel es Saulus wie Schuppen von den Augen, und er
konnte wieder sehen. Er stand auf und ließ sich taufen. 19 Dann aß er
etwas und kam wieder zu Kräften.

Paulus (Saulus) verkündet Christus in Damaskus

Danach verbrachte Saulus einige Zeit bei den Jüngern in Damas-
kus. 20 Er ging gleich in die Synagogen und verkündete dort: »Jesus
ist der Sohn Gottes.« 21 Alle, die das hörten, waren sehr erstaunt und
sagten: »Das ist doch der Mann, der in Jerusalem die Leute verfolgt
hat, die sich zu Jesus bekennen. Ist er nicht sogar gekommen, um sie
auch hier festzunehmen und vor die führenden Priester zu bringen?«
22 Aber Saulus ließ sich nicht beirren und stürzte die Juden in Damas-
kus in völlige Verwirrung. Denn er konnte ihnen überzeugend darle-
gen, dass Jesus der Christus ist.

23 Das ging längere Zeit so. Da fassten die Juden den Entschluss,
Saulus zu töten. 24 Aber der erfuhr von ihrem Plan. Die Juden ließen
sogar die Stadttore Tag und Nacht bewachen, um ihn auf jeden Fall
beseitigen zu können. 25 Doch die Jünger verhalfen ihm zur Flucht.
Sie ließen ihn bei Nacht in einem Korb die Stadtmauer hinunter.

Paulus (Saulus) in Jerusalem und seine Abreise nach Tarsus

26 Saulus kehrte nach Jerusalem zurück. Dort wollte er sich den Jün-
gern anschließen. Aber sie hatten alle Angst vor ihm. Sie konnten
nicht glauben, dass er wirklich ein Jünger geworden war. 27 Da nahm
sich Barnabas der Sache an und brachte ihn zu den Aposteln. Er be-
richtete ihnen, was mit Saulus geschehen war: wie er auf dem Weg
den Herrn gesehen hatte und dass dieser mit Saulus geredet hatte. Er
erzählte ihnen davon, wie Saulus dann in Damaskus unerschrocken
im Namen von Jesus aufgetreten war. 28 Von da an ging Saulus bei den
Aposteln in Jerusalem ein und aus. Er trat nun auch hier unerschro-
cken im Namen des Herrn auf. 29 Mit den Griechisch sprechenden Ju-
den führte er Streitgespräche. Die aber wollten ihn umbringen. 30 Als
die Brüder das erfuhren, brachten sie Saulus nach Cäsarea. Von dort
schickten sie ihn weiter nach Tarsus.

Heilige: Bezeichnung für die Anhänger von Jesus Christus.

Heiliger Geist: Kraft, durch die Gott in der Welt wirkt.

Synagoge: Versammlungsstätte einer jüdischen Gemeinde.

Juden: Menschen, die zu Gottes Volk gehören. Im Gegensatz zu anderen Völkern werden alle jüdischen Männer beschnitten.

Christus: Bedeutet übersetzt »der Gesalbte«. Im Alten Testament werden Könige, aber auch Propheten und Priester bei Amtsantritt gesalbt. Später wird der von Gott zum Herrscher der Welt bestimmte Retter so genannt. Im Neuen Testament ist das Jesus.

Apostel: Wörtlich »Ausgesandte«. Menschen, die dazu berufen sind, die Gute Nachricht von Jesus Christus zu verkünden. Im engeren Sinn die zwölf Jünger von Jesus, die ihn während seines Lebens begleiteten.

Name: Der Name steht für die Person, die den Namen trägt. Wer im Namen eines anderen oder im Namen Gottes handelt, handelt stellvertretend für ihn.

Brüder: Übliche Anrede unter Mitgliedern der Gemeinde.

Das Wirken von Petrus 9,31–11,18

Petrus heilt Äneas in Lydda

31 Die Gemeinde in ganz Judäa, Galiläa und Samarien erlebte nun eine Zeit des Friedens. Ihr Glaube wurde immer fester, und sie lebte ganz in Ehrfurcht vor dem Herrn. Der Heilige Geist stand ihr bei und verhalf ihr zu ständigem Wachstum.

32 Damals zog Petrus durch das Land und besuchte alle Gemeinden. So kam er auch zu den Heiligen, die in Lydda wohnten. 33 Dort traf er einen Menschen namens Äneas, der seit acht Jahren gelähmt und ans Bett gefesselt war. 34 Petrus sagte zu ihm: »Äneas, Jesus Christus heilt dich. Steh auf und mach dein Bett!« Im selben Augenblick konnte Äneas aufstehen. 35 Alle Bewohner von Lydda und der Scharon-Ebene sahen den Geheilten. Da nahmen sie Jesus als ihren Herrn an.

Die Auferweckung von Tabita in Joppe

36 In Joppe lebte eine Jüngerin namens Tabita. – Der Name heißt auf Griechisch Dorkas, das bedeutet: Gazelle. – Sie hatte viel Gutes getan und den Armen durch reiche Gaben geholfen. 37 Doch während Petrus in Lydda war, wurde sie krank und starb. Man wusch sie und bahrte sie im oberen Stockwerk auf. 38 Lydda lag nahe bei Joppe. Als die Jünger hörten, dass Petrus sich dort aufhielt, schickten sie zwei Männer zu ihm. Die baten ihn: »Verlier keine Zeit. Komm so schnell wie möglich zu uns!« 39 Petrus brach sofort auf und ging mit ihnen. Als er in Joppe ankam, führten sie ihn hinauf ins obere Stockwerk. Dort drängten sich alle Witwen aus der Gemeinde um ihn. Weinend zeigten sie ihm ihre Hemden und Mäntel. Die hatte Dorkas für sie gemacht, als sie noch lebte.

40 Petrus schickte sie alle hinaus. Er kniete nieder und betete. Dann wandte er sich der Toten zu und sagte: »Tabita, steh auf!« Da öffnete sie die Augen. Als sie Petrus sah, setzte sie sich auf. 41 Er gab ihr die Hand und half ihr hoch. Dann rief er die Heiligen und die Witwen herein und zeigte ihnen, dass Tabita lebte. 42 Das wurde in ganz Joppe bekannt, und viele Menschen kamen zum Glauben an den Herrn. 43 Petrus blieb noch einige Tage in Joppe bei dem Gerber Simon.

Der Hauptmann Kornelius hat eine Erscheinung

10 1 In Cäsarea lebte ein Mann namens Kornelius. Er war Hauptmann der Truppe, die man die Italische Kohorte nannte. 2 Kornelius war ein frommer Mann, der mit seiner ganzen Hausgemeinschaft an den Gott Israels glaubte. Er half den Armen im Volk durch großzügige Gaben und betete regelmäßig zu Gott.

3 Eines Nachmittags, ungefähr um die neunte Stunde, hatte Kornelius eine Erscheinung. Ganz deutlich sah er einen Engel Gottes. Der trat bei ihm ein und sagte: »Kornelius!« 4 Erschrocken blickte

Glaube, glauben: Meint das tiefe Vertrauen auf Gott, das zu einem Leben nach seinem Willen führt.

Heilige: Bezeichnung für die Anhänger von Jesus Christus.

Herr: Titel für Jesus Christus. Im griechischen Alten Testament steht das Wort »Herr« an den Stellen, an denen im hebräischen Text der Gottesname steht. Wenn Jesus Christus so genannt wird, kommt darin zum Ausdruck: In ihm begegnet Gott selbst den Menschen.

Jünger: Wörtlich »Schüler«. Frauen und Männer, die an Jesus Christus glauben und sich in seinen Dienst stellen.

Gebet: Reden des Menschen mit Gott.

Italische Kohorte: Militärische Einheit von 100 Mann, die in Italien aus freigelassenen Sklaven gebildet worden war.

Hausgemeinschaft: Alle Bewohner eines Hauses, sowohl die Familie des Hausherrn als auch die Diener und Sklaven.

neunte Stunde: Die Zeit zwischen Sonnenaufgang und -untergang wurde in zwölf Stunden eingeteilt, die je nach Jahreszeit unterschiedlich lang waren. Die neunte Stunde ist nachmittags, etwa um 15.00 Uhr.

Kornelius den Engel an und fragte: »Was willst du, Herr?« Der En-
gel antwortete: »Gott hat deine Gebete gehört und deine Gaben für
die Armen gesehen. Sie sind zu ihm emporgestiegen wie Weihrauch.
5 Darum schicke jetzt einige Männer nach Joppe. Sie sollen einen
gewissen Simon zu dir bitten, der auch Petrus genannt wird. 6 Er ist
zu Gast bei dem Gerber Simon, dessen Haus am Meer liegt.« 7 Dann
verließ ihn der Engel wieder, der mit ihm gesprochen hatte. Korne-
lius rief zwei seiner Diener und einen frommen Soldaten aus seinem
persönlichen Gefolge. 8 Er erklärte ihnen, was sie zu tun hatten, und
schickte sie nach Joppe.

Petrus hat eine Erscheinung

9 Es war am nächsten Tag um die sechste Stunde. Die Männer waren
noch unterwegs, hatten Joppe aber schon fast erreicht. Petrus stieg
auf das Dach, um zu beten. 10 Da bekam er Hunger und bat um etwas
zu essen. Während das Essen zubereitet wurde, hatte er eine Vision.
11 Er sah den Himmel offen. Daraus kam ein Behältnis herab. Es sah
aus wie ein großes Leinentuch, das an seinen vier Ecken zur Erde
hinuntergelassen wurde. 12 Darin befanden sich alle möglichen Tier-
arten: Vierbeiner, Kriechtiere und Vögel. 13 Eine Stimme sprach zu
ihm: »Steh auf, Petrus! Schlachte und iss!« 14 Aber Petrus erwiderte:
»Auf gar keinen Fall, Herr! Denn ich habe noch nie etwas Unvor-
schriftsmäßiges oder Unreines gegessen.« 15 Da forderte ihn die Stim-
me ein zweites Mal auf und sagte: »Was Gott rein gemacht hat, das
sollst du nicht unrein nennen!« 16 Noch ein drittes Mal wurde Petrus
aufgefordert. Gleich danach wurde das Tuch wieder in den Himmel
hinaufgezogen.

Die Boten des Kornelius bei Petrus in Joppe

17 Petrus rätselte noch darüber, was die Erscheinung bedeuten sollte,
die er gerade gehabt hatte. Da kamen die Männer an, die Kornelius
gesandt hatte. Sie hatten sich bis zum Haus von Simon durchgefragt
und standen jetzt am Tor. 18 Lautstark erkundigten sie sich: »Ist Si-
mon, der auch Petrus genannt wird, hier zu Gast?« 19 Petrus grübelte
immer noch über die Erscheinung. Da sagte der Heilige Geist zu ihm:
»Da sind drei Männer, die dich suchen. 20 Steh auf, geh hinunter und
mach dich mit ihnen auf den Weg! Du brauchst keine Bedenken zu
haben, denn ich habe sie geschickt.«
21 Petrus ging hinunter und sagte zu den Männern: »Ich bin der, den
ihr sucht. Was führt euch zu mir?« 22 Sie antworteten: »Hauptmann
Kornelius hat von einem heiligen Engel den Auftrag bekommen,
dich in sein Haus zu bitten. Er glaubt an den Gott Israels und lebt
gerecht vor ihm. Beim ganzen jüdischen Volk genießt er hohes An-
sehen. Er soll sich anhören, was du zu ihm zu sagen hast.« 23 Da ließ
Petrus die Männer herein und nahm sie als Gäste auf. Am nächsten
Morgen machte sich Petrus mit den Männern auf den Weg. Auch
einige Brüder aus Joppe gingen mit.

emporsteigen wie Weihrauch: Hinter dem Bild steht die Vorstellung, dass Gebete und Gaben für die Armen zu Gott aufsteigen wie der Duft von Weihrauchharz, das beim Räucheropfer verbrannt wird.

Dach: Dächer waren flach und wurden als eine Art Terrasse genutzt.

alle möglichen Tierarten: Unter den Tieren waren sowohl reine als auch unreine Tiere, die den jüdischen Speisegeboten zufolge nicht gegessen werden durften. Eine Liste reiner und unreiner Tiere findet sich beispielsweise in 3. Mose/Levitikus 11.

Heiliger Geist: Kraft, durch die Gott in der Welt wirkt.

gerecht, Gerechtigkeit: Meint ein Leben nach dem Willen Gottes.

Brüder: Übliche Anrede unter Mitgliedern der Gemeinde.

Petrus bei Kornelius in Cäsarea

24 Einen Tag später trafen Petrus und seine Begleiter in Cäsarea ein. Kornelius erwartete sie schon. Er hatte auch seine Verwandten und engsten Freunde zu sich eingeladen. 25 Als Petrus ins Haus eintreten wollte, kam Kornelius ihm entgegen. Ehrfürchtig fiel er vor Petrus auf die Knie. 26 Aber der zog ihn hoch und sagte: »Steh auf! Ich bin auch nur ein Mensch.« 27 Während er sich mit Kornelius unterhielt, betrat er das Haus. Dort fand er viele Leute versammelt. 28 Petrus sagte zu ihnen: »Ihr wisst ja: Einem Juden ist es nicht erlaubt, Umgang mit einem Fremden zu haben oder ihn zu Hause aufzusuchen. Aber Gott hat mir gezeigt, dass man keinen Menschen als unvorschriftsmäßig oder unrein bezeichnen darf. 29 Deshalb bin ich eurer Einladung ohne Widerspruch gefolgt. Aber jetzt möchte ich gerne wissen, warum ihr mich eingeladen habt.«

30 Kornelius antwortete: »Es war vor drei Tagen, genau zur gleichen Zeit – um die neunte Stunde. Ich betete gerade in meinem Haus. Da stand plötzlich ein Mann vor mir, der ein prächtiges Gewand trug. 31 Er sagte: ›Kornelius, Gott hat dein Gebet erhört und deine Gaben für die Armen gesehen. 32 Schicke also jemanden nach Joppe und lass Simon zu dir bitten, der auch Petrus genannt wird. Er ist zu Gast bei dem Gerber Simon, dessen Haus am Meer liegt.‹ 33 Da habe ich sofort nach dir geschickt. Gut, dass du gekommen bist. Jetzt sind wir alle hier vor Gott versammelt, um zu hören, was der Herr dir aufgetragen hat.«

Petrus verkündet im Haus des Kornelius die Gute Nachricht

34 Petrus begann zu sprechen: »Jetzt begreife ich wirklich, dass Gott nicht auf die Person sieht! 35 Wer ihn ehrt und das tut, was vor ihm recht ist, den nimmt Gott an – ganz gleich, aus welchem Volk er stammt. 36 Diese Botschaft hat Gott seinem Volk Israel gesandt. Er hat ihm die Gute Nachricht verkündet, dass er Frieden gebracht hat – durch Jesus Christus, der Herr ist über alle Menschen!

37 Ihr wisst doch, was im ganzen jüdischen Land geschehen ist: Alles begann in Galiläa, nachdem Johannes zur Taufe aufgerufen hatte. 38 Damals hat Gott Jesus von Nazaret mit dem Heiligen Geist gesalbt und ihm Kraft geschenkt. Wo immer Jesus hinkam, tat er Gutes. Er heilte alle, die der Teufel in seiner Gewalt hatte. Denn Gott stand ihm bei. 39 Und wir sind Zeugen für alles, was er im jüdischen Land und in Jerusalem getan hat. Zuletzt hat man ihn an den Holzbalken gehängt und umgebracht. 40 Aber Gott hat ihn am dritten Tag auferweckt und ihn als Lebenden erscheinen lassen – 41 allerdings nicht vor dem ganzen Volk, sondern vor Zeugen, die Gott im Voraus bestimmt hat. Diese Zeugen sind wir, die Apostel. Wir haben mit ihm gegessen und getrunken, nachdem er von den Toten auferstanden war. 42 Uns hat Gott auch beauftragt, dem Volk zu verkünden und zu bezeugen: Gott hat Jesus zum Richter über die Lebenden und die Toten eingesetzt. 43 Ebenso bezeugen alle Propheten von Jesus: Durch

Fremde: Einige Juden vermieden den Kontakt mit Nicht-Juden aus Sorge, durch den Kontakt unrein zu werden und damit nicht mehr dafür vorbereitet zu sein, in die Nähe Gottes zu kommen. Apostelgeschichte 10,9-16 erzählt, dass Gott Petrus in einer Vision zeigt, dass diese Vorschrift nicht mehr gilt.

Herr: Titel für Jesus Christus. Im griechischen Alten Testament steht das Wort »Herr« an den Stellen, an denen im hebräischen Text der Gottesname steht. Wenn Jesus Christus so genannt wird, kommt darin zum Ausdruck: In ihm begegnet Gott selbst den Menschen.

jüdisches Land: Im weitesten Sinne das Gebiet im östlichen Mittelmeerraum, in dem die Mehrheit der Bevölkerung jüdisch war.

nachdem Johannes zur Taufe aufgerufen hatte: Lukas 3,2-6 erzählt vom Auftreten Johannes des Täufers, der die Menschen dazu auffordert, sich taufen zu lassen und ihr Leben zu ändern.

Holzbalken: Bezeichnung für das Kreuz, an dem Jesus gestorben ist.

bezeugen alle Propheten: Christen lesen bestimmte Texte aus dem Alten Testament als Ankündigung für das Schicksal von Jesus Christus. Ein zentraler Text ist beispielsweise Jesaja 52,13–53,12.

die Macht seines Namens werden allen, die an ihn glauben, ihre Sünden vergeben.«

Menschen aus den anderen Völkern empfangen den Heiligen Geist und werden getauft

44 Petrus hatte seine Rede noch nicht beendet, da kam der Heilige Geist auf alle seine Zuhörer herab. 45 Es waren auch Gemeindemitglieder jüdischer Herkunft anwesend, die mit Petrus dorthin gekommen waren. Sie waren sehr erstaunt, dass die Gabe des Heiligen Geistes auch über Menschen aus anderen Völkern ausgegossen wurde. 46 Denn sie hörten, wie die Versammelten in fremden Sprachen redeten und Gott priesen. Darauf sagte Petrus zu seinen Begleitern: 47 »Wer kann diesen Menschen jetzt noch die Taufe verweigern? Sie haben doch genau wie wir den Heiligen Geist empfangen!« 48 Er ordnete an, sie im Namen von Jesus Christus zu taufen. Danach baten sie Petrus, noch einige Tage bei ihnen zu bleiben.

Petrus verteidigt sich gegen Vorwürfe

11 1 Auch Menschen aus den anderen Völkern hatten also das Wort Gottes angenommen. Davon hörten nun die Apostel und die Brüder und Schwestern in Judäa. 2 Als Petrus nach Jerusalem zurückkehrte, warfen ihm die Gemeindemitglieder jüdischer Herkunft vor: 3 »Du bist zu Unbeschnittenen gegangen und hast sogar mit ihnen gegessen.«

4 Da erzählte ihnen Petrus alles der Reihe nach: 5 »Ich war in der Stadt Joppe und betete. Da hatte ich eine Vision. Ein Behältnis kam von oben herab. Es sah aus wie ein großes Leinentuch, das an seinen vier Ecken vom Himmel hinuntergelassen wurde. Es kam direkt zu mir. 6 Gespannt schaute ich hinein. Darin sah ich Vierbeiner, wilde Tiere, Kriechtiere und auch Vögel. 7 Ich hörte eine Stimme, die zu mir sagte: ›Steh auf, Petrus! Schlachte und iss!‹ 8 Ich erwiderte: ›Auf gar keinen Fall, Herr! Noch nie ist etwas Unvorschriftsmäßiges oder Unreines in meinen Mund gekommen.‹ 9 Da erklang die Stimme aus dem Himmel ein zweites Mal: ›Was Gott rein gemacht hat, das sollst du nicht unrein nennen!‹ 10 Dies wiederholte sich noch ein drittes Mal. Dann wurde alles wieder in den Himmel hinaufgezogen.

11 Im selben Augenblick standen drei Männer vor dem Haus, in dem wir waren. Sie waren aus Cäsarea zu mir geschickt worden. 12 Der Heilige Geist sagte zu mir: ›Geh mit ihnen! Du brauchst keine Bedenken zu haben.‹ Die sechs Brüder hier begleiteten mich. So kamen wir zum Haus des Mannes, der nach mir geschickt hatte. 13 Der berichtete uns von dem Engel, den er gesehen hatte – wie er plötzlich in seinem Haus stand und sagte: ›Schick jemanden nach Joppe und lass Simon zu dir bitten, der auch Petrus genannt wird. 14 Der wird dir eine Botschaft bringen, durch die du gerettet wirst zusammen mit deiner ganzen Hausgemeinschaft.‹ 15 Kaum hatte ich begonnen zu reden, da kam der Heilige Geist auf die Versammelten herab – genau

Sünden: Konkrete Verfehlungen, die von Gott trennen und das Gewissen belasten können.

Heiliger Geist: Kraft, durch die Gott in der Welt wirkt.

taufen: Wörtlich »(in Wasser) eintauchen«. Die Handlung steht zeichenhaft für das Abwaschen von Schuld und Sünde und die Aufnahme in die Gemeinde.

im Namen: »Name« steht stellvertretend für den Herrschaftsbereich der Person, die den Namen trägt. Wer im Namen von Jesus Christus getauft wird, tritt in seinen Herrschaftsbereich und unterstellt sich seiner Fürsorge.

Apostel: Wörtlich »Ausgesandte«. Menschen, die dazu berufen sind, die Gute Nachricht von Jesus Christus zu verkünden. Im engeren Sinn die zwölf Jünger von Jesus, die ihn während seines Lebens begleiteten.

unvorschriftsmäßig: Das Essen bestimmter Tiere widersprach den jüdischen Speisegeboten. Eine Liste reiner und unreiner Tiere findet sich beispielsweise in 3. Mose/Levitikus 11.

so, wie es am Anfang bei uns war. 16 Ich erinnerte mich, was der Herr
gesagt hatte: ›Johannes hat mit Wasser getauft. Aber ihr werdet mit
dem Heiligen Geist getauft werden.‹ 17 Auch sie sind zum Glauben an
Jesus Christus, den Herrn, gekommen. Und Gott hat ihnen die gleiche Gabe geschenkt wie damals uns. Wenn das so ist: Sollte ich Gott etwa daran hindern?«

18 Als die Apostel und die anderen das hörten, beruhigten sie sich. Sie priesen Gott und sagten: »Gott hat nun auch Menschen aus den anderen Völkern ermöglicht, ihr Leben zu ändern. So können sie zum wahren Leben finden.«

Die Gemeinde in Antiochia 11,19-30

In Antiochia wird eine Gemeinde gegründet

19 Während der Verfolgung nach dem Tod von Stephanus hatte sich
die Gemeinde im Land zerstreut. Dabei kamen die Flüchtlinge bis
nach Phönizien, Zypern und Antiochia. Zunächst verkündeten sie
die Botschaft Gottes nur unter den Juden. 20 Zu den Flüchtlingen
gehörten Männer aus Zypern und Kyrene. Als sie nach Antiochia
kamen, verkündeten sie auch den Griechen die Gute Nachricht von
Jesus, dem Herrn. 21 Der Herr stand ihnen bei. Viele Menschen ka-
men zum Glauben und nahmen Jesus als ihren Herrn an. 22 Als die
Gemeinde in Jerusalem davon erfuhr, schickte sie Barnabas nach
Antiochia. 23 Als er dort eintraf und sah, was Gottes Gnade bewirkt
hatte, freute er sich. Er bestärkte die Gemeinde in Antiochia in ihrem
Vorsatz, dem Herrn von ganzem Herzen treu zu bleiben. 24 Denn Bar-
nabas war ein tüchtiger Mann mit unerschütterlichem Glauben, der
ganz vom Heiligen Geist erfüllt war. So gewann die Gemeinde eine
große Zahl von Glaubenden hinzu.

25 Dann zog Barnabas weiter nach Tarsus, um Saulus aufzusuchen.
26 Als er ihn getroffen hatte, nahm er ihn mit nach Antiochia. Ein ganzes Jahr lang waren sie gemeinsam in der Gemeinde tätig. Sie lehrten viele Menschen. Hier in Antiochia wurden die Jünger zum ersten Mal Christen genannt.

Die Gemeinde in Antiochia sammelt Geld für die Gemeinde in Jerusalem

27 Zu dieser Zeit kamen Propheten von Jerusalem nach Antiochia.
28 Einer von ihnen hieß Agabus. Der trat vor die Gemeinde mit einer
Ankündigung, die vom Heiligen Geist kam: »Eine große Hungersnot
wird über die ganze Erde kommen!« So geschah es dann auch wäh-
rend der Regierungszeit von Kaiser Claudius. 29 Da beschlossen die
Jünger in Antiochia, die Brüder und Schwestern in Judäa zu unter-
stützen. Jeder sollte so viel geben, wie er konnte. 30 Das taten sie und
schickten ihre Gaben durch Barnabas und Saulus an die Gemeindeältesten in Jerusalem.

was der Herr gesagt hatte: Apostelgeschichte 1,5 erzählt, dass Jesus diese Worte zu den Aposteln sagt, kurz bevor er von Gott in den Himmel aufgenommen wird.

wahres Leben: Durch den Glauben an Gott geschenktes Leben in Gemeinschaft mit ihm.

Griechen: Menschen aus den Ländern im Mittelmeerraum, die keine Juden waren und Griechisch sprachen. Griechisch war im gesamten Osten des Römischen Reichs die gemeinsame Sprache.

Gute Nachricht: Wörtliche Übersetzung von »Evangelium«. Botschaft, dass die Menschen durch Tod und Auferstehung von Christus mit Gott versöhnt sind.

Glaube, glauben: Meint das tiefe Vertrauen auf Gott, das zu einem Leben nach seinem Willen führt.

Saulus: Hebräischer Name von Paulus, der nach seiner Berufung zu einem Anhänger von Jesus wird. Er verkündet die Gute Nachricht, dass die Menschen durch Tod und Auferstehung von Christus mit Gott versöhnt sind, vor allem bei den nichtjüdischen Völkern.

Heiliger Geist: Kraft, durch die Gott in der Welt wirkt.

Claudius: Regierte 41–54 n. Chr. als Kaiser über das Römische Reich.

Herodes Agrippa I. verfolgt die Gemeinde in Jerusalem 12,1-25

Jakobus wird hingerichtet und Petrus gefangen genommen

12 1 Zu dieser Zeit ging König Herodes mit äußerster Grausamkeit gegen einige Mitglieder der Gemeinde vor. 2 Jakobus, den Bruder des Johannes, ließ er enthaupten. 3 Herodes merkte, dass das bei den Juden Beifall fand. Da ließ er auch Petrus verhaften, und zwar während der Tage der ungesäuerten Brote. 4 Nach seiner Verhaftung ließ Herodes ihn ins Gefängnis werfen. Die Bewachung übertrug er vier Abteilungen von je vier Soldaten. Nach dem Passafest wollte er Petrus vor dem Volk öffentlich verurteilen. 5 So saß Petrus streng bewacht im Gefängnis. Aber die Gemeinde betete Tag und Nacht für ihn zu Gott.

Petrus wird aus dem Gefängnis befreit

6 In der Nacht, bevor Herodes ihn öffentlich verurteilen wollte, schlief Petrus zwischen zwei der Soldaten. Er war mit zwei Ketten an sie gefesselt. Die beiden anderen Soldaten hielten vor der Zellentür Wache. 7 Da trat ein Engel des Herrn herein, und Licht erhellte den Raum. Der Engel weckte Petrus mit einem Stoß in die Seite und sagte: »Schnell, steh auf!« Dabei fielen Petrus die Ketten von den Händen ab. 8 Der Engel sagte zu ihm: »Binde dir den Gürtel um und zieh deine Sandalen an!« Petrus gehorchte. Dann sagte der Engel: »Wirf deinen Mantel über und folge mir!« 9 Petrus folgte ihm nach draußen. Er wusste nicht, dass es Wirklichkeit war, was er gerade mit dem Engel erlebte. Es kam ihm vor wie ein Traum. 10 Sie gingen am ersten Wachposten vorbei und auch am zweiten. Dann kamen sie zu dem eisernen Tor, das in die Stadt führte. Das Tor öffnete sich von selbst vor ihnen. Sie traten hinaus und gingen bis zur nächsten Straße. Dann war der Engel plötzlich verschwunden.

11 Da kam Petrus zu sich und sagte: »Es ist tatsächlich wahr – der Herr hat seinen Engel gesandt. Der hat mich aus der Gewalt des Herodes befreit. Und er hat mich vor einer Verurteilung bewahrt, die sich das jüdische Volk erhofft hatte.« 12 Als ihm das klar geworden war, ging er zum Haus von Maria. Sie war die Mutter des Johannes, der auch Markus genannt wurde. Viele aus der Gemeinde waren dort versammelt und beteten.

13 Petrus klopfte an das Tor. Eine Dienerin kam, um zu öffnen. Ihr Name war Rhode. 14 Sie erkannte Petrus an der Stimme. Vor lauter Freude vergaß sie, das Tor zu öffnen. Sie lief zurück ins Haus und meldete: »Petrus steht vor dem Tor!« 15 Die dort Versammelten sagten zu ihr: »Du bist verrückt.« Doch sie blieb dabei. Da meinten sie: »Dann ist es wohl sein Engel.« 16 Petrus aber klopfte weiter an. Endlich öffneten sie die Tür. Als sie ihn sahen, waren sie außer sich vor Freude. 17 Petrus bat mit einer Handbewegung um Ruhe. Dann erzählte er ihnen, wie der Herr ihn aus dem Gefängnis geführt hatte.

Herodes Agrippa I.: Enkel von Herodes dem Großen. Er vereinte das Reich wieder, das unter den Söhnen von Herodes dem Großen zerfallen war, und herrschte 41–44 n. Chr. über Judäa, Samarien, Galiläa und die angrenzenden Gebiete.

Tage der ungesäuerten Brote: Während des Passafests wird in Erinnerung an den Aufbruch aus Ägypten ausschließlich ungesäuertes Brot gegessen. In der Eile des Aufbruchs war damals keine Zeit, Brot aus Sauerteig zu backen.

vier Abteilungen: Die vier Gruppen konnten Petrus in vier Schichten die Nacht hindurch bewachen.

Herr: Bezeichnung für Gott. Das griechische Alte Testament verwendet das Wort »Herr« an den Stellen, an denen im hebräischen Text der Gottesname steht.

Er sagte: »Berichtet das auch Jakobus und den anderen Brüdern
und Schwestern!« Dann verabschiedete er sich und verließ die
Stadt.
18 Bei Tagesanbruch entstand große Aufregung unter den Soldaten.
Sie fragten sich, was wohl mit Petrus geschehen war. 19 Denn Hero-
des ließ überall nach ihm suchen, aber er war unauffindbar. Da ließ
Herodes die Wachposten verhören und befahl, sie zur Hinrichtung
abzuführen. Danach zog Herodes von Jerusalem nach Cäsarea, wo er
seinen Regierungspalast hatte.

Der Tod von Herodes Agrippa I.

20 Damals lag Herodes im Streit mit den Einwohnern von Tyros und
Sidon. Gemeinsam schickten sie eine Abordnung zu ihm und ba-
ten um Frieden. Sie konnten sogar den königlichen Palastverwalter
Blastus als Fürsprecher gewinnen. Die Einwohner von Tyros und Si-
don waren nämlich auf Nahrungsmittel aus dem Gebiet des Königs
angewiesen. 21 Es war der Tag, an dem das Ende des Streits feierlich
verkündet werden sollte. Herodes legte seine königlichen Gewänder
an und nahm auf der Rednertribüne Platz. Dann hielt er eine Anspra-
che an die Abordnung. 22 Das Volk rief ihm zu: »Da hören wir die Stim-
me Gottes und nicht die eines Menschen!« 23 Im selben Augenblick
strafte ihn der Engel des Herrn, weil er nicht Gott die Ehre gab. Er
wurde von Würmern zerfressen und starb.
24 Das Wort Gottes aber breitete sich immer weiter aus. 25 Nachdem
Barnabas und Saulus in Jerusalem ihren Auftrag erfüllt hatten, kehr-
ten sie nach Antiochia zurück. Johannes Markus nahmen sie mit.

Die erste Missionsreise des Paulus 13,1–14,28

Barnabas und Paulus werden für ihre Reise beauftragt

13 1 In der Gemeinde von Antiochia gab es eine Reihe von Pro-
pheten und Lehrern: Barnabas sowie Simeon, genannt »der
Schwarze«, Lukius von Kyrene, Manaen, der gemeinsam mit dem
Landesfürsten Herodes erzogen worden war, und Saulus. 2 Einmal
fasteten sie für einige Zeit und widmeten sich ganz dem Gebet. Da
sprach der Heilige Geist zu ihnen: »Stellt mir Barnabas und Saulus
für die Aufgabe frei, zu der ich sie berufen habe.« 3 Daraufhin faste-
ten sie noch einmal, beteten und legten ihnen die Hände auf. Dann
ließen sie Barnabas und Saulus ziehen.

Auf Zypern: Barnabas und Paulus begegnen dem Zauberer Barjesus

4 Der Heilige Geist schickte Barnabas und Saulus auf den Weg.
Sie reisten nach Seleukia. Von dort fuhren sie mit dem Schiff nach
Zypern weiter. 5 In Salamis angekommen, verkündeten sie das Wort
Gottes in den jüdischen Synagogen. Als Helfer hatten sie noch Jo-
hannes bei sich.

Herodes Agrippa I.: Enkel von Herodes dem Großen. Er vereinte das Reich wieder, das unter den Söhnen von Herodes dem Großen zerfallen war, und herrschte 41–44 n. Chr. über Judäa, Samarien, Galiläa und die angrenzenden Gebiete.

Tyros, Sidon: Bedeutende Hafenstädte, im heutigen Libanon gelegen. Zur Zeit von Herodes hatten sie einen großen nicht-jüdischen Bevölkerungsanteil.

Wort Gottes: Gottes Versprechen, dass die Menschen durch Tod und Auferstehung von Christus mit Gott versöhnt sind.

Prophet: Verkündet, was Gott in einer bestimmten Situation zu sagen hat.

Lehrer: Menschen, die die biblischen Schriften besonders gut kannten und für andere auslegten.

Herodes Antipas: Sohn von Herodes dem Großen und Herrscher über Galiläa und Peräa (4 v. Chr.–39 n. Chr.).

Heiliger Geist: Kraft, durch die Gott in der Welt wirkt.

die Hände auflegen: Durch das Auflegen der Hände wird Gottes Segen weitergegeben.

Synagoge: Versammlungsstätte einer jüdischen Gemeinde.

6 Dann reisten sie über die ganze Insel bis nach Paphos. Dort trafen sie einen Juden namens Barjesus, einen Zauberer und falschen Propheten. 7 Er gehörte zum Gefolge des römischen Statthalters Sergius Paulus, der ein gebildeter Mann war. Der Statthalter hatte Barnabas und Saulus zu sich rufen lassen, um das Wort Gottes zu hören. 8 Aber Elymas, das bedeutet: Zauberer – wie sich Barjesus auf Griechisch nannte –, trat ihnen entgegen. Er versuchte mit allen Mitteln zu verhindern, dass der römische Statthalter zum Glauben kam. 9 Saulus, der auch Paulus heißt, nahm Elymas fest in den Blick. Erfüllt vom Heiligen Geist, 10 sagte er: »Du bist voll List und Tücke, du Sohn des Teufels und Feind aller Gerechtigkeit. Willst du nicht endlich aufhören, die klaren Anweisungen des Herrn zu verdrehen? 11 Du wirst schon sehen: Der Herr wird dich bestrafen! Du wirst blind sein und eine Zeit lang die Sonne nicht mehr sehen.« Sofort wurde Elymas in tiefste Dunkelheit gehüllt. Er tappte umher und suchte jemanden, der ihn an der Hand führte. 12 Als der römische Statthalter sah, was geschehen war, kam er zum Glauben. Er war tief beeindruckt, wie mächtig die Lehre des Herrn war.

In Antiochia in Pisidien: Paulus spricht in der Synagoge

13 Paulus und seine Begleiter setzten mit dem Schiff von Paphos nach Perge in Pamphylien über. Dort trennte sich Johannes von ihnen und kehrte nach Jerusalem zurück. 14 Paulus und Barnabas zogen von Perge aus weiter und kamen nach Antiochia in Pisidien. Am Sabbat gingen sie dort in die Synagoge und nahmen Platz. 15 Nach der Lesung aus dem Gesetz und den Propheten ließen die Synagogenleiter ihnen sagen: »Ihr Brüder, wenn ihr ein ermutigendes Wort für die Leute habt, dann sprecht!«

16 Da stand Paulus auf, bat mit einer Handbewegung um Ruhe und sagte: »Ihr Leute aus Israel und ihr anderen, die ihr an den Gott Israels glaubt, hört her! 17 Der Gott unseres Volkes, der Gott Israels, hat unsere Vorfahren erwählt. Er hat sie zu einem großen Volk gemacht, während sie als Fremde im Land Ägypten lebten. Mit starker Hand hat er sie aus Ägypten herausgeführt. 18 40 Jahre lang ertrug er ihr Verhalten, während sie durch die Wüste zogen. 19 Er unterwarf im Land Kanaan sieben Völker und gab das Land den Israeliten zum Erbbesitz. 20 Das dauerte insgesamt 450 Jahre. Dann gab Gott dem Volk Israel Richter bis zur Zeit des Propheten Samuel. 21 Von da an wollten sie einen König haben. Und Gott gab ihnen Saul, den Sohn von Kisch, aus dem Stamm Benjamin. Saul regierte 40 Jahre lang. 22 Dann setzte Gott ihn wieder ab und machte David zu ihrem König. Von ihm hat Gott bezeugt: ›Ich habe David ausgewählt, den Sohn des Isai. Er ist ein Mann nach meinem Herzen. Er wird in allem so handeln, wie ich es will.‹ 23 Nun hat Gott einen Nachkommen Davids als Retter zu Israel gesandt – genau wie er es versprochen hat. Dieser Retter ist Jesus.

24 Bevor Jesus auftrat, hat Johannes dem ganzen Volk Israel verkündet: ›Lasst euch taufen und ändert euer Leben!‹ 25 Als Johannes

falscher Prophet: Gibt vor, im Auftrag Gottes zu reden, und verführt seine Mitmenschen so zu falschem Tun.

Saulus: Hebräischer Name von Paulus, der nach seiner Berufung zu einem Anhänger von Jesus wird. Er verkündet die Gute Nachricht, dass die Menschen durch Tod und Auferstehung von Christus mit Gott versöhnt sind, vor allem bei den nichtjüdischen Völkern.

Gesetz und Propheten: Im Neuen Testament eine gebräuchliche Bezeichnung für die Heilige Schrift.

Leute aus Israel: Menschen, die zu Gottes Volk gehören. Im Gegensatz zu anderen Völkern werden alle jüdischen Männer beschnitten.

unsere Vorfahren erwählt: Vom Bund Gottes mit Israels Stammvater Abraham erzählt 1. Mose/Genesis 17.

Richter: Anführer der Israeliten in der Zeit zwischen der Besiedlung des verheißenen Landes und der Einsetzung von König Saul.

Nachkomme Davids: Nachdem das Königreich Davids untergegangen war, hoffte man auf einen Nachkommen Davids als Retter und Erlöser Israels; vgl. 2. Samuel 7,12-16.

Johannes der Täufer: Bereitete die Menschen auf das Kommen von Jesus vor, vgl. Lukas 3,1-22.

am Ende seines Wirkens stand, sagte er zu den Leuten: ›Was denkt
ihr, wer ich bin? Ich bin nicht der, für den ihr mich haltet! Der kommt
nach mir. Ich bin es nicht einmal wert, ihm die Sandalen von den Fü-
ßen loszubinden.‹

[26] Brüder und Schwestern, ihr Nachkommen Abrahams und auch
ihr anderen, die ihr an den Gott Israels glaubt: Wir sind es, denen
Gott die Botschaft von dieser Rettung gesandt hat. [27] Die Bewohner
von Jerusalem und ihre führenden Männer haben nicht erkannt, wer
Jesus war. Sie haben ihn zum Tod verurteilt. Dadurch haben sie die
Ankündigungen der Propheten in Erfüllung gehen lassen, die an je-
dem Sabbat vorgelesen werden. [28] Sie fanden nichts, wofür Jesus den
Tod verdient hätte. Dennoch forderten sie von Pilatus seine Hin-
richtung. [29] Damit hatten sie alles getan, was in der Heiligen Schrift
über Jesus vorhergesagt ist. Danach nahmen sie ihn vom Holzbalken
ab und legten ihn ins Grab. [30] Aber Gott hat ihn von den Toten auf-
erweckt. [31] Viele Tage lang zeigte Jesus sich denen, die mit ihm von
Galiläa nach Jerusalem gezogen waren. Die sind jetzt seine Zeugen
vor dem Volk.

[32] So verkünden wir euch nun die Gute Nachricht: Was Gott un-
seren Vorfahren versprochen hat, [33] das hat er in Erfüllung gehen
lassen – und zwar für uns, ihre Nachkommen. Er hat Jesus von den
Toten auferweckt, wie es ja auch im zweiten Psalm steht: ›Du bist
mein Sohn, heute habe ich dich gezeugt!‹ [34] Gott hat Jesus von den
Toten auferweckt und nicht zugelassen, dass sein Körper verwest.
Davon hatte Gott gesprochen, als er sagte: ›Ich will euch die un-
vergänglichen Güter schenken, die ich David versprochen habe.‹
[35] Darum heißt es auch an einer anderen Stelle: ›Du lässt nicht zu,
dass dein treuer Diener verwest.‹ [36] David starb nach Gottes Willen,
nachdem er sein Leben lang den Menschen seiner Generation ge-
dient hatte. Er wurde bei seinen Vorfahren bestattet, und sein Kör-
per verweste. [37] Aber derjenige, den Gott auferweckt hat, dessen Leib
verweste nicht.

[38] Brüder und Schwestern, das sollt ihr wissen: Durch Jesus wird
euch die Vergebung eurer Sünden angeboten. Das Gesetz des Mose
hatte nicht die Kraft, euch vor Gott gerecht zu machen. [39] Aber durch
Jesus wird jeder, der glaubt, vor Gott als gerecht dastehen. [40] Gebt
also acht, dass es nicht so kommt, wie es bei den Propheten vorherge-
sagt ist: [41] ›Schaut her, ihr Spötter! Wundert euch und geht zugrunde.
Denn in euren Tagen handle ich so, wie ihr es nicht erwartet. Ihr wür-
det es nicht glauben, wenn man euch davon erzählen würde.‹«

[42] Als Paulus und Barnabas die Synagoge verließen, bat man sie:
»Erzählt uns am nächsten Sabbat noch mehr von dieser Sache.« [43] Als
die Versammlung sich auflöste, folgten viele Juden Paulus und Bar-
nabas. Dazu kamen Leute, die zum jüdischen Glauben übergetreten
waren. Die beiden sprachen ausführlich mit ihnen. Sie redeten ihnen
zu, sich ganz auf die Gnade Gottes zu verlassen.

die Ankündigungen der Propheten: Christen lesen bestimmte Texte aus dem Alten Testament als Ankündigung für das Schicksal von Jesus Christus. Ein zentraler Text ist beispielsweise Jesaja 52,13–53,12.

an jedem Sabbat vorgelesen: Bei den Gottesdiensten am Sabbat wurden in den Synagogen Texte aus den fünf Büchern Mose und den Propheten vorgelesen.

Holzbalken: Bezeichnung für das Kreuz, an dem Jesus gestorben ist.

Auferweckung: Meint die Auferstehung vom Tod und das ewige Leben im Reich Gottes.

Sohn Gottes: Titel, der das besondere Vertrauensverhältnis eines Menschen zu Gott zum Ausdruck bringt. Im Neuen Testament wird der Titel ausschließlich für Jesus verwendet.

Sünden: Konkrete Verfehlungen, die von Gott trennen und das Gewissen belasten können.

Gesetz des Mose: Im Neuen Testament übliche Bezeichnung für die fünf Bücher Mose.

Spötter: Angeredet werden Menschen, die Jesus Christus nicht als von Gott gesandten Retter und Erlöser der Welt anerkennen.

Gnade: Liebevolle Zuwendung Gottes, die er den Menschen ohne Vorbedingung schenkt.

In Antiochia in Pisidien: Paulus wendet sich den Menschen aus anderen Völkern zu

44 Am folgenden Sabbat kam fast die ganze Stadt zusammen, um die Botschaft vom Herrn zu hören. 45 Als die Juden sahen, wie groß die Menge war, wurden sie eifersüchtig. Immer wieder widersprachen sie dem, was Paulus sagte, und spotteten darüber. 46 Aber Paulus und Barnabas ließen sich nicht einschüchtern und sagten: »Ihr wart die Ersten, denen wir das Wort Gottes verkünden mussten. Aber ihr wollt nichts davon wissen. Ihr habt euch selbst davon ausgeschlossen, das ewige Leben zu empfangen. Deshalb wenden wir uns jetzt an Menschen aus den anderen Völkern. 47 So hat es uns der Herr aufgetragen: ›Ich habe dich zum Licht für die Völker gemacht. Du sollst die Rettung bis ans Ende der Erde bringen.‹« 48 Als die Menschen aus den anderen Völkern das hörten, freuten sie sich. Sie priesen den Herrn für diese Botschaft. Alle, die für das ewige Leben bestimmt waren, kamen zum Glauben.

49 Die Botschaft vom Herrn verbreitete sich in der ganzen Gegend. 50 Aber die Juden hetzten die Leute in der Stadt gegen Paulus und Barnabas auf – die vornehmen Frauen, die an den Gott Israels glaubten, ebenso wie die angesehensten Männer der Stadt. Sie veranlassten, dass man gegen die beiden vorging. Deshalb mussten sie das Gebiet der Stadt verlassen. 51 Die beiden schüttelten den Staub von ihren Füßen als Warnung für die Bewohner. Dann zogen sie weiter nach Ikonion. 52 Aber die Jünger, die sie in Antiochia gewonnen hatten, wurden von Freude erfüllt, und der Heilige Geist kam auf sie herab.

In Ikonion: Paulus und Barnabas sollen gesteinigt werden

14 1 In Ikonion gingen Paulus und Barnabas wieder in die jüdische Synagoge. Sie sprachen dort genauso, wie sie es auch in Antiochia getan hatten. Daraufhin kamen viele Leute zum Glauben, Juden wie Griechen. 2 Die übrigen Juden, die sich nicht überzeugen lassen wollten, hetzten Menschen aus den anderen Völkern gegen die Gemeinde auf. 3 Trotzdem blieben Paulus und Barnabas noch längere Zeit dort. Im Vertrauen auf den Herrn verkündeten sie unerschrocken die Botschaft von der Gnade Gottes. Der Herr bestätigte die Botschaft, indem er durch Paulus und Barnabas Zeichen und Wunder geschehen ließ. 4 Da spalteten sich die Bewohner der Stadt in zwei Lager. Die einen hielten zu den Juden, die anderen zu den Aposteln. 5 Schließlich schlossen sich die Gegner zusammen: die Menschen aus den anderen Völkern und die Juden jeweils einschließlich ihrer führenden Leute. Sie planten, Paulus und Barnabas in ihre Gewalt zu bringen und zu steinigen. 6 Aber Paulus und Barnabas erfuhren davon und flohen nach Lystra und weiter nach Derbe, zwei Städte in Lykaonien. 7 Dort und in der weiteren Umgebung setzten sie die Verkündigung der Guten Nachricht fort.

Sabbat: In der Bibel der siebte Tag der Woche, heute unser Samstag. Er gilt im Judentum als Feiertag, an dem nicht gearbeitet werden darf.

Herr: Titel für Jesus Christus. Im griechischen Alten Testament steht das Wort »Herr« an den Stellen, an denen im hebräischen Text der Gottesname steht. Wenn Jesus Christus so genannt wird, kommt darin zum Ausdruck: In ihm begegnet Gott selbst den Menschen.

ewiges Leben: Leben im Reich Gottes und in unmittelbarer Gemeinschaft mit Gott nach der Auferstehung vom Tod.

der Herr hat uns aufgetragen: Das Bild aus Jesaja 49,6 wird im Neuen Testament auf Jesus bezogen.

Staub abschütteln: Zeichenhafte Handlung, die den Abbruch aller Beziehungen zum Ausdruck bringt. Noch nicht einmal den Staub der anderen will man behalten.

Heiliger Geist: Kraft, durch die Gott in der Welt wirkt.

Synagoge: Versammlungsstätte einer jüdischen Gemeinde.

Griechen: Menschen aus den Ländern im Mittelmeerraum, die keine Juden waren und Griechisch sprachen. Griechisch war im gesamten Osten des Römischen Reichs die gemeinsame Sprache.

Zeus: Höchster Gott in der griechisch-römischen Religion.

Hermes: Bote der Götter in der griechisch-römischen Religion.

ihre Kleider zerreißen: Ausdruck tiefer Betroffenheit, beispielsweise bei Trauer, Wut oder Verzweiflung.

Steinigung, steinigen: Hinrichtungsart, bei der ein Verurteilter öffentlich mit Steinen beworfen wird.

Derbe: Stadt in der römischen Provinz Galatien im Süden Kleinasiens in der heutigen Türkei.

Glaube, glauben: Meint das tiefe Vertrauen auf Gott, das zu einem Leben nach seinem Willen führt.

Reich Gottes: Wörtlich »Königsherrschaft Gottes«. Bezeichnet den Herrschaftsbereich, in dem sich Gottes Wille durchsetzt.

In Lystra: Paulus heilt einen Mann und wird gesteinigt

8 In Lystra wohnte ein Mann, der keine Kraft in seinen Beinen hatte.
Er war von Geburt an gelähmt und hatte noch nie einen Schritt ge-
tan. 9 Dieser Mann war unter den Zuhörern, als Paulus redete. Paulus
blickte den Gelähmten an. Er sah den Glauben des Mannes, der fest
darauf vertraute, geheilt zu werden. 10 Da rief er laut: »Stell dich auf
deine Beine – gerade und aufrecht!« Da sprang der Gelähmte auf und
tat die ersten Schritte. 11 Als die Leute sahen, was Paulus getan hatte,
riefen sie auf Lykaonisch: »Die Götter haben Menschengestalt ange-
nommen und sind zu uns herabgestiegen!« 12 Sie nannten Barnabas
Zeus und Paulus Hermes, weil er der Wortführer war. 13 Der Priester
aus dem Zeustempel vor der Stadt brachte Stiere und Blumenkrän-
ze zum Stadttor. Zusammen mit den Leuten wollte er Opfer für die
beiden darbringen.
14 Als die Apostel Barnabas und Paulus das hörten, zerrissen sie ihre
Kleider. Sie stürzten sich in die Menge und riefen: 15 »Männer, was tut
ihr da? Wir sind doch Menschen genau wie ihr. Wir verkünden euch
die Gute Nachricht, damit ihr euch von diesen nutzlosen Götzen ab-
wendet. Wendet euch dem lebendigen Gott zu! Er hat den Himmel,
die Erde und das Meer geschaffen mit allem, was darin ist. 16 In den
vergangenen Zeiten ließ Gott alle Völker ihre eigenen Wege gehen.
17 Und doch hat er sich auch ihnen immer wieder deutlich zu erken-
nen gegeben – durch all das Gute, das er tut: Vom Himmel her gibt
er euch Regen und lässt die Ernte reifen. Er schenkt euch Nahrung
und erfüllt euer Herz mit Freude.« 18 Doch selbst mit diesen Worten
konnten Paulus und Barnabas die Leute kaum davon abhalten, ihnen
Opfer darzubringen. 19 Aber dann kamen Juden aus Antiochia und
aus Ikonion. Sie brachten die Menge auf ihre Seite und steinigten
Paulus. Dann schleiften sie ihn aus der Stadt hinaus, denn sie hielten
ihn für tot. 20 Doch als die Jünger ihn umringten, stand er auf und ging
in die Stadt zurück. Am nächsten Tag machte er sich mit Barnabas auf
den Weg nach Derbe.

Die Rückreise von Derbe nach Antiochia

21 In Derbe verkündeten Paulus und Barnabas die Gute Nachricht
und konnten viele Jünger gewinnen. Dann machten sie sich auf den
Rückweg und kamen über Lystra und Ikonion schließlich nach An-
tiochia. 22 Überall machten sie den Jüngern Mut und ermahnten sie,
unbeirrt am Glauben festzuhalten: »Nach Gottes Plan werden wir
durch große Not hindurch schließlich in das Reich Gottes gelan-
gen.« 23 In jeder Gemeinde ließen sie Älteste wählen. Dann beteten
sie und fasteten. So vertrauten sie die Gemeinden dem Herrn an, an
den diese nun glaubten.
24 Dann zogen Paulus und Barnabas durch Pisidien und kamen wie-
der nach Pamphylien. 25 In Perge verkündeten sie das Wort Gottes.
Anschließend zogen sie zum Meer hinab nach Attalia. 26 Von dort
segelten sie nach Antiochia. Hier waren sie ja für ihre Aufgabe der

Gnade Gottes anvertraut worden. Und diese Aufgabe hatten sie nun
erfüllt.
27 Nach ihrer Ankunft riefen sie die Gemeinde zusammen. Sie be-
richteten, was Gott durch sie getan hatte: »Er hat den Menschen aus
den anderen Völkern die Tür zum Glauben geöffnet.« 28 Danach blie-
ben Paulus und Barnabas für längere Zeit bei den Jüngern dort.

Die Versammlung der Apostel und Gemeindeältesten in Jerusalem 15,1-35

Die Streitfrage: Müssen Christen aus den anderen Völkern beschnitten werden?

15 1 Da kamen einige Leute aus Judäa nach Antiochia. Sie er-
klärten den Brüdern: »Ihr müsst euch beschneiden lassen,
wie es nach Mose Vorschrift ist. Sonst könnt ihr nicht gerettet wer-
den.« 2 Das verursachte große Aufregung in der Gemeinde. Paulus
und Barnabas gerieten mit den Männern in heftigen Streit. Deshalb
beschloss man, Paulus, Barnabas und einige andere aus der Gemein-
de nach Jerusalem zu schicken. Dort sollten sie die Streitfrage den
Aposteln und Gemeindeältesten vorlegen. 3 Paulus, Barnabas und
ihre Begleiter wurden von der Gemeinde zum Abschied aus der Stadt
geleitet. Dann reisten sie durch Phönizien und Samarien. Überall, wo
sie hinkamen, erzählten sie, wie die Menschen aus den Völkern den
Glauben angenommen hatten. Damit lösten sie bei allen Brüdern
und Schwestern große Freude aus.

Die Forderung der Pharisäer

4 Schließlich kamen Paulus, Barnabas und ihre Begleiter in Jerusalem
an. Dort wurden sie von der ganzen Gemeinde empfangen. Auch die
Apostel und Gemeindeältesten waren dabei. Sie berichteten ausführ-
lich, was Gott durch sie bewirkt hatte. 5 Aber einige von der Gruppe
der Pharisäer, die zum Glauben an Jesus gekommen waren, standen
auf. Sie forderten: »Man muss diese Menschen beschneiden und von
ihnen verlangen, das Gesetz des Mose zu befolgen!«

Die Rede des Petrus

6 Daraufhin versammelten sich die Apostel und die Gemeindeältes-
ten, um über diese Frage zu beraten. 7 Dabei kam es zu einem hefti-
gen Streit. Da stand Petrus auf und sagte zu ihnen: »Brüder, ihr wisst
doch, dass Gott schon längst hier bei euch die Entscheidung getrof-
fen hat: Durch meine Verkündigung sollten die Menschen aus den
anderen Völkern die Gute Nachricht hören und zum Glauben kom-
men. 8 Gott, der ja die Herzen kennt, hat das selbst bestätigt: Er hat
auch ihnen den Heiligen Geist gegeben – genauso wie uns. 9 Er hat
keinen Unterschied zwischen uns und ihnen gemacht. Durch den
Glauben hat er ihre Herzen von allen Sünden gereinigt. 10 Warum

Gnade: Liebevolle Zuwendung Gottes, die er den Menschen ohne Vorbedingung schenkt.

Beschneidung: Das Abtrennen der Vorhaut am männlichen Glied ist für Israel Zeichen des Bundes zwischen Gott und seinem Volk.

Apostel: Wörtlich »Ausgesandte«. Menschen, die dazu berufen sind, die Gute Nachricht von Jesus Christus zu verkünden. Im engeren Sinn die zwölf Jünger von Jesus, die ihn während seines Lebens begleiteten.

Gemeindeälteste: Leitungsamt in frühchristlichen Gemeinden, das meistens von älteren Männern ausgeübt wurde.

Pharisäer: Angehöriger einer jüdischen Glaubensgruppe, die die biblischen Vorschriften und Gesetze sehr streng auslegte.

die Entscheidung getroffen: Apostelgeschichte 10,9-16 erzählt, dass Gott Petrus in einer Vision zeigt, dass bestimmte Vorschriften aus den fünf Büchern Mose von Christen nicht eingehalten werden mussten.

Heiliger Geist: Kraft, durch die Gott in der Welt wirkt.

Sünden: Konkrete Verfehlungen, die von Gott trennen und das Gewissen belasten können.

stellt ihr nun Gott auf die Probe und legt den Jüngern ein Joch auf
den Nacken? Weder unsere Vorfahren noch wir selbst waren stark
genug, ein solches Joch zu tragen! 11 Im Gegenteil: Wir glauben, durch
die Gnade des Herrn Jesus gerettet zu werden – genauso wie sie! Da-
von sind wir überzeugt.«

Der Bericht von Paulus und Barnabas und die Rede des Jakobus

12 Da schwieg die ganze Versammlung und hörte Barnabas und Pau-
lus zu. Sie berichteten von den Zeichen und Wundern, die Gott
durch sie bei den Menschen aus anderen Völkern vollbracht hatte.
13 Als Paulus und Barnabas mit ihrem Bericht zu Ende waren, ergriff
Jakobus das Wort: »Brüder, hört mir zu! 14 Simon hat deutlich ge-
macht, wie Gott selbst sich als Erster den Menschen aus anderen Völ-
kern zugewandt hat. Aus ihnen hat er ein Volk gebildet, das zu ihm
gehört. 15 Das stimmt mit den Worten der Propheten überein. Dort
heißt es: 16 ›An dem Tag, nachdem ich Gericht gehalten habe, werde
ich mich euch wieder zuwenden. Ich werde die verfallene Hütte Da-
vids wieder aufbauen. Aus ihren Trümmern werde ich sie aufrichten
und sie neu erstehen lassen. 17 Dann werden die Menschen, die übrig
geblieben sind, mich, den Herrn, suchen – auch die Menschen aus an-
deren Völkern, die ja mein Eigentum sind. Das sagt der Herr, der da-
mit ausführt, 18 was er von jeher angekündigt hat.‹ 19 Deshalb bin ich
der Ansicht, wir sollten die Menschen aus anderen Völkern, die sich
Gott zuwenden, nicht unnötig belasten. 20 Wir sollten sie lediglich in
einem Brief auffordern, einige Dinge zu unterlassen, die sie unrein
machen: Sie sollen sich nicht an der Verehrung von Götzen beteiligen
und keine verbotenen sexuellen Beziehungen eingehen. Und sie sol-
len kein Fleisch von Tieren essen, die nicht ausgeblutet sind, oder auf
andere Weise Blut zu sich nehmen. 21 Denn diese Vorschriften des
Mose werden seit vielen Generationen in allen Städten verkündet.
An jedem Sabbat werden sie in den Synagogen vorgelesen.«

Der Beschluss der Gemeinde und der Brief nach Antiochia

22 Darauf fassten die Apostel und die Gemeindeältesten sowie die
ganze Gemeinde einen Beschluss: Sie wollten Männer aus ihrer
Mitte wählen, und sie zusammen mit Paulus und Barnabas nach An-
tiochia schicken. Die Wahl fiel auf Judas, genannt Barsabbas, und Si-
las, die zu den führenden Männern in der Gemeinde gehörten. 23 Den
beiden gaben sie folgendes Schreiben mit: »Wir, die Apostel und Ge-
meindeältesten, eure Brüder, senden unsere Grüße an die Brüder
und Schwestern in Antiochia, Syrien und Kilikien, die aus den ande-
ren Völkern stammen. 24 Wie wir erfahren haben, waren einige aus
unserer Gemeinde bei euch. Was sie euch sagten, hat euch erschreckt
und zutiefst beunruhigt. Dazu hatten sie von uns keinen Auftrag.
25 Wir haben einstimmig beschlossen, ausgewählte Männer zu euch
zu schicken. Sie kommen zusammen mit unseren geliebten Brü-
dern Barnabas und Paulus. 26 Es sind Männer, die für unseren Herrn

Joch: Holzbalken, der Tieren über den Nacken gelegt wird, um einen Wagen oder Pflug zu ziehen. Hier Bild für die Vielzahl religiöser Vorschriften, die als Last empfunden werden konnte.

Jakobus: Bruder von Jesus, der zusammen mit Petrus und Johannes die Gemeinde in Jerusalem leitet.

Simon: Anderer Name für Petrus, einen der Jünger von Jesus.

dort heißt es: Zitat aus der griechischen Übersetzung von Amos 9,11-12.

Hütte Davids: Bild für das Königshaus Davids. Nachdem das Königreich Davids untergegangen war, hoffte man auf einen Nachkommen Davids als Retter und Erlöser Israels; vgl. 2. Samuel 7,12-16.

unrein: Bezeichnet Menschen, Tiere und Dinge, die aus unterschiedlichen Gründen nicht dafür vorbereitet sind, in der Nähe Gottes zu sein.

nicht ausgeblutet: Blut gilt als der Sitz des Lebens und gehört Gott. Der Verzehr von Blut und Fleisch von Tieren, die nicht nach den Vorschriften geschlachtet wurden, ist aus Respekt vor dem Leben verboten; vgl. 1. Mose/Genesis 9,3-4.

Synagoge: Versammlungsstätte einer jüdischen Gemeinde.

Jesus Christus ihr Leben aufs Spiel gesetzt haben: 27 Wir haben Judas
und Silas zu euch geschickt. Sie werden euch dasselbe auch noch
mündlich mitteilen. 28 Der Heilige Geist und durch ihn auch wir ha-
ben nämlich beschlossen, euch keine weiteren Lasten aufzubürden.
Nur die folgenden Dinge solltet ihr unbedingt beachten: 29 Esst kein
Fleisch von Tieren, die als Opfer für Götzen geschlachtet wurden.
Nehmt kein Blut zu euch. Verzehrt kein Fleisch von Tieren, die nicht
ausgeblutet sind, und geht keine verbotenen sexuellen Beziehungen
ein. Wenn ihr dies vermeidet, macht ihr alles richtig. Und nun lebt
wohl!«

Die Gesandtschaft nach Antiochia

30 Paulus, Barnabas und die beiden Abgesandten wurden in Jerusa-
lem feierlich verabschiedet und gingen nach Antiochia. Dort riefen
sie die ganze Gemeinde zusammen und übergaben den Brief. 31 Er
wurde vorgelesen, und alle freuten sich über den ermutigenden Be-
scheid. 32 Judas und Silas, die beide selbst Propheten waren, sprachen
lange mit den Brüdern und Schwestern. Sie machten ihnen Mut und
bestärkten sie im Glauben. 33 Die beiden blieben noch einige Zeit
dort. Dann wurden sie von der Gemeinde mit Segenswünschen ver-
abschiedet. Sie kehrten nach Jerusalem zu denen zurück, die sie abge-
sandt hatten. 34 [...] 35 Paulus und Barnabas aber blieben in Antiochia.
Zusammen mit vielen anderen unterwiesen sie die Gemeinde im
Wort des Herrn und verkündeten die Gute Nachricht.

Die zweite Missionsreise des Paulus 15,36–18,22

Paulus und Silas brechen zur zweiten Reise auf

36 Nach einiger Zeit sagte Paulus zu Barnabas: »Lass uns noch einmal
alle Städte besuchen, in denen wir das Wort des Herrn verkündet
haben. Wir wollen sehen, wie es den Brüdern und Schwestern dort
geht.« 37 Barnabas wollte auch Johannes Markus dabeihaben. 38 Aber
Paulus lehnte es ab, ihn noch einmal mitzunehmen. Er hatte sie ja in
Pamphylien im Stich gelassen und nicht weiter bei ihrer Arbeit un-
terstützt. 39 Es kam zu einer heftigen Auseinandersetzung. Schließ-
lich trennten sich Paulus und Barnabas. Barnabas nahm Markus mit
und segelte nach Zypern. 40 Paulus wählte sich Silas zum Begleiter.
Die Brüder und Schwestern beteten, dass die Gnade des Herrn ihn
begleite. Dann machte er sich auf den Weg. 41 Er reiste durch Syrien
und Kilikien und bestärkte die Gemeinden im Glauben.

Paulus gewinnt Timotheus als Begleiter

16 1 Paulus kam wieder nach Derbe und Lystra. Dort in Lystra
lebte ein Jünger namens Timotheus. Er war der Sohn einer
Christin jüdischer Herkunft, aber sein Vater war Grieche. 2 Timo-
theus hatte einen guten Ruf bei den Brüdern und Schwestern in

Heiliger Geist: Kraft, durch die Gott in der Welt wirkt.

Götze: Abfällige Bezeichnung für eine fremde Gottheit oder ihr Standbild.

Prophet: Verkündet, was Gott in einer bestimmten Situation zu sagen hat.

[...]: Viele Handschriften fügen mit Blick auf Vers 40 hinzu: »Silas beschloss dazubleiben, und Judas kehrte allein zurück.«

Wort des Herrn: Gottes Versprechen, dass die Menschen durch Tod und Auferstehung von Christus mit Gott versöhnt sind.

Gnade: Liebevolle Zuwendung Gottes, die er den Menschen ohne Vorbedingung schenkt.

Glaube, glauben: Meint das tiefe Vertrauen auf Gott, das zu einem Leben nach seinem Willen führt.

Jünger: Wörtlich »Schüler«. Frauen und Männer, die an Jesus Christus glauben und sich in seinen Dienst stellen.

Griechen: Menschen aus den Ländern im Mittelmeerraum, die keine Juden waren und Griechisch sprachen. Griechisch war im gesamten Osten des Römischen Reichs die gemeinsame Sprache.

Lystra und Ikonion. 3 Paulus wollte Timotheus gerne als Begleiter auf die Reise mitnehmen. Aus Rücksicht auf die Juden in der Gegend ließ er ihn beschneiden. Denn alle wussten, dass sein Vater Grieche war. 4 Dann zogen Paulus und seine Begleiter von Stadt zu Stadt. Sie teilten den Gemeinden mit, was die Apostel und die Gemeindeältesten in Jerusalem beschlossen hatten. An diese Beschlüsse sollten sie sich halten. 5 So wurden die Gemeinden im Glauben gestärkt, und sie wuchsen von Tag zu Tag.

In Troas: Paulus wird nach Makedonien gerufen

6 Danach zogen Paulus und seine Begleiter weiter durch Phrygien und das Gebiet von Galatien. Denn der Heilige Geist hinderte sie daran, die Botschaft in der Provinz Asia zu verkünden. 7 Als sie schon fast in Mysien waren, wollten sie nach Bithynien weiterreisen. Doch der Geist, durch den Jesus sie führte, ließ das nicht zu. 8 Also zogen sie durch Mysien und kamen zum Meer hinab nach Troas.

9 In der Nacht hatte Paulus eine Erscheinung. Ein Mann aus Makedonien stand vor ihm und bat: »Komm herüber nach Makedonien und hilf uns!« 10 Gleich nachdem Paulus die Erscheinung gehabt hatte, suchten wir nach einer Möglichkeit, um nach Makedonien zu gelangen. Denn wir waren sicher: Gott hatte uns dazu berufen, den Menschen dort die Gute Nachricht zu verkünden.

In Philippi: Lydia bekehrt sich zum Gott Israels

11 Von Troas aus setzten wir auf dem kürzesten Weg nach Samothrake über. Einen Tag später erreichten wir Neapolis. 12 Von dort gingen wir nach Philippi. Das ist eine bedeutende Stadt in diesem Teil Makedoniens und eine römische Kolonie. In dieser Stadt blieben wir einige Zeit.

13 Am Sabbat gingen wir durch das Stadttor hinaus an den Fluss. Wir nahmen an, dass dort eine jüdische Gebetsstätte war. Wir setzten uns und sprachen zu den Frauen, die an diesem Ort zusammengekommen waren. 14 Unter den Zuhörerinnen war auch eine Frau namens Lydia. Sie handelte mit Purpurstoffen und kam aus der Stadt Thyatira. Lydia glaubte an den Gott Israels. Der Herr öffnete ihr das Herz, sodass sie den Worten von Paulus aufmerksam zuhörte. 15 Sie ließ sich taufen zusammen mit ihrer ganzen Hausgemeinschaft. Danach bat sie: »Wenn ihr überzeugt seid, dass ich wirklich an den Herrn glaube, dann kommt in mein Haus. Ihr könnt bei mir wohnen!« Sie drängte uns, die Einladung anzunehmen.

In Philippi: Paulus treibt einen Wahrsagegeist aus und wird mit Silas ins Gefängnis geworfen

16 Als wir wieder einmal zur Gebetsstätte gingen, begegnete uns eine Dienerin. Sie war von einem Geist besessen, der wahrsagen konnte. Mit ihrer Wahrsagerei brachte sie ihren Besitzern viel Geld ein. 17 Sie lief hinter Paulus und uns anderen her und rief: »Diese Leute

Juden: Menschen, die zu Gottes Volk gehören. Im Gegensatz zu anderen Völkern werden alle jüdischen Männer beschnitten.

Apostel: Wörtlich »Ausgesandte«. Menschen, die dazu berufen sind, die Gute Nachricht von Jesus Christus zu verkünden. Im engeren Sinn die zwölf Jünger von Jesus, die ihn während seines Lebens begleiteten.

wir: Lukas, der Verfasser der Apostelgeschichte, berichtet hier als Augenzeuge.

Gute Nachricht: Wörtliche Übersetzung von »Evangelium«. Botschaft, dass die Menschen durch Tod und Auferstehung von Christus mit Gott versöhnt sind.

Sabbat: In der Bibel der siebte Tag der Woche, heute unser Samstag. Er gilt im Judentum als Feiertag, an dem nicht gearbeitet werden darf.

jüdische Gebetsstätte: Versammlungsort ähnlich einer Synagoge, möglicherweise in einem Privathaus oder unter freiem Himmel.

Herr: Titel für Jesus Christus. Im griechischen Alten Testament steht das Wort »Herr« an den Stellen, an denen im hebräischen Text der Gottesname steht. Wenn Jesus Christus so genannt wird, kommt darin zum Ausdruck: In ihm begegnet Gott selbst den Menschen.

sind Diener des höchsten Gottes. Sie verkünden euch den Weg zur
Rettung!« 18 So ging das viele Tage, bis Paulus es nicht mehr ertra-
gen konnte. Er drehte sich um und sagte zu dem Geist: »Im Namen
von Jesus Christus befehle ich dir: Gib diese Frau frei!« Im gleichen
Augenblick gab der Geist sie frei. 19 Die Besitzer der Dienerin sahen,
dass damit auch ihre Hoffnung auf Gewinn verloren war. Da pack-
ten sie Paulus und Silas und schleppten sie zum Marktplatz vor das
Stadtgericht. 20 Sie führten die beiden den Stadtobersten vor und
sagten: »Diese Menschen stiften Unruhe in unserer Stadt. Sie sind
Juden 21 und wollen Bräuche einführen, die wir als Römer weder an-
nehmen noch ausüben dürfen.« 22 Auch die Volksmenge ergriff gegen
sie Partei. Da ließen die Stadtobersten Paulus und Silas die Kleider
vom Leib reißen. Sie befahlen, die beiden mit Stöcken zu schlagen.
23 Nachdem sie viele Schläge erhalten hatten, ließ man sie ins Gefäng-
nis werfen. Dem Gefängniswärter wurde eingeschärft, sie besonders
gut zu bewachen. 24 Er führte den Befehl aus und brachte sie in die
hinterste Zelle. Dort schloss er ihre Füße in den Holzblock.

In Philippi: Die Befreiung der Gefangenen und die Bekehrung des Gefängniswärters

25 Um Mitternacht beteten Paulus und Silas und sangen Loblieder
für Gott. Die anderen Gefangenen hörten ihnen zu. 26 Plötzlich gab
es ein starkes Erdbeben, das die Fundamente des Gefängnisses er-
schütterte. Da sprangen alle Türen auf, und die Ketten fielen von den
Gefangenen ab. 27 Der Gefängniswärter wurde aus dem Schlaf geris-
sen. Als er sah, dass die Gefängnistüren offen standen, zog er sein
Schwert und wollte sich töten. Denn er dachte, dass die Gefangenen
geflohen waren. 28 Aber Paulus schrie laut: »Tu dir nichts an! Wir sind
alle noch hier.« 29 Der Wärter rief nach Licht. Er stürzte in die Zelle
und warf sich zitternd vor Paulus und Silas nieder. 30 Dann führte er
sie hinaus und fragte: »Ihr Herren, was muss ich tun, damit ich ge-
rettet werde?« 31 Sie antworteten: »Glaube an den Herrn, Jesus, dann
wirst du gerettet und mit dir deine ganze Hausgemeinschaft.« 32 Und
sie verkündeten ihm und allen anderen in seinem Haus das Wort des
Herrn. 33 In dieser Nacht, noch in derselben Stunde, nahm der Wärter
Paulus und Silas zu sich. Er wusch ihnen die Wunden aus. Dann ließ
er sich umgehend taufen – mit allen, die bei ihm lebten. 34 Anschlie-
ßend führte er die beiden in sein Haus hinauf und lud sie zum Essen
ein. Die ganze Hausgemeinschaft freute sich, dass sie zum Glauben
an Gott gefunden hatte.

In Philippi: Die Entschuldigung der Stadtobersten

35 Als es Tag geworden war, schickten die Stadtobersten die Amtsdie-
ner und gaben dem Wärter die Anweisung: »Lass diese Leute frei!«
36 Der Gefängniswärter gab Paulus die Nachricht weiter: »Die Stadt-
obersten haben mich angewiesen, euch freizulassen. Ihr dürft das
Gefängnis verlassen. Der Friede Gottes begleite euch!« 37 Aber Paulus

Marktplatz: Zentraler Platz einer Stadt, auf dem Handel getrieben wird und auf dem Versammlungen und Gerichtsverfahren stattfinden.

Stadtoberster: Leitender römischer Beamter, der als Mitglied des Stadtgerichts für die Rechtsprechung in einer römischen Kolonie zuständig ist.

Holzblock: Schwerer Holzbalken mit zwei Löchern, in den die Beine eines Gefangenen eingeschlossen wurden, um eine Flucht zu verhindern.

Hausgemeinschaft: Alle Bewohner eines Hauses, sowohl die Familie des Hausherrn als auch die Diener und Sklaven.

taufen: Wörtlich »(in Wasser) eintauchen«. Die Handlung steht zeichenhaft für das Abwaschen von Schuld und Sünde und die Aufnahme in die Gemeinde.

Amtsdiener: Staatsbeamte, die den römischen Amtsträgern als Leibwache dienten.

Frieden: Umfassender Zustand von Glück und Wohlergehen des Einzelnen und der Gemeinschaft, der aus der Beziehung mit Gott hervorgeht.

sagte zu den Amtsdienern: »Man hat uns ohne ordentliches Gerichts-
verfahren öffentlich verprügeln lassen. Dabei besitzen wir das römi-
sche Bürgerrecht! Dann hat man uns ins Gefängnis geworfen. Und
jetzt will man uns heimlich fortschicken? Das kommt nicht infrage!
Die Stadtobersten sollen herkommen und uns persönlich aus dem
Gefängnis hinausführen!«
38 Die Amtsdiener meldeten das den Stadtobersten. Die waren sehr
erschrocken, als sie erfuhren, dass Paulus und Silas das römische Bür-
gerrecht besaßen. 39 Sie kamen selbst und baten um Entschuldigung.
Dann führten sie die beiden aus dem Gefängnis hinaus und baten sie,
die Stadt zu verlassen. 40 Vom Gefängnis aus gingen Paulus und Silas
zu Lydia. Dort trafen sie die Brüder und Schwestern und machten ih-
nen Mut. Dann verließen sie die Stadt.

In Thessalonich: Paulus gerät in Konflikt mit den Juden vor Ort

17 1 Über Amphipolis und Apollonia kamen Paulus und Silas
nach Thessalonich. Dort gab es eine jüdische Synagoge. 2 Wie
gewohnt ging Paulus dorthin. An drei Sabbaten sprach er mit den
Versammelten über die Heilige Schrift. 3 Er legte sie aus und zeigte
so: »Der Christus musste leiden und danach von den Toten aufferste-
hen. Jesus, den ich euch verkünde, ist dieser Christus.« 4 Einige Juden
ließen sich überzeugen und schlossen sich Paulus und Silas an. Dazu
kamen viele Griechen, die an den Gott Israels glaubten. Unter ihnen
waren auch etliche einflussreiche Frauen.
5 Die übrigen Juden missgönnten ihnen diesen Erfolg. Sie holten
sich eine Handvoll übler Kerle, die sich auf dem Marktplatz herum-
trieben. Mit deren Hilfe wiegelten sie das Volk auf und brachten die
ganze Stadt in Aufruhr. Dann zogen sie zum Haus des Jason. Sie waren
auf der Suche nach Paulus und Silas, um sie vor die Volksversamm-
lung zu stellen. 6 Aber sie trafen die beiden nicht an. Da schleppten sie
Jason und einige Brüder vor die Stadtobersten und schrien: »Diese
Leute versetzen die ganze Welt in Aufruhr. Und jetzt sind sie hier bei
uns aufgetaucht! 7 Jason hat sie bei sich aufgenommen. Allesamt ver-
stoßen sie gegen die Gesetze des Kaisers. Sie behaupten, dass ein an-
derer König ist – Jesus.« 8 Als die Stadtobersten und die Volksmenge
das hörten, waren sie empört. 9 Jason und die anderen mussten eine
Bürgschaft hinterlegen, dann ließ man sie wieder frei.

In Beröa: Die Juden von Beröa nehmen die Gute Nachricht an

10 Noch in derselben Nacht schickten die Brüder und Schwestern
Paulus und Silas nach Beröa. Kurz nach ihrer Ankunft gingen sie in
die jüdische Synagoge. 11 In Beröa waren die Juden aufgeschlossener
als in Thessalonich. Sie nahmen die Botschaft mit großer Bereitwil-
ligkeit auf. Täglich überprüften sie in der Heiligen Schrift, ob das, was
Paulus sagte, auch stimmte. 12 Viele von ihnen kamen zum Glauben.
Darunter waren nicht wenige einflussreiche Griechen, vor allem
Frauen, aber auch Männer.

Sabbat: In der Bibel der siebte Tag der Woche, heute unser Samstag. Er gilt im Judentum als Feiertag, an dem nicht gearbeitet werden darf.

er legte die Heilige Schrift aus: Christen lesen bestimmte Texte aus dem Alten Testament als Ankündigung für das Schicksal von Jesus Christus. Ein zentraler Text ist beispielsweise Jesaja 52,13–53,12.

Christus: Bedeutet übersetzt »der Gesalbte«. Im Alten Testament werden Könige, aber auch Propheten und Priester bei Amtsantritt gesalbt. Später wird der von Gott zum Herrscher der Welt bestimmte Retter so genannt. Im Neuen Testament ist das Jesus.

Griechen: Menschen aus den Ländern im Mittelmeerraum, die keine Juden waren und Griechisch sprachen. Griechisch war im gesamten Osten des Römischen Reichs die gemeinsame Sprache.

Brüder: Übliche Bezeichnung für Mitglieder der Gemeinde.

Botschaft: Gottes Versprechen, dass die Menschen durch Tod und Auferstehung von Christus mit Gott versöhnt sind.

Glaube, glauben: Meint das tiefe Vertrauen auf Gott, das zu einem Leben nach seinem Willen führt.

13 Die Juden von Thessalonich erfuhren, dass Paulus nun in Beröa
das Wort Gottes verkündete. Also reisten sie ihm nach. Auch hier
versetzten sie die Leute in Unruhe und hetzten sie gegen Paulus auf.
14 Deshalb schickten die Brüder und Schwestern ihn schnell weiter,
hinunter zur Küste. Silas und Timotheus blieben in Beröa. 15 Seine
Begleiter brachten Paulus bis nach Athen, dann kehrten sie zurück.
Paulus gab ihnen die Anweisung für Silas und Timotheus mit, so
schnell wie möglich nachzukommen.

In Athen: Eine Stadt voller Götzenbilder

16 Paulus wartete in Athen auf Silas und Timotheus. Die Stadt war
voller Götzenbilder. Als Paulus das sah, packte ihn der Zorn. 17 Er
sprach in der Synagoge zu den Juden und zu denen, die an den Gott
Israels glaubten. Jeden Tag redete er mit den Leuten, die er auf dem
Marktplatz antraf. 18 Einige epikureische und stoische Philosophen
verwickelten ihn in ein Streitgespräch und meinten: »Was will die-
ser Schwätzer eigentlich?« Andere sagten: »Anscheinend verkündet
er irgendwelche fremden Gottheiten.« Denn Paulus verkündete die
Gute Nachricht von Jesus und von der Auferstehung.
19 Sie nahmen ihn mit zum Areopag und fragten: »Was ist das für
eine neue Lehre, die du da vertrittst? Können wir mehr darüber er-
fahren? 20 Was du uns erzählst, klingt in unseren Ohren sehr fremd.
Wir würden gerne wissen, was es damit auf sich hat.« 21 Die Athener
und auch die Fremden, die dort lebten, waren nämlich sehr neugierig.
Sie kannten keinen besseren Zeitvertreib, als stets das Neueste in Er-
fahrung zu bringen und es weiterzuerzählen.

In Athen: Paulus spricht auf dem Areopag

22 Paulus trat in die Mitte des Areopags und sagte: »Ihr Bürger von
Athen! Nach allem, was ich sehe, seid ihr sehr fromme Leute. 23 Ich bin
durch die Stadt gegangen und habe mir eure heiligen Stätten ange-
schaut. Dabei habe ich auch einen Altar gefunden, auf dem stand: ›Für
einen unbekannten Gott‹. Das, was ihr da verehrt, ohne es zu kennen,
das verkünde ich euch.
24 Es ist der Gott, der die Welt geschaffen hat und alles, was in ihr ist.
Er ist der Herr über Himmel und Erde. Er wohnt nicht in Tempeln,
die von Menschenhand errichtet wurden. 25 Er ist auch nicht darauf
angewiesen, von Menschen versorgt zu werden. Er ist es doch, der
uns allen das Leben, den Atem und alles andere schenkt. 26 Er hat aus
einem einzigen Menschen die ganze Menschheit hervorgehen las-
sen, damit sie die Erde bewohnt. Für jedes Volk hat er festgesetzt, wie
lange es bestehen und in welchen Grenzen es leben soll. 27 Er wollte,
dass die Menschen nach ihm suchen – ob sie ihn vielleicht spüren
oder entdecken können. Denn keinem von uns ist er fern. 28 Durch ihn
leben wir doch, bewegen wir uns und haben wir unser Dasein. Oder
wie es einige eurer Dichter gesagt haben: ›Wir sind sogar von seiner
Art.‹ 29 Weil wir Menschen also von Gottes Art sind, dürfen wir uns

Athen: Bedeutende Handelsstadt in Griechenland sowie geistiges und kulturelles Zentrum des Landes.

Götzenbild: Abfällige Bezeichnung für ein aus Stein, Ton, Holz oder Metall gefertigtes Standbild einer Gottheit. Seine Herstellung und Verehrung waren in Israel verboten.

Synagoge: Versammlungsstätte einer jüdischen Gemeinde.

epikureische und stoische Philosophen: Anhänger unterschiedlicher philosophischer Schulen. Sie trafen sich auf dem zentralen Platz der Stadt, um ihre Meinungen auszutauschen und zu diskutieren.

fremde Gottheiten: Die Zuhörer halten »Jesus« und die »Auferstehung« (auf Griechisch *»anastasis«*) für ein Götterpaar.

Auferstehung: Meint die Auferweckung vom Tod und das ewige Leben im Reich Gottes.

Areopag: Wörtlich »Areshügel«. Name für das Gericht, das auf dem gleichnamigen Hügel im Westen der Akropolis tagte.

heilige Stätten: Tempel und Götterbilder fremder Gottheiten, die in Athen angebetet wurden.

Tempel: Gebäude, in dem Gottesdienste gefeiert und Opfer für eine bestimmte Gottheit dargebracht wurden.

nicht täuschen: Die Gottheit gleicht keineswegs irgendwelchen Bildern aus Gold, Silber oder Stein. Die sind nur das Ergebnis menschlichen Könnens und menschlicher Vorstellungskraft. 30 Nun – Gott sieht nachsichtig über die Zeiten hinweg, in denen die Menschen ihn nicht gekannt haben. Aber jetzt fordert er alle Menschen an allen Orten auf, ihr Leben zu ändern. 31 Denn Gott hat einen Tag festgesetzt, um über die ganze Welt zu richten. Dann wird er Gerechtigkeit walten lassen – durch den Mann, den er dazu bestimmt hat. Dass dieser Mann wirklich dafür bestimmt ist, hat Gott allen Menschen durch dessen Auferstehung von den Toten bewiesen.«

32 Als Paulus von der Auferstehung der Toten sprach, lachten ihn einige seiner Zuhörer aus. Aber andere sagten: »Darüber wollen wir ein andermal mehr von dir hören!« 33 So verließ Paulus die Versammlung. 34 Einige Leute schlossen sich ihm an und kamen zum Glauben. Unter ihnen war Dionysius, der dem Areopag angehörte, eine Frau namens Damaris und noch einige andere.

In Korinth: Viele kommen durch Paulus zum Glauben

18 1 Bald darauf verließ Paulus Athen und ging nach Korinth. 2 Dort traf er einen Juden namens Aquila und dessen Frau Priszilla. Aquila stammte aus Pontus und war erst kürzlich aus Italien gekommen. Denn Kaiser Claudius hatte alle Juden aus Rom ausweisen lassen. Paulus schloss sich den beiden an. 3 Weil er dasselbe Handwerk ausübte wie sie, blieb er bei ihnen. Er arbeitete in ihrem Betrieb mit, denn sie waren Zeltmacher von Beruf.

4 Jeden Sabbat sprach Paulus in der Synagoge und versuchte, Juden wie Griechen zu überzeugen. 5 Als dann Silas und Timotheus aus Makedonien nachkamen, konnte sich Paulus ganz der Verkündigung widmen. Eindrücklich bezeugte er den Juden: »Jesus ist der Christus!« 6 Aber sie wollten nichts davon wissen und spotteten darüber. Da schüttelte Paulus den Staub aus seinen Kleidern und sagte zu ihnen: »Ihr habt es euch selbst zuzuschreiben, wenn ihr verloren geht. Mich trifft keine Schuld! Von jetzt ab werde ich mich an die Menschen aus anderen Völkern wenden.« 7 Paulus verließ die Synagoge. Er lehrte nun im Haus eines Mannes namens Titius Justus, der an den Gott Israels glaubte. Sein Haus grenzte direkt an die Synagoge. 8 Krispus, der Synagogenleiter, kam zum Glauben an den Herrn – zusammen mit allen, die zu seiner Hausgemeinschaft gehörten. Viele Korinther, die davon hörten, kamen ebenfalls zum Glauben und ließen sich taufen.

9 Eines Nachts hatte Paulus eine Erscheinung. Der Herr sagte zu ihm: »Hab keine Angst! Verkünde weiter die Gute Nachricht und schweige nicht! 10 Ich bin bei dir, und niemand kann dir etwas anhaben. Viele Menschen in dieser Stadt sollen nämlich zum Glauben an mich kommen.« 11 Paulus blieb noch eineinhalb Jahre in Korinth und lehrte dort das Wort Gottes.

einen Tag festgesetzt: Der Tag, an dem Christus wiederkommt. Dann hält Gott Gericht und sein Reich bricht endgültig an.

Sabbat: In der Bibel der siebte Tag der Woche, heute unser Samstag. Er gilt im Judentum als Feiertag, an dem nicht gearbeitet werden darf.

Griechen: Menschen aus den Ländern im Mittelmeerraum, die keine Juden waren und Griechisch sprachen. Griechisch war im gesamten Osten des Römischen Reichs die gemeinsame Sprache.

Christus: Bedeutet übersetzt »der Gesalbte«. Im Alten Testament werden Könige, aber auch Propheten und Priester bei Amtsantritt gesalbt. Später wird der von Gott zum Herrscher der Welt bestimmte Retter so genannt. Im Neuen Testament ist das Jesus.

Staub abschütteln: Zeichenhafte Handlung, die den Abbruch aller Beziehungen zum Ausdruck bringt. Noch nicht einmal den Staub der anderen will man behalten.

Herr: Titel für Jesus Christus. Im griechischen Alten Testament steht das Wort »Herr« an den Stellen, an denen im hebräischen Text der Gottesname steht. Wenn Jesus Christus so genannt wird, kommt darin zum Ausdruck: In ihm begegnet Gott selbst den Menschen.

In Korinth: Paulus wird vor dem Statthalter Gallio angeklagt

12 Dann wurde Gallio Statthalter der Provinz Achaia. Da taten sich die
Juden gegen Paulus zusammen, schleppten ihn vor den Richterstuhl
13 und sagten: »Dieser Mann verführt die Menschen dazu, Gott auf
eine Weise zu verehren, die gegen das Gesetz verstößt.« 14 Noch ehe
Paulus anfangen konnte, sich zu verteidigen, sagte Gallio zu den Ju-
den: »Wenn es hier um einen Rechtsbruch oder ein Verbrechen ginge,
wäre es meine Pflicht, euch Juden anzuhören. 15 Es handelt sich aber
wohl um Streitfragen über Lehrunterschiede, Personen und euer
eigenes Gesetz. Dafür seid ihr selbst zuständig. Über solche Dinge
will ich nicht Richter sein!« 16 Und er ließ sie vom Richterstuhl ver-
treiben. 17 Die Leute, die dabeistanden, packten den Synagogenleiter
Sosthenes und verprügelten ihn vor dem Richterstuhl. Aber Gallio
kümmerte sich nicht weiter darum.

Die Rückreise nach Jerusalem und Antiochia

18 Paulus blieb noch einige Tage in Korinth. Dann verabschiedete er
sich von der Gemeinde dort und segelte nach Syrien. Priszilla und
Aquila begleiteten ihn. Vorher hatte sich Paulus in Kenchreä we-
gen eines Gelübdes die Haare abschneiden lassen. 19 Sie kamen nach
Ephesus. Dort ließ Paulus Priszilla und Aquila zurück. Er selbst ging
in die Synagoge und sprach zu den Juden. 20 Die baten ihn, doch noch
länger zu bleiben. Aber Paulus lehnte ab. 21 Er verabschiedete sich mit
den Worten: »Wenn Gott es will, werde ich zu euch zurückkommen.«
Dann fuhr er mit dem Schiff von Ephesus ab 22 und ging in Cäsarea
an Land. Von dort zog er nach Jerusalem, um die Gemeinde zu besu-
chen. Dann reiste er weiter nach Antiochia.

Die dritte Missionsreise des Paulus 18,23–21,14

Die Verkündigung des Apollos in Ephesus und Korinth

23 In Antiochia blieb Paulus eine Zeit lang. Dann brach er wieder auf
und reiste durch das Gebiet von Galatien und durch Phrygien. Über-
all bestärkte er die Jünger in ihrem Glauben.
24 Inzwischen kam ein Jude nach Ephesus, der Apollos hieß und
aus Alexandria stammte. Er war ein gebildeter Mann und kannte
sich sehr gut in der Heiligen Schrift aus. 25 Er war im Weg des Herrn
unterrichtet worden. Voller Begeisterung sprach er von Jesus und
lehrte andere zuverlässig alles über ihn. Allerdings kannte er nur die
Taufe durch Johannes. 26 Er fing an, unerschrocken in der Synagoge
aufzutreten. Priszilla und Aquila hörten ihn ebenfalls. Sie luden ihn
zu sich ein und erklärten ihm den Weg Gottes noch genauer. 27 Als
Apollos dann in die Provinz Achaia reisen wollte, ermutigten ihn die
Brüder dazu. Sie gaben ihm ein Empfehlungsschreiben mit, in dem
sie die Jünger dort baten, ihn freundlich aufzunehmen. Nach seiner
Ankunft wurde er den Glaubenden mit seiner besonderen Begabung

Gallio: Verwalter der römischen Provinz Achaia 51–52 n. Chr. Als römischer Statthalter war er auch für das Gerichtswesen in seiner Provinz verantwortlich.

Achaia: Römische Provinz im südlichen Teil des heutigen Griechenland mit der Hauptstadt Korinth.

Gesetz: Die Lebensvorschriften des Alten Testaments, besonders die fünf Bücher Mose.

Gelübde: Versprechen, das ein Mensch Gott gibt. Es muss in jedem Fall eingelöst werden.

Synagoge: Versammlungsstätte einer jüdischen Gemeinde.

Glaube, glauben: Meint das tiefe Vertrauen auf Gott, das zu einem Leben nach seinem Willen führt.

Heilige Schrift: Für das Judentum und für das frühe Christentum die Bücher, die sich im Alten Testament finden.

Weg des Herrn: Die Bezeichnung »(neuer) Weg« ist eine der ältesten Kurzbezeichnungen für das, was im Namen von Jesus Christus verkündet wird.

Taufe durch Johannes: Von der Taufe durch Johannes den Täufer erzählt Lukas 3,2-3. Mit ihr verbunden ist der Aufruf, das eigene Leben zu ändern.

eine große Hilfe. 28 Mit Nachdruck widerlegte er die Juden in öffent-
lichen Streitgesprächen. Er bewies ihnen nämlich aus der Heiligen
Schrift, dass Jesus der Christus ist.

In Ephesus: Paulus begegnet einigen Jüngern von Johannes dem Täufer

19 1 Während Apollos in Korinth war, zog Paulus über das
Hochland zum Meer hinunter nach Ephesus. Dort traf er
auf einige Jünger des Johannes. 2 Die fragte er: »Habt ihr den Heili-
gen Geist empfangen, als ihr zum Glauben gekommen seid?« Sie ant-
worteten: »Wir haben noch nicht einmal gehört, dass es einen Heili-
gen Geist gibt.« 3 Paulus fragte weiter: »Was für eine Taufe habt ihr
denn empfangen?« Sie erwiderten: »Die Taufe durch Johannes.« 4 Da
erklärte ihnen Paulus: »Bei der Taufe des Johannes ging es darum,
sein Leben zu ändern. Zugleich hat Johannes dem ganzen Volk ge-
sagt, sie sollen an den glauben, der nach ihm kommt. Das heißt: Sie
sollten an Jesus glauben.« 5 Als die Jünger des Johannes das hörten,
ließen sie sich im Namen von Jesus, dem Herrn, taufen. 6 Dann legte
Paulus ihnen die Hände auf, und der Heilige Geist kam auf sie. Sie
redeten in fremden Sprachen und mit prophetischen Worten. 7 Es
waren etwa zwölf Männer.

In Ephesus: Paulus lehrt zwei Jahre lang in der Schule des Tyrannus

8 Paulus ging regelmäßig in die Synagoge. Drei Monate lang trat er
unerschrocken dort auf. Er sprach mit den Leuten und versuchte, sie
für das Reich Gottes zu gewinnen. 9 Aber einige verschlossen sich der
Botschaft und wollten nichts von ihr wissen. Als sie vor der ganzen
Versammlung schlecht über den neuen Weg redeten, wandte Paulus
sich von ihnen ab. Er brachte auch die Jünger dazu, sich von der Syn-
agoge zu trennen. Von da an sprach er täglich in der Schule des Tyran-
nus zu ihnen. 10 Das tat er zwei Jahre lang. So hörten alle Bewohner
der Provinz Asia, Juden wie Griechen, das Wort des Herrn.

In Ephesus: Durch Paulus werden Kranke geheilt und Geister ausgetrieben

11 Gott wirkte durch Paulus außergewöhnliche Wunder. 12 Man nahm
sogar Tücher, mit denen er sich den Schweiß abgewischt oder die er
am Körper getragen hatte. Die Tücher legte man den Kranken auf.
Dann verschwanden die Krankheiten, und die bösen Geister fuhren
aus.
13 Es gab auch jüdische Geisterbeschwörer, die durchs Land zogen.
Einige von ihnen versuchten sogar, im Namen von Jesus, dem Herrn,
die bösen Geister auszutreiben. Dazu riefen sie über den Besessenen
aus: »Ich beschwöre euch bei Jesus, den Paulus verkündet!« 14 Einmal
versuchten das auch die sieben Söhne eines gewissen Skevas, der zu
den führenden jüdischen Priestern gehörte. 15 Aber der böse Geist
antwortete ihnen: »Jesus kenne ich und Paulus ist mir bekannt. Aber

Christus: Bedeutet übersetzt »der Gesalbte«. Im Alten Testament werden Könige, aber auch Propheten und Priester bei Amtsantritt gesalbt. Später wird der von Gott zum Herrscher der Welt bestimmte Retter so genannt. Im Neuen Testament ist das Jesus.

Hochland: Das kleinasiatische Hochland, heute Zentralanatolien in der Türkei.

im Namen: »Name« steht stellvertretend für den Herrschaftsbereich der Person, die den Namen trägt. Wer im Namen von Jesus Christus getauft wird, tritt in seinen Herrschaftsbereich und unterstellt sich seiner Fürsorge.

die Hand auflegen: Durch das Auflegen der Hände gibt Paulus den Segen Gottes weiter.

Synagoge: Versammlungsstätte einer jüdischen Gemeinde.

böser Geist: Eine böse Macht, die man sich als Person vorstellte. Sie kämpft gegen Gott und nimmt einen Menschen völlig in Besitz.

Geisterbeschwörer: Sie versuchten, böse Geister mithilfe von Beschwörungsformeln und Zaubersprüchen auszutreiben.

Name: Der Name steht für die Person, die den Namen trägt. Wer im Namen eines anderen oder im Namen Gottes handelt, handelt stellvertretend für ihn.

ihr – wer seid ihr?« 16 Der Besessene fiel über sie her, überwältigte sie
und richtete sie übel zu. Blutend und halb nackt flohen sie aus dem
Haus. 17 Alle Bewohner von Ephesus, Juden wie Griechen, erfuhren
von diesem Ereignis. Voll Ehrfurcht priesen sie den Namen von Je-
sus, dem Herrn.

18 Viele, die zum Glauben gekommen waren, kamen jetzt und ga-
ben offen zu, früher auch Zauberei getrieben zu haben. 19 Etliche
von ihnen brachten ihre Bücher herbei und verbrannten sie öffent-
lich. Man schätzte den Wert der verbrannten Bücher auf insgesamt
50 000 Silbermünzen. 20 So breitete sich das Wort des Herrn immer
weiter aus und erwies seine Kraft.

21 Nach diesen Ereignissen entschloss sich Paulus, über Make-
donien und die Provinz Achaia nach Jerusalem zu reisen. Er sagte:
»Nachdem ich dort gewesen bin, muss ich endlich auch Rom besu-
chen.« 22 Zwei seiner Helfer, Timotheus und Erastus, sandte er nach
Makedonien voraus. Er selbst blieb noch einige Zeit in der Provinz
Asia.

In Ephesus: Der Aufstand der Silberschmiede

23 In dieser Zeit kam es in Ephesus wegen des neuen Weges zu schwe-
ren Unruhen. 24 Dort gab es einen Silberschmied namens Demetrius.
Er stellte silberne Nachbildungen vom Tempel der Artemis her. Da-
mit verschaffte er auch den anderen Kunsthandwerkern vor Ort ein
gutes Einkommen. 25 Sie und die Arbeiter, die für sie tätig waren, rief
Demetrius einmal zusammen und sagte: »Männer, ihr wisst: Unser
ganzer Wohlstand hängt an diesem Geschäft. 26 Wie ihr seht und hört,
hat dieser Paulus viele Leute überredet und verführt – nicht nur hier
in Ephesus, sondern fast in der ganzen Provinz Asia. Er redet ihnen
ein, dass es keine Götter gibt, die von Menschenhand gemacht sind.
27 Damit ist aber nicht nur die Gefahr verbunden, dass unser ganzes
Gewerbe in Verruf kommt. Vielmehr droht dadurch die Bedeutung
des Tempels der großen Göttin Artemis zu schwinden. Ja, es wird
noch so weit kommen, dass die Göttin selbst nicht mehr geachtet
wird – sie, die man in der ganzen Provinz Asia und überall in der Welt
verehrt!«

28 Als die Männer das hörten, packte sie die Wut und sie schrien:
»Groß ist die Artemis von Ephesus!« 29 Die ganze Stadt geriet in Auf-
ruhr, und die Leute stürmten ins Theater. Dorthin schleppten sie
auch zwei Reisegefährten des Paulus, Gaius und Aristarch aus Ma-
kedonien. 30 Als Paulus selbst zur Volksversammlung gehen wollte,
hielten die Jünger ihn zurück. 31 Auch einige hohe Beamte der Pro-
vinzverwaltung, die mit Paulus befreundet waren, schickten ihm
eine Warnung: »Lass dich nur nicht im Theater blicken!«

32 Dort schrien alle wild durcheinander, denn in der Versamm-
lung herrschte große Verwirrung. Die meisten wussten nicht ein-
mal, warum man überhaupt zusammengekommen war. 33 Die Juden
schickten Alexander nach vorn. Einige aus der Menge erklärten ihm

Griechen: Menschen aus den Ländern im Mittelmeerraum, die keine Juden waren und Griechisch sprachen. Griechisch war im gesamten Osten des Römischen Reichs die gemeinsame Sprache.

neuer Weg: Eine der ältesten Kurzbezeichnungen für das, was im Namen von Jesus Christus verkündet wird.

Tempel der Artemis: Eines der Sieben Weltwunder in der Antike, das von vielen Pilgern besucht wurde. Die griechische Jagdgöttin Artemis wurde hier als Fruchtbarkeitsgöttin verehrt.

Theater: Freilufttheater mit halbrundem Zuschauerraum. Es diente gelegentlich als öffentlicher Versammlungsort einer Stadt.

Jünger: Wörtlich »Schüler«. Frauen und Männer, die an Jesus Christus glauben und sich in seinen Dienst stellen.

noch, was er sagen sollte. Alexander bat mit einer Handbewegung
um Ruhe und wollte vor der Volksversammlung mit einer Verteidi-
gungsrede beginnen. 34 Aber als die Leute merkten, dass er Jude war,
schrien sie alle wie aus einem Mund: »Groß ist die Artemis von Ephe-
sus!« Das ging ungefähr zwei Stunden lang so. 35 Schließlich gelang
es dem Stadtschreiber, die Menge zu beruhigen. Er rief: »Ihr Leute
von Ephesus! Alle Welt weiß doch, dass die Stadt Ephesus über den
Tempel der großen Artemis wacht. Auch ist bekannt, dass wir hier ihr
Standbild aufbewahren, das vom Himmel gefallen ist. 36 Das kann kei-
ner bestreiten! Beruhigt euch also und lasst euch zu nichts hinreißen.
37 Ihr habt diese Männer hergeschleppt. Sie haben weder unseren
Tempel bestohlen noch unsere Göttin gelästert. 38 Wenn Demetrius
und seine Handwerker Anklage gegen jemanden erheben wollen,
dann sollen sie vor Gericht gehen. Dafür sind die Statthalter zustän-
dig. Vor ihnen können die Gegner ihren Streit austragen. 39 Wenn ihr
aber noch andere Anliegen habt, muss das auf einer ordnungsgemä-
ßen Versammlung geklärt werden. 40 Sonst sind wir nach dem heuti-
gen Vorfall in Gefahr, dass man uns wegen Aufruhrs verklagt. Es gibt
ja nicht einmal eine Begründung für diesen Volksauflauf hier.« Mit
diesen Worten löste er die Versammlung auf.

In Makedonien und Griechenland: Paulus ermutigt die Gemeinden

20 1 Als der Tumult sich gelegt hatte, rief Paulus die Jünger zu-
sammen und machte ihnen Mut. Dann verabschiedete er
sich, um nach Makedonien zu reisen. 2 Unterwegs besuchte er über-
all die Gemeinden und ermutigte sie in langen Reden. Schließlich
kam er nach Griechenland 3 und blieb drei Monate dort. Dann wollte
er mit dem Schiff nach Syrien weiterfahren. Aber die Juden planten
einen Anschlag auf ihn. Deshalb entschloss er sich zum Rückweg
über Makedonien. 4 Seine Begleiter waren: Sopater aus Beröa, der
Sohn von Pyrrhus, Aristarch und Sekundus aus Thessalonich, Gaius
aus Derbe und Timotheus, außerdem Tychikus und Trophimus aus
der Provinz Asia. 5 Diese beiden fuhren voraus und warteten in Troas
auf uns. 6 Wir anderen stachen nach den Tagen der ungesäuerten
Brote von Philippi aus in See. Nach fünf Tagen stießen wir in Troas
wieder zu ihnen und verbrachten sieben Tage dort.

In Troas: Tod und Auferweckung von Eutychus

7 Am ersten Tag der Woche versammelten wir uns, um das Brot zu
brechen. Paulus sprach zu den Versammelten. Weil er am folgen-
den Tag abreisen wollte, zog sich seine Rede bis Mitternacht hin. 8 In
unserem Versammlungsraum im oberen Stockwerk brannten viele
Öllampen. 9 In der Fensteröffnung saß ein junger Mann namens Eu-
tychus. Als Paulus so lange sprach, wurde er vom Schlaf übermannt.
Er stürzte im Schlaf aus dem dritten Stock hinunter. Als man ihn
aufhob, war er tot. 10 Paulus ging hinab. Er warf sich über ihn, nahm
ihn in die Arme und sagte: »Beruhigt euch – er lebt noch!« 11 Paulus

lästern: Verächtliches Verhöhnen oder Verfluchen von Artemis.

Jünger: Wörtlich »Schüler«. Frauen und Männer, die an Jesus Christus glauben und sich in seinen Dienst stellen.

Begleiter: Sie waren Vertreter ihrer Gemeinden und begleiteten Paulus nach Jerusalem, um die Spendengelder zu überbringen.

Tage der ungesäuerten Brote: Andere Bezeichnung für das Passafest. Während des Passafests wird in Erinnerung an den Aufbruch aus Ägypten ausschließlich ungesäuertes Brot gegessen. In der Eile des Aufbruchs war damals keine Zeit, Brot aus Sauerteig zu backen.

wir: Lukas, der Verfasser der Apostelgeschichte, berichtet hier als Augenzeuge.

Brotbrechen: Frühchristliche Bezeichnung für die Feier des Abendmahls.

Öllampe: Lampe, in der mit einem Docht Öl verbrannt wurde. Sie war lange Zeit die wichtigste künstliche Lichtquelle.

ging wieder hinauf. Er brach das Brot in Stücke und aß mit ihnen.
Dann redete er noch lange zu den Versammelten. Schließlich wurde
es Morgen, und Paulus machte sich auf den Weg.
12 Den Jungen aber
brachten sie gesund nach Hause. Für die Versammelten war das eine
große Ermutigung.

Die Reise von Troas nach Milet

13 Wir bestiegen ein Schiff und fuhren voraus nach Assos. Dort soll-
ten wir Paulus an Bord nehmen. Das hatte er so angeordnet, weil
er selbst den Landweg nehmen wollte.
14 Als er in Assos wieder zu
uns stieß, nahmen wir ihn an Bord. Dann fuhren wir nach Mitylene.
15 Von dort segelten wir am nächsten Tag weiter und kamen bis vor
die Küste von Chios. Am Tag darauf legten wir in Samos an und noch
einen Tag später erreichten wir Milet.
16 Denn Paulus hatte beschlos-
sen, an Ephesus vorbeizufahren. Er wollte in der Provinz Asia keine
Zeit verlieren. Also beeilte er sich, um möglichst am Pfingsttag in Je-
rusalem zu sein.

In Milet: Paulus spricht zum Abschied zu den Gemeindeältesten von Ephesus

17 Von Milet aus schickte Paulus eine Nachricht nach Ephesus. Da-
rin bat er die Gemeindeältesten, zu ihm zu kommen.
18 Als sie einge-
troffen waren, sagte er zu ihnen: »Ihr wisst ja, wie ich mich die ganze
Zeit bei euch verhalten habe – vom ersten Tag an, nachdem ich in der
Provinz Asia angekommen war.
19 Ich habe dem Herrn gedient, ohne
an mich selbst zu denken. Tränen und schwere Prüfungen gehörten
dazu, weil Juden mich verfolgt haben.
20 Ich habe nichts verschwie-
gen, was für euch wichtig ist. Im Gegenteil: Ich habe euch alles ver-
kündet und euch alles gelehrt – sowohl öffentlich als auch in euren
Häusern.
21 Ich habe Juden und Griechen beschworen, zu Gott um-
zukehren und an Jesus, unseren Herrn, zu glauben.

22 Jetzt muss ich nach Jerusalem gehen. Der Heilige Geist zwingt
mich dazu. Ich weiß nicht, was dort mit mir geschehen wird.
23 Ich
weiß nur das: In jeder Stadt kündigt der Heilige Geist mir an, dass
Gefangenschaft und Leiden auf mich warten.
24 Doch was liegt schon
an meinem Leben! Es kommt nur darauf an, dass ich mein Ziel errei-
che. Ich habe den Auftrag zu erfüllen, den Jesus, der Herr, mir gege-
ben hat: Zeuge zu sein für die Gute Nachricht, dass Gott uns seine
Gnade schenkt!

25 Eines weiß ich: Ihr werdet mich nicht mehr wiedersehen – keiner
von euch, denen ich einst das Reich Gottes verkündet habe.
26 Deshalb
erkläre ich heute feierlich vor euch: Mich trifft keine Schuld, wenn
einer von euch verloren geht.
27 Denn ich habe nichts verschwiegen.
Im Gegenteil: Ich habe euch alles verkündet, was Gott vorhat.
28 Gebt
acht auf euch selbst und auf die ganze Herde. Der Heilige Geist hat
sie eurer Aufsicht anvertraut. Ihr sollt als Hirten für die Gemeinde
Gottes sorgen, die er durch sein eigenes Blut erworben hat.
29 Ich

Pfingsttag: Wörtlich »am fünfzigsten Tag«. Meint den fünfzigsten Tag nach dem Passafest, an dem im jüdischen Festkalender das Wochenfest beginnt. Apostelgeschichte 2 erzählt, wie der Heilige Geist an diesem Tag zu denen kommt, die zu Jesus gehören.

Gemeindeälteste: Leitungsamt in frühchristlichen Gemeinden, das meistens von älteren Männern ausgeübt wurde.

Griechen: Menschen aus den Ländern im Mittelmeerraum, die keine Juden waren und Griechisch sprachen. Griechisch war im gesamten Osten des Römischen Reichs die gemeinsame Sprache.

Gnade: Liebevolle Zuwendung Gottes, die er den Menschen ohne Vorbedingung schenkt.

Reich Gottes: Wörtlich »Königsherrschaft Gottes«. Bezeichnet den Herrschaftsbereich, in dem sich Gottes Wille durchsetzt.

durch sein eigenes Blut: Bild für den Tod von Jesus am Kreuz.

Jünger: Wörtlich »Schüler«. Frauen und Männer, die an Jesus Christus glauben und sich in seinen Dienst stellen.

Heilige: Bezeichnung für die Anhänger von Jesus Christus.

gesagt hat: Das Zitat erinnert an Lukas 6,30.

Gemeindeälteste: Leitungsamt in frühchristlichen Gemeinden, das meistens von älteren Männern ausgeübt wurde.

wir: Lukas, der Verfasser der Apostelgeschichte, berichtet hier als Augenzeuge.

Phönizien: Schmaler Landstreifen an der östlichen Mittelmeerküste vor allem auf dem Gebiet des heutigen Libanon.

Heiliger Geist: Kraft, durch die Gott in der Welt wirkt.

Cäsarea: Hafenstadt am Mittelmeer und Hauptstadt der römischen Provinz Judäa.

die Sieben: Apostelgeschichte 6,1-6 erzählt von sieben Männern, die als Helfer für die Apostel gewählt werden.

weiß: Wenn ich fort bin, werden reißende Wölfe bei euch eindrin-
gen und über die Herde herfallen. 30 Sogar aus euren eigenen Reihen
werden Männer auftreten, die falsche Lehren verkünden. So wol-
len sie die Jünger irreführen und auf ihre Seite ziehen. 31 Bleibt also
wachsam! Denkt stets daran: Drei Jahre lang habe ich mich bemüht,
jedem Einzelnen von euch den rechten Weg zu zeigen – bei Tag und
bei Nacht und oft unter Tränen. 32 Jetzt vertraue ich euch Gott und
der Botschaft von seiner Gnade an. Sie hat die Kraft, euch im Glauben
zu festigen. Durch sie werdet ihr das Erbe erhalten, das Gott für alle
Heiligen bestimmt hat. 33 Ich habe nie jemanden um Silber, Gold oder
Kleidung gebeten. 34 Ihr wisst selbst: Den Lebensunterhalt für mich
und meine Begleiter habe ich mit meinen eigenen Händen verdient.
35 Ich habe es euch in jeder Hinsicht vorgemacht: Wir müssen so hart
arbeiten, damit wir uns auch um die Bedürftigen kümmern können.
Dabei sollen wir uns immer an das erinnern, was Jesus, der Herr, dazu
gesagt hat: ›Geben ist seliger als Nehmen.‹«

36 Nach diesen Worten kniete Paulus zusammen mit allen Anwe-
senden nieder und betete. 37 Da brachen sie alle in lautes Weinen aus,
fielen Paulus um den Hals und küssten ihn. 38 Am meisten tat ihnen
weh, dass er gesagt hatte: »Ihr werdet mich nicht mehr wiedersehen.«
Schließlich begleiteten sie ihn zum Schiff.

Von Milet nach Tyros: Die Jünger warnen Paulus vor der Reise nach Jerusalem

21 1 Nach dem Abschied von den Gemeindeältesten aus Ephe-
sus stachen wir von Milet aus in See. Wir fuhren auf direk-
tem Weg nach Kos. Am nächsten Tag erreichten wir Rhodos und
von dort aus Patara. 2 Dort fanden wir ein Schiff, das nach Phönizien
fuhr. Wir gingen an Bord und legten ab. 3 Wir sichteten Zypern, lie-
ßen es aber links liegen und nahmen Kurs auf Syrien. In Tyros gingen
wir an Land, denn dort musste das Schiff die Ladung löschen. 4 Wir
machten die Jünger in Tyros ausfindig und blieben sieben Tage bei
ihnen. Aufgrund einer Eingebung des Heiligen Geistes warnten sie
Paulus dringend davor, nach Jerusalem weiterzureisen. 5 Als unser
Aufenthalt zu Ende ging, brachen wir zur Weiterreise auf. Alle Jün-
ger zusammen mit ihren Frauen und Kindern begleiteten uns bis vor
die Stadt. Am Strand knieten wir nieder und beteten. 6 Dann verab-
schiedeten wir uns voneinander und bestiegen das Schiff, während
sie nach Hause zurückkehrten.

Von Tyros nach Cäsarea: Der Prophet Agabus warnt Paulus

7 Von Tyros fuhren wir nach Ptolemais, wo unsere Schiffsreise en-
dete. Wir besuchten die Gemeinde dort, blieben aber nur einen Tag
bei ihnen. 8 Am nächsten Morgen brachen wir auf und zogen zu Fuß
weiter nach Cäsarea. Dort suchten wir das Haus des Philippus auf.
Er verkündete die Gute Nachricht und war einer der Sieben. Wäh-
rend unseres Aufenthalts blieben wir bei ihm. 9 Philippus hatte vier

Töchter. Sie waren nicht verheiratet und hatten die Gabe, als Prophe-
tinnen zu reden.
10 Wir hielten uns einige Tage in Cäsarea auf. Während dieser Zeit
kam ein Prophet namens Agabus aus Judäa dorthin 11 und suchte uns
auf. Er nahm Paulus den Gürtel ab, fesselte sich damit selbst die Füße
und Hände und sagte: »So spricht der Heilige Geist: ›Den Mann, dem
dieser Gürtel gehört, werden die Juden in Jerusalem genauso fesseln.
Dann werden sie ihn an die Heiden ausliefern!‹« 12 Als wir das hör-
ten, flehten wir zusammen mit den Gemeindemitgliedern von dort
Paulus an: »Geh nicht nach Jerusalem!« 13 Aber Paulus antwortete:
»Warum weint ihr und macht mir das Herz schwer? Ich bin nicht
nur bereit, mich in Jerusalem für Jesus, den Herrn, gefangen nehmen
zu lassen. Ich bin auch bereit, für ihn zu sterben.« 14 Er ließ sich nicht
umstimmen. Schließlich gaben wir es auf und sagten: »Der Wille des
Herrn soll geschehen!«

Paulus in Jerusalem 21,15–23,35

Der Ratschlag der Gemeindeältesten an Paulus

15 Bald darauf machten wir uns für die Reise fertig und zogen nach Je-
rusalem. 16 Einige Jünger aus Cäsarea begleiteten uns. Sie wollten uns
zu Mnason aus Zypern bringen, einem Jünger aus der Anfangszeit.
Der sollte uns als Gäste bei sich aufnehmen. 17 Als wir nach Jerusalem
kamen, wurden wir von den Brüdern und Schwestern dort herzlich
empfangen.
18 Am nächsten Tag ging Paulus mit uns zu Jakobus. Auch die Ge-
meindeältesten waren alle dabei. 19 Paulus begrüßte sie. Dann berich-
tete er in allen Einzelheiten von seinem Dienst – was Gott unter den
Menschen aus den anderen Völkern durch ihn bewirkt hatte. 20 Als
sie das hörten, lobten sie Gott. Doch dann sagten sie zu Paulus: »Du
musst bedenken, Bruder, wie viele Tausende von Juden zum Glauben
gekommen sind. Sie alle halten sich streng an das Gesetz. 21 Aber jetzt
hat man ihnen erzählt: Du würdest alle Juden in der Fremde dazu
auffordern, sich von Mose abzuwenden. Du hättest gesagt, sie sollten
ihre Kinder nicht mehr beschneiden lassen. Außerdem müssten sie
nicht länger nach den Vorschriften des Gesetzes leben. 22 Was sollen
wir jetzt machen? Sie werden auf jeden Fall erfahren, dass du hier bist.
23 Wir raten dir Folgendes: Wir haben hier vier Männer, die ein Ge-
lübde abgelegt haben. 24 Tu dich mit ihnen zusammen und vollziehe
gemeinsam mit ihnen die vorgeschriebene Reinigung. Übernimm
die Kosten, die für sie anfallen, damit sie sich die Haare schneiden
lassen können. Dann werden alle erkennen, dass die Berichte über
dich falsch sind und du das Gesetz befolgst. 25 Was die Menschen aus
den anderen Völkern angeht, die zum Glauben gekommen sind: Hier
haben wir ja schon eine Entscheidung getroffen. In einem Brief ha-
ben wir ihnen geschrieben, dass sie sich vor folgenden Dingen hüten

Prophet: Verkündet, was Gott in einer bestimmten Situation zu sagen hat.

Heiden: Bezeichnung für Menschen, die nicht an den Gott Israels glauben.

Jakobus: Bruder von Jesus, der zusammen mit Petrus und Johannes die Gemeinde in Jerusalem leitet.

von Mose abwenden: Bild für das Nichteinhalten der Lebensvorschriften des Alten Testaments, die sich vor allem in den fünf Büchern Mose finden.

Beschneidung: Das Abtrennen der Vorhaut am männlichen Glied ist für Israel Zeichen des Bundes zwischen Gott und seinem Volk.

die Haare schneiden lassen: Das Schneiden der Haare markierte für alle sichtbar den Abschluss des Nasiräer-Gelübdes. Es durfte erst geschehen, wenn alle mit dem Gelübde verbundenen Pflichten und Versprechen eingelöst waren.

eine Entscheidung getroffen: Apostelgeschichte 15,4-29 erzählt von einer Versammlung in Jerusalem, bei der entschieden wurde, welche Vorschriften aus dem Alten Testament von Nicht-Juden, die an Christus glaubten, eingehalten werden sollten.

sollen: Sie sollen kein Fleisch von Tieren essen, die als Opfer für Göt-
zen geschlachtet wurden. Sie sollen kein Blut zu sich nehmen und
kein Fleisch von Tieren essen, die nicht ausgeblutet sind. Und sie sol-
len keine verbotenen sexuellen Beziehungen eingehen.«

26 Daraufhin tat Paulus sich mit den Männern zusammen. Am fol-
genden Tag begann er, gemeinsam mit ihnen die vorgeschriebene
Reinigung zu vollziehen. Er ging zum Tempel und meldete, wann die
Zeit ihres Gelübdes ablief. Dann sollte für jeden von ihnen das vorge-
schriebene Opfer dargebracht werden.

Paulus wird im Tempel verhaftet

27 Als die sieben Tage fast vorüber waren, erblickten Juden aus der
Provinz Asia Paulus im Tempel in Jerusalem. Sie hetzten die ganze
Volksmenge auf und packten ihn. 28 Dabei schrien sie: »Männer aus
Israel, helft uns! Das ist der Übeltäter! Mit seinen Lehren hetzt er in
aller Welt gegen das Volk, gegen das Gesetz und gegen diesen Ort
hier. Jetzt hat er sogar Griechen in den Tempel mitgebracht und da-
durch diesen heiligen Ort entweiht.« 29 Sie hatten Paulus nämlich
kurz zuvor zusammen mit Trophimus aus Ephesus in Jerusalem ge-
sehen. Jetzt dachten sie, dass Paulus ihn in den Tempel mitgenom-
men hätte. 30 Bald war die ganze Stadt auf den Beinen. Aus allen Rich-
tungen lief das Volk zusammen. Die Leute stürzten sich auf Paulus
und zerrten ihn aus dem Tempel. Hinter ihm wurden sofort die Tore
geschlossen.

31 Die Leute waren drauf und dran, Paulus totzuschlagen. Da er-
reichte die Meldung den Kommandanten der in Jerusalem statio-
nierten Kohorte: »Ganz Jerusalem ist in Aufruhr!« 32 Er befahl sofort
einen Trupp Soldaten und Hauptmänner zu sich und eilte zu dem
Volksauflauf auf dem Tempelplatz. Als die Leute den Kommandan-
ten mit seiner Truppe sahen, hörten sie auf, Paulus zu schlagen. 33 Der
Kommandant trat näher heran. Er nahm Paulus fest und befahl, ihn
mit zwei Ketten zu fesseln. Dann erkundigte er sich bei den Leuten:
»Wer ist dieser Mann? Was hat er getan?« 34 Die Leute schrien alle
durcheinander. In dem Tumult konnte der Kommandant nichts Ge-
naues in Erfahrung bringen. Deshalb befahl er, Paulus in die Festung
zu bringen. 35 Die Treppe hinauf musste Paulus sogar von den Solda-
ten getragen werden – so heftig war der Ansturm der Leute. 36 Das
ganze Volk drängte nach und schrie: »Weg mit ihm!«

Paulus darf zum Volk sprechen

37 Als man Paulus dann in die Festung bringen wollte, fragte er den
Kommandanten: »Kann ich dich kurz sprechen?« Der Kommandant
antwortete: »Du sprichst Griechisch? 38 Dann bist du also gar nicht
der Ägypter, der hier vor einiger Zeit einen Aufstand angezettelt hat?
Du warst es also gar nicht, der die viertausend Aufständischen in die
Wüste hinausgeführt hat?« 39 Paulus erwiderte: »Nein, ich bin ein Ju-
de aus Tarsus in Kilikien und Bürger dieser recht bedeutenden Stadt.

Götze: Abfällige Bezeichnung für eine fremde Gottheit oder ihr Standbild.

nicht ausgeblutet: Blut gilt als der Sitz des Lebens und gehört Gott. Der Verzehr von Blut und Fleisch von Tieren, die nicht nach den Vorschriften geschlachtet wurden, ist aus Respekt vor dem Leben verboten; vgl. 1. Mose/Genesis 9,3-4.

Männer aus Israel: Menschen, die zu Gottes Volk gehören. Im Gegensatz zu anderen Völkern werden alle jüdischen Männer beschnitten.

Gesetz: Die Lebensvorschriften des Alten Testaments, besonders die fünf Bücher Mose.

Griechen: Menschen aus den Ländern im Mittelmeerraum, die keine Juden waren und Griechisch sprachen. Griechisch war im gesamten Osten des Römischen Reichs die gemeinsame Sprache.

Kommandant: Wörtlich »Führer einer Tausendschaft«. Militärischer Rang im römischen Heer.

Festung: Vermutlich die Burg Antonia nördlich des Tempels. Dort waren die römischen Truppen stationiert.

Ich bitte dich: Erlaube mir, zum Volk zu sprechen!« 40 Der Komman-
dant gab die Erlaubnis. Paulus stellte sich auf die Treppe und bat das
Volk mit einer Handbewegung um Ruhe. Da wurde es ganz still, und
Paulus begann auf Hebräisch zu reden.

Paulus berichtet von seiner Vergangenheit als Verfolger der Gemeinde

22 1 Paulus sagte: »Liebe Landsleute! Brüder und Väter! Hört,
was ich euch zu meiner Verteidigung zu sagen habe!« 2 Als sie
hörten, dass er auf Hebräisch zu ihnen sprach, wurden sie noch stiller.
Paulus fuhr fort: 3 »Ich bin ein Jude. Geboren wurde ich in Tarsus in
Kilikien, aber aufgewachsen bin ich hier in Jerusalem. Mein Lehrer
war Gamaliel. Von ihm erhielt ich meinen Unterricht, genau wie es
dem Gesetz unserer Vorfahren entspricht. Mit großem Eifer habe
ich Gott gedient, so wie ihr alle es heute tut. 4 Ich habe die Anhänger
des neuen Weges bis aufs Blut verfolgt. Männer und Frauen habe
ich festnehmen und ins Gefängnis werfen lassen. 5 Der Hohepriester
und die Ratsältesten können das bestätigen. Von ihnen habe ich so-
gar eine schriftliche Vollmacht bekommen. Damit bin ich zu unseren
jüdischen Brüdern nach Damaskus gereist. Dort sollte ich die Anhän-
ger des neuen Wegs festnehmen und als Gefangene nach Jerusalem
bringen. Hier sollten sie dann bestraft werden.«

Paulus erzählt von seiner Berufung

6 »Unterwegs, kurz vor Damaskus, geschah aber etwas: Um die Mit-
tagszeit umstrahlte mich plötzlich ein helles Licht vom Himmel. 7 Ich
stürzte zu Boden und hörte eine Stimme, die zu mir sagte: ›Saul, Saul,
warum verfolgst du mich?‹ 8 Ich antwortete: ›Wer bist du, Herr?‹ Er
sagte zu mir: ›Ich bin Jesus, der Nazoräer, den du verfolgst.‹ 9 Meine
Begleiter sahen zwar das Licht. Aber die Stimme, die zu mir sprach,
hörten sie nicht. 10 Ich fragte: ›Was soll ich tun, Herr?‹ Der Herr sagte
zu mir: ›Steh auf und geh nach Damaskus. Dort wirst du alles er-
fahren, was Gott dir aufträgt.‹ 11 Die strahlende Herrlichkeit dieses
Lichts hatte mich blind gemacht. Deshalb musste ich von meinen
Begleitern an der Hand geführt werden. So kam ich nach Damaskus.
12 Dort lebte ein gewisser Hananias. Er war ein frommer Mann und
hielt sich streng an das Gesetz. Bei allen Juden in der Stadt war er
hoch angesehen. 13 Der kam zu mir und sagte: ›Saul, Bruder, du sollst
wieder sehen können!‹ Im selben Augenblick konnte ich wieder se-
hen und blickte ihn an. 14 Er sagte: ›Der Gott unserer Vorfahren hat
dich dazu bestimmt, seinen Willen zu erkennen. Du durftest den Ge-
rechten sehen und seine Stimme hören. 15 Denn du wirst als Zeuge
für ihn auftreten. Dann wirst du allen Menschen weitersagen, was du
gesehen und gehört hast. 16 Was zögerst du noch? Steh auf und lass
dich taufen! Bekenne dich zu Jesus und lass dich reinwaschen von
deinen Sünden!‹
17 Als ich dann wieder nach Jerusalem zurückgekehrt war und im

Jerusalem: Mit dem Tempel religiöses und kulturelles Zentrum des Landes.

Gamaliel: Lehrer von Paulus. Gamaliel war ein angesehener jüdischer Schriftgelehrter und Pharisäer, der in Texten aus der Umwelt des Neuen Testaments erwähnt wird.

neuer Weg: Eine der ältesten Kurzbezeichnungen für das, was im Namen von Jesus Christus verkündet wird.

Hohepriester: Hatte die Aufsicht über alles, was das Heiligtum, den Gottesdienst und den Dienst der Priester betraf.

Ratsälteste: Mitglieder des jüdischen Rats, der obersten Behörde zur Regelung religiöser Angelegenheiten.

Saul: Kurzform von Saulus, dem hebräischen Namen von Paulus.

Nazoräer: Bezeichnung für die Herkunft von Jesus aus der Stadt Nazaret.

der Gerechte: Bezeichnung für Jesus Christus.

taufen: Wörtlich »(in Wasser) eintauchen«. Die Handlung steht zeichenhaft für das Abwaschen von Schuld und Sünde und die Aufnahme in die Gemeinde.

Sünden: Konkrete Verfehlungen, die von Gott trennen und das Gewissen belasten können.

Tempel betete, hatte ich eine Vision. 18 Ich sah den Herrn. Er sagte zu mir: ›Beeile dich! Verlasse unverzüglich Jerusalem. Denn hier wird man nicht annehmen, was du als Zeuge über mich berichtest.‹ 19 Ich antwortete: ›Herr, sie wissen doch genau, was ich denen, die an dich glaubten, angetan habe. Ich war es doch, der sie ins Gefängnis werfen und in den Synagogen auspeitschen ließ. 20 Ich stand dabei, als das Blut deines Zeugen Stephanus vergossen wurde. Ich war mit allem einverstanden und passte sogar auf die Kleider seiner Mörder auf.‹ 21 Aber der Herr sagte zu mir: ›Geh! Ich will dich zu den Völkern senden, die in der Ferne leben.‹«

Paulus löst einen Tumult aus und beruft sich auf sein römisches Bürgerrecht

22 Bis zu diesen Worten hatten die Leute Paulus ruhig zugehört. Aber jetzt fingen sie an zu schreien: »Weg mit ihm! So einer muss von der Erde verschwinden. Er darf nicht am Leben bleiben!« 23 Sie tobten, rissen sich die Kleider vom Leib und warfen Staub in die Luft. 24 Der Kommandant befahl, Paulus in die Festung zu bringen. Er ordnete an, ihn unter Peitschenhieben zu verhören. So wollte er herausfinden, warum seinetwegen unter den Leuten so ein Tumult entstanden war. 25 Paulus war schon zur Auspeitschung festgebunden. Da sagte er zu dem Hauptmann, der die Aufsicht führte: »Dürft ihr denn einen römischen Bürger auspeitschen – noch dazu ohne ordentliches Gerichtsverfahren?« 26 Als der Hauptmann das hörte, ging er zum Kommandanten, meldete es ihm und fragte: »Was willst du jetzt tun? Dieser Mann ist ein römischer Bürger!«

27 Da ging der Kommandant zu Paulus und fragte ihn: »Sag mir: Bist du wirklich ein römischer Bürger?« Paulus antwortete: »Ja.« 28 Der Kommandant sagte: »Ich habe für dieses Bürgerrecht viel Geld bezahlt.« Paulus entgegnete: »Ich besitze es sogar von Geburt an.« 29 Die Männer, die ihn verhören sollten, ließen sofort von ihm ab. Auch der Kommandant bekam Angst, nachdem er erfahren hatte, dass Paulus ein römischer Bürger war – und er hatte ihn fesseln lassen!

Paulus vor dem jüdischen Rat

30 Am folgenden Tag wollte der Kommandant sich Klarheit darüber verschaffen, was die Juden Paulus vorwarfen. Er ließ ihm die Ketten abnehmen und befahl, die führenden Priester und den ganzen jüdischen Rat zusammenzurufen. Dann ließ er Paulus vor sie führen und ihnen gegenüberstellen.

23 1 Paulus richtete seinen Blick fest auf die Mitglieder des jüdischen Rats und sagte: »Ihr Brüder! Bis zum heutigen Tag habe ich immer so gelebt, dass ich vor Gott ein reines Gewissen habe.« 2 Da befahl der Hohepriester Hananias den Ratsältesten, die neben Paulus standen, ihm auf den Mund zu schlagen. 3 Daraufhin sagte Paulus zu ihm: »Gott wird dich schlagen, du Scheinheiliger! Du willst nach dem Gesetz über mich Gericht halten? Dabei missachtest

Synagoge: Versammlungsstätte einer jüdischen Gemeinde.

das Blut deines Zeugen Stephanus: Von der Steinigung des Stephanus, die Paulus befürwortete, erzählt Apostelgeschichte 7,54–8,1.

Kleider vom Leib reißen: Ausdruck tiefer Betroffenheit, beispielsweise bei Trauer, Wut oder Verzweiflung.

römischer Bürger: Das Bürgerrecht beinhaltet verschiedene Rechte und Pflichten, die nicht gleichermaßen für andere Bewohner des Römischen Reichs galten. Dazu gehörten Wahlrecht, Kriegsdienst und das Verbot bestimmter grausamer Hinrichtungsarten wie der Kreuzigung oder Folter.

jüdischer Rat: Oberste Behörde zur Regelung religiöser Angelegenheiten.

Hohepriester: Hatte die Aufsicht über alles, was das Heiligtum, den Gottesdienst und den Dienst der Priester betraf.

Gesetz: Die Lebensvorschriften des Alten Testaments, besonders die fünf Bücher Mose.

du doch selbst das Gesetz, wenn du mich schlagen lässt!« 4 Die um-
stehenden Ratsältesten fuhren ihn an: »Wie kannst du es wagen,
den Hohepriester Gottes zu beleidigen!« 5 Paulus entschuldigte sich:
»Brüder, ich wusste nicht, dass er der Hohepriester ist. In der Heili-
gen Schrift steht ja: ›Du sollst ein Oberhaupt in deinem Volk nicht
verfluchen!‹«

6 Paulus wusste, dass der jüdische Rat teils aus Sadduzäern und
teils aus Pharisäern bestand. Deshalb rief er in die Versammlung hin-
ein: »Ihr Brüder! Ich bin Pharisäer und komme aus einer Pharisäer-
familie. Ich stehe hier vor Gericht wegen meiner Hoffnung auf die
Auferstehung der Toten!« 7 Kaum hatte Paulus das gesagt, brach zwi-
schen den Pharisäern und den Sadduzäern ein Streit los. Die ganze
Versammlung spaltete sich in zwei Lager. 8 Die Sadduzäer behaupten
nämlich, dass es keine Auferstehung gibt – ebenso wenig wie Engel
oder Geister. Die Pharisäer dagegen bekennen sich zu all dem. 9 So
kam es zu einer lautstarken Auseinandersetzung. Schließlich stan-
den einige Schriftgelehrte auf, die zur Gruppe der Pharisäer gehör-
ten, um ihren Standpunkt zu verteidigen. Sie erklärten: »Wir können
diesem Mann nichts vorwerfen. Vielleicht hat ja tatsächlich ein Geist
oder ein Engel mit ihm gesprochen.«

10 Der Streit wurde immer heftiger. Am Ende befürchtete der Kom-
mandant, dass Paulus zwischen den Parteien zerrissen würde. Er ließ
eine Abteilung Soldaten kommen. Die sollten Paulus aus der Menge
herausholen und ihn wieder in die Festung bringen. 11 In der folgen-
den Nacht erschien der Herr dem Paulus und sagte: »Nur Mut! Wie
du in Jerusalem mein Zeuge warst, so sollst du auch in Rom mein
Zeuge sein!«

Paulus entkommt einer Verschwörung

12 Am nächsten Morgen trafen sich etliche Juden, um sich gegen Pau-
lus zusammenzuschließen. Sie legten einen feierlichen Eid ab: »Wir
wollen weder essen noch trinken, bis wir Paulus getötet haben.«
13 Mehr als 40 Männer beteiligten sich an dieser Verschwörung. 14 Sie
gingen zu den führenden Priestern und den Ratsältesten und sagten:
»Wir haben einen feierlichen Eid geschworen, nichts zu essen, bis wir
Paulus getötet haben. 15 Geht jetzt mit dem jüdischen Rat zum Kom-
mandanten. Bittet ihn, euch Paulus noch einmal vorführen zu las-
sen – als ob ihr seinen Fall genauer untersuchen wolltet. Wir halten
uns dann bereit, ihn umzubringen, bevor er hier ankommt.«

16 Aber ein Neffe von Paulus, der Sohn seiner Schwester, hörte von
dem geplanten Anschlag. Er ging in die Festung und berichtete Pau-
lus davon. 17 Paulus rief einen Hauptmann herbei und bat ihn: »Bring
diesen jungen Mann zum Kommandanten. Er hat eine Nachricht für
ihn.« 18 Der Hauptmann brachte den Neffen zum Kommandanten
und sagte: »Der Gefangene Paulus hat mich rufen lassen und mich
gebeten, diesen jungen Mann zu dir zu bringen. Er hat dir etwas zu
berichten.« 19 Der Kommandant zog ihn zur Seite und erkundigte

in der Heiligen Schrift steht: Zitat aus 2. Mose/Exodus 22,27.

Sadduzäer: Angehörige einer jüdischen Glaubensgruppe, in der Priester eine bedeutende Rolle spielten. Neben den vornehmen Priesterfamilien gehörten ihr auch andere Vertreter der führenden Gesellschaftsschicht an.

Pharisäer: Angehöriger einer jüdischen Glaubensgruppe, die die biblischen Vorschriften und Gesetze sehr streng auslegte.

Schriftgelehrte: Menschen, deren Aufgabe das Studium und die Auslegung der Heiligen Schrift ist.

Kommandant: Apostelgeschichte 21,31-40 erzählt, dass der Kommandant der römischen Truppen in Jerusalem Paulus angesichts eines Volksaufstands gefangen nehmen lässt.

führende Priester: Der amtierende Hohepriester, seine Vorgänger und weitere Priester aus der Führungsschicht.

Ratsälteste: Mitglieder des jüdischen Rats, der obersten Behörde zur Regelung religiöser Angelegenheiten.

Festung: Gemeint ist wahrscheinlich die Burg Antonia nördlich des Tempels. Dort waren die römischen Truppen in Jerusalem stationiert.

sich: »Was hast du mir zu melden?« [20] Der Neffe sagte: »Die Juden
haben verabredet, dich um etwas zu bitten. Du sollst Paulus morgen
noch einmal dem jüdischen Rat vorführen – angeblich, um seinen
Fall noch genauer zu untersuchen. [21] Du darfst dich auf keinen Fall
darauf einlassen! Denn mehr als 40 von ihnen haben sich gegen Pau-
lus zusammengeschlossen. Sie haben einen Eid abgelegt, weder zu
essen noch zu trinken, bis sie Paulus umgebracht haben. Sie halten
sich schon bereit und warten nur noch auf deine Zusage.« [22] Der Kom-
mandant wies den jungen Mann an: »Verrate keinem Menschen, dass
du mir von diesem Plan erzählt hast.« Dann ließ er ihn gehen.

Paulus wird zu Felix nach Cäsarea gebracht

[23] Der Kommandant rief zwei Hauptmänner zu sich und gab ihnen
den Befehl: »200 Soldaten sollen sich zum Abmarsch nach Cäsarea
bereit machen, dazu noch 70 Reiter und 200 Leichtbewaffnete. Zur
dritten Nachtstunde ist Aufbruch. [24] Besorgt auch Reittiere für Pau-
lus und bringt ihn sicher zu Felix, dem römischen Statthalter.« [25] Au-
ßerdem schrieb der Kommandant einen Brief mit folgendem Inhalt:
[26] »Von Claudius Lysias an den hochverehrten Bevollmächtigten Fe-
lix. Sei gegrüßt! [27] Diesen Mann hatten die Juden in ihre Gewalt ge-
bracht und wollten ihn umbringen. Ich schritt mit meinen Soldaten
ein, um ihn in Sicherheit zu bringen – zumal ich erfahren habe, dass
er römischer Bürger ist. [28] Weil ich herausfinden wollte, was sie ihm
vorwarfen, führte ich ihn dem jüdischen Rat vor. [29] Es stellte sich her-
aus, dass sich ihre Vorwürfe nur auf Streitfragen über ihr Gesetz be-
ziehen. Es liegt keine Anklage gegen ihn vor, die ein Todesurteil oder
eine Gefängnisstrafe rechtfertigt. [30] Doch dann wurde mir gemeldet,
dass gegen den Mann ein Anschlag geplant ist. Deshalb habe ich ihn
umgehend zu dir geschickt. Ich habe auch die Kläger angewiesen,
ihre Anschuldigungen bei dir vorzutragen.«

[31] Die Soldaten übernahmen Paulus wie befohlen und brachten ihn
noch in der Nacht bis nach Antipatris. [32] Am nächsten Tag kehrten die
Fußtruppen in ihre Festung zurück, während die Reiter mit Paulus
weiterzogen. [33] In Cäsarea übergaben sie dem römischen Statthalter
den Brief und führten ihm Paulus vor. [34] Felix las den Brief und fragte
Paulus: »Aus welcher Provinz stammst du?« »Aus Kilikien«, bekam er
zur Antwort. [35] Da erklärte Felix: »Ich werde dich vernehmen, sobald
auch deine Ankläger hier sind.« Dann befahl er, Paulus im Palast des
Herodes, dem sogenannten Prätorium, zu bewachen.

Die Haft des Paulus in Cäsarea 24,1–26,32

Die führenden Juden klagen Paulus an

24 [1] Fünf Tage später kam der Hohepriester Hananias nach
Cäsarea. Einige Ratsälteste und ein Anwalt, ein gewisser
Tertullus, begleiteten ihn. Sie erhoben Anklage gegen Paulus bei Fe-

dritte Nachtstunde: Die Zeit zwischen Sonnenaufgang und -untergang wurde in zwölf Stunden eingeteilt, die je nach Jahreszeit unterschiedlich lang waren. Die dritte Stunde ist abends, etwa um 21.00 Uhr.

römischer Bürger: Das Bürgerrecht beinhaltet verschiedene Rechte und Pflichten, die nicht gleichermaßen für andere Bewohner des Römischen Reichs galten. Dazu gehörten Wahlrecht, Kriegsdienst und das Verbot bestimmter grausamer Hinrichtungsarten wie der Kreuzigung oder Folter.

jüdischer Rat: Oberste Behörde zur Regelung religiöser Angelegenheiten.

Gesetz: Die Lebensvorschriften des Alten Testaments, besonders die fünf Bücher Mose.

Palast des Herodes: Amtssitz des römischen Bevollmächtigten in Cäsarea. Er war von Herodes dem Großen erbaut worden.

Hohepriester: Hatte die Aufsicht über alles, was das Heiligtum, den Gottesdienst und den Dienst der Priester betraf.

lix, dem römischen Statthalter. 2 Nachdem man Paulus gerufen hatte, begann Tertullus mit seiner Anklagerede: »Verehrter Felix! Dein Verdienst ist es, dass wir schon so lange in Frieden leben. Und deiner Umsicht verdanken wir wichtige Neuerungen für dieses Volk. 3 Das erkennen wir immer und überall in tiefster Dankbarkeit an. 4 Doch um dich nicht unnötig aufzuhalten, bitte ich dich: Schenke uns kurz deine wohlwollende Aufmerksamkeit. 5 Wir haben festgestellt: Dieser Mann ist gefährlich wie die Pest. Als Anführer der Nazoräer-Sekte stiftet er Unruhe unter allen Juden auf der ganzen Welt. 6 Er hat sogar versucht, den Tempel zu entweihen. Dabei haben wir ihn festgenommen. [… 7 … 8 …] Wenn du ihn selbst verhörst, wirst du verstehen, warum wir ihn anklagen.«

9 Die Juden unterstützten Tertullus und erklärten: »Genauso verhält es sich!«

Paulus verteidigt sich vor Felix

10 Der römische Statthalter forderte Paulus mit einem Zeichen zum Reden auf, und Paulus erwiderte: »Ich weiß, dass du seit vielen Jahren als Richter über dieses Volk eingesetzt bist. Deshalb gehe ich voller Zuversicht an meine Verteidigung. 11 Ich bin erst vor zwölf Tagen nach Jerusalem gekommen, um im Tempel zu beten. Das kannst du leicht überprüfen. 12 Niemand hat mich dort Streitgespräche führen sehen oder beobachtet, dass ich einen Aufstand angezettelt hätte – weder im Tempel noch in den Synagogen noch irgendwo sonst in der Stadt. 13 Für nichts von dem, was mir hier vorgeworfen wird, können sie dir Beweise vorlegen.

14 Das allerdings gebe ich vor dir offen zu: Ich diene dem Gott unserer Vorfahren so, wie es dem neuen Weg entspricht. Sie bezeichnen ihn als Sekte. Aber ich glaube an alles, was im Gesetz und bei den Propheten steht. 15 Und ich setze die gleiche Hoffnung auf Gott wie diese Leute hier: die Hoffnung, dass die Toten auferstehen werden – sowohl die Gerechten als auch die Frevler. 16 Aus diesem Grund bemühe auch ich mich, immer ein reines Gewissen zu haben – vor Gott und vor den Menschen.

17 Nach vielen Jahren bin ich wieder nach Jerusalem zurückgekehrt. Ich hatte Geldspenden für mein Volk dabei und wollte Gott Opfer darbringen. 18 Dabei hat man mich im Tempel gesehen. Die vorgeschriebene Reinigung hatte ich bereits vollzogen. Weder war ich von einer Menschenmenge umringt noch in einen Tumult verwickelt. 19 Bei den Leuten, die mich gesehen hatten, handelte es sich um Juden aus der Provinz Asia. Sie sollten eigentlich jetzt vor dir stehen und Anklage erheben, wenn sie mir etwas vorzuwerfen haben! 20 Du kannst aber auch diese Männer hier fragen. Welches Vergehen haben sie denn festgestellt, als ich vor dem jüdischen Rat verhört wurde? 21 Es kann sich höchstens um einen einzigen Satz handeln. Damals, als ich vor ihnen stand, habe ich ausgerufen: ›Ich stehe heute vor eurem Gericht, weil ich an die Auferstehung der Toten glaube!‹«

römischer Statthalter: Verwalter einer Region oder Provinz im Auftrag des römischen Senats oder des Kaisers.

Nazoräer-Sekte: »Nazoräer« ist eine Bezeichnung für die Herkunft von Jesus aus der Stadt Nazaret. Hier werden seine Anhänger als Gruppe mit diesem Namen belegt.

[…]: Einige Handschriften fügen hinzu: »Wir wollten ihn nach unserem eigenen Gesetz verurteilen. 7 Aber der Kommandant Lysias hat ihn mit Gewalt aus unseren Händen befreit. 8 Und Lysias hat befohlen: ›Wer eine Anklage gegen ihn hat, soll sich an dich wenden.‹ «

Synagoge: Versammlungsstätte einer jüdischen Gemeinde.

neuer Weg: Eine der ältesten Kurzbezeichnungen für das, was im Namen von Jesus Christus verkündet wird.

Gesetz und Propheten: Im Neuen Testament eine gebräuchliche Bezeichnung für die Heilige Schrift. Christen lesen bestimmte Texte aus dem Alten Testament als Ankündigung für das Schicksal von Jesus Christus. Ein zentraler Text ist beispielsweise Jesaja 52,13–53,12.

Gerechte: Menschen, die Gottes Gebote befolgen, sodass das Leben in Gemeinschaft miteinander gelingt.

Felix: Römischer Statthalter in der Provinz Judäa 52–60 n. Chr.

neuer Weg: Eine der ältesten Kurzbezeichnungen für das, was im Namen von Jesus Christus verkündet wird.

Gericht, verurteilen: Als Herrscher über die ganze Welt ist Gott der Richter, der am Ende der Zeit ein Urteil über sie spricht.

Festus: Römischer Statthalter in der Provinz Judäa 60 n. Chr.

führende Priester: Der amtierende Hohepriester, seine Vorgänger und weitere Priester aus der Führungsschicht.

Gesetz: Die Lebensvorschriften des Alten Testaments, besonders die fünf Bücher Mose.

Tempel: Das zentrale Heiligtum in Jerusalem. Der Tempel galt als Wohnung Gottes und war Zufluchtsort für Verfolgte.

Felix verschleppt den Prozess

22 Felix wusste über den neuen Weg sehr gut Bescheid. Er vertagte die Verhandlung mit den Worten: »Ich werde euren Fall entscheiden, sobald Kommandant Lysias da ist.« 23 Er befahl dem zuständigen Hauptmann, Paulus weiter in Gewahrsam zu halten, aber die Haft zu erleichtern. Keiner von seinen Freunden sollte daran gehindert werden, für ihn zu sorgen.

24 Einige Tage später kam Felix zusammen mit seiner Frau Drusilla, die Jüdin war. Er ließ Paulus herbeibringen. Dann hörte er sich an, was Paulus über den Glauben an Christus Jesus sagte. 25 Aber Paulus sprach zuletzt auch über Gerechtigkeit, Enthaltsamkeit und das bevorstehende Gericht. Da erschrak Felix und sagte: »Für heute kannst du gehen. Wenn ich Zeit habe, lasse ich dich wieder holen.« 26 Gleichzeitig hoffte er, von Paulus Geld zu bekommen. Deshalb ließ er ihn noch öfter zu sich bringen und unterhielt sich mit ihm.

27 Zwei Jahre später wurde Felix durch Porcius Festus abgelöst. Felix wollte den Juden noch einen Gefallen erweisen. Deshalb sorgte er dafür, dass Paulus weiterhin im Gefängnis blieb.

Festus nimmt den Prozess wieder auf

25 1 Drei Tage nach seinem Amtsantritt reiste Festus von Cäsarea nach Jerusalem. 2 Die führenden Priester und die angesehensten Männer des jüdischen Volkes erneuerten bei ihm ihre Anklage gegen Paulus. Sie baten den Statthalter 3 um einen Beweis für sein Wohlwollen: Er sollte Paulus wieder nach Jerusalem verlegen lassen. Denn sie planten einen Anschlag gegen Paulus und wollten ihn unterwegs umbringen lassen. 4 Aber Festus antwortete: »Paulus bleibt im Gefängnis in Cäsarea. Ich selbst werde in Kürze dorthin zurückkehren.« 5 Weiter sagte er: »Eure Bevollmächtigten können ja mitkommen. Wenn der Mann tatsächlich etwas Unrechtes getan hat, sollen sie dort Anklage gegen ihn erheben.«

6 Festus blieb nur acht oder zehn Tage in Jerusalem. Dann zog er weiter nach Cäsarea. Gleich am nächsten Tag eröffnete er die Gerichtsverhandlung und ließ Paulus vorführen. 7 Als er vor Gericht erschien, umringten ihn die Juden, die aus Jerusalem gekommen waren. Sie brachten viele schwere Anklagen gegen ihn vor, die sie aber nicht beweisen konnten. 8 Paulus verteidigte sich: »Ich habe mir nichts zuschulden kommen lassen – weder gegen das Gesetz der Juden noch gegen den Tempel oder den Kaiser.«

9 Festus wollte den Juden aber einen Gefallen tun. Deshalb fragte er Paulus: »Willst du nach Jerusalem gehen? Dort könnte in meiner Gegenwart ein Urteil in dieser Sache gefällt werden.« 10 Aber Paulus erwiderte: »Ich stehe hier vor dem kaiserlichen Gericht, und vor ihm muss mein Fall entschieden werden. Ich habe den Juden kein Unrecht getan, wie du sehr wohl weißt. 11 Wenn ich wirklich ein Unrecht oder ein todeswürdiges Verbrechen begangen habe, bin ich bereit zu sterben. Wenn aber ihre Anschuldigungen nicht haltbar

sind, darf niemand mich ihnen aus Gefälligkeit ausliefern. Ich ver-
lange, dass mein Fall vor den Kaiser kommt.« 12 Daraufhin besprach
sich Festus mit seinen Beratern. Dann antwortete er: »Du wolltest,
dass dein Fall vor den Kaiser kommt. Also sollst du vor den Kaiser
gebracht werden!«

Festus informiert König Agrippa über Paulus

13 Einige Zeit später kamen König Agrippa und seine Schwester Be-
renike nach Cäsarea, um Festus einen Antrittsbesuch abzustatten.
14 Nachdem sie schon einige Tage da waren, legte Festus dem König
den Fall des Paulus vor: »Felix hat hier einen Mann als Gefangenen
zurückgelassen. 15 Als ich in Jerusalem war, erhoben die führenden
Priester und die Ratsältesten der Juden Anklage gegen ihn. Sie for-
derten seine Verurteilung. 16 Ich antwortete ihnen: ›Es ist bei den
Römern nicht üblich, einen Angeklagten einfach aus Gefälligkeit
auszuliefern. Der Angeklagte muss zuerst den Anklägern persönlich
gegenübergestellt werden. Dabei muss er Gelegenheit erhalten, sich
gegen die Anklage zu verteidigen.‹ 17 Daraufhin kamen einige von ih-
nen mit mir hierher. Ich habe dann unverzüglich für den nächsten
Tag eine Gerichtsverhandlung angesetzt und ließ den Mann vorfüh-
ren. 18 Bei der Gegenüberstellung brachten die Ankläger aber keine
Beschuldigungen wegen irgendwelcher schwerer Vergehen vor. Das
hatte ich eigentlich erwartet. 19 Es ging lediglich um einige Streitfra-
gen, die ihre eigene Religion betreffen. Und um einen gewissen Je-
sus, der längst tot ist. Aber Paulus behauptet, dass dieser Jesus lebt.
20 In solchen Dingen kenne ich mich nicht genügend aus. Deshalb
fragte ich Paulus: ›Willst du nicht nach Jerusalem gehen und den Fall
dort entscheiden lassen?‹ 21 Aber Paulus legte dagegen Berufung ein.
Er wollte bis zu einer Entscheidung Seiner Kaiserlichen Majestät in
Haft bleiben. Also befahl ich, ihn weiter in Haft zu halten, bis ich ihn
zum Kaiser schicken kann.« 22 Da sagte Agrippa zu Festus: »Ich würde
den Mann gern einmal selbst hören.« »Morgen sollst du dazu Gele-
genheit haben«, antwortete Festus.
23 Am folgenden Tag erschienen Agrippa und Berenike mit großem
Gefolge. Begleitet von den Kommandanten und den angesehensten
Männern der Stadt, betraten sie den Empfangssaal. Auf Befehl von
Festus wurde Paulus der Versammlung vorgeführt. 24 Dann ergriff
Festus das Wort: »König Agrippa! Verehrte Gäste! Hier seht ihr den
Mann, wegen dessen Verurteilung die versammelten Juden mich so
sehr bedrängt haben. Sowohl in Jerusalem als auch hier in Cäsarea
haben sie laut gefordert: ›Er darf nicht am Leben bleiben!‹ 25 Ich habe
jedoch festgestellt, dass er nichts getan hat, worauf die Todesstrafe
steht. Er hat aber selbst verlangt, dass sein Fall vor Seine Kaiserliche
Majestät kommt. Deshalb habe ich beschlossen, ihn zum Kaiser zu
schicken. 26 Ich weiß allerdings kaum etwas Sicheres, das ich meinem
Herrn über ihn schreiben könnte. Deshalb habe ich ihn euch und vor
allem dir, König Agrippa, vorführen lassen. Nach der Vernehmung

vor den Kaiser kommen: Als römischer Bürger hatte Paulus das Recht, direkt an den Kaiser zu appellieren oder bei ihm Berufung einzulegen.

Agrippa: Herodes Agrippa II. herrschte ab 50 n. Chr. im Namen des römischen Kaisers unter anderem über die Städte Tiberias und Tarichäa am See Gennesaret und hatte die Aufsicht über den Tempel in Jerusalem.

Cäsarea: Hafenstadt am Mittelmeer und Hauptstadt der römischen Provinz Judäa.

Ratsälteste: Mitglieder des jüdischen Rats, der obersten Behörde zur Regelung religiöser Angelegenheiten.

werde ich wohl in der Lage sein, einen Bericht zu verfassen. 27 Denn
ich finde es unsinnig, einen Gefangenen nach Rom zu schicken, ohne
Gründe dafür anzugeben.«

Paulus verteidigt sich vor König Agrippa

26 1 Agrippa sagte zu Paulus: »Es ist dir erlaubt, in eigener Sa-
che zu sprechen.« Da hob Paulus die Hand und begann seine
Verteidigungsrede: 2 »Die Juden bringen schwere Anschuldigungen
gegen mich vor. Deshalb schätze ich mich glücklich, König Agrippa,
dass ich mich heute vor dir verteidigen kann. 3 Das gilt umso mehr,
als du dich mit den Vorschriften und Streitfragen der Juden hervor-
ragend auskennst. Bitte, höre mich geduldig an!

4 Seit meiner Jugend habe ich bei meinem Volk in Jerusalem gelebt.
Alle Juden wissen, wie ich mein Leben von klein auf geführt habe.
5 Sie kennen mich von früher. Wenn sie wollen, können sie es bezeu-
gen: Ich habe zu der Gruppe gehört, die unseren Glauben am strengs-
ten ausübt. Denn ich war Pharisäer. 6 Jetzt stehe ich vor Gericht, weil
ich auf das hoffe, was Gott unseren Vorfahren versprochen hat. 7 Die
zwölf Stämme unseres Volkes dienen Gott ununterbrochen bei Tag
und bei Nacht. Denn sie hoffen, dass sie die Erfüllung dieser Zusage
erleben. Und gerade wegen dieser Hoffnung, mein König, werde ich
von den Juden nun angeklagt. 8 Warum haltet ihr es für unglaubwür-
dig, dass Gott Tote auferweckt?

9 Ich selbst hatte ja zunächst geglaubt, gegen das Bekenntnis zu Je-
sus, dem Nazoräer, hart vorgehen zu müssen. 10 Das habe ich in Jeru-
salem dann auch getan. Ausgestattet mit einer Vollmacht der führen-
den Priester brachte ich viele der Heiligen ins Gefängnis. Und wenn
sie zum Tod verurteilt werden sollten, stimmte ich dafür. 11 Ich suchte
sie in sämtlichen Synagogen. Immer wieder versuchte ich, sie mit-
hilfe von Strafen zu zwingen, ihrem Glauben abzuschwören. Mein
Hass auf sie war grenzenlos. Deshalb verfolgte ich sie sogar bis in die
Städte außerhalb des Landes.

12 In dieser Absicht reiste ich nach Damaskus. Ich hatte die Voll-
macht und das Einverständnis der führenden Priester. 13 Unterwegs,
mein König, um die Mittagszeit, sah ich plötzlich vom Himmel her
ein Licht aufleuchten. Es war heller als der Glanz der Sonne und um-
strahlte mich und meine Begleiter. 14 Wir stürzten alle zu Boden. Da
hörte ich eine Stimme, die auf Hebräisch zu mir sagte: ›Saul, Saul,
warum verfolgst du mich? Du wehrst dich vergeblich gegen den
Stock, der dich antreibt.‹ 15 Da fragte ich: ›Wer bist du, Herr?‹ Der Herr
antwortete: ›Ich bin Jesus, den du verfolgst. 16 Doch jetzt steh auf!
Stell dich auf die Füße! Denn ich bin dir erschienen, um dich in mei-
nen Dienst zu nehmen. Du sollst als Zeuge auftreten für das, was du
heute gesehen hast – und das, was ich dir noch zeigen werde. 17 Ich
schütze dich vor deinem Volk und vor den Menschen aus den ande-
ren Völkern. Ich sende dich zu ihnen, 18 damit du ihnen die Augen öff-
nest. Sie sollen sich aus der Finsternis zum Licht hinwenden und aus

Agrippa: Herodes Agrippa II. herrschte ab 50 n. Chr. im Namen des römischen Kaisers unter anderem über die Städte Tiberias und Tarichäa am See Gennesaret und hatte die Aufsicht über den Tempel in Jerusalem.

Pharisäer: Angehöriger einer jüdischen Glaubensgruppe, die die biblischen Vorschriften und Gesetze sehr streng auslegte.

was Gott unseren Vorfahren versprochen hat: Versprechen Gottes, die sich im Alten Testament finden. Christen lesen gerade diese Texte aus dem Alten Testament als Ankündigung für das Schicksal von Jesus Christus. Ein zentraler Text ist beispielsweise Jesaja 52,13–53,12.

Nazoräer: Bezeichnung für die Herkunft von Jesus aus der Stadt Nazaret.

Heilige: Bezeichnung für die Anhänger von Jesus Christus.

Synagoge: Versammlungsstätte einer jüdischen Gemeinde.

Saul: Kurzform von Saulus, dem hebräischen Namen von Paulus.

Licht: Bild für das Leben, das Jesus Christus als Licht der Welt schenkt. Durch ihn erhalten die Menschen das ewige Leben in unmittelbarer Gemeinschaft mit Gott.

der Gewalt des Satans zu Gott. Durch den Glauben an mich sollen
ihnen ihre Sünden vergeben werden. Und sie sollen ihren Anteil am
Erbe der Heiligen erhalten.‹
19 Deshalb, König Agrippa, habe ich der himmlischen Erscheinung
widerspruchslos gehorcht. 20 Ich war dann zuerst in Damaskus und
Jerusalem, später in ganz Judäa und bei den anderen Völkern. Überall
habe ich die Menschen aufgefordert: ›Ändert euer Leben und wendet
euch hin zu Gott! Handelt so, wie es eurem neuen Leben entspricht!‹
21 Nur deswegen haben die Juden mich im Tempel festgenommen
und versucht, mich zu töten. 22 Aber Gott hat mir bis heute geholfen.
Deshalb stehe ich hier als sein Zeuge vor den einfachen Leuten wie
vor den Mächtigen. Ich rede von nichts anderem als von dem, was
die Propheten und Mose angekündigt haben: 23 Der Christus muss
leiden und als Erster von den Toten auferstehen. Dann wird er meinem Volk und den Menschen aus den anderen Völkern die Botschaft
vom Licht verkünden.«

Die Reaktion von Festus und Agrippa auf die Rede des Paulus

24 Als Paulus mit seiner Verteidigung an diesem Punkt angelangt war,
rief Festus laut dazwischen: »Du bist verrückt, Paulus! Das viele Lesen
in der Schrift hat dich in den Wahnsinn getrieben.« 25 Paulus antwortete: »Ich bin nicht verrückt, verehrter Festus. Was ich sage, ist wahr
und vernünftig. 26 Der König weiß darüber Bescheid. Mit ihm kann
ich auch ganz offen darüber reden. Denn ich bin überzeugt, dass ihm
nichts davon entgangen ist. Schließlich hat das alles nicht in irgendeinem abgelegenen Winkel stattgefunden. 27 König Agrippa, glaubst
du den Propheten? Ich weiß, dass du ihnen glaubst!« 28 Agrippa sagte
zu Paulus: »Es fehlt nicht viel und du überzeugst mich noch, Christ
zu werden!« 29 Paulus entgegnete: »Ich bete zu Gott, dass du wirst,
was ich schon bin. Und nicht nur du! Nein, ich bete, dass früher oder
später alle, die mich heute hören, mir gleich werden – natürlich bis
auf diese Fesseln.«
30 Der König und der römische Statthalter erhoben sich und mit
ihnen auch Berenike und die anderen. 31 Während sie den Saal verließen, unterhielten sie sich: »Dieser Mann tut nichts, wofür er den Tod
oder das Gefängnis verdient.« 32 Und Agrippa sagte zu Festus: »Der
Mann könnte freigelassen werden, wenn er nicht verlangt hätte, dass
sein Fall vor den Kaiser kommt.«

Paulus auf dem Weg nach Rom 27,1–28,31

Der Beginn der Schiffsreise nach Rom

27 1 Unsere Abreise nach Italien war also beschlossen. Man übergab Paulus und einige andere Gefangene dem Hauptmann
Julius, der in der Kaiserlichen Kohorte diente. 2 Wir gingen an Bord
eines Schiffes aus Adramyttion. Es sollte die Häfen an der Küste der

Satan, Teufel: Gegenspieler Gottes. Er versucht, die Menschen zu einem Verhalten zu bewegen, das Gottes Willen widerspricht.

Sünden: Konkrete Verfehlungen, die von Gott trennen und das Gewissen belasten können.

die Propheten und Mose angekündigt: Im Neuen Testament eine gebräuchliche Bezeichnung für die Heilige Schrift. Christen lesen bestimmte Texte aus dem Alten Testament als Ankündigung für das Schicksal von Jesus Christus. Ein zentraler Text ist beispielsweise Jesaja 52,13–53,12.

Christus: Bedeutet übersetzt »der Gesalbte«. Im Alten Testament werden Könige, aber auch Propheten und Priester bei Amtsantritt gesalbt. Später wird der von Gott zum Herrscher der Welt bestimmte Retter so genannt. Im Neuen Testament ist das Jesus.

Festus: Römischer Statthalter in der Provinz Judäa 60 n. Chr.

vor den Kaiser kommen: Als römischer Bürger hatte Paulus das Recht, direkt an den Kaiser zu appellieren oder bei ihm Berufung einzulegen.

wir: Lukas, der Verfasser der Apostelgeschichte, berichtet hier als Augenzeuge.

Herbstfasten: Meint das Fasten im Zusammenhang mit dem jüdischen Fest des Versöhnungstages, das im September/Oktober gefeiert wird.

nach Südwesten und Nordwesten hin offen: Dadurch war er vor den Winterstürmen aus Nordost und Ost geschützt.

wir: Lukas, der Verfasser der Apostelgeschichte, berichtet hier als Augenzeuge.

Beiboot: Kleines Boot, das im Schlepptau mitgeführt wurde, um an Land überzusetzen oder den Anker einzuholen.

Große Syrte: Einbuchtung der nordafrikanischen Mittelmeerküste vor der Gegend um Kyrene, die wegen ihrer Untiefen gefürchtet war.

Provinz Asia anlaufen. Dann legten wir ab. Wir wurden begleitet
von Aristarch, einem Makedonier aus Thessalonich. [3] Am nächsten
Tag erreichten wir Sidon. Julius war Paulus gegenüber sehr entgegenkommend. Er erlaubte ihm, seine Freunde aufzusuchen und sich
von ihnen versorgen zu lassen. [4] Als wir von dort aufbrachen, stand
der Wind gegen uns. Darum segelten wir im Schutz von Zypern weiter. [5] Wir durchquerten das Meer vor Kilikien und Pamphylien und
erreichten schließlich Myra in Lykien.

[6] Dort fand der Hauptmann ein Schiff aus Alexandria, das nach
Italien fuhr. Damit setzten wir unsere Reise fort. [7] Viele Tage lang
machten wir nur wenig Fahrt und kamen mit Mühe und Not bis vor
Knidos. Dann zwang uns der Wind, den Kurs zu ändern. Deshalb
segelten wir im Schutz von Kreta an Kap Salmone vorbei. [8] Mühsam fuhren wir die Südküste entlang. Schließlich erreichten wir die
Bucht von Kaloi Limenes, nicht weit von der Stadt Lasäa.

Paulus warnt vor der Weiterfahrt

[9] Inzwischen war viel Zeit vergangen. Das Herbstfasten war schon
vorüber und die Schifffahrt unsicher geworden. Deshalb warnte Paulus: [10] »Männer! Ich sehe voraus, dass eine Weiterfahrt sehr gefährlich
ist. Wir setzen damit nicht nur die Ladung und das Schiff aufs Spiel,
sondern auch unser Leben.«

[11] Aber der Hauptmann schenkte dem Steuermann und dem
Schiffseigentümer mehr Vertrauen als den Worten des Paulus. [12] Außerdem war der Hafen zum Überwintern ungeeignet. Deshalb beschloss die Mehrheit der Besatzung, wieder in See zu stechen. Man
wollte versuchen, die Stadt Phönix zu erreichen, um dort zu überwintern. Das ist ein Hafen auf Kreta, der nur nach Südwesten und
Nordwesten hin offen ist.

Eine Irrfahrt im Sturm

[13] Als ein leichter Südwind aufkam, hielten die Seeleute ihr Vorhaben
schon fast für geglückt. Sie lichteten den Anker und fuhren so dicht
wie möglich an der Küste Kretas entlang. [14] Aber schon bald brach
von der Insel her ein schwerer Sturm los: der gefürchtete Nordost.
[15] Das Schiff wurde von ihm mitgerissen. Weil wir nicht gegen den
Wind ankamen, gaben wir auf und ließen uns treiben. [16] Eine Zeit
lang befanden wir uns im Schutz einer kleinen Insel namens Kauda.
Hier gelang es uns mit Mühe und Not, das Beiboot einzuholen. [17] Die
Seeleute zogen es an Bord. Anschließend spannten sie Taue um den
Rumpf, um das Schiff zu sichern. Weil sie fürchteten, in die Große
Syrte zu geraten, warfen sie den Treibanker aus. So ließen sie das
Schiff treiben.

[18] Der Sturm setzte uns hart zu. Deshalb warfen die Seeleute am
folgenden Tag einen Teil der Ladung über Bord. [19] Am dritten Tag
beförderten sie eigenhändig Teile der Schiffsausrüstung ins Meer.
[20] Tagelang zeigten sich weder Sonne noch Sterne. Der Sturm tobte

unvermindert weiter. Am Ende verloren wir jede Hoffnung auf Rettung.

Paulus ermutigt die Besatzung

21 Niemand wollte mehr etwas essen. Da trat Paulus in ihre Mitte
und sagte: »Ihr hättet besser auf mich gehört, Männer, und wärt
nicht von Kreta losgefahren. Dann wären uns solche Gefahren und
alle Verluste erspart geblieben. 22 Doch jetzt bitte ich euch: Lasst den
Mut nicht sinken! Keiner von euch wird umkommen – nur das Schiff
wird verloren gehen. 23 Denn letzte Nacht stand plötzlich ein Engel
vor mir – ein Engel des Gottes, dem ich gehöre und dem ich diene.
24 Er sagte: ›Hab keine Angst, Paulus! Du musst noch vor den Kaiser
treten. Deinetwegen schenkt Gott auch all denen das Leben, die mit
dir auf dem Schiff sind.‹ 25 Fasst also Mut, Männer! Ich glaube Gott,
dass alles genau so kommen wird, wie er es mir gesagt hat. 26 Wir müs-
sen allerdings vor einer Insel stranden.«

Der Schiffbruch vor der Insel Malta

27 Wir trieben nun schon die vierzehnte Nacht auf dem Adriatischen
Meer umher. Gegen Mitternacht vermuteten die Seeleute Land in
der Nähe. 28 Sie warfen das Lot aus und maßen eine Tiefe von 36 Me-
tern. Kurz darauf warfen sie erneut das Lot aus und maßen 27 Meter.
29 Sie fürchteten, wir könnten auf ein Riff auflaufen. Deshalb warfen
sie vom Heck vier Anker aus und wünschten sehnlichst den Tag her-
bei. 30 Die Seeleute versuchten sogar, vom Schiff zu fliehen. Unter
dem Vorwand, auch vom Bug aus Anker werfen zu wollen, ließen
sie das Beiboot zu Wasser. 31 Doch Paulus warnte den Hauptmann
und die Soldaten: »Wenn die Seeleute nicht an Bord bleiben, habt ihr
keine Aussicht auf Rettung!« 32 Da kappten die Soldaten die Taue und
ließen das Beiboot davontreiben.

33 Bis in die Morgendämmerung hinein redete Paulus allen zu, et-
was zu essen. Er sagte: »Ihr harrt nun schon vierzehn Tage aus. Die
ganze Zeit über habt ihr keine richtige Mahlzeit zu euch genommen.
34 Deshalb bitte ich euch: Esst etwas! Das braucht ihr, wenn ihr ge-
rettet werden wollt. Keinem von euch wird auch nur ein Haar ge-
krümmt.« 35 Nachdem er das gesagt hatte, nahm er ein Brot. Vor aller
Augen dankte er Gott, brach das Brot in Stücke und fing an zu essen.
36 Da fassten alle wieder Mut und fingen ebenfalls an zu essen. 37 Wir
waren insgesamt 276 Leute auf dem Schiff. 38 Alle aßen sich satt. Dann
machten sie das Schiff noch einmal leichter, indem sie die Getreide-
vorräte ins Meer schütteten.

39 Endlich wurde es Tag. Die Seeleute sahen eine Küste, die ihnen
unbekannt war. Sie entdeckten aber eine Bucht mit einem flachen
Strand. Dort wollten sie versuchen, das Schiff auf Grund zu setzen.
40 Sie kappten die Ankertaue und ließen die Anker im Meer zurück.
Zugleich lösten sie die Haltetaue der Steuerruder. Dann setzten sie
das Vorsegel und hielten mit dem Wind auf den Strand zu. 41 Doch

Adriatisches Meer: Der Teil des Mittelmeeres zwischen Italien, Griechenland und Nordafrika.

Lot: Bleigewicht an einem langen Seil zur Bestimmung der Wassertiefe.

brach das Brot: Der Wortlaut erinnert an die Feier des Abendmahls.

unserer: Lukas, der Verfasser der Apostelgeschichte, berichtet hier als Augenzeuge.

Patron der Insel: Angesehener Bewohner Maltas, der eine führende Stellung in Politik und Verwaltung auf der Insel einnahm.

Gebet: Reden des Menschen mit Gott.

Dioskuren: Name für das Zwillingspaar Castor und Pollux. Sie wurden in der griechisch-römischen Antike als Schutzgötter der Seefahrt verehrt. Deshalb trugen viele Schiffe ihr Bild auf dem Bug.

sie gerieten auf eine Sandbank, wo das Schiff auf Grund lief. Der Bug
bohrte sich so tief in den Sand, dass sie festsaßen. Unter der Gewalt
der Wellen brach das Heck auseinander.
42 Da beschlossen die Soldaten, die Gefangenen zu töten, damit
keiner schwimmend entkommen konnte. 43 Aber der Hauptmann
wollte Paulus retten und hinderte sie an ihrem Vorhaben. Er ließ
zuerst alle, die schwimmen konnten, von Bord springen, um so
das Ufer zu erreichen. 44 Die Übrigen folgten teils auf Planken, teils
auf anderen Schiffstrümmern. So gelang es allen, sich an Land zu
retten.

Auf Malta: Paulus überlebt einen Schlangenbiss

28 1 Nach unserer Rettung erfuhren wir, dass die Insel Malta
hieß. 2 Die Einheimischen waren überaus freundlich zu uns.
Sie zündeten ein Feuer an und holten uns alle dazu. Denn es hatte an-
gefangen zu regnen und war kalt. 3 Paulus sammelte einen Arm voll
trockenes Holz und warf es auf das Feuer. Da schoss eine Schlange
daraus hervor und biss sich an seiner Hand fest. Sie war von der Hitze
aufgescheucht worden.
4 Als die Einheimischen das Tier an seiner Hand hängen sahen,
sagten sie zueinander: »Dieser Mensch muss ein Mörder sein. Aus
dem Meer konnte er sich retten. Aber seiner gerechten Strafe kann
er nicht entkommen!« 5 Doch Paulus schüttelte das Tier ins Feuer,
ohne einen Schaden davonzutragen. 6 Die Einheimischen warteten
darauf, dass sein Körper anschwellen oder Paulus plötzlich tot um-
fallen würde. Sie beobachteten ihn noch längere Zeit. Als aber weiter
nichts Besonderes geschah, änderten sie ihre Meinung. Jetzt sagten
sie: »Er ist ein Gott!«

Auf Malta: Paulus heilt den Vater des Publius

7 Ganz in der Nähe waren die Landgüter, die dem Patron der Insel, Pu-
blius, gehörten. Der nahm uns freundlich auf, und wir waren drei Ta-
ge lang seine Gäste. 8 Als wir dort waren, lag der Vater des Publius mit
Fieber und Durchfall im Bett. Paulus ging zu ihm hinein. Er betete,
legte ihm die Hände auf und machte ihn so gesund. 9 Daraufhin ka-
men auch alle anderen Kranken der Insel herbei und wurden geheilt.
10 Sie überschütteten uns mit Ehrungen aller Art. Als wir abreisten,
rüsteten sie uns mit allem aus, was wir für die Reise benötigten.

Die Weiterreise von Malta nach Rom

11 Nach drei Monaten fuhren wir mit einem Schiff weiter, das auf der
Insel überwintert hatte. Es kam aus Alexandria und trug als Gallions-
figur das Bild der Dioskuren. 12 Wir liefen Syrakus an, wo wir drei Ta-
ge blieben. 13 Dann lichteten wir die Anker und fuhren nach Rhegion.
Am nächsten Tag kam Südwind auf, und in nur zwei Tagen gelangten
wir nach Puteoli. 14 Dort trafen wir auf eine Gemeinde, die uns einlud,
sieben Tage bei ihnen zu bleiben.

Schließlich erreichten wir Rom. 15 Die Gemeinde dort hatte schon
von unserer Ankunft gehört. Einige kamen uns bis zum Markt von
Appius entgegen, andere bis zur Ortschaft Tres-Tabernae. Als Paulus
sie sah, dankte er Gott und gewann neue Zuversicht. 16 Als wir dann
in Rom waren, erhielt Paulus die Erlaubnis, sich eine eigene Woh-
nung zu nehmen. Nur ein Soldat blieb als Wache bei ihm.

In Rom: Paulus spricht mit den Juden der Stadt

17 Drei Tage nach seiner Ankunft lud Paulus die angesehensten Ju-
den zu sich ein. Als sie alle versammelt waren, sagte er zu ihnen: »Ihr
Brüder! Ich habe nichts getan, was sich gegen unser Volk richtet oder
gegen die Vorschriften unserer Vorfahren. Trotzdem wurde ich in
Jerusalem festgenommen und an die Römer ausgeliefert. 18 Die Rö-
mer haben mich verhört und wollten mich wieder freilassen. Denn es
lag nichts gegen mich vor, wofür ich den Tod verdient hätte. 19 Doch
die Juden erhoben Einspruch dagegen. Daher sah ich mich gezwun-
gen zu verlangen, dass mein Fall vor den Kaiser kommt. Ich hatte
aber nicht die Absicht, mein eigenes Volk zu verklagen. 20 Das ist der
Grund, weshalb ich euch zu mir gebeten habe: Ich wollte mit euch
reden. Denn ich trage diese Fesseln nur deshalb, weil ich die Hoff-
nung Israels teile.« 21 Die Juden erwiderten: »Wir haben aus Judäa
keinen Brief erhalten, in dem von dir die Rede gewesen wäre. Es ist
von dort auch niemand gekommen, der einen Bericht mitgebracht
oder schlecht über dich geredet hätte. 22 Wir halten es aber für ange-
bracht, von dir zu hören, was für Ansichten du vertrittst. Denn von
dieser Glaubensrichtung ist uns nur bekannt, dass sie überall auf Wi-
derspruch stößt.«

23 Sie vereinbarten ein weiteres Treffen. Als die dann erneut zu ihm
in die Wohnung kamen, waren es noch mehr Leute als beim ersten
Mal. Vom frühen Morgen bis zum Abend blieben sie bei ihm. Pau-
lus setzte sich mit ihnen auseinander und legte vor ihnen Zeugnis ab
über das Reich Gottes. Er wies sie auf die Ankündigungen im Gesetz
des Mose und bei den Propheten hin. So versuchte er, sie für Jesus
zu gewinnen.

24 Ein Teil von ihnen ließ sich durch seine Worte überzeugen. Aber
die anderen schenkten ihm keinen Glauben. 25 Sie gingen auseinan-
der, ohne sich einig geworden zu sein. Zuletzt sagte Paulus zu ihnen:
»Zu Recht hat der Heilige Geist durch den Propheten Jesaja zu euren
Vorfahren gesagt: 26 ›Geh zu diesem Volk und verkünde ihm: Ihr sollt
mit offenen Ohren hören, aber nichts verstehen. Ihr sollt mit offe-
nen Augen sehen, aber nichts erkennen. 27 Das Herz dieses Volkes ist
verschlossen. Ihre Ohren haben sie verstopft, und ihre Augen haben
sie geschlossen. Denn ihre Augen sollen nichts sehen und ihre Oh-
ren sollen nichts hören und ihr Herz soll nichts verstehen – damit sie
nicht zu Gott umkehren und ich, ihr Gott, sie heile.‹ 28 Darum sollt ihr
wissen: Diese Rettung, die Gott uns schenkt, wurde zu den anderen
Völkern gesandt – und die werden sie annehmen!« 29 [...]

vor den Kaiser kommen: Als römischer Bürger hatte Paulus das Recht, direkt an den Kaiser zu appellieren oder bei ihm Berufung einzulegen.

Hoffnung Israels: Die Hoffnung auf die Auferstehung der Toten, die sich für Paulus in Jesus erfüllt hat.

diese Glaubensrichtung: Meint die Anhänger von Jesus Christus, die bestimmte Texte aus dem Alten Testament als Ankündigung für das Schicksal von Jesus Christus lesen und in ihm erfüllt sehen.

Reich Gottes: Wörtlich »Königsherrschaft Gottes«. Bezeichnet den Herrschaftsbereich, in dem sich Gottes Wille durchsetzt.

Gesetz und Propheten: Im Neuen Testament eine gebräuchliche Bezeichnung für die Heilige Schrift.

Heiliger Geist: Kraft, durch die Gott in der Welt wirkt.

zu euren Vorfahren gesagt: Zitat aus der griechischen Übersetzung von Jesaja 6,9-10.

Herz: Sitz des Verstandes und des Willens.

[...]: Zahlreiche Handschriften fügen hinzu: »Als Paulus das gesagt hatte, gingen die Juden weg und stritten heftig miteinander.«

Jesus Christus: Der Name ist zugleich ein Bekenntnis. Wer Jesus als Christus anerkennt, glaubt an ihn als Retter und Erlöser der Welt.

In Rom: Paulus verkündet ungehindert die Gute Nachricht

30 Paulus blieb volle zwei Jahre in seiner Mietwohnung. Er hieß alle
willkommen, die zu ihm kamen. 31 Er verkündete ihnen das Reich
Gottes und lehrte sie alles über Jesus Christus, den Herrn – mutig
und offen und völlig ungehindert.

Der Brief an die Römer

Briefanfang 1,1-17

Absender und Empfänger

1 1 Paulus, Diener von Christus Jesus, zum Apostel berufen und
dazu bestimmt, Gottes Gute Nachricht zu verkünden. 2 Gott hat
sie ja durch seine Propheten in der Heiligen Schrift schon im Voraus
angekündigt. 3 Es ist die Gute Nachricht von seinem Sohn. Der war
seiner leiblichen Herkunft nach ein Nachkomme Davids. 4 Gott hat
ihm durch die Auferstehung von den Toten die Vollmacht verliehen, als sein Sohn zu herrschen. Das steht ihm zu aufgrund seiner
Herkunft aus dem Geist des heiligen Gottes. Was ich verkünde, ist
also die Gute Nachricht von Jesus Christus, unserem Herrn! 5 Durch
ihn haben wir die Befähigung und Beauftragung bekommen, als
Apostel unter den Völkern zu wirken. Sie sollen Christus gehorsam
sein, den Glauben annehmen und so seinem Namen Ehre machen.
6 Auch ihr gehört zu diesen Völkern und seid von Jesus Christus
berufen.
7 An alle in Rom, die von Gott geliebt werden und zu Heiligen berufen sind. Ich wünsche euch Gnade und Frieden von Gott, unserem
Vater, und von dem Herrn Jesus Christus.

Dank für den Glauben der Gemeinde

8 Zunächst einmal danke ich meinem Gott durch Jesus Christus
für euch alle: In der ganzen Welt spricht man über euren Glauben.
9 Gott selbst, dem ich durch die Verkündigung seines Sohnes mit
all meiner Kraft diene, ist mein Zeuge: Ich denke unaufhörlich an
euch. 10 In jedem Gebet bitte ich darum, dass ich nach Gottes Willen
endlich zu euch kommen kann. 11 Denn ich möchte euch so gerne
einmal treffen. Ich möchte euch etwas von der Gabe weitergeben,
die mir vom Heiligen Geist geschenkt wurde. So sollt ihr gestärkt
werden. 12 Oder besser gesagt: Ich möchte, dass wir uns bei meinem
Besuch gegenseitig ermutigen durch den Glauben, der uns verbindet. Durch diesen Glauben ermutigt ihr mich und ebenso ich
euch. 13 Ich will euch eines nicht verschweigen, Brüder und Schwestern: Ich habe mir schon oft vorgenommen, zu euch zu kommen.
Aber bis jetzt wurde ich immer daran gehindert. Denn ich wollte,
dass meine Arbeit auch bei euch Frucht trägt wie bei den anderen Völkern. 14 Das bin ich allen schuldig – ganz gleich, ob sie Griechen sind oder nicht, gebildet oder ungebildet. 15 Wenn es nach mir
geht – ich bin bereit, auch bei euch in Rom die Gute Nachricht zu
verkünden.

Diener von Christus: Bezeichnung für eine Person, die Christus als ihren Herrn anerkennt. In seinem Auftrag und mit seiner Vollmacht verkündet sie das Wort Gottes.

Apostel: Wörtlich »Ausgesandte«. Menschen, die dazu berufen sind, die Gute Nachricht von Jesus Christus zu verkünden. Im engeren Sinn die zwölf Jünger von Jesus, die ihn während seines Lebens begleiteten.

Heilige Schrift: Für das Judentum und für das frühe Christentum die Bücher, die sich im Alten Testament finden.

Heilige: Bezeichnung für die Anhänger von Jesus Christus.

Glaube, glauben: Meint das tiefe Vertrauen auf Gott, das zu einem Leben nach seinem Willen führt.

Gebet: Reden des Menschen mit Gott.

Heiliger Geist: Kraft, durch die Gott in der Welt wirkt.

Bruder, Schwester: Wörtlich »Bruder«. Das griechische Wort bezeichnet männliche *und* weibliche Mitglieder der Gemeinde.

Griechen: Menschen aus den Ländern im Mittelmeerraum, die keine Juden waren und Griechisch sprachen. Griechisch war im gesamten Osten des Römischen Reichs die gemeinsame Sprache.

Das Thema des Briefes: Die Kraft der Guten Nachricht

16 Denn ich schäme mich nicht für die Gute Nachricht. Sie ist eine
Kraft Gottes, die jeden rettet, der glaubt – an erster Stelle die Ju-
den, dann auch die Griechen. 17 Denn durch die Gute Nachricht
wird Gottes Gerechtigkeit offenbar. Das geschieht aufgrund des
Glaubens und führt zum Glauben. So steht es schon in der Hei-
ligen Schrift: »Aufgrund des Glaubens wird der Gerechte das Leben
erlangen.«

Kein Mensch wird gerecht durch das Gesetz 1,18–3,20

Das Gericht Gottes über das Unrecht der Menschen

18 Zugleich wird nämlich auch der Zorn Gottes offenbar. Er bricht
vom Himmel her herein über alle Gottlosigkeit und alles Unrecht
der Menschen. Denn durch dieses Unrecht unterdrücken sie die
Wahrheit. 19 Schließlich wissen sie ganz genau, was Menschen von
Gott bekannt sein kann. Er selbst hat es ihnen ja vor Augen geführt.
20 Denn sein unsichtbares Wesen ist seit der Erschaffung der Welt er-
kennbar geworden – und zwar an dem, was er geschaffen hat. Es ist
seine ewige Macht und seine Göttlichkeit. Deshalb haben die Men-
schen keine Entschuldigung. 21 Sie kennen Gott. Trotzdem ließen sie
ihm nicht die Ehre und den Dank zuteilwerden, die Gott zustehen.
Stattdessen verloren sie sich in Gedankenspielen, und ihr uneinsich-
tiges Herz hat sich verfinstert.

22 Während sie vorgaben, weise zu sein, machten sie sich zum Nar-
ren. 23 Die Herrlichkeit des unvergänglichen Gottes gaben sie preis.
An seine Stelle setzten sie Standbilder von vergänglichen Menschen
oder von Vögeln, Vierbeinern und Kriechtieren. 24 Deshalb hat Gott
sie ihren innersten Begierden ausgeliefert. Er überließ sie der Unsitt-
lichkeit, sodass sie ihren eigenen Körper entwürdigten. 25 Die Men-
schen tauschten die Wahrheit Gottes gegen die Lüge. Sie verehrten
die Schöpfung und beteten sie statt des Schöpfers an. Der sei in Ewig-
keit gelobt! Amen. 26 Deshalb hat Gott sie schändlichen Leidenschaf-
ten ausgeliefert. Denn ihre Frauen vertauschten den natürlichen
Geschlechtsverkehr mit dem widernatürlichen. 27 Ebenso gaben die
Männer den natürlichen Geschlechtsverkehr mit ihren Frauen auf.
Dafür entbrannten sie in wildem Verlangen zueinander. Männer
treiben es schamlos mit Männern. So empfangen sie am eigenen
Leib den gebührenden Lohn für ihre Verirrung.

28 Sie hielten es nicht für wichtig, Gott anzuerkennen. Deshalb
hat Gott sie ihrer schändlichen Gesinnung ausgeliefert. Daher tun
sie, was sich nicht gehört: 29 Sie strotzen vor Unrecht, Bosheit, Hab-
gier und Schlechtigkeit. Sie sind voller Neid, Mordlust, Streitsucht,
Hinterhältigkeit, Heimtücke, Verleumdung 30 und übler Nachrede.
Sie verachten Gott, sind gewalttätig, hochmütig und prahlerisch. Im
Bösen sind sie erfinderisch und ihren Eltern gegenüber ungehorsam.

Gute Nachricht: Wörtliche Übersetzung von »Evangelium«. Botschaft, dass die Menschen durch Tod und Auferstehung von Christus mit Gott versöhnt sind.

in der Heiligen Schrift: Zitat aus der griechischen Übersetzung von Habakuk 2,4.

Glaube, glauben: Meint das tiefe Vertrauen auf Gott, das zu einem Leben nach seinem Willen führt.

Gerechte: Menschen, die Gottes Gebote befolgen, sodass das Leben in Gemeinschaft miteinander gelingt.

Leben, neues Leben: Durch den Glauben an Gott von ihm bereits in dieser Welt geschenktes Leben in Gemeinschaft mit ihm.

Wahrheit: Gottes Wahrheit zeigt sich in der Ordnung der Welt, die von den Menschen missachtet wird.

Herz: Sitz des Verstandes und des Willens.

Herrlichkeit: Bezeichnet das, was einer Person Ansehen und Macht verleiht. Gottes Herrlichkeit stellt man sich auch als strahlenden Lichtglanz vor.

Amen: Das hebräische Wort bedeutet »So ist es! / So soll es sein!«

31 Sie sind uneinsichtig, unzuverlässig, lieblos und unbarmherzig.
32 Dabei kennen sie Gottes Rechtsordnung und wissen: Wer so han-
delt, verdient den Tod. Trotzdem tun sie es und spenden darüber hin-
aus auch noch denen Beifall, die genauso handeln.

Für alle gilt der gleiche Maßstab

2 1 Deshalb hast du auch keine Entschuldigung, du Mensch, der
du dich zum Richter aufspielst. Das gilt für jeden, der so handelt.
Wenn du jemand anderen verurteilst, sprichst du damit selbst das
Urteil über dich. Denn du verurteilst zwar andere, handelst aber ge-
nauso. 2 Wir wissen aber: Wer so handelt, über den spricht Gott das
Urteil. Und dieses Urteil entspricht der Wahrheit. 3 Du Mensch, du
tust doch genau dasselbe wie die anderen, die du verurteilst. Rech-
nest du wirklich damit, dem Urteil Gottes entgehen zu können?
4 Oder missachtest du Gottes große Güte, Nachsicht und Geduld? Er-
kennst du denn nicht, dass Gottes Güte dich dazu bewegen will, dein
Leben zu ändern? 5 Du bist starrsinnig und im tiefsten Herzen nicht
bereit, dich zu ändern. Und so ziehst du dir selbst mehr und mehr den
Zorn Gottes zu bis zum Tag des Zorns. Das ist der Tag, an dem Gott
sich als gerechter Richter offenbart.
6 Gott wird allen das geben, was sie für ihre Taten verdienen: 7 Es
gibt Menschen, die sich nicht davon abbringen lassen, Gutes zu
tun. Es geht ihnen um Herrlichkeit, Ehre und Unvergänglichkeit.
Ihnen wird Gott das ewige Leben schenken. 8 Aber andere han-
deln aus Eigennutz. Sie folgen nicht der Wahrheit Gottes, sondern
setzen auf das Unrecht. Gottes grimmiger Zorn wird sie treffen.
9 Über jeden Menschen, der Böses tut, lässt er Not und Verzweif-
lung hereinbrechen. Das gilt an erster Stelle für die Juden und
dann auch für die Griechen. 10 Aber jedem, der Gutes tut, schenkt
Gott Herrlichkeit, Ehre und Frieden. Das gilt ebenso an erster Stel-
le für die Juden und dann auch für die Griechen. 11 Denn Gott rich-
tet ohne Ansehen der Person. 12 Es gibt Menschen, die das Gesetz
übertreten haben, ohne es zu kennen. Sie werden auch ohne das
Gesetz zugrunde gehen. Andere kennen das Gesetz, übertreten es
aber trotzdem. Sie werden mithilfe des Gesetzes verurteilt werden.
13 Denn es genügt nicht, das Gesetz zu hören, um vor Gott als ge-
recht zu bestehen. Nur wer das Gesetz auch befolgt, wird als gerecht
gelten.
14 Die Völker kennen das Gesetz zwar nicht. Trotzdem tun sie von
sich aus, was das Gesetz verlangt. Obwohl sie das Gesetz nicht ken-
nen, tragen sie es offensichtlich in sich. 15 Sie zeigen damit, dass das
vom Gesetz geforderte Handeln in ihr Herz geschrieben ist. Ihr Ge-
wissen bestätigt das. So streiten ja auch in ihren Gedanken Anklage
und Verteidigung miteinander. 16 Das wird an dem Tag sichtbar, an
dem Gott durch Christus Jesus Gericht hält. Dann urteilt er über das,
was im Menschen verborgen ist. So entspricht es der Guten Nach-
richt, die ich verkünde.

Gottes Rechtsordnung: Bestimmungen, die Gott den Menschen gegeben hat. Sie ordnen das Leben so, wie es nach Gottes Willen sein soll.

das Leben ändern: In anderen Übersetzungen oft »Buße«. Meint die eigene Schuld gegenüber Gott anzuerkennen und das Leben auf Gott auszurichten.

ewiges Leben: Leben im Reich Gottes und in unmittelbarer Gemeinschaft mit Gott nach der Auferstehung vom Tod.

Griechen: Menschen aus den Ländern im Mittelmeerraum, die keine Juden waren und Griechisch sprachen. Griechisch war im gesamten Osten des Römischen Reichs die gemeinsame Sprache.

Frieden: Umfassender Zustand von Glück und Wohlergehen des Einzelnen und der Gemeinschaft, der aus der Beziehung mit Gott hervorgeht.

Gesetz: Die Lebensvorschriften des Alten Testaments, besonders die fünf Bücher Mose.

gerecht, als gerecht gelten: Gott nimmt die Menschen an und verurteilt sie nicht, obwohl sie seine Gebote übertreten. Darin zeigt sich Gottes Liebe zu den Menschen.

Es gibt keine Ausnahme für die Juden

17 Also, du bezeichnest dich als Jude. Du verlässt dich auf das Gesetz und bist stolz, dass du zu Gott gehörst. 18 Du kennst seinen Willen. Du kannst beurteilen, worauf es ankommt, denn das hat dich das Gesetz gelehrt. 19 Du meinst, du bist ein Blindenführer, ein Licht für alle, die im Dunkel leben. 20 Du hältst dich für einen Erzieher der Unverständigen und einen Lehrer der Unmündigen. Du bist überzeugt, dass du im Gesetz die Verkörperung der Erkenntnis und der Wahrheit besitzt. 21 Doch wieso belehrst du andere, aber dich selbst belehrst du nicht? Wieso verkündest du, nicht zu stehlen, und stiehlst selbst? 22 Wieso forderst du, die Ehe nicht zu brechen, und du selbst brichst sie? Wieso verachtest du die Götzenbilder und bereicherst dich trotzdem an ihnen? 23 Du bist stolz auf das Gesetz. Aber du verstößt dagegen und raubst damit Gott die Ehre! 24 So steht es schon in der Heiligen Schrift: »Euretwegen wird unter den Völkern der Name Gottes in den Schmutz gezogen.«

25 Die Beschneidung nützt dir nur dann etwas, wenn du das Gesetz befolgst. Wenn du gegen das Gesetz verstößt, giltst du trotz Beschneidung als Unbeschnittener. 26 Umgekehrt könnte es doch sein, dass ein Unbeschnittener sich an die Vorschriften des Gesetzes hält. Dann zählt er zu den Beschnittenen, obwohl er nicht beschnitten ist. 27 Es wird also der über dich Gericht halten, der das Gesetz befolgt – und das, obwohl er körperlich nicht beschnitten ist. Denn du verstößt gegen das Gesetz – und das, obwohl es dir schriftlich vorliegt und du beschnitten bist. 28 Wirklich Jude ist man nicht, weil man es nach außen hin ist. Und die Beschneidung, die nur äußerlich am Körper vollzogen wird, ist nicht die wahre Beschneidung. 29 Nein, wirklich Jude ist man, wenn man es im Innern ist. Und die wahre Beschneidung ist eine Sache des Herzens. Sie geschieht durch den Geist, nicht durch das Festhalten an Buchstaben. Dafür gibt es keine Anerkennung durch Menschen, sondern nur durch Gott.

Gott ist gerecht und treu

3 1 Was haben dann die Juden den anderen Völkern voraus? Und was nützt ihnen die Beschneidung? 2 Viel – und zwar in jeder Hinsicht! Zunächst einmal: Ihnen hat Gott seine Botschaft anvertraut. 3 Was hat das für Folgen? Wenn einige von ihnen dieser Botschaft untreu geworden sind, hebt dann ihre Treulosigkeit Gottes Treue auf? 4 Auf gar keinen Fall! Vielmehr wird sich zeigen, dass Gott wahrhaftig ist, während der Mensch sein Wort immer bricht. So steht es schon in der Heiligen Schrift: »Du, Gott, sollst recht behalten mit deinen Worten und als Sieger dastehen, wenn man dich anklagt.« 5 Wenn aber unsere Ungerechtigkeit Gottes Gerechtigkeit überhaupt erst beweist, was heißt das? Ist Gott etwa ungerecht, wenn er seinen Zorn über uns walten lässt? – Ich rede hier, wie Menschen eben reden. – 6 Auf gar keinen Fall! Denn wie könnte Gott dann noch über die Welt Gericht halten? 7 Aber kommt Gottes Wahrhaftigkeit nicht

Juden: Menschen, die zu Gottes Volk gehören. Im Gegensatz zu anderen Völkern werden alle jüdischen Männer beschnitten.

Gesetz: Die Lebensvorschriften des Alten Testaments, besonders die fünf Bücher Mose.

Götzenbild: Abfällige Bezeichnung für ein aus Stein, Ton, Holz oder Metall gefertigtes Standbild einer Gottheit. Seine Herstellung und Verehrung waren in Israel verboten.

Ehre, ehren: Einen Menschen oder Gott ehren heißt, ihn so zu behandeln, wie es seiner Stellung entspricht.

in der Heiligen Schrift (Vers 24): Zitat aus der griechischen Übersetzung von Jesaja 52,5.

Beschneidung: Das Abtrennen der Vorhaut am männlichen Glied ist für Israel Zeichen des Bundes zwischen Gott und seinem Volk.

in der Heiligen Schrift (Vers 4): Zitat aus der griechischen Übersetzung von Psalm 51,6.

Gericht, verurteilen: Als Herrscher über die ganze Welt ist Gott der Richter, der am Ende der Zeit ein Urteil über sie spricht.

erst durch meine Wortbrüchigkeit voll zur Geltung? Und wird da-
durch seine Herrlichkeit nicht umso größer? Warum werde ich dann
noch wie ein Sünder verurteilt? 8 Warum sagen wir dann nicht gleich:
»Lasst uns das Böse tun, damit das Gute dabei herauskommt!«?
Einige, die uns schlechtmachen, behaupten ja, dass wir so reden!
Aber wer einen solchen Standpunkt vertritt, den trifft zu Recht das
Urteil Gottes.

Kein Mensch ist vor Gott gerecht

9 Was heißt das? Sind wir dann im Vorteil? Keineswegs! Wir hatten
doch zuvor die Anschuldigung vorgebracht: Juden und Griechen
befinden sich gleichermaßen in der Gewalt der Sünde. 10 So steht es
auch in der Heiligen Schrift: »Keiner ist gerecht – nicht ein Einziger.
11 Keiner ist einsichtig, keiner fragt nach Gott. 12 Alle sind sie von ihm
abgefallen, allesamt sind sie verdorben. Es gibt keinen, der etwas Gu-
tes tut! Auch nicht einen Einzigen! 13 Ihr Rachen ist ein offenes Grab,
ihre Zunge gebrauchen sie zum Betrug. Schlangengift steckt unter
ihren Lippen. 14 Aus ihrem Mund kommen lauter Flüche und bittere
Worte. 15 Schnell sind sie dabei, Blut zu vergießen. 16 Verwüstung und
Elend begleiten ihre Wege. 17 Und den Weg, der zum Frieden führt,
kennen sie nicht. 18 Sie kennen kein Erschrecken vor Gott«.
19 Wir aber wissen: Was im Gesetz steht, das gilt für die, denen das
Gesetz gegeben wurde. Damit soll jeder Einwand zum Schweigen ge-
bracht werden. Denn die ganze Welt ist vor Gott schuldig. 20 Schließ-
lich verhält es sich doch so: Kein Mensch ist vor Gott gerecht, weil
er das Gesetz befolgt. Vielmehr erkennen wir erst durch das Gesetz,
was Sünde ist.

Der Mensch wird gerecht durch den Glauben 3,21–5,21

Die Gerechtigkeit kommt durch den Glauben an Jesus Christus

21 Aber jetzt ist Gottes Gerechtigkeit offenbar geworden, und zwar
unabhängig vom Gesetz. Das bezeugen das Gesetz und die Prophe-
ten. 22 Es ist der Glaube an Jesus Christus, der uns die Gerechtigkeit
Gottes zugänglich macht. Der Weg zu ihr steht allen Glaubenden of-
fen. Denn in dieser Hinsicht gibt es keinen Unterschied: 23 Alle sind
schuldig geworden und haben keinen Anteil mehr an der Herrlich-
keit Gottes. 24 Sie verdanken es also allein seiner Gnade, dass sie von
Gott als gerecht angenommen werden. Er schenkt es ihnen aufgrund
der Erlösung, die durch Christus Jesus geschehen ist. 25 Durch dessen
Blut hat Gott ihn als Zeichen der endgültigen Versöhnung einge-
setzt. Und durch den Glauben erhalten wir Anteil daran. So hat Gott
seine Gerechtigkeit unter Beweis gestellt. Lange hat er die Verfeh-
lungen ungestraft gelassen, die früher begangen wurden. 26 Gott hat
sie in Geduld ertragen. Doch jetzt, zu diesem besonderen Zeitpunkt,
will er beweisen, dass er wirklich gerecht ist. Ja, er ist gerecht. Und

Sünde: Die Trennung des Menschen von Gott, seinem Schöpfer. Sie führt dazu, dass der Mensch sein Leben nicht nach Gottes Willen ausrichten kann.

in der Heiligen Schrift (Vers 10): Das Zitat in den Versen 10-18 setzt sich zusammen aus Psalm 5,10; Psalm 10,7; Psalm 14,2-3; Psalm 36,2; Psalm 140,4; Sprichwörter 1,16 und Jesaja 59,7-8.

Gesetz und Propheten: Im Neuen Testament eine gebräuchliche Bezeichnung für die Heilige Schrift.

Jesus Christus: Der Name ist zugleich ein Bekenntnis. Wer Jesus als Christus anerkennt, glaubt an ihn als Retter und Erlöser der Welt.

Schuld: Konkrete Verfehlungen, die von Gott trennen und das Gewissen belasten können.

Gnade: Liebevolle Zuwendung Gottes, die er den Menschen ohne Vorbedingung schenkt.

dessen Blut: Anspielung auf den Tod von Jesus Christus am Kreuz. Es steht für Gottes Zuwendung zu den Menschen, für die Jesus sein Leben am Kreuz opferte, um die Sünden der Menschen wegzunehmen.

er nimmt diejenigen als gerecht an, die aus dem Glauben an Jesus leben.

27 Gibt es irgendeinen Grund, auf etwas stolz zu sein? Nein, das ist ausgeschlossen! Welches Gesetz schließt das aus? Etwa das Gesetz der Werke? Nein, sondern das Gesetz des Glaubens! 28 Denn wir sind der Überzeugung, dass der Mensch allein aufgrund des Glaubens gerecht ist – unabhängig davon, ob er das Gesetz befolgt. 29 Oder ist Gott nur für die Juden da? Und nicht auch für die anderen Völker? Natürlich ist er auch für die anderen Völker da! 30 Denn es ist ein und derselbe Gott, der beide als gerecht annehmen wird: die Juden aufgrund des Glaubens und genauso die anderen mithilfe des Glaubens. 31 Bedeutet das, dass wir durch den Glauben das Gesetz außer Kraft setzen? Im Gegenteil! So bringen wir das Gesetz erst richtig zur Geltung.

Das Beispiel Abrahams

4 1 Wir fragen weiter: Wie verhielt es sich eigentlich bei Abraham, unserem leiblichen Stammvater? Was hat er erreicht? 2 Gilt Abraham etwa aufgrund seiner eigenen Taten als gerecht? Dann hätte er allen Grund, stolz zu sein. Aber vor Gott zählt das nicht. 3 Was steht denn in der Heiligen Schrift? »Abraham glaubte Gott, und das rechnete ihm Gott als Gerechtigkeit an.« 4 Wer eine Arbeit leistet, bekommt seinen Lohn nicht aus Gnade, sondern weil er ihm zusteht. 5 Anders ist es, wenn jemand bei Gott keine eigenen Leistungen vorzuweisen hat: Glaubt er an den, der die Frevler gerecht macht, wird ihm dieser Glaube als Gerechtigkeit angerechnet. 6 Davon redet ja auch schon David. Er nennt einen Menschen glücklich, dem Gott unabhängig von dessen Leistungen etwas als Gerechtigkeit anrechnet: 7 »Glückselig ist jeder, dessen Vergehen vergeben werden und dessen Sünden zugedeckt sind. 8 Glückselig ist der Mensch, dem der Herr die Schuld nicht anrechnet.«

9 Gilt dieser Zuspruch des Glücks nur für die Juden, also die Beschnittenen? Oder gilt er auch für die Unbeschnittenen? Wir sagen: Gott hat Abraham den Glauben als Gerechtigkeit angerechnet. 10 Unter welchen Umständen geschah das? War er damals bereits beschnitten oder war er noch nicht beschnitten? Es geschah nicht, als er bereits beschnitten war, sondern als er noch nicht beschnitten war. 11 Abraham erhielt das Zeichen der Beschneidung als Siegel für seine Gerechtigkeit. Diese Gerechtigkeit hatte Gott ihm aufgrund des Glaubens zuerkannt, den er vor seiner Beschneidung gezeigt hatte. Denn Abraham sollte auch zum Vater von allen Menschen werden, die glauben, ohne beschnitten zu sein. Und deshalb wird Gott auch diesen Menschen ihren Glauben als Gerechtigkeit anrechnen. 12 Und natürlich bleibt Abraham der Vater der Juden, also der Beschnittenen. Allerdings nicht nur deshalb, weil sie beschnitten sind. Sie müssen auch in seine Fußstapfen treten. Das heißt: Sie müssen denselben Glauben zeigen wie unser Vater Abraham vor seiner Beschneidung.

gerecht, als gerecht gelten: Gott nimmt die Menschen an und verurteilt sie nicht, obwohl sie seine Gebote übertreten. Darin zeigt sich Gottes Liebe zu den Menschen.

Glaube, glauben: Meint das tiefe Vertrauen auf Gott, das zu einem Leben nach seinem Willen führt.

Abraham: Stammvater des Volkes Israel, vgl. 1. Mose/Genesis 12–25.

in der Heiligen Schrift (Vers 3): Zitat aus der griechischen Übersetzung von 1. Mose/Genesis 15,6.

gerecht, Gerechtigkeit: Meint ein Leben nach dem Willen Gottes.

Frevler: Menschen, die Gottes Gebote missachten und ihre eigenen Interessen gewaltsam durchsetzen.

redet auch David: Zitat aus der griechischen Übersetzung von Psalm 32,1-2. David, ein bedeutender König Israels, gilt als Dichter zahlreicher Lieder und Gebete.

Sünden: Konkrete Verfehlungen, die von Gott trennen und das Gewissen belasten können.

Beschneidung: Das Abtrennen der Vorhaut am männlichen Glied ist für Israel Zeichen des Bundes zwischen Gott und seinem Volk.

Wegen seines Glaubens nahm Gott Abraham als gerecht an

13 Gott hat Abraham und seinen Nachkommen versprochen, dass sie die ganze Welt als Erbe erhalten. Er gibt ihnen dieses Versprechen aber nicht, weil sie das Gesetz befolgen. Er gibt es ihnen, weil er sie aufgrund ihres Glaubens als gerecht annimmt. 14 Wenn diejenigen, die das Gesetz befolgen, die Erben wären, dann hätte der Glaube keine Bedeutung. Außerdem wäre dann das Versprechen Gottes hinfällig. 15 Denn das Gesetz ruft unvermeidlich den Zorn Gottes hervor. Aber wo es kein Gesetz gibt, gibt es auch keine Übertretung des Gesetzes.

16 Deshalb gilt für das Versprechen Gottes: Es ist an den Glauben gebunden, damit es durch Gottes Gnade in Erfüllung geht. Nur so bleibt das Versprechen für alle Nachkommen gültig. Nicht nur für diejenigen, die das Gesetz befolgen. Sondern auch für diejenigen, die aus demselben Glauben leben wie Abraham, der Vater von uns allen. 17 So steht es ja in der Heiligen Schrift: »Ich habe dich dazu bestimmt, Vater von vielen Völkern zu sein.«

Abraham hatte Gott vor Augen, denn er glaubte an den, der die Toten lebendig macht. Der ruft auch das ins Dasein, was nicht ist. 18 Wo es eigentlich keinen Grund zur Hoffnung gab, hat Abraham voller Hoffnung am Glauben festgehalten. Und so wurde er zum Vater von vielen Völkern – wie Gott es ihm versprochen hatte: »So zahlreich werden deine Nachkommen sein.« 19 Er wurde im Glauben nicht unsicher – auch dann nicht, als er merkte, dass er nicht mehr Vater werden konnte. Er war ja fast einhundert Jahre alt. Und auch Sara konnte nicht mehr Mutter werden. 20 Aber er stellte das Versprechen Gottes nicht ungläubig infrage. Im Gegenteil: Sein Glaube wurde umso stärker. Er gab Gott die Ehre 21 und war fest überzeugt: Was Gott versprochen hat, das kann er auch halten. 22 Deshalb rechnete Gott Abraham seinen Glauben als Gerechtigkeit an.

Abraham soll das Vorbild für alle Menschen sein

23 Aber nicht nur seinetwegen steht in der Heiligen Schrift: »Gott rechnete ihm diesen Glauben an.« 24 Sondern es geht dabei auch um uns. Auch uns soll der Glaube angerechnet werden. Denn wir glauben an den, der Jesus, unseren Herrn, von den Toten auferweckt hat. 25 Gott hat Jesus wegen unserer Verfehlungen in den Tod gegeben. Und er hat ihn auferweckt, damit wir vor Gott gerecht sind.

Mit Gott versöhnt aufgrund der Liebe Gottes

5 1 Weil wir also aufgrund des Glaubens gerecht sind, haben wir Frieden, der auch bei Gott gilt. Das verdanken wir unserem Herrn Jesus Christus. 2 Durch den Glauben hat er uns den Zugang zur Gnade Gottes ermöglicht. Sie ist der Grund, auf dem wir stehen. Und wir dürfen stolz sein auf die sichere Hoffnung, zur Herrlichkeit Gottes zu gelangen. 3 Aber nicht nur das. Wir dürfen auch auf das stolz sein, was wir gegenwärtig erleiden müssen. Denn wir wissen:

Erbe: In 1. Mose/Genesis 22,17-18 verspricht Gott Abraham eine große Nachkommenschaft, die ein Segen für die ganze Welt sein wird. Paulus versteht dieses Versprechen als Zusage für ein Leben im Reich Gottes, in unmittelbarer Gemeinschaft mit Gott.

Gesetz: Die Lebensvorschriften des Alten Testaments, besonders die fünf Bücher Mose.

in der Heiligen Schrift (Vers 17): Zitat aus der griechischen Übersetzung von 1. Mose/Genesis 17,5.

versprochen: Zitat aus der griechischen Übersetzung von 1. Mose/Genesis 15,5. Die Zahl der Nachkommen wird dort mit der Zahl der Sterne am Himmel verglichen.

Sara: Frau von Abraham. Sie war ähnlich alt wie ihr Mann, als ihr Sohn Isaak geboren wurde.

Ehre, ehren: Einen Menschen oder Gott ehren heißt, ihn so zu behandeln, wie es seiner Stellung entspricht.

in der Heiligen Schrift (Vers 23): Verkürztes Zitat aus 1. Mose/Genesis 15,6. Damit knüpft Paulus – wie auch in Vers 22 – an Römer 4,3 an.

Gnade: Liebevolle Zuwendung Gottes, die er den Menschen ohne Vorbedingung schenkt.

Das Leid lehrt, standhaft zu bleiben. 4 Die Standhaftigkeit lehrt, sich
zu bewähren. Die Bewährung lehrt zu hoffen. 5 Aber die Hoffnung
macht uns nicht zum Gespött. Denn Gott hat seine Liebe in unsere
Herzen hineingegossen. Das ist durch den Heiligen Geist geschehen,
den Gott uns geschenkt hat.

6 Christus ist für uns gestorben, als wir noch schwach waren. Das
heißt: Er starb für Menschen, die zu diesem Zeitpunkt noch ohne
Gott lebten! 7 Dabei wird sich kaum jemand finden, der für einen ge-
rechten Menschen stirbt. Jemand ist vielleicht gerade noch bereit,
sein Leben für einen Menschen herzugeben, der Gutes tut. 8 Aber
Gott beweist seine Liebe zu uns dadurch, dass Christus für uns ge-
storben ist. Damals waren wir noch Sünder. 9 Jetzt hat Gott uns als
gerecht angenommen. Denn das Blut von Christus wurde für uns
vergossen. Umso gewisser können wir sein, dass wir dann auch vor
Gottes Zorn gerettet werden. 10 Als wir noch Feinde waren, wurden
wir mit Gott versöhnt durch den Tod seines Sohnes. Wenn wir jetzt
versöhnt sind, ist es umso gewisser: Wir werden dadurch gerettet
werden, dass sein Sohn lebt. 11 Und nicht nur das. Wir dürfen regel-
recht stolz darauf sein, dass wir zu Gott gehören. Das verdanken wir
Jesus Christus, unserem Herrn. Durch ihn haben wir jetzt schon die
Versöhnung erlangt.

Adam und Christus

12 Darum gilt: Durch einen einzigen Menschen kam die Sünde in die
Welt. Und durch die Sünde kam der Tod. So verfielen alle Menschen
dem Tod. Denn alle Menschen haben Schuld auf sich geladen. 13 Die
Sünde war schon in der Welt, bevor es das Gesetz gab. Aber solange
es kein Gesetz gibt, wird sie nicht als Schuld angerechnet. 14 Trotz-
dem herrschte schon in der Zeit von Adam bis Mose der Tod über
alle Menschen – auch wenn sie sich nicht in gleicher Weise schuldig
gemacht hatten wie Adam.

Schließlich ist Adam das Gegenbild zu dem, der kommen sollte.
15 Aber mit der Gnade verhält es sich ganz anders als mit der Verfeh-
lung. Damals hat die Verfehlung *eines* Menschen allen anderen den
Tod gebracht. Das wird jetzt mehr als aufgewogen durch die Gna-
de, die Gott uns erwiesen hat. Und dieses Geschenk der Gnade hat
der *eine* Mensch Jesus Christus für alle anderen erwirkt. 16 Die Wir-
kung dieses Geschenks ist völlig verschieden von dem, was sich aus
der Schuld des einen ergab: Beim Gericht, das auf diesen einen Fall
folgte, kam es zur Verurteilung. Aber die Gnade, die Gott für all die
vielen Verfehlungen gewährte, führte zum Freispruch. 17 Durch die
Verfehlung eines Einzigen hat der Tod die Herrschaft übernom-
men – eben durch diesen einen. Umso mehr gilt dann von denen, die
Gottes überreiche Gnade und sein Geschenk des Freispruchs emp-
fangen haben: Sie werden im neuen Leben zur Herrschaft gelangen –
eben durch den einen: Jesus Christus. 18 Daraus folgt: Durch die Ver-
fehlung eines Einzigen kam es für alle Menschen zur Verurteilung.

Herz: Sitz des Verstandes und des Willens.

Sünder: Mensch, der sich von Gott abgewendet hat und seinen Willen missachtet.

Blut von Christus: Bild für den Tod von Jesus Christus am Kreuz.

Jesus Christus: Der Name ist zugleich ein Bekenntnis. Wer Jesus als Christus anerkennt, glaubt an ihn als Retter und Erlöser der Welt.

Gesetz: Die Lebensvorschriften des Alten Testaments, besonders die fünf Bücher Mose.

von Adam bis Mose: Bezeichnet den Zeitraum, bevor Gott den Menschen durch Mose das Gesetz gegeben hat. Als Gesetz gelten die Lebensvorschriften des Alten Testaments, vor allem die fünf Bücher Mose.

der kommen sollte: Meint Jesus Christus.

eines Menschen: Meint Adam, den ersten Menschen.

Leben, neues Leben: Durch den Glauben an Gott von ihm bereits in dieser Welt geschenktes Leben in Gemeinschaft mit ihm.

Genauso kommt es durch die gerechte Tat eines Einzigen dazu, dass
alle Menschen gerecht sind. Und dadurch steht ihnen das neue Le-
ben offen. 19 Durch den Ungehorsam eines einzigen Menschen ge-
rieten alle in die Gewalt der Sünde. Ebenso werden auch durch den
Gehorsam eines Einzigen alle vor Gott gerecht sein.
20 Das Gesetz kam erst nachträglich hinzu, um die Verfehlungen
schwerwiegender zu machen. Wo aber das Maß der Sünde voll war,
da ist die Gnade über jedes Maß hinausgewachsen. 21 Die Sünde übte
ihre Herrschaft mithilfe des Todes aus. Genauso wird die Gnade ihre
Herrschaft entfalten, indem sie gerecht macht. So führt die Gnade
zum ewigen Leben durch Jesus Christus, unseren Herrn.

Die durch die Taufe geschenkte Freiheit 6,1–8,39

Die Taufe gibt Anteil an Tod und Auferstehung von Jesus

6 1 Was sollen wir dazu sagen? Etwa: »Lasst uns in unserer Sünde
bleiben, damit die Gnade noch größer wird!«? 2 Auf keinen Fall!
Für die Sünde sind wir ja tot. Wie könnten wir da noch weiter in ihr
leben? 3 Ihr wisst doch: Wir alle, die wir auf Christus Jesus getauft
wurden, sind einbezogen worden in seinen Tod. 4 Und weil wir bei
der Taufe in seinen Tod mit einbezogen wurden, sind wir auch mit
ihm begraben worden. Aber Christus wurde durch die Herrlichkeit
des Vaters von den Toten auferweckt. So werden auch wir ein neues
Leben führen.
5 Denn wenn wir ihm im Tod gleich geworden sind, werden wir es
auch in der Auferstehung sein. 6 Wir wissen doch: Der alte Mensch,
der wir früher waren, ist mit Christus am Kreuz gestorben. Dadurch
wurde der Leib vernichtet, der im Dienst der Sünde stand. Jetzt sind
wir ihr nicht mehr unterworfen. 7 Wer gestorben ist, auf den hat die
Sünde keinen Anspruch mehr. 8 Wir sind nun also mit Christus ge-
storben. Darum glauben wir, dass wir auch mit ihm leben werden.
9 Wir wissen doch: Christus wird nicht mehr sterben, nachdem er
vom Tod auferweckt wurde. Der Tod hat keine Macht mehr über ihn.
10 Denn sein Sterben war ein Sterben für die Sünde – das ist ein für
alle Mal geschehen. Aber das Leben, das er jetzt lebt, lebt er ganz für
Gott. 11 Genau das sollt ihr auch von euch denken: Für die Sünde seid
ihr tot. Aber ihr lebt für Gott, weil ihr zu Christus Jesus gehört.
12 Euer sterblicher Leib soll nicht von der Sünde beherrscht sein.
Sie will euch nur dazu bringen, seinen Begierden zu gehorchen.
13 Stellt die Glieder eures Körpers nicht in den Dienst der Sünde –
sie sollen nicht Werkzeuge des Unrechts sein. Stellt euch vielmehr
ganz Gott zur Verfügung. Denn ihr wart tot, und jetzt lebt ihr. Stellt
die Glieder eures Körpers in den Dienst Gottes – sie sollen die Werk-
zeuge seiner Gerechtigkeit sein. 14 Die Sünde wird keine Macht mehr
über euch haben. Denn ihr steht nicht mehr unter dem Gesetz, son-
dern unter der Gnade Gottes.

gerecht, als gerecht gelten: Gott nimmt die Menschen an und verurteilt sie nicht, obwohl sie seine Gebote übertreten. Darin zeigt sich Gottes Liebe zu den Menschen.

ewiges Leben: Leben im Reich Gottes und in unmittelbarer Gemeinschaft mit Gott nach der Auferstehung vom Tod.

Sünde: Die Trennung des Menschen von Gott, seinem Schöpfer. Sie führt dazu, dass der Mensch sein Leben nicht nach Gottes Willen ausrichten kann.

Gnade: Liebevolle Zuwendung Gottes, die er den Menschen ohne Vorbedingung schenkt.

auf Christus Jesus getauft: Das Eintauchen in Wasser bei der Taufe führt dazu, dass der Getaufte zu Jesus Christus gehört. Dadurch hat er Anteil an dessen Tod und Auferstehung.

Auferweckung: Meint die Auferstehung vom Tod und das ewige Leben im Reich Gottes.

Kreuz: Sinnbild für Gottes Zuwendung zu den Menschen. Am Kreuz opferte Jesus Christus sein Leben, um die Sünden der Menschen wegzunehmen, die sie von Gott trennen.

Befreit von der Sünde für ein Leben in Gerechtigkeit

15 Was bedeutet das? Können wir jetzt also Sünden begehen? Schließ-
lich stehen wir nicht mehr unter dem Gesetz, sondern unter der Gna-
de? Auf keinen Fall dürfen wird das! 16 Ihr wisst doch: Wenn ihr in den
Dienst von jemanden tretet, verpflichtet ihr euch damit zum Ge-
horsam. Ihr seid dann seine Diener und habt ihm zu gehorchen. Ihr
könnt also entweder die Sünde zum Herrn wählen – das führt zum
Tod. Oder ihr wählt den Gehorsam – das führt dazu, dass ihr als ge-
recht geltet. 17 Dank sei Gott! Denn früher wart ihr Diener der Sünde.
Aber jetzt gehorcht ihr von ganzem Herzen der Lehre, auf die ihr ver-
pflichtet worden seid. 18 Ihr seid von der Sünde befreit worden und
steht nun ganz im Dienst der Gerechtigkeit.

19 Ich verwende da ein Bild aus menschlichen Verhältnissen. Denn
ihr denkt, wie es eurer menschlichen Natur entspricht, und euer Ver-
ständnis ist entsprechend schwach. Früher habt ihr die Glieder eures
Körpers in den Dienst von Unmoral und Gesetzlosigkeit gestellt.
Das führte dann noch tiefer in die Gesetzlosigkeit. Genauso sollt ihr
jetzt die Glieder eures Körpers in den Dienst der Gerechtigkeit stel-
len. Das Ergebnis ist, dass ihr heilig lebt. 20 Solange ihr Diener der Sün-
de wart, wart ihr in Bezug auf die Gerechtigkeit frei. 21 Was war das
Ergebnis? Nur Dinge, über die ihr euch jetzt schämt. Denn am Ende
brachten sie euch den Tod. 22 Aber jetzt seid ihr von der Sünde befreit
und Diener Gottes geworden. Das Ergebnis ist, dass ihr heilig seid.
Und das Ziel ist das ewige Leben. 23 Denn der Lohn der Sünde ist der
Tod. Aber die Gnade, die Gott uns gewährt, ist das ewige Leben. Denn
wir gehören zu Christus Jesus, unserem Herrn.

Die Taufe macht frei vom Gesetz

7 1 Brüder und Schwestern, ich rede doch mit Leuten, die das Ge-
setz kennen. Wisst ihr denn nicht: Das Gesetz hat für einen Men-
schen nur so lange Geltung, wie er lebt. 2 Eine verheiratete Frau zum
Beispiel ist durch das Gesetz so lange an ihren Mann gebunden, wie
er lebt. Wenn ihr Mann stirbt, ist sie nicht mehr durch das Gesetz an
ihn gebunden. 3 Wenn sie sich also zu Lebzeiten ihres Mannes mit
einem anderen einlässt, bezeichnet man sie als Ehebrecherin. Aber
wenn ihr Mann stirbt, gilt dieses Gesetz für sie nicht mehr. Sie be-
geht dann keinen Ehebruch, wenn sie sich einen anderen Mann
nimmt.

4 Mit euch verhält es sich ähnlich, meine Brüder und Schwestern:
Durch den Tod von Christus seid ihr für das Gesetz gestorben. Ihr
gehört jetzt einem anderen: dem, der vom Tod auferweckt wurde.
Dadurch kann unser Leben jetzt für Gott Ertrag bringen. 5 Früher
waren wir noch ganz von unserer menschlichen Natur bestimmt.
Unsere Glieder waren beherrscht von den Leidenschaften der Sün-
de, die durch das Gesetz geweckt werden. Und der Ertrag, den unser
Leben brachte, kam dem Tod zugute. 6 Aber nun gilt das Gesetz für
uns nicht mehr. Denn wir sind für das Gesetz gestorben, an das wir

gerecht, als gerecht gelten: Gott nimmt die Menschen an und verurteilt sie nicht, obwohl sie seine Gebote übertreten. Darin zeigt sich Gottes Liebe zu den Menschen.

Lehre: Meint die Gute Nachricht, dass die Menschen durch Tod und Auferstehung von Jesus mit Gott versöhnt sind.

heilig: Menschen oder Dinge, die zu Gott gehören und mit ihm in Verbindung stehen.

Diener Gottes: Bezeichnung für eine Person, die Gott als ihren Herrn anerkennt. Sie handelt in seinem Namen, ist aber auch abhängig von ihm.

ewiges Leben: Leben im Reich Gottes und in unmittelbarer Gemeinschaft mit Gott nach der Auferstehung vom Tod.

Gnade: Liebevolle Zuwendung Gottes, die er den Menschen ohne Vorbedingung schenkt.

Bruder, Schwester: Wörtlich »Bruder«. Das griechische Wort bezeichnet männliche *und* weibliche Mitglieder der Gemeinde.

Auferweckung: Meint die Auferstehung vom Tod und das ewige Leben im Reich Gottes.

bisher gebunden waren. Jetzt können wir Gott in einer neuen Weise
dienen, die von seinem Geist geprägt ist – und nicht mehr in der alten
Weise, die durch Buchstaben bestimmt ist.

Das frühere Leben unter dem Gesetz

7 Was sollen wir dazu sagen? Etwa: »Gesetz und Sünde sind das-
selbe«? Auf keinen Fall! Allerdings hätte ich ohne das Gesetz die
Sünde gar nicht erkannt. Ich hätte zum Beispiel von der Begierde
nichts gewusst, wenn das Gesetz nicht gesagt hätte: »Du sollst nicht
begehren!« 8 Die Sünde machte sich das Gebot zunutze und weckte
alle Begierden in mir. Denn ohne das Gesetz war die Sünde tot. 9 Aber
ich war damals am Leben – ohne das Gesetz. Doch dann kam das Ge-
bot, und die Sünde lebte auf. 10 Aber ich musste sterben. So entdeckte
ich: Das Gebot, das eigentlich zum Leben führen sollte, brachte mir
den Tod. 11 Denn die Sünde machte sich das Gebot zunutze. Sie ge-
brauchte es, um mich zu täuschen und zu töten.

12 Es bleibt dabei: Das Gesetz an sich ist heilig, und das einzelne
Gebot ist heilig, gerecht und gut. 13 Hat mir dann etwa das Gute den
Tod gebracht? Auf keinen Fall! Sondern die Sünde war es. Denn sie
sollte als Sünde erkennbar werden, indem sie mir durch das Gute den
Tod brachte. Durch das Gebot sollte die Sünde über alles Maß hinaus
zunehmen.

Der gute Wille ist machtlos gegenüber der Sünde

14 Wir wissen ja: Das Gesetz ist vom Geist Gottes bestimmt. Ich dage-
gen bin als Mensch ganz von meiner menschlichen Natur bestimmt.
Ich bin mit Haut und Haaren an die Sünde verkauft. 15 Ja, wie ich
handle, ist mir unbegreiflich. Denn ich tue nicht das, was ich eigent-
lich will. Sondern ich tue das, was ich verabscheue. 16 Ich tue also das,
was ich eigentlich nicht will. Das beweist: Ich stimme dem Gesetz
innerlich zu und erkenne an, dass es recht hat. 17 Aber dann bin nicht
mehr ich es, der so handelt. Es handelt vielmehr die Sünde, die in mir
wohnt.

18 Ich weiß: So wie ich von Natur aus bin, wohnt in mir nichts Gu-
tes. Der Wille zum Guten ist bei mir zwar vorhanden, aber nicht die
Fähigkeit, es zu tun. 19 Ich tue nicht das, was ich eigentlich will – das
Gute. Sondern ich tue das, was ich nicht will – das Böse. 20 Ich tue also
das, was ich nicht will. Das bedeutet: Ich bin nicht mehr der Handeln-
de. Es ist vielmehr die Sünde, die in mir wohnt. 21 Ich entdecke also
bei mir folgende Gesetzmäßigkeit: Obwohl ich das Gute tun will,
bringe ich nur Böses zustande. 22 Meiner innersten Überzeugung
nach stimme ich dem Gesetz Gottes mit Freude zu. 23 Aber in mei-
nen Gliedern nehme ich ein anderes Gesetz wahr. Es liegt im Streit
mit dem Gesetz, dem ich mit meinem Verstand zustimme. Und die-
ses Gesetz macht mich zu seinem Gefangenen. Es ist das Gesetz der
Sünde, das in meinen Gliedern steckt. 24 Ich unglücklicher Mensch!
Mein ganzes Dasein ist dem Tod verfallen. Kann mich denn niemand

Gesetz: Die Lebensvorschriften des Alten Testaments, besonders die fünf Bücher Mose.

Sünde: Die Trennung des Menschen von Gott, seinem Schöpfer. Sie führt dazu, dass der Mensch sein Leben nicht nach Gottes Willen ausrichten kann.

das Gesetz sagt: Zitat aus den Zehn Geboten, vgl. 2. Mose/Exodus 20,17.

heilig: Menschen oder Dinge, die zu Gott gehören und mit ihm in Verbindung stehen.

das Gute: Meint hier das »Gesetz« als Oberbegriff für die Lebensvorschriften des Alten Testaments und im Besonderen die fünf Bücher Mose.

Geist Gottes: Kraft, durch die Gott in der Welt wirkt.

davon befreien? 25 Doch! Und dafür sei Gott Dank durch Jesus Chris-
tus, unseren Herrn! So gilt nun: Mit meinem Verstand diene ich zwar
dem Gesetz Gottes. Aber so wie ich von Natur aus bin, diene ich dem
Gesetz der Sünde.

Neues Leben durch Gottes Geist

8 1 Es gibt also keine Verurteilung mehr für die, die zu Christus
Jesus gehören. 2 Das bewirkt das Gesetz, das vom Geist Gottes
bestimmt ist. Es ist das Gesetz, das Leben schenkt durch die Zugehö-
rigkeit zu Christus Jesus. Es hat dich befreit von dem alten Gesetz,
das von der Sünde bestimmt ist und den Tod bringt. 3 Das alte Gesetz
war machtlos. Es scheiterte an unserer menschlichen Natur. Deshalb
sandte Gott seinen eigenen Sohn in Gestalt eines der Sünde ausgelie-
ferten Menschen. Er sollte sein Leben für unsere Sünden geben. So
wurde die Sünde verurteilt, die in der menschlichen Natur angelegt
ist. 4 Das tat er, damit die Forderung des Gesetzes durch uns erfüllt
wird. Denn jetzt ist unser Leben nicht mehr von der menschlichen
Natur bestimmt, sondern vom Geist Gottes. 5 Wer von der mensch-
lichen Natur bestimmt ist, strebt nur nach weltlichen Dingen. Wer
aber vom Geist Gottes bestimmt ist, strebt nach dem, was der Geist
will. 6 Nach weltlichen Dingen zu streben bringt den Tod. Aber nach
dem zu streben, was der Geist will, bringt Leben und Frieden. 7 Da-
rum bedeutet das Streben nach weltlichen Dingen Feindschaft ge-
gen Gott. Es ordnet sich nämlich nicht dem Gesetz Gottes unter –
dazu ist es ja gar nicht fähig. 8 Wer also von seiner menschlichen
Natur bestimmt ist, kann Gott unmöglich gefallen.

9 Aber ihr seid nicht mehr von der menschlichen Natur bestimmt,
sondern vom Geist Gottes. Denn der wohnt in euch. Wer dagegen
diesen Geist nicht hat, den Christus gibt, gehört auch nicht zu ihm.
10 Wenn Christus jedoch in euch gegenwärtig ist, dann ist euer Leib
zwar tot aufgrund der Sünde. Aber der Geist erfüllt euch mit Leben,
weil Gott euch als gerecht angenommen hat. 11 Es ist derselbe Geist
Gottes, der Jesus von den Toten auferweckt hat. Wenn dieser Geist
nun in euch wohnt, dann gilt: Gott, der Christus von den Toten auf-
erweckt hat, wird auch eurem sterblichen Leib das Leben schenken.
Das geschieht durch seinen Geist, der in euch wohnt.

Leben als Kinder Gottes

12 Brüder und Schwestern, das bedeutet: Wir sind nicht mehr der
menschlichen Natur verpflichtet und müssen ihr nicht länger fol-
gen. 13 Wenn ihr nämlich so lebt, wie es der menschlichen Natur
entspricht, müsst ihr sterben. Wenn ihr aber mithilfe von Gottes
Geist die Gewohnheiten eurer menschlichen Natur tötet, werdet
ihr leben. 14 Alle, die sich von diesem Geist führen lassen, sind Kin-
der Gottes. 15 Ihr habt ja nicht einen Geist empfangen, der euch zu
Sklaven macht. Dann müsstet ihr doch wieder Angst haben. Ihr habt
vielmehr einen Geist empfangen, der euch zu Kindern Gottes macht.

Jesus Christus: Der Name ist zugleich ein Bekenntnis. Wer Jesus als Christus anerkennt, glaubt an ihn als Retter und Erlöser der Welt.

Leben, neues Leben: Durch den Glauben an Gott von ihm bereits in dieser Welt geschenktes Leben in Gemeinschaft mit ihm.

sein eigener Sohn: Meint Jesus Christus, der im Neuen Testament der Einzige ist, der den Ehrentitel »Sohn Gottes« trägt.

für unsere Sünden geben: Jesus Christus hat durch seinen Tod am Kreuz die Sünden der Menschen weggenommen.

gerecht, als gerecht gelten: Gott nimmt die Menschen an und verurteilt sie nicht, obwohl sie seine Gebote übertreten. Darin zeigt sich Gottes Liebe zu den Menschen.

Auferweckung: Meint die Auferstehung vom Tod und das ewige Leben im Reich Gottes.

Bruder, Schwester: Wörtlich »Bruder«. Das griechische Wort bezeichnet männliche *und* weibliche Mitglieder der Gemeinde.

Weil wir diesen Geist haben, können wir rufen: »Abba! Vater!« 16 Und
derselbe Geist bestätigt unserem Geist, dass wir Kinder Gottes sind.
17 Wenn wir Kinder sind, dann sind wir aber auch Erben: Erben Got-
tes und Miterben von Christus. Voraussetzung ist, dass wir sein
Leiden teilen. Denn dadurch bekommen wir auch Anteil an seiner
Herrlichkeit.

Die ganze Schöpfung wartet auf ihre Befreiung

18 Ich bin überzeugt: Das Leid, das wir gegenwärtig erleben, steht in
keinem Verhältnis zu der Herrlichkeit, die uns erwartet. Gott wird sie
an uns offenbar machen. 19 Die ganze Schöpfung wartet doch sehn-
süchtig darauf, dass Gott die Herrlichkeit seiner Kinder offenbart.
20 Denn die Schöpfung ist der Vergänglichkeit unterworfen – aller-
dings nicht durch eigene Schuld. Vielmehr hat Gott es so bestimmt.
Damit ist aber eine Hoffnung verbunden: 21 Denn auch die Schöp-
fung wird befreit werden aus der Sklaverei der Vergänglichkeit. Sie
wird ebenfalls zu der Freiheit kommen, die Gottes Kinder in der
Herrlichkeit erwartet. 22 Wir wissen ja: Die ganze Schöpfung seufzt
und stöhnt vor Schmerz wie in Geburtswehen – bis heute. 23 Und
nicht nur sie: Uns geht es genauso! Wir haben zwar schon als Vor-
schuss den Geist Gottes empfangen. Trotzdem seufzen und stöh-
nen auch wir noch in unserem Innern. Denn wir warten ebenso
darauf, dass Gott uns endgültig als seine Kinder annimmt. Dabei
wird er auch unseren Leib von der Vergänglichkeit erlösen. 24 Denn
wir sind zwar gerettet, aber noch ist alles erst Hoffnung. Und eine
Hoffnung, die wir schon erfüllt sehen, ist keine Hoffnung mehr. Wer
hofft schließlich auf das, was er schon vor sich sieht? 25 Wir aber hof-
fen auf etwas, das wir noch nicht sehen. Darum müssen wir geduldig
warten.

Der Geist steht denen bei, die erwählt sind

26 In gleicher Weise steht uns der Geist Gottes da bei, wo wir selbst
unfähig sind. Wir wissen ja nicht einmal, was wir beten sollen. Und
wir wissen auch nicht, wie wir unser Gebet in angemessener Weise
vor Gott bringen. Doch der Geist selbst tritt mit Flehen und Seufzen
für uns ein. Dies geschieht in einer Weise, die nicht in Worte zu fas-
sen ist. 27 Aber Gott weiß ja, was in unseren Herzen vorgeht. Er ver-
steht, worum es dem Geist geht. Denn der Geist tritt vor Gott für die
Heiligen ein. 28 Wir wissen aber: Denen, die Gott lieben, dient alles
zum Guten. Es sind die Menschen, die er nach seinem Plan beru-
fen hat. 29 Die hat er schon im Vorhinein ausgewählt. Im Voraus hat
er sie dazu bestimmt, nach dem Bild seines Sohnes neu gestaltet zu
werden. Denn der sollte der Erstgeborene unter vielen Brüdern und
Schwestern sein. 30 Wen Gott so im Voraus bestimmt hat, den hat er
auch berufen. Und wen er berufen hat, den hat er auch für gerecht
erklärt. Und wen er für gerecht erklärt hat, dem hat er auch Anteil an
seiner Herrlichkeit gegeben.

Abba: Aramäisch für »Vater«.

Erben: Durch den Glauben an Jesus Christus haben alle Menschen Anteil an dem Erbe, das Gott für sie bestimmt hat. Ursprünglich war das Erbe der Anteil an dem Land, das Gott seinem Volk versprochen hat. Im Neuen Testament ist damit das Leben im Reich Gottes gemeint, in unmittelbarer Gemeinschaft mit ihm.

Herrlichkeit: Bezeichnet das, was einer Person Ansehen und Macht verleiht. Gottes Herrlichkeit stellt man sich auch als strahlenden Lichtglanz vor.

als Vorschuss: Bezieht sich auf das ewige Leben im Reich Gottes.

Gebet: Reden des Menschen mit Gott.

Heilige: Bezeichnung für die Anhänger von Jesus Christus.

Nichts kann uns von der Liebe Gottes trennen

31 Was sollen wir noch mehr sagen? Wenn Gott für uns ist, wer kann sich dann noch gegen uns stellen? 32 Er hat ja seinen eigenen Sohn nicht verschont. Vielmehr hat er ihn für uns alle in den Tod gegeben. Wenn er uns aber seinen Sohn geschenkt hat, wird er uns dann nicht auch alles andere schenken? 33 Wer kann also Anklage erheben gegen die Menschen, die Gott ausgewählt hat? Gott selbst erklärt sie doch für gerecht! 34 Wer kann uns da noch verurteilen? Schließlich tritt doch Christus Jesus für uns ein – der gestorben ist, mehr noch: der auferweckt wurde und an der rechten Seite Gottes sitzt.

35 Was kann uns von Christus und seiner Liebe trennen? Etwa Leid, Angst oder Verfolgung, Hunger oder Kälte, Gefahr oder gar die Hinrichtung? 36 Schließlich heißt es ja in der Heiligen Schrift: »Weil wir uns zu dir bekennen, bedroht man uns täglich mit dem Tod. Wie Schlachtvieh werden wir behandelt.« 37 Doch aus alldem gehen wir als strahlende Sieger hervor. Das haben wir dem zu verdanken, der uns so sehr geliebt hat. 38 Ich bin zutiefst überzeugt: Nichts kann uns von der Liebe Gottes trennen – nicht der Tod und auch nicht das Leben, keine Engel und keine weltlichen Mächte, nichts Gegenwärtiges und nichts Zukünftiges und auch keine andere gottfeindliche Kraft. 39 Nichts Über- oder Unterirdisches und auch nicht irgendetwas anderes, das Gott geschaffen hat – nichts von alledem kann uns von der Liebe Gottes trennen. In Christus Jesus, unserem Herrn, hat Gott uns diese Liebe geschenkt.

Gott steht zu seinem Volk Israel 9,1–11,36

Das Versprechen Gottes gegenüber Israel

9 1 Für das, was ich jetzt sage, berufe ich mich auf Christus. Es ist die Wahrheit, ich lüge nicht. Auch mein Gewissen bezeugt es und erhält dafür die Bestätigung durch den Heiligen Geist: 2 Ich bin wirklich sehr traurig, ja, mir schmerzt immerzu das Herz. 3 Denn es geht um meine Brüder und Schwestern. Ich wünschte nur, ich könnte an ihre Stelle treten und selbst verflucht sein – ausgeschlossen aus der Gemeinschaft mit Christus. Es sind schließlich meine Landsleute, mein eigenes Fleisch und Blut. 4 Sie sind doch Israeliten! Sie sind Kinder Gottes und haben Anteil an seiner Herrlichkeit. Mit ihnen hat Gott mehrfach einen Bund geschlossen. Er hat ihnen das Gesetz gegeben und sie gelehrt, ihn in rechter Weise zu verehren. Und er hat ihnen sein Versprechen gegeben. 5 Sie sind Nachkommen der Stammväter, von denen auch Christus seiner leiblichen Herkunft nach abstammt. Gott, der über allem steht, sei in Ewigkeit gelobt! Amen.

Gott trifft seine Wahl

6 Es ist ja nicht so, dass Gottes Zusage hinfällig ist. Allerdings gehören nicht alle Israeliten auch wirklich zu Israel. 7 Genauso wenig sind alle

rechte Seite: Die rechte Seite ist ein Ehrenplatz.

in der Heiligen Schrift (Vers 36): Zitat aus Psalm 44,23.

Heiliger Geist: Kraft, durch die Gott in der Welt wirkt.

Brüder und Schwestern: Wörtlich »Brüder«. Das griechische Wort meint hier sowohl Juden als auch Jüdinnen.

Israel: Nachkommen der zwölf Söhne Jakobs. Gott hat mit Israel einen Bund geschlossen.

Bund: 2. Mose/Exodus 19–20 erzählt davon, dass Gott mit Israel einen Bund schließt und es so zu seinem Volk macht. Nachdem die Israeliten Gottes Gebote übertreten und den Bund gebrochen hatten, erneuerte Gott diesen Bund in 2. Mose/Exodus 34,1-10.

Stammväter: Abraham, Isaak, Jakob und seine 12 Söhne. Das Volk Israel versteht sich als deren Nachkommen.

Menschen, die von Abraham abstammen, auch wirklich seine Nach-
kommen. Sondern Gott hatte gesagt: »Die Nachkommen Isaaks sol-
len als deine Nachkommen gelten.« 8 Das heißt: Die leiblichen Nach-
kommen von Abraham sind nicht zwangsläufig Kinder Gottes. Nur
die Kinder, die auf Gottes Versprechen zurückgehen, gelten wirklich
als seine Nachkommen. 9 Denn Gott gab Abraham das Versprechen:
»Nächstes Jahr um diese Zeit werde ich wiederkommen. Dann wird
Sara einen Sohn haben.«

10 Aber nicht nur bei ihr war es so, bei Rebekka war es ähnlich: Sie
bekam nur von *einem* Mann Kinder, nämlich von unserem Vorfah-
ren Isaak. 11 Ihre Kinder waren noch nicht geboren, und keines hatte
irgendetwas Gutes oder Böses getan. Aber Gott hatte schon seine
Wahl getroffen und bestimmt, was geschehen sollte. 12 Dabei kam es
nicht auf irgendwelche Taten an, sondern es war allein Gottes Ent-
scheidung. Damals sagte Gott zu Rebekka: »Der Ältere wird dem Jün-
geren dienen.« 13 So steht es auch an einer anderen Stelle: »Jakob habe
ich geliebt, Esau dagegen habe ich gehasst.«

Gott schenkt sein Erbarmen, wem er will

14 Was sollen wir dazu sagen? Etwa: »Ist Gott ungerecht?« Auf kei-
nen Fall! 15 Er sagt ja zu Mose: »Ich werde dem mein Erbarmen
schenken, mit dem ich Erbarmen habe. Und ich werde dem mein
Mitleid zeigen, mit dem ich Mitleid habe.« 16 Es kommt also nicht
darauf an, ob der Mensch etwas will oder ob er sich abmüht. Viel-
mehr kommt es allein auf Gottes Erbarmen an. 17 Entsprechend
steht über den Pharao in der Heiligen Schrift: »Ich habe dich nur des-
halb zum Herrscher gemacht, damit ich an dir meine Macht zeigen
kann. Dadurch soll mein Name auf der ganzen Erde bekannt wer-
den.« 18 Gott entscheidet also frei, wem er sein Erbarmen schenkt.
Und ebenso entscheidet er, wer sich ihm gegenüber verschließen
soll.

19 Du könntest jetzt einwenden: »Wieso zieht Gott uns dann über-
haupt zur Rechenschaft? Seinem Willen kann sich doch niemand
widersetzen!« 20 Du Mensch, wer bist du eigentlich, dass du mit Gott
streiten willst! »Sagt etwa ein Gefäß zu dem, der es geformt hat: ›Wa-
rum hast du mich so gemacht?‹« 21 Hat nicht der Töpfer alle Macht
über den Ton? Er kann doch aus ein und demselben Tonklumpen
verschiedene Gefäße herstellen: eine Schale für die Festtafel genauso
wie einen Nachttopf.

22 Dabei gilt: Gott will zwar seinen Zorn zeigen und seine Macht
offenbaren. Aber dennoch hat er die Gefäße, die seinen Zorn erregen,
mit großer Geduld ertragen – also Gefäße, die eigentlich zum Zer-
schlagen erschaffen wurden. 23 Und gleichzeitig will er seine ganze
Herrlichkeit an den Gefäßen offenbaren, denen sein Erbarmen gilt.
Denn die hat er zuvor für die Herrlichkeit bestimmt. 24 Solche Ge-
fäße sind wir. Uns hat Gott berufen – und zwar nicht nur aus dem
jüdischen Volk, sondern auch aus den anderen Völkern. 25 So sagt er

leibliche Nachkommen: Abraham hatte zwei Söhne mit zwei Frauen: Isaak mit seiner Frau Sara und Ismael mit ihrer Magd Hagar, vgl. 1. Mose/Genesis 16 und 1. Mose/Genesis 21,1-13.

seine Nachkommen: Meint Isaak und seine Nachkommen. Isaak wurde geboren, weil Gott es Abraham versprochen hatte; vgl. 1. Mose/Genesis 18,9-15 und 1. Mose/Genesis 21,1-13.

Rebekka: Frau von Isaak und Mutter von Jakob und Esau, vgl. 1. Mose/Genesis 24–27.

Kinder: Meint die Zwillinge Jakob und Esau.

seine Wahl: Nur eines der beiden Kinder wird zum Stammvater des Volkes Israel: Jakob.

er sagt zu Mose: Zitat aus der griechischen Übersetzung von 2. Mose/Exodus 33,19.

Pharao: König von Ägypten, für den die Israeliten wie Sklaven arbeiten mussten.

in der Heiligen Schrift (Vers 17): Das Zitat nimmt Worte aus 2. Mose/Exodus 9,16 auf.

Herrlichkeit: Bezeichnet das, was einer Person Ansehen und Macht verleiht. Gottes Herrlichkeit stellt man sich auch als strahlenden Lichtglanz vor.

auch bei Hosea: »Ich werde die Menschen ›mein Volk‹ nennen, die
nicht mein Volk waren. Und die Frau, die nicht geliebt war, nenne ich
›meine geliebte Frau‹. 26 Und an dem Ort, wo man zu ihnen gesagt hat:
›Ihr seid nicht mein Volk‹ – dort wird man sie ›Kinder des lebendigen
Gottes‹ nennen.« 27 Und Jesaja verkündet laut über Israel: »Die Israe-
liten können so zahlreich sein wie der Sand am Meer. Dennoch wird
nur ein kleiner Rest von ihnen gerettet. 28 Denn der Herr wird auf der
Erde sein Wort in die Tat umsetzen: Er wird Israel retten, aber gleich-
zeitig wird er es zurechtstutzen.« 29 Es ist so, wie Jesaja es vorherge-
sagt hat: »Hätte der Herr Zebaot keine Nachkommen von uns übrig
gelassen, wäre es uns wie Sodom ergangen. Wir hätten das Schicksal
von Gomorra geteilt.«

Israels Suche nach der Gerechtigkeit

30 Was sollen wir dazu sagen? Die anderen Völker haben sich nicht
darum bemüht, vor Gott als gerecht anerkannt zu werden. Dennoch
gelten sie als gerecht – und zwar als gerecht aufgrund des Glaubens.
31 Israel dagegen hat sich bemüht, das Gesetz zu befolgen. Dadurch
wollte es vor Gott als gerecht gelten. Aber es hat nicht erreicht, wo-
rum es im Gesetz geht. 32 Warum? Weil es nicht aus dem Glauben
heraus geschah, sondern weil sie auf ihre eigenen Taten vertrauten.
Dabei stolperten sie über den Stein des Anstoßes. 33 Über ihn steht
schon in der Heiligen Schrift: »Auf den Berg Zion lege ich einen Stein,
an dem man Anstoß nimmt – einen Fels, über den man stolpert. Wer
an den glaubt, wird nicht zugrunde gehen.«

Die Rettung kommt durch den Glauben

10 1 Brüder und Schwestern, das ist mein Herzenswunsch und
meine große Bitte: Gott soll die Menschen retten, die zu mei-
nem Volk gehören. 2 Ich kann bezeugen, dass sie sich wirklich für die
Sache Gottes einsetzen. Nur haben sie nicht die rechte Erkenntnis.
3 Sie verstehen nicht, worum es bei der Gerechtigkeit Gottes geht.
Stattdessen streben sie nach dem, was sie selbst für Gerechtigkeit
halten. Deshalb haben sie sich nicht der Gerechtigkeit untergeord-
net, die Gott ihnen schenken will. 4 Denn mit Christus ist das Ziel
erreicht, um das es im Gesetz geht: Jeder, der an ihn glaubt, gilt vor
Gott als gerecht.

5 Mose schreibt über die Gerechtigkeit, die wir durch das Gesetz
erlangen können: »Wer seine Vorschriften befolgt, wird durch sie
das Leben erlangen.« 6 Dagegen heißt es von der Gerechtigkeit, die
wir durch den Glauben erlangen: »Frage dich nicht: Wer wird in den
Himmel hinaufsteigen?« – So als müsste man Christus von dort her-
abholen! – 7 »Auch nicht: Wer wird in die Unterwelt hinabsteigen?«
– So als müsste man Christus von den Toten holen! – 8 Sondern wie
heißt es doch? »Das Wort Gottes ist dir ganz nahe. Es ist in deinem
Mund und in deinem Herzen.« Es ist das Wort des Glaubens, das wir
verkünden.

Jesaja verkündet: Zitat aus Jesaja 10,22.

wie Jesaja vorhersagt hat: Zitat aus der griechischen Übersetzung von Jesaja 1,9.

Herr Zebaot: Im Alten Testament übliche Bezeichnung für Gott, die übersetzt »Herr der himmlischen Heere« bedeutet. Sie bringt die Fülle von Gottes Macht zum Ausdruck.

Sodom, Gomorra: Die Städte wurden vernichtet, weil ihre Bewohner sich von Gott abgewandt hatten; vgl. 1. Mose/Genesis 19.

Glaube, glauben: Meint das tiefe Vertrauen auf Gott, das zu einem Leben nach seinem Willen führt.

Gesetz: Die Lebensvorschriften des Alten Testaments, besonders die fünf Bücher Mose.

in der Heiligen Schrift (Vers 33): Das Zitat setzt sich zusammen aus Jesaja 8,14 und der griechischen Übersetzung von Jesaja 28,16.

gerecht, als gerecht gelten: Gott nimmt die Menschen an und verurteilt sie nicht, obwohl sie seine Gebote übertreten. Darin zeigt sich Gottes Liebe zu den Menschen.

Mose schreibt: Zitat aus der griechischen Übersetzung von 3. Mose/Levitikus 18,5.

9 Wenn du also mit deinem Mund bekennst: »Jesus ist der Herr!«
Und wenn du aus ganzem Herzen glaubst: »Gott hat ihn von den To-
ten auferweckt!« Dann wirst du gerettet werden. 10 Denn aus dem
Herzen kommt der Glaube, der gerecht macht. Und aus dem Mund
kommt das Bekenntnis, das zur Rettung führt. 11 So steht es ja in der
Heiligen Schrift: »Wer an ihn glaubt, wird nicht zugrunde gehen.«
12 Das gilt ohne Unterschied für Juden und Griechen. Alle haben ein
und denselben Herrn. Und der lässt alle an seinem Reichtum teilha-
ben, die ihn anrufen. 13 Denn es heißt ja auch: »Jeder, der den Namen
des Herrn anruft, wird gerettet werden.«

Nicht alle haben die Gute Nachricht angenommen

14 Aber wie kann man jemanden anrufen, an den man nicht glaubt?
Oder wie kann man an jemanden glauben, von dem man nichts ge-
hört hat? Und wie kann man von jemandem hören, wenn es keine
Verkündigung von ihm gibt? 15 Wie aber kann es eine Verkündigung
geben, wenn niemand dazu ausgesandt wurde? – Gerade darüber
steht ja in der Heiligen Schrift: »Willkommen sind die Boten, die Gu-
tes verkünden!«
16 Aber nicht alle haben auf diese Gute Nachricht gehört. So fragt
schon Jesaja: »Herr, wer hat unserer Botschaft geglaubt?« 17 Also: Der
Glaube kommt vom Hören auf die Botschaft. Die Botschaft aber
wirkt durch den Auftrag, den Christus gegeben hat. 18 Ich frage euch:
Haben die Menschen aus meinem Volk etwa die Botschaft nicht ge-
hört? Im Gegenteil! Es heißt ja: »Ihr Ruf geht hinaus in alle Länder.
Ihre Kunde dringt bis an das Ende der Welt.« 19 Ich frage noch einmal:
Hat Israel die Botschaft etwa nicht verstanden? O doch! Schließlich
hat schon Mose als Erster gesagt: »›Ich will euch eifersüchtig machen
auf ein Volk, das gar keines ist‹, spricht Gott. ›Auf ein Volk ohne jede
Erkenntnis will ich euch zornig machen.‹« 20 Und Jesaja wagt sogar zu
sagen: »›Ich habe mich von denen finden lassen, die mich gar nicht ge-
sucht haben‹, spricht Gott. ›Ich habe mich denen gezeigt, die gar nicht
nach mir gefragt haben.‹« 21 Und zu Israel sagt Gott: »Den ganzen Tag
habe ich einladend meine Hände ausgestreckt – nach einem Volk, das
mir nicht gehorcht und das mir ständig widerspricht.«

Gott hat sein Volk nicht verstoßen

11 1 Nun frage ich: Hat Gott etwa sein Volk verstoßen? Auf kei-
nen Fall! Ich selbst bin ja ein Israelit, ein Nachkomme Abra-
hams aus dem Stamm Benjamin. 2 Gott hat sein Volk nicht verstoßen,
das er einst erwählt hat. Oder wisst ihr nicht, was in der Heiligen
Schrift über Elija berichtet wird? Er führte vor Gott Klage gegen Is-
rael und sagte: 3 »Herr, sie haben deine Propheten getötet und deine
Altäre niedergerissen. Ich allein bin übrig geblieben, und jetzt wol-
len sie mich auch noch umbringen.« 4 Und wie lautete die Antwort
Gottes? »Ich habe mir 7000 Mann übrig behalten, die nicht vor Baal
auf die Knie gefallen sind.« 5 Das Gleiche geschieht jetzt in diesem

in der Heiligen Schrift (Vers 11): Das Zitat nimmt Worte aus der griechischen Übersetzung von Jesaja 28,16 auf.

es heißt (Vers 13): Zitat aus der griechischen Übersetzung von Joel 3,5.

in der Heiligen Schrift (Vers 15): Das Zitat nimmt ein Bild aus Jesaja 52,7 auf.

fragt Jesaja: Zitat aus Jesaja 53,1.

mein Volk: Für Paulus das jüdische Volk.

es heißt (Vers 18): Zitat aus der griechischen Übersetzung von Psalm 19,5.

Mose sagt: Zitat aus der griechischen Übersetzung von 5. Mose/Deuteronomium 32,21.

Jesaja sagt: Zitat aus der griechischen Übersetzung von Jesaja 65,1.

sagt Gott: Zitat aus der griechischen Übersetzung von Jesaja 65,2.

Israel: Nachkommen der zwölf Söhne Jakobs. Gott hat mit Israel einen Bund geschlossen.

Elija: Prophet, der im Auftrag Gottes gegen 850 Propheten anderer Gottheiten antritt; vgl. 1. Könige 18,17-40.

vor Baal auf die Knie fallen: Die Anbetung eines fremden Gottes war für Israeliten verboten.

Augenblick: Aus Gnade hat Gott einen Rest ausgewählt. 6 Wenn es aber aus Gnade geschah, dann spielen die eigenen Taten dabei keine Rolle. Sonst wäre die Gnade ja nicht wirklich Gnade.

7 Was bedeutet das? Israel hat nicht erreicht, worum es sich so sehr bemüht hat. Nur diejenigen, die Gott ausgewählt hat, haben es erreicht. Bei den Übrigen hat er dafür gesorgt, dass sie sich vor ihm verschließen. 8 So steht es ja auch in der Heiligen Schrift: »Gott hat ihren Geist in tiefen Schlaf versetzt. Er hat ihnen Augen gegeben, die nichts sehen, und Ohren, die nichts hören. Das ist so bis zum heutigen Tag.« 9 Und David sagt: »Ihr Tisch soll zur Falle und zum Fangnetz für sie werden. Sie sollen daran Anstoß nehmen, und er wird ihnen zum Verhängnis werden. 10 Lass ihre Augen dunkel werden, damit sie nichts mehr sehen können. Und lass ihren Rücken gebeugt sein für immer!«

Rettung für Israel und die anderen Völker

11 Ich frage also: Sind die Juden am Ende gestolpert, um in ihr Verderben zu stürzen? Auf keinen Fall! Es ist vielmehr so: Ihr Fehltritt brachte den anderen Völkern die Rettung. Das sollte sie eifersüchtig machen. 12 Ihr Fehltritt hat der Welt reichen Gewinn gebracht und ihre geringe Zahl den Völkern: Wie unermesslich wird der Reichtum erst sein, wenn sie wieder zu voller Zahl angewachsen sind?

13 Euch aber, den Völkern, sage ich: Gerade weil ich Apostel für die Völker bin, danke ich Gott für meinen Dienst. 14 Vielleicht trage ich ja gerade dadurch dazu bei, mein eigenes Volk eifersüchtig zu machen. So könnte ich wenigstens einige von ihnen retten. 15 Schon dass sie verloren gingen, hat der Welt die Versöhnung gebracht. Was wird dann erst sein, wenn Gott sie wieder annimmt? Nicht weniger als neues Leben aus dem Tod!

Das Bild vom Olivenbaum

16 Ist nicht schon der Teig aus dem ersten Getreide jeder Ernte heilig? Dann ist doch auch jeder weitere Teig daraus heilig. Und wenn die Wurzel heilig ist, dann sind es auch die Zweige. 17 Einige Zweige sind aus dem edlen Olivenbaum herausgebrochen worden. Dann hat man dich als Zweig vom wilden Olivenbaum in den edlen eingepfropft. Jetzt wirst du vom Saft aus seiner Wurzel miternährt. 18 Aber meine nicht, dass du den anderen Zweigen überlegen bist! Wenn du es trotzdem tust, dann denke daran: Nicht du trägst die Wurzel, sondern die Wurzel trägt dich! 19 Du wirst vielleicht einwenden: »Die Zweige wurden doch herausgebrochen, damit ich eingepfropft werde.« 20 Ganz recht: Sie wurden herausgebrochen, weil sie nicht zum Glauben gekommen sind. Du hast ihren Platz eingenommen, weil du zum Glauben gekommen bist. Aber deshalb darfst du nicht überheblich werden. Vielmehr hast du Grund, dich zu fürchten. 21 Gott hat schon die ursprünglichen Zweige nicht verschont. Dann wird er dich erst recht nicht verschonen.

in der Heiligen Schrift (Vers 8): Das Zitat setzt sich zusammen aus 5. Mose/Deuteronomium 29,3 und Jesaja 29,10.

Juden: Menschen, die zu Gottes Volk gehören. Im Gegensatz zu anderen Völkern werden alle jüdischen Männer beschnitten.

Fehltritt: Meint, dass sie Gottes Angebot zur Rettung ausgeschlagen haben.

Apostel: Wörtlich »Ausgesandter«. Mensch, der dazu berufen ist, die Gute Nachricht von Jesus Christus zu verkünden.

Leben, neues Leben: Durch den Glauben an Gott von ihm bereits in dieser Welt geschenktes Leben in Gemeinschaft mit ihm.

erstes Getreide: Der erste Teil der Ernte und daraus hergestellte Lebensmittel waren für Gott bestimmt, vgl. 4. Mose/Numeri 15,19-20.

Olivenbaum: Paulus verwendet das Bild vom edlen Olivenbaum in diesem Gleichnis für die Juden. Mit dem wilden Olivenbaum meint er die Nicht-Juden.

einpfropfen: Das Einsetzen eines fremden Zweigs in eine Pflanze. So kann die Wirtspflanze bessere Früchte tragen.

22 So verhält es sich mit der Güte und Strenge Gottes: Zu denen,
die zu Fall gekommen sind, ist er streng. Zu dir ist er gütig, voraus-
gesetzt, du hältst an seiner Güte fest. Andernfalls wirst auch du wie-
der aus dem Olivenbaum herausgeschnitten. 23 Umgekehrt werden
die anderen wieder eingepfropft, wenn sie nicht an ihrem Unglau-
ben festhalten. Denn Gott hat sehr wohl die Macht dazu, sie wieder
einzupfropfen. 24 Gott hat dich ja aus dem wilden Olivenbaum her-
ausgeschnitten, auf dem du gewachsen bist. Dann hat er dich in den
edlen Olivenbaum eingepfropft, auf dem du nicht gewachsen bist.
Also kann er erst recht die ursprünglichen Zweige wieder in ihren
eigenen, edlen Olivenbaum einpfropfen.

Zuletzt wird ganz Israel gerettet

25 Brüder und Schwestern, ich will euch über folgendes Geheimnis
nicht in Unkenntnis lassen. Denn ihr sollt euch nicht selbst einen
Reim auf die Sache machen: Tatsächlich hat Gott dafür gesorgt, dass
sich ein Teil von Israel vor ihm verschließt. Das soll aber nur so lange
dauern, bis alle Völker sich ihm zugewandt haben. 26 Und auf diese
Weise wird schließlich ganz Israel gerettet werden. In der Heiligen
Schrift heißt es ja auch: »Vom Zion her wird der Retter kommen und
alle Gottlosigkeit von Jakob nehmen. 27 Das ist der Bund, den ich, der
Herr, mit ihnen geschlossen habe. Er wird erfüllt, wenn ich ihre Sün-
den von ihnen nehme.«
28 Betrachtet man es von der Guten Nachricht her, dann sind sie
Gottes Feinde geworden. Und das kommt euch zugute. Betrachtet
man es aber von daher, dass Gott sie erwählt hat, dann bleiben sie
von Gott geliebt. Es waren ja ihre Vorfahren, die er einst erwählt hat.
29 Denn was Gott aus Gnade geschenkt hat, das nimmt er nicht zu-
rück. Und wen er einmal berufen hat, der bleibt es. 30 Früher habt ihr
Völker Gott nicht gehorcht. Aber weil die Juden ungehorsam waren,
hat Gott jetzt euch sein Erbarmen geschenkt. 31 Genauso gehorchen
sie jetzt Gott nicht, weil er euch sein Erbarmen geschenkt hat. Da-
durch werden künftig auch sie sein Erbarmen finden. 32 Denn Gott
hat alle im Ungehorsam festgehalten, weil er allen sein Erbarmen
schenken will.

Lobpreis der unergründlichen Weisheit Gottes

33 Wie unerschöpflich ist doch der Reichtum Gottes, wie tief seine
Weisheit und Erkenntnis! Wie unergründlich sind seine Entschei-
dungen und wie unerforschlich seine Wege! 34 Wer kennt die Gedan-
ken des Herrn? Wer ist sein Berater gewesen? 35 Wer hat ihm je etwas
gegeben, sodass er es von ihm zurückfordern könnte? 36 Denn alles
hat in ihm seinen Ursprung. Durch ihn besteht alles und in ihm hat
alles sein Ziel. Denn er regiert in Herrlichkeit für immer. Amen.

Israel: Nachkommen der zwölf Söhne Jakobs. Gott hat mit Israel einen Bund geschlossen.

in der Heiligen Schrift (Vers 26): Das Zitat setzt sich zusammen aus Jesaja 27,9 und Jesaja 59,20-21.

Zion: Tempelberg von Jerusalem, aber auch Bezeichnung für die ganze Stadt.

euch: Meint Nicht-Juden.

Gnade: Liebevolle Zuwendung Gottes, die er den Menschen ohne Vorbedingung schenkt.

Herrlichkeit: Bezeichnet das, was einer Person Ansehen und Macht verleiht. Gottes Herrlichkeit stellt man sich auch als strahlenden Lichtglanz vor.

Amen: Das hebräische Wort bedeutet »So ist es! / So soll es sein!«

Das Leben aus der Guten Nachricht 12,1–15,13

Das Leben als Dienst für Gott

12 1 Brüder und Schwestern, bei der Barmherzigkeit Gottes bitte ich euch: Stellt euer ganzes Leben Gott zur Verfügung. Es soll ein lebendiges und heiliges Opfer sein, das ihm gefällt. Das wäre für euch die vernünftige Art, Gott zu dienen. 2 Und passt euch nicht dieser Zeit an. Gebraucht vielmehr euren Verstand in einer neuen Weise und lasst euch dadurch verwandeln. Dann könnt ihr beurteilen, was dem Willen Gottes entspricht: Was gut ist, was Gott gefällt und was vollkommen ist.

Gaben und Aufgaben in der Gemeinde

3 Bei der Gnade, die Gott mir geschenkt hat, sage ich jedem Einzelnen von euch: Überschätzt euch nicht und traut euch nicht mehr zu, als angemessen ist. Strebt lieber nach nüchterner Selbsteinschätzung. Und zwar jeder so, wie Gott es für ihn bestimmt hat – und wie es dem Maßstab des Glaubens entspricht.

4 Es ist wie bei unserem Körper: Der eine Leib besteht aus vielen Körperteilen, aber nicht alle Teile haben dieselbe Aufgabe. 5 Genauso bilden wir vielen Menschen, die zu Christus gehören, miteinander einen Leib. Aber einzeln betrachtet sind wir wie unterschiedliche und doch zusammengehörende Körperteile. 6 Wir haben verschiedene Gaben, so wie Gott sie uns in seiner Gnade geschenkt hat: Wenn jemand die Gabe hat, als Prophet zu reden, soll er das in Übereinstimmung mit dem Glauben tun. 7 Wenn jemand die Gabe hat, Aufgaben in der Gemeinde zu übernehmen, soll er ihr diesen Dienst tun. Wenn jemand die Gabe hat zu lehren, soll er als Lehrer wirken. 8 Wenn jemand die Gabe hat zu ermutigen, soll er Mut machen. Wer etwas gibt, soll das ohne Hintergedanken tun. Wer für die Gemeinde sorgt, soll es mit Hingabe tun. Wer sich um die Notleidenden kümmert, soll Freude daran haben.

Die Liebe als Grundlage für das Verhalten gegenüber allen Menschen

9 Eure Liebe soll aufrichtig sein. Verabscheut das Böse und haltet am Guten fest. 10 Liebt einander von Herzen als Brüder und Schwestern. Übertrefft euch gegenseitig an Wertschätzung. 11 Lasst nicht nach in eurem Eifer. Lasst euch vom Geist anstecken und dient dem Herrn. 12 Freut euch, dass ihr Hoffnung habt. Bleibt standhaft, wenn ihr leiden müsst. Hört nicht auf zu beten. 13 Helft den Heiligen, wenn sie in Not sind. Seid jederzeit gastfreundlich. 14 Segnet die Menschen, die euch verfolgen. Segnet sie und verflucht sie nicht. 15 Freut euch mit den Fröhlichen. Weint mit den Weinenden. 16 Seid alle miteinander auf Einigkeit aus. Werdet nicht überheblich, sondern lasst euch auf die Unbedeutenden ein. Baut nicht auf eure eigene Klugheit. 17 Vergeltet Böses nicht mit Bösem. Habt anderen Menschen gegenüber

Bruder, Schwester: Wörtlich »Bruder«. Das griechische Wort bezeichnet männliche *und* weibliche Mitglieder der Gemeinde.

Prophet: Verkündet, was Gott in einer bestimmten Situation zu sagen hat.

Glaube, glauben: Meint das tiefe Vertrauen auf Gott, das zu einem Leben nach seinem Willen führt.

Gebet: Reden des Menschen mit Gott.

Heilige: Bezeichnung für die Anhänger von Jesus Christus.

Segen, segnen: Wer einen anderen Menschen segnet, bittet Gott, dem Gesegneten Kraft, Leben und Wohlergehen zu schenken.

Fluch: Ein Unheil bringendes Wort, durch das die Lebenskraft oder das Wohlergehen des Verfluchten gemindert werden soll.

nur Gutes im Sinn. 18 Lebt mit allen Menschen in Frieden – soweit das
möglich ist und es an euch liegt. 19 Nehmt nicht selbst Rache, meine
Lieben. Überlasst das vielmehr dem gerechten Zorn Gottes. In der
Heiligen Schrift steht ja: »›Die Rache ist meine Sache, ich werde Ver-
geltung üben‹, spricht der Herr.« 20 Im Gegenteil: »Wenn dein Feind
Hunger hat, gib ihm zu essen. Wenn er Durst hat, gib ihm zu trin-
ken. Wenn du das tust, häufst du glühende Kohlen auf seinen Kopf.«
21 Lass dich nicht vom Bösen besiegen, sondern besiege das Böse
durch das Gute!

Das Verhalten gegenüber der Staatsgewalt

13 1 Jeder Mensch soll sich den staatlichen Behörden unterord-
nen. Denn es gibt keine staatliche Behörde, die nicht von
Gott gegeben ist. Auch die jetzt bestehenden sind von Gott einge-
setzt. 2 Das heißt: Wer sich gegen die staatliche Ordnung auflehnt,
lehnt sich damit gegen die Anordnung Gottes auf. Und wer das tut,
wird zu Recht bestraft werden. 3 Wer Gutes tut, hat von den Amts-
inhabern nichts zu befürchten. Das hat nur, wer Böses tut. Wenn
du die Staatsgewalt nicht fürchten willst, musst du das Gute tun.
Dann wirst du sogar Anerkennung bei ihr finden. 4 Denn sie steht
im Dienst Gottes, und das kommt dir zugute. Wenn du aber Böses
tust, dann fürchte dich. Denn sie trägt das Schwert nicht ohne Grund.
Sie steht im Dienst Gottes und vollzieht seine Strafe an dem, der Bö-
ses tut. 5 Daher seid ihr verpflichtet, euch unterzuordnen. Nicht nur
aus Angst vor Gottes Strafe, sondern auch, weil euer Gewissen das
fordert. 6 Deshalb zahlt ihr auch Steuern. Denn es sind ja eigentlich
Beamte Gottes, die sie eintreiben müssen. 7 Gebt also jedem, was ihr
ihm schuldig seid: Wem Steuern zustehen, dem zahlt Steuern. Wem
Zoll zusteht, dem zahlt Zoll. Wem Achtung zusteht, dem erweist
Achtung. Und wem Ehre zusteht, dem erweist Ehre.

Die Liebe als Erfüllung des Gesetzes

8 Bleibt niemandem etwas schuldig, außer einander zu lieben! Denn
wer seinen Mitmenschen liebt, hat das Gesetz schon erfüllt. 9 Dort
steht: »Du sollst nicht ehebrechen! Du sollst nicht töten! Du sollst
nicht stehlen! Du sollst nicht begehren!« Diese und all die anderen
Gebote sind in dem einen Satz zusammengefasst »Liebe deinen Mit-
menschen wie dich selbst!« 10 Wer liebt, tut seinem Mitmenschen
nichts Böses an. Darum wird durch die Liebe das ganze Gesetz erfüllt.

Leben im Licht des kommenden Tages

11 Ihr wisst doch, dass jetzt die Stunde schlägt! Es ist höchste Zeit
für euch, aus dem Schlaf aufzuwachen. Denn unsere Rettung ist
näher als damals, als wir zum Glauben kamen. 12 Die Nacht geht zu
Ende, der Tag bricht schon an. Lasst uns alles ablegen, was die Fins-
ternis mit sich bringt. Lasst uns stattdessen die Waffen anlegen,
die das Licht uns verleiht. 13 Jetzt wollen wir im Licht des Tages ein

Zorn Gottes: Sein Wille, Gericht zu halten.

in der Heiligen Schrift: Zitat aus 5. Mose/Deuteronomium 32,35.

Herr: Bezeichnung für Gott. Das griechische Alte Testament verwendet das Wort »Herr« an den Stellen, an denen im hebräischen Text der Gottesname steht.

im Gegenteil: Es folgt ein Zitat aus der griechischen Übersetzung von Sprichwörter 25,21-22.

Schwert: Bild für die Staatsgewalt im Römischen Reich.

Ehre, ehren: Einen Menschen oder Gott ehren heißt, ihn so zu behandeln, wie es seiner Stellung entspricht.

dort steht: Das Zitat verbindet einige der Zehn Gebote aus 2. Mose/Exodus 20,1-17 mit 3. Mose/Levitikus 19,18.

einwandfreies Leben führen – ohne Ess- und Trinkgelage, ohne sexuelle Maßlosigkeit und Orgien, ohne Streit und Eifersucht. [14] Nein, zieht Jesus Christus, den Herrn, an – wie ein neues Gewand. Und sorgt euch nicht so sehr um eure menschlichen Bedürfnisse. Sonst gewinnt die Begierde wieder Macht über euch.

Warnung vor gegenseitiger Verurteilung

14 [1] Nehmt gerade den Menschen an, der im Glauben unsicher ist! Streitet nicht mit ihm über eure unterschiedlichen Auffassungen! [2] Der eine glaubt, alles essen zu dürfen. Aber wer unsicher ist, isst nur noch Gemüse. [3] Wer alles isst, soll den nicht verachten, der nicht alles isst. Und wer nicht alles isst, soll den nicht verurteilen, der alles isst. Gott hat ihn doch angenommen. [4] Wer bist du denn, dass du den Diener eines anderen verurteilst? Es liegt allein im Ermessen seines Herrn, ob er mit seinem Tun besteht oder nicht. Aber er wird gewiss bestehen. Denn der Herr sorgt dafür, dass er es tut. [5] Der eine unterscheidet bestimmte Tage. Der andere macht zwischen den Tagen keinen Unterschied. Jeder soll fest zu seiner eigenen Auffassung stehen! [6] Wer einen bestimmten Tag besonders beachtet, tut dies, um den Herrn zu ehren. Wer alles isst, tut dies ebenso, um den Herrn zu ehren. Und er dankt Gott bei seinem Mahl. Wer nicht alles isst, tut das, um den Herrn zu ehren. Und auch er dankt Gott bei seinem Mahl.

[7] Keiner von uns lebt nur für sich selbst und keiner stirbt nur für sich selbst. [8] Denn wenn wir leben, leben wir für den Herrn. Und wenn wir sterben, sterben wir für den Herrn. Ob wir nun leben oder ob wir sterben – immer gehören wir dem Herrn! [9] Denn dafür ist Christus gestorben und wieder lebendig geworden: Er sollte der Herr sein über die Toten und die Lebenden.

[10] Du Mensch, was bringt dich nur dazu, deinen Bruder oder deine Schwester zu verurteilen? Und du Mensch, was bringt dich dazu, deinen Bruder oder deine Schwester zu verachten? Wir werden doch alle vor dem Richterstuhl Gottes stehen! [11] Denn in der Heiligen Schrift steht: »›Bei meinem Leben‹, spricht der Herr: ›Vor mir wird jedes Knie sich beugen, und jede Zunge wird sich zu Gott bekennen.‹« [12] So wird jeder von uns vor Gott Rechenschaft über sich selbst geben müssen.

Ermahnung zu gegenseitiger Rücksichtnahme

[13] Lasst uns aufhören, uns gegenseitig zu verurteilen! Achtet vielmehr darauf, den Bruder oder die Schwester nicht zu Fall zu bringen. Werdet auch nicht zum Stolperstein für sie. [14] Denn das eine weiß ich sicher, und dabei kann ich mich auf den Herrn Jesus berufen: Nichts ist von sich aus unrein. Unrein ist es nur für den, der es dafür hält. [15] Stell dir vor, dein Bruder oder deine Schwester gerät durch das, was du isst, innerlich in Not. Dann entspricht das Leben, das du führst, nicht mehr dem Gebot der Liebe. Du darfst durch deine Speise niemanden ins Verderben stürzen, für den Christus gestorben ist. [16] Bringt doch das nicht in Verruf, was bei euch gut ist. [17] Beim Reich Gottes geht es

wie ein neues Gewand: Bild für ein Leben, das von Christus bestimmt ist.

Glaube, glauben: Meint das tiefe Vertrauen auf Gott, das zu einem Leben nach seinem Willen führt.

Diener: Menschen, die für einen Herrn arbeiteten und in dessen Haus lebten.

Herr: Anrede und Bezeichnung für Jesus. Sie bringt zum Ausdruck, dass man sich in seinen Dienst stellt.

Richterstuhl Gottes: Als Herrscher über die ganze Welt ist Gott der Richter, der am Ende der Zeit ein Urteil über sie spricht.

in der Heiligen Schrift (Vers 11): Das Zitat ist eine freie Wiedergabe von Jesaja 49,18 in Verbindung mit der griechischen Übersetzung von Jesaja 45,23.

unrein: Tiere, Pflanzen und Lebensmittel, die den religiösen Vorschriften des Alten Testaments zufolge nicht gegessen werden dürfen.

was bei euch gut ist: Meint den Verzicht auf die Einhaltung der jüdischen Speisevorschriften.

Reich Gottes: Wörtlich »Königsherrschaft Gottes«. Bezeichnet den Herrschaftsbereich, in dem sich Gottes Wille durchsetzt.

schließlich nicht um Essen und Trinken. Es geht um Gerechtigkeit,
Frieden und Freude, die der Heilige Geist schenkt. 18 Wer Christus
auf diese Weise dient, der findet Gottes Wohlgefallen und Achtung
bei den Menschen.
19 Wir wollen uns für das einsetzen, was dem Frieden und dem
Aufbau unserer Gemeinschaft dient. 20 Du darfst doch Gottes Werk
nicht wegen einer Frage des Essens zerstören! Es ist ja alles rein.
Schlecht ist es nur für jemand, der mit dem Essen gegen sein Gewis-
sen handelt. 21 Es ist gut, kein Fleisch zu essen und keinen Wein zu
trinken. Und ebenso, alles zu unterlassen, wodurch dein Bruder oder
deine Schwester zu Fall kommt. 22 Behandle das, was du im Glauben
für richtig hältst, als eine Sache zwischen dir und Gott. Glückselig
ist, wer sich wegen seiner Einstellung dazu nicht selbst verurteilt.
23 Wer aber Bedenken hat, wenn er etwas isst, hat sich schon verur-
teilt. Denn sein Handeln entspricht nicht dem Glauben. Und alles ist
Sünde, was nicht aus dem Glauben heraus geschieht.

Dem Vorbild von Christus folgen

15 1 Wir, die Starken, sind verpflichtet, die Schwächen von denen
mitzutragen, die nicht so stark sind. Es geht ja nicht darum,
was uns gefällt. 2 Vielmehr soll jeder von uns so handeln, wie es sei-
nem Mitmenschen gefällt. Das tut diesem gut und hilft, ihn aufzu-
bauen. 3 Denn auch Christus ging es nicht um das, was ihm selbst
gefallen hätte. In der Heiligen Schrift heißt es vielmehr: »Der Spott,
mit dem man dich, Gott, verspottet, hat mich selbst getroffen.« 4 Alles,
was in früherer Zeit dort aufgeschrieben wurde, wurde festgehalten,
damit wir daraus lernen. Denn wir sollen die Hoffnung nicht aufge-
ben. Dabei helfen uns die Ausdauer und die Ermutigung, die wir aus
der Heiligen Schrift gewinnen können. 5 Diese Ausdauer und diese
Ermutigung kommen von Gott. Er gebe auch, dass ihr euch unter-
einander einig seid – so wie es Christus Jesus angemessen ist. 6 Dann
könnt ihr alle miteinander Gott, den Vater unseres Herrn Jesus
Christus, wie aus einem Munde loben.

Das gemeinsame Lob Gottes

7 Daher bitte ich euch: Nehmt einander an, so wie Christus euch an-
genommen hat, damit die Herrlichkeit Gottes noch größer wird.
8 Denn ich sage: Weil Gottes Zusage wahrhaftig gilt, trat Christus in
den Dienst der Beschneidung. So wollte Gott das einlösen, was er
den Stammvätern versprochen hat. 9 Aber auch die Völker haben al-
len Grund, Gott für sein Erbarmen zu loben. Denn in der Heiligen
Schrift steht: »Darum will ich dir danken unter den Völkern. Deinen
Namen will ich preisen mit einem Lied.« 10 An einer anderen Stelle
heißt es: »Freut euch, ihr Völker, zusammen mit seinem Volk.« 11 Und
noch einmal an einer anderen Stelle: »Lobt den Herrn, alle Völker!
Preist ihn, ihr Menschen aus allen Nationen!« 12 Und schließlich sagt
Jesaja: »Aus der Wurzel Isais wird ein neuer Spross hervorgehen. Er

Sünde: Die Trennung des Menschen von Gott, seinem Schöpfer. Sie führt dazu, dass der Mensch sein Leben nicht nach Gottes Willen ausrichten kann.

in der Heiligen Schrift (Vers 3): Zitat aus der griechischen Übersetzung von Psalm 69,10.

in den Dienst der Beschneidung: Die Beschneidung gehört für Juden zu den zentralen religiösen Vorschriften. Auch Jesus wurde beschnitten.

den Stammvätern versprochen: 1. Mose/Genesis 17 erzählt von Gottes Bund mit dem Stammvater Abraham. Der Bund gilt für Abraham und alle seine Nachkommen und hat als Bundeszeichen die Beschneidung.

in der Heiligen Schrift steht (Vers 9): In den Versen 9-11 folgen Zitate aus der griechischen Übersetzung von Psalm 18,50; 5. Mose/Deuteronomium 32,43 und Psalm 117,1.

sagt Jesaja: Zitat aus der griechischen Übersetzung von Jesaja 11,1.

Wurzel Isais: Bild für die Herkunft des zukünftigen Retters der Welt aus der Familie Davids. Isai war der Vater von König David.

wird sich erheben, um über die Völker zu herrschen. Und auf ihn wer-
den sie ihre Hoffnung setzen.« 13 Der Gott, der Hoffnung schenkt, er-
fülle auch euch in eurem Glauben mit lauter Freude und Frieden. So
soll eure Hoffnung über alles Maß hinaus wachsen durch die Kraft
des Heiligen Geistes.

Briefschluss 15,14–16,27

Der Auftrag des Paulus als Apostel

14 Brüder und Schwestern, was euch angeht, bin ich fest davon über-
zeugt: Ihr habt wirklich den besten Willen und alle nötige Erkennt-
nis. Deshalb könnt ihr euch auch gegenseitig ermahnen. 15 Stellen-
weise habe ich euch recht offen geschrieben. Damit wollte ich euch
einiges ins Gedächtnis rufen. Gott hat mich in seiner Gnade 16 zum
Diener von Christus Jesus unter den Völkern berufen. Ich verrich-
te einen heiligen Dienst, indem ich die Gute Nachricht verkünde.
Dadurch sollen die Völker zu einer Gabe werden, die Gott gerne an-
nimmt. Denn der Heilige Geist selbst hat sie heilig gemacht. 17 Wenn
ich vor Gott auf etwas stolz sein darf, dann nur auf meine Verbun-
denheit mit Christus Jesus. 18 Denn ich werde es nicht wagen, etwas
vorzubringen, das nicht Christus durch mich gewirkt hat. Er hat es
durch mein Wort und meine Tat bewirkt, dass die Völker nun Gott
gehorsam sind. 19 Das bestätigt er durch machtvolle Zeichen und
Wunder und durch die Kraft von Gottes Geist. So konnte ich die
Gute Nachricht von Christus verbreiten – ausgehend von Jerusalem
und im ganzen Umkreis bis hin nach Illyrien. 20 Eines aber war für
mich Ehrensache: Ich verkündete die Gute Nachricht nirgends, wo
man schon den Namen von Christus anruft. Ich wollte ja nicht auf
einem Fundament bauen, das jemand anderes gelegt hat. 21 Vielmehr
hielt ich mich an das, was in der Heiligen Schrift steht: »Gerade die
sollen ihn sehen, denen er noch nicht verkündet wurde. Und gerade
die sollen es begreifen, die noch nie etwas davon gehört haben.«

Die Reisepläne des Paulus

22 Das ist der Grund, warum ich immer wieder daran gehindert
wurde, zu euch zu kommen. 23 Aber jetzt habe ich in dieser Gegend
nichts mehr zu tun. Seit vielen Jahren ist es mein sehnlicher Wunsch,
zu euch zu kommen. 24 Das könnte ich tun, wenn ich nach Spanien
reise. Ich hoffe also, euch auf der Durchreise zu treffen. Und ich er-
warte auch, bei euch für die Weiterreise ausgerüstet zu werden. Aber
vorher möchte ich gerne eine Weile die Gemeinschaft mit euch ge-
nießen. 25 Doch jetzt reise ich erst noch nach Jerusalem, um den Hei-
ligen dort die nötige Unterstützung zu bringen. 26 Denn die Gemein-
den in Makedonien und in der Provinz Achaia haben beschlossen,
Geld zu sammeln. Es ist bestimmt für die Armen unter den Heiligen
in Jerusalem. 27 Sie hielten das für richtig, aber sie sind es ihnen auch

Bruder, Schwester: Wörtlich »Bruder«. Das griechische Wort bezeichnet männliche *und* weibliche Mitglieder der Gemeinde.

Diener von Christus: Bezeichnung für eine Person, die Christus als ihren Herrn anerkennt. In seinem Auftrag und mit seiner Vollmacht verkündet sie das Wort Gottes.

Gute Nachricht: Wörtliche Übersetzung von »Evangelium«. Botschaft, dass die Menschen durch Tod und Auferstehung von Christus mit Gott versöhnt sind.

heilig: Menschen oder Dinge, die zu Gott gehören und mit ihm in Verbindung stehen.

Zeichen, Wunder: Ausweis der göttlichen Vollmacht, mit der Paulus handelt. Von einem Wunder des Paulus erzählt beispielsweise Apostelgeschichte 14,8-10.

in der Heiligen Schrift steht (Vers 21): Zitat aus der griechischen Übersetzung von Jesaja 52,15.

Heilige: Bezeichnung für die Anhänger von Jesus Christus.

schuldig. Denn die Völker haben ja schließlich Anteil an den geist-
lichen Gütern der Heiligen erhalten. Daher sind sie auch verpflichtet,
die Heiligen mit weltlichen Gütern zu versorgen. 28 Das möchte ich
zum Abschluss bringen und den Ertrag der Sammlung ordnungsge-
mäß übergeben. Danach mache ich mich auf den Weg zu euch, um
dann nach Spanien weiterzureisen. 29 Und ich weiß: Wenn ich zu
euch komme, werde ich den reichen Segen von Christus mitbringen.
30 Brüder und Schwestern! Ich bitte euch bei unserem Herrn Jesus
Christus und bei der Liebe, die der Heilige Geist schenkt: Steht mir
bei! Betet für mich zu Gott, 31 dass er mich vor den Ungehorsamen
in Judäa bewahrt. Und betet, dass mein Dienst für Jerusalem von
den Heiligen gut aufgenommen wird. 32 Dann kann ich voller Freude
zu euch kommen, wenn es Gottes Wille ist. Und dann werde ich bei
euch neue Kräfte sammeln. 33 Der Gott, der Frieden schenkt, sei mit
euch allen! Amen.

Bitte um Aufnahme der Phöbe und Grüße nach Rom

16 1 Ich empfehle euch unsere Schwester Phöbe. Sie ist Diakonin
der Gemeinde in Kenchreä. 2 Nehmt sie im Namen des Herrn
auf, wie es sich für Heilige gehört. Und gebt ihr alle Unterstützung,
die sie braucht. Denn sie hat sich ihrerseits für viele Menschen ein-
gesetzt, so auch für mich.
3 Grüßt Priska und Aquila, die mit mir im Dienst für Christus Jesus
stehen. 4 Sie haben Kopf und Kragen riskiert, um mein Leben zu ret-
ten. Dafür schulde nicht nur ich ihnen Dank, sondern auch alle Ge-
meinden bei den Völkern. 5 Grüßt auch die Gemeinde, die sich in ih-
rem Haus trifft.
Grüßt meinen lieben Epänetus. Er war der Erste aus der Provinz
Asia, der sich für Christus gewinnen ließ. 6 Grüßt Maria, die sich sehr
für euch eingesetzt hat. 7 Grüßt Andronikus und Junia, meine Lands-
leute, die mit mir im Gefängnis waren. Sie nehmen unter den Apos-
teln eine herausragende Stellung ein. Auch haben sie schon vor mir
zu Christus gehört.
8 Grüßt Ampliatus, meinen lieben Mitbruder. 9 Grüßt Urbanus,
unseren Mitarbeiter im Dienst für Christus, und meinen lieben
Stachys. 10 Grüßt Apelles, der sich im Dienst für Christus bewährt
hat. Grüßt alle, die im Haus des Aristobul leben. 11 Grüßt meinen
Landsmann Herodion. Grüßt alle, die im Haus des Narzissus leben
und zum Herrn gehören. 12 Grüßt Tryphäna und Tryphosa, die un-
ermüdlich für den Herrn arbeiten. Grüßt die liebe Persis, die eben-
falls viel für den Herrn geleistet hat.
13 Grüßt Rufus, den der Herr ausgewählt hat. Und grüßt seine
Mutter, die auch für mich wie eine Mutter ist. 14 Grüßt Asynkritus,
Phlegon, Hermes, Patrobas, Hermas, und alle Brüder und Schwes-
tern, die zu ihnen gehören. 15 Grüßt Philologus und Julia, Nereus und
seine Schwester sowie Olympas und alle Heiligen, die zu ihnen gehö-
ren. 16 Grüßt einander mit dem heiligen Kuss.

geistliche Güter: Meint die Gute Nachricht von Jesus Christus, die durch die Apostel verkündet wird.

Segen, segnen: Besondere Zuwendung Gottes zu seinen Geschöpfen. Gott schenkt durch seinen Segen Leben, Kraft und Wohlergehen.

die Ungehorsamen in Judäa: Für Paulus die Juden, die nicht an Christus glauben.

Frieden: Umfassender Zustand von Glück und Wohlergehen des Einzelnen und der Gemeinschaft, der aus der Beziehung mit Gott hervorgeht.

Diakonin, Diakon: Verantwortlich für die Verwaltung und die Finanzen der Gemeinde sowie die Verkündigung. Damit waren sie auch für die Bedürftigen der Gemeinde zuständig.

Apostel: Wörtlich »Ausgesandte«. Menschen, die dazu berufen sind, die Gute Nachricht von Jesus Christus zu verkünden. Im engeren Sinn die zwölf Jünger von Jesus, die ihn während seines Lebens begleiteten.

heiliger Kuss: Geste, die die gegenseitige Verbundenheit zum Ausdruck bringt. In der Antike war ein Kuss zur Begrüßung und zum Abschied üblich.

Glaube, glauben: Meint das tiefe Vertrauen auf Gott, das zu einem Leben nach seinem Willen führt.

Frieden: Umfassender Zustand von Glück und Wohlergehen des Einzelnen und der Gemeinschaft, der aus der Beziehung mit Gott hervorgeht.

Satan, Teufel: Gegenspieler Gottes. Er versucht, die Menschen zu einem Verhalten zu bewegen, das Gottes Willen widerspricht.

Stadtkämmerer: Verwalter der Finanzen einer griechischen Stadt.

[...]: Einige jüngere Handschriften ergänzen: »Die Gnade unseres Herrn Jesus Christus sei mit euch allen! Amen.«

Jesus Christus: Der Name ist zugleich ein Bekenntnis. Wer Jesus als Christus anerkennt, glaubt an ihn als Retter und Erlöser der Welt.

prophetische Schriften: Schriften wie der Römerbrief selbst, die von der Erfüllung dessen berichten, was die Propheten des Alten Testaments vorhergesagt haben.

Amen: Das hebräische Wort bedeutet »So ist es! / So soll es sein!«

Alle Gemeinden, die sich zu Christus bekennen, lassen euch grüßen.

Warnung und Ermutigung

17 Brüder und Schwestern, ich bitte euch dringend: Nehmt euch vor
denen in Acht, die eure Gemeinschaft spalten und euch vom Glauben abbringen wollen. Sie stehen im Widerspruch zu der Lehre, in der ihr unterwiesen worden seid. Geht ihnen besser aus dem Weg!
18 Denn sie dienen nicht unserem Herrn Christus, sondern ihrem
eigenen Bauch. Mit schönen Worten und einschmeichelnden Reden führen sie arglose Menschen in die Irre.
19 Aber euer Gehorsam hat sich ja überall herumgesprochen. Deshalb freue ich mich über euch. Ich will aber, dass ihr so klug seid, das
Gute zu wählen und das Böse abzulehnen. 20 Der Gott, der Frieden
schenkt, wird den Satan schon bald am Boden zertreten. Und ihr sollt über ihn triumphieren. Die Gnade unseres Herrn Jesus sei mit euch!

Grüße von Mitarbeitern des Paulus

21 Mein Mitarbeiter Timotheus lässt euch grüßen. Ebenso grüßen
euch meine Landsleute Lukius, Jason und Sosipater. 22 Ich, Tertius,
grüße euch ebenfalls. Ich habe diesen Brief im Dienst des Herrn für
Paulus niedergeschrieben. 23 Es grüßt euch mein Gastgeber Gaius,
bei dem sich die ganze Gemeinde trifft. Es grüßen euch Erastus, der
Stadtkämmerer, und der Bruder Quartus. 24 [...]

Abschließender Lobpreis

25 Dank sei Gott, der die Macht hat, euch im Glauben zu stärken. Darum geht es doch in der Guten Nachricht, die ich verkünde, der Botschaft von Jesus Christus. Und darum geht es bei der Offenbarung
des Geheimnisses, das seit ewigen Zeiten verborgen war. 26 Jetzt
wurde es im Auftrag des ewigen Gottes durch prophetische Schriften enthüllt. Allen Völkern wurde es bekannt gemacht. Denn sie sollten ihm gehorsam sein und den Glauben annehmen. 27 Dank sei Gott,
der allein weise ist. Durch Jesus Christus regiert er in Herrlichkeit für immer. Amen.

Der erste Brief an die Korinther

Briefanfang 1,1-9

Absender und Empfänger

1 [1] Paulus – nach dem Willen Gottes zum Apostel von Christus Je-
sus berufen – und der Bruder Sosthenes.
[2] An die Gemeinde Gottes in Korinth: An euch, die ihr heilig gewor-
den seid durch die Verbundenheit mit Christus Jesus. Zu Heiligen
seid ihr berufen mit allen, die den Namen unseres Herrn Jesus Chris-
tus anrufen – überall auf der Welt, hier wie anderswo.
[3] Wir wünschen euch Gnade und Frieden von Gott, unserem Vater,
und dem Herrn Jesus Christus!

Dank für Gottes Gaben in Korinth

[4] Ich danke meinem Gott immer wieder für die Gnade, die er euch
durch Christus Jesus geschenkt hat. [5] Durch ihn hat Gott euch an al-
lem reich gemacht – an allen Arten der Verkündigung und Erkennt-
nis. [6] Auch hat Gott der Botschaft von Christus bei euch einen festen
Grund bereitet. [7] Deshalb fehlt euch keine der Gaben, die er in seiner
Gnade schenkt. So erwartet ihr sehnsüchtig das Erscheinen unseres
Herrn Jesus Christus. [8] Gott wird euch helfen, bis zum Schluss fest
auf diesem Grund zu stehen. So kann am Tag unseres Herrn Jesus
Christus keine Anklage gegen euch erhoben werden. [9] Gott ist treu.
Durch ihn seid ihr berufen zur Gemeinschaft mit seinem Sohn Jesus
Christus, unserem Herrn.

Spaltungen in der Gemeinde 1,10–4,21

Streit zwischen verschiedenen Gruppen

[10] Brüder und Schwestern, im Namen unseres Herrn Jesus Christus
bitte ich euch: Seid einig und lasst nicht zu, dass sich verschiedene La-
ger unter euch bilden! Haltet vielmehr zusammen in gleicher Über-
zeugung und gleicher Meinung. [11] Meine Brüder und Schwestern, ich
habe von Chloes Leuten erfahren, dass es unter euch Streit gibt. [12] Ich
meine damit, dass jeder von euch etwas anderes sagt: »Ich gehöre zu
Paulus.« »Ich gehöre zu Apollos.« »Ich gehöre zu Kephas.« »Ich gehöre
zu Christus.« [13] Christus lässt sich doch nicht zerteilen! Bin etwa ich,
Paulus, für euch gekreuzigt worden? Oder wurdet ihr im Namen von
Paulus getauft? [14] Ich danke Gott, dass ich außer Krispus und Gaius
niemanden von euch getauft habe! [15] So kann wenigstens niemand
sagen, dass ihr in meinem Namen getauft worden seid. [16] Doch, ich

Apostel: Wörtlich »Ausgesandte«. Menschen, die dazu berufen sind, die Gute Nachricht von Jesus Christus zu verkünden. Im engeren Sinn die zwölf Jünger von Jesus, die ihn während seines Lebens begleiteten.

Bruder: Übliche Anrede unter Mitgliedern der Gemeinde.

heilig: Menschen oder Dinge, die zu Gott gehören und mit ihm in Verbindung stehen.

Gnade: Liebevolle Zuwendung Gottes, die er den Menschen ohne Vorbedingung schenkt.

Tag des Herrn: Der Tag, an dem Christus wiederkommt. Dann hält Gott Gericht und sein Reich bricht endgültig an.

Jesus Christus: Der Name ist zugleich ein Bekenntnis. Wer Jesus als Christus anerkennt, glaubt an ihn als Retter und Erloser der Welt.

Kephas: Aramäische Form des Namens Petrus. Beides bedeutet »Fels«. Es ist der Beiname des Apostels Simon.

habe auch noch Stephanas und seine Familie getauft! Ich wüsste aber
nicht, dass ich sonst noch jemanden getauft hätte. [17] Denn Christus
hat mich nicht gesandt, um zu taufen, sondern um die Gute Nach-
richt zu verkünden. Das kann nicht mit klugen Worten geschehen.
Sonst verliert das Kreuz von Christus seinen Sinn.

Die Botschaft vom Kreuz und die Weisheit der Welt

[18] Die Botschaft vom Kreuz erscheint denen, die verloren gehen, als
eine Dummheit. Aber wir, die gerettet werden, erfahren sie als Kraft
Gottes. [19] Denn in der Heiligen Schrift steht: »Ich will die Weisheit
der Weisen auslöschen und von der Klugheit der Klugen nichts üb-
rig lassen.«
[20] Wo sind jetzt die Weisen, wo die Schriftgelehrten, wo die wort-
gewaltigen Redner unserer Zeit? Hat nicht Gott die Weisheit dieser
Welt als Dummheit entlarvt? [21] Die Weisheit Gottes zeigt sich in die-
ser Welt. Aber die Welt hat ihn mit ihrer Weisheit nicht erkannt. Des-
halb hat Gott beschlossen, durch eine scheinbar unsinnige Botschaft
alle Glaubenden zu retten. [22] Die Juden wollen Zeichen sehen. Die
Griechen streben nach Weisheit. [23] Wir dagegen verkünden Christus,
den Gekreuzigten: Das erregt bei den Juden Anstoß und für die an-
deren Völker ist es reine Dummheit. [24] Christus ist Gottes Kraft und
Gottes Weisheit. Das verkünden wir allen, die berufen sind – Juden
wie Griechen. [25] Denn was an Gott als dumm erscheint, ist weiser als
die Menschen. Und was an Gott schwach erscheint, ist stärker als die
Menschen.

Gott wählt die Schwachen und Verachteten aus

[26] Schaut euch doch selbst an, Brüder und Schwestern. Wen hat Gott
berufen, zu Christus zu gehören? Nach menschlichem Maßstab ge-
urteilt, gibt es da nicht viele Weise oder Einflussreiche. Es gibt auch
nicht viele, die aus vornehmen Familien stammen! [27] Nein, was der
Welt als dumm erscheint, das hat Gott ausgewählt, um die Weisen zu
demütigen. Und was der Welt schwach erscheint, das hat Gott aus-
gewählt, um ihre Stärke zu beschämen. [28] Was für die Welt keine Be-
deutung hat und von ihr verachtet wird, das hat Gott ausgewählt. Er
hat also gerade das ausgewählt, was nichts zählt. So setzt er das außer
Kraft, was etwas zählt. [29] Deshalb kann kein Mensch vor Gott stolz
sein. [30] Gott allein habt ihr es zu verdanken, dass ihr zu Christus Jesus
gehört. Er bringt uns die Weisheit, die von Gott kommt, Gerechtig-
keit, Heiligkeit und Erlösung. [31] Denn es sollte gültig bleiben, was in
der Heiligen Schrift steht: »Wer auf etwas stolz sein will, soll auf den
Herrn stolz sein.«

Paulus hat der Gemeinde als schwacher Mensch gepredigt

2 [1] Brüder und Schwestern, ich bin damals zu euch gekommen, um
euch das Geheimnis Gottes zu verkünden. Ich bin aber nicht mit
großartigen Worten oder mit Weisheit aufgetreten. [2] Denn ich hatte

Kreuz: Sinnbild für Gottes Zuwendung zu den Menschen. Am Kreuz opferte Jesus Christus sein Leben, um die Sünden der Menschen wegzunehmen, die sie von Gott trennen.

Schriftgelehrte: Menschen, deren Aufgabe das Studium und die Auslegung der Heiligen Schrift ist.

Griechen: Menschen aus den Ländern im Mittelmeerraum, die keine Juden waren und Griechisch sprachen. Griechisch war im gesamten Osten des Römischen Reichs die gemeinsame Sprache.

Christus, der Gekreuzigte: Jesus Christus, der Sohn Gottes, starb wie ein verurteilter Verbrecher am Kreuz. In diesem Opfer zeigt sich die Zuwendung Gottes zu den Menschen.

gerecht, Gerechtigkeit: Meint ein Leben nach dem Willen Gottes.

heilig: Menschen oder Dinge, die zu Gott gehören und mit ihm in Verbindung stehen.

in der Heiligen Schrift steht (Vers 31): Verkürztes Zitat aus der griechischen Übersetzung von Jeremia 9,22-23.

Bruder, Schwester: Wörtlich »Bruder«. Das griechische Wort bezeichnet männliche *und* weibliche Mitglieder der Gemeinde.

beschlossen, bei euch nur über eines zu reden: Ich verkünde euch Jesus Christus, der am Kreuz gestorben ist. 3 Als schwacher Mensch trat ich vor euch und zitterte innerlich vor Angst. 4 Meine Rede und meine Verkündigung sollten euch nicht durch ihre Weisheit überreden. Vielmehr sollte in ihnen Gottes Geist und Kraft zur Geltung kommen. 5 Denn euer Glaube sollte nicht aus menschlicher Weisheit kommen, sondern aus der Kraft Gottes.

In der Botschaft vom Kreuz zeigt sich Gottes Weisheit

6 Und doch verkünden wir eine Weisheit – und zwar denen, die dafür bereit sind. Es ist eine Weisheit, die nicht aus dieser Welt stammt. Sie kommt auch nicht von den Herrschern unserer Welt, die ja zum Untergang bestimmt sind. 7 Nein, wir verkünden die geheimnisvolle Weisheit Gottes, die bis jetzt verborgen war: Schon vor aller Zeit hatte Gott bestimmt, uns Anteil an seiner Herrlichkeit zu geben. 8 Keiner von den Herrschern unserer Zeit hat diese Weisheit erkannt. Sonst hätten sie den Herrn der Herrlichkeit nicht gekreuzigt. 9 In der Heiligen Schrift heißt es dazu: »Was kein Auge gesehen und kein Ohr gehört hat, worauf kein Mensch jemals gekommen ist – all das hält Gott für die bereit, die ihn lieben.«

10 Uns aber hat Gott dieses Geheimnis durch den Heiligen Geist enthüllt. Denn der Heilige Geist erforscht alles, selbst die unergründlichen Geheimnisse Gottes. 11 Welcher Mensch weiß denn, was in einem anderen Menschen vorgeht? Das weiß nur sein eigener Geist. So ist es auch mit Gott: Keiner kennt ihn, nur der Geist Gottes. 12 Wir haben aber nicht den Geist dieser Welt empfangen, sondern den Geist, den Gott selbst uns schickt. So können wir erkennen, was Gott uns geschenkt hat. 13 Davon reden wir nicht in Worten, wie sie die menschliche Weisheit lehrt. Sondern wir reden in Worten, die der Geist Gottes lehrt. Mit seinen Worten erklären wir, was er selbst uns offenbart.

14 Der Mensch nimmt mit seinen natürlichen Fähigkeiten nicht das an, was vom Geist Gottes kommt. Er hält es für Dummheit und kann damit nichts anfangen. Denn nur mithilfe des Heiligen Geistes kann es richtig eingeschätzt werden. 15 Aber ein von Gottes Geist erfüllter Mensch kann das alles richtig einschätzen. Dabei kann sich kein anderer ein Urteil über ihn anmaßen. 16 Denn wer kann feststellen, was der Herr im Sinn hat, und ihn beraten? Aber was wir im Sinn haben, das kommt von Christus her.

Der Streit zeigt, dass die Gemeinde noch nicht reif ist

3 1 Brüder und Schwestern! Zu euch konnte ich nicht so reden wie zu Menschen, die vom Heiligen Geist erfüllt sind. Vielmehr musste ich zu euch reden wie zu Leuten, die von ihrer menschlichen Natur bestimmt sind. Denn in allem, was mit Christus zu tun hat, wart ihr wie kleine Kinder. 2 Ich gab euch Milch zu trinken und keine feste Nahrung. Die konntet ihr noch nicht vertragen, und

Jesus Christus: Der Name ist zugleich ein Bekenntnis. Wer Jesus als Christus anerkennt, glaubt an ihn als Retter und Erlöser der Welt.

Glaube, glauben: Meint das tiefe Vertrauen auf Gott, das zu einem Leben nach seinem Willen führt.

Weisheit: Was Paulus damit meint, erklärt er in 1. Korinther 1,18-25.

Welt, diese Welt: Die von griechischer Kultur geprägte Umwelt der frühen Gemeinden, die sich nicht an christlichen Maßstäben orientierte.

Herr der Herrlichkeit: Christus als Herrscher über die Welt. Er hat Anteil am Ansehen und der Macht Gottes, und damit auch Anspruch auf dieselbe Ehrerbietung, die Gott zuteilwird.

in der Heiligen Schrift (Vers 9): Paulus zitiert aus einer Schrift, die sich nicht in unserer Bibel findet. Das Zitat erinnert an Jesaja 64,3.

Heiliger Geist: Kraft, durch die Gott in der Welt wirkt.

menschliche Natur: Wörtlich »Fleisch«. Wer vom Fleisch bestimmt ist, glaubt nicht an Gott und die Versöhnung, die er den Menschen durch Tod und Auferstehung von Christus geschenkt hat. Er vertraut sich selbst mehr als Gott. Das ist nach biblischer Vorstellung Sünde.

das könnt ihr auch jetzt noch nicht. 3 Denn ihr seid immer noch von
eurer menschlichen Natur bestimmt: Unter euch gibt es Eifersucht
und Streit. Zeigt das nicht gerade, dass ihr von eurer menschlichen
Natur bestimmt seid – und dass ihr euch genauso verhaltet? 4 Wenn
der eine sagt: »Ich gehöre zu Paulus.« Und der andere sagt: »Ich ge-
höre zu Apollos.« Das zeigt, dass ihr wie alle anderen Menschen seid!

Paulus und Apollos haben eine gemeinsame Aufgabe

5 Wer ist denn Apollos? Oder wer ist Paulus? Sie sind Diener des
Herrn, durch die ihr zum Glauben gekommen seid. Und jeder dient
dem Herrn mit den Gaben, die er bekommen hat. 6 Ich habe gepflanzt,
Apollos hat gegossen. Aber Gott hat es wachsen lassen. 7 Es zählt
nicht, wer pflanzt oder wer gießt. Es kommt auf Gott an, der alles
wachsen lässt. 8 Derjenige, der pflanzt, und derjenige, der gießt, ha-
ben eine gemeinsame Aufgabe. Aber jeder wird seinen eigenen Lohn
bekommen entsprechend der Arbeit, die er geleistet hat.

Das gemeinsame Fundament ist Christus

9 Es ist also Gottes Werk, an dem wir mitarbeiten – und ihr seid Got-
tes Ackerland oder besser: Gottes Bauwerk. 10 Als erfahrener Bau-
leiter habe ich das Fundament gelegt. Dazu hat Gott mich in seiner
Gnade befähigt. Jetzt baut ein anderer darauf weiter. Aber jeder muss
aufpassen, wie er weiterbaut.

11 Denn niemand kann ein anderes Fundament legen als das, das
schon gelegt ist. Und das ist Jesus Christus. 12 Es kommt darauf an,
womit auf dem Fundament weitergebaut wird: mit Gold, Silber,
Edelsteinen, Holz, Heu oder Stroh. 13 Es wird sich noch zeigen, was
das Werk eines jeden Einzelnen wert ist. Denn der Tag des Gerichts
wird es aufdecken, wenn er mit Feuer hereinbricht. Das Feuer wird
prüfen, wie das Werk eines jeden Einzelnen beschaffen ist. 14 Hält das
von ihm gebaute Werk dem Feuer stand, wird er belohnt. 15 Verbrennt
das Werk, muss er den Verlust tragen. Er wird gerettet werden wie
jemand, der gerade noch dem Feuer entkommen ist.

16 Wisst ihr nicht, dass ihr Gottes Tempel seid und Gottes Geist
darin wohnt? 17 Wer den Tempel Gottes zugrunde richtet, den wird
Gott zugrunde richten. Denn der Tempel Gottes ist heilig. Und die-
ser Tempel seid ihr.

Es gibt keinen Grund, auf einen Menschen stolz zu sein

18 Niemand soll sich etwas vormachen! Wenn sich jemand von euch
in dieser Zeit für weise hält, muss er zunächst dumm werden. Erst
dann kann er wirklich weise werden. 19 Denn die Weisheit dieser
Welt ist für Gott reine Dummheit. In der Heiligen Schrift steht ja:
»Gott fängt die Weisen im Netz ihrer eigenen Schlauheit.« 20 Und
weiter: »Der Herr kennt die Gedanken der Weisen. Er weiß, dass sie
nutzlos sind.« 21 Darum soll niemand auf einen Menschen stolz sein.
Denn alles gehört euch: 22 Paulus, Apollos und Kephas, die Welt, das

Diener des Herrn: Bezeichnung für eine Person, die Christus als ihren Herrn anerkennt. In seinem Auftrag und mit seiner Vollmacht verkündet sie das Wort Gottes.

Jesus Christus: Der Name ist zugleich ein Bekenntnis. Wer Jesus als Christus anerkennt, glaubt an ihn als Retter und Erlöser der Welt.

Tag des Gerichts: Der Tag, an dem Christus wiederkommt. Dann hält Gott Gericht und sein Reich bricht endgültig an.

Geist Gottes: Kraft, durch die Gott in der Welt wirkt.

Welt, diese Welt: Die von griechischer Kultur geprägte Umwelt der frühen Gemeinden, die sich nicht an christlichen Maßstäben orientierte.

in der Heiligen Schrift steht: Paulus nimmt einen Gedanken aus Hiob 5,13 auf.

und weiter: Das Zitat nimmt Gedanken aus Psalm 94,11 auf.

Herr: Bezeichnung für Gott. Das griechische Alte Testament verwendet das Wort »Herr« an den Stellen, an denen im hebräischen Text der Gottesname steht.

Kephas: Aramäische Form des Namens Petrus. Beides bedeutet »Fels«. Es ist der Beiname des Apostels Simon.

Leben und der Tod, das Gegenwärtige und das Zukünftige. Alles ge-
hört euch. 23 Ihr selbst aber gehört Christus. Und Christus gehört
Gott.

Nur Christus steht ein Urteil über Paulus zu

4 1 Dafür soll man uns halten: für Diener von Christus und Verwal-
ter von Gottes Geheimnissen. 2 Nun verlangt man ja von Ver-
waltern, dass sie zuverlässig sind. 3 Aber mir ist es völlig gleichgültig,
ob ihr oder ein menschliches Gericht mich beurteilt. Ja, ich beurteile
mich nicht einmal selbst. 4 Ich bin mir zwar keiner Schuld bewusst.
Aber deswegen gelte ich noch nicht als gerecht. Nur der Herr kann
über mich urteilen. 5 Urteilt also nicht schon jetzt. Wartet, bis der
Herr kommt! Er wird alles ans Licht bringen, was im Dunkeln ver-
borgen liegt, und die geheimsten Absichten enthüllen. Dann wird
jeder von Gott gelobt werden, wie er es verdient.

Das Leiden des Paulus soll die Gemeinde zur Einsicht bringen

6 Brüder und Schwestern, das alles habe ich auf mich und Apollos
bezogen. Das habe ich getan, damit ihr mich besser versteht. Denn
an unserem Beispiel sollt ihr etwas lernen: Geht in eurer Verkün-
digung nicht über das hinaus, was in der Heiligen Schrift steht!
Niemand soll sich wichtig machen und einen Lehrer gegen den an-
deren ausspielen. 7 Wer gibt dir denn das Recht, so überheblich zu
sein? Was hast du denn, das Gott dir nicht geschenkt hat? Warum
prahlst du damit so, als ob Gott es dir nicht geschenkt hätte? 8 Ihr
seid ja schon satt. Ihr seid ja schon reich geworden. Ihr seid ja schon
ohne mich zur Herrschaft gelangt. Wärt ihr doch nur tatsächlich zur
Herrschaft gelangt. Dann könnten auch wir zusammen mit euch
regieren. 9 Ich habe aber den Eindruck, dass Gott uns, den Apos
teln, den letzten Platz zugewiesen hat. Wir stehen da wie zum Tod
Verurteilte. Denn wir sollen ein Schauspiel bieten für die Welt, die
Engel und die Menschen. 10 Wir sind die Dummen, weil wir uns zu
Christus bekennen. Aber ihr steht durch eure Verbundenheit mit
Christus als die Klugen da. Wir sind die »Schwachen«, und ihr seid
die »Starken«. Geachtet seid ihr, und wir werden verachtet. 11 Bis zu
diesem Augenblick sind wir hungrig und durstig, in Lumpen geklei-
det, geschlagen und heimatlos. 12 Wir mühen uns ab, um unseren Le-
bensunterhalt zu verdienen. Wenn wir beschimpft werden, antwor-
ten wir mit Segen. Wenn wir verfolgt werden, ertragen wir auch das.
13 Wenn man uns beleidigt, antworten wir freundlich. Diese Welt be-
handelt uns wie Abschaum, wie den letzten Dreck. Das ist bis heute
so.

14 Ich schreibe das nicht, um euch zu beschämen. Ich möchte euch
nur zur Einsicht bringen – wie Kinder, die ich liebe! 15 Selbst wenn ihr
im Glauben an Christus zahllose Erzieher hättet, habt ihr doch nicht
mehrere Väter. Als ich euch die Gute Nachricht verkündet habe, seid
ihr durch Christus Jesus meine Kinder geworden.

gerecht, als gerecht gelten: Gott nimmt die Menschen an und verurteilt sie nicht, obwohl sie seine Gebote übertreten. Darin zeigt sich Gottes Liebe zu den Menschen.

Bruder, Schwester: Wörtlich »Bruder«. Das griechische Wort bezeichnet männliche *und* weibliche Mitglieder der Gemeinde.

Heilige Schrift: Für das Judentum und für das frühe Christentum die Bücher, die sich im Alten Testament finden.

Apostel: Wörtlich »Ausgesandte«. Menschen, die dazu berufen sind, die Gute Nachricht von Jesus Christus zu verkünden.

Segen, segnen: Wer einen anderen Menschen segnet, bittet Gott, dem Gesegneten Kraft, Leben und Wohlergehen zu schenken.

Paulus schickt seinen Mitarbeiter Timotheus
16 Darum bitte ich euch: Nehmt mich zum Vorbild! 17 Deshalb habe
ich Timotheus zu euch geschickt. Durch den Herrn ist er für mich
wie mein eigener Sohn, geliebt und zuverlässig. Er soll euch daran
erinnern, wie ich selbst in Verbundenheit mit Christus Jesus lebe.
Genau das lehre ich auch überall in jeder Gemeinde. 18 Einige von
euch spielen sich auf und behaupten, dass ich nicht mehr zu euch
kommen würde. 19 Doch wenn der Herr es zulässt, werde ich schon
bald wieder zu euch kommen. Dann werde ich feststellen, was hin-
ter den Worten dieser Wichtigtuer steckt: Handeln sie aus der Voll-
macht Gottes heraus – oder nicht? 20 Denn das Reich Gottes gründet
sich nicht auf Geschwätz, sondern auf die Vollmacht Gottes. 21 Ihr
habt die Wahl: Soll ich mit dem Stock zu euch kommen oder mit Lie-
be und Freundlichkeit?

Falsches Verhalten in der Gemeinde 5,1–6,20

Verbotene sexuelle Beziehungen
5 1 Überhaupt hört man bei euch von verbotenen sexuellen Bezie-
hungen. Dabei geht es um ein Verhalten, wie es nicht einmal bei
den anderen Völkern vorkommt: Jemand lebt mit der Ehefrau seines
Vaters zusammen. 2 Und darauf seid ihr auch noch stolz! Solltet ihr
nicht eher traurig sein und den aus eurer Gemeinschaft ausschlie-
ßen, der das getan hat? 3 Ich selbst bin zwar gerade nicht körperlich
bei euch, aber im Geist bin ich es. Und mein Urteil über den, der so
etwas getan hat, steht fest. Es wäre nicht anders ausgefallen, wenn
ich bei euch gewesen wäre. 4 Versammelt euch im Namen unseres
Herrn Jesus. Dann werde ich im Geist bei euch sein zusammen mit
der Kraft unseres Herrn Jesus. 5 Ihr sollt diesen Menschen dem Satan
ausliefern. Er soll dessen zerstörerische Macht am eigenen Leib er-
fahren. Dann wird sein Geist am Tag des Herrn gerettet.

Auch ein Ausschluss aus der Gemeinde ist möglich
6 Es ist wirklich nicht angebracht, auf so etwas stolz zu sein. Wisst ihr
nicht, dass schon ein klein wenig Sauerteig den ganzen Teig sauer
macht? 7 Schafft den alten Sauerteig weg, damit ihr wieder wie neues
ungesäuertes Brot seid. Ihr seid doch schon frei von Sauerteig. Denn
unser Passalamm ist bereits als Opfer dargebracht worden: Christus.
8 Lasst uns also nicht mit Brot aus altem Sauerteig feiern, der für Bos-
heit und Schlechtigkeit steht. Sondern wir feiern mit dem ungesäu-
erten Brot der Reinheit und Wahrheit!
9 Ich habe euch im letzten Brief geschrieben: Haltet euch fern von
Leuten, die in verbotenen sexuellen Beziehungen leben. 10 Damit
waren nicht alle Menschen auf der Welt gemeint, die solche Bezie-
hungen haben. Es sind auch nicht alle Habgierigen gemeint. Ebenso
wenig geht es um die Menschen, die andere berauben oder Götzen

Reich Gottes: Wörtlich »Königsherrschaft Gottes«. Bezeichnet den Herrschaftsbereich, in dem sich Gottes Wille durchsetzt.

Ehefrau seines Vaters: Meint die Stiefmutter des Betreffenden. Eine solche Beziehung wird beispielsweise in 3. Mose/Levitikus 18,8 verboten.

Herr: Anrede und Bezeichnung für Jesus. Sie bringt zum Ausdruck, dass man sich in seinen Dienst stellt.

dem Satan ausliefern: Der Mensch wird aus der Gemeinde ausgeschlossen und ist damit nicht mehr vor schädlichen Einflüssen geschützt.

Sauerteig: Brotteig, bei dem eine kleine Menge gegorener Teig zum neuen Teig gegeben wird. Dadurch geht der Teig auf und wird locker.

ungesäuertes Brot: Die Wortwahl des Verses erinnert an die Anweisungen, die die Israeliten beim Auszug aus Ägypten erhielten; vgl. 2. Mose/Exodus 12,15.

Passalamm: Opfertier, das zum Passafest geschlachtet wird; vgl. 2. Mose/Exodus 12,3-10.

Wahrheit: Meint die Versöhnung mit Gott, die den Menschen durch Tod und Auferstehung von Christus geschenkt ist.

Götze: Abfällige Bezeichnung für eine fremde Gottheit oder ihr Standbild.

anbeten. Sonst müsstet ihr ja aus dieser Welt auswandern. 11 Tatsächlich habe ich euch geschrieben: Haltet euch fern von jedem, der sich Bruder nennt, aber eine verbotene sexuelle Beziehung hat. Das gilt genauso, wenn jemand habgierig ist, Götzen dient, andere verleumdet, übermäßig trinkt oder andere beraubt. Mit so jemandem sollt ihr auch nicht zusammen essen. 12 Warum soll eigentlich ich über die Außenstehenden urteilen? Ist es nicht vielmehr eure Aufgabe, über die zu urteilen, die zu euch gehören? 13 Über die Außenstehenden wird Gott das Urteil sprechen. Entfernt also den Bösen aus eurer Mitte!

Rechtsstreitigkeiten vor weltlichen Gerichten

6 1 Wie verhält sich jemand von euch, der mit einem anderen einen Rechtsstreit hat? Bringt er ihn etwa vor ungerechte, weltliche Gerichte statt vor uns, die Heiligen? 2 Oder wisst ihr nicht, dass die Heiligen über diese Welt Gericht halten werden? Als Richter über die Welt seid ihr aber auch zuständig für kleine Rechtsstreitigkeiten. 3 Und wisst ihr nicht, dass wir über Engel richten werden? Dann können wir erst recht Alltägliches entscheiden. 4 Doch was macht ihr, wenn ihr alltägliche Rechtsstreitigkeiten habt? Ihr lasst jene als Richter darüber urteilen, die in der Gemeinde nichts gelten!

5 Ich sage das, damit ihr euch schämt. Habt ihr unter euch wirklich nicht einen Vernünftigen, der einen Streit unter Brüdern schlichten kann? 6 Stattdessen zieht Bruder gegen Bruder vor Gericht – und das auch noch vor Ungläubigen!

7 Es ist schon ein Fehler, dass ihr überhaupt gegeneinander vor Gericht zieht. Warum lasst ihr euch nicht lieber Unrecht zufügen? Warum lasst ihr euch nicht lieber betrügen? 8 Stattdessen fügt ihr einander Unrecht zu und betrügt euch gegenseitig, und das unter Brüdern und Schwestern!

9 Ihr müsst doch wissen: Wer Unrecht tut, wird keinen Anteil an Gottes Reich erben. Täuscht euch nicht! Das betrifft Menschen, die verbotene sexuelle Beziehungen haben, die Götzen dienen oder die Ehe brechen. Das betrifft auch junge Männer, die sich älteren anbieten, oder Männer, die mit Männern schlafen. 10 Und das betrifft Diebe, Habgierige, Trinker und Menschen, die andere verleumden oder berauben. Sie alle werden keinen Anteil am Reich Gottes erben. 11 Manche von euch gehörten früher dazu. Aber ihr seid reingewaschen worden. Ihr seid zu Heiligen geworden und von Gott als gerecht anerkannt. Denn ihr seid im Namen unseres Herrn Jesus Christus getauft – und habt den Geist unseres Gottes empfangen.

Unser Körper gehört Gott

12 Ihr sagt: »Ich darf alles!« – Aber das heißt doch nicht, dass auch alles gut für euch ist. Ihr sagt: »Ich darf alles!« – Aber das bedeutet doch nicht, dass euch irgendetwas beherrschen soll. 13 Ihr sagt: »Das Essen ist für den Magen geschaffen und der Magen für das Essen! Gott wird sowohl dem einen als auch dem anderen ein Ende machen.« Ich

Heilige: Bezeichnung für die Anhänger von Jesus Christus.

Welt, diese Welt: Die von griechischer Kultur geprägte Umwelt der frühen Gemeinden, die sich nicht an christlichen Maßstäben orientierte.

Brüder: Menschen, die zur Gemeinde gehören.

Ungläubige: Menschen, die nicht an Gott glauben, sondern andere Götter verehren.

gerecht, als gerecht gelten: Gott nimmt die Menschen an und verurteilt sie nicht, obwohl sie seine Gebote übertreten. Darin zeigt sich Gottes Liebe zu den Menschen.

im Namen unseres Herrn: »Name« steht stellvertretend für den Herrschaftsbereich der Person, die den Namen trägt. Wer im Namen von Jesus Christus getauft wird, tritt in seinen Herrschaftsbereich und unterstellt sich seiner Fürsorge.

Herr: Anrede und Bezeichnung für Jesus. Sie bringt zum Ausdruck, dass man sich in seinen Dienst stellt.

Auferweckung: Meint die Auferstehung vom Tod und das ewige Leben im Reich Gottes.

in der Heiligen Schrift steht: Zitat aus der griechischen Übersetzung von 1. Mose/Genesis 2,24.

Schuld: Konkrete Verfehlungen, die von Gott trennen und das Gewissen belasten können.

Heiliger Geist: Kraft, durch die Gott in der Welt wirkt.

Gebet: Reden des Menschen mit Gott.

Satan, Teufel: Gegenspieler Gottes. Er versucht, die Menschen zu einem Verhalten zu bewegen, das Gottes Willen widerspricht.

ich: Paulus war unverheiratet.

Witwe: Frau, deren Mann verstorben ist und die dadurch rechtlich, sozial und wirtschaftlich in eine schwierige Lage geriet.

antworte euch: Unser Leib ist aber nicht für verbotene sexuelle Be-
ziehungen geschaffen, sondern für den Herrn – und der Herr sorgt
für ihn. 14 Gott hat den Herrn von den Toten auferweckt. Durch seine
Kraft wird er auch uns auferwecken. 15 Wisst ihr nicht, dass eure Kör-
per Glieder am Leib von Christus sind? Soll ich nun die Glieder neh-
men, die Christus gehören, und daraus Glieder einer Hure machen?
Niemals! 16 Ihr müsst doch wissen: Wer sich mit einer Hure einlässt,
wird eins mit ihr! Denn in der Heiligen Schrift steht: »Die zwei sind
eins, mit Leib und Seele.« 17 Wer sich aber auf den Herrn einlässt, wird
eins mit seinem Geist.

18 Hütet euch vor verbotenen sexuellen Beziehungen! Jede andere
Schuld, die ein Mensch auf sich lädt, betrifft nicht seinen Leib. Wer
aber verbotene Beziehungen hat, wird schuldig an seinem eigenen
Leib. 19 Wisst ihr das etwa nicht: Euer Leib ist ein Tempel des Heiligen
Geistes, der in euch wirkt. Gott hat ihn euch geschenkt! Nun gehört
ihr nicht mehr euch selbst. 20 Gott hat euch zu einem hohen Preis frei-
gekauft. Sorgt also dafür, dass euer Leib Gott Ehre erweist!

Ehe, Ehelosigkeit und Ehescheidung 7,1-40

Das Verhalten von Ehepartnern zueinander

7 1 Nun aber zu dem, was ihr geschrieben habt: »Es ist gut für einen
Mann, keinen Geschlechtsverkehr mit einer Frau zu haben.«
2 Aber dann besteht die Gefahr, in eine verbotene sexuelle Bezie-
hung zu geraten. Deshalb soll jeder Mann seine Ehefrau haben und
jede Frau ihren Ehemann. 3 Der Mann soll seine Frau nicht vernach-
lässigen, ebenso nicht die Frau ihren Mann. 4 Nicht die Frau be-
stimmt über ihren Körper, sondern der Mann. Ebenso bestimmt
nicht der Mann über seinen Körper, sondern die Frau. 5 Entzieht euch
einander nicht. Außer ihr vereinbart das für eine bestimmte Zeit, um
euch ganz dem Gebet zu widmen. Danach sollt ihr wieder zusam-
menkommen. Sonst besteht die Gefahr, dass der Satan euch durch
eure Begierden auf die Probe stellt! 6 Das meine ich als Zugeständnis,
nicht als Befehl. 7 Mir wäre es ja lieber, wenn alle Menschen so leben
könnten wie ich. Doch jeder hat von Gott seine eigene Gabe bekom-
men. Der eine diese, der andere jene.

Anweisungen für Ledige und Witwen und zum Verhalten bei Scheidungen

8 Den Ledigen und den Witwen sage ich: Es ist gut, wenn sie wie ich
unverheiratet bleiben. 9 Wenn sie aber nicht enthaltsam leben kön-
nen, sollen sie heiraten! Denn es ist besser zu heiraten, als sich in
brennendem Verlangen zu verzehren.

10 Für die Verheirateten habe ich eine klare Anweisung. Sie stammt
nicht von mir, sondern vom Herrn: Eine Frau darf sich nicht von ih-
rem Mann scheiden lassen. 11 Wenn sie sich aber schon hat scheiden

lassen, soll sie unverheiratet bleiben. Oder sie soll sich wieder mit
ihrem Mann aussöhnen. Ebenso wenig darf ein Mann seine Frau
fortschicken.
12 Den anderen sage ich etwas, das nicht vom Herrn stammt: Da
hat ein Bruder eine Ehefrau, die nicht zum Glauben gekommen ist.
Wenn sie bei ihm bleiben will, soll er sie nicht fortschicken! 13 Oder
eine Frau hat einen Ehemann, der nicht zum Glauben gekommen ist.
Wenn er bei ihr bleiben will, soll sie ihn nicht fortschicken! 14 Denn
der ungläubige Mann wird durch die Frau heilig. Und die ungläubige
Frau wird durch den Bruder heilig. Sonst wären ja auch eure Kinder
unrein. Sie sind nun aber heilig. 15 Wenn der Ungläubige sich jedoch
scheiden lassen will, soll er das tun. In solchen Fällen ist der Bruder
oder die Schwester nicht an die Ehe gebunden. Gott hat euch aber
zu einem Leben in Frieden berufen. 16 Denn woher willst du wis-
sen, Frau, ob du deinen Mann rettest? Oder woher willst du wissen,
Mann, ob du deine Frau rettest?

Es gibt keinen Grund, die eigenen Lebensumstände zu ändern

17 Im Übrigen soll jeder sein Leben entsprechend den Gaben führen,
die der Herr ihm zugeteilt hat. Und jeder soll so bleiben, wie ihn Gott
berufen hat. So ordne ich es in allen Gemeinden an. 18 Wer bei seiner
Berufung beschnitten war, soll die Beschneidung nicht rückgängig
machen wollen! Wer bei seiner Berufung nicht beschnitten war,
soll sich nicht beschneiden lassen! 19 Es kommt nicht darauf an, ob
jemand beschnitten ist oder nicht. Es kommt nur darauf an, Gottes
Gebote zu halten.
20 Nach seiner Berufung soll jeder so bleiben, wie er berufen wurde.
21 Warst du bei deiner Berufung ein Sklave, dann mach dir deswegen
keine Sorgen. Aber wenn du frei werden kannst, dann nutze diese
Gelegenheit umso lieber. 22 Warst du ein Sklave, als du in die Gemein-
schaft mit dem Herrn berufen wurdest? Dann bist du jetzt ein Freige-
lassener des Herrn. Warst du frei, als du in die Gemeinschaft mit dem
Herrn berufen wurdest? Dann bist du jetzt ein Sklave von Christus.
23 Gott hat euch zu einem hohen Preis freigekauft. Werdet jetzt nicht
zu Sklaven von Menschen! 24 Brüder und Schwestern! Bleibt, was ihr
bei eurer Berufung wart – jeder und jede von euch. Und lebt entspre-
chend vor Gott!

Es ist besser, frei zu sein für Gott

25 Nun zu der Frage nach den ledigen Frauen: Ich habe dazu keine
Anweisung vom Herrn. Doch ich gebe euch einen Rat. Und weil der
Herr mich in seiner Gnade berufen hat, könnt ihr mir vertrauen. 26 In
den gegenwärtig schwierigen Verhältnissen halte ich Folgendes für
richtig: Es ist für einen Menschen gut, ledig zu bleiben. 27 Wenn du
mit einer Frau verlobt bist, dann versuche nicht, die Verlobung zu lö-
sen. Hast du die Verlobung mit einer Frau gelöst, suche keine andere
Frau! 28 Wenn du aber doch heiratest, machst du dich nicht schuldig.

Bruder: Mann, der zur Gemeinde gehört.

heilig: Menschen oder Dinge, die zu Gott gehören und mit ihm in Verbindung stehen.

Beschneidung: Das Abtrennen der Vorhaut am männlichen Glied ist für Israel Zeichen des Bundes zwischen Gott und seinem Volk.

Sklaven: Sie gehörten zum Eigentum anderer Menschen, bekamen keinen Lohn für ihre Arbeit und konnten nicht frei über ihr Leben entscheiden.

Gnade: Liebevolle Zuwendung Gottes, die er den Menschen ohne Vorbedingung schenkt.

Verlobung: Macht die Verbindung zwischen Mann und Frau rechtsgültig, ohne dass diese bereits zusammenleben.

Und wenn das Mädchen heiratet, macht sie sich ebenfalls nicht schuldig. Aber solche Menschen werden in ihrem Leben in große Bedrängnis kommen. Das möchte ich euch ersparen.

29 Aber eins muss ich euch sagen, Brüder und Schwestern: Die Zeit ist knapp, und daher gilt nun: Ein verheirateter Mann soll so leben, als hätte er keine Frau. 30 Wer weint, soll sich nicht von der Trauer überwältigen lassen. Wer sich freut, soll sich nicht in der Freude verlieren. Wer etwas kauft, soll es nicht festhalten wollen. 31 Und wer die Dinge dieser Welt benutzt, soll gut auf sie verzichten können. Denn die Welt in ihrer jetzigen Gestalt vergeht.

32 Ich möchte aber, dass ihr euch keine unnötigen Sorgen macht. Wer ledig ist, sorgt sich um die Sache des Herrn: Ihm geht es darum, wie er dem Herrn gefallen kann. 33 Aber wer verheiratet ist, sorgt sich um weltliche Dinge: Ihm geht es darum, wie er seiner Frau gefallen kann. 34 Und deshalb ist er gespalten.

Ebenso ist es bei der Frau. Wenn sie nicht mehr oder noch nicht verheiratet ist, sorgt sie sich um die Sache des Herrn: Ihr geht es darum, heilig zu sein mit Körper und Geist. Dagegen sorgt sich die verheiratete Frau um weltliche Dinge: Ihr geht es darum, wie sie ihrem Mann gefallen kann. 35 Dies sage ich euch zu eurem eigenen Besten. Damit will ich euch keine Fesseln anlegen. Sondern ihr sollt ein Leben in Anstand führen. Und ihr sollt stets für den Herrn da sein, ohne euch ablenken zu lassen.

Rat für Verlobte und Witwen

36 Vielleicht meint jemand, dass er sich seiner Braut gegenüber unehrenhaft verhält. Denn die Hochzeit ist längst überfällig, und er will entsprechend handeln. Dann soll er tun, was er will. Er macht sich dadurch nicht schuldig. Sie sollen heiraten! 37 Ein anderer dagegen bleibt fest bei dem, wofür er sich entschieden hat. Er fühlt sich nicht gedrängt und ist frei in seinen Entscheidungen. Er hat bei sich beschlossen: »Ich will meine Braut nicht berühren.« Er handelt richtig! 38 Also: Wer seine Braut heiratet, handelt gut. Wer nicht heiratet, handelt noch besser.

39 Solange ihr Mann lebt, ist eine Frau gebunden. Wenn der Mann stirbt, ist sie frei. Sie kann dann heiraten, wen sie will. Doch soll sie dem Herrn verbunden bleiben. 40 Meiner Meinung nach wird sie aber glücklicher sein, wenn sie ledig bleibt. Ich denke doch, dass auch ich den Geist Gottes habe.

Grenzen christlicher Freiheit 8,1–11,1

Verzicht aus Liebe

8 1 Nun zu einer anderen Frage: Es geht um das Fleisch von Tieren, die als Opfer für Götzen dargebracht wurden. Dabei sind wir uns wohl einig, dass wir alle die richtige Einsicht haben. Aber die Einsicht

Bruder, Schwester: Wörtlich »Bruder«. Das griechische Wort bezeichnet männliche *und* weibliche Mitglieder der Gemeinde.

Welt, diese Welt: Die von griechischer Kultur geprägte Umwelt der frühen Gemeinden, die sich nicht an christlichen Maßstäben orientierte.

heilig: Menschen oder Dinge, die zu Gott gehören und mit ihm in Verbindung stehen.

Geist Gottes: Kraft, durch die Gott in der Welt wirkt.

Fleisch: Stücke der Opfertiere, die bei den Gottesdiensten im Tempel nicht benötigt wurden. Sie konnten auf dem Markt verkauft werden.

Götze: Abfällige Bezeichnung für eine fremde Gottheit oder ihr Standbild.

allein macht überheblich. Nur die Liebe baut die Gemeinde auf. 2 Da meint jemand, etwas richtig erkannt zu haben. Aber er hat noch nicht erkannt, worauf es bei diesem Erkennen ankommt. 3 Doch wer Gott liebt, der weiß: Ich bin von ihm erkannt und angenommen.

4 Zurück zu unserer Frage: Darf man das Fleisch von Tieren essen, die als Opfer für Götzen dargebracht wurden? Wir wissen ja: Es gibt in der Welt keine Götzen. Und wir wissen: Es gibt keinen Gott außer dem Einen. 5 Vielleicht gibt es ja sogenannte Götter im Himmel wie auf der Erde. Tatsächlich sind es sogar viele solcher Götter und Herren. 6 Aber für uns gilt: Nur einer ist Gott – der Vater. Alles hat in ihm seinen Ursprung, und er ist das Ziel unseres Lebens. Und nur einer ist der Herr: Jesus Christus. Alles ist durch ihn entstanden, und durch ihn haben wir das Leben.

7 Aber diese Einsicht teilen noch nicht alle. Sie essen das Fleisch von Tieren, die als Opfer für die Götzen dargebracht wurden. Und denken dabei nach alter Gewohnheit, dass sie damit auch den Götzen dienen. Und weil sie in dieser Sache nicht sicher sind, belastet das ihr Gewissen. 8 Was wir essen, hat aber keine Auswirkung auf unser Verhältnis zu Gott. Es bringt uns keinen Nachteil, wenn wir etwas Bestimmtes nicht essen. Und umgekehrt haben wir auch keinen Vorteil, wenn wir es essen. 9 Gebt aber acht! Die Freiheit, die ihr in Anspruch nehmt, darf die Schwachen nicht zu Fall bringen! 10 Stell dir vor: Du liegst gerade in einem Götzentempel zu Tisch, wie es ja deiner Einsicht entspricht. Und dabei sieht dich jemand. Wird er dadurch nicht geradezu ermutigt, gegen sein Gewissen zu handeln? Vielleicht nimmt er dann an einem solchen Mahl teil, das er für Götzendienst hält? 11 Dann geht der Unsichere durch deine Einsicht zugrunde – der Bruder, für den Christus gestorben ist. 12 So tut ihr euren Brüdern und Schwestern Unrecht und belastet ihr Gewissen noch mehr. Und damit tut ihr Christus Unrecht. 13 Mein Essen kann also meinen Bruder zu etwas verleiten, was ihn zu Fall bringt. Wenn das so ist, will ich nie wieder Fleisch essen! Denn ich will meinen Bruder nicht zu etwas verleiten, was ihn zu Fall bringt.

Paulus als Vorbild für Verzicht auf Ansprüche

9 1 Seht mich an: Bin ich denn nicht frei? Bin ich denn kein Apostel? Habe ich etwa nicht Jesus, unseren Herrn, gesehen? Seid ihr nicht das Ergebnis meiner Arbeit für den Herrn? 2 Wenn ich auch für andere kein Apostel bin, so bin ich es doch für euch. Denn eure Verbundenheit mit dem Herrn ist das Siegel, durch das ich als Apostel bestätigt werde.

3 Das ist meine Antwort an die Leute, die sich als Richter über mich aufspielen wollen: 4 Haben wir als Apostel etwa keinen Anspruch auf Essen und Trinken? 5 Haben wir nicht auch das Recht, eine Schwester als Ehefrau dabei zu haben? Das tun jedenfalls die anderen Apostel, die Brüder des Herrn und auch Kephas. 6 Und haben nur Barnabas

zu Tisch liegen: Bei festlichen Anlässen war es in der griechisch-römischen Welt üblich, beim Essen zu liegen.

Apostel: Wörtlich »Ausgesandte«. Menschen, die dazu berufen sind, die Gute Nachricht von Jesus Christus zu verkünden. Im engeren Sinn die zwölf Jünger von Jesus, die ihn während seines Lebens begleiteten.

Siegel: Ein persönlicher Stempel, durch dessen Abdruck ein Brief, eine Urkunde oder ein Vertrag beglaubigt wird.

Kephas: Aramäische Form des Namens Petrus. Beides bedeutet »Fels«. Es ist der Beiname des Apostels Simon.

und ich kein Recht darauf, nicht für unseren Unterhalt arbeiten zu müssen? 7 Wer zieht denn als Soldat in den Krieg und zahlt sich auch noch selbst den Sold? Wer pflanzt einen Weinberg und genießt seine Früchte nicht? Wer hütet Schafe und ernährt sich nicht von ihrer Milch?

8 Rede ich damit etwa nur aus menschlicher Sicht? Sagt nicht das Gesetz genau dasselbe? 9 Im Gesetz des Mose steht nämlich: »Du sollst einem Ochsen beim Dreschen nicht das Maul zubinden.« Geht es Gott dabei etwa um die Ochsen? 10 Oder sagte er das nicht vielmehr wegen uns? Denn wegen uns wurde dies ja aufgeschrieben: Wer pflügt, soll das mit Hoffnung tun. Und wer drischt, soll seinen Anteil am Ertrag erwarten können. 11 Wir haben bei euch geistlichen Samen gesät. Ist es dann zu viel verlangt, wenn wir von euch weltliche Gaben ernten wollen?

12 Andere nehmen dieses Recht euch gegenüber in Anspruch. Haben wir nicht einen viel größeren Anspruch darauf? Dennoch haben wir von diesem Recht nie Gebrauch gemacht. Wir haben alles ertragen, um der Guten Nachricht von Christus kein Hindernis in den Weg zu legen.

13 Wisst ihr denn nicht: Wer den Tempeldienst verrichtet, bekommt auch seinen Lebensunterhalt aus den Tempelabgaben. Und wer am Altar seinen Dienst tut, bekommt einen Anteil von den Opfergaben. 14 Genauso hat es auch der Herr angeordnet: Wer die Gute Nachricht verkündet, soll von ihrer Verkündigung leben können.

15 Aber ich habe nichts von alledem in Anspruch genommen. Ich schreibe das nicht, damit man mir dies nun gewährt. Lieber würde ich sterben! Meinen Ruhm soll mir niemand nehmen! 16 Er besteht ja nicht darin, dass ich die Gute Nachricht verkünde. Ich muss das ja tun. Denn wie schrecklich wäre es für mich, die Gute Nachricht nicht zu verkünden! 17 Nur wenn ich es aus freien Stücken tun würde, müsste ich Lohn dafür bekommen. Wenn ich es aber nicht aus freien Stücken tue, wurde es mir wie einem Sklaven übertragen. 18 Worin besteht nun mein Lohn? Er besteht einfach darin, dass ich die Gute Nachricht ohne Bezahlung verkünde. Damit mache ich keinen Gebrauch von dem Recht, das mir durch die Verkündigung zusteht.

Der Verzicht des Paulus dient der Verkündigung

19 Denn obwohl ich von allen unabhängig bin, habe ich mich selbst für alle zum Diener gemacht. So will ich immer mehr Menschen für Christus gewinnen. 20 Für die Juden lebe ich wie ein Jude. So will ich die Juden gewinnen. Für die, die das Gesetz befolgen, lebe ich wie jemand, der das Gesetz befolgt – auch wenn ich selbst dem Gesetz nicht unterworfen bin. So will ich die gewinnen, die das Gesetz befolgen. 21 Für die, die das Gesetz nicht kennen, lebe ich wie jemand, der das Gesetz nicht kennt – auch wenn ich selbst nicht ohne Gottes Gesetz lebe. Vielmehr lebe ich nach dem Gesetz von Christus. So will ich

im Gesetz des Mose steht: Zitat aus der griechischen Übersetzung von 5. Mose/Deuteronomium 25,4. Der Begriff »Gesetz« bezeichnet im Neuen Testament die Lebensvorschriften des Alten Testaments, besonders die fünf Bücher Mose.

dreschen: Das Lösen der Getreidekörner aus der Ähre mithilfe eines von Rindern gezogenen Dreschschlittens.

geistlicher Samen: Meint die Gute Nachricht von Jesus Christus.

weltliche Gaben: Meint den täglichen Lebensunterhalt wie Essen und Trinken.

Gute Nachricht: Wörtliche Übersetzung von »Evangelium«. Botschaft, dass die Menschen durch Tod und Auferstehung von Christus mit Gott versöhnt sind.

Tempeldienst: Aufgaben, die im Zusammenhang mit dem Gottesdienst am Tempel von Priestern oder Leviten verrichtet wurden.

der Herr angeordnet: Mit »Herr« ist Jesus gemeint. Die Anordnung erinnert an Lukas 10,7.

Ruhm: Damit meint Paulus seinen Verzicht auf Unterhalt durch die Gemeinde.

Diener: Mensch, der für einen Herrn arbeitet. Paulus bezeichnet sich immer wieder als Diener von Christus.

die gewinnen, die das Gesetz nicht kennen. 22 Für die Schwachen bin
ich selbst schwach geworden, damit ich die Schwachen gewinne. Für
alle bin ich alles geworden, um auf jeden Fall einige zu retten. 23 Aber
all das tue ich für die Gute Nachricht. Denn ich will selbst Anteil an
dem bekommen, worum es in ihr geht.

Verzicht üben, um den Sieg zu erringen

24 Ihr wisst doch: Im Stadion laufen zwar alle Läufer um die Wette,
aber nur einer gewinnt den Siegespreis. Lauft so, dass ihr ihn gewinnt!
25 Alle Wettkämpfer üben in jeder Hinsicht Verzicht. Sie tun
es, um einen vergänglichen Siegeskranz zu gewinnen. Aber wir tun
es für einen unvergänglichen Siegeskranz. 26 So führt mein Wettlauf
nicht ins Ungewisse und meine Fausthiebe gehen nicht in die Luft.
27 Vielmehr treffen meine Schläge meinen eigenen Körper und unterwerfen
ihn mir. Denn ich will nicht anderen etwas verkünden und
selbst als Versager dastehen.

Warnung vor Selbstsicherheit

10 1 Ich will euch aber eines nicht verschweigen, Brüder und
Schwestern: Unsere Vorfahren befanden sich alle unter der
Wolke, und alle zogen durch das Meer hindurch. 2 Alle haben in der
Wolke und im Meer die Taufe auf Mose empfangen. 3 Alle haben dieselbe
Speise gegessen, durch die Gottes Geist wirkte. 4 Und alle haben
denselben Trank getrunken, durch den Gottes Geist wirkte. Sie tranken
ja alle aus einem Felsen, durch den Gottes Geist wirkte. Dieser
Felsen ging mit ihnen. Und dieser Felsen war Christus. 5 Aber es gefiel
Gott nicht, wie die meisten von ihnen sich verhielten. Er ließ sie
in der Wüste sterben.

6 Für uns sind diese Ereignisse ein warnendes Beispiel. Wir sollen
nicht auf das Böse aus sein, so wie sie es waren. 7 Ihr sollt auch keine
Götzen verehren wie einige von ihnen. Denn in der Heiligen Schrift
steht: »Das Volk setzte sich nieder. Sie aßen und tranken. Dann standen
sie auf, um sich zu vergnügen.« 8 Wir sollen auch keine verbotenen
sexuellen Beziehungen haben wie einige von ihnen: Damals
gingen an einem Tag 23 000 Menschen zugrunde. 9 Ebenso wenig
sollen wir Christus auf die Probe stellen, wie einige von ihnen es
getan haben: Sie kamen durch Schlangen um! 10 Ihr sollt euch auch
nicht gegen Gott auflehnen wie einige von ihnen: Sie wurden vom
Vollstrecker umgebracht.

11 Das alles geschah mit ihnen als warnendes Beispiel. Es wurde
aber aufgeschrieben, um uns als Mahnung zu dienen. Denn uns steht
ja das Ende der Zeiten bevor. 12 Du meinst also, fest zu stehen. Dann
pass auf, dass du nicht zu Fall kommst. 13 Ihr seid noch nicht auf eine
Probe gestellt worden, die das menschliche Maß überschritten hätte.
Aber Gott ist treu. Er wird keine Prüfung zulassen, die eure Kräfte
übersteigt. Vielmehr wird er für einen Ausweg sorgen, sodass ihr die
Probe bestehen könnt.

nicht verschweigen: Im Folgenden nimmt Paulus Bezug auf die Erfahrungen des Volkes Israel beim Auszug aus Ägypten und auf dem Weg durch die Wüste ins verheißene Land, vgl. 2. Mose/Exodus 13–17 und 4. Mose/Numeri 20–26. Die Gemeinde in Korinth soll aus diesen Erfahrungen lernen.

Taufe auf Mose: Mose war von Gott beauftragt, Israel aus Ägypten zu führen. Durch die Wortwahl vergleicht Paulus das rettende Handeln Gottes in der Wüste mit der Taufe.

es gefiel Gott nicht: Trotz der Hilfe Gottes rebellierten die Israeliten immer wieder gegen Gott. Deshalb ließ Gott die Generation der Wüstenwanderung in der Wüste sterben, vgl. 4. Mose/Numeri 14,26-34.

Götze: Abfällige Bezeichnung für eine fremde Gottheit oder ihr Standbild.

in der Heiligen Schrift steht: Paulus zitiert aus der Erzählung vom goldenen Kalb, das Israel sich als Götterbild herstellte; vgl. 2. Mose/Exodus 32,1-6.

Sie kamen durch Schlangen um!: Als die Israeliten gegen Gott rebellierten, strafte Gott sie mit Giftschlangen; vgl. 4. Mose/Numeri 21,4-9.

Teilnahme am Götzenopfer und am Abendmahl sind unvereinbar

14 Darum, meine Lieben, hütet euch davor, Götzen zu verehren. 15 Ich
rede doch zu verständigen Menschen! Beurteilt selbst, was ich sage.
16 Denkt an den gesegneten Becher, über den wir das Dankgebet spre-
chen: Gibt er uns nicht Anteil am Blut von Christus? Denkt an das
Brot, das wir brechen: Gibt es uns nicht Anteil am Leib von Chris-
tus? 17 Es ist *ein* Brot. Deshalb sind wir *ein* Leib, auch wenn wir viele
sind. Denn wir alle essen von dem einen Brot. 18 Seht doch, wie es bis
heute beim Volk Israel ist, das sich beschneiden lässt: Sie essen von
den Opfergaben, die am Altar dargebracht werden. Haben sie dann
nicht auch Gemeinschaft mit dem Gott, dem das Opfer dargebracht
wird?
19 Was will ich damit über das Fleisch sagen, das von einem Opfer
für Götzen stammt? Etwa, dass dieses Fleisch etwas bedeutet? Oder
gar, dass der Götze selbst von Bedeutung ist? 20 Nein! Aber was den
Götzen geopfert wird, das wird den Dämonen geopfert und nicht
Gott. Ich will aber nicht, dass ihr Gemeinschaft mit Dämonen habt!
21 Ihr könnt nicht aus dem Becher des Herrn trinken und zugleich aus
dem Becher der Dämonen. Ihr könnt nicht am Tisch des Herrn essen
und zugleich am Tisch der Dämonen. 22 Oder wollen wir den Herrn
herausfordern? Sind wir etwa stärker als er?

Freiheit und Rücksichtnahme

23 Es heißt ja bei euch: »Man darf alles!« – aber nicht alles ist gut für
euch. »Man darf alles!« – aber nicht alles baut die Gemeinde auf.
24 Denkt dabei nicht an euch selbst, sondern an die anderen!
25 Ihr könnt jedes Fleisch essen, das auf dem Markt verkauft wird.
Ihr könnt es mit gutem Gewissen essen, ohne weiter nachzufor-
schen, woher das Fleisch kommt. 26 Denn dem Herrn gehört die Erde
mit allem, was sie erfüllt. 27 Angenommen, ihr habt eine Einladung
bei einem Ungläubigen, und ihr wollt sie annehmen. Dann könnt ihr
dort alles essen, was euch vorgesetzt wird. Ihr könnt es mit gutem
Gewissen essen, ohne weiter nachzuforschen. 28 Aber angenommen,
jemand sagt zu euch: »Das ist Fleisch von einem Götzenopfer!« Dann
esst es nicht. Nehmt Rücksicht auf den, der es euch gesagt hat, und
nehmt Rücksicht auf das Gewissen! 29 Ich meine nicht euer Gewis-
sen, sondern das des anderen. Denn weshalb sollte meine Freiheit
vom Gewissen eines anderen abhängig sein? 30 Ich esse doch mit
Dankbarkeit. Niemand darf mir für etwas Vorhaltungen machen,
wofür ich Dank sage.
31 Wie gesagt: Ob ihr esst oder trinkt oder etwas anderes tut, tut das
alles zur Ehre Gottes! 32 Werdet nicht zu einem Hindernis für den
Glauben – weder den Juden noch den Griechen noch der Gemeinde
Gottes. 33 Macht es so wie ich: Ich nehme immer auf alle Rücksicht.
Ich suche nicht meinen Vorteil, sondern den Vorteil möglichst vieler,
11 damit sie gerettet werden. 1 Nehmt mich zum Vorbild, wie ich
Christus zum Vorbild nehme!

Götze: Abfällige Bezeichnung für eine fremde Gottheit oder ihr Standbild.

gesegneter Becher: Meint den Becher mit Wein beim Abendmahl.

Brotbrechen: Frühchristliche Bezeichnung für die Feier des Abendmahls.

Opfergaben: Paulus nimmt Bezug auf den Gottesdienst, der am Tempel in Jerusalem gefeiert wurde. Dort wurden regelmäßig Opfer für Gott dargebracht.

Dämon: Eine böse Macht, die man sich in der Antike als Person vorstellte. Sie kämpft gegen Gott und nimmt einen Menschen ganz in Besitz.

es heißt ja bei euch: Paulus greift hier auf 1. Korinther 6,12 zurück.

Herr: Bezeichnung für Gott. Das griechische Alte Testament verwendet das Wort »Herr« an den Stellen, an denen im hebräischen Text der Gottesname steht.

Fleisch von einem Götzenopfer: Meint Fleisch, bei dem eindeutig klar ist, dass es als Opfer für einen Götzen dargebracht wurde.

Ehre, ehren: Einen Menschen oder Gott ehren heißt, ihn so zu behandeln, wie es seiner Stellung entspricht.

Das gottesdienstliche Leben 11,2-34

Die Frage der Kopfbedeckung im Gottesdienst

2 Ich muss euch loben: Ihr denkt stets an mich und haltet an den
Überlieferungen fest, die ich euch weitergegeben habe. 3 Ich möchte
aber, dass ihr Folgendes wisst: Über jedem Mann steht Christus als
sein Haupt und über der Frau ihr Mann als ihr Haupt. Über Chris-
tus aber steht Gott als sein Haupt. 4 Ein Mann entehrt sein Haupt,
wenn er bei Gebet oder prophetischer Rede seinen Kopf bedeckt.
5 Eine Frau entehrt ihr Haupt, wenn sie bei Gebet oder prophetischer
Rede ihren Kopf *nicht* bedeckt. Denn das ist genauso, als ob sie kahl
geschoren wäre. 6 Wenn eine Frau sich nicht verhüllen will, kann sie
sich gleich die Haare abschneiden lassen! Nun ist es aber für die Frau
eine Schande, wenn sie die Haare abgeschnitten bekommt. Genauso
ist es, wenn ihr Kopf kahl geschoren wird. Deshalb soll sie sich lieber
verhüllen!

7 Der Mann soll seinen Kopf nicht verhüllen. Denn er ist Abbild
Gottes und spiegelt dessen Herrlichkeit wider. Die Frau dagegen
spiegelt die Herrlichkeit des Mannes wider. 8 Denn der Mann wurde
nicht aus der Frau geschaffen, sondern die Frau aus dem Mann. 9 Der
Mann wurde auch nicht wegen der Frau erschaffen, sondern die Frau
wegen des Mannes. 10 Deshalb soll die Frau ihren Kopf verhüllen. Das
ist das Zeichen ihrer Vollmacht, wenn sie in der Versammlung öffent-
lich redet. So entspricht es der Ordnung, über deren Einhaltung die
Engel wachen. 11 Doch vor dem Herrn gilt: Es gibt die Frau nicht ohne
den Mann und den Mann nicht ohne die Frau. 12 Denn die Frau ist aus
dem Mann geschaffen, doch der Mann wird von der Frau geboren.
Aber alles kommt von Gott her.

13 Urteilt selbst: Gehört es sich, dass eine Frau ohne Kopfbede-
ckung zu Gott betet? 14 Das lehrt euch doch schon die Natur: Es ist
eine Schande für einen Mann, die Haare lang zu tragen. 15 Aber für
eine Frau ist es eine Ehre, lange Haare zu haben. Sie hat das Haar ja
als Umhang bekommen. 16 Falls aber jemand darüber streiten will,
dem kann ich nur sagen: So etwas ist weder bei uns noch bei den Ge-
meinden Gottes üblich.

Falsches Verhalten bei der Feier des Abendmahls

17 Aber da ist noch eine Sache, zu der ich euch Anweisungen geben
muss. Dabei kann ich euch nicht loben: Denn ihr kommt nicht so
zusammen, dass es gut für die Gemeinde ist. Vielmehr schadet es
ihr. 18 Zunächst höre ich: Wenn ihr in der Gemeinde zusammen-
kommt, gibt es verschiedene Gruppen. Zum Teil glaube ich das
auch. 19 Es kann ja gar nicht anders sein, als dass es verschiedene
Parteien bei euch gibt. Nur so zeigt sich, wer von euch sich bewährt.
20 Wenn ihr zusammenkommt, hat das nichts zu tun mit dem vom
Herrn eingesetzten Mahl. 21 Denn wenn es ans Essen geht, hält je-
der sein eigenes Mahl. Und so ist der eine hungrig, der andere aber

Haupt: Meint nicht nur den Kopf als Körperteil, sondern auch eine Person mit Führungsanspruch.

Herrlichkeit: Bezeichnet das, was einer Person Ansehen und Macht verleiht. Gottes Herrlichkeit stellt man sich auch als strahlenden Lichtglanz vor.

vom Herrn eingesetztes Mahl: Frühchristliche Mahlfeier zur Erinnerung an das Abschiedsmahl, das Jesus mit seinen Jüngern am Abend vor seinem Tod am Kreuz feierte; vgl. Lukas 22,14-20.

eigenes Mahl: Steht im Gegensatz zu dem von Jesus eingesetzten, gemeinschaftlichen Mahl.

betrunken. 22 Habt ihr etwa keine Häuser, in denen ihr essen und trinken könnt? Oder missachtet ihr die Gemeinde Gottes und wollt die herabsetzen, die nichts haben? Was soll ich zu euch sagen? Soll ich euch dafür etwa noch loben? Nein, dafür lobe ich euch nicht!

Die Überlieferung vom Abendmahl

23 Ich selbst habe vom Herrn eine Überlieferung empfangen. Und die habe ich an euch weitergegeben:

In der Nacht, in der er verraten wurde, nahm der Herr Jesus das Brot. 24 Er dankte Gott, brach das Brot in Stücke und sagte: »Das ist mein Leib für euch. Tut das zur Erinnerung an mich!« 25 Ebenso nahm Jesus nach dem Essen den Becher und sagte: »Dieser Becher steht für den neuen Bund, den Gott durch mein Blut mit den Menschen schließt. Tut das zur Erinnerung an mich, sooft ihr aus diesem Becher trinkt.« 26 Denn sooft ihr dieses Brot esst und aus diesem Becher trinkt, verkündet ihr den Tod des Herrn. Dies gilt so lange, bis er wiederkommt!

Richtiges Verhalten bei der Feier des Abendmahls

27 Wer auf unwürdige Weise das Brot isst oder aus dem Becher des Herrn trinkt, muss wissen: Er macht sich schuldig am Leib und am Blut des Herrn. 28 Jeder Mensch soll das für sich selbst überprüfen! Erst dann soll er vom Brot essen und aus dem Becher trinken! 29 Denn bei diesem Essen und Trinken geht es um den Leib des Herrn. Wer das nicht beachtet, spricht sich beim Essen und Trinken selbst das Urteil. 30 Das ist auch der Grund, warum es bei euch so viele Schwache und Kranke gibt. Ja, manche sind sogar schon gestorben.

31 Würden wir uns selbst richtig prüfen, dann müsste der Herr nicht über uns richten. 32 Sein Urteil dient dazu, uns zurechtzuweisen. Damit verhindert er, dass wir zusammen mit dieser Welt endgültig verurteilt werden. 33 Deshalb, liebe Brüder und Schwestern, gebe ich euch die Anweisung: Wartet aufeinander, wenn ihr zum Essen zusammenkommt! 34 Wer Hunger hat, soll zu Hause essen. Dann kann eure Zusammenkunft nicht zu eurer Verurteilung führen. Alles Weitere werde ich regeln, wenn ich komme.

Die Gaben, die der Geist Gottes schenkt 12,1–14,40

Der Geist schenkt verschiedene Gaben

12 1 Nun komme ich zu der Frage nach den Gaben, die der Geist Gottes schenkt. Ich will euch darüber nicht in Unkenntnis lassen, liebe Brüder und Schwestern. 2 Erinnert euch nur an die Zeit, als ihr noch Heiden wart. Damals zog es euch zu stummen Götzenbildern hin, die euch dazu verführten, Jesus zu verfluchen. 3 Dazu erkläre ich euch: Wenn ein Mensch vom Geist Gottes erfüllt ist,

weitergegeben: Die sogenannten Einsetzungsworte, die in jeder Feier des Abendmahls gesprochen werden, finden sich fast wörtlich in Lukas 22,17-20. Sie werden auch in den anderen Evangelien wiedergegeben, vgl. Matthäus 26,26-29 und Markus 14,22-25.

auf unwürdige Weise: Beispielsweise so, wie in 1. Korinther 11,20-22 geschildert.

Blut des Herrn: Bild für den Tod von Jesus Christus am Kreuz.

Welt, diese Welt: Die von griechischer Kultur geprägte Umwelt der frühen Gemeinden, die sich nicht an christlichen Maßstäben orientierte.

Bruder, Schwester: Wörtlich »Bruder«. Das griechische Wort bezeichnet männliche *und* weibliche Mitglieder der Gemeinde.

Heiden: Bezeichnung für Menschen, die nicht an den Gott Israels glauben.

Götzenbild: Abfällige Bezeichnung für ein aus Stein, Ton, Holz oder Metall gefertigtes Standbild einer Gottheit. Seine Herstellung und Verehrung waren in Israel verboten.

kann er nicht sagen: »Jesus ist verflucht!« Und umgekehrt kann nie-
mand sagen: »Jesus ist der Herr!«, wenn nicht der Heilige Geist in ihm
wirkt.
4 Es gibt zwar verschiedene Gaben, aber es ist immer derselbe
Geist. 5 Es gibt verschiedene Aufgaben, aber es ist immer derselbe
Herr. 6 Es gibt verschiedene Kräfte, aber es ist immer derselbe Gott.
Er bewirkt das alles in allen Menschen. 7 Das Wirken des Geistes
zeigt sich bei jedem auf eine andere Weise. Es geht aber immer um
den Nutzen für alle.
8 Der eine ist durch den Geist in der Lage, mit Weisheit zu reden.
Ein anderer kann Einsicht vermitteln – durch denselben Geist!
9 Einem Dritten wird durch denselben Geist ein besonders starker
Glauben gegeben. Wieder ein anderer hat durch den einen Geist die
Gabe zu heilen. 10 Ein anderer hat die Fähigkeit, Wunder zu tun. Ein
anderer kann als Prophet reden. Und wieder ein anderer kann die
Geister unterscheiden. Der Nächste redet in verschiedenen unbe-
kannten Sprachen, ein weiterer kann diese Sprachen deuten. 11 Aber
das alles bewirkt ein und derselbe Geist. Er teilt jedem eine Fähigkeit
zu, ganz so, wie er es will.

Der menschliche Körper als Bild für die Gemeinde

12 Es ist wie beim menschlichen Körper: Er bildet eine Einheit und be-
steht doch aus vielen Körperteilen. Aber obwohl es viele Teile sind,
ist es doch ein einziger Leib. So ist es auch mit Christus. 13 Denn als
wir getauft wurden, sind wir durch den einen Geist alle Teil eines ein-
zigen Leibes geworden – egal ob wir Juden oder Griechen, Sklaven
oder freie Menschen waren. Und wir sind alle von dem einen Heili-
gen Geist erfüllt worden.
14 Der menschliche Körper besteht ja nicht aus einem einzigen
Teil, sondern aus vielen. 15 Selbst wenn der Fuß sagt: »Ich bin keine
Hand, ich gehöre nicht zum Körper.« Gehört er nicht trotzdem zum
Körper? 16 Und wenn das Ohr sagt: »Ich bin kein Auge, ich gehöre
nicht zum Körper.« Gehört es nicht trotzdem zum Körper? 17 Wenn
der ganze Körper ein Auge wäre, wo bliebe dann das Gehör? Wenn
er ganz Gehör wäre, wo bliebe der Geruchssinn? 18 Nun hat Gott aber
jedem einzelnen Körperteil seinen Platz am Körper zugewiesen, so
wie er es wollte.
19 Wenn aber das Ganze nur ein Körperteil wäre, wie käme dann
der Leib zustande? 20 Nun sind es zwar viele Teile, aber sie bilden
einen Leib. 21 Deshalb kann das Auge nicht zur Hand sagen: »Ich
brauche dich nicht.« Oder der Kopf zu den Füßen: »Ich brauche euch
nicht.« 22 Vielmehr sind gerade die Teile des Körpers, die schwächer
zu sein scheinen, umso notwendiger. 23 Die Teile des Körpers, die
wir für weniger ansehnlich halten, kleiden wir mit besonderer Sorg-
falt. Und wenn wir uns wegen bestimmter Körperteile schämen,
achten wir darauf, dass sie anständig bedeckt sind. 24 Unsere anstän-
digen Körperteile haben das nicht nötig. Doch Gott hat den Leib

Geist Gottes: Kraft, durch die Gott in der Welt wirkt.

Zeichen, Wunder: Ausweis der göttlichen Vollmacht, mit der eine Person handelt.

Prophet: Verkündet, was Gott in einer bestimmten Situation zu sagen hat.

die Geister unterscheiden: Meint das Unterscheiden zwischen dem, was vom Geist Gottes kommt und dem, was nicht von ihm kommt.

in unbekannten Sprachen reden: Durch den Heiligen Geist bewirktes Reden in einer fremden, dem Sprecher vielleicht unbekannten Sprache oder auch in einer völlig unbekannten Ausdrucksweise.

taufen: Wörtlich »(in Wasser) eintauchen«. Die Handlung steht zeichenhaft für das Abwaschen von Schuld und Sünde und die Aufnahme in die Gemeinde.

Griechen: Menschen aus den Ländern im Mittelmeerraum, die keine Juden waren und Griechisch sprachen. Griechisch war im gesamten Osten des Römischen Reichs die gemeinsame Sprache.

Apostel: Wörtlich »Ausgesandte«. Menschen, die dazu berufen sind, die Gute Nachricht von Jesus Christus zu verkünden. Im engeren Sinn die zwölf Jünger von Jesus, die ihn während seines Lebens begleiteten.

Prophet: Verkündet, was Gott in einer bestimmten Situation zu sagen hat.

Lehrer: Menschen, die die biblischen Schriften besonders gut kannten und für andere auslegten.

Zeichen, Wunder: Ausweis der göttlichen Vollmacht, mit der eine Person handelt.

Engel: Boten Gottes, die in seinem Auftrag unterwegs sind und seine Botschaft überbringen.

in unbekannten Sprachen reden: Durch den Heiligen Geist bewirktes Reden in einer fremden, dem Sprecher vielleicht unbekannten Sprache oder auch in einer völlig unbekannten Ausdrucksweise.

zusammengefügt. Er hat dafür gesorgt, dass die unscheinbaren Kör-
perteile besonders geehrt werden. 25 Denn im Leib darf es keine Un-
einigkeit geben, sondern alle Teile sollen füreinander sorgen. 26 Wenn
ein Teil leidet, leiden alle anderen Teile mit. Und wenn ein Teil geehrt
wird, freuen sich alle anderen Teile mit.
27 Ihr seid nun der Leib von Christus! Jeder Einzelne von euch ist
ein Teil davon. 28 Und Gott hat jedem in der Gemeinde seine Aufgabe
zugewiesen. Da gibt es erstens die Apostel, zweitens die Propheten,
drittens die Lehrer. Dann gibt es die Fähigkeit, Wunder zu tun. Man-
che haben die Gabe zu heilen. Wieder andere können Hilfe leisten
oder Aufgaben in der Leitung übernehmen. Wieder andere können
in unbekannten Sprachen reden. 29 Sind etwa alle Apostel oder Pro-
pheten oder Lehrer? Haben etwa alle die Fähigkeit, Wunder zu tun?
30 Oder haben alle die Gabe zu heilen? Können alle in unbekannten
Sprachen reden? Oder können alle diese Sprachen deuten? 31 Aber ihr
strebt ja nach höheren Gaben!

Das Hohelied der Liebe

Jetzt will ich euch einen Weg zeigen, der weit über das alles hinaus-
13 führt. 1 Stellt euch vor: Ich kann die Sprachen der Menschen
sprechen und sogar die Sprachen der Engel. Wenn ich keine
Liebe habe, bin ich wie ein dröhnender Gong oder ein schepperndes
Becken. 2 Oder stellt euch vor: Ich kann reden wie ein Prophet, kenne
alle Geheimnisse und habe jede Erkenntnis. Oder sogar: Ich besitze
den stärksten Glauben – sodass ich Berge versetzen kann. Wenn ich
keine Liebe habe, bin ich nichts. 3 Stellt euch vor: Ich verteile meinen
gesamten Besitz. Oder ich bin sogar bereit, mich bei lebendigem Leib
verbrennen zu lassen. Wenn ich keine Liebe habe, nützt mir das gar
nichts.
4 Die Liebe ist geduldig. Gütig ist sie, die Liebe. Die Liebe ereifert
sich nicht. Sie prahlt nicht und spielt sich nicht auf. 5 Sie ist nicht un-
verschämt. Sie sucht nicht den eigenen Vorteil. Sie ist nicht reizbar
und trägt das Böse nicht nach. 6 Sie freut sich nicht, wenn ein Unrecht
geschieht. Sie freut sich aber, wenn die Wahrheit siegt. 7 Sie erträgt
alles. Sie glaubt alles. Sie hofft alles. Sie hält allem stand.
8 Die Liebe hört niemals auf. Prophetische Eingebungen werden
aufhören. Das Reden in unbekannten Sprachen wird verstummen.
Die Erkenntnis wird an ihr Ende kommen. 9 Denn was wir erkennen,
sind nur Bruchstücke, und was wir als Propheten sagen, sind nur
Bruchstücke. 10 Wenn aber das Vollkommene kommt, vergehen die
Bruchstücke.
11 Als ich ein Kind war, redete ich wie ein Kind. Ich urteilte wie ein
Kind und dachte wie ein Kind. Als ich ein Mann geworden war, legte
ich alles Kindliche ab. 12 Denn jetzt sehen wir nur ein rätselhaftes
Spiegelbild. Aber dann sehen wir von Angesicht zu Angesicht. Jetzt
erkenne ich nur Bruchstücke. Aber dann werde ich vollständig er-
kennen, so wie Gott mich schon jetzt vollständig kennt. 13 Was bleibt,

sind Glaube, Hoffnung, Liebe – diese drei. Doch am größten von ih-
nen ist die Liebe.

Reden in unbekannten Sprachen und prophetisches Reden

14 1 Bleibt unbeirrt auf dem Weg der Liebe! Strebt nach den Ga-
ben, die der Heilige Geist schenkt – vor allem aber danach, als
Prophet zu reden. 2 Wer in unbekannten Sprachen redet, spricht nicht
zu den Menschen, sondern zu Gott. Denn niemand versteht ihn. Was
er unter dem Einfluss des Geistes sagt, bleibt vielmehr ein Geheim-
nis. 3 Wer dagegen als Prophet redet, spricht zu den Menschen. Er
baut die Gemeinde auf, er ermutigt die Menschen und tröstet sie.
4 Wer in unbekannten Sprachen redet, baut damit nur sich selbst auf.
Wer aber als Prophet redet, baut die Gemeinde auf. 5 Ich wünschte
mir, dass ihr alle in unbekannten Sprachen reden könntet. Noch lie-
ber wäre es mir, wenn ihr als Propheten reden könntet. Wer als Pro-
phet redet, ist bedeutender als derjenige, der in unbekannten Spra-
chen redet. Es sei denn, er deutet seine Rede auch. Das hilft dann mit,
die Gemeinde aufzubauen.

Reden in unbekannten Sprachen bleibt ohne Auslegung unverständlich

6 Was wäre, Brüder und Schwestern, wenn ich zu euch komme und
in unbekannten Sprachen rede? Was habt ihr davon, wenn ich euch
nichts Verständliches vermittle? Das kann eine Vision sein oder eine
Erkenntnis, eine prophetische Botschaft oder eine Lehre. 7 So ist es ja
auch bei den Musikinstrumenten, zum Beispiel bei einer Flöte oder
Leier: Nur wenn sich die Töne unterscheiden, kann man die Melodie
der Flöte oder Leier erkennen. 8 Oder wenn die Trompete kein kla-
res Signal gibt, wer rüstet sich dann zum Kampf? 9 Genauso wirkt es,
wenn ihr in unbekannten Sprachen redet. Wenn ihr keine verständ-
lichen Worte gebraucht, wie soll man das Gesagte verstehen können?
Ihr werdet in den Wind reden! 10 Niemand weiß, wie viele Sprachen
es auf der Welt gibt. Und kein Volk ist ohne Sprache. 11 Wenn ich eine
Sprache nicht verstehe, werde ich für den ein Fremder sein, der sie
spricht. Und wer sie spricht, ist umgekehrt ein Fremder für mich.
12 Das gilt auch für euch. Ihr strebt nach den Gaben des Heiligen
Geistes. Dann strebt nach Gaben, die die Gemeinde aufbauen. Da-
von könnt ihr nicht genug haben.

13 Darum gilt: Wer in unbekannten Sprachen redet, soll Gott um
die Gabe bitten, seine Rede auch deuten zu können! 14 Denn wenn
ich in unbekannten Sprachen bete, dann betet zwar mein Geist. Aber
mein Verstand bewirkt nichts. 15 Was folgt daraus? Ich will mit dem
Geist beten. Ich will aber auch mit dem Verstand beten. Ich will mit
dem Geist singen. Ich will aber auch mit dem Verstand singen. 16 Da
sprichst du vielleicht einen Lobpreis, wie es dir der Geist eingibt. Wie
soll dann ein Unkundiger auf dein Dankgebet mit »Amen« antwor-
ten können? Er versteht ja nicht, was du sagst. 17 Du sprichst zwar ein

Glaube, glauben: Meint das tiefe Vertrauen auf Gott, das zu einem Leben nach seinem Willen führt.

Heiliger Geist: Kraft, durch die Gott in der Welt wirkt.

Bruder, Schwester: Wörtlich »Bruder«. Das griechische Wort bezeichnet männliche *und* weibliche Mitglieder der Gemeinde.

der Geist eingibt: Meint das Reden in unbekannten Sprachen, das durch den Geist Gottes bewirkt wird.

Amen: Das hebräische Wort bedeutet »So ist es! / So soll es sein!«

schönes Dankgebet, der andere wird dadurch aber nicht aufgebaut. 18 Ich danke Gott dafür, dass ich mehr als ihr alle in unbekannten Sprachen reden kann.

Prophetisches Reden ist nützlicher

19 Aber in der Gemeinde will ich lieber fünf Worte mit Sinn und Verstand sagen. Denn so kann ich andere besser unterweisen als mit zehntausend Worten in unbekannten Sprachen. 20 Brüder und Schwestern, seid doch nicht wie Kinder, wenn es ums Verstehen geht. Wenn es allerdings um die Bosheit geht, sollt ihr wie kleine Kinder sein. Aber beim Verstehen sollt ihr euch als Erwachsene erweisen. 21 Im Gesetz steht: »In anderen Sprachen und durch fremde Lippen will ich zu diesem Volk reden, spricht der Herr. Aber auch dann werden sie nicht auf mich hören.« 22 Das Reden in unbekannten Sprachen ist also kein Zeichen für die, die zum Glauben gekommen sind. Es ist vielmehr ein Zeichen für die Ungläubigen. Bei der prophetischen Rede ist es umgekehrt: Sie ist nicht für die Ungläubigen bestimmt, sondern für die, die zum Glauben gekommen sind. 23 Da kommt die Gemeinde zusammen, und alle reden in unbekannten Sprachen. Wenn jetzt Unkundige oder Ungläubige hereinkommen, werden sie euch nicht für verrückt halten? 24 Oder alle in der Gemeinde reden als Propheten. Wenn jetzt ein Ungläubiger oder Unkundiger dazukommt, fühlt er sich von allen zur Rechenschaft gezogen. Er weiß sich von allen geprüft. 25 Was in seinem Herzen verborgen ist, kommt ans Licht. Er wird sich niederwerfen, Gott anbeten und bekennen: »Gott ist wirklich mitten unter euch!«

Der richtige Gebrauch der Geistesgaben im Gottesdienst

26 Was folgt nun daraus, Brüder und Schwestern? Wenn ihr zusammenkommt, kann jeder etwas beitragen: einen Psalm, eine Lehre, eine Vision, eine Rede in unbekannten Sprachen oder eine Deutung dazu. Alles soll dazu dienen, die Gemeinde aufzubauen. 27 Wenn es Reden in unbekannten Sprachen gibt, dann sollen es jeweils zwei oder höchstens drei sein. Einer soll nach dem anderen reden und jemand soll die Rede deuten. 28 Wenn aber niemand die Rede deuten kann, soll der betreffende Redner in der Gemeindeversammlung schweigen. Er soll dann reden, wenn er allein ist und nur Gott es hört.

29 Auch von denen, die als Propheten reden, sollen nur zwei oder drei zu Wort kommen. Die anderen sollen dann ihre Rede beurteilen. 30 Wenn aber ein anderer von den Anwesenden gerade eine Vision hat, dann soll der erste schweigen! 31 Ihr könnt doch alle nacheinander als Propheten reden. Dann können alle etwas lernen und alle werden ermutigt. 32 Die Wiedergabe der prophetischen Botschaft unterliegt nämlich dem Willen des Propheten. 33 Denn Gott geht es nicht um Unordnung, sondern um Frieden!

Wie für alle Gemeinden der Heiligen gilt auch für euch: 34 Frauen sollen in der Gemeindeversammlung schweigen. Ihnen ist es nicht

im Gesetz steht: Das Zitat stammt nicht aus den im Neuen Testament »Gesetz« genannten fünf Büchern Mose. Hier wird stattdessen ein Gedanke aus Jesaja 28,11 aufgenommen und in einen neuen Zusammenhang gestellt.

Herr: Bezeichnung für Gott. Das griechische Alte Testament verwendet das Wort »Herr« an den Stellen, an denen im hebräischen Text der Gottesname steht.

Glaube, glauben: Meint das tiefe Vertrauen auf Gott, das zu einem Leben nach seinem Willen führt.

Prophet: Verkündet, was Gott in einer bestimmten Situation zu sagen hat.

Heilige: Bezeichnung für die Anhänger von Jesus Christus.

Frauen: Die Verse 34-35 widersprechen dem, was Paulus in 1. Korinther 11,2-16 über die Rolle von Frauen in der Gemeinde sagt. Hier handelt es sich vermutlich um einen späteren Einschub.

erlaubt, dort zu sprechen. Vielmehr sollen sie sich unterordnen, wie
es das Gesetz vorschreibt. 35 Wenn sie etwas genauer wissen wollen,
sollen sie zu Hause ihre Männer fragen. Denn für eine Frau ist es eine
Schande, in der Gemeindeversammlung öffentlich zu sprechen.
36 Ist das Wort Gottes etwa von euch ausgegangen? Ist es vielleicht
nur zu euch gekommen? 37 Vielleicht meint einer, ein Prophet zu sein.
Oder er fühlt sich vom Geist Gottes erfüllt. Dann muss er auch einse-
hen: Was ich euch schreibe, ist ein Gebot des Herrn. 38 Wer das nicht
anerkennt, den wird Gott auch nicht anerkennen. 39 Also, meine Brü-
der und Schwestern, strebt danach, prophetisch reden zu können.
Und verhindert nicht das Reden in unbekannten Sprachen. 40 Aber
alles soll einwandfrei und wohlgeordnet geschehen!

Die Auferweckung der Toten 15,1-58

Die Überlieferung von der Auferweckung von Christus

15 1 Brüder und Schwestern, ich will euch auf die Gute Nach-
richt hinweisen, die ich euch verkündet habe. Ihr habt sie ja
angenommen, und ihr steht fest auf diesem Grund. 2 Ihr werdet ge-
rettet, wenn ihr daran festhaltet. Bewahrt den Wortlaut, den ich euch
verkündet habe. Wenn ihr das nicht tut, wärt ihr vergeblich zum
Glauben gekommen. 3 Was ich euch weitergegeben habe, habe ich
selbst als Überlieferung empfangen. Grundlegend ist: Christus ist
für unsere Sünden gestorben, wie es in der Heiligen Schrift steht. 4 Er
wurde begraben und am dritten Tag auferweckt, wie es in der Heili-
gen Schrift steht. 5 Er hat sich Kephas gezeigt, danach auch den Zwölf.
6 Später zeigte er sich über fünfhundert Brüdern und Schwestern
auf einmal. Die meisten von ihnen sind noch am Leben, einige sind
aber gestorben. 7 Danach hat er sich Jakobus gezeigt, schließlich allen
Aposteln. 8 Ganz zuletzt hat er sich auch mir gezeigt – also gleichsam
einem Missratenen. 9 Ich bin nämlich der unwürdigste unter den
Aposteln. Ich verdiene es nicht, Apostel genannt zu werden. Denn
ich habe die Gemeinde Gottes verfolgt. 10 Aber durch die Gnade Got-
tes bin ich, was ich bin. Und seine Gnade, die er mir erwiesen hat, blieb
nicht ohne Wirkung. Im Gegenteil: Ich habe mehr für die Gute Nach-
richt gearbeitet als alle anderen Apostel. Aber das habe nicht ich ge-
tan, sondern die Gnade Gottes, die mit mir ist. 11 Gleichgültig, ob ich
es sage oder die anderen Apostel: Das ist unsere Verkündigung und
der Glaube, den ihr angenommen habt.

Der Grund für die Hoffnung auf die Auferstehung der Toten

12 Nun lautet die Verkündigung: »Christus wurde vom Tod aufer-
weckt!« Wie können dann einige von euch sagen, »Es gibt keine Auf-
erstehung der Toten«? 13 Wenn es nämlich keine Auferstehung der
Toten gibt, dann wurde auch Christus nicht auferweckt. 14 Wenn aber
Christus nicht auferweckt wurde, dann hat unsere Verkündigung

Geist Gottes: Kraft, durch die Gott in der Welt wirkt.

in unbekannten Sprachen reden: Durch den Heiligen Geist bewirktes Reden in einer fremden, dem Sprecher vielleicht unbekannten Sprache oder auch in einer völlig unbekannten Ausdrucksweise.

Sünden: Konkrete Verfehlungen, die von Gott trennen und das Gewissen belasten können.

Auferweckung: Meint die Auferstehung vom Tod und das ewige Leben im Reich Gottes.

Kephas: Aramäische Form des Namens Petrus. Beides bedeutet »Fels«. Es ist der Beiname des Apostels Simon.

die Zwölf: Meint die zwölf Jünger, die Jesus begleiteten. Davon, dass Jesus Christus sich seinen Jüngern nach der Auferstehung gezeigt hat, erzählt beispielsweise Lukas 24,13-43.

Jakobus: Bruder von Jesus, der zusammen mit Petrus und Johannes die Gemeinde in Jerusalem leitet.

Apostel: Wörtlich »Ausgesandte«. Menschen, die dazu berufen sind, die Gute Nachricht von Jesus Christus zu verkünden.

Gnade: Liebevolle Zuwendung Gottes, die er den Menschen ohne Vorbedingung schenkt.

keinen Sinn. Auch euer Glaube ist dann sinnlos. 15 Dann wären wir falsche Zeugen für das, was Gott getan hat. Denn im Gegensatz dazu würden wir bezeugen: Er hat Christus auferweckt. Aber er hätte ihn eben *nicht* auferweckt, wenn es gar keine Auferstehung der Toten gibt. 16 Denn wenn die Toten nicht auferweckt werden, dann wurde auch Christus nicht auferweckt. 17 Wenn aber Christus nicht auferweckt wurde, dann ist euer Glaube vergeblich. Dann seid ihr immer noch Sünder. 18 Dann sind also auch die verloren, die im Vertrauen auf Christus gestorben sind. 19 Wenn wir nur für dieses Leben auf Christus hoffen, sind wir bedauernswerter als alle anderen Menschen.

Christus ist der Erste, der auferweckt wurde

20 Nun ist Christus aber vom Tod auferweckt worden, und zwar als Erster der Verstorbenen. 21 Denn durch einen Menschen kam der Tod in die Welt. So bringt auch ein Mensch die Auferstehung der Toten. 22 Weil wir mit Adam verbunden sind, müssen wir alle sterben. Weil wir aber mit Christus verbunden sind, werden wir alle lebendig gemacht.

23 Das geschieht für jeden nach dem Platz, den Gott für ihn bestimmt hat: Als Erster wird Christus auferweckt. Danach, wenn er wiederkommt, folgen alle, die zu ihm gehören. 24 Dann kommt das Ende: Christus übergibt Gott, dem Vater, seine Herrschaft. Zuvor wird jede andere Herrschaft, jede Gewalt und jede Macht vernichtet. 25 Denn Christus muss so lange herrschen, bis Gott ihm alle seine Feinde zu Füßen gelegt hat. 26 Der letzte Feind, den er vernichten wird, ist der Tod. 27 Denn alles hat Gott ihm zu Füßen gelegt. Das bedeutet: Alles ist ihm unterworfen. Eines ist jedoch offenkundig: Davon ist der ausgenommen, der ihm alles unterworfen hat – Gott. 28 Sobald ihm nun alles unterworfen ist, wird auch der Sohn selbst sich unterwerfen: Er wird sich Gott unterwerfen, der ihm alles unterworfen hat. Das geschieht, damit Gott alles umfasst und in allem gegenwärtig ist.

Die Hoffnung auf die Auferstehung bestimmt unser Leben

29 Wenn das alles nicht zutrifft: Was machen dann eigentlich diejenigen von euch, die sich für die Toten taufen lassen? Wenn die Toten gar nicht auferweckt werden, wozu lassen sie sich dann für sie taufen? 30 Und wir? Wofür begeben wir uns jede Stunde neu in Lebensgefahr? 31 Täglich setze ich mein Leben aufs Spiel, liebe Brüder und Schwestern – so wahr ihr durch Christus Jesus, unseren Herrn, mein ganzer Stolz seid. 32 Habe ich nicht in Ephesus so hart gekämpft, wie ein Mensch sonst mit wilden Tieren kämpft. Was nützt mir das? Wenn die Toten nicht auferweckt werden, dann lasst uns essen und trinken! Denn morgen sind wir tot! 33 Lasst euch nicht täuschen: Schlechter Umgang verdirbt gute Sitten! 34 Kommt zur Vernunft, wie es sich gehört. Und ladet keine Schuld auf euch! Zu eurer Schande muss ich sagen: Einige von euch kennen Gott wirklich nicht!

Glaube, glauben: Meint das tiefe Vertrauen auf Gott, das zu einem Leben nach seinem Willen führt.

Sünder: Menschen, die sich von Gott abgewendet haben und seinen Willen missachten.

Auferweckung: Meint die Auferstehung vom Tod und das ewige Leben im Reich Gottes.

ein Mensch: Meint Adam, den ersten Menschen.

wenn er wiederkommt: Meint den Tag des Herrn, an dem Gott Gericht hält und sein Reich endgültig anbricht.

taufen: Wörtlich »(in Wasser) eintauchen«. Die Handlung steht zeichenhaft für das Abwaschen von Schuld und Sünde.

Schuld: Konkrete Verfehlungen, die von Gott trennen und das Gewissen belasten können.

Wie geschieht die Auferweckung der Toten?

35 Jetzt könnte man natürlich fragen: »Wie werden die Toten auf-
erweckt? Mit was für einem Körper werden sie wiederkommen?«
36 Was für eine dumme Frage! Was du säst, muss sterben. Erst dann
kann es wieder lebendig werden. 37 Und was du säst, ist ja nicht die
ausgewachsene Pflanze. Du säst nur ein nacktes Samenkorn, zum
Beispiel vom Weizen oder von irgendeiner anderen Pflanze. 38 Aber
Gott gibt ihm die Gestalt, die er vorgesehen hat. Und zwar jeder Sa-
menart ihre eigene. 39 Lebewesen ist nicht gleich Lebewesen, sondern
jedes gehört zu einer anderen Art: Die Menschen gehören zu einer
anderen Art als die Rinder oder das Geflügel oder die Fische. 40 Es gibt
ja auch Himmelskörper und irdische Körper. Die Himmelskörper ha-
ben eine ganz andere Schönheit als die irdischen Körper. 41 Die Sonne
leuchtet anders als der Mond, der Mond wieder anders als die Sterne.
Und kein Stern leuchtet wie ein anderer.

42 So ist es auch mit der Auferstehung der Toten: Was hier auf der
Erde gesät wird, ist vergänglich. Aber was auferweckt wird, ist un-
vergänglich! 43 Was hier gesät wird, ist unansehnlich. Aber was auf-
erweckt wird, lässt Gottes Herrlichkeit sichtbar werden. Was hier
gesät wird, ist schwach. Aber was auferweckt wird, ist voller Kraft.
44 Gesät wird ein natürlicher Leib. Auferweckt wird aber ein Leib,
der vom Geist Gottes geschaffen ist. Wie es einen natürlichen Leib
gibt, so gibt es auch einen vom Geist Gottes geschaffenen Leib. 45 So
steht es ja in der Heiligen Schrift: »Der erste Mensch, Adam, wurde
zu einem lebendigen Wesen.« Der letzte Adam wurde Geist, der le-
bendig macht.

46 Aber zuerst kommt nicht der vom Geist Gottes geschaffene
Leib. Zuerst ist der natürliche Leib da. Dann erst kommt der vom
Geist Gottes geschaffene. 47 Der erste Mensch wurde aus dem Staub
der Erde gemacht. Der zweite Mensch stammt vom Himmel. 48 Alle
Menschen, die aus Erde gemacht sind, sind so wie der erste Mensch,
der aus Erde gemacht wurde. Und alle himmlischen Menschen sind
so wie der erste himmlische Mensch. 49 Jetzt sind wir das Abbild des
Menschen, der aus Erde gemacht wurde. Dann werden wir das Ab-
bild des himmlischen Menschen sein.

Die Verwandlung der Lebenden und der Sieg über den Tod

50 Eins muss ich euch aber sagen, Brüder und Schwestern: Menschen
aus Fleisch und Blut können das Reich Gottes nicht erben. Was ver-
gänglich ist, kann nicht unsterblich werden. 51 Seht doch, ich weihe
euch hier wirklich in ein Geheimnis ein: Wir werden nicht alle ster-
ben, wir werden aber alle verwandelt werden. 52 Das geschieht ganz
plötzlich, in einem Augenblick, beim letzten Trompetenstoß. Die
Trompete wird erschallen – da werden die Toten zu unvergäng-
lichem Leben erweckt. Wir aber werden verwandelt. 53 Denn was
vergänglich ist, muss sich in Unvergänglichkeit kleiden. Und was
sterblich ist, muss sich in Unsterblichkeit kleiden. 54 So hüllt sich das

Herrlichkeit: Bezeichnet das, was einer Person Ansehen und Macht verleiht. Gottes Herrlichkeit stellt man sich auch als strahlenden Lichtglanz vor.

in der Heiligen Schrift steht: Zitat aus der griechischen Übersetzung der Schöpfungsgeschichte 1. Mose/Genesis 2,7.

letzter Adam: Dem Adam, der als erster Mensch geschaffen wurde, wird hier Jesus Christus als letzter Adam entgegengestellt. In dieser Welt sind die Menschen vom ersten Adam geprägt und damit von Sünde und Tod. Aber die neue, von Christus geprägte Menschheit hat Schuld und Tod überwunden.

Geist, der lebendig macht: Gottes schöpferische Kraft, die durch Christus wirkt.

Bruder, Schwester: Wörtlich »Bruder«. Das griechische Wort bezeichnet männliche *und* weibliche Mitglieder der Gemeinde.

Reich Gottes: Wörtlich »Königsherrschaft Gottes«. Bezeichnet den Herrschaftsbereich, in dem sich Gottes Wille durchsetzt.

unvergängliches Leben: Leben im Reich Gottes und in unmittelbarer Gemeinschaft mit Gott nach der Auferstehung vom Tod.

Vergängliche in Unvergänglichkeit und das Sterbliche in Unsterb-
lichkeit. Wenn das geschieht, geht das Wort in Erfüllung, das in der
Heiligen Schrift steht: »Der Tod ist vernichtet! Der Sieg ist vollkom-
men! 55 Tod, wo ist dein Sieg? Tod, wo ist dein Stachel?« 56 Der Stachel
des Todes ist die Sünde. Aber die Sünde erhält ihre Macht erst durch
das Gesetz. 57 Dank sei Gott! Denn er schenkt uns den Sieg durch un-
seren Herrn Jesus Christus.

58 Meine lieben Brüder und Schwestern, haltet am Glauben fest.
Seid unerschütterlich. Setzt euch mit aller Kraft für die Sache des
Herrn ein! Ihr wisst ja: Was ihr für den Herrn tut, ist nicht vergeblich.

Briefschluss 16,1-24

Spendensammlung für die Gemeinde in Jerusalem

16 1 Nun noch ein Wort zur Spendensammlung für die Heiligen
in Jerusalem: Macht es auch so, wie ich es für die Gemeinden
in Galatien angeordnet habe: 2 An jedem ersten Tag der Woche soll
jeder von euch etwas zurücklegen. Er soll so viel ansammeln, wie ihm
möglich ist. Denn ihr sollt mit dem Spendensammeln nicht erst dann
anfangen, wenn ich komme! 3 Bei meiner Ankunft werde ich diejeni-
gen beauftragen, die ihr für geeignet haltet. Sie bekommen Empfeh-
lungsschreiben mit und sollen eure Gaben nach Jerusalem bringen.
4 Vielleicht ist es angebracht, dass ich selbst hinreise. Dann sollen sie
mit mir kommen.

Die Reisepläne des Paulus

5 Ich komme über Makedonien zu euch, wo ich allerdings nur durch-
reise. 6 Bei euch möchte ich dagegen länger bleiben, wenn das möglich
ist. Vielleicht verbringe ich sogar den Winter bei euch. Dann könnt
ihr mich für die Weiterreise ausstatten, wohin sie mich auch führt.
7 Ich will euch nämlich diesmal nicht nur kurz auf der Durchreise
besuchen. Wenn der Herr es erlaubt, werde ich einige Zeit mit euch
verbringen können. Das hoffe ich wirklich. 8 Ich werde noch bis zum
Pfingstfest in Ephesus bleiben. 9 Denn hier steht mir eine Tür weit
offen, um erfolgreich wirken zu können. Doch es gibt viele Gegner.

Abschließende Bitten und Grüße

10 Bald wird Timotheus bei euch sein. Achtet darauf, ihn nicht zu ent-
mutigen. Denn er arbeitet genauso für den Herrn wie ich auch. 11 Nie-
mand soll ihn verachten! Lasst ihn in Frieden wieder ziehen, damit
er zu mir zurückkehren kann. Ich warte nämlich schon auf ihn und
auf die Brüder und Schwestern, die bei ihm sind. 12 Was den Bruder
Apollos angeht: Ich hatte ihn nachdrücklich gebeten, mit den Brü-
dern und Schwestern zu euch zu reisen. Aber das wollte er jetzt auf
keinen Fall tun. Er wird aber kommen, sobald er eine Gelegenheit
findet.

in der Heiligen Schrift steht: Das Zitat setzt sich zusammen aus Jesaja 25,8 und Hosea 13,14 in der griechischen Übersetzung.

Stachel: Meint entweder den Giftstachel eines Insekts oder den Stachelstock des Viehtreibers.

Sünde: Die Trennung des Menschen von Gott, seinem Schöpfer. Sie führt dazu, dass der Mensch sein Leben nicht nach Gottes Willen ausrichten kann.

Gesetz: Die Lebensvorschriften des Alten Testaments, besonders die fünf Bücher Mose.

Glaube, glauben: Meint das tiefe Vertrauen auf Gott, das zu einem Leben nach seinem Willen führt.

Heilige: Bezeichnung für die Anhänger von Jesus Christus.

erster Tag der Woche: Gemeint ist der Sonntag. Die jüdische Woche endet mit dem Sabbat, unserem Samstag.

Herr: Anrede und Bezeichnung für Jesus. Sie bringt zum Ausdruck, dass man sich in seinen Dienst stellt.

Timotheus: Begleiter des Paulus auf der zweiten und dritten Missionsreise.

Bruder, Schwester: Wörtlich »Bruder«. Das griechische Wort bezeichnet männliche *und* weibliche Mitglieder der Gemeinde.

[13] Seid wachsam, haltet am Glauben fest, seid mutig und stark! [14] Al-
les, was ihr tut, soll in Liebe geschehen!
[15] Ich habe noch eine Bitte an euch, Brüder und Schwestern: Ihr
kennt doch die Familie des Stephanas. Sie war die erste in der Pro-
vinz Achaia, die zum Glauben gekommen ist. Sie hat sich ganz in den
Dienst der Heiligen gestellt. [16] Ordnet euch solchen Menschen unter.
Achtet jeden, der wie sie in der Gemeinde mitarbeitet und sich ab-
müht! [17] Ich freue mich, dass Stephanas, Fortunatus und Achaikus bei
mir sind. Ihre Anwesenheit hat mich dafür entschädigt, dass ihr nicht
hier sein könnt. [18] Bei ihnen konnte ich zur Ruhe kommen – und ihr
ebenso! Schenkt solchen Menschen Anerkennung!
[19] Die Gemeinden in der Provinz Asia lassen euch grüßen. Herz-
liche Grüße senden euch Aquila und Priska samt der Gemeinde, die
sich in ihrem Haus trifft. Sie sind durch den Herrn mit euch verbun-
den. [20] Überhaupt grüßen euch alle Brüder und Schwestern. Grüßt
einander mit dem heiligen Kuss!

Eigenhändiger Schluss

[21] Meinen persönlichen Gruß schreibe ich, Paulus, mit eigener Hand.
[22] Wer den Herrn nicht liebt, soll verflucht sein! Marana ta! [23] Die
Gnade des Herrn Jesus sei mit euch! [24] Meine Liebe gilt euch allen.
Durch Christus Jesus sind wir miteinander verbunden.

heiliger Kuss: Geste, die die gegenseitige Verbundenheit zum Ausdruck bringt. In der Antike war ein Kuss zur Begrüßung und zum Abschied üblich.

Marana ta: Gebetsruf der frühchristlichen Gemeinden in aramäischer Sprache. Übersetzt bedeutet er »Unser Herr, komm!« oder »Unser Herr kommt.«

Gnade: Liebevolle Zuwendung Gottes, die er den Menschen ohne Vorbedingung schenkt.

Jesus Christus: Der Name ist zugleich ein Bekenntnis. Wer Jesus als Christus anerkennt, glaubt an ihn als Retter und Erlöser der Welt.

Der zweite Brief an die Korinther

Briefanfang 1,1–2,13

Absender und Empfänger

1 1 Paulus, nach dem Willen Gottes zum Apostel von Christus
Jesus berufen – und der Bruder Timotheus.
An die Gemeinde Gottes in Korinth und an alle Heiligen, die in der
Provinz Achaia leben.
2 Wir wünschen euch Gnade und Frieden von Gott, unserem Vater,
und dem Herrn Jesus Christus!

Dank für alle Ermutigung, die Paulus von Gott erfahren hat

3 Gelobt sei Gott, der Vater unseres Herrn Jesus Christus! Er ist der
Vater, der uns Barmherzigkeit schenkt, und der Gott, bei dem wir Er-
mutigung finden. 4 Er ermutigt uns in all unserer Not. Und so können
auch wir anderen Menschen in ihrer Not Mut machen. Wir selbst
haben ja ebenso durch Gott Ermutigung erfahren. 5 Allerdings wird
auch uns in reichem Maß das Leid zuteil, das Christus erlebt hat.
Aber genauso erfahren wir in reichem Maß auch die Ermutigung,
die er schenkt.
6 Wenn wir in Not geraten, sollt ihr dadurch ermutigt und geret-
tet werdet. Wenn wir ermutigt werden, sollt ihr dadurch neuen Mut
schöpfen. So könnt ihr geduldig dieselben Leiden ertragen, die auch
wir ertragen müssen. 7 Wenn wir an euch denken, sind wir sehr zuver-
sichtlich. Denn wir wissen, dass ihr ebenso wie an dem Leiden auch
an der Ermutigung Anteil habt.

Die schwierige Lage des Paulus

8 Wir wollen euch nämlich eines nicht verschweigen, Brüder und
Schwestern: In der Provinz Asia sind wir wirklich in eine schwierige
Lage geraten. Was wir da ertragen mussten, überstieg unsere Kräfte.
Wir bezweifelten, überhaupt mit dem Leben davonzukommen.
9 Und wir dachten schon, das Todesurteil wäre über uns gesprochen.
Wir sollten aber lernen, nicht auf uns selbst zu vertrauen. Auf Gott
sollten wir vertrauen, der die Toten auferweckt. 10 Er hat uns vor dem
sicheren Tod gerettet und wird es wieder tun. Auf ihn setzen wir un-
sere Hoffnung, dass er uns auch in Zukunft retten wird. 11 Auch ihr
sollt dabei mithelfen, indem ihr für uns betet. Denn aus dem Munde
vieler Menschen soll ein vielstimmiges Dankgebet erklingen. Es ist
der Dank für die Gnade, die Gott uns erwiesen hat.

Apostel: Wörtlich »Ausgesandte«. Menschen, die dazu berufen sind, die Gute Nachricht von Jesus Christus zu verkünden. Im engeren Sinn die zwölf Jünger von Jesus, die ihn während seines Lebens begleiteten.

Bruder: Übliche Anrede unter Mitgliedern der Gemeinde.

Heilige: Bezeichnung für die Anhänger von Jesus Christus.

Gnade: Liebevolle Zuwendung Gottes, die er den Menschen ohne Vorbedingung schenkt.

Frieden: Umfassender Zustand von Glück und Wohlergehen des Einzelnen und der Gemeinschaft, der aus der Beziehung mit Gott hervorgeht.

Bruder, Schwester: Wörtlich »Bruder«. Das griechische Wort bezeichnet männliche *und* weibliche Mitglieder der Gemeinde.

Auferweckung: Meint die Auferstehung vom Tod und das ewige Leben im Reich Gottes.

Die ursprünglichen Reisepläne des Paulus
12 Auf eines sind wir stolz, und das bezeugt auch unser Gewissen: Wir
verhielten uns in dieser Welt immer uneigennützig und aufrichtig,
so wie es Gottes Willen entspricht. Wir ließen uns nicht von mensch-
licher Klugheit leiten, sondern von der Gnade Gottes. Das galt ganz
besonders, wenn wir bei euch waren. 13 Wir schreiben euch nichts an-
deres als das, was ihr hier lest und versteht. Ich hoffe nur, dass ihr es
richtig verstehen werdet. 14 Zum Teil habt ihr ja bereits verstanden:
Am Tag unseres Herrn Jesus könnt ihr stolz auf uns sein. Und ebenso
können wir dann auf euch stolz sein.
15 Im Vertrauen darauf wollte ich gleich zu Beginn meiner Reise
zu euch kommen – und euch so gleich zweimal die Gnade Gottes
bringen. 16 Denn ich hatte vor, euch auf dem Weg nach Makedonien
zu besuchen. Und auf der Rückreise von Makedonien wollte ich
noch einmal zu euch kommen. Dabei hättet ihr mich zugleich für
die Weiterreise nach Judäa ausstatten können. 17 Bin ich etwa leicht-
sinnig gewesen, als ich mir das vorgenommen habe? Oder mache
ich Pläne nach Menschenart und meine »Nein«, wenn ich »Ja« sage?
18 Aber Gott ist mein Zeuge: Keines unserer Worte an euch bedeutet
gleichzeitig Ja und Nein. 19 Wir – das heißt: ich, Silvanus und Timo-
theus – haben bei euch Gottes Sohn, Jesus Christus, verkündet. Und
von dem gilt: Er war nicht Ja und Nein zugleich, sondern er ist das Ja
in Person. 20 Durch ihn sagt Gott Ja zu allem, was er je versprochen
hat. Auf ihn berufen wir uns, wenn wir zu Gottes Ehre »Amen« sa-
gen. 21 Gott selbst ist es, der uns gemeinsam mit euch im Glauben an
Christus festigt. Er hat uns gesalbt 22 und uns sein Siegel aufgedrückt.
Dazu hat er uns den Heiligen Geist als Vorschuss auf das ewige Le-
ben ins Herz gegeben.

Paulus möchte nicht im Streit nach Korinth kommen
23 Gott soll mein Zeuge sein! Ich versichere bei meinem Leben: Nur
weil ich euch schonen wollte, bin ich nicht wieder nach Korinth ge-
kommen. 24 Wir sind schließlich nicht Herr über euren Glauben! Wir
sind nur Mitarbeiter, die zu eurer Freude beitragen sollen. Denn ihr
2 steht ja fest im Glauben. 1 Ich hatte also beschlossen, nicht noch
einmal so traurige Umstände bei euch erleben zu wollen. 2 Denn
wenn ich euch traurig mache, wer soll mich dann wieder froh ma-
chen? Das kann doch nur derjenige, den ich traurig gemacht habe.
3 Deshalb habe ich euch lieber geschrieben. Ich wollte bei meinem
Besuch nicht traurig gemacht werden. Und das wäre auch noch durch
die geschehen, über die ich mich eigentlich freuen sollte. Ich bin fest
davon überzeugt: Es macht euch allen Freude, wenn ihr mir Freude
machen könnt. 4 Ich habe euch in großer Not und mit bedrücktem
Herzen geschrieben und dabei viele Tränen vergossen. Damit wollte
ich euch aber nicht traurig machen! Vielmehr sollt ihr erkennen, wie
sehr ich gerade euch liebe.

Welt, diese Welt: Die von griechischer Kultur geprägte Umwelt der frühen Gemeinden, die sich nicht an christlichen Maßstäben orientierte.

Makedonien: Römische Provinz im Norden der griechischen Halbinsel mit der Hauptstadt Thessalonich.

Judäa: Römische Provinz mit Jerusalem als religiösem und kulturellem Zentrum.

Jesus Christus: Der Name ist zugleich ein Bekenntnis. Wer Jesus als Christus anerkennt, glaubt an ihn als Retter und Erlöser der Welt.

Amen: Das hebräische Wort bedeutet »So ist es! / So soll es sein!«

Glaube, glauben: Meint das tiefe Vertrauen auf Gott, das zu einem Leben nach seinem Willen führt.

gesalbt: Anspielung auf die Zugehörigkeit zu Christus, was übersetzt »der Gesalbte« bedeutet.

Siegel: Persönlicher Stempel, durch den etwas als Eigentum gekennzeichnet wurde. Hier Bild dafür, dass die Glaubenden durch die Gabe des Heiligen Geistes bei der Taufe zu Gott gehören.

ewiges Leben: Leben im Reich Gottes und in unmittelbarer Gemeinschaft mit Gott nach der Auferstehung vom Tod.

Paulus bittet die Gemeinde, seinem Gegner zu vergeben

5 Wenn jemand einen anderen gekränkt hat, dann hat er nicht nur mich gekränkt, sondern euch alle – oder doch viele von euch. Ich will ja nicht übertreiben. 6 Für denjenigen ist die Strafe ausreichend, die ihm von der Mehrheit auferlegt worden ist. 7 Jetzt geht es vielmehr darum, dass ihr ihm vergebt und wieder Mut macht. Denn er soll nicht überwältigt werden von übergroßer Traurigkeit. 8 Daher bitte ich euch: Entschließt euch doch dazu, ihm wieder eure Liebe zu zeigen.

9 Ich habe euch mit einer besonderen Absicht geschrieben: Ich wollte erfahren, wie ihr euch bewährt und ob ihr in allem gehorsam seid. 10 Wem ihr aber vergebt, dem vergebe ich auch. Denn wenn ich überhaupt etwas zu vergeben hatte, dann habe ich es wegen euch getan – in der Verantwortung vor Christus. 11 Denn der Satan soll uns nicht überlisten. Schließlich sind uns seine Absichten nicht unbekannt.

Paulus reist von Troas nach Makedonien

12 Ich war bis nach Troas gekommen, um die Gute Nachricht von Christus zu verkünden. Dafür war mir durch den Herrn eine Tür geöffnet worden. 13 Aber ich fand keine Ruhe, weil ich meinen Bruder Titus nicht antraf. Also verabschiedete ich mich und reiste nach Makedonien.

Paulus verteidigt seinen Dienst 2,14–4,6

Paulus wurde von Gott beauftragt

14 Dank sei Gott! Er führt uns allezeit wie in einem Triumphzug mit, der für Christus abgehalten wird. Wer er ist, wird von uns an jedem Ort bekannt gemacht. Wie ein Duft verbreitet sich diese Botschaft überall. 15 Denn wir sind für Gott wie ein wohlriechender Duft, der von Christus ausgeht. Er kommt zu denen, die gerettet werden. Und er dringt bis zu denen, die verloren gehen. 16 Für die einen ist es der Geruch, der aus dem Tod kommt und zum Tod führt. Für die anderen ist es der Duft, der aus dem Leben kommt und zum Leben führt.

Wer ist dieser Aufgabe gewachsen? 17 Nun, wir machen es nicht wie so viele, die mit dem Wort Gottes Geschäfte treiben. Im Gegenteil: Wir verkünden es uneigennützig. Und wir verkünden es, weil wir von Gott beauftragt und vor ihm verantwortlich sind. Denn wir gehören zu Christus.

Paulus ist Diener des neuen Bundes

3 1 Fangen wir jetzt schon wieder damit an, uns selbst zu empfehlen? Brauchen wir etwa wie gewisse Leute Empfehlungsschreiben von euch oder an euch? 2 Unser Empfehlungsschreiben

Satan, Teufel: Gegenspieler Gottes. Er versucht, die Menschen zu einem Verhalten zu bewegen, das Gottes Willen widerspricht.

Bruder: Übliche Anrede unter Mitgliedern der Gemeinde.

Triumphzug: Siegeszug eines Feldherrn nach einem gewonnenen Krieg. Im Triumphzug wurden Gefangene und Beute mitgeführt und so öffentlich zur Schau gestellt.

Christus: Bedeutet übersetzt »der Gesalbte«. Im Alten Testament werden Könige, aber auch Propheten und Priester bei Amtsantritt gesalbt. Später wird der von Gott zum Herrscher der Welt bestimmte Retter so genannt. Im Neuen Testament ist das Jesus.

wohlriechender Duft: Geht von Weihrauch aus, der bei Triumphzügen verbrannt wurde.

Aufgabe: Die Aufgabe, die Gute Nachricht zu verkünden.

gewisse Leute: Paulus bezieht sich auf seine Gegner, die 2. Korinther 2,17 zufolge mit Gottes Wort Geschäfte treiben.

seid doch ihr. Ihr seid in unsere Herzen geschrieben, und alle Men-
schen können es lesen und verstehen. 3 Ja, es ist offensichtlich: Ihr
seid ein Empfehlungsschreiben, das von Christus kommt. Zustande
gekommen ist es durch unseren Dienst. Es wurde nicht mit Tinte
geschrieben, sondern mit dem Geist des lebendigen Gottes. Es steht
auch nicht auf Steintafeln, sondern in den Herzen der Menschen.
4 Diese Zuversicht haben wir durch Christus. Sie gilt auch gegen-
über Gott. 5 Von uns aus sind wir dazu gar nicht fähig. Wir können
uns nicht etwas zuschreiben, als hätten wir es aus eigener Kraft er-
reicht. Sondern es ist Gott, der uns dazu befähigt hat. 6 Er hat uns
die Fähigkeit verliehen, Diener des neuen Bundes zu sein. Und
die Grundlage dieses Bundes sind nicht Buchstaben, sondern der
Heilige Geist. Denn der Buchstabe tötet, aber der Geist macht
lebendig.

Der Dienst des Mose und der Dienst des Paulus

7 Der Dienst, der mit Buchstaben in Stein gemeißelt war, brachte den
Tod. Aber schon dieser Dienst ließ Gottes Herrlichkeit aufstrahlen:
Auf dem Gesicht des Mose lag ein so heller Glanz, dass die Israeliten
nicht hinsehen konnten. Dabei war das doch ein Glanz, der wieder
verging. 8 Wie viel mehr wird dann erst der Dienst, der vom Heiligen
Geist bestimmt ist, Gottes Herrlichkeit aufstrahlen lassen! 9 Schon
der Dienst, der zur Verurteilung führte, war also erfüllt von Gottes
Herrlichkeit. Wird dann der Dienst, der uns gerecht macht, nicht erst
recht von Gottes Herrlichkeit erfüllt sein? 10 Was damals als Herrlich-
keit erschien, verblasst im Vergleich zu dieser überwältigenden Herr-
lichkeit. 11 Schon das, was vergehen musste, hatte ja Gottes Herrlich-
keit ausgestrahlt. Dann wird das, was nicht mehr vergeht, umso mehr
Gottes Herrlichkeit ausstrahlen!

Der alte Bund ist verhüllt, der neue Bund offen

12 Weil wir diese große Hoffnung haben, können wir frei und offen
auftreten. 13 Es ist nicht wie bei Mose, der sein Gesicht mit einem
Schleier verhüllte. Denn die Israeliten sollten nicht sehen, dass der
Glanz wieder verging. 14 Doch ihre Sinne blieben verschlossen. Bis
zum heutigen Tag liegt derselbe Schleier beim Vorlesen über den
Schriften des alten Bundes. Dieser Schleier wird nicht weggenom-
men, weil er nur durch die Verbundenheit mit Christus gelüftet
werden kann. 15 Ja, bis heute liegt ein Schleier über ihrem Herzen,
wenn aus den Schriften des Mose vorgelesen wird. 16 Aber sobald die
Israeliten sich dem Herrn zuwenden, wird der Schleier weggenom-
men. 17 Der Herr wirkt nämlich durch seinen Geist. Und wo der Geist
des Herrn wirkt, da herrscht Freiheit. 18 Wir alle sehen die Herrlich-
keit des Herrn mit unverhülltem Gesicht wie in einem Spiegel. Da-
bei werden wir selbst in sein Ebenbild verwandelt. Wir bekommen
immer mehr Anteil an seiner Herrlichkeit – so wie es der Geist des
Herrn bewirkt.

neuer Bund: Durch Tod und Auferstehung von Jesus Christus wird der Bund, den Gott mit Israel am Berg Sinai geschlossen hat, erneuert und auf die ganze Welt übertragen. Gottes Zusage, sich um sein Volk zu kümmern, gilt damit für alle Menschen, die an ihn glauben.

lebendig: Durch den Glauben an ihn schenkt Gott bereits in dieser Welt Leben in Gemeinschaft mit ihm.

mit Buchstaben in Stein gemeißelt: Anspielung auf die Zehn Gebote, die Mose 2. Mose/Exodus 31,18 zufolge auf zwei Steintafeln am Berg Sinai erhielt.

Glanz: Nachdem Mose auf dem Berg Sinai direkt mit Gott gesprochen hatte, gingen Strahlen von seinem Gesicht aus; vgl. 2. Mose/Exodus 34,29-35.

Schriften des alten Bundes: Für das frühe Christentum die Bücher, die sich im Alten Testament finden. Paulus zufolge können sie nur verstanden werden, wenn das Lesen aus dem Glauben an Jesus Christus heraus geschieht.

in sein Ebenbild verwandelt: Durch den Glauben werden Menschen zum Ebenbild von Christus. Sie handeln dann so, wie er es gelehrt hat.

Der Dienst des Apostels ist die Verkündigung

4 1 Gott hat uns diesen Dienst übertragen und uns dazu sein Er-
barmen geschenkt. Deshalb lassen wir den Mut nicht sinken.
2 Im Gegenteil: Wir haben alles heimliche Tun vermieden, für das wir
uns schämen müssten. Wir treiben kein falsches Spiel und verdrehen
das Wort Gottes nicht. Frei und offen verkünden wir diese Wahrheit.
So empfehlen wir uns jedem Menschen, der in der Verantwortung
gegenüber Gott auf sein Gewissen hört. 3 Dennoch kann die Gute
Nachricht, die wir verkünden, jemandem wie von einem Schleier
verhüllt vorkommen. Sie ist aber nur für die Menschen verhüllt, die
verloren gehen. 4 Der »Gott« dieser Welt hat die Sinne der Ungläubi-
gen mit Blindheit geschlagen. So können sie das Licht nicht sehen,
das die Gute Nachricht bringt. Dieses Licht ist die Herrlichkeit von
Christus, der das Ebenbild Gottes ist.
5 Denn wir verkünden nicht uns selbst, sondern Jesus Christus,
den Herrn. Uns hat Jesus nur dazu bestimmt, euch zu dienen. 6 Gott
hat einst gesagt: »Aus der Dunkelheit soll ein Licht aufleuchten!«
Genauso hat er es in unseren Herzen hell werden lassen. Durch uns
sollte das Licht der Erkenntnis aufleuchten: Die Herrlichkeit Gottes
sollte sichtbar werden, die uns in Jesus Christus begegnet.

Der Dienst des Paulus im Leiden und in der Versöhnung 4,7–6,10

Ein Schatz in zerbrechlichen Gefäßen

7 Wir tragen diesen Schatz aber in zerbrechlichen Gefäßen. So soll
deutlich werden, dass unsere übergroße Kraft von Gott kommt
und nicht aus uns selbst. 8 Wir stehen von allen Seiten unter Druck,
aber wir werden nicht erdrückt. Wir sind ratlos, aber wir verzwei-
feln nicht. 9 Wir werden verfolgt, aber wir sind nicht im Stich gelas-
sen. Wir werden zu Boden geworfen, aber wir gehen nicht zugrunde.
10 Täglich erleben wir am eigenen Leib etwas von dem Sterben, das
Jesus erlitten hat. Denn unser Leib soll auch das Leben zeigen, zu
dem Jesus auferstanden ist. 11 Durch unsere Verbundenheit mit Je-
sus sind wir mitten im Leben ständig dem Tod ausgeliefert. Denn
an unserem sterblichen Leib soll auch das Leben von Jesus sicht-
bar werden. 12 Daher ist bei uns der Tod am Werk, aber bei euch
das Leben.
13 Wir haben den Geist empfangen, der uns glauben lässt. Über ihn
heißt es in der Heiligen Schrift: »Ich glaube, deshalb rede ich.« Ge-
nauso glauben wir, und deshalb verkünden wir die Gute Nachricht.
14 Wir wissen ja: Gott hat Jesus, den Herrn, auferweckt. Er wird auch
uns gemeinsam mit Jesus auferwecken und zusammen mit euch vor
sich treten lassen. 15 Denn alles geschieht für euch: Die Botschaft von
Gottes Gnade soll immer mehr Menschen erreichen. Dann wächst
zur Ehre Gottes auch die Zahl von Dankgebeten.

dieser Dienst: Paulus beschreibt diesen Dienst in 2. Korinther 3,1-11.

diese Wahrheit: Meint die Versöhnung mit Gott, die den Menschen durch Tod und Auferstehung von Christus geschenkt ist.

»Gott« dieser Welt: Meint den Satan, der als Widersacher Gottes versucht, die Menschen zu einem Verhalten zu bewegen, das Gottes Willen widerspricht.

Ebenbild Gottes: »Ebenbild Gottes sein« bedeutet, so eng mit Gott verbunden zu sein, dass das eigene Leben Gottes Liebe zu den Menschen widerspiegelt.

Jesus Christus: Der Name ist zugleich ein Bekenntnis. Wer Jesus als Christus anerkennt, glaubt an ihn als Retter und Erlöser der Welt.

Herrlichkeit: Bezeichnet das, was einer Person Ansehen und Macht verleiht. Gottes Herrlichkeit stellt man sich auch als strahlenden Lichtglanz vor.

dieser Schatz: Meint die Teilhabe an der Herrlichkeit Gottes durch den Glauben an die Gute Nachricht von Jesus Christus.

zerbrechliche Gefäße: Meint das menschliche Leben, das verletzlich und vergänglich ist.

Die gegenwärtige Not und die zukünftige Herrlichkeit

16 Darum lassen wir den Mut nicht sinken. Auch wenn unsere äußeren Kräfte aufgezehrt werden, bekommen wir innerlich Tag für Tag neue Kraft. 17 Die Not, die wir gegenwärtig leiden, wiegt leicht. Denn sie bringt uns eine Fülle an Herrlichkeit, die jedes Maß übersteigt und kein Ende hat. 18 Wir dürfen unseren Blick allerdings nicht auf das Sichtbare richten, sondern auf das Unsichtbare. Denn das Sichtbare ist vergänglich, das Unsichtbare dagegen ist unvergänglich.

Die Sehnsucht nach dem himmlischen Zuhause

5 1 Wir wissen ja: Unser Zelt in dieser Welt wird abgebrochen werden. Dann erhalten wir von Gott ein neues Zuhause. Dieses Bauwerk ist nicht von Menschenhand gemacht und wird für immer im Himmel bleiben. 2 Darum seufzen wir und sehnen uns danach, von dieser himmlischen Behausung gewissermaßen umhüllt zu werden. 3 Wir werden nicht nackt dastehen, wenn wir einmal unser Zelt in dieser Welt verlassen müssen. 4 Doch solange wir noch in dem alten Zelt leben, stöhnen wir wie unter einer schweren Last. Wir würden diese Hülle am liebsten gar nicht ausziehen, sondern die neue einfach darüberziehen. So könnte das, was an uns vergänglich ist, im neuen Leben aufgehen. 5 Auf jeden Fall hat Gott selbst uns darauf vorbereitet. Er hat uns als Vorschuss auf das ewige Leben seinen Geist gegeben.

6 So sind wir in jeder Lage zuversichtlich. Wir sind uns zwar bewusst: Solange wir in unserem Körper wohnen, leben wir noch nicht beim Herrn. 7 Unser Leben ist vom Glauben bestimmt, nicht vom Schauen dessen, was kommt. 8 Trotzdem sind wir voller Zuversicht. Am liebsten würden wir unseren Körper verlassen und beim Herrn leben. 9 Deswegen ist es für uns eine Ehrensache, ihm zu gefallen. Das gilt, ob wir schon zu Hause bei ihm sind oder noch hier in der Fremde leben. 10 Denn wir alle müssen einmal vor dem Richterstuhl von Christus erscheinen. Dann bekommt jeder, was er verdient. Es hängt davon ab, ob er zu Lebzeiten Gutes oder Böses getan hat.

Die Botschaft von der Versöhnung durch Gott

11 Wir wissen sehr wohl, dass man in Ehrfurcht vor dem Herrn leben muss. Deshalb versuchen wir, die Menschen für ihn zu gewinnen. Vor Gott aber liegt unser Leben offen zutage. Und ich hoffe sehr, dass das auch gegenüber eurem Gewissen gilt. 12 Wir möchten uns bei euch nicht schon wieder selbst empfehlen. Wir wollen euch vielmehr zeigen, dass ihr Grund habt, stolz auf uns zu sein. Das könnt ihr dann denen entgegenhalten, für die das Äußere wichtiger ist als die innere Überzeugung. 13 Wenn wir außer uns gerieten, dann geschah das für Gott. Wenn wir vernünftig bleiben, dann kommt das euch zugute. 14 Denn uns treibt die Liebe an, die Christus uns erwiesen hat. Wir sind nämlich zu der Überzeugung gelangt: Wenn einer für alle gestorben ist, dann sind damit alle gestorben. 15 Christus ist für alle

innerlich: Die neue Kraft kommt aus dem Glauben an Jesus Christus.

Himmel: Im übertragenen Sinn beschreibt »Himmel« den Bereich, in dem Gott wohnt.

himmlische Behausung: Bild für den himmlischen Körper und das Leben in unmittelbarer Gemeinschaft mit Gott nach der Auferstehung.

ewiges Leben: Leben im Reich Gottes und in unmittelbarer Gemeinschaft mit Gott nach der Auferstehung vom Tod.

Geist Gottes: Kraft, durch die Gott in der Welt wirkt.

Glaube, glauben: Meint das tiefe Vertrauen auf Gott, das zu einem Leben nach seinem Willen führt.

Richterstuhl von Christus: Am Ende der Zeit wird Christus im Namen Gottes als Richter ein Urteil über die Welt fällen.

Herr: Bezeichnung für Gott. Das griechische Alte Testament verwendet das Wort »Herr« an den Stellen, an denen im hebräischen Text der Gottesname steht. Hier zugleich Anspielung auf Jesus.

gestorben, damit die Lebenden nicht länger für sich selbst leben. Sie sollen jetzt vielmehr für den leben, der für sie gestorben ist und auferweckt wurde.

16 Daher beurteilen wir von nun an niemanden mehr nach menschlichen Maßstäben. Auch Christus beurteilen wir nicht so. Selbst dann nicht, wenn wir ihn früher nach menschlichen Maßstäben beurteilt haben. 17 Wenn jemand zu Christus gehört, gehört er schon zur neuen Schöpfung. Das Alte ist vergangen, etwas Neues ist entstanden! 18 Das alles kommt von Gott. Durch Christus hat er uns mit sich versöhnt. Er hat uns sogar den Dienst übertragen, die Versöhnung zu verkünden. 19 Ja, in Christus war Gott selbst am Werk, um die Welt mit sich zu versöhnen. Er hat den Menschen ihre Verfehlungen nicht angerechnet. Und uns hat er sein Wort anvertraut, das Versöhnung schenkt.

20 Wir treten also im Auftrag von Christus auf. Ja, Gott selbst lädt die Menschen durch uns ein. So bitten wir im Auftrag von Christus: Lasst euch mit Gott versöhnen! 21 Obwohl Christus ohne jede Sünde war, hat Gott ihm unsere Sünde aufgeladen. Denn durch die Verbindung mit Christus sollen wir an Gottes Gerechtigkeit teilhaben.

6 1 Wir als Gottes Mitarbeiter bitten euch auch: Nehmt die Gnade Gottes so an, dass sie nicht ohne Wirkung bleibt. 2 Denn Gott spricht: »Ich habe dich zur rechten Zeit erhört und dir am Tag der Rettung geholfen.« Seht doch! Jetzt ist die rechte Zeit. Seht doch! Jetzt ist der Tag der Rettung.

Paulus im Dienst der Versöhnungsbotschaft

3 Wir wollen auf gar keinen Fall Anstoß erregen. Denn unser Dienst soll nicht in Verruf geraten. 4 Vielmehr beweisen wir in jeder Lage, dass wir Gottes Diener sind: Mit großer Standhaftigkeit ertragen wir Leid, Not und Verzweiflung. 5 Man schlägt uns, wirft uns ins Gefängnis und hetzt die Leute gegen uns auf. Wir arbeiten bis zur Erschöpfung, wir schlafen nicht und essen nicht. 6 Zu unserem Dienst gehören ein einwandfreier Lebenswandel, Erkenntnis, Geduld und Güte, der Heilige Geist und aufrichtige Liebe. 7 Zu unserem Dienst gehören außerdem die Wahrheit unserer Verkündigung und die Kraft, die von Gott kommt. Wir kämpfen mit den Waffen der Gerechtigkeit, in der rechten und in der linken Hand. 8 Wir erfüllen unseren Auftrag, ob wir dadurch Ehre gewinnen oder Schande, ob wir verleumdet werden oder gelobt. Wir gelten als Betrüger und sagen doch die Wahrheit. 9 Wir werden verkannt und sind doch anerkannt. Wir sind vom Tod bedroht, und seht doch: Wir leben! Wir werden ausgepeitscht und kommen doch nicht um. 10 Wir geraten in Trauer und bleiben doch fröhlich. Wir sind arm und machen doch viele reich. Wir haben nichts und besitzen doch alles!

Auferweckung: Meint die Auferstehung vom Tod und das ewige Leben im Reich Gottes.

neue Schöpfung: Welt, in der alle Bereiche des Lebens durch die Gegenwart Gottes grundlegend verwandelt sind.

sein Wort: Gottes Versprechen, die Menschen so anzunehmen, wie sie sind, und nicht zu verurteilen, obwohl sie seine Gebote übertreten.

Sünde: Die Trennung des Menschen von Gott, seinem Schöpfer. Sie führt dazu, dass der Mensch sein Leben nicht nach Gottes Willen ausrichten kann.

Gnade: Liebevolle Zuwendung Gottes, die er den Menschen ohne Vorbedingung schenkt.

Diener Gottes: Bezeichnung für eine Person, die Gott als ihren Herrn anerkennt. Sie handelt in seinem Namen, ist aber auch abhängig von ihm.

Heiliger Geist: Kraft, durch die Gott in der Welt wirkt.

Die Versöhnung mit der Gemeinde 6,11–7,16

Paulus wirbt um die Gemeinde
11 Liebe Korinther! Wir haben ganz offen mit euch geredet und lassen
euch tief in unser Herz blicken. 12 Wir haben es euch gegenüber nicht
verschlossen. Aber ihr habt eure Herzen vor uns verschlossen. 13 Ich
spreche zu euch als meinen Kindern: Macht es doch wie wir und öff-
net auch eure Herzen.

Warnung vor schädlichen Einflüssen
14 Zieht nicht mit den Ungläubigen an einem Strang. Wie passen Ge-
rechtigkeit und Gesetzlosigkeit zusammen? Oder was hat das Licht
mit der Finsternis zu tun? 15 Gibt es irgendeine Übereinstimmung
zwischen Christus und Beliar? Oder was hat ein Glaubender mit
einem Ungläubigen gemeinsam? 16 Wie passen der Tempel Gottes
und Götzenbilder zusammen?

Wir sind doch der Tempel des lebendigen Gottes. Denn so hat Gott
es gesagt: »Ich werde bei ihnen wohnen und mitten unter ihnen le-
ben. Ich werde ihr Gott sein und sie werden mein Volk sein.« 17 Des-
halb heißt es auch: »›Zieht weg von hier und trennt euch von diesen
Leuten‹, spricht der Herr. ›Berührt nichts Unreines. Dann werde ich
euch annehmen. 18 Ich werde euer Vater sein, und ihr werdet meine
Söhne und Töchter sein.‹ So spricht der Herr, der Allmächtige.«

7 1 Dies alles hat uns Gott versprochen, meine Lieben! Deshalb
wollen wir uns von allem reinigen, was Körper und Geist be-
schmutzt. In Ehrfurcht vor Gott sollen wir nach einem Leben in voll-
kommener Heiligkeit streben.

Erneute Bitte um Versöhnung
2 Öffnet uns doch eure Herzen! Wir haben niemand Unrecht getan,
niemand geschädigt, uns nicht auf Kosten eines anderen bereichert.
3 Ich sage das nicht, um euch zu verurteilen. Ich habe euch bereits ge-
sagt, wie sehr ihr mir ans Herz gewachsen seid. Wir gehören im Le-
ben und im Tod untrennbar zusammen. 4 Ich kann ja ganz offen mit
euch reden: Ich bin sehr stolz auf euch. Das gibt mir neuen Mut und
erfüllt mich mit übergroßer Freude – trotz all unserer Not.

Freude über das Wiedersehen mit Titus
5 Denn auch als wir nach Makedonien kamen, fanden wir keine Ruhe.
Von allen Seiten gerieten wir unter Druck: von außen durch Anfein-
dungen, von innen durch Ängste. 6 Aber Gott ermutigt die Niederge-
schlagenen. So hat er uns durch die Ankunft von Titus wieder neuen
Mut gegeben. 7 Geholfen hat mir aber nicht nur, dass er gekommen
ist. Sondern es war vor allem auch die Ermutigung, die er selbst von
euch erfahren hat. Er hat uns erzählt, wie sehr ihr euch nach uns
sehnt. Und er berichtete, wie leid euch alles tut und wie entschieden
ihr euch für mich einsetzt. Das hat mich noch viel mehr gefreut.

Christus: Bedeutet übersetzt »der Gesalbte«. Im Alten Testament werden Könige, aber auch Propheten und Priester bei Amtsantritt gesalbt. Später wird der von Gott zum Herrscher der Welt bestimmte Retter so genannt. Im Neuen Testament ist das Jesus.

Beliar: Name für den Teufel.

Glaube, glauben: Meint das tiefe Vertrauen auf Gott, das zu einem Leben nach seinem Willen führt.

Götzenbild: Abfällige Bezeichnung für ein aus Stein, Ton, Holz oder Metall gefertigtes Standbild einer Gottheit. Seine Herstellung und Verehrung waren in Israel verboten.

unrein: Bezeichnet Menschen, Tiere und Dinge, die aus unterschiedlichen Gründen nicht dafür vorbereitet sind, in der Nähe Gottes zu sein.

nach Makedonien kamen: Auf seinen Reisen besuchte Paulus Gemeinden im östlichen Mittelmeerraum, die durch seine Verkündigung entstanden sind. Dazu gehören auch Gemeinden in Makedonien und Korinth.

Titus: Mitarbeiter und Begleiter des Paulus aus Antiochien am Orontes. Später Gemeindeleiter auf Kreta.

Paulus hat die Gemeinde vorübergehend traurig gemacht

8 Durch meinen Brief habe ich euch traurig gemacht. Trotzdem be-
reue ich nicht, ihn geschrieben zu haben Es hat mir leidgetan zu
sehen, dass euch der Brief traurig gemacht hat. Aber das ging bald
vorüber. 9 Jetzt bin ich froh – nicht darüber, dass ich euch traurig ge-
macht habe. Vielmehr freue ich mich, dass die Traurigkeit euch dazu
gebracht hat, euch zu ändern. Gott wollte, dass ihr so traurig werdet.
Deshalb haben wir euch keinen Schaden zugefügt. 10 Denn eine sol-
che gottgewollte Traurigkeit bewirkt eine Änderung des Lebens. Die
führt zur Rettung, und man bereut sie nicht. Dagegen führt die Trau-
rigkeit, wie sie diese Welt hervorbringt, ganz sicher zum Tod.
11 Seht nur, welchen Einsatz diese gottgewollte Traurigkeit bei
euch ausgelöst hat: Ihr nehmt mich in Schutz und seid empört über
das, was geschehen ist. Ihr behandelt mich mit Respekt und sehnt
euch nach meiner Anwesenheit. Ihr setzt euch für mich ein und habt
den Schuldigen bestraft. In jeder Hinsicht habt ihr bewiesen, dass ihr
selbst in dieser Sache unschuldig seid. 12 In meinem Brief ging es also
nicht um den, der Unrecht getan hat. Es ging auch nicht um den, der
Unrecht erlitten hat. Es ging vielmehr darum, dass euer Einsatz für
uns bei euch und vor Gott sichtbar würde. 13 Darum haben wir wieder
neuen Mut gefasst.

Freude über das Ende des Streits

Wir haben uns sehr über diese Ermutigung gefreut. Aber noch mehr
haben wir uns darüber gefreut, wie froh Titus geworden ist. Ihr habt
euch ihm gegenüber so verhalten, dass er innerlich zur Ruhe gekom-
men ist. 14 Denn ich hatte ihm ja gesagt, wie stolz ich auf euch bin. Ihr
habt mich nicht enttäuscht. Im Gegenteil! Ich habe euch ja immer die
Wahrheit gesagt. So hat sich auch mein Stolz als berechtigt erwiesen,
den ich vor Titus gezeigt habe. 15 Seine Zuneigung zu euch ist beson-
ders herzlich, weil er sich auch an euren Gehorsam erinnert: Ihr habt
ihn ja mit Furcht und Zittern aufgenommen. 16 Ich bin jedenfalls froh,
dass ich mich in jeder Hinsicht auf euch verlassen kann.

Die Spendensammlung in Korinth 8,1–9,15

Ermutigung zur Sammlung für die Gemeinde in Jerusalem

8 1 Brüder und Schwestern! Wir wollen euch von einem besonde-
ren Werk berichten. Es ist durch die Gnade Gottes in den Ge-
meinden in Makedonien zustande gekommen. 2 Sie mussten sich
in manchem Leid bewähren, aber sie empfanden trotzdem über-
schwängliche Freude. So waren sie trotz ihrer bitteren Armut zu er-
staunlicher Freigebigkeit bereit.
3 Sie taten, was ihnen möglich war – das bezeuge ich. Ja, sie taten
aus eigenem Antrieb noch mehr als das: 4 Sie baten inständig darum,
sich an der Hilfe für Jerusalem beteiligen zu dürfen. So wollten sie

mein Brief: Paulus bezieht sich auf einen Streitbrief, in dem er sich mit den Zuständen in Korinth auseinandersetzt. Ein solcher Text findet sich in 2. Korinther 10,1–13,10.

Bruder, Schwester: Wörtlich »Bruder«. Das griechische Wort bezeichnet männliche *und* weibliche Mitglieder der Gemeinde.

Gnade: Liebevolle Zuwendung Gottes, die er den Menschen ohne Vorbedingung schenkt.

Hilfe für Jerusalem: Meint eine Spendensammlung für die Gemeinde in Jerusalem, vgl. 1. Korinther 16,1-4.

die Gemeinschaft der Heiligen unterstützen. Sie baten inständig
darum, ihnen diesen Gefallen zu erweisen. 5 Das Ergebnis übertraf
alle unsere Erwartungen: Sie haben sich regelrecht aufgeopfert – in
erster Linie für den Herrn, aber auch für uns. Und damit entsprachen
sie dem Willen Gottes. 6 Deshalb haben wir Titus gebeten, sich auch
bei euch um eine solche Hilfe zu kümmern. Er hat ja schon damit be-
gonnen und soll es jetzt auch zum Abschluss bringen.

7 Ihr habt doch alles im Überfluss: Glaube, die Fähigkeit zu reden,
Erkenntnis, großen Einsatz und die gegenseitige Liebe, die wir in
euch geweckt haben. So sollt ihr auch zu dieser Hilfe für Jerusalem
im Überfluss beitragen. 8 Ich sage das nicht als Befehl. Vielmehr weise
ich auf den Einsatz anderer hin, um zu prüfen, ob eure Liebe echt ist.
9 Ihr wisst ja, welche Gnade uns unser Herr Jesus Christus erwiesen
hat: Obwohl er reich war, wurde er arm für euch. Denn durch seine
Armut solltet ihr reich werden.

10 Ich will euch in dieser Sache nur einen Rat geben. Denn der kann
euch nützlich sein. Ihr habt ja schon im letzten Jahr damit begonnen.
Damals habt ihr vor allen anderen den Beschluss dazu gefasst. 11 Aber
bringt jetzt das Begonnene auch zum Abschluss. Der gute Wille soll
ja auch in die Tat umgesetzt werden. Und zwar soll er so umgesetzt
werden, wie es eurem Besitz entspricht. 12 Wenn der gute Wille vor-
handen ist, ist jede Gabe willkommen. Ihr Wert bemisst sich an
dem, was jemand besitzt, nicht an dem, was er nicht besitzt. 13 Es soll
nicht sein, dass andere entlastet werden, ihr selbst aber in Not gera-
tet. Sondern es geht um einen gerechten Ausgleich. 14 Zum jetzigen
Zeitpunkt sollt ihr mit eurem Überfluss dem Mangel der anderen
abhelfen. Später kann dann einmal deren Überfluss eurem Mangel
abhelfen. So kommt es zu einem gerechten Ausgleich. 15 In der Hei-
ligen Schrift steht ja: »Wer viel gesammelt hatte, hatte nicht zu viel.
Und wer wenig gesammelt hatte, hatte nicht zu wenig.«

Paulus sendet Titus und zwei Brüder

16 Dank sei Gott! Er hat Titus die gleiche Einsatzfreude für euch ins
Herz gelegt. 17 Natürlich kam er unserer Bitte nach. Aber bei seiner
Einsatzfreude wäre er auch aus eigenem Antrieb zu euch gereist.

18 Zusammen mit ihm haben wir noch den Bruder geschickt, der in
allen Gemeinden gelobt wird. So überzeugend verkündet er die Gute
Nachricht. 19 Und nicht nur das. Die Gemeinden haben ihn zu mei-
nem Reisegefährten bestimmt. Er soll dabei sein, wenn ich die Gaben
zur Hilfe für Jerusalem überbringe. Wir tun dies zur Ehre unseres
Herrn und um unseren guten Willen zu zeigen. 20 So soll jeder Ver-
dacht gegen uns vermieden werden. Immerhin überbringen wir eine
beträchtliche Summe Geld. 21 Und wir legen Wert darauf, dass alles
einwandfrei abläuft – nicht nur in den Augen des Herrn, sondern
auch in den Augen der Menschen.

22 Außerdem haben wir als Dritten noch unseren Bruder mitge-
schickt, der seine Einsatzfreude schon oft bewiesen hat. Und jetzt ist

Heilige: Bezeichnung für die Anhänger von Jesus Christus.

Titus: Mitarbeiter und Begleiter des Paulus aus Antiochien am Orontes. Später Gemeindeleiter auf Kreta.

in der Heiligen Schrift steht: Zitat aus 2. Mose/Exodus 16,18.

Bruder: Übliche Anrede unter Mitgliedern der Gemeinde.

Herr: Anrede und Bezeichnung für Jesus. Sie bringt zum Ausdruck, dass man sich in seinen Dienst stellt.

er sogar noch eifriger als sonst, weil er volles Vertrauen zu euch hat. 23 Titus arbeitet eng mit mir zusammen und ist mein Mitarbeiter bei euch. Die beiden anderen Brüder sind Abgesandte der Gemeinden und haben Anteil an der Herrlichkeit von Christus. 24 Beweist diesen dreien jetzt die Tragfähigkeit eurer Liebe. Und beweist damit auch den anderen Gemeinden, dass wir zu Recht stolz auf euch sind.

Paulus ermahnt die Gemeinde, vorbereitet zu sein

9 1 Eigentlich brauche ich euch über die Hilfe für die Heiligen gar nicht weiter zu schreiben. 2 Ich kenne doch euren guten Willen. Den Makedoniern erzähle ich immer voller Stolz: Die Provinz Achaia ist schon seit letztem Jahr bereit. Euer Einsatz hat die meisten von ihnen angespornt. 3 Ich habe die Brüder zu euch geschickt. Denn ich möchte in dieser Sache nicht umsonst stolz auf euch gewesen sein. Seid also so gut vorbereitet, wie ich es behauptet habe. 4 Wenn ich mit den Makedoniern komme und euch unvorbereitet finde, das wäre doch peinlich für uns – um nicht zu sagen: für euch. 5 Ich hielt es also für nötig, die Brüder zu bitten, schon einmal zu euch vorauszureisen. Sie werden die von euch angekündigte Spende bereits im Voraus einsammeln. Dann liegt nachher wirklich eine großzügige Spende bereit und nicht nur ein Betrag, der von Geiz zeugt.

Der Reichtum der Gemeinde kommt von Gott

6 Das aber sage ich euch: »Wer spärlich sät, wird spärlich ernten. Und wer reichlich sät, wird reichlich ernten.« 7 Jeder soll so viel geben, wie er sich selbst vorgenommen hat. Er soll es nicht widerwillig tun und auch nicht, weil er sich dazu gezwungen fühlt. Denn wer fröhlich gibt, den liebt Gott. 8 Gott aber hat die Macht, euch jede Gabe im Überfluss zu schenken. So habt ihr in jeder Hinsicht und zu jeder Zeit alles, was ihr zum Leben braucht. Und ihr habt immer noch mehr als genug, anderen reichlich Gutes zu tun. 9 So heißt es ja in der Heiligen Schrift: »Er verteilt Spenden unter den Armen. Seine Gerechtigkeit steht fest für immer.«

10 Gott gibt den Samen zum Säen und das Brot zum Essen. So wird er auch euch den Samen geben und eure Saat aufgehen lassen. Euer gerechtes Handeln lässt er Ertrag bringen. 11 Er wird euch so reich machen, dass ihr jederzeit freigebig sein könnt. Und aus eurer Freigebigkeit entsteht Dankbarkeit gegenüber Gott, wenn wir eure Gaben überbringen. 12 Denn die Ausübung dieses Dienstes lindert nicht nur den Mangel, an dem die Heiligen leiden. Sie ist auch deshalb so wertvoll, weil sie große Dankbarkeit gegenüber Gott bewirkt. 13 Weil ihr euch in diesem Dienst so bewährt habt, werden sie Gott loben. Denn daran sehen sie, dass ihr euch gehorsam zu der Guten Nachricht von Christus bekennt. Und an eurer Freigebigkeit merken sie, dass ihr mit ihnen und allen Gemeinschaft haltet. 14 Und wenn sie für euch beten, werden sie das voll Sehnsucht nach euch tun. Denn sie haben

Hilfe für die Heiligen: Spendensammlung für die Gemeinde in Jerusalem. Ihre Mitglieder werden hier, wie im Neuen Testament üblich, als Heilige bezeichnet.

Brüder: Übliche Anrede unter Mitgliedern der Gemeinde.

sage ich euch: Paulus knüpft an Gedanken aus Sprichwörter 11,24 an.

gerecht, Gerechtigkeit: Meint ein Leben nach dem Willen Gottes.

Ausübung dieses Dienstes: Meint die Spendensammlung für die Gemeinde in Jerusalem.

Gute Nachricht: Wörtliche Übersetzung von »Evangelium«. Botschaft, dass die Menschen durch Tod und Auferstehung von Christus mit Gott versöhnt sind.

erkannt, dass Gott euch in so reichem Maße seine Gnade geschenkt
hat. 15 Dank sei Gott für seine Gabe, die so unbeschreiblich groß ist!

Paulus wehrt sich gegen Vorwürfe 10,1–12,18

Der Vorwurf der Schwäche

10 1 Ich selbst, Paulus, bitte euch eindringlich bei der Freundlich-
keit und Güte von Christus. Angeblich wirke ich ja schwach,
wenn ich bei euch bin. Aber aus der Ferne scheine ich stark. 2 Fordert
mich bitte nicht heraus, tatsächlich Stärke zu zeigen, wenn ich zu
euch komme. Ich bin nämlich fest entschlossen, gegen gewisse Leute
vorzugehen. Sie werfen uns vor, dass menschliche Schwäche unsere
Lebensführung bestimmt. 3 Wir leben zwar als schwacher Mensch,
aber wir führen unseren Kampf nicht nach Menschenart. 4 Denn
wir kämpfen nicht mit menschlichen Waffen. Vielmehr kämpfen
wir mit Waffen, denen Gott die Macht verliehen hat, Festungen
niederzureißen. Damit zerstören wir überhebliche Gedankenge-
bäude 5 und jede Form von Hochmut, der sich gegen die Erkenntnis
Gottes stellt. Auch unterwerfen wir alles Denken dem Gehorsam
gegenüber Christus. 6 Wir sind bereit, jede Art von Ungehorsam zu
bestrafen, wenn nur euer Gehorsam vollkommen wird.

Die Vollmacht des Paulus wird bestritten

7 Seht doch den Tatsachen ins Auge! Wenn jemand den Anspruch
erhebt, zu Christus zu gehören, sollte er bedenken: Das gilt auch
für uns. Wir gehören genauso zu Christus wie er! 8 Wir könnten uns
sogar noch mehr Stolz erlauben, ohne uns lächerlich zu machen.
Schließlich hat Gott uns die Vollmacht verliehen, eure Gemeinde
aufzubauen, aber nicht, sie zu zerstören. 9 Es soll nicht so aussehen,
als wollte ich euch mit meinen Briefen Angst einjagen. 10 Gewisse
Leute sagen über mich: »Seine Briefe sind gewichtig und eindrucks-
voll. Aber sein persönliches Auftreten ist kraftlos und seine Rede
wenig überzeugend.« 11 Wer so denkt, dem gebe ich zu bedenken: Wie
ich mich in meinen Briefen aus der Ferne zeige, so werde ich dann bei
euch handeln.

Worauf man stolz sein darf

12 Eines bringen wir allerdings nicht fertig: Wir wollen uns nicht mit
denen vergleichen oder auf eine Stufe stellen, die sich selbst empfeh-
len. Das sind Leute ohne Verstand. Sie messen sich nur an sich selbst
und vergleichen sich nur untereinander. 13 Wir dagegen verlieren in
unserem Stolz nicht jedes Maß. Unser Maßstab ist das Arbeitsge-
biet, das Gott für uns bestimmt hat: Wir sollten bis zu euch gelangen.
14 Wir überschätzen uns nicht. Das wäre nur dann der Fall, wenn wir
nicht bis zu euch gekommen wären. Aber wir sind ja mit der Guten
Nachricht von Christus bis zu euch gelangt. 15 Wir verlieren also in

Gnade: Liebevolle Zuwendung Gottes, die er den Menschen ohne Vorbedingung schenkt.

gewisse Leute: Mitglieder der Gemeinde in Korinth, mit denen Paulus im Streit liegt.

unserem Stolz nicht jedes Maß, indem wir uns mit der Arbeit anderer schmücken. Andererseits hoffen wir, dass unter euch der Glaube weiter wächst. Dann können wir unser Arbeitsgebiet noch erweitern und doch innerhalb der uns gesteckten Grenzen bleiben. 16 Wir könnten dann sogar die Gute Nachricht noch weit über eure Grenzen hinaus verkünden. Dabei wollen wir uns wirklich nicht auf fremdem Gebiet mit der Arbeit anderer schmücken. 17 Denn es gilt: Wer auf etwas stolz sein will, soll auf den Herrn stolz sein. 18 Nicht wer sich selbst empfiehlt, gilt als bewährt, sondern wen der Herr empfiehlt.

Die Gemeinde ist falschen Aposteln gefolgt

11 1 Lasst es euch doch gefallen, dass ich mich einmal zum Narren mache! Aber das tut ihr ja schon. 2 Denn ich wache mit einer Eifersucht über euch, die von Gott kommt. Schließlich habe ich euch, bildlich gesprochen, mit einem einzigen Mann verlobt: Ich will euch als unberührte Jungfrau Christus zur Braut geben. 3 Ich fürchte aber, dass es euch so gehen wird wie Eva: Sie wurde auf hinterlistige Weise von der Schlange verführt. Genauso könnten eure Gedanken abgelenkt werden von eurer aufrichtigen und ungeteilten Hingabe an Christus. 4 Ihr lasst euch ja vieles gern gefallen: Da kommt einer und verkündet euch einen anderen Jesus, als wir ihn verkündet haben. Oder ihr empfangt einen anderen Geist, als ihr ihn schon empfangen habt. Oder ihr nehmt eine andere Gute Nachricht an, als ihr sie schon angenommen habt.

5 Ich bin allerdings überzeugt, dass ich mich vor diesen »Superaposteln« nicht verstecken muss. 6 Ich bin vielleicht unzulänglich im Reden, aber bestimmt nicht in der Erkenntnis. Das haben wir euch allen gegenüber doch wohl hinlänglich bewiesen. 7 Oder habe ich etwas Unrechtes getan, als ich selbst auf vieles verzichtet habe? Es ging doch darum, euch im Glauben zu stärken. Denn ich habe euch Gottes Gute Nachricht verkündet, ohne etwas dafür zu verlangen. 8 Andere Gemeinden habe ich regelrecht ausgeplündert. Für meinen Dienst an euch habe ich mich von ihnen bezahlen lassen. 9 Während meines Aufenthalts bei euch sind manchmal meine Mittel knapp geworden. Doch ich bin niemandem zur Last gefallen. Vielmehr haben die Brüder, die aus Makedonien kamen, für Abhilfe gesorgt. Ich habe immer darauf geachtet, euch nicht zur Last zu fallen. Und ich werde auch künftig darauf achten. 10 Bei Christus, ich sage die Wahrheit! Darauf bin ich wirklich stolz, und niemand in der ganzen Provinz Achaia kann mir das nehmen. 11 Verhalte ich mich etwa so, weil ich euch nicht liebe? Gott weiß es!

12 Ich werde mich auch weiter so verhalten wie bisher. Diese Leute warten doch nur auf eine Gelegenheit, sich mit uns auf eine Stufe zu stellen. Worauf sie selbst so stolz sind, das wollen sie auch uns nachweisen. Aber eine solche Gelegenheit werde ich ihnen nicht liefern. 13 Denn diese Leute sind falsche Apostel. Es sind Betrüger, die sich

Glaube, glauben: Meint das tiefe Vertrauen auf Gott, das zu einem Leben nach seinem Willen führt.

es gilt: Vers 17 nimmt einen Gedanken aus Jeremia 9,22-23 auf.

Eva: Name der ersten Frau. 1. Mose/Genesis 3,1-13 erzählt, wie Eva von einer Schlange dazu verführt wurde, ein Gebot Gottes zu übertreten.

Erkenntnis: Meint die Erkenntnis der Bedeutung von Jesus Christus.

Brüder: Übliche Anrede unter Mitgliedern der Gemeinde.

Makedonien: Römische Provinz im Norden der griechischen Halbinsel mit der Hauptstadt Thessalonich.

für Apostel von Christus ausgeben. 14 Das ist nicht einmal verwunderlich. Denn auch der Satan gibt sich für einen Engel des Lichts aus. 15 Es ist also nichts Besonderes, wenn seine Diener sich für Diener der Gerechtigkeit ausgeben. Aber am Ende wird es ihnen so ergehen, wie es ihren Taten entspricht.

Paulus lobt sich selbst, wie es Narren tun

16 Ich sage es noch einmal: Niemand soll mich für einen Narren halten. Wenn ihr das doch tut, dann lasst mich auch den Narren spielen. Dann kann ich mich wenigstens auch einmal selbst loben. 17 Was ich jetzt sage, ist nicht im Sinne des Herrn. Ich rede wie ein Narr, aber das liegt in der Natur des Eigenlobs. 18 Weil so viele ihre äußeren Vorzüge loben, will auch ich es einmal tun. 19 So klug wie ihr seid, lasst ihr euch doch die Narren gerne gefallen. 20 Denn ihr lasst euch ja einiges gefallen: Man behandelt euch wie Sklaven, beutet euch aus und macht euch gefügig. Ihr ertragt überhebliches Auftreten und lasst euch sogar ins Gesicht schlagen. 21 Zu meiner Schande muss ich sagen, dass wir dazu nun wirklich zu schwach waren.

Jetzt rede ich einmal als Narr: Worauf auch immer sich jemand beruft, darauf kann ich mich auch berufen. 22 Diese Leute sind Hebräer? Ich auch. Sie sind Israeliten? Ich auch. Sie sind Nachkommen Abrahams? Ich auch. 23 Sie sind Diener von Christus? Jetzt rede ich wie ein Verrückter: Ich bin es noch viel mehr! Ich habe mich weit mehr abgemüht. Ich war öfter im Gefängnis. Ich habe viel mehr Schläge bekommen. Ich war immer wieder in Lebensgefahr.

24 Von den Juden habe ich fünfmal die »vierzig weniger einen Peitschenhiebe« bekommen. 25 Dreimal wurde ich von den Römern mit Stöcken geschlagen, einmal gesteinigt. Dreimal habe ich Schiffbruch erlitten. Einen Tag und eine Nacht trieb ich auf dem offenen Meer. 26 Ich war oft auf Reisen. Dabei drohten mir Gefahren durch reißende Flüsse und Räuber. Meine Landsleute wurden mir ebenso gefährlich wie andere Völker. Gefahr drohte in der Stadt, in der Wüste und auf dem Meer. Und auch falsche Brüder wurden mir gefährlich. 27 Ich nahm Mühe und Anstrengung auf mich. Oft musste ich ohne Schlaf auskommen. Ich litt Hunger und Durst, häufig hatte ich tagelang nichts zu essen. Ohne warme Kleidung war ich der Kälte schutzlos ausgesetzt.

28 Davon abgesehen, ist da auch noch die tägliche Belastung: die dauernde Sorge um alle Gemeinden. 29 Ist hier jemand schwach, ohne dass ich es mit ihm bin? Kommt jemand zu Fall, ohne dass ich vor Mitgefühl brenne? 30 Wenn man sich schon selbst loben muss, dann will ich mich für meine Schwäche loben. 31 Der Gott und Vater des Herrn Jesus weiß, dass ich nicht lüge. – Er sei in Ewigkeit gelobt.

32 In Damaskus ließ der Statthalter des Königs Aretas sogar die Stadt bewachen, um mich festzunehmen. 33 Ich wurde in einem Korb durch ein Fenster außen an der Stadtmauer hinuntergelassen. So entkam ich seinem Zugriff.

Apostel: Wörtlich »Ausgesandte«. Menschen, die dazu berufen sind, die Gute Nachricht von Jesus Christus zu verkünden. Im engeren Sinn die zwölf Jünger von Jesus, die ihn während seines Lebens begleiteten.

Satan, Teufel: Gegenspieler Gottes. Er versucht, die Menschen zu einem Verhalten zu bewegen, das Gottes Willen widerspricht.

Engel des Lichts: Für Paulus sind Engel des Lichts Boten Gottes.

Hebräer: Menschen jüdischen Glaubens, die aus der Provinz Judäa und den angrenzenden Gebieten stammen und Hebräisch sprechen.

Israel: Nachkommen der zwölf Söhne Jakobs. Gott hat mit Israel einen Bund geschlossen.

»vierzig weniger einen Peitschenhiebe«: Strafe, die von einer Synagogen-Gemeinde verhängt werden konnte. Die Höchstzahl von 40 Peitschenhieben durfte 5. Mose/Deuteronomium 25,3 zufolge nicht überschritten werden. Damit dies nicht versehentlich geschah, wurde ein Peitschenhieb abgezogen.

mit Stöcken geschlagen: Strafe, die von römischen Gerichten verhängt wurde.

Paulus ist stolz auf seine Schwäche

12 1 Ich muss mich selbst wohl noch mehr loben. Es nützt zwar nichts, trotzdem will ich auf Erscheinungen und Offenbarungen des Herrn zu sprechen kommen. 2 Ich weiß von einem Menschen, der zu Christus gehört. Der wurde vor vierzehn Jahren bis in den dritten Himmel emporgehoben. Ich weiß nicht, ob er sich dabei in seinem Körper befand. Genauso wenig weiß ich, ob er außerhalb seines Körpers war. Gott allein weiß es! 3 Ich weiß auch nicht, ob ihm das zusammen mit seinem Körper geschah oder ohne seinen Körper. Das weiß nur Gott allein. 4 Ich weiß aber, dass er in das Paradies emporgehoben wurde. Dort hörte er unsagbare Worte, die kein Mensch aussprechen darf. 5 Im Hinblick auf diesen Menschen will ich mich loben. Aber im Hinblick auf mich selbst kann ich nur mit meiner Schwäche angeben.

6 Wenn ich mich allerdings tatsächlich loben wollte, würde ich mich damit nicht zum Narren machen. Denn ich würde einfach nur die Wahrheit sagen. Ich verzichte aber darauf. Denn man soll mich nur nach dem beurteilen, was man direkt von mir sieht oder hört – 7 auch wenn diese Offenbarungen wirklich außergewöhnlich sind. Aber damit ich mir nichts darauf einbilde, ließ Gott meinen Körper mit einem Stachel durchbohren. Ein Engel des Satans darf mich mit Fäusten schlagen, damit ich nicht überheblich werde. 8 Dreimal habe ich deswegen zum Herrn gebetet, dass er ihn wegnimmt. 9 Aber der Herr hat zu mir gesagt: »Du brauchst nicht mehr als meine Gnade. Denn meine Kraft kommt gerade in der Schwäche voll zur Geltung.«

Ich will also gern stolz auf meine Schwäche sein. Dann kann sich an mir die Kraft von Christus zeigen. 10 Deshalb freue ich mich über meine Schwäche – über Misshandlung, Not, Verfolgung und Verzweiflung. Ich erleide das alles gern wegen Christus. Denn nur wenn ich schwach bin, bin ich wirklich stark.

Paulus sorgt sich um die Korinther

11 Jetzt habe ich mich wie ein Narr aufgeführt. So weit habt ihr mich gebracht! Ich hätte eigentlich von euch empfohlen werden müssen. Denn auch wenn ich ein Nichts bin – vor diesen »Superaposteln« muss ich mich nicht verstecken. 12 Ich habe bei euch mit großer Ausdauer das getan, woran man einen Apostel erkennt: Zeichen, Wunder und machtvolle Taten. 13 Gibt es irgendetwas, worin ihr den anderen Gemeinden gegenüber zu kurz gekommen seid? Ich weiß nur, dass ich euch nicht zur Last gefallen bin. Verzeiht mir dieses Unrecht!

14 Ich bin sogar bereit, ein drittes Mal zu euch zu kommen. Und ich werde euch auch diesmal nicht zur Last fallen. Ich will nämlich nicht euren Besitz, ich will euch selbst. Schließlich sollen nicht die Kinder für ihre Eltern Vorsorge treffen, sondern die Eltern für ihre Kinder. 15 Ich bin bereit, jedes Opfer zu bringen und mich für euch aufzuopfern. Kann es denn sein, dass ihr mich umso weniger liebt, je mehr ich

Menschen: Paulus spricht hier von sich selbst.

dritter Himmel: Andere Bezeichnung für das Paradies.

außerhalb seines Körpers: Paulus kann nicht sagen, ob das Erlebte eine körperliche oder nur eine geistige Erfahrung war.

Paradies: Sinnbild für das Leben der Menschen in unmittelbarer Gemeinschaft mit Gott. Vom Leben der ersten Menschen im Paradies erzählt 1. Mose/Genesis 2,4–3,24.

Stachel: Bild für eine chronische Erkrankung oder eine andere Krankheit, an der Paulus leidet.

Engel des Satans: Bote des Satans, der als Gegenspieler Gottes versucht, die Menschen zu einem Verhalten zu bewegen, das Gottes Willen widerspricht.

Gnade: Liebevolle Zuwendung Gottes, die er den Menschen ohne Vorbedingung schenkt.

Apostel: Wörtlich »Ausgesandte«. Menschen, die dazu berufen sind, die Gute Nachricht von Jesus Christus zu verkünden. Im engeren Sinn die zwölf Jünger von Jesus, die ihn während seines Lebens begleiteten.

Zeichen, Wunder: Ausweis der göttlichen Vollmacht, mit der eine Person handelt.

euch liebe? 16 Wie dem auch sei: Ich habe euch jedenfalls nicht aus-
genutzt. Habe ich euch dann einfach überlistet – schlau, wie ich bin?
17 Habe ich etwa jemanden zu euch geschickt, um mich durch ihn
auf eure Kosten zu bereichern? 18 Ich habe Titus darum gebeten und
zusammen mit dem anderen Bruder zu euch geschickt. Hat sich Ti-
tus etwa auf eure Kosten bereichert? Bestimmt nicht derselbe Geist
unser Leben? Folgten wir in unserem Leben nicht immer denselben
Fußspuren?

Der Briefschluss 12,19–13,13

Vorschau auf den Besuch des Paulus

19 Wahrscheinlich denkt ihr schon die ganze Zeit, dass wir uns nur
vor euch rechtfertigen wollen. Aber als Menschen, die zu Christus
gehören, legen wir vor Gott Rechenschaft ab. Meine Lieben, dies al-
les dient dazu, euch als Gemeinde aufzubauen.
20 Ich fürchte allerdings, dass ich euch bei meinem Besuch nicht so
antreffe, wie ich es mir wünsche. Und ihr werdet mich dann so erle-
ben, wie ihr euch das nicht wünscht. Ich fürchte, es kommt zu Streit
und Eifersucht, zu Wutausbrüchen und selbstsüchtigem Verhalten,
zu Verleumdungen und übler Nachrede, zu Überheblichkeit und
Aufruhr. 21 Und ich fürchte, mein Gott wird mich bei meinem Besuch
wieder vor euch demütigen. Ich werde traurig sein, weil sich so viele
in der Vergangenheit schuldig gemacht haben. Sie haben sich immer
noch nicht abgewandt von ihrem unreinen, unzüchtigen und unmo-
ralischen Lebenswandel.

Letzte Warnungen

13 1 Ich besuche euch jetzt zum dritten Mal. Denn jede Sache
soll aufgrund der Aussage von zwei oder drei Zeugen ent-
schieden werden. 2 Ich habe euch bei meinem zweiten Besuch schon
einmal gewarnt. Und jetzt warne ich euch noch einmal aus der Ferne.
Meine Warnung gilt besonders denen, die sich bereits früher schul-
dig gemacht haben, aber auch allen anderen: Wenn ich das nächste
Mal komme, werde ich euch nicht mehr schonen! 3 Da habt ihr den
geforderten Beweis, dass Christus durch mich spricht: Sein Wir-
ken unter euch ist ja keineswegs schwach, sondern in seiner ganzen
Macht spürbar. 4 Er war schwach, als er gekreuzigt wurde. Aber jetzt
lebt er durch Gottes Kraft. Ebenso sind wir schwach, weil wir zu ihm
gehören. Aber aufgrund der Kraft Gottes werden auch wir zusam-
men mit ihm leben. Das wird mein Wirken bei euch zeigen.
5 Prüft euch selbst, ob ihr noch fest im Glauben steht. Stellt euch
selbst auf die Probe. Oder erkennt ihr nicht an euch selbst, dass Je-
sus Christus in euch gegenwärtig ist? Wenn ihr das nicht erkennt,
habt ihr die Probe nicht bestanden. 6 Ihr werdet aber hoffentlich fest-
stellen, dass wir die Prüfung bestanden haben. 7 Wir beten zu Gott,

Titus: Mitarbeiter und Begleiter des Paulus aus Antiochien am Orontes. Später Gemeindeleiter auf Kreta.

Bruder: Übliche Anrede unter Mitgliedern der Gemeinde.

Geist Gottes: Kraft, durch die Gott in der Welt wirkt.

unrein: Meint hier ein Leben, das nicht dem Willen Gottes entspricht.

Schuld: Konkrete Verfehlungen, die von Gott trennen und das Gewissen belasten können.

Jesus Christus: Der Name ist zugleich ein Bekenntnis. Wer Jesus als Christus anerkennt, glaubt an ihn als Retter und Erlöser der Welt.

dass ihr nichts Böses tut. Es geht nicht darum, dass wir als bewährt
dastehen. Sondern es geht darum, dass ihr das Gute tut. Dann ste-
hen wir gerne da, als hätten wir die Prüfung nicht bestanden 8 Denn
gegen die Wahrheit kommen wir nicht an. Wir können nur für die
Wahrheit eintreten. 9 So freuen wir uns über unsere Schwäche, wenn
nur ihr stark seid. Und wir beten dafür, dass ihr vollständig erneuert
werdet. 10 Deswegen schreibe ich euch das alles auch aus der Ferne.
Wenn ich dann bei euch bin, will ich nicht so hart durchgreifen müs-
sen. Die Vollmacht dazu hätte ich ja, die hat mir der Herr verliehen.
Aber sie soll dazu dienen, die Gemeinde aufzubauen, und nicht, sie
zu zerstören.

Abschließende Wünsche

11 Schließlich, liebe Brüder und Schwestern: Freut euch! Lasst euch
erneuern! Nehmt euch meine Ermahnungen zu Herzen! Seid auf
Einigkeit aus und lebt in Frieden miteinander. Dann wird der Gott,
der Liebe und Frieden schenkt, mit euch sein. 12 Grüßt einander mit
dem heiligen Kuss. Alle Heiligen lassen euch grüßen. 13 Ich wünsche
euch allen die Gnade, die der Herr Jesus Christus gewährt. Ich wün-
sche euch die Liebe, die Gott schenkt, und die Gemeinschaft, die der
Heilige Geist bewirkt.

Wahrheit: Meint die Versöhnung mit Gott, die den Menschen durch Tod und Auferstehung von Christus geschenkt ist.

Bruder, Schwester: Wörtlich »Bruder«. Das griechische Wort bezeichnet männliche *und* weibliche Mitglieder der Gemeinde.

heiliger Kuss: Geste, die die gegenseitige Verbundenheit zum Ausdruck bringt. In der Antike war ein Kuss zur Begrüßung und zum Abschied üblich.

Heilige: Bezeichnung für die Anhänger von Jesus Christus. Hier bezieht Paulus sich auf seine unmittelbaren Begleiter.

Gnade: Liebevolle Zuwendung Gottes, die er den Menschen ohne Vorbedingung schenkt.

Der Brief an die Galater

Briefanfang 1,1-9

Absender und Empfänger

1 1 Paulus, Apostel nicht im Auftrag von Menschen und auch nicht
durch einen Menschen eingesetzt. Vielmehr wurde ich berufen
durch Jesus Christus und Gott, den Vater, der ihn von den Toten auf-
erweckt hat.
2 Zusammen mit allen Brüdern und Schwestern, die bei mir sind,
schreibe ich an die Gemeinden in Galatien:
3 Wir wünschen euch Gnade und Frieden von Gott, unserem Vater,
und dem Herrn Jesus Christus. 4 Der hat sich selbst für unsere Sün-
den hingegeben. Dadurch hat er uns aus dieser Welt gerettet, die vom
Bösen beherrscht wird. So wollte es unser Gott und Vater. 5 Er regiert
in Herrlichkeit für immer und ewig. Amen.

Die Galater haben sich von der Guten Nachricht abgewendet

6 Ich wundere mich doch sehr, wie schnell ihr euch von Gott abwen-
det. Er hat euch doch berufen, an der Gnade teilzuhaben, die Chris-
tus gebracht hat. Und ihr wendet euch einer anderen Guten Nach-
richt zu! 7 Dabei gibt es die gar nicht. Vielmehr führen gewisse Leute
euch in die Irre. Sie wollen die Gute Nachricht von Jesus Christus ins
Gegenteil verkehren. 8 Doch wer immer euch etwas anderes verkün-
det, als wir verkündet haben, soll verflucht sein. Das gilt auch dann,
wenn wir selbst es tun oder gar ein Engel vom Himmel! 9 Wir haben
das schon früher gesagt, und ich sage es jetzt noch einmal: Wer euch
eine andere Gute Nachricht verkündet als die, die ihr bereits ange-
nommen habt, soll verflucht sein!

Die Berufung und Verkündigung des Paulus

1,10–2,21

Was Paulus verkündet, kommt von Christus

10 Ich frage euch: Will ich etwa Menschen für mich einnehmen oder
sogar Gott selbst? Oder versuche ich vielleicht, den Menschen mit
meiner Lehre entgegenzukommen? Wenn ich das täte, wäre ich je-
denfalls kein Diener von Christus.
11 Das will ich euch klar und deutlich sagen, Brüder und Schwes-
tern: Die Gute Nachricht, die ich verkündet habe, stammt nicht von
Menschen. 12 Ich habe sie nicht von einem Menschen übernommen.

Apostel: Wörtlich »Ausgesandte«. Menschen, die dazu berufen sind, die Gute Nachricht von Jesus Christus zu verkünden. Im engeren Sinn die zwölf Jünger von Jesus, die ihn während seines Lebens begleiteten.

Jesus Christus: Der Name ist zugleich ein Bekenntnis. Wer Jesus als Christus anerkennt, glaubt an ihn als Retter und Erlöser der Welt.

Bruder, Schwester: Wörtlich »Bruder«. Das griechische Wort bezeichnet männliche *und* weibliche Mitglieder der Gemeinde.

für unsere Sünden hingegeben: Jesus Christus hat durch seinen Tod am Kreuz die Sünden der Menschen weggenommen.

Herrlichkeit: Bezeichnet das, was einer Person Ansehen und Macht verleiht. Gottes Herrlichkeit stellt man sich auch als strahlenden Lichtglanz vor.

gewisse Leute: Menschen, die die Gute Nachricht von Christus in einer Art und Weise verkünden, der Paulus widerspricht.

Diener von Christus: Bezeichnung für eine Person, die Christus als ihren Herrn anerkennt. In seinem Auftrag und mit seiner Vollmacht verkündet sie das Wort Gottes.

Ich wurde auch nicht von einem Menschen darin unterrichtet. Nein, Jesus Christus selbst hat sie mir offenbart.

Die Berufung und Bekehrung des Paulus

13 Ihr habt doch gehört, wie ich früher als gesetzestreuer Jude meinen Glauben gelebt habe. Mit aller Kraft habe ich die Gemeinde Gottes verfolgt und wollte sie vernichten. 14 In meiner Treue zum Gesetz übertraf ich viele Gleichaltrige in meinem Volk. Mit aller Leidenschaft setzte ich mich für das ein, was von meinen Vorfahren überliefert wurde. 15 Aber Gott hatte mich schon im Mutterleib ausgewählt und in seiner Gnade berufen. Er hatte beschlossen, 16 mir seinen Sohn zu offenbaren. Bei allen Völkern sollte ich ihn bekannt machen.

Nach dieser Offenbarung habe ich keinen Menschen um Rat gefragt. 17 Ich ging auch nicht nach Jerusalem zu denen, die schon vor mir Apostel waren. Vielmehr zog ich zunächst nach Arabien und kehrte dann wieder nach Damaskus zurück.

18 Erst drei Jahre später ging ich nach Jerusalem, um Kephas kennenzulernen. Fünfzehn Tage blieb ich bei ihm. 19 Von den anderen Aposteln habe ich keinen gesehen außer Jakobus, den Bruder des Herrn. 20 Was ich euch hier schreibe, ist, bei Gott, nicht gelogen.

21 Von Jerusalem ging ich nach Syrien und Kilikien. 22 Die Gemeinden in Judäa haben mich nie persönlich kennengelernt. 23 Sie hatten nur gehört: Der uns verfolgt hat, verkündet jetzt den Glauben, den er früher ausrotten wollte. 24 Und sie lobten Gott für das, was mit mir geschehen war.

Die maßgebenden Leute in Jerusalem erkennen Paulus an

2 1 14 Jahre später ging ich wieder nach Jerusalem, diesmal mit Barnabas. Auch Titus nahm ich mit. 2 Gott selbst hatte mir in einer Offenbarung den Auftrag dazu gegeben. In Jerusalem legte ich die Gute Nachricht vor, die ich den Völkern verkünde. Bei einer eigenen Zusammenkunft erklärte ich sie den maßgebenden Leuten. Denn ich war besorgt, dass ich mich vergeblich abmühe – oder schon abgemüht habe. 3 Doch nicht einmal von meinem Begleiter Titus, einem Griechen, wurde verlangt, sich beschneiden zu lassen. 4 Es sind allerdings falsche Brüder bei uns eingedrungen. Sie haben sich eingeschlichen, um uns auszuspionieren. Es ging ihnen um die Freiheit, die Christus Jesus uns gebracht hat. Ihr Ziel war es, uns wieder ihren Vorschriften zu unterwerfen. 5 Aber wir haben ihnen keinen Augenblick nachgegeben. Die Gute Nachricht sollte bei euch in ihrer ganzen Wahrheit erhalten bleiben.

6 Zurück zu den maßgebenden Leuten: Wer auch immer das war, spielt für mich keine Rolle. Gott schaut nicht auf die Person. Jedenfalls wurden mir von den maßgebenden Leuten keine Auflagen gemacht. 7 Im Gegenteil! Sie sahen, dass Gott es mir anvertraut hat, die Gute Nachricht zu den Völkern zu bringen. Ebenso war es ja Petrus

Gemeinde Gottes: Bevor Paulus zum Apostel berufen wurde, hat er Menschen verfolgt, die an Jesus Christus glaubten.

Sohn Gottes: Titel, der das besondere Vertrauensverhältnis eines Menschen zu Gott zum Ausdruck bringt. Im Neuen Testament wird der Titel ausschließlich für Jesus verwendet.

Jakobus: Bruder von Jesus, der zusammen mit Petrus und Johannes die Gemeinde in Jerusalem leitet.

Kilikien: Römische Provinz im Südosten Kleinasiens mit der Hauptstadt Tarsus, heute in der Türkei gelegen.

Judäa: Römische Provinz mit Jerusalem als religiösem und kulturellem Zentrum.

Titus: Mitarbeiter und Begleiter des Paulus aus Antiochien am Orontes. Später Gemeindeleiter auf Kreta.

Jesus Christus: Der Name ist zugleich ein Bekenntnis. Wer Jesus als Christus anerkennt, glaubt an ihn als Retter und Erlöser der Welt.

Völker: Menschen aus dem Gebiet der heutigen Türkei und aus Griechenland, die nicht jüdischer Herkunft und daher nicht beschnitten sind.

anvertraut, sie zu den Menschen jüdischer Herkunft zu bringen.
8 Denn Gott hat Petrus befähigt, Apostel für die Menschen jüdischer
Herkunft zu sein. Genauso hat er mich befähigt, Apostel für die Völ-
ker zu sein. 9 Die maßgebenden Leute erkannten, welche Gnade mir
Gott erwiesen hatte. Es waren Jakobus, Kephas und Johannes, die als
»die Säulen« der Gemeinde gelten. Zum Zeichen, dass sie einverstan-
den waren, reichten sie mir und Barnabas die Hand. Wir sollten zu
den Völkern gehen, sie zu den Menschen jüdischer Herkunft. 10 Sie
baten uns nur darum, an die Armen zu denken. Und ich habe mich
bemüht, genau das zu tun.

Paulus widerspricht Petrus

11 Doch als Kephas dann nach Antiochia kam, stellte ich ihn persön-
lich zur Rede. Denn er war im Unrecht: 12 Zunächst hatte er nämlich
zusammen mit Menschen aus den Völkern gegessen. Aber dann ka-
men einige Leute aus dem Kreis um Jakobus. Da zog er sich zurück
und hielt sich von ihnen fern. Denn er hatte Angst vor den Leuten jü-
discher Herkunft. 13 Und genauso heuchlerisch verhielten sich auch
die anderen Juden in der Gemeinde. Sogar Barnabas ließ sich von
ihrer Heuchelei anstecken. 14 Damit verließen sie den rechten Weg,
wie er der Wahrheit der Guten Nachricht entspricht. Als ich das sah,
stellte ich Kephas vor allen anderen zur Rede: »Obwohl du ein Jude
bist, lebst du wie ein Mann aus den Völkern – und nicht wie ein Jude.
Warum zwingst du dann die Menschen aus den Völkern, wie Juden
zu leben?«

Durch den Glauben wird der Mensch gerecht, nicht durch das Gesetz

15 Unserer Herkunft nach sind wir Juden und nicht Sünder, wie die
Menschen, die aus den Völkern stammen. 16 Aber wir wissen: Kein
Mensch gilt vor Gott als gerecht, weil er das Gesetz befolgt. Als ge-
recht gilt man nur, wenn man an Jesus Christus glaubt. Deshalb ka-
men auch wir zum Glauben an Jesus Christus. Denn durch diesen
Glauben an Christus werden wir vor Gott als gerecht gelten – und
nicht, weil wir tun, was das Gesetz vorschreibt. Schließlich spricht
Gott keinen Menschen von seinen Sünden frei, weil er das Gesetz
befolgt. 17 Nun wollen wir ja durch Christus vor Gott als gerecht gel-
ten. Wenn sich nun aber zeigt, dass wir trotz allem Sünder sind – was
bedeutet das dann? Auf gar keinen Fall bedeutet es, dass Christus
die Sünde auch noch fördert! 18 Wenn ich nämlich das Gesetz wieder
einführe, das ich vorher abgeschafft habe, dann heißt das: Ich selbst
stelle mich als jemand hin, der es übertritt. 19 Das Gesetz hat mir den
Tod gebracht. Ich gelte deshalb für das Gesetz als gestorben, damit
ich für Gott leben kann. Mit Christus zusammen wurde ich gekreu-
zigt. 20 Deshalb lebe ich also nicht mehr selbst, sondern Christus lebt
in mir. Zwar lebe ich noch in dieser Welt, aber ich lebe im Glauben an
den Sohn Gottes. Er hat mir seine Liebe geschenkt und sein Leben
für mich hingegeben. 21 Ich weise die Gnade nicht zurück, die Gott

Juden: Menschen, die zu Gottes Volk gehören. Im Gegensatz zu anderen Völkern werden alle jüdischen Männer beschnitten.

Apostel: Wörtlich »Ausgesandte«. Menschen, die dazu berufen sind, die Gute Nachricht von Jesus Christus zu verkünden. Im engeren Sinn die zwölf Jünger von Jesus, die ihn während seines Lebens begleiteten.

Gnade: Liebevolle Zuwendung Gottes, die er den Menschen ohne Vorbedingung schenkt.

Kephas: Aramäische Namensform für Petrus.

Arme: Meint die Armen in der Jerusalemer Gemeinde, für die Paulus Spenden sammelt.

Barnabas: Leiter der Gemeinde in Antiochia und Begleiter des Paulus auf seinen Reisen.

Gesetz: Die Lebensvorschriften des Alten Testaments, besonders die fünf Bücher Mose.

gerecht, als gerecht gelten: Gott nimmt die Menschen an und verurteilt sie nicht, obwohl sie seine Gebote übertreten. Darin zeigt sich Gottes Liebe zu den Menschen.

uns erweist. Denn wenn wir durch das Gesetz vor Gott als gerecht
gelten, dann ist Christus vergeblich gestorben.

Die Freiheit vom Gesetz 3,1–4,31

Die Galater wenden sich von der Botschaft des Glaubens ab

3 1 Ach, ihr unvernünftigen Galater! Wer hat euch so verhext? Ist
euch denn Jesus Christus nicht eindrücklich genug als Gekreu-
zigter vor Augen gestellt worden? 2 Ich möchte nur eines von euch
wissen: Warum habt ihr denn den Heiligen Geist empfangen? Weil
ihr das Gesetz befolgt oder weil ihr die Botschaft des Glaubens ge-
hört habt? 3 Seid ihr wirklich so unvernünftig? Begonnen habt ihr aus
der Kraft des Heiligen Geistes. Und jetzt wollt ihr aus eigener Kraft
zum Ziel kommen? 4 Habt ihr etwas so Großartiges umsonst erfah-
ren? – Wenn es denn wirklich umsonst war! – 5 Gott gibt euch den
Heiligen Geist und lässt bei euch Wunder geschehen. Geschieht das,
weil ihr das Gesetz befolgt oder weil ihr die Botschaft des Glaubens
angenommen habt?

Die Gute Nachricht gründet in dem Versprechen an Abraham

6 Von Abraham heißt es: »Er glaubte Gott, und das rechnete ihm Gott
als Gerechtigkeit an.« 7 Seht es doch ein: Die wahren Nachkommen
Abrahams sind diejenigen, die aus dem Glauben leben. 8 Die Heilige
Schrift hat es vorausgesehen: Gott wird die Völker als gerecht aner-
kennen, weil sie aus dem Glauben an ihn leben. Schon im Voraus
hat Gott dem Abraham diese Gute Nachricht verkündet: »Durch
dich sollen alle Völker gesegnet werden.« 9 Alle, die aus Glauben le-
ben, werden also zusammen mit dem glaubenden Abraham Segen
empfangen.

Niemand wird durch das Gesetz vor Gott gerecht

10 Dagegen stehen alle, die auf die Erfüllung des Gesetzes bauen, un-
ter einem Fluch. In der Heiligen Schrift steht nämlich: »Verflucht
ist jeder, der nicht alles einhält, was im Buch des Gesetzes vorge-
schrieben ist.« 11 Durch die Befolgung des Gesetzes wird niemand
vor Gott als gerecht gelten. Das ist ganz offensichtlich! Denn es
heißt: »Aufgrund seines Glaubens wird der Gerechte das Leben er-
langen.« 12 Für das Gesetz zählt nicht der Glaube. Hier gilt vielmehr:
»Wer seine Vorschriften befolgt, wird durch sie das Leben erlangen.«
13 Christus hat uns von dem Fluch freigekauft, unter dem wir auf-
grund des Gesetzes stehen. Denn er hat für uns den Fluch auf sich
genommen. Es heißt ja in der Heiligen Schrift: »Verflucht ist jeder,
der am Holz hängt.« 14 Durch Jesus Christus sollten die Völker An-
teil an dem Segen bekommen, den Gott Abraham zugesagt hatte.
So wurde es möglich, dass wir aufgrund des Glaubens den Heiligen
Geist empfangen.

Gekreuzigter: Das Kreuz ist Sinnbild für Gottes Zuwendung zu den Menschen, für die Jesus Christus sein Leben am Kreuz opferte.

Heiliger Geist: Kraft, durch die Gott in der Welt wirkt.

eigene Kraft: Wörtlich »Fleisch«. Wer vom Fleisch bestimmt ist, glaubt nicht an Gott und die Versöhnung, die er den Menschen durch Tod und Auferstehung von Christus geschenkt hat. Er vertraut sich selbst mehr als Gott. Das ist nach biblischer Vorstellung Sünde.

Zeichen, Wunder: Ausweis der göttlichen Vollmacht, mit der eine Person handelt.

gerecht, als gerecht gelten: Gott nimmt die Menschen an und verurteilt sie nicht, obwohl sie seine Gebote übertreten. Darin zeigt sich Gottes Liebe zu den Menschen.

Leben, neues Leben: Durch den Glauben an Gott von ihm bereits in dieser Welt geschenktes Leben in Gemeinschaft mit ihm.

aufgrund des Gesetzes: Paulus geht davon aus, dass ein Mensch nicht alle Vorschriften des Gesetzes einhalten kann. »Gesetz« ist hier eine Bezeichnung für die fünf Bücher Mose.

Holz: Paulus versteht das Holz als Hinweis auf das Kreuz, an dem Jesus hingerichtet worden ist.

Gottes Versprechen ist älter als das Gesetz

15 Brüder und Schwestern, ich will es euch an einem Beispiel aus dem
alltäglichen Leben erklären: Wenn jemand ein Testament macht und
es rechtskräftig wird, kann es niemand mehr außer Kraft setzen.
Man kann auch keine Klausel mehr hinzufügen. 16 Nun wurde Abra-
ham und seinem Nachkommen von Gott ein Versprechen gegeben.
Er sagt nicht: »und den Nachkommen«, als ob damit viele gemeint
wären. Nein, es geht nur um einen: »dein Nachkomme«. Und das ist
Christus. 17 Damit will ich sagen: Es gibt ein Testament, das Gott für
rechtskräftig erklärt hat. Dies kann nicht durch das Gesetz aufgeho-
ben werden, das erst 430 Jahre später erlassen wurde. Das Gesetz
kann Gottes Versprechen nicht aufheben. 18 Denn wenn das Erbe
vom Gesetz abhängt, verdankt es sich nicht mehr dem damaligen
Versprechen. Gott hat Abraham aber eben durch dieses Versprechen
seine Gnade erwiesen.

Das Gesetz gilt nur für eine begrenzte Zeit

19 Warum gibt es dann das Gesetz? Es wurde erlassen, damit deut-
lich wird: Wir leben gegen Gottes Willen. Das Gesetz gilt so lange,
bis der Nachkomme Abrahams da ist, auf den sich das Versprechen
Gottes bezieht. Im Übrigen wurde es durch Engel angeordnet und
von einem Mittelsmann überbracht 20 Ein Einzelner braucht keinen
Mittelsmann. Und Gott ist doch nur Einer.

21 Steht dann das Gesetz im Widerspruch zum Versprechen Got-
tes? Auf keinen Fall! Das wäre anders, wenn ein Gesetz erlassen wor-
den wäre, das Leben schenken kann. Dann könnte die Befolgung des
Gesetzes dazu führen, von Gott als gerecht anerkannt zu werden.
22 Nun sagt aber die Heilige Schrift, dass die ganze Welt der Sünde un-
terworfen ist. Umso mehr gilt das Versprechen, das die Glaubenden
erhalten haben: Es genügt der Glaube an Jesus Christus!

Wir sind nicht mehr Sklaven, sondern Kinder Gottes

23 Bevor die Zeit des Glaubens kam, waren wir der Aufsicht des Ge-
setzes unterstellt. Wir sollten in Gewahrsam bleiben bis zur Offen-
barung des Glaubens an Christus. 24 Das Gesetz war also unser Auf-
seher bis Christus kam. Denn aufgrund des Glaubens sollten wir vor
Gott als gerecht gelten. 25 Aber seit die Zeit des Glaubens gekommen
ist, sind wir nicht mehr dem Aufseher unterstellt. 26 Ihr seid alle Kin-
der Gottes, weil ihr durch den Glauben mit Christus Jesus verbun-
den seid. 27 Denn ihr alle habt in der Taufe Christus angezogen. Und
durch sie gehört ihr nun zu ihm. 28 Es spielt keine Rolle mehr, ob ihr
Juden seid oder Griechen, Sklaven oder freie Menschen, Männer
oder Frauen. Denn durch eure Verbindung mit Christus Jesus seid
ihr alle wie *ein* Mensch geworden. 29 Wenn ihr aber zu Christus ge-
hört, dann seid ihr Abrahams Nachkommen. Damit bekommt ihr
auch das Erbe, das Gott ihm versprochen hat.

Erbe: In 1. Mose/Genesis 22,17-18 verspricht Gott Abraham eine große Nachkommenschaft, die ein Segen für die ganze Welt sein wird. Paulus versteht dieses Versprechen als Zusage für ein Leben im Reich Gottes, in unmittelbarer Gemeinschaft mit Gott.

Gnade: Liebevolle Zuwendung Gottes, die er den Menschen ohne Vorbedingung schenkt.

Mittelsmann: Mose, der am Berg Sinai die Zehn Gebote von Gott erhielt; vgl. 2. Mose/Exodus 20,1-21 und 2. Mose/Exodus 34.

Leben, neues Leben: Durch den Glauben an Gott von ihm bereits in dieser Welt geschenktes Leben in Gemeinschaft mit ihm.

Heilige Schrift: Für das Judentum und für das frühe Christentum die Bücher, die sich im Alten Testament finden.

Sünde: Die Trennung des Menschen von Gott, seinem Schöpfer. Sie führt dazu, dass der Mensch sein Leben nicht nach Gottes Willen ausrichten kann.

Jesus Christus: Der Name ist zugleich ein Bekenntnis. Wer Jesus als Christus anerkennt, glaubt an ihn als Retter und Erlöser der Welt.

Christus angezogen: Meint in ein neues, von Christus bestimmtes Leben hineinzuschlüpfen wie in ein neues Kleid.

4 1 Ich will damit sagen: Solange der Erbe ein unmündiges Kind ist,
unterscheidet ihn nichts von einem Sklaven. Dabei gehört ihm
eigentlich alles. 2 Aber er ist von Vormündern und Verwaltern ab-
hängig bis zu dem Zeitpunkt, den der Vater festgesetzt hat.
3 So verhält es sich auch bei uns. Solange wir unmündig wie Kinder
waren, wurden wir von den Elementen dieser Welt beherrscht. 4 Aber
als die Zeit gekommen war, sandte Gott seinen Sohn. Er wurde von
einer Frau geboren und war dem Gesetz unterstellt. 5 Dadurch wollte
Gott alle freikaufen, die dem Gesetz unterworfen waren. Auf diese
Weise wollte Gott uns als seine Kinder annehmen.
6 Weil ihr nun seine Kinder seid, hat Gott den Geist seines Sohnes
in unsere Herzen gesandt. Der ruft: »Abba, Vater«! 7 Du bist also kein
Sklave mehr, sondern ein mündiges Kind. Wenn du aber Kind bist,
dann bist du auch Erbe. Dazu hat Gott dich bestimmt.

Paulus macht sich Sorgen um die Gemeinde

8 Ganz anders war es damals, als ihr Gott noch nicht kanntet. Da wart
ihr Sklaven von Göttern, die in Wirklichkeit keine Götter sind. 9 Aber
jetzt kennt ihr Gott, oder besser gesagt: Gott kennt euch. Wie könnt
ihr euch da wieder diesen schwachen und armseligen Elementen zu-
wenden? Wollt ihr ihnen von Neuem als Sklaven dienen? 10 Ihr be-
achtet bestimmte Tage und Monate, Festzeiten und besondere Jahre.
11 Ich mache mir Sorgen um euch! Habe ich mich etwa vergeblich mit
euch abgemüht?
12 Ich bitte euch, liebe Brüder und Schwestern: Werdet wie ich. Ich
bin ja damals auch so geworden, wie ihr wart: frei gegenüber dem Ge-
setz. Ihr habt mir bisher nie Unrecht getan. 13 Ihr erinnert euch sicher
noch an das erste Mal, als ich euch die Gute Nachricht verkündete.
Damals war ich krank. 14 Mein Zustand stellte euch auf eine harte
Probe. Trotzdem habt ihr mich nicht zurückgewiesen oder vor mir
ausgespuckt. Ihr habt mich vielmehr aufgenommen wie einen Engel
Gottes, ja wie Christus Jesus selbst. 15 Was ist aus dem Glück gewor-
den, das ihr damals empfunden habt? Ich kann es bezeugen: Wenn
es möglich gewesen wäre, hättet ihr sogar euer Augenlicht für mich
geopfert. 16 Bin ich jetzt etwa euer Feind geworden, weil ich euch die
Wahrheit sage?
17 Diese Leute bemühen sich um euch, aber nicht in rechter Wei-
se. Im Gegenteil: Sie wollen euch doch nur aus unserem gemeinsa-
men Glauben ausschließen, damit ihr euch um sie bemüht. 18 Es ist
in Ordnung, wenn man sich um euch bemüht. Aber das soll in guter
Absicht geschehen, und zwar immer – nicht nur, wenn ich bei euch
bin. 19 Meine Kinder! Ich leide wegen euch noch einmal Geburtswe-
hen, bis Christus in eurem Leben Gestalt angenommen hat. 20 Ich
wünschte, ich könnte jetzt bei euch sein und eindringlicher mit euch
reden. Denn ich bin ratlos, was ich wegen euch noch tun soll.

Welt, diese Welt: Die von griechischer Kultur geprägte Umwelt der frühen Gemeinden, die sich nicht an christlichen Maßstäben orientierte.

Sohn Gottes: Titel, der das besondere Vertrauensverhältnis eines Menschen zu Gott zum Ausdruck bringt. Im Neuen Testament wird der Titel ausschließlich für Jesus verwendet.

Gesetz: Die Lebensvorschriften des Alten Testaments, besonders die fünf Bücher Mose.

Abba: Aramäisch für »Vater«.

Elemente: Feuer, Wasser und Erde wurden in der Antike als Gottheiten verehrt.

beachtet: Paulus wirft den Galatern vor, ihren Glauben nach dem Kalender auszurichten, statt ganz auf Christus zu vertrauen.

Bruder, Schwester: Wörtlich »Bruder«. Das griechische Wort bezeichnet männliche *und* weibliche Mitglieder der Gemeinde.

damals: Paulus erinnert die Galater an seinen ersten Besuch bei ihnen.

Engel: Boten Gottes, die in seinem Auftrag unterwegs sind und seine Botschaft überbringen.

diese Leute: Menschen, die die Gute Nachricht von Christus in einer Art und Weise verkünden, die für Paulus falsch ist.

Die beiden Söhne Abrahams

21 Ihr wollt euch also dem Gesetz unterwerfen. Sagt mir: Hört ihr denn nicht, was eben dieses Gesetz sagt? 22 In der Heiligen Schrift steht doch: Abraham hatte zwei Söhne, den einen von der unfreien Magd, den anderen von der freien Frau. 23 Der Sohn der Magd wurde auf natürliche Weise gezeugt. Aber der Sohn der freien Frau verdankt sein Leben dem Versprechen Gottes. 24 Das ist bildlich gemeint: Die beiden Frauen stehen für zwei Bünde. Der eine Bund wurde am Berg Sinai geschlossen und bringt Unfreie hervor. Dafür steht Hagar. 25 Sie verweist auf den Berg Sinai in Arabien. Das entspricht aber dem heutigen Jerusalem, denn Jerusalem lebt mit seinen Kindern in Unfreiheit. 26 Das Jerusalem im Himmel dagegen ist frei. *Das* ist unsere Mutter. 27 Denn in der Heiligen Schrift steht: »Freu dich, du Unfruchtbare, obwohl du keine Kinder bekommst. Juble laut, obwohl du keine Wehen hast. Denn die verlassene Frau hat jetzt mehr Kinder als die Frau, die einen Mann hat.«

28 Brüder und Schwestern! Ihr gehört wie Isaak zu den Kindern, die ihr Leben dem Versprechen Gottes verdanken. 29 Es ist aber genau wie damals: Der Sohn, der auf natürliche Weise gezeugt wurde, verfolgt den anderen – den, der sein Leben vom Geist Gottes hatte. 30 Doch was steht dazu in der Heiligen Schrift? »Jag die Magd und ihren Sohn fort. Denn der Sohn der unfreien Magd darf nicht zusammen mit dem Sohn der freien Frau erben.« 31 Brüder und Schwestern, das alles zeigt doch: Wir sind nicht Kinder der Magd. Im Gegenteil: Wir sind Kinder der freien Frau!

Das Leben in der Freiheit 5,1–6,10

Paulus warnt die Gemeinde vor dem Rückfall ins Gesetz

5 1 Christus hat uns befreit, damit wir endgültig frei sind. Bleibt also standhaft und unterwerft euch nicht wieder dem Joch der Sklaverei!

2 Ich, Paulus, sage euch: Wenn ihr euch beschneiden lasst, wird Christus euch nichts nützen. 3 Ich sage es noch einmal mit allem Nachdruck jedem, der sich beschneiden lässt: Er ist verpflichtet, das ganze Gesetz einzuhalten. 4 Ihr habt dann mit Christus nichts mehr zu tun. Jeder, der durch das Gesetz vor Gott als gerecht gelten will, hat damit die Gnade verspielt. 5 Wir aber dürfen durch den Geist Gottes hoffen, aufgrund des Glaubens vor Gott als gerecht zu gelten. 6 Denn wenn wir zu Christus Jesus gehören, spielt es keine Rolle, ob jemand beschnitten ist oder nicht. Es zählt nur der Glaube, der sich in Liebe auswirkt.

7 Ihr kamt so gut voran! Wer hat euch denn daran gehindert, der Wahrheit weiter zu folgen? 8 Was man euch da einreden will, kommt nicht von dem, der euch beruft. 9 Schon ein wenig Sauerteig macht den ganzen Teig sauer. 10 Ich verlasse mich ganz auf den Herrn. Des-

zwei Bünde: Paulus stellt hier den Sinai-Bund mit den Bundestafeln dem neuen Bund gegenüber, der den Menschen ins Herz geschrieben wird; vgl. Jeremia 31,31-34. Die Magd Hagar steht für den Sinai-Bund, dessen Gebote den Menschen zeigen, wo sie gegen sie verstoßen und sich schuldig machen. Die freie Frau Sara steht für den neuen Bund, der Menschen im Innersten so verwandelt, dass sie in der Lage sind, die Gebote zu halten.

himmlisches Jerusalem: Bild für die neue Welt, in der alle Bereiche des Lebens durch die Gegenwart Gottes grundlegend verwandelt sind.

Joch: Holzbalken, der Tieren über den Nacken gelegt wird, um einen Wagen oder Pflug zu ziehen. Hier Bild für die Last des Gesetzes.

Beschneidung: Das Abtrennen der Vorhaut am männlichen Glied ist für Israel Zeichen des Bundes zwischen Gott und seinem Volk.

gerecht, als gerecht gelten: Gott nimmt die Menschen an und verurteilt sie nicht, obwohl sie seine Gebote übertreten. Darin zeigt sich Gottes Liebe zu den Menschen.

Sauerteig: Brotteig, bei dem eine kleine Menge gegorener Teig zum neuen Teig gegeben wird. Dadurch geht der Teig auf und wird locker.

halb vertraue ich darauf, dass ihr zu keiner anderen Überzeugung
kommen werdet. Doch wer immer euch aufhetzt, wird seine Strafe
bekommen – ganz gleich, wer es ist.
11 Brüder und Schwestern, wenn ich noch immer die Beschneidung
fordern würde, warum werde ich dann weiter verfolgt? Dann wäre
doch der Anstoß beseitigt, den das Kreuz erregt! 12 Die Leute, die bei
euch Unruhe stiften, sollten sich doch gleich kastrieren lassen!

Der Geist befreit zur Liebe und nicht zur Selbstsucht

13 Brüder und Schwestern, ihr seid zur Freiheit berufen! Aber benutzt
eure Freiheit nicht als einen Vorwand, um eurer menschlichen Na-
tur zu folgen. Dient euch vielmehr gegenseitig in Liebe. 14 Denn das
ganze Gesetz ist erfüllt, wenn ein einziges Gebot befolgt wird. Näm-
lich folgendes: »Liebe deinen Mitmenschen wie dich selbst!« 15 Aber
wenn ihr einander wie wilde Tiere beißt und auffresst, dann passt
auf! Sonst wird am Ende sogar einer vom andern verschlungen.
16 Damit will ich sagen: Lasst euer Leben vom Geist Gottes be-
stimmt sein und richtet es danach aus. Dann werdet ihr nicht euren
selbstsüchtigen Wünschen nachgeben. 17 Denn eure menschliche
Natur kämpft gegen den Geist Gottes und der Geist Gottes gegen
eure menschliche Natur. Diese beiden ringen ständig miteinan-
der, sodass ihr nie tun könnt, was ihr eigentlich wollt. 18 Aber wenn
ihr euch vom Geist Gottes leiten lasst, untersteht ihr nicht dem
Gesetz.
19 Es ist ja offensichtlich, was eure menschliche Natur hervor-
bringt: Unzucht, Unsittlichkeit und Zügellosigkeit, 20 Götzendienst,
Zauberei, Feindschaft, Streit, Eifersucht, Wut, Eigennutz, Uneinig-
keit, Lagerbildung, 21 Neid, Fress- und Trinkgelage und Ähnliches. Ich
warne euch, wie ich es schon früher getan habe: Wer sich so verhält,
wird keinen Anteil am Reich Gottes erben.
22 Der Geist dagegen bringt als Ertrag: Liebe, Freude und Frie-
den, Geduld, Güte und Großzügigkeit, Treue, 23 Freundlichkeit und
Selbstbeherrschung. Gegen all das hat das Gesetz nichts einzuwen-
den. 24 Nun, wer zu Christus Jesus gehört, hat seine menschliche Na-
tur ans Kreuz genagelt – mit allen Leidenschaften und Begierden.
25 Wenn wir durch den Geist Gottes das Leben haben, wollen wir
auch aus diesem Geist heraus unser Leben führen. 26 Wir sollen nicht
überheblich auftreten, einander nicht herausfordern und nicht nei-
disch aufeinander sein.

Lasten gemeinsam tragen und allen Menschen Gutes tun

6 1 Brüder und Schwestern, nun kann es vorkommen, dass sich
jemand zu einer Verfehlung hinreißen lässt. Dann sollt ihr, die
ihr ja vom Geist geleitet werdet, ihn auf den richtigen Weg bringen.
Tut dies mit der Freundlichkeit, die der Geist schenkt. Dabei muss
jeder für sich selbst darauf achten, dass er nicht auch auf die Probe
gestellt wird.

wer immer euch aufhetzt: Menschen, die die Gute Nachricht von Christus in einer Art und Weise verkünden, die für Paulus falsch ist.

Kreuz: Sinnbild für Gottes Zuwendung zu den Menschen. Am Kreuz opferte Jesus Christus sein Leben, um die Sünden der Menschen wegzunehmen, die sie von Gott trennen.

Bruder, Schwester: Wörtlich »Bruder«. Das griechische Wort bezeichnet männliche *und* weibliche Mitglieder der Gemeinde.

menschliche Natur: Wörtlich »Fleisch«. Wer vom Fleisch bestimmt ist, glaubt nicht an Gott und die Versöhnung, die er den Menschen durch Tod und Auferstehung von Christus geschenkt hat. Er vertraut sich selbst mehr als Gott. Das ist nach biblischer Vorstellung Sünde.

folgendes: Das Gebot der Nächstenliebe steht in 3. Mose/Levitikus 19,18. Jesus zitiert es beispielsweise in Lukas 10,27.

Geist Gottes: Kraft, durch die Gott in der Welt wirkt.

Gesetz: Die Lebensvorschriften des Alten Testaments, besonders die fünf Bücher Mose.

Götzendienst: Verehrung einer fremden Gottheit, die in Israel verboten war.

2 Helft einander, die Lasten zu tragen. So erfüllt ihr das Gesetz, das
Christus gegeben hat. 3 Wenn allerdings jemand meint, er sei etwas
Besonderes, dann macht er sich etwas vor. Denn das ist er keines-
wegs. 4 Vielmehr sollte jeder das eigene Tun überprüfen. Dann hat
er etwas, worauf er stolz sein kann, und muss sich nicht mit anderen
vergleichen. 5 Denn jeder wird seine eigene Last zu tragen haben.
6 Wer Unterricht in der Lehre von Christus erhält, soll seinen Leh-
rer mit seinem ganzen Besitz unterstützen. 7 Täuscht euch nicht!
Gott lässt keinen Spott mit sich treiben. Denn was der Mensch sät,
das wird er auch ernten. 8 Wer auf den Boden seiner selbstsüchtigen
Natur sät, wird von seiner Selbstsucht das Verderben ernten. Aber
wer auf den Boden von Gottes Geist sät, wird von diesem Geist das
ewige Leben ernten. 9 Lasst uns daher nicht müde werden, das Rech-
te zu tun. Denn wenn die Zeit da ist, werden wir die Ernte einbringen.
Wir dürfen nur nicht vorher aufgeben. 10 Solange wir also noch Zeit
haben, wollen wir allen Menschen Gutes tun – vor allem aber den-
jenigen, die durch den Glauben mit uns verbunden sind.

Eigenhändiger Briefschluss 6,11-18

Es zählt allein das Kreuz von Christus

11 Seht doch, mit was für großen Buchstaben ich euch jetzt eigenhän-
dig schreibe. 12 Diese Leute wollen euch dazu bringen, euch beschnei-
den zu lassen. Sie wollen vor der Welt gut dastehen. Das verlangen
sie nur, damit sie nicht wegen des Kreuzes von Christus verfolgt
werden. 13 Denn auch diejenigen, die sich beschneiden lassen, halten
das Gesetz nicht ein. Im Gegenteil: Sie wollen eure Beschneidung
nur, damit sie dann voll Stolz darauf verweisen können. 14 Ich kann
aber auf nichts anderes stolz sein als auf das Kreuz unseres Herrn
Jesus Christus. An seinem Kreuz ist diese Welt für mich gekreuzigt
worden. Und ich bin gekreuzigt für die Welt. 15 Darum spielt es keine
Rolle mehr, ob jemand beschnitten ist oder unbeschnitten. Es zählt
allein, dass jemand durch Christus neu geschaffen ist. 16 Allen, die
sich nach diesem Maßstab richten, schenke Gott Frieden und Barm-
herzigkeit. Er schenke sie ihnen und allen, die zu Gottes Volk Israel
gehören.

Abschließende Wünsche

17 Macht mir in Zukunft keine Schwierigkeiten mehr! Denn ich trage
die Narben der Verletzungen an meinem Körper, die ich für Jesus er-
litten habe.
18 Die Gnade unseres Herrn Jesus Christus sei mit euch, liebe Brü-
der und Schwestern. Amen.

ewiges Leben: Leben im Reich Gottes und in unmittelbarer Gemeinschaft mit Gott nach der Auferstehung vom Tod.

Glaube, glauben: Meint das tiefe Vertrauen auf Gott, das zu einem Leben nach seinem Willen führt.

diese Leute: Menschen, die die Gute Nachricht von Christus in einer Art und Weise verkünden, die für Paulus falsch ist.

Beschneidung: Das Abtrennen der Vorhaut am männlichen Glied ist für Israel Zeichen des Bundes zwischen Gott und seinem Volk.

Welt, diese Welt: Die von griechischer Kultur geprägte Umwelt der frühen Gemeinden, die sich nicht an christlichen Maßstäben orientierte.

Frieden: Umfassender Zustand von Glück und Wohlergehen des Einzelnen und der Gemeinschaft, der aus der Beziehung mit Gott hervorgeht.

Israel: Nachkommen der zwölf Söhne Jakobs. Gott hat mit Israel einen Bund geschlossen.

Amen: Das hebräische Wort bedeutet »So ist es! / So soll es sein!«

Apostel: Wörtlich »Ausgesandte«. Menschen, die dazu berufen sind, die Gute Nachricht von Jesus Christus zu verkünden. Im engeren Sinn die zwölf Jünger von Jesus, die ihn während seines Lebens begleiteten.

Heilige: Bezeichnung für die Anhänger von Jesus Christus.

Gnade: Liebevolle Zuwendung Gottes, die er den Menschen ohne Vorbedingung schenkt.

Frieden: Umfassender Zustand von Glück und Wohlergehen des Einzelnen und der Gemeinschaft, der aus der Beziehung mit Gott hervorgeht.

Jesus Christus: Der Name ist zugleich ein Bekenntnis. Wer Jesus als Christus anerkennt, glaubt an ihn als Retter und Erlöser der Welt.

Segen, segnen: Besondere Zuwendung Gottes zu seinen Geschöpfen. Gott schenkt durch seinen Segen Leben, Kraft und Wohlergehen.

Geist Gottes: Kraft, durch die Gott in der Welt wirkt.

den er liebt: Gemeint ist Jesus Christus.

sein Blut: Anspielung auf den Tod von Jesus Christus am Kreuz. Es steht für Gottes Zuwendung zu den Menschen, für die Jesus sein Leben am Kreuz opferte, um die Sünden der Menschen wegzunehmen.

Der Brief an die Epheser

Briefanfang 1,1-23

Absender und Empfänger

1 1 Paulus – nach dem Willen Gottes zum Apostel von Christus Jesus berufen.
An alle Menschen in Ephesus, die zu den Heiligen gehören und an Christus Jesus glauben.
2 Wir wünschen euch Gnade und Frieden von Gott, unserem Vater, und dem Herrn Jesus Christus.

Lob Gottes für sein Handeln durch Jesus Christus

3 Gelobt sei Gott,
der Vater unseres Herrn Jesus Christus!
Er hat uns gesegnet mit allem Segen,
der von seinem Geist erfüllt ist.
Im Himmel hält er ihn für uns bereit.
Denn wir gehören zu Christus.
4 Weil wir zu ihm gehören,
hat Gott uns bereits erwählt,
bevor die Welt erschaffen wurde.
Denn wir sollen heilig und makellos
vor ihn treten können in der Liebe.
5 Er hat uns im Voraus dazu bestimmt,
seine Kinder zu werden.
Durch Jesus Christus hat er uns dazu gemacht,
und zu ihm sollen wir gehören.
So gefiel es Gott, und das war sein Wille.
6 Das geschieht zum Lob seiner herrlichen Gnade.
Die hat er uns durch den geschenkt, den er liebt.

7 Weil wir zu ihm gehören,
schenkt Gott uns durch sein Blut die Erlösung.
Damit schenkt er uns zugleich
die Vergebung unserer Verfehlungen.
So reich ist seine Gnade.
8 Er gewährt sie uns über jedes Maß hinaus
und schenkt uns alle Weisheit und Einsicht.
9 Er hat uns das Geheimnis seines Willens offenbart.
So gefiel es ihm, und so hatte er es beschlossen:
Durch Christus 10 sollte die Zeit erfüllt werden.

Unter Christus als dem Haupt
sollte alles zusammengefasst werden
im Himmel und auf der Erde.
11 Weil wir zu Christus gehören,
wurden wir als Erben eingesetzt –
so wie Gott es für uns im Voraus bestimmt hat.
So hat er es beschlossen, der ja alles bewirkt.
Nach seinem Willen sollte es geschehen.
12 Denn wir sollen dem Lob seiner Herrlichkeit dienen –
wir, die schon zuvor auf Christus gehofft haben.
13 Weil ihr zu ihm gehört,
hat Gott auch euch sein Siegel aufgedrückt.
Dieses Siegel ist der Heilige Geist,
den er versprochen hat.
Denn ihr habt die Verkündigung der Wahrheit gehört:
die Gute Nachricht von eurer Rettung.
Ihr habt diese Botschaft im Glauben angenommen.
14 Der Heilige Geist ist der Vorschuss auf unser Erbe,
bis Gott uns als sein Eigentum endgültig erlöst.
So dient das alles dem Lob von Gottes Herrlichkeit.

Dank für die Liebe der Gemeinde und Fürbitte

15 Ich habe von eurem Glauben an den Herrn Jesus und eurer Liebe
zu allen Heiligen gehört. 16 Das ist auch der Grund, weshalb ich un-
ablässig für euch danke. Das tue ich jedes Mal, wenn ich im Gebet an
euch denke. 17 Dann bitte ich den Gott unseres Herrn Jesus Christus,
den Vater, von dem alle Herrlichkeit ausgeht: Er gebe euch den Geist,
der euch Weisheit schenkt und Offenbarung zuteilwerden lässt. So
könnt ihr Gott erkennen. 18 Er mache euer Herz einsichtig. Denn ihr
sollt wissen, welche Hoffnung mit eurer Berufung verbunden ist.
Und ihr sollt erkennen, welche Fülle an Herrlichkeit zu seinem Erbe
für die Heiligen gehört. 19 Und ihr sollt begreifen, mit welch überwäl-
tigend großer Kraft er in uns Glaubenden wirkt. So entspricht es der
Macht und Stärke, mit der er sein Werk vollbringt.
20 Diese Macht ließ er auch an Christus wirksam werden: Er hat
ihn von den Toten auferweckt und an seine rechte Seite im Himmel
gesetzt. 21 Dort thront er hoch über Mächten und Gewalten, Kräften
und Herrschaftsbereichen. Er herrscht über alle, deren Namen man
im Gebet anruft – nicht nur in dieser, sondern auch in der kommen-
den Zeit. 22 Alles hat Gott ihm zu Füßen gelegt und ihn zum Haupt
über die ganze Gemeinde gemacht. 23 Sie ist sein Leib. So ist sie die
ganze Fülle dessen, der alles in allem erfüllt: Christus.

Siegel: Persönlicher Stempel, durch den etwas als Eigentum gekennzeichnet wurde. Hier Bild dafür, dass die Glaubenden durch die Gabe des Heiligen Geistes bei der Taufe zu Gott gehören.

Glaube, glauben: Meint das tiefe Vertrauen auf Gott, das zu einem Leben nach seinem Willen führt.

Erbe: Ursprünglich der Anteil der Israeliten an dem Land, das Gott ihnen gibt. Im Neuen Testament bedeutet es ein Leben im Reich Gottes, in unmittelbarer Gemeinschaft mit ihm.

Herrlichkeit: Bezeichnet das, was einer Person Ansehen und Macht verleiht. Gottes Herrlichkeit stellt man sich auch als strahlenden Lichtglanz vor.

Gebet: Reden des Menschen mit Gott.

Herz: Sitz des Verstandes und des Willens.

Auferweckung: Meint die Auferstehung vom Tod und das ewige Leben im Reich Gottes.

rechte Seite: Die rechte Seite ist ein Ehrenplatz.

Die Einheit der Kirche 2,1–3,21

Durch den Glauben aus dem Tod gerettet

2 1 Ja, ihr wart tot aufgrund eurer Verfehlungen und eurer Sün-
den. 2 Ihr habt euer Leben entsprechend geführt. Ihr standet
ganz unter dem Einfluss der Macht, die diese Welt prägt. Das ist der
Herrscher, der das Reich der Luft regiert. Sein Geist wirkt noch im-
mer in den Menschen, die Gott nicht gehorchen. 3 Wir alle gehörten
ja zu diesen Menschen. Denn früher waren wir beherrscht von den
Begierden unserer menschlichen Natur. So folgten wir dem, was die
menschliche Natur von uns verlangte, und dem, was wir erkennen
konnten. So, wie wir unserem Wesen nach waren, hatten wir den
Zorn Gottes verdient – genau wie alle übrigen Menschen.

4 Aber Gott ist reich an Barmherzigkeit. Mit seiner ganzen Liebe
hat er uns geliebt 5 und uns zusammen mit Christus lebendig ge-
macht. Das tat er, obwohl wir tot waren aufgrund unserer Verfehlun-
gen. – Aus reiner Gnade seid ihr gerettet! – 6 Er hat uns mit Christus
auferweckt und zusammen mit ihm einen Platz im Himmel gege-
ben. Denn wir gehören zu Christus Jesus! 7 So wollte Gott für alle
Zukunft zeigen, wie unendlich reich seine Gnade ist: die Güte, die er
uns erweist, eben weil wir zu Christus Jesus gehören.

8 Denn aus Gnade seid ihr gerettet – durch den Glauben. Das ver-
dankt ihr nicht eurer eigenen Kraft, sondern es ist Gottes Geschenk.
9 Er gibt es unabhängig von irgendwelchen Taten, damit niemand
darauf stolz sein kann. 10 Denn wir sind Gottes Werk. Aufgrund unse-
rer Zugehörigkeit zu Christus Jesus hat er uns so geschaffen, dass wir
nun das Gute tun. Gott selbst hat es im Voraus für uns bereitgestellt,
damit wir unser Leben entsprechend führen können.

Juden und Völker sind durch Christus geeint

11 Erinnert euch deshalb daran, dass ihr früher rein körperlich Hei-
den wart. Von den sogenannten Beschnittenen wurdet ihr die Un-
beschnittenen genannt. Dabei haben auch sie nur die körperliche
Beschneidung, die von Menschen vollzogen wurde. 12 Denkt daran,
dass ihr damals von Christus getrennt wart. Ihr habt nicht zu Israel
gehört. Als Fremde galt für euch keiner der Bundesschlüsse, mit de-
nen Gott sein Versprechen gab. Ohne Hoffnung und ohne Gott habt
ihr in dieser Welt gelebt. 13 Aber jetzt gehört ihr zu Christus Jesus. Ihr,
die ihr einst fern wart, seid ihm nahe gekommen durch das Blut, das
Christus vergossen hat.

14 Ja, Christus selbst ist unser Frieden. Er hat aus beiden, aus den Ju-
den und den Völkern, ein Ganzes gemacht. Er hat die Mauer nieder-
gerissen, die sie trennte. Er hat die Feindschaft zwischen ihnen besei-
tigt, indem er seinen Leib hingab. 15 So hat er das Gesetz aufgehoben
mitsamt seinen Geboten und Vorschriften. In seiner Person hat
er die beiden Teile zu *einem* neuen Menschen vereint und dadurch
Frieden gestiftet. 16 Zugleich hat er die beiden Teile durch seinen Tod

Sünden: Konkrete Verfehlungen, die von Gott trennen und das Gewissen belasten können.

Welt, diese Welt: Die von griechischer Kultur geprägte Umwelt der frühen Gemeinden, die sich nicht an christlichen Maßstäben orientierte.

Herrscher: Hier der Satan, der im Bereich zwischen Himmel und Erde herrscht. Als Gegenspieler Gottes versucht er, die Menschen zu einem Verhalten zu bewegen, das Gottes Willen widerspricht.

Gnade: Liebevolle Zuwendung Gottes, die er den Menschen ohne Vorbedingung schenkt.

Glaube, glauben: Meint das tiefe Vertrauen auf Gott, das zu einem Leben nach seinem Willen führt.

Beschneidung: Das Abtrennen der Vorhaut am männlichen Glied ist für Israel Zeichen des Bundes zwischen Gott und seinem Volk.

Israel: Nachkommen der zwölf Söhne Jakobs. Gott hat mit Israel einen Bund geschlossen.

Juden: Menschen, die zu Gottes Volk gehören. Im Gegensatz zu anderen Völkern werden alle jüdischen Männer beschnitten.

Gesetz: Die Lebensvorschriften des Alten Testaments, besonders die fünf Bücher Mose.

am Kreuz als *einen* Leib mit Gott versöhnt. So hat er durch seinen
Tod die Feindschaft getötet. 17 Er kam und verkündete Frieden: Frie-
den für euch in der Ferne und Frieden für die in der Nähe. 18 Denn
durch ihn haben wir beide in ein und demselben Geist Zugang zum
Vater.

19 Ihr seid also nicht mehr Fremde und ohne Rechte in Israel. Ihr
seid vielmehr Mitbürger der Heiligen und Mitglieder von Got-
tes Hausgemeinschaft. 20 Ihr seid gegründet auf dem Fundament
der Apostel und Propheten, dessen Grundstein Christus Jesus ist.
21 Durch ihn wird der ganze Bau zusammengehalten. So wächst er zu
einem heiligen Tempel empor, der dem Herrn gehört. 22 Weil ihr zum
Herrn gehört, werdet auch ihr als Bausteine in diesen Tempel einge-
fügt. Gott wohnt darin durch den Heiligen Geist.

Der besondere Auftrag des Apostels

3 1 Das ist der Grund, weshalb ich vor dem Vater meine Knie
beuge. Ich, Paulus, bin wegen Christus Jesus für euch Menschen
aus den anderen Völkern in Haft. 2 Ihr habt sicher von dem Auftrag
gehört, den ich im Hinblick auf euch bekommen habe. Gott hat mir
seine Gnade geschenkt, damit ich ihn erfüllen kann. 3 Es geht um das
Geheimnis, das Gott mir durch eine Offenbarung gezeigt hat. Ich
hatte euch ja zuvor schon kurz davon geschrieben. 4 Beim Lesen des
Briefs merkt ihr, dass ich Einsicht in das Geheimnis von Christus
habe. 5 Seit Menschengedenken wurde es niemandem in ähnlicher
Weise gezeigt. Aber jetzt hat Gott es seinen heiligen Aposteln und
Propheten durch seinen Geist offenbart: 6 Die Menschen aus den
anderen Völkern sind Miterben. Sie gehören mit den Juden zum
Leib von Christus und haben zusammen mit ihnen Anteil an der
Verheißung. Denn durch die Gute Nachricht gehören auch sie zu
Christus Jesus, 7 in dessen Dienst ich stehe. Denn Gott hat mir seine
Gnade zum Geschenk gegeben, wie es seiner Stärke und Macht ent-
spricht.

8 Mir, dem unwürdigsten unter allen Heiligen, hat Gott diese Gna-
de geschenkt: Ich sollte den anderen Völkern verkünden, was für
unbegreiflicher Reichtum ihnen mit Christus geschenkt worden
ist. 9 So sollte ich für alle ans Licht bringen, wie Gott das Geheimnis
Wirklichkeit werden lässt. Dieses Geheimnis hat er, der alles geschaf-
fen hat, seit ewigen Zeiten bei sich verborgen gehalten. 10 Denn jetzt
sollen die Mächte und Gewalten im Himmel erkennen, wie vielfäl-
tig Gottes Weisheit ist – und zwar durch seine Gemeinde. 11 Das war
und ist sein ewiger Plan. Durch Christus Jesus, unseren Herrn, hat er
ihn verwirklicht. 12 Weil wir zu Christus gehören, dürfen wir vertrau-
ensvoll vor Gott treten und frei zu ihm sprechen. Das verdanken wir
dem Glauben an Christus. 13 Deshalb bitte ich euch darum, nicht den
Mut zu verlieren – trotz allem, was ich für euch leide. Dadurch erhal-
tet ihr Anteil an Gottes Herrlichkeit.

Apostel: Wörtlich »Ausgesandte«. Menschen, die dazu berufen sind, die Gute Nachricht von Jesus Christus zu verkünden. Im engeren Sinn die zwölf Jünger von Jesus, die ihn während seines Lebens begleiteten.

Prophet: Verkündet, was Gott in einer bestimmten Situation zu sagen hat.

Grundstein: Fundamentstein, der für das Bauwerk unverzichtbar ist.

weshalb ich vor dem Vater meine Knie beuge: Gebetshaltung. Der Nebensatz wurde als erklärender Zusatz aus Epheser 3,14 vorgezogen.

Miterben: Durch den Glauben an Jesus Christus haben alle Menschen Anteil an dem Erbe, das Gott für sie bestimmt hat. Ursprünglich war das Erbe der Anteil an dem Land, das Gott seinem Volk versprochen hat. Im Neuen Testament ist damit das Leben im Reich Gottes gemeint, in unmittelbarer Gemeinschaft mit ihm.

Juden: Menschen, die zu Gottes Volk gehören. Im Gegensatz zu anderen Völkern werden alle jüdischen Männer beschnitten.

Jesus Christus: Der Name ist zugleich ein Bekenntnis. Wer Jesus als Christus anerkennt, glaubt an ihn als Retter und Erlöser der Welt.

Geist Gottes: Kraft, durch die Gott in der Welt wirkt.

Heilige: Bezeichnung für die Anhänger von Jesus Christus.

Amen: Das hebräische Wort bedeutet »So ist es! / So soll es sein!«

Herr: Anrede und Bezeichnung für Jesus. Sie bringt zum Ausdruck, dass man sich in seinen Dienst stellt.

Frieden: Umfassender Zustand von Glück und Wohlergehen des Einzelnen und der Gemeinschaft, der aus der Beziehung mit Gott hervorgeht.

taufen: Wörtlich »(in Wasser) eintauchen«. Die Handlung steht zeichenhaft für das Abwaschen von Schuld und Sünde.

Gnade: Liebevolle Zuwendung Gottes, die er den Menschen ohne Vorbedingung schenkt.

heißt es: Das Zitat nimmt Worte aus Psalm 68,19 auf.

Fürbitte und Lobpreis

14 Deshalb beuge ich vor dem Vater meine Knie.
15 Jeder Stamm und jedes Volk im Himmel
und auf der Erde erhält seinen Namen von ihm.
16 Er soll euch so ausstatten,
wie es dem Reichtum seiner Herrlichkeit entspricht:
Durch seinen Geist soll er euch
in eurer innersten Überzeugung fest machen.
17 Denn Christus soll durch den Glauben
in euren Herzen wohnen.
Und ihr sollt in der Liebe verwurzelt
und fest auf ihr gegründet bleiben.
18 So könnt ihr sie zusammen mit allen Heiligen
in ihrer Breite, Länge, Höhe und Tiefe erfassen.
19 Ihr werdet auch in der Lage sein,
die Liebe von Christus zu erkennen,
die alle Erkenntnis übersteigt.
Auf diese Weise werdet ihr Anteil bekommen
an der Gegenwart Gottes.
Sie wird euer Leben ganz erfüllen.

20 Dank sei Gott, der die Macht hat, unendlich viel mehr zu tun – weit
mehr als alles, was wir von ihm erbitten oder uns ausdenken können.
So groß ist seine Macht, die in uns wirkt. 21 Er regiert in Herrlichkeit
in seiner Gemeinde – das heißt: in der Gemeinschaft derer, die zu
Christus Jesus gehören. Das gilt für alle Generationen auf immer
und ewig. Amen.

Das neue Leben aus der Gnade 4,1–6,9

Die Einheit der Gemeinde

4 1 Ich bitte euch als jemand, der in Haft ist, weil er zum Herrn gehört: Führt euer Leben so, dass es dem entspricht, wozu Gott
euch berufen hat: 2 voller Demut, Freundlichkeit und Geduld. Ertragt
euch gegenseitig in Liebe. 3 Bemüht euch darum, die Einheit zu bewahren, die sein Geist euch geschenkt hat. Der Frieden ist das Band,
das euch alle zusammenhält. 4 Ihr seid *ein* Leib, und *ein* Geist lebt in
euch. So ist es ja auch *eine* Hoffnung, zu der Gott euch berufen hat.
5 Es gibt nur den einen Herrn, den einen Glauben und die eine Taufe.
6 Und ebenso gibt es nur den einen Gott, den Vater von uns allen. Er
regiert über alle, wirkt durch alle und erfüllt alle.
7 Jeder Einzelne von uns hat die Gnade in dem Maß erhalten, wie
Christus sie ihm schenkt. 8 Darum heißt es: »Er ist in die Höhe hinaufgestiegen. Einen Zug von Gefangenen führte er mit sich. Den
Menschen brachte er Gaben.« 9 »Er ist hinaufgestiegen« – was bedeutet das denn anderes, als dass er auch zu den Abgründen der Erde

hinabgestiegen ist? 10 Der hinabgestiegen ist, ist derselbe, der auch
hoch über alle Himmel hinaufgestiegen ist. Denn er sollte alles mit
seiner Gegenwart erfüllen. 11 Und er selbst hat jedem eine besondere
Gabe geschenkt: Die einen hat er zu Aposteln gemacht. Andere zu
Propheten oder zu Verkündern der Guten Nachricht. Und wieder
andere zu Hirten oder Lehrern. 12 Deren Aufgabe ist es, die Heiligen
für ihren Dienst zu schulen. So soll der Leib von Christus aufgebaut
werden.

13 Schließlich sollen wir alle vereint sein im Glauben und in unse-
rer Kenntnis von Gottes Sohn. Wir sollen zu vollendeten Menschen
werden und erwachsen genug, Christus in seiner ganzen Fülle zu er-
fassen. 14 Denn wir sollen nicht mehr wie unmündige Kinder sein –
ein Spielball von Wind und Wellen im Meer zahlreicher Lehren. Sie
sind dem falschen Spiel von Menschen ausgeliefert, die sie betrügen
und in die Irre führen. 15 Dagegen sollen wir uns an die Wahrheit hal-
ten und uns von der Liebe leiten lassen. So wachsen wir in jeder Hin-
sicht dem entgegen, der das Haupt ist: Christus. 16 Von ihm her wird
der ganze Leib zusammengefügt und durch Sehnen zusammenge-
halten und gestützt. Dabei erfüllt jedes einzelne Teil seine Aufgabe,
entsprechend der Kraft, die ihm zugeteilt ist. So wächst der ganze
Leib heran, bis er durch die Liebe aufgebaut ist.

Der alte und der neue Mensch

17 Das sage ich und beschwöre euch beim Herrn: Führt euer Leben
nicht länger so, wie die Menschen in den anderen Völkern – ohne
Sinn und Verstand. 18 Ihre Erkenntnisfähigkeit ist getrübt. Ihnen ist
das Leben fremd, das Gott schenkt. Denn sie sind unwissend und
haben ihr Herz verschlossen. 19 Sie sind abgestumpft und führen ein
zügelloses Leben. In ihrer Habgier sind sie zu jedem unreinen Werk
bereit.

20 Das passt aber nicht zu dem, was ihr über Christus gelernt habt.
21 Ihr habt doch von ihm gehört und seid in seiner Lehre unterrichtet
worden. Denn so ist es der Wahrheit angemessen. Sie gilt bei allen,
die zu Jesus gehören. 22 Deshalb sollt ihr den alten Menschen ablegen,
denn er entspricht der früheren Lebensweise. Er wird sich zugrunde
richten durch seine trügerischen Begierden. 23 Lasst euch dadurch er-
neuern, dass Gottes Geist in eurem Verstand wirkt. 24 Und zieht den
neuen Menschen an wie ein neues Gewand. Denn er ist nach Got-
tes Bild geschaffen und dadurch fähig zu wahrer Gerechtigkeit und
Heiligkeit.

Die Auswirkungen des neuen Lebens

25 Deshalb sollt ihr die Lüge ablegen. Vielmehr soll jeder die Wahr-
heit sagen, wenn ihr miteinander redet. Denn wir alle sind Glieder
am Leib von Christus. 26 Euer Zorn soll nicht dazu führen, dass ihr
Schuld auf euch ladet! Lasst die Sonne nicht über eurem Zorn unter-
gehen. 27 Gebt dem Teufel keinen Raum zum Wirken! 28 Wer stiehlt,

Apostel: Wörtlich »Ausgesandte«. Menschen, die dazu berufen sind, die Gute Nachricht von Jesus Christus zu verkünden.

Hirten: Menschen, die Aufgaben in Gemeindeleitung und Seelsorge übernehmen.

Leib von Christus: Bild für die Gemeinde, das bereits in Epheser 3,6 verwendet wird.

Sohn Gottes: Titel, der das besondere Vertrauensverhältnis eines Menschen zu Gott zum Ausdruck bringt. Im Neuen Testament wird der Titel ausschließlich für Jesus verwendet.

Wahrheit: Meint die Versöhnung mit Gott, die den Menschen durch Tod und Auferstehung von Christus geschenkt ist.

unreine Werke: Handlungen, die von der Nähe Gottes ausschließen.

nach Gottes Bild geschaffen: Der von Christus bestimmte neue Mensch ist wieder so, wie Gott den Menschen ursprünglich geschaffen hat: Er lebt ganz nach Gottes Willen in ungestörter Beziehung zu Gott.

gerecht, Gerechtigkeit: Meint ein Leben nach dem Willen Gottes.

Schuld: Konkrete Verfehlungen, die von Gott trennen und das Gewissen belasten können.

Geist Gottes: Kraft, durch die Gott in der Welt wirkt.

Tag der endgültigen Erlösung: Der Tag, an dem Christus wiederkommt. Dann hält Gott Gericht und sein Reich bricht endgültig an.

Opfer: Aus Liebe zu den Menschen ist Jesus Christus am Kreuz gestorben. Sein Tod bringt den Menschen Versöhnung mit Gott und erinnert so an die Opfer im Tempel, durch die Menschen die Versöhnung mit Gott suchen.

Heilige: Bezeichnung für die Anhänger von Jesus Christus.

Götzendienst: Verehrung einer fremden Gottheit, die in Israel verboten war.

Reich: Bezeichnet den Herrschaftsbereich, in dem sich Gottes Wille durchsetzt.

Gottes Zorn: Meint Gottes Nein zu allem Bösen, das im Gericht am letzten Tag offenbar wird.

gerecht, Gerechtigkeit: Meint ein Leben nach dem Willen Gottes.

heißt es: Die Herkunft des Zitats ist unbekannt. Vermutlich stammt es aus einer frühchristlichen Taufzeremonie.

Auferstehung: Meint die Auferweckung vom Tod und das ewige Leben im Reich Gottes.

soll nicht mehr stehlen. Vielmehr soll er sich abmühen und durch
seiner eigenen Hände Arbeit etwas verdienen. Dann hat er genug,
um dem Bedürftigen etwas abzugeben. 29 Kein böses Wort soll über
eure Lippen kommen. Vielmehr sollt ihr stets ein gutes Wort haben,
um jemanden zu stärken, wenn es nötig ist. Dann bringt dieses Wort
denen Segen, die es hören. 30 Betrübt nicht Gottes heiligen Geist, der
euch wie ein Siegel aufgedrückt wurde. So kennzeichnet uns Gott
für den Tag der endgültigen Erlösung. 31 Alle Erbitterung, Wut, Zorn,
lautstarke Auseinandersetzungen und Verleumdungen sollen bei
euch keinen Platz haben. Das gilt erst recht für alle Bosheit. 32 Seid
vielmehr gütig und barmherzig zueinander. Vergebt einander, wie
Gott euch durch Christus vergeben hat.

5 1 Nehmt euch also Gott zum Vorbild! Ihr seid doch seine geliebten Kinder. 2 Und führt euer Leben so, dass es ganz von der Liebe
bestimmt ist. Genauso hat auch Christus uns geliebt und sein Leben
für uns gegeben – als Opfer und als Duft, der Gott gnädig stimmt.

Wie Kinder des Lichts leben

3 Über Unzucht, jede Art Unsittlichkeit oder auch über Habgier sollt
ihr nicht einmal reden. Denn das gehört sich nicht für Heilige. 4 Ihr
sollt nichts sagen, das andere herabsetzt, nicht dumm daherreden
und keine zweideutigen Witze machen. Das ist nicht angemessen!
Bringt vielmehr euren Dank zum Ausdruck. 5 Denn eines müsst
ihr wissen: Jede Art von Unzucht, Unsittlichkeit und Habgier ist ja
nichts anderes als Götzendienst. Wer dies tut, erhält kein Erbe im
Reich von Christus und von Gott.

6 Niemand soll euch mit leeren Versprechungen verführen. Denn
wegen solcher Dinge bricht der Zorn Gottes über die Menschen herein, die ihm nicht gehorchen. 7 Mit solchen Leuten dürft ihr nichts
zu tun haben! 8 Früher habt ihr nämlich selbst zur Finsternis gehört.
Aber jetzt seid ihr Licht, denn ihr gehört zum Herrn. Führt also euer
Leben wie Kinder des Lichts! 9 – Denn das Licht bringt als Ertrag lauter Güte, Gerechtigkeit und Wahrheit. – 10 Prüft also bei allem, was ihr
tut, ob es dem Herrn gefällt! 11 Und beteiligt euch nicht an Taten, die
der Finsternis entstammen und fruchtlos sind. Deckt vielmehr solche Taten auf! 12 Denn es ist eine Schande, auch nur von dem zu reden, was manche im Verborgenen tun. 13 Aber alles, was aufgedeckt
ist, wird dann vom Licht erleuchtet. 14 Und alles, was vom Licht erleuchtet ist, wird selbst zum Licht. Deswegen heißt es: »Wach auf,
du Schläfer, und steh auf vom Tod! Dann wird Christus dein Licht
sein.«

15 Achtet also sorgfältig darauf, wie ihr euer Leben führt: Nicht voller Dummheit, sondern voller Weisheit. 16 Macht das Beste aus eurer
Zeit, gerade weil es schlimme Tage sind. 17 Aus diesem Grund sollt ihr
nicht unverständig sein, sondern begreifen, was der Wille des Herrn
ist! 18 Betrinkt euch nicht mit Wein, denn das macht euch zügellos.
Lasst euch lieber vom Geist Gottes erfüllen. 19 Tragt euch gegenseitig

Psalmen, Hymnen und geistliche Lieder vor. Singt für den Herrn und
preist ihn aus vollem Herzen! 20 Dankt Gott, dem Vater, zu jeder Zeit
und für alles – im Namen unseres Herrn Jesus Christus.

Anweisungen für den Alltag: Männer und Frauen

21 Ordnet euch einander unter in Ehrfurcht vor Christus! 22 Ihr Frauen,
ordnet euch euren Männern unter, wie ihr es dem Herrn gegen-
über tut! 23 Denn der Mann steht als Haupt über der Frau, wie auch
Christus als Haupt über seiner Gemeinde steht. Die Gemeinde ist ja
sein Leib, und er selbst ist ihr Retter. 24 Und wie die Gemeinde sich
Christus unterordnet, so sollen die Frauen sich in allem ihren Män-
nern unterordnen. 25 Ihr Männer, liebt eure Frauen so, wie Christus
seine Gemeinde geliebt hat. Er hat sein Leben für sie gegeben, 26 um
sie heilig zu machen. Durch das Bad im Wasser und durch sein Wort
wäscht er sie rein. 27 Denn er wollte seine Gemeinde wie eine strah-
lende Braut zu sich führen – ohne Flecken, Falten oder sonst etwas
Derartiges. Vielmehr sollte sie heilig und makellos sein.

28 Genauso sollen auch die Männer ihre Frauen lieben – als wären
sie ihr eigener Körper. Wer seine Frau liebt, liebt sich selbst. 29 Noch
niemand hat jemals seinen eigenen Körper nicht geliebt. Im Gegen-
teil: Er ernährt und pflegt ihn, wie Christus es mit seiner Gemeinde
tut. 30 Sie ist sein Leib, und wir sind daran die Glieder. 31 »Deshalb ver-
lässt ein Mann Vater und Mutter und verbindet sich mit seiner Frau.
Die zwei sind dann eins mit Leib und Seele.« 32 Hier geht es um ein
großes Geheimnis. Ich beziehe dieses Wort auf Christus und seine
Gemeinde. 33 Es gilt aber auch für euch: Jeder Einzelne von euch soll
seine Frau in der gleichen Weise lieben wie sich selbst. Aber die Frau
soll ihren Mann achten.

Anweisungen für den Alltag: Kinder und Eltern

6 1 Ihr Kinder, gehorcht euren Eltern! Ihr gehört doch zum Herrn,
und so ist es richtig vor Gott. 2 »Du sollst deinen Vater und deine
Mutter ehren.« Das ist das erste der Zehn Gebote, mit dem ein Ver-
sprechen verbunden ist: 3 »Dann wird es dir gut gehen und du wirst
lange leben auf der Erde.« 4 Und ihr Väter, macht eure Kinder nicht
zornig. Erzieht sie vielmehr mit Zurechtweisung und Ermahnung,
wie es dem Herrn entspricht.

Anweisungen für den Alltag: Sklaven und Herren

5 Ihr Sklaven, gehorcht den Herren dieser Welt! Tut es mit Furcht
und Zittern und aus ehrlicher Überzeugung, als würdet ihr Chris-
tus selbst gehorchen. 6 Tut das nicht, um gesehen zu werden und den
Menschen zu gefallen. Handelt vielmehr als Diener von Christus,
die aufrichtig und gern Gottes Willen befolgen! 7 Leistet bereitwillig
euren Dienst. Tut es für den Herrn und nicht für die Menschen. 8 Ihr
wisst ja: Wer etwas Gutes tut, wird es vom Herrn zurückerhalten. Da-
bei ist es gleichgültig, ob er Sklave ist oder frei.

Psalmen: Lieder und Gebete, wie sie sich beispielsweise im Buch der Psalmen im Alten Testament finden.

Jesus Christus: Der Name ist zugleich ein Bekenntnis. Wer Jesus als Christus anerkennt, glaubt an ihn als Retter und Erlöser der Welt.

Herr: Anrede und Bezeichnung für Jesus. Sie bringt zum Ausdruck, dass man sich in seinen Dienst stellt.

Bad im Wasser: Brauch, dem zufolge eine Braut vor der Hochzeit ein besonderes Bad nimmt. Er weist hier auf die Taufe hin.

sein Wort: Gottes Versprechen, die Menschen so anzunehmen, wie sie sind, und nicht zu verurteilen, obwohl sie seine Gebote übertreten.

dieses Wort: Meint das Zitat aus 1. Mose/Genesis 2,24 im vorangegangenen Vers.

Zehn Gebote: Sie bilden das Kernstück des biblischen Gesetzes und beschreiben in Kurzform, wie das Verhältnis der Menschen zu Gott und untereinander gestaltet werden soll.

Diener von Christus: Bezeichnung für eine Person, die Christus als ihren Herrn anerkennt. In seinem Auftrag und mit seiner Vollmacht verkündet sie das Wort Gottes.

9 Und ihr Herren, behandelt eure Sklaven entsprechend. Verzichtet auf Drohungen. Ihr wisst ja, dass sie denselben Herrn im Himmel haben wie ihr. Und der ist ein unparteiischer Richter.

Briefschluss 6,10-24

Die Waffen für den Kampf gegen die Mächte der Finsternis

10 Und schließlich: Werdet stark durch eure Verbundenheit mit dem Herrn. Lasst euch stärken durch seine Kraft. 11 Legt alle Waffen an, die Gott euch gibt. Dann könnt ihr dem Teufel und seiner Hinterlist widerstehen. 12 Denn unser Kampf richtet sich nicht gegen Menschen aus Fleisch und Blut. Er richtet sich gegen die Mächte und Gewalten, die Weltenherrscher, die diese Finsternis regieren. Ja, er richtet sich gegen die bösen Geister, die im Reich der Lüfte herrschen. 13 Deshalb sollt ihr zu allen Waffen greifen, die Gott euch gibt. Damit könnt ihr in den schlimmen Tagen Widerstand leisten. Und wenn ihr alles richtig zum Einsatz bringt, könnt ihr dem Angriff standhalten.

14 Also haltet stand! Tragt die Wahrheit als Gürtel um eure Hüfte und zieht die Gerechtigkeit als Brustpanzer an. 15 Und tragt an euren Füßen als Schuhe die Bereitschaft, die Gute Nachricht vom Frieden zu verkünden. 16 Was auch kommen mag: Ergreift als euren Schild den Glauben! Mit ihm könnt ihr alle brennenden Pfeile abwehren, die der Böse gegen euch schießt. 17 Nehmt als Helm eure Rettung in Empfang. Und lasst euch das Schwert geben, das der Heilige Geist euch schenkt: das Wort Gottes.

18 Betet und bittet zu jeder Zeit! Lasst euch dabei vom Heiligen Geist leiten. Seid dabei stets wachsam und hört nicht auf, auch für alle Heiligen zu bitten. 19 Betet auch für mich, dass Gott mir die richtigen Worte in den Mund legt. Dann kann ich offen und unverhüllt das Geheimnis der Guten Nachricht bekannt machen. 20 Auch in Ketten bin ich ein Botschafter für sie. Betet also dafür, dass ich die Gute Nachricht offen und unverhüllt verkünden kann – so wie mein Verkündigungsauftrag es erfordert.

Abschließende Grüße und Wünsche

21 Ihr sollt aber auch wissen, wie es mir geht und was ich tue. Tychikus wird euch darüber ausführlich berichten. Er ist mein geliebter Bruder und treuer Helfer im Dienst für den Herrn. 22 Zu diesem Zweck habe ich ihn ja zu euch geschickt. Ihr sollt alles über mich erfahren und im Herzen neuen Mut schöpfen.

23 Den Brüdern und Schwestern wünsche ich Frieden und Liebe. Und dazu Glauben von Gott, dem Vater, und dem Herrn Jesus Christus. 24 Gnade sei mit allen, die durch die Liebe mit unserem Herrn Jesus Christus verbunden sind – sie wird nie vergehen.

Satan, Teufel: Gegenspieler Gottes. Er versucht, die Menschen zu einem Verhalten zu bewegen, das Gottes Willen widerspricht.

böser Geist: Eine böse Macht, die man sich als Person vorstellte. Sie kämpft gegen Gott und nimmt einen Menschen völlig in Besitz.

Wahrheit: Meint die Versöhnung mit Gott, die den Menschen durch Tod und Auferstehung von Christus geschenkt ist.

Glaube, glauben: Meint das tiefe Vertrauen auf Gott, das zu einem Leben nach seinem Willen führt.

Heiliger Geist: Kraft, durch die Gott in der Welt wirkt.

Wort Gottes: Gottes Versprechen, die Menschen so anzunehmen, wie sie sind, und nicht zu verurteilen, obwohl sie seine Gebote übertreten.

Heilige: Bezeichnung für die Anhänger von Jesus Christus.

Bruder: Übliche Anrede unter Mitgliedern der Gemeinde.

Jesus Christus: Der Name ist zugleich ein Bekenntnis. Wer Jesus als Christus anerkennt, glaubt an ihn als Retter und Erlöser der Welt.

Gnade: Liebevolle Zuwendung Gottes, die er den Menschen ohne Vorbedingung schenkt.

Der Brief an die Philipper

Briefanfang 1,1-11

Absender und Empfänger

1 1 Paulus und Timotheus, Diener von Christus Jesus.
An alle, die in Philippi leben und durch Christus Jesus zu den
Heiligen gehören – samt den Gemeindeleitern und den Diakonen.
2 Wir wünschen euch Gnade und Frieden von Gott, unserem Vater,
und dem Herrn Jesus Christus.

Dank und Fürbitte für die Gemeinde

3 Ich danke meinem Gott jedes Mal, wenn ich an euch denke. 4 Ich
danke ihm in jedem Gebet, das ich für euch alle spreche! Ich kann
voller Freude beten, 5 weil ihr euch so sehr für die Gute Nachricht
einsetzt – vom ersten Tag an bis heute. 6 Ich bin ganz sicher: Der das
gute Werk bei euch begonnen hat, der wird es auch vollenden – bis zu
dem Tag, an dem Jesus Christus wiederkommt.
7 Es ist ja nur richtig, dass ich so über euch alle denke. Denn ich
habe euch ins Herz geschlossen. Wenn ich auch im Gefängnis sitze
und vor Gericht die Gute Nachricht verteidige und für sie eintrete:
Ihr alle habt zusammen mit mir Anteil an der Gnade, die Gott mir
schenkt. 8 Gott ist mein Zeuge: Ich sehne mich nach euch allen mit
der ganzen Liebe, die Christus Jesus in mir geweckt hat.
9 Und das ist es, worum ich bete: Eure Liebe soll immer noch größer
werden und immer mehr geprägt sein von Erkenntnis und umfas-
sendem Verständnis. 10 Ihr sollt selbst überprüfen können, worauf es
ankommt. Denn ihr sollt fehlerlos sein und keinerlei Anstoß erregen
an dem Tag, an dem Christus wiederkommt. 11 Dann werdet ihr reich-
lich ausgestattet sein mit dem Ertrag der Gerechtigkeit. Den lässt Je-
sus Christus wachsen, zur Ehre und zum Lob Gottes.

In Bedrängnis am Glauben und an der Liebe festhalten 1,12–2,18

Die Gefangenschaft des Paulus dient der Verbreitung der Guten Nachricht

12 Brüder und Schwestern, das sollt ihr wissen: Meine Lage hat die
Verbreitung der Guten Nachricht sogar noch gefördert. 13 Allen Leu-
ten im Palast des Statthalters und allen anderen hier ist nämlich
bewusst geworden: Ich bin deswegen in Haft, weil ich zu Christus
gehöre. 14 Und viele Brüder und Schwestern, die wie ich zum Herrn

Diener von Christus: Bezeichnung für eine Person, die Christus als ihren Herrn anerkennt. In seinem Auftrag und mit seiner Vollmacht verkündet sie das Wort Gottes.

Heilige: Bezeichnung für die Anhänger von Jesus Christus.

Diakonin, Diakon: Verantwortlich für die Verwaltung und die Finanzen der Gemeinde sowie die Verkündigung. Damit waren sie auch für die Bedürftigen der Gemeinde zuständig.

Gnade: Liebevolle Zuwendung Gottes, die er den Menschen ohne Vorbedingung schenkt.

Tag, an dem Jesus Christus wiederkommt: Tag, an dem Gott Gericht über die Welt hält und sein Reich endgültig anbricht.

Ertrag der Gerechtigkeit: In Galater 5,22-23 zählt Paulus auf, was zum Ertrag des Heiligen Geistes gehört.

Bruder, Schwester: Wörtlich »Bruder«. Das griechische Wort bezeichnet männliche *und* weibliche Mitglieder der Gemeinde.

meine Lage: Paulus schreibt den Brief an die Philipper während eines Gefängnisaufenthalts.

Herr: Anrede und Bezeichnung für Jesus. Sie bringt zum Ausdruck, dass man sich in seinen Dienst stellt.

Leben, neues Leben: Durch den Glauben an Gott von ihm bereits in dieser Welt geschenktes Leben in Gemeinschaft mit ihm.

Glaube, glauben: Meint das tiefe Vertrauen auf Gott, das zu einem Leben nach seinem Willen führt.

Gute Nachricht: Wörtliche Übersetzung von »Evangelium«. Botschaft, dass die Menschen durch Tod und Auferstehung von Christus mit Gott versöhnt sind.

gehören, haben durch meine Haft Zuversicht gewonnen. Sie wagen
jetzt viel mehr und verkünden die Botschaft ohne Furcht. 15 Einige
verkünden Christus wohl aus Neid und Streitsucht. Aber bei ande-
ren geschieht es durchaus mit gutem Willen: 16 Sie tun es aus Liebe.
Denn sie wissen, dass es mein Auftrag ist, vor Gericht die Gute Nach-
richt zu verteidigen. 17 Die anderen aber, die Christus aus Eigennutz
verkünden, meinen es nicht ehrlich. Sie wollen es mir in meiner Ge-
fangenschaft noch schwerer machen. 18 Was soll's! Ob mit Hinterge-
danken oder aufrichtig – die Hauptsache ist doch, dass Christus ver-
kündet wird. Und darüber freue ich mich.

Die Hoffnung und die Zukunft des Paulus

Auch in Zukunft werde ich Grund zur Freude haben. 19 Denn ich weiß:
Alles, was ich jetzt durchmache, wird zuletzt zu meiner Rettung füh-
ren. Darin unterstützen mich eure Gebete und der Geist, durch den
Jesus Christus mir beisteht. 20 Ja, es ist meine feste Erwartung und
Hoffnung, dass ich mich nie lächerlich mache. Im Gegenteil: Durch
das, was mit mir geschieht, soll Christus in aller Öffentlichkeit ver-
herrlicht werden. Dies galt schon immer, und es gilt auch jetzt. Und
es gilt, ob ich nun am Leben bleibe oder sterbe.

21 Denn für mich ist Christus das Leben. Und deshalb ist sogar das
Sterben für mich ein Gewinn. 22 Andererseits gilt für mich: Wenn
ich am Leben bleibe, kann mein Werk weiter Ertrag bringen. Ich
weiß nicht, was ich vorziehen soll! 23 Ich fühle mich hin- und her-
gerissen: Ich wünschte, ich könnte sterben und bei Christus sein.
Das wäre sehr viel besser. 24 Aber für euch ist es notwendiger, dass
ich am Leben bleibe. 25 Deshalb bin ich überzeugt, ja ich weiß: Ich
werde am Leben und euch allen erhalten bleiben. So kann ich dazu
beitragen, dass euer Glaube Fortschritte macht und ihr immer mehr
Freude daran findet. 26 Ich werde euch noch viel mehr Grund geben,
auf Jesus Christus stolz zu sein – dann, wenn ich wieder bei euch
bin.

Der Kampf der Gemeinde für den Glauben

27 Eins ist wichtig: Führt euer Leben in der Gemeinde so, dass ihr der
Guten Nachricht von Christus Ehre macht. Ob ich komme und euch
wiedersehe oder ob ich nur aus der Ferne von euch höre: Steht fest
zusammen in ein und demselben Geist. Kämpft alle miteinander für
den Glauben, dessen Grundlage die Gute Nachricht ist. 28 Und lasst
euch auf keinen Fall durch eure Gegner einschüchtern! Das wird für
sie ein Beweis dafür sein, dass sie untergehen müssen und ihr geret-
tet werdet. Und dieser Beweis kommt von Gott selbst. 29 Gott hat es
euch geschenkt, etwas für Christus zu tun. Ihr dürft nicht nur an ihn
glauben, sondern auch für ihn leiden. 30 Ihr habt denselben Kampf zu
bestehen wie ich. Was das bedeutet, habt ihr schon früher an mir ge-
sehen. Und jetzt hört ihr von mir darüber.

Ermahnung zu Einigkeit und gegenseitiger Liebe

2 1 Ich denke, das gibt es bei euch: das mahnende Wort im Auftrag
von Christus und die Ermutigung durch die Liebe. Dazu kom-
men die Gemeinschaft durch den Heiligen Geist sowie Zuneigung
und Barmherzigkeit. 2 Macht also meine Freude vollkommen und
seid euch einig. Seid miteinander verbunden durch dieselbe Liebe,
und strebt einmütig dasselbe Ziel an. 3 Nicht Eigennutz oder Eitel-
keit soll euer Handeln bestimmen. Vielmehr achtet in Demut den
anderen höher als euch selbst. 4 Seid nicht auf euren eigenen Vorteil
aus, sondern auf den der anderen – und zwar jeder und jede von euch!
5 Denkt im Umgang miteinander immer daran, was in der Gemein-
schaft mit Christus Jesus gilt:

Das Christuslied: Jesus als Vorbild für die Gemeinde

6 Er war von göttlicher Gestalt.
Aber er hielt nicht daran fest,
Gott gleich zu sein –
so wie ein Dieb an seiner Beute.
7 Er legte die göttliche Gestalt ab
und nahm die eines Knechtes an.
Er wurde in allem den Menschen gleich.
In jeder Hinsicht war er wie ein Mensch.
8 Er erniedrigte sich selbst
und war gehorsam bis in den Tod –
ja, bis in den Tod am Kreuz.

9 Deshalb hat Gott ihn hoch erhöht:
Er hat ihm den Namen verliehen,
der hoch über allen Namen steht.
10 Denn vor dem Namen von Jesus
soll sich jedes Knie beugen –
im Himmel, auf der Erde und unter der Erde.
11 Und jede Zunge soll bekennen:
»Jesus Christus ist der Herr!«
Das geschieht zur Ehre Gottes, des Vaters.

Die Philipper müssen sich bewähren

12 Also, meine Lieben: Hört auf mich – so wie bisher. Tut dies nicht nur
dann, wenn ich bei euch bin. Tut es vielmehr erst recht dann, wenn
ich nicht da bin. Es geht um eure Rettung. Setzt alles daran, auch
wenn euch Furcht und Zittern überkommen! 13 Denn Gott bringt
euch dazu, dass ihr nicht nur so handeln wollt, wie es ihm gefällt. Er
sorgt vielmehr dafür, dass ihr es auch könnt!
14 Tut alles, ohne euch zu beklagen und ohne Zweifel und Beden-
ken. 15 Denn ihr sollt fehlerlos und unbescholten sein – makellose
Kinder Gottes inmitten einer ungerechten und verkehrten Genera-
tion. Aus ihr strahlt ihr hervor wie helle Lichter in der Welt. 16 Denn

---

Heiliger Geist: Kraft, durch die Gott in der Welt wirkt.

Knecht: Nimmt das Bild vom Knecht Gottes auf, der stellvertretend für sein Volk leidet; vgl. Jesaja 52,13–53,12.

Kreuzigung: Verurteilte Sklaven, Räuber und Aufrührer wurden von den Römern am Kreuz hingerichtet.

Jesus Christus: Der Name ist zugleich ein Bekenntnis. Wer Jesus als Christus anerkennt, glaubt an ihn als Retter und Erlöser der Welt.

Herr: Im griechischen Alten Testament steht das Wort »Herr« an den Stellen, an denen im hebräischen Text der Gottesname steht. Indem Gott Christus diesen Titel verleiht, stellt er ihn auf eine Stufe mit sich selbst.

Tag des Herrn: Der Tag, an dem Christus wiederkommt. Dann hält Gott Gericht und sein Reich bricht endgültig an.

Opfer: Darbringen einer Gabe (Tiere, Pflanzen, Weihrauch) für Gott, die Gemeinschaft mit ihm schafft.

Timotheus: Begleiter des Paulus auf der zweiten und dritten Missionsreise.

Bruder: Übliche Anrede unter Mitgliedern der Gemeinde.

Bruder, Schwester: Wörtlich »Bruder«. Das griechische Wort bezeichnet männliche *und* weibliche Mitglieder der Gemeinde.

ihr haltet am Wort des Lebens fest. Darauf kann ich stolz sein an dem
Tag, an dem Christus wiederkommt. Ich habe mich also nicht um-
sonst angestrengt und mich nicht umsonst abgemüht. 17 Sogar wenn
ich mein Leben geben müsste, würde ich mich freuen. Denn es wäre
wie ein Opfer und ein Dienst für euren Glauben. Ja, ich freue mich
wirklich mit euch allen! 18 Und ihr sollt euch genauso freuen. Ja, freut
euch mit mir!

Die Sendung von Mitarbeitern nach Philippi

2,19–3,1

Paulus will bald seinen Mitarbeiter Timotheus senden

19 Ich hoffe im Vertrauen auf Jesus, den Herrn, dass ich Timotheus
bald zu euch schicken kann. Es würde mich ermutigen, zu erfahren,
wie es bei euch steht. 20 Ich habe nämlich sonst keinen, der genauso
denkt wie ich und sich so zuverlässig um euch kümmert. 21 Allen
anderen geht es doch nur um sich selbst und nicht um die Sache
von Jesus Christus. 22 Ihr wisst, wie sehr sich Timotheus bewährt
hat: Er hat zusammen mit mir der Guten Nachricht gedient. Da-
bei war er für mich wie ein Sohn, der seinem Vater zur Hand geht.
23 Ich hoffe also, ihn bald schicken zu können. Ich tue das, sobald
ich absehen kann, wie es mit mir weitergeht. 24 Aber im Vertrauen
auf den Herrn rechne ich sogar damit, dass ich bald selbst kommen
kann.

Epaphroditus kehrt zurück nach Philippi

25 Ich habe es für nötig gehalten, Epaphroditus zu euch zurückzu-
schicken. Er ist mein Bruder, Mitarbeiter und Mitstreiter. Ihr hattet
ihn zu mir geschickt, und er war mein Helfer in der Not. 26 Er hatte
nämlich große Sehnsucht nach euch allen. Außerdem machte er sich
Sorgen, weil ihr von seiner Krankheit erfahren habt. 27 Tatsächlich
war er schwer krank und dem Tod nahe. Aber Gott hatte Mitleid mit
ihm – und nicht nur mit ihm, sondern auch mit mir! Ich sollte nicht
ein Leid nach dem anderen erfahren. 28 Umso mehr habe ich mich be-
eilt, ihn zu euch zu senden. Dann könnt ihr euch über das Wiederse-
hen freuen und ich selbst habe dadurch eine Sorge weniger. 29 Nehmt
ihn also voll Freude als Bruder auf! Solche Menschen muss man in
Ehren halten. 30 Denn es war die Arbeit für Christus, durch die er dem
Tod nahegekommen ist. Er hat sein Leben aufs Spiel gesetzt, um mir
einen Dienst zu leisten – den Dienst, den ihr selbst nicht für mich tun
konntet.

3 1 Im Übrigen, meine Brüder und Schwestern: Freut euch, weil ihr
zum Herrn gehört! Es macht mir nichts aus, euch immer wieder
dasselbe zu schreiben. Denn das gibt euch Sicherheit.

Warnung vor einer falschen Lehre 3,2–4,1

Warnung vor denen, die die Beschneidung fordern

2 Nehmt euch in Acht vor den Hunden! Nehmt euch in Acht vor
den falschen Lehrern! Nehmt euch in Acht vor den Verstümmelten!
3 Denn wir sind eigentlich die wahren Beschnittenen. Wir sind dieje-
nigen, die dem Geist Gottes dienen. Wir sind stolz, dass wir zu Chris-
tus Jesus gehören. Äußerliche Vorzüge spielen für uns dabei keine
Rolle. 4 Obwohl ich selbst mich durchaus auf solche äußerlichen Vor-
züge berufen könnte.

Das frühere und das jetzige Leben des Paulus

Wenn sich also irgendjemand auf seine äußerlichen Vorzüge berufen
will, könnte ich das erst recht. 5 Ich wurde am achten Tag beschnitten.
Ich gehöre zum Volk Israel, zum Stamm Benjamin. Ich bin ein Hebrä-
er und stamme von Hebräern ab. Nach dem Maßstab des Gesetzes
war ich ein Pharisäer. 6 Nach dem Maßstab meines Einsatzes war ich
ein Verfolger der Gemeinde. Nach dem Maßstab der Gerechtigkeit,
die das Gesetz fordert, war ich untadelig.

7 Aber alles, was mir damals als Vorteil erschien, sehe ich jetzt – von
Christus her – als Nachteil. 8 Ja wirklich: Ich betrachte es ausnahms-
los als Nachteil. Dahinter steht die überwältigende Erkenntnis, dass
Jesus Christus mein Herr ist! Verglichen mit ihm ist alles andere
wertlos geworden, ja, in meinen Augen ist es nichts als Dreck! Mein
Gewinn ist Christus. 9 Zu ihm will ich gehören. Denn ich gelte nicht
als gerecht, weil ich das Gesetz befolge, sondern weil ich an Chris-
tus glaube. Das ist die Gerechtigkeit, die von Gott kommt und deren
Grundlage der Glaube ist. 10 Ich möchte Christus erkennen und die
Kraft seiner Auferstehung erfahren. An seinem Leiden möchte ich
teilhaben – bis dahin, dass ich ihm im Tod gleich werde. 11 Das alles
geschieht in der Hoffnung, auch zur Auferstehung von den Toten zu
gelangen.

Paulus jagt dem Ziel weiter nach

12 Ich möchte nicht behaupten, dass ich das alles schon erreicht habe
oder bereits am Ziel bin. Aber ich laufe auf das Ziel zu, um es zu er-
greifen. Denn ich bin ja auch von Christus Jesus ergriffen. 13 Brüder
und Schwestern, ich bilde mir wirklich nicht ein, dass ich es schon
geschafft habe. Aber ich tue eines: Ich vergesse, was hinter mir liegt.
Und ich strecke mich nach dem aus, was vor mir liegt. 14 Ich laufe auf
das Ziel zu, um den Siegespreis zu gewinnen: die Teilhabe an der
himmlischen Welt, zu der Gott uns durch Christus Jesus berufen
hat. 15 Wir alle, die wir vollkommen sein möchten, sollen uns das stets
vor Augen halten. Falls ihr anderer Ansicht seid, wird Gott euch auch
darüber noch Klarheit verschaffen. 16 Jedenfalls sollen wir festhalten,
was wir bereits erreicht haben.

Hunde: In der Antike verachtete Tiere. Im frühen Judentum und Christentum als Schimpfwort für Ungläubige gebraucht.

Verstümmelte: Abfällige Bezeichnung für Menschen, die beschnitten sind.

Beschneidung: Das Abtrennen der Vorhaut am männlichen Glied ist für Israel Zeichen des Bundes zwischen Gott und seinem Volk.

Jesus Christus: Der Name ist zugleich ein Bekenntnis. Wer Jesus als Christus anerkennt, glaubt an ihn als Retter und Erlöser der Welt.

Israel: Nachkommen der zwölf Söhne Jakobs. Gott hat mit Israel einen Bund geschlossen.

Pharisäer: Angehöriger einer jüdischen Glaubensgruppe, die die biblischen Vorschriften und Gesetze sehr streng auslegte.

gerecht, als gerecht gelten: Gott nimmt die Menschen an und verurteilt sie nicht, obwohl sie seine Gebote übertreten. Darin zeigt sich Gottes Liebe zu den Menschen.

Auferstehung: Meint die Auferweckung vom Tod und das ewige Leben im Reich Gottes.

himmlische Welt: Bild für die neue Schöpfung, in der Not und Leiden durch die Gegenwart Gottes endgültig überwunden sind.

Auch die Philipper sollen am Ziel festhalten

17 Folgt meinem Beispiel, Brüder und Schwestern! Nehmt euch die
zum Vorbild, die so leben, wie ihr es an uns beobachten könnt. 18 Denn
viele leben ganz anders. Ich habe euch schon oft vor ihnen gewarnt,
und auch jetzt kann ich nur unter Tränen schreiben: Sie sind Feinde
des Kreuzes von Christus! 19 Am Ende erwartet sie das Verderben! Ihr
Bauch ist ihr Gott. Und was eigentlich eine Schande ist, darauf grün-
den sie ihr Ansehen. Sie streben nur nach weltlichen Dingen.
20 Wir dagegen haben schon jetzt Bürgerrecht im Himmel. Von
dort erwarten wir auch den Retter, den Herrn Jesus Christus! 21 Er
wird unseren unansehnlichen Leib verwandeln, sodass er seinem
eigenen Leib gleicht. An diesem Leib wird die Herrlichkeit Gottes
sichtbar. Dazu hat er die Macht – wie er auch die Macht hat, sich alles
4 zu unterwerfen. 1 Also, meine lieben Brüder und Schwestern,
nach denen ich mich sehne, meine Freude und mein Sieges-
kranz: Haltet unerschütterlich daran fest, dass ihr zum Herrn gehört,
ihr meine Lieben!

Briefschluss 4,2-23

Abschließende Ermahnungen zur Einigkeit

2 Ich ermahne Evodia und ich ermahne Syntyche: Seid euch einig,
denn ihr gehört beide zum Herrn. 3 Ja, und dich, treuer Weggefährte,
bitte ich: Hilf ihnen dabei! Die beiden Frauen haben gemeinsam mit
mir für die Gute Nachricht gekämpft. Sie taten das zusammen mit
Klemens und meinen anderen Mitarbeitern, deren Namen im Buch
des Lebens stehen. 4 Freut euch immerzu, weil ihr zum Herrn gehört.
Ich sage es noch einmal: Freut euch! 5 Alle Menschen sollen merken,
wie gütig ihr seid. Der Herr ist nahe! 6 Macht euch keine Sorgen. Im
Gegenteil: Wendet euch in jeder Lage an Gott. Tragt ihm eure Anlie-
gen vor in Gebeten und Fürbitten und voller Dankbarkeit.
7 Und der Friede Gottes, der alles Verstehen übersteigt, soll eure
Herzen und Gedanken behüten. Er soll sie bewahren in der Gemein-
schaft mit Jesus Christus.
8 Im Übrigen, Brüder und Schwestern: Achtet auf das, was wahr
ist, würdig und gerecht, was rein ist, liebenswert und Lob verdient.
Achtet darauf, dass ihr euch richtig verhaltet und Anerkennung be-
kommt. 9 Tut das, was ihr von mir gelernt und übernommen habt.
Handelt, wie ihr es bei mir gehört oder gesehen habt. Der Gott, der
Frieden schenkt, wird euch darin beistehen!

Dank für die Gaben, die Epaphroditus gebracht hat

10 Ich habe mich sehr gefreut und bin dem Herrn dankbar: Endlich
hattet ihr einmal die Möglichkeit, mich und meine Arbeit kräftig zu
unterstützen. Ihr hattet das ja schon immer vor, aber es gab keine
Gelegenheit dazu. 11 Ich sage das nicht, weil ich in Not bin. Ich habe

Bruder, Schwester: Wörtlich »Bruder«. Das griechische Wort bezeichnet männliche *und* weibliche Mitglieder der Gemeinde.

Kreuz: Sinnbild für Gottes Zuwendung zu den Menschen. Am Kreuz opferte Jesus Christus sein Leben, um die Sünden der Menschen wegzunehmen, die sie von Gott trennen.

Himmel: Im übertragenen Sinn beschreibt »Himmel« den Bereich, in dem Gott wohnt.

Herrlichkeit: Bezeichnet das, was einer Person Ansehen und Macht verleiht. Gottes Herrlichkeit stellt man sich auch als strahlenden Lichtglanz vor.

Siegeskranz: Ein meist aus grünen Zweigen geflochtener Kranz. Er wurde dem Sieger nach einer Schlacht oder einem sportlichen Wettkampf wie eine Krone aufgesetzt.

Buch des Lebens: Eine Art Bürgerliste, in der die Bewohner des Reiches Gottes verzeichnet sind.

wahr: Die Gute Nachricht, dass die Menschen durch Tod und Auferstehung von Jesus mit Gott versöhnt sind.

rein: Bezeichnet Menschen, Tiere und Dinge, die dafür vorbereitet sind, in der Nähe Gottes zu sein. In der Bibel sind dabei bestimmte religiöse Vorschriften zu beachten.

gelernt, in jeder Lage allein zurechtzukommen: 12 Ich kenne den
Mangel, ich kenne auch den Überfluss. Alles und jedes ist mir ver-
traut: das Sattsein wie der Hunger, der Überfluss wie die Not. 13 Ich
bin allem gewachsen durch den, der mich stark macht.

14 Jedenfalls habt ihr gut daran getan, an meiner Not Anteil zu neh-
men und mir zu helfen. 15 Ihr Philipper wisst ja selbst, wie es war.
Damals brach ich aus Makedonien auf und fing an, die Gute Nach-
richt zu verkünden: Da gab es zwischen euch und mir ein gegensei-
tiges Geben und Nehmen. Das war mit keiner anderen Gemeinde
so. 16 Schon nach Thessalonich hattet ihr mir mehr als einmal etwas
zu meiner Unterstützung geschickt. 17 Ich frage nicht wegen der Ga-
ben nach. Es geht mir vielmehr darum, dass euch der Ertrag daraus
als Guthaben angerechnet wird. 18 Ich habe wirklich alles erhalten
und habe jetzt mehr als genug. Ich lebe geradezu in Hülle und Fül-
le, seit ich von Epaphroditus eure Gaben empfangen habe. Sie waren
wie wohlriechender Duft, wie ein willkommenes Räucheropfer, das
Gott gefällt. 19 Und mein Gott wird euch alles geben, was ihr braucht.
Er wird euch durch Christus Jesus am Reichtum seiner Herrlichkeit
teilhaben lassen. 20 Unser Gott und Vater regiert in Herrlichkeit für
immer und ewig. Amen!

Grüße und Segen

21 Grüßt alle Heiligen, die zu Jesus Christus gehören! Es grüßen euch
alle Brüder und Schwestern, die bei mir sind. 22 Außerdem lassen
euch alle anderen Heiligen hier grüßen. Ganz besondere Grüße sen-
den euch die Heiligen, die im kaiserlichen Dienst stehen. 23 Die Gna-
de des Herrn Jesus Christus sei mit euch!

angerechnet: Paulus denkt an das Gericht, das Gott als Herrscher über die Welt am Ende der Zeit halten wird.

Räucheropfer: Verbrennen von Weihrauch oder anderen Duftharzen auf einem Räucheraltar.

Amen: Das hebräische Wort bedeutet »So ist es! / So soll es sein!«

Heilige: Bezeichnung für die Anhänger von Jesus Christus.

Jesus Christus: Der Name ist zugleich ein Bekenntnis. Wer Jesus als Christus anerkennt, glaubt an ihn als Retter und Erlöser der Welt.

im kaiserlichen Dienst: Sklaven und freigelassene Sklaven des Kaisers, die in vielen Städten des Römischen Reiches lebten.

Gnade: Liebevolle Zuwendung Gottes, die er den Menschen ohne Vorbedingung schenkt.

Der Brief an die Kolosser

Briefanfang 1,1-11

Absender und Empfänger

1 1 Paulus – nach dem Willen Gottes zum Apostel von Christus Je-
sus berufen, und der Bruder Timotheus.
2 An die Brüder und Schwestern in Kolossä, die zu den Heiligen gehö-
ren und an Christus glauben.
Wir wünschen euch Gnade und Frieden von Gott, unserem Vater.

Dank für den Glauben der Gemeinde

3 Jedes Mal, wenn wir für euch beten, danken wir Gott, dem Vater un-
seres Herrn Jesus Christus. 4 Denn wir haben von eurem Glauben an
Jesus Christus und eurer Liebe zu allen Heiligen gehört: 5 Beides er-
wächst aus der Hoffnung auf das, was im Himmel für euch bestimmt
ist. Davon habt ihr bereits gehört durch die Verkündigung der Wahr-
heit: Sie besteht in der Guten Nachricht, 6 die zu euch gekommen ist.
In der ganzen Welt trägt sie Früchte und breitet sich aus. Genauso
geschieht es auch bei euch seit dem Tag, an dem ihr von Gottes Gna-
de gehört habt. An diesem Tag habt ihr erkannt, was sie in Wahrheit
bedeutet. 7 So habt ihr es von Epaphras gelernt, unserem lieben Hel-
fer und treuen Diener von Christus bei euch. 8 Er hat uns auch von
der Liebe berichtet, die der Geist Gottes in euch geweckt hat.

Fürbitte für die Gemeinde

9 Deshalb beten wir unablässig für euch – seit dem Tag, an dem wir
davon erfahren haben. Wir bitten Gott, dass er euch die vollständige
Erkenntnis seines Willens schenkt. Das geschieht durch alle Weis-
heit und Einsicht, wie der Heilige Geist sie gibt. 10 Ihr sollt euer Leben
so führen, dass es dem Herrn Ehre macht: Versucht ihm zu gefallen
mit allem, was ihr tut. Alles Gute, das ihr vollbringt, soll Früchte tra-
gen. Und die Erkenntnis Gottes soll bei euch zunehmen. 11 Gott wird
euch dazu mit aller nötigen Kraft ausrüsten, wie es seiner Macht und
Herrlichkeit entspricht. Dann könnt ihr alles standhaft und geduldig
ertragen.

Christus herrscht über die Welt 1,12–2,23

Aufforderung zum Dank

12 Dankt dem Vater mit Freude! Er hat euch fähig gemacht, Anteil zu
haben am Erbe der Heiligen, die im Licht leben. 13 Er hat uns vor der

Apostel: Wörtlich »Ausgesandte«. Menschen, die dazu berufen sind, die Gute Nachricht von Jesus Christus zu verkünden. Im engeren Sinn die zwölf Jünger von Jesus, die ihn während seines Lebens begleiteten.

Jesus Christus: Der Name ist zugleich ein Bekenntnis. Wer Jesus als Christus anerkennt, glaubt an ihn als Retter und Erlöser der Welt.

Heilige: Bezeichnung für die Anhänger von Jesus Christus.

Gnade: Liebevolle Zuwendung Gottes, die er den Menschen ohne Vorbedingung schenkt.

Diener von Christus: Bezeichnung für eine Person, die Christus als ihren Herrn anerkennt. In seinem Auftrag und mit seiner Vollmacht verkündet sie das Wort Gottes.

Geist Gottes: Kraft, durch die Gott in der Welt wirkt.

Herrlichkeit: Bezeichnet das, was einer Person Ansehen und Macht verleiht. Gottes Herrlichkeit stellt man sich auch als strahlenden Lichtglanz vor.

Licht: Bild für das Leben, das Jesus Christus als Licht der Welt schenkt. Durch ihn erhalten die Menschen das ewige Leben in unmittelbarer Gemeinschaft mit Gott.

Macht der Finsternis gerettet und der Herrschaft seines geliebten
Sohnes unterstellt. 14 Der schenkt uns die Erlösung, die Vergebung
unserer Sünden.

Christus als Ebenbild Gottes und Haupt der Gemeinde

15 Christus ist das Ebenbild des unsichtbaren Gottes,
der zuerst Geborene:
Vor allem Geschaffenen war er da.
16 Denn durch ihn wurde alles geschaffen,
im Himmel und auf der Erde.
Das Sichtbare und das Unsichtbare –
ob Throne oder Herrschaftsbereiche,
ob Mächte oder Gewalten –
alles wurde durch ihn geschaffen
und alles hat in ihm sein Ziel.
17 Er ist vor allem da,
und in ihm hat alles Bestand.

18 Und er ist das Haupt des Leibes – der Gemeinde.
Er ist der Anfang:
der erste der Toten, der neu geboren wurde.
In jeder Hinsicht sollte er der Erste sein.
19 Denn so hatte es Gott beschlossen:
Mit seiner ganzen Fülle wollte er
in ihm gegenwärtig sein.
20 Und er wollte,
dass alles durch ihn Versöhnung erfährt.
In ihm sollte alles zum Ziel kommen.
Denn er hat Frieden gestiftet
durch das Blut, das er am Kreuz vergossen hat.
Ja, durch ihn wurde alles versöhnt –
auf der Erde wie im Himmel.

Christus hat durch seinen Tod Versöhnung geschenkt

21 Das gilt auch für euch. Früher wart ihr Christus fremd, ja ihr wart zu
seinen Feinden geworden. Das zeigte sich an all dem Bösen, auf das
euer Sinn gerichtet war. 22 Aber jetzt hat er euch als sterblicher Mensch
durch seinen Tod die Versöhnung geschenkt. So könnt ihr nun heilig
und makellos vor ihn treten, und niemand kann euch anklagen. 23 Ihr
müsst nur treu und unerschütterlich am Glauben festhalten. Und ihr
dürft euch nicht von der Hoffnung abbringen lassen. Sie erwächst
aus der Guten Nachricht, die ihr gehört habt. Diese Botschaft ist allen
Geschöpfen unter dem Himmel verkündet worden. Und ich, Paulus,
stehe in ihrem Dienst.

Sünden: Konkrete Verfehlungen, die von Gott trennen und das Gewissen belasten können.

neu geboren: Die Auferstehung von den Toten wird hier als neue Schöpfung verstanden. Es entsteht eine Welt, die durch die Gegenwart Gottes grundlegend verwandelt ist.

Frieden: Umfassender Zustand von Glück und Wohlergehen des Einzelnen und der Gemeinschaft, der aus der Beziehung mit Gott hervorgeht.

Kreuz: Sinnbild für Gottes Zuwendung zu den Menschen. Am Kreuz opferte Jesus Christus sein Leben, um die Sünden der Menschen wegzunehmen, die sie von Gott trennen.

Christus: Bedeutet übersetzt »der Gesalbte«. Im Alten Testament werden Könige, aber auch Propheten und Priester bei Amtsantritt gesalbt. Später wird der von Gott zum Herrscher der Welt bestimmte Retter so genannt. Im Neuen Testament ist das Jesus.

Glaube, glauben: Meint das tiefe Vertrauen auf Gott, das zu einem Leben nach seinem Willen führt.

Die Verkündigung der Guten Nachricht durch Paulus

24 Jetzt freue ich mich in all dem Leid, das ich für euch zu ertragen
habe. Ich erdulde am eigenen Körper das Maß an Leid, das wir für
Christus auf uns nehmen müssen. Und das kommt seinem Leib
zugute, das heißt: der Gemeinde. 25 In ihrem Dienst stehe ich. Denn
Gott hat mir den Auftrag gegeben, sein Wort unter euch überall zu
verbreiten. 26 Dabei handelt es sich um das Geheimnis, das seit ewi-
gen Zeiten und Menschengedenken verborgen war. Aber jetzt wollte
Gott es seinen Heiligen enthüllen. 27 Ihnen wollte Gott zeigen, welch
unermessliche Herrlichkeit dieses Geheimnis für die Menschen der
anderen Völker enthält. Es ist die Gegenwart von Christus bei euch,
der selbst die Hoffnung auf Herrlichkeit ist. 28 Er ist es, den wir ver-
künden. Dabei ermahnen wir jeden Menschen und unterrichten je-
den in aller Weisheit. Denn durch die Verbundenheit mit Christus
soll jeder Mensch als Vollkommener vor Gott treten können. 29 Dafür
mühe ich mich ab. Und dafür kämpfe ich mit aller Kraft, die er mir in
seiner Macht schenkt.

2 1 Ich möchte allerdings, dass ihr wisst, wie sehr ich mich für euch
einsetze. Ich kämpfe gleichermaßen für euch wie für die Leute
in Laodizea. Und genauso kämpfe ich für alle anderen, die mich nicht
persönlich kennengelernt haben. 2 Es geht mir darum, ihnen im Her-
zen Mut zu machen. Dann können sie in Liebe zusammenhalten
und in allem zu umfassender Einsicht gelangen. Denn sie sollen das
Geheimnis Gottes erkennen: Christus. 3 In ihm sind alle Schätze der
Weisheit und Erkenntnis verborgen. 4 Das sage ich, damit euch nie-
mand durch seine Überredungskünste täuschen kann. 5 Denn auch
wenn ich körperlich abwesend bin, so bin ich doch im Geist bei euch.
Ich sehe mit Freude, dass euer Leben gut geordnet und euer Glaube
an Christus unerschütterlich ist.

Gegen falsche Lehren: Christus muss die Grundlage bleiben

6 Ihr habt Christus Jesus, den Herrn, angenommen. Richtet also euer
Leben an ihm aus! 7 Bleibt in ihm verwurzelt und gründet euch als
Gemeinde ganz auf ihn. Werdet fest im Glauben, wie ihr gelehrt wor-
den seid. Und hört nicht auf, Gott zu danken.

8 Gebt acht, dass euch niemand in die Falle lockt! Weder durch
seine Philosophie noch durch falsche Lehren, die nur auf mensch-
licher Überlieferung beruhen. Ihre Grundlage sind die Elemente
dieser Welt – und nicht Christus! 9 In ihm ist die ganze Fülle Gottes
leibhaftig gegenwärtig. 10 Und an dieser Fülle habt ihr Anteil, weil
ihr zu Christus gehört. Der steht als Haupt über allen Mächten und
Gewalten.

11 Er ist es auch, durch den ihr die Beschneidung empfangen habt.
Allerdings ist das keine Beschneidung, die von Menschen vollzogen
wurde. Sie besteht vielmehr darin, dass ihr eure menschliche Natur
abgelegt habt. Das ist die Beschneidung, die uns Christus schenkt.
12 In der Taufe wurdet ihr mit ihm begraben. Mit ihm wurdet ihr auch

sein Wort: Gottes Versprechen, die Menschen so anzunehmen, wie sie sind, und nicht zu verurteilen, obwohl sie seine Gebote übertreten.

Herrlichkeit: Bezeichnet das, was einer Person Ansehen und Macht verleiht. Gottes Herrlichkeit stellt man sich auch als strahlenden Lichtglanz vor.

Philosophie: Auch religiöse Gemeinschaften bezeichneten ihre Lehre als »Philosophie«.

Welt, diese Welt: Die von griechischer Kultur geprägte Umwelt der frühen Gemeinden, die sich nicht an christlichen Maßstäben orientierte.

Beschneidung: Zeichen des Bundes zwischen Gott und seinem Volk. Hier geht es um eine geistliche Beschneidung im Unterschied zum Abtrennen der Vorhaut am männlichen Glied, wie es im Judentum üblich ist.

menschliche Natur: Wörtlich »Fleisch«. Wer vom Fleisch bestimmt ist, glaubt nicht an Gott und die Versöhnung, die er den Menschen durch Tod und Auferstehung von Christus geschenkt hat. Er vertraut sich selbst mehr als Gott. Das ist nach biblischer Vorstellung Sünde.

taufen: Wörtlich »(in Wasser) eintauchen«. Die Handlung steht zeichenhaft für das Abwaschen von Schuld und Sünde.

auferweckt. Denn ihr habt an die Kraft Gottes geglaubt, der Christus
von den Toten auferweckt hat. 13 Ja, ihr wart tot aufgrund eurer Ver-
fehlungen. Und eure auf das Menschliche ausgerichtete Natur hatte
die neue Beschneidung noch nicht empfangen. Aber Gott hat euch
zusammen mit Christus lebendig gemacht, indem er uns alle Ver-
fehlungen vergeben hat. 14 Er hat den Schuldschein getilgt, der uns
belastete – einschließlich seiner Vorschriften, die gegen uns stan-
den. Er hat ihn ans Kreuz angenagelt und damit beseitigt. 15 Er hat
die Mächte und Gewalten entwaffnet und sie öffentlich zur Schau
gestellt. Er führt sie im Triumphzug mit, der für Christus abgehalten
wird.

Freiheit von menschlichen Vorschriften

16 Niemand soll euch danach beurteilen, was ihr esst oder trinkt – oder
ob ihr bestimmte Feste, den Neumond oder den Sabbat haltet. 17 Das
alles ist doch nur ein Schatten von dem, was kommen wird. Aber in
Christus ist es wirklich geworden.

18 Niemand soll euch den Siegespreis absprechen! Schon gar nicht
Leute, die Demut heucheln oder Engel verehren – auch wenn sie das
mit irgendetwas begründen, was sie bei ihren Visionen erlebt ha-
ben wollen. Jetzt machen sie sich ohne Grund wichtig, wie es ihrer
selbstsüchtigen Natur entspricht. 19 Sie halten nicht an Christus fest,
der das Haupt der Gemeinde ist. Dabei wird von ihm her der ganze
Leib durch Sehnen und Bänder gestützt und zusammengehalten. So
wächst er heran, wie Gott es bestimmt.

20 Ihr seid doch mit Christus gestorben und damit tot für die Ele-
mente dieser Welt. Warum lasst ihr euch dann Vorschriften machen,
als ob ihr noch in dieser Welt lebt? 21 »Fass dies nicht an! Iss nicht da-
von! Berühr jenes nicht!« 22 Das alles ist dazu da, verbraucht und so
vernichtet zu werden. Und das geschieht nach Vorschriften und Leh-
ren, die lediglich von Menschen stammen. 23 Das Ganze genießt zwar
den Ruf, weise zu sein – kommt es doch fromm und demütig daher
und schont den eigenen Körper nicht. Aber es ist nichts wert und be-
friedigt nur die menschliche Eitelkeit.

Das Leben als Christ 3,1–4,6

Sich ausrichten auf Christus

3 1 Wenn ihr also zusammen mit Christus auferweckt worden seid,
dann richtet euch nach oben hin aus. Dort sitzt Christus an der
rechten Seite Gottes. 2 Wendet euch dem zu, was dort oben ist, und
nicht dem, was auf der Erde ist! 3 Denn ihr seid gestorben, und euer
Leben ist mit Christus bei Gott verborgen. 4 Es kommt aber die Zeit,
in der Christus, euer Leben, erscheint. Und dann wird auch offenbar,
dass ihr zusammen mit ihm Anteil an Gottes Herrlichkeit habt.

Auferweckung: Meint die Auferstehung vom Tod und das ewige Leben im Reich Gottes.

Glaube, glauben: Meint das tiefe Vertrauen auf Gott, das zu einem Leben nach seinem Willen führt.

Kreuz: Sinnbild für Gottes Zuwendung zu den Menschen. Am Kreuz opferte Jesus Christus sein Leben, um die Sünden der Menschen wegzunehmen, die sie von Gott trennen.

Neumond: Beginn eines neuen Monats und Anlass für ein religiöses Fest.

Sabbat: In der Bibel der siebte Tag der Woche, heute unser Samstag. Er gilt im Judentum als Feiertag, an dem nicht gearbeitet werden darf.

Christus: Wer an Christus glaubt, hat schon jetzt Anteil am Reich Gottes.

Siegespreis: Kranz aus grünen Zweigen, der dem Sieger eines Wettkampfes oder eines Krieges wie eine Krone auf den Kopf gesetzt wurde. Hier Bild für die Gnade Gottes, die er allen schenkt, die an Christus glauben.

nach oben hin: In Richtung Himmel, der im übertragenen Sinn den Bereich beschreibt, in dem Gott wohnt.

rechte Seite: Die rechte Seite ist ein Ehrenplatz.

Den alten Menschen ablegen

5 Darum tötet alles, was nur auf diese Erde gehört und euch noch in
den Gliedern steckt: Unzucht, Unsittlichkeit, Leidenschaft, Lust auf
Böses und Habgier, die nichts anderes ist als Götzendienst. 6 Deswe-
gen kommt der Zorn Gottes über die Menschen, die ihm nicht gehor-
chen. 7 So habt auch ihr früher euer Leben geführt, als es noch von all
dem beherrscht war. 8 Jetzt aber sollt ihr das alles ablegen: Zorn, Wut
und Bosheit. Und es soll kein Wort über eure Lippen kommen, das
andere verleumdet oder herabsetzt. 9 Belügt einander nicht. Denn
ihr habt den alten Menschen mit seinen Gewohnheiten ausgezogen
10 und den neuen Menschen angelegt wie ein neues Gewand. Der
Schöpfer hat ihn nach seinem Bild erneuert, damit er zur Erkenntnis
gelangt. 11 Wo das geschieht, spielt es keine Rolle mehr, was jemand
ist: Grieche oder Jude, Beschnittener oder Unbeschnittener, Frem-
der, Skythe, Sklave oder freier Mensch. Denn in all dem lebt Christus,
und er umfasst das alles.

Als neue Menschen leben

12 Gott hat euch als seine Heiligen erwählt, denen er seine Liebe
schenkt. Darum legt nun das neue Gewand an. Es besteht aus herz-
lichem Erbarmen, Güte, Demut, Freundlichkeit und Geduld. 13 Er-
tragt euch gegenseitig und vergebt einander, wenn einer dem ande-
ren etwas vorwirft. Wie der Herr euch vergeben hat, so sollt auch ihr
vergeben! 14 Vor allem aber bekleidet euch mit der Liebe. Sie ist das
Band, das euch zu vollkommener Einheit zusammenschließt. 15 Und
der Friede, den Christus schenkt, lenke eure Herzen. Dazu seid ihr be-
rufen als Glieder des einen Leibes. Und dafür sollt ihr dankbar sein!
16 Das Wort, in dem Christus gegenwärtig ist, wohne in reichem
Maß bei euch. Lehrt einander und ermahnt euch gegenseitig. Tut
das in aller Weisheit. Singt Gott aus vollem Herzen Psalmen, Hym-
nen und geistliche Lieder. Denn er hat euch Gnade geschenkt. 17 Al-
les, was ihr sagt und tut, soll im Namen des Herrn Jesus geschehen.
Dankt dabei Gott, dem Vater, durch ihn.

Anweisungen für den Alltag

18 Ihr Frauen, ordnet euch euren Männern unter. So ist es angemes-
sen, wenn man zum Herrn gehört! 19 Ihr Männer, liebt eure Frauen
und seid nicht rücksichtslos gegen sie! 20 Ihr Kinder, gehorcht euren
Eltern in allem. Denn so ist es richtig, wenn man zum Herrn gehört!
21 Ihr Väter, schüchtert eure Kinder nicht ein, damit sie nicht entmu-
tigt werden!
22 Ihr Sklaven, gehorcht in allem den Herren dieser Welt! Tut das
nicht, um gesehen zu werden und den Menschen zu gefallen. Tut
das vielmehr aus ehrlicher Überzeugung und aus Ehrfurcht vor dem
Herrn. 23 Was immer ihr tut, das tut von Herzen. Tut es für den Herrn
und nicht für die Menschen. 24 Und seid euch bewusst, dass ihr dafür
vom Herrn das Erbe als Lohn bekommt. Dient Christus, dem Herrn!

Götzendienst: Verehrung einer fremden Gottheit, die in Israel verboten war.

wie ein neues Gewand: Bild für ein Leben, das von Christus bestimmt ist.

Griechen: Menschen aus den Ländern im Mittelmeerraum, die keine Juden waren und Griechisch sprachen. Griechisch war im gesamten Osten des Römischen Reichs die gemeinsame Sprache.

Beschneidung: Das Abtrennen der Vorhaut am männlichen Glied ist für Israel Zeichen des Bundes zwischen Gott und seinem Volk.

Skythen: Volk im Gebiet nördlich des Schwarzen Meers. Sie waren bekannt für Wildheit und Brutalität.

Heilige: Bezeichnung für die Anhänger von Jesus Christus.

Psalmen: Lieder und Gebete, wie sie sich beispielsweise im Buch der Psalmen im Alten Testament finden.

Gnade: Liebevolle Zuwendung Gottes, die er den Menschen ohne Vorbedingung schenkt.

Erbe: Ursprünglich der Anteil der Israeliten an dem Land, das Gott ihnen gibt. Im Neuen Testament bedeutet es ein Leben im Reich Gottes, in unmittelbarer Gemeinschaft mit ihm.

25 Wer allerdings Unrecht tut, wird seine gerechte Strafe erhalten.
Denn der Herr ist ein unparteiischer Richter.
4 1 Ihr Herren, behandelt eure Sklaven, wie es recht und billig ist.
Seid euch bewusst, dass auch ihr im Himmel einen Herrn habt.

Aufforderung zum Gebet und zur freundlichen Rede

2 Hört nicht auf zu beten. Bleibt dabei stets wachsam und voller
Dankbarkeit! 3 Betet dabei zugleich auch für uns, dass Gott uns eine
Tür für sein Wort öffnet. Mit ihm verkünden wir das Geheimnis, dass
Christus bei euch gegenwärtig ist. Wegen dieser Botschaft bin ich in
Haft. 4 Betet auch, dass ich es anderen so enthüllen kann, wie mein
Verkündigungsauftrag es erfordert. 5 Begegnet den Außenstehenden
mit Weisheit. Macht das Beste aus eurer Zeit! 6 Eure Rede sei stets
freundlich und mit einer Prise Salz gewürzt. Denn ihr müsst wissen,
wie ihr jedem eine angemessene Antwort geben könnt.

Briefschluss 4,7-18

Persönliche Mitteilungen

7 Wie es mir geht, darüber wird euch Tychikus ausführlich berich-
ten. Er ist mein lieber Bruder und treuer Helfer, der zusammen mit
mir im Dienst für den Herrn steht. 8 Zu diesem Zweck habe ich ihn ja
zu euch geschickt. Ihr sollt alles über mich erfahren und im Herzen
neuen Mut schöpfen. 9 Zusammen mit ihm schicke ich Onesimus,
den treuen und lieben Bruder. Er ist ja einer von euch. Die beiden
werden euch alles berichten, was hier vorgeht.

Grüße von Mitarbeitern des Paulus

10 Aristarch, mein Mitgefangener, lässt euch grüßen, ebenso Markus,
der Cousin von Barnabas. Seinetwegen habt ihr ja bereits Anweisun-
gen erhalten. Wenn er zu euch kommt, nehmt ihn freundlich auf!
11 Außerdem lässt euch Jesus grüßen, der Justus genannt wird. Die-
se drei sind die einzigen jüdischen Mitarbeiter am Reich Gottes, die
mir beistanden. 12 Grüße auch von Epaphras, der ja einer von euch ist.
Als Diener von Jesus Christus kämpft er in seinen Gebeten immer
wieder für euch. Denn ihr sollt vollkommen werden und ganz davon
erfüllt sein, was Gottes Wille ist. 13 Ich kann bezeugen: Er setzt sich
unermüdlich für euch ein – und genauso für die Glaubenden in Lao-
dizea und Hierapolis. 14 Grüße schließlich auch von unserem lieben
Lukas, dem Arzt, sowie von Demas.

Gruß an die Gemeinde in Laodizea

15 Grüßt mir die Brüder und Schwestern in Laodizea – besonders
Nympha und die Gemeinde, die sich in ihrem Haus trifft. 16 Lest die-
sen Brief bei euch vor. Und sorgt anschließend dafür, dass er in der
Gemeinde von Laodizea vorgelesen wird. Umgekehrt soll der Brief

Gebet: Reden des Menschen mit Gott.

Bruder: Übliche Anrede unter Mitgliedern der Gemeinde.

Herr: Anrede und Bezeichnung für Jesus. Sie bringt zum Ausdruck, dass man sich in seinen Dienst stellt.

Reich Gottes: Wörtlich »Königsherrschaft Gottes«. Bezeichnet den Herrschaftsbereich, in dem sich Gottes Wille durchsetzt.

Diener von Christus: Bezeichnung für eine Person, die Christus als ihren Herrn anerkennt. In seinem Auftrag und mit seiner Vollmacht verkündet sie das Wort Gottes.

Bruder, Schwester: Wörtlich »Bruder«. Das griechische Wort bezeichnet männliche *und* weibliche Mitglieder der Gemeinde.

Herr: Anrede und Bezeichnung für Jesus. Sie bringt zum Ausdruck, dass man sich in seinen Dienst stellt.

Gnade: Liebevolle Zuwendung Gottes, die er den Menschen ohne Vorbedingung schenkt.

aus Laodizea auch bei euch vorgelesen werden. 17 Und dem Archip-
pus sollt ihr ausrichten: »Achte darauf, dass du den Auftrag erfüllst,
den du durch den Herrn bekommen hast!«

Eigenhändiger Gruß

18 Meinen persönlichen Gruß schreibe ich, Paulus, mit eigener Hand.
Denkt an mich und daran, dass ich in Haft bin. Gnade sei mit euch!

Der erste Brief an die Thessalonicher

Briefanfang 1,1-10

Absender und Empfänger

1 1 Paulus, Silvanus und Timotheus.
An die Gemeinde der Thessalonicher, die zu Gott, dem Vater,
und zum Herrn Jesus Christus gehört.
Wir wünschen euch Gnade und Frieden.

Dank für den vorbildlichen Glauben der Gemeinde

2 Jedes Mal, wenn wir im Gebet an euch denken, danken wir Gott für
euch alle. 3 Vor Gott, unserem Vater, müssen wir immer wieder an
euch denken: daran, wie ihr euren Glauben in die Tat umsetzt. Wie
sehr euer Wirken von der Liebe bestimmt ist. Und wie unerschütter-
lich ihr an der Hoffnung auf unseren Herrn Jesus Christus festhaltet.
4 Ja, ihr von Gott geliebten Brüder und Schwestern, wir wissen, dass
ihr erwählt seid! 5 Denn als wir euch die Gute Nachricht verkündeten,
geschah das nicht nur mit Worten. Es geschah mit machtvollen Taten,
mithilfe des Heiligen Geistes und mit großer Überzeugungskraft. Ihr
wisst doch, wie wir uns bei euch verhalten haben. Das geschah, um
euch zu gewinnen. 6 Ihr seid unserem Vorbild gefolgt und damit dem
Vorbild des Herrn. Obwohl ihr selbst in großer Not wart, habt ihr die
Botschaft mit Freude angenommen. Und diese Freude schenkt der
Heilige Geist. 7 So seid ihr zum Vorbild geworden für alle Glauben-
den in Makedonien und in der Provinz Achaia. 8 Das Wort des Herrn
wurde von euch aus weitergetragen – nicht nur nach Makedonien
und in die Provinz Achaia. Inzwischen hat sich überall die Nachricht
verbreitet, dass ihr an Gott glaubt. Darüber brauchen wir also nicht
mehr zu berichten. 9 Die Leute erzählen nämlich schon überall, wie
gut ihr uns aufgenommen habt. Und sie berichten davon, wie ihr
euch von den Götzen abgewendet und Gott zugewendet habt. Jetzt
dient ihr dem lebendigen und wahren Gott. 10 Ihr wartet darauf, dass
sein Sohn vom Himmel her kommt – Jesus, den er von den Toten auf-
erweckt hat. Der rettet uns vor dem zukünftigen Zorn Gottes.

Die Verkündigung und Aufnahme der Guten Nachricht in Thessalonich 2,1–3,13

Paulus verteidigt seine Verkündigung in Thessalonich

2 1 Ihr wisst selbst, Brüder und Schwestern: Es ist nicht ohne Wir-
kung geblieben, dass ihr uns so gut aufgenommen habt. 2 Im

Jesus Christus: Der Name ist zugleich ein Bekenntnis. Wer Jesus als Christus anerkennt, glaubt an ihn als Retter und Erlöser der Welt.

Gnade: Liebevolle Zuwendung Gottes, die er den Menschen ohne Vorbedingung schenkt.

Frieden: Umfassender Zustand von Glück und Wohlergehen des Einzelnen und der Gemeinschaft, der aus der Beziehung mit Gott hervorgeht.

Heiliger Geist: Kraft, durch die Gott in der Welt wirkt.

Wort des Herrn: Gottes Versprechen, die Menschen so anzunehmen, wie sie sind, und nicht zu verurteilen, obwohl sie seine Gebote übertreten.

Glaube, glauben: Meint das tiefe Vertrauen auf Gott, das zu einem Leben nach seinem Willen führt.

Götze: Abfällige Bezeichnung für eine fremde Gottheit oder ihr Standbild.

Sohn Gottes: Titel, der das besondere Vertrauensverhältnis eines Menschen zu Gott zum Ausdruck bringt. Im Neuen Testament wird der Titel ausschließlich für Jesus verwendet.

Zorn Gottes: Gottes Wille, Gericht zu halten. Als Herrscher über die Welt ist Gott der Richter, der am Ende der Zeit ein Urteil über sie spricht.

Gegenteil: Zuvor hatten wir in Philippi ja einiges zu erdulden. Wie ihr wisst, wurden wir dort misshandelt. Aber wir wurden durch unseren Gott ermutigt, ganz offen seine Gute Nachricht zu verkünden. Das taten wir sogar noch dann, als es zu heftigen Auseinandersetzungen kam. 3 Was wir euch zugesagt haben, soll euch nicht in die Irre führen. Dahinter stecken weder eine fragwürdige Absicht noch irgendwelche anderen Hintergedanken. 4 Vielmehr hat Gott uns für geeignet gehalten, uns die Gute Nachricht anzuvertrauen. Nur deshalb verkünden wir sie. Es geht uns also nicht darum, den Menschen zu gefallen, sondern Gott. Denn er prüft unsere Herzen. 5 Unsere Verkündigung diente nicht dazu, uns bei euch einzuschmeicheln. Das wisst ihr genau. Sie war auch kein Vorwand, um uns auf eure Kosten zu bereichern. Gott ist unser Zeuge! 6 Und ebenso wenig ging es uns um das Ansehen bei den Menschen – weder bei euch noch bei irgendjemand sonst. 7 Dabei hätten wir uns als Apostel von Christus durchaus auf unsere Bedeutung berufen können. Aber wir waren liebevoll zu euch wie eine Amme, die ihre Kinder versorgt. 8 Genauso haben wir euch ins Herz geschlossen. Deshalb halten wir es für richtig, euch nicht nur Anteil zu geben an der Guten Nachricht Gottes. Wir wollen euch vielmehr auch an unserem eigenen Leben teilhaben lassen. Denn wir haben euch lieb gewonnen.

9 Brüder und Schwestern! Ihr erinnert euch doch noch an die Mühe und Anstrengung, die wir auf uns genommen haben. Tag und Nacht haben wir gearbeitet, um niemandem von euch zur Last zu fallen. Und gleichzeitig haben wir euch die Gute Nachricht Gottes verkündet. 10 Zusammen mit Gott seid ihr Zeugen dafür, wie wir uns euch Glaubenden gegenüber verhalten haben: Wir waren stets gewissenhaft und gerecht, und niemand kann uns je einen Vorwurf machen. 11 Ihr wisst doch: Für jeden Einzelnen von euch waren wir wie ein Vater. 12 Wir haben euch Mut gemacht und euch zugeredet. Und wir haben euch nachdrücklich aufgefordert, ein Leben zu führen, das Gott Ehre macht. Denn er hat euch in sein Reich gerufen und schenkt euch Anteil an seiner Herrlichkeit.

Die Annahme der Verkündigung trotz Anfeindungen

13 Deshalb danken wir Gott immer wieder dafür, dass ihr durch unsere Verkündigung sein Wort empfangen habt. Ihr habt sie nicht als Menschenwort angenommen, sondern als das Wort Gottes, was sie tatsächlich ist. Nun wirkt es unter euch, die ihr zum Glauben gekommen seid. 14 Brüder und Schwestern! Für euch sind die Gemeinden Gottes in Judäa, die zu Christus Jesus gehören, zum Vorbild geworden. Denn eure Landsleute hier haben euch Leid zugefügt. Genau das gleiche Leid haben die Gemeinden in Judäa von den Juden dort erfahren. 15 Die haben nicht nur Jesus, den Herrn, getötet, sondern auch die Propheten. Und uns haben sie verfolgt. Sie gefallen Gott nicht und sind allen Menschen feindlich gesinnt. 16 Denn sie hindern uns daran, den anderen Völkern die Botschaft zu bringen, die sie

zuvor: Apostelgeschichte 16,16-24 erzählt von einem Prozess und einem Gefängnisaufenthalt des Paulus.

Gute Nachricht: Wörtliche Übersetzung von »Evangelium«. Botschaft, dass die Menschen durch Tod und Auferstehung von Christus mit Gott versöhnt sind.

Apostel: Wörtlich »Ausgesandte«. Menschen, die dazu berufen sind, die Gute Nachricht von Jesus Christus zu verkünden. Im engeren Sinn die zwölf Jünger von Jesus, die ihn während seines Lebens begleiteten.

Amme: Frau, die anstelle der Mutter einen Säugling stillt und versorgt.

Bruder, Schwester: Wörtlich »Bruder«. Das griechische Wort bezeichnet männliche *und* weibliche Mitglieder der Gemeinde.

Reich: Bezeichnet den Herrschaftsbereich, in dem sich Gottes Wille durchsetzt.

sein Wort: Gottes Versprechen, die Menschen so anzunehmen, wie sie sind, und nicht zu verurteilen, obwohl sie seine Gebote übertreten.

Judäa: Römische Provinz mit Jerusalem als religiösem und kulturellem Zentrum.

Prophet: Verkündet, was Gott in einer bestimmten Situation zu sagen hat.

retten kann. So laden sie fortwährend Schuld auf sich, bis das Maß
voll ist. Aber der Zorn Gottes ist schon endgültig über sie gekommen.

Paulus sehnt sich nach seiner Gemeinde

17 Brüder und Schwestern, wir wurden von euch getrennt und wie
Waisen zurückgelassen. Das war zwar nur für eine kurze Zeit. Es war
auch nur räumlich und betraf nicht das Herz. Aber gerade deshalb
suchen wir umso dringender nach einer Möglichkeit, euch wieder-
zusehen. 18 Wir hatten die feste Absicht, euch zu treffen. Ich, Paulus,
habe das mehr als einmal versucht. Aber der Satan hat uns daran ge-
hindert. 19 Wer ist denn unsere Hoffnung und unsere Freude? Und
wer sonst ist unser Siegeskranz, auf den wir stolz sein können, wenn
unser Herr Jesus wiederkommt? 20 Ihr seid doch unser Ruhmesglanz
und unsere Freude!

Timotheus bei der Gemeinde in Thessalonich

3 1 Als wir es schließlich nicht mehr aushielten, beschlossen wir,
allein in Athen zurückzubleiben. 2 So schickten wir Timotheus.
Er ist unser Bruder und Mitarbeiter Gottes im Dienst an der Guten
Nachricht von Christus. Er sollte euch stärken und im Glauben er-
mutigen. 3 Denn niemand soll durch die gegenwärtige Verfolgung im
Glauben verunsichert werden. Ihr wisst doch selbst, dass sie uns auf-
erlegt ist. 4 Denn schon als wir bei euch waren, haben wir euch voraus-
gesagt, dass man uns verfolgen wird. Und wie ihr wisst, ist es genau
so gekommen. 5 Darum hielt ich es auch nicht länger aus und schickte
Timotheus zu euch. Ich wollte mich vergewissern, wie es um euren
Glauben steht. Denn ich war besorgt, dass der Versucher euch auf die
Probe stellt. Dann wäre unsere Mühe vergeblich gewesen!

Freude über die Nachrichten aus Thessalonich

6 Inzwischen ist Timotheus von euch zurückgekehrt. Er hat uns er-
freuliche Nachrichten über euren Glauben und eure Liebe gebracht.
Außerdem hat er berichtet, dass ihr uns stets in guter Erinnerung
habt – und euch genauso nach einem Wiedersehen sehnt wie wir.
7 Ihr habt euren Glauben bewahrt, Brüder und Schwestern. Dadurch
habt ihr uns in dieser schwierigen Zeit und in aller Verfolgung neuen
Mut geschenkt. 8 Ja, wir leben regelrecht auf durch die Gewissheit,
dass ihr fest zum Herrn steht. 9 Wie können wir Gott nur für euch
danken? Zu groß ist die Freude, die ihr uns vor ihm bereitet! 10 Tag
und Nacht bitten wir von ganzem Herzen, dass wir euch von Ange-
sicht zu Angesicht wiedersehen. Denn wir wollen euch all das geben,
was an eurem Glauben noch fehlt.

Paulus betet um Stärkung der Gemeinde

11 Wir bitten Gott, unseren Vater, und unseren Herrn Jesus, dass un-
ser Weg uns zu euch führt. 12 Der Herr lasse eure Liebe zueinander
und zu allen Menschen über jedes Maß hinauswachsen. Sie soll so

Zorn Gottes: Sein Wille, Gericht zu halten.

Waisen: Kinder, deren Eltern gestorben sind.

Satan, Teufel: Gegenspieler Gottes. Er versucht, die Menschen zu einem Verhalten zu bewegen, das Gottes Willen widerspricht.

Siegeskranz: Ein meist aus grünen Zweigen geflochtener Kranz. Er wurde dem Sieger nach einer Schlacht oder einem sportlichen Wettkampf wie eine Krone aufgesetzt.

Bruder: Übliche Anrede unter Mitgliedern der Gemeinde.

Glaube, glauben: Meint das tiefe Vertrauen auf Gott, das zu einem Leben nach seinem Willen führt.

der Versucher: Andere Bezeichnung für den Satan. Als Gegenspieler Gottes versucht er, die Menschen zu einem Verhalten zu bewegen, das Gottes Willen widerspricht.

Herr: Anrede und Bezeichnung für Jesus. Sie bringt zum Ausdruck, dass man sich in seinen Dienst stellt.

groß werden wie unsere Liebe zu euch. 13 Der Herr stärke eure Her-
zen, damit ihr untadelig und heilig seid. So könnt ihr dann vor unse-
ren Gott und Vater treten – und seid bereit für den Tag, an dem unser
Herr Jesus mit allen Engeln wiederkommt. Amen.

Ermahnung und Ermutigung für das Leben am Ende der Zeit 4,1–5,11

Ermahnung zu einem Leben, das Gott gefällt

4 1 Noch zu etwas anderem, Brüder und Schwestern: Ihr habt von
uns gelernt, wie ihr euer Leben führen müsst, um Gott zu gefal-
len. Und ihr lebt auch schon so. Nun bitten und ermahnen wir euch
unter Berufung auf den Herrn Jesus: Macht darin noch weiter Fort-
schritte. 2 Ihr kennt ja die Anweisungen, die wir euch im Auftrag des
Herrn Jesus gegeben haben. 3 Denn es ist der Wille Gottes, dass ihr
heilig seid. Und dazu gehört, dass ihr alle verbotenen sexuellen Be-
ziehungen meidet. 4 Jeder von euch soll lernen, mit seinem eigenen
Körper in heiliger und ehrenhafter Weise umzugehen. 5 Folgt nicht
den leidenschaftlichen Begierden, wie es die Heiden tun, die Gott
nicht kennen. 6 Setzt euch in geschäftlichen Angelegenheiten nicht
über euren Bruder hinweg und bereichert euch nicht an ihm. Denn
der Herr bestraft das alles. Das haben wir euch schon früher gesagt
und euch ausdrücklich gewarnt. 7 Denn Gott hat uns nicht zur Un-
sittlichkeit berufen, sondern zu einem Leben in Heiligkeit. 8 Wer
diese Berufung zurückweist, weist demnach nicht einen Menschen
zurück. Er weist vielmehr Gott zurück, der euch mit seinem Heiligen
Geist erfüllt.

Ermahnung zu gegenseitiger Liebe und geordneter Lebensführung

9 Über die Liebe zu euren Brüdern und Schwestern brauche ich euch
nichts zu schreiben. Denn Gott selbst hat euch gelehrt, einander
zu lieben. 10 Und solche Liebe erweist ihr ja auch allen Brüdern und
Schwestern in ganz Makedonien. Aber wir ermahnen euch, Brüder
und Schwestern: Macht darin noch weiter Fortschritte! 11 Betrachtet
es als Ehrensache, ein geordnetes Leben zu führen. Geht euren eige-
nen Geschäften nach. Und verdient euren Lebensunterhalt durch
eurer eigenen Hände Arbeit, wie wir es euch aufgetragen haben. 12 So
führt ihr für die Außenstehenden ein einwandfreies Leben und seid
von niemandem abhängig.

Die Verstorbenen werden auferweckt, wenn Christus wiederkommt

13 Brüder und Schwestern, wir wollen euch nicht darüber in Unkennt-
nis lassen, was mit den Verstorbenen geschieht. Denn ihr sollt nicht
um sie trauern wie die anderen, die keine Hoffnung haben. 14 Wir
sind doch davon überzeugt, dass Jesus gestorben und auferstan-
den ist. Ebenso gewiss wird Gott die Verstorbenen durch Jesus und

heilig: Menschen oder Dinge, die zu Gott gehören und mit ihm in Verbindung stehen.

Amen: Das hebräische Wort bedeutet »So ist es! / So soll es sein!«

Bruder, Schwester: Wörtlich »Bruder«. Das griechische Wort bezeichnet männliche *und* weibliche Mitglieder der Gemeinde.

Heiden: Bezeichnung für Menschen, die nicht an den Gott Israels glauben.

Herr: Bezeichnung für Gott. Das griechische Alte Testament verwendet das Wort »Herr« an den Stellen, an denen im hebräischen Text der Gottesname steht.

Heiliger Geist: Kraft, durch die Gott in der Welt wirkt.

Auferstehung: Meint die Auferweckung vom Tod und das ewige Leben im Reich Gottes.

gemeinsam mit ihm aus dem Tod herausführen. 15 Denn das sagen
wir euch mit einem Wort, das vom Herrn kommt: Wir, die noch le-
ben, wenn der Herr wiederkommt, haben den Verstorbenen nichts
voraus. 16 Der Herr selbst wird vom Himmel herabsteigen – wenn
der Befehl ergeht, die Stimme des Erzengels erklingt und die Trom-
pete Gottes ertönt. Dann werden zuerst die Toten auferweckt, die
zu Christus gehören. 17 Und danach werden wir, die dann noch am
Leben sind, zusammen mit ihnen weggeführt. Wir werden auf Wol-
ken in die Höhe emporgetragen, um dem Herrn zu begegnen. Dann
werden wir für immer beim Herrn bleiben. 18 Macht euch mit diesen
Worten gegenseitig Mut!

Aufforderung zu einem wachsamen und nüchternen Leben

5 1 Was die Zeiten und Fristen betrifft, Brüder und Schwestern,
darüber brauche ich euch nichts zu schreiben. 2 Denn ihr wisst
selbst ganz genau: Der Tag des Herrn kommt unerwartet wie ein
Dieb in der Nacht. 3 Gerade sagen die Leute noch: »Wir leben in Frie-
den und Sicherheit!« Da wird das Verderben ganz plötzlich über sie
hereinbrechen – so wie bei einer schwangeren Frau plötzlich die We-
hen einsetzen. Dann gibt es kein Entkommen.

4 Brüder und Schwestern! Ihr lebt nicht in der Finsternis. Deshalb
wird euch der Tag des Herrn nicht überraschen wie ein Dieb. 5 Denn
ihr seid alle Kinder des Lichts und Kinder des Tages. Wir gehören we-
der der Nacht noch der Finsternis. 6 Lasst uns also nicht schlafen wie
die anderen. Lasst uns vielmehr wach und nüchtern sein! 7 Denn wer
schläft, schläft in der Nacht. Und wer sich betrinkt, ist nachts betrun-
ken. 8 Aber wir gehören zum Tag. Deshalb wollen wir nüchtern sein –
gewappnet mit Glaube und Liebe als Brustpanzer und der Hoffnung
auf Rettung als Helm. 9 Denn Gott hat uns nicht dazu erwählt, dass
uns im Gericht sein Zorn trifft. Vielmehr sollen wir gerettet werden
durch unseren Herrn Jesus Christus. 10 Der ist für uns gestorben, da-
mit wir zusammen mit ihm leben. Dabei ist es ganz gleich, ob wir
noch am Leben sind oder ob wir dann schon gestorben sind. 11 Da-
rum macht euch gegenseitig Mut und baut einander auf, wie ihr es
ja schon tut.

Himmel: Im übertragenen Sinn beschreibt »Himmel« den Bereich, in dem Gott wohnt.

Erzengel: Einer der obersten Engel in der himmlischen Ratsversammlung.

Tag des Herrn: Der Tag, an dem Christus wiederkommt. Dann hält Gott Gericht und sein Reich bricht endgültig an.

Kinder des Lichts: Bezeichnung für die Angehörigen der Gemeinden.

Glaube, glauben: Meint das tiefe Vertrauen auf Gott, das zu einem Leben nach seinem Willen führt.

Gericht, verurteilen: Als Herrscher über die ganze Welt ist Gott der Richter, der am Ende der Zeit ein Urteil über sie spricht.

Briefschluss 5,12-28

Abschließende Anweisungen für das Leben in der Gemeinde

12 Wir haben aber eine Bitte an euch, Brüder und Schwestern: Er-
kennt diejenigen unter euch an, die sich für die Gemeinde abmühen.
Sie sorgen im Auftrag des Herrn für euch und zeigen euch den rech-
ten Weg. 13 Begegnet ihnen wegen ihres Einsatzes mit größter Ach-
tung und voller Liebe. Lebt in Frieden miteinander.

14 Brüder und Schwestern, wir bitten euch: Weist diejenigen zu-
recht, die kein geregeltes Leben führen. Ermutigt die Ängstlichen,

kümmert euch um die Schwachen, und habt Geduld mit allen. 15 Ach-
tet darauf, dass niemand Böses mit Bösem vergilt. Bemüht euch viel-
mehr stets, einander und allen anderen nur Gutes zu tun. 16 Freut
euch immerzu! 17 Betet unablässig! 18 Dankt Gott für alles! Denn das
ist Gottes Wille, und das hat er durch Christus Jesus für euch mög-
lich gemacht. 19 Unterdrückt nicht das Wirken des Heiligen Geistes.
20 Missachtet die prophetische Rede nicht. 21 Prüft aber alles und be-
haltet das Gute. 22 Haltet euch vom Bösen fern – wie auch immer es
aussieht.

Segen und Grüße

23 Gott, der Frieden schenkt, mache euch ganz und gar zu Heiligen. Er
bewahre euch unversehrt an Geist, Seele und Körper. Denn es soll an
euch nichts auszusetzen sein, wenn unser Herr Jesus Christus wie-
derkommt. 24 Gott, der euch beruft, ist treu: Er wird das alles tun.
25 Brüder und Schwestern, betet auch für uns! 26 Grüßt alle Brüder
und Schwestern mit dem heiligen Kuss! 27 Ich bitte euch bei dem
Herrn: Lasst diesen Brief unbedingt allen Brüdern und Schwestern
vorlesen! 28 Die Gnade unseres Herrn Jesus Christus sei mit euch!

Heiliger Geist: Kraft, durch die Gott in der Welt wirkt.

Prophet: Verkündet, was Gott in einer bestimmten Situation zu sagen hat.

Frieden: Umfassender Zustand von Glück und Wohlergehen des Einzelnen und der Gemeinschaft, der aus der Beziehung mit Gott hervorgeht.

Heilige: Bezeichnung für die Anhänger von Jesus Christus.

heiliger Kuss: Geste, die die gegenseitige Verbundenheit zum Ausdruck bringt. In der Antike war ein Kuss zur Begrüßung und zum Abschied üblich.

Gnade: Liebevolle Zuwendung Gottes, die er den Menschen ohne Vorbedingung schenkt.

Der zweite Brief an die Thessalonicher

Briefanfang 1,1-12

Absender und Empfänger

1 1 Paulus, Silvanus und Timotheus.
An die Gemeinde der Thessalonicher, die zu Gott, unserem
Vater, und zum Herrn Jesus Christus gehört.
2 Wir wünschen euch Gnade und Frieden von Gott, unserem Vater,
und dem Herrn Jesus Christus.

Dank für den Glauben der Gemeinde

3 Wir können gar nicht anders, Brüder und Schwestern, als Gott im-
mer wieder für euch zu danken. Denn euer Glaube wird immer stär-
ker, und eure Liebe zueinander wächst stetig bei euch allen. 4 Deshalb
berichten wir auch den anderen Gemeinden Gottes, worauf wir bei
euch so stolz sind: eure Standhaftigkeit und euren Glauben in aller
Verfolgung und allem Leid, die ihr ertragen müsst.

Das Leid und das kommende Gericht Gottes

5 Verfolgung und Leid sind ein Hinweis auf das gerechte Gericht Got-
tes: Sie zeigen, dass er euch für würdig hält, Anteil am Reich Gottes zu
erben. Und dieses Reich ist es, wofür ihr leidet. 6 Denn das entspricht
der Gerechtigkeit Gottes: Er vergilt es denen mit Leid, die euch Leid
zufügen. 7 Und er lässt euch, die ihr jetzt Leid erlebt, gemeinsam mit
uns Ruhe finden.
Das geschieht, wenn der Herr Jesus vom Himmel her erscheint. Er
kommt mit Engeln, die seine Befehle ausführen, 8 und in loderndem
Feuer. Dann wird er die zur Rechenschaft ziehen, die Gott nicht ken-
nen wollen. Er wird die bestrafen, die die Gute Nachricht von unse-
rem Herrn Jesus nicht angenommen haben. 9 Zur Strafe werden sie
endloses Verderben erleiden. Sie werden für immer fern sein vom
Herrn und von seiner Herrlichkeit und Macht. 10 Das alles wird an
dem Tag geschehen, wenn der Herr kommt. Dann wird seine Herr-
lichkeit aufstrahlen inmitten seiner Heiligen. Staunen und Bewun-
derung werden aufkommen unter allen, die zum Glauben gekommen
sind. Denn was wir bei euch bezeugt haben, hat Glauben gefunden.

Fürbitte für die Gemeinde

11 Deshalb bitten wir immer wieder für euch. Wir bitten Gott, euch
würdig zu machen für das Leben, zu dem er euch berufen hat. Mit

Jesus Christus: Der Name ist zugleich ein Bekenntnis. Wer Jesus als Christus anerkennt, glaubt an ihn als Retter und Erlöser der Welt.

Gnade: Liebevolle Zuwendung Gottes, die er den Menschen ohne Vorbedingung schenkt.

Frieden: Umfassender Zustand von Glück und Wohlergehen des Einzelnen und der Gemeinschaft, der aus der Beziehung mit Gott hervorgeht.

Bruder, Schwester: Wörtlich »Bruder«. Das griechische Wort bezeichnet männliche *und* weibliche Mitglieder der Gemeinde.

Glaube, glauben: Meint das tiefe Vertrauen auf Gott, das zu einem Leben nach seinem Willen führt.

Gericht, verurteilen: Als Herrscher über die ganze Welt ist Gott der Richter, der am Ende der Zeit ein Urteil über sie spricht.

Reich Gottes: Wörtlich »Königsherrschaft Gottes«. Bezeichnet den Herrschaftsbereich, in dem sich Gottes Wille durchsetzt.

Gute Nachricht: Wörtliche Übersetzung von »Evangelium«. Botschaft, dass die Menschen durch Tod und Auferstehung von Christus mit Gott versöhnt sind.

Heilige: Bezeichnung für die Anhänger von Jesus Christus.

seiner Macht stehe er euch bei, dass ihr euren Willen zum Guten
ganz vollendet. Dann könnt ihr euren Glauben in die Tat umsetzen.
12 Denn mitten unter euch soll der Name unseres Herrn Jesus in sei-
ner Herrlichkeit sichtbar werden. Und auch ihr sollt an dieser Herr-
lichkeit teilhaben. Das verdanken wir der Gnade unseres Gottes und
des Herrn Jesus Christus.

Das Warten auf den Tag des Herrn 2,1–3,12

Der Tag des Herrn kommt

2 1 Wir haben aber eine Bitte an euch, Brüder und Schwestern. Sie
steht im Zusammenhang mit dem Kommen unseres Herrn Je-
sus Christus und unserer Vereinigung mit ihm. 2 Lasst euch nicht so
schnell aus der Fassung bringen oder in Schrecken versetzen durch
die Behauptung: »Der Tag des Herrn ist schon da!« Dabei ist es gleich-
gültig, worauf man sich beruft: eine Eingebung des Heiligen Geistes,
irgendeine Äußerung oder sogar einen Brief, der angeblich von uns
kommt.

Die Zeit der Gesetzlosigkeit vor dem Kommen des Herrn

3 Lasst euch durch nichts und niemand täuschen. Denn zuerst
muss es noch zur Auflehnung gegen Gott kommen. Dann erscheint
auch jener Mensch, der alle Gesetzlosigkeit in sich vereint und der
umkommen muss. 4 Er lehnt sich gegen alles auf und erhebt sich
über alles, was man Gott oder Heiligtum nennt. Mehr noch: Er
nimmt sogar Platz im Tempel Gottes und gibt sich selbst als Gott
aus.
5 Erinnert ihr euch nicht daran? Ich habe euch das schon ange-
kündigt, als ich bei euch war. 6 Und jetzt wisst ihr auch, was diesen
Menschen noch zurückhält. Denn er soll erst zur festgesetzten Zeit
erscheinen. 7 Allerdings ist die geheime Macht der Gesetzlosigkeit
schon am Werk. Es muss nur noch derjenige, der sie bisher zurück-
hält, aus dem Weg geräumt werden. 8 Dann wird der Gesetzlose ganz
offen erscheinen. Aber der Herr Jesus wird ihn töten durch einen
Hauch seines Mundes. Wenn er kommt, wird er ihn durch sein blo-
ßes Erscheinen vernichten.
9 Aber wo dieser Gesetzlose auftritt, ist der Satan am Werk – mit
seiner ganzen Macht, mit trügerischen Zeichen und Wundern 10 und
mit jeder Art von Verführung zum Unrecht. Die verloren gehen, las-
sen sich davon täuschen. Denn sie haben die Liebe zur Wahrheit
nicht angenommen, die sie gerettet hätte. 11 Deshalb schickt Gott ih-
nen diese Macht. Sie führte sie in die Irre, damit sie der Lüge glauben.
12 So sollen alle verurteilt werden, die der Wahrheit nicht geglaubt ha-
ben, sondern am Unrecht Gefallen fanden.

Name unseres Herrn Jesus: Steht stellvertretend für Jesus Christus selbst und seine Gegenwart in dieser Welt.

Bruder, Schwester: Wörtlich »Bruder«. Das griechische Wort bezeichnet männliche *und* weibliche Mitglieder der Gemeinde.

Tag des Herrn: Der Tag, an dem Christus wiederkommt. Dann hält Gott Gericht und sein Reich bricht endgültig an.

Brief: Offenkundig sind Äußerungen des Paulus später missverstanden worden. Dies soll hier richtiggestellt werden.

jener Mensch: Figur, die den Anschein erweckt, von Gott zu kommen. In Wahrheit ist jedoch das Gegenteil der Fall.

Tempel Gottes: Zentrales Heiligtum in Jerusalem. In 1. Korinther 3,16-17 bezeichnet Paulus aber auch die Gemeinde als Tempel Gottes.

bei euch war: Auf seinen Reisen besuchte Paulus Gemeinden im östlichen Mittelmeerraum, die durch seine Verkündigung entstanden sind.

Satan, Teufel: Gegenspieler Gottes. Er versucht, die Menschen zu einem Verhalten zu bewegen, das Gottes Willen widerspricht.

Wahrheit: Meint die Versöhnung mit Gott, die den Menschen durch Tod und Auferstehung von Christus geschenkt ist.

Dank für die Erwählung der Gemeinde
13 Wir können aber gar nicht anders, als Gott immer wieder für euch
zu danken. Ihr seid vom Herrn geliebt, Brüder und Schwestern. Denn
Gott hat euch dazu erwählt, als Erste gerettet zu werden – durch sei-
nen Geist, der euch zu Heiligen macht, und durch den Glauben an die
Wahrheit. 14 Durch unsere Verkündigung der Guten Nachricht hat er
euch dazu berufen. So sollt ihr Anteil bekommen an der Herrlichkeit
unseres Herrn Jesus Christus.

Ermahnung zur Standhaftigkeit
15 Bleibt also standhaft, Brüder und Schwestern. Haltet euch an die
Überlieferungen, die ihr von uns bekommen habt – sei es mündlich
oder durch einen Brief! 16 Ja, es liebt uns unser Herr Jesus Christus
und Gott, unser Vater. In seiner Gnade schenkt er uns immerwähren-
de Ermutigung und sichere Hoffnung. 17 Er mache euch im Herzen
Mut und gebe euch Kraft zum Guten in Wort und Tat.

Fürbitte für Paulus und seine Begleiter
3 1 Im Übrigen, Brüder und Schwestern: Betet für uns, damit sich
das Wort des Herrn schnell ausbreitet und seine Herrlichkeit
sichtbar wird – so, wie es auch bei euch geschah. 2 Betet auch darum,
dass Gott uns vor den falschen und bösen Menschen bewahrt. Denn
nicht alle kommen zum Glauben. 3 Aber der Herr ist treu. Er wird
euch Kraft geben und vor dem Bösen beschützen. 4 Im Herrn ist auch
unser Vertrauen begründet, dass ihr unsere Anweisungen jetzt und
in Zukunft befolgt. 5 Der Herr aber richte eure Herzen aus auf die Lie-
be zu Gott und das Warten auf Christus.

Mahnung zu geregelter Arbeit und Lebensführung
6 Brüder und Schwestern, im Namen unseres Herrn Jesus Christus
geben wir euch eine klare Anweisung: Meidet den Umgang mit al-
len Brüdern und Schwestern, die ihre geregelte Arbeit aufgegeben
haben. Damit halten sie sich nicht an die Überlieferung, die sie von
uns empfangen haben. 7 Denn ihr wisst selbst, wie man unserem Bei-
spiel folgen muss: Wir haben es schließlich auch nicht abgelehnt zu
arbeiten, als wir bei euch waren. 8 Das Brot, das wir gegessen haben,
musste uns niemand schenken. Vielmehr haben wir keine Mühe
und Anstrengung gescheut und Tag und Nacht gearbeitet. Denn wir
wollten keinem von euch zur Last fallen. 9 Dabei hätten wir darauf
durchaus Anspruch! Aber wir wollten für euch ein Vorbild sein, nach
dem ihr euch richten könnt. 10 Denn als wir bei euch waren, haben wir
angeordnet: »Wer nicht arbeiten will, soll auch nicht essen!« 11 Wir hö-
ren nämlich, dass einige von euch ihr geregeltes Leben aufgegeben
haben. Statt zu arbeiten, gehen sie nutzlosen Beschäftigungen nach.
12 Im Namen unseres Herrn Jesus Christus fordern wir sie nach-
drücklich auf: Sie sollen in Ruhe ihrer Arbeit nachgehen und Brot es-
sen, das sie selbst verdient haben.

Geist Gottes: Kraft, durch die Gott in der Welt wirkt.

Heilige: Bezeichnung für die Anhänger von Jesus Christus.

Gnade: Liebevolle Zuwendung Gottes, die er den Menschen ohne Vorbedingung schenkt.

Wort des Herrn: Gottes Versprechen, die Menschen so anzunehmen, wie sie sind, und nicht zu verurteilen, obwohl sie seine Gebote übertreten.

Herrlichkeit: Bezeichnet das, was einer Person Ansehen und Macht verleiht. Gottes Herrlichkeit stellt man sich auch als strahlenden Lichtglanz vor.

Glaube, glauben: Meint das tiefe Vertrauen auf Gott, das zu einem Leben nach seinem Willen führt.

Herr: Anrede und Bezeichnung für Jesus. Sie bringt zum Ausdruck, dass man sich in seinen Dienst stellt.

Briefschluss 3,13-18

Abschließende Ermahnungen

13 Ihr aber, Brüder und Schwestern, lasst nicht nach, das Gute zu tun.
14 Wenn jemand die Anweisungen aus unserem Brief nicht befolgt,
dann merkt euch, wer es ist. Haltet euch von ihm fern, damit er sich
schämt! 15 Ihr sollt ihn nicht als Feind behandeln. Ermahnt ihn viel-
mehr eindringlich – so wie einen Bruder oder eine Schwester.

Friedenswunsch und eigenhändiger Gruß

16 Der Herr, der Frieden schenkt, gebe euch immer und in jeder Hin-
sicht Frieden. Der Herr sei mit euch allen!
17 Meinen persönlichen Gruß schreibe ich, Paulus, mit eigener
Hand. Das ist mein Zeichen in jedem Brief – so schreibe ich. 18 Die
Gnade unseres Herrn Jesus Christus sei mit euch allen!

Frieden: Umfassender Zustand von Glück und Wohlergehen des Einzelnen und der Gemeinschaft, der aus der Beziehung mit Gott hervorgeht.

Gnade: Liebevolle Zuwendung Gottes, die er den Menschen ohne Vorbedingung schenkt.

Jesus Christus: Der Name ist zugleich ein Bekenntnis. Wer Jesus als Christus anerkennt, glaubt an ihn als Retter und Erlöser der Welt.

Der erste Brief an Timotheus

Briefanfang 1,1-20

Absender und Empfänger

1 1 Paulus, Apostel von Christus Jesus im Auftrag von Gott, unse-
rem Retter – und im Auftrag von Christus Jesus selbst, auf den
wir hoffen.
2 An Timotheus, der mein Sohn im Glauben ist.

Ich wünsche dir Gnade, Barmherzigkeit und Frieden von Gott, dem Vater, und Christus Jesus, unserem Herrn.

Timotheus soll gegen falsche Lehren vorgehen

3 Damals, bei meiner Abreise nach Makedonien, habe ich darum ge-
beten: Du solltest in Ephesus bleiben, um gewissen Leuten dort
die Verbreitung von falschen Lehren zu verbieten. 4 Sie sollen sich
nicht mit erfundenen Geschichten und endlosen Stammbäumen
befassen. Denn das führt nur zu sinnlosen Gedankenspielereien.
Es dient aber nicht dem Auftrag Gottes, den Glauben zu fördern.
5 Das Ziel der richtigen Lehre ist vielmehr Liebe. Sie erwächst aus
reinem Herzen, gutem Gewissen und aufrichtigem Glauben. 6 Die-
ses Ziel haben einige aus dem Auge verloren und sich auf leeres
Geschwätz verlegt. 7 Sie wollen Gesetzeslehrer sein. Aber sie ver-
stehen nichts von dem, was sie sagen und was sie so selbstsicher
behaupten.
8 Wir wissen aber: Das Gesetz ist gut, wenn man es bestimmungs-
gemäß anwendet. 9 Man muss sich dabei nur im Klaren sein, an wen
sich das Gesetz richtet: Es betrifft nicht die Gerechten, sondern die
Gesetzlosen und Aufrührer, die Frevler und Sünder; Menschen, die
vor nichts Ehrfurcht haben und Gott fernstehen; Vater- und Mut-
termörder sowie Totschläger; 10 Leute, die in verbotenen sexuellen
Beziehungen leben; Männer, die mit Männern schlafen; Menschen-
händler, Lügner und Menschen, die falsch schwören; außerdem alle
anderen, die irgendetwas tun, was im Widerspruch zur unverfälsch-
ten Lehre steht. 11 Diese Lehre stimmt mit der Guten Nachricht über-
ein, die mir anvertraut wurde. In ihr wird die ganze Herrlichkeit und
Vollkommenheit Gottes offenbar.

Dank des Paulus für die erfahrene Gnade

12 Ich danke Christus Jesus, unserem Herrn, der mir die nötige Kraft
gegeben hat. Denn er hat mir sein Vertrauen geschenkt und mich in
seinen Dienst genommen. 13 Dabei habe ich ihn früher verhöhnt und
verfolgt und mich voll Überheblichkeit gegen ihn gestellt. Aber er hat

Apostel: Wörtlich »Ausgesandte«. Menschen, die dazu berufen sind, die Gute Nachricht von Jesus Christus zu verkünden. Im engeren Sinn die zwölf Jünger von Jesus, die ihn während seines Lebens begleiteten.

Jesus Christus: Der Name ist zugleich ein Bekenntnis. Wer Jesus als Christus anerkennt, glaubt an ihn als Retter und Erlöser der Welt.

Sohn: Paulus stellt Timotheus als seinen rechtmäßigen Erben und Nachfolger vor.

Glaube, glauben: Meint das tiefe Vertrauen auf Gott, das zu einem Leben nach seinem Willen führt.

Gesetzeslehrer: Menschen, deren Aufgabe das Studium und die Auslegung der Lebensvorschriften des Alten Testaments war, vor allem der fünf Bücher Mose.

gerecht, Gerechtigkeit: Meint ein Leben nach dem Willen Gottes.

Frevler: Menschen, die Gottes Gebote missachten und ihre eigenen Interessen gewaltsam durchsetzen.

Gute Nachricht: Wörtliche Übersetzung von »Evangelium«. Botschaft, dass die Menschen durch Tod und Auferstehung von Christus mit Gott versöhnt sind.

Gnade: Liebevolle Zuwendung Gottes, die er den Menschen ohne Vorbedingung schenkt.

Welt, diese Welt: Die von griechischer Kultur geprägte Umwelt der frühen Gemeinden, die sich nicht an christlichen Maßstäben orientierte.

Sünder: Menschen, die sich von Gott abgewendet haben und seinen Willen missachten.

ewiges Leben: Leben im Reich Gottes und in unmittelbarer Gemeinschaft mit Gott nach der Auferstehung vom Tod.

dem Satan ausgeliefert: Sie wurden aus der Gemeinde ausgeschlossen und waren dadurch nicht mehr vor schädlichen Einflüssen geschützt.

Gotteslästerung: Verächtliches Verhöhnen oder Verfluchen von Gott.

Gebet: Reden des Menschen mit Gott.

Ausübung des Glaubens: Gebet, Gottesdienst und eine Lebensführung, die dem Willen Gottes und dem Glauben an Christus entspricht.

Wahrheit: Meint die Versöhnung mit Gott, die den Menschen durch Tod und Auferstehung von Christus geschenkt ist.

Apostel: Wörtlich »Ausgesandter«. Mensch, der dazu berufen ist, die Gute Nachricht von Jesus Christus zu verkünden.

mir sein Erbarmen geschenkt. Denn ungläubig, wie ich war, wusste
ich nicht, was ich tat. 14 Ja, unser Herr schenkte uns Gnade über alle
Maßen. Mit ihr schenkte er uns den Glauben und die Liebe, die aus
der Verbundenheit mit Christus Jesus erwachsen.
15 Auf das Wort, das ich dir nun sage, kannst du dich verlassen. Es
ist wert, von allen angenommen zu werden: Christus Jesus ist in
diese Welt gekommen, um die Sünder zu retten. Und ich selbst bin
der erste unter ihnen. 16 Aber gerade deshalb hat er mir sein Erbar-
men geschenkt. Denn Christus Jesus wollte an mir als Erstem bei-
spielhaft seine ganze Geduld zeigen. Sie gilt allen, die künftig zum
Glauben an ihn kommen und dadurch das ewige Leben empfangen.
17 Dem ewigen König, dem unvergänglichen, unsichtbaren und einzi-
gen Gott gebührt die Ehre. Er regiert in Herrlichkeit für immer und
ewig. Amen!

Verpflichtung des Timotheus auf seinen Auftrag

18 Timotheus, mein Sohn, ich vertraue dir diese Lehre an. Nach wie
vor gelten die prophetischen Worte, die dir schon am Anfang zuge-
sprochen wurden. Aus ihnen sollst du die nötige Kraft schöpfen, um
den guten Kampf zu kämpfen. 19 Bewahre den Glauben und ein gu-
tes Gewissen! Manche lehnen das ab und haben in ihrem Glauben
Schiffbruch erlitten. 20 Hymenäus und Alexander gehören dazu. Ich
habe sie dem Satan ausgeliefert. Durch diese Strafe sollen sie lernen,
Gott nicht mehr zu lästern.

Anweisungen für das Leben der Gemeinde 2,1–3,16

Das Gebet für alle Menschen, besonders für die Machthaber

2 1 Zuerst und vor allem bitte ich euch, im Gebet für alle Menschen
einzutreten: Bringt eure Wünsche, Fürbitten und euren Dank
für sie vor Gott. 2 Betet auch für die Könige und alle übrigen Macht-
haber. Denn wir wollen ein ruhiges und stilles Leben führen – in un-
gehinderter Ausübung unseres Glaubens und in Würde. 3 So ist es
recht und gefällt Gott, unserem Retter. 4 Er will ja, dass alle Menschen
gerettet werden und zur Erkenntnis der Wahrheit gelangen. 5 Denn
nur einer ist Gott und nur einer der Vermittler zwischen Gott und
den Menschen: der Mensch Christus Jesus. 6 Der hat sich selbst hin-
gegeben als Lösegeld für alle Menschen. Das gilt es zur rechten Zeit
zu bezeugen. 7 Ich sage die Wahrheit und lüge nicht: Gott hat mich
als Apostel eingesetzt. Denn das soll ich verkünden als Lehrer für die
Völker im Glauben und in der Wahrheit.

Das Verhalten von Männern und Frauen im Gottesdienst

8 Zurück zum Gebet: Ich erwarte, dass dabei in allen Gemeinden die
Männer mit reinem Gewissen ihre Hände zu Gott erheben – frei von
Zorn und feindseligen Gedanken. 9 Und von den Frauen erwarte ich,

dass sie sich dem Anlass entsprechend würdig anziehen. Sie sollen sich mit Anstand und Zurückhaltung schmücken – nicht mit aufwendigen Frisuren, Gold, Perlen oder teurer Kleidung. 10 Mit guten Taten sollen sie sich schmücken. So gehört es sich für Frauen, die zeigen wollen, dass sie Gott ehren.

11 Die Frau soll durch stilles Zuhören lernen und sich dabei völlig unterordnen. 12 Ich erlaube nicht, dass eine Frau lehrt oder sich über einen Mann stellt. Sie soll sich vielmehr still verhalten. 13 Denn zuerst wurde Adam geschaffen, danach erst Eva. 14 Und nicht Adam hat sich verführen lassen. Sondern die Frau ließ sich verführen und übertrat damit Gottes Gebot. 15 Sie wird aber dadurch gerettet werden, dass sie Kinder zur Welt bringt. Dabei soll sie in aller Zurückhaltung in Glauben, Liebe und Heiligkeit leben.

Die Voraussetzungen für das Amt des Gemeindeleiters

3 1 Auf das Wort, das ich dir nun sage, kannst du dich verlassen. Wer Gemeindeleiter werden will, der strebt nach einer großen und schönen Aufgabe. 2 An einem Gemeindeleiter darf es nichts auszusetzen geben: Er darf nur mit einer Frau verheiratet sein. Er soll klar sein im Urteil, besonnen und würdig, gastfreundlich und ein guter Lehrer. 3 Er darf weder ein Trinker sein noch ein gewalttätiger Mensch. Vielmehr soll er gütig sein, friedliebend und nicht geldgierig. 4 Er soll seine eigene Hausgemeinschaft gut führen und seine Kinder zu Gehorsam und Würde erziehen. 5 Denn wenn jemand nicht einmal seine eigene Hausgemeinschaft führen kann – wie soll der für die Gemeinde Gottes sorgen? 6 Ein Gemeindeleiter darf nicht erst vor Kurzem Christ geworden sein. Sonst besteht die Gefahr, dass er überheblich wird und vor Gott vom Teufel zu Recht angeklagt wird. 7 Auch außerhalb der Gemeinde muss er einen guten Ruf haben. Sonst besteht die Gefahr, dass er ins Gerede kommt und schließlich dem Teufel in die Falle geht.

Die Voraussetzungen für das Amt des Diakons und der Diakonin

8 Die Diakone sollen ebenfalls würdig sein. Auf ihr Wort muss man sich verlassen können. Sie dürfen weder übermäßig viel Wein trinken noch darauf aus sein, sich zu bereichern. 9 Sie sollen mit reinem Gewissen das Geheimnis des Glaubens bewahren. 10 Die Diakone soll man aber zunächst einmal prüfen. Sie sollen nur dann zum Dienst zugelassen werden, wenn nichts gegen sie vorliegt. 11 Entsprechend sollen die Diakoninnen würdig sein. Sie sollen andere nicht verleumden. Vielmehr sollen sie klar im Urteil und in jeder Hinsicht zuverlässig sein. 12 Diakone dürfen nur mit einer Frau verheiratet sein. Sie sollen gut für ihre Kinder sorgen und ihre Hausgemeinschaft gut führen. 13 Denn diejenigen, die ihren Dienst gut verrichten, erwerben sich hohes Ansehen. Und aus dem Glauben an Christus Jesus gewinnen sie ihre große Freiheit.

geschaffen: Die Erzählung von der Erschaffung der ersten Menschen Adam und Eva findet sich in 1. Mose/Genesis 2,4-25.

Heiligkeit: Lebensführung, die sich am Willen und den Geboten Gottes orientiert.

Hausgemeinschaft: Alle Bewohner eines Hauses – sowohl die Familie des Hausherrn als auch die Diener und Sklaven.

Satan, Teufel: Gegenspieler Gottes. Er versucht, die Menschen zu einem Verhalten zu bewegen, das Gottes Willen widerspricht.

Diakonin, Diakon: Verantwortlich für die Verwaltung und die Finanzen der Gemeinde sowie die Verkündigung. Damit waren sie auch für die Bedürftigen der Gemeinde zuständig.

Geheimnis des Glaubens: 1. Timotheus 3,16 beschreibt dieses Geheimnis mit einem alten christlichen Lied.

Glaube, glauben: Meint das tiefe Vertrauen auf Gott, das zu einem Leben nach seinem Willen führt.

Jesus Christus: Der Name ist zugleich ein Bekenntnis. Wer Jesus als Christus anerkennt, glaubt an ihn als Retter und Erlöser der Welt.

Die Gemeinde als Hausgemeinschaft Gottes

14 Ich schreibe dir das in der Hoffnung, bald zu dir kommen zu können. 15 Es könnte aber sein, dass sich mein Kommen verzögert. Dann musst du wissen, wie man sich zu verhalten hat, wenn man zur Hausgemeinschaft Gottes gehört. Denn nichts anderes ist die Gemeinde des lebendigen Gottes. Und damit ist sie Pfeiler und Fundament der Wahrheit.

16 Niemand kann es bestreiten – groß ist das Geheimnis, auf dem die Ausübung des Glaubens beruht: In der Welt erschien Christus als Mensch, im Himmel wurde er in sein Recht eingesetzt. Er zeigte sich den Engeln und wurde bei den Völkern verkündet. Überall in der Welt schenkte man ihm Glauben, und er wurde aufgenommen in Gottes Herrlichkeit.

Anweisungen für Timotheus als Gemeindeleiter

4,1–6,2

Die Abwehr von falschen Lehren

4 1 Der Geist Gottes sagt klar und deutlich: In den letzten Tagen werden sich manche vom Glauben abwenden. Sie werden auf Geister hören, die sie in die Irre führen, und Lehren von Dämonen annehmen. 2 Dazu werden sie verführt von scheinheiligen Lügnern, deren Schuld in ihr Gewissen eingebrannt ist. 3 Sie verbieten die Ehe und fordern, bestimmte Speisen nicht zu essen. Dabei hat Gott diese Speisen doch für die geschaffen, die glauben und die Wahrheit erkannt haben. Die sollen sie mit Dankbarkeit genießen. 4 Denn alles, was Gott geschaffen hat, ist gut. Und er hat nichts verworfen, was mit Dankbarkeit angenommen wird. 5 Es wird nämlich heilig durch Gottes Wort und durch unsere Fürbitte.

6 Gib das den Brüdern und Schwestern weiter. So wirst du ein guter Diener von Christus Jesus sein. Denn du lebst von den Worten des Glaubens und der rechten Lehre. Ihr bist du doch treu gefolgt. 7 Aber die wertlosen und erfundenen uralten Geschichten musst du zurückweisen. Arbeite stattdessen daran, deinen Glauben immer besser auszuüben! 8 Denn sich nur in körperlicher Entbehrung zu üben, nützt kaum etwas. Aber seinen Glauben auszuüben, nützt in jeder Hinsicht. Denn damit ist das Versprechen Gottes verbunden, uns das jetzige und das zukünftige Leben zu schenken. 9 Auf das Wort, das ich dir gerade gesagt habe, kannst du dich verlassen. Es ist wert, von allen angenommen zu werden. 10 Das ist es, wofür wir uns abmühen und kämpfen: Wir haben unsere Hoffnung auf den lebendigen Gott gesetzt. Er ist der Retter aller Menschen, besonders derjenigen, die zum Glauben gekommen sind. 11 Das sind die Anweisungen, die du geben und lehren sollst.

Wahrheit: Meint die Versöhnung mit Gott, die den Menschen durch Tod und Auferstehung von Christus geschenkt ist.

Ausübung des Glaubens: Gebet, Gottesdienst und eine Lebensführung, die dem Willen Gottes und dem Glauben an Christus entspricht.

in den letzten Tagen: Die Tage, bevor Christus wiederkommt. Sie sind eine Zeit von Angst und Schrecken, bevor mit dem Gericht Gottes über die Welt endgültig das Reich Gottes anbricht.

Glaube, glauben: Meint das tiefe Vertrauen auf Gott, das zu einem Leben nach seinem Willen führt.

Dämon: Eine böse Macht, die man sich in der Antike als Person vorstellte. Sie kämpft gegen Gott und nimmt einen Menschen ganz in Besitz.

heilig: Menschen oder Dinge, die zu Gott gehören und mit ihm in Verbindung stehen.

Diener von Christus: Bezeichnung für eine Person, die Christus als ihren Herrn anerkennt. In seinem Auftrag und mit seiner Vollmacht verkündet sie das Wort Gottes.

zukünftiges Leben: Leben im Reich Gottes in Gemeinschaft mit Gott.

Ermahnung zum vorbildlichen Leben und Lehren
12 Niemand soll dich wegen deiner Jugend gering schätzen. Vielmehr
sollst du ein Vorbild für die Glaubenden sein – in deinen Reden und
in deiner Lebensführung. Sei auch ein Vorbild in der Liebe, im rech-
ten Glauben und in der Rechtschaffenheit.
13 Bis zu meinem Kommen sind das deine Aufgaben: die Schrift-
lesung, die Ermutigung der Gemeinde und die rechte Lehre. 14 Ver-
nachlässige die besondere Gabe nicht, die Gott dir geschenkt hat.
Dies geschah durch prophetischen Zuspruch, bei dem die Gemeinde-
ältesten dir die Hände auflegten. 15 Dafür sollst du dich einsetzen
und dafür eintreten. Dann können alle sehen, welche Fortschritte du
machst. 16 Achte auf dich selbst und auf die Lehre. Bleib treu bei dei-
nen Aufgaben. Wenn du das tust, rettest du dich selbst und alle, die
auf dich hören.

5 1 Wenn du einen älteren Mann ermahnen musst, sollst du ihn
nicht heftig anfahren. Sprich zu ihm, als ob er dein Vater wäre.
Jüngere Männer sollst du wie Brüder ansprechen, 2 ältere Frauen wie
Mütter und jüngere Frauen wie Schwestern – mit aller gebotenen
Zurückhaltung.

Die Versorgung der Witwen
3 Unterstütze die Witwen, die wirklich im Witwenstand leben. 4 Hat
eine Witwe Kinder oder Enkel, dann sind zunächst diese verantwort-
lich: Sie sollen lernen, ihre Pflichten gegenüber ihrer Familie zu erfül-
len. So müssen sie den älteren Angehörigen ihre Dankbarkeit zeigen.
Denn so gefällt es Gott. 5 Anders eine Witwe im Witwenstand, die
ganz allein dasteht. Sie hat ihre Hoffnung auf Gott gesetzt und ver-
bringt Tag und Nacht in Bitte und Gebet. 6 Dagegen ist eine Witwe,
die ein Leben im Überfluss führt, schon zu Lebzeiten tot. 7 Diese
Anweisungen sollst du ihnen geben, damit es an ihnen nichts aus-
zusetzen gibt. 8 Wer aber seine Angehörigen nicht versorgt, vor allem
jemand aus seiner Hausgemeinschaft, hat Verrat am Glauben began-
gen. Er ist schlimmer als ein Ungläubiger.
9 Eine Witwe darf nur dann in den Witwenstand aufgenommen
werden, wenn sie über sechzig Jahre alt ist. Außerdem darf sie nur
einen Mann gehabt haben. 10 Sie muss für ihre guten Taten bekannt
sein: Sie soll Kinder aufgezogen haben. Sie soll gastfreundlich gewe-
sen sein. Sie soll den Heiligen die Füße gewaschen haben. Sie soll
Notleidenden geholfen haben. Sie soll sich also in jeder Hinsicht be-
müht haben, Gutes zu tun. 11 Jüngere Witwen sollst du dagegen zu-
rückweisen. Am Ende bringt ihre Lebenslust sie dazu, ihre Bindung
an Christus aufzugeben. Dann wollen sie wieder heiraten. 12 Und
dadurch machen sie sich schuldig, ihr erstes Treueversprechen ge-
brochen zu haben. 13 Außerdem gewöhnen sie sich daran, untätig zu
sein und von Haus zu Haus zu laufen. Und sie sind nicht nur faul: Sie
reden zu viel, sind vorlaut und sprechen über Dinge, die sie nichts
angehen.

Schriftlesung: Das Vorlesen aus der Heiligen Schrift im Gottesdienst.

besondere Gabe: Die Fähigkeit, eine Gemeinde zu leiten, womit Timotheus beauftragt ist.

Gemeindeälteste: Leitungsamt in frühchristlichen Gemeinden, das meistens von älteren Männern ausgeübt wurde.

die Hände auflegen: Geste, mit der eine höherstehende Person einer anderen Person bestimmte Rechte überträgt. So kann beispielsweise ein Nachfolger eingesetzt werden.

Witwe: Frau, deren Mann verstorben ist und die dadurch rechtlich, sozial und wirtschaftlich in eine schwierige Lage geriet. Von der Gemeinschaft wird gefordert, dass sie Witwen versorgt und niemand ihre schwache Stellung ausnutzt.

Witwenstand: Einrichtung der sozialen Fürsorge für Witwen. Sie übernahmen im Gegenzug bestimmte öffentliche Aufgaben für die Gemeinde.

Gebet: Reden des Menschen mit Gott.

Treueversprechen: Die Aufnahme in den Witwenstand war offenbar mit einem Versprechen gegenüber der Gemeinde und Christus verbunden, das durch erneute Heirat gebrochen wurde.

14 Ich erwarte also, dass die jüngeren Witwen wieder heiraten. Sie
sollen Kinder bekommen und ihren Haushalt führen. Dann bieten
sie unseren Gegnern keinen Anlass, schlecht über uns zu reden.
15 Einige dieser jüngeren Witwen haben sich nämlich vom rechten
Weg abgewandt und folgen jetzt dem Satan. 16 Hat eine gläubige
Frau Witwen in der Familie, soll sie diese selbst unterstützen. Die
Gemeinde soll damit nicht belastet werden, damit sie die anderen
Witwen im Witwenstand versorgen kann.

Anweisungen zu den Gemeindeältesten

17 Die Ältesten, die ihre Aufgabe als Gemeindeleiter gut erfüllen, ver-
dienen doppelte Unterstützung. Das gilt besonders für diejenigen,
die sich in Verkündigung und Lehre abmühen. 18 Denn in der Heili-
gen Schrift steht: »Du sollst einem Ochsen beim Dreschen nicht das
Maul zubinden.« Es heißt außerdem: »Wer arbeitet, hat ein Anrecht
auf seinen Lohn.« 19 Nimm keine Klage gegen einen Gemeindeältes-
ten an – es sei denn, dass zwei oder drei Zeugen sie bestätigen. 20 Ge-
meindeälteste, die sich schuldig machen, sollst du vor allen anderen
zur Rechenschaft ziehen. Dann werden auch alle anderen gewarnt
sein.

21 Ich beschwöre dich bei Gott, bei Christus Jesus und bei den Erz-
engeln: Befolge diese Anweisungen ohne jedes Vorurteil und bevor-
zuge niemanden! 22 Leg niemandem vorschnell die Hände auf. Sonst
machst du dich mitschuldig, wenn er Schuld auf sich lädt. Bewahre
dir deine Heiligkeit!

Persönliche Ratschläge an Timotheus

23 Trinke in Zukunft nicht nur Wasser, sondern nimm etwas Wein
dazu. Das ist gut für deinen Magen und bei deinen häufigen Krank-
heiten. 24 Die Schuld mancher Menschen ist so offenkundig, dass sie
gleichsam vor ihnen her zum Gericht Gottes läuft. Bei anderen zeigt
sich die Schuld erst später. 25 Ebenso sind auch die guten Werke of-
fenkundig. Und selbst wenn sie es nicht sind, können sie doch nicht
auf Dauer verborgen bleiben.

Anweisungen an die Sklaven

6 1 Wer als Sklave unter dem Joch seines Herrn steht, soll ihm mit
der gebotenen Achtung begegnen. Denn sie sollen keinen Anlass
geben, dass der Name Gottes und unsere Lehre in Verruf kommen.
2 Nun kann es aber sein, dass sie Herren haben, die selbst zum Glau-
ben gekommen sind. Dann sollen sie diese nicht weniger achten, weil
sie nun Brüder sind. Sie sollen ihnen vielmehr umso eifriger dienen.
Denn auch die Herren sind zum Glauben gekommen und werden
von Christus geliebt. Und sie geben sich Mühe, Gutes zu tun. Das
sollst du lehren, und dazu sollst du sie ermahnen.

Satan, Teufel: Gegenspieler Gottes. Er versucht, die Menschen zu einem Verhalten zu bewegen, das Gottes Willen widerspricht.

in der Heiligen Schrift steht: Zitat aus der griechischen Übersetzung von 5. Mose/Deuteronomium 25,4.

dreschen: Das Lösen der Getreidekörner aus der Ähre mithilfe eines von Rindern gezogenen Dreschschlittens.

es heißt: Hier wird ein Wort von Jesus zitiert, das sich so auch in Lukas 10,7 findet.

Erzengel: Oberste Engel in der himmlischen Ratsversammlung.

die Hände auflegen: Geste, mit der eine höherstehende Person einer anderen Person bestimmte Rechte überträgt. So kann beispielsweise ein Nachfolger eingesetzt werden.

Gericht, verurteilen: Als Herrscher über die ganze Welt ist Gott der Richter, der am Ende der Zeit ein Urteil über sie spricht.

Joch: Holzbalken, der Tieren über den Nacken gelegt wird, um einen Wagen oder Pflug zu ziehen. Hier Bild für den Sklavendienst.

Name Gottes: Steht für Gott selbst und seine Gegenwart, vor allem im Heiligtum.

Briefschluss 6,3-21

Warnung vor falschen Lehren, Streit und Geldgier

3 Wer etwas anderes lehrt, hält sich nicht an die unverfälschten Worte
unseres Herrn Jesus Christus. Und ebenso wenig hält er sich an die
Lehre, die der Ausübung des Glaubens entspricht. 4 Er ist überheb-
lich und ohne Einsicht. Ja, er ist geradezu süchtig nach Streitereien
und Wortgefechten. Daraus entsteht nichts als Neid, Streit, Verleum-
dungen, üble Verdächtigungen – 5 ein fortwährender Zank zwischen
Leuten, die den Verstand verloren haben. Sie haben sich selbst um
die Wahrheit gebracht. Denn sie meinen, mit ihrem Glauben ein Ge-
schäft machen zu können.

6 Richtig verstanden, ist die Ausübung des Glaubens ein großer
Gewinn – wenn man dabei noch genügsam ist. 7 Denn wir haben
nichts in die Welt mitgebracht. Also können wir auch nichts aus ihr
mitnehmen. 8 Wenn wir Nahrung und Kleidung haben, soll uns das
genügen! 9 Aber diejenigen, die reich werden wollen, werden damit
zugleich auf die Probe gestellt. Sie geraten in die Falle vieler unver-
nünftiger und schädlicher Begierden. Die stürzen die Menschen ins
Verderben und in ihren Untergang. 10 Denn Geldgier ist die Wurzel
von allem Bösen. Manche sind ihr so verfallen, dass sie vom Glau-
ben abgekommen sind. Und dadurch haben sie sich selbst großen
Schmerz zugefügt.

Erinnerung an das Bekenntnis bei der Einführung in das Amt

11 Du aber, Mensch Gottes, hüte dich davor! Bemühe dich vielmehr
um Gerechtigkeit, Ausübung des Glaubens, den Glauben selbst,
Liebe, Standhaftigkeit und Freundlichkeit. 12 Kämpfe den guten
Kampf des Glaubens! Erlange das ewige Leben! Zu beidem bist du
berufen. Und dazu hast du dich bekannt, als du vor vielen Zeugen
das gute Bekenntnis abgelegt hast. 13 Ich gebe dir die folgende An-
weisung. Ich tue das vor Gott, von dem alles Leben kommt – und
vor Christus Jesus, der vor Pontius Pilatus das gute Bekenntnis be-
zeugt hat: 14 Erfülle deinen Auftrag vorbildlich, sodass daran nichts
auszusetzen ist – bis zum Erscheinen unseres Herrn Jesus Christus.
15 Das wird Gott zu der Zeit geschehen lassen, die er bestimmt hat.
Er ist der vollkommene und einzige Herrscher. Er ist der König, der
über alle Könige regiert, der Herr, der über allen Herren steht. 16 Er
allein besitzt Unsterblichkeit. Er wohnt in einem Licht, dem nie-
mand sich nähern kann. Kein Mensch hat ihn je gesehen, und kein
Mensch kann ihn jemals sehen. Ihm gebührt Ehre und ewige Macht.
Amen!

Anweisungen an die Reichen

17 Gib denjenigen, die in dieser Welt reich sind, die Anweisung, nicht
überheblich zu sein. Sie sollen ihre Hoffnung nicht auf etwas so Un-
sicheres wie Reichtum setzen, sondern auf Gott. Er gibt uns alles in

Jesus Christus: Der Name ist zugleich ein Bekenntnis. Wer Jesus als Christus anerkennt, glaubt an ihn als Retter und Erlöser der Welt.

Ausübung des Glaubens: Gebet, Gottesdienst und eine Lebensführung, die dem Willen Gottes und dem Glauben an Christus entspricht.

Wahrheit: Meint die Versöhnung mit Gott, die den Menschen durch Tod und Auferstehung von Christus geschenkt ist.

Mensch Gottes: Ehrentitel für den Gemeindeleiter, der die besondere Verbundenheit mit Gott zum Ausdruck bringt.

gerecht, Gerechtigkeit: Meint ein Leben nach dem Willen Gottes.

ewiges Leben: Leben im Reich Gottes und in unmittelbarer Gemeinschaft mit Gott nach der Auferstehung vom Tod.

Bekenntnis ablegen: Bei der Einführung in das Amt des Gemeindeleiters wurde ein Bekenntnis gesprochen.

Pontius Pilatus: Verwaltete 26–36 n. Chr. die römischen Provinzen Judäa und Samaria im Auftrag des Kaisers.

reichem Maß, und wir dürfen es genießen. [18] Die Reichen sollen Gu-
tes tun, großzügig sein mit guten Werken, freigebig und bereit, mit
anderen zu teilen. [19] Damit schaffen sie sich eine sichere Grundlage
für die Zukunft. So können sie das wahre Leben erlangen.

Abschließende Ermahnung an Timotheus und Gruß

[20] Du, Timotheus, bewahre dieses Vermächtnis. Meide das belang-
lose Geschwätz und die Einwände, hinter denen die sogenannte
Erkenntnis steht! [21] Dazu bekennen sich manche, die vom Weg des
Glaubens abgekommen sind. Gnade sei mit euch!

wahres Leben: Durch den Glauben an Gott geschenktes Leben in Gemeinschaft mit ihm.

Erkenntnis: Philosophische Strömung, bei der das Wissen um »göttliche Geheimnisse« für das Heil des Menschen entscheidend ist.

Glaube, glauben: Meint das tiefe Vertrauen auf Gott, das zu einem Leben nach seinem Willen führt.

Gnade: Liebevolle Zuwendung Gottes, die er den Menschen ohne Vorbedingung schenkt.

Der zweite Brief an Timotheus

Briefanfang 1,1-5

Absender und Empfänger

1 1 Paulus, nach dem Willen Gottes zum Apostel von Christus Je-
sus berufen – mit dem Auftrag, das neue Leben zu verkünden.
Denn Gott hat es denen versprochen, die zu Christus Jesus gehören.
2 An Timotheus, meinen geliebten Sohn.

Ich wünsche dir Gnade, Barmherzigkeit und Frieden von Gott, dem Vater, und Christus Jesus, unserem Herrn.

Dank des Paulus für Timotheus

3 Ich danke Gott, dem ich mit reinem Gewissen diene, wie es schon
meine Vorfahren taten. In meinen Gebeten denke ich unablässig an
dich – bei Tag und bei Nacht. 4 Wenn ich an deine Tränen beim Ab-
schied denke, möchte ich dich unbedingt wiedersehen. Dann könnte
ich mich von Herzen freuen! 5 Dankbar erinnere ich mich daran, wie
aufrichtig du glaubst. Es ist derselbe Glaube, der schon in deiner
Großmutter Lois und in deiner Mutter Eunike wohnte. Und ich bin
überzeugt, er wohnt auch in dir.

Die Treue zur Guten Nachricht 1,6–2,13

Bereitschaft, für die Gute Nachricht zu leiden

6 Deshalb ermahne ich dich, das Feuer der Gabe Gottes in dir wieder
anzufachen. Es brennt ja schon in dir, seit ich dir die Hände aufgelegt
habe. 7 Denn der Geist, den Gott uns geschenkt hat, lässt uns nicht
verzagen. Vielmehr gibt er uns Kraft, Liebe und Besonnenheit. 8 Schä-
me dich also nicht, als Zeuge für unseren Herrn aufzutreten. Und
schäme dich auch nicht für mich, weil ich seinetwegen in Haft bin.
Sei vielmehr bereit, mit mir für die Gute Nachricht zu leiden. Gott
gibt dir die Kraft dazu.

9 Er hat uns gerettet und dazu berufen, zu seinen Heiligen zu ge-
hören. Das geschah nicht etwa aufgrund unserer Taten, sondern aus
seinem eigenen Entschluss – und aus der Gnade, die er uns schon vor
ewigen Zeiten in Christus Jesus geschenkt hat. 10 Aber jetzt wurde
diese Gnade offenbar durch das Erscheinen unseres Retters Chris-
tus Jesus. Er hat den Tod besiegt und durch die Gute Nachricht un-
vergängliches Leben ans Licht gebracht.

11 Gott hat mich eingesetzt, damit ich diese Gute Nachricht als
Apostel und Lehrer verbreite. 12 Deshalb erleide ich all das. Aber ich

Apostel: Wörtlich »Ausgesandte«. Menschen, die dazu berufen sind, die Gute Nachricht von Jesus Christus zu verkünden. Im engeren Sinn die zwölf Jünger von Jesus, die ihn während seines Lebens begleiteten.

Jesus Christus: Der Name ist zugleich ein Bekenntnis. Wer Jesus als Christus anerkennt, glaubt an ihn als Retter und Erlöser der Welt.

Leben, neues Leben: Durch den Glauben an Gott von ihm bereits in dieser Welt geschenktes Leben in Gemeinschaft mit ihm.

Sohn: Damals übliche Bezeichnung für einen engen Mitarbeiter oder Schüler.

Gnade: Liebevolle Zuwendung Gottes, die er den Menschen ohne Vorbedingung schenkt.

Gebet: Reden des Menschen mit Gott.

die Hände auflegen: Geste, mit der eine höherstehende Person einer anderen Person bestimmte Rechte überträgt. So kann beispielsweise ein Nachfolger eingesetzt werden.

Geist Gottes: Kraft, durch die Gott in der Welt wirkt.

Heilige: Bezeichnung für die Anhänger von Jesus Christus.

schäme mich nicht dafür. Denn ich weiß, auf wen ich mein Vertrau-
en gesetzt habe. Und ich bin überzeugt: Er kann das, was er mir an-
vertraut hat, bis zum Tag des Gerichts bewahren. 13 Halte dich an das
Vorbild der unverfälschten Rede, die du von mir gehört hast. Und
bleibe in dem Glauben und in der Liebe, die aus der Verbundenheit
mit Christus Jesus kommen. 14 Bewahre dieses kostbare Gut, das dir
anvertraut ist. Der Heilige Geist, der in uns wohnt, wird dir die Kraft
dazu geben.

Ein Beispiel für echte Freundschaft

15 Du weißt ja: In der Provinz Asia haben mich alle im Stich gelassen,
auch Phygelus und Hermogenes. 16 Der Herr möge die Hausgemein-
schaft des Onesiphorus seine Barmherzigkeit erfahren lassen. Denn
dieser hat mich oft ermutigt und sich auch nicht für meine Ketten
geschämt. 17 Im Gegenteil: Als er in Rom ankam, hat er unermüdlich
nach mir gesucht und mich schließlich gefunden. 18 Möge der Herr
ihn am Tag des Gerichts bei Gott, dem Herrn, Barmherzigkeit finden
lassen! Wie viele Dienste er in Ephesus geleistet hat, das weißt du
selbst am besten.

Ermahnung und Ermutigung für Timotheus

2 1 Du aber, mein Sohn, werde stark durch die Gnade, die aus der
Verbundenheit mit Christus Jesus erwächst. 2 Was du vor vielen
Zeugen von mir gehört hast, das vertraue zuverlässigen Menschen
an. Die werden dann selbst fähig sein, andere zu lehren. 3 Sei bereit,
zusammen mit mir zu leiden – wie ein guter Soldat im Dienst von
Christus Jesus. 4 Keiner, der in den Krieg zieht, lässt sich in Alltags-
geschäfte verwickeln. Denn er möchte seinem Dienstherrn gefallen.
5 Und wer an einem Wettkampf teilnimmt, gewinnt den Siegeskranz
nur, wenn er nach den Regeln kämpft. 6 Der Bauer, der sich dafür ab-
müht, soll als Erster seinen Anteil an der Ernte bekommen. 7 Denk
über das nach, was ich sage. Dann wird der Herr dir in allem die nö-
tige Einsicht schenken.
8 Erinnere dich daran: Jesus Christus ist von den Toten aufer-
standen. Er war ein Nachkomme Davids. Das entspricht der Guten
Nachricht, die ich verkünde. 9 Für sie muss ich leiden. Ich bin sogar in
Gefangenschaft wie ein Verbrecher. Aber das Wort Gottes lässt sich
nicht gefangen halten. 10 Deshalb ertrage ich das alles für die Men-
schen, die Gott erwählt hat: Auch sie sollen durch Christus Jesus ge-
rettet werden und Anteil an der ewigen Herrlichkeit erhalten.
11 Auf das Wort, das ich dir nun weitergebe, kannst du dich verlas-
sen: Wenn wir mit Christus gestorben sind, dann werden wir auch
mit ihm leben. 12 Wenn wir im Leiden standhaft bleiben, dann wer-
den wir mit ihm regieren. Wenn wir uns von ihm lossagen, dann wird
auch er sich von uns lossagen. 13 Aber wenn wir treulos sind, bleibt er
trotzdem treu. Denn er kann nicht sich selbst untreu werden.

Tag des Gerichts: Der Tag, an dem Christus wiederkommt. Dann hält Gott Gericht und sein Reich bricht endgültig an.

Glaube, glauben: Meint das tiefe Vertrauen auf Gott, das zu einem Leben nach seinem Willen führt.

Heiliger Geist: Kraft, durch die Gott in der Welt wirkt.

für meine Ketten: Der Brief setzt voraus, dass sich Paulus im Gefängnis in Rom befindet.

Gnade: Liebevolle Zuwendung Gottes, die er den Menschen ohne Vorbedingung schenkt.

Siegeskranz: Ein meist aus grünen Zweigen geflochtener Kranz. Er wurde dem Sieger nach einer Schlacht oder einem sportlichen Wettkampf wie eine Krone aufgesetzt.

Nachkomme Davids: David ist ein bedeutender König von Israel. Nachdem das Königreich untergegangen war, hoffte man auf einen Nachkommen Davids als Retter und Erlöser Israels; vgl. 2. Samuel 7,12-16.

Wort Gottes: Gottes Versprechen, die Menschen so anzunehmen, wie sie sind, und nicht zu verurteilen, obwohl sie seine Gebote übertreten.

Der richtige Umgang mit der falschen Lehre 2,14–4,8

Warnung vor nutzlosem Streit

14 Das sollst du allen in Erinnerung rufen. Beschwöre sie bei Gott, sich
nicht auf Wortgefechte einzulassen. Das ist zu nichts gut und bringt
den Zuhörern nur Schaden. 15 Bemühe dich, vor Gott als jemand da-
zustehen, der sich bewährt hat: als ein Arbeiter, der sich nicht zu schä-
men braucht. Denn er gibt das Wort der Wahrheit in rechter Weise
weiter.

16 Meide das belanglose Geschwätz! Denn die Leute, die so reden,
werden sich nur immer weiter von Gott entfernen. 17 Und ihre Lehre
wird sich ausbreiten wie ein Krebsgeschwür. Zu diesen Leuten gehö-
ren Hymenäus und Philetus. 18 Sie haben sich weit von der Wahrheit
entfernt. Sie behaupten nämlich, dass die Auferstehung bereits ge-
schehen ist. Und damit zerstören sie bei manchen den Glauben.

19 Aber das feste Fundament, das Gott gelegt hat, hält stand. Es trägt
als Siegel die Inschrift: »Der Herr kennt die, die zu ihm gehören.«
Und: »Wer sich zum Namen des Herrn bekennt, muss aufhören, Un-
recht zu tun.« 20 In einem großen Haus gibt es nicht nur Gefäße aus
Gold und Silber. Es gibt auch Gefäße aus Holz und Ton. Die einen
sind für die Festtafel bestimmt, die anderen dienen als Nachttopf.
21 Wer sich von alldem rein hält, wird ein Gefäß für die Festtafel sein:
ein heiliges Gefäß, das für den Hausherrn nützlich ist und sich für
jeden guten Zweck eignet.

Geduldige und freundliche Zurechtweisung

22 Hüte dich vor jugendlichem Übereifer! Bemühe dich vielmehr um
Gerechtigkeit, Glauben, Liebe und Frieden. Tu das zusammen mit
allen, die mit reinem Herzen den Herrn anrufen. 23 Lass dich nicht
auf Streitereien und Wortgefechte ein. Du weißt doch, dass sie nur
zu Auseinandersetzungen führen. 24 Ein Diener des Herrn soll sich
aber nicht streiten. Er soll zu allen freundlich sein, ein guter Leh-
rer, der stets geduldig bleibt. 25 Diejenigen, die sich widersetzen, soll
er mit Freundlichkeit zurechtweisen. Vielleicht gibt ihnen Gott die
Möglichkeit, ihr Leben zu ändern. Dann können sie zur Erkenntnis
der Wahrheit gelangen 26 und wieder zur Besinnung kommen. So be-
freien sie sich aus der Falle des Teufels. Darin hält er sie gefangen, um
sie für seine Absichten zu missbrauchen.

Das Auftreten von Irrlehrern als Zeichen für das Ende der Zeit

3 1 Du musst wissen: In den letzten Tagen stehen uns schwere Zei-
ten bevor. 2 Denn die Menschen werden selbstsüchtig sein, geld-
gierig, prahlerisch und hochmütig. Sie werden Gott lästern und ihren
Eltern nicht gehorchen. Sie werden undankbar sein und vor nichts
Ehrfurcht haben. 3 Sie werden lieblos sein, unversöhnlich, verleum-
derisch, unbeherrscht und gewalttätig. Sie werden das Gute has-
sen 4 und Verrat begehen. Sie werden leichtfertig sein und falschen

Wort der Wahrheit: Die Gute Nachricht, dass durch Tod und Auferstehung von Jesus die Menschen mit Gott versöhnt sind.

Auferstehung: Paulus wendet sich gegen die Ansicht, dass die Auferstehung nur den Geist betrifft, aber nicht den Körper. Für ihn gehört beides zusammen.

Name: Der Name steht für die Person, die den Namen trägt. Wer im Namen eines anderen oder im Namen Gottes handelt, handelt stellvertretend für ihn.

heilig: Menschen oder Dinge, die zu Gott gehören und mit ihm in Verbindung stehen.

Diener des Herrn: Bezeichnung für eine Person, die Christus als ihren Herrn anerkennt. In seinem Auftrag und mit seiner Vollmacht verkündet sie das Wort Gottes.

Wahrheit: Meint die Versöhnung mit Gott, die den Menschen durch Tod und Auferstehung von Christus geschenkt ist.

in den letzten Tagen: Die Tage, bevor Christus wiederkommt. Sie sind eine Zeit von Angst und Schrecken, bevor mit dem Gericht Gottes über die Welt endgültig das Reich Gottes anbricht.

Gotteslästerung: Verächtliches Verhöhnen oder Verfluchen von Gott.

Lehren folgen. Sie werden mehr auf ihr Vergnügen aus sein als auf
das, was Gott gefällt. 5 Nach außen hin üben sie zwar ihren Glauben
aus. Aber sie leugnen, dass daraus Kraft erwächst. Wende dich von
solchen Menschen ab!
6 Zu ihnen gehören auch die Leute, die sich in die Häuser einschlei-
chen. Sie versuchen, gewisse Frauen für sich zu gewinnen – Frauen,
die mit Schuld beladen sind und von allen möglichen Leidenschaf-
ten getrieben werden. 7 Diese Frauen lernen zwar ständig, doch sie
können nie zur Erkenntnis der Wahrheit kommen. 8 Wie einst Jan-
nes und Jambres sich Mose widersetzten, so widersetzen sich diese
Leute der Wahrheit. Diese Menschen haben den Verstand verloren!
Und ihr Glaube hält einer Prüfung nicht stand. 9 Aber sie werden da-
mit nicht weit kommen. Denn ihr Unverstand wird für alle ebenso
offenkundig sein wie damals der von Jannes und Jambres.

Timotheus soll dem Vorbild des Paulus folgen

10 Aber du bist mir treu gefolgt: in der Lehre, der Lebensführung und
in allen Vorhaben. Ebenso im Glauben, in der Geduld und in der Lie-
be. Und auch in der Standhaftigkeit, 11 in Verfolgung und Leiden. In
Antiochia, Ikonion und Lystra habe ich das ja selbst erleben müssen.
Was für Verfolgungen musste ich da erdulden! Und immer hat mich
der Herr gerettet! 12 So wird man alle verfolgen, die zu Christus Jesus
gehören und ihren Glauben ausüben wollen. 13 Aber die bösen Men-
schen und die Betrüger werden es immer schlimmer treiben. Sie be-
trügen andere und werden doch selbst betrogen.

Festhalten an der Heiligen Schrift

14 Du aber sollst an dem festhalten, was du gelernt und worauf du
dein Vertrauen gesetzt hast. Du weißt ja, wer deine Lehrer waren.
15 Und du kennst auch von klein auf die Heilige Schrift. Sie kann dir
das nötige Verständnis vermitteln, damit du durch den Glauben an
Christus Jesus gerettet wirst. 16 Und auch dazu ist jede Schrift nütz-
lich, die sich dem Wirken von Gottes Geist verdankt. Sie hilft, recht
zu lehren, die Irrenden zurechtzuweisen und zu bessern. Und sie
trägt dazu bei, die Menschen zur Gerechtigkeit zu erziehen. 17 Damit
ist der Mensch Gottes gut ausgerüstet. Er ist auf alle Aufgaben seines
Dienstes vorbereitet.

Treue zur Guten Nachricht auch im Leiden

4 1 Ich beschwöre dich bei Gott und bei Christus Jesus, der Ge-
richt halten wird über Lebende und Tote. Und ich beschwöre
dich angesichts seines Erscheinens und seiner Königsherrschaft:
2 Verkünde den Menschen das Wort Gottes. Tritt dafür ein, ob es
ihnen gelegen kommt oder ungelegen. Ziehe sie zur Rechenschaft,
weise sie zurecht und ermutige sie. Tu das mit aller Geduld und wie
die Lehre es fordert. 3 Denn es wird eine Zeit kommen, in der sie die
unverfälschte Lehre nicht mehr ertragen wollen. Vielmehr werden

Schuld: Konkrete Verfehlungen, die von Gott trennen und das Gewissen belasten können.

Wahrheit: Meint die Versöhnung mit Gott, die den Menschen durch Tod und Auferstehung von Christus geschenkt ist.

Jannes, Jambres: Namen der ägyptischen Zauberer, die als Gegner von Mose vor dem Pharao auftraten; vgl. 2. Mose/Exodus 7,8-13. Ihre Namen sind im Alten Testament nicht überliefert.

Mose: Führte Israel im Auftrag Gottes aus Ägypten und erhielt am Berg Sinai die Zehn Gebote.

Jesus Christus: Der Name ist zugleich ein Bekenntnis. Wer Jesus als Christus anerkennt, glaubt an ihn als Retter und Erlöser der Welt.

Heilige Schrift: Für das Judentum und für das frühe Christentum die Bücher, die sich im Alten Testament finden.

Mensch Gottes: Ehrentitel für den Gemeindeleiter, der die besondere Verbundenheit mit Gott zum Ausdruck bringt.

Wort Gottes: Gottes Versprechen, die Menschen so anzunehmen, wie sie sind, und nicht zu verurteilen, obwohl sie seine Gebote übertreten.

sie sich immer neue Lehrer suchen, die ihren Bedürfnissen entge-
genkommen und ihren Ohren schmeicheln. 4 Aber vor der Wahrheit
werden sie ihr Ohr verschließen und sich erfundenen Geschichten
zuwenden.

5 Du aber bewahre einen klaren Kopf. Sei auch bereit zu leiden.
Komm deiner Aufgabe nach, die Gute Nachricht zu verkünden. Er-
fülle deinen Dienst mit ganzer Hingabe. 6 Denn mein Leben wird
schon geopfert. Und es ist für mich die Zeit gekommen, dass ich ster-
ben muss. 7 Ich habe den guten Kampf gekämpft. Ich bin am Ziel des
Wettlaufs angekommen. Ich habe treu den Glauben bewahrt. 8 Nun
wartet auf mich der Siegeskranz der Gerechtigkeit. Den wird mir der
Herr, der gerechte Richter, am Tag des Gerichts überreichen – und
nicht nur mir, sondern allen, die sehnsüchtig auf sein Erscheinen
warten.

Briefschluss 4,9-22

Persönliche Aufträge und Mitteilungen

9 Beeil dich, schnell zu mir zu kommen! 10 Denn Demas hat mich im
Stich gelassen, weil er seine Liebe zu dieser Welt entdeckt hat. Er
ist nach Thessalonich gereist, Kreszens ist nach Galatien gegangen
und Titus nach Dalmatien. 11 Nur Lukas ist noch bei mir. Wenn du
kommst, bring Markus mit. Er kann mir hier gute Dienste leisten.
12 Tychikus habe ich nach Ephesus geschickt. 13 Bring mir meinen
Mantel, wenn du kommst. Ich habe ihn in Troas bei Karpus zurück-
gelassen. Und besorge mir die Bücher, vor allem die aus Pergament.
14 Alexander, der Schmied, hat mir viel Böses angetan. Der Herr wird
ihm seine Taten vergelten. 15 Nimm auch du dich vor ihm in Acht.
Denn er hat unserer Lehre großen Widerstand entgegengesetzt.
16 Als ich mich zum ersten Mal vor Gericht verteidigen musste, stand
mir niemand zur Seite. Im Gegenteil: Alle haben mich im Stich ge-
lassen. Gott möge ihnen das nicht als Schuld anrechnen! 17 Doch der
Herr stand mir bei und gab mir Kraft. Denn die Verkündigung sei-
ner Botschaft sollte durch mich ihr Ziel erreichen: Alle Völker sollten
sie hören. Und ich wurde aus dem Rachen des Löwen gerettet. 18 Der
Herr wird mich vor allen bösen Anschlägen bewahren. Er wird mich
retten und in sein himmlisches Reich aufnehmen. Er regiert in Herr-
lichkeit für immer und ewig. Amen.

Grüße und Segen

19 Grüße Priska und Aquila und die Familie des Onesiphorus. 20 Eras-
tus ist in Korinth geblieben. Trophimus musste ich in Milet zurück-
lassen, weil er krank war. 21 Beeil dich, noch vor dem Winter hier zu
sein! Es grüßen dich Eubulus, Pudens, Linus und Klaudia und alle
anderen Brüder und Schwestern. 22 Der Herr sei mit dir. Gnade sei
mit euch!

Siegeskranz: Ein meist aus grünen Zweigen geflochtener Kranz. Er wurde dem Sieger nach einer Schlacht oder einem sportlichen Wettkampf wie eine Krone aufgesetzt.

Gerechtigkeit: Sie zeigt sich darin, dass Gott den Menschen trotz seiner Sünde als gerecht annimmt.

Tag des Gerichts: Der Tag, an dem Christus wiederkommt. Dann hält Gott Gericht und sein Reich bricht endgültig an.

Welt, diese Welt: Die von griechischer Kultur geprägte Umwelt der frühen Gemeinden, die sich nicht an christlichen Maßstäben orientierte.

Titus: Mitarbeiter und Begleiter des Paulus aus Antiochien am Orontes. Später Gemeindeleiter auf Kreta.

aus dem Rachen des Löwen gerettet: In Psalm 22,22 ein Bild für die Rettung aus höchster Gefahr.

himmlisches Reich: Bezeichnet den Herrschaftsbereich Gottes, in dem sich sein Wille durchsetzt.

Bruder, Schwester: Wörtlich »Bruder«. Das griechische Wort bezeichnet männliche *und* weibliche Mitglieder der Gemeinde.

Gnade: Liebevolle Zuwendung Gottes, die er den Menschen ohne Vorbedingung schenkt.

Der Brief an Titus

Briefanfang 1,1-4

Absender und Empfänger

1 1 Paulus, Diener Gottes und zugleich Apostel von Jesus Chris-
tus – mit einem Auftrag für die Menschen, die Gott ausgewählt
hat: Ich soll sie zum Glauben führen und ihnen die Wahrheit verkün-
den, die seiner Ausübung zugrunde liegt. 2 Was ich schreibe, ist getra-
gen von der Hoffnung auf das ewige Leben. Gott, der nicht lügt, hat es
schon vor ewigen Zeiten versprochen. 3 Jetzt aber hat er zur rechten
Zeit sein Wort offenbart. Das geschieht durch die Verkündigung, mit
der Gott, unser Retter, mich beauftragt hat.
4 An Titus, der mein Sohn im gemeinsamen Glauben ist.

Ich wünsche dir Gnade und Frieden von Gott, dem Vater, und Christus Jesus, unserem Retter.

Der Auftrag des Titus auf Kreta 1,5-16

Die Einsetzung von Gemeindeleitern

5 Ich habe dich auf Kreta zurückgelassen, damit du das erledigst, was
noch zu tun ist. In jeder Stadt solltest du Gemeindeälteste einset-
zen, wie ich es dir aufgetragen habe: 6 Gegen einen Gemeindeältes-
ten darf nichts vorliegen. Er darf nur eine Frau haben. Seine Kinder
sollen an Christus glauben. Sie dürfen nicht in dem Ruf stehen, ein
zügelloses Leben zu führen oder ungehorsam zu sein. 7 Gegen einen
Gemeindeleiter darf also nichts vorliegen, denn er ist ja Gottes
Hausverwalter. Er darf nicht selbstherrlich oder jähzornig sein, kein
Trinker, nicht gewalttätig und nicht darauf aus sein, sich zu berei-
chern. 8 Sondern er soll gastfreundlich sein und das Gute lieben. Er
soll besonnen und gerecht sein, das Heilige ehren und sich beherr-
schen können. 9 Er muss für das Wort eintreten, das zuverlässig ist
und der Lehre entspricht. Aufgrund dieser unverfälschten Lehre
kann er die Gemeinde ermahnen und die Gegner zur Rechenschaft
ziehen.

Strenge Zurechtweisung von Irrlehrern

10 Es gibt unter uns ja viele, die ungehorsam sind: Schwätzer und
Schwindler, besonders die von jüdischer Herkunft. 11 Man muss
ihnen das Maul stopfen! Mit ihren verbotenen Lehren bringen sie
ganze Hausgemeinschaften vom Glauben ab – und das, um sich
auf schändliche Weise zu bereichern! 12 Einer von ihnen, ihr eigener

Diener Gottes: Bezeichnung für eine Person, die Gott als ihren Herrn anerkennt. Sie handelt in seinem Namen, ist aber auch abhängig von ihm.

Apostel: Wörtlich »Ausgesandte«. Menschen, die dazu berufen sind, die Gute Nachricht von Jesus Christus zu verkünden. Im engeren Sinn die zwölf Jünger von Jesus, die ihn während seines Lebens begleiteten.

Jesus Christus: Der Name ist zugleich ein Bekenntnis. Wer Jesus als Christus anerkennt, glaubt an ihn als Retter und Erlöser der Welt.

ewiges Leben: Leben im Reich Gottes und in unmittelbarer Gemeinschaft mit Gott nach der Auferstehung vom Tod.

Sohn: Paulus stellt Titus als seinen rechtmäßigen Erben und Nachfolger vor.

Gemeindeälteste: Leitungsamt in frühchristlichen Gemeinden, das meistens von älteren Männern ausgeübt wurde.

jüdische Herkunft: Juden, die sich taufen ließen, weil sie an Jesus Christus glauben. Sie verkünden die Gute Nachricht von Christus in einer Art und Weise, die der von Paulus widerspricht.

Hausgemeinschaft: Alle Bewohner eines Hauses – sowohl die Familie des Hausherrn als auch die Diener und Sklaven.

Prophet, hat über sie gesagt: »Kreter sind schon immer Lügner, wilde
Tiere und faule Bäuche!« 13 Das ist die volle Wahrheit. Aus diesem
Grund musst du diese Leute mit aller Strenge zurechtweisen. Denn
sie sollen ja zum unverfälschten Glauben zurückfinden. 14 Sie sollen
sich nicht um erfundene jüdische Geschichten kümmern – und auch
nicht um Vorschriften von Leuten, die sich von der Wahrheit abge-
wendet haben. 15 Wer rein ist, für den ist alles rein. Für jene dagegen,
die durch Schuld befleckt sind, und für die Ungläubigen ist nichts
rein. Sogar ihr Verstand und ihr Gewissen sind beschmutzt. 16 Solche
Leute geben vor, Gott zu kennen. Aber durch ihr Handeln verraten
sie ihn. Sie sind abscheulich, ungehorsam und unfähig, irgendetwas
Gutes zu tun.

Anweisungen für die Gemeinde 2,1–3,11

Anweisungen für Gemeindemitglieder

2 1 Du aber verkünde die Botschaft, wie es der unverfälschten Leh-
re angemessen ist: 2 Die älteren Männer sollen nüchtern sein,
würdig und besonnen. Sie sollen am unverfälschten Glauben fest-
halten und ebenso an der Liebe und Standhaftigkeit.

3 Entsprechendes gilt für die älteren Frauen: Sie sollen sich eben-
falls würdevoll verhalten, andere nicht verleumden und nicht dem
Wein verfallen sein. Sie sollen fähig sein, Gutes zu lehren. 4 Dann
können sie die jungen Frauen anleiten, ihre Männer und Kinder zu
lieben. 5 Sie sollen sie lehren, besonnen und anständig zu leben und
ihren Haushalt ordentlich zu führen. Und sie sollen sie anweisen,
sich ihren Männern unterzuordnen. Denn Gottes Wort soll nicht in
Verruf kommen.

6 Genauso sollst du die jüngeren Männer ermahnen, besonnen zu
sein – 7 und das in jeder Hinsicht. Sei du selbst ihnen ein Vorbild im
rechten Handeln und ein aufrichtiger und glaubwürdiger Lehrer.
8 Was du sagst, soll der unverfälschten Lehre entsprechen und unan-
fechtbar sein. Dann werden unsere Gegner beschämt dastehen und
können nichts Schlechtes über uns sagen.

9 Sklaven sollen sich ihren Herren in jeder Hinsicht unterordnen.
Sie sollen sie zufriedenstellen, ihnen nicht widersprechen 10 und
nichts unterschlagen. Sie sollen sich vielmehr in jeder Hinsicht als
treu und zuverlässig erweisen. So werden sie in allem der Lehre Ehre
machen, die von Gott, unserem Retter, kommt.

Gottes Gnade ist der Grund für das richtige Verhalten

11 Denn die Gnade Gottes ist erschienen, die allen Menschen Ret-
tung bringt. 12 Sie bringt uns dazu, uns von der Gottlosigkeit und
den menschlichen Begierden loszusagen. Dann können wir in dieser
Welt als besonnene und gerechte Menschen leben und unseren Glau-
ben ausüben. 13 Gleichzeitig warten wir auf die Erfüllung unserer

Prophet: Das folgende Zitat stammt vermutlich von dem kretischen Philosophen und Priester Epimenides.

Wahrheit: Meint die Versöhnung mit Gott, die den Menschen durch Tod und Auferstehung von Christus geschenkt ist.

Gottes Wort: Gottes Versprechen, die Menschen so anzunehmen, wie sie sind, und nicht zu verurteilen, obwohl sie seine Gebote übertreten.

Sklaven: Sie gehörten zum Eigentum anderer Menschen, bekamen keinen Lohn für ihre Arbeit und konnten nicht frei über ihr Leben entscheiden.

Gnade: Liebevolle Zuwendung Gottes, die er den Menschen ohne Vorbedingung schenkt.

Glaube, glauben: Meint das tiefe Vertrauen auf Gott, das zu einem Leben nach seinem Willen führt.

Hoffnung, die uns glückselig macht: das Erscheinen der Herrlichkeit
unseres großen Gottes und Retters Jesus Christus. 14 Der hat sein Le-
ben für uns gegeben. So hat er uns von allem erlöst, was aus der Ge-
setzlosigkeit entsteht. Und so wollte er sich ein reines Volk erschaf-
fen, das ihm gehört – ein Volk, das nur darauf aus ist, Gutes zu tun.
15 So sollst du zu den Menschen reden, sie ermahnen und zurecht-
weisen. Tu das mit allem Nachdruck. Niemand soll dich geringschät-
zig behandeln.

Bewährung des Glaubens in der Welt und angesichts von falschen Lehren

3 1 Erinnere alle in der Gemeinde daran, dass sie sich den Machtha-
bern und staatlichen Behörden unterzuordnen haben. Sie sollen
ihnen gehorchen und stets bereit sein, Gutes zu tun. 2 Sie sollen nie-
manden verleumden, friedliebend und gütig sein. Allen Menschen
sollen sie mit Freundlichkeit begegnen. 3 Denn auch wir waren frü-
her unverständig, ungehorsam und gingen in die Irre. Wir wurden
von allen möglichen Begierden und dem Streben nach Genuss be-
herrscht. Wir führten ein Leben voller Bosheit und Neid, waren ver-
hasst und hassten einander.
4 Doch dann erschien die Güte und die Menschenfreundlichkeit
Gottes, unseres Retters. 5 Wir selbst hatten ja keine Taten vollbracht,
mit denen wir uns rechtfertigen konnten. Aber er hat uns seine
Barmherzigkeit geschenkt und uns gerettet. Aus dem Bad der Taufe
werden wir neu geboren und erhalten durch den Heiligen Geist das
neue Leben. 6 Den hat Gott in reichem Maß über uns ausgegossen
durch Jesus Christus, unseren Retter. 7 Durch diese Gnade werden
wir von Gott als gerecht angenommen. Und damit werden wir zu Er-
ben des ewigen Lebens, so wie es unserer Hoffnung entspricht.
8 Auf das Wort, das ich dir gesagt habe, kannst du dich verlassen.
Und ich erwarte, dass du mit allem Nachdruck dafür eintrittst. Denn
alle, die an Gott glauben, sollen sich ernsthaft darum bemühen, Gu-
tes zu tun. Das ist recht und nützt den Menschen. 9 Vermeide dage-
gen Zank, Fragen zu Stammbäumen, Streit und Auseinandersetzun-
gen über die Auslegung des Gesetzes. Denn das ist sinnlos und nützt
niemandem. 10 Einen Menschen, der falsche Lehren verbreitet, sollst
du nach zweimaliger Ermahnung aus der Gemeinde ausschließen.
11 Du weißt ja: Ein solcher Mensch ist im Unrecht und hat sich schul-
dig gemacht. Damit hat er sich selbst das Urteil gesprochen.

Briefschluss 3,12-15

Persönliche Anweisungen

12 Sobald ich Artemas oder Tychikus zu dir gesendet habe, beeil dich,
zu mir nach Nikopolis zu kommen. Denn ich habe beschlossen,
dort den Winter zu verbringen. 13 Zenas, den Rechtsgelehrten, und

Herrlichkeit: Bezeichnet das, was einer Person Ansehen und Macht verleiht. Gottes Herrlichkeit stellt man sich auch als strahlenden Lichtglanz vor.

Jesus Christus: Der Name ist zugleich ein Bekenntnis. Wer Jesus als Christus anerkennt, glaubt an ihn als Retter und Erlöser der Welt.

reines Volk: Bei der Taufe werden die Sünden, die die Beziehung zu Gott stören, zeichenhaft abgewaschen. Wer einmal getauft ist, bleibt für immer in der Beziehung mit Gott und ist in diesem Sinne »rein«.

taufen: Wörtlich »(in Wasser) eintauchen«. Die Handlung steht zeichenhaft für das Abwaschen von Schuld und Sünde.

Heiliger Geist: Kraft, durch die Gott in der Welt wirkt.

gerecht, als gerecht gelten: Gott nimmt die Menschen an und verurteilt sie nicht, obwohl sie seine Gebote übertreten. Darin zeigt sich Gottes Liebe zu den Menschen.

ewiges Leben: Leben im Reich Gottes und in unmittelbarer Gemeinschaft mit Gott nach der Auferstehung vom Tod.

Gesetz: Die Lebensvorschriften des Alten Testaments, besonders die fünf Bücher Mose.

Apollos sollst du mit allem Nötigen für die Weiterreise ausstatten.
Es soll ihnen an nichts fehlen. 14 Aber auch unsere Leute sollen lernen, Gutes zu tun, wo immer es nötig ist. Denn ihr Leben soll nicht ohne Frucht bleiben.

Grüße und Segen

15 Es grüßen dich alle, die bei mir sind. Grüße alle, die durch den Glauben in Liebe mit uns verbunden sind. Die Gnade sei mit euch allen!

Glaube, glauben: Meint das tiefe Vertrauen auf Gott, das zu einem Leben nach seinem Willen führt.

Gnade: Liebevolle Zuwendung Gottes, die er den Menschen ohne Vorbedingung schenkt.

Der Brief an Philemon

Briefanfang 1-7

Absender und Empfänger

1 Paulus, Gefangener wegen Christus Jesus, und der Bruder Timotheus.

An Philemon, unseren lieben Mitarbeiter, 2 an die Schwester Aphia sowie an unseren Mitstreiter Archippus. Und auch an die Gemeinde, die sich in deinem Haus trifft.

3 Wir wünschen euch Gnade und Frieden von Gott, unserem Vater, und dem Herrn Jesus Christus.

Dank und Fürbitte

4 Ich danke meinem Gott jedes Mal, wenn ich im Gebet an dich denke. 5 Ich höre ja von deiner Liebe und deinem Glauben: dem Glauben an Jesus, den Herrn, und deiner Liebe zu allen Heiligen. 6 Ich bete, dass unser gemeinsamer Glaube in dir weiter wirkt. Dann wirst du das Gute erkennen, das wir vollbringen müssen, weil wir auf Christus ausgerichtet sind. 7 Es hat mir große Freude bereitet und Mut gemacht, wie viel Liebe du zeigst. Denn durch dich, mein Bruder, wurden die Heiligen innerlich gestärkt.

Bitte für Onesimus 8-20

Paulus sendet Onesimus zu Philemon zurück

8 Deshalb auch das Folgende: Unter Berufung auf Christus könnte ich dir ja vorschreiben, was du tun sollst. 9 Aber wegen der Liebe, die du gezeigt hast, bitte ich dich einfach so, wie ich bin: ich, Paulus, ein alter Mann, der jetzt wegen Christus Jesus auch noch ein Gefangener ist. 10 Ich bitte dich für meinen Sohn, für den ich während der Haft zum Vater geworden bin. Es geht um Onesimus! 11 Früher war er für dich nutzlos, aber jetzt kann er für dich und mich nützlich sein. 12 Ich sende ihn zu dir zurück. Und das ist so, als würde ich mein eigenes Herz senden.

13 Ich hätte ihn gerne bei mir behalten, damit er mich an deiner Stelle unterstützt – solange ich wegen der Guten Nachricht in Haft bin. 14 Aber ohne deine Zustimmung wollte ich das nicht tun. Deine gute Tat sollte ja nicht unter Zwang geschehen, sondern aus freien Stücken.

Jesus Christus: Der Name ist zugleich ein Bekenntnis. Wer Jesus als Christus anerkennt, glaubt an ihn als Retter und Erlöser der Welt.

Bruder: Übliche Anrede unter Mitgliedern der Gemeinde.

Gnade: Liebevolle Zuwendung Gottes, die er den Menschen ohne Vorbedingung schenkt.

Frieden: Umfassender Zustand von Glück und Wohlergehen des Einzelnen und der Gemeinschaft, der aus der Beziehung mit Gott hervorgeht.

Gebet: Reden des Menschen mit Gott.

Glaube, glauben: Meint das tiefe Vertrauen auf Gott, das zu einem Leben nach seinem Willen führt.

Heilige: Bezeichnung für die Anhänger von Jesus Christus.

ein Gefangener: Paulus schreibt den Brief während eines Gefängnisaufenthalts.

mein Sohn: Damals übliche Bezeichnung für Schüler oder Menschen, die einem besonders nahestehen.

Aus dem Sklaven ist ein Bruder geworden

[15] Vielleicht war er ja deshalb eine Zeit lang von dir getrennt, damit du
ihn für immer zurückbekommst. [16] Du bekommst allerdings keinen
Sklaven mehr, sondern etwas viel Besseres: einen geliebten Bruder.
Schon für mich ist er das in ganz besonderem Maße. Wie viel mehr
muss er es dann erst für dich sein – sowohl im täglichen Leben als
auch in der Zugehörigkeit zum Herrn!

Paulus verbürgt sich für Onesimus

[17] Wenn du dich nun wirklich eng mit mir verbunden fühlst, dann
nimm ihn auf – so als ob ich es selber wäre. [18] Wenn er dich geschädigt
hat oder dir etwas schuldet, stelle es mir in Rechnung. [19] Ich, Paulus,
gebe es dir schriftlich: Ich werde Schadenersatz leisten. Dabei will ich
gar nicht erst davon reden, dass du mir etwas schuldest: dich selbst.
[20] Ja, Bruder, ich möchte, dass du mir wegen des Herrn eine Freude
machst. Stärke mich innerlich durch die Gemeinschaft mit Christus.

Sklaven: Sie gehörten zum Eigentum anderer Menschen, bekamen keinen Lohn für ihre Arbeit und konnten nicht frei über ihr Leben entscheiden.

Herr: Anrede und Bezeichnung für Jesus. Sie bringt zum Ausdruck, dass man sich in seinen Dienst stellt.

schuldest: Philemon hat durch Paulus zum Glauben an Christus gefunden und somit den Weg zu einem Leben in Gemeinschaft mit Gott.

Briefschluss 21-25

Abschließende Bitten und Reisepläne

[21] Ich schreibe dir im Vertrauen darauf, dass du tun wirst, was ich sage.
Ich bin sicher: Du wirst sogar noch mehr tun, als ich verlange! [22] Und
bereite auch gleich schon eine Unterkunft für mich vor. Ich hoffe
nämlich, dass ich euch dank eurer Gebete bald wiedergegeben werde.

Grüße und Segen

[23] Epaphras lässt dich grüßen. Er ist zusammen mit mir wegen Chris-
tus Jesus in Haft. [24] Außerdem grüßen dich meine Mitarbeiter Mar-
kus, Aristarch, Demas und Lukas. [25] Die Gnade des Herrn Jesus Chris-
tus sei mit euch!

Der Brief an die Hebräer

Gott spricht durch seinen Sohn 1,1–4,13

Vorwort

1 1 Viele Male und auf vielfältige Weise hat Gott einst durch die Propheten zu den Vorfahren gesprochen. 2 Jetzt, am Ende dieser Zeit, hat er durch seinen Sohn zu uns gesprochen. Ihn hat er zum Erben von allem eingesetzt. Durch ihn hat er auch die Welt geschaffen. 3 Der Sohn ist der Abglanz von Gottes Herrlichkeit und das Abbild seines Wesens. Durch sein machtvolles Wort trägt er die ganze Welt. Er hat die Reinigung von den Sünden bewirkt. Dann hat er sich an die rechte Seite der göttlichen Majestät in den Himmelshöhen gesetzt. 4 Gott hat ihn hoch über die Engel gestellt – so hoch wie der Titel, den er ihm verliehen hat, über ihren Namen steht.

Der Sohn Gottes steht über den Engeln

5 Zu welchem Engel hat Gott jemals gesagt: »Du bist mein Sohn, heute habe ich dich gezeugt«? Oder auch: »Ich werde sein Vater sein und er wird mein Sohn sein«? 6 Für die Zeit, wenn Gott ihn, den Erstgeborenen, wieder in diese Welt hineinführt, fordert er: »Alle Engel Gottes sollen vor ihm die Knie beugen!«

7 Im Blick auf die Engel sagt er: »Er macht seine Engel zu Sturmwinden und seine Diener zu Feuerflammen.« 8 Aber im Blick auf den Sohn sagt er: »Dein Thron, Gott, besteht für immer und ewig. Der Maßstab des Rechts ist das Zepter, mit dem du dein Königreich regierst. 9 Du liebst Gerechtigkeit und hasst Verbrechen. Deshalb hat Gott dich gesalbt, dein Gott. Köstliches Öl hat er für dich ausgewählt. Damit zeichnet Gott dich aus vor allen, die zu dir gehören.« 10 Und weiter: »Du, Herr, hast am Anfang die Erde gegründet. Der Himmel ist das Werk deiner Hände. 11 Eines Tages werden sie vergehen, du aber bleibst. Alles Geschaffene wird zerfallen wie alte Kleider. 12 Du wirst sie zusammenrollen wie einen Mantel. Wie ein Kleidungsstück werden sie gewechselt werden. Du aber bleibst immer derselbe. Deine Zeit geht nicht zu Ende.«

13 Zu welchem Engel hat Gott jemals gesagt: »Setz dich an meine rechte Seite, bis ich deine Feinde unterwerfe. Ich mache sie zum Schemel für deine Füße«? 14 Sind die Engel nicht alle nur Geister, die ihren Dienst tun? Sie werden ausgesandt zum Dienst an denen, die ihren Anteil an der Rettung empfangen sollen.

Propheten: Meint die Propheten aus der Zeit des Alten Testaments, deren Worte in Schriften des Alten Testaments überliefert sind.

Sünde: Die Trennung des Menschen von Gott, seinem Schöpfer. Sie führt dazu, dass der Mensch sein Leben nicht nach Gottes Willen ausrichten kann.

Engel: Man stellte sich vor, dass die Engel bei Gott im Himmel waren wie der Hofstaat bei einem König auf der Erde.

hat Gott gesagt: In diesem Vers wird aus der griechischen Übersetzung von Psalm 2,7 und aus 2. Samuel 7,14 zitiert.

Erstgeborener: Bezeichnung für Jesus Christus, der als Erster von den Toten auferstanden ist und so als Erster neu geboren wurde.

fordert er: Zitat aus der griechischen Übersetzung von Psalm 97,7.

sagt er (Vers 7): Zitat aus der griechischen Übersetzung von Psalm 104,4.

sagt er (Vers 8): Zitat aus der griechischen Übersetzung von Psalm 45,7-8.

und weiter: Zitat aus der griechischen Übersetzung von Psalm 102,26-28.

hat Gott gesagt: Zitat aus der griechischen Übersetzung von Psalm 110,1.

Die große Rettungstat nicht missachten

2 1 Deshalb ist es notwendig, dass wir uns umso genauer an das halten, was wir gehört haben. Sonst treiben wir am Ziel vorbei. 2 Nun war ja schon das Wort verbindlich, das durch Engel verkündet worden war. Und jeder, der es übertrat oder ungehorsam war, hat seine gerechte Strafe bekommen. 3 Wie sollen wir dann erst davonkommen, wenn wir eine so große Rettungstat missachten? Am Anfang hat der Herr selbst sie verkündet. Das wurde uns von denen zuverlässig bestätigt, die es gehört haben. 4 Und Gott selbst beglaubigt sie durch Zeichen, Wunder und verschiedene machtvolle Taten – und dadurch, dass er nach seinem Ermessen Anteil am Heiligen Geist gibt.

Jesus ist den Menschen gleich geworden

5 Die künftige Welt, von der wir reden, hat Gott nicht den Engeln unterstellt. 6 Vielmehr wird es in der Heiligen Schrift so bezeugt: »Was ist der Mensch, dass du an ihn denkst, oder der Menschensohn, dass du dich um ihn kümmerst? 7 Du hast ihn nur wenig geringer gestellt als die Engel. Du krönst ihn mit Herrlichkeit und Ehre. 8 Alles hast du ihm zu Füßen gelegt.«

Als Gott ihm alles zu Füßen gelegt hat, hat er davon nichts ausgenommen. Wir sehen jetzt allerdings noch nicht, dass ihm alles zu Füßen gelegt ist. 9 Aber wir sehen den, den Gott wenig geringer gestellt hat als die Engel: Jesus! Er ist gekrönt mit Ehre und Herrlichkeit, weil er den Tod erlitten hat. Denn Gott wollte in seiner Gnade, dass sein Tod allen Menschen zugutekommt.

10 Gott will viele Kinder in seine Herrlichkeit bringen. Deshalb hat er den, der sie zur Rettung führen sollte, durch Leiden zur Vollendung gebracht: Christus. Das war der angemessene Weg für Gott, für den und durch den alles geschaffen ist. 11 Denn er, der heilig macht, und sie, die heilig gemacht werden, stammen alle von dem Einen ab. Aus diesem Grund schämt Jesus sich auch nicht, sie Brüder oder Schwestern zu nennen. 12 Er sagt ja: »Ich will meinen Brüdern und Schwestern von deinem Namen erzählen. Im Kreis der Gemeinde will ich dich loben.« 13 Und an anderer Stelle: »Ich werde mein Vertrauen auf Gott setzen.« Und er fährt fort: »Seht her, hier bin ich mit den Kindern, die Gott mir gegeben hat.« 14 Weil die Kinder Menschen aus Fleisch und Blut sind, wurde auch Jesus ein Mensch wie sie. Denn er sollte durch seinen Tod den vernichten, der Macht über den Tod hat. Das ist der Teufel. 15 Und er sollte die Menschen aus der Angst vor dem Tod befreien. Diese Angst hielt sie ihr Leben lang in Sklaverei.

16 Denn es sind nicht die Engel, um die er sich kümmert, sondern die Nachkommen Abrahams. 17 Darum war es notwendig, dass Jesus in jeder Hinsicht den Brüdern und Schwestern gleich wurde. Denn er sollte ein barmherziger und treuer Hohepriester werden. Er sollte vor Gott für sie eintreten, um für die Sünden des Volkes Vergebung

das Wort: Bezeichnung für die im Neuen Testament »Gesetz« genannten Lebensvorschriften des Alten Testaments, die sich vor allem in den fünf Büchern Mose finden. Einer alten Überlieferung zufolge wurden sie Mose durch Engel übermittelt.

in der Heiligen Schrift: Zitat aus der griechischen Übersetzung von Psalm 8,5-7.

Gnade: Liebevolle Zuwendung Gottes, die er den Menschen ohne Vorbedingung schenkt.

Vollendung: Die Vollendung von Jesus Christus bedeutet seine Einsetzung zum himmlischen Hohepriester, der durch seinen Tod am Kreuz die Menschen mit Gott versöhnt und ihnen den Zugang zu Gott eröffnet.

der Eine: Gemeint ist Gott.

Satan, Teufel: Gegenspieler Gottes. Er versucht, die Menschen zu einem Verhalten zu bewegen, das Gottes Willen widerspricht.

Hohepriester: Er leitete am großen Versöhnungstag im Tempel in Jerusalem den Gottesdienst, in dem die Sünden beseitigt werden, die trennend zwischen Gott und den Menschen stehen. Indem Jesus Christus am Kreuz für die Sünden der Menschen gestorben ist, übernimmt er diese Rolle.

zu erlangen. 18 Denn er selbst wurde ja durch sein Leiden auf die Probe gestellt. Deshalb kann er denen helfen, die auf die Probe gestellt werden.

Jesus steht über Mose

3 1 Darum seht auf Jesus, ihr Brüder und Schwestern! Denn ihr habt ja als Heilige teil an der Berufung in die himmlische Welt. Jesus ist der Vermittler und der Hohepriester, zu dem wir uns bekennen. 2 Er ist dem treu, der ihn dazu gemacht hat – so treu wie Mose es im ganzen Haus Gottes war, dem Volk Israel. 3 Ihm wurde größere Ehre zuteil als Mose – so wie auch dem Erbauer eines Hauses größere Ehre zusteht als dem Haus. 4 Jedes Haus wird ja von jemandem erbaut. Aber es ist Gott, der alles erbaut hat. 5 Mose war ein treuer Diener – *im* ganzen Haus Gottes. Damit bezeugte er, was erst in Zukunft verkündet werden sollte. 6 Dagegen ist Christus als Sohn *über* Gottes Haus gestellt. Dieses Haus sind wir – wenn wir an der Zuversicht und der Hoffnung festhalten, auf die wir stolz sind.

Heute der Stimme Gottes folgen

7 Darum gilt, was der Heilige Geist sagt: »Wenn ihr heute seine Stimme hört, 8 dann seid nicht so starrsinnig – wie beim Aufstand an dem Tag, als ihr in der Wüste auf die Probe gestellt wurdet. 9 Dort haben mich eure Vorfahren geprüft und wollten mich auf die Probe stellen. Dabei hatten sie meine Taten gesehen – 10 40 Jahre lang! Deshalb war ich angewidert von dieser Generation, und ich sagte: ›Immer sind sie in ihrem Herzen irregeleitet, und meine Wege haben sie nicht erkannt.‹ 11 So habe ich in meinem Zorn geschworen: Nie sollen sie zu meinem Ruheplatz kommen!«

12 Gebt acht, Brüder und Schwestern, dass niemand von euch ein böses und ungläubiges Herz hat – und sich so von dem lebendigen Gott abwendet! 13 Ihr sollt euch vielmehr jeden Tag gegenseitig ermahnen, solange das »Heute« noch gilt. Niemand von euch soll sich Gott gegenüber verschließen, weil er von der Sünde irregeleitet ist. 14 Denn wir gehören ganz zu Christus – vorausgesetzt, wir halten bis zuletzt an der Zuversicht fest, die wir am Anfang hatten.

15 Deshalb heißt es ja: »Wenn ihr heute seine Stimme hört, dann seid nicht so starrsinnig – wie damals beim Aufstand.« 16 Wer waren denn diejenigen, die seine Stimme hörten und trotzdem einen Aufstand anzettelten? Waren das nicht alle, die unter der Führung von Mose aus Ägypten ausgezogen waren? 17 Und von wem war Gott 40 Jahre lang angewidert? Waren das nicht dieselben, die den Aufstand angezettelt hatten und deren Leichen dann in der Wüste lagen? 18 Wem hat Gott denn geschworen, dass sie niemals zu seinem Ruheplatz kommen werden? Wem denn sonst als denen, die ungehorsam gewesen waren! 19 Wir sehen also: Sie konnten nicht dorthin kommen, weil sie nicht glaubten.

Hohepriester: Er leitete am großen Versöhnungstag im Tempel in Jerusalem den Gottesdienst, in dem die Sünden beseitigt werden, die trennend zwischen Gott und den Menschen stehen. Indem Jesus Christus am Kreuz für die Sünden der Menschen gestorben ist, übernimmt er diese Rolle.

Mose: Führte Israel im Auftrag Gottes aus Ägypten und erhielt am Berg Sinai die Zehn Gebote.

was der Heilige Geist sagt: Zitat aus der griechischen Übersetzung von Psalm 95,7-11.

Aufstand: Nach dem Auszug aus Ägypten lehnte das Volk Israel sich in der Wüste gegen Gott auf, weil es Angst hatte zu verdursten; vgl. 2. Mose/Exodus 17,1-7.

Sünde: Die Trennung des Menschen von Gott, seinem Schöpfer. Sie führt dazu, dass der Mensch sein Leben nicht nach Gottes Willen ausrichten kann.

Christus: Bedeutet übersetzt »der Gesalbte«. Im Alten Testament werden Könige, aber auch Propheten und Priester bei Amtsantritt gesalbt. Später wird der von Gott zum Herrscher der Welt bestimmte Retter so genannt. Im Neuen Testament ist das Jesus.

Der Ruheplatz für Gottes Volk

4 1 Lasst uns deshalb um eines besorgt sein: dass keiner von euch
zurückbleibt. Denn noch gilt ja das Versprechen, zu dem Ruhe-
platz Gottes zu kommen. 2 Die Gute Nachricht ist uns genauso ver-
kündet worden wie den Menschen damals. Aber ihnen hat die Bot-
schaft, die sie gehört haben, nichts genutzt. Denn sie verbanden die
Botschaft, die sie hörten, nicht mit dem Glauben. 3 Aber wir können
zu dem Ruheplatz Gottes kommen, denn wir glauben ja. Doch von
ihnen hat Gott gesagt: »So habe ich in meinem Zorn geschworen: Nie
sollen sie zu meinem Ruheplatz kommen!«
Dabei sind die Werke der Schöpfung doch seit der Erschaffung
der Welt abgeschlossen. 4 An einer anderen Stelle heißt es von dem
siebten Tag: »Am siebten Tag ruhte Gott von allen seinen Werken.«
5 Doch an dieser Stelle heißt es: »Nie sollen sie zu meinem Ruheplatz
kommen!« 6 Es bleibt also dabei: Einige Menschen werden zu seinem
Ruheplatz kommen. Denjenigen, die zuerst die Gute Nachricht ge-
hört haben, ist es allerdings nicht gelungen. Denn sie haben Gott
nicht gehorcht.
7 Darum setzt Gott noch einmal einen Tag fest, ein neues »Heute«.
Durch David sagt er lange Zeit später, was bereits oben angeführt
wurde: »Wenn ihr heute seine Stimme hört, dann seid nicht so starr-
sinnig.« 8 Hätte Josua sie schon zum Ruheplatz gebracht, dann würde
Gott nicht von einem anderen, späteren Tag sprechen. 9 Die endgül-
tige Sabbatruhe steht also für das Volk Gottes noch aus. 10 Denn wer
zu dem Ruheplatz Gottes gekommen ist, ruht sich aus von seinen
Werken – so wie Gott selbst es von seinen eigenen Werken getan hat.
11 Wir wollen uns also anstrengen, zu jenem Ruheplatz zu kommen.
Denn niemand soll wie in dem Beispiel von damals zu Fall kommen,
weil er ungehorsam war.

Das lebendige und wirksame Wort Gottes

12 Das Wort Gottes ist lebendig und wirksam. Es ist schärfer als jedes
zweischneidige Schwert und dringt durch und durch. Es durchdringt
Seele und Geist, Mark und Bein. Es urteilt über die Gedanken und
die Einstellung des Herzens. 13 Kein Geschöpf bleibt vor Gott verbor-
gen. Nackt und bloß liegt alles offen vor den Augen dessen, dem wir
Rechenschaft schuldig sind.

Jesus ist unser Hohepriester 4,14–10,18

Jesus tritt als der Hohepriester für die Menschen ein

14 Wir haben einen großen Hohepriester, der alle Himmel durch-
schritten hat: Es ist Jesus, der Sohn Gottes. Lasst uns also an dem
Bekenntnis zu ihm festhalten! 15 Er ist kein Hohepriester, der nicht
mit unseren Schwachheiten mitleiden könnte. Er wurde genau
wie wir in jeder Hinsicht auf die Probe gestellt. Nur war er ohne

Gute Nachricht: Wörtliche Übersetzung von »Evangelium«. Steht für Gottes Willen, die Menschen mit sich zu versöhnen und in Gemeinschaft mit sich leben zu lassen.

Glaube, glauben: Meint das tiefe Vertrauen auf Gott, das zu einem Leben nach seinem Willen führt.

Ruheplatz: Bezeichnung für den Tempel in Jerusalem, der für Gottes Gegenwart in seinem Volk steht.

Werke der Schöpfung: Weil die Ruhe Teil der Schöpfung Gottes ist, wird auch der Ruheplatz für sein Volk zu den Werken der Schöpfung gezählt.

an anderer Stelle: Zitat aus der griechischen Übersetzung von 1. Mose/Genesis 2,2.

Josua: Nachfolger von Mose. Nach dessen Tod führte er Israel in das verheißene Land.

Sabbat: In der Bibel der siebte Tag der Woche, heute unser Samstag. Er gilt im Judentum als Feiertag, an dem nicht gearbeitet werden darf.

Herz: Sitz des Verstandes und des Willens.

Bekenntnis: Jemand spricht öffentlich aus, dass er an Jesus Christus glaubt. So wissen alle, dass diese Person ihr Leben in den Dienst von Christus stellt.

Sünde. 16 Lasst uns also voller Zuversicht vor den Thron unseres
gnädigen Gottes treten. So können wir Barmherzigkeit empfan-
gen und Gnade finden. Und so werden wir zur rechten Zeit Hilfe
bekommen.

5 1 Jeder Hohepriester wird aus Menschen ausgewählt und für
Menschen eingesetzt. Er wird zum Dienst vor Gott eingesetzt,
damit er für ihre Sünden Gaben und Opfer darbringt. 2 Er kann mit-
fühlen mit den unwissenden und irregeleiteten Menschen. Denn
auch er selbst ist der menschlichen Schwachheit unterworfen.
3 Ihretwegen muss er auch für sich selbst Opfer für seine Sünden dar-
bringen – genauso wie er es für das Volk tut. 4 Und niemand nimmt
sich selbst die Würde, Hohepriester zu sein. Vielmehr wird man von
Gott dazu berufen, wie es auch bei Aaron der Fall war. 5 So hat auch
Christus sich nicht selbst die Würde verliehen, Hohepriester zu wer-
den. Vielmehr hat er sie von dem empfangen, der zu ihm gesagt hat:
»Du bist mein Sohn, heute habe ich dich gezeugt.« 6 Und an einer an-
deren Stelle sagt er: »Du bist Priester für alle Zeit, wie Melchisedek
es war.«

7 Als Jesus hier auf der Erde lebte, brachte er seine Gebete und sein
Flehen vor Gott – mit lautem Rufen und unter Tränen. Denn der
konnte ihn vom Tod retten. Und wegen seiner Ehrfurcht vor Gott ist
er erhört worden. 8 Obwohl er der Sohn war, hat er es angenommen,
wie ein Mensch durch Leiden Gehorsam zu lernen. 9 So wurde er zur
Vollendung gebracht. Seitdem ist er für alle, die ihm gehorsam sind,
der Urheber ihrer ewigen Rettung geworden. 10 Gott nannte ihn ja
»Hohepriester, wie Melchisedek es war«.

Im Glauben erwachsen werden

11 Dazu hätten wir noch viel zu sagen. Es ist aber schwierig zu erklä-
ren, weil ihr so begriffsstutzig seid. 12 Nach der langen Zeit müsstet
ihr schon selbst Lehrer sein. Aber ihr braucht noch einmal jemanden,
der euch die Grundbegriffe von Gottes Wort beibringt. Ihr braucht
wieder Milch und keine feste Nahrung! 13 Wer noch Milch trinkt, ist
unfähig, die Botschaft von der Gerechtigkeit zu verstehen. Er ist ein
kleines Kind. 14 Feste Nahrung ist aber für die Erwachsenen, also die
im Glauben Vollendeten. Ihre Sinne sind durch den Gebrauch darin
geübt, Gut und Böse zu unterscheiden.

6 1 Darum können wir hier die Grundbegriffe der Lehre von Chris-
tus übergehen. Wir wollen uns dem zuwenden, was zur Voll-
endung im Glauben gehört. Die Grundlage brauchen wir nicht noch
einmal zu legen: die Abkehr von Werken, die zum Tod führen, und
der Glaube an Gott. 2 Es geht auch nicht um Fragen wie die Lehre
von den verschiedenen Taufen, das Auflegen der Hände, die Aufer-
stehung der Toten oder das ewige Gericht. 3 Wenn Gott es zulässt, soll
es jetzt vielmehr um die Vollendung gehen.

Sünden: Konkrete Verfehlungen, die von Gott trennen und das Gewissen belasten können.

Christus: Bedeutet übersetzt »der Gesalbte«. Im Alten Testament werden Könige, aber auch Propheten und Priester bei Amtsantritt gesalbt. Später wird der von Gott zum Herrscher der Welt bestimmte Retter so genannt. Im Neuen Testament ist das Jesus.

Sohn Gottes: Titel, der das besondere Vertrauensverhältnis eines Menschen zu Gott zum Ausdruck bringt. Im Neuen Testament wird der Titel ausschließlich für Jesus verwendet.

Melchisedek: Der hebräische Name bedeutet »König der Gerechtigkeit«. Nach 1. Mose/Genesis 14,18-20 war er zur Zeit Abrahams König von Salem, dem späteren Jerusalem.

Vollendung: Die Vollendung von Jesus Christus bedeutet seine Einsetzung zum himmlischen Hohepriester, der durch seinen Tod am Kreuz die Menschen mit Gott versöhnt und ihnen den Zugang zu Gott eröffnet.

die im Glauben Vollendeten: Menschen, die die Vergebung der Sünden erfahren haben, die durch Jesus Christus geschieht, und denen der Zugang zu Gott eröffnet ist.

Werke, die zum Tod führen: Meint ein Leben, das nicht dem Willen Gottes entspricht.

Warnung vor der Abkehr vom Glauben

[4]Eines allerdings ist nicht möglich. Das betrifft die Menschen, die einmal von Gottes Licht erfüllt worden sind. Sie haben die himmlische Gabe schon geschmeckt und Anteil am Heiligen Geist empfangen. [5]So haben sie das gute Wort Gottes und die Kräfte der kommenden Welt kennengelernt. [6]Wenn sie dennoch von Gott abfallen, ist es unmöglich, dass sie noch einmal ihr Leben ändern. Denn damit schlagen sie den Sohn Gottes zu ihrem eigenen Schaden noch einmal ans Kreuz. Sie machen ihn öffentlich zum Gespött. [7]Es ist wie beim Ackerboden: Er nimmt den Regen auf, der immer wieder auf ihn fällt. Wenn er dann nützliche Pflanzen hervorbringt für die Menschen, die ihn bestellen, empfängt er Gottes Segen. [8]Wenn er aber Dornbüsche und Disteln hervorbringt, ist er wertlos. Ihm droht der Fluch, und am Ende wird er durch Feuer vernichtet.

[9]Auch wenn wir so reden, meine Lieben, sind wir davon überzeugt: Auf euch trifft das Bessere zu, und ihr werdet gerettet werden. [10]Gott ist ja nicht ungerecht. Er vergisst nicht, was ihr getan habt. Ihr habt eure Liebe zu ihm bewiesen. Denn ihr habt die Heiligen unterstützt und unterstützt sie auch weiter.

[11]Wir haben aber einen sehnlichen Wunsch: Jeder von euch soll sich mit dem gleichen Eifer für die Stärkung der Hoffnung einsetzen – bis zum Ende. [12]Tut doch nicht so begriffsstutzig. Nehmt euch vielmehr die zum Vorbild, die durch Glauben und Ausdauer das versprochene Erbe erhalten.

Die Zuverlässigkeit und Treue Gottes

[13]Als Gott dem Abraham sein Versprechen gab, schwor er bei sich selbst. Denn er konnte ja bei niemand Größerem schwören. [14]Er sagte: »Ich will dich mit meinem Segen segnen und dir zahlreiche Nachkommen geben.« [15]So wartete Abraham geduldig und erhielt die versprochene Gabe.

[16]Menschen schwören ja bei einem Größeren. Der Eid dient ihnen zur Bekräftigung und lässt jeden Einwand verstummen. [17]Deshalb hat Gott sich mit einem Eid verbürgt. Er wollte denen, die das versprochene Erbe erhalten, ganz klar zeigen, dass sein Wille unumstößlich ist. [18]Diese beiden unumstößlichen Tatsachen, bei denen Gott unmöglich lügen kann, sollen uns ermutigen und stärken. Wir haben unsere Zuflucht darin gesucht, an der Hoffnung festzuhalten, die uns in Aussicht gestellt ist. [19]Sie ist für unser Leben wie ein sicherer und fester Anker. Dieser reicht hinein bis ins Innerste des himmlischen Heiligtums, den Raum hinter dem Vorhang. [20]Dorthin ist uns Jesus als Wegbereiter vorausgegangen – er, der zum Hohepriester für alle Zeit geworden ist, wie Melchisedek es war.

Melchisedek ist ein Priester wie der Sohn Gottes

7 [1]Dieser Melchisedek war König von Salem und Priester des Höchsten Gottes. Er ging Abraham entgegen, als dieser von

von Gottes Licht erfüllt: Meint die Bekehrung zum Glauben an Jesus Christus, durch den die Menschen aus der Dunkelheit der Gottesferne befreit werden.

Heiliger Geist: Kraft, durch die Gott in der Welt wirkt.

Kreuz: Sinnbild für Gottes Zuwendung zu den Menschen. Am Kreuz opferte Jesus Christus sein Leben, um die Sünden der Menschen wegzunehmen, die sie von Gott trennen.

Heilige: Bezeichnung für die Anhänger von Jesus Christus.

Erbe: Ursprünglich der Anteil der Israeliten an dem Land, das Gott ihnen gibt. Im Neuen Testament bedeutet es ein Leben im Reich Gottes, in unmittelbarer Gemeinschaft mit ihm.

er sagte: Zitat aus 1. Mose/Genesis 22,17.

Hohepriester: Er leitete am großen Versöhnungstag im Tempel in Jerusalem den Gottesdienst, in dem die Sünden beseitigt werden, die trennend zwischen Gott und den Menschen stehen. Indem Jesus Christus am Kreuz für die Sünden der Menschen gestorben ist, übernimmt er diese Rolle.

seinem Sieg über die Könige zurückkehrte, und segnete ihn. 2 Abra-
ham gab ihm den zehnten Teil von allem als seinen Anteil. Der Name
»Melchisedek« bedeutet zum einen »König der Gerechtigkeit«. Zum
andern bedeutet er aber auch »König von Salem«, das heißt: »König
des Friedens«. 3 Er ist ohne Vater, ohne Mutter und ohne Stamm-
baum. Sein Leben hat weder einen Anfang noch ein Ende. So gleicht
er dem Sohn Gottes und bleibt Priester für immer.

Melchisedek steht über Abraham und den Priestern nach ihm

4 Beachtet doch, wie bedeutend Melchisedek ist: Abraham, der
Stammvater Israels, gab ihm den zehnten Teil der Beute. 5 Zwar ha-
ben auch die Nachkommen von Levi, denen das Priesteramt übertra-
gen wurde, dieses Gebot: Nach dem Gesetz nehmen sie den zehnten
Teil vom Volk – das heißt von ihren Brüdern und Schwestern, obwohl
diese wie sie selbst von Abraham abstammen. 6 Melchisedek dagegen
stammte nicht von ihnen ab, dennoch nahm er von Abraham den
zehnten Teil. Außerdem segnete er ihn. Dabei war es doch Abraham,
der Gottes Versprechen bekommen hatte. 7 Es ist aber unbestritten,
dass der Niedrigere vom Höhergestellten gesegnet wird. 8 Im ers-
ten Fall sind es sterbliche Menschen, die den zehnten Teil nehmen.
Im zweiten Fall ist es dagegen einer, von dem bezeugt wird, dass er
für immer lebt. 9 Als von Abraham der zehnte Teil gefordert wurde,
wurde er damit schon von Levi gefordert – also von dem, der sonst
den zehnten Teil bekommt. 10 Denn weil er von Abraham abstammt,
war Levi sozusagen bereits mit anwesend, als Melchisedek diesem
entgegenging.

Das Priestertum der Nachkommen von Levi wird abgelöst

11 Nehmen wir an, die Vollendung wäre bereits erreicht durch die
Priester, die Nachkommen von Levi sind. Auf dieser Grundlage be-
ruht ja das Gesetz, das das Volk erhalten hat. Wozu wäre es dann noch
nötig, einen anderen Priester einzusetzen – einen, wie Melchisedek
es war? Man hätte doch einen Priester nach der Art Aarons benen-
nen können. 12 Wenn aber das Priestertum verändert wird, ist es nö-
tig, auch das Gesetz zu verändern. 13 Tatsächlich gehört der, von dem
hier die Rede ist, zu einem anderen Stamm. Aus diesem Stamm hat
noch nie jemand den Dienst am Altar verrichtet. 14 Es ist ja bekannt,
dass unser Herr aus dem Stamm Juda hervorgegangen ist. Und über
Priester aus diesem Stamm hat Mose nichts gesagt. 15 Noch viel offen-
sichtlicher ist das Ganze, wenn ein anderer Priester eingesetzt wird,
der mit Melchisedek vergleichbar ist. 16 Er ist es nicht aufgrund des
Gesetzes geworden, das die leibliche Abstammung der Priester vor-
schreibt. Er ist es vielmehr deshalb geworden, weil er die Kraft des
unzerstörbaren Lebens hat. 17 Die Heilige Schrift bezeugt über ihn:
»Du bist Priester für alle Zeit, wie Melchisedek es war.« 18 Das frühere
Gebot wird außer Kraft gesetzt, weil es schwach und nutzlos war.
19 Denn das Gesetz hat in keiner Weise die Vollendung gebracht. An

Sieg über die Könige: Von Abrahams Sieg über die Könige erzählt 1. Mose/Genesis 14.

Segen, segnen: Wer einen anderen Menschen segnet, bittet Gott, dem Gesegneten Kraft, Leben und Wohlergehen zu schenken.

Levi: Einer der Stämme Israels. Seine Nachkommen waren als Priester und Leviten verantwortlich für den Gottesdienst im Tempel in Jerusalem.

Gesetz: Die Lebensvorschriften des Alten Testaments, besonders die fünf Bücher Mose.

Vollendung: Meint die Vergebung der Sünden, die den Menschen den Zugang zu Gott eröffnet.

Melchisedek: Der hebräische Name bedeutet »König der Gerechtigkeit«. Nach 1. Mose/Genesis 14,18-20 war er zur Zeit Abrahams König von Salem, dem späteren Jerusalem.

Aaron: Bruder von Mose und erster Hohepriester Israels. Er gilt in der Bibel als Stammvater der Priester.

Stämme Israels: Israel versteht sich als Verband von zwölf Stämmen, die auf die Nachkommen der Söhne Jakobs zurückgehen.

die Heilige Schrift bezeugt: Zitat aus der griechischen Übersetzung von Psalm 110,4.

seiner Stelle wird eine bessere Hoffnung eingeführt, durch die wir
Gott nahekommen können.

Das unvergängliche Priestertum von Gottes Sohn

20 Diese bessere Hoffnung wird nicht ohne Eid eingeführt. – Die
Nachkommen von Levi sind ja Priester geworden, ohne dass Gott
einen Eid geschworen hat. – 21 Dagegen wurde der neue Priester mit
einem Eid in sein Amt eingesetzt. Gott hat ihn abgelegt, als er zu ihm
sagte: »Der Herr hat es geschworen. Seine Zusage wird er nicht be-
reuen: Du bist Priester für alle Zeit.« 22 Insofern ist Jesus Bürge eines
besseren Bundes geworden.

23 Bei den Nachkommen von Levi folgten viele Priester aufeinan-
der. Denn sie wurden durch den Tod gehindert zu bleiben. 24 Jesus da-
gegen bleibt für alle Zeit. Deshalb ist sein Priesteramt unvergänglich.
25 Daher kann er auch allen, die durch ihn vor Gott treten, die vollstän-
dige Rettung bringen. Denn er lebt für immer und tritt bei Gott für
sie ein.

Der Hohepriester Jesus ist ohne Sünde

26 Das ist ein Hohepriester, wie wir ihn brauchen: heilig, unschuldig,
rein, getrennt von Sündern und höher erhoben als der Himmel. 27 Er
hat es nicht nötig, wie die anderen Hohepriester Tag für Tag Opfer
darzubringen – zuerst für seine eigenen Sünden, dann für die Sünden
des Volkes: Das hat er nämlich ein für alle Mal getan, als er sich selbst
als Opfer darbrachte. 28 Das Gesetz setzt Menschen als Hohepriester
ein, die der Schwachheit unterworfen sind. Aber das Wort des Eides,
den Gott abgelegt hat, setzt den Sohn ein – und zwar nachdem das
Gesetz gegeben worden war. Und der Sohn ist für immer vollendet.

Der himmlische Priesterdienst

8 1 Bei dem Gesagten kommt es vor allem auf eines an: Wir haben
einen Hohepriester, der sich an die rechte Seite Gottes gesetzt
hat. Er sitzt auf dem Thron der göttlichen Majestät in den Himmels-
höhen. 2 Dort verrichtet er den Priesterdienst im Heiligtum – in dem
Zelt der Begegnung, das der Herr errichtet hat und nicht ein Mensch.
3 Jeder Hohepriester wird eingesetzt, um Gaben und Opfer dar-
zubringen. Daher muss auch unser Hohepriester etwas haben, das
er darbringen kann. 4 Wenn er nun auf der Erde wäre, dann könnte
er gar kein Priester sein. Denn hier gibt es bereits Priester, die Opfer
darbringen, wie das Gesetz es verlangt. 5 Dabei dienen sie einer Nach-
bildung und einem Schatten der himmlischen Gegebenheiten. Denn
als Mose daranging, das Zelt der Begegnung zu errichten, erhielt er
eine Anweisung von Gott. Der sagte zu ihm: »Achte darauf, dass du
alles nach dem Vorbild anfertigst, das ich dir auf dem Berg gezeigt
habe.« 6 Nun hat unser Hohepriester aber ein weit höheres Priester-
amt angetreten. Er ist auch der Vermittler eines besseren Bundes, der
auf der Grundlage besserer Zusagen geschlossen wurde.

besserer Bund: Besteht darin, dass Christus den Menschen die endgültige Vergebung der Sünden gebracht und ihnen so den Zugang zu Gott eröffnet hat.

Hohepriester: Er leitete am großen Versöhnungstag im Tempel in Jerusalem den Gottesdienst, in dem die Sünden beseitigt werden, die trennend zwischen Gott und den Menschen stehen. Indem Jesus Christus am Kreuz für die Sünden der Menschen gestorben ist, übernimmt er diese Rolle.

Sünder: Menschen, die sich von Gott abgewendet haben und seinen Willen missachten. Um die Sünden, die trennend zwischen ihnen und Gott stehen, wegnehmen zu können, muss der Hohepriester selbst frei von Sünden sein.

sich als Opfer darbringen: Durch seinen Tod am Kreuz hat Jesus Christus den Menschen die Vergebung der Sünden und die Versöhnung mit Gott gebracht. Er ist sowohl Hohepriester, der das Opfer darbringt, als auch das Opfer, das Versöhnung schafft.

Zelt der Begegnung: Transportables Zeltheiligtum der Israeliten in der Zeit, als sie durch die Wüste ziehen und bis zum Bau des Tempels in Jerusalem.

Der neue Bund

7 Wäre der erste Bund fehlerlos gewesen, hätte kein zweiter geschlos-
sen werden müssen. 8 Aber Gott tadelte sein Volk, als er sagte: »›Es
kommen Tage‹, spricht der Herr, ›da werde ich einen neuen Bund
schließen – mit dem Volk von Israel und dem Volk von Juda. 9 Er wird
nicht so sein wie der Bund, den ich mit ihren Vorfahren geschlossen
habe. Das war an dem Tag, als ich sie an der Hand nahm. Denn ich
wollte sie aus dem Land Ägypten herausführen. Doch sie haben nicht
an meinem Bund festgehalten. Und ich habe mich nicht mehr um sie
gekümmert‹, spricht der Herr. 10 ›Und das ist der Bund, den ich nach
diesen Tagen mit dem Volk von Israel schließen werde‹, spricht der
Herr: ›Ich lege mein Gesetz in ihren Sinn und werde es in ihre Her-
zen schreiben. Ich werde ihr Gott sein, und sie werden mein Volk
sein. 11 Niemand wird mehr seinen Mitbürger belehren oder zu sei-
nem Bruder oder seiner Schwester sagen: Lerne den Herrn kennen!
Denn sie alle werden mich kennen, vom Kleinsten bis zum Größten.
12 Dann werde ich gnädig umgehen mit ihrem Unrecht. An ihre Sün-
den werde ich nicht mehr denken.‹« 13 Wenn Gott von einem neuen
Bund spricht, erklärt er damit zugleich den ersten Bund für veraltet.
Was aber alt wird und betagt ist, das wird bald verschwinden.

Der Gottesdienst im ersten Bund

9 1 Nun gibt es auch im ersten Bund Vorschriften für den Gottes-
dienst und das Heiligtum hier auf der Erde. 2 Es wurde ein Zelt
eingerichtet. Im vorderen Teil befinden sich der Leuchter und der
Tisch mit den Schaubroten. Diesen Teil nennt man das »Heiligtum«.
3 Hinter einem zweiten Vorhang liegt der Teil des Zeltes, den man das
»Allerheiligste« nennt. 4 Dort befinden sich der goldene Räucheraltar
und die Bundeslade, die ringsum mit Gold überzogen ist. Sie enthält
das goldene Gefäß, in dem das Manna aufbewahrt wird. Außerdem
liegen in ihr der Stab Aarons, der wieder Blätter bekommen hat, und
die Tafeln mit den Geboten. 5 Über der Bundeslade befinden sich die
Kerubim – als Zeichen für die Gegenwart der Herrlichkeit Gottes. Sie
breiten ihre Flügel aus über dem Ort der Versöhnung. Aber davon
soll jetzt nicht im Einzelnen die Rede sein.
6 So ist also das Zelt der Begegnung eingerichtet. Den vorderen Teil
des Zeltes betreten die Priester, um dort jeden Tag ihren Dienst zu
tun. 7 Den hinteren Teil dagegen betritt allein der Hohepriester und
nur ein einziges Mal im Jahr. Er betritt ihn nicht ohne das Blut, das
er darbringt – für sich selbst und für die Sünden, die das Volk unwis-
sentlich auf sich geladen hat. 8 Damit macht der Heilige Geist deut-
lich: Der Weg zum himmlischen Heiligtum steht noch nicht offen.
Das gilt, solange der vordere Teil des Zeltes bestehen bleibt. 9 Das
ist ein Sinnbild für die gegenwärtige Zeit: Es werden zwar Gaben
und Opfer dargebracht. Aber die können das Gewissen desjenigen,
der Gott damit dient, nicht vollständig rein machen. 10 Es geht dabei
nur um Speisen und Getränke und verschiedene Waschungen. Das

erster Bund: Meint den Bund, den Gott mit seinem Volk am Berg Sinai geschlossen hat; vgl. 2. Mose/Exodus 19–24. Damit verbunden sind Anweisungen zum Bau des Heiligtums für Gott und Anweisungen zum Dienst der Priester, vgl. 2. Mose/Exodus 25–40 und 3. Mose/Levitikus.

neuer Bund: Besteht darin, dass Jesus Christus den Menschen die endgültige Vergebung der Sünden gebracht und ihnen so den Zugang zu Gott eröffnet hat.

Kerubim: Himmlische Wesen mit einem menschlichen Gesicht, Flügeln und einem Löwenkörper. Ihre Abbilder im Heiligtum tragen den Thron Gottes.

Ort der Versöhnung: Der griechische Ausdruck bezeichnet ursprünglich die Deckplatte der Bundeslade, die im Allerheiligsten des Tempels stand. Beim Gottesdienst am Versöhnungstag wurde das Blut eines Opfertieres auf die Deckplatte gesprengt. Mit dieser religiösen Handlung wurden Sünde und Schuld aufgehoben und die Gemeinschaft zwischen Gott und Mensch wiederhergestellt, vgl. 3. Mose/Levitikus 16,11-17.

Zelt der Begegnung: Transportables Zeltheiligtum der Israeliten in der Zeit, als sie durch die Wüste ziehen und bis zum Bau des Tempels in Jerusalem.

sind lauter weltliche Vorschriften. Sie gelten bis zu der Zeit, wenn die
himmlische Ordnung in Kraft tritt.

Der Gottesdienst im neuen Bund

11 Christus aber ist als Hohepriester gekommen und hat uns ge-
bracht, was uns wirklich rettet. Sein Weg führte ihn durch ein ande-
res Zelt der Begegnung hindurch, das größer und vollkommener ist.
Denn es ist nicht von Menschenhand gemacht, gehört also nicht zu
dieser Schöpfung. 12 Christus brachte nicht das Blut von Ziegenbö-
cken und Kälbern als Opfer dar, sondern sein eigenes Blut. So ist er
ein für alle Mal in das Heiligtum eingetreten und hat die ewige Er-
lösung erwirkt.
13 Wenn Menschen unrein geworden sind, genügt es, sie mit Blut
von Böcken oder Stieren zu besprengen – oder mit der in Wasser auf-
gelösten Asche einer Kuh. So wird ihr Leib wieder rein, und sie sind
heilig. 14 Wie viel mehr bewirkt dann das Blut von Christus! Geführt
vom ewigen Geist Gottes, hat er sich selbst als makelloses Opfer für
Gott dargebracht. So reinigt sein Blut unser Gewissen von den Wer-
ken, die zum Tod führen. Dann sind wir dafür bereit, dem lebendigen
Gott zu dienen.

Der neue Bund wird wirksam durch den Tod und das Blut von Jesus

15 Deshalb ist Jesus auch der Vermittler eines neuen Bundes. Sein Tod
hat die Erlösung von den Übertretungen aus der Zeit des ersten Bun-
des bewirkt. Dadurch können alle, die berufen sind, das versprochene
ewige Erbe erhalten.
16 Soll ein Testament in Kraft treten, muss der Tod dessen nachge-
wiesen werden, der es aufgesetzt hat. 17 Denn ein Testament wird erst
nach dem Tod wirksam. Solange der lebt, der es verfasst hat, hat es
keine Bedeutung.
18 Deshalb wurde auch der erste Bund nicht ohne Blut in Kraft
gesetzt: 19 Zunächst verkündete Mose dem ganzen Volk alle Gebo-
te, wie sie im Gesetz festgelegt sind. Dann nahm er das Blut von
Kälbern und Ziegenböcken und vermischte es mit Wasser. Er gab
karmesinrote Wolle und Ysop dazu. Damit besprengte er sowohl
das Buch des Bundes als auch das ganze Volk. 20 Dabei sagte er: »Mit
diesem Blut wird der Bund besiegelt, den Gott mit euch geschlossen
hat.« 21 Ebenso besprengte Mose das Zelt der Begegnung und alle
Geräte für den Gottesdienst mit Blut. 22 Nach dem Gesetz wird fast
alles mit Blut gereinigt. Und ohne Ausgießen von Blut gibt es keine
Vergebung.

Christus ist das einmalige und endgültige Opfer

23 Die Nachbildungen dessen, was im Himmel ist, müssen also durch
das Blut von Tieren gereinigt werden. Aber für die himmlischen Ge-
gebenheiten sind bessere Opfer nötig.
24 Christus ging ja nicht in ein von Menschenhand errichtetes

sein eigenes Blut: Aus Liebe zu den Menschen ist Jesus Christus am Kreuz gestorben. Sein Tod bringt den Menschen Versöhnung mit Gott und erinnert so an die Opfer im Tempel, durch die Menschen die Versöhnung mit Gott suchen.

Asche einer Kuh: In 4. Mose/Numeri 19 finden sich Anweisungen für die Herstellung eines Wassers mit der Asche einer roten Kuh. Es reinigt Menschen und Dinge von Unreinheit, sodass sie in Gottes Nähe kommen können.

Erbe: Ursprünglich der Anteil der Israeliten an dem Land, das Gott ihnen gibt. Im Neuen Testament bedeutet es ein Leben im Reich Gottes, in unmittelbarer Gemeinschaft mit ihm.

Testament: Das griechische Wort bedeutet sowohl »Testament« als auch »Bund«.

Ysop: 70 cm hoher Strauch mit kleinen runden, grau behaarten Blättern.

sagte er: Zitat aus 2. Mose/Exodus 24,8.

Reinigung, sich reinigen: Religiöse Handlung, mit der Menschen und Dinge dafür vorbereitet werden, in der Nähe Gottes zu sein.

Nachbildungen: Das Heiligtum auf der Erde wird als Abbild des Heiligtums im Himmel verstanden, das Gottes Wohnsitz ist.

Abbild des himmlischen Heiligtums. Er ging vielmehr in den Him-
mel selbst, um dort vor Gott für uns einzutreten. 25 Er ist auch nicht
hineingegangen, um sich selbst immer wieder als Opfer darzubrin-
gen – so wie es der Hohepriester macht, wenn er jedes Jahr mit frem-
dem Blut in das Heiligtum hineingeht. 26 Sonst hätte Christus seit der
Erschaffung der Welt immer wieder leiden müssen. Nein, jetzt, am
Ende der Zeiten, ist er ein einziges Mal erschienen. Und durch sein
Opfer hat er die Sünde aufgehoben.
27 Bei den Menschen ist es ja ähnlich: Sie müssen nur einmal ster-
ben und kommen dann vor das Gericht. 28 Genauso wurde auch
Christus nur einmal als Opfer dargebracht, um die Sünden der vie-
len wegzunehmen. Wenn er das zweite Mal erscheint, geht es nicht
noch einmal um die Sünde. Das geschieht vielmehr, um alle zu retten,
die auf ihn warten.

Die Sünden sind endgültig vergeben

10 1 Das Gesetz lässt nur einen Schatten dessen erkennen, was
uns rettet, nicht die eigentliche Gestalt der Dinge. Deshalb
kann es die Menschen, die vor Gott treten, niemals vollendet ma-
chen – auch dann nicht, wenn sie Jahr für Jahr die immer gleichen
Opfer darbringen. 2 Hätte man sonst nicht schon längst aufgehört,
Opfer darzubringen? Dann wären doch diejenigen, die Gott so die-
nen, ein für alle Mal rein geworden. Und ihr Gewissen wäre nicht
mehr von Sünden belastet. 3 Aber durch diese Opfer wird Jahr für
Jahr an die Sünden erinnert. 4 Denn es ist unmöglich, Sünden weg-
zunehmen durch das Blut von Stieren und Ziegenböcken. 5 Deshalb
sagt Jesus, als er in diese Welt kommt: »Opfer und Gaben wolltest du
nicht. Aber du hast mir einen Leib gegeben. 6 An Brandopfern und
Sündopfern hattest du keine Freude. 7 Da sagte ich: ›Sieh doch! Ich
komme, um zu tun, was du, Gott, willst. So steht es in der Schriftrolle
über mich.‹« 8 Zuerst sagt er also: »Opfer und Gaben, Brandopfer und
Sündopfer wolltest du nicht. An ihnen hattest du keine Freude.« Da-
bei werden diese Opfer doch dem Gesetz entsprechend dargebracht.
9 Dann sagte er noch: »Sieh doch! Ich komme, um zu tun, was du
willst.« So hebt Jesus Christus das Erste auf, um das Zweite in Kraft
zu setzen. 10 Durch die Erfüllung von Gottes Willen sind wir ein für
alle Mal heilig gemacht worden – dadurch, dass Jesus Christus seinen
Leib als Opfergabe dargebracht hat.
11 Jeder Priester steht Tag für Tag da und verrichtet seinen Dienst.
Er bringt immer wieder die gleichen Opfer dar, die doch niemals die
Sünden beseitigen können. 12 Jesus Christus dagegen hat ein einziges
Opfer für alle Sünden dargebracht. Danach hat er sich für immer an
die rechte Seite Gottes gesetzt. 13 Seitdem wartet er, bis seine Feinde
unterworfen sind und zum Schemel für seine Füße gemacht wer-
den. 14 Er hat nur dieses einzige Opfer dargebracht. Aber dadurch hat
er alle, die heilig werden sollen, für immer zur Vollendung geführt.
15 Dafür ist auch der Heilige Geist unser Zeuge. Nachdem er gesagt

Hohepriester: Er leitete am großen Versöhnungstag im Tempel in Jerusalem den Gottesdienst, in dem die Sünden beseitigt werden, die trennend zwischen Gott und den Menschen stehen. Indem Jesus Christus am Kreuz für die Sünden der Menschen gestorben ist, übernimmt er diese Rolle.

sein Opfer: Aus Liebe zu den Menschen ist Jesus Christus am Kreuz gestorben. Sein Tod bringt den Menschen Versöhnung mit Gott und erinnert so an die Opfer im Tempel, durch die Menschen die Versöhnung mit Gott suchen.

vollenden: Bedeutet, dass den Menschen die Sünden vergeben sind und der Zugang zu Gott eröffnet ist.

sagt Jesus: Jesus werden Worte aus der griechischen Übersetzung von Psalm 40,7-9 in den Mund gelegt.

das Erste: Meint den Bund, den Gott mit seinem Volk am Berg Sinai geschlossen hat; vgl. 2. Mose/Exodus 19–24.

das Zweite: Meint den neuen Bund, den Gott durch Jesus Christus mit den Menschen schließt. Er besteht darin, dass Jesus Christus den Menschen die endgültige Vergebung der Sünden gebracht und ihnen so den Zugang zu Gott eröffnet hat.

hat: 16 »›Das ist der Bund, den ich nach diesen Tagen mit ihnen schlie-
ßen werde‹, spricht der Herr: ›Ich werde mein Gesetz in ihre Herzen
legen und sie in ihren Sinn schreiben.‹« 17 Und weiter: »An ihre Schuld
und ihre Gesetzlosigkeit werde ich nicht mehr denken.« 18 Wenn die
Sünden vergeben sind, ist kein Sündopfer mehr nötig.

Die Bewährung im Glauben 10,19–13,25

Festhalten an der Hoffnung

19 Brüder und Schwestern! Durch das Blut, das Jesus als Opfer dar-
gebracht hat, haben wir freien Zugang zum Heiligtum. 20 Er hat uns
einen neuen Weg eröffnet, der zum Leben führt. Dieser Weg führt
durch den Vorhang hindurch – und zwar dadurch, dass er Mensch
geworden ist. 21 So haben wir einen Hohepriester, der über das Haus
Gottes gestellt ist.

22 Wir wollen also vor Gott treten mit aufrichtigem Herzen und
voller Glaubensgewissheit. Denn unsere Herzen sind besprengt
worden mit dem Blut von Jesus. So wurde unser Gewissen rein von
der Schuld, die es belastet. Und unser Leib wurde in reinem Wasser
gebadet. 23 Wir wollen unbeirrt an der Hoffnung festhalten, zu der
wir uns bekennen. Denn Gott, auf dessen Versprechen sie beruht, ist
treu. 24 Und wir wollen uns umeinander kümmern und uns gegensei-
tig zur Liebe und zu guten Taten anspornen. 25 Auch sollen wir un-
sere Gemeindeversammlungen nicht verlassen, wie es manchen zur
Gewohnheit geworden ist. Vielmehr sollen wir uns gegenseitig Mut
machen. Und das umso mehr, als ihr doch seht, dass der Tag nahe ist.

Nicht erneut Schuld auf sich laden

26 Wir haben die Erkenntnis der Wahrheit schon empfangen. Wenn
wir jetzt vorsätzlich neue Schuld auf uns laden, dann ist für diese
Schuld kein Opfer mehr möglich. 27 Dann gibt es nur noch ein furcht-
bares Warten auf das Gericht: das lodernde Feuer, das die Gegner
Gottes verzehren wird.

28 Schon wenn jemand das Gesetz des Mose missachtet, muss er
ohne Erbarmen sterben – auf die Aussage von zwei oder drei Zeugen
hin. 29 Was meint ihr: Wie viel härter wird die Strafe sein, die verdient,
wer den Sohn Gottes mit Füßen tritt? Oder wer das Blut des Bundes
verachtet, durch das er heilig wurde – und dadurch den Geist Gottes
beleidigt, dem er die Gnade verdankt? 30 Wir kennen doch den, der
gesagt hat: »Die Rache ist meine Sache, ich werde Vergeltung üben!«
Und weiter: »Der Herr wird über sein Volk Gericht halten.« 31 Ja, es ist
schrecklich, dem lebendigen Gott in die Hände zu fallen!

Erinnerung an die Anfangszeit

32 Erinnert euch an die früheren Tage, als ihr vom Licht erfüllt wor-
den seid. Damals seid ihr in einem harten Leidenskampf standhaft

Haus Gottes: In Hebräer 3,6 ist das Haus Gottes die Gemeinde, über der Christus als Hohepriester steht.

sind besprengt worden: Das Besprengen des Altars mit Blut gehört zu den Handlungen, die der Hohepriester am großen Versöhnungstag vollzieht, um das Volk von der Sünde zu befreien, die trennend zwischen Volk und Gott steht; vgl. 3. Mose/Levitikus 16,11-28.

in reinem Wasser gebadet: Bild für die Taufe, die zeichenhaft für das Abwaschen von Schuld und Sünde steht.

***der* Tag:** Meint den Tag des Gerichts, an dem Christus wiederkommt und im Namen Gottes als Richter ein Urteil über die Welt fällt.

Wahrheit: Meint die Versöhnung mit Gott, die den Menschen durch Tod und Auferstehung von Jesus Christus geschenkt ist.

Blut des Bundes: Durch seinen Tod am Kreuz begründet Jesus Christus einen Bund zwischen Gott und den Menschen, der den Menschen die endgültige Vergebung der Sünden bringt und den Zugang zu Gott eröffnet.

vom Licht erfüllt: Meint die Bekehrung zum Glauben an Jesus Christus, durch den die Menschen aus der Dunkelheit der Gottesferne befreit werden.

geblieben. 33 Die einen wurden öffentlich zur Schau gestellt, indem man sie beschimpft und misshandelt hat. Die anderen standen denen zur Seite, denen es so erging. 34 Ihr habt mit den Gefangenen gelitten. Und wenn man euch euren Besitz geraubt hat, habt ihr das mit Freude ertragen. Denn ihr wisst, dass ihr ein besseres und unverlierbares Vermögen habt.

35 Werft also eure Zuversicht nicht weg! Sie wird reich belohnt werden. 36 Was ihr jetzt braucht, ist Geduld. Tut, was Gott will – dann werdet ihr erhalten, was er versprochen hat: 37 »Nur noch eine kurze, ganz kurze Zeit. Dann wird der auftreten, der kommen soll. Und er wird nicht auf sich warten lassen. 38 Aber mein Gerechter wird aufgrund seines Glaubens das Leben erlangen. Wenn er sich jedoch von mir abwendet, habe ich keinen Gefallen an ihm.« 39 Wir gehören aber nicht zu denen, die zurückschrecken und damit in ihr Verderben rennen. Sondern wir gehören zu denen, die glauben und dadurch das ewige Leben gewinnen.

Beispiele des Glaubens aus der Geschichte

11 1 Der Glaube ist ein Festhalten an dem, worauf man hofft – ein Überzeugtsein von Dingen, die nicht sichtbar sind. 2 Aufgrund ihres Glaubens hat Gott den Alten das gute Zeugnis ausgestellt. 3 Aufgrund unseres Glaubens erkennen wir, dass die ganze Welt durch Gottes Wort geschaffen wurde. Das Sichtbare ist also aus dem hervorgegangen, was man nicht sieht.

4 Aufgrund seines Glaubens brachte Abel Gott ein besseres Opfer dar als Kain. Aufgrund seines Glaubens hat Gott ihm das Zeugnis ausgestellt, gerecht zu sein. Er hat es bezeugt, indem er Abels Gaben angenommen hat. Und aufgrund seines Glaubens spricht Abel noch heute, obwohl er längst gestorben ist.

5 Aufgrund seines Glaubens ist Henoch von der Erde weggenommen worden, sodass er nicht sterben musste. Niemand konnte ihn finden, weil Gott ihn weggenommen hatte. Bevor das geschah, hat Gott ihm schon das Zeugnis ausgestellt, dass er Gefallen an ihm gefunden hat. 6 Wer nicht glaubt, für den ist es unmöglich, dass Gott an ihm Gefallen findet. Denn wer zu Gott kommen will, muss glauben, dass es ihn gibt – und dass er die Menschen belohnt, die ihn suchen.

7 Aufgrund seines Glaubens baute Noah eine Arche, um seine Familie zu retten. Gott hatte ihm ja eine Warnung zukommen lassen vor dem, was noch gar nicht zu sehen war. Und Noah gehorchte voller Ehrfurcht vor Gott. Durch seinen Glauben sprach Noah das Urteil über die Welt. Und er wurde ein Erbe der Gerechtigkeit, die aus dem Glauben kommt.

8 Aufgrund seines Glaubens gehorchte Abraham, als Gott ihn rief. Er brach auf zu einem Ort, den er als Erbe bekommen sollte. Und er zog fort, ohne zu wissen, wohin er kommen würde. 9 Aufgrund seines Glaubens lebte er als Fremder in dem Land, das Gott ihm versprochen hatte – ein Land, das ihm fremd war. Er wohnte in Zelten mit

der kommen soll: Meint Jesus Christus. Wenn er am Ende der Zeit wiederkommt, hält Gott Gericht und sein Reich bricht endgültig an.

Gerechte: Menschen, die Gottes Gebote befolgen, sodass das Leben in Gemeinschaft miteinander gelingt.

ewiges Leben: Leben im Reich Gottes und in unmittelbarer Gemeinschaft mit Gott nach der Auferstehung vom Tod.

den Alten das gute Zeugnis ausgestellt: Gemeint sind die Vorfahren aus dem Volk Israel, an deren vorbildlichem Leben sich die Gemeinde ein Beispiel nehmen soll.

Abel spricht noch heute: 1. Mose/Genesis 4,10 erzählt, dass das Blut des getöteten Abel zu Gott schreit, um Gerechtigkeit zu erlangen. Das weist darauf hin, dass der Glaube die Kraft hat, den Tod zu überwinden.

Henoch: Neben Elija die einzige Person im Alten Testament, die nicht stirbt; vgl. 1. Mose/Genesis 5,24.

Noah: Wurde von Gott vor dem Untergang in der »Sintflut« gerettet, vgl. 1. Mose/Genesis 6,5–9,29.

Abraham: Stammvater des Volkes Israel und Vorfahre von Isaak und Jakob. Ihre Geschichte wird in 1. Mose/Genesis 12–50 erzählt.

Isaak und Jakob, die Miterben derselben Verheißung waren. 10 Er wartete nämlich auf die Stadt, die auf festen Grundsteinen steht – die Stadt, die Gott selbst geplant und gegründet hat.

11 Aufgrund ihres Glaubens erhielt sogar Sara die Kraft, Mutter zu werden, obwohl sie keine Kinder bekommen konnte. Denn sie war schon zu alt. Aber sie hielt den für treu, der ihr das versprochen hatte. 12 Deshalb stammen von einem einzigen Mann so viele Nachkommen ab – noch dazu von einem, der schon zeugungsunfähig war. Sie wurden so zahlreich wie die Sterne am Himmel – wie der Sand am Meeresstrand, den man nicht zählen kann.

13 Sie alle sind im Glauben gestorben, ohne das empfangen zu haben, was Gott ihnen versprochen hatte. Aber sie haben es von ferne gesehen und willkommen geheißen. Und damit haben sie bekannt, auf der Erde nur Fremde und Gäste zu sein. 14 Wenn sie so etwas sagen, machen sie nämlich deutlich, dass sie eine Heimat suchen. 15 Und dabei haben sie sicher nicht an die Heimat gedacht, aus der sie einst fortgezogen waren. Denn sie hätten ja Zeit genug gehabt, dorthin zurückzukehren. 16 Nun streben sie aber nach einer besseren Heimat – nämlich nach der Heimat im Himmel. Deshalb schämt sich auch Gott nicht dafür, ihr Gott genannt zu werden. Denn er hat für sie die Stadt vorbereitet.

17 Aufgrund seines Glaubens brachte Abraham Isaak als Opfer dar, als er auf die Probe gestellt wurde. Er hat also seinen einzigen Sohn als Opfer dargebracht! Dabei hat ihm Gott doch das Versprechen gegeben 18 und zu ihm gesagt: »Die Nachkommen Isaaks sollen als deine Nachkommen gelten.« 19 Abraham rechnete damit, dass Gott auch Tote auferwecken kann. Daher hat er Isaak als ein Zeichen dafür auch lebendig zurückbekommen.

20 Aufgrund seines Glaubens gab Isaak Jakob und Esau seinen Segen – und zwar für etwas, das noch in der Zukunft lag.

21 Aufgrund seines Glaubens gab Jakob, bevor er starb, jedem einzelnen von Josefs Söhnen einen besonderen Segen. Über die Spitze seines Stabes hin beugte er sich betend vor Gott nieder.

22 Aufgrund seines Glaubens dachte Josef vor seinem Tod an den Auszug des Volkes Israel aus Ägypten. Und er gab sogar Anweisungen, was mit seinen Gebeinen geschehen sollte.

23 Aufgrund ihres Glaubens hielten die Eltern Mose nach seiner Geburt drei Monate lang versteckt. Denn sie sahen, dass er ein schönes Kind war. Und sie fürchteten den Befehl des Pharao nicht.

24 Aufgrund seines Glaubens lehnte Mose es als Erwachsener ab, »Sohn der Tochter Pharaos« genannt zu werden. 25 Er zog es vor, zusammen mit dem Volk Gottes misshandelt zu werden – anstatt für kurze Zeit das Leben am Hof zu genießen und damit Schuld auf sich zu laden. 26 Mose setzte sich derselben Schande aus, die auch Christus auf sich nahm. Doch er hielt sie für einen größeren Reichtum als alle Schätze Ägyptens. Denn er hatte die künftige Belohnung im Blick.

27 Aufgrund seines Glaubens verließ er Ägypten. Dabei fürchtete er

die Stadt: Meint das himmlische Jerusalem als Bild für die neue Welt, in der alle Bereiche des Lebens durch die Gegenwart Gottes grundlegend verwandelt sind.

Sara: Frau von Abraham und Mutter von Isaak, vgl. 1. Mose/Genesis 12–23.

auf die Probe gestellt: 1. Mose/Genesis 22 erzählt, dass Gott Abraham den Auftrag gibt, seinen Sohn Isaak als Opfer darzubringen. Für den Hebräerbrief gilt dieses Opfer als vollzogen. Dass 1. Mose/Genesis später wieder von Isaak erzählt, wird als Hinweis auf seine Auferstehung von den Toten gedeutet.

Mose: 2. Mose/Exodus 1,15-22 erzählt, dass der Pharao den Befehl erteilt, alle männlichen Neugeborenen der Israeliten zu töten.

Schuld auf sich laden: Als Mitglied der Familie des Pharao hätte Mose sich von Gott lossagen und die Götter Ägyptens anbeten müssen.

dieselbe Schande: Mose verließ die Königsfamilie, kehrte zu seinem Volk zurück und befreite es im Auftrag Gottes aus der Sklaverei in Ägypten. Ähnlich verließ Christus, der Sohn Gottes, den Himmel, um die Menschen von der Sünde zu befreien, die sie von Gott trennt.

den Zorn des Königs nicht. Denn er hielt standhaft aus, als könnte er
Gott sehen, der doch unsichtbar ist.
28 Aufgrund seines Glaubens feierte Mose das Passamahl und ließ
die Türpfosten mit Blut besprengen. So konnte der Vollstrecker den
erstgeborenen Kindern nichts anhaben.
29 Aufgrund seines Glaubens zog das Volk durch das Rote Meer
wie über trockenes Land. Die Ägypter versuchten das auch und
ertranken.
30 Aufgrund des Glaubens stürzten die Mauern von Jericho ein –
nachdem das Volk Israel sieben Tage lang um sie herumgezogen war.
31 Aufgrund ihres Glaubens kam die Hure Rahab nicht zusammen
mit denen um, die sich Gott widersetzten. Denn sie hatte die Kund-
schafter in Frieden bei sich aufgenommen.
32 Was soll ich noch sagen? Mir fehlt die Zeit, auch noch von Gi-
deon, Barak, Simson, Jiftach, David oder Samuel zu erzählen – oder
gar von den Propheten. 33 Aufgrund ihres Glaubens haben sie König-
reiche besiegt. Sie haben Gerechtigkeit geübt und erfahren, dass Gott
seine Versprechen erfüllt. Löwen haben sie den Rachen gestopft
34 und gewaltiges Feuer gelöscht. Sie sind der Klinge des Schwertes
entkommen. Wenn sie schwach waren, schenkte Gott ihnen Kraft.
Sie wurden stark im Kampf und schlugen feindliche Heere in die
Flucht.
35 Frauen bekamen ihre Toten als Auferstandene zurück. Andere
ließen sich zu Tode foltern, ohne die angebotene Freilassung an-
zunehmen. Denn sie wollten etwas Besseres erlangen: die Aufer-
stehung. 36 Wieder andere mussten Spott und Peitschenhiebe über
sich ergehen lassen, ja sogar Fesseln und Gefängnis. 37 Sie wurden
gesteinigt, zersägt und mit dem Schwert hingerichtet. Sie zogen in
Schaf- und Ziegenfelle gekleidet umher – Not leidend, verfolgt und
misshandelt. 38 Sie irrten durch Wüsten und Berge, durch die Höhlen
und Schluchten des Landes. Dabei war die Welt es nicht wert, dass
sie in ihr lebten.
39 Aufgrund ihres Glaubens hat Gott ihnen allen ein gutes Zeugnis
ausgestellt. Aber sie haben nicht empfangen, was Gott ihnen ver-
sprochen hatte. 40 Denn Gott hat für uns etwas Besseres vorgesehen.
Deshalb sollten sie nicht ohne uns zur Vollendung gelangen.

Den Blick auf Jesus richten

12 1 Wir sind also von einer großen Menge von Zeugen wie von
einer Wolke umgeben. Darum lasst uns alle Last abwerfen,
besonders die der Sünde, in die wir uns so leicht verstricken. Dann
können wir mit Ausdauer in den Kampf ziehen, der vor uns liegt.
2 Dabei wollen wir den Blick auf Jesus richten. Er ist uns im Glauben
vorausgegangen und wird ihn auch zur Vollendung führen. Er hat
das Kreuz auf sich genommen und der Schande keine Beachtung
geschenkt. Dies tat er wegen der großen Freude, die vor ihm lag: Er
sitzt auf der rechten Seite von Gottes Thron. 3 Denkt doch nur daran,

Vollstrecker: Vollzieht im Namen Gottes die Strafe an den Ägyptern, die das Volk Israel nicht ziehen lassen wollen; vgl. 2. Mose/Exodus 12,21-33.

Rotes Meer: Meint das Schilfmeer. Beim Auszug aus Ägypten rettete Gott sein Volk dort vor den Ägyptern, vgl. 2. Mose/Exodus 13,17–15,21.

Mauern von Jericho: Von der Eroberung der Stadt Jericho erzählt Josua 6.

Rahab: Prostituierte, die den Israeliten bei der Eroberung Jerichos half; vgl. Josua 2.

angebotene Freilassung: Dafür hätten sie sich von Gott lossagen müssen.

Auferstehung: Meint die Auferweckung vom Tod und das ewige Leben im Reich Gottes.

Glaube, glauben: Meint das tiefe Vertrauen auf Gott, das zu einem Leben nach seinem Willen führt.

Vollendung: Meint die Vergebung der Sünden, die durch Jesus Christus geschieht und den Menschen den Zugang zu Gott eröffnet.

Zeugen: Menschen, die für ihren Glauben an Gott leiden mussten.

Kreuz: Sinnbild für Gottes Zuwendung zu den Menschen. Am Kreuz opferte Jesus Christus sein Leben, um die Sünden der Menschen wegzunehmen, die sie von Gott trennen.

welche Anfeindungen er durch die Sünder ertragen hat. Dann werdet
ihr nicht müde werden und nicht den Mut verlieren.

Gott ist unser Vater und Erzieher

4 Noch habt ihr im Kampf gegen die Sünde nicht bis aufs Blut Wider-
stand geleistet. 5 Ihr habt wohl schon die ermutigenden Worte ver-
gessen, mit denen Gott sich euch als seinen Söhnen und Töchtern
zugewandt hat: »Mein Kind, schätze es nicht gering, wenn der Herr
dich mit Strenge erzieht. Und verliere nicht den Mut, wenn er dich
bestraft. 6 Denn wen der Herr liebt, den erzieht er mit Strenge. Und er
schlägt jedes Kind, das er annimmt.«

7 Ertragt es also geduldig, es dient zu eurer Erziehung. Gott be-
handelt euch als seine Söhne und Töchter. Und welches Kind wird
nicht von seinem Vater mit Strenge erzogen? 8 Wenn ihr nicht die
gleiche strenge Erziehung bekommt wie alle anderen, seid ihr so-
zusagen uneheliche Kinder – und keine rechtmäßigen Söhne und
Töchter.

9 Bedenkt außerdem: Wir hatten unsere leiblichen Väter als strenge
Erzieher und hatten große Achtung vor ihnen. Sollten wir uns dann
nicht erst recht dem himmlischen Vater unterordnen – und dadurch
das ewige Leben erhalten? 10 Die leiblichen Väter haben uns für eine
begrenzte Zeit streng erzogen, wie sie es für richtig hielten. Der
himmlische Vater dagegen erzieht uns mit Strenge zu unserem eige-
nen Besten. Denn wir sollen Anteil bekommen an seiner Heiligkeit.

11 Eine strenge Erziehung bereitet im Augenblick scheinbar keine
Freude, sondern Schmerz. Später dagegen schenkt sie denen, die
durch diese Schule gegangen sind, Gerechtigkeit als ihre heilsame
Frucht.

Aufruf zum Neubeginn

12 Macht deshalb die müden Hände und die erlahmten Knie wieder
stark! 13 Und schafft für eure Füße gerade Pfade. Denn was lahm ist,
soll nicht auch noch fehltreten, sondern geheilt werden. 14 Bemüht
euch um Frieden mit allen Menschen und auch um Heiligkeit. Ohne
sie wird niemand den Herrn sehen. 15 Achtet darauf, dass niemand zu-
rückbleibt und so die Gnade Gottes verliert. Lasst keinen Spross aus
einer giftigen Wurzel aufgehen. Sonst richtet sie Unheil an, und viele
werden durch sie vergiftet. 16 Niemand soll unmoralisch oder ohne
Gott leben wie Esau. Der hat für eine einzige Mahlzeit sein Recht
als Erstgeborener verkauft. 17 Ihr wisst ja: Als er später den Segen und
damit sein Erbe haben wollte, wurde er verworfen. Er fand keine
Möglichkeit, sein Leben zu ändern, obwohl er unter Tränen danach
suchte.

Das unvergängliche Reich empfangen

18 Ihr seid nicht zum Berg Sinai gekommen, den man anfassen kann –
nicht zu dem brennenden Feuer, zu Dunkelheit, Finsternis und

Sünde: Die Trennung des Menschen von Gott, seinem Schöpfer. Sie führt dazu, dass der Mensch sein Leben nicht nach Gottes Willen ausrichten kann.

zugewandt hat: Zitat aus der griechischen Übersetzung von Sprichwörter 3,11-12.

himmlischer Vater: Wörtlich »Vater der Geister«. Geister bezeichnet hier die Engel und alle anderen himmlischen Mächte.

ewiges Leben: Leben im Reich Gottes und in unmittelbarer Gemeinschaft mit Gott nach der Auferstehung vom Tod.

heilig: Menschen oder Dinge, die zu Gott gehören und mit ihm in Verbindung stehen.

Gnade: Liebevolle Zuwendung Gottes, die er den Menschen ohne Vorbedingung schenkt.

für eine einzige Mahlzeit: Die Erzählung, wie Esau sein Erstgeburtsrecht für eine Portion Linsen an seinen Bruder Jakob verkauft, steht in 1. Mose/Genesis 25,27-34.

Berg Sinai: 2. Mose/Exodus 19–20 erzählt davon, dass Gott am Berg Sinai erscheint und einen Bund mit seinem Volk schließt. Gottes Erscheinen wird von Donner, Blitzen und dem Schall von Widderhörnern begleitet.

Sturm. 19 Ihr seid auch nicht zu dem Schall der Trompeten gekommen und zum Dröhnen der Worte. Die Menschen, die das hörten, baten darum, kein weiteres Wort mehr hören zu müssen. 20 Denn sie konnten die Anordnung nicht ertragen: »Sogar ein Tier, das den Berg berührt, soll gesteinigt werden.« 21 Ja, die Erscheinung war so furchtbar, dass Mose sagte: »Ich habe Angst und zittere!« 22 Ihr seid vielmehr zum Berg Zion gekommen und zur Stadt des lebendigen Gottes: zum himmlischen Jerusalem. Ihr seid zu Zehntausenden von Engeln gekommen – zu einer Festversammlung 23 und zur Gemeinde derer, die als Erste geboren wurden und im Himmel aufgeschrieben sind. Ihr seid zu Gott gekommen, der über alle Gericht hält, und zu den Gerechten. Sie sind schon zur Vollendung gelangt und ihr Geist ist schon bei Gott. 24 Ihr seid zu Jesus gekommen, dem Vermittler des neuen Bundes – und zu dem Blut, mit dem ihr besprengt seid und das machtvoller redet als das Blut Abels.

25 Gebt acht, dass ihr den nicht abweist, der so zu euch spricht! Die Israeliten haben Gott damals abgewiesen, als er auf der Erde seinen Willen verkündete. Sie sind ihrer Strafe nicht entkommen. Wie viel weniger werden dann wir entkommen, wenn wir den abweisen, der vom Himmel her spricht. 26 Einst hat Gottes Stimme die Erde erschüttert. Aber jetzt hat er versprochen: »Noch *einmal* werde ich die Erde erschüttern – und nicht nur sie, sondern auch den Himmel.« 27 Dieses »Noch *einmal*« macht deutlich: Was erschüttert werden kann, weil es geschaffen ist, wird weggenommen. So bleibt nur das, was nicht erschüttert werden kann. 28 Wir werden also ein Reich empfangen, das nicht erschüttert werden kann. Darum wollen wir dankbar sein. Wir wollen Gott dienen, wie es ihm gefällt: mit Ehrfurcht und heiliger Scheu. 29 Denn unser Gott ist ein verzehrendes Feuer!

Anweisungen für das Leben im Alltag

13 1 Die Liebe zu den Brüdern und Schwestern soll bestehen bleiben. 2 Vergesst die Gastfreundschaft nicht. Denn auf diese Weise haben manche, ohne es zu wissen, Engel als Gäste aufgenommen. 3 Denkt an die Gefangenen, als ob ihr mit ihnen im Gefängnis wärt. Denkt an die Misshandelten, denn auch ihr lebt in einem verletzlichen Körper.

4 Die Ehe soll von allen in Ehren gehalten werden. Und das Ehebett soll rein bleiben von Untreue. Denn Gott wird alle verurteilen, die verbotene sexuelle Beziehungen haben oder die Ehebruch begehen.

5 Seid nicht geldgierig, sondern seid zufrieden mit dem, was ihr habt. Gott selbst hat ja gesagt: »Ich werde dich nicht verlassen und dich keinesfalls im Stich lassen.« 6 So können wir voller Zuversicht sagen: »Der Herr steht mir bei, darum fürchte ich mich nicht. Was kann ein Mensch mir schon antun?«

himmlisches Jerusalem: Bild für die neue Welt, in der alle Bereiche des Lebens durch die Gegenwart Gottes grundlegend verwandelt sind.

Gerechte: Menschen, die Gottes Gebote befolgen, sodass das Leben in Gemeinschaft miteinander gelingt.

Vollendung: Meint die Vergebung der Sünden, die durch Christus geschieht und den Menschen den Zugang zu Gott eröffnet.

neuer Bund: Besteht darin, dass Christus den Menschen die endgültige Vergebung der Sünden gebracht und ihnen so den Zugang zu Gott eröffnet hat.

Blut: Aus Liebe zu den Menschen ist Jesus Christus am Kreuz gestorben. Sein Tod bringt den Menschen Versöhnung mit Gott und erinnert so an die Opfer im Tempel, durch die Menschen die Versöhnung mit Gott suchen.

hat er versprochen: Zitat aus der griechischen Übersetzung von Haggai 2,6.

Bruder, Schwester: Wörtlich »Bruder«. Das griechische Wort bezeichnet männliche *und* weibliche Mitglieder der Gemeinde.

Engel: Boten Gottes, die in seinem Auftrag unterwegs sind und seine Botschaft überbringen.

Anweisungen für den Gottesdienst und das Gemeindeleben

7 Haltet die im Gedächtnis, die eure Gemeinde geleitet und euch das Wort Gottes verkündet haben. Haltet euch vor Augen, wie ihr Leben zu Ende gegangen ist. Und nehmt euch ihren Glauben zum Vorbild. 8 Jesus Christus ist derselbe – gestern und heute und für immer. 9 Lasst euch nicht irreführen durch vielfältige fremde Lehren. Denn es ist gut, dass euer Herz durch Gottes Gnade gefestigt wird – und nicht durch Speisevorschriften. Die haben noch niemandem genützt, der sie befolgt. 10 Ja, wir haben einen Altar: das Kreuz von Jesus Christus. Aber niemand, der an seinem Heiligtum dient, hat das Recht, von diesem Altar zu essen. 11 Denn der Hohepriester brachte nur das Blut der Opfertiere ins Heiligtum, um es zur Versöhnung für die Sünden darzubringen. Die Körper wurden außerhalb des Lagers verbrannt. 12 Darum hat auch Jesus außerhalb der Stadt gelitten. So hat er durch sein eigenes Blut das Volk heilig gemacht. 13 Lasst uns daher hinausgehen zu ihm – zu dem Ort außerhalb des Lagers: Wir wollen die Schande auf uns nehmen, die er zu tragen hatte. 14 Denn wir haben hier keine Stadt, die bestehen bleibt. Wir suchen vielmehr nach der zukünftigen Stadt.

15 Durch Jesus Christus wollen wir Gott also jederzeit unser Lob als Dankopfer darbringen. Dieses Opfer kommt von den Lippen, die sich zu ihm bekennen. 16 Vergesst nicht, Gutes zu tun und mit anderen zu teilen. Denn das sind die Opfer, die Gott gefallen. 17 Gehorcht denen, die eure Gemeinde leiten, und folgt ihren Anweisungen! Denn sie wachen über euer Leben und müssen darüber einmal Rechenschaft ablegen. Das sollen sie mit Freude tun können – und nicht mit Seufzen und Stöhnen. Das würde euch nämlich nur schaden.

Bitten und Segen

18 Betet für uns! Denn wir sind überzeugt, ein gutes Gewissen zu haben. Wir bemühen uns ja, uns in jeder Hinsicht einwandfrei zu verhalten. 19 Ich bitte euch eindringlich um euer Gebet, damit ich euch möglichst bald zurückgegeben werde. 20 Gott ist es, der Frieden schenkt. Er hat den großen Hirten der Schafe, unseren Herrn Jesus, heraufgeführt aus dem Reich der Toten. Der hat durch sein Blut den ewigen Bund in Kraft gesetzt. 21 Gott mache euch fähig zu allem Guten, damit ihr tun könnt, was er will. Er schaffe in uns, was ihm gefällt, durch Jesus Christus. Der regiert in Herrlichkeit für immer und ewig. Amen.

Abschließende Grüße

22 Ich bitte euch aber, Brüder und Schwestern: Nehmt diese ermahnenden und ermutigenden Worte an. Ich habe euch ja nur kurz geschrieben. 23 Ihr sollt wissen, dass unser Bruder Timotheus freigelassen wurde. Wenn er bald kommt, werde ich euch mit ihm zusammen besuchen. 24 Grüßt alle, die eure Gemeinde leiten, und alle Heiligen. Es grüßen euch die Brüder und Schwestern aus Italien. 25 Die Gnade sei mit euch allen!

Wort Gottes: Gottes Versprechen, dass die Menschen durch Tod und Auferstehung von Jesus Christus mit Gott versöhnt sind.

Jesus Christus: Der Name ist zugleich ein Bekenntnis. Wer Jesus als Christus anerkennt, glaubt an ihn als Retter und Erlöser der Welt.

Kreuz: Sinnbild für Gottes Zuwendung zu den Menschen. Am Kreuz opferte Jesus Christus sein Leben, um die Sünden der Menschen wegzunehmen, die sie von Gott trennen.

Hohepriester: Er leitete am großen Versöhnungstag im Tempel in Jerusalem den Gottesdienst, in dem die Sünden, die trennend zwischen Gott und den Menschen stehen, beseitigt wurden.

Herr: Titel für Jesus Christus. Im griechischen Alten Testament steht das Wort »Herr« an den Stellen, an denen im hebräischen Text der Gottesname steht. Wenn Jesus Christus so genannt wird, kommt darin zum Ausdruck: In ihm begegnet Gott selbst den Menschen.

ewiger Bund: Besteht darin, dass Christus den Menschen die endgültige Vergebung der Sünden gebracht und ihnen so den Zugang zu Gott eröffnet hat.

Gnade: Liebevolle Zuwendung Gottes, die er den Menschen ohne Vorbedingung schenkt.

Der Brief von Jakobus

Briefanfang 1,1-18

Absender und Empfänger

1 1 Jakobus, Diener Gottes und des Herrn Jesus Christus.
An die zwölf Stämme Israels, die über die ganze Welt verstreut leben.
Ich grüße euch.

Glaube und Zweifel

2 Meine Brüder und Schwestern! Betrachtet es als Grund zur Freude,
wenn ihr vielfältig auf die Probe gestellt werdet. 3 Denn ihr wisst:
Wenn euer Glaube geprüft wird, bewirkt das Standhaftigkeit. 4 Diese
Standhaftigkeit aber soll euch zu einem Handeln befähigen, das vollkommen ist. Dann werdet ihr vollkommen und unversehrt sein, und
es wird euch an nichts fehlen. 5 Wenn es einem von euch an Weisheit
fehlt, soll er Gott darum bitten. Er wird sie erhalten. Denn Gott gibt
sie allen vorbehaltlos und macht niemandem einen Vorwurf. 6 Der
Bittende muss aber ganz auf Gott vertrauen und darf nicht zweifeln.
Denn wer zweifelt, gleicht den Wellen im Meer, die vom Wind hin
und her getrieben werden. 7 Ein solcher Mensch darf nicht erwarten,
vom Herrn etwas zu bekommen. 8 Er ist unentschlossen und unbeständig in allem, was er tut.

Armut und Reichtum

9 Die Brüder oder Schwestern, die arm und unbedeutend sind, dürfen stolz sein. Denn bei Gott sind sie hoch angesehen. 10 Aber die Reichen sollen daran denken, dass sie vor Gott arm und unbedeutend
sind. Denn sie vergehen wie eine Wiesenblume. 11 Wenn die Sonne
emporsteigt, kommt mit ihr die Hitze und lässt das Gras verdorren. Dann fällt die Blüte ab und von ihrer Schönheit bleibt nichts übrig. So wird auch der Reiche vergehen, noch während er seinen Geschäften nachgeht.

Gott führt niemanden in Versuchung

12 Glückselig ist derjenige, der standhaft bleibt, wenn er auf die Probe
gestellt wird. Denn nachdem er sich bewährt hat, wird er den Siegeskranz empfangen. Dieser Siegeskranz ist das ewige Leben. Gott hat
ihn denen versprochen, die ihn lieben. 13 Niemand, der auf die Probe
gestellt wird, soll sagen: »Diese Prüfung kommt von Gott.« Denn Gott kann nicht zum Bösen verführt werden, und er führt auch selbst
niemanden in Versuchung. 14 Jeder Mensch wird vielmehr durch

Jakobus: Bruder von Jesus, der zusammen mit Petrus und Johannes die Gemeinde in Jerusalem leitet; vgl. Apostelgeschichte 15,12-21.

Jesus Christus: Der Name ist zugleich ein Bekenntnis. Wer Jesus als Christus anerkennt, glaubt an ihn als Retter und Erlöser der Welt.

verstreut leben: Wörtlich »in der Diaspora sind«. Hier ist die Welt gemeint, in der die Menschen, die an Gott glauben, in der Fremde leben und unterdrückt werden.

Bruder, Schwester: Wörtlich »Bruder«. Das griechische Wort bezeichnet männliche *und* weibliche Mitglieder der Gemeinde.

Glaube, glauben: Meint das tiefe Vertrauen auf Gott, das zu einem Leben nach seinem Willen führt und sich in konkreten Taten zeigt.

Weisheit: Lebenspraktisches Wissen oder handwerkliches Können, das durch Erfahrung erworben oder von Gott geschenkt wird.

Siegeskranz: Ein meist aus grünen Zweigen geflochtener Kranz. Er wurde dem Sieger nach einer Schlacht oder einem sportlichen Wettkampf wie eine Krone aufgesetzt.

ewiges Leben: Leben im Reich Gottes und in unmittelbarer Gemeinschaft mit Gott nach der Auferstehung vom Tod.

seine eigene Begierde verführt. Von ihr lässt er sich fortreißen, und
er schluckt ihren Köder. 15 Wenn die Begierde dann schwanger ge-
worden ist, bringt sie die Sünde zur Welt. Und wenn die Sünde aus-
gewachsen ist, bringt sie ihrerseits den Tod hervor.
16 Täuscht euch nicht, meine lieben Brüder und Schwestern! 17 Je-
de gute Gabe und jedes vollkommene Geschenk kommt von oben:
von dem Vater des Lichts. Bei ihm gibt es keinen Wandel und keinen
Wechsel vom Licht zur Finsternis. 18 Es war sein Wille, uns durch
das Wort der Wahrheit neu zur Welt zu bringen. Dadurch sind wir
gleichsam zu Erstgeborenen unter seinen Geschöpfen geworden.

Glaube und Taten 1,19–3,12

Gottes Wort hören und danach handeln

19 Denkt daran, meine lieben Brüder und Schwestern: Jeder Mensch
soll schnell bereit sein zuzuhören. Aber er soll sich Zeit lassen, be-
vor er selbst etwas sagt oder gar in Zorn gerät. 20 Denn der Zorn eines
Menschen bewirkt nichts, was vor Gott als Gerechtigkeit gilt. 21 Da-
rum legt alle Verdorbenheit und Bosheit ab und nehmt das Wort be-
reitwillig an. Es wurde wie ein Samenkorn in euch gepflanzt und hat
die Kraft, euch zu retten.
22 Hört das Wort aber nicht nur, sondern setzt es auch in die Tat um.
Sonst betrügt ihr euch selbst. 23 Wer das Wort hört, aber nicht danach
handelt, ist wie jemand, der sein Gesicht im Spiegel betrachtet: 24 Er
schaut sich an, geht weg und vergisst sofort, wie er aussieht. 25 Ganz
anders ist es, wenn sich jemand anhaltend in das vollkommene Ge-
setz vertieft – das Gesetz, das uns frei macht. Er vergisst nicht sofort,
was er gehört hat, sondern setzt es in die Tat um. Ein solcher Mensch
wird glückselig sein bei dem, was er tut.
26 Manch einer meint, fromm zu sein. Wenn er aber seine Zunge
nicht im Zaum hält, macht er sich selbst etwas vor. Seine ganze Fröm-
migkeit ist nichts wert. 27 Zu einem frommen Leben gehört: Waisen
und Witwen in ihrer Not beizustehen und sich vom Treiben dieser
Welt nicht anstecken zu lassen. Ein solches Leben steht vor Gott, un-
serem Vater, rein und makellos da.

Die Reichen nicht bevorzugen

2 1 Meine Brüder und Schwestern! Ihr glaubt doch an unseren
Herrn Jesus Christus, der in Herrlichkeit regiert. Dann beurteilt
andere nicht nach ihrem Ansehen. 2 Stellt euch vor, in eure Versamm-
lung kommt ein Mann. Er hat ein prächtiges Gewand an und trägt
an seinen Fingern goldene Ringe. Es kommt aber auch ein Mann, der
arm ist und schmutzige Kleidung trägt. 3 Ihr kümmert euch um den,
der prächtig gekleidet ist, und sagt zu ihm: »Setz dich hierher, auf den
guten Platz!« Zu dem Armen aber sagt ihr: »Bleib da stehen!«, oder:
»Du kannst dich neben meinen Fußschemel setzen.« 4 Legt ihr da

Vers 15: Die Bilder in Vers 15 bringen das enge Verhältnis von Begierde, Sünde und Tod zum Ausdruck.

Sünde: Die Trennung des Menschen von Gott, seinem Schöpfer. Sie führt dazu, dass der Mensch sein Leben nicht nach Gottes Willen ausrichten kann.

Vater des Lichts: Titel für Gott, der als Schöpfer der Welt auch das Licht erschaffen hat.

Wort der Wahrheit: Die Gute Nachricht, dass die Menschen durch Tod und Auferstehung von Jesus mit Gott versöhnt sind.

gerecht, Gerechtigkeit: Meint ein Leben nach dem Willen Gottes.

das vollkommene Gesetz: »Gesetz« steht im Neuen Testament für die Lebensvorschriften des Alten Testaments, vor allem die fünf Bücher Mose. In Markus 12,29-31 nennt Jesus die Liebe zu Gott und die Nächstenliebe als die wichtigsten Gebote aus den fünf Büchern Mose.

Witwe: Frau, deren Mann verstorben ist und die dadurch rechtlich, sozial und wirtschaftlich in eine schwierige Lage geriet. Von der Gemeinschaft wird gefordert, dass sie Witwen versorgt und niemand ihre schwache Stellung ausnutzt.

nicht unterschiedliche Maßstäbe an und werdet so zu Richtern, die
bewusst Fehlurteile fällen?
5 Hört zu, meine lieben Brüder und Schwestern! Hat Gott nicht ge-
rade die Armen in der Welt erwählt, die reich sind im Glauben? Sie
sollen das Reich erben, das er denen versprochen hat, die ihn lieben.
6 Ihr aber habt den Armen verachtet. Sind es nicht die Reichen, die
euch unterdrücken und die euch vor die Gerichte zerren? 7 Sind es
nicht auch sie, die den guten Namen in den Schmutz ziehen – den
Namen, der bei der Taufe auf euch gelegt wurde?

Der richtige Umgang mit dem Gesetz

8 In der Heiligen Schrift steht: »Liebe deinen Mitmenschen wie dich
selbst!« Wenn ihr dieses königliche Gebot wirklich befolgt, handelt
ihr richtig. 9 Wenn ihr andere aber nach ihrem Ansehen beurteilt,
macht ihr euch schuldig. Und das Gesetz deckt eure Übertretung auf.
10 Denn wer das ganze Gesetz befolgt, aber ein einziges Gebot über-
tritt, hat gegen alle Gebote verstoßen. 11 Von Gott kommt das Gebot:
»Du sollst nicht ehebrechen!« Er hat auch gesagt: »Du sollst nicht tö-
ten!« Wenn du also keinen Ehebruch begehst, aber einen Menschen
tötest, hast du das ganze Gesetz übertreten.
12 Redet und handelt wie Leute, von denen gilt: Gott wird sie nach
dem Gesetz richten, das uns frei macht. 13 Denn ein unbarmherziges
Urteil erwartet den, der selbst kein Erbarmen gehabt hat. Wer aber
barmherzig gewesen ist, für den gilt: Die Barmherzigkeit triumphiert
im Gericht.

Der Glaube führt zu Taten

14 Meine Brüder und Schwestern! Was nützt es, wenn jemand be-
hauptet zu glauben, sich der Glaube aber nicht in Taten zeigt? Kann
ihn dann der Glaube retten? 15 Stellt euch vor, ein Bruder oder eine
Schwester hat nichts anzuziehen. Es fehlt ihnen sogar das tägliche
Brot. 16 Nun sagt einer von euch zu ihnen: »Geht in Frieden, ihr sollt es
warm haben und euch satt essen.« Ihr gebt ihnen aber nicht, was sie
zum Leben brauchen. – Was nützt das? 17 So ist es auch mit dem Glau-
ben: Wenn er sich nicht in Taten zeigt, bleibt er für sich allein und ist
tot. 18 Es könnte nun jemand einwenden: »Du hast den Glauben, und
ich habe die Taten.« Dem würde ich antworten: Zeig du mir doch dei-
nen Glauben, der ohne Taten bleibt. Ich kann dir an meinen Taten
zeigen, was der Glaube bewirkt. 19 Du glaubst an den einen Gott? Das
ist gut so! Sogar die Dämonen glauben an ihn und zittern vor Angst.
20 Du Dummkopf! Verstehst du denn nicht: Ein Glaube, der sich
nicht in Taten zeigt, ist nutzlos! 21 Ist nicht Abraham, unser Stamm-
vater, wegen seiner Taten von Gott für gerecht erklärt worden? Er
legte seinen Sohn Isaak auf den Altar, um ihn als Opfer darzubringen.
22 Daran siehst du: Der Glaube und sein Handeln haben zusammen-
gewirkt. Erst durch das Handeln wurde der Glaube vollkommen.
23 Damit erfüllte sich, was die Heilige Schrift sagt: »Abraham glaubte

Glaube, glauben: Meint das tiefe Vertrauen auf Gott, das zu einem Leben nach seinem Willen führt und sich in konkreten Taten zeigt.

Reich: Bezeichnet den Herrschaftsbereich, in dem sich Gottes Wille durchsetzt.

Name: »Name« steht stellvertretend für den Herrschaftsbereich der Person, die den Namen trägt. Wer im Namen von Jesus Christus getauft wird, tritt in seinen Herrschaftsbereich und unterstellt sich seiner Fürsorge.

Gesetz: Die Lebensvorschriften des Alten Testaments, besonders die fünf Bücher Mose.

das Gebot: Die beiden Gebote, die in Vers 11 zitiert werden, gehören zu den Zehn Geboten, die sich in 2. Mose/Exodus 20,1-17 finden.

Dämon: Eine böse Macht, die man sich in der Antike als Person vorstellte. Sie kämpft gegen Gott und nimmt einen Menschen ganz in Besitz.

Isaak: 1. Mose/Genesis 22 erzählt, dass Abraham von Gott den Auftrag erhält, seinen einzigen Sohn als Opfer darzubringen. Abraham vertraut auf Gottes Versprechen, ihm eine große Nachkommenschaft zu schenken, und bereitet das Opfer vor. Bevor es zur Opferung kommt, greift Gott erneut ein.

Gott, und das rechnete ihm Gott als Gerechtigkeit an.« Und er wurde
»Freund Gottes« genannt. 24 Ihr seht also: Aufgrund seiner Taten wird
der Mensch von Gott für gerecht erklärt. Der Glaube allein genügt
nicht. 25 War es bei der Prostituierten Rahab nicht genauso? Auf-
grund ihres Handelns wurde sie für gerecht erklärt. Sie nahm die
Kundschafter Israels bei sich auf – und ließ sie auf einem anderen
Weg aus der Stadt hinaus. 26 Ohne den Geist ist der Körper tot. Ge-
nauso ist auch der Glaube tot, wenn er sich nicht in Taten zeigt.

Die Macht der Worte

3 1 Meine Brüder und Schwestern! Es sollten nicht so viele von
euch Lehrer werden. Ihr wisst doch: Wir Lehrer haben im Ge-
richt ein besonders strenges Urteil zu erwarten. 2 Wir alle machen ja
immer wieder etwas verkehrt. Wer nie ein verkehrtes Wort sagt, der
ist ein vollkommener Mensch. Denn wer seine Zunge im Zaum hält,
kann auch seinen Körper beherrschen. 3 Wir legen den Pferden das
Zaumzeug ins Maul, damit sie uns gehorchen. So können wir ihren
ganzen Körper lenken. 4 Oder seht euch die Schiffe an: Sie sind groß
und werden von starken Winden getrieben. Doch ein kleines Ruder
reicht aus, um sie dahin zu lenken, wohin der Steuermann sie führen
will. 5 Genauso ist auch die Zunge nur ein kleiner Körperteil. Und
doch prahlt sie damit, große Dinge zu vollbringen. Seht doch: Schon
ein winziges Feuer kann einen großen Wald in Brand setzen. 6 Solch
ein Feuer ist die Zunge! Von all unseren Körperteilen steht gerade
die Zunge für eine Welt voller Ungerechtigkeit. Sie macht den gan-
zen Menschen schmutzig, ja, sie setzt den Lauf des Lebens in Brand.
Ihr Feuer wird von der Hölle entzündet.
7 Die Menschen bändigen alle Arten von Tieren: Wildtiere und
Vögel, Kriechtiere und Meerestiere – sie alle sind gezähmt worden.
8 Aber kein Mensch kann die Zunge zähmen. Sie ist ein rastloses Übel
voll tödlichen Gifts. 9 Mit ihr loben wir den Herrn und Vater. Mit ihr
verfluchen wir aber auch die Menschen, die nach dem Bild Gottes ge-
schaffen sind. 10 Aus ein und demselben Mund kommen Segen und
Fluch. Das darf nicht so sein, meine Brüder und Schwestern! 11 Lässt
denn eine Quelle aus derselben Öffnung gleichzeitig süßes und bit-
teres Wasser sprudeln? 12 Kann denn, meine Brüder und Schwestern,
ein Feigenbaum Oliven tragen oder ein Weinstock Feigen? Genauso
wenig kann eine salzige Quelle süßes Wasser hervorbringen.

Anweisungen für das Leben in der Gemeinde 3,13–5,6

Die Weisheit, die von Gott kommt

13 Wer von euch ist weise und klug? Der soll es durch seinen guten
Lebenswandel zeigen und in weiser Bescheidenheit handeln. 14 Es
könnte aber auch sein, dass ihr bitteren Neid und Streitsucht in
euren Herzen tragt. Dann sollt ihr nicht mit eurer Weisheit prahlen

gerecht, Gerechtigkeit: Meint ein Leben nach dem Willen Gottes.

Rahab: Josua 2 erzählt, dass Rahab den Kundschaftern hilft, die Stadt Jericho auszuspionieren, um sie später zu erobern. Deswegen werden sie und ihre Familie bei der Eroberung Jerichos verschont, vgl. Josua 6,22-25.

Bruder, Schwester: Wörtlich »Bruder«. Das griechische Wort bezeichnet männliche *und* weibliche Mitglieder der Gemeinde.

Lehrer: Menschen, die die biblischen Schriften besonders gut kannten und für andere auslegten. Sie haben daher eine besondere Verantwortung und werden an strengeren Maßstäben gemessen.

Gericht, verurteilen: Als Herrscher über die ganze Welt ist Gott der Richter, der am Ende der Zeit ein Urteil über sie spricht.

Vater: Vertrauensvolle Anrede oder Bezeichnung für Gott.

Segen, segnen: Wer einen anderen Menschen segnet, bittet Gott, dem Gesegneten Kraft, Leben und Wohlergehen zu schenken.

Weisheit: Lebenspraktisches Wissen oder handwerkliches Können, das durch Erfahrung erworben oder von Gott geschenkt wird.

und damit die Wahrheit verfälschen. 15 Solch eine Weisheit kommt
nicht von Gott. Sie ist weltlich und menschlich und von dämonischer
Natur. 16 Denn wo Neid und Streitsucht herrschen, da gibt es Unfrie-
de und alle Arten von bösen Taten. 17 Anders aber ist die Weisheit,
die von Gott kommt: Sie ist zuerst einmal rein. Dann ist sie friedlich,
gütig und bereit, sich etwas sagen zu lassen. Sie ist auch voller Barm-
herzigkeit und bringt gute Früchte hervor. Und sie ist unparteiisch
und aufrichtig. 18 Die Frucht aber, die aus der Gerechtigkeit hervor-
geht, wird in Frieden gesät. Sie kommt denen zugute, die Frieden
stiften.

Warnung vor Streit

4 1 Woher kommen die Kämpfe unter euch und woher die Strei-
tigkeiten? Kommen sie nicht aus euren Leidenschaften, die
in eurem Innern miteinander streiten? 2 Ihr verlangt alles und be-
kommt nichts. Ihr geht über Leichen, seid gierig vor Neid, doch ihr
erreicht dadurch nichts. Ihr kämpft und führt Kriege. Aber ihr habt
nichts, weil ihr Gott nicht bittet. 3 Und selbst wenn ihr bittet, be-
kommt ihr nichts. Denn ihr bittet in böser Absicht, um es für eure
Leidenschaften zu verschwenden. 4 Ihr Treulosen! Wisst ihr denn
nicht, dass Freundschaft mit dieser Welt Feindschaft gegen Gott be-
deutet? Wer ein Freund dieser Welt sein will, macht sich zum Feind
Gottes. 5 Meint ihr etwa, die Schrift sagt ohne Grund: »Der Geist, den
er in uns wohnen lässt, verlangt nach Neid«? 6 Doch Gott schenkt grö-
ßere Gnade. Darum heißt es: Gott stellt sich den Hochmütigen ent-
gegen, aber den Bedürftigen schenkt er seine Gnade.
7 Ordnet euch also Gott unter. Dem Teufel aber leistet Widerstand,
dann wird er vor euch fliehen. 8 Sucht Gottes Nähe, dann wird er euch
nahe sein. Wascht die Schuld von euren Händen, ihr Sünder! Reinigt
eure Herzen, ihr Unentschlossenen! 9 Beklagt euer Elend, trauert und
weint! Euer Lachen soll sich in Trauer verwandeln und eure Freude
in Niedergeschlagenheit. 10 Erniedrigt euch vor dem Herrn, dann
wird er euch erhöhen.

Verurteilt niemanden!

11 Redet nicht schlecht übereinander, Brüder und Schwestern! Wer
schlecht über seinen Bruder redet oder seinen Bruder verurteilt,
spricht schlecht über das Gesetz – und verurteilt so das Gesetz.
Wenn du aber das Gesetz verurteilst, handelst du nicht nach dem
Gesetz. Vielmehr erhebst du dich zum Richter. 12 Doch es gibt nur
einen Gesetzgeber und Richter: Gott. Er hat die Macht, zu retten
oder zu vernichten. Wer aber bist du, dass du deinen Mitmenschen
verurteilst?

Gott bestimmt über unsere Lebenszeit

13 Nun zu euch, die ihr sagt: »Heute oder morgen werden wir in die
und die Stadt reisen. Dort wollen wir ein Jahr bleiben, Geschäfte

Dämon: Eine böse Macht, die man sich in der Antike als Person vorstellte. Sie kämpft gegen Gott und nimmt einen Menschen ganz in Besitz.

Welt, diese Welt: Die von griechischer Kultur geprägte Umwelt der frühen Gemeinden, die sich nicht an christlichen Maßstäben orientierte.

die Schrift sagt: Der Brief zitiert aus einem Text, der uns heute nicht mehr bekannt ist.

Gnade: Liebevolle Zuwendung Gottes, die er den Menschen ohne Vorbedingung schenkt.

heißt es: Zitat aus der griechischen Übersetzung von Sprichwörter 3,34.

Satan, Teufel: Gegenspieler Gottes. Er versucht, die Menschen zu einem Verhalten zu bewegen, das Gottes Willen widerspricht.

Sünder: Menschen, die sich von Gott abgewendet haben und seinen Willen missachten.

Bruder, Schwester: Wörtlich »Bruder«. Das griechische Wort bezeichnet männliche *und* weibliche Mitglieder der Gemeinde.

Gesetz: Die Lebensvorschriften des Alten Testaments, besonders die fünf Bücher Mose.

machen und Gewinne erzielen.« 14 Dabei wisst ihr doch nicht, was
morgen sein wird. Was ist schon euer Leben? Rauch seid ihr, der für
kurze Zeit sichtbar ist und dann vergeht! 15 Sagt stattdessen lieber:
»Wenn der Herr es will, werden wir am Leben bleiben und dieses
oder jenes tun.« 16 Nun seid ihr auch noch stolz auf eure Überheblich-
keit. Aber es ist schlecht, darauf stolz zu sein. 17 Wer also weiß, wie er
Gutes tun kann und es nicht tut, der macht sich schuldig.

Warnung an die Reichen

5 1 Nun zu euch, ihr Reichen: Weint und heult über das Elend, das
über euch hereinbrechen wird! 2 Dann ist euer Reichtum verrot-
tet, und eure Kleider sind von Motten zerfressen. 3 Euer Gold und
Silber ist verrostet. Dieser Rost wird als Zeuge gegen euch auftreten,
und euer Fleisch wie Feuer verzehren. Noch in den letzten Tagen
habt ihr Schätze angehäuft. 4 Hört doch! Der Lohn der Arbeiter, die
eure Felder gemäht haben, schreit zum Himmel – denn ihr habt ihn
nicht ausbezahlt. Und die Klagen der Erntearbeiter sind bis zu den
Ohren des Herrn Zebaot gedrungen. 5 Ihr habt hier auf der Erde im
Luxus gelebt und im Überfluss geschwelgt. Noch am Schlachttag
habt ihr euch gemästet. 6 Ihr habt den Gerechten verurteilt und getö-
tet – er hat euch keinen Widerstand geleistet.

Briefschluss 5,7-20

Geduldig warten

7 Wartet geduldig, Brüder und Schwestern, bis der Herr wieder-
kommt. Seht, wie der Bauer auf die kostbare Frucht der Erde wartet:
Er wartet geduldig, bis der Frühregen und der Spätregen gefallen
sind. 8 So seid auch ihr geduldig und stärkt eure Herzen, denn das
Kommen des Herrn steht bevor. 9 Brüder und Schwestern, beklagt
euch nicht übereinander, damit ihr nicht verurteilt werdet. Seht
doch, der Richter steht schon vor der Tür.

10 Brüder und Schwestern, denkt an die Propheten, die ihre Bot-
schaft im Namen des Herrn verkündet haben: Nehmt sie euch zum
Vorbild dafür, Leid zu ertragen und Geduld zu haben. 11 Seht doch, wir
preisen diejenigen glückselig, die standhaft geblieben sind. Ihr habt
gehört, wie standhaft Hiob war. Und ihr habt gesehen, wie Gott es bei
ihm zu einem guten Ende gebracht hat. Denn der Herr ist voller Mit-
leid und Barmherzigkeit.

Schwört nicht!

12 Vor allem aber, meine Brüder und Schwestern: Schwört nicht!
Schwört weder beim Himmel noch bei der Erde noch irgendeinen
anderen Eid. Euer »Ja« soll ein »Ja« sein und euer »Nein« ein »Nein«.
Sonst werdet ihr verurteilt.

hereinbrechen wird: Denen, die sich in ihrem Leben auf dem Rücken anderer bereichert haben, wird das Gericht Gottes als schlimme Zeit angedroht.

letzte Tage: Die Tage, bevor Christus wiederkommt. Sie sind eine Zeit von Angst und Schrecken, bevor mit dem Gericht Gottes über die Welt endgültig das Reich Gottes anbricht.

Zebaot: Im Alten Testament ein Beiname Gottes, der übersetzt »(Gott) der himmlischen Heere« bedeutet und die Fülle von Gottes Macht zum Ausdruck bringt.

Herr: Titel für Jesus Christus. Im griechischen Alten Testament steht das Wort »Herr« an den Stellen, an denen im hebräischen Text der Gottesname steht. Wenn Jesus Christus so genannt wird, kommt darin zum Ausdruck: In ihm begegnet Gott selbst den Menschen.

Richter: Am Ende der Zeit wird Jesus Christus im Namen Gottes als Richter ein Urteil über die Welt fällen.

Propheten: Meint die Propheten des Alten Testaments, die Gottes Wort verkündeten, aber von den Menschen abgelehnt wurden; vgl. beispielsweise Jeremia 2,30.

Die Kraft des Gebets

[13] Wenn jemand von euch Schweres erleidet, soll er beten. Ist jemand
von euch voller Zuversicht, soll er Loblieder singen. [14] Wer von euch
krank und schwach ist, soll die Ältesten der Gemeinde zu sich rufen.
Sie sollen für ihn beten und ihn im Namen des Herrn mit Öl salben.
[15] Das Gebet, das im Glauben gesprochen wird, wird den Kranken ret-
ten. Der Herr wird ihn wieder aufstehen lassen und ihm vergeben,
wenn er Sünden begangen hat. [16] Darum sollt ihr einander eure Sün-
den bekennen und füreinander beten, damit ihr geheilt werdet. Das
Gebet eines Menschen, der nach dem Willen Gottes lebt, hat große
Kraft und bewirkt viel. [17] Elija – ein Mensch genau wie wir – flehte
Gott im Gebet an, es nicht mehr regnen zu lassen. Da fiel drei Jahre
und sechs Monate lang kein Regen mehr auf das Land. [18] Dann be-
tete er noch einmal und der Himmel schenkte Regen. Da brachte das
Land wieder seine Frucht hervor.

Übernehmt Verantwortung füreinander!

[19] Meine Brüder und Schwestern! Vielleicht kommt einer unter euch
von der Wahrheit ab. Wenn ein anderer ihn auf den rechten Weg zu-
rückbringt, [20] so soll er wissen: Wer einen Sünder dazu bringt, von sei-
nem Irrweg umzukehren, rettet ihn vor dem Tod. So bewirkt er, dass
viele Sünden verschwinden.

Gemeindeälteste: Leitungsamt in frühchristlichen Gemeinden, das meistens von älteren Männern ausgeübt wurde.

Herr: Titel für Jesus Christus. Im griechischen Alten Testament steht das Wort »Herr« an den Stellen, an denen im hebräischen Text der Gottesname steht. Wenn Jesus Christus so genannt wird, kommt darin zum Ausdruck: In ihm begegnet Gott selbst den Menschen.

Sünden: Konkrete Verfehlungen, die von Gott trennen und das Gewissen belasten können.

Elija: Prophet im Alten Testament. 1. Könige 17–18 erzählt, dass Elija Gott im Gebet um eine Dürrekatastrophe bittet, um König Ahab gegenüber die Macht Gottes zu zeigen. Die Dürre wird erst nach einem erneuten Gebet Elijas beendet.

Wahrheit: Die Gute Nachricht, dass die Menschen durch Tod und Auferstehung von Jesus mit Gott versöhnt sind.

Der erste Brief von Petrus

Briefanfang 1,1-12

Absender und Empfänger

1 1 Petrus, Apostel von Jesus Christus.
An alle Menschen, die Gott erwählt hat und die in der Fremde
verstreut leben: in Pontus, Galatien, Kappadozien, in der Provinz
Asia und in Bithynien. 2 Eure Erwählung geschieht durch den Hei-
ligen Geist, der euch zu Heiligen macht. So hatte Gott es vorherbe-
stimmt. Denn er wollte, dass ihr sein gehorsames Volk werdet – rein-
gewaschen durch das Blut von Jesus Christus.
Ich wünsche euch Gnade und Frieden in immer größerem Maß!

Leben in der Hoffnung

3 Gelobt sei Gott, der Vater unseres Herrn Jesus Christus. In seiner
großen Barmherzigkeit hat er uns neu geboren. Denn er hat uns eine
lebendige Hoffnung geschenkt, weil Jesus Christus von den Toten
auferstanden ist. 4 Es ist die Hoffnung auf ein unvergängliches Erbe,
das rein ist und nie seinen Wert verliert. Das hält Gott im Himmel für
euch bereit, 5 und er bewahrt euch durch seine Macht. Ihr sollt durch
den Glauben gerettet werden. Das wird am Ende der Zeit offenbart
werden.
6 Darüber könnt ihr euch freuen. Aber es ist trotzdem nötig, dass
ihr jetzt noch eine kurze Zeit leidet. Denn ihr werdet auf verschie-
dene Arten geprüft werden. 7 Dadurch soll sich zeigen, ob euer Glau-
be echt ist. Denn er ist wertvoller als vergängliches Gold, das im
Feuer gereinigt wird. Dafür werdet ihr Lob, Herrlichkeit und Ehre
erhalten, wenn Jesus Christus wieder erscheint. 8 Ihr liebt ihn, ob-
wohl ihr ihn nicht gesehen habt. Ihr glaubt an ihn, obwohl ihr ihn
jetzt nicht seht. Deshalb könnt ihr jubeln in unaussprechlicher Freu-
de, die schon von der künftigen Herrlichkeit erfüllt ist. 9 So erreicht
ihr das Ziel eures Glaubens: eure endgültige Rettung. 10 Nach dieser
Rettung suchten und fragten die Propheten. Sie haben die Gabe der
Gnade bereits vorausgesagt, die für euch bestimmt ist. 11 Die Pro-
pheten fragten danach, auf welche Zeit und welche Umstände der
Geist hinwies. In ihnen wirkte ja der Geist Gottes, den Christus gab.
Er zeigte den Propheten im Voraus die Leiden, die auf Christus war-
teten – und er zeigte ihnen die Herrlichkeit, die darauf folgt. 12 Gott
offenbarte den Propheten, dass diese Botschaft nicht ihnen selbst
dienen sollte. Sie sollte euch dienen. Denn euch ist sie jetzt verkün-
det worden – und zwar durch diejenigen, die euch die Gute Nachricht
gebracht haben. Dafür hat Gott ihnen vom Himmel her den Heiligen

Petrus: Beiname eines Jüngers von Jesus, der übersetzt »Fels« bedeutet. Der volle Name lautet Simon Petrus.

Apostel: Wörtlich »Ausgesandte«. Menschen, die dazu berufen sind, die Gute Nachricht von Jesus Christus zu verkünden. Im engeren Sinn die zwölf Jünger von Jesus, die ihn während seines Lebens begleiteten.

Jesus Christus: Der Name ist zugleich ein Bekenntnis. Wer Jesus als Christus anerkennt, glaubt an ihn als Retter und Erlöser der Welt.

Blut von Jesus Christus: Anspielung auf den Tod von Jesus Christus am Kreuz. Es steht für Gottes Zuwendung zu den Menschen, für die Jesus sein Leben opferte, um die Sünden der Menschen wegzunehmen.

Erbe: Ursprünglich der Anteil der Israeliten an dem Land, das Gott ihnen gibt. Im Neuen Testament bedeutet es ein Leben im Reich Gottes, in unmittelbarer Gemeinschaft mit ihm.

im Feuer gereinigt: Um Gold von unerwünschten Fremdstoffen zu reinigen, wird es bei großer Hitze zum Schmelzen gebracht. Abhängig vom Schmelzpunkt trennen sich die Stoffe dabei voneinander oder verbrennen.

Geist geschickt. Sogar die Engel würden gerne mehr darüber erfah-
ren.

Die Grundlagen für das christliche Leben 1,13–2,10

Die Freiheit, die Jesus gebracht hat

13 Darum macht euch bereit und gebraucht euren Verstand. Bewahrt
einen klaren Kopf. Setzt eure Hoffnung ganz auf die Gnade, die euch
zuteilwird, wenn Jesus Christus wieder erscheint. 14 Ihr seid doch ge-
horsame Kinder. Lasst euch nicht von Begierden beherrschen wie
früher, als ihr noch unwissend wart. 15 Vielmehr sollt ihr in eurer gan-
zen Lebensführung heilig werden – so wie der heilig ist, der euch be-
rufen hat. 16 In der Heiligen Schrift steht: »Ihr sollt heilig sein, denn
ich bin heilig.« 17 Ihr betet doch zu Gott als eurem Vater. Er beurteilt
jeden nach seinem Tun, ohne Ansehen der Person. Führt deshalb ein
Leben in Ehrfurcht vor Gott, solange ihr noch hier in der Fremde
seid.

18 Ihr wisst ja: Ihr seid freigekauft worden von dem sinnlosen Le-
ben, wie es eure Vorfahren geführt haben. Das ist nicht geschehen
durch vergängliche Dinge wie Silber oder Gold. 19 Es geschah aber
durch das kostbare Blut von Christus, dem fehlerfreien und makel-
losen Lamm. 20 Dazu war er schon vor Erschaffung der Welt bestimmt.
Aber jetzt ist er am Ende der Zeit für euch erschienen. 21 Durch ihn
glaubt ihr an Gott, der ihn von den Toten auferweckt und ihm Herr-
lichkeit verliehen hat. Deshalb könnt ihr nun euren Glauben und
eure Hoffnung auf Gott richten.

Das unvergängliche Wort Gottes

22 Indem ihr der Wahrheit gehorsam gefolgt seid, habt ihr euch im In-
nersten gereinigt. Dadurch seid ihr fähig geworden, eure Brüder und
Schwestern aufrichtig zu lieben. Hört also nicht auf, einander aus rei-
nem Herzen zu lieben.

23 Ihr seid doch neu geboren worden – nicht aus vergänglichem,
sondern aus unvergänglichem Samen: durch das Wort Gottes, das
lebendig ist und für immer bleibt. 24 Denn es heißt: »Alle Menschen
sind wie Gras. Und ihre ganze Herrlichkeit ist wie eine Wiesen-
blume. Das Gras verdorrt und die Blume verwelkt. 25 Aber das Wort
des Herrn bleibt für alle Zeit.« Es ist dieses Wort, das euch als Gute
Nachricht verkündet worden ist.

Christus – der lebendige Stein

2 1 Hört also auf mit aller Bosheit und allem Betrug, mit Heuchelei,
Neid und aller üblen Nachrede. 2 Wie neugeborene Kinder nach
Milch schreien, sollt ihr nach dem echten Wort verlangen. Dadurch
wachst ihr im Glauben heran, sodass ihr gerettet werdet. 3 Denn ihr
habt ja bereits schmecken dürfen, wie gut der Herr ist.

Gnade: Liebevolle Zuwendung Gottes, die er den Menschen ohne Vorbedingung schenkt.

Kinder: Anrede an die Mitglieder der Gemeinde, für die der Brief bestimmt ist. Mit der Taufe sind sie zu Kindern Gottes geworden.

in der Heiligen Schrift steht: Zitat aus 3. Mose/Levitikus 19,2.

freigekauft: Wer einen Menschen auf einem Sklavenmarkt kaufte, wurde sein Herr. Der Brief benutzt dieses Bild, um deutlich zu machen, was es bedeutet, Gott zum Herrn zu haben.

Lamm Gottes: Bild, das Christus mit einem Opfertier vergleicht. Es nimmt die Sünde weg, die trennend zwischen Gott und Mensch steht.

vor Erschaffung der Welt: Das Neue Testament kennt die Vorstellung, dass Jesus Christus schon vor der Schöpfung bei Gott war. In Johannes 1,1-5 ist er das Wort, durch das Gott die Welt geschaffen hat.

Wahrheit: Meint den Weg zur Versöhnung mit Gott, die den Menschen durch Tod und Auferstehung von Christus geschenkt ist.

echtes Wort Gottes: Versprechen, dass die Menschen durch Tod und Auferstehung von Christus mit Gott versöhnt sind.

4 Kommt her zu ihm! Er ist der lebendige Stein, der von den Men-
schen verworfen wurde. Aber bei Gott ist er erwählt und kostbar.
5 Lasst euch auch selbst als lebendige Steine zur Gemeinde aufbauen.
Sie ist das Haus, in dem Gottes Geist gegenwärtig ist. So werdet ihr
zu einer heiligen Priesterschaft und bringt Opfer dar, in denen sein
Geist wirkt. Das sind Opfer, die Gott gefallen, denn sie sind durch
Jesus Christus vermittelt. 6 Deshalb heißt es in der Heiligen Schrift:
»Seht, ich lege auf dem Berg Zion einen ausgewählten, kostbaren
Grundstein. Wer an ihn glaubt, wird nicht zugrunde gehen.« 7 Für
euch ist er kostbar, weil ihr an ihn glaubt. Aber für diejenigen, die
nicht an ihn glauben, gilt: Der Stein, den die Bauleute verworfen ha-
ben, ist zum Grundstein geworden. 8 Er ist ein Stein, an dem man An-
stoß nimmt, und ein Fels, über den man stolpert. Sie stoßen sich an
ihm, weil sie dem Wort keinen Glauben schenken. Doch genau dazu
sind sie bestimmt. 9 Aber ihr seid das erwählte Volk: eine königliche
Priesterschaft, ein heiliges Volk, eine Gemeinschaft, die in besonde-
rer Weise zu Gott gehört. Denn ihr sollt die großen Taten Gottes ver-
künden. Er hat euch nämlich aus der Finsternis in sein wunderbares
Licht gerufen. 10 Ihr, die ihr früher nicht sein Volk wart, seid jetzt Got-
tes eigenes Volk. Ihr, die ihr früher kein Erbarmen fandet, erfahrt jetzt
seine Barmherzigkeit.

Das christliche Leben in dieser Welt 2,11–3,12

Vorbildlich leben in dieser Welt

11 Meine Lieben, ihr seid Fremde und Gäste in dieser Welt. Deshalb
ermahne ich euch: Gebt nicht den Begierden unserer menschlichen
Natur nach, die euch von innen her verderben wollen. 12 Führt ein
vorbildliches Leben unter den Völkern. Sie reden zwar noch schlecht
über euch, als wärt ihr Verbrecher. Aber gleichzeitig sehen sie eure
guten Werke. Deshalb werden sie am Tag des Gerichts Gott loben.
13 Fügt euch um des Herrn willen in jede von Menschen eingesetz-
te Ordnung. Ordnet euch dem Kaiser unter, der über allen steht,
14 und hört auf seine Statthalter. Die hat der Kaiser damit beauftragt,
die Verbrecher zu bestrafen und die Rechtschaffenen zu belohnen.
15 Denn das ist der Wille Gottes: Bringt durch euer rechtschaffenes
Handeln die unwissenden und unvernünftigen Menschen zum
Schweigen. 16 Handelt als freie Menschen, aber nutzt die Freiheit
nicht als Deckmantel für Böses. Handelt als Diener Gottes! 17 Bringt
allen Menschen Achtung entgegen. Liebt eure Brüder und Schwes-
tern. Habt Ehrfurcht vor Gott und begegnet dem Kaiser mit Achtung.

Dienen, wie Christus gedient hat

18 Ihr Sklaven, ordnet euch euren Herren unter und achtet sie. Dies
betrifft nicht nur die guten und freundlichen, sondern auch die unbe-
rechenbaren. 19 Denn es ist Gnade, wenn jemand Schweres geduldig

Geist Gottes: Kraft, durch die Gott in der Welt wirkt.

heilige Priesterschaft: Als Haus Gottes wird die Gemeinde in diesem Vers mit dem Tempel gleichgesetzt, zu dem Priester gehören, die für den richtigen Ablauf des Gottesdienstes sorgen. Diese Aufgabe wird nun auf die gesamte Gemeinde übertragen.

Zion: Tempelberg von Jerusalem, aber auch Bezeichnung für die ganze Stadt.

Grundstein: Fundamentstein, der für das Bauwerk unverzichtbar ist.

Welt, diese Welt: Die von griechischer Kultur geprägte Umwelt der frühen Gemeinden, die sich nicht an christlichen Maßstäben orientierte.

Tag des Gerichts: Der Tag, an dem Christus wiederkommt. Dann hält Gott Gericht und sein Reich bricht endgültig an.

Herr: Titel für Jesus Christus. Im griechischen Alten Testament steht das Wort »Herr« an den Stellen, an denen im hebräischen Text der Gottesname steht. Wenn Jesus Christus so genannt wird, kommt darin zum Ausdruck: In ihm begegnet Gott selbst den Menschen.

Diener Gottes: Bezeichnung für eine Person, die Gott als ihren Herrn anerkennt. Sie handelt in seinem Namen, ist aber auch abhängig von ihm.

Christus hat für euch gelitten: Anspielung auf den Tod von Jesus Christus am Kreuz.

Richter: Als Herrscher über die ganze Welt ist Gott der Richter, der am Ende der Zeit ein Urteil über sie spricht.

Sünden: Konkrete Verfehlungen, die von Gott trennen und das Gewissen belasten können.

Holz: Bild für das Kreuz, an dem Jesus Christus gestorben ist.

Frauen: Die folgenden Aussagen spiegeln die römische Gesellschaft wider. Hier sind vor allem Christinnen angesprochen, die mit Männern verheiratet sind, die nicht an Jesus Christus glauben.

das Wort: Gottes Versprechen, dass die Menschen durch Tod und Auferstehung von Christus mit Gott versöhnt sind.

Sara: Frau von Abraham und Mutter von Isaak, vgl. 1. Mose/Genesis 12–23.

Gnade: Liebevolle Zuwendung Gottes, die er den Menschen ohne Vorbedingung schenkt.

ewiges Leben: Leben im Reich Gottes und in unmittelbarer Gemeinschaft mit Gott nach der Auferstehung vom Tod.

Segen, segnen: Wer einen anderen Menschen segnet, bittet Gott, dem Gesegneten Kraft, Leben und Wohlergehen zu schenken.

erträgt und sogar zu Unrecht leidet. Das ist möglich, weil er weiß, dass er in seinem Gewissen Gott verpflichtet ist. [20] Welchen Ruhm soll es euch denn einbringen, wenn ihr Unrecht tut und die Schläge dafür aushaltet? Aber wenn ihr Gutes tut und deswegen Leiden ertragt, dann ist das eine Gnade von Gott. [21] Dazu hat er euch nämlich berufen, denn auch Christus hat für euch gelitten. Christus hat euch ein Beispiel gegeben, damit ihr seinen Spuren folgt. [22] Er hat keine Sünden begangen und keine Lüge kam aus seinem Mund. [23] Er wurde beschimpft, aber er gab es nicht zurück. Er litt, aber er drohte nicht mit Vergeltung. Vielmehr übergab er seine Sache dem gerechten Richter. [24] Christus selbst hat unsere Sünden mit seinem eigenen Leib hinaufgetragen an das Holz. Dadurch sind wir für die Sünde tot und können für die Gerechtigkeit leben. Durch seine Wunden seid ihr geheilt worden. [25] Ihr wart wie Schafe, die sich verirrt hatten. Aber jetzt seid ihr zurückgekehrt zu eurem Hirten, der euch beschützt.

Anweisungen für Eheleute

3 [1] Ebenso sollt ihr Frauen euch euren Männern unterordnen. Dann kann die Lebensführung der Frauen viel bewirken: Sie kann ohne ein Wort die Männer gewinnen, die bisher nicht auf das Wort hören wollten. [2] Was sie überzeugt, ist eure vorbildliche Lebensführung. Sie ist von der Ehrfurcht vor Gott geprägt. [3] Schmückt euch nicht äußerlich, indem ihr euer Haar aufwendig flechtet, Goldschmuck anlegt und kostbare Kleider anzieht. [4] Sondern schmückt euch mit dem, was im Herzen verborgen ist: Ein freundliches und ruhiges Wesen ist der unvergängliche Schmuck, der in Gottes Augen wertvoll ist. [5] So haben sich früher die heiligen Frauen geschmückt, die ihre Hoffnung auf Gott gesetzt haben: Sie ordneten sich ihren Männern unter. [6] Sara hörte auf Abraham und nannte ihn »Herr«. Erweist euch als ihre Töchter, indem ihr rechtschaffen seid und euch durch keine Drohung einschüchtern lasst.

[7] Ebenso sollt ihr Männer euch verhalten: Geht verständnisvoll mit euren Frauen um, denn sie haben den schwächeren Körper. Bringt ihnen Achtung entgegen. Sie haben mit euch Anteil an der Gnade Gottes, die das ewige Leben schenkt. So steht euren gemeinsamen Gebeten nichts im Weg.

Gutes statt Böses tun

[8] Schließlich bitte ich euch: Seid untereinander einig, mitfühlend, voll Liebe den anderen Brüdern und Schwestern gegenüber, barmherzig und bescheiden. [9] Zahlt Böses nicht mit Bösem heim oder eine Beleidigung mit einer Beleidigung. Stattdessen sollt ihr segnen. Denn Gott hat euch dazu berufen, seinen Segen zu empfangen.

[10] Wer sich am Leben freuen und gute Tage sehen will, soll seine Zunge hüten. Nichts Böses darf aus seinem Mund kommen und keine Lüge über seine Lippen. [11] Er soll sich vom Bösen abwenden

und Gutes tun. Frieden soll er suchen und sich dafür einsetzen.
12 Denn die Augen des Herrn ruhen auf dem Gerechten und ihrem
Gebet schenkt er sein Ohr. Aber er wendet sich gegen alle, die Böses
tun.

Das christliche Leben im Leiden 3,13–4,19

Leiden für die Gerechtigkeit

13 Wer kann euch etwas Böses antun, wenn ihr euch leidenschaft-
lich für das Gute einsetzt? 14 Glückselig seid ihr, auch wenn ihr für
die Gerechtigkeit leiden müsst. Fürchtet euch nicht vor den Dro-
hungen der Menschen und lasst euch nicht erschrecken. 15 Macht
vielmehr in eurem Leben deutlich, dass der Herr, Christus, heilig ist.
Seid jederzeit bereit, Rechenschaft abzulegen über die Hoffnung,
von der ihr erfüllt seid. Denn immer wieder wird man euch auffor-
dern, dafür Rede und Antwort zu stehen. 16 Antwortet freundlich
und in Ehrfurcht vor Gott, denn ihr habt ein gutes Gewissen. Dann
müssen sich alle schämen, die euch in Verruf gebracht haben. Denn
sie reden schlecht über euch, obwohl ihr ein rechtschaffenes Leben
in Verbundenheit mit Christus führt. 17 Es ist jedenfalls besser, für
gute Taten zu leiden als für schlechte Taten – wenn Gott will, dass
ihr leidet.

Christus ist Grund für die Hoffnung

18 Christus hat *einmal* für die Sünden gelitten: Der Gerechte litt
für die Ungerechten. So sollte er euch zu Gott führen: Sein Körper
wurde zwar am Kreuz getötet, aber durch den Geist Gottes wurde
er wieder lebendig. 19 Dabei ging er auch zu den Geistern ins Gefäng-
nis und verkündete die Gute Nachricht. 20 Sie waren einst ungehor-
sam gewesen. Damals wartete Gott geduldig ab, während Noah die
Arche baute. In ihr wurden nur wenige vor dem Wasser gerettet,
nämlich acht Menschen. 21 Das ist das Gegenbild zum Wasser der
Taufe, die euch jetzt rettet. Bei der Taufe wird nicht Schmutz vom
Körper gewaschen. Vielmehr ist sie die an Gott gerichtete Bitte um
ein reines Gewissen. Sie rettet uns durch die Auferstehung von Je-
sus Christus. 22 Der sitzt an der rechten Seite Gottes, nachdem er in
den Himmel aufgestiegen ist. Engel, Gewalten und Mächte sind ihm
unterstellt.

Leben, wie es Gott gefällt

4 1 Weil Christus am eigenen Leib gelitten hat, müsst auch ihr
euch seine Haltung aneignen. So seid ihr innerlich vorbereitet.
Denn wer seinetwegen am eigenen Leib gelitten hat, der hat Ruhe
vor der Sünde. 2 Dann gehorcht er für den Rest seines Lebens nicht
mehr den menschlichen Begierden. Sondern er wird tun, was dem
Willen Gottes entspricht. 3 In der Vergangenheit habt ihr lange genug

Gerechte: Menschen, die Gottes Gebote befolgen, sodass das Leben in Gemeinschaft miteinander gelingt.

Herr: Titel für Jesus Christus. Im griechischen Alten Testament steht das Wort »Herr« an den Stellen, an denen im hebräischen Text der Gottesname steht. Wenn Jesus Christus so genannt wird, kommt darin zum Ausdruck: In ihm begegnet Gott selbst den Menschen.

Christus: Bedeutet übersetzt »der Gesalbte«. Im Alten Testament werden Könige, aber auch Propheten und Priester bei Amtsantritt gesalbt. Später wird der von Gott zum Herrscher der Welt bestimmte Retter so genannt. Im Neuen Testament ist das Jesus.

Geister: Nach Vers 20 könnten die Menschen gemeint sein, die bei der Flut getötet wurden.

Arche: Bezeichnung für das kastenartige Schiff, in dem die Familie Noahs und die Tiere vor der Sintflut gerettet wurden; vgl. 1. Mose/Genesis 6,9–9,17.

taufen: Wörtlich »(in Wasser) eintauchen«. Die Handlung steht zeichenhaft für das Abwaschen von Schuld und Sünde.

Sünde: Die Trennung des Menschen von Gott, seinem Schöpfer. Sie führt dazu, dass der Mensch sein Leben nicht nach Gottes Willen ausrichten kann.

Götze: Abfällige Bezeichnung für eine fremde Gottheit oder ihr Standbild.

Gericht, verurteilen: Als Herrscher über die ganze Welt ist Gott der Richter, der am Ende der Zeit ein Urteil über sie spricht.

Gute Nachricht: Wörtliche Übersetzung von »Evangelium«. Botschaft, dass die Menschen durch Tod und Auferstehung von Christus mit Gott versöhnt sind.

ewiges Leben: Leben im Reich Gottes und in unmittelbarer Gemeinschaft mit Gott nach der Auferstehung vom Tod.

Ende aller Dinge: Der Tag, an dem Christus wiederkommt. Dann hält Gott Gericht und sein Reich bricht endgültig an.

Wort Gottes: Gottes Versprechen, dass die Menschen durch Tod und Auferstehung von Christus mit Gott versöhnt sind.

Herrlichkeit: Bezeichnet das, was einer Person Ansehen und Macht verleiht. Gottes Herrlichkeit stellt man sich auch als strahlenden Lichtglanz vor.

bei seinem eigenen Haus: In 1. Petrus 2,5 wird die Gemeinde selbst als Haus Gottes bezeichnet.

Frevler: Menschen, die Gottes Gebote missachten und ihre eigenen Interessen gewaltsam durchsetzen.

getan, was Menschen tun, die Gott nicht kennen. Ihr habt ein Leben
voller Zügellosigkeit geführt und euren Begierden nachgegeben. Ihr
habt euch regelmäßig betrunken, habt Ess- und Trinkgelage abge-
halten und in schändlicher Weise Götzen verehrt. [4] Jetzt wundern
sich die Leute, dass ihr bei ihrem zügellosen Treiben nicht mehr mit-
macht. Sie lästern über euch. [5] Aber sie werden Rechenschaft ablegen
müssen – vor dem, der schon bereitsteht Gericht zu halten über die
Lebenden und die Toten. [6] Dazu wurde auch den bereits Verstorbe-
nen die Gute Nachricht verkündet. Sie werden zwar für ihre Taten
verurteilt, wie es für Menschen angemessen ist. Aber durch den
Geist Gottes sollen sie das Leben haben, so wie es dem Willen Got-
tes entspricht.

Gute Verwalter der Gaben Gottes

[7] Das Ende aller Dinge ist nahe. Seid besonnen und bewahrt einen
klaren Kopf, damit ihr beten könnt. [8] Haltet vor allem mit Ausdauer
an der Liebe zueinander fest! Denn die Liebe deckt viele Sünden zu.
[9] Seid gastfreundlich untereinander, ohne euch zu beklagen. [10] Dient
einander – jeder mit der Gabe, die er erhalten hat. So erweist ihr euch
als gute Verwalter der Gnade, die Gott vielfältig schenkt. [11] Wenn je-
mand in Gottes Auftrag redet, soll er nur das Wort Gottes weiterge-
ben. Wenn jemand dient, soll er das aus der Kraft heraus tun, die Gott
gibt. So soll in allem, was ihr sagt und tut, Gott durch Jesus Christus
verherrlicht werden. Ihm gehören Herrlichkeit und Macht für im-
mer und ewig. Amen.

Mit Christus leiden

[12] Meine Lieben! Wundert euch nicht darüber, dass ihr auf die Probe
gestellt werdet. Das ist nichts Ungewöhnliches, auch wenn es wie
ein Feuer über euch hereinbricht. [13] Freut euch vielmehr, dass ihr
dadurch am Leiden von Christus Anteil habt. Denn dann könnt
ihr auch vor Freude jubeln, wenn seine Herrlichkeit offenbar wird.
[14] Glückselig seid ihr, wenn ihr beschimpft werdet, weil ihr zu Chris-
tus gehört. Denn dann ruht der Geist der Herrlichkeit auf euch, das
ist der Geist Gottes. [15] Es geht nicht darum, dass jemand leidet, weil
er ein Mörder, Dieb oder Verbrecher ist – oder dass er etwas unter-
schlägt oder veruntreut. [16] Wenn er aber leidet, weil er Christ ist, soll
er sich nicht schämen. Vielmehr soll er damit Gott verherrlichen.
[17] Denn die Zeit ist da, in der das Gericht Gottes beginnt – und zwar
bei seinem eigenen Haus. Was bei uns geschieht, ist also nur der An-
fang. Wie wird dann erst das Ende von denen aussehen, die die Gute
Nachricht von Gott nicht glauben? [18] So heißt es: »Der Gerechte wird
nur mit Mühe gerettet. Wo werden dann aber die Frevler und Sün-
der sein?« [19] Darum gilt für die, die nach dem Willen Gottes leiden: Sie
sollen ihr Leben dem treuen Schöpfer anvertrauen und dabei recht-
schaffen sein.

Briefschluss 5,1-14

Leiten und Dienen in der Gemeinde

5 1 Ich bin ein Gemeindeältester und ein Zeuge für die Leiden
von Christus. Deshalb habe ich auch Anteil an der Herrlichkeit,
die bald offenbar werden wird. Nun ermahne ich die Gemeinde-
ältesten unter euch: 2 Leitet die euch anvertraute Gemeinde Gottes
wie ein Hirte seine Herde! Achtet auf sie. Tut dies nicht aus Zwang,
sondern freiwillig. Denn so gefällt es Gott. Handelt dabei nicht aus
schändlicher Gewinnsucht, sondern tut das bereitwillig. 3 Spielt euch
in eurer Gemeinde nicht als Herrscher auf, sondern seid Vorbilder für
die Herde. 4 Wenn dann der oberste Hirte erscheint, werdet ihr den
Siegeskranz empfangen, dessen Herrlichkeit unvergänglich ist.
5 Ebenso ermahne ich euch Jüngere: Ordnet euch den Gemeinde-
ältesten unter. Für euch alle gilt: Euer Umgang miteinander soll von
Demut geprägt sein. Denn Gott stellt sich den Hochmütigen entge-
gen, aber den Bedürftigen schenkt er seine Gnade. 6 Beugt euch also
demütig unter Gottes starke Hand. Dann wird er euch groß machen,
wenn die Zeit dafür gekommen ist. 7 Alle eure Sorge werft auf ihn,
denn er sorgt für euch.

Abschließende Ermahnungen

8 Bewahrt einen klaren Kopf, seid wachsam! Euer Feind, der Teufel,
streift wie ein brüllender Löwe umher. Er sucht jemanden, den er
verschlingen kann. 9 Leistet ihm Widerstand, indem ihr am Glauben
festhaltet! Ihr wisst, dass eure Brüder und Schwestern in dieser Welt
die gleichen Leiden ertragen müssen. 10 Gott hat euch in seiner gro-
ßen Gnade zu seiner ewigen Herrlichkeit berufen. In der Gemein-
schaft mit Christus habt ihr Teil daran. Nur für eine kurze Zeit müsst
ihr leiden. Dann wird er euch wieder aufrichten und stärken, euch
Kraft verleihen und euch Halt geben. 11 Ihm gehört die Macht für
immer und ewig. Amen.

Grüße und Segen

12 Diesen kurzen Brief habe ich euch mithilfe von Silvanus geschrie-
ben. Ich schätze ihn als einen treuen Bruder. Mit dem Brief wollte ich
euch ermutigen und bezeugen: Was ihr jetzt erlebt und ertragt, ist die
wahre Gnade Gottes. An ihr sollt ihr festhalten.
13 Es grüßt euch die Gemeinde in Babylon, die wie ihr zu den Er-
wählten gehört. Auch mein Sohn Markus lässt euch grüßen. 14 Grüßt
euch untereinander mit dem Kuss, der eure geschwisterliche Liebe
zueinander ausdrückt. Friede sei mit euch allen, die ihr zu Christus
gehört!

Zeuge für die Leiden von Christus: Petrus, unter dessen Namen der Petrusbrief verfasst ist, war einer der Jünger, die Jesus begleiteten und denen er sich nach seiner Auferstehung zeigte; vgl. Lukas 22–24.

Gemeindeälteste: Leitungsamt in frühchristlichen Gemeinden, das meistens von älteren Männern ausgeübt wurde.

Hirte: Verantwortlich für den Schutz und Bestand der Herde. In der Antike steht das Hirtenbild oft für den König oder für Gott.

Satan, Teufel: Gegenspieler Gottes. Er versucht, die Menschen zu einem Verhalten zu bewegen, das Gottes Willen widerspricht.

Welt, diese Welt: Die von griechischer Kultur geprägte Umwelt der frühen Gemeinden, die sich nicht an christlichen Maßstäben orientierte.

Babylon: Hauptstadt der Babylonier, die 586 v. Chr. Jerusalem zerstörten. Sie steht im Neuen Testament sinnbildlich für das Römische Reich. Menschen, die an Christus glaubten, sahen sich von dieser Großmacht verfolgt und unterdrückt.

Sohn: Damals übliche Bezeichnung für einen engen Mitarbeiter oder Schüler.

Der zweite Brief von Petrus

Briefanfang 1,1-15

Absender und Empfänger

1 1 Simon Petrus, Diener und Apostel von Jesus Christus.
An alle, die durch die Gerechtigkeit unseres Gottes und Ret-
ters Jesus Christus den Glauben empfangen haben – den gleichen
wertvollen Glauben wie wir, die Apostel.
2 Ich wünsche euch Gnade und Frieden in immer größerem Maß.
Sie werden euch zuteil durch die Erkenntnis Gottes und unseres
Herrn Jesus.

Leben, wie es dem Glauben entspricht

3 Seiner göttlichen Macht verdanken wir alles, was wir zum Leben
und zur Ausübung des Glaubens benötigen. Wir haben alles dadurch
geschenkt bekommen, dass wir ihn erkannt haben: unseren Herrn
Jesus Christus, der uns durch seine wunderbare Kraft berufen hat.
4 Durch sie sind uns wertvolle und überaus große Versprechen gege-
ben: Durch sie sollt ihr Anteil bekommen an der göttlichen Unsterb-
lichkeit. Aber zuvor müsst ihr dem Verderben entkommen, das durch
die Begierde in dieser Welt verursacht wird.
5 Bemüht euch deshalb nach Kräften, dass zu eurem Glauben das
richtige Verhalten kommt. Zum richtigen Verhalten soll die Erkennt-
nis kommen, 6 zur Erkenntnis die Selbstbeherrschung, zur Selbstbe-
herrschung die Standhaftigkeit, zur Standhaftigkeit die Ausübung
des Glaubens, 7 zur Ausübung des Glaubens die geschwisterliche
Liebe und zur geschwisterlichen Liebe die Liebe überhaupt. 8 Seht zu,
dass es dies alles bei euch gibt und dass es immer mehr wird. Dann
werdet ihr auch nicht untätig und erfolglos sein in der Erkennt-
nis unseres Herrn Jesus Christus. 9 Doch wer dies alles nicht hat, ist
blind vor Kurzsichtigkeit. Er hat vergessen, dass er gereinigt worden
ist von seinen früheren Sünden.
10 Bemüht euch deshalb nach Kräften, liebe Brüder und Schwes-
tern, eure Berufung und Erwählung zu festigen. Wenn ihr das tut,
werdet ihr niemals zu Fall kommen. 11 Dann wird euch in herrlicher
Weise Zugang gewährt zum ewigen Reich unseres Herrn und Ret-
ters Jesus Christus.

Das Anliegen des Apostels

12 Darum will ich euch immer wieder an das Gesagte erinnern – auch
wenn ihr schon alles wisst und an der Wahrheit festhaltet, die euch
verkündet wurde. 13 Aber ich halte es für richtig, euch durch die

Petrus: Beiname eines Jüngers von Jesus, der übersetzt »Fels« bedeutet. Der volle Name lautet Simon Petrus.

Diener von Christus: Bezeichnung für eine Person, die Christus als ihren Herrn anerkennt. In seinem Auftrag und mit seiner Vollmacht verkündet sie das Wort Gottes.

Apostel: Wörtlich »Ausgesandte«. Menschen, die dazu berufen sind, die Gute Nachricht von Jesus Christus zu verkünden. Im engeren Sinn die zwölf Jünger von Jesus, die ihn während seines Lebens begleiteten.

Ausübung des Glaubens: Gebet, Gottesdienst und eine Lebensführung, die dem Willen Gottes und dem Glauben an Christus entspricht.

Herr: Anrede und Bezeichnung für Jesus. Sie bringt zum Ausdruck, dass man sich in seinen Dienst stellt.

Welt, diese Welt: Die von griechischer Kultur geprägte Umwelt der frühen Gemeinden, die sich nicht an christlichen Maßstäben orientierte.

geschwisterlich: In den Gemeinden war es üblich, sich mit »Bruder« oder »Schwester« anzureden.

Sünden: Konkrete Verfehlungen, die von Gott trennen und das Gewissen belasten können.

Erinnerung daran wachzuhalten – solange ich noch bei euch lebe, in
meinem Körper, der so vergänglich ist wie ein Zelt. 14 Ich weiß aber,
dass mein Zelt bald abgebrochen wird. So hat es mir unser Herr Jesus Christus angekündigt. 15 Ich aber will dafür sorgen, dass ihr euch
jederzeit an das Gesagte erinnern könnt – auch dann noch, wenn ich
von euch gegangen bin.

Die Verteidigung des Glaubens 1,16–3,13

Propheten und Apostel bezeugen, dass Christus wiederkommen wird

16 Wir haben euch ja angekündigt, dass unser Herr Jesus Christus
machtvoll wiederkommen wird. Und dabei haben wir uns nicht auf
ausgeklügelte, erfundene Geschichten gestützt. Sondern wir haben
mit eigenen Augen seine wahre Größe gesehen. 17 Von Gott, dem Vater, empfing er seine Ehre und Herrlichkeit – aus der majestätischen
Herrlichkeit Gottes kam eine Stimme zu ihm, die sagte: »Das ist mein
geliebter Sohn, an ihm habe ich Freude.« 18 Diese Stimme haben wir
selbst gehört. Sie kam vom Himmel her, als wir mit Jesus auf dem
heiligen Berg waren.
19 So gewinnen die prophetischen Worte für uns noch an Zuverlässigkeit. Und ihr tut gut daran, dass ihr darauf achtet. Denn diese
Worte sind wie ein Licht, das an einem finsteren Ort brennt – bis der
Tag anbricht und der Morgenstern in eurem Herzen aufgeht. 20 Ihr
sollt vor allem eines wissen: Kein prophetisches Wort aus der Heiligen Schrift lässt eine eigenmächtige Deutung zu. 21 Denn keines
dieser Worte wurde jemals verkündet, weil ein Mensch es so gewollt
hätte. Vielmehr waren Menschen vom Geist Gottes ergriffen und haben in seinem Auftrag geredet.

Das Gericht über die falschen Lehrer

2 1 Wie im Volk Israel falsche Propheten aufgetreten sind, werden auch bei euch falsche Lehrer auftreten. Sie werden unter
der Hand Lehren einführen, die den Untergang bringen. Außerdem
begehen sie Verrat an ihrem wahren Herrscher, der sie freigekauft
hat. Damit bereiten sie sich schnell selbst den Untergang. 2 Viele werden ihnen in ihrem zügellosen Leben folgen. Dadurch werden sie
den Weg der Wahrheit in Verruf bringen. 3 Aus Habgier werden sie
versuchen, euch mit Lügengeschichten zu ködern. Das Urteil über
sie ist schon längst wirksam, und ihr Untergang steht unmittelbar
bevor.
4 Gott verschonte ja auch die Engel nicht, die Unrecht getan hatten. Er legte sie in Ketten, die in der Finsternis angebracht sind, und
übergab sie damit der Unterwelt. Dort werden sie bis zum Gericht
gefangen gehalten. 5 Ebenso wenig verschonte er die vorige Welt.
Über diese gottlose Welt ließ er die Sintflut hereinbrechen. Nur acht

Jesus Christus: Der Name ist zugleich ein Bekenntnis. Wer Jesus als Christus anerkennt, glaubt an ihn als Retter und Erlöser der Welt.

die sagte: Die folgenden Worte finden sich in der Erzählung von der Taufe von Jesus in Markus 1,11 und in Markus 9,7. Auf diese Erzählung wird in Vers 18 Bezug genommen.

prophetische Worte: Christen lesen bestimmte Texte aus dem Alten Testament als Ankündigung für das Schicksal von Jesus Christus. Ein zentraler Text ist beispielsweise Jesaja 52,13–53,12.

falscher Prophet: Gibt vor, im Auftrag Gottes zu reden, und verführt seine Mitmenschen so zu falschem Tun. Kritik an falschen Propheten findet sich im Alten Testament beispielsweise in Jeremia 23,9-40.

Engel: Hier Bezeichnung für die »Gottessöhne« aus 1. Mose/Genesis 6,1-4. Texte außerhalb der Bibel kennen weitere Erzählungen zu diesen Figuren.

Unterwelt: Anderes Wort für die Hölle, den Strafort für die Gottlosen.

vorige Welt: Meint die Welt vor der Sintflut, von der in 1. Mose/Genesis 6,5–9,29 erzählt wird. In der Sintflut vernichtete Gott wegen der Bosheit der Menschen alles, was er geschaffen hatte.

Menschen bewahrte er. Einer davon war Noah, der dazu aufgerufen hatte, Gottes Gebote zu halten.

6 Auch die Städte Sodom und Gomorra verurteilte Gott zum Untergang. Er legte sie in Schutt und Asche. Damit zeigte er allen ein warnendes Beispiel für das, was den Frevlern bevorsteht. 7 Er rettete nur Lot, der Gottes Gebote hielt. Der hatte schwer zu leiden unter der zügellosen Lebensführung der Frevler. 8 Denn er wohnte als Gerechter mitten unter ihnen. So musste er Tag für Tag ihr unrechtes Tun ansehen und anhören. Das quälte den gerechten Mann sehr.

9 All das zeigt: Der Herr wird die Frommen retten, wenn sie auf die Probe gestellt werden. Aber bei denen, die Unrecht tun, wartet er mit der Strafe bis zum Tag des Gerichts. 10 Das gilt besonders für diejenigen, die aus schmutziger Begierde ihrer menschlichen Natur folgen. Damit missachten sie auch Gottes Herrschaftsanspruch. Frech und selbstgefällig, wie sie sind, schrecken sie nicht einmal davor zurück, die himmlischen Mächte herabzusetzen. 11 Dabei sind sogar die Engel zurückhaltender, die ihnen an Kraft und Macht doch weit überlegen sind. Sie setzen nicht einmal die herab, gegen die sie ein Urteil beim Herrn vorbringen.

Das gottlose Verhalten der falschen Lehrer

12 Aber diese Menschen sind wie vernunftlose Tiere – von Natur aus dazu geboren, eingefangen zu werden und zugrunde zu gehen. Sie setzen alles herab, von dem sie nichts verstehen. Wie jene Tiere dazu bestimmt sind, zugrunde zu gehen, werden auch sie zugrunde gehen. 13 So erhalten sie den entsprechenden Lohn für das Unrecht, das sie tun.

Für sie ist es ein Genuss, schon am hellen Tag im Luxus zu schwelgen. Sie sind Schmutz- und Schandflecken! Ja, sie schwelgen regelrecht in ihrem Betrug, wenn sie zusammen mit euch das Mahl halten. 14 Ihre Augen suchen ständig nach einer Frau, mit der sie Ehebruch begehen können. Sie hören nicht damit auf, Schuld auf sich laden. Sie werfen ihren Köder aus nach Menschen, die noch nicht im Glauben gefestigt sind. Sie haben ein Herz, das in Habgier geübt ist. Der Fluch soll sie treffen!

15 Sie haben den geraden Weg verlassen und sind in die Irre gegangen. Denn sie folgten dem Weg von Bileam, dem Sohn des Beor. Ihm ging es nur um den Lohn für das Unrecht, das er tat. 16 Aber er wurde für sein Vergehen zurechtgewiesen. Ein Esel, der ja eigentlich gar nicht reden kann, sprach mit menschlicher Stimme zu ihm. Dadurch hielt er den Propheten von seinem wahnsinnigen Vorhaben ab.

17 Diese Menschen sind wie Quellen ohne Wasser, wie Nebelschwaden, die der Sturm vor sich hertreibt. Auf sie wartet die schwärzeste Finsternis. 18 Sie nehmen große Worte in den Mund, doch es ist alles nur sinnloses Geschwätz. Ihre menschlichen Begierden leben sie zügellos aus. Damit werfen sie den Köder aus nach Menschen,

Sodom, Gomorra: Die Städte wurden vernichtet, weil ihre Bewohner sich von Gott abgewandt hatten; vgl. 1. Mose/Genesis 19.

Frevler: Menschen, die Gottes Gebote missachten und ihre eigenen Interessen gewaltsam durchsetzen.

Lot: Neffe von Abraham. Lebte in der Stadt Sodom und wurde bei der Vernichtung der Stadt von Gott gerettet.

Fromme: Menschen, die Jesus Christus als ihren Herrn anerkennen und ihr Leben nach ihm ausrichten.

Tag des Gerichts: Der Tag, an dem Christus wiederkommt. Dann hält Gott Gericht und sein Reich bricht endgültig an.

Mahlfeier: Bezeichnung für die Feier des Abendmahls.

Schuld: Konkrete Verfehlungen, die von Gott trennen und das Gewissen belasten können.

Herz: Sitz des Verstandes und des Willens.

Bileam: 4. Mose/Numeri 22–24 erzählt, dass er von König Balak beauftragt wurde, das Volk Israel zu verfluchen. Vor diesem Hintergrund entwickelte sich die Figur des Bileam zum Sinnbild für einen gottlosen Menschen.

die gerade erst denen entkommen sind, die im Irrtum leben. 19 Sie ver-
sprechen ihnen Freiheit, obwohl sie selbst Sklaven des Verderbens
sind. Denn von wem man besiegt wird, dessen Sklave ist man. 20 Sie
waren zwar schon einmal der Verdorbenheit dieser Welt entkom-
men. Denn sie hatten den Herrn und Retter Jesus Christus erkannt.
Aber dann haben sie sich wieder darin verstrickt und sich davon be-
siegen lassen. So steht es am Ende schlimmer um sie als am Anfang.
21 Es wäre besser für sie gewesen, wenn sie den Weg der Gerechtig-
keit nicht gekannt hätten. Jetzt haben sie ihn erkannt – und dennoch
haben sie sich von der heiligen Lehre abgewandt, die ihnen überlie-
fert ist. 22 Auf sie trifft das Sprichwort zu: »Ein Hund frisst wieder, was
er erbrochen hat.« Und: »Nach dem Baden wälzt sich ein Schwein
wieder im Dreck.«

Die Gewissheit, dass Christus wiederkommen wird

3 1 Ihr Lieben, das ist schon der zweite Brief, den ich euch schreibe.
Mit beiden möchte ich euch wachhalten, indem ich euch an die
richtige Einstellung erinnere. 2 Erinnert euch an das, was die heiligen
Propheten einst vorhergesagt haben – und ebenso an die Lehre des
Herrn und Retters, die euch durch eure Apostel überliefert wurde.
3 Ihr sollt vor allem eines wissen: In den letzten Tagen werden Men-
schen auftreten, die dafür nur Spott und Hohn übrighaben. Sie folgen
nur ihren eigenen Begierden. 4 Und sie werden sagen: »Was ist mit
dem Versprechen, dass Jesus Christus wiederkommt? Inzwischen
sind unsere Väter gestorben. Doch es ist immer noch alles so, wie es
vom Anfang der Schöpfung an war.« 5 Wer das behauptet, der über-
sieht eines: Es gab schon einmal einen Himmel und eine Erde. Gott
hat sie durch sein Wort aus dem Wasser geschaffen. Und durch Was-
ser werden sie auf sein Wort hin zusammengehalten. 6 Durch beide,
sein Wort und das Wasser, wurde diese Welt vernichtet, als sie vom
Wasser überflutet wurde. 7 Der jetzige Himmel und die jetzige Erde
werden durch dasselbe Wort bewahrt. So werden sie aufbewahrt für
das Feuer am Tag des Gerichts – dem Tag des Verderbens für die gott-
losen Menschen.
8 Ihr dürft aber eines nicht vergessen, meine Lieben: *Ein* Tag ist für
den Herrn wie tausend Jahre, und tausend Jahre sind für ihn wie *ein*
Tag. 9 Der Herr zögert nicht, sein Versprechen zu erfüllen, auch wenn
einige das meinen. Vielmehr hat er Geduld mit euch. Denn er will
nicht, dass jemand zugrunde geht. Im Gegenteil: Er will, dass alle ihr
Leben ändern.

Bereit sein für den Tag des Herrn

10 Der Tag des Herrn kommt wie ein Dieb. Dann wird der Himmel in
tosendem Lärm vergehen. Die Himmelskörper werden im Feuer ver-
glühn. Und die Erde mit allem, was auf ihr lebt, wird aufhören zu sein.
11 Wenn alles auf diese Weise vergeht, dann bedeutet das für euer Le-
ben jetzt: Es muss von Heiligkeit geprägt sein und von der Ausübung

Welt, diese Welt: Die von griechischer Kultur geprägte Umwelt der frühen Gemeinden, die sich nicht an christlichen Maßstäben orientierte.

Herr: Anrede und Bezeichnung für Jesus. Sie bringt zum Ausdruck, dass man sich in seinen Dienst stellt.

gerecht, Gerechtigkeit: Meint ein Leben nach dem Willen Gottes.

heilige Propheten: Bezeichnung für die Propheten des Alten Testaments.

Apostel: Wörtlich »Ausgesandte«. Menschen, die dazu berufen sind, die Gute Nachricht von Jesus Christus zu verkünden. Im engeren Sinn die zwölf Jünger von Jesus, die ihn während seines Lebens begleiteten.

letzte Tage: Die Tage, bevor Christus wiederkommt. Sie sind eine Zeit von Angst und Schrecken, bevor mit dem Gericht Gottes über die Welt endgültig das Reich Gottes anbricht.

diese Welt wurde vernichtet: 1. Mose/Genesis 6,5-8 erzählt, dass die Bosheit der Menschen, die auf der Erde lebten, überhand nahm. Deshalb ließ Gott fast alle Lebewesen in der Sintflut umkommen.

heilig: Menschen oder Dinge, die zu Gott gehören und mit ihm in Verbindung stehen.

des Glaubens. 12 Wartet darauf, dass der Tag Gottes kommt. Setzt al-
les daran, seine Ankunft zu beschleunigen! An diesem Tag wird der
Himmel im Feuer vergehen. Und die Himmelskörper werden in der
Gluthitze schmelzen. 13 Doch dann erwarten wir einen neuen Him-
mel und eine neue Erde, wie Gott sie uns versprochen hat. In ihnen
wird Gerechtigkeit herrschen.

Briefschluss 3,14-18

Die Briefe der Apostel richtig verstehen

14 Ihr Lieben, das ist es doch, worauf ihr wartet. Bemüht euch also
nach Kräften, vor ihm makellos und fehlerlos zu erscheinen, damit
ihr Frieden findet. 15 Begreift doch, dass die Geduld unseres Herrn
eure Rettung bedeutet. Das hat auch unser lieber Bruder Paulus ge-
schrieben, dem Gott so viel Weisheit geschenkt hat. 16 In allen seinen
Briefen spricht er ja davon. Manches darin ist allerdings schwer zu
verstehen. Das werden die verdrehen, die nichts davon verstehen
und die im Glauben nicht gefestigt sind. So werden sie es auch mit
den anderen Schriften machen – zu ihrem eigenen Verderben.

Abschließende Ermahnungen und Lobpreis

17 Meine Lieben, ihr wisst das alles jetzt im Voraus. Gebt also acht!
Lasst euch vom Irrtum dieser Frevler nicht mitreißen und verliert
nicht euren sicheren Halt. 18 Wachst vielmehr in der Gnade und Er-
kenntnis, die unser Herr und Retter Jesus Christus schenkt.

Er regiert in Herrlichkeit, jetzt und bis zu dem Tag, an dem die Ewigkeit anbricht.

Ausübung des Glaubens: Gebet, Gottesdienst und eine Lebensführung, die dem Willen Gottes und dem Glauben an Christus entspricht.

Frieden: Umfassender Zustand von Glück und Wohlergehen des Einzelnen und der Gemeinschaft, der aus der Beziehung mit Gott hervorgeht.

Paulus: Bedeutender Apostel, der die Gute Nachricht, dass die Menschen durch Tod und Auferstehung von Christus mit Gott versöhnt sind, im Mittelmeerraum bekannt machte.

Frevler: Menschen, die Gottes Gebote missachten und ihre eigenen Interessen gewaltsam durchsetzen.

Gnade: Liebevolle Zuwendung Gottes, die er den Menschen ohne Vorbedingung schenkt.

Jesus Christus: Der Name ist zugleich ein Bekenntnis. Wer Jesus als Christus anerkennt, glaubt an ihn als Retter und Erlöser der Welt.

Der erste Brief von Johannes

Briefanfang 1,1-4

Das Wort, das Leben bringt

1 1 Was von Anfang an gegeben war, war das Wort, das Leben
bringt. Wir haben es gehört. Wir haben es mit eigenen Augen
gesehen. Wir haben es angeschaut und mit eigenen Händen berührt.
2 Ja, das Leben selbst ist sichtbar geworden, und wir haben es gesehen.
Wir bezeugen es und verkünden es euch: das ewige Leben, das beim
Vater war und für uns sichtbar wurde. 3 Wir haben es gesehen und
gehört und verkünden es auch euch. Dadurch sollt auch ihr mit uns
Gemeinschaft haben. Die Gemeinschaft mit uns ist aber zugleich die
Gemeinschaft mit dem Vater und seinem Sohn Jesus Christus. 4 Dies
schreiben wir, damit die Freude uns ganz und gar erfüllt.

Gemeinschaft mit Gott 1,5–2,17

Leben im Licht

5 Das ist die Botschaft, die wir von Jesus Christus gehört haben und
die wir euch verkünden: Gott ist Licht, in ihm gibt es keine Spur von
Finsternis. 6 Wir lügen, wenn wir behaupten: »Wir haben Gemein-
schaft mit Gott!«, und leben doch in der Finsternis. Was wir tun, ent-
spricht dann nicht der Wahrheit. 7 Wenn wir aber im Licht leben, wie
Gott selbst im Licht ist, haben wir Gemeinschaft miteinander. Dann
reinigt uns das Blut von jeder Schuld, das sein Sohn Jesus für uns ver-
gossen hat.

Jesus Christus ist unser Beistand

8 Wir betrügen uns selbst, wenn wir behaupten: »Wir haben keine
Schuld auf uns geladen!« Dann wirkt die Wahrheit nicht in uns.
9 Wenn wir aber unsere Schuld eingestehen, ist Gott treu und gerecht:
Er vergibt uns die Schuld und reinigt uns von allem Unrecht, das wir
begangen haben. 10 Wir machen sogar Gott zum Lügner, wenn wir
behaupten: »Wir haben noch nie etwas getan, wodurch wir schuldig
geworden sind!« Dann wirkt sein Wort nicht in uns.

2 1 Meine Kinder, das schreibe ich euch, damit ihr keine Schuld
auf euch ladet. Wenn aber dennoch jemand schuldig wird, dann
haben wir einen Beistand beim Vater: Jesus Christus, der ganz und
gar gerecht ist. 2 Er hat unsere Schuld auf sich genommen und uns so
mit Gott versöhnt. Und das gilt nicht nur für unsere Schuld, sondern
auch für die der ganzen Welt.

das Wort: Im 1. Johannesbrief steht »das Wort« wie am Anfang des Johannesevangeliums in Johannes 1,1-18 für Jesus Christus, durch den Gott der Welt Rettung schenkt.

ewiges Leben: Leben im Reich Gottes und in unmittelbarer Gemeinschaft mit Gott nach der Auferstehung vom Tod.

Vater: Vertrauensvolle Anrede oder Bezeichnung für Gott.

Jesus Christus: Der Name ist zugleich ein Bekenntnis. Wer Jesus als Christus anerkennt, glaubt an ihn als Retter und Erlöser der Welt.

Licht: Bild für die Gnade Gottes. Sie zeigt sich in seiner liebevollen Zuwendung zu den Menschen, die er ihnen in seinem Sohn Jesus Christus schenkt. Durch ihn erhalten die Menschen das wahre Leben in unmittelbarer Gemeinschaft mit Gott.

Blut: Sinnbild für den Tod von Jesus Christus am Kreuz. In Tod und Auferstehung von Jesus Christus schenkt Gott den Menschen Versöhnung.

Schuld: Konkrete Verfehlungen, die von Gott trennen und das Gewissen belasten können.

Kinder: Anrede an die Mitglieder der Gemeinde, für die der Brief bestimmt ist. Mit der Taufe sind sie zu Kindern Gottes geworden.

Wahrheit: Wahr ist etwas, wenn es hält, was es verspricht. In diesem Sinne ist »wahr«, was von Gott kommt. Als Mensch ist Jesus Zeuge für diese Wahrheit, als Sohn Gottes, der von Gott kommt, ist er die Wahrheit selbst.

Licht: Bild für die Gnade Gottes. Sie zeigt sich in seiner liebevollen Zuwendung zu den Menschen, die er ihnen in seinem Sohn Jesus Christus schenkt. Durch ihn erhalten die Menschen das wahre Leben in unmittelbarer Gemeinschaft mit Gott.

Kinder: Anrede an die Mitglieder der Gemeinde, für die der Brief bestimmt ist. Mit der Taufe sind sie zu Kindern Gottes geworden.

in dessen Namen ihr getauft seid: Der »Name« steht stellvertretend für den Herrschaftsbereich der Person, die den Namen trägt. Wer im Namen von Jesus Christus getauft wird, tritt in seinen Herrschaftsbereich und unterstellt sich seiner Fürsorge.

letzte Stunde: Der Zeitraum unmittelbar bevor der Tag des Gerichts beginnt.

Widersacher von Christus: Wörtlich »Antichrist«. Gestalt, in der die Macht des Bösen, sonst auch Teufel genannt, als Person auftritt, um die Menschen in die Irre zu führen.

Gott kennen heißt seine Gebote halten

3 Ob wir Gott wirklich kennen, erkennen wir daran, dass wir seine
Gebote halten. 4 Wer behauptet: »Ich kenne ihn«, aber seine Gebo-
te nicht hält, ist ein Lügner. In ihm wirkt nicht die Wahrheit. 5 Aber
wer sich nach dem Wort Gottes richtet, in dem ist die Liebe Gottes
wahrhaftig vollendet. Daran können wir ablesen, dass wir mit Gott
verbunden sind. 6 Wer von sich sagt, dass er mit Gott verbunden ist,
soll auch so leben, wie Jesus gelebt hat.

Das neue Gebot

7 Ihr Lieben, ich schreibe euch kein neues Gebot. Es ist das alte, das ihr
von Anfang an gekannt habt. Dieses alte Gebot ist die Botschaft, die
ihr bereits gehört habt. 8 Und trotzdem ist es zugleich ein neues Ge-
bot, das ich euch schreibe. Es wurde verwirklicht im Leben von Jesus
und in eurem Leben. Denn die Finsternis vergeht, und das Licht der
Wahrheit leuchtet schon.

9 Wer behauptet: »Ich lebe im Licht!«, aber seinen Bruder oder seine
Schwester hasst, lebt noch in der Finsternis. 10 Wer seinen Bruder
oder seine Schwester liebt, bleibt im Licht. In ihm gibt es nichts, was
ihn vom Glauben abbringen kann. 11 Aber wer seinen Bruder oder
seine Schwester hasst, lebt in der Finsternis. Er irrt in der Finsternis
umher und weiß nicht, wohin er geht. Denn die Finsternis hat seine
Augen blind gemacht.

Nicht diese Welt lieben

12 Das schreibe ich euch, ihr Kinder: Eure Schuld ist euch verge-
ben durch Jesus Christus, in dessen Namen ihr getauft seid. 13 Das
schreibe ich euch, ihr Alten: Ihr habt den erkannt, der von Anfang an
gegeben war. Das schreibe ich euch, ihr Jungen: Ihr habt den Bösen
besiegt. 14 Ich habe es euch schon geschrieben, ihr Kinder: Ihr habt
den Vater erkannt. Ich habe es euch schon geschrieben, ihr Alten: Ihr
habt den erkannt, der von Anfang an gegeben war. Ich habe es euch
schon geschrieben, ihr Jungen: Ihr seid stark. Das Wort Gottes wirkt
in euch. Ihr habt den Bösen besiegt. 15 Ihr sollt nicht diese Welt lie-
ben und auch nicht das, was in der Welt ist. Wenn jemand diese Welt
liebt, hat die Liebe zum Vater keinen Raum in ihm. 16 Das alles gehört
zu dieser Welt: die selbstsüchtigen Wünsche, die gierigen Blicke und
das Prahlen mit Wohlstand. Das alles kommt nicht vom Vater, son-
dern stammt aus dieser Welt. 17 Diese Welt und ihre Gier vergehen.
Aber wer tut, was Gott will, bleibt in Ewigkeit mit ihm verbunden.

Den Glauben in der letzten Stunde bewahren 2,18–3,24

Warnung vor den Widersachern von Christus

18 Ihr Kinder, die letzte Stunde ist da! Ihr habt gehört: Der Widersa-
cher von Christus kommt. Und jetzt sind sogar viele Widersacher

gekommen. Daran erkennen wir: Die letzte Stunde ist wirklich da.
19 Die Widersacher kamen aus unserer Mitte, aber sie gehörten nicht
wirklich zu uns. Wenn sie zu uns gehört hätten, dann wären sie bei
uns geblieben. Aber es sollte deutlich werden: Es gehören nicht alle
zu uns. 20 Doch ihr habt die Salbung empfangen von dem, der heilig
ist, Jesus Christus. Und dadurch seid ihr alle in den Besitz der Er-
kenntnis gekommen. 21 Ich habe euch ja nicht geschrieben, weil ihr
die Wahrheit nicht kennt. Vielmehr kennt ihr sie, und ihr wisst, dass
aus der Wahrheit keine Lüge kommt.
22 Wer ist denn hier der Lügner? Das ist doch wohl der, der abstrei-
tet, dass Jesus der Christus ist. Der ist der Widersacher von Christus:
Er lehnt mit dem Sohn auch den Vater ab. 23 Wer den Sohn ablehnt,
kann auch nicht zum Vater gehören. Wer sich zum Sohn bekennt, ge-
hört auch zum Vater.
24 Die Botschaft, die ihr von Anfang an gehört habt, sollt ihr in euch
bewahren. Wenn ihr das bewahrt, was ihr von Anfang an gehört habt,
könnt ihr gewiss sein: Ihr werdet stets mit dem Sohn und dem Vater
verbunden bleiben. 25 Das ist das Versprechen, das uns Jesus Christus
selbst gegeben hat: das ewige Leben. 26 Dies schreibe ich euch über die
Leute, die euch in die Irre führen wollen.

Mit Gott verbunden bleiben

27 Aber ihr habt von Jesus Christus die Salbung empfangen, und diese
Salbung bleibt in euch wirksam. Ihr habt es nicht nötig, dass euch
jemand belehrt. Denn seine Salbung lehrt euch alles. Was sie euch
lehrt, ist wahr und keine Lüge. Und wie sie es euch gelehrt hat, sollt
ihr mit Christus verbunden bleiben. 28 Also, Kinder, bleibt mit Jesus
Christus verbunden. Dann werden wir voller Zuversicht sein, wenn
er erscheint. Und wenn er wiederkommt, müssen wir vor ihm nicht
beschämt dastehen. 29 Wenn ihr wisst, dass Gott gerecht ist, erkennt
ihr: Jeder, der sich in seinem Handeln von der Gerechtigkeit leiten
lässt, hat Gott zum Vater.

Leben als Kinder Gottes

3 1 Seht doch, wie groß die Liebe ist, die der Vater uns geschenkt
hat: Wir heißen Kinder Gottes, und wir sind es tatsächlich. Doch
diese Welt weiß nicht, wer wir sind. Denn sie hat Gott nicht erkannt.
2 Ihr Lieben, jetzt sind wir Kinder Gottes. Aber was wir einmal sein
werden, ist noch gar nicht sichtbar. Wir wissen jedoch: Wenn es of-
fenbar wird, werden wir Gott ähnlich sein. Denn dann werden wir
ihn sehen, wie er ist. 3 Wer das voller Hoffnung von Gott erwartet,
hält sein Leben rein von aller Schuld – so wie Gott selbst rein ist.
4 Wer sich auf die Sünde einlässt, lehnt sich gegen Gott auf. Denn
die Sünde ist Auflehnung gegen Gott. 5 Ihr wisst: Jesus Christus ist
gekommen, um die Sünden wegzunehmen. Er selbst ist ohne Sün-
de. 6 Wer mit ihm verbunden bleibt, wird keine Sünde mehr begehen.
Wer aber Sünden begeht, hat ihn nicht gesehen und nicht erkannt.

Jesus Christus: Der Name ist zugleich ein Bekenntnis. Wer Jesus als Christus anerkennt, glaubt an ihn als Retter und Erlöser der Welt.

Christus: Bedeutet übersetzt »der Gesalbte«. Im Alten Testament werden Könige, aber auch Propheten und Priester bei Amtsantritt gesalbt. Später wird der von Gott zum Herrscher der Welt bestimmte Retter so genannt. Im Neuen Testament ist das Jesus.

ewiges Leben: Leben im Reich Gottes und in unmittelbarer Gemeinschaft mit Gott nach der Auferstehung vom Tod.

Salbung: In frühchristlichen Gemeinden gehörte das Ausgießen eines wohlriechenden Öls über bestimmte Körperstellen zur Taufe, mit der man in die Gemeinde aufgenommen wurde.

gerecht, Gerechtigkeit: Meint ein Leben nach dem Willen Gottes.

Welt, diese Welt: Die von griechischer Kultur geprägte Umwelt der frühen Gemeinden, die sich nicht an christlichen Maßstäben orientierte.

Schuld: Konkrete Verfehlungen, die von Gott trennen und das Gewissen belasten können.

Sünde: Die Trennung des Menschen von Gott, seinem Schöpfer. Sie führt dazu, dass der Mensch sein Leben nicht nach Gottes Willen ausrichten kann.

7 Kinder, niemand soll euch in die Irre führen. Wer sich in seinem
Handeln von der Gerechtigkeit leiten lässt, ist gerecht – so wie Jesus
Christus gerecht ist. 8 Wer sich in seinem Handeln von der Sünde
leiten lässt, stammt vom Teufel. Denn der Teufel ist ein Sünder von
Anfang an. Der Sohn Gottes ist gerade deshalb gekommen, um die
Werke des Teufels zu zerstören. 9 Wer Gott zum Vater hat, lässt sich
nicht auf die Sünde ein. Denn der Geist Gottes wirkt in ihm. Er kann
keine Sünde begehen, weil er ja Gott zum Vater hat. 10 Daran sind die
Kinder Gottes und die Kinder des Teufels zu erkennen: Jeder, der sich
in seinem Handeln nicht von der Gerechtigkeit leiten lässt, stammt
nicht von Gott. Das gilt auch für den, der seinen Bruder oder seine
Schwester nicht liebt.

Liebt einander!

11 Denn das ist die Botschaft, die ihr von Anfang an gehört habt: Wir
sollen einander lieben. 12 Wir sollen nicht wie Kain sein, der vom
Bösen stammte und seinen Bruder erschlug. Und warum hat er ihn
erschlagen? Weil sein ganzes Tun böse war, das seines Bruders aber
gerecht.

13 Brüder und Schwestern, wundert euch nicht, wenn diese Welt
euch hasst. 14 Wir wissen, dass wir aus dem Bereich des Todes in den
des Lebens hinübergegangen sind. Denn wir lieben unsere Brüder
und Schwestern. Wer nicht liebt, bleibt im Bereich des Todes. 15 Wer
seinen Bruder oder seine Schwester hasst, ist ein Mörder, und ihr
wisst: Kein Mörder hat das ewige Leben, es bleibt nicht in ihm. 16 Je-
sus Christus hat sein Leben für uns eingesetzt. Daran haben wir er-
kannt, was Liebe ist. Deshalb müssen auch wir unser Leben für un-
sere Geschwister einsetzen. 17 Stellt euch vor: Jemand ist mit allem
gut versorgt und sieht, dass sein Bruder oder seine Schwester Not
leidet. Wenn er sein Herz vor ihrer Not verschließt, wie kann dann
die Liebe Gottes in ihm bleiben?

Wer liebt, bleibt mit Gott verbunden

18 Ihr Kinder, lasst uns einander lieben: nicht mit leeren Worten und
schönen Reden, sondern mit tatkräftiger und wahrer Liebe. 19 Wir
werden erkennen, dass die Wahrheit wirklich unser Leben bestimmt.
Und wir können vor Gott unser Herz beruhigen. 20 Auch wenn unser
eigenes Herz uns anklagt, ist Gott größer als unser Herz. Denn er
kennt uns durch und durch.

21 Ihr Lieben, wenn unser Herz uns dann nicht mehr anklagt, kön-
nen wir uns voller Zuversicht an Gott wenden. 22 Wir bekommen von
ihm, worum wir bitten. Denn wir halten seine Gebote und tun, was
ihm gefällt. 23 Und das ist sein Gebot: Wir sollen an seinen Sohn Je-
sus Christus glauben und einander lieben, wie er es uns geboten hat.
24 Wer seine Gebote hält, bleibt mit Gott verbunden, und Gott bleibt
mit ihm verbunden. An dem Geist, den er uns gegeben hat, erkennen
wir: Gott bleibt mit uns verbunden.

Kinder: Anrede an die Mitglieder der Gemeinde, für die der Brief bestimmt ist. Mit der Taufe sind sie zu Kindern Gottes geworden.

gerecht, Gerechtigkeit: Meint ein Leben nach dem Willen Gottes.

Sünde: Die Trennung des Menschen von Gott, seinem Schöpfer. Sie führt dazu, dass der Mensch sein Leben nicht nach Gottes Willen ausrichten kann.

Satan, Teufel: Gegenspieler Gottes. Er versucht, die Menschen zu einem Verhalten zu bewegen, das Gottes Willen widerspricht.

Kain: Sohn von Adam und Eva, der seinen Bruder Abel erschlug; vgl. 1. Mose/Genesis 4,1-16.

ewiges Leben: Leben im Reich Gottes und in unmittelbarer Gemeinschaft mit Gott nach der Auferstehung vom Tod.

Jesus Christus: Der Name ist zugleich ein Bekenntnis. Wer Jesus als Christus anerkennt, glaubt an ihn als Retter und Erlöser der Welt.

Wahrheit: Wahr ist etwas, wenn es hält, was es verspricht. In diesem Sinne ist »wahr«, was von Gott kommt. Als Mensch ist Jesus Zeuge für diese Wahrheit, als Sohn Gottes, der von Gott kommt, ist er die Wahrheit selbst.

Glaube und Liebe 4,1–5,12

Der Geist Gottes und der Geist des Widersachers

4 1 Ihr Lieben, glaubt nicht einfach allen, die behaupten, vom Geist erfüllt zu sein. Prüft vielmehr, ob sie aus dem Geist Gottes heraus reden. Denn es gibt viele falsche Propheten in dieser Welt. 2 Ihr könnt den Geist Gottes daran erkennen, dass jemand bekennt: »Jesus Christus ist ein Mensch aus Fleisch und Blut geworden!« Wer das tut, hat den Geist, der von Gott kommt. 3 Wer sich nicht auf diese Weise zu Jesus bekennt, hat nicht den Geist, der von Gott kommt sondern er hat den Geist des Widersachers von Christus. Ihr habt ja gehört, dass er kommen wird. Und jetzt ist er schon in der Welt.

4 Aber ihr, meine Kinder, stammt von Gott. Und ihr habt die falschen Propheten besiegt. Denn der, der in euch wirkt, ist größer als der, der in dieser Welt am Werk ist. 5 Die falschen Propheten stammen aus dieser Welt. Darum reden sie, wie diese Welt redet. Und diese Welt hört auf sie. 6 Wir stammen von Gott. Wer Gott kennt, hört auf uns. Wer nicht von Gott stammt, hört nicht auf uns. Auf diese Weise können wir den Geist der Wahrheit und den Geist des Irrtums voneinander unterscheiden.

Gottes Liebe ist der Grund für unsere Liebe zueinander

7 Ihr Lieben, wir wollen einander lieben. Denn die Liebe kommt von Gott. Und wer liebt, hat Gott zum Vater und kennt ihn. 8 Wer nicht liebt, kennt Gott nicht. Denn Gott ist Liebe. 9 So ist Gottes Liebe bei uns sichtbar geworden: Gott sandte seinen einzigen Sohn in die Welt, damit wir durch ihn das wahre Leben bekommen. 10 Die Liebe besteht nicht darin, dass wir Gott geliebt haben, sondern dass er uns geliebt hat. Er hat seinen Sohn gesandt. Der hat unsere Schuld auf sich genommen und uns so mit Gott versöhnt.

11 Ihr Lieben, wenn Gott uns so sehr geliebt hat, dann müssen auch wir einander lieben. 12 Niemand hat Gott jemals gesehen. Aber wenn wir einander lieben, bleibt Gott mit uns verbunden. Dann hat seine Liebe in uns ihr Ziel erreicht. 13 Gott hat uns Anteil gegeben an seinem Geist. Daran erkennen wir, dass wir mit ihm verbunden sind und er mit uns verbunden bleibt. 14 Außerdem haben wir es selbst gesehen und bezeugen es: Der Vater hat den Sohn als Retter der Welt gesandt. 15 Wenn jemand bekennt: »Jesus ist der Sohn Gottes!«, ist Gott mit ihm verbunden, und er bleibt mit Gott verbunden. 16 Wir haben erkannt, dass Gott uns liebt, und haben diese Liebe im Glauben angenommen. Gott ist Liebe. Und wer in der Liebe lebt, ist mit Gott verbunden, und Gott ist mit ihm verbunden.

17 Darin hat die Liebe bei uns ihr Ziel erreicht: Am Tag des Gerichts werden wir voller Zuversicht sein. Denn wie Jesus Christus mit dem Vater verbunden ist, so sind es auch wir in dieser Welt. 18 In der Liebe gibt es keine Furcht, sondern die vollkommene Liebe vertreibt die

Geist Gottes: Kraft, durch die Gott in der Welt wirkt.

falscher Prophet: Gibt vor, im Auftrag Gottes zu reden, und verführt seine Mitmenschen so zu falschem Tun.

Welt, diese Welt: Die von griechischer Kultur geprägte Umwelt der frühen Gemeinden, die sich nicht an christlichen Maßstäben orientierte.

Widersacher von Christus: Wörtlich »Antichrist«. Gestalt, in der die Macht des Bösen, sonst auch Teufel genannt, als Person auftritt, um die Menschen in die Irre zu führen.

wahres Leben: Durch den Glauben an Gott geschenktes Leben in Gemeinschaft mit ihm.

Schuld: Konkrete Verfehlungen, die von Gott trennen und das Gewissen belasten können.

Tag des Gerichts: Der Tag, an dem Christus wiederkommt. Dann hält Gott Gericht und sein Reich bricht endgültig an.

Furcht. Denn die Furcht rechnet mit Strafe. Bei dem, der sich fürch-
tet, hat die Liebe ihr Ziel noch nicht erreicht.
19 Wir lieben, weil er uns zuerst geliebt hat. 20 Wer behauptet: »Ich
liebe Gott!«, aber seinen Bruder und seine Schwester hasst, ist ein
Lügner. Denn wer seine Geschwister nicht liebt, die er sieht, kann
Gott nicht lieben, den er nicht sieht. 21 Dieses Gebot hat uns Gott ge-
geben: Wer ihn liebt, soll auch seine Geschwister lieben.

Der Sieg über die Welt durch den Glauben

5 1 Wer glaubt: Jesus ist der Christus, hat Gott zum Vater. Und wer
seinen Vater liebt, liebt auch seine Brüder und Schwestern. Sie
haben ja alle denselben Vater. 2 Daran erkennen wir, dass wir die Kin-
der Gottes lieben: Wir lieben Gott und halten seine Gebote. 3 Denn
unsere Liebe zu Gott zeigt sich darin, dass wir seine Gebote halten.
Und es ist nicht schwer, seine Gebote zu halten. 4 Denn jeder, der Gott
zum Vater hat, besiegt diese Welt. Und es ist unser Glaube, der diese
Welt besiegt hat. 5 Aber wer kann diese Welt besiegen? Nur der, der
glaubt, dass Jesus der Sohn Gottes ist.

Drei Zeugen für Jesus Christus

6 Jesus Christus ist zu uns gekommen durch das Wasser seiner Taufe
und das Blut seines Todes. Er ist nicht nur durch das Wasser zu uns
gekommen, sondern durch das Wasser und das Blut. Dies bezeugt
der Geist, und der Geist sagt die Wahrheit. 7 Es gibt also diese drei
Zeugen [...]: 8 den Geist, das Wasser und das Blut. Und diese drei stim-
men überein.

Gott selbst ist Zeuge

9 Wir sind doch bereit, Menschen als Zeugen anzuerkennen. Wie viel
mehr zählt es dann, wenn Gott als Zeuge auftritt! Und das geschieht
tatsächlich: Gott selbst tritt als Zeuge für seinen Sohn auf. 10 Wer an
den Sohn Gottes glaubt, hat sich diese Zeugenaussage ganz zu eigen
gemacht. Wer Gott nicht glaubt, macht ihn zum Lügner. Denn er
glaubt der Aussage nicht, die Gott als Zeuge für seinen Sohn gemacht
hat. 11 Darin besteht diese Zeugenaussage: Gott hat uns das ewige Le-
ben gegeben, und dieses Leben bekommen wir durch seinen Sohn.
12 Wer mit dem Sohn verbunden ist, hat das Leben bekommen. Wer
nicht mit dem Sohn Gottes verbunden ist, hat auch das Leben nicht
bekommen.

Briefschluss 5,13-21

Wer an Jesus glaubt, hat das ewige Leben

13 Dies alles habe ich euch geschrieben, damit ihr wisst: Ihr habt das
ewige Leben. Denn ihr glaubt an den Sohn Gottes.

Christus: Bedeutet übersetzt »der Gesalbte«. Im Alten Testament werden Könige, aber auch Propheten und Priester bei Amtsantritt gesalbt. Später wird der von Gott zum Herrscher der Welt bestimmte Retter so genannt. Im Neuen Testament ist das Jesus.

Glaube, glauben: Meint das tiefe Vertrauen auf Gott, das zu einem Leben nach seinem Willen führt.

gekommen: Es geht um den ganzen Lebensweg von Jesus – von seiner Geburt und Taufe bis zu seinem Tod.

Blut: Sinnbild für den Tod von Jesus Christus am Kreuz. In Tod und Auferstehung von Jesus Christus schenkt Gott den Menschen Versöhnung.

Geist Gottes: Kraft, durch die Gott in der Welt wirkt.

[...]: Einige späte Handschriften fügen ein: »im Himmel: der Vater, das Wort und der Heilige Geist, und diese drei sind eins. Und es gibt diese drei Zeugen auf der Erde.«.

Sohn Gottes: Titel, der das besondere Vertrauensverhältnis eines Menschen zu Gott zum Ausdruck bringt. Im Neuen Testament wird der Titel ausschließlich für Jesus verwendet.

Zuversichtlich beten

14 So können wir uns voller Zuversicht an Gott wenden. Denn er hört
uns, wenn wir ihn um etwas bitten, das seinem Willen entspricht.
15 Wir haben also die Gewissheit, dass er uns hört, wenn wir ihn um
etwas bitten. Und das gibt uns auch die Gewissheit, dass wir erhalten,
worum wir ihn gebeten haben.

16 Angenommen, jemand sieht, dass ein Bruder oder eine Schwes-
ter eine Sünde begeht – eine Sünde, die nicht zum Tod führt. Dann
soll er für diesen Menschen bitten, und Gott wird ihm das wahre Le-
ben schenken. Doch das gilt nur für die, deren Sünde nicht zum Tod
führt. Es gibt aber auch eine Sünde, die zum Tod führt. Von der rede
ich nicht, wenn ich euch sage, dass jemand bitten soll. 17 Jedes Un-
recht ist eine Sünde. Aber nicht jede Sünde führt zum Tod.

Bewahrung vor dem Bösen

18 Wir wissen: Wer Gott zum Vater hat, begeht keine Sünde. Sondern
weil er Gott zum Vater hat, ist er davor geschützt und der Böse kann
ihm nicht schaden. 19 Wir wissen auch: Wir kommen von Gott her.
Aber die ganze Welt ist in der Gewalt des Bösen. 20 Wir wissen aber
zugleich: Der Sohn Gottes ist gekommen. Er hat uns die Augen geöff-
net, damit wir den erkennen, der die Wahrheit ist. Wir sind mit dem
verbunden, der die Wahrheit ist – weil wir mit seinem Sohn Jesus
Christus verbunden sind. Der ist der wahre Gott und das ewige Le-
ben. 21 Ihr Kinder, hütet euch also vor den Götzen.

der Böse: Bezeichnung für den Teufel, den Gegenspieler Gottes. Er versucht, die Menschen zu einem Verhalten zu bewegen, das Gottes Willen widerspricht.

Wahrheit: Wahr ist etwas, wenn es hält, was es verspricht. In diesem Sinne ist »wahr«, was von Gott kommt. Als Mensch ist Jesus Zeuge für diese Wahrheit, als Sohn Gottes, der von Gott kommt, ist er die Wahrheit selbst.

Jesus Christus: Der Name ist zugleich ein Bekenntnis. Wer Jesus als Christus anerkennt, glaubt an ihn als Retter und Erlöser der Welt.

Kinder: Anrede an die Mitglieder der Gemeinde, für die der Brief bestimmt ist. Mit der Taufe sind sie zu Kindern Gottes geworden.

Götze: Abfällige Bezeichnung für eine fremde Gottheit oder ihr Standbild.

Der zweite Brief von Johannes

Briefanfang: Absender und Empfänger

1 Der Älteste.

An die von Gott erwählte Herrin und ihre Kinder, die ich wahrhaftig liebe. Nicht nur ich liebe sie, sondern es lieben sie alle, die die Wahrheit erkannt haben. 2 Diese Wahrheit bleibt in uns, und sie wird in Ewigkeit bei uns sein. 3 Gnade, Barmherzigkeit und Frieden werden bei uns sein – geschenkt von Gott, dem Vater, und von Jesus Christus, dem Sohn des Vaters. Genauso werden auch Wahrheit und Liebe bei uns sein.

Das Gebot, einander zu lieben

4 Darüber habe ich mich sehr gefreut: Unter deinen Kindern fand ich einige, die ihr Leben ganz nach der Wahrheit ausrichten. Das tun sie nach dem Gebot, das wir vom Vater empfangen haben. 5 Und nun habe ich eine Bitte an dich, Herrin. Damit schreibe ich dir kein neues Gebot. Es ist vielmehr dasselbe, das wir von Anfang an gehabt haben: Wir sollen einander lieben. 6 Die Liebe besteht darin, dass wir unser Leben nach Gottes Geboten führen. Es handelt sich also um dasselbe Gebot, das ihr von Anfang an gehört habt. Danach sollt ihr nun auch euer Leben ausrichten.

Warnung vor falschen Lehrern

7 Denn es sind viele in dieser Welt unterwegs, die andere verführen wollen. Sie behaupten, dass Jesus Christus nicht als Mensch aus Fleisch und Blut gekommen ist. Solche Leute sind Werkzeuge des größten Verführers und Widersachers von Christus. 8 Passt auf euch auf, damit ihr nicht verliert, wofür wir uns abgemüht haben. Ihr sollt doch den vollen Lohn bekommen. 9 Wer nicht an der Lehre von Christus festhält, sondern darüber hinausgeht, hat keine Gemeinschaft mit Gott. Wer dagegen an dieser Lehre festhält, bleibt mit dem Vater und mit dem Sohn verbunden. 10 Wenn jemand zu euch kommt, der nicht diese Lehre bringt, dann lasst ihn nicht ins Haus. Heißt ihn auch nicht willkommen. 11 Denn wer ihn willkommen heißt, macht sich mitschuldig an seinen bösen Taten.

Briefschluss und Grüße

12 Ich hätte euch noch viel zu sagen, möchte dazu aber nicht Papier und Tinte benutzen. Sondern ich hoffe, dass ich zu euch kommen kann. Dann werden wir von Angesicht zu Angesicht miteinander reden, damit unsere Freude vollkommen wird. 13 Sei herzlich gegrüßt von den Kindern deiner von Gott erwählten Schwester.

der Älteste: Ehrentitel, der auf die besondere Bedeutung des Verfassers für seine eigene Gemeinde und darüber hinaus hinweist.

Herrin und ihre Kinder: Anrede an die Gemeinde und die einzelnen Mitglieder, an die der Brief gerichtet ist. Mit der Taufe sind sie zu Kindern Gottes geworden.

Gnade: Liebevolle Zuwendung Gottes, die er den Menschen ohne Vorbedingung schenkt.

neues Gebot: Gebote sind Bestimmungen, die Gott den Menschen gegeben hat. Sie ordnen das Leben so, wie es nach Gottes Willen sein soll. In Johannes 15,12-14 wird das Gebot der Nächstenliebe als grundlegend beschrieben.

Widersacher von Christus: Wörtlich »Antichrist«. Gestalt, in der die Macht des Bösen, sonst auch Teufel genannt, als Person auftritt, um die Menschen in die Irre zu führen.

Sohn Gottes: Titel, der das besondere Vertrauensverhältnis eines Menschen zu Gott zum Ausdruck bringt. Im Neuen Testament wird der Titel ausschließlich für Jesus verwendet.

Schwester: Bezeichnung für die Gemeinde, zu der der Briefschreiber gehört. Er bringt die enge Verbundenheit der Gemeinden untereinander zum Ausdruck.

Der dritte Brief von Johannes

Briefanfang: Absender, Empfänger und Gruß

1 Der Älteste.
An meinen Freund Gaius, den ich liebe, weil wir durch die Wahr-
heit verbunden sind.
2 Mein Lieber, ich wünsche dir, dass du gesund bist und dass es dir
an Leib und Seele gut geht. 3 Ich habe mich sehr gefreut, denn die Brü-
der kamen zurück und haben mir berichtet: Du hältst an der Wahr-
heit fest und richtest dein Leben ganz nach ihr aus. 4 Nichts freut
mich mehr, als zu hören, dass meine Kinder ihr Leben in der Wahr-
heit führen.

Fürsorge für Menschen, die im Auftrag Gottes unterwegs sind

5 Mein Lieber, du kümmerst dich zuverlässig um die Brüder, sogar
wenn sie dir fremd sind. 6 Sie sind in unserer Gemeinde als Zeugen
für deine Liebe aufgetreten. Es ist nur richtig, wenn du sie auch die-
ses Mal für die Weiterreise ausrüstest. So entspricht es dem Auftrag
Gottes. 7 Denn sie haben sich auf den Weg gemacht, um die Botschaft
von Jesus Christus zu verkünden. Dabei nehmen sie von den Heiden
nichts an. 8 Deswegen sind wir verpflichtet, solche Leute zu unter-
stützen. Dadurch werden auch wir zu Mitarbeitern bei der Verbrei-
tung der Wahrheit.

Kritik an Diotrephes und Lob für Demetrius

9 Ich habe der Gemeinde einen Brief geschickt. Aber Diotrephes,
der gerne die Gemeinde leiten möchte, will uns nicht anerkennen.
10 Wenn ich komme, werde ich ihn wegen seines Tuns zur Rede stel-
len: Er macht uns mit bösen Worten schlecht. Und damit nicht ge-
nug: Er nimmt auch unsere Brüder nicht auf. Und wenn andere sie
aufnehmen wollen, hindert er sie daran. Ja, er schließt sie sogar aus
der Gemeinde aus. 11 Mein Lieber, nimm dir kein Beispiel am Bösen,
sondern am Guten. Wer Gutes tut, stammt von Gott. Wer Böses tut,
hat Gott niemals gesehen. 12 Alle haben Demetrius ein gutes Zeugnis
ausgestellt. Und auch die Wahrheit spricht für ihn. Wir können ihm
das ebenfalls bestätigen. Und du weißt, dass alles wahr ist, wofür wir
als Zeuge einstehen.

Briefschluss und Grüße

13 Ich hätte dir noch viel zu sagen, möchte dazu aber nicht Tinte und
Schreibrohr benutzen. 14 Ich hoffe, dich bald zu sehen. Dann werden
wir von Angesicht zu Angesicht miteinander reden. 15 Ich wünsche
dir Frieden! Die Freunde hier lassen dich grüßen. Grüße auch du die
Freunde bei dir, jede und jeden persönlich.

Wahrheit: Wahr ist etwas, wenn es hält, was es verspricht. In diesem Sinne ist »wahr«, was von Gott kommt. Als Mensch ist Jesus Zeuge für diese Wahrheit, als Sohn Gottes, der von Gott kommt, ist er die Wahrheit selbst.

Kinder: Anrede an die Mitglieder der Gemeinde, für die der Brief bestimmt ist. Mit der Taufe sind sie zu Kindern Gottes geworden.

Brüder: Angehörige aus anderen Gemeinden, die als Wandermissionare unterwegs waren.

Jesus Christus: Der Name ist zugleich ein Bekenntnis. Wer Jesus als Christus anerkennt, glaubt an ihn als Retter und Erlöser der Welt.

Heiden: Bezeichnung für Menschen, die nicht an den Gott Israels glauben.

Schreibrohr: Ein zum Schreiben schräg angeschnittenes Schilfrohr, das Tinte aufnehmen kann.

Frieden: Umfassender Zustand von Glück und Wohlergehen des Einzelnen und der Gemeinschaft, der aus der Beziehung mit Gott hervorgeht.

Diener von Christus: Bezeichnung für eine Person, die Christus als ihren Herrn anerkennt. In seinem Auftrag und mit seiner Vollmacht verkündet sie das Wort Gottes.

Jakobus: Bruder von Jesus, der zusammen mit Petrus und Johannes die Gemeinde in Jerusalem leitet; vgl. Apostelgeschichte 15,12-21.

Heilige: Bezeichnung für die Anhänger von Jesus Christus.

Engel: Hier Bezeichnung für die »Gottessöhne« aus 1. Mose/Genesis 6,1-4. Texte außerhalb der Bibel kennen weitere Erzählungen zu diesen Figuren.

Tag des Gerichts: Der Tag, an dem Christus wiederkommt. Dann hält Gott Gericht und sein Reich bricht endgültig an.

Träumer: Bezeichnung für die in Vers 4 genannten Gegner. Ihnen wird vorgeworfen, sich auf Träume und Visionen statt auf den Glauben an Jesus Christus zu berufen.

Erzengel Michael: Schutzengel des Volkes Israel und einer der obersten Engel in der himmlischen Ratsversammlung.

Teufel: Gegenspieler Gottes. Einer alten Tradition zufolge war der Teufel ein Engel, der zu den himmlischen Mächten gehörte. Er widersetzte sich dem Willen Gottes und wurde von ihm verstoßen.

Der Brief von Judas

Briefanfang: Absender und Empfänger

1 Judas, Diener von Jesus Christus und Bruder von Jakobus.
An alle Berufenen, die von Gott, dem Vater, geliebt werden, weil sie zu ihm gehören – und die er für Jesus Christus bewahrt.
2 Ich wünsche euch Barmherzigkeit, Frieden und Liebe in immer größerem Maß!

Gegner sind in die Gemeinde eingedrungen

3 Ihr Lieben, mit großem Eifer wollte ich euch über die Rettung
schreiben, an der wir alle teilhaben. Aber dann wurde es für mich
notwendig, euch mit diesem Brief zu ermahnen: Kämpft für den
Glauben, der den Heiligen ein für alle Mal anvertraut worden ist.
4 Es haben sich nämlich Leute bei euch eingeschlichen, über die das
Urteil schon seit Langem feststeht: Es sind gottlose Menschen. Sie
missbrauchen die Gnade unseres Gottes als Freibrief für ein zügello-
ses Leben. Und sie begehen Verrat an Jesus Christus, unserem allei-
nigen Herrscher und Herrn.

Warnende Beispiele

5 Obwohl ihr das alles schon wisst, will ich euch noch einmal daran er-
innern: Zunächst hat der Herr sein Volk aus dem Land Ägypten geret-
tet. Dann aber hat er diejenigen vernichtet, die ihm keinen Glauben
schenkten. 6 Oder denkt an die Engel, die ihren eigenen Wohnsitz
verließen. Sie hielten sich nicht an die Grenzen ihres Herrschafts-
bereichs. Jetzt werden sie vom Herrn mit unzerstörbaren Fesseln in
der Finsternis gefangen gehalten – bis zum großen Tag des Gerichts.
7 Ganz ähnlich war es mit Sodom und Gomorra und den umliegen-
den Städten: Wie diese Engel trieben sie Unzucht und gaben sich
sexueller Zügellosigkeit hin. Als warnendes Beispiel erleiden sie zur
Strafe das ewige Feuer.

Das Gericht über die Gegner

8 In vergleichbarer Weise vergehen sich auch die oben beschriebenen
Träumer am eigenen Körper. Sie weisen nämlich jeden Herrschafts-
anspruch Gottes zurück und setzen die himmlischen Mächte herab.
9 Dabei wagte es nicht einmal der Erzengel Michael, den Teufel durch
sein Urteil herabzusetzen: Es kam ja zu einer Auseinandersetzung,
als er mit dem Teufel um den Leichnam von Mose stritt. Damals
sagte Michael: »Der Herr weise dich in die Schranken!« 10 Aber diese
Menschen setzen alles herab, wovon sie nichts verstehen. Doch was
sie zugrunde richtet, ist das, worauf sie sich von Natur aus gut verste-
hen – so wie die vernunftlosen Tiere.

11 Wehe ihnen! Sie haben den Weg Kains eingeschlagen. Für Lohn
haben sie sich dem Betrug Bileams hingegeben. Und wie Korach ha-
ben sie sich durch ihre Auflehnung selbst zugrunde gerichtet.
12 Diese Leute sind eine Schande für eure Mahlfeiern. Dort lassen
sie es sich ohne Scheu gut gehen. Sie verhalten sich wie Hirten, die
nur für sich selbst sorgen. Sie sind wie Wolken, die keinen Regen
spenden und vom Wind fortgetrieben werden. Bäume im Spätherbst
sind sie, die keine Früchte tragen – gleich zweifach abgestorben und
entwurzelt. 13 Sie sind wie Meereswellen im Sturm, die ihre eigenen
Schandtaten wie Gischt versprühen. Aus der Bahn geratene Sterne
sind sie, auf die für alle Zeit dunkelste Finsternis wartet.
14 Auch für sie gilt, was Henoch vorausgesagt hat. Er, der siebte
in der Reihe der Nachkommen Adams, sagte: »Seht doch, der Herr
kommt mit seinen vielen tausend heiligen Engeln. 15 Er hält Gericht
über alle und zieht dabei jeden Einzelnen zur Rechenschaft: Er be-
straft sie für all die gottlosen Taten, die sie in ihrer Gottlosigkeit be-
gangen haben. Genauso bestraft er sie für all die anmaßenden Wor-
te, mit denen diese Frevler und Sünder ihn beleidigt haben.« 16 Diese
Menschen beklagen sich ständig und sind mit ihrem Schicksal unzu-
frieden. Dabei lassen sie sich von ihren Begierden leiten. Sie nehmen
große Worte in den Mund und schmeicheln anderen, um sich Vor-
teile zu verschaffen.

Ermahnungen an die Gemeinde

17 Ihr aber, meine Lieben, erinnert euch daran: Die Apostel unseres
Herrn Jesus Christus haben diese Ereignisse vorhergesagt. 18 Sie ha-
ben es euch immer wieder angekündigt: »Am Ende der Zeit werden
Spötter auftreten, die ihren eigenen gottlosen Begierden folgen.«
19 Diese Leute sind es, die Spaltungen in der Gemeinde hervorrufen.
Ihr Denken ist ganz auf diese Welt ausgerichtet, und sie haben den
Geist Gottes nicht.
20 Dagegen sollt ihr, meine Lieben, euer Leben auf eurem allerhei-
ligsten Glauben aufbauen. Lasst euch im Gebet vom Heiligen Geist
leiten. 21 Haltet an der Liebe Gottes fest. Und erwartet so die Barm-
herzigkeit unseres Herrn Jesus Christus, der euch ewiges Leben
schenkt. 22 Habt Erbarmen mit denen, die zweifeln. 23 Rettet andere,
indem ihr sie aus dem Feuer reißt. Mit wieder anderen sollt ihr eben-
falls Erbarmen haben, dabei aber vorsichtig sein! Verabscheut sogar
ihre Kleidung, weil sie beschmutzt ist durch ihre menschliche Natur.

Briefschluss und Lobpreis

24 Er, der einzige Gott, hat die Macht, euch zu bewahren, damit ihr
nicht zu Fall kommt. So könnt ihr fehlerlos und voller Freude vor
ihn treten und seine Herrlichkeit sehen. 25 Er rettet uns durch Jesus
Christus, unseren Herrn, und regiert in Herrlichkeit, Hoheit, Macht
und Gewalt – wie schon vor aller Zeit, so auch jetzt und für alle Zeit.
Amen.

Kain: Sohn von Adam und Eva, der seinen Bruder Abel erschlug; vgl. 1. Mose/Genesis 4,1-16.

Bileam: 4. Mose/Numeri 22–24 erzählt, dass er von König Balak beauftragt wurde, das Volk Israel zu verfluchen. Vor diesem Hintergrund entwickelte sich die Figur des Bileam zum Sinnbild für einen gottlosen Menschen.

Korach: 4. Mose/Numeri 16 erzählt von einem Aufstand Korachs gegen Mose und die Anweisungen Gottes, der mit dem Tod von Korach endet.

Frevler: Menschen, die Gottes Gebote missachten und ihre eigenen Interessen gewaltsam durchsetzen.

Feuer: Sinnbild für höchste Gefahr, in die diese Menschen durch die Gegner geraten sind.

menschliche Natur: Wörtlich »Fleisch«. Wer vom Fleisch bestimmt ist, glaubt nicht an Gott und die Versöhnung, die er den Menschen durch Tod und Auferstehung von Christus geschenkt hat. Er vertraut sich selbst mehr als Gott. Das ist nach biblischer Vorstellung Sünde.

Herrlichkeit: Bezeichnet das, was einer Person Ansehen und Macht verleiht. Gottes Herrlichkeit stellt man sich auch als strahlenden Lichtglanz vor.

Das Buch der Offenbarung

Buchanfang 1,1-20

Vorwort: Die Offenbarung durch Jesus Christus

1 1 Dieses Buch ist die Offenbarung, die Jesus Christus von Gott
empfangen hat. Denn er sollte seinen Dienern zeigen, was in
Kürze geschehen muss. Jesus sandte seinen Engel zu seinem Diener
Johannes, um ihm dies alles bekannt zu machen. 2 Johannes steht als
Zeuge ein für das Wort Gottes und für das, was Jesus Christus be-
zeugt. Er hat alles selbst gesehen. 3 Glückselig ist, wer diese prophe-
tischen Worte vorliest. Und glückselig sind die, die sie hören und die
befolgen, was hier aufgeschrieben ist. Denn der Zeitpunkt steht kurz
bevor, an dem sie in Erfüllung gehen.

Absender, Empfänger und Gruß

4 Johannes. An die sieben Gemeinden in der Provinz Asia.
Ich wünsche euch Gnade und Frieden – von dem, der ist, der war
und der kommt, von den sieben himmlischen Geistern vor seinem
Thron 5 und von Jesus Christus. Er ist der treue Zeuge, der erste der
Toten, der neu geboren wurde. Und er ist der Herrscher über die Kö-
nige der Erde. Er liebt uns und hat uns durch sein Blut von unserer
Schuld befreit. 6 Er gibt uns Anteil am Reich Gottes und macht uns
zu Priestern, die Gott, seinem Vater, dienen. Er regiert in Herrlichkeit
und Macht für immer und ewig. Amen.

Der Herr kommt

7 Seht doch, er erscheint mit den Wolken. Alle Augen werden ihn se-
hen – sogar die Menschen, die ihn durchbohrt haben. Alle Völker der
Erde werden um ihn trauern. Das ist gewiss! Amen.
8 »Ich bin das Alpha und das Omega«, sagt Gott, der Herr, der ist und
der war und der kommt, der Allmächtige.

Der Auftrag an Johannes

9 Ich, Johannes, euer Bruder, habe das Wort Gottes verkündet und
bin als Zeuge für Jesus aufgetreten. Deswegen bin ich auf die Insel
Patmos verbannt worden. Wegen Jesus bin ich mit euch zusammen
in Bedrängnis. Aber wegen Jesus habe ich mit euch auch Anteil am
Reich Gottes und bleibe standhaft im Glauben.
10 Am Tag des Herrn wurde ich vom Geist Gottes ergriffen. Und
ich hörte eine mächtige Stimme hinter mir, die war laut wie eine
Trompete. 11 Die Stimme sagte: »Schreib in ein Buch, was du siehst,
und schick es an die sieben Gemeinden: nach Ephesus, Smyrna,

Jesus Christus: Der Name ist zugleich ein Bekenntnis. Wer Jesus als Christus anerkennt, glaubt an ihn als Retter und Erlöser der Welt.

Wort Gottes: Gottes Versprechen, dass die Menschen durch Tod und Auferstehung von Christus mit Gott versöhnt sind.

sein Blut: Anspielung auf den Tod von Jesus Christus am Kreuz. Es steht für Gottes Zuwendung zu den Menschen, für die Jesus sein Leben am Kreuz opferte, um die Sünden der Menschen wegzunehmen.

durchbohren: Bild für die Kreuzigung, bei der die Hände und Füße von Jesus Christus mit Nägeln durchbohrt wurden.

Alpha, Omega: Der erste und der letzte Buchstabe des griechischen Alphabets. In der Bezeichnung kommt zum Ausdruck, dass Gott nicht nur der Schöpfer der Welt ist, sondern dass am Ende der Zeit auch sein Reich anbricht.

Tag des Herrn: Gemeint ist der Sonntag, an dem sich die Gemeinde zum Gottesdienst versammelte.

sieben Gemeinden: Die Gemeinden liegen in den wichtigsten Handelsstädten der römischen Provinz Asia, im Westen der heutigen Türkei.

Pergamon und Thyatira, sowie nach Sardes, Philadelphia und
Laodizea!«
12 Ich drehte mich um, um zu sehen, wessen Stimme da mit mir
redete. Und als ich mich umdrehte, sah ich sieben goldene Leuchter.
13 Mitten zwischen den Leuchtern sah ich jemanden, der aussah wie
ein Menschensohn. Er hatte ein langes Gewand an und trug ein gol-
denes Band um die Brust. 14 Sein Kopf und seine Haare waren weiß
wie weiße Wolle, ja wie Schnee. Seine Augen glichen lodernden
Flammen. 15 Seine Füße glänzten wie Golderz, das im Schmelzofen
glüht. Seine Stimme klang wie das Tosen von Wassermassen. 16 In sei-
ner rechten Hand hatte er sieben Sterne und aus seinem Mund kam
ein doppelschneidiges, scharfes Schwert. Sein Gesicht leuchtete so
hell wie die Sonne zur Mittagszeit.
17 Als ich ihn sah, brach ich wie tot vor ihm zusammen. Er legte
seine rechte Hand auf mich und sagte: »Fürchte dich nicht! Ich bin
der Erste und der Letzte 18 und der Lebendige. Ich war tot, doch schau
her: Ich lebe für immer und ewig, und ich habe die Schlüssel zum Tod
und zum Totenreich. 19 Schreib auf, was du gesehen hast, was jetzt
gerade geschieht und was später geschehen wird. 20 Du hast sieben
Sterne in meiner rechten Hand gesehen und sieben goldene Leuch-
ter. Sie haben eine geheime Bedeutung: Die sieben Sterne stehen für
die Engel der sieben Gemeinden. Und die sieben Leuchter stehen für
die sieben Gemeinden.«

Die Briefe an die sieben Gemeinden 2,1–3,22

Der Brief an die Gemeinde in Ephesus

2 1 »Schreib an den Engel der Gemeinde in Ephesus: ›So spricht der,
der sieben Sterne in seiner rechten Hand hält und zwischen sie-
ben goldenen Leuchtern umhergeht: 2 Ich kenne deine Taten, deine
Mühe und deine Standhaftigkeit. Ich weiß, dass du böse Menschen
nicht ertragen kannst. Du hast diejenigen auf die Probe gestellt, die
sich selbst Apostel nennen, es aber nicht sind. Und du hast sie als
Lügner entlarvt. 3 Du bist standhaft und hast viel ertragen, weil du
dich zu mir bekennst. Und du bist darin nicht müde geworden. 4 Aber
ich habe dir vorzuwerfen, dass du deine anfängliche Liebe aufgege-
ben hast. 5 Denk daran, aus welcher Höhe du gefallen bist. Ändere
dich und handle wieder so wie am Anfang. Wenn du dich nicht än-
derst, werde ich gegen dich vorgehen und deinen Leuchter von sei-
nem Platz stoßen. 6 Allerdings spricht für dich, dass du das Treiben
der Nikolaiten genauso hasst, wie ich es hasse.‹
7 Wer ein Ohr dafür hat, soll gut zuhören, was der Geist Gottes den
Gemeinden sagt: ›Wer siegreich ist und standhaft im Glauben, dem
gebe ich vom Baum des Lebens zu essen. Das ist der Baum, der in
Gottes Paradies steht.‹«

Menschensohn: Im Neuen Testament ein Titel für Jesus, der von Gott zum Herrscher und Retter der Welt bestimmt wurde. Die folgende Beschreibung erinnert an Daniel 7,9-14.

Totenreich: Aufenthaltsort der Verstorbenen, der unter der Erde liegt.

Ephesus: Bedeutende Hafenstadt und Hauptstadt der römischen Provinz Asia. Sie liegt im Westen der heutigen Türkei.

Apostel: Wörtlich »Ausgesandte«. Menschen, die dazu berufen sind, die Gute Nachricht von Jesus Christus zu verkünden. Im engeren Sinn die zwölf Jünger von Jesus, die ihn während seines Lebens begleiteten.

Nikolaiten: Gruppe innerhalb der Gemeinde. Ihr wird vorgeworfen, die Freiheit, die Christus schenkt, als Erlaubnis für sexuelle Freizügigkeit oder Teilnahme an Opferfeiern für fremde Götter misszuverstehen.

Geist Gottes: Kraft, durch die Gott in der Welt wirkt.

Paradies: Garten Gottes, der auch »Eden« genannt wird. In ihm lebten die ersten Menschen und aus ihm wurden sie vertrieben, vgl. 1. Mose/Genesis 2–3.

Der Brief an die Gemeinde in Smyrna

8 »Schreib an den Engel der Gemeinde in Smyrna: ›So spricht der
Erste und der Letzte, der tot war und wieder lebendig wurde: 9 Ich
weiß, dass du bedrängt wirst und in Armut lebst. – Aber in Wirklich-
keit bist du reich! – Ich weiß von den Lästerungen aus dem Kreis
derer, die sich als Juden bezeichnen. Das sind sie aber nicht, sondern
sie sind die Versammlung des Satans. 10 Fürchte dich nicht vor dem
Leiden, das dir noch bevorsteht. Der Teufel wird einige aus deinen
Reihen ins Gefängnis werfen. Denn er will sie auf die Probe stellen.
Zehn Tage lang werden sie leiden müssen. Bleib mir treu, auch wenn
es dich das Leben kostet. Dann werde ich dir als Siegeskranz das
ewige Leben geben.‹

11 Wer ein Ohr dafür hat, soll gut zuhören, was der Geist Gottes den
Gemeinden sagt: ›Wer siegreich ist und standhaft im Glauben, dem
kann der zweite Tod nichts anhaben.‹«

Der Brief an die Gemeinde in Pergamon

12 »Schreib an den Engel der Gemeinde in Pergamon: ›So spricht der,
der das scharfe, doppelschneidige Schwert hat: 13 Ich weiß, dass du
dort wohnst, wo der Thron des Satans steht. Trotzdem bekennst du
dich zu mir und hast deinen Glauben an mich nicht geleugnet. Das
geschah nicht einmal zu der Zeit, als mein treuer Zeuge Antipas ge-
tötet wurde – bei euch, dort, wo der Satan wohnt. 14 Aber etwas muss
ich dir doch vorwerfen: Bei dir gibt es Leute, die der Lehre des Bileam
folgen. Er brachte Balak bei, wie er die Israeliten zu Fall bringen
konnte: Sie sollten das Fleisch von Tieren essen, die als Opfer für
Götzen geschlachtet worden waren. Und sie sollten Hurerei treiben.
15 Solche Leute gibt es auch bei dir: Leute, die an der Lehre der Niko-
laiten festhalten. 16 Ändere dich also! Sonst werde ich bald gegen dich
vorgehen. Mit dem Schwert meines Mundes werde ich diese Leute
bekämpfen.‹

17 Wer ein Ohr dafür hat, soll gut zuhören, was der Geist Gottes den
Gemeinden sagt: ›Wer siegreich ist und standhaft im Glauben, dem
werde ich von dem verborgenen Manna geben. Außerdem gebe ich
ihm einen weißen Stein. Auf dem Stein steht ein neuer Name, den
niemand kennt außer dem, der ihn empfängt.‹«

Der Brief an die Gemeinde in Thyatira

18 »Schreib an den Engel der Gemeinde in Thyatira: ›So spricht der
Sohn Gottes, dessen Augen lodernden Flammen gleichen und des-
sen Füße wie Golderz glänzen: 19 Ich kenne deine Taten, deine Lie-
be, deinen Glauben, deinen Dienst für andere und deine Standhaf-
tigkeit. Ich weiß auch, dass du in letzter Zeit mehr getan hast als zu
Beginn.

20 Aber ich habe dir vorzuwerfen, dass du diese Frau bei dir dul-
dest – diese Isebel, die sich als Prophetin bezeichnet. Mit ihrer Leh-
re verführt sie meine Diener dazu, Hurerei zu treiben. Sie bringt sie

sich als Juden bezeichnen: Menschen, die von sich meinen, zu Gottes Volk zu gehören. Ihnen wird vorgeworfen, dass ihr Verhalten diesem Anspruch nicht gerecht wird.

ewiges Leben: Leben im Reich Gottes und in unmittelbarer Gemeinschaft mit Gott nach der Auferstehung vom Tod.

zweiter Tod: Der endgültige Tod, der vom ewigen Leben ausschließt.

Thron des Satans: Vermutlich eine Anspielung auf den römischen Kaiser, der im Römischen Reich als Gott verehrt wurde.

Bileam: 4. Mose/Numeri 22–24 erzählt, dass er von König Balak beauftragt wurde, das Volk Israel zu verfluchen. Vor diesem Hintergrund entwickelte sich die Figur des Bileam zum Sinnbild für einen gottlosen Menschen.

Hurerei: Bild sowohl für sexuelle Ausschweifungen als auch für die Anbetung fremder Götter.

Isebel: Die Frau wird mit der Frau König Ahabs von Israel verglichen, die ihren Mann dazu anstiftete, einen Justizmord zu begehen; vgl. 1. Könige 21. Sie gilt als Götzendienerin und wurde zum Sinnbild einer gottlosen Frau.

dazu, Fleisch von Tieren zu essen, die als Opfer für Götzen geschlach-
tet wurden. 21 Ich habe ihr Zeit gelassen, ihr Leben zu ändern. Aber
sie will ihre Hurerei nicht aufgeben. 22 Darum werfe ich sie nun aufs
Krankenbett. Und alle, die mit ihr Ehebruch begangen haben, wer-
den Schlimmes erleiden müssen – es sei denn, sie wenden sich ab
vom Treiben dieser Frau. 23 Auch ihre Anhänger werde ich in den Tod
schicken. Dann werden alle Gemeinden erkennen, dass ich es bin, der
sie auf Herz und Nieren prüft. Jedem von euch werde ich das geben,
was seinen Taten entspricht. 24 Es gibt in Thyatira aber auch euch, die
anderen. Ihr habt diese Lehre nicht angenommen. Und ihr wolltet
nichts von dem wissen, was sie die ›tiefen Geheimnisse des Satans‹
nennen. Euch sage ich: Ich lege euch keine weitere Last auf. 25 Haltet
aber an dem fest, was ihr habt – bis ich komme!

26 Wer siegreich ist und standhaft im Glauben und bis zuletzt nach
meinem Willen lebt: dem werde ich Macht über die Völker geben.
27 Er wird mit eisernem Stab über sie herrschen und sie wie Tongefä-
ße zerschlagen. 28 Dieselbe Macht habe ich von meinem Vater emp-
fangen. Und dazu gebe ich ihm den Morgenstern.‹ 29 Wer ein Ohr
dafür hat, soll gut zuhören, was der Geist Gottes den Gemeinden
sagt!«

Der Brief an die Gemeinde in Sardes

3 1 »Schreib an den Engel der Gemeinde in Sardes: ›So spricht der,
der Macht über die sieben Geister Gottes hat und der die sie-
ben Sterne hält: Ich kenne deine Taten. Ich weiß, dass du in dem Ruf
stehst, lebendig zu sein. Aber du bist tot. 2 Wach auf! Stärke die, die
übrig sind und fast gestorben wären. Denn ich habe festgestellt, dass
deine Taten nicht vollkommen waren in den Augen meines Gottes.
3 Denk doch daran, wie du meine Botschaft empfangen und gehört
hast. Befolge sie wieder und ändere dich. Wenn du nicht aufwachst,
werde ich so unerwartet kommen wie ein Dieb. Und du wirst nicht
wissen, zu welcher Stunde ich gegen dich vorgehen werde. 4 Aber es
gibt einige Leute in Sardes, die ihre Kleider nicht schmutzig gemacht
haben. Sie werden weiße Gewänder tragen und mit mir zusammen
auf dem Weg sein. Denn sie sind es wert.

5 Wer siegreich ist und standhaft im Glauben, dem wird ein wei-
ßes Gewand angezogen. Niemals werde ich seinen Namen aus dem
Buch des Lebens streichen. Vielmehr werde ich mich vor meinem
Vater und vor dessen Engeln offen zu ihm bekennen.‹ 6 Wer ein Ohr
dafür hat, soll gut zuhören, was der Geist Gottes den Gemeinden
sagt!«

Der Brief an die Gemeinde in Philadelphia

7 »Schreib an den Engel der Gemeinde in Philadelphia: ›So spricht der
Heilige, der Wahrhaftige, der den Schlüssel Davids hat. – Was er öff-
net, kann niemand wieder schließen. Und was er schließt, kann nie-
mand wieder öffnen. – Er lässt euch sagen: 8 Ich kenne deine Taten.

Ehebruch: Das Verhältnis zwischen Gott und seinem Volk wird in der Bibel oft als Ehe beschrieben. Untreue bedeutet in diesem Fall die Anbetung fremder Götter.

Satan, Teufel: Gegenspieler Gottes. Er versucht, die Menschen zu einem Verhalten zu bewegen, das Gottes Willen widerspricht.

Morgenstern: Im Römischen Reich wurde die Göttin Venus als Morgenstern verehrt. In Offenbarung 22,16 bezeichnet Jesus Christus sich selbst als wahren Morgenstern, der als Sinnbild für das kommende Licht Gottes die Dunkelheit der Welt überwindet.

sieben Geister: Sieben Engel, die vor dem Thron Gottes im Himmel stehen. Als Sohn Gottes hat Jesus Christus Macht über sie.

nicht schmutzig machen: Das bedeutet, dass sie ihren Glauben treu bewahrt haben.

Buch des Lebens: Eine Art Bürgerliste, in der die Bewohner des Reiches Gottes verzeichnet sind.

Vater: Vertrauensvolle Anrede oder Bezeichnung für Gott.

Schlüssel Davids: Das Alte Testament erzählt, dass König David Jerusalem eroberte und zur Hauptstadt seines Königreichs machte. Im übertragenen Sinn hat David damit die Schlüssel für Jerusalem.

Sieh hin, ich habe vor dir eine Tür geöffnet, die niemand wieder
schließen kann. Du hast zwar nur wenig Kraft. Aber dennoch hast
du an meinem Wort festgehalten und hast meinen Namen nicht ver-
leugnet. 9 Ich schicke nun einige Leute zu dir, die zur Versammlung
des Satans gehören. Sie bezeichnen sich selbst als Juden. Aber das
sind sie nicht, vielmehr lügen sie. Ich werde sie dazu bringen, dass sie
zu dir kommen und sich vor deinen Füßen niederwerfen. Sie sollen
erkennen, dass ich dich geliebt habe. 10 Du hast dich an mein Wort
gehalten, standhaft zu bleiben. Deshalb halte ich auch in der Stunde
zu dir, wenn alles auf die Probe gestellt wird. Sie wird über die ganze
Welt hereinbrechen, um die Bewohner der Erde zu prüfen. 11 Ich
komme bald. Halte an dem fest, was du hast, damit dir niemand den
Siegeskranz wegnimmt.

12 Wer siegreich ist und standhaft im Glauben, den werde ich zu
einer Säule machen im Tempel meines Gottes. Er wird ihn nie mehr
verlassen müssen. Ich werde den Namen meines Gottes auf ihn
schreiben und den Namen der Stadt meines Gottes. Diese Stadt ist
das neue Jerusalem, das von meinem Gott aus dem Himmel herab-
kommen wird. Auch meinen neuen Namen werde ich auf ihn schrei-
ben.‹ 13 Wer ein Ohr dafür hat, soll gut zuhören, was der Geist Gottes
den Gemeinden sagt!«

Der Brief an die Gemeinde in Laodizea

14 »Schreib an den Engel der Gemeinde in Laodizea: ›So spricht der,
der das Amen ist, der treue und wahrhaftige Zeuge, der Anfang von
Gottes Schöpfung: 15 Ich kenne deine Taten. Du bist weder kalt noch
heiß. Ach, wärst du doch kalt oder heiß! 16 Doch du bist lauwarm, we-
der heiß noch kalt. Darum will ich dich aus meinem Mund ausspu-
cken. 17 Du sagst: Ich bin reich, habe alles im Überfluss und mir fehlt
es an nichts. Dabei weißt du gar nicht, wie unglücklich du eigentlich
bist, bedauernswert, arm, blind und nackt. 18 Ich gebe dir einen Rat:
Kauf Gold von mir, das im Feuer gereinigt wurde. Dann bist du wirk-
lich reich! Und kauf weiße Kleider, damit du etwas anzuziehen hast.
Sonst stehst du nackt da und musst dich schämen! Kauf außerdem
Salbe und streich sie auf deine Augen. Denn du sollst klar sehen kön-
nen! 19 Alle, die ich liebe, weise ich zurecht und erziehe sie streng.
Mach also Ernst und ändere dich. 20 Hör doch! Ich stehe vor der Tür
und klopfe an. Wer meine Stimme hört und die Tür öffnet, bei dem
werde ich eintreten. Ich werde mit ihm das Mahl einnehmen und er
mit mir.

21 Wer siegreich ist und standhaft im Glauben, der soll neben mir
auf meinem Thron sitzen – so wie auch ich den Sieg errungen habe
und neben meinem Vater auf seinem Thron sitze.‹ 22 Wer ein Ohr
dafür hat, soll gut zuhören, was der Geist Gottes den Gemeinden
sagt!«

sie bezeichnen sich selbst als Juden: Menschen, die von sich meinen, zu Gottes Volk zu gehören. Ihnen wird vorgeworfen, dass ihr Verhalten diesem Anspruch nicht gerecht wird.

den Namen Gottes auf ihn schreiben: Dadurch wird für alle sichtbar, dass dieser Mensch zu Gott gehört und unter seinem Schutz steht.

Amen: Das hebräische Wort bedeutet »So ist es! / So soll es sein!« und steht am Ende von Gebeten. Das erinnert an Offenbarung 2,8, wo von Christus als dem Anfang und Ende von allem die Rede ist.

Anfang von Gottes Schöpfung: In Johannes 1,1-5 wird Jesus als Wort Gottes vorgestellt, durch das Gott die Welt geschaffen hat.

im Feuer gereinigt: Um Gold von unerwünschten Fremdstoffen zu reinigen, wird es bei großer Hitze zum Schmelzen gebracht. Abhängig vom Schmelzpunkt trennen sich die Stoffe dabei voneinander oder verbrennen.

Vater: Vertrauensvolle Anrede oder Bezeichnung für Gott.

Die Vision vom Thron im Himmel 4,1–5,14

Der Thron Gottes und die Throne der Ältesten

4 1 Danach schaute ich auf und sah, dass im Himmel eine Tür geöff-
net war. Und die Stimme, die ich am Anfang gehört hatte, die laut
war wie eine Trompete, sagte: »Komm hier herauf! Ich will dir zeigen,
was in Zukunft geschehen muss.«
2 Sofort wurde ich vom Geist Gottes ergriffen. Im Himmel stand
ein Thron, und auf dem Thron saß jemand. 3 Und der dort saß, glich
im Aussehen den Edelsteinen Jaspis und Karneol. Der Thron war
umgeben von einem Regenbogen, der strahlte wie ein Smaragd.
4 Und rings um den Thron sah ich 24 andere Throne. Auf den Thronen
saßen 24 Älteste. Sie waren in weiße Gewänder gekleidet und trugen
goldene Siegeskränze auf dem Kopf. 5 Von dem Thron gingen Blitze
aus und man hörte Grollen und Donner. Und vor dem Thron brann-
ten sieben Fackeln, das sind die sieben Geister Gottes.
6 Vor dem Thron war etwas wie ein gläsernes Meer, das glich einem
Kristall. Und in der Mitte, ganz nah am Thron, standen rings um den
Thron vier Lebewesen. Die waren vorne und hinten voller Augen.
7 Das erste Lebewesen glich einem Löwen, das zweite einem Stier.
Das dritte Lebewesen hatte ein Gesicht wie ein Mensch. Und das
vierte glich einem fliegenden Adler. 8 Jedes einzelne der vier Lebe-
wesen hatte sechs Flügel, die außen und innen voller Augen waren.
Sie rufen bei Tag und bei Nacht und ohne Unterbrechung: »Heilig,
heilig, heilig ist Gott, der Herr, der Allmächtige – er, der war und der
ist und der kommt.« 9 So werden die Lebewesen den preisen, der auf
dem Thron sitzt. Er lebt für immer und ewig. Sie werden ihm Ehre
und Dank erweisen. 10 Dann werden sich die 24 Ältesten vor dem nie-
derwerfen, der auf dem Thron sitzt. Sie werden den anbeten, der für
immer und ewig lebt. Sie werden ihre Siegeskränze vor dem Thron
niederlegen und rufen: 11 »Du, Herr, unser Gott, bist würdig, alle Herr-
lichkeit, Ehre und Macht zu empfangen. Denn du hast die ganze
Welt erschaffen. Weil du wolltest, dass es sie gibt, ist sie erschaffen
worden.«

Das Buch mit den sieben Siegeln

5 1 In der rechten Hand dessen, der auf dem Thron saß, sah ich eine
Buchrolle. Sie war innen und außen beschrieben und war mit
sieben Siegeln verschlossen. 2 Und ich sah einen mächtigen Engel. Er
rief mit lauter Stimme: »Wer ist würdig, dieses Buch zu öffnen und
seine Siegel aufzubrechen?« 3 Doch niemand war in der Lage, das
Buch zu öffnen und hineinzuschauen – weder im Himmel noch auf
der Erde noch unter der Erde. 4 Und ich weinte sehr. Denn es fand sich
niemand, der würdig war, das Buch zu öffnen und hineinzuschauen.
5 Da sagte einer von den Ältesten zu mir: »Weine nicht! Der Löwe aus
dem Stamm Juda, der Spross aus der Wurzel Davids, hat den Sieg er-
rungen. Er kann das Buch und seine sieben Siegel öffnen.«

Geist Gottes: Kraft, durch die Gott in der Welt wirkt.

weiß: Die Farbe steht für die Zugehörigkeit zur himmlischen Welt.

Siegeskranz: Ein meist aus grünen Zweigen geflochtener Kranz. Er wurde dem Sieger nach einer Schlacht oder einem sportlichen Wettkampf wie eine Krone aufgesetzt.

sieben Geister: Sieben Engel, die vor dem Thron Gottes im Himmel stehen.

vier Lebewesen: Der Text nimmt ein Bild aus den Visionen des Propheten Ezechiel auf, der die Herrlichkeit Gottes inmitten von vier Lebewesen sieht; vgl. Ezechiel 1,4-14.

Buchrolle: Vorläufer des Buchs aus aneinandergenähten Lederstücken, auf die der Text in Spalten nebeneinandergeschrieben wurde.

Siegel: Ein persönlicher Stempel, durch dessen Abdruck ein Brief, eine Urkunde oder ein Vertrag beglaubigt wird.

Löwe aus dem Stamm Juda: Das Bild stammt aus 1. Mose/Genesis 49,9 und ist hier Titel für Christus, dessen Vorfahren zum Stamm Juda gehörten.

Spross aus der Wurzel Davids: Das Bild stammt aus Jesaja 11,10 und ist hier Titel des zukünftigen Retters der Welt, der aus der Familie von König David stammt.

[6] Da sah ich ein Lamm. Es stand zwischen dem Thron und den vier Lebewesen, mitten unter den Ältesten. Das Lamm sah aus, als ob es geschlachtet wäre. Es hatte sieben Hörner und sieben Augen. Diese Augen sind die sieben Geister Gottes, die in die ganze Welt gesandt worden sind. [7] Das Lamm ging zu dem, der auf dem Thron saß. Und es nahm das Buch aus seiner rechten Hand. [8] Als es das Buch genommen hatte, warfen sich die vier Lebewesen vor dem Lamm nieder. Dasselbe taten auch die 24 Ältesten. Jeder von ihnen hatte eine Leier und eine goldene Schale voller Räucherwerk. Der Weihrauch, das sind die Gebete der Heiligen. [9] Und sie sangen ein neues Lied: »Du bist würdig, das Buch zu nehmen und seine Siegel zu öffnen. Denn du wurdest geschlachtet und hast mit deinem Blut die Menschen für Gott freigekauft – Menschen aus allen Stämmen, Völkern und Nationen und mit allen Sprachen. [10] Du hast ihnen Anteil am Reich Gottes gegeben und sie zu Priestern gemacht. Und sie werden auf der Erde herrschen.«

[11] Dann sah ich viele Engel und hörte ihre Stimmen. Sie standen rings um den Thron, außen um die Lebewesen und die Ältesten. Es waren 10000mal 10000 und 1000mal 1000. [12] Sie riefen mit lauter Stimme: »Das Lamm, das geschlachtet wurde, ist würdig, die Macht zu bekommen – dazu auch Reichtum und Weisheit, Kraft und Ehre, Herrlichkeit und Lob.« [13] Und alle Geschöpfe im Himmel und auf der Erde, unter der Erde und im Meer – alles, was in der Welt ist –, sie alle hörte ich rufen: »Dem, der auf dem Thron sitzt, und dem Lamm sei Lob und Ehre. Sie regieren in Herrlichkeit und Macht für immer und ewig.« [14] Die vier Lebewesen antworteten: »Amen.« Und die Ältesten warfen sich nieder und beteten sie an.

Die Vision von den sieben Siegeln 6,1–8,1

Das erste bis vierte Siegel wird geöffnet

6 [1] Dann sah ich, wie das Lamm das erste der sieben Siegel öffnete. Und ich hörte eines der vier Lebewesen rufen mit einer Stimme, die wie ein Donner klang: »Komm!« [2] Da sah ich ein weißes Pferd. Sein Reiter hatte einen Bogen, und ihm wurde ein Siegeskranz gegeben. Er zog als Sieger aus, um zu siegen.

[3] Als das Lamm das zweite Siegel öffnete, hörte ich das zweite Lebewesen rufen: »Komm!« [4] Da kam ein anderes, ein feuerrotes Pferd. Seinem Reiter wurde die Macht gegeben, den Frieden von der Erde zu nehmen. Denn die Menschen sollten sich gegenseitig umbringen. Und es wurde ihm ein großes Schwert gegeben.

[5] Als das Lamm das dritte Siegel öffnete, hörte ich das dritte Lebewesen rufen: »Komm!« Da sah ich ein schwarzes Pferd. Sein Reiter hatte eine Waage in seiner Hand. [6] Und ich hörte etwas wie eine Stimme rufen. Sie kam von dort, wo die vier Lebewesen waren: »Eine Tagesration Weizen soll einen Tageslohn kosten. Auch drei

sieben Geister: Sieben Engel, die vor dem Thron Gottes im Himmel stehen. Als Sohn Gottes hat Jesus Christus Macht über sie.

Räucherwerk: Mischung aus duftenden Harzen wie Weihrauch, die im Tempel als Räucheropfer dargebracht werden.

Heilige: Bezeichnung für die Anhänger von Jesus Christus.

dein Blut: Anspielung auf den Tod von Jesus Christus am Kreuz. Es steht für Gottes Zuwendung zu den Menschen, für die Jesus sein Leben am Kreuz opferte, um die Sünden der Menschen wegzunehmen.

Herrlichkeit: Bezeichnet das, was einer Person Ansehen und Macht verleiht. Gottes Herrlichkeit stellt man sich auch als strahlenden Lichtglanz vor.

Lamm Gottes: Bild, das Christus mit einem Opfertier vergleicht. Es nimmt die Sünde weg, die trennend zwischen Gott und Mensch steht.

Siegel: Ein persönlicher Stempel, durch dessen Abdruck ein Brief, eine Urkunde oder ein Vertrag beglaubigt wird.

Siegeskranz: Ein meist aus grünen Zweigen geflochtener Kranz. Er wurde dem Sieger nach einer Schlacht oder einem sportlichen Wettkampf wie eine Krone aufgesetzt.

Tagesrationen Gerste sollen einen Tageslohn kosten. Aber das Öl
und der Wein sollen nicht teurer werden!«
7 Als das Lamm das vierte Siegel öffnete, hörte ich die Stimme des
vierten Lebewesens, die rief: »Komm!« 8 Da sah ich ein leichenblas-
ses Pferd. Sein Reiter hieß »der Tod«. Und das Totenreich folgte ihm.
Sie bekamen die Vollmacht über ein Viertel der Erde. Sie sollten die
Menschen töten, durch Schwert, Hunger, Pest und die wilden Tiere
der Erde.

Das fünfte Siegel wird geöffnet

9 Als das Lamm das fünfte Siegel öffnete, sah ich einen Altar und dar-
unter Seelen. Es waren die Seelen der Menschen, die hingeschlach-
tet wurden, weil sie an das Wort Gottes glaubten – und weil sie als
Zeugen dafür eingetreten sind. 10 Sie riefen mit lauter Stimme: »Wie
lange dauert es noch, du heiliger und wahrhaftiger Herrscher? Wann
sprichst du das Urteil? Wann ziehst du die Bewohner der Erde zur
Rechenschaft, weil sie unser Blut vergossen haben?« 11 Jede einzelne
Seele erhielt ein weißes Gewand. Ihnen wurde gesagt: »Habt noch
ein wenig Geduld, denn ihr seid noch nicht vollzählig. Es fehlen noch
eure Brüder und Schwestern, die – wie ihr – Gott dienen und getötet
werden müssen.«

Das sechste Siegel wird geöffnet

12 Dann sah ich, wie das Lamm das sechste Siegel öffnete. Da gab es
ein schweres Erdbeben. Die Sonne wurde schwarz wie ein Trauerge-
wand. Und der ganze Mond wurde rot wie Blut. 13 Die Sterne stürzten
vom Himmel auf die Erde – wie unreife Feigen, die der Feigenbaum
abwirft, wenn er vom Sturm geschüttelt wird. 14 Und der Himmel
verschwand wie eine Schriftrolle, die man zusammenrollt. Und jeder
Berg und jede Insel wurden von ihrem Platz gerückt.
15 Die Menschen verbargen sich in den Höhlen und den Felsspal-
ten der Berge: die Könige der Erde, die hohen Regierungsbeamten
und Befehlshaber, die Reichen und Mächtigen, aber auch alle Skla-
ven und Freie. 16 Sie sagten zu den Bergen und Felsen: »Fallt auf uns!
Verbergt uns vor dem Blick dessen, der auf dem Thron sitzt, und vor
dem Zorn des Lammes. 17 Denn der große Tag ist gekommen, an dem
ihr Zorn über uns hereinbricht. Wer kann da bestehen?«

144 000 Menschen erhalten das Siegel Gottes

7 1 Danach sah ich vier Engel. Sie standen an den vier Ecken der Er-
de und hielten die vier Winde der Erde fest. Denn es sollte kein
Sturm hereinbrechen – weder über das Land noch über das Meer
oder über irgendeinen Baum. 2 Dann sah ich einen anderen Engel,
der von dort her kam, wo die Sonne aufgeht. Er hatte das Siegel des
lebendigen Gottes bei sich. Er rief zu den vier Engeln hinüber, de-
nen aufgetragen war, Land und Meer Schaden zuzufügen. Mit lauter
Stimme sagte er: 3 »Fügt der Erde, dem Meer und den Bäumen noch

Lebewesen: Der Text nimmt ein Bild aus den Visionen des Propheten Ezechiel auf, der die Herrlichkeit Gottes inmitten von vier Lebewesen sieht; vgl. Ezechiel 1,4-14.

Altar: Eine Art Tisch oder Podest, auf dem einer Gottheit Opfergaben dargebracht wurden.

Seele: Steht für das, was auch über den Tod hinaus das Ganze der Person ausmacht.

Wort Gottes: Gottes Versprechen, dass die Menschen durch Tod und Auferstehung von Christus mit Gott versöhnt sind.

weiß: Die Farbe steht für die Zugehörigkeit zur himmlischen Welt.

der große Tag: Der Tag, an dem Christus wiederkommt. Dann hält Gott Gericht und sein Reich bricht endgültig an.

keinen Schaden zu – so lange, bis wir den Dienern unseres Gottes das
Siegel auf die Stirn gedrückt haben.« 4 Und ich erfuhr die Zahl derer,
denen das Siegel aufgedrückt wurde. Es waren 144 000, die das Sie-
gel erhielten. Sie kamen aus allen Stämmen des Volkes Israel. 5 Aus
jedem Stamm des Volkes Israel erhielten je 12 000 das Siegel: aus
den Stämmen Juda, Ruben und Gad; 6 den Stämmen Ascher, Naftali
und Manasse; 7 den Stämmen Simeon, Levi und Issachar 8 sowie den
Stämmen Sebulon, Josef und Benjamin.

Die Geretteten vor dem Thron Gottes

9 Danach sah ich eine große Menschenmenge, die niemand zählen
konnte. Es waren Menschen aus allen Nationen, Stämmen und Völ-
kern, Menschen aller Sprachen. Die standen vor dem Thron und vor
dem Lamm. Sie trugen weiße Gewänder und hielten Palmzweige
in ihren Händen. 10 Und sie riefen mit lauter Stimme: »Die Rettung
kommt von unserem Gott, der auf dem Thron sitzt, und von dem
Lamm.«
11 Alle Engel standen im Kreis um den Thron, die Ältesten und die
vier Lebewesen. Sie warfen sich vor dem Thron zu Boden und bete-
ten Gott an. 12 Sie sagten: »Amen! Gelobt sei Gott. Er regiert in Herr-
lichkeit und Weisheit. Ihm sei Dank, Ehre, Macht und Kraft für im-
mer und ewig. Amen.«
13 Einer der Ältesten wandte sich an mich und fragte: »Wer sind die
Menschen in den weißen Gewändern und woher sind sie gekom-
men?« 14 Ich antwortete ihm: »Mein Herr, *du* weißt es.« Und er sagte
zu mir: »Diese Menschen kommen aus einer großen Bedrängnis. Sie
haben ihre Gewänder gewaschen und im Blut des Lammes weiß ge-
macht. 15 Deshalb stehen sie vor dem Thron Gottes und dienen ihm
Tag und Nacht in seinem Tempel. Und er, der auf dem Thron sitzt,
wird sein schützendes Zelt über ihnen aufschlagen. 16 Sie werden nie
wieder unter Hunger oder Durst leiden. Weder die Sonne noch glü-
hende Hitze werden sie quälen. 17 Denn das Lamm mitten auf dem
Thron wird ihr Hirte sein. Es wird sie zu Quellen führen, aus denen
das Wasser des Lebens strömt. Und Gott wird jede Träne von ihren
Augen abwischen.«

Das siebte Siegel wird geöffnet

8 1 Als das Lamm das siebte Siegel öffnete, wurde es still im Him-
mel, etwa eine halbe Stunde lang.

Die Vision von den sieben Trompeten 8,2–11,19

Der Engel mit der Räucherpfanne

2 Ich sah die sieben Engel, die vor Gott stehen. Ihnen wurden sie-
ben Trompeten gegeben. 3 Da kam ein anderer Engel und trat an
den Altar. Er hatte eine goldene Räucherpfanne, und ihm wurde viel

Diener Gottes: Bezeichnung für eine Person, die Gott als ihren Herrn anerkennt. Sie handelt in seinem Namen, ist aber auch abhängig von ihm.

144 000: Zahl, die für göttliche Vollendung steht. Sie setzt sich zusammen aus der Zahl 12, die für die 12 Stämme Israels und auch für die 12 Jünger von Jesus steht, und aus der Zahl 1000, die gewaltige Größe und Ewigkeit bedeutet: 12 × 12 × 1000.

Lamm Gottes: Bild, das Christus mit einem Opfertier vergleicht. Es nimmt die Sünde weg, die trennend zwischen Gott und Mensch steht.

Palmzweige: Könige und Feldherren wurden beim Einzug in eine Stadt mit Palmzweigen und Jubel begrüßt.

Herrlichkeit: Bezeichnet das, was einer Person Ansehen und Macht verleiht. Gottes Herrlichkeit stellt man sich auch als strahlenden Lichtglanz vor.

Blut: Anspielung auf den Tod von Jesus Christus am Kreuz. Es steht für Gottes Zuwendung zu den Menschen, für die Jesus sein Leben am Kreuz opferte, um die Sünden der Menschen wegzunehmen.

ewiges Leben: Leben im Reich Gottes und in unmittelbarer Gemeinschaft mit Gott nach der Auferstehung vom Tod.

Räucherwerk gegeben. Er sollte die Gebete aller Heiligen zusammen
mit dem Weihrauch als Räucheropfer darbringen. Das tat er auf dem
anderen Altar, dem goldenen Räucheraltar vor dem Thron. 4 Und aus
der Hand des Engels stieg der Duft des Weihrauchs hinauf zu Gott –
zusammen mit den Gebeten der Heiligen. 5 Dann nahm der Engel
die Räucherpfanne. Er füllte sie mit Feuer vom Altar und warf es auf
die Erde. Da hörte man Donner und Grollen, es blitzte und die Erde
bebte.

Die erste bis vierte Trompete wird geblasen

6 Die sieben Engel mit den sieben Trompeten machten sich bereit,
ihre Trompeten zu blasen. 7 Der erste Engel ließ die Trompete er-
schallen. Da entstand ein Gemisch aus Hagel, Feuer und Blut, das auf
die Erde geschleudert wurde. Ein Drittel der Erde verbrannte, ebenso
ein Drittel der Bäume und alles grüne Gras.
8 Dann ließ der zweite Engel die Trompete erschallen. Da wurde et-
was ins Meer geworfen, das glich einem großen Berg aus Feuer. Ein
Drittel des Meeres wurde zu Blut. 9 Ein Drittel der Geschöpfe, die im
Meer leben, starb. Und ein Drittel der Schiffe wurde zerstört.
10 Dann ließ der dritte Engel die Trompete erschallen. Da fiel ein
großer Stern vom Himmel. Er brannte wie eine Fackel und fiel auf
ein Drittel der Flüsse und auf die Wasserquellen. 11 Der Stern trug
den Namen: »Bitterkeit«. Da wurde ein Drittel des Wassers bit-
ter. Viele Menschen starben durch das Wasser, denn es war giftig
geworden.
12 Dann ließ der vierte Engel die Trompete erschallen. Da wur-
den ein Drittel der Sonne, ein Drittel des Mondes und ein Drittel
der Sterne weggeschlagen. Dadurch verloren sie ein Drittel ihrer
Helligkeit. Ein Drittel des Tages hatte kein Licht, und genauso war
es auch in der Nacht. 13 Dann sah ich einen Adler, der hoch am Him-
mel flog. Und ich hörte, wie er mit lauter Stimme rief: »Wehe! We-
he! Wehe denen, die auf der Erde leben! Noch haben drei Engel
ihre Trompeten nicht geblasen. Sie werden sie aber bald erschallen
lassen!«

Die fünfte Trompete wird geblasen

9 1 Dann ließ der fünfte Engel die Trompete erschallen. Da sah
ich einen Stern, der vom Himmel auf die Erde gefallen war. Ihm
wurde der Schlüssel für den Schacht gegeben, der in den Abgrund
hinabführt. 2 Er öffnete den Schacht zum Abgrund. Da stieg Rauch
aus dem Schacht empor wie der Rauch aus einem großen Ofen. Und
der Rauch aus dem Schacht verdunkelte die Sonne und die Luft. 3 Aus
dem Rauch kamen Heuschrecken hervor und machten sich über die
Erde her. Ihnen wurde die Fähigkeit gegeben, wie die Skorpione zu
stechen. 4 Den Heuschrecken wurde befohlen, dem Gras auf der Erde
keinen Schaden zuzufügen – auch nicht den Pflanzen und Bäumen.
Sie sollten nur den Menschen zusetzen, die das Siegel Gottes nicht

Räucherwerk: Mischung aus duftenden Harzen wie Weihrauch, die im Tempel als Räucheropfer dargebracht werden.

Heilige: Bezeichnung für die Anhänger von Jesus Christus.

Bitterkeit: Wörtlich »Wermut«. Das aus Beifußpflanzen gewonnene Getränk ist bitter und galt als giftig.

Siegel: Ein persönlicher Stempel, durch dessen Abdruck ein Brief, eine Urkunde oder ein Vertrag beglaubigt wird.

auf ihrer Stirn tragen. 5 Sie wurden angewiesen, die Menschen nicht zu töten, sondern sie fünf Monate lang zu quälen. Die Qual sollte so unerträglich sein, wie wenn ein Skorpion einen Menschen sticht. 6 Dann werden die Menschen den Tod suchen, aber sie werden ihn nicht finden. Sie werden sich danach sehnen zu sterben, doch der Tod wird vor ihnen fliehen.

7 Die Heuschrecken sahen aus wie Pferde, die für die Schlacht gerüstet sind. Auf ihren Köpfen trugen sie etwas, das aussah wie goldene Siegeskränze. Und ihre Gesichter waren wie Gesichter von Menschen. 8 Ihre Haare waren wie Frauenhaare, und ihre Zähne waren wie die Zähne von Löwen. 9 Ihre Brust war wie mit Eisen gepanzert. Das Schlagen ihrer Flügel dröhnte wie viele mit Pferden bespannte Streitwagen, die in die Schlacht ziehen. 10 Die Heuschrecken hatten Schwänze mit Giftstacheln wie Skorpione. Und in ihren Schwänzen steckte die Macht, den Menschen fünf Monate lang Schaden zuzufügen. 11 Die Heuschrecken werden von einem König beherrscht, dem Engel des Abgrunds. Sein Name lautet auf Hebräisch Abaddon und auf Griechisch Apollyon, das heißt: Verderber. 12 Das erste Unheil ist vorüber, doch es kommen noch zwei weitere.

Die sechste Trompete wird geblasen

13 Dann ließ der sechste Engel die Trompete erschallen. Da hörte ich eine Stimme. Sie kam von den vier Hörnern des goldenen Altars her, der vor Gott steht. 14 Sie sagte zu dem sechsten Engel, der die Trompete hatte: »Binde die vier Engel los, die am großen Fluss Eufrat gefesselt sind.« 15 Da wurden die vier Engel losgebunden. Sie standen für diese Stunde bereit, für diesen Tag, diesen Monat und dieses Jahr. Denn sie sollten ein Drittel der Menschen töten. 16 Und die Zahl ihrer berittenen Truppen betrug 20 000mal 10 000. Das ist die Zahl, die ich hörte.

17 So sah ich in dieser Vision die Pferde und ihre Reiter: Ihre Panzer waren feuerrot, rauchblau und schwefelgelb. Die Köpfe der Pferde waren wie die Köpfe von Löwen. Und aus ihren Mäulern kam Feuer, Rauch und Schwefel. 18 Durch diese drei Plagen wurde ein Drittel der Menschen getötet: durch das Feuer, den Rauch und den Schwefel, die aus ihren Mäulern kamen. 19 Denn die Macht dieser Pferde liegt in ihrem Maul und in ihren Schwänzen. Ihre Schwänze sind wie Schlangen mit einem Kopf am Ende. Auch mit ihnen fügten sie den Menschen Schaden zu.

20 Doch die übrigen Menschen, die diese Plagen überlebt hatten, änderten sich trotzdem nicht. Sie vertrauten weiterhin auf das, was sie mit eigenen Händen herstellten: Sie beteten ihre Dämonen an und die Götzenbilder aus Gold, Silber, Bronze, Stein oder Holz. Die können weder sehen noch hören noch umhergehen. 21 Sie hörten nicht auf mit ihren Morden, ihrer Zauberei, ihrer Hurerei und ihren Diebstählen.

Siegeskranz: Ein meist aus grünen Zweigen geflochtener Kranz. Er wurde dem Sieger nach einer Schlacht oder einem sportlichen Wettkampf wie eine Krone aufgesetzt.

Hörner: Die vier Ecken des Altars sind höher als die Opferfläche und werden »Hörner« genannt. Das war damals die typische Bauweise für einen Altar.

Dämon: Eine böse Macht, die man sich in der Antike als Person vorstellte. Sie kämpft gegen Gott und nimmt einen Menschen ganz in Besitz.

Götzenbild: Abfällige Bezeichnung für ein aus Stein, Ton, Holz oder Metall gefertigtes Standbild einer Gottheit. Seine Herstellung und Verehrung waren in Israel verboten.

Zauberei: Praktiken und Methoden, um Ereignisse, Menschen oder Gegenstände auf übernatürliche Art und Weise zu beeinflussen.

Hurerei: Bild sowohl für sexuelle Ausschweifungen als auch für die Anbetung fremder Götter.

Die Schriftrolle und der erneute Auftrag an Johannes

10 1 Und ich sah einen anderen mächtigen Engel vom Himmel
herabkommen. Er war in eine Wolke gehüllt und über sei-
nem Kopf stand ein Regenbogen. Sein Gesicht leuchtete wie die
Sonne, und seine Beine waren wie Feuersäulen. 2 In seiner Hand hielt
er eine kleine, geöffnete Schriftrolle. Er setzte seinen rechten Fuß auf
das Meer und den linken Fuß auf das Land. 3 Und er rief mit lauter
Stimme, so wie ein Löwe brüllt. Und nachdem er gerufen hatte, erho-
ben die sieben Donner ihre Stimmen. 4 Als die sieben Donner gere-
det hatten, wollte ich es aufschreiben. Da hörte ich eine Stimme vom
Himmel. Sie sagte: »Behalte für dich, was die sieben Donner gesagt
haben. Schreib es nicht auf!«
5 Dann hob der Engel seine rechte Hand zum Himmel. Es war der
Engel, den ich auf dem Meer und dem Land stehen sah. 6 Er schwor:
»Bei dem, der für immer und ewig lebt; der den Himmel geschaffen
hat und alles, was darin lebt; der die Erde geschaffen hat und alles,
was auf ihr lebt; der das Meer geschaffen hat und alles, was darin lebt:
Die Frist ist abgelaufen. 7 Es kommt die Zeit, in der der siebte Engel
seine Stimme erhebt. Wenn er die Trompete erschallen lässt, wird
Gottes geheimer Plan vollendet sein. So hat er es seinen Dienern, den
Propheten, verkündet.«
8 Und die Stimme, die ich vom Himmel gehört hatte, sprach noch
einmal zu mir. Sie sagte: »Geh zu dem Engel, der auf dem Meer und
dem Land steht. Nimm die geöffnete Schriftrolle, die er in der Hand
hält.« 9 Ich ging zu dem Engel und bat ihn, mir die kleine Schriftrolle
zu geben. Er sagte zu mir: »Nimm sie und iss sie auf. In deinem Ma-
gen wird sie bitter sein. Aber in deinem Mund wird sie süß schme-
cken wie Honig.« 10 Da nahm ich die kleine Schriftrolle aus der Hand
des Engels und aß sie. In meinem Mund war sie süß wie Honig. Doch
als ich sie gegessen hatte, wurde mein Magen bitter. 11 Da sagte man
mir: »Du musst noch einmal prophetische Worte reden über Völker,
Nationen, Sprachen und viele Könige.«

Johannes soll den Tempel ausmessen

11 1 Mir wurde ein Messstab gegeben, eine Art Stock. Jemand
sagte zu mir: »Steh auf, miss den Tempel Gottes und den Al-
tar aus. Zähl alle, die dort beten. 2 Den äußeren Vorhof des Tempels
lass weg. Miss ihn nicht, denn er wurde den Heiden überlassen. Die
werden die heilige Stadt 42 Monate lang verwüsten.«

Zwei Zeugen werden getötet und wieder lebendig

3 »Ich werde meine beiden Zeugen beauftragen. Sie sollen 1260 Tage
lang als Propheten reden und dabei Trauergewänder tragen.« 4 Diese
Zeugen sind die beiden Olivenbäume und die beiden Leuchter, die
vor dem Herrn der Erde stehen. 5 Wenn ihnen jemand Schaden zu-
fügen will, kommt Feuer aus ihrem Mund und verzehrt ihre Feinde.
Wer auch immer ihnen Schaden zufügen will, muss auf diese Weise

Engel: Boten Gottes, die in seinem Auftrag unterwegs sind und seine Botschaft überbringen.

siebter Engel: Einer der Engel aus der Gruppe, die in Offenbarung 8,2 genannt wird.

Prophet: Verkündet, was Gott in einer bestimmten Situation zu sagen hat.

Tempel: Das zentrale Heiligtum in Jerusalem. Der Tempel galt als Wohnung Gottes und war Zufluchtsort für Verfolgte.

Brandopferaltar: Ein Podest oder Bauwerk im Freien aus Erde oder Stein, auf dem die geschlachteten Opfertiere ganz oder teilweise verbrannt wurden.

Heiden: Bezeichnung für Menschen, die nicht an den Gott Israels glauben.

heilige Stadt: Bezeichnung für Jerusalem. Das religiöse und kulturelle Zentrum des Landes wurde zusammen mit dem Tempel 70 n. Chr. von den Römern zerstört.

Vers 4: Die Bilder in Vers 4 erinnern an eine Vision aus Sacharja 4.

umkommen. 6 Sie haben Vollmacht, den Himmel zu verschließen.
Denn es soll kein Regen fallen während der Zeit, in der sie als Pro-
pheten wirken. Außerdem haben sie Vollmacht, Wasser in Blut zu
verwandeln. Und sie können die Erde mit jeder beliebigen Plage
schlagen, sooft sie wollen.
7 Wenn sie ihren Auftrag als Zeugen erfüllt haben, wird ein Tier aus
dem Abgrund heraufkommen. Es wird Krieg gegen sie führen, sie
besiegen und sie töten. 8 Ihre Leichen werden liegen bleiben auf der
Hauptstraße der großen Stadt. Diese Stadt ist wie Sodom und Ägyp-
ten. Dort wurde auch ihr Herr gekreuzigt. 9 Menschen aller Völker,
Stämme, Sprachen und Nationen werden die Leichen dreieinhalb
Tage lang sehen. Sie werden nicht zulassen, dass die Leichen ins Grab
gelegt werden. 10 Alle, die auf der Erde wohnen, freuen sich darüber.
Sie feiern und schicken sich gegenseitig Geschenke. Denn diese bei-
den Propheten hatten die Bewohner der Erde regelrecht gequält.
11 Aber nach dreieinhalb Tagen kehrte der Lebensgeist von Gott
her in sie zurück. Sie standen auf, und alle, die sie sahen, wurden
von großer Furcht gepackt. 12 Aus dem Himmel hörte man eine laute
Stimme. Sie sagte zu den Zeugen: »Kommt hier herauf!« Da stiegen
sie in einer Wolke zum Himmel auf, vor den Augen ihrer Feinde. 13 Im
gleichen Augenblick gab es ein schweres Erdbeben und ein Zehntel
der Stadt stürzte ein. Durch das Erdbeben wurden 7000 Menschen
getötet. Die Überlebenden erschraken sehr und erwiesen dem Gott
des Himmels die Ehre.
14 Das zweite Unheil ist vorüber, doch das dritte Unheil kommt
bald!

Die siebte Trompete wird geblasen

15 Dann ließ der siebte Engel die Trompete erschallen. Da ertönten im
Himmel laute Stimmen, die riefen: »Jetzt gehört die Herrschaft über
die Welt endgültig unserem Herrn und Christus. Sie werden für im-
mer und ewig herrschen.«
16 Die 24 Ältesten, die vor Gott auf ihren Thronen sitzen, war-
fen sich nieder und beteten Gott an. 17 Sie riefen: »Wir danken dir,
Herr, Gott, du Allmächtiger – der du bist und der du warst! Du hast
deine große Macht gezeigt und die Königsherrschaft angetreten.
18 Die Völker gerieten in Zorn. Darum bist du zornig geworden. Die
Zeit ist gekommen, Gericht zu halten über die Toten. Jetzt erhalten
deine Diener ihren Lohn: die Propheten, die Heiligen und die, die dei-
nem Namen mit Ehrfurcht begegnen – die einfachen Leute wie die
Mächtigen. Und wer die Erde zugrunde richtet, wird selbst zugrunde
gehen.«
19 Dann wurde der Tempel Gottes im Himmel geöffnet. Und die
Bundeslade in seinem Tempel wurde sichtbar. Blitze zuckten auf,
man hörte Grollen und Donner, die Erde bebte, und es fiel schwerer
Hagel.

große Stadt: Jesus Christus wurde in Jerusalem, dem Zentrum des religiösen und kulturellen Lebens, gekreuzigt. Die »große Stadt« kann aber auch Bild sein für jede Stadt, in der Christus abgelehnt wurde.

Sodom, Gomorra: Die Städte wurden vernichtet, weil ihre Bewohner sich von Gott abgewandt hatten; vgl. 1. Mose/Genesis 19.

Ägypten: Ort der Sklaverei für das Volk Israel, vgl. 2. Mose/Exodus 1,8-22.

siebter Engel: Einer der Engel aus der Gruppe, die in Offenbarung 8,2 genannt wird.

Herr: Bezeichnung für Gott. Das griechische Alte Testament verwendet das Wort »Herr« an den Stellen, an denen im hebräischen Text der Gottesname steht.

Gericht, verurteilen: Als Herrscher über die ganze Welt ist Gott der Richter, der am Ende der Zeit ein Urteil über sie spricht.

Bundeslade: Tragbare Truhe, die für die Gegenwart Gottes bei seinem Volk steht. Nach der Zerstörung des Tempels 586 v. Chr. bildete sich die Vorstellung heraus, dass die Lade so lange verborgen bleiben würde, bis Gott sie am Ende der Zeit wieder sichtbar macht und dann sein ganzes Volk sammelt.

Der Sieg über die Gegner der Gemeinde Gottes

12,1–14,20

Die Frau mit dem Kind und der Drache

12 1 Am Himmel erschien ein großes Zeichen: eine Frau, die mit
der Sonne bekleidet war. Unter ihren Füßen war der Mond.
Auf dem Kopf trug sie einen Kranz aus zwölf Sternen. 2 Sie war
schwanger und schrie, denn sie hatte Wehen und litt unter den Qua-
len der Geburt.

3 Dann erschien am Himmel ein anderes Zeichen: ein großer, feu-
erroter Drache mit sieben Köpfen und zehn Hörnern. Auf jedem
seiner sieben Köpfe war eine Krone. 4 Mit seinem Schwanz fegte er
ein Drittel der Sterne vom Himmel und schleuderte sie auf die Erde.
Der Drache stand vor der Frau, die gerade ihr Kind zur Welt brachte.
Denn er wollte das Kind verschlingen, sobald sie es geboren hatte.
5 Und sie brachte ein Kind zur Welt – einen Sohn, der mit eisernem
Stab über die Völker herrschen sollte. Ihr Kind wurde hinaufgenom-
men zu Gott und zu seinem Thron. 6 Die Frau aber floh in die Wüste,
wo Gott einen Ort für sie vorbereitet hatte. Dort sollte sie 1260 Tage
lang versorgt werden.

Der Drache wird besiegt

7 Dann brach im Himmel ein Krieg aus: Michael und seine Engel
kämpften mit dem Drachen. Der Drache und seine Engel kämpften,
8 aber er war nicht stark genug. So verloren sie ihren Platz im Him-
mel. 9 Der große Drache wurde hinabgestoßen – die uralte Schlange,
die auch »Teufel« oder »Satan« genannt wird. Sie verführt die ganze
Welt dazu, sich von Gott abzuwenden. Der Drache wurde auf die Er-
de hinabgestoßen, und seine Engel wurden mit ihm hinabgeworfen.

10 Da hörte ich im Himmel eine laute Stimme. Sie rief: »Jetzt ist die
Rettung da! Unser Gott hat seine Macht gezeigt, und seine Herr-
schaft hat begonnen. Er hat Christus Vollmacht verliehen. Der An-
kläger unserer Brüder und Schwestern wurde hinabgestürzt. Tag
und Nacht hat er sie vor unserem Gott angeklagt. 11 Doch sie haben
ihn besiegt durch das Blut des Lammes und durch das Wort ihrer
Zeugenaussage. Ihr Leben ging ihnen nicht über alles, sie nahmen
sogar den Tod in Kauf. 12 Darum freut euch, ihr Himmel, und alle, die
darin wohnen! Aber wehe euch, Land und Meer! Denn der Teufel ist
zu euch herabgekommen, und er ist rasend vor Wut. Er weiß, dass er
nur wenig Zeit hat.«

Die Frau wird verfolgt und gerettet

13 Der Drache sah, dass er auf die Erde hinabgestürzt worden war.
Da verfolgte er die Frau, die den Sohn geboren hatte. 14 Die Frau be-
kam die beiden Flügel des großen Adlers. So konnte sie in die Wüs-
te fliegen, an ihren Zufluchtsort. Dort soll sie dreieinhalb Jahre lang
versorgt werden, in sicherer Entfernung von der Schlange. 15 Die

Herrscherstab: Bild für königliche Macht, ursprünglich ein Hirtenstab.

Michael: Schutzengel des Volkes Israel und einer der obersten Engel in der himmlischen Ratsversammlung.

Satan, Teufel: Gegenspieler Gottes. Er versucht, die Menschen zu einem Verhalten zu bewegen, das Gottes Willen widerspricht.

Christus: Bedeutet übersetzt »der Gesalbte«. Im Alten Testament werden Könige, aber auch Propheten und Priester bei Amtsantritt gesalbt. Später wird der von Gott zum Herrscher der Welt bestimmte Retter so genannt. Im Neuen Testament ist das Jesus.

Ankläger: Andere Bezeichnung für den Satan, den Gegenspieler Gottes.

Blut: Anspielung auf den Tod von Jesus Christus am Kreuz. Es steht für Gottes Zuwendung zu den Menschen, für die Jesus sein Leben am Kreuz opferte, um die Sünden der Menschen wegzunehmen.

Lamm Gottes: Bild, das Christus mit einem Opfertier vergleicht. Es nimmt die Sünde weg, die trennend zwischen Gott und Mensch steht.

Gotteslästerung: Verächtliches Verhöhnen oder Verfluchen von Gott.

Heilige: Bezeichnung für die Anhänger von Jesus Christus.

Buch des Lebens: Eine Art Bürgerliste, in der die Bewohner des Reiches Gottes verzeichnet sind.

Lamm Gottes: Bild, das Christus mit einem Opfertier vergleicht. Es nimmt die Sünde weg, die trennend zwischen Gott und Mensch steht.

Schlange stieß aus ihrem Maul eine gewaltige Wasserflut aus, hinter
der Frau her. Sie sollte von den Fluten fortgerissen werden. 16 Aber die
Erde half der Frau. Sie öffnete sich und verschluckte die Fluten, die
der Drache aus seinem Maul ausstieß.
17 Da wurde der Drache zornig auf die Frau. Er ging fort, um mit ih-
ren anderen Nachkommen Krieg zu führen. Das sind diejenigen, die
an Gottes Geboten festhalten und bereit sind, als Zeugen für Jesus
einzutreten.

Das Tier, das aus dem Meer heraufsteigt

13 18 Der Drache trat an den Strand des Meeres. 1 Ich sah ein Tier
aus dem Meer heraufsteigen. Es hatte zehn Hörner und sie-
ben Köpfe. Auf seinen Hörnern trug es zehn Kronen. Und auf seinen
Köpfen standen Namen, die eine Gotteslästerung darstellten. 2 Das
Tier, das ich sah, glich einem Panther. Seine Füße waren wie die Tat-
zen eines Bären und sein Rachen war wie der eines Löwen. Der Dra-
che gab ihm seine Kraft, seinen Thron und große Macht. 3 Einer der
Köpfe des Tieres sah aus, als ob er tödlich verwundet wäre. Aber seine
tödliche Wunde wurde geheilt. Da geriet die ganze Erde ins Staunen
und lief dem Tier hinterher. 4 Die Menschen beteten den Drachen an,
weil er dem Tier Macht gegeben hatte. Auch das Tier beteten sie an
und sagten: »Wer kommt diesem Tier gleich? Wer kann den Kampf
mit ihm aufnehmen?«
5 Dem Tier wurde ein Maul gegeben, um große Worte zu reden
und Gott zu lästern. Es bekam die Vollmacht, das 42 Monate lang
zu tun. 6 Das Tier riss sein Maul auf, um Gott zu lästern. Es spottete
über dessen Namen und dessen Wohnung, das heißt über alle, die im
Himmel wohnen. 7 Dann wurde es ihm erlaubt, gegen die Heiligen zu
kämpfen und sie zu besiegen. Es bekam Vollmacht über alle Stämme,
Völker, Sprachen und Nationen. 8 Alle Bewohner der Erde beteten es
an – jeder, dessen Name seit der Erschaffung der Welt nicht im Buch
des Lebens aufgeschrieben ist. Das ist das Buch des Lammes, das ge-
schlachtet wurde.
9 Wer ein Ohr dafür hat, soll gut zuhören: 10 Wenn jemand für die
Gefangenschaft bestimmt ist, dann wird er in Gefangenschaft gera-
ten. Wenn jemand mit dem Schwert getötet werden soll, dann wird
er mit dem Schwert getötet. Hier ist von den Heiligen Standhaftig-
keit und Glaube gefordert.

Das Tier, das aus der Erde heraufsteigt

11 Aus der Erde sah ich ein anderes Tier heraufsteigen. Es hatte zwei
Hörner wie ein Lamm, und es redete wie ein Drache. 12 Die ganze
Macht des ersten Tieres übte es vor dessen Augen aus. Es brachte die
Erde mit all ihren Bewohnern dazu, das erste Tier anzubeten – das
Tier, dessen tödliche Wunde geheilt worden war. 13 Und es tat große
Zeichen: Es ließ sogar vor den Augen der Menschen Feuer vom Him-
mel auf die Erde herabfallen. 14 Es verführte die Bewohner der Erde

dazu, sich von Gott abzuwenden. Dies geschah durch die Zeichen, die
es im Auftrag des ersten Tieres vor dessen Augen tat. Es befahl den
Bewohnern der Erde, ein Standbild zu machen, um das erste Tier zu
ehren – das Tier, das mit dem Schwert verwundet wurde und wieder
lebendig geworden war.
15 Das zweite Tier bekam außerdem die Macht, dem Standbild des
ersten Tieres Leben einzuhauchen. Dadurch konnte das Bild sogar
sprechen. Es bewirkte, dass alle getötet wurden, die es nicht anbete-
ten. 16 Es brachte alle dazu, auf der rechten Hand oder der Stirn ein
Zeichen anzubringen: einfache Leute und Mächtige, Reiche und
Arme, Freie und Sklaven. 17 Niemand kann mehr etwas kaufen oder
verkaufen, wenn er das Zeichen nicht hat. Es zeigt den Namen des
Tieres oder die Zahl, die sein Name ergibt.
18 Hier ist Weisheit gefordert! Wer Verstand hat, soll die Zahl des
Tieres berechnen. Denn die Zahl steht für einen Menschen, und
seine Zahl ist 666.

Das Lamm und die 144 000 freigekauften Menschen

14 1 Dann sah ich das Lamm: Es stand auf dem Berg Zion. Bei
ihm waren 144 000 Menschen. Auf ihrer Stirn war sein Name
geschrieben und der Name seines Vaters. 2 Und ich hörte vom Him-
mel eine Stimme. Sie klang wie das Tosen von Wassermassen und
lautes Donnergrollen. Die Stimme, die ich hörte, klang zugleich so,
als ob Sänger ein Lied zur Leier anstimmten. 3 Sie sangen ein neues
Lied vor dem Thron und vor den vier Lebewesen und den Ältesten.
Niemand konnte das Lied lernen außer den 144 000, die von der Er-
de freigekauft worden sind. 4 Sie haben sich nicht unrein gemacht
durch den Verkehr mit Frauen, sondern sind rein geblieben. Sie sind
es, die dem Lamm folgen, wohin es auch geht. Und sie sind aus der
Menschheit freigekauft worden als das erste Eigentum für Gott und
das Lamm. 5 Aus ihrem Mund hat man nie eine Lüge gehört. Sie sind
makellos.

Die Verkündigung der drei Engel

6 Ich sah hoch oben am Himmel einen anderen Engel fliegen. Er sollte
den Bewohnern der Erde die Gute Nachricht verkünden, die für im-
mer gültig bleibt – jeder Nation, jedem Stamm, in jeder Sprache und
für jedes Volk. 7 Er rief mit lauter Stimme: »Habt Ehrfurcht vor Gott
und preist seine Herrlichkeit! Denn die Stunde ist da, in der er Ge-
richt hält. Betet ihn an, der den Himmel erschaffen hat, die Erde, das
Meer und die Wasserquellen!«
8 Dem Engel folgte ein anderer, zweiter Engel. Der rief: »Gefallen,
gefallen ist Babylon, die Große! Sie hat alle Völker trinken lassen vom
Zorneswein ihrer Hurerei.«
9 Es folgte ihnen ein weiterer, dritter Engel. Der rief mit lauter
Stimme: »Wehe dem, der das Tier und sein Standbild anbetet. We-
he dem, der dessen Zeichen auf seiner Stirn oder seiner Hand trägt.

Zahl, die sein Name ergibt: Den Buchstaben des Alphabets werden Zahlen zugeordnet, die zusammengerechnet den Zahlenwert eines Wortes ergeben.

ein Mensch: Die Menschen, für die die Offenbarung ursprünglich bestimmt war, wussten, welcher Mensch gemeint ist. Vieles spricht dafür, die Person mit Kaiser Nero zu identifizieren, dessen Name auf Hebräisch den Zahlenwert 666 ergibt.

vier Lebewesen: Der Text nimmt ein Bild aus den Visionen des Propheten Ezechiel auf, der die Herrlichkeit Gottes inmitten von vier Lebewesen sieht; vgl. Ezechiel 1,4-14.

Gute Nachricht: Wörtliche Übersetzung von »Evangelium«. Botschaft, dass die Menschen durch Tod und Auferstehung von Christus mit Gott versöhnt sind.

Zorneswein ihrer Hurerei: Hier wird ein Bild aus dem Alten Testament aufgenommen: Der Becher steht für das Gericht Gottes, das Menschen wie Betrunkene wanken lässt und zum Tod führt. Jeremia 51,7-8 erzählt, dass Gott Babylon wie einen Becher voll Wein in der Hand hält und sich die ganze Welt an seinem Inhalt berauscht.

[10] Der wird vom Zorneswein Gottes trinken, der unverdünnt im Be-
cher seines Zorns eingeschenkt ist. Er wird in Feuer und Schwefel
gequält werden vor den Augen der heiligen Engel und des Lammes.
[11] Der Rauch ihrer Qual steigt für immer und ewig auf. Für die, die
das Tier und sein Standbild anbeten und seinen Namen als Zeichen
tragen, gilt: Sie werden Tag und Nacht keine Ruhe finden. [12] Hier ist
Standhaftigkeit von den Heiligen gefordert, die an Gottes Geboten
festhalten und dem Glauben an Jesus.«
[13] Und ich hörte, wie eine Stimme vom Himmel rief: »Schreib:
›Glückselig sind die Toten, die von jetzt an sterben und zum Herrn
gehören.‹ ›Ja‹, sagt Gottes Geist, ›sie sollen sich ausruhen von ihren
Mühen. Denn ihre Taten gehen mit ihnen.‹«

Die Vision von der Ernte und der Weinlese

[14] Dann sah ich eine weiße Wolke. Auf der Wolke saß jemand, der aus-
sah wie ein Menschensohn. Auf seinem Kopf hatte er einen goldenen
Siegeskranz und in seiner Hand eine scharfe Sichel. [15] Dann kam aus
dem Tempel ein anderer Engel. Er rief dem, der auf der Wolke saß,
mit lauter Stimme zu: »Schick deine Sichel los und ernte! Denn die
Stunde der Ernte ist da. Ja, die Erde ist reif für die Ernte.« [16] Und der,
der auf der Wolke saß, schleuderte seine Sichel über die Erde. Da
wurde die Ernte auf der Erde eingebracht.
[17] Aus dem Tempel im Himmel kam ein weiterer Engel. Auch er
hatte eine scharfe Sichel. [18] Und noch ein Engel kam vom Altar her,
der hatte Vollmacht über das Feuer. Er rief dem Engel, der die scharfe
Sichel hatte, mit lauter Stimme zu: »Schick deine scharfe Sichel los
und schneide die Trauben vom Weinstock der Erde. Denn seine Bee-
ren sind reif.« [19] Da schleuderte der Engel seine Sichel über die Erde.
Er schnitt die Trauben vom Weinstock der Erde. Und er warf sie in
die große Kelter des Zornes Gottes. [20] Dann wurden die Trauben in
der Kelter außerhalb der Stadt zertreten. Und aus der Kelter kam
Blut, das bis zu den Zügeln der Pferde hochstieg. Es floss Hunderte
von Kilometern weit.

Die Vision von den sieben Schalen 15,1–16,21

Die Vorbereitungen im Himmel

15 [1] Ich sah ein weiteres Zeichen am Himmel, das war groß und
wunderbar: sieben Engel mit den letzten sieben Plagen. Denn
mit ihnen erreicht der Zorn Gottes sein Ende. [2] Dann sah ich etwas
wie ein gläsernes Meer, das mit Feuer vermischt war. Und ich sah alle,
die den Sieg errungen haben. Sie haben sich befreit von der Macht
des Tieres und seines Standbildes – und ebenso von der Macht der
Zahl, die sein Name ergibt. Sie standen am gläsernen Meer und hat-
ten Leiern Gottes. [3] Sie sangen das Lied des Mose, der ein Diener Got-
tes war, und das Lied des Lammes: »Groß und wunderbar sind deine

Lamm Gottes: Bild, das Christus mit einem Opfertier vergleicht. Es nimmt die Sünde weg, die trennend zwischen Gott und Mensch steht.

Heilige: Bezeichnung für die Anhänger von Jesus Christus.

Menschensohn: Titel für Jesus, der ein Bild aus Daniel 7,13-14 aufnimmt. Der Menschensohn ist von Gott zum Herrscher und Retter der Welt bestimmt.

Siegeskranz: Ein meist aus grünen Zweigen geflochtener Kranz. Er wurde dem Sieger nach einer Schlacht oder einem sportlichen Wettkampf wie eine Krone aufgesetzt.

Ernte: Bild für das Gericht Gottes, bei dem Gott als Herrscher über die ganze Welt am Ende der Zeit ein Urteil über sie spricht.

Zorn Gottes: Sein Wille, Gericht zu halten.

Zahl, die sein Name ergibt: Den Buchstaben des Alphabets werden Zahlen zugeordnet, die zusammengerechnet den Zahlenwert eines Wortes ergeben.

Lied des Lammes: So wie Mose am Anfang der Geschichte Gottes mit seinem Volk ein Lied sang, nachdem Gott sein Volk gerettet hatte, singt auch das Lamm Gottes ein Loblied, wenn die Menschen, die an Gott glauben, am Ende der Zeit gerettet werden.

Werke, Herr, Gott, Allmächtiger. Voller Gerechtigkeit und Wahrheit
sind deine Wege, du König über die Völker. 4 Wer wird vor dir, Herr,
keine Ehrfurcht haben und deinen Namen nicht preisen? Denn du
allein bist heilig! Alle Völker werden kommen und sich vor dir nie-
derwerfen, denn deine gerechten Taten sind offenbar geworden.«
5 Danach sah ich, dass im Himmel der Tempel geöffnet wurde, das
Zelt der Begegnung. 6 Aus dem Tempel kamen die sieben Engel mit
den sieben Plagen. Sie waren in reines, hell leuchtendes Leinen ge-
kleidet und trugen ein goldenes Band um die Brust. 7 Eines der vier
Lebewesen gab den sieben Engeln sieben goldene Schalen. Sie waren
gefüllt mit dem Zorn Gottes – des Gottes, der für immer und ewig
lebt. 8 Da füllte sich der Tempel mit dem Rauch, der von Gottes Herr-
lichkeit und Macht ausging. Niemand konnte in den Tempel hinein-
gehen, bis die sieben Plagen der sieben Engel zu Ende waren.

Die erste bis fünfte Schale wird ausgegossen

16 1 Ich hörte aus dem Tempel eine laute Stimme. Sie rief den
sieben Engeln zu: »Geht, leert die sieben Schalen – gießt den
Zorn Gottes auf die Erde aus!« 2 Der erste Engel ging hin und goss
seine Schale über die Erde aus. Da befiel die Menschen ein bösarti-
ges und schlimmes Geschwür. Es befiel jeden Menschen, der das Zei-
chen des Tieres hatte und sein Standbild anbetete.
3 Dann goss der zweite Engel seine Schale ins Meer aus. Da wurde
das Meer zu Blut, das aussah wie das Blut von einem Toten. Und alles,
was im Meer lebte, starb.
4 Dann goss der dritte Engel seine Schale aus in die Flüsse und die
Wasserquellen. Da wurden sie zu Blut. 5 Und ich hörte einen ande-
ren Engel, dem die Gewässer unterstellt sind, sagen: »Gerecht bist
du, der ist und der war, der Heilige, weil du dieses Urteil gesprochen
hast. 6 Sie haben das Blut der Heiligen und der Propheten vergossen.
Deshalb hast du ihnen Blut zu trinken gegeben. Das haben sie ver-
dient.« 7 Und ich hörte den Altar sagen: »Ja, Herr Gott, Allmächtiger,
deine Urteile sind voll Wahrheit und Gerechtigkeit.«
8 Der vierte Engel goss seine Schale über die Sonne aus. Ihr wurde
Macht gegeben, die Menschen mit Feuer zu verbrennen. 9 Und die
Menschen wurden von der Gluthitze verbrannt. Da verfluchten sie
den Namen Gottes, der die Macht hat über diese Plagen. Doch sie än-
derten sich nicht und weigerten sich, seine Herrlichkeit zu preisen.
10 Dann goss der fünfte Engel seine Schale aus über den Thron des
Tieres. Da wurde sein Reich in Finsternis gehüllt, und die Menschen
zerbissen sich vor Schmerz die Zunge. 11 Sie verfluchten den Gott des
Himmels wegen ihrer Schmerzen und ihrer Geschwüre. Doch sie
hörten nicht auf mit ihren bösen Taten.

Die sechste Schale wird ausgegossen

12 Dann goss der sechste Engel seine Schale aus über den großen
Fluss Eufrat. Da versiegte sein Wasser, sodass der Weg bereit war für

Zelt der Begegnung: Ursprünglich das Heiligtum, in dem die Israeliten Gott in der Wüste verehrten. Johannes sieht es hier in seiner himmlischen Vollendung.

vier Lebewesen: Der Text nimmt ein Bild aus den Visionen des Propheten Ezechiel auf, der die Herrlichkeit Gottes inmitten von vier Lebewesen sieht; vgl. Ezechiel 1,4-14.

Herrlichkeit: Bezeichnet das, was einer Person Ansehen und Macht verleiht. Gottes Herrlichkeit stellt man sich auch als strahlenden Lichtglanz vor.

sieben Engel: Eine der Engelgruppen in der himmlischen Ratsversammlung.

der Heilige: Ehrenvolle Bezeichnung für Gott und Christus.

Altar: Steht hier stellvertretend für die Menschen, die wegen ihres Glaubens sterben mussten; vgl. Offenbarung 6,9-11.

die Könige aus dem Osten. 13 Ich sah aus den Mäulern des Drachen,
des Tieres und des falschen Propheten drei böse Geister hervorkom-
men. Die sahen aus wie Frösche. 14 Es sind Geister von Dämonen, und
sie tun Zeichen. Sie gehen zu den Königen auf der ganzen Welt, um
sie zum Kampf zu sammeln – dem Kampf am großen Tag Gottes, des
Allmächtigen.
15 »Seht doch: Ich komme unerwartet wie ein Dieb. Glückselig ist,
wer wachsam bleibt und auf seine Kleider achtgibt. Er muss nicht
nackt herumlaufen und sich vor den anderen nicht schämen.«
16 Die drei Geister versammelten die Könige an einem Ort, der auf
Hebräisch Harmagedon heißt.

Die siebte Schale wird ausgegossen

17 Der siebte Engel goss seine Schale aus in die Luft. Da ertönte eine
laute Stimme aus dem Tempel, die kam vom Thron her und rief: »Es
ist geschehen.« 18 Es blitzte, man hörte Grollen und Donnern, und die
Erde bebte heftig wie nie zuvor. Seit es Menschen auf der Erde gibt,
hatte es noch nie ein so schweres Erdbeben gegeben. 19 Die große
Stadt brach in drei Teile auseinander, und die Städte der Völker stürz-
ten ein. Gott erinnerte sich an Babylon, die Große. Deshalb reichte
man ihr den Becher mit dem Wein seines grimmigen Zorns. 20 Alle In-
seln verschwanden, und von den Bergen war nichts mehr zu sehen.
21 Ein gewaltiger Hagel fiel vom Himmel auf die Menschen herab.
Die Eisbrocken waren zentnerschwer. Da verfluchten die Menschen
Gott wegen des Hagels, denn diese Plage war schrecklich.

Gottes Gericht über die Stadt Babylon 17,1–19,10

Die Hure Babylon und das Tier

17 1 Dann kam einer von den sieben Engeln, die die sieben Scha-
len hatten. Er redete mit mir und sagte: »Komm! Ich zeige dir
das Strafgericht über die große Hure, die Stadt, die an den Wasserläu-
fen liegt. 2 Die Könige der Erde haben mit ihr Hurerei getrieben. Und
die Bewohner der Erde wurden betrunken vom Wein ihrer Hurerei.«
3 Der Engel führte mich durch den Geist in die Wüste. Dort sah ich
eine Frau, die auf einem scharlachroten Tier saß. Es war überall mit
Namen bedeckt, die eine Gotteslästerung waren. Das Tier hatte sie-
ben Köpfe und zehn Hörner. 4 Die Frau trug purpur- und scharlach-
rote Gewänder und war mit Gold, Edelsteinen und Perlen ge-
schmückt. In ihrer Hand hatte sie einen goldenen Becher. Der war
voll mit abscheulichen Dingen und den Unreinheiten ihrer Hurerei.
5 Auf ihrer Stirn stand ein Name, der ihr Geheimnis enthält: »Babylon,
die Große, die Mutter aller Huren und aller abscheulichen Dinge auf
der Erde.« 6 Ich sah, dass diese Frau betrunken war. Sie war betrunken
vom Blut der Heiligen und vom Blut der Zeugen für Jesus. Ich sah sie
staunend und mit großer Verwunderung an.

großer Tag Gottes: Der Tag, an dem Christus wiederkommt. Dann hält Gott Gericht und sein Reich bricht endgültig an.

ich: Christus spricht hier selbst von dem Zeitpunkt, an dem er wiederkommt.

Harmagedon: Wörtlich »Berg von Megiddo«. Name für den Ort des Entscheidungskampfes aller, die zu Gott gehören, gegen die Mächte des Bösen am Ende der Zeit. Der Berg ist damit das Gegenbild zum Zion als dem Berg Gottes in Jerusalem.

Becher: Im Alten Testament Bild für das Gericht Gottes, das Menschen wie Betrunkene wanken lässt und zum Tod führt; vgl. Jeremia 25,15-26.

die große Hure: Bild für die Stadt Babylon. Die Hauptstadt der Babylonier, die 586 v. Chr. Jerusalem zerstörten, steht in der Offenbarung sinnbildlich für das Römische Reich. Menschen, die an Christus glaubten, sahen sich von dieser Großmacht verfolgt und unterdrückt.

Hurerei: Bild sowohl für sexuelle Ausschweifungen als auch für die Anbetung fremder Götter.

Blut der Zeugen für Jesus: Bild dafür, dass Menschen für ihren Glauben sterben mussten.

[7] Der Engel sagte zu mir: »Warum bist du so erstaunt? Ich verrate
dir das Geheimnis der Frau und das Geheimnis des Tieres, auf dem
sie sitzt – des Tieres mit den sieben Köpfen und zehn Hörnern. [8] Was
das Tier angeht, das du gesehen hast: Es war einmal da und ist jetzt
nicht mehr. Aber es wird aus dem Abgrund heraufsteigen und in sein
Verderben gehen. Die Bewohner der Erde werden sich wundern,
wenn sie das Tier sehen: alle, deren Namen seit der Erschaffung der
Welt nicht im Buch des Lebens stehen. Denn es war einmal da und
ist jetzt nicht mehr, aber es wird wieder da sein. [9] Hier ist Verstand ge-
fordert, zu dem Weisheit gehört! Die sieben Köpfe, das sind die sie-
ben Hügel, auf denen die Frau sitzt. Es sind aber auch sieben Könige.
[10] Die ersten fünf sind gestürzt. Ein König ist jetzt da, ein anderer ist
noch nicht gekommen. Und wenn er kommt, darf er nur kurze Zeit
bleiben. [11] Das Tier, das einmal da war und jetzt nicht mehr ist, das
ist ein achter König. Gleichzeitig ist es einer von den sieben Königen,
und es geht in das Verderben.

[12] Die zehn Hörner, die du gesehen hast, das sind zehn Könige. Sie
haben die Herrschaft noch nicht angetreten. Aber wie Könige wer-
den sie zusammen mit dem Tier für eine Stunde Macht erhalten.
[13] Diese zehn haben eine gemeinsame Absicht und geben dem Tier
ihre Kraft und Macht. [14] Sie werden gegen das Lamm Krieg führen.
Aber das Lamm wird sie besiegen. Denn es ist der Herr der Herren
und der König der Könige. Und wer bei ihm ist, ist berufen, ausge-
wählt und treu.«

[15] Der Engel sagte zu mir: »Du hast die Wasserläufe gesehen, an
denen die Hure sitzt. Sie sind ein Bild für Völker und Volksmengen,
Nationen und Sprachen. [16] Du hast die zehn Hörner gesehen und das
Tier – sie werden die Hure hassen. Sie werden sie verwüsten und
nackt zurücklassen. Sie werden ihr Fleisch fressen und sie im Feuer
verbrennen. [17] Denn Gott hat ihnen ins Herz gegeben, seinen Willen
auszuführen. Dabei sollen sie in gemeinsamer Absicht handeln und
ihre Herrschaft dem Tier übertragen – bis Gottes Worte sich erfüllt
haben. [18] Und die Frau, die du gesehen hast: Das ist die große Stadt,
die über die Könige der Erde herrscht.«

Der Untergang Babylons

18 [1] Danach sah ich einen anderen Engel vom Himmel herab-
steigen. Er hatte große Macht, und die Erde wurde von sei-
ner Herrlichkeit erleuchtet. [2] Er rief mit gewaltiger Stimme: »Gefal-
len, gefallen ist Babylon, die Große! Dort hausen jetzt Dämonen. Sie
ist zum Schlupfwinkel geworden für alle Arten von bösen Geistern
und für alle unreinen Vögel. Ja, ein Schlupfwinkel ist sie geworden
für alles unreine und scheußliche Getier. [3] Denn vom Zorneswein ih-
rer Hurerei haben alle Völker getrunken. Die Könige der Erde haben
mit ihr Hurerei getrieben. Und die Kaufleute der Erde sind reich ge-
worden durch ihren verschwenderischen Luxus.«

[4] Dann hörte ich eine andere Stimme vom Himmel. Sie rief:

Engel: Einer der Engel aus der Gruppe, die in Offenbarung 15,1 genannt wird.

Buch des Lebens: Eine Art Bürgerliste, in der die Bewohner des Reiches Gottes verzeichnet sind.

sieben Hügel: Anspielung auf die geografische Lage der Stadt Rom, die auf sieben Hügeln liegt.

Lamm Gottes: Bild, das Christus mit einem Opfertier vergleicht. Es nimmt die Sünde weg, die trennend zwischen Gott und Mensch steht.

Dämon: Eine böse Macht, die man sich in der Antike als Person vorstellte. Sie kämpft gegen Gott und nimmt einen Menschen ganz in Besitz.

Zorneswein ihrer Hurerei: Hier wird ein Bild aus dem Alten Testament aufgenommen: Der Becher steht für das Gericht Gottes, das Menschen wie Betrunkene wanken lässt und zum Tod führt. Jeremia 51,7-8 erzählt, dass Gott Babylon wie einen Becher voll Wein in der Hand hält und sich die ganze Welt an seinem Inhalt berauscht.

»Verlass diese Stadt, mein Volk! Denn du sollst keinen Anteil haben an ihrer Schuld. Lasst ihre Plagen hinter euch, denn sie sollen euch nicht treffen. 5 Ihre Schuld türmt sich auf bis zum Himmel. Und Gott hat sich an ihre Schandtaten erinnert. 6 Zahlt ihr das zurück, was sie euch angetan hat. Zahlt es ihr doppelt zurück – so, wie sie es für ihre Taten verdient. Und in den Becher, in den sie euch eingeschenkt hat, schenkt ihr doppelt so viel ein! 7 Gebt ihr so viel Qual und Trauer, wie sie Herrlichkeit und Luxus besessen hat. Denn in ihrem Innersten sagt sie sich: ›Ich sitze als Königin auf dem Thron und bin keine schutzlose Witwe! Ich werde gewiss keine Trauer erleben.‹ 8 Darum werden ihre Plagen sie an *einem* Tag treffen: Tod, Trauer und Hunger. Und sie wird im Feuer verbrannt werden. Denn mächtig ist Gott, der Herr, der über sie Gericht hält.

9 Die Könige der Erde werden weinen und um sie trauern. Denn sie hatten mit ihr Hurerei getrieben und ihren Reichtum genossen. Jetzt sehen sie den Rauch der brennenden Stadt. 10 Weil sie sich vor ihrer Qual fürchten, bleiben sie in der Ferne stehen und sagen: ›Wehe, wehe dir, Babylon, du große und mächtige Stadt! In einer einzigen Stunde ist das Gericht über dich gekommen.‹

11 Auch die Kaufleute der Erde weinen um sie. Sie klagen, denn niemand kauft mehr ihre Ware: 12 Gold und Silber, Edelsteine und Perlen; feines Leinen und Seide, purpur- und scharlachrote Stoffe; all das wohlriechende Holz; all die Schnitzereien aus Elfenbein; all die Gegenstände aus Edelholz, Bronze, Eisen oder Marmor; 13 dazu auch Zimt und Kardamom; Räucherwerk, Myrrhe und Weihrauch; Wein und Olivenöl, feines Mehl und Weizen; Rinder und Schafe, Pferde und Wagen; Sklaven, die doch lebendige Menschen sind. 14 Auch das Obst, das du über alles geliebt hast, wurde dir genommen. Deine ganze Pracht und dein strahlender Glanz sind dir verloren gegangen. Man wird sie nie wieder finden. 15 Die Kaufleute, die mit diesen Waren handelten, sind durch die Stadt reich geworden. Weil sie sich vor ihrer Qual fürchten, bleiben sie in der Ferne stehen. Sie weinen und klagen: 16 ›Wehe, wehe der großen Stadt! Einst war sie bekleidet mit feinem Leinen, purpur- und scharlachroten Gewändern. Sie war geschmückt mit Gold, Edelsteinen und Perlen. 17 In einer einzigen Stunde ist dieser ganze Reichtum vernichtet worden!‹

Auch jeder Steuermann, jeder Schiffsreisende, die Seeleute und alle, die auf dem Meer arbeiten – sie alle blieben in der Ferne. 18 Als sie den Rauch der brennenden Stadt sahen, riefen sie: ›Wer kam der großen Stadt gleich?‹ 19 Sie streuten Staub auf ihre Köpfe, weinten, klagten und riefen: ›Wehe, wehe der großen Stadt Babylon! Alle, die Schiffe auf dem Meer haben, sind durch ihren Wohlstand reich geworden. In einer einzigen Stunde ist sie vernichtet worden!‹

20 Doch du, Himmel, freu dich darüber! Freut euch, ihr Heiligen, Apostel und Propheten! Denn Gott hat das Urteil an ihr vollstreckt für das, was sie euch angetan hat.«

Schuld: Konkrete Verfehlungen, die von Gott trennen und das Gewissen belasten können.

Räucherwerk: Mischung aus duftenden Harzen, die im Tempel als Räucheropfer dargebracht werden.

Staub auf ihre Köpfe streuen: Das Bedecken von Kopf und Körper mit Staub gehört zu den Trauerbräuchen.

Heilige: Bezeichnung für die Anhänger von Jesus Christus.

21 Dann hob ein starker Engel einen Stein auf, der so schwer war wie
ein Mühlstein. Er warf ihn ins Meer und sagte: »Mit solcher Wucht
wird Babylon, die große Stadt, in die Tiefe geworfen werden. Und
man wird sie nie mehr finden. 22 Babylon, in dir wird man nie wie-
der Musik hören. Niemand spielt die Leier und singt dazu, niemand
spielt Flöte oder Trompete. In dir wird man keinen Handwerker
mehr finden, der irgendein Handwerk betreibt. Auch das Geräusch
der Mühlen wird man in dir nicht mehr hören. 23 Nie mehr wird das
Licht einer Lampe in dir leuchten. Und der Jubel des Bräutigams und
der Braut wird in dir nicht mehr ertönen. Denn deine Kaufleute be-
herrschten die Erde. Durch deine Zauberei wurden alle Völker der Er-
de dazu verführt, sich von Gott abzuwenden. 24 In dieser Stadt fand
man das Blut von Propheten und Heiligen – und von allen, die auf der
Erde umgebracht wurden.«

Der Jubel im Himmel und die Freude auf die Hochzeit des Lammes

19 1 Danach hörte ich etwas, das so gewaltig klang wie die Stim-
men einer großen Schar im Himmel. Sie riefen: »Halleluja!
Von Gott kommt Rettung. Ihm gebührt die Ehre, und ihm gehört die
Macht! 2 Seine Urteile sind voll Wahrheit und Gerechtigkeit, denn er
hat die große Hure verurteilt. Sie hat mit ihrer Hurerei die Erde ins
Verderben gestürzt. Er hat sie dafür zur Rechenschaft gezogen, dass
das Blut seiner Diener an ihren Händen klebt.« 3 Dann riefen sie ein
zweites Mal: »Halleluja! Rauch steigt von der Stadt auf für immer
und ewig.« 4 Die 24 Ältesten und die vier Lebewesen fielen nieder.
Sie beteten Gott an, der auf dem Thron sitzt, und sagten: »Amen, Hal-
leluja!« 5 Eine Stimme, die vom Thron her kam, sagte: »Lobt unseren
Gott, all ihr Diener und alle, die ihr Ehrfurcht vor ihm habt – ihr ein-
fachen Leute und ihr Mächtigen!«
6 Dann hörte ich etwas, das so gewaltig klang wie die Stimmen
einer großen Schar. Es klang wie das Tosen von Wassermassen und
wie das Grollen von heftigem Donner. Sie riefen: »Halleluja! Gott,
unser Herr, der Allmächtige ist König geworden. 7 Wir wollen uns
freuen und jubeln und ihm Ehre erweisen. Denn die Hochzeit des
Lammes steht bevor, und seine Braut hat sich bereit gemacht. 8 Sie
durfte sich in feines Leinen kleiden, das hell leuchtend ist und rein.«
Dieses Leinen ist das gerechte Handeln der Heiligen.
9 Dann sagte ein Engel zu mir: »Schreib auf: Glückselig sind dieje-
nigen, die zum Hochzeitsmahl des Lammes eingeladen sind!« Und er
sagte zu mir: »Diese Worte sind wahr und stammen von Gott.« 10 Da
warf ich mich vor ihm nieder, um ihn anzubeten. Doch er sagte zu
mir: »Tu das nicht! Ich bin ein Diener Gottes wie du und deine Brü-
der und Schwestern. Sie sind bereit, als Zeugen für Jesus einzutreten.
Bete Gott an! In diesem Zeugnis für Jesus wirkt der Geist Gottes, der
die Propheten reden lässt.«

Geräusch der Mühlen: In der Antike wurde das Getreide für die täglichen Mahlzeiten in den Haushalten gemahlen, sodass das Mahlen zu den Alltagsgeräuschen gehörte.

Halleluja: Hebräisch für »Lobt den HERRN«. Im Gottesdienst wird die Gemeinde damit zum Gotteslob aufgefordert.

die große Hure: Bild für die Stadt Babylon, der in Offenbarung 17,1 das Gericht angekündigt wird. Die Hauptstadt der Babylonier, die 586 v. Chr. Jerusalem zerstörten, steht in der Offenbarung sinnbildlich für das Römische Reich. Menschen, die an Christus glaubten, sahen sich von dieser Großmacht verfolgt und unterdrückt.

Lamm Gottes: Bild, das Christus mit einem Opfertier vergleicht. Es nimmt die Sünde weg, die trennend zwischen Gott und Mensch steht.

rein: Bezeichnet Menschen, Tiere und Dinge, die dafür vorbereitet sind, in der Nähe Gottes zu sein. In der Bibel sind dabei bestimmte religiöse Vorschriften zu beachten.

Zeugen für Jesus: Menschen, die bereit sind, für ihren Glauben an Jesus zu sterben.

Prophet: Verkündet, was Gott in einer bestimmten Situation zu sagen hat.

Das Ende der alten Welt 19,11–20,15

Das Wort Gottes kommt als Retter

11 Dann sah ich, dass der Himmel geöffnet war. Und ich sah ein weißes Pferd. Der darauf saß, heißt »der Treue und Wahrhaftige«. Er richtet und kämpft voller Gerechtigkeit. 12 Seine Augen glichen lodernden Flammen, und auf seinem Kopf hatte er viele Kronen. Ein Name stand auf ihm geschrieben, den niemand kennt außer ihm selbst. 13 Die Kleidung, die er trug, war voller Blut. Sein Name lautete: »Das Wort Gottes«. 14 Die Heere des Himmels folgten ihm auf weißen Pferden. Sie trugen feines Leinen, das weiß war und rein. 15 Aus seinem Mund kam ein scharfes Schwert, mit dem er die Völker schlagen soll. Mit eisernem Stab wird er über sie herrschen. Er wird sie zertreten wie Trauben in der Kelter. Das wird der Wein des grimmigen Zornes Gottes, des Allmächtigen. 16 Auf seinem Gewand und auf seinem Schenkel steht ein Name geschrieben: »König der Könige und Herr der Herren«.

17 Dann sah ich einen Engel in der Sonne stehen. Mit lauter Stimme rief er allen Vögeln zu, die hoch am Himmel flogen: »Kommt hierher! Versammelt euch zu Gottes großem Festessen. 18 Fresst das Fleisch von Königen, das Fleisch von Befehlshabern und von Mächtigen. Fresst das Fleisch von Pferden und ihren Reitern. Ja, fresst das Fleisch von allen Freien und Sklaven, von einfachen Leuten und von Mächtigen.«

19 Ich sah das Tier, die Könige der Erde und ihre Heere. Sie hatten sich versammelt, um gegen den Reiter und sein Heer Krieg zu führen. 20 Das Tier wurde gefangen genommen und mit ihm der falsche Prophet. Er hatte in Gegenwart des Tieres Zeichen getan und so alle verführt, sich von Gott abzuwenden – alle, die das Zeichen des Tieres trugen und dessen Standbild anbeteten. Die beiden wurden bei lebendigem Leib in den See aus Feuer und brennendem Schwefel geworfen. 21 Die Übrigen wurden durch das Schwert getötet, das aus dem Mund des Reiters kam. Und alle Vögel wurden satt von ihrem Fleisch.

Die tausendjährige Herrschaft des Retters

20 1 Dann sah ich einen Engel vom Himmel herabkommen. In seiner Hand hatte er den Schlüssel zum Abgrund und eine große Kette. 2 Er packte den Drachen, die uralte Schlange, das ist der Teufel und der Satan. Und der Engel fesselte ihn für 1000 Jahre. 3 Er warf ihn in den Abgrund, den verschloss und versiegelte er. Denn der Drache sollte die Völker nicht mehr dazu verführen, sich von Gott abzuwenden – bis die 1000 Jahre vorüber sind. Danach muss er für kurze Zeit freigelassen werden.

4 Dann sah ich Throne. Denjenigen, die darauf Platz nahmen, wurde die Vollmacht gegeben, Gericht zu halten. Ich sah die Seelen der Menschen, die enthauptet worden waren. Denn sie waren als

weiß: Die Farbe steht für die Zugehörigkeit zur himmlischen Welt.

Wort Gottes: Gottes Versprechen, dass die Menschen durch Tod und Auferstehung von Christus mit Gott versöhnt sind.

Herrscherstab: Bild für königliche Macht, ursprünglich ein Hirtenstab.

Kelter: Eine aus dem Fels gehauene Grube, die zum Auspressen von reifen Trauben diente. Die Trauben wurden dazu mit den bloßen Füßen zertreten.

falscher Prophet: Gibt vor, im Auftrag Gottes zu reden, und verführt seine Mitmenschen so zu falschem Tun.

Satan, Teufel: Gegenspieler Gottes. Er versucht, die Menschen zu einem Verhalten zu bewegen, das Gottes Willen widerspricht.

Gericht, verurteilen: Als Herrscher über die ganze Welt ist Gott der Richter, der am Ende der Zeit ein Urteil über sie spricht.

Seele: Steht für das, was auch über den Tod hinaus das Ganze der Person ausmacht.

Zeugen eingetreten für Jesus und für Gottes Wort. Ich sah auch die
Seelen derer, die das Tier und sein Standbild nicht angebetet hatten.
Auch sein Zeichen hatten sie nicht getragen, weder auf ihrer Stirn
noch auf ihrer Hand. Sie wurden wieder lebendig und herrschten mit
Christus 1000 Jahre lang. 5 Das ist die erste Auferstehung. – Die übri-
gen Toten wurden nicht lebendig, bevor nicht die 1000 Jahre vorüber
waren. – 6 Glückselig und heilig ist, wer an der ersten Auferstehung
Anteil hat! Über sie hat der zweite Tod keine Vollmacht. Sie werden
Gott und Christus als Priester dienen und 1000 Jahre lang mit Chris-
tus herrschen.

Die endgültige Vernichtung des Satans

7 Wenn die 1000 Jahre vorüber sind, wird der Satan aus seinem Ge-
fängnis freigelassen. 8 Er wird hinausgehen, um die Völker zu verfüh-
ren, die an den vier Ecken der Erde wohnen: Gog und Magog. Er wird
sie zum Kampf sammeln. Sie werden so zahlreich sein wie der Sand
am Meer. 9 Sie zogen herauf auf die Ebene der Erde. Dort umzingel-
ten sie das Lager der Heiligen und die geliebte Stadt. Da fiel Feuer
vom Himmel und verzehrte sie. 10 Und der Teufel, der sie verführt
hatte, wurde in den See aus Feuer und Schwefel geworfen. Dort sind
auch das Tier und der falsche Prophet. Sie werden Tag und Nacht ge-
quält, für immer und ewig.

Das Gericht über die Toten

11 Dann sah ich einen großen, weißen Thron und den, der darauf sitzt.
Vor seinem Angesicht flohen die Erde und der Himmel, für sie gab
es keinen Platz mehr. 12 Und ich sah die Toten, die Mächtigen und
die einfachen Leute. Sie standen vor dem Thron. Buchrollen wurden
geöffnet. Darunter war auch das Buch des Lebens. Dann wurde das
Urteil über die Toten gesprochen. Es richtete sich nach ihren Taten,
die in den Rollen aufgeschrieben waren. 13 Da gab das Meer die Toten
heraus, die in ihm waren. Auch der Tod und das Totenreich gaben ihre
Toten heraus. Über alle wurde das Urteil gesprochen – über jeden so,
wie es seinen Taten entsprach. 14 Der Tod und das Totenreich wurden
in den See aus Feuer geworfen. Das ist der zweite Tod: der See aus
Feuer. 15 Wer nicht im Buch des Lebens stand, wurde in den See aus
Feuer geworfen.

Die neue Welt unter Gottes Herrschaft 21,1–22,5

Der neue Himmel und die neue Erde

21 1 Dann sah ich einen neuen Himmel und eine neue Erde.
Denn der erste Himmel und die erste Erde sind vergangen,
und das Meer ist nicht mehr da. 2 Und ich sah die heilige Stadt: das
neue Jerusalem. Sie kam von Gott aus dem Himmel herab – für die
Hochzeit bereit wie eine Braut, die sich für ihren Mann geschmückt

Auferstehung: Meint die Auferweckung vom Tod und das ewige Leben im Reich Gottes.

Gog, Magog: In Ezechiel 38–39 tritt ein rätselhafter Anführer mit Namen »Gog« auf, der aus dem Land Magog kommt. Er wird als letzter Feind gegen Israel auftreten und kämpfen.

Heilige: Bezeichnung für die Anhänger von Jesus Christus.

Buchrolle: Vorläufer des Buchs aus aneinandergenähten Lederstücken, auf die der Text in Spalten nebeneinander geschrieben wurde.

Buch des Lebens: Eine Art Bürgerliste, in der die Bewohner des Reiches Gottes verzeichnet sind.

neues Jerusalem: Bild für die neue Welt, in der alle Bereiche des Lebens durch die Gegenwart Gottes grundlegend verwandelt sind.

hat. 3 Und ich hörte eine laute Stimme vom Thron her rufen: »Sieh
her: Gottes Wohnung ist bei den Menschen! Er wird bei ihnen woh-
nen, und sie werden seine Völker sein. Gott selbst wird als ihr Gott
bei ihnen sein. 4 Er wird jede Träne abwischen von ihren Augen. Es
wird keinen Tod und keine Trauer mehr geben, kein Klagegeschrei
und keinen Schmerz. Denn was früher war, ist vergangen.«
5 Der auf dem Thron saß, sagte: »Ich mache alles neu.« Und er fügte
hinzu: »Schreib alles auf, denn diese Worte sind zuverlässig und
wahr.« 6 Dann sagte er zu mir: »Es ist geschehen! Ich bin das Alpha
und das Omega, der Anfang und das Ende. Ich werde dem Durstigen
Wasser geben, das aus der Quelle des Lebens fließt. Ich gebe es ihm
umsonst.
7 Wer siegreich ist und standhaft im Glauben, wird das alles als Er-
be erhalten. Ich werde sein Gott sein, und er wird mein Kind sein.
8 Anders geht es den Feiglingen und Treulosen, denen, die Abscheu
erregen und morden, Hurerei treiben, zaubern und Götzen dienen –
all denen, die der Lüge verfallen sind. Auf sie wartet der See aus Feuer
und brennendem Schwefel. Das ist der zweite Tod.«

Das neue Jerusalem

9 Dann kam einer von den sieben Engeln, die die sieben Schalen aus-
gegossen hatten. In ihnen waren die sieben letzten Plagen gewesen.
Der Engel redete mit mir und sagte: »Komm, ich will dir die Braut
zeigen, die Frau des Lammes.« 10 Und er führte mich durch den Geist
auf einen großen und hohen Berg. Er zeigte mir die heilige Stadt Jeru-
salem. Sie kam von Gott aus dem Himmel herab. 11 Die Herrlichkeit
Gottes war in ihr. Sie funkelte wie ein Edelstein, wie kristallklarer
Jaspis.
12 Die Stadt war umgeben von einer großen, hohen Mauer mit
zwölf Toren. Zwölf Engel waren auf den Toren, und auf den Toren
standen Namen. Es sind die Namen der zwölf Stämme des Volkes Is-
rael. 13 Drei Tore führen nach Osten, drei Tore nach Norden, drei Tore
nach Süden und drei Tore nach Westen. 14 Die Mauer der Stadt hatte
zwölf Grundsteine. Auf ihnen standen die zwölf Namen der zwölf
Apostel des Lammes.

Die Maße des neuen Jerusalem

15 Der Engel, der mit mir sprach, hatte einen goldenen Messstab. Mit
dem sollte er die Stadt ausmessen, einschließlich ihrer Tore und
Mauern. 16 Die Stadt ist viereckig angelegt und ebenso lang wie breit.
Der Engel vermaß die Stadt mit dem Stab. Ihre Länge, Breite und Hö-
he sind gleich: Es sind 12 000 Stadien. 17 Dann vermaß er ihre Mauer:
Es sind 144 Ellen nach dem Maß der Menschen, das auch das Maß
der Engel ist. 18 Die Mauer ist aus Jaspis gebaut, und die Stadt besteht
aus reinem Gold – so rein wie Glas. 19 Die Grundsteine der Stadt-
mauer sind mit Edelsteinen aller Art geschmückt: Der erste Stein ist
ein Jaspis, der zweite ein Saphir, der dritte ein Chalzedon, der vierte

Alpha, Omega: Der erste und der letzte Buchstabe des griechischen Alphabets. In der Bezeichnung kommt zum Ausdruck, dass Gott nicht nur der Schöpfer der Welt ist, sondern dass am Ende der Zeit auch sein Reich anbricht.

Lamm Gottes: Bild, das Christus mit einem Opfertier vergleicht. Es nimmt die Sünde weg, die trennend zwischen Gott und Mensch steht.

Apostel: Wörtlich »Ausgesandte«. Menschen, die dazu berufen sind, die Gute Nachricht von Jesus Christus zu verkünden. Im engeren Sinn die zwölf Jünger von Jesus, die ihn während seines Lebens begleiteten.

12 000 Stadien: Ein Stadion ist ein griechisches Längenmaß. Wichtig ist hier die symbolische Zahl, die sich zusammensetzt aus der Zahl 12, die für die 12 Stämme Israels oder die 12 Jünger von Jesus steht, und aus der Zahl 1000, die gewaltige Größe und Ewigkeit bedeutet: 12 × 1000.

144 Ellen: Eine Elle ist ein Längenmaß. Wichtig ist hier die symbolische Zahl, die sich zusammensetzt aus der Zahl 12, die für die 12 Stämme Israels oder die 12 Jünger von Jesus steht: 12 × 12.

ein Smaragd, 20 der fünfte ein Sardonyx, der sechste ein Karneol, der
siebte ein Chrysolith, der achte ein Beryll, der neunte ein Topas, der
zehnte ein Chrysopras, der elfte ein Hyazinth und der zwölfte ein
Amethyst. 21 Die zwölf Tore sind zwölf Perlen, jedes der Tore besteht
aus einer einzigen Perle. Die Hauptstraße der Stadt ist aus reinem
Gold – wie aus durchsichtigem Glas.

Das Licht der Stadt leuchtet für die Völker

22 In der Stadt sah ich keinen Tempel. Denn ihr Tempel ist Gott, der
Herr, der Allmächtige – er und das Lamm. 23 Die Stadt braucht weder
Sonne noch Mond, die für sie scheinen. Denn die Herrlichkeit Gottes
erleuchtet sie, und ihr Leuchter ist das Lamm. 24 Die Völker werden in
ihrem Licht leben. Die Könige der Erde bringen ihre Pracht in sie hin-
ein. 25 Die Tore der Stadt stehen den ganzen Tag offen. Sie werden nie
geschlossen, denn eine Nacht gibt es dort nicht. 26 Die Herrlichkeit
und die Ehre der Völker wird man in die Stadt bringen. 27 Aber nichts
Unreines wird in sie hineinkommen und keiner, der Abscheuliches
tut oder lügt. Hinein kommt nur, wer im Buch des Lebens steht, das
dem Lamm gehört.

Die Stadt als das neue Paradies

22 1 Der Engel zeigte mir einen Fluss mit dem Wasser des Le-
bens. Der Fluss war klar wie Kristall und entsprang dem
Thron Gottes und des Lammes. 2 Mitten zwischen der Hauptstraße
und dem Fluss und an dessen beiden Ufern wachsen Bäume des Le-
bens. Die Bäume tragen zwölfmal Früchte: Jeden Monat bringen sie
Früchte hervor. Und die Blätter der Bäume dienen den Völkern zur
Heilung. 3 Es wird nichts mehr geben, das unter einem Fluch steht.
Der Thron Gottes und des Lammes wird in der Stadt stehen. Ihre Be-
wohner werden Gott dienen und ihn anbeten. 4 Sie werden sein An-
gesicht sehen, und sein Name wird auf ihrer Stirn stehen. 5 Es wird
keine Nacht mehr geben. Gottes Diener brauchen weder das Licht
einer Lampe noch das Licht der Sonne. Denn Gott, der Herr, wird
über ihnen leuchten. Und sie werden herrschen für immer und ewig.

Buchschluss 22,6-21

Der Herr kommt bald

6 Der Engel sagte zu mir: »Diese Worte sind zuverlässig und wahr. Der
Herr selbst, der Gott, dessen Geist durch die Propheten spricht, hat
seinen Engel gesandt. Er sollte seinen Dienern zeigen, was in Kürze
geschehen muss.«

7 – »Gebt acht: Ich komme bald. Glückselig ist, wer an den propheti-
schen Worten in diesem Buch festhält.« –

8 Ich, Johannes, habe das alles gehört und gesehen. Und als ich es
gehört und gesehen hatte, warf ich mich vor dem Engel nieder. Ich

Herr: Bezeichnung für Gott. Das griechische Alte Testament verwendet das Wort »Herr« an den Stellen, an denen im hebräischen Text der Gottesname steht.

der Allmächtige: Titel für Gott, in dem seine überlegene Macht zum Ausdruck kommt.

Abscheuliches: Oberbegriff für alles, was mit der Anbetung fremder Götter und Götzendienst zu tun hat.

Buch des Lebens: Eine Art Bürgerliste, in der die Bewohner des Reiches Gottes verzeichnet sind.

Bäume des Lebens: Hier werden Bilder aus der Schöpfungserzählung in 1. Mose/Genesis 2,9 und aus der Vision des Propheten Ezechiel vom neuen Tempel Gottes in Ezechiel 47,12 miteinander verbunden. Der neue Tempel soll im neuen Jerusalem stehen, das bei Ezechiel den Namen »Hier ist der HERR« trägt.

Diener von Christus: Bezeichnung für eine Person, die Christus als ihren Herrn anerkennt. In seinem Auftrag und mit seiner Vollmacht verkündet sie das Wort Gottes.

gebt acht: Der Sprecher dieser Worte ist Christus.

wollte ihn anbeten, denn er hatte mir all das gezeigt. 9 Aber er sagte zu
mir: »Tu das nicht! Ich bin ein Diener Gottes wie du und deine Brüder
und Schwestern, die Propheten. Ich bin wie alle anderen, die an den
Worten dieses Buches festhalten. Bete Gott an!«
10 Dann sagte der Engel zu mir: »Behalte nicht für dich, was an pro-
phetischen Worten in diesem Buch steht. Denn der Zeitpunkt steht
kurz bevor, an dem sie in Erfüllung gehen. 11 Wer Unrecht tut, soll ru-
hig weiter Unrecht tun. Wer unrein ist, soll ruhig weiter unrein blei-
ben. Aber wer gerecht ist, soll weiter gerecht handeln. Und wer heilig
ist, soll sich weiter um Heiligkeit bemühen.«
12 »Gebt acht: Ich komme bald! Und den Lohn bringe ich mit. Ich
werde jedem das geben, was seinem Handeln entspricht. 13 Ich bin
das Alpha und das Omega, der Erste und der Letzte, der Anfang und
das Ende.
14 Glückselig ist, wer seine Kleidung reinwäscht. Er hat ein Anrecht
auf den Baum des Lebens. Und er darf durch die Tore in die Stadt
hineingehen. 15 Aber Hunde und Zauberer müssen draußen bleiben,
ebenso die, die Hurerei treiben, morden und Götzen dienen – also
alle, die die Lüge lieben und entsprechend handeln.
16 Ich, Jesus, habe meinen Engel gesandt. Er soll all das bezeugen,
was die Gemeinden betrifft. Ich bin der Spross aus der Wurzel Da-
vids, sein Nachkomme. Ich bin der helle Morgenstern.«
17 Der Geist und die Braut sagen: »Komm!« Und wer es hört, soll
ebenfalls sagen: »Komm!« Wer Durst hat, soll kommen! Wer will, be-
kommt das Wasser des Lebens geschenkt.

Abschließende Ermahnungen, Zusagen und Gruß

18 Ich bezeuge es jedem, der die prophetischen Worte aus diesem
Buch hört. Wer ihnen etwas hinzufügt, dem wird Gott die Plagen
zufügen, die in diesem Buch aufgeschrieben sind. 19 Und wer etwas
wegnimmt von den prophetischen Worten dieses Buches, dem wird
Gott seinen Anteil wegnehmen: den Anteil am Baum des Lebens und
an der heiligen Stadt, die in diesem Buch beschrieben sind.
20 Er, der für all das als Zeuge einsteht, sagt: »Ja, ich komme bald.«
Amen. Komm, Herr Jesus! 21 Die Gnade des Herrn Jesus sei mit
allen!

der Zeitpunkt: Zeitpunkt, an dem Christus wiederkommt. Dann bricht mit dem Gericht Gottes über die Welt endgültig das Reich Gottes an. Die Zeit davor ist von Angst und Schrecken geprägt.

gebt acht: Der Sprecher dieser Worte ist Christus.

Alpha, Omega: Der erste und der letzte Buchstabe des griechischen Alphabets. In der Bezeichnung kommt zum Ausdruck, dass Gott nicht nur der Schöpfer der Welt ist, sondern dass am Ende der Zeit auch sein Reich anbricht.

Baum des Lebens: Steht im Paradies. Wer von seinen Früchten isst, wird niemals sterben.

Morgenstern: Im Römischen Reich wurde die Göttin Venus als Morgenstern verehrt. Hier bezeichnet Jesus Christus sich selbst als wahren Morgenstern, der als Sinnbild für das kommende Licht Gottes die Dunkelheit der Welt überwindet.

Braut: Bild für die Gemeinschaft aller, die an Christus glauben und im Himmel sind. Sie stehen der Gemeinschaft der Menschen bei, die an Christus glauben und noch auf der Erde sind.

Psalmen

Frevler: Menschen, die Gottes Gebote missachten und ihre eigenen Interessen gewaltsam durchsetzen.

Weisung: Hebräisch *Tora*. Sie umfasst die schriftliche und mündliche Mitteilung von Gottes Willen.

zu seiner Zeit: Der Baum trägt jedes Jahr zur Erntezeit seine Früchte.

Spreu: Hülsen und Strohreste von Getreide. Nach dem Dreschen wird das Getreide in die Luft geworfen. Die leichte Spreu wird vom Wind davongetragen, die Körner dagegen fallen wieder auf den Boden.

Gewalttätige: Frevler, die ihre Interessen mit Gewalt durchsetzen.

Gerechte: Menschen, die Gottes Gebote befolgen, sodass das Leben in Gemeinschaft miteinander gelingt.

Gesalbter: Hebräisch *Messias*. Bezeichnet den im Auftrag Gottes eingesetzten König Israels, später auch den zum Herrscher der Welt bestimmten Retter.

Joch: Holzbalken, der Tieren über den Nacken gelegt wird, um einen Wagen oder Pflug zu ziehen. Hier Bild für die Herrschaft Gottes, die von den fremden Völkern als Last empfunden wird.

Die Psalmen

Das erste Buch der Psalmen 1–41

Die Freude an Gottes Wort

1 1 Glücklich ist der Mensch,
der nicht dem Vorbild der Frevler folgt
und nicht den Weg der Sünder betritt.
Mit Leuten, die über andere lästern,
setzt er sich nicht an einen Tisch.
2 Vielmehr freut er sich über die Weisung des Herrn.
Tag und Nacht denkt er darüber nach
und sagt Gottes Wort laut vor sich hin.
3 Er gleicht einem Baum,
der am Wasser gepflanzt ist.
Früchte trägt er zu seiner Zeit,
und seine Blätter welken nicht.
Alles, was er tut, gelingt ihm gut.

4 Anders ist das bei den Frevlern:
Sie gleichen der Spreu,
die der Wind vom Dreschplatz fegt.
5 Darum können die Gewalttätigen
vor dem Gericht nicht bestehen.
Und für die Sünder ist kein Platz
in der Gemeinde der Gerechten.
6 Ja, der Herr achtet auf den Weg,
den die Gerechten gehen.
Doch der Weg der Gewalttätigen
führt in den Untergang.

Gott und sein König

2 1 Warum sind die Völker in Aufruhr geraten?
Wozu schmieden die Nationen sinnlose Pläne?
2 Die Könige der Welt erheben sich.
Und die Fürsten tun sich zusammen
gegen den Herrn und seinen Gesalbten:
3 »Lasst uns ihre Fesseln zerreißen!
Lasst uns ihre Stricke durchtrennen,
dann können wir das Joch abwerfen!«
4 Doch der im Himmel wohnt, lacht darüber.
Der Herr spottet über ihr Tun.

5 Und wenn die Zeit gekommen ist,
wird er voller Zorn zu ihnen sprechen.
Mit seiner Wut wird er sie erschrecken:
6 »Ich selbst habe meinen König eingesetzt
auf dem Zion, meinem heiligen Berg!«

7 Sein König wird bekannt geben,
was der HERR beschlossen hat:
»Er sagte zu mir: Du bist mein Sohn,
heute habe ich dich geboren!
8 Wenn du mich bittest,
mache ich die fremden Völker zu deinem Eigentum.
Die fernsten Länder der Erde gebe ich dir zum Besitz.
9 Mit eisernem Herrscherstab sollst du sie zerschlagen.
Wie Tongefäße sollst du sie in Stücke schlagen.«

10 Darum, ihr Könige, kommt zur Einsicht!
Lasst euch warnen, ihr Herrscher der Welt!
11 Unterwerft euch dem HERRN mit Furcht
12 und küsst ihm die Füße mit Zittern!
Sonst wird er zornig werden,
und ihr werdet umkommen auf dem Weg.
Denn nur zu leicht entflammt sein Zorn.
Glücklich sind alle, die bei ihm Zuflucht suchen!

Von Feinden bedroht

3 1 EIN PSALM, VON DAVID,
ALS ER VOR SEINEM SOHN ABSCHALOM FLIEHEN MUSSTE.

2 HERR, ich kann meine Feinde nicht zählen!
So viele ziehen gegen mich zu Feld.
3 So viele sagen von mir:
»Der wird bei Gott keine Hilfe finden!« SELA.

4 Doch du, HERR, bist der Schild, der mich schützt.
Du wirst meine Ehre wiederherstellen,
sodass ich meinen Kopf erheben kann.
5 Mit lauter Stimme rief ich zum HERRN.
Da antwortete er von seinem heiligen Berg. SELA.

6 Ich legte mich nieder und schlief.
Als ich erwachte, wusste ich:
Der HERR hält seine Hand über mich.
7 So fürchte ich mich nicht vor vielen Tausenden,
vor dem Kriegsvolk, das mich umringt.

Zion: Tempelberg von Jerusalem, aber auch Bezeichnung für die ganze Stadt.

sein König: Jetzt verkündet der zum König eingesetzte Gesalbte, was ihm Gott zugesagt hat.

geboren: Das hebräische Wort kann sowohl »geboren« als auch »gezeugt« bedeuten. Die Thronbesteigung wird als Geburtstag des Königs gefeiert. Gott hat ihn als seinen Sohn angenommen.

Füße küssen: Geste der Unterwerfung gegenüber dem König. Der hebräische Text ist hier nicht eindeutig.

Zuflucht: Ort, der Schutz bietet. Oft werden Gott oder sein Tempel als Zufluchtsort genannt.

fliehen musste: Abschalom rief zum Aufstand gegen seinen Vater auf und führte ein israelitisches Heer nach Jerusalem, vgl. 2. Samuel 15,7–19,9.

Sela: Zeichen zum Atemholen.

Schild: Abwehrwaffe in der Schlacht und Bild für Gottes Schutz.

Ehre wiederherstellen: Im Hintergrund steht die Vorstellung eines Gerichtsverfahrens, in dem Gott einen Freispruch für den Beter erwirkt.

Kiefer, Zähne: Die Feinde werden als Raubtiere dargestellt, deren Angriffswaffen, die Zähne, Gott unschädlich macht.

Frevler: Menschen, die Gottes Gebote missachten und ihre eigenen Interessen gewaltsam durchsetzen.

David: Bedeutender König in der Geschichte Israels, der etwa 1000–960 v. Chr. regierte. Er gilt als Dichter zahlreicher Lieder und Gebete.

Sela: Zeichen zum Atemholen.

zum HERRN gehören: Fromme, die ihr ganzes Leben auf Gott ausrichten und sich für die Befolgung seiner Gebote einsetzen.

Opfergabe: Eine Gabe für Gott als Zeichen des Danks oder der Bitte. Das Opfer wird auf dem Altar verbrannt und schafft Gemeinschaft mit Gott.

Angesicht leuchten lassen: Meint die liebevolle Zuwendung Gottes zu den Menschen.

Most: Vorstufe von Wein. Der Prozess, der den im Traubensaft enthaltenen Zucker in Alkohol umwandelt, hat begonnen.

Frieden: Umfassender Zustand von Glück und Wohlergehen des Einzelnen und der Gemeinschaft, der aus der Beziehung mit Gott hervorgeht.

8 Steh auf, HERR! Hilf mir, mein Gott!
Ja, allen meinen Feinden zertrümmerst du den Kiefer
und den Frevlern schlägst du die Zähne aus.
9 Beim HERRN findet sich Hilfe.
Sprich deinen Segen über dein Volk. SELA.

Von der Enge in die Weite

4

1 FÜR DEN CHORLEITER,
ZUR MUSIK VON SAITENINSTRUMENTEN.
EIN PSALM, VON DAVID.

2 Wenn ich rufe, gib mir doch Antwort,
Gott, der du mir zum Recht verhilfst!
Als ich in die Enge getrieben wurde,
hast du mir weiten Raum verschafft.
Hab Erbarmen und höre mein Gebet!
3 Wie lange noch, ihr großen Herren,
wollt ihr meine Ehre in den Schmutz ziehen?
Ihr liebt doch nur haltloses Geschwätz
und sucht nach immer neuen Lügen! SELA.

4 Seht es doch ein:
Wer zum HERRN gehört, dem hilft er wunderbar.
Wenn ich zu ihm rufe, hört mich der HERR!
5 Euer Zorn soll nicht dazu führen,
dass ihr noch mehr Schuld auf euch ladet!
Denkt darüber nach, wenn ihr zu Bett geht,
und seid still! SELA.
6 Bringt Opfergaben, die ehrlich gemeint sind!
Setzt euer Vertrauen auf den HERRN!

7 Viele klagen: »Von wem können wir Gutes erfahren?
Ach, HERR, das Leuchten deines Angesichts
fehlt uns sehr!«
8 Doch mein Herz hast du mit Freude beschenkt.
Ich freue mich mehr als die Leute,
die Korn und Most in Fülle hatten.
9 In Frieden kann ich schlafen gehen.
Denn du allein, HERR, sorgst dafür,
dass ich hier sicher wohnen kann.

Morgens im Tempel

5 [1] FÜR DEN CHORLEITER, ZUR BEGLEITUNG MIT FLÖTEN.
EIN PSALM, VON DAVID.

2 Hör meine Worte, HERR!
Versteh, warum ich so seufze!
3 Gib acht auf meinen Hilfeschrei,
mein König und mein Gott!
Wenn ich am Morgen zu dir bete, HERR,
4 dann höre meine Stimme.
Am Morgen bereite ich im Tempel
meine Opfergabe für dich vor.
Dann halte ich Ausschau nach dir.
5 Ja, du bist ein Gott, dem Unrecht missfällt.
Wer Böses im Sinn hat, ist nicht dein Gast.
6 Heuchler kommen dir nicht unter die Augen.
Ausnahmslos sind Übeltäter dir verhasst.
7 Wer die Unwahrheit sagt, den vernichtest du.
Mörder und Verräter verabscheut der HERR.

8 Ich aber darf in dein Haus kommen,
dank deiner großen Güte.
Vor deinem heiligen Tempel falle ich auf die Knie,
voller Ehrfurcht vor dir.
9 HERR, lass mich ein gerechtes Leben führen!
Dann haben meine Verleumder das Nachsehen.
Ebne den Weg, damit ich dir folgen kann!
10 Doch wenn diese Leute den Mund aufmachen,
dann kommt nichts Wahres heraus.
In ihrem Inneren tut sich ein Abgrund auf.
Ihr Rachen ist ein offenes Grab,
ihre Zunge eine scharf geschliffene Waffe.
11 Gott, lass sie doch büßen für ihre Schuld!
Bring sie durch ihre gemeinen Pläne zu Fall!
So viel Unrecht haben sie getan, jag sie davon!
Denn dir haben sie frech die Stirn geboten.
12 Doch alle, die bei dir Zuflucht suchen,
dürfen sich von Herzen freuen.
Unaufhörlich sollen sie jubeln,
dass du sie unter deinen Schutz stellst.
Vor Freude über dich sollen sie jauchzen –
sie alle, die deinen Namen lieben.
13 Denn du, HERR, segnest den Gerechten.
Du umgibst ihn mit Wohlgefallen
wie mit einem schützenden Schild.

König: Ehrentitel für Gott, der als Herrscher der Welt verehrt wird und für Recht und Gerechtigkeit sorgt.

Gast: Besucher im Tempel von Jerusalem.

Haus Gottes: Bezeichnet den Tempel in Jerusalem.

Ehrfurcht: Eine Haltung größter Hochachtung gegenüber Gott, die sowohl Bewunderung als auch Erschrecken zum Ausdruck bringt.

offenes Grab: Bild für die Feinde des Beters, die ihn verschlingen wollen wie ein Raubtier seine Beute.

Zuflucht: Ort, der Schutz bietet. Oft werden Gott oder sein Tempel als Zufluchtsort genannt.

Name Gottes: Steht für Gott selbst und seine Gegenwart, vor allem im Heiligtum.

Gerechte: Menschen, die Gottes Gebote befolgen, sodass das Leben in Gemeinschaft miteinander gelingt.

Bußpsalm: Seit frühester Zeit werden Psalm 6; 32; 38; 51; 102; 130 und Psalm 143 von Christen als persönliche Schuldbekenntnisse gebetet.

achte Saite: Musikbegleitung auf der untersten Saite in tiefer Tonlage.

David: Bedeutender König in der Geschichte Israels, der etwa 1000–960 v. Chr. regierte. Er gilt als Dichter zahlreicher Lieder und Gebete.

Seele: Ausdruck für die Empfindsamkeit, Sehnsucht und Lebendigkeit des Menschen.

Wie lange noch?: Typische Frage im Klagelied, die Gott an seine Barmherzigkeit erinnern soll.

Totenreich: Aufenthaltsort der Verstorbenen, der unter der Erde liegt.

Gebet: Reden des Menschen mit Gott.

Tränen in der Nacht

Der erste Bußpsalm

6

1 FÜR DEN CHORLEITER.
ZUR MUSIK VON SAITENINSTRUMENTEN,
ZU SPIELEN AUF DER ACHTEN SAITE.
EIN PSALM, VON DAVID.

2 HERR, straf mich nicht voller Zorn!
Schlag mich nicht in deiner Wut!
3 Hab Erbarmen mit mir, HERR!
Denn ich bin wie ein morscher Baum.
Mach mich wieder gesund, HERR!
Denn der Schreck steckt mir in den Gliedern.
4 Meine Seele ist voller Angst.
HERR, ich frage dich: »Wie lange noch?«
5 Komm doch zu mir zurück, HERR!
Hilf meiner Seele aus dem Unglück heraus!
Rette mich! Du bist doch voller Güte!
6 Denn im Tod denkt keiner mehr an dich.
Und unten im Totenreich –
wer singt da noch zu deinem Lob?

7 Vom Seufzen bin ich ganz erschöpft.
Nachts schwimmt mein Krankenbett in Tränen.
Vom vielen Weinen ist mein Kissen nass.
8 Vor Kummer sind meine Augen geschwollen.
Sie haben ihren Glanz verloren,
weil so viele Feinde um mich sind.
9 Macht, dass ihr fortkommt, ihr Übeltäter!
Denn der HERR hat mein Weinen gehört.
10 Der HERR hat mein Bitten gehört.
Der HERR nimmt mein Gebet an.
11 Enttäuscht und voller Angst
müssen alle meine Feinde davon.
Und wenn sie wiederkommen,
werden sie noch einmal enttäuscht!

Mach ein Ende mit der Bosheit

7 [1] EIN KLAGELIED, VON DAVID.
ER SANG ES VOR DEM HERRN,
ALS IHM KUSCH, DER BENJAMINITER,
DIE TODESNACHRICHT ÜBERBRACHTE.

2 HERR, mein Gott, bei dir suche ich Zuflucht.
Rette mich vor allen, die mich jagen!
3 Hilf mir, damit mein Feind mich nicht anfällt
wie ein Löwe.
Sonst reißt er mich noch in Stücke
und keiner ist da, der mich rettet.
4 HERR, mein Gott, was habe ich denn getan?
Klebt etwa Schuld an meinen Händen?
5 Habe ich meinem Freund etwas Böses getan?
Oder habe ich einen Menschen beraubt,
der mich grundlos in die Enge trieb?
6 Dann soll mich der Feind jagen und einholen!
Dann soll er mein Leben zugrunde richten
und mein Ansehen in den Schmutz ziehen. SELA.

7 Steh auf, HERR, voller Zorn!
Geh vor gegen das Wüten meiner Feinde!
Wach auf und hilf mir, mein Gott!
Du hast doch beschlossen, Gericht zu halten.
8 Versammle die Nationen rings um dich!
Hoch über ihnen nimm deinen Platz ein!
9 HERR, du bist Richter über die Völker.
Verhilf mir zu meinem Recht, HERR!
Ich habe mich doch gerecht verhalten
und keine Schuld auf mich geladen.
10 Mach ein Ende mit der Bosheit dieser Frevler.
Doch den Gerechten lass bestehen.
Der die Menschen auf Herz und Nieren prüft,
ist ein gerechter Gott.
11 Gott ist mein Schild, der mich schützt.
Er hilft allen, die ein ehrliches Herz haben.
12 Wenn Gott ein Urteil fällt, ist er im Recht.
Zu jeder Zeit kann er es vollstrecken.

13 Wer nicht zur Umkehr bereit ist,
der soll sein Schwert schärfen,
seinen Bogen spannen, zum Schuss anlegen.
14 Gegen sich selbst richtet er die tödlichen Waffen.
Und die Pfeile, die ihn treffen sollen,
steckt er mit eigener Hand in Brand.

Todesnachricht überbringen: David erhält die Nachricht vom Tod seines Sohnes Abschalom, vgl. 2. Samuel 18,19-32.

Zuflucht: Ort, der Schutz bietet. Oft werden Gott oder sein Tempel als Zufluchtsort genannt.

jagen: Die Feinde des Beters sind wie Raubtiere, die nach Beute jagen.

Schuld: Konkrete Verfehlungen, die von Gott trennen und das Gewissen belasten können.

Sela: Zeichen zum Atemholen.

Zorn Gottes: Sein Wille, Gericht zu halten.

Richter: Als Herrscher über die ganze Welt ist Gott der Richter, der am Ende der Zeit ein Urteil über sie spricht.

Frevler: Menschen, die Gottes Gebote missachten und ihre eigenen Interessen gewaltsam durchsetzen.

Gerechte: Menschen, die Gottes Gebote befolgen, sodass das Leben in Gemeinschaft miteinander gelingt.

Schild: Abwehrwaffe in der Schlacht und Bild für Gottes Schutz.

15 Seht nur, mit Unheil geht er schwanger,
Verderben trägt er in seinem eigenen Leib.
Nur Lug und Trug bringt er zur Welt.
16 Eine Grube hat er gegraben und ausgehöhlt.
Doch dann stürzte er in das Loch,
das er selbst geschaufelt hat.
17 Das Unheil fällt auf ihn selbst zurück,
und seine Tat holt ihn am Ende ein.
18 Ich danke dem HERRN für seine Gerechtigkeit.
Den Namen des HERRN will ich preisen:
Den Höchsten nennt man ihn.

Die Würde des Menschen

8 1 FÜR DEN CHORLEITER.
ZU SPIELEN AUF DEM MUSIKINSTRUMENT AUS GAT.
EIN PSALM, VON DAVID.

2 HERR, *unser Herrscher,*
wie machtvoll ist dein Name auf der ganzen Erde!
Deine Herrlichkeit strahlt über dem Himmel auf!
3 Dem Geschrei von Kindern und Säuglingen
hast du Macht verliehen über deine Widersacher.
Feinden und Rachgierigen setzt du ein Ende.
4 Schaue ich hinauf zum Himmel,
staune ich über das Werk deiner Finger.
Betrachte ich den Mond und die Sterne,
die du dort oben befestigt hast, so frage ich:
5 Was ist der Mensch, dass du an ihn denkst,
das Menschenkind, dass du dich seiner annimmst?
6 Kaum geringer als Gott –
so hast du den Menschen geschaffen.
Du schmückst ihn mit einer Krone –
so schenkst du ihm Herrlichkeit und Würde.
7 Die Werke deiner Hände hast du ihm anvertraut.
Alles hast du ihm zu Füßen gelegt:
8 Schafe, Ziegen und Rinder – alle zusammen,
und dazu die wilden Tiere auf dem Feld,
9 die Vögel am Himmel und die Fische im Wasser
und was sonst die Meere durchzieht.
10 HERR, *unser Herrscher,*
wie machtvoll ist dein Name auf der ganzen Erde!

zurückfallen auf jemanden: Ein Mensch wird von seiner bösen Tat eingeholt und muss die Verantwortung dafür tragen.

der Höchste: Titel für Gott, der eng mit dem Tempel in Jerusalem verbunden ist.

David: Bedeutender König in der Geschichte Israels, der etwa 1000–960 v. Chr. regierte. Er gilt als Dichter zahlreicher Lieder und Gebete.

Name Gottes: Steht für Gott selbst und seine Gegenwart, vor allem im Heiligtum.

Werk deiner Finger: Sonne und Mond, die Gott wie Lampen aus Ton geformt hat.

kaum geringer als Gott: Der Mensch ist das Geschöpf, das Gott nach seinem Bild geschaffen hat; vgl. 1. Mose/Genesis 1,26-27.

Krone: Bild für die königliche Stellung des Menschen.

Würde: Die Würde des Menschen ist von Gott verliehen und deshalb unantastbar.

Hoffnung der Armen

9

[1] FÜR DEN CHORLEITER,
NACH DER MELODIE: JUNGE FRAUEN.
MAN SOLL ES DEM SOHN VORSINGEN.
EIN PSALM, VON DAVID.

2 Ich will dir danken, HERR, von ganzem Herzen.
Ich will von all deinen Wundertaten erzählen.
3 Ich will mich freuen und über dich jubeln.
Ich will deinen Namen preisen, du Höchster.
4 Denn meine Feinde mussten sich zurückziehen:
Bei deinem Anblick kamen sie ins Straucheln
und stürzten in ihr Verderben.
5 Ja, du hast mir zum Recht verholfen.
Meinen Streitfall hast du für mich entschieden.
Du hast dich auf den Thron gesetzt –
du bist ein gerechter Richter.
6 Völker hast du zurechtgewiesen,
Frevler ins Verderben gestürzt.
Ihre Namen hast du für immer ausgelöscht.
7 Der Feind ist vernichtet, nur Ruinen sind geblieben.
Städte hast du zerstört, ihr Ruhm ist dahin.

8 Im Zorn hat der HERR seinen Platz eingenommen,
seinen Thron zum Gericht für immer aufgestellt.
9 Über den Erdkreis fällt er ein gerechtes Urteil.
Nationen richtet er nach Recht und Ordnung.
10 So ist der HERR eine feste Burg.
Wer benachteiligt wird, findet bei ihm Schutz.
Er ist eine feste Burg für die Zeiten der Not.
11 Wer deinen Namen kennt, vertraut auf dich.
Denn du, HERR, lässt niemanden im Stich,
der deine Nähe sucht.
12 Preist den HERRN, der auf dem Zion wohnt.
Verkündet seine Taten unter den Völkern:
13 Wenn er gewaltsam vergossenes Blut rächt,
denkt er an die unschuldigen Opfer.
Wenn die Armen um Hilfe schreien,
vergisst er sie nicht.

14 Hab Erbarmen mit mir, HERR!
Sieh doch, wie ich unter ihrem Hass leide!
Schon stehe ich vor den Toren des Todes,
nur du kannst mich von dort wegholen.
15 Dann werde ich von deinem Ruhm erzählen.
In den Toren der Tochter Zion werde ich stehen
und lachen vor Freude über deine Hilfe.

Thron: Bild für die Königsherrschaft Gottes.

Frevler: Menschen, die Gottes Gebote missachten und ihre eigenen Interessen gewaltsam durchsetzen.

Namen auslöschen: Ein Verstorbener lebt in der Erinnerung seiner Familie fort. Die Auslöschung des Namens bedeutet seine endgültige Vernichtung.

Zion: Tempelberg von Jerusalem, aber auch Bezeichnung für die ganze Stadt.

Blut: Gilt bei Mensch und Tier als Sitz der Lebenskraft. Wer Blut vergießt, nimmt das Leben, das Gott gegeben hat.

Tochter Zion: Poetische Bezeichnung für die Stadt Jerusalem.

Denkpause: Wörtlich »Gemurmel«. Das hörbare Murmeln steht im Hebräischen für das Nachdenken.

Sela: Zeichen zum Atemholen.

Totenreich: Aufenthaltsort der Verstorbenen, der unter der Erde liegt.

Vers 1: In der griechischen Überlieferung werden Psalm 9–10 als *ein* Psalm gezählt.

Frevler: Menschen, die Gottes Gebote missachten und ihre eigenen Interessen gewaltsam durchsetzen.

Herz: Sitz des Verstandes und des Willens.

16 Ganze Völker sind verschwunden –
in der Grube, die sie selbst gegraben haben.
In dem Netz, das sie heimlich auslegten,
hat sich ihr eigener Fuß verfangen.
17 So hat der HERR gezeigt, dass er Gericht hält:
Frevler kommen zu Fall durch die Gewalt,
die sie mit ihren eigenen Händen ausüben.
DENKPAUSE. SELA.

18 So müssen die Frevler hinunter ins Totenreich
und mit ihnen alle Völker, die Gott vergessen!
19 Der Besitzlose aber wird nicht auf Dauer vergessen.
Der Arme braucht die Hoffnung nie aufzugeben.
20 Steh auf, HERR!
Lass die Menschen nicht zu mächtig werden!
Vor dir sollen die Völker zur Rechenschaft gezogen werden.
21 Versetz sie in Furcht und Schrecken, HERR!
Dann werden die Völker erkennen,
dass sie nur Menschen sind. SELA.

Hilferuf der Armen

10 1 Warum bleibst du in der Ferne, HERR?
Warum verschließt du deine Augen in Zeiten der Not?
2 Voller Hochmut geht der Frevler vor,
mit Leidenschaft verfolgt er den Armen.
Er schnappt ihn mit List und Tücke,
wie er es sich ausgedacht hat.
3 Der Frevler brüstet sich mit seiner Habgier.
Er segnet seinen unrechtmäßigen Gewinn
und verhöhnt auch noch den HERRN.
4 Hochnäsig, wie der Frevler ist, sagt er:
»Er straft doch nicht! Also gibt es keinen Gott!«
So sind alle seine Gedanken.
5 Sein Weg führt immer zum Erfolg.
Fern im Himmel werden deine Urteile gefällt.
Darum meint er, sie betreffen ihn nicht.
Gegen alle Widersacher läuft er Sturm.
6 Dabei denkt er in seinem Herzen:
»Ich werde ganz bestimmt nicht wanken.
Nie und nimmer wird mich ein Unglück treffen.«
Verflucht soll er sein!

7 Sein Mund ist voll Betrug und Erpressung.
Leid und Unheil lauern unter seiner Zunge.
8 In Hinterhöfen legt er sich auf die Lauer.
Im Verborgenen tötet er den Unschuldigen.

Seine Augen halten Ausschau nach dem Schwachen.
9 Er lauert im Versteck wie ein Löwe im Busch.
Er lauert nur darauf, den Armen zu packen.
Er schnappt den Armen, zieht ihn in sein Netz.
10 Er schlägt zu, beugt sich über sein Opfer.
Die Schwachen fallen durch seine Pranken.
11 Dabei denkt er in seinem Herzen nur:
»Auch das hat Gott bereits vergessen!
Er hat ja sein Gesicht bedeckt,
die ganze Zeit schon nichts gesehen!«

12 Steh auf, HERR! Greif ein, Gott!
Vergiss die Armen nicht!
13 Warum darf der Frevler Gott verhöhnen?
Wie kann er behaupten, dass du nicht strafst?
14 Du hast das Elend und Leid doch gesehen!
Jetzt nimm die Sache selbst in deine Hand!
Der Schwache kann sich auf dich verlassen.
Dem Waisenkind bist du ein Helfer gewesen.
15 Brich die Macht des Frevlers und des Bösen!
Verfolge das Unrecht, das er begangen hat,
bis du nichts mehr davon findest.
16 Der HERR ist König für immer und alle Zeit!
Verschwunden sind die Völker aus seinem Land.
17 Du hast gehört, HERR,
wonach die Unterdrückten sich sehnen.
Mach ihnen Mut! Öffne dein Ohr für sie!
18 So hilfst du den Waisen und Benachteiligten,
dass sie zu ihrem Recht kommen.
Niemals wieder sollen Menschen auf der Erde
Angst und Schrecken verbreiten.

Meine Zuflucht

11

1 FÜR DEN CHORLEITER.
VON DAVID.

Beim HERRN suche ich Zuflucht!
Wie könnt ihr da zu mir sagen:
»Flieh in die Berge wie ein Vogel!«
2 Seht nur, was die Frevler tun:
Sie spannen schon den Bogen!
Schussbereit liegt ihr Pfeil auf der Sehne.
Im finsteren Versteck zielen sie auf Menschen,
die ein ehrliches Herz haben.
3 Ja, sie zerstören die Grundlagen der Ordnung.
Doch der Gerechte kann nichts dagegen tun.

Netz: Wird bei der Jagd eingesetzt, um Tiere darin zu fangen.

Waise: Kind, dessen Eltern gestorben sind und dessen Versorgung dadurch nicht mehr sicher ist. Von der Gemeinschaft wird gefordert, dass sie Waisen versorgt und niemand ihre schwache Stellung ausnutzt.

König: Ehrentitel für Gott, der als Herrscher der Welt verehrt wird und für Recht und Gerechtigkeit sorgt.

David: Bedeutender König in der Geschichte Israels, der etwa 1000–960 v. Chr. regierte. Er gilt als Dichter zahlreicher Lieder und Gebete.

Zuflucht: Ort, der Schutz bietet. Oft werden Gott oder sein Tempel als Zufluchtsort genannt.

Gerechte: Menschen, die Gottes Gebote befolgen, sodass das Leben in Gemeinschaft miteinander gelingt.

Thron: Bild für die Königsherrschaft Gottes.

glühende Kohlen: Bild der Vernichtung. Im Hintergrund steht die Erzählung von der Zerstörung Sodoms und Gomorras im Schwefel- und Feuerregen, vgl. 1. Mose/Genesis 19,1-29.

Becher: Zum Abschluss einer Gerichtsverhandlung wird dem Angeklagten ein Becher gereicht, zusammen mit seinem Freispruch oder seinem Schuldspruch.

Angesicht schauen: Bei einem Besuch im Tempel die Gegenwart Gottes erfahren.

achte Saite: Musikbegleitung auf der untersten Saite in tiefer Tonlage.

Menschenkinder: Poetischer Ausdruck für die Menschheit.

Schlacke: Abfallprodukt bei der Silbergewinnung.

ausgeschieden: Beim Schmelzvorgang wird die Schlacke mehrmals aus dem Ofen über eine Rinne zur Erde abgeleitet.

Frevler: Menschen, die Gottes Gebote missachten und ihre eigenen Interessen gewaltsam durchsetzen.

4 Der HERR ist in seinem heiligen Palast.
Der HERR hat seinen Thron im Himmel.
Seine Augen schauen herab auf die Menschen.
Er prüft sie, ohne mit der Wimper zu zucken.
5 Der HERR prüft den Gerechten wie den Frevler.
Wer die Gewalttat liebt, den hasst er zutiefst.
6 Er lässt glühende Kohlen auf die Frevler fallen –
einen Regen aus Schwefel und glutheißem Wind.
Das ist der Becher, der sie schuldig spricht.
7 Denn der HERR ist gerecht, er liebt gerechte Taten.
Wer aufrichtig ist, darf sein Angesicht schauen.

Gottes Worte sind klar wie Silber

12 1 FÜR DEN CHORLEITER,
ZU SPIELEN AUF DER ACHTEN SAITE.
EIN PSALM, VON DAVID.

2 Ach hilf doch, HERR!
Denn es ist aus mit dem guten Miteinander.
Es ist vorbei mit der Zuverlässigkeit
unter den Menschenkindern.
3 Sie lügen sich ins Gesicht, der eine dem andern.
Sie reden doppelzüngig, mal so und mal so.
4 HERR, vernichte alle, die doppelzüngig reden.
Schneide ihnen die großen Worte ab,
die sie im Mund führen.
5 Das sind doch Leute, die damit prahlen:
»Mit unserem Mundwerk sind wir stark!
Unsere Lippen streiten für uns!
Wer könnte uns überlegen sein?«
6 »Weil sie die Armen unterdrücken
und die Wehrlosen zum Seufzen bringen,
stehe ich jetzt auf!«, spricht der HERR.
»Ich rette den, den man hart bedrängt!«

7 Die Worte des HERRN sind klar und rein:
wie Silber, das im Schmelzofen gereinigt wird.
Siebenmal wird Schlacke zur Erde hin ausgeschieden.
8 Du, HERR, wirst dafür sorgen,
dass deine Worte in Erfüllung gehen.
Den Armen wirst du immer beschützen
vor dieser Generation.
9 Noch treiben sich Frevler überall herum.
Noch werden Gemeinheiten begangen
unter den Menschenkindern!

Wie lange noch?

13 [1] FÜR DEN CHORLEITER.
EIN PSALM, VON DAVID.

[2] Ach HERR, wie lange noch?
Willst du mich etwa für immer vergessen?
Wie lange noch willst du dein Angesicht
vor mir verbergen?
[3] Wie lange muss ich mich um mein Leben sorgen,
tagaus, tagein Kummer in meinem Herzen tragen?
Wie lange darf mein Feind über mich triumphieren?
[4] Schau doch her! Antworte mir, HERR, mein Gott!
Lass meine Augen in deinem Glanz leuchten,
sonst wird mich der Tod in den Schlaf wiegen!
[5] Sonst sagt mein Feind: »Ich habe ihn erledigt!«
Und meine Gegner können jubeln,
weil ich ins Straucheln gekommen bin.
[6] Aber ich habe fest auf deine Güte vertraut.
Jetzt lacht mein Herz vor Freude,
weil du mir geholfen hast.
Ich will ein Lied singen für den HERRN!
Denn er hat mir Gutes getan.

Gott schaut vom Himmel herab

14 [1] FÜR DEN CHORLEITER.
VON DAVID.

Dumme Menschen sprechen in ihren Herzen:
»Es gibt keinen Gott!«
Sie handeln abscheulich und verkehrt.
Es ist niemand da, der etwas Gutes tut.
[2] Doch der HERR schaut vom Himmel herab
und prüft die Menschenkinder.
Er möchte sehen, ob jemand da ist,
der Verstand hat und nach Gott fragt.
[3] Doch sie sind alle von Gott abgefallen,
allesamt sind sie verdorben.
Es ist niemand da, der etwas Gutes tut,
auch nicht ein Einziger!
[4] Haben denn die Übeltäter kein Einsehen?
Sie fressen mein Volk, wie man Brot verschlingt.
Aber zum HERRN rufen sie nicht!
[5] Auf der Stelle soll sie ein Schrecken packen.
Denn Gott ist bei denen, die gerecht sind.

David: Bedeutender König in der Geschichte Israels, der etwa 1000–960 v. Chr. regierte. Er gilt als Dichter zahlreicher Lieder und Gebete.

wie lange: Typische Frage im Klagelied, die Gott an seine Barmherzigkeit erinnern soll.

Angesicht verbergen: Wenn Gott sein Gesicht verbirgt, nimmt er die Bitten des Beters nicht an.

gerecht, Gerechtigkeit: Meint ein Leben nach dem Willen Gottes.

Zuflucht: Ort, der Schutz bietet. Oft werden Gott oder sein Tempel als Zufluchtsort genannt.

Zion: Tempelberg von Jerusalem, aber auch Bezeichnung für die ganze Stadt.

Jakob: Bezeichnung für das Volk Israel. Der Stammvater Jakob wird in 1. Mose/Genesis 32,29 in Israel umbenannt.

Frage und Antwort: Im Hintergrund des Psalms stehen Fragen für Pilger, die von den Torwächtern gestellt und nach einer vorgegebenen Form beantwortet werden.

Zelt: Bild für den Tempel in Jerusalem. Bevor der Tempel gebaut wurde, wurde Gott in einem Zelt verehrt.

ausruhen: Bei Ankunft im Tempel von Jerusalem, der das Ziel der Pilgerreise ist.

Zinsen: Das Verleihen von Geld gegen Zinsen war in Israel verboten, vgl. 5. Mose/Deuteronomium 23,20.

Inschrift: Die Bedeutung des hebräischen Wortes ist unklar. Die Übersetzung folgt der griechischen Überlieferung. Sie deutet darauf hin, dass der Text als Inschrift am Heiligtum angebracht war.

Scheinheilige: Leute, die sich durch Götzendienst zusätzlich absichern möchten. Die Deutung des Textes ist unsicher.

6 Was ihr auch gegen den Armen plant,
ihr werdet damit scheitern.
Denn der HERR ist seine Zuflucht.

7 Wer wird vom Zion kommen
und Israel die Befreiung bringen?
Wenn der HERR das Schicksal seines Volkes
zum Guten wendet,
wird Jakob jubeln, Israel sich freuen.

Besuch im Tempel

Frage und Antwort am Tor zum Tempelhof

15 1 EIN PSALM, VON DAVID.

HERR, wer darf zu Gast sein in deinem Zelt?
Wer darf ausruhen auf deinem heiligen Berg?
2 Einer, der ein vorbildliches Leben führt.
Einer, der in jeder Hinsicht das Rechte tut
und aus tiefstem Herzen die Wahrheit sagt:
3 Er verleumdet niemanden mit loser Zunge.
Er fügt seinem Mitmenschen nichts Böses zu
und bringt seinen Nachbarn nicht in Verruf.
4 Wer in seinen Augen verworfen ist,
den straft er mit Verachtung.
Wer aber dem HERRN mit Ehrfurcht begegnet,
dem zeigt er seine Wertschätzung.
Wenn er etwas geschworen hat,
dann steht er zu seinem Wort –
auch wenn es zu seinem Nachteil ist.
5 Er verleiht kein Geld zu hohen Zinsen.
Und er nimmt keine Bestechungsgeschenke an,
damit der Unschuldige keinen Schaden erleidet.
Wer so handelt, kommt niemals zu Fall.

Gott ist mein ganzes Glück

16 1 EINE INSCHRIFT, VON DAVID.

Behüte mich, Gott!
Denn bei dir suche ich Zuflucht.
2 Ich sprach zum HERRN: »Du bist mein Herr!
Du allein bist mein ganzes Glück.«
3 Doch über die Scheinheiligen im Land,
über sie und die Mächtigen sagte ich:
»Nichts gefällt mir an ihrem Tun!«

4 Zahlreich sind ihre Götterbilder,
sie umwerben einen anderen Gott.
Sie spenden Trankopfer von Blut.
Doch ich will so etwas nicht darbringen.
Und die Namen der Spender sollen
nicht über meine Lippen kommen.
5 Der HERR ist mein Erbteil
und bestimmt mein Schicksal.
Du bist es, der mein Los festgelegt hat.
6 Mein Los fiel auf ein schönes Land.
Ja, ein solches Erbteil gefällt mir gut.

7 Ich preise den HERRN, der mich beraten hat.
Selbst in den Nächten denke ich darüber nach.
8 Der HERR steht mir immer vor Augen.
Mit ihm an meiner Seite falle ich nicht.
9 Darum ist mein Herz so fröhlich
und meine Seele jubelt vor Freude.
Auch für meinen Leib ist gesorgt.
10 Denn du gibst mich nicht dem Totenreich preis.
Du lässt mich das Grab noch nicht sehen.
Ich gehöre doch zu denen, die dir dienen.
11 Du zeigst mir den Weg zum Leben.
Große Freude finde ich in deiner Gegenwart
und Glück an deiner Seite für immer.

Im Schatten deiner Flügel

17 1 EIN GEBET, VON DAVID.

Höre doch, HERR,
ich bitte um Gerechtigkeit!
Gib acht auf mein Klagen!
Öffne dein Ohr für mein Gebet!
Es kommt doch von Lippen,
die keine Lüge kennen.
2 Wenn ich vor dein Angesicht trete,
wirst du ein gerechtes Urteil über mich fällen.
Deine Augen sehen, was recht ist.
3 Du hast mein Herz geprüft,
nachts meine Gedanken erforscht.
Du hast mich geprüft und nichts gefunden.
Ich bin mir keiner Schuld bewusst.
4 Schau auf das Treiben der Menschen!
Doch ich habe mich an das Wort gehalten,
das von deinen Lippen kommt.

Trankopfer von Blut: Vielleicht eine verbotene Opferart. Normalerweise wurden Wein, Wasser oder Öl an einem Altar ausgegossen und der Gottheit so als Opfer dargebracht.

Erbteil: Der Beter ist wahrscheinlich ein Nachkomme aus dem Stamm Levi, dem kein Land, sondern der Dienst am Tempel als Erbe zugewiesen wurde. Deshalb nennt er Gott sein Erbteil.

Totenreich: Aufenthaltsort der Verstorbenen, der unter der Erde liegt.

David: Bedeutender König in der Geschichte Israels, der etwa 1000–960 v. Chr. regierte. Er gilt als Dichter zahlreicher Lieder und Gebete.

vor Gottes Angesicht treten: Bei einem Besuch im Tempel sein Anliegen vor Gott bringen.

Schuld: Konkrete Verfehlungen, die von Gott trennen und das Gewissen belasten können.

Frevler: Menschen, die Gottes Gebote missachten und ihre eigenen Interessen gewaltsam durchsetzen.

Angesicht schauen: Bei einem Besuch im Tempel die Gegenwart Gottes erfahren.

Schlaf: Nach seinem Freispruch schläft der Beter die Nacht über im Tempel, um am nächsten Morgen mit seinem Dankopfer vor Gott zu treten.

Schau auf die Wege der Gewalttäter!
5 Doch meine Schritte sind deiner Bahn gefolgt.
Nichts konnte mich aus dem Tritt bringen.

6 Ich habe zu dir gerufen, Gott,
damit du mir Antwort gibst.
Hab ein offenes Ohr für mich!
Höre, was ich zu sagen habe!
7 Wie wunderbar ist deine Güte.
Mit deiner starken Hand hilfst du denen,
die Schutz suchen vor den Widersachern.
8 Behüte mich wie die Pupille im Augapfel!
Im Schatten deiner Flügel verstecke mich –
9 vor den Frevlern, die mir Gewalt antun,
vor den Todfeinden, die mich umringen!
10 Sie haben ihr Herz fest verschlossen
und führen überhebliche Reden.
11 Sie sind mir dicht auf den Fersen.
Ja, sie haben mich gleich umzingelt.
Ihre Augen verlangen danach,
mich zur Strecke zu bringen.
12 Sie gleichen einem Löwen:
Gierig sucht er nach fetter Beute.
Sie sind wie ein junger Löwe:
Sprungbereit liegt er im Versteck.

13 Steh auf, HERR!
Tritt ihm entgegen, strecke ihn nieder!
Rette mein Leben vor dem Frevler!
14 Dein Schwert rette mich vor solchen Leuten!
Deine Hand, HERR, rette mich vor solchen Leuten!
Ihr Anteil am Leben soll nicht von Dauer sein.
Darum gib ihnen, was sie verdient haben:
Füll ihnen nur den Bauch, mach ihre Kinder satt!
Denn alles, was sie im Überfluss haben,
müssen sie ihren Nachkommen hinterlassen.
15 Ich aber darf dein Angesicht schauen,
weil mir Gerechtigkeit zuteilgeworden ist.
Wenn ich aus dem Schlaf aufwache,
will ich mich sattsehen an deinem Anblick.

Ps

Mein Fels und mein Retter

18 [1] FÜR DEN CHORLEITER.
VON DAVID, DEM KNECHT DES HERRN.
MIT DEN WORTEN DIESES LIEDS BETETE ER ZUM HERRN,
ALS DER HERR IHN AUS DER GEWALT ALLER SEINER FEINDE
UND AUS DER GEWALT SAULS BEFREIT HAT.

[2] So betete er:
Ich will dich lieben, HERR, du meine Stärke!
[3] Der HERR ist mein Fels, meine Burg, mein Retter.
Mein Gott ist die Festung, auf die ich vertraue,
mein Schild, meine Schutzmacht und meine Zuflucht.
[4] »Gelobt sei der HERR!«, rufe ich aus.
Ich bin in Sicherheit vor meinen Feinden.

[5] Stricke, die den Tod bringen, haben mich umschlungen.
Fluten, die Verderben bringen, erschreckten mich.
[6] Mit Stricken der Unterwelt war ich gefesselt.
In Fangnetze des Todes war ich geraten.
[7] In meiner höchsten Not rief ich den HERRN.
Ja, ich schrie um Hilfe zu meinem Gott.
Er hörte mein Rufen in seinem Palast.
Mein Hilfeschrei drang an sein Ohr.

[8] Da schwankte und wankte die Erde.
Es bebten die Fundamente der Berge.
Sie schwankten, weil er so zornig war.
[9] Rauch drang aus seiner Nase hervor,
verzehrendes Feuer aus seinem Mund.
Hitze von glühenden Kohlen ging von ihm aus.
[10] Er bog den Himmel nieder und stieg herab,
dunkle Wolken waren unter seinen Füßen.
[11] Er ritt auf einem Kerub und flog daher.
Er jagte auf Schwingen des Sturms dahin.
[12] Finsternis umgab ihn wie eine Hütte von dichtem Laub,
hinter dichten und dunklen Wolken verbarg er sich.
[13] Im Gewitterleuchten zogen seine Wolken vorüber,
es fielen Hagelkörner und Feuerblitze.
[14] Donner ließ der HERR im Himmel dröhnen,
der Höchste ließ seine Stimme ertönen.
Es fielen Hagelkörner und Feuerblitze.
[15] Er schoss seine Pfeile – so zerstreute er die Feinde.
Er schleuderte viele Blitze – so jagte er sie davon.
[16] Der Meeresgrund wurde sichtbar,
die Fundamente der Erde lagen frei.
Dein Donnerwetter hat es bewirkt, HERR.
So heftig tobte der Sturm deiner Entrüstung.

Knecht, Knecht Gottes: Ehrenvolle Bezeichnung für Menschen, die Gott in seinen Dienst nimmt.

Saul: Erster König Israels, der David verfolgte und ihn gefangen nehmen wollte; vgl. 1. Samuel 21–26.

Zuflucht: Ort, der Schutz bietet. Oft werden Gott oder sein Tempel als Zufluchtsort genannt.

Stricke der Unterwelt: Bild für die Nähe des Todes. Man stellte sich vor, dass die Menschen im Totenreich wie Gefangene gefesselt in einem Kerker sitzen.

Palast: Meint den himmlischen Wohnsitz Gottes, der über den Wolken thront.

Fundamente: Im Alten Orient gab es die Vorstellung, dass die Erde auf Pfeilern ruht, die im unterirdischen Meer verankert sind.

Kerubim: Himmlische Wesen mit einem menschlichen Gesicht, Flügeln und einem Löwenkörper. Ihre Abbilder im Heiligtum tragen den Thron Gottes.

der Höchste: Titel für Gott, der eng mit dem Tempel in Jerusalem verbunden ist.

gerecht, Gerechtigkeit: Meint ein Leben nach dem Willen Gottes.

Schuld: Konkrete Verfehlungen, die von Gott trennen und das Gewissen belasten können.

Gebote: Bestimmungen, die Gott den Menschen gegeben hat. Sie ordnen das Leben so, wie es nach Gottes Willen sein soll.

Zuflucht: Ort, der Schutz bietet. Oft werden Gott oder sein Tempel als Zufluchtsort genannt.

Fels: Ehrenvolle Bezeichnung für Gott, in der seine Stärke zum Ausdruck kommt.

17 Aus der Höhe streckte er mir die Hand entgegen.
Er packte mich und zog mich aus den Fluten.
18 Er rettete mich vor dem übermächtigen Feind
und vor denen, die mich mit Hass verfolgten.
Denn sie waren zu stark für mich!
19 Sie überfielen mich an meinem Unglückstag.
Doch der HERR stand fest an meiner Seite.
20 Er führte mich hinaus in die Weite,
befreite mich aus ihrer Umklammerung.
Denn er hatte mich lieb!
21 Der HERR hat mir Gutes getan,
wie es meinem gerechten Handeln entspricht.
Meine Hände waren frei von Schuld,
das hat er mir zu meinen Gunsten angerechnet.
22 Ja, ich bin den Wegen des HERRN gefolgt
und nicht im Bösen von meinem Gott gewichen.
23 Ja, ich hatte alle seine Gebote vor Augen
und ließ keines seiner Gesetze beiseite.
24 Ich richtete mich ganz nach seinem Willen
und habe keine Schuld auf mich geladen.
25 Der HERR hat mich belohnt,
wie es meinem gerechten Handeln entspricht.
Meine Hände waren frei von Schuld,
das hat er sich vor Augen gehalten.

26 Dem Treuen zeigst du dich treu.
Dem Aufrichtigen begegnest du aufrichtig.
27 Dem Makellosen zeigst du dich makellos.
Wer aber krumme Wege geht,
den lässt du verkehrt gehen.
28 Ja, du selbst hilfst dem bedrückten Volk.
Aber die Augen, die sich stolz erheben,
lässt du in den Staub blicken.
29 Ja, du selbst, HERR, bringst Licht in mein Leben.
Mein Gott, du machst alles Dunkle um mich hell.
30 Ja, mit dir kann ich Festungen erstürmen.
Mit meinem Gott springe ich über Mauern.

31 So ist Gott: Sein Weg ist vollkommen!
Das Wort des HERRN ist klar und rein.
Er ist ein Schild, der alle schützt,
die bei ihm Zuflucht suchen.
32 Ja, wer ist Gott, wenn nicht der HERR?
Und wer ist ein Fels, wenn nicht unser Gott?
33 So ist Gott: Er schenkt mir Kraft
und lässt meinen Weg vollkommen sein.

34 Meine Füße macht er flink wie Hirsche
und meine Tritte sicher auf Bergeshöhen.
35 Meine Hände lehrt er, wie man kämpft,
und meine Arme, wie man den Bogen spannt.

36 Du gibst mir den Schild zum Zeichen deiner Hilfe.
Deine starke Hand wird mich stützen
und dein Zuspruch mich stärken.
37 Weiten Raum verschaffst du meinen Schritten,
sodass ich mir die Knöchel nicht verstauche.
38 Meinen Feinden jage ich nach und hole sie ein.
Ich kehre nicht um, bis sie vernichtet sind.
39 Ich schlage sie nieder, sie stehen nicht mehr auf.
Schon stürzen sie zu Boden vor meine Füße.
40 So gabst du mir Kraft, den Kampf zu bestehen.
Meine Gegner hast du in die Knie gezwungen.
41 Mit dem Rücken zu mir liefen meine Feinde davon.
Und alle, die mich hassen, konnte ich vernichten.
42 Sie schrien, doch es kam ihnen keiner zu Hilfe.
Sie schrien zum HERRN, er antwortete nicht.
43 Ich zerrieb sie zu Staub im Wind.
Wie Dreck schüttete ich sie auf die Straße.

44 Vor Streitigkeiten im Volk bewahrst du mich.
Du machst mich zum Herrscher über Völker.
Völker, die ich nicht kenne, dienen mir.
45 Wenn sie mich hören, gehorchen sie.
Wildfremde Leute heucheln Ergebenheit vor mir.
46 Fremde, von drückender Not getrieben,
kommen aus ihren Schlupfwinkeln hervor.
47 Der HERR lebt! Mein Fels! Ihn will ich preisen!
Meinen Gott, der mir hilft, will ich hoch loben!

48 So ist Gott: Er lässt mich Vergeltung üben.
Völker hat er unter meine Herrschaft gezwungen.
49 Von meinen Feinden hat er mich befreit.
Du lässt mich über meine Widersacher triumphieren,
rettest mich vor der Gewalt grausamer Menschen.
50 Darum will ich dir danken unter den Völkern, HERR.
Deinen Namen will ich preisen mit einem Lied.
51 Seinem König verschafft er Sieg um Sieg
und seinem Gesalbten hält er die Treue:
David und seinen Nachkommen für alle Zeit.

Schild: Abwehrwaffe in der Schlacht und Bild für Gottes Schutz.

Name Gottes: Steht für Gott selbst und seine Gegenwart, vor allem im Heiligtum.

Gesalbter: Hebräisch *Messias*. Bezeichnet den im Auftrag Gottes eingesetzten König Israels, später auch den zum Herrscher der Welt bestimmten Retter.

Gottes Schöpfung und Weisung

19 1 FÜR DEN CHORLEITER.
EIN PSALM, VON DAVID.

2 Die Himmel erzählen von Gottes Herrlichkeit.
Das Sternenzelt verkündet das Werk seiner Hände.
3 Ein Tag ruft die Botschaft dem andern zu.
Eine Nacht teilt ihr Wissen der nächsten mit.
4 Ohne Sprache und ohne Worte geschieht das.
Was sie einander sagen – man hört es nicht.
5 Doch ihre Botschaft geht hinaus in alle Länder.
Ihre Kunde dringt bis an das Ende der Welt:
Dort hat er für die Sonne ein Zelt aufgestellt.
6 Strahlend schön tritt sie aus ihrem Zelt hervor
wie ein junger Bräutigam.
Wie ein Held freut sie sich darauf,
ihre Bahn über den Himmel zu ziehen.
7 Am einen Ende des Himmels geht sie auf
und läuft hinüber bis ans andere Ende.
Nichts bleibt vor ihrer Glut verborgen.

8 Die Weisung des HERRN ist vollkommen:
Sie schenkt neue Kraft zum Leben.
Die Vorschrift des HERRN ist zuverlässig:
Sie macht den Unerfahrenen klug.
9 Die Anweisungen des HERRN sind einfach:
Sie erfüllen das Herz mit Freude.
Die Gebote des HERRN sind eindeutig:
Sie lassen die Augen leuchten.
10 Die Ehrfurcht vor dem HERRN ist gut:
Sie wird niemals aufhören.
Die Gesetze des HERRN sind wahr:
Ausnahmslos sind sie gerecht.
11 Sie sind kostbarer als Gold, als reines Feingold.
Sie sind süßer als Honig, als feiner Bienenhonig.

12 Deinem Knecht stehen sie leuchtend vor Augen.
Wenn er sie befolgt, wird er reichlich belohnt.
13 Doch wer kennt schon alle seine Verfehlungen?
So sprich mich frei von den Sünden,
die mir nicht bewusst sind!
14 Auch vor Unbeherrschtheit bewahre deinen Knecht!
Sie soll keine Macht über mich gewinnen.
Dann kann ich vorbildlich leben
und bleibe frei von schweren Vergehen.

David: Bedeutender König in der Geschichte Israels, der etwa 1000–960 v. Chr. regierte. Er gilt als Dichter zahlreicher Lieder und Gebete.

Herrlichkeit: Bezeichnet das, was einer Person Ansehen und Macht verleiht. Gottes Herrlichkeit stellt man sich auch als strahlenden Lichtglanz vor.

Werk seiner Hände: Poetischer Ausdruck für die gesamte Schöpfung.

dort: Man stellte sich vor, dass die Sonne im äußersten Osten in einem Zelt übernachtet und von dort am Morgen ihren Lauf durch den Tag antritt.

Weisung: Hebräisch *Tora*. Sie umfasst die schriftliche und mündliche Mitteilung von Gottes Willen.

Gebote: Bestimmungen, die Gott den Menschen gegeben hat. Sie ordnen das Leben so, wie es nach Gottes Willen sein soll.

Sünden: Konkrete Verfehlungen, die von Gott trennen und das Gewissen belasten können.

15 Hab Gefallen an dem, was mein Mund redet,
und was mein Herz denkt, lass vor dir bestehen:
Du, HERR, bist mein Fels und mein Erlöser!

Hilfe für den König

20 1 FÜR DEN CHORLEITER.
EIN PSALM, VON DAVID.

2 Es antworte dir der HERR,
wenn du in Not geraten bist!
Es schütze dich der Name,
den der Gott Jakobs trägt.
3 Er sende dir Hilfe aus seinem Heiligtum,
vom Zion her soll er dir beistehen.
4 Er denke an alle Gaben, die du ihm bringst.
Er nehme dein Brandopfer an. SELA.
5 Er gebe dir, was dein Herz wünscht,
und erfülle alles, was du dir vornimmst.
6 Wir wollen jubeln über deinen Sieg
und im Namen unseres Gottes
die Fahnen schwingen.
Der HERR erfülle alle deine Bitten!

7 Jetzt weiß ich, dass der HERR seinem Gesalbten hilft.
Er antwortet von seinem himmlischen Heiligtum.
Seine starke Hand hilft mit Macht.
8 Manche verlassen sich auf Streitwagen,
andere auf Schlachtrosse.
Wir aber bekennen uns unerschrocken
zum Namen des HERRN, unseres Gottes!
9 Da stürzen sie schon und fallen hin.
Wir aber stehen zusammen und halten stand.
10 HERR, lass den König siegen!
Antworte uns, wenn wir zu dir rufen!

Gebet für den König

21 1 FÜR DEN CHORLEITER.
EIN PSALM, VON DAVID.

2 HERR, über deine Macht freut sich der König.
Wie fröhlich jubelt er über deinen Sieg.
3 Seinen Herzenswunsch hast du ihm erfüllt.
Die Bitte, die über seine Lippen kam,
hast du ihm nicht abgeschlagen. SELA.

Fels: Ehrenvolle Bezeichnung für Gott, in der seine Stärke zum Ausdruck kommt.

Gott Jakobs: Bezeichnung für den Gott Israels. Sie steht für das persönliche Treueverhältnis zwischen Gott und dem Stammvater seines Volkes.

Zion: Tempelberg von Jerusalem, aber auch Bezeichnung für die ganze Stadt.

Brandopfer: Das geschlachtete Opfertier wird mit Ausnahme der Haut bzw. des Fells vollständig auf dem Brandopferaltar verbrannt.

Sela: Zeichen zum Atemholen.

Gesalbter: Hebräisch *Messias*. Bezeichnet den im Auftrag Gottes eingesetzten König Israels, später auch den zum Herrscher der Welt bestimmten Retter.

Streitwagen: Ein für den Krieg ausgerüsteter Wagen mit zwei oder drei Mann Besatzung.

Name Gottes: Steht für Gott selbst und seine Gegenwart, vor allem im Heiligtum.

segensreich: Die Aufgaben des Königs, für Schutz und Gerechtigkeit zu sorgen, bewirken Segen für sein Volk.

der Höchste: Titel für Gott, der eng mit dem Tempel in Jerusalem verbunden ist.

Gericht, verurteilen: Als Herrscher über die ganze Welt ist Gott der Richter, der am Ende der Zeit ein Urteil über sie spricht.

Zorn Gottes: Sein Wille, Gericht zu halten.

Leidenspsalm von Jesus: Mit Worten aus diesem Psalm betete Jesus am Kreuz, vgl. beispielsweise Matthäus 27,46.

David: Bedeutender König in der Geschichte Israels, der etwa 1000–960 v. Chr. regierte. Er gilt als Dichter zahlreicher Lieder und Gebete.

Lobgesänge Israels: Poetischer Ausdruck für den Gottesdienst, in dem Gott durch Lobgesänge gepriesen wird.

4 Ja, du hast ihn mit Segensgaben überhäuft.
Die goldene Krone hast du ihm aufgesetzt.
5 Um Lebenszeit hat er dich gebeten.
Du hast ihm ein langes Leben geschenkt –
glückliche Jahre für immer und alle Zeit.
6 Groß ist sein Ansehen durch deinen Sieg.
Machtvollen Glanz verleihst du ihm.
7 Ja, du setzt ihn zum Herrscher ein,
damit er für immer segensreich wirkt.
Mit Freude erfüllt ihn deine Gegenwart.
8 Ja, der König vertraut auf den HERRN!
Er baut auf die Güte des Höchsten
und kommt nicht zu Fall.

9 Deine Macht soll alle deine Feinde treffen.
Und die dich hassen, strafe mit starker Hand.
10 Lass sie brennen wie in einem Ofen,
wenn du zum Gericht erscheinst.
In seinem Zorn wird der HERR sie vernichten,
und Feuer wird sie ganz verzehren.
11 Vertilge ihre Nachkommen von der Erde
und ihre Kinder aus der Menschenwelt.
12 Ja, Unheil wollten sie über dich bringen.
Sie schmiedeten Pläne – doch ohne Erfolg.
13 Ja, mit dem Rücken zu dir laufen sie davon,
sobald du deinen Bogen auf sie richtest.
14 Erhebe dich, HERR, zeig deine Macht!
Dann wollen wir singen und deine Stärke preisen.

Von Gott verlassen – und gerettet

Der Leidenspsalm von Jesus

22

1 FÜR DEN CHORLEITER,
NACH DER MELODIE: HIRSCHKUH DER MORGENRÖTE.
EIN PSALM, VON DAVID.

2 »Mein Gott, mein Gott,
warum hast du mich verlassen?«
Fern ist meine Rettung,
ungehört verhallt mein Hilfeschrei.
3 »Mein Gott«, rufe ich am Tag,
doch Antwort gibst du mir nicht.
Und ich rufe in der Nacht,
doch Ruhe finde ich nicht.
4 Du aber, du bist der Heilige!
Du thronst über den Lobgesängen Israels!

[5] Auf dich vertrauten schon unsere Vorfahren.
Sie vertrauten darauf, dass du sie rettest.
[6] Sie riefen zu dir und wurden gerettet.
Auf dich haben sie sich verlassen
und wurden nicht enttäuscht.

[7] Ich aber bin ein Wurm und kein Mensch,
ein Gespött der Leute und verachtet vom Volk!
[8] Alle, die mich sehen, lachen nur über mich.
Sie spitzen die Lippen, sie schütteln den Kopf:
[9] »Soll er doch seine Last auf den HERRN abwälzen!
Der soll ihn auch retten!
Der soll ihn aus dem Elend reißen.
Er ist ja sein Freund!«

[10] Ja, du hast mich aus dem Mutterleib gezogen.
An der Mutterbrust lehrtest du mich Vertrauen.
[11] Auf dich bin ich angewiesen seit meiner Geburt.
Vom ersten Atemzug an bist du allein mein Gott!
[12] Bleib nicht fern von mir! Denn die Not ist so nahe,
und ich habe sonst keinen, der mir hilft.

[13] Stiere ohne Zahl haben mich umstellt.
Baschan-Büffel halten mich umringt.
[14] Da sperrt einer sein Maul auf, um mich zu packen –
es ist ein reißender und brüllender Löwe!
[15] Ich fühle mich wie ausgeschüttetes Wasser.
Ich habe keine Gewalt mehr über meine Glieder.
Mein Lebensmut ist weich wie Wachs,
dahingeschmolzen in meinem Innern.
[16] Trocken wie eine Tonscherbe ist meine Kehle
und die Zunge klebt mir am Gaumen.
So legst du mich in den Staub zu den Toten.

[17] Ja, Hunde rotteten sich um mich zusammen,
eine Meute von Bösen hat mich eingekreist –
wie ein Löwe, der bereit ist zum Sprung,
um mich an Händen und Füßen zu packen.
[18] Schon zähle ich alle meine Knochen.
Sie aber schauen zu, sie gaffen mich an.
[19] Sie verteilen meine Kleider unter sich
und werfen das Los über mein Gewand.
[20] Doch du, HERR, bleib nicht fern von mir!
Du bist meine Stärke, hilf mir schnell!
[21] Bewahre mein Leben vor dem Schwert,
mein einziges Gut vor der Gewalt der Hunde!

Baschan-Büffel: Benannt nach dem fruchtbaren Weideland auf der Hochebene Baschan östlich des See Gennesaret.

Tonscherbe: Beim Brennen wird dem Tongefäß sämtliche Flüssigkeit entzogen.

Staub: Bild für das Totenreich, das unter der Erde liegt.

Brüder, Schwestern: Wörtlich »Brüder«. Das hebräische Wort bezeichnet hier männliche *und* weibliche Mitglieder der Gemeinde.

Nachkommen Jakobs: Bezeichnung für das Volk Israel. Der Stammvater Jakob wird in 1. Mose/Genesis 32,29 in Israel umbenannt.

Herrlichkeit: Bezeichnet das, was einer Person Ansehen und Macht verleiht. Gottes Herrlichkeit stellt man sich auch als strahlenden Lichtglanz vor.

Gelübde: Versprechen, das ein Mensch Gott gibt. Es muss in jedem Fall eingelöst werden.

Staub: Bild für das Totenreich, das unter der Erde liegt.

22 Rette mich aus dem Rachen des Löwen
und vor den Hörnern der Wildstiere!
– Mein Gebet hast du erhört. –

23 Ich will meinen Brüdern und Schwestern
von deinem Namen erzählen.
Im Kreis der Gemeinde will ich dich loben.
24 Lobt ihn, die ihr Ehrfurcht habt vor dem HERRN!
All ihr Nachkommen Jakobs, gebt ihm die Ehre!
Erschreckt vor seiner Herrlichkeit,
all ihr Nachkommen Israels!
25 Denn er hat die Augen vor dem Elend nicht verschlossen
und sich nicht gescheut, dem Armen zu helfen.
Sein Angesicht hat er nicht vor ihm verborgen.
Als er um Hilfe schrie, hat er ihn gehört.
26 Von dir geht mein Lobgesang aus
und erschallt in der Festversammlung.
Meine Gelübde will ich erfüllen vor denen,
die Ehrfurcht vor dir haben.
27 Die Armen sollen essen und satt werden.
Die den HERRN suchen, sollen ihn loben.
Bekommt also neuen Lebensmut, für immer!

28 Alle Länder der Erde sollen daran denken
und zu dem HERRN umkehren!
Die ganze Völkerwelt
soll vor ihm auf die Knie fallen!
29 Denn dem HERRN gehört das Königtum.
Er ist der Herrscher über die Völker.
30 Alle sollen vor ihm auf die Knie fallen,
die im Vollbesitz ihrer Kräfte stehen!
Alle sollen vor ihm die Knie beugen,
die in den Staub zu den Toten gehen.
Und wenn sie nicht mehr am Leben sind,
31 werden die Nachkommen ihm dienen.
Dann kommt die nächste Generation –
auch ihr wird man vom Herrn erzählen.
32 Und dem Volk, das noch geboren wird,
wird man über seine Gerechtigkeit sagen:
»Er hat es getan!«

Der HERR ist mein Hirte

23

[1] EIN PSALM, VON DAVID.

Der HERR ist mein Hirte.
Mir fehlt es an nichts.
2 Auf saftig grünen Weiden lässt er mich lagern.
Er leitet mich zu Ruheplätzen am Wasser,
3 dort erfrischt er meine Seele.
Er führt mich gerecht durchs Leben.
Dafür steht er mit seinem Namen ein.
4 Und muss ich durch ein finsteres Tal,
fürchte ich kein Unglück.
Denn du bist an meiner Seite!
Dein Stock und dein Stab
schützen und trösten mich.
5 Du deckst für mich einen Tisch
vor den Augen meiner Feinde.
Du salbst mein Haar mit duftendem Öl
und füllst mir den Becher bis zum Rand.
6 Nichts als Liebe und Güte begleiten mich
alle Tage meines Lebens.
Mein Platz ist im Haus des HERRN.
Dort möchte ich mein Leben lang sein.

Der König der Herrlichkeit

Frage und Antwort am Eingang zum Tempelhof

24

[1] VON DAVID, EIN PSALM.

Dem HERRN gehört die Erde mit allem, was sie erfüllt.
Ihm gehört das Festland mit seinen Bewohnern.
2 Denn über dem Meer hat er die Erde verankert,
über den Fluten der Urzeit macht er sie fest.

3 Wer darf hinaufziehen zum Berg des HERRN
und wer darf seinen heiligen Ort betreten?
4 Jeder, der mit schuldlosen Händen
und ehrlichem Herzen dort erscheint!
Jeder, der keine Verlogenheit kennt
und keinen Meineid schwört.
5 Wer das tut, wird Segen empfangen vom HERRN
und gerecht gesprochen von Gott, der ihm hilft.
6 Dies ist die Generation, die nach ihm fragt:
Sie suchen dein Angesicht, Gott Jakobs. SELA.

Hirte: Verantwortlich für den Schutz und Bestand der Herde. In der Antike steht das Hirtenbild oft für den König oder für Gott.

Seele: Ausdruck für die Empfindsamkeit, Sehnsucht und Lebendigkeit des Menschen.

Name Gottes: Steht für Gott selbst und seine Gegenwart, vor allem im Heiligtum.

Salbung, salben: Handlung, die eine besondere Wertschätzung zum Ausdruck bringt. Ein wohlriechendes Öl wird dabei über bestimmte Körperteile ausgegossen.

Haus Gottes: Bezeichnet den Tempel in Jerusalem.

Frage und Antwort: Im Hintergrund des Psalms stehen Fragen für Pilger, die von den Torwächtern gestellt und nach einer vorgegebenen Form beantwortet werden.

über dem Meer: Im Alten Orient gab es die Vorstellung, dass die Erde auf Pfeilern ruht, die im unterirdischen Meer verankert sind.

Berg des HERRN: Der Berg Zion mit dem Tempel in Jerusalem.

Meineid: Eine Lüge, die mit einem Schwur bekräftigt wird.

Angesicht suchen: Wer mit einem Anliegen vor Gott treten darf, kann auf seine Hilfe hoffen.

Türen der Urzeit: Nach dieser Vorstellung wurden die Tore des Jerusalemer Tempels bereits geschaffen, als Gott die Welt gegründet hat.

König: Ehrentitel für Gott, der als Herrscher der Welt verehrt wird und für Recht und Gerechtigkeit sorgt.

himmlische Heere: Hebräisch *Zebaot*. Der Beiname bringt die ganze Fülle von Gottes Macht zum Ausdruck.

Sela: Zeichen zum Atemholen.

Alphabetpsalm: Poetische Kunstform, bei der die Anfangsbuchstaben der Verse oder Abschnitte in ihrer Reihenfolge dem hebräischen Alphabet entsprechen.

Seele: Ausdruck für die Empfindsamkeit, Sehnsucht und Lebendigkeit des Menschen.

seit Urzeiten: Poetischer Ausdruck für den Beginn der Welt, als sie von Gott erschaffen wurde.

Sünder: Menschen, die sich von Gott abgewendet haben und seinen Willen missachten.

Bund: Gott verpflichtet sich, für sein Volk Israel zu sorgen. Die Menschen entsprechen seinem Bund dadurch, dass sie nach seinen Geboten leben.

7 Ihr Tore des Tempels, seid hocherfreut!
Ihr Türen der Urzeit, öffnet euch weit!
Es kommt der König der Herrlichkeit!
8 Wer ist der König der Herrlichkeit?
Es ist der HERR – er ist stark und mächtig!
Es ist der HERR – er ist machtvoll im Kampf!
9 Ihr Tore des Tempels, seid hocherfreut!
Ihr Türen der Urzeit, öffnet euch weit!
Es kommt der König der Herrlichkeit!
10 Wer ist der König der Herrlichkeit?
Es ist der HERR der himmlischen Heere.
Er ist der König der Herrlichkeit! SELA.

Leben nach Gottes Wahrheit

Alphabetpsalm

25

1 VON DAVID.

א Zu dir, HERR, trage ich,
was mir auf der Seele liegt.

ב 2 Mein Gott, auf dich vertraue ich.
Lass mich keine Enttäuschung erfahren!
Sonst triumphieren meine Feinde über mich.

ג 3 Es wird ja keiner enttäuscht, der auf dich hofft.
Enttäuscht wird nur, wer dich treulos verlässt.

ד 4 Zeige mir deine Wege, HERR,
und lehre mich, deinen Pfaden zu folgen!

ה 5 Lass mich nach deiner Wahrheit leben und lehre mich!
Denn du bist es, Gott, der mir hilft!

ו Auf dich hoffe ich den ganzen Tag!

ז 6 Denk an deine Barmherzigkeit und Güte, HERR!
Denn schon seit Urzeiten bestehen sie.

ח 7 Aber an meine Vergehen sollst du nicht denken –
auch nicht an die Sünden aus meinen Jugendtagen!
Denk so an mich, wie es deiner Güte entspricht!
Du meinst es doch gut mit mir, HERR.

ט 8 Gut und gerecht ist der HERR.
Darum weist er den Sündern den Weg.

י 9 Er hilft den Armen zu tun, was recht ist.
Er lehrt die Unterdrückten seinen Weg.

כ 10 Alle Wege, die der HERR bestimmt,
sind geprägt von Güte und Wahrheit.
So hilft er denen, die seinen Bund halten
und seine Gebote befolgen.

ל 11 Bleib deinem Namen treu, HERR,
und vergib mir meine Schuld – sie ist so groß!

מ [12] Und wie steht es mit dem Menschen,
der dem HERRN mit Ehrfurcht begegnet?
Ihm zeigt er den Weg, den er nehmen soll.
נ [13] So wird er über Nacht sein Glück finden,
und seine Kinder werden das Land erben.
ס [14] Der HERR zieht die Menschen ins Vertrauen,
die ihm mit Ehrfurcht begegnen.
Seinen Bund macht er ihnen bekannt.

ע [15] Meine Augen blicken stets auf den HERRN.
Denn er selbst zieht meine Füße aus dem Netz.
פ [16] Wende dich zu mir und hab Erbarmen mit mir!
Denn ich fühle mich einsam und unglücklich.
צ [17] Befreie mich von der Angst,
die mir das Herz zusammenschnürt.
Führe mich aus meiner Bedrängnis!
ק [18] Nimm mein Unglück und Leid von mir!
Schaff alle meine Sünden aus der Welt!
ר [19] Sieh nur, wie zahlreich meine Feinde sind
und wie abgrundtief sie mich hassen!
ש [20] Schütze mein Leben und rette mich!
Lass mich keine Enttäuschung erfahren!
Denn bei dir suche ich Zuflucht.
ת [21] Vorbildlich und ehrlich will ich leben.
Behüte mich in meinem Tun!
Denn auf dich hoffe ich.

[22] Ach Gott, befreie Israel aus all seiner Not!

Prüfe mich auf Herz und Nieren

26

[1] VON DAVID.

Verhilf mir zu meinem Recht, HERR!
Denn ich ging vorbildlich durchs Leben.
Ich habe auf den HERRN vertraut.
Nichts konnte mich davon abbringen.

[2] Prüfe mich nur, HERR, erforsche mein Tun!
Untersuche mich auf Herz und Nieren!
[3] Ja, deine Güte hatte ich stets vor Augen.
Und ich lebte nach deiner Wahrheit:
[4] Ich saß nicht mit denen beisammen,
die ein falsches Spiel trieben.
Und mit heimtückischen Leuten
ließ ich mich schon gar nicht ein.

Ehrfurcht: Eine Haltung größter Hochachtung gegenüber Gott, die sowohl Bewunderung als auch Erschrecken zum Ausdruck bringt.

Netz: Wird bei der Jagd eingesetzt, um Tiere darin zu fangen.

Zuflucht: Ort, der Schutz bietet. Oft werden Gott oder sein Tempel als Zufluchtsort genannt.

David: Bedeutender König in der Geschichte Israels, der etwa 1000–960 v. Chr. regierte. Er gilt als Dichter zahlreicher Lieder und Gebete.

Frevler: Menschen, die Gottes Gebote missachten und ihre eigenen Interessen gewaltsam durchsetzen.

Herrlichkeit: Bezeichnet das, was einer Person Ansehen und Macht verleiht. Gottes Herrlichkeit stellt man sich auch als strahlenden Lichtglanz vor.

Sünder: Menschen, die sich von Gott abgewendet haben und seinen Willen missachten.

schändliches Tun: Meint besonders sexuelle Übergriffe.

Gnade: Liebevolle Zuwendung Gottes, die er den Menschen ohne Vorbedingung schenkt.

David: Bedeutender König in der Geschichte Israels, der etwa 1000–960 v. Chr. regierte. Er gilt als Dichter zahlreicher Lieder und Gebete.

verschlingen: Die Gegner werden so beschrieben, als wären sie Raubtiere.

Haus Gottes: Bezeichnet den Tempel in Jerusalem.

die Schönheit des HERRN schauen: Es geht um die Erfahrung von Gottes Herrlichkeit und Gegenwart im Tempel.

Hütte, Zelt, Fels: Meint den Tempel in Jerusalem.

5 Ich hasste die Gesellschaft von Übeltätern
und hielt mich von den Frevlern fern.

6 In Unschuld wasche ich meine Hände
und schreite feierlich um deinen Altar, HERR.
7 Dazu singe ich ein Danklied mit lauter Stimme
und erzähle von deinen wunderbaren Taten.
8 HERR, ich liebe dein Haus, in dem du wohnst,
und den Raum, den deine Herrlichkeit erfüllt.

9 Vernichte mich nicht zusammen mit den Sündern
und mit den Menschen, die Blut vergießen!
10 An ihren Händen klebt ja schändliches Tun,
und Bestechungsgelder füllen ihre Hände.
11 Ich aber gehe vorbildlich durchs Leben.
Befreie mich und schenk mir Gnade!
12 Jetzt habe ich festen Boden unter den Füßen.
Dafür will ich den HERRN preisen im Gottesdienst.

Ihr sollt mein Angesicht suchen

27

1 VON DAVID.

Der HERR ist mein Licht und mein Glück.
Vor wem sollte ich mich fürchten?
Der HERR ist der Schutz meines Lebens.
Vor wem sollte ich erschrecken?
2 Böswillige Leute machten sich an mich heran,
um mich mit Haut und Haar zu verschlingen.
Es waren meine Gegner und meine Feinde,
doch sie mussten scheitern und stürzen.
3 Auch wenn ein Heer mich belagert,
bleibt mein Herz ganz ohne Furcht!
Auch wenn ein Krieg gegen mich ausbricht,
halte ich an meinem Vertrauen fest.

4 Ich hatte eine einzige Bitte an den HERRN.
Nichts anderes wünsche ich mir:
Ich möchte im Haus des HERRN sein
alle Tage meines Lebens.
Ich möchte die Schönheit des HERRN schauen
und sie im Inneren seines Tempels betrachten.
5 Denn er bewahrt mich in seiner Hütte
am Tag, an dem mir Unheil droht.
Er bietet mir Schutz unterm Dach seines Zeltes,
er hebt mich hoch auf einen sicheren Felsen.

6 Jetzt kann ich über meine Feinde triumphieren,
die mich von allen Seiten umgeben.
Mit Jubel will ich Opfer darbringen in seinem Zelt.
Für den HERRN will ich singen und musizieren.

7 Hör doch, HERR, mein lautes Rufen!
Hab Erbarmen mit mir und antworte mir!
8 Ich dachte nach über dein Wort:
»Ihr sollt mein Angesicht suchen!«
Ja, dein Angesicht, HERR, will ich suchen!
9 Verbirg dein Angesicht nicht vor mir!
Weise deinen Knecht nicht im Zorn zurück!
Du bist doch mein Beistand!
Schick mich nicht weg und lass mich nicht im Stich!
Gott, du bist doch mein Anwalt!
10 Denn Vater und Mutter haben mich verlassen.
Doch der HERR nimmt mich auf.

11 Zeige mir, HERR, deinen Weg
und führe mich geradlinig durchs Leben!
Dann haben meine Verleumder das Nachsehen.
12 Überlass mich nicht der Gier meiner Feinde!
Denn falsche Zeugen sind gegen mich aufgetreten,
um mich einer Gewalttat zu beschuldigen.
13 Was wäre mit mir geschehen,
wenn ich nicht fest darauf vertraut hätte:
Ich werde die Güte des HERRN erfahren,
solange ich noch im Land der Lebenden bin.

14 Hoffe auf den HERRN.
Sei stark und fasse neuen Mut.
Setz deine Hoffnung auf den HERRN!

In höchster Not

28

1 VON DAVID.

Zu dir, HERR, rufe ich.
Mein Fels, stell dich nicht taub!
Wenn du nämlich mir gegenüber schweigst,
dann gleiche ich den Menschen,
die ins Grab hinabmüssen.
2 Hör doch mein lautes Flehen,
wenn ich zu dir um Hilfe schreie –
wenn ich im Gebet meine Hände erhebe
zum Allerheiligsten in deinem Heiligtum:

Opfer: Darbringen einer Gabe (Tiere, Pflanzen, Weihrauch) für Gott, die Gemeinschaft mit ihm schafft. In der Regel wird das Opfer oder Teile davon auf dem Altar verbrannt.

Angesicht suchen: Wer mit einem Anliegen vor Gott treten darf, kann auf seine Hilfe hoffen.

Knecht: Selbstbezeichnung von Menschen, die sich in den Dienst Gottes stellen und ihn dadurch als ihren Herrn anerkennen.

Anwalt: Im Hintergrund steht die Vorstellung eines Gerichtsverfahrens, in dem der Beter zu Unrecht beschuldigt wird.

Land der Lebenden: Lebenswelt des Beters im Gegensatz zum Totenreich.

Fels: Ehrenvolle Bezeichnung für Gott, in der seine Stärke zum Ausdruck kommt.

Grab: Wörtlich »Zisterne«, ein aus dem Felsen gehauener, unterirdischer Hohlraum zur Wasserspeicherung, hier Bild für das Totenreich.

Allerheiligstes: Ort der Gegenwart Gottes im hinteren Teil der Haupthalle des Jerusalemer Tempels.

Frevler: Menschen, die Gottes Gebote missachten und ihre eigenen Interessen gewaltsam durchsetzen.

zurückfallen auf jemanden: Ein Mensch wird von seiner bösen Tat eingeholt und muss die Verantwortung dafür tragen.

Gesalbter: Hebräisch *Messias.* Bezeichnet den im Auftrag Gottes eingesetzten König Israels, später auch den zum Herrscher der Welt bestimmten Retter.

Eigentum: Bezeichnung für das Volk Israel und Ausdruck des engen Verhältnisses zwischen Gott, dem Land und seinem Volk.

himmlische Wesen: Wörtlich »Gottessöhne«. Sie gehören zum himmlischen Hofstaat Gottes.

Zeder: Bis zu 30 m hoher Gebirgsbaum, der vor allem im Libanon wächst.

hüpfte: Dahinter steht die Vorstellung von einem Erdbeben.

Hermon: Bis zu 2814 m hohes Bergmassiv etwa 60 km nördlich des See Gennesaret.

3 Vernichte mich nicht zusammen mit den Frevlern
und mit denen, die nichts als Unheil anrichten!
Die reden zwar freundlich mit ihren Nachbarn,
haben aber dabei nur Böses im Sinn.
4 Gib ihnen, was sie verdienen!
Bestrafe sie für ihre bösen Taten!
Zieh sie zur Verantwortung für das,
was sie mit eigenen Händen getan haben!
Und lass ihr Tun auf sie zurückfallen!
5 Denn sie wollen nicht sehen, was der HERR tut,
und nicht anerkennen, was er vollbringt.
Darum wird er sie niederwerfen
und niemals wieder aufrichten.

6 Gepriesen sei der HERR!
Denn er hat mein lautes Flehen gehört.
7 Der HERR ist mein Schutz und mein Schild.
Ihm vertraute ich in meinem Herzen –
und mir wurde geholfen.
Jetzt jubelt mein Herz vor Freude.
Mit meinem Lied will ich ihm danken.
8 Der HERR ist eine Zuflucht für sein Volk,
eine rettende Burg für seinen Gesalbten.

9 Hilf deinem Volk und segne dein Eigentum!
Weide sie wie ein Hirte seine Herde
und bring sie sicher durch alle Zeit!

Gottes machtvolle Stimme

29 1 EIN PSALM, VON DAVID.

Gebt dem HERRN die Ehre, ihr himmlischen Wesen!
Gebt sie dem HERRN und erkennt seine Macht an!
2 Gebt dem HERRN die Ehre, die seinem Namen gebührt!
Fallt auf die Knie vor dem HERRN,
wenn er in heiliger Pracht erscheint.

3 Die Stimme des HERRN erschallt über den Meeren.
Der Gott, dem Ehre gebührt, lässt es donnern:
Der HERR thront über gewaltigen Meeren!
4 Die Stimme des HERRN dröhnt mit aller Kraft.
Die Stimme des HERRN tönt voller Majestät.
5 Die Stimme des HERRN zerschmettert Zedern.
So zerbrach der HERR die Zedern im Libanon:
6 Da hüpfte der Libanon vor ihm wie ein Kalb,
das Hermongebirge wie ein junger Wildstier.

7 Die Stimme des HERRN spuckt Feuerflammen.
8 Die Stimme des HERRN lässt Wüsten beben:
Da bebte die Wüste Kadesch vor dem HERRN.
9 Die Stimme des HERRN wirbelt Bäume umher:
Da waren die Wälder wie kahl geschlagen.
Und alle in seinem Palast rufen aus: »Ehre sei ihm!«

10 Der HERR thront über der großen Flut.
Der HERR herrscht als König für alle Zeit!
11 Der HERR schenke seinem Volk Kraft!
Der HERR segne sein Volk mit Frieden!

Gottes Güte bedeutet Leben

30 1 EIN PSALM, EIN LIED ZUR TEMPELEINWEIHUNG. VON DAVID.

2 Hoch über alles will ich dich loben, HERR!
Denn du hast mich aus der Tiefe gezogen.
Du hast meine Feinde nicht über mich triumphieren lassen.
3 HERR, mein Gott, ich schrie zu dir um Hilfe,
und du hast mich wieder gesund gemacht.
4 HERR, aus dem Totenreich hast du mich geholt
und mir ein neues Leben geschenkt.
Dabei zählte ich schon zu den Menschen,
die hinabmussten ins Grab.

5 Singt für den HERRN, ihr Frommen!
Dankt ihm und denkt daran: Heilig ist er!
6 Nur einen Augenblick dauert sein Zorn,
doch seine Güte umfasst das ganze Leben.
Am Abend fließen die Tränen,
doch am Morgen herrscht wieder Freude.
7 Ich aber dachte in meiner Sorglosigkeit:
Nichts kann mich umwerfen, nichts in der Welt!
8 Denn du, HERR, hast in deiner Güte dafür gesorgt,
dass ich fest wie ein Berg dastand.
Doch dann hast du dein Angesicht verborgen.
Da verlor ich vor Schreck jeden Halt.

9 Zu dir, HERR, rief ich
und flehte zu dir, meinem Gott:
10 »Was hast du denn davon,
wenn ich ins Grab hinabmuss?
Kann etwa der Staub dir danken?
Oder kann er deine Treue verkünden?

Kadesch: Wüstenregion auf der Sinaihalbinsel, die nach der Oase Kadesch benannt ist.

große Flut: Wasser, das am Anfang die ganze Erde bedeckte.

König: Ehrentitel für Gott, der als Herrscher der Welt verehrt wird und für Recht und Gerechtigkeit sorgt.

Tempeleinweihung: Der Psalm wird mit dem jüdischen Lichterfest »Chanukka« in Verbindung gebracht. Es erinnert an die Wiedereinweihung des Tempels 164 v. Chr.

Totenreich: Aufenthaltsort der Verstorbenen, der unter der Erde liegt.

Fromme: Menschen, die ihr ganzes Leben auf Gott ausrichten und sich für die Befolgung seiner Gebote einsetzen.

Angesicht verbergen: Wenn Gott sein Gesicht verbirgt, nimmt er die Bitten des Beters nicht an.

Staub: Bild für die Verstorbenen, die unten im Totenreich in staubtrockener Erde ruhen.

Trauergewand: Kleidungsstück aus rauem Leinen, das zum Zeichen von Trauer oder Buße auf bloßer Haut getragen wurde. Es wird auch »Sack« genannt.

Zuflucht: Ort, der Schutz bietet. Oft werden Gott oder sein Tempel als Zufluchtsort genannt.

Fels: Ehrenvolle Bezeichnung für Gott, in der seine Stärke zum Ausdruck kommt.

Name Gottes: Steht für Gott selbst und seine Gegenwart, vor allem im Heiligtum.

Nichtigkeiten: Das hebräische Wort wird auch als abwertende Bezeichnung für fremde Götter verwendet.

Seele: Ausdruck für die Empfindsamkeit, Sehnsucht und Lebendigkeit des Menschen.

11 Hör mich, HERR, und hab Erbarmen mit mir!
Du, HERR, kannst mir doch helfen.«
12 Du hast meine Klage in einen Freudentanz verwandelt.
Das Trauergewand hast du mir ausgezogen
und mir ein Festkleid angelegt.
13 Mit Liedern will ich dich loben und nicht schweigen.
HERR, mein Gott, für immer will ich dir danken.

Mein Leben in Gottes Hand

31

1 FÜR DEN CHORLEITER.
EIN PSALM, VON DAVID.

2 Bei dir, HERR, suche ich Zuflucht.
Lass mich nicht scheitern, zu keiner Zeit!
Rette mich, du bist doch gerecht!
3 Hab ein offenes Ohr für mich und hilf mir schnell!
Sei für mich ein Fels, ein Versteck,
eine feste Burg, in die ich mich retten kann!
4 Ja, du bist mein Fels und meine Burg!
Zeig mir den Weg und führe mich!
Dafür stehst du mit deinem Namen ein.
5 Lass mich dem Fangnetz entkommen,
das sie heimlich für mich ausgelegt haben.
Denn du bist meine Zuflucht.
6 In deine Hand lege ich mein Leben.
Gewiss wirst du mich befreien, HERR.
Du bist doch ein treuer Gott.

7 Hass erfüllte mich gegen Menschen,
die sich an Nichtigkeiten klammern.
Ich aber vertraute auf den HERRN.
8 Jetzt kann ich jubeln und fröhlich sein,
weil ich deine Güte erfahren habe:
Du hast gesehen, wie sehr ich leide,
und erkannt, in welcher Not ich bin.
9 Du hast mich nicht dem Feind überlassen.
Du hast mir weiten Raum gegeben,
wo ich mich frei bewegen kann.

10 Hab Erbarmen mit mir, HERR!
Denn mir ist angst und bange.
Mein Leben verschwimmt mir vor Augen,
mein Leid durchdringt Seele und Leib.
11 Ja, mein Leben verrinnt unter Schmerzen,
und unter Seufzen vergehen meine Jahre.

Durch eigene Schuld schwand mir die Kraft.
Ganz schwach sind meine Glieder.

12 In den Augen aller meiner Feinde
bin ich zum Schandfleck geworden –
und ebenso für meine Nachbarn.
Ein Schreckgespenst bin ich
für meine besten Freunde.
Wenn sie mich auf der Straße sehen,
ergreifen sie vor mir die Flucht.
13 Vergessen hat man mich wie einen Toten.
Ein Scherbenhaufen, das bin ich!
14 Ja, ich hörte das ganze üble Gerede:
»Der verbreitet nur Schrecken um sich herum.«
Sie rotteten sich gegen mich zusammen.
Sie wollten mich zur Strecke bringen.

15 Ich aber vertraute auf dich, HERR.
Ich bekannte: Du bist mein Gott!
16 Meine Zukunft liegt in deiner Hand.
Rette mich aus der Gewalt meiner Feinde
und lass mich meinen Verfolgern entkommen!
17 Lass dein Angesicht leuchten über deinem Knecht.
Hilf mir und lass mich so deine Güte erfahren!
18 HERR, lass mich nicht scheitern,
denn ich habe zu dir um Hilfe gerufen.
Aber die Frevler sollen scheitern,
zum Schweigen verurteilt im Totenreich.
19 Verstummen sollen die Lügen auf ihren Lippen
und ihr freches Gerede gegen den Gerechten,
das voller Hochmut und Verachtung ist.

20 Wie unerschöpflich ist deine Güte!
Du hältst sie bereit für die, die dir folgen.
Aus deinem Vorrat an Güte können alle leben,
die bei dir Zuflucht suchen vor den Menschen.
21 Wenn sie im Tempel vor dein Angesicht treten,
sind sie sicher vor dem Toben der Leute.
Wenn sie in deiner Hütte sind,
bewahrst du sie vor allen Anfeindungen.
22 Gepriesen sei der HERR!
Wie wunderbar ist seine Güte,
die ich erfahren habe in der befestigten Stadt.

23 Ich aber dachte in meiner Angst:
Ich bin verloren, verstoßen aus deinen Augen!

Schuld: Konkrete Verfehlungen, die von Gott trennen und das Gewissen belasten können.

Angesicht leuchten lassen: Meint die liebevolle Zuwendung Gottes zu den Menschen.

Knecht: Selbstbezeichnung von Menschen, die sich in den Dienst Gottes stellen und ihn dadurch als ihren Herrn anerkennen.

Frevler: Menschen, die Gottes Gebote missachten und ihre eigenen Interessen gewaltsam durchsetzen.

Totenreich: Aufenthaltsort der Verstorbenen, der unter der Erde liegt.

Gerechte: Menschen, die Gottes Gebote befolgen, sodass das Leben in Gemeinschaft miteinander gelingt.

Hütte: Bezeichnung für den Tempel in Jerusalem.

befestigte Stadt: Meint Jerusalem, das durch starke Stadtmauern geschützt wurde.

Bußpsalm: Seit frühester Zeit werden Psalm 6; 32; 38; 51; 102; 130 und Psalm 143 von Christen als persönliche Schuldbekenntnisse gebetet.

David: Bedeutender König in der Geschichte Israels, der etwa 1000–960 v. Chr. regierte. Er gilt als Dichter zahlreicher Lieder und Gebete.

Sünden: Konkrete Verfehlungen, die von Gott trennen und das Gewissen belasten können.

Feld: Bild für den Beter, der krank am Boden liegt. Andere deuten das Wort als »Ölkuchen, Lebenssaft«.

Sela: Zeichen zum Atemholen.

Fromme: Menschen, die ihr ganzes Leben auf Gott ausrichten und sich für die Befolgung seiner Gebote einsetzen.

Doch du hast mein lautes Flehen gehört,
als ich zu dir um Hilfe schrie.
24 Liebt den HERRN, ihr Frommen!
Der Herr schützt alle, die zu ihm halten.
Aber wer sich überheblich verhält,
den zieht er gründlich zur Rechenschaft.
25 Seid stark und fasst neuen Mut,
alle, die ihr auf den HERRN hofft!

Vergebung von Schuld

Der zweite Bußpsalm

32

1 VON DAVID, EIN WEISHEITSLIED.

Glücklich darf sich jeder schätzen,
dessen Vergehen vergeben werden,
dessen Sünden zugedeckt sind.
2 Glücklich zu preisen ist der Mensch,
dem der HERR die Schuld nicht anrechnet.
So täuscht er sich nicht über sich selbst.
3 Doch als ich meine Schuld verschwieg,
verloren meine Glieder jede Kraft.
Ich stöhnte den ganzen Tag.
4 Tag und Nacht spürte ich,
wie deine Hand mich niederdrückte.
Ich lag da wie ein Feld,
das die Sommerhitze ausgedörrt hat. SELA.

5 Doch dann gestand ich dir meine Sünden
und versteckte nicht länger meine Schuld.
Ich sagte: »Ich bekenne dem HERRN meine Vergehen!«
Da hast du die Schuld von mir genommen,
die ich auf mich geladen hatte. SELA.
6 Deshalb soll jeder Fromme zu dir beten,
wenn er in Bedrängnis gerät.
Wenn dann die Wellen hochschlagen,
wird ihn das Wasser nicht erreichen.
7 Du bist mein Schutz,
bewahrst mich vor Bedrängnis.
Du umgibst mich mit Menschen,
die meine Rettung bejubeln. SELA.

8 Ich will dir Einsicht schenken,
dir den Weg zeigen, den du gehen sollst.
Ich will dir folgenden Rat geben
und dich im Auge behalten:

9 »Sei nicht wie das Pferd oder Maultier!
Die besitzen doch keinen Verstand!
Mit Zaum und Zügel muss man
ihren Eigensinn bändigen.
Sonst folgen sie dir nicht!«
10 Wer sich gegen Gott auflehnt,
wird viele Schmerzen erleiden.
Wer sich aber auf den HERRN verlässt,
den umgibt seine Güte von allen Seiten.
11 Freut euch über den HERRN und jubelt, ihr Gerechten!
Seid alle fröhlich, die ihr aufrichtig seid!

Gott sprach und es geschah

33 1 Preist den HERRN, ihr Gerechten!
Es ist Sache ehrlicher Menschen,
den Lobgesang anzustimmen.
2 Dankt dem HERRN mit der Leier!
Spielt auf der Bassleier mit zehn Saiten!
3 Singt für ihn ein neues Lied!
Greift voller Jubel in die Saiten!
4 Denn das Wort des HERRN ist vollkommen.
Auf sein Tun ist ganz und gar Verlass.
5 Er sorgt gerne für Recht und Ordnung.
Die Güte des HERRN erfüllt die Welt.

6 Durch das Wort des HERRN
wurde der Himmel geschaffen.
Und durch den Hauch seines Mundes
entstand das ganze Heer der Sterne.
7 Er sammelte das Wasser des Ozeans
und hielt es zurück durch einen Damm.
Er verschloss die Fluten der Urzeit
in himmlischen Speichern.
8 Die ganze Welt soll den HERRN fürchten.
Vor ihm sollen alle in Ehrfurcht leben,
die den Erdkreis bewohnen.
9 Ja, wirklich: Er sprach und es geschah.
Er gab den Befehl und alles war da.

10 Der HERR durchkreuzt den Plan der Völker.
Er vereitelt die Beschlüsse der Nationen.
11 Aber der Plan des HERRN gilt für immer.
Was er in seinem Herzen beschlossen hat,
besteht von Generation zu Generation.
12 Glücklich das Volk, dessen Gott der HERR ist –
das Volk, das er als sein Eigentum erwählt hat!

Gerechte: Menschen, die Gottes Gebote befolgen, sodass das Leben in Gemeinschaft miteinander gelingt.

Bassleier: Großes Musikinstrument mit tief klingenden Saiten.

Fluten der Urzeit: Das Wasser, das vor der Schöpfung die gesamte Erde bedeckte; vgl. 1. Mose/Genesis 1,2.

Plan des HERRN: Gott leitet und bestimmt das Leben des Einzelnen wie auch den Fortgang der Geschichte.

Menschenkinder: Poetischer Ausdruck für die Menschheit.

Schlachtrosse: Pferde, die vor allem im Krieg eingesetzt wurden.

Ehrfurcht: Eine Haltung größter Hochachtung gegenüber Gott, die sowohl Bewunderung als auch Erschrecken zum Ausdruck bringt.

Schild: Abwehrwaffe in der Schlacht und Bild für Gottes Schutz.

Name Gottes: Steht für Gott selbst und seine Gegenwart, vor allem im Heiligtum.

Alphabetpsalm: Poetische Kunstform, bei der die Anfangsbuchstaben der Verse oder Abschnitte in ihrer Reihenfolge dem hebräischen Alphabet entsprechen.

Abimelech: Vermutlich ist damit der Philisterkönig Achisch von Gat gemeint, vgl. 1. Samuel 21,11-16.

Seele: Ausdruck für die Empfindsamkeit, Sehnsucht und Lebendigkeit des Menschen.

13 Der HERR schaut vom Himmel herab
und blickt auf alle Menschenkinder.
14 Von seinem Wohnsitz aus sieht er alle,
die auf der Erde wohnen.
15 Er hat ihnen den Verstand gegeben.
Aufmerksam beobachtet er all ihr Tun.
16 Ein König kann den Sieg nicht erzwingen,
auch nicht durch das stärkste Heer.
Ein Kämpfer kann sich nicht retten,
auch nicht durch die größte Kraft.
17 Wer sich auf Schlachtrosse verlässt,
wiegt sich in falscher Sicherheit.
Durch ihre Schnelligkeit und Kraft
übersteht niemand die Schlacht.

18 Seht, der HERR wacht über denen,
die ihm mit Ehrfurcht begegnen.
Zuversichtlich warten sie auf seine Güte.
19 Er wird ihr Leben aus Todesgefahr erretten
und sie in Hungersnot am Leben erhalten.
20 Mit ganzer Seele warten wir auf den HERRN.
Er ist unsere Hilfe und unser Schild.
21 Ja, über ihn freuen wir uns von Herzen.
Wir vertrauen seinem heiligen Namen.
22 Deine Güte, HERR, soll über uns wachen,
genauso, wie wir auf dich warten.

Suche den Frieden

Alphabetpsalm

34

1 VON DAVID,
ALS ER SICH VOR ABIMELECH WAHNSINNIG STELLTE.
DESHALB HATTE IHN ABIMELECH VERTRIEBEN
UND ER WAR WEGGEGANGEN.

א 2 Ich will den HERRN preisen alle Zeit.
Sein Lob will ich stets in meinem Mund führen.
ב 3 Mit ganzer Seele will ich den HERRN rühmen.
Die Armen sollen es hören und sich freuen!
ג 4 Preist mit mir die Größe des HERRN!
Lasst uns gemeinsam seinen Namen ehren!

ד 5 Als ich den HERRN suchte, antwortete er mir.
Er befreite mich von allen meinen Ängsten.
ה 6 Wer auf ihn schaut, strahlt vor Freude.
Niemand wird vor Scham erröten.

ז [7] Hier ist ein Armer, der um Hilfe rief.
Der HERR hat ihn gehört und aus aller Not befreit.
ח [8] Der Engel des HERRN lässt sich nieder bei denen,
die dem HERRN mit Ehrfurcht begegnen.
Er schützt sie von allen Seiten und rettet sie.

ט [9] Schmeckt und seht, wie gut der HERR ist!
Glücklich ist, wer bei ihm Zuflucht sucht.
י [10] Verehrt den HERRN, ihr Heiligen!
Denn wer ihn verehrt, dem fehlt es an nichts.
כ [11] Junge Löwen haben nichts und müssen hungern.
Doch die den HERRN suchen,
haben alles, was sie zum Leben brauchen.

ל [12] Kommt, ihr jungen Leute, und hört mir zu!
Ich will euch beibringen,
wie man in Ehrfurcht vor dem HERRN lebt.
מ [13] Wer möchte sich nicht am Leben freuen
und seine Tage im Glück zubringen?
נ [14] Dann hüte deine Zunge vor böser Nachrede
und deine Lippen vor verlogenen Worten.
ס [15] Halte dich fern vom Bösen und tue Gutes!
Suche den Frieden und setze dich dafür ein!

ע [16] Die Augen des HERRN schauen freundlich,
wenn sein Blick auf die Gerechten fällt.
Seine Ohren sind offen für ihren Hilfeschrei.
פ [17] Doch das Angesicht des HERRN verfinstert sich,
wenn er auf das Treiben der Übeltäter blickt.
Die Erinnerung an sie schafft er aus der Welt.
צ [18] Die Gerechten schrien und der HERR hörte es.
Er befreite sie aus aller Not.
ק [19] Der HERR ist nahe bei den Menschen,
die im Herzen verzweifelt sind.
Er hilft denen, die ihren Lebensmut verloren.

ר [20] Der Gerechte muss viel Böses erleiden.
Doch der HERR wird ihn von allem Übel befreien.
ש [21] Er schützt alle Glieder seines Körpers.
Kein einziger Knochen wird ihm gebrochen.
ת [22] Wer Böses tut, kommt durch seine Bosheit um,
und wer den Gerechten hasst, muss es büßen.
[23] Doch der HERR spricht seine Knechte frei.
Wer bei ihm Zuflucht sucht, muss für nichts büßen.

Engel des HERRN: Auf ihrem Weg durch die Wüste ging ein Engel Gottes vor den Israeliten her, der sie schützte; vgl. 2. Mose/Exodus 23,20-23.

Heilige: Bezeichnung für Menschen, die zu Gott gehören.

junge Löwen: Bild für die Mächtigen im Land, die ihr Hab und Gut verloren haben.

Frieden: Umfassender Zustand von Glück und Wohlergehen des Einzelnen und der Gemeinschaft, der aus der Beziehung mit Gott hervorgeht.

Gerechte: Menschen, die Gottes Gebote befolgen, sodass das Leben in Gemeinschaft miteinander gelingt.

Knecht: Selbstbezeichnung von Menschen, die sich in den Dienst Gottes stellen und ihn dadurch als ihren Herrn anerkennen.

Rundschild, Langschild: Abwehrwaffen eines Soldaten in der Schlacht.

Spreu: Hülsen und Strohreste von Getreide. Nach dem Dreschen wird das Getreide in die Luft geworfen. Die leichte Spreu wird vom Wind davongetragen, die Körner dagegen fallen wieder auf den Boden.

Engel des HERRN: Auf ihrem Weg durch die Wüste ging ein Engel Gottes vor den Israeliten her, der sie schützte; vgl. 2. Mose/Exodus 23,20-23.

Netz: Wird bei der Jagd eingesetzt, um Tiere darin zu fangen.

Trauergewand: Kleidungsstück aus rauem Leinen, das zum Zeichen von Trauer oder Buße auf bloßer Haut getragen wurde. Es wird auch »Sack« genannt.

Fasten: Der freiwillige Verzicht auf Essen und Trinken ist in der Bibel eine übliche religiöse Praxis.

Gott tritt für mich ein

35

1 VON DAVID.

Führe den Streit, HERR, mit denen,
die gegen mich streiten!
Führe den Kampf mit denen,
die gegen mich kämpfen!
2 Nimm Rundschild und Langschild!
Steh auf und komm mir zu Hilfe!
3 Zücke Speer und Streitaxt!
Richte sie gegen meine Verfolger!
Sag zu mir: »Ich bin deine Rettung!«

4 In Grund und Boden sollen sich schämen,
die mich zur Strecke bringen wollen.
Rot vor Scham sollen zurückweichen,
die auf mein Unglück aus sind.
5 Sie sollen sein wie die Spreu im Wind,
wenn der Engel des HERRN sie vertreibt.
6 Ihr Weg soll dunkel sein und spiegelglatt,
wenn der Engel des HERRN sie verfolgt.
7 Denn grundlos legten sie ein Netz für mich aus,
grundlos haben sie mir eine Grube gegraben.
8 Verderben soll über den Übeltäter kommen,
ohne dass er es merkt.
In dem Netz, das er heimlich ausgelegt hat,
soll er sich selbst verfangen.
So wird er in sein Verderben stürzen.
9 Ich aber jubele über den HERRN
und freue mich über seine Hilfe.
10 Mit allen Gliedern meines Körpers bekenne ich:
»HERR, wer ist wie du?«
Du rettest den Armen vor dem,
der stärker ist als er.
Du schützt den Armen und Wehrlosen vor dem,
der ihn berauben will.

11 Gewalttätige Zeugen treten gegen mich auf.
Sie fragen mich Dinge, die ich nicht weiß.
12 Gutes vergelten sie mir mit Bösem.
Sie trachten mir nach dem Leben.
13 Doch einst, als sie krank waren,
habe ich aus Mitleid Trauerkleider angezogen.
Mit Fasten habe ich mich geplagt
und immer wieder für sie gebetet.

Ps

14 Ich ging umher wie in Trauer
um einen Freund, um einen Bruder.
Ich beugte mich in den Staub,
wie man seine Mutter beklagt.
15 Doch als ich selbst ins Unglück stürzte,
liefen sie voller Schadenfreude zusammen.
Ja, sie taten sich gegen mich zusammen!
Fremde, die ich überhaupt nicht kannte,
zerrissen vor Empörung ihre Kleider.
Sie hörten nicht auf zu schimpfen.
16 Als ich bedrückt davonhumpelte,
verspotteten sie mich als einen Krüppel.
Drohend zeigten sie mir die Zähne.
17 Mein Herr, wie lange noch willst du zusehen?
Bring mich in Sicherheit vor ihrem Brüllen!
Führ mich weg von den jungen Löwen,
ich habe doch nur dieses einzige Leben!
18 Dann will ich dir danken vor der Festgemeinde.
Vor dem versammelten Volk will ich dich loben.

19 Aber meine Feinde, diese Lügner,
sollen sich nicht über mein Unglück freuen.
Und diejenigen, die mich grundlos hassen,
sollen sich nicht mit den Augen zublinzeln.
20 Sie reden ja nicht, um Frieden zu stiften.
Sie erfinden falsche Anschuldigungen gegen die,
die im Land friedlich miteinander leben.
21 Auch gegen mich rissen sie ihr Maul auf
und riefen: »Haha! Den hat's erwischt!
Mit eigenen Augen haben wir es gesehen!«

22 Du selbst hast es gesehen, HERR.
So schweig doch nicht, mein Herr,
und bleib nicht fern von mir!
23 Wach auf, tritt ein für mein Recht!
Mein Gott und Herr, führe du den Streit!
24 Verhilf mir zum Recht, HERR, mein Gott,
wie es deiner Gerechtigkeit entspricht!
Die Schadenfreude soll ihnen vergehen!
25 Lass sie nicht aus vollem Herzen rufen:
»Haha! Ein gefundenes Fressen für uns!«
Sie sollen nicht sagen können:
»Schon haben wir ihn verschlungen!«
26 Alle, die sich über mein Unglück freuen,
sollen sich in Grund und Boden schämen.
Und die das große Wort gegen mich führen,
sollen sich in Schimpf und Schande kleiden.

Kleider zerreißen: Ausdruck tiefer Betroffenheit, beispielsweise bei Trauer, Wut oder Verzweiflung.

junge Löwen: Bild für die mächtigen Feinde, die den Beter zu verschlingen drohen.

Festgemeinde: Bezeichnung für die Gemeinde, die zum Gottesdienst im Tempel zusammengekommen ist.

Knecht, Knecht Gottes: Ehrenvolle Bezeichnung für Menschen, die Gott in seinen Dienst nimmt.

Frevler: Menschen, die Gottes Gebote missachten und ihre eigenen Interessen gewaltsam durchsetzen.

Berge Gottes: Im Alten Orient gab es die Vorstellung, dass am Rand der Erde die Berge Gottes stehen, die das Himmelsgewölbe tragen.

große Flut: Wasser, das am Anfang die ganze Erde bedeckte.

Menschenkinder: Poetischer Ausdruck für die Menschheit.

Haus Gottes: Bezeichnet den Tempel in Jerusalem.

27 Dagegen sollen alle jubeln und fröhlich sein,
die wünschen, dass ich recht bekomme.
Lass sie für immer bekennen: »Groß ist der HERR!
Er will, dass sein Knecht in Frieden leben kann.«
28 Dann soll meine Zunge davon erzählen,
dass du mir Gerechtigkeit verschafft hast.
Jeden Tag will ich dich dafür loben.

Die Quelle des Lebens

36

1 FÜR DEN CHORLEITER.
VON DAVID, DEM KNECHT DES HERRN.

Die Sünde sagt über den Frevler:
»Er kennt kein Erschrecken vor Gott!«
2 Das ist eine Enthüllung, die mich ins Herz trifft.
3 Ja, der Frevler fühlt sich sogar geschmeichelt,
wenn seine Schuld aufgedeckt wird.
Er will andere mit seinem Hass verfolgen.
4 Nichts als Lug und Trug führt er im Mund.
Er hat es aufgegeben, vernünftig zu handeln.
Er will nichts Gutes mehr tun.
5 Im Bett denkt er sich Gemeinheiten aus.
Sein Weg lässt nur Schlechtes erwarten.
Das Böse verabscheut er nicht.

6 HERR, deine Güte reicht bis an den Himmel
und deine Wahrheit bis zu den Wolken.
7 Deine Gerechtigkeit steht fest wie die Berge Gottes,
dein Recht ist so grenzenlos wie die große Flut.
HERR, du hilfst Menschen und Tieren.
8 Wie kostbar ist doch deine Güte.
Zu dir kommen die Menschenkinder,
im Schatten deiner Flügel finden sie Schutz.
9 Von den Gaben deines Hauses essen sie sich satt.
Von dem Bach, der zu deiner Freude strömt,
gibst du ihnen reichlich zu trinken.
10 Denn bei dir ist die Quelle des Lebens.
In deinem Licht sehen wir das Licht.

11 Erhalte deine Güte denen, die dich kennen!
Lass die, die ein ehrliches Herz haben,
stets deine Gerechtigkeit erfahren!

12 Der Fuß, der dem Hochmut gehorcht,
soll mich nicht niedertreten!
Die Hand, die der Frevler erhebt,
soll mich nicht verjagen!
13 Sieh, dort fallen schon die Übeltäter!
Sie liegen am Boden und stehen nicht mehr auf.

Vom Ende der Gewalt

Alphabetpsalm

37 1 VON DAVID.

א Reg dich nicht auf über die Verbrecher!
Entrüste dich nicht über die Übeltäter!
2 Denn wie das Gras verdorren sie bald
und verwelken wie das grüne Kraut.
ב 3 Vertrau auf den HERRN und tue Gutes!
Wohne im Land und bleib ihm treu.
4 Hab deine Freude an dem HERRN!
Er wird dir jeden Herzenswunsch erfüllen.
ג 5 Lass den HERRN deinen Weg bestimmen!
Vertrau auf ihn! Er wird es schon machen.
6 Er bringt deine Gerechtigkeit zum Leuchten
und deine Rechtschaffenheit zum Strahlen
wie die helle Mittagssonne.

ד 7 Warte ruhig, was der HERR tut!
Sei gespannt, was er unternimmt!
Reg dich nicht auf, wenn jemand Erfolg hat,
auch wenn er dazu List und Tücke gebraucht.
ה 8 Vergiss den Zorn! Hör auf, dich zu ärgern!
Reg dich nicht auf, sonst tust du Unrecht!
9 Denn die Verbrecher werden vernichtet.
Aber die auf den HERRN hoffen,
werden das Land besitzen.
ו 10 Es dauert nur noch eine kurze Zeit,
dann gibt es keinen Frevler mehr.
Und schaust du dich um, wo einer war,
dann ist er nicht mehr da.
11 Aber die Armen werden das Land besitzen
und sich freuen über dauerhaften Frieden.
ז 12 Der Frevler führt Böses im Schilde.
Er wendet sich gegen den Gerechten
und zeigt ihm drohend die Zähne.
13 Der Herr kann über ihn nur lachen.
Denn er sieht, dass für diesen Menschen
der Tag der Abrechnung gekommen ist.

Alphabetpsalm: Poetische Kunstform, bei der die Anfangsbuchstaben der Verse oder Abschnitte in ihrer Reihenfolge dem hebräischen Alphabet entsprechen.

David: Bedeutender König in der Geschichte Israels, der etwa 1000–960 v. Chr. regierte. Er gilt als Dichter zahlreicher Lieder und Gebete.

Frieden: Umfassender Zustand von Glück und Wohlergehen des Einzelnen und der Gemeinschaft, der aus der Beziehung mit Gott hervorgeht.

Gerechte: Menschen, die Gottes Gebote befolgen, sodass das Leben in Gemeinschaft miteinander gelingt.

Gerechte: Menschen, die Gottes Gebote befolgen, sodass das Leben in Gemeinschaft miteinander gelingt.

Frevler: Menschen, die Gottes Gebote missachten und ihre eigenen Interessen gewaltsam durchsetzen.

Segen, segnen: Besondere Zuwendung Gottes zu seinen Geschöpfen. Gott schenkt durch seinen Segen Leben, Kraft und Wohlergehen.

Fromme: Menschen, die ihr ganzes Leben auf Gott ausrichten und sich für die Befolgung seiner Gebote einsetzen.

sprudeln: Wie das Murmeln einer Wasserquelle strömen die Weisheiten aus Herz und Mund.

ח 14 Die Frevler haben das Schwert gezogen.
Sie haben ihren Bogen zum Schuss gespannt.
Sie wollen den Armen und Wehrlosen treffen.
Sie wollen ehrliche Menschen abschlachten.
15 Doch ihr Schwert dringt ihnen ins eigene Herz,
und ihr Bogen liegt zerbrochen am Boden.

ט 16 Besser das wenige, das ein Gerechter besitzt,
als der Reichtum vieler Frevler.
17 Denn die Macht der Frevler wird gebrochen.
Aber die Gerechten unterstützt der HERR.
י 18 Der HERR kennt die Lebenszeit der Menschen,
die sich vorbildlich verhalten.
Auf Dauer sichert er ihren Besitz.
19 In schlechten Zeiten enttäuscht er sie nicht.
Herrscht eine Hungersnot, macht er sie satt.
כ 20 Doch die Frevler werden untergehen
und ebenso die Feinde des HERRN.
Wie üppige Wiesen werden sie vergehen.
Sie werden schließlich in Rauch aufgehen.

ל 21 Der Frevler leiht Geld und zahlt es nicht zurück.
Doch der Gerechte schenkt, was er geben kann.
22 Die der HERR segnet, werden das Land besitzen.
Aber die er verflucht, werden vernichtet werden.
מ 23 Der HERR achtet auf die Schritte eines Menschen.
Gefällt ihm sein Weg, sichert er seinen Tritt.
24 Wenn er stolpert, stürzt er trotzdem nicht.
Denn der HERR hält ihn fest an der Hand.
נ 25 Ich bin jung gewesen und alt geworden.
Doch nie sah ich einen Gerechten verlassen
und seine Kinder um Brot betteln.
26 Vielmehr schenkt er und leiht sein Leben lang.
Auch seine Kinder werden zum Segen.

ס 27 Halte dich fern vom Bösen und tue Gutes!
So wirst du für immer im Land wohnen.
28 Ja, der HERR liebt die Rechtschaffenheit
und lässt seine Frommen nicht im Stich.
ע Aber die Verbrecher werden für immer beseitigt
und die Nachkommen der Frevler vernichtet.
29 So werden die Gerechten das Land besitzen
und für immer darin wohnen.

פ 30 Aus dem Mund des Gerechten sprudelt Weisheit.
Seine Zunge redet, was dem Recht entspricht.

[31] Die Weisung seines Gottes trägt er im Herzen.
Nichts bringt seine Schritte aus dem Tritt.
צ [32] Der Frevler legt einen Hinterhalt
und versucht, den Gerechten zu töten.
[33] Doch der HERR gibt ihn nicht in seine Gewalt.
Er lässt ihn im Gericht nicht verurteilt werden.
ק [34] Hoffe auf den HERRN und bleib auf seinem Weg!
Er wird dafür sorgen, dass du das Land besitzt.
Dann wirst du das Ende der Frevler erleben.

ר [35] Ich sah einen Frevler, gewalttätig trat er auf.
Er machte sich breit wie eine üppige Zeder.
[36] Als ich wieder vorbeikam, war er nicht mehr da.
Ich suchte ihn, aber ich konnte ihn nicht finden.
ש [37] Halte dich an den, der vorbildlich lebt!
Schau auf den, der sich aufrichtig verhält!
Denn wer sich für den Frieden einsetzt,
dem gehört die Zukunft.
[38] Aber die Verbrecher werden allesamt vernichtet,
und die Frevler haben keine Zukunft mehr.
ת [39] Die Hilfe für die Gerechten kommt vom HERRN.
Geraten sie in Not, finden sie bei ihm Schutz.
[40] Der HERR kommt ihnen zu Hilfe und rettet sie.
Er rettet sie vor den Frevlern und hilft ihnen.
Denn bei ihm haben sie Zuflucht gesucht.

Gebet eines Verzweifelten

Der dritte Bußpsalm

38

[1] EIN PSALM, VON DAVID.
ZUR ERINNERUNG.

[2] HERR, straf mich nicht in deinem Zorn!
Schlag mich nicht in deiner Wut!
[3] Denn deine Pfeile haben mich getroffen,
und deine Hand hat mich niedergedrückt.
[4] Kein Fleck an meinem Körper ist mehr heil.
Der Grund dafür ist dein Zorn.
Sämtliche Knochen tun mir weh.
Der Grund dafür ist meine Sünde.
[5] Ja, ich habe schwere Fehler gemacht.
Sie sind mir über den Kopf gewachsen.
Sie sind so schwer wie eine Last –
zu schwer für mich, um sie zu tragen.
[6] Meine Wunden beginnen zu stinken, zu eitern.
Der Grund dafür ist meine Dummheit.

Weisung: Hebräisch *Tora*. Sie umfasst die schriftliche und mündliche Mitteilung von Gottes Willen.

Zeder: Bis zu 30 m hoher Gebirgsbaum, der vor allem im Libanon wächst.

Zuflucht: Ort, der Schutz bietet. Oft werden Gott oder sein Tempel als Zufluchtsort genannt.

Bußpsalm: Seit frühester Zeit werden Psalm 6; 32; 38; 51; 102; 130 und Psalm 143 von Christen als persönliche Schuldbekenntnisse gebetet.

David: Bedeutender König in der Geschichte Israels, der etwa 1000–960 v. Chr. regierte. Er gilt als Dichter zahlreicher Lieder und Gebete.

zur Erinnerung: Vielleicht Hinweis auf eine mit dem Gebet verbundene Opfergabe, die den Beter bei Gott in Erinnerung bringen soll.

Zorn Gottes: Sein Wille, Gericht zu halten.

Sünde: Die Trennung des Menschen von Gott, seinem Schöpfer. Sie führt dazu, dass der Mensch sein Leben nicht nach Gottes Willen ausrichten kann.

brüllen: Der Beter klagt so laut, wie ein Löwe brüllt.

Schlinge: Zur Jagd verwendetes Seil mit einer Schlaufe, das am Boden versteckt wird, um wilde Tiere zu fangen.

Sünde: Die Trennung des Menschen von Gott, seinem Schöpfer. Sie führt dazu, dass der Mensch sein Leben nicht nach Gottes Willen ausrichten kann.

7 Ich bin gekrümmt und tief gebeugt.
Den ganzen Tag gehe ich traurig umher.
8 Ja, meine Sehnen sind entzündet.
Kein Fleck an meinem Körper ist mehr heil.
9 Ich bin erschöpft und ganz und gar zerschlagen.
Ich brülle heraus, was mein Herz bedrückt.

10 Ach Herr, du kennst meine ganze Sehnsucht.
Mein Stöhnen bleibt dir nicht verborgen.
11 Mein Herz pocht heftig, die Kraft geht mir aus.
Sogar mein Augenlicht lässt mich im Stich.
12 Meine Lieben und Freunde halten sich fern.
Sie wollen mit meinem Elend nichts zu tun haben.
Auch meine Verwandten meiden mich.
13 Leute, die mich zur Strecke bringen wollen,
haben Schlingen ausgelegt auf meinem Weg.
Und die auf mein Unglück aus sind,
setzen böse Gerüchte über mich in die Welt.
Den ganzen Tag denken sie sich Lügen aus.
14 Ich aber stelle mich taub und höre nicht zu.
Ich bleibe stumm und halte den Mund.
15 So weit ist es mit mir gekommen:
Ich will nichts mehr davon hören
und niemandem mehr widersprechen.

16 Doch auf dich, Herr, setze ich meine Hoffnung.
Du wirst gewiss antworten, mein Herr und Gott.
17 Ich möchte ihre Schadenfreude nicht erleben.
Niemand soll sich darüber lustig machen,
dass ich den Boden unter den Füßen verlor.
18 Ja, ich stehe kurz vor dem Zusammenbruch.
Mein Leiden erinnert mich ständig daran.
19 Ja, ich bereue meine schweren Fehler.
Ich bekenne meine Sünde von Herzen.
20 Doch meine Feinde sind stark,
sie bekämpfen mich ohne Grund.
Es sind viele, die mich zu Unrecht hassen.
21 Gutes vergelten sie mir mit Bösem.
Sie verklagen mich, weil ich Gutes tun will.
22 Herr, lass mich nicht im Stich!
Mein Gott, bleib nicht fern von mir!
23 Komm mir schnell zu Hilfe!
Mein Herr, du bist meine Rettung!

Nur ein Hauch ist der Mensch

39 1 FÜR DEN CHORLEITER, FÜR JEDUTUN.
EIN PSALM, VON DAVID.

2 Ich habe mir vorgenommen:
Ich will auf meine Worte achtgeben.
Meine Zunge soll keine Sünde begehen.
Ich will meinen Mund verschließen
mit einem Silberblech für die Lippen,
solange der Frevler vor mir steht.
3 So blieb ich stumm und still.
Ich schwieg, um nicht zu fluchen.
Doch der Schmerz wühlte mich auf.
4 Mein Herz brannte in meiner Brust.
Mein Seufzen setzte es in Flammen.
Da löste sich mir die Zunge
und es brach aus mir heraus:

5 Ach HERR, lass mich wissen:
Wann wird es mit mir zu Ende gehen?
Wie viel Zeit bleibt mir noch?
Gib mir die Einsicht,
dass ich sterben muss!
6 Sieh doch, nur eine Handvoll Tage
hast du mir auf der Erde gegeben.
Die Zeit, die mir zum Leben bleibt,
ist vor dir so gut wie nichts.
Nur ein Hauch ist der Mensch.
Er steht mit leeren Händen da. SELA.
7 Nur wie die Bilder in einem Traum,
so geht der Mensch durchs Leben.
Um einen Hauch macht er viel Lärm.
Er sammelt Schätze, ohne zu wissen,
wer sie am Ende an sich nimmt.
8 Und nun, was habe ich zu hoffen, Herr?
Meine Hoffnung setze ich ganz auf dich.
9 Befreie mich von allen meinen Vergehen!
Setz mich nicht dem Spott der Dummen aus!

10 Jetzt bin ich still und halte den Mund.
Denn du bist es, der mir das angetan hat.
11 Du hast mich geschlagen, lass ab von mir!
Deine Hand hat mich so schwer getroffen,
dass ich zu Boden gegangen bin.
12 Mit Strafen erziehst du die Menschen,
die Schuld auf sich geladen haben.

Jedutun: Name eines Sängers, der für die Musik am Tempel zuständig war; vgl. 1. Chronik 25,1-7.

David: Bedeutender König in der Geschichte Israels, der etwa 1000–960 v. Chr. regierte. Er gilt als Dichter zahlreicher Lieder und Gebete.

Silberblech: Eine Lippenmaske aus Silber oder Gold, die man Verstorbenen auf den Mund legte.

Hauch: Bild für das flüchtige und vergängliche Dasein des Menschen.

Sela: Zeichen zum Atemholen.

Schuld: Konkrete Verfehlungen, die von Gott trennen und das Gewissen belasten können.

So zerstörst du ihren stolzen Schein,
wie die Motten ein Kleid zerfressen.
Nur ein Hauch ist jeder Mensch. SELA.

13 Hör mein Gebet, HERR!
Öffne dein Ohr für meinen Hilfeschrei!
Schweig nicht zu meinen Tränen!
Denn ich bin doch ein Gast bei dir.
Ich bin ein Fremder unter deinem Schutz
wie alle meine Vorfahren.
14 So lass mich doch in Frieden!
Ich will noch ein wenig fröhlich sein,
bevor ich gehen muss und nicht mehr bin.

Herausgezogen aus dem Schlamm

40

1 FÜR DEN CHORLEITER.
VON DAVID, EIN PSALM.

2 Ganz fest hoffte ich auf den HERRN!
Da hat er sich zu mir herabgebeugt
und meinen Hilfeschrei gehört.
3 Er zog mich aus der todbringenden Zisterne,
aus dem ganzen Schlamm und Dreck.
Er stellte meine Füße auf einen Felsen
und gab meinen Tritten festen Halt.
4 Ein neues Lied hat er mir in den Mund gelegt:
einen Lobgesang für unseren Gott.
Viele sollen es sehen und Ehrfurcht empfinden.
So werden sie zum HERRN Vertrauen fassen.

5 Glücklich zu preisen ist der Mensch,
der sein Vertrauen auf den HERRN setzt:
Er lässt sich nicht ein mit unbeherrschten Leuten
und mit denen, die sich in Lügen verstricken.
6 Vieles hast du für uns getan, HERR, mein Gott,
wunderbar sind deine Werke und Pläne.
Nichts kommt dir gleich!
Wollte ich davon reden und berichten –
es sind zu viele, um sie alle aufzuzählen!
7 Opfer und Gaben wolltest du nicht.
Das hast du mir hinter die Ohren geschrieben.
Brandopfer und Sündopfer forderst du nicht.

8 Ich sagte: »Siehe, ich komme mit einer Schriftrolle.
Hier steht geschrieben, was ich tun soll.«

stolzer Schein: Die Pracht, mit der sich der Mensch umgibt, die aber nur eine schöne Fassade ist.

Gebet: Reden des Menschen mit Gott.

Fremder: Person, die nicht zur Gemeinschaft Israels gehört und häufig wirtschaftlich schlechter gestellt war. Fremde sind durch das Gastrecht geschützt.

Zisterne: In den Boden geschlagene Kammer zum Sammeln und Speichern von Regenwasser. Hier Bild für das Totenreich.

Ehrfurcht: Eine Haltung größter Hochachtung gegenüber Gott, die sowohl Bewunderung als auch Erschrecken zum Ausdruck bringt.

Brandopfer: Das geschlachtete Opfertier wird mit Ausnahme der Haut bzw. des Fells vollständig auf dem Brandopferaltar verbrannt.

Sündopfer: Gott schenkt dem Sünder die Möglichkeit, die Beziehung zu ihm in Ordnung zu bringen.

Schriftrolle: Vorläufer des Buchs. Sie besteht aus aneinandergenähten Lederstücken, auf die der Text in Spalten nebeneinandergeschrieben wurde.

9 Gerne will ich deinem Willen folgen, mein Gott.
Deine Weisung trage ich in meinem Inneren.
10 Gerechtigkeit verkünde ich in der Festversammlung.
Siehe, ich halte meine Lippen nicht geschlossen.
Das weißt du, HERR!
11 Aus deiner Gerechtigkeit mache ich kein Geheimnis.
Ich spreche offen über deine Treue und Hilfe.
In der Festversammlung habe ich nichts verschwiegen
von deiner Güte und deiner Zuverlässigkeit.

12 Du, HERR, wirst mir dein Mitleid nicht verweigern.
Deine Güte und deine Zuverlässigkeit
sollen mich ständig bewahren.
13 Denn nichts als Unheil umgab mich.
Ich kann gar nicht alles aufzählen.
Meine eigenen Vergehen holten mich ein.
Da habe ich den Überblick verloren.
Es waren mehr als die Haare auf meinem Kopf.
Da verließ mich der Mut.

14 Hab doch Gefallen daran, Herr, mich zu retten!
HERR, komm mir schnell zu Hilfe!
15 In Grund und Boden sollen sich alle schämen,
die mich zur Strecke bringen wollen.
Ja, mein Leben wollen sie vernichten.
Rot vor Scham sollen zurückweichen,
die sich über mein Unglück freuen!
16 Sie sollen erschrecken über ihre Schande.
Höhnisch riefen sie mir zu: »Haha! Haha!«
17 Doch alle, die dich wirklich suchen,
sollen jubeln und sich freuen über dich.
Und die sich nach deiner Hilfe sehnen,
sollen immer wieder sagen: »Groß ist der HERR!«
18 Ich aber bin niedrig und arm.
Doch mein Herr wird für mich sorgen.
Du bist meine Hilfe und mein Retter!
Mein Gott, zögere nicht!

Gebet eines Kranken um Heilung

41

1 FÜR DEN CHORLEITER.
EIN PSALM, VON DAVID.

2 Glücklich ist, wer sich um den Hilflosen kümmert.
Wenn er eines Tages selbst ins Unglück stürzt,
wird der HERR ihn retten.

Weisung: Hebräisch *Tora*. Sie umfasst die schriftliche und mündliche Mitteilung von Gottes Willen.

Festversammlung: Bezeichnung für die Gemeinde, die zum Gottesdienst im Tempel zusammengekommen ist.

niedrig und arm: Selbstbezeichnung einer Gruppe von Menschen, die damit ihre ehrfürchtige Haltung gegenüber Gott und ihre soziale Stellung in der Welt kennzeichnen.

David: Bedeutender König in der Geschichte Israels, der etwa 1000–960 v. Chr. regierte. Er gilt als Dichter zahlreicher Lieder und Gebete.

Sünden: Konkrete Verfehlungen, die von Gott trennen und das Gewissen belasten können.

Name: Nach biblischer Vorstellung lebt ein Verstorbener in der Erinnerung seiner Familie fort. Die Auslöschung des Namens bedeutet seine endgültige Vernichtung.

vor Gottes Angesicht treten: Wer mit einem Anliegen vor Gott treten darf, kann auf seine Hilfe hoffen.

Amen: Das hebräische Wort bedeutet »So ist es! / So soll es sein!«

3 Der HERR wird ihn behüten und am Leben halten.
Dafür wird man ihn glücklich preisen im Land.
Du überlässt ihn nicht der Willkür seiner Feinde.
4 Wenn er krank auf seinem Lager liegt,
lässt der HERR ihn wieder zu Kräften kommen.
Wenn die Krankheit ihn ans Bett fesselt,
sorgst du für seine Genesung.

5 Ich sagte: »HERR, hab Erbarmen mit mir!
Lass mich doch wieder gesund werden!
Denn meine Sünden trennen mich von dir.«
6 Meine Feinde aber wünschen mir Böses:
»Soll er doch sterben und sein Name
für immer in Vergessenheit geraten!«
7 Es kam einer, um mich zu besuchen.
Doch sein Mitleid war nur geheuchelt.
Lügenmärchen will er über mich sammeln.
Dann geht er hin und verbreitet sie auf der Straße.
8 Da stecken sie schon die Köpfe zusammen.
In ihrem Hass auf mich sind sie sich alle einig.
Sie führen Böses gegen mich im Schilde.
9 Gehässige Worte schütten sie über mich aus:
»Wie der daliegt! Der steht nicht mehr auf!«
10 Sogar mein bester Freund! –
Ihm habe ich immer vertraut.
Ich habe mein Brot mit ihm geteilt. –
Der tritt mich jetzt mit Füßen!
11 Du aber, HERR, hab Erbarmen mit mir,
lass mich doch wieder aufstehen!
Dann kann ich's ihnen heimzahlen.

12 Daran habe ich erkannt, dass du mich lieb hast:
Mein Feind wird nicht über mich triumphieren!
13 Weil ich unschuldig bin, hast du an mir festgehalten.
Du lässt mich alle Zeit vor dein Angesicht treten.

14 Gepriesen sei der HERR, der Gott Israels!
Von Anfang an bis in alle Zukunft!
Amen! Und nochmals: Amen!

Das zweite Buch der Psalmen 42–72

Sehnsucht nach Gott und seinem Heiligtum

42 [1] FÜR DEN CHORLEITER.
EIN WEISHEITSLIED DER KORACHITER.

2 Wie eine Hirschkuh im trockenen Bachtal
nach frischem Wasser schreit –
so sehne ich mich, Gott, nach dir!
3 Meine Seele dürstet nach Gott,
nach dem Gott meines Lebens.
Wann darf ich zum Tempel kommen
und das Angesicht Gottes schauen?
4 Tränen sind mein einziges Brot
am Tag und in der Nacht.
Die ganze Zeit sagt man zu mir:
»Wo ist denn nun dein Gott?«
5 An meine Tränen will ich denken
und mir alles von der Seele reden –
wenn ich dorthin ziehe in festlicher Schar,
wenn ich wandere zu Gottes Haus.
Dem Lärmen der Feiernden will ich folgen,
dem Schall ihrer Jubel- und Dankgesänge.
6 *Was bist du so bedrückt, meine Seele?*
Warum bist du so aufgewühlt?
Halte doch Ausschau nach Gott!
Denn bald werde ich ihm wieder danken.
Wenn ich nur sein Angesicht schaue,
ist mir schon geholfen.

7 Mein Gott, bedrückt ist meine Seele in mir.
Darum will ich an dich denken –
im fernen Land bei den Quellen des Jordan
und beim Hermongebirge am »Kleinen Berg«.
8 Dort rauschen die Fluten der Urzeit.
Dort tosen deine Wasserströme.
Alle deine Wellen und Wogen –
sie schlugen über mir zusammen!
9 Am Tag schenkt der HERR mir seine Güte
und in der Nacht dank ich ihm mit einem Lied –
mit einem Gebet zum Gott meines Lebens!
10 Zu Gott, meinem Fels, will ich sagen:
Warum hast du mich vergessen?
Warum muss ich so traurig durchs Leben gehen,
bedrängt von meinem Feind?
11 Todesschmerz fährt mir durch Mark und Bein,
wenn meine Gegner mich verhöhnen.

Korachiter: Eine Gruppe von Sängern am Tempel in Jerusalem.

trockenes Bachtal: Wasserlauf in einer Schlucht, der nur in der Regenzeit Wasser führt.

Angesicht schauen: Bei einem Besuch im Tempel die Gegenwart Gottes erfahren.

Haus Gottes: Bezeichnet den Tempel in Jerusalem.

Seele: Ausdruck für die Empfindsamkeit, Sehnsucht und Lebendigkeit des Menschen.

Quellen des Jordan: Als Quellen des Jordan gelten drei Flüsse, die im Gebiet des heutigen Libanon, Syrien und Israel entspringen.

Fluten der Urzeit: Das Wasser, das vor der Schöpfung die gesamte Erde bedeckte; vgl. 1. Mose/Genesis 1,2.

Fels: Ehrenvolle Bezeichnung für Gott, in der seine Stärke zum Ausdruck kommt.

Die ganze Zeit sagt man zu mir:
»Wo ist denn nun dein Gott?«
12 *Was bist du so bedrückt, meine Seele?*
Warum bist du so aufgewühlt?
Halte doch Ausschau nach Gott!
Denn bald werde ich ihm wieder danken.
Wenn ich nur sein Angesicht schaue,
hat mir mein Gott schon geholfen.

Vers 12: Der kursiv hervorgehobene Text ist ein Refrain. Er verbindet Psalm 42–43. Ursprünglich waren sie ein einziger Psalm.

Seele: Ausdruck für die Empfindsamkeit, Sehnsucht und Lebendigkeit des Menschen.

Angesicht schauen: Bei einem Besuch im Tempel die Gegenwart Gottes erfahren.

Ersehnte Ankunft im Heiligtum

43 1 Verhilf mir zu meinem Recht, Gott!
Vertritt mich vor Gericht gegen das Volk,
das sich nicht an deine Gebote hält!
Rette mich vor falschen und bösen Menschen!
2 Denn du bist der Gott, der meine Zuflucht ist!
Warum hast du mich verstoßen?
Warum muss ich so traurig durchs Leben gehen,
bedrängt von meinem Feind?
3 Sende dein Licht und deine Wahrheit!
Sie sollen mich sicher führen.
Sie sollen mich zu dem Berg bringen,
wo dein Heiligtum ist – deine Wohnung.
4 Dann will ich vor den Altar Gottes treten,
vor Gott, der mich mit Jubel und Freude erfüllt.
Zur Musik der Leier will ich dir danken,
Gott, du mein Gott.
5 *Was bist du so bedrückt, meine Seele?*
Warum bist du so aufgewühlt?
Halte doch Ausschau nach Gott!
Denn bald werde ich ihm wieder danken.
Wenn ich nur sein Angesicht schaue,
hat mir mein Gott schon geholfen.

Gebote: Bestimmungen, die Gott den Menschen gegeben hat. Sie ordnen das Leben so, wie es nach Gottes Willen sein soll.

Zuflucht: Ort, der Schutz bietet. Oft werden Gott oder sein Tempel als Zufluchtsort genannt.

Berg: Meint den Berg Zion mit dem Tempel in Jerusalem.

Altar: Eine Art Tisch oder Podest, auf dem einer Gottheit Opfergaben dargebracht wurden.

Leier: Musikinstrument mit bis zu 10 Saiten, die gezupft wurden.

Von Gott verstoßen?

44 1 FÜR DEN CHORLEITER.
EIN WEISHEITSLIED DER KORACHITER.

2 Gott, mit eigenen Ohren haben wir davon gehört.
Unsere Vorfahren haben uns davon erzählt.
Du hast Großes vollbracht zu ihrer Zeit.
In den Tagen, die längst vergangen sind,
3 hast du selbst es in die Hand genommen:

Korachiter: Eine Gruppe von Sängern am Tempel in Jerusalem.

Völker hast du aus dem Land vertrieben –
sie aber hast du dort eingepflanzt.
Benachbarte Nationen hast du vernichtet –
sie aber hast du Wurzeln schlagen lassen.
4 Denn nicht durch ihr Schwert eroberten sie das Land.
Ihre eigene Kraft reichte dafür nicht aus.
Nein! Es war deine starke und mächtige Hand.
Du hast dein Angesicht leuchten lassen,
denn du hattest Gefallen an ihnen.
5 Du bist mein König und mein Gott.
Du bestimmst, dass Jakob gerettet wird.
6 Mit dir können wir unsere Feinde niederstoßen.
In deinem Namen zertreten wir unsere Gegner.
7 Denn ich verlasse mich nicht auf meinen Bogen.
Mein Schwert kann den Sieg nicht erkämpfen.
8 Nein! Nur du kannst unsere Feinde besiegen.
Und die uns hassen, stürzt du in Schande.
9 Gott, du erfüllst uns jeden Tag mit Stolz.
Deinen Namen preisen wir für immer. SELA.

10 Und doch hast du uns verstoßen und enttäuscht.
Du zogst nicht mit unseren Truppen in den Krieg.
11 Du hast uns vor den Feinden fliehen lassen.
In ihrem Hass nahmen sie uns alles weg.
12 Wie Schlachtvieh hast du uns ausgeliefert.
Unter fremde Völker hast du uns zerstreut.
13 Du hast dein eigenes Volk für nichts verkauft.
Einen lächerlichen Preis hast du dafür verlangt.
14 Du hast uns dem Spott unserer Nachbarn ausgesetzt.
Ringsum wurden wir verhöhnt und beschimpft.
15 Du hast uns zum Witz für die Völker gemacht.
Nationen schüttelten vor Lachen den Kopf.
16 Jeder Tag ist eine Schande für mich.
Schamesröte steigt mir ins Gesicht.
17 Ich bin dem Geschrei ausgeliefert,
mit dem man mich verhöhnt und beschimpft.
Ich bin den Blicken ausgeliefert,
die mich feindselig und rachsüchtig treffen.

18 All das ist über uns hereingebrochen,
obwohl wir dich nicht vergessen haben.
Wir haben den Bund nicht gebrochen,
den du mit uns geschlossen hast.
19 Wir haben den Mut nicht verloren
und sind keinen Schritt von deinem Weg abgewichen.

sie: Bezieht sich auf die Vorfahren in Vers 2, die damals das Land in Besitz nahmen.

Angesicht leuchten lassen: Meint die liebevolle Zuwendung Gottes zu den Menschen.

König: Ehrentitel für Gott, der als Herrscher der Welt verehrt wird und für Recht und Gerechtigkeit sorgt.

Jakob: Bezeichnung für das Volk Israel. Der Stammvater Jakob wird in 1. Mose/Genesis 32,29 in Israel umbenannt.

niederstoßen, zertreten: Bild, das an die Kraft eines wilden Stiers denken lässt.

Name Gottes: Steht für Gott selbst und seine Gegenwart, vor allem im Heiligtum.

Sela: Zeichen zum Atemholen.

Bund: Gott verpflichtet sich, für sein Volk Israel zu sorgen. Die Menschen entsprechen seinem Bund dadurch, dass sie nach seinen Geboten leben.

Schakal: Nachtaktiver Wildhund, der in der unbewohnten Steppe lebt.

Totenreich: Aufenthaltsort der Verstorbenen, der unter der Erde liegt.

Name Gottes: Steht für Gott selbst und seine Gegenwart, vor allem im Heiligtum.

Hände erheben: Eine in der Antike übliche Gebetshaltung.

Angesicht verbergen: Wenn Gott sein Gesicht verbirgt, nimmt er die Bitten des Beters nicht an.

Korachiter: Eine Gruppe von Sängern am Tempel in Jerusalem.

Schreibrohr: Ein zum Schreiben schräg angeschnittenes Schilfrohr, das Tinte aufnehmen kann.

Segen, segnen: Besondere Zuwendung Gottes zu seinen Geschöpfen. Gott schenkt durch seinen Segen Leben, Kraft und Wohlergehen.

Thron: Bild für die Königsherrschaft Gottes.

Maßstab: Im Hebräischen dasselbe Wort wie »Herrscherstab«. Das Recht ist der Maßstab, der die Herrschaft leitet, und nicht umgekehrt!

20 Doch du hast uns in die Wüste geschickt,
dorthin, wo die Schakale hausen.
Du hast uns mit Finsternis bedeckt,
wie sie nur im Totenreich herrscht.
21 Hätten wir den Namen unseres Gottes vergessen
und zu einem fremden Gott unsre Hände erhoben:
22 Das hätte Gott sofort herausgefunden.
Er weiß ja, was wir im Geheimen denken.
23 Aber das ist nicht der Grund:
Weil wir uns zu dir bekennen,
bedroht man uns täglich mit dem Tod.
Wie Schlachtvieh werden wir behandelt.

24 Wach auf! Warum schläfst du, mein Herr?
Erwache! Verstoß uns nicht für immer!
25 Warum verbirgst du nur dein Angesicht?
Warum vergisst du unsere Not und Bedrängnis?
26 Ja, unsere Seele ist ganz niedergeschlagen.
Unser Leib liegt da, am Boden zerstört.
27 Steh doch auf! Komm uns zu Hilfe!
Befrei uns aus der Not! Denk an deine Güte!

Ein Hochzeitslied für den König

45

1 FÜR DEN CHORLEITER,
NACH DER MELODIE: LOTUSBLÜTEN.
EIN WEISHEITSLIED DER KORACHITER, EIN LIEBESLIED.

2 Mein Herz ist erfüllt von schönen Worten.
Ich trage dem König meine Gedichte vor.
Sie gehen mir leicht von der Zunge,
wie aus dem Schreibrohr eines Schreibers.

3 Du bist der Schönste unter den Menschen.
Geistreiche Worte kommen von deinen Lippen.
Gott hat dich damit gesegnet für alle Zeit.
4 Trag dein Schwert an der Seite, tapferer Held!
5 Deine Pracht und Majestät führen dich zum Erfolg.
Reite im Kampf für die Wahrheit und diene dem Recht!
Deine starke Hand lehrt dich,
wie du Furcht verbreitest im Krieg.
6 Deine Pfeile sind für die Schlacht geschärft.
Sie zwingen Völker unter deine Herrschaft.
Sie treffen die Feinde des Königs ins Herz.
7 Dein Thron, göttlicher Herrscher, besteht für immer.
Der Maßstab des Rechts ist der Herrscherstab,
mit dem du dein Königreich regierst.

8 Du liebst Gerechtigkeit und hasst Verbrechen.
Deshalb hat Gott dich gesalbt, dein Gott.
Kostbares Öl hat er für dich ausgewählt.
9 Nach Myrrhe, Aloe und Zimt duften alle deine Kleider.
Saiteninstrumente erklingen zu deiner Freude,
aus Palästen, verziert mit Elfenbein.

10 Königstöchter tragen Schmuck von deinen Edelsteinen.
Die Königin an deiner Seite strahlt von Ofir-Gold.
11 Höre, du vornehme Tochter, und merk es dir gut:
Vergiss dein Volk und dein Elternhaus!
12 Der König verlangt nach deiner Schönheit.
Er ist jetzt dein Herr, verneige dich vor ihm!
13 Die Tochter Tyros kommt mit Geschenken.
Die Reichen aus dem Volk schmeicheln dir.
14 Herrlich geschmückt wartet drinnen die Königstochter.
Mit goldenen Spitzen ist ihr Brautkleid besetzt.
15 So führt man sie hinaus zum König.
Fröhliche Brautmädchen ziehen hinter ihr her.
Mit ihren Freundinnen bringt man sie zu dir.
16 Ausgelassener Jubel begleitet den Hochzeitszug.
So ziehen sie ein in den Palast des Königs.
17 An die Stelle deiner Väter werden deine Söhne treten.
Du machst sie zu Fürsten in der ganzen Welt.

18 Kommende Generationen sollen sich an dich erinnern,
ich schreibe ihnen deinen Namen ins Gedächtnis.
So werden die Völker dich preisen zu aller Zeit.

Eine feste Burg

46 1 FÜR DEN CHORLEITER.
EIN LIED DER KORACHITER,
NACH DER MELODIE: JUNGE FRAUEN.

2 Gott ist für uns eine starke Zuflucht.
In höchster Not steht er uns bei.
3 Darum fürchten wir uns nicht,
wenn die Fundamente der Erde schwanken
und die Berge mitten im Meer wanken.
4 Sollen die Wellen doch toben und schäumen
und die Berge vor seiner Majestät beben! SELA.

5 Frisches Wasser strömt durch die Kanäle
zur Freude der Menschen in Gottes Stadt.
Dort hat der Höchste seine heilige Wohnung.

gerecht, Gerechtigkeit: Meint ein Leben nach dem Willen Gottes.

Salbung, salben: Handlung, die eine besondere Wertschätzung zum Ausdruck bringt. Ein wohlriechendes Öl wird dabei über bestimmte Körperteile ausgegossen.

Myrrhe: Kostbares duftendes Harz eines immergrünen Baums.

Aloe: Holzspäne des Adlerbaums, die als Duftstoff verwendet wurden.

Tochter Tyros: Poetische Bezeichnung für die phönizische Handelsstadt Tyros, aus der die Prinzessin stammt.

Zuflucht: Ort, der Schutz bietet. Oft werden Gott oder sein Tempel als Zufluchtsort genannt.

Sela: Zeichen zum Atemholen.

Kanäle: Künstlich angelegte Flüsse, die durch die Gottesstadt fließen. Die Wasserströme sind Bild für den Segen, der auf Jerusalem liegt.

der Höchste: Titel für Gott, der eng mit dem Tempel in Jerusalem verbunden ist.

Streitwagen: Ein für den Krieg ausgerüsteter Wagen mit zwei oder drei Mann Besatzung.

der Höchste: Titel für Gott, der eng mit dem Tempel in Jerusalem verbunden ist.

König: Ehrentitel für Gott, der als Herrscher der Welt verehrt wird und für Recht und Gerechtigkeit sorgt.

Erbbesitz: Der Anteil der Israeliten an dem Land, das Gott ihnen gibt. Sie dürfen das Land für ihren Lebensunterhalt nutzen, der Eigentümer bleibt Gott.

Stolz Jakobs: Ehrenvolle Bezeichnung für den Gott Israels. Der Stammvater Jakob wird in 1. Mose/Genesis 32,29 in Israel umbenannt.

hinaufziehen: Lässt an einen feierlichen Zug hinauf zum Tempel denken, mit dem Gottes Einzug in Jerusalem und der Antritt seiner Herrschaft gefeiert wird.

Widderhorn: Hebräisch *schofar*. Ein Musik- und Signalinstrument, das aus dem Horn eines Widders hergestellt wird.

Thron: Bild für die Königsherrschaft Gottes.

Gott Abrahams: Abraham gilt als Stammvater vieler Völker. Durch ihn wird der Gott Israels zum Gott der Völker.

Schilde: Bild für alle Waffen, die Völker im Krieg gegeneinander einsetzen.

6 Gott ist in ihrer Mitte, darum wird sie nicht wanken.
Gott wird ihr helfen, wenn der Morgen anbricht!
7 Völker toben, Königreiche wanken!
Lässt Gott seine Donnerstimme erschallen,
schwanken sogar die Fundamente der Erde:
8 *Der HERR der himmlischen Heere ist mit uns.*
Der Gott Jakobs ist für uns eine feste Burg. SELA.

9 Kommt und schaut die Taten des HERRN!
Er versetzt die Erde in Furcht und Schrecken.
10 Auf der ganzen Welt macht er den Kriegen ein Ende.
Den Bogen zerbricht er, den Speer zerschlägt er
und Streitwagen verbrennt er mit Feuer.
11 Hört auf zu kämpfen und erkennt: Ich bin Gott!
Ich stehe über den Völkern, ich stehe über der Welt.
12 *Der HERR der himmlischen Heere ist mit uns.*
Der Gott Jakobs ist für uns eine feste Burg. SELA.

Der König der Welt

47 1 FÜR DEN CHORLEITER.
EIN PSALM DER KORACHITER.

2 Ihr Völker, klatscht alle in die Hände!
Heißt Gott willkommen mit fröhlichem Jubel!
3 Denn der HERR ist der Höchste.
Wo er erscheint, verbreitet er Furcht.
Er ist ein großer König über die ganze Welt.
4 Völker wird er uns unterwerfen,
und Nationen legt er uns zu Füßen.
5 Er bestimmt das Land zu unserem Erbbesitz.
Es ist der Stolz Jakobs und seiner Nachkommen,
die er liebt. SELA.
6 Unter lautem Jubel ist Gott hinaufgezogen.
Widderhörner erschallen beim Einzug des HERRN.

7 Singt für Gott und musiziert!
Singt für unseren König und musiziert!
8 Denn Gott ist König über die ganze Welt.
Singt bei seinem Einzug ein kunstvolles Lied!
9 Gott hat seine Herrschaft über die Völker angetreten.
Er hat Platz genommen auf seinem heiligen Thron.
10 Die Fürsten der Völker sind versammelt –
als *ein* Volk unter dem Gott Abrahams.
Denn Gott gehören die Schilde der Erde.
Er steht hoch über der ganzen Welt.

Die Stadt Gottes

48

1 EIN LIED, EIN PSALM DER KORACHITER.

2 Groß ist der HERR und hoch zu loben
in der Stadt unseres Gottes:
3 Sein heiliger Berg, die schönste Erhebung,
ist eine Freude für die ganze Welt!
Der Berg Zion, der Gipfel des Nordens,
ist die Stadt des großen Königs.
4 Gott wohnt in ihren Palästen.
Als feste Burg ist er bekannt!

5 Seht, Könige hatten sich versammelt,
sie zogen gemeinsam gegen die Stadt.
6 Als sie aufsahen, erstarrten sie vor Schreck,
verloren den Mut, liefen verstört davon.
7 Sie bebten am ganzen Leib,
so heftig wie eine Frau in den Wehen –
8 so heftig wie ein Orkan aus dem Osten,
der die Schiffe aus Tarschisch zerschmettert.
9 Früher hatten wir davon nur gehört,
jetzt sahen wir es mit eigenen Augen –
in der Stadt des HERRN Zebaot,
in der Stadt unseres Gottes.
Gott lässt sie für immer bestehen. SELA.

10 Gott, wir denken an deine Güte,
wenn wir in deinem Tempel sind.
11 Groß wie dein Name, Gott, so ist dein Ruhm:
Bis an die Ränder der Erde soll er dringen.
Deine starke Hand sorgt für Gerechtigkeit.
12 Freude herrscht auf dem Berg Zion,
die Töchter Judas brechen in Jubel aus.
Denn du setzt das Recht in Kraft.
13 Geht um den Zion herum!
Umschreitet ihn, zählt seine Türme!
14 Bewundert seine starken Mauern!
Bestaunt seine Paläste, wenn ihr sie seht!
Dann könnt ihr euren Kindern davon erzählen:
15 »Dieser Gott ist unser Gott für alle Zeit.
Er wird uns sicher durchs Leben führen.«

Korachiter: Eine Gruppe von Sängern am Tempel in Jerusalem.

Zion: Tempelberg von Jerusalem, aber auch Bezeichnung für die ganze Stadt.

großer König: Anspielung auf den assyrischen und babylonischen Herrschertitel »Großkönig«.

Schiffe aus Tarschisch: Große Handelsschiffe, die für ihre Seetüchtigkeit bekannt waren. Mit Tarschisch ist die phönizische Kolonie Tartessos in Spanien gemeint.

Zebaot: Der Beiname bedeutet übersetzt »(Gott) der himmlischen Heere« und bringt die Fülle von Gottes Macht zum Ausdruck.

Sela: Zeichen zum Atemholen.

Tempel: Das zentrale Heiligtum in Jerusalem. Der Tempel galt als Wohnung Gottes und war Zufluchtsort für Verfolgte.

Name Gottes: Steht für Gott selbst und seine Gegenwart, vor allem im Heiligtum.

gerecht, Gerechtigkeit: Meint ein Leben nach dem Willen Gottes.

Töchter Judas: Bild für die Städte Judas, die in der Umgebung von Jerusalem liegen.

Korachiter: Eine Gruppe von Sängern am Tempel in Jerusalem.

sprudeln: Wie das Murmeln einer Wasserquelle strömen die Weisheiten aus Herz und Mund.

Gleichnis: Erzählung, die ihre Botschaft in Bildern und Vergleichen vermittelt.

Saitenspiel: Musik, die auf Saiteninstrumenten wie Harfe oder Leier gespielt wird.

Grabkammer: Ein in den Felsen geschlagener Raum mit mehreren Nischen zur Ablage von Toten, dessen Eingang nach der Bestattung verschlossen wurde.

Sela: Zeichen zum Atemholen.

Totenreich: Aufenthaltsort der Verstorbenen, der unter der Erde liegt.

Kein Geld hilft gegen den Tod

49

1 FÜR DEN CHORLEITER.
EIN PSALM DER KORACHITER.

2 Hört dies, ihr Völker alle!
Passt auf, ihr Bewohner der ganzen Welt!
3 Ihr Menschen, hoch oder niedrig geboren,
reich oder arm, spitzt doch die Ohren!
4 Aus meinem Mund kommen Lebensweisheiten,
aus meinem Herzen sprudeln kluge Einsichten.
5 Dem Gleichnis öffne ich mein Ohr,
mein Rätsel löse ich beim Saitenspiel:

6 Warum sollte ich mich fürchten in bösen Tagen,
wenn mich die Bosheit meiner Gegner umgibt?
7 Sie fühlen sich sicher, weil sie reich sind.
Sie lassen sich blenden vom vielen Geld.
8 Doch kein Mensch kann sich vom Tod freikaufen.
Niemand kann Gott das Lösegeld dafür bezahlen.
9 Zu teuer ist der Kaufpreis für das eigene Leben.
Einmal ist es für immer vorbei –
10 auch wenn einer meint, er könne ewig leben
und müsse sein eigenes Grab nicht sehen.
11 Denn die Erfahrung zeigt:
Auch kluge Menschen müssen sterben.
Mit dem Dummkopf und mit dem Rindvieh
gehen sie zusammen in den Tod.
Ihr Hab und Gut müssen sie anderen lassen.
12 Grabkammern sind nun ihr Zuhause für immer,
ihre Wohnung von Generation zu Generation –
auch wenn sie sich Länder erworben haben.
13 *Der Mensch in seiner Pracht bleibt nicht bestehn.*
Er gleicht den Tieren, die elend zugrunde gehn.

14 So geht es allen, die auf sich selbst vertrauen
und sich am Ende mit eigenen Reden feiern. SELA.
15 Wie Schafe ziehen sie ins Totenreich.
Dort unten führt der Tod sie auf die Weide.
Sie gehen geradewegs hinab ins Grab:
Ihr Körper verwest, ihr Platz ist im Totenreich.
16 Doch mein Leben wird Gott vom Tod freikaufen.
Er wird mich aus dem Totenreich herausholen. SELA.
17 Darum fürchte dich nicht, wenn einer reich wird
und große Schätze in seinem Hause sammelt.
18 Denn im Tod nimmt er nichts davon mit.
Seine Schätze folgen ihm nicht ins Grab.

19 Wenn er sich im Leben auch glücklich schätzt,
und man zu ihm sagt: »Es geht dir doch gut!« –
20 am Ende geht auch er zu seinen Vorfahren,
die niemals mehr das Tageslicht erblicken.
21 *Der Mensch in seiner Pracht wird nicht bestehn.*
Er gleicht den Tieren, die elend zugrunde gehn.

Gott kommt und schweigt nicht

50 1 EIN PSALM, VON ASAF.

Gott, Gott, der HERR,
begann zu reden und rief die Welt –
vom Aufgang der Sonne bis zu ihrem Untergang.
2 Vom Zion her, dem schönsten Berg –
von dort erschien Gott in strahlendem Glanz.
3 Unser Gott kommt und schweigt nicht.
Vor ihm her zieht verzehrendes Feuer
und um ihn tobt heftiger Gewittersturm.
4 Er ruft den Himmel hoch oben
und die Erde als Zeugen auf.
Er will über sein Volk Gericht halten:
5 »Versammelt um mich die Frommen,
die den Bund mit mir eingegangen sind
und ihn durch Schlachtopfer bestätigt haben.«
6 Der Himmel verkündet seine Gerechtigkeit:
Gott selbst ist der Richter. SELA.

7 »Höre, mein Volk, ich will reden!
Gegen dich, Israel, will ich aussagen!
Ich bin Gott! Ja, dein Gott bin ich.
8 Es sind nicht die Schlachtopfer,
weshalb ich dir ins Gewissen rede.
Es sind nicht die Brandopfer,
die mir täglich vor Augen sind.
9 Trotzdem will ich keinen Stier
aus deinem Haus als Opfer haben.
Ich will keine Ziegenböcke
von deinen umzäunten Weiden.
10 Denn mir gehören alle Tiere des Waldes,
das Wild auf den Bergen zu Tausenden.
11 Ich kenne alle Vögel in der Höhe.
Ebenso ist mir die Grille auf dem Feld vertraut.
12 Ich würde es dir nicht sagen, wenn ich Hunger hätte.
Denn mir gehört der Erdkreis und was ihn füllt.
13 Esse ich etwa das Fleisch von Stieren?
Oder trinke ich das Blut von Ziegen?

Asaf: Sänger und Leiter einer Gruppe von Musikern am Tempel in Jerusalem.

Zion: Tempelberg von Jerusalem, aber auch Bezeichnung für die ganze Stadt.

Feuer: Gottes machtvolles Erscheinen wird begleitet von Naturgewalten wie Feuer, Gewitter und Erdbeben.

Himmel: Im übertragenen Sinn beschreibt »Himmel« den Bereich, in dem Gott wohnt.

Gericht, verurteilen: Als Herrscher über die ganze Welt ist Gott der Richter, der am Ende der Zeit ein Urteil über sie spricht.

Bund: 2. Mose/Exodus 19–20 erzählt vom Bund, den Gott mit seinem Volk am Berg Sinai schließt. Das Volk erhält dabei die Zehn Gebote, die beschreiben, wie das Verhältnis der Menschen zu Gott und untereinander gestaltet werden soll.

Opfer: Darbringen einer Gabe (Tiere, Pflanzen, Weihrauch) für Gott, die Gemeinschaft mit ihm schafft. In der Regel wird das Opfer oder Teile davon auf dem Altar verbrannt.

der Höchste: Titel für Gott, der eng mit dem Tempel in Jerusalem verbunden ist.

Frevler: Menschen, die Gottes Gebote missachten und ihre eigenen Interessen gewaltsam durchsetzen.

Gebote: Die folgenden Verse erinnern an die Zehn Gebote; vgl. 2. Mose/Exodus 20,1-17.

Worte hinter sich werfen: Bild dafür, dass Gottes Gebote nicht beachtet werden.

Bußpsalm: Seit frühester Zeit werden Psalm 6; 32; 38; 51; 102; 130 und Psalm 143 von Christen als persönliche Schuldbekenntnisse gebetet.

David: Bedeutender König in der Geschichte Israels, der etwa 1000–960 v. Chr. regierte. Er gilt als Dichter zahlreicher Lieder und Gebete.

Prophet: Verkündet, was Gott in einer bestimmten Situation zu sagen hat.

mit Batseba Ehebruch begangen: 2. Samuel 11 erzählt von der Affäre König Davids mit der Ehefrau eines seiner Soldaten. Der Prophet Natan zieht ihn daraufhin im Namen Gottes zur Rechenschaft, vgl. 2. Samuel 12,1-15.

Schuld: Konkrete Verfehlungen, die von Gott trennen und das Gewissen belasten können.

14 Bring Gott dein Dankgebet als Opfer dar!
Erfülle, was du dem Höchsten versprochen hast!
15 Wenn du in Not bist, rufe nach mir!
Dann rette ich dich, und du wirst mich ehren.«

16 Doch zum Frevler sagte Gott:
»Wie kommst du dazu, meine Gebote aufzusagen?
Warum redest du leichtfertig von meinem Bund?
17 Du hasst es doch, wenn ich dich erziehe.
Und meine Worte wirfst du hinter dich.
18 Siehst du einen Dieb, suchst du seine Gesellschaft.
Mit Ehebrechern setzt du dich gern zusammen.
19 Dein Mund sendet böse Worte.
Und deine Zunge verführt zum Betrug.
20 Du redest schlecht von deinem Bruder.
Den Sohn deiner Mutter verleumdest du.
21 Ja, das hast du getan! Sollte ich dazu schweigen?
Du hast dir wohl eingebildet, ich wäre wie du.
Aber ich werde dich zur Verantwortung ziehen
und dir deine Taten vor Augen halten.
22 Merkt euch das, die ihr Gott vergesst!
Sonst werde ich euch in Stücke reißen,
und niemand ist da, der euch retten kann.
23 Wer sein Dankgebet als Opfer darbringt,
ehrt mich, wie es sich gehört.
Wer auf dem richtigen Weg ist,
den lasse ich Gottes Hilfe erfahren.«

Erneuerung durch Gottes Geist

Der vierte Bußpsalm

51

1 FÜR DEN CHORLEITER.
EIN PSALM, VON DAVID,
2 ALS IHN DER PROPHET NATAN ZUR REDE STELLTE.
DAVID HATTE NÄMLICH MIT BATSEBA EHEBRUCH BEGANGEN.

3 Hab Erbarmen mit mir, Gott!
Das entspricht doch deiner Güte.
Vergib mir meine Vergehen!
So groß ist deine Barmherzigkeit.
4 Wasch mich rein von meiner Schuld,
reinige mich von meiner Sünde!
5 Denn meine Vergehen kenne ich genau,
meine Sünde ist mir ständig bewusst.
6 Dir allein habe ich mich widersetzt.
Ich tat, was in deinen Augen böse ist.

Du behältst recht mit deinem Schuldspruch.
Du bist vollkommen in deinem Urteil.

7 Ja, in Sünde bin ich geboren.
Die Sünde bestimmt mein Dasein,
seit meine Mutter mich empfangen hat.
8 Ja, du hast Gefallen an der Wahrheit,
die ein Mensch in seinem Inneren sucht.
Forsche ich nach ihr im Verborgenen,
soll deine Weisheit mich dabei leiten.
9 Reinige mich mit einem Büschel Ysop,
dass ich von meiner Schuld frei werde.
Wasch mich rein, weißer als Schnee!
10 Lass mich wieder Jubel und Freude erleben.
Meine Glieder sollen sich fröhlich regen,
die du mit Schmerzen geschlagen hast.
11 Schau nicht auf meine Sünden
und vergib mir all meine Schuld!

12 Erschaffe in mir, Gott, ein reines Herz
und gib mir einen neuen, festen Geist!
13 Schick mich nicht fort von deinem Angesicht!
Nimm deinen heiligen Geist nicht weg von mir!
14 Lass mich wieder jubeln über deine Hilfe!
Gib mir einen Geist, der dir bereitwillig folgt.
15 Ich will die Verbrecher deine Wege lehren,
sodass die Sünder zu dir umkehren.
16 Bewahre mich vor Blutschuld, Gott!
Du bist doch Gott, der mir helfen kann.
Meine Zunge jubelt über deine Gerechtigkeit.

17 Herr, öffne mir die Lippen,
sodass mein Mund deinen Ruhm verkündet!
18 Denn du hast keine Freude am Schlachtopfer.
Und wollte ich ein Brandopfer darbringen,
würde es dir nicht gefallen.
19 Mein Opfer, Gott, ist ein zerknirschter Geist,
ein zerknirschtes und niedergeschlagenes Herz.
Das wirst du, Gott, nicht geringschätzen.

20 Tu Gutes für den Zion, wie es dir gefällt!
Baue die Mauern Jerusalems wieder auf!
21 Dann wirst du dich wieder freuen über regelmäßige Opfer,
über Brandopfer und Ganzopfer.
Dann bringt man wieder Stiere zu deinem Altar.

Weisheit: Lebenspraktisches Wissen oder handwerkliches Können, das durch Erfahrung erworben oder von Gott geschenkt wird.

Ysop: Die zu Büscheln zusammengebundenen Zweige der Pflanze verwendete man im Tempel, um Menschen mit einer religiösen Handlung von ihrer Schuld zu befreien. In 3. Mose/Levitikus 14,1-8 wird eine solche Handlung mit Ysop geschildert.

erschaffen: Der Beter, der sich seit seiner Geburt mit Schuld beladen fühlt, bittet Gott darum, neu geschaffen zu werden. Dann kann er ein Leben nach dem Willen Gottes führen.

Angesicht: Bezeichnet im übertragenen Sinn die Zuwendung Gottes zu den Menschen.

deine Wege: Bild für eine Lebensführung, die sich nach Gottes Willen und Geboten richtet.

Opfer: Darbringen einer Gabe (Tiere, Pflanzen, Weihrauch) für Gott, die Gemeinschaft mit ihm schafft. In der Regel wird das Opfer oder Teile davon auf dem Altar verbrannt.

Zion: Tempelberg von Jerusalem, aber auch Bezeichnung für die ganze Stadt.

David: Bedeutender König in der Geschichte Israels, der etwa 1000–960 v. Chr. regierte. Er gilt als Dichter zahlreicher Lieder und Gebete.

Saul die Nachricht überbringen: Von dieser Begebenheit erzählt 1. Samuel 22,6-10.

Zunge: Durch Lügen und Verleumden kann sie großen Schaden anrichten.

packen: Das Gericht Gottes wird mit einem heftigen Sturm verglichen, der Bäume entwurzelt.

Land der Lebenden: Lebenswelt des Beters im Gegensatz zum Totenreich.

Gerechte: Menschen, die Gottes Gebote befolgen, sodass das Leben in Gemeinschaft miteinander gelingt.

Zuflucht: Ort, der Schutz bietet. Oft werden Gott oder sein Tempel als Zufluchtsort genannt.

Ölbaum: Poetische Bezeichnung für einen Olivenbaum.

Haus Gottes: Bezeichnet den Tempel in Jerusalem.

Name Gottes: Steht für Gott selbst und seine Gegenwart, vor allem im Heiligtum.

Wie ein Ölbaum

52

1 FÜR DEN CHORLEITER.
EIN WEISHEITSLIED, VON DAVID,
2 ALS DER EDOMITER DOEG KAM
UND SAUL DIE NACHRICHT ÜBERBRACHTE:
DAVID IST IN DAS HAUS DES AHIMELECH GEGANGEN.

3 Warum prahlst du mit deiner Bosheit, du Starker?
Gottes Güte ist doch jeden Tag bei mir.
4 Verderben planst du mit deiner Zunge.
Sie ist scharf wie ein Messer, du Verräter.
5 Du liebst das Böse mehr als das Gute.
Lieber lügst du, als die Wahrheit zu sagen. SELA.
6 Du liebst jedes Wort, das Verwirrung anrichtet,
du Mensch mit falscher Zunge!
7 Doch Gott wird dich für immer ins Verderben stürzen.
Er wird dich packen und aus dem Zelt werfen.
Mitsamt den Wurzeln wird er dich ausreißen
aus dem Land der Lebenden. SELA.

8 Die Gerechten werden es sehen und erschrecken.
Aber über den Starken werden sie lachen:
9 »Seht euch doch diesen Mann an!
Er suchte seine Zuflucht nicht bei Gott!
Auf seinen großen Reichtum hat er sich verlassen.
So nahm er seine Zuflucht bei den Dingen,
die ihn schließlich ins Verderben stürzten.«
10 Ich aber bin wie ein Ölbaum,
der in Gottes Haus grünt und blüht.
Alle Zeit vertraue ich auf Gottes Güte.
11 Ich will dir immer danken für das,
was du getan hast.
Alle Hoffnung setze ich auf deinen Namen.
Denn er verheißt Gutes in deiner Gemeinde.

Gott schaut vom Himmel herab

53

1 FÜR DEN CHORLEITER, ZUM KREISTANZ.
EIN WEISHEITSLIED, VON DAVID.

2 Dumme Menschen sprechen
in ihrem Herzen: »Es gibt keinen Gott!«
Sie handeln abscheulich und verkehrt.
Es gibt keinen, der etwas Gutes tut.

3 Doch der Herr schaut vom Himmel herab
und prüft die Menschenkinder.
Er möchte sehen, ob jemand da ist,
der Verstand hat und nach Gott fragt.
4 Doch sie sind alle von Gott abgefallen,
allesamt sind sie verdorben.
Es ist niemand da, der etwas Gutes tut,
auch nicht ein Einziger!
5 Haben denn die Übeltäter kein Einsehen?
Sie fressen mein Volk, wie man Brot verschlingt.
Aber zu Gott rufen sie nicht!
6 Auf der Stelle soll sie ein Schrecken packen –
ein Schrecken, wie es noch keinen gegeben hat.
Ja, Gott zerstreut die Gebeine der toten Feinde,
die dich belagert haben.
Schande über sie! Denn Gott verabscheut ihr Tun.

7 Wer wird vom Zion kommen
und Israel die Befreiung bringen?
Wenn Gott das Schicksal seines Volkes
zum Guten wendet,
wird Jakob jubeln, Israel sich freuen.

Hilferuf in Bedrängnis

54 1 FÜR DEN CHORLEITER,
ZU BEGLEITEN MIT SAITENINSTRUMENTEN.
EIN WEISHEITSLIED, VON DAVID,
2 ALS DIE LEUTE VON SIF KAMEN UND SAUL MITTEILTEN:
DAVID VERSTECKT SICH IN UNSERER GEGEND.

3 Gott, rette mich!
So entspricht es deinem Namen!
Verhilf mir zu meinem Recht!
Du hast doch die Macht dazu!
4 Gott, höre mein Gebet!
Hab ein offenes Ohr für das,
was ich dir zu sagen habe:
5 Unverschämte Leute stellen sich mir entgegen.
Zur Gewalt bereit, bedrohen sie mein Leben.
Sie schenken Gott keine Beachtung. SELA.

6 Siehe, Gott ist es, der mir zu Hilfe kommt!
Mein Herr ist bei denen, die zu mir stehen.
7 Das Böse soll auf meine Feinde zurückfallen.
Zeig mir deine Treue und vernichte sie!

Himmel: Im übertragenen Sinn beschreibt »Himmel« den Bereich, in dem Gott wohnt.

Menschenkinder: Poetischer Ausdruck für die Menschheit.

Gebeine der toten Feinde: Nach der erfolglosen Belagerung einer Stadt sind nur die Knochen der getöteten Belagerer zurückgeblieben.

Zion: Tempelberg von Jerusalem, aber auch Bezeichnung für die ganze Stadt.

Israel: Nachkommen der zwölf Söhne Jakobs. Gott hat mit Israel einen Bund geschlossen.

Schicksal: Meint die Verbannung nach Babylonien. Dorthin wurden die Bewohner des Landes nach der Zerstörung Jerusalems 586 v. Chr. verschleppt.

Jakob: Bezeichnung für das Volk Israel. Der Stammvater Jakob wird in 1. Mose/Genesis 32,29 in Israel umbenannt.

Saul mitteilen: Davids Versteck auf der Flucht vor König Saul wurde verraten, vgl. 1. Samuel 23,19-23.

Sela: Zeichen zum Atemholen.

zurückfallen auf jemanden: Ein Mensch wird von seiner bösen Tat eingeholt und muss die Verantwortung dafür tragen.

Opfer: Darbringen einer Gabe (Tiere, Pflanzen, Weihrauch) für Gott, die Gemeinschaft mit ihm schafft. In der Regel wird das Opfer oder Teile davon auf dem Altar verbrannt.

Name Gottes: Steht für Gott selbst und seine Gegenwart, vor allem im Heiligtum.

David: Bedeutender König in der Geschichte Israels, der etwa 1000–960 v. Chr. regierte. Er gilt als Dichter zahlreicher Lieder und Gebete.

Gebet: Reden des Menschen mit Gott.

Frevler: Menschen, die Gottes Gebote missachten und ihre eigenen Interessen gewaltsam durchsetzen.

Wüste: Hier Ort des Rückzugs vor dem Lärmen der Feinde.

Sela: Zeichen zum Atemholen.

Mauern: Meint die Stadtmauer. Sie schützt die Stadt vor dem Angriff der Feinde. Ihr Eingangstor wird tagsüber bewacht und ist nachts geschlossen.

8 Dann will ich dir gern ein Opfer darbringen.
Deinen Namen – HERR – will ich preisen;
denn er verheißt Gutes.
9 Ja, aus aller Not hat er mich gerettet.
Mit eigenen Augen sah ich meine Feinde am Boden liegen.

Wenn ich doch Flügel hätte

55 1 FÜR DEN CHORLEITER,
ZU BEGLEITEN MIT SAITENINSTRUMENTEN.
EIN WEISHEITSLIED, VON DAVID.

2 Öffne dein Ohr für mein Gebet, Gott!
Entziehe dich nicht meinem Flehen.
3 Gib auf mich acht! Antworte mir!
Ich bin verzweifelt und fassungslos.
4 Denn der Feind macht viel Lärm,
der Frevler schreit, so laut er kann.
Sie lassen Unheil über mich kommen
und beschuldigen mich in blinder Wut.
5 Mir pocht das Herz in meiner Brust,
Todesangst hat mich überfallen.
6 Furcht und Zittern packen mich,
ein Schaudern hat mich erfasst.

7 Da sprach ich: »Wenn ich doch Flügel hätte!
Wie eine Taube wollte ich davonfliegen
und mich woanders niederlassen.
8 Siehe, weit in die Ferne würde ich fliehen
und die Nacht in der Wüste verbringen. SELA.
9 Ich würde mich eilig in Sicherheit bringen,
vor dem Sturmwind, der über mich hinwegfegt.«

10 Mein Herr, verwirre doch ihre Sprache,
damit sie einander nicht mehr verstehen.
Denn ich sehe Gewalt und Streit in der Stadt:
11 Tag und Nacht kreisen sie um ihre Mauern.
Doch drinnen herrschen Elend und Not.
12 Verbrechen werden in ihrer Mitte begangen.
Erpressung und Betrug verschwinden nicht
von ihrem Markt.

13 Es ist nicht der Feind, der mich beschimpft. –
Das würde ich noch ertragen!
Und es ist niemand, der mich maßlos hasst. –
Vor ihm würde ich mich verstecken!

[14] Nein, du bist es! Ein Mensch, den ich schätze,
mein Freund, der mein Vertrauen besitzt!
[15] Gern kamen wir in vertrauter Runde zusammen.
Im festlichen Treiben gingen wir zu Gottes Haus.

[16] Der Tod soll über die Verbrecher kommen!
Lebendig sollen sie in das Totenreich hinabsteigen.
Denn Bosheit wohnt in ihren Häusern und Herzen.
[17] Ich aber, ich rufe zu Gott,
ja, der HERR wird mir helfen.
[18] Abends und morgens und mittags –
ununterbrochen klage und stöhne ich.
Da hat er meine Stimme gehört.
[19] Er befreite mich von denen, die mich angriffen.
So ließen sie mich in Frieden.
Denn viele von ihnen standen gegen mich.
[20] Gott soll es hören und sie bestrafen,
sie und die Bewohner des Ostens. SELA.
Denn sie halten sich an keine Abmachung
und haben keine Ehrfurcht vor Gott.

[21] Der falsche Freund erhob die Hände
gegen den, der ihm Vertrauen schenkte.
So hat er den Freundschaftsbund entweiht.
[22] Weicher als Butter sind seine Reden,
doch nach Krieg steht ihm der Sinn.
Geschmeidiger als Öl sind seine Worte,
doch sie schneiden wie scharfe Schwerter.
[23] Übergib dem HERRN deine Last!
Er selbst wird für dich sorgen!
Zu keiner Zeit wird er zulassen,
dass der Gerechte zu Fall kommt.

[24] Du aber, Gott, stürze die Verbrecher hinab,
hinab in die Zisterne, in ihr Verderben.
Ja, die Mörder und Betrüger sollen sterben,
bevor sie die Mitte ihres Lebens erreichen.
Ich aber setze mein ganzes Vertrauen auf dich.

Haus Gottes: Bezeichnet den Tempel in Jerusalem.

Verbrecher: Meint die Leute aus Psalm 55,10-12, die das Leben in der Stadt unsicher machen.

Totenreich: Aufenthaltsort der Verstorbenen, der unter der Erde liegt.

Ehrfurcht: Eine Haltung größter Hochachtung gegenüber Gott, die sowohl Bewunderung als auch Erschrecken zum Ausdruck bringt.

Gerechte: Menschen, die Gottes Gebote befolgen, sodass das Leben in Gemeinschaft miteinander gelingt.

Zisterne: In den Boden geschlagene Kammer zum Sammeln und Speichern von Regenwasser. Hier Bild für das Totenreich.

Taube: Galt in der Antike als Botin. Sie soll hier die Gebete zu den Göttern tragen.

Inschrift: Die Bedeutung des hebräischen Wortes ist unklar. Die Übersetzung folgt der griechischen Überlieferung. Sie deutet darauf hin, dass der Text als Inschrift am Heiligtum angebracht war.

David: Bedeutender König in der Geschichte Israels, der etwa 1000–960 v. Chr. regierte. Er gilt als Dichter zahlreicher Lieder und Gebete.

Philister: Nachbarvolk Israels im Westen. Ihr Siedlungsgebiet lag vor allem in der südlichen Küstenebene am Mittelmeer.

gefangen nahmen: Die Gefangennahme Davids durch die Philister wird in der Bibel nicht überliefert. 1. Samuel 21,11-16 erzählt, dass David vor König Saul freiwillig zu den Philistern floh.

Zorn Gottes: Sein Wille, Gericht zu halten.

dein Buch: Dahinter steht der Gedanke, dass Gott ein Buch über alle Menschen führt.

Dankopfer: Eine Opfergabe, die Gott zum Dank für die erfahrene Rettung im Tempel dargebracht wird.

Auf Gott vertrau ich

56

1 FÜR DEN CHORLEITER, NACH DER MELODIE:
TAUBE, DIE ZU DEN FERNEN GÖTTERN FLIEGT.
EINE INSCHRIFT, VON DAVID,
ALS IHN DIE PHILISTER BEI GAT GEFANGEN NAHMEN.

2 Hab Erbarmen mit mir, Gott!
Denn Menschen stellen mir nach!
Den ganzen Tag bekämpfen sie mich.
3 Meine Feinde stellen mir nach den ganzen Tag!
Ja, viele bekämpfen mich von oben herab.
4 Doch heute, wenn ich mich so fürchte,
setze ich mein Vertrauen auf dich.
5 Auf Gott – ich preise sein Wort:
Auf Gott vertrau ich und fürcht mich nicht!
Was können mir Menschen schon antun?

6 Den ganzen Tag verletzen sie mich mit Worten.
Was sie auch planen, richtet sich gegen mich.
7 In böser Absicht nähern sie sich, lauern mir auf.
Ja, sie beobachten mich auf Schritt und Tritt.
Denn sie haben es auf mein Leben abgesehen.
8 Was für ein Unrecht! Sollen sie etwa davonkommen?
Nein! Im Zorn wirf diese Leute zu Boden, Gott!
9 Mein Elend hast du doch aufgeschrieben!
Nun sammle meine Tränen in deinem Krug!
Ist nicht alles in deinem Buch festgehalten?
10 Noch heute, wenn ich zu dir rufe,
müssen meine Feinde von mir ablassen.
Ich weiß: Gott tritt für mich ein!
11 Auf Gott – ich preise sein Wort,
auf den HERRN – ich preise sein Wort:
12 *Auf Gott vertrau ich und fürcht mich nicht!*
Was können mir Menschen schon antun?

13 Jetzt liegt es an mir, Gott!
Was ich dir versprochen habe, will ich erfüllen.
Meine Dankopfer will ich dir darbringen.
14 Denn du hast mein Leben dem Tod entrissen!
Meine Füße hast du vor dem Sturz bewahrt.
So kann ich meinen Weg vor Gott gehen,
im Licht, das mir das Leben schenkt.

Gottes Güte ist grenzenlos

57

[1] FÜR DEN CHORLEITER,
NACH DER MELODIE: ZERSTÖRE NICHT!
EINE INSCHRIFT, VON DAVID,
ALS ER VOR SAUL IN DIE HÖHLE FLOH.

2 Hab Erbarmen mit mir, Gott, hab Erbarmen!
Denn bei dir habe ich Zuflucht gesucht.
Im Schatten deiner Flügel finde ich Schutz,
bis das Unheil vorüber ist.
3 Ich rufe zu Gott, dem Höchsten,
zu Gott, der meine Sache zum guten Ende bringt.
4 Vom Himmel her wird er mir seine Hilfe schicken,
auch wenn mein Verfolger mich schmäht. SELA.
Ja, Gott sendet mir seine Güte und seine Treue.
5 Mein Lager ist mitten unter Löwen,
die bereit sind, Menschen zu verschlingen.
Ihre Zähne gleichen Speeren und Pfeilen.
Ihre Zungen sind scharf wie ein Schwert.
6 *Erhebe dich, Gott, über den Himmel,*
über die ganze Erde in deiner Herrlichkeit.

7 Sie haben für meine Füße ein Netz ausgelegt.
Sie wollten, dass ich den Mut verliere.
Sie haben vor mir eine Grube gegraben,
doch sie sind selbst hineingefallen. SELA.
8 Mein Vertrauen steht fest, Gott,
felsenfest steht mein Vertrauen.
So will ich singen und musizieren.
9 Wach auf, du herrlicher Glanz!
Wach auf, du Harfe und Leier,
ich will das Morgenrot wecken.
10 Dir will ich danken, mein Herr, unter den Völkern.
Für dich will ich musizieren vor den Nationen.
11 Denn deine Güte reicht bis an den Himmel
und deine Treue bis zu den Wolken.
12 *Erhebe dich, Gott, über den Himmel,*
über die ganze Erde in deiner Herrlichkeit.

vor Saul in die Höhle floh: Von einem Aufenthalt Davids in einer Höhle erzählt beispielsweise 1. Samuel 24.

Zuflucht: Ort, der Schutz bietet. Oft werden Gott oder sein Tempel als Zufluchtsort genannt.

der Höchste: Titel für Gott, der eng mit dem Tempel in Jerusalem verbunden ist.

Sela: Zeichen zum Atemholen.

Löwen: Bild für die mächtigen Feinde, die den Beter zu verschlingen drohen.

Herrlichkeit: Bezeichnet das, was einer Person Ansehen und Macht verleiht. Gottes Herrlichkeit stellt man sich auch als strahlenden Lichtglanz vor.

Netz: Wird bei der Jagd eingesetzt, um Tiere darin zu fangen.

herrlicher Glanz: Der Aufgang der Sonne ist hier Bild für die kommende Gerechtigkeit Gottes.

Leier: Musikinstrument mit bis zu 10 Saiten, die gezupft wurden.

Inschrift: Die Bedeutung des hebräischen Wortes ist unklar. Die Übersetzung folgt der griechischen Überlieferung. Sie deutet darauf hin, dass der Text als Inschrift am Heiligtum angebracht war.

David: Bedeutender König in der Geschichte Israels, der etwa 1000–960 v. Chr. regierte. Er gilt als Dichter zahlreicher Lieder und Gebete.

Frevler: Menschen, die Gottes Gebote missachten und ihre eigenen Interessen gewaltsam durchsetzen.

taube Kobra: Schlangen haben keine sichtbaren Ohren. Deshalb dachte man lange, dass sie nicht hören können.

junge Löwen: Bild für die mächtigen Feinde, die den Beter zu verschlingen drohen.

Gerechte: Menschen, die Gottes Gebote befolgen, sodass das Leben in Gemeinschaft miteinander gelingt.

Wie die Schlangen

58

1 FÜR DEN CHORLEITER,
NACH DER MELODIE: ZERSTÖRE NICHT!
EINE INSCHRIFT, VON DAVID.

2 Haltet ihr euch wirklich an die Wahrheit,
wenn ihr euer Urteil fällt, ihr Mächtigen?
Seid ihr ehrlich gegenüber den Menschen,
wenn ihr Gericht haltet?
3 Nein! Mit Absicht begeht ihr Verbrechen!
Eine Spur der Gewalt zieht ihr durchs Land.
4 Von Geburt an sind die Frevler auf verkehrtem Weg.
Vom Mutterleib an gehen die Lügner in die Irre.
5 Sie versprühen tödliches Gift wie die Schlangen –
wie eine taube Kobra, die ihr Ohr verstopft.
6 So hört sie auch nicht auf den Schlangenbeschwörer,
der einen Zauberspruch gegen Schlangen kennt.

7 Gott, zerschlag ihnen doch die Zähne im Mund!
Zerbrich das Gebiss dieser jungen Löwen, HERR!
8 Wie Wasser, das verrinnt, sollen sie verschwinden.
Wenn einer seinen Pfeil auf sie richtet,
sinken sie auch schon zu Boden.
9 Sie sollen wie eine Schnecke im Schleim zerfließen.
Und wie ein Kind, das tot geboren wird,
sollen sie die Sonne nicht sehen.
10 Ja, Dornengestrüpp liegt unter euren Kochtöpfen.
Doch bevor es knistert, fegt der Sturm es fort –
ganz gleich, ob es noch frisch ist oder schon brennt.

11 Dann wird der Gerechte sich freuen.
Denn er schaut zu, wenn Gott Vergeltung übt.
Er badet seine Füße im Blut des Frevlers.
12 Und die Menschen werden sagen:
»Ja, es lohnt sich, Gerechtigkeit zu üben!
Ja, es gibt einen Gott,
der jeden im Land zur Rechenschaft zieht!«

Gott ist meine Stärke

59 [1] FÜR DEN CHORLEITER,
NACH DER MELODIE: ZERSTÖRE NICHT!
EINE INSCHRIFT, VON DAVID,
ALS SAUL SEINE SOLDATEN SCHICKTE.
SIE SOLLTEN DAS HAUS BEWACHEN UND DAVID TÖTEN.

2 Rette mich vor meinen Feinden, mein Gott,
beschütze mich, wenn sie mich angreifen!
3 Rette mich vor denen, die Unheil anrichten,
hilf mir doch, wenn Menschen nach Blut dürsten!
4 Sieh her, sie haben mir eine Falle gestellt.
Sie sind stark genug, um über mich herzufallen.
Doch ich habe nichts Unrechtes getan, HERR,
man kann mir kein Vergehen vorwerfen.
5 Obwohl ich unschuldig bin,
kommen sie angelaufen und stellen sich auf.
Wach auf, komm mir zu Hilfe und sieh!
6 Du, HERR, Gott der himmlischen Heere,
du bist doch der Gott Israels, wach auf!
Zieh alle Völker zur Verantwortung!
Verschone keinen dieser Übeltäter! SELA.

7 Abend für Abend kommen sie wieder,
kläffen wie Hunde und streunen durch die Stadt.
8 Sieh her, böse Worte spucken sie aus.
Sie führen sie wie Schwerter auf ihren Lippen.
Denn sie denken: »Wer merkt es schon?«
9 Aber du, HERR, du lachst über sie.
Du spottest über alle Völker.
10 *Meine Stärke, an dich will ich mich halten!*
Ja, Gott ist meine feste Burg!

11 Mein Gott kommt mir voll Güte entgegen.
Gott lässt mich auf meine Feinde herabsehen.
12 Doch du sollst sie nicht töten!
Sonst könnte mein Volk dies vergessen.
Zerstreue sie durch dein Heer und wirf sie nieder!
Du bist doch unser Schild, mein Herr!
13 Wenn sie den Mund auftun, begehen sie eine Sünde,
mit jedem Wort, das über ihre Lippen kommt.
Darum sollen sie in ihrem Hochmut gefangen sein.
Denn sie verbreiten nichts als Fluch und Lüge.
14 Vernichte sie in deinem Zorn!
Vernichte sie, dass sie nicht mehr da sind!

Soldaten schickte: 1. Samuel 19,11-17 erzählt, wie David den Soldaten von König Saul entkommt. Davids Frau, eine Tochter Sauls, hilft ihm dabei.

wach auf: Charakteristischer Ausdruck in den Psalmen. Der Weckruf soll Gott zum Eingreifen bewegen.

himmlische Heere: Hebräisch *Zebaot*. Der Beiname bringt die ganze Fülle von Gottes Macht zum Ausdruck.

Sela: Zeichen zum Atemholen.

Stärke: Bezeichnung für Gott, der den Beter schützen und ihm neue Kraft schenken soll.

Burg: Bild für Gottes Schutz, vgl. Psalm 46. Der Beter denkt dabei auch an den Tempel als Zufluchtsort.

Schild: Abwehrwaffe in der Schlacht und Bild für Gottes Schutz.

Zorn Gottes: Sein Wille, Gericht zu halten.

Daran wird man erkennen,
dass Gott über die Nachkommen Jakobs herrscht.
Bis ans Ende der Welt reicht seine Macht. SELA.

15 Abend für Abend kommen sie wieder,
kläffen wie Hunde und streunen durch die Stadt.
16 Sie treiben sich herum, um zu fressen!
Werden sie nicht satt, bleiben sie über Nacht.
17 Ich aber will ein Lied singen über deine Stärke!
Am Morgen will ich jubeln über deine Güte!
Denn du bist für mich eine feste Burg,
ein Zufluchtsort am Tag meiner Not.
18 *Meine Stärke, dir will ich ein Lied spielen!*
Ja, Gott ist meine feste Burg, mein guter Gott!

Gebet nach schwerer Niederlage

60

1 FÜR DEN CHORLEITER,
NACH DER MELODIE: LOTUSBLÜTE.
EINE URKUNDE, EINE INSCHRIFT, VON DAVID,
ZUR VERWENDUNG IM UNTERRICHT.
2 DAMALS, ALS ER GEGEN DIE ARAMÄER AUS MESOPOTAMIEN
UND GEGEN DIE ARAMÄER VON ZOBA IN DEN KRIEG ZOG.
JOAB ABER KEHRTE ZURÜCK UND SCHLUG DIE EDOMITER
IM SALZTAL: ZWÖLFTAUSEND MANN.

3 Gott, du hast uns verstoßen,
unsere Reihen auseinandergerissen.
Voller Zorn bist du gewesen.
Jetzt stell uns wieder her!
4 Du hast die Erde erschüttert,
du hast das Land tief gespalten.
Jetzt heile doch seine Risse!
Denn es bricht auseinander.
5 Du hast dein Volk erfahren lassen,
wie hart das Leben im Krieg ist.
Du gabst uns Wein zu trinken,
der uns taumeln ließ.
6 Doch denen, die dich verehren,
hast du ein Feldzeichen aufgestellt.
Dorthin können sie fliehen
vor Pfeil und Bogen. SELA.
7 So werden deine Freunde gerettet.
Hilf uns mit deiner starken Hand
und antworte uns!

Nachkommen Jakobs: Bezeichnung für das Volk Israel. Der Stammvater Jakob wird in 1. Mose/Genesis 32,29 in Israel umbenannt.

Inschrift: Die Bedeutung des hebräischen Wortes ist unklar. Die Übersetzung folgt der griechischen Überlieferung. Sie deutet darauf hin, dass der Text als Inschrift am Heiligtum angebracht war.

von Zoba in den Krieg zog: Von Davids Krieg gegen König Hadad-Eser von Zoba erzählt 2. Samuel 8,3-14.

Edomiter: Nachbarvolk Israels im Süden.

Salztal: Wahrscheinlich südlich vom Toten Meer gelegen, das wegen seines hohen Salzgehalts auch »Salzmeer« genannt wird.

Reihen: Schlachtreihen, die an einen Krieg denken lassen.

Zorn Gottes: Sein Wille, Gericht zu halten.

taumeln: Bei den Propheten ist der mit Gottes Zorn gefüllte Weinbecher Bild für das Gericht Gottes. Es erschüttert Menschen so sehr, dass sie wie Betrunkene wanken; vgl. Jeremia 25,15-29.

Feldzeichen: Eine militärische Signalstange, die den Truppen Marschrichtung und Sammelplatz anzeigt.

Sela: Zeichen zum Atemholen.

8 In seinem Heiligtum hat Gott gesagt:
»Ich werde jubeln über meinen Sieg!
Das Land von Sichem werde ich verteilen
und das Tal von Sukkot ausmessen.
9 Mir gehört Gilead und mir gehört Manasse.
Efraim ist mein Helm, Juda mein Herrscherstab.
10 Moab soll mir als Waschbecken dienen.
Auf Edom will ich meinen Schuh werfen.
Über die Philister werde ich triumphieren.«

11 »Wer kann mich zur Grenzfestung bringen?
Wer wird mich sicher bis nach Edom führen?
12 Ach Gott, hast du uns wirklich verstoßen,
ziehst du nicht mehr mit uns in den Krieg, Gott?
13 Steh uns bei und rette uns vor dem Feind!
Hilfe von Menschen kann da nichts ausrichten.
14 Doch mit Gott werden wir siegreich sein.
Er selbst wird unsere Feinde zertreten.«

Gott ist ein starker Turm

61 1 FÜR DEN CHORLEITER,
ZUR MUSIK VON SAITENINSTRUMENTEN.
VON DAVID.

2 Höre, Gott, mein Klagen!
Gib acht auf mein Gebet!
3 Vom Rand der Welt rufe ich zu dir.
Ich bin im Herzen so verzweifelt.
Bring mich auf einen sicheren Felsen.
Für mich allein ist er zu hoch.
4 Ja, du bist für mich eine Zuflucht,
ein starker Turm, der dem Feind standhält.
5 Für immer möchte ich Gast sein in deinem Zelt.
Unter deinen Flügeln will ich Schutz suchen
wie in einem Versteck. SELA.

6 Denn du, Gott, hast meine Gelübde gehört.
Du hast denen das Land zum Besitz gegeben,
die deinem Namen mit Ehrfurcht begegnen.
7 Schenk doch dem König ein langes Leben,
viele Jahre von Generation zu Generation!
8 Für immer soll er vor Gott auf seinem Thron sitzen!
Güte und Treue sollen ihn ständig bewahren!
9 Ich will deinen Namen preisen alle Zeit
und meine Gelübde erfüllen Tag für Tag.

verteilen: Nach seinem Sieg ordnet Gott die Völkerwelt neu. Es gelten neue Machtverhältnisse.

Herrscherstab: Bild für königliche Macht, ursprünglich ein Hirtenstab.

Schuh werfen: Die Redewendung bedeutet, dass man von etwas Besitz ergreift.

mich: In den Versen 11-14 redet David, der Gott befragt und um den Sieg bittet.

David: Bedeutender König in der Geschichte Israels, der etwa 1000–960 v. Chr. regierte. Er gilt als Dichter zahlreicher Lieder und Gebete.

Zuflucht: Ort, der Schutz bietet. Oft werden Gott oder sein Tempel als Zufluchtsort genannt.

Zelt: Meint hier den Tempel als Wohnung Gottes und Zufluchtsort für Verfolgte.

Gelübde: Versprechen, das ein Mensch Gott gibt. Es muss in jedem Fall eingelöst werden.

Name Gottes: Steht für Gott selbst und seine Gegenwart, vor allem im Heiligtum.

Ehrfurcht: Eine Haltung größter Hochachtung gegenüber Gott, die sowohl Bewunderung als auch Erschrecken zum Ausdruck bringt.

König: Der von Gott eingesetzte Herrscher, der im Staat für Gerechtigkeit und Ordnung zu sorgen hat.

Einkehr in die Stille

62 [1] FÜR DEN CHORLEITER,
NACH DER MELODIE VON JEDUTUN.
EIN PSALM, VON DAVID.

[2] Bei Gott *schweigt meine* Seele *still.*
Von ihm kommt die Hilfe, die ich nötig habe!
[3] *Nur er ist mein* Fels *und meine Rettung –*
meine feste Burg, *sodass ich nicht wanke.*
[4] Wie lange wollt ihr gegen einen allein anstürmen?
Wollt ihr denn alle gegen ihn anrennen –
wie gegen eine Hauswand, die sich schon neigt,
wie gegen eine Stadtmauer, die gleich einstürzt?
[5] Sie planen, ihn aus seiner hohen Stellung zu stürzen.
Wenn es dazu beiträgt, lügen sie gern.
Mit dem Mund segnen sie,
aber in ihrem Herzen fluchen sie. SELA.

[6] Bei Gott *schweigt meine Seele still.*
Von ihm kommt die Hilfe, die ich nötig habe!
[7] *Nur er ist mein Fels und meine Rettung –*
meine feste Burg, sodass ich nicht wanke.
[8] Auf Gott gründet sich meine Freiheit und Würde.
Mein starker Fels ist er,
meine Zuflucht ist bei Gott.
[9] Vertraut ihm zu jeder Zeit, ihr aus dem Volk!
Schüttet euer Herz aus vor ihm,
Gott ist unsere Zuflucht. SELA.

[10] Nur ein Hauch sind die Menschenkinder.
Ein trügerisches Nichts sind die Sterblichen!
Legt man sie auf eine Waage, schnellen sie hoch.
Alle zusammen sind leichter als ein Hauch.
[11] Darum verlasst euch nicht auf erpresstes Gut.
Gestohlene Habe wird euch nichts nützen.
Wenn euer Wohlstand wächst,
dann hängt euer Herz nicht daran!
[12] Eines hat Gott geredet,
zwei Dinge habe ich gehört:
Gott besitzt vollkommene Macht.
[13] Und du, mein Herr, bist voller Güte.
Du ziehst jeden zur Rechenschaft
für das, was er getan hat.

Jedutun: Name eines Sängers, der für die Musik am Tempel zuständig war; vgl. 1. Chronik 25,1-7.

David: Bedeutender König in der Geschichte Israels, der etwa 1000–960 v. Chr. regierte. Er gilt als Dichter zahlreicher Lieder und Gebete.

Seele: Ausdruck für die Empfindsamkeit, Sehnsucht und Lebendigkeit des Menschen.

Fels: Ehrenvolle Bezeichnung für Gott, in der seine Stärke zum Ausdruck kommt.

Burg: Bild für Gottes Schutz, vgl. Psalm 46. Der Beter denkt dabei auch an den Tempel als Zufluchtsort.

Sela: Zeichen zum Atemholen.

Zuflucht: Ort, der Schutz bietet. Oft werden Gott oder sein Tempel als Zufluchtsort genannt.

Hauch: Bild für das flüchtige und vergängliche Dasein des Menschen.

Menschenkinder: Poetischer Ausdruck für die Menschheit.

schnellen sie hoch: Bild dafür, dass Besitz und Fortschritte der Menschheit bei Gott kein Gewicht haben.

Meine Seele dürstet nach Gott

63 [1] EIN PSALM, VON DAVID,
ALS ER IN DER WÜSTE JUDA WAR.

2 Gott, du bist mein Gott, dich suche ich,
meine Seele dürstet nach dir.
Mein Leib schmachtet nach dir im dürren Land,
er lechzt nach Wasser, aber es ist keines da.
3 So halte ich Ausschau nach dir im Heiligtum.
Ich will deine Kraft und Herrlichkeit erfahren.
4 Ja, deine Güte bedeutet mir mehr als das Leben.
Meine Lippen sollen dich loben.
5 So will ich dich preisen mein Leben lang.
Mit deinem Namen auf den Lippen
erhebe ich meine Hände zum Gebet.

6 Wie von Speise und Trank wird meine Seele satt.
Lauter Jubellieder kommen von meinen Lippen.
7 Oft lag ich in meinem Bett und dachte an dich.
Ich durchwachte Nächte und überlegte mir:
8 Du bist es gewesen, der mir geholfen hat!
Im Schatten deiner Flügel preise ich dich.

9 Meine Seele klammert sich an dich.
Deine starke Hand hält mich fest.
10 Doch diese Leute wollen mir grundlos ans Leben.
In die Tiefen der Erde sollen sie hinabstürzen.
11 Der Gewalt des Schwerts soll man sie ausliefern.
Sie werden zur sicheren Beute für die Schakale.
12 Aber der König darf sich freuen über Gott!
Jeder darf sich rühmen, der bei ihm geschworen hat.
Ja, endlich wird den Lügnern das Maul gestopft!

Das Herz des Menschen – ein Abgrund

64 [1] FÜR DEN CHORLEITER.
EIN PSALM, VON DAVID.

2 Höre mein Rufen, Gott! Dir klage ich mein Leid!
Behüte mein Leben vor dem schrecklichen Feind!
3 Versteck mich vor der Truppe der Bösen,
vor dem schlimmen Treiben der Übeltäter.
4 Die haben ihre Zunge wie ein Schwert geschärft.
Der Pfeil auf ihrem Bogen ist ein giftiges Wort.
5 Aus der Deckung schießen sie auf Unschuldige.
Sie schießen ganz plötzlich, man sieht sie nicht.

in der Wüste Juda: Auf seiner Flucht vor seinem Sohn Abschalom hielt König David sich dort auf, vgl. 2. Samuel 15–17.

Leib: Mit Seele und Leib sehnt sich der ganze Mensch nach Gott.

Herrlichkeit: Bezeichnet das, was einer Person Ansehen und Macht verleiht. Gottes Herrlichkeit stellt man sich auch als strahlenden Lichtglanz vor.

Name Gottes: Steht für Gott selbst und seine Gegenwart, vor allem im Heiligtum.

Gebet: Reden des Menschen mit Gott.

Tiefen der Erde: Bild für das Totenreich, das unter der Erde liegt.

Schakal: Nachtaktiver Wildhund, der in der unbewohnten Steppe lebt.

König: Der von Gott eingesetzte Herrscher, der im Staat für Gerechtigkeit und Ordnung zu sorgen hat.

bei Gott geschworen: Meint die am Gerichtsverfahren Beteiligten, die einen Eid abgelegt haben und sich nicht von falschen Zeugen täuschen lassen.

Zunge: Durch Lügen und Verleumden kann sie großen Schaden anrichten.

Gerechte: Menschen, die Gottes Gebote befolgen, sodass das Leben in Gemeinschaft miteinander gelingt.

Zuflucht: Ort, der Schutz bietet. Oft werden Gott oder sein Tempel als Zufluchtsort genannt.

David: Bedeutender König in der Geschichte Israels, der etwa 1000–960 v. Chr. regierte. Er gilt als Dichter zahlreicher Lieder und Gebete.

Zion: Tempelberg von Jerusalem, aber auch Bezeichnung für die ganze Stadt.

Gelübde: Versprechen, das ein Mensch Gott gibt. Es muss in jedem Fall eingelöst werden.

Schuld: Konkrete Verfehlungen, die von Gott trennen und das Gewissen belasten können.

Höfe: Der Tempel in Jerusalem war von einem inneren und äußeren Vorhof umgeben.

Tempel: Das zentrale Heiligtum in Jerusalem. Der Tempel galt als Wohnung Gottes und war Zufluchtsort für Verfolgte.

gerecht, Gerechtigkeit: Meint ein Leben nach dem Willen Gottes.

6 Sie sind fest entschlossen zur bösen Tat.
Sie verabreden sich, Fallen zu verstecken,
und prahlen: »Wer kann sie entdecken?«
7 Sie denken sich lauter Bosheiten aus.
Was sie auch planen, halten sie geheim.
Ja, das Innere des Menschen ist unergründlich
und in seinem Herzen tut sich ein Abgrund auf!

8 Gott aber schoss seinen Pfeil auf sie ab.
Da waren sie wie vom Schlag getroffen.
9 Ihre eigene Zunge hat sie zu Fall gebracht.
Jeder, der es sah, schüttelte sich vor Lachen.
10 Doch alle Menschen wurden von Furcht ergriffen.
Sie erzählten davon, was Gott getan hat,
und verstanden sein Handeln.
11 Der Gerechte darf sich freuen über den HERRN –
bei ihm wird er seine Zuflucht suchen.
Jeder darf sich rühmen, der ein ehrliches Herz hat.

Gottes gute Gaben

65 1 FÜR DEN CHORLEITER.
EIN PSALM, VON DAVID, EIN LIED.

2 Für dich ist Schweigen ein Lobgesang,
du Gott, der auf dem Zion thront.
Vor dir erfüllt man seine Gelübde,
3 du bist es, der unser Gebet hört.
Zu dir kommen alle Sterblichen.
4 Sie bekennen dir ihre Schuld.
Und wiegen unsere Vergehen noch so schwer,
du bist es, der uns Vergebung schenkt.

5 Glücklich ist, den du erwählst!
Du lässt ihn in deine Nähe kommen.
Er darf in deinen Höfen wohnen.
Wir wollen uns satt essen an den Gaben,
die uns in deinem Haus erwarten –
an den heiligen Gaben deines Tempels.
6 Mit gewaltigen Taten schaffst du Gerechtigkeit.
Durch sie antwortest du uns, Gott, der uns rettet.
Dir vertrauen die fernsten Länder der Erde
und die Inseln im weiten Meer.
7 Du hast die Berge durch deine Kraft gegründet.
Stärke hast du dir umgebunden wie einen Gürtel.
8 Das Brausen der Meere bringst du zum Schweigen –
das Brausen der Wogen wie das Lärmen der Nationen.

9 Die fernsten Länder fürchten sich vor deinen Zeichen.
Den Osten und den Westen lässt du jubeln.

10 Du hast für das Land gesorgt und ihm Regen gegeben.
Mit Fruchtbarkeit hast du es reich beschenkt.
Der Bach Gottes ist mit Wasser gefüllt.
Du bestimmst die Arbeit für das Getreide.
Ja, so bestimmst du die Bestellung des Feldes:
11 Die Furchen wässern, die Schollen ebnen!
Du gibst den Regen dazu, segnest die Gewächse.
12 So hast du das Jahr mit deinen Gütern gekrönt.
Die Spuren der Erntewagen triefen von Fett.
13 In der Steppe sprießen die grünen Wiesen.
Wie ein Band legt sich Jubel um die Höhen.
14 Die Weiden füllen sich mit Schafen und Ziegen.
Die Täler hüllen sich in Korn wie in ein Kleid.
Sie jubeln einander zu, ja sie singen ihr Lied.

In die Freiheit geführt

66 1 FÜR DEN CHORLEITER.
EIN LIED, EIN PSALM.

Jubelt Gott zu, alle Länder!
2 Singt von der Herrlichkeit seines Namens!
Stimmt an den Lobgesang auf seine Herrlichkeit!
3 Sagt zu Gott: »Wie gewaltig sind deine Werke.
Wie groß und mächtig bist du doch,
auch deine Feinde schmeicheln dir!«
4 Alle Länder sollen dich anbeten und dich preisen,
sie sollen deinen Namen preisen. – SELA.

5 Kommt und schaut die Taten Gottes!
Was er für die Menschen tut, ist gewaltig:
6 Er verwandelte das Meer in trockenes Land,
zu Fuß zogen sie sicher durch den Strom.
Dort am Ufer wollen wir uns über den freuen,
7 der für immer herrscht in seiner Macht.
Er behält die Völker im Auge.
Kein Aufrührer darf sich gegen ihn erheben. SELA.

8 Ihr Völker, preist unseren Gott!
Lasst sein Lob laut erschallen!
9 Er ist es, der uns am Leben erhält
und unseren Fuß nicht straucheln lässt.

den Osten und den Westen: Wörtlich »die Ausgänge des Morgens und des Abends«. Im Sonnenlauf bezeichnen Morgen und Abend den Osten und Westen. Gemeint ist also die gesamte Erde.

Getreide: Getreide, vor allem Weizen, war ein Grundnahrungsmittel, das hauptsächlich zum Backen von Brot verwendet wurde.

Fett: Meint hier das Öl von Olivenbäumen, das im östlichen Mittelmeerraum zu den Grundnahrungsmitteln gehört.

Name Gottes: Steht für Gott selbst und seine Gegenwart, vor allem im Heiligtum.

Herrlichkeit: Bezeichnet das, was einer Person Ansehen und Macht verleiht. Gottes Herrlichkeit stellt man sich auch als strahlenden Lichtglanz vor.

Sela: Zeichen zum Atemholen.

in trockenes Land: 2. Mose/Exodus 14,21-31 erzählt, wie die Israeliten auf der Flucht vor den Ägyptern trockenen Fußes durch das Schilfmeer ziehen können.

Netz: Wird bei der Jagd eingesetzt, um Tiere darin zu fangen.

Brandopfer: Das geschlachtete Opfertier wird mit Ausnahme der Haut bzw. des Fells vollständig auf dem Brandopferaltar verbrannt.

Haus Gottes: Bezeichnet den Tempel in Jerusalem.

Gelübde: Versprechen, das ein Mensch Gott gibt. Es muss in jedem Fall eingelöst werden.

Opferduft: Wohlriechende Duftstoffe wie Weihrauch, die zusammen mit dem Widder verbrannt werden.

Widder: Ausgewachsenes männliches Schaf mit gebogenen Hörnern.

Ehrfurcht: Eine Haltung größter Hochachtung gegenüber Gott, die sowohl Bewunderung als auch Erschrecken zum Ausdruck bringt.

Gnade: Liebevolle Zuwendung Gottes, die er den Menschen ohne Vorbedingung schenkt.

Segen, segnen: Besondere Zuwendung Gottes zu seinen Geschöpfen. Gott schenkt durch seinen Segen Leben, Kraft und Wohlergehen.

Angesicht leuchten lassen: Meint die liebevolle Zuwendung Gottes zu den Menschen.

Sela: Zeichen zum Atemholen.

10 Ja, du hast uns auf die Probe gestellt, Gott.
Du hast uns durch Schmelzen geprüft,
wie bei Metall der Silbergehalt geprüft wird.
11 Du hast uns ins Netz gehen lassen
und uns Angst in die Glieder gejagt.
12 Krieger ritten über unsere Köpfe hinweg.
Durch Feuer und Wasser sind wir gegangen.
Doch du hast uns in die Freiheit geführt.

13 Mit Brandopfern komme ich in dein Haus,
ich will dir meine Gelübde erfüllen.
14 Meine Lippen haben sie dir versprochen,
in der Not hat mein Mund sie ausgesprochen.
15 Dir bringe ich Brandopfer von fetten Schafen,
zusammen mit dem Opferduft von Widdern.
Rinder will ich für das Opfer vorbereiten
und Ziegenböcke dazu. SELA.

16 Kommt und hört, was ich euch erzählen will!
Alle, die ihr Gott mit Ehrfurcht begegnet:
Hört zu, was er für mein Leben getan hat!
17 Während mein Mund noch um Hilfe rief,
lag schon der Lobgesang auf meiner Zunge.
18 Hätte ich etwas Unrechtes im Sinn gehabt,
dann hätte mein Herr mich nicht gehört.
19 Aber Gott hat mich gehört,
auf mein lautes Flehen hat er geachtet.
20 Gepriesen sei Gott!
Er hat mein Gebet nicht abgewiesen
und seine Güte nicht von mir genommen.

Recht für die Völker

67

1 FÜR DEN CHORLEITER.
ZU BEGLEITEN MIT SAITENINSTRUMENTEN.
EIN PSALM, EIN LIED.

2 Gott schenke uns seine Gnade und segne uns.
Er lasse bei uns sein Angesicht leuchten. SELA.
3 So wird man auf der Erde deinen Weg erkennen
und bei allen Völkern deine heilvolle Zukunft.

4 *Dich, Gott, sollen die Völker preisen!*
Alle Völker zusammen sollen dich preisen!
5 Die Nationen sollen sich freuen und jubeln.
Denn du sorgst für ein umfassendes Recht.
Du lenkst die Nationen auf der Erde! SELA.

[6] *Dich, Gott, sollen die Völker preisen!*
Alle Völker zusammen sollen dich preisen!

[7] Das Land hat uns eine reiche Ernte beschert,
Gott, unser Gott, gab uns den Segen.
[8] So segne uns Gott,
und die ganze Welt begegne ihm mit Ehrfurcht.

Gottes Einzug in Jerusalem

68 [1] FÜR DEN CHORLEITER.
VON DAVID, EIN PSALM, EIN LIED.

[2] Wenn Gott sich in seiner Macht erhebt,
laufen seine Feinde in alle Richtungen davon.
Die Leute, die ihn hassen, fliehen vor ihm.
[3] Wie Rauch durch einen Windstoß verweht,
wie Wachs in der Nähe des Feuers schmilzt –
so müssen die Frevler vergehen vor Gott.
[4] Aber die Gerechten freuen sich.
Sie jubeln vor Gott und jauchzen voll Freude.

[5] Singt ein Lied für Gott, preist seinen Namen!
Jubelt über den, der über die Wolken fährt!
HERR ist sein Name, empfangt ihn mit Jubel!
[6] Ein Vater der Waisen, ein Anwalt der Witwen:
Das ist Gott in seiner heiligen Wohnung.
[7] Gott gibt den Einsamen ein Zuhause
und die Gefangenen führt er in die Freiheit.
Nur die Aufrührer bleiben im dürren Land.

[8] Gott, als du auszogst an der Spitze deines Volks,
als du durch die Wüste schrittest – SELA:
[9] Da bebte die Erde, da goss es vom Himmel in Strömen,
vor dem Angesicht Gottes, der vom Sinai kommt –
vor dem Angesicht Gottes, dem Gott Israels.
[10] Regen im Überfluss hast du gespendet, Gott!
Dein erschöpftes Land hast du neu belebt.
[11] Auch deine Tiere kehren nach der Trockenheit zurück.
Mit deinen Gaben, Gott, versorgst du die Armen.

[12] Der Herr gibt Nachricht von seinem Sieg.
Freudenbotinnen sind unterwegs in großer Schar:
[13] »Könige von Heeren fliehen geschwind, geschwind,
und daheim verteilen die Frauen die Beute.

Frevler: Menschen, die Gottes Gebote missachten und ihre eigenen Interessen gewaltsam durchsetzen.

Gerechte: Menschen, die Gottes Gebote befolgen, sodass das Leben in Gemeinschaft miteinander gelingt.

Name Gottes: Steht für Gott selbst und seine Gegenwart, vor allem im Heiligtum.

Waise: Kind, dessen Eltern gestorben sind und dessen Versorgung dadurch nicht mehr sicher ist. Von der Gemeinschaft wird gefordert, dass sie Waisen versorgt und niemand ihre schwache Stellung ausnutzt.

heilige Wohnung: Bezeichnung sowohl für den Himmel als Wohnort Gottes als auch für den Tempel, in dem die Menschen Gott begegnen.

an der Spitze deines Volks: 2. Mose/Exodus 13,20-22 erzählt, dass Gott sein Volk während und nach der Befreiung aus Ägypten auf dem Weg durch die Wüste durch eine Wolken- oder Feuersäule begleitet hat.

Angesicht: Bezeichnet im übertragenen Sinn die Zuwendung Gottes zu den Menschen.

Berg Sinai: Gottesberg in der Wüste, auf dem Gott im Gewittersturm erscheint und Mose die Zehn Gebote erhält; vgl. 2. Mose/Exodus 19–20.

Taube: Wahrscheinlich eine Schmuckfigur, die als kostbarstes Stück aus der Kriegsbeute genannt wird.

grünes Gold: Grüner Schimmer bei Gold entsteht durch einen hohen Silberanteil.

der Gewaltige: Hebräisch *Schaddaj*. Titel für Gott, in dem seine überlegene Macht zum Ausdruck kommt.

Schwarzberg: Der hebräische Name des Berges lautet Zalmon. Er nimmt Bezug auf das schwarze Gestein der Bergregion im Südwesten Syriens.

fremder Gottesberg: Berg, der als Wohnsitz eines fremden Gottes galt.

Baschan: Fruchtbare Hochebene bei den Golanhöhen, östlich des See Gennesaret.

Berg: Meint den Berg Zion mit dem Tempel in Jerusalem.

Saitenspieler: Musiker, die Saiteninstrumente wie Harfe oder Leier spielten.

Benjamin: Jüngster Sohn von Israels Stammvater Jakob, der hier stellvertretend für den Stamm Benjamin steht..

14 – Wollt ihr da noch bei den Herden bleiben? –
Die Flügel der Taube sind mit Silber überzogen,
ihre Schwingen schimmern in grünem Gold.«
15 Als der Gewaltige die Könige zerstreute,
fiel sogar Schnee auf dem Schwarzberg.

16 Du fremder Gottesberg, Gebirge Baschan!
Du Berg mit Gipfeln, Gebirge Baschan!
17 Ihr Berge, ihr Gipfel! Warum schaut ihr so neidisch
zum Berg, den Gott sich als Wohnsitz wünscht?
Ja, dort will der HERR für immer wohnen.
18 Der Thronwagen Gottes steht bereit
unter zehntausendmal zehntausend Wagen.
Der Herr kommt vom Sinai in sein Heiligtum.
19 So bist du in die Höhe gefahren,
einen Zug von Gefangenen brachtest du heim.
Von Menschen hast du Tribut genommen.
Sogar die Aufrührer kamen, um bei dir zu wohnen.
Ja, der HERR ist Gott!

20 Gepriesen sei der Herr Tag für Tag!
Er trägt unsere Last, Gott ist unsere Hilfe. SELA.
21 Gott ist für uns ein Gott, der uns hilft.
Gott, der HERR, kennt Auswege aus dem Tod.
22 Doch seinen Feinden zerschmettert er den Schädel.
Wer schuldig ist, den packt er am Haarschopf.
23 Der Herr hat gesagt: »Es gibt kein Entkommen!
Ich hole sie alle zurück aus dem Gebirge Baschan.
Aus den Tiefen des Meeres hole ich sie zurück!«
24 Dann badest du deinen Fuß im Blut der Feinde,
während deine Hunde nach ihrem Anteil gieren.

25 Viele sahen deinen Einzug, Gott,
den Einzug meines Gottes und Königs ins Heiligtum:
26 Voran gingen die Sänger, dann die Saitenspieler.
Mittendrin schlugen Frauen die Handpauke dazu.
27 In Chören hießen sie Gott willkommen,
den HERRN, den Lebensquell Israels:
28 »Schau, dort ist Benjamin, der Jüngste, an ihrer Spitze.
Es folgen die Fürsten aus Juda in festlichem Zug,
dahinter die aus Sebulon und aus Naftali.«

29 Deine Macht, Gott, hast du zum Einsatz gebracht.
Zeig uns jetzt, wie stark du bist, Gott,
so wie du es früher für uns getan hast.

30 Lass deine Macht von deinem Tempel ausgehen,
hoch über Jerusalem.
Zu dir sollen Könige ihren Tribut bringen.
31 Bedrohe das Untier aus dem Schilf!
Bedrohe die Horde der wilden Stiere,
die unter den Kälbern herrschen!
Durch Gold und Silber lassen sie sich unterwerfen.
Bezahle damit Truppen, die gerne Krieg führen!
32 Aus Ägypten kommt man mit kostbaren Stoffen.
Nubien beeilt sich mit seinen Gaben für Gott.

33 Ihr Königreiche der Erde, singt für Gott,
spielt eure Lieder vor dem Herrn. SELA.
34 Spielt für den, der über den Himmel fährt –
über den Himmel, der seit Urzeiten besteht!
Hört, er lässt seine Stimme erschallen –
eine gewaltige Donnerstimme.
35 Erkennt die Herrschaft Gottes an!
In seiner Majestät herrscht er über Israel
und in seiner Macht lenkt er die Wolken.
36 Du verbreitest Furcht, Gott,
wenn du von deinem Heiligtum ausgehst.
Es ist der Gott Israels,
der dem Volk Kraft und Stärke verleiht.
Gepriesen sei Gott!

Gott zieht mich aus dem Schlamm

69 1 FÜR DEN CHORLEITER,
NACH DER MELODIE: LOTUSBLÜTEN.
VON DAVID.

2 Rette mich, Gott!
Das Wasser steht mir bis zum Hals.
3 Ich bin versunken in tiefem Schlamm
und finde keinen festen Grund.
In tiefes Wasser bin ich geraten.
Eine Flutwelle spülte mich fort.
4 Erschöpft bin ich von meinem Schreien.
Meine Kehle ist schon heiser.
Meine Augen sind müde geworden,
so sehr hielt ich Ausschau nach meinem Gott.
5 Feinde, die mich ohne Grund hassen,
habe ich mehr als Haare auf dem Kopf.
Es sind starke Gegner, die mich verderben wollen.
Und was sie mir vorwerfen, ist gelogen:

Tempel: Das zentrale Heiligtum in Jerusalem. Der Tempel galt als Wohnung Gottes und war Zufluchtsort für Verfolgte.

Tribut: Geld- oder Sachleistungen, die ein unterworfenes Volk an die Großmacht zahlen muss.

Untier aus dem Schilf: Poetische Bezeichnung für ein Krokodil und hier Deckname für die Großmacht Ägypten.

Horde der wilden Stiere: Bezeichnung für Großmächte, die über die als »Kälber« bezeichneten schwächeren Völker herrschen.

Nubien: Wörtlich »Kusch«. Gebiet, das vom südlichen Ägypten bis in den heutigen Sudan reicht.

Sela: Zeichen zum Atemholen.

Himmel: Im übertragenen Sinn beschreibt »Himmel« den Bereich, in dem Gott wohnt.

Heiligtum: Bezeichnung sowohl für den Himmel als Wohnort Gottes als auch für den Tempel, in dem die Menschen Gott begegnen.

Schuld: Konkrete Verfehlungen, die von Gott trennen und das Gewissen belasten können.

himmlische Heere: Hebräisch *Zebaot*. Der Beiname bringt die ganze Fülle von Gottes Macht zum Ausdruck.

Brüder: Kann sowohl den leiblichen Bruder als auch einen Mitmenschen bezeichnen, der wie der Beter zum Volk Gottes gehört.

Haus Gottes: Bezeichnet den Tempel in Jerusalem.

Sack: Kleidungsstück aus rauem Leinen, das zum Zeichen von Trauer oder Buße auf bloßer Haut getragen wurde.

Tor: Torgebäude in der Stadtmauer. Der Platz davor diente als Marktplatz und Versammlungsort für Gerichtsverhandlungen.

Abgrund, Brunnenöffnung: Bild für das Totenreich.

Angesicht verbergen: Wenn Gott sein Gesicht verbirgt, nimmt er die Bitten des Beters nicht an.

Knecht: Selbstbezeichnung von Menschen, die sich in den Dienst Gottes stellen und ihn dadurch als ihren Herrn anerkennen.

Ich soll ihnen etwas zurückgeben,
was ich gar nicht gestohlen habe!

6 Gott, du weißt, was ich falsch gemacht habe.
Meine Schuld ist vor dir nicht verborgen.
7 Niemand, der auf dich hofft, mein Herr,
soll durch mich enttäuscht werden,
du HERR der himmlischen Heere.
Niemand, der nach dir fragt, du Gott Israels,
soll durch mein Elend entmutigt werden.
8 Denn deinetwegen erleide ich Schande,
steigt mir die Schamesröte ins Gesicht.
9 Meine Brüder wollen mich nicht mehr kennen.
Für die Söhne meiner Mutter bin ich ein Fremder.
10 Denn der Einsatz für dein Haus hat mich aufgerieben.
Der Spott, mit dem man dich verspottet,
hat mich getroffen.
11 Als mir beim Fasten die Tränen kamen,
hat man mich nur ausgelacht.
12 Als ich zur Buße den Sack anlegte,
reimten sie einen Spottvers auf mich.
13 Sie sitzen im Stadttor und tuscheln über mich.
Sie singen Spottlieder und trinken Bier dazu.

14 Ich aber schicke mein Gebet zu dir,
zu der Zeit, HERR, die dir gefällt:
Antworte mir, Gott, in deiner großen Güte,
zeig mir deine Treue und rette mich!
15 Zieh mich aus dem Schlamm,
sonst muss ich darin versinken!
Rette mich aus dem Strudel des Hasses
und aus dem tiefen Wasser!
16 Lass nicht zu, dass eine Flutwelle mich fortspült!
Lass nicht zu, dass mich der Abgrund verschlingt
und die Brunnenöffnung sich über mir schließt!
17 Antworte mir, HERR, so wohltuend ist deine Güte!
Wende dich mir zu, so groß ist dein Mitleid!
18 Verbirg nicht dein Angesicht vor deinem Knecht!
Denn ich bin in höchster Not! Antworte mir bald!
19 Komm zu mir und erlöse mich aus der Gefahr.
Befreie mich – meinen Feinden zum Trotz.
20 Du weißt, wie sehr sie mich beleidigt,
wie sie mich enttäuscht und gedemütigt haben.
Alle meine Verfolger stehen dir vor Augen.
21 So beleidigt zu werden, brach mir das Herz.
Ich fühlte mich zutiefst verletzt.

Ich hoffte, dass jemand Mitleid hätte – vergebens.
Ich wartete, dass mich jemand trösten würde –
doch niemand war dazu bereit!

22 Sie gaben mir Gift als Krankenkost
und Essig zu trinken gegen den Durst.
23 Doch der Tisch, den sie gedeckt haben,
soll ihnen selbst zum Verhängnis werden.
Und die Opfermahlzeit, die sie feiern,
soll sich als eine Falle erweisen.
24 Lass ihre Augen dunkel werden,
damit sie nichts mehr sehen können!
Lass ihre Hüften beben vor Angst,
damit diese Leute für immer wanken!
25 Lass deine Wut über sie kommen!
Dein glühender Zorn soll sie treffen.
26 Ihr Lagerplatz soll verlassen sein!
In ihren Zelten soll niemand mehr wohnen.
27 Denn sie verfolgten den, den du geschlagen hast.
Und denen, die von dir verwundet wurden,
haben sie noch mehr Schmerzen zugefügt.
28 Sie sollen von einer Schuld in die andere geraten!
So werden sie niemals vor dir als gerecht gelten.
29 Aus dem Buch des Lebens soll man sie streichen.
Ihre Namen soll man nicht in die Liste schreiben,
in der die Gerechten aufgeführt sind.
30 Ich aber fühle mich elend und leidend.
Deine Hilfe, Gott, wird mich aufrichten.

31 Den Namen Gottes will ich preisen mit einem Lied.
Mit einem Dankgebet will ich ihn hoch loben.
32 Das gefällt dem HERRN besser als Opfertiere,
als ein Stier mit Hörnern und Klauen.
33 Schaut her, ihr Armen, und freut euch!
Ihr, die ihr Gott sucht, fasst neuen Mut!
34 Denn der HERR hört auf die Armen.
Und die Gefangenen, die zu ihm gehören,
verachtet er nicht.
35 Himmel und Erde sollen ihn loben,
dazu die Meere und alles, was in ihnen lebt.
36 Ja, Gott wird dem Zion helfen
und die Töchter Judas wieder aufrichten.
Dort wird man bleiben und das Land besitzen.
37 Die Nachkommen seiner Knechte werden es erben.
Und wer seinen Namen liebt, wird dort wohnen.

Essig: Hier kein Würzmittel, sondern ein billiger, saurer Wein.

Buch des Lebens: Eine Art Bürgerliste, in der die Bewohner des Reiches Gottes verzeichnet sind.

Gerechte: Menschen, die Gottes Gebote befolgen, sodass das Leben in Gemeinschaft miteinander gelingt.

Name Gottes: Steht für Gott selbst und seine Gegenwart, vor allem im Heiligtum.

Zion: Tempelberg von Jerusalem, aber auch Bezeichnung für die ganze Stadt.

Töchter Judas: Bild für die Städte Judas, die in der Umgebung von Jerusalem liegen.

David: Bedeutender König in der Geschichte Israels, der etwa 1000–960 v. Chr. regierte. Er gilt als Dichter zahlreicher Lieder und Gebete.

niedrig und arm: Selbstbezeichnung einer Gruppe von Menschen, die damit ihre ehrfürchtige Haltung gegenüber Gott und ihre soziale Stellung in der Welt kennzeichnen.

Zuflucht: Ort, der Schutz bietet. Oft werden Gott oder sein Tempel als Zufluchtsort genannt.

Fels: Ehrenvolle Bezeichnung für Gott, in der seine Stärke zum Ausdruck kommt.

Versteck: Anspielung auf den Tempel, der Schutz vor Verfolgung bietet.

eine feste Burg: Bild für Gottes Schutz, vgl. Psalm 46. Der Beter denkt dabei auch an den Tempel als Zufluchtsort.

Frevler: Menschen, die Gottes Gebote missachten und ihre eigenen Interessen gewaltsam durchsetzen.

Bitte um schnelle Hilfe

70 1 FÜR DEN CHORLEITER.
VON DAVID, ZUR ERINNERUNG.

2 Gott, du kannst mich retten!
HERR, komm mir schnell zu Hilfe!
3 In Grund und Boden sollen sich schämen,
die mich zur Strecke bringen wollen.
Sie sollen rot vor Scham zurückweichen,
die sich über mein Unglück freuen.
4 Zu ihrer Schande müssen umkehren,
die höhnisch riefen: »Haha! Haha!«
5 Doch alle, die dich wirklich suchen,
sollen jubeln und sich freuen über dich.
Und die sich nach deiner Hilfe sehnen,
sollen immerzu sprechen: »Gott ist groß!«
6 Ich aber bin niedrig und arm.
Gott, komm schnell zu mir!
Du bist mein Helfer und mein Retter!
HERR, zögere nicht!

Bis ins hohe Alter

71 1 Bei dir, HERR, suche ich Zuflucht.
Lass mich nicht scheitern, zu keiner Zeit.
2 Befreie und rette mich, du bist doch gerecht.
Hab ein offenes Ohr für mich und hilf mir!
3 Sei für mich ein Fels, ein Versteck,
eine feste Burg, in die ich mich retten kann.
Ja, du bist mein Fels und meine Burg!

4 Mein Gott, rette mich aus der Hand der Frevler.
Befreie mich aus der Faust der Leute,
die mir Unrecht und Gewalt antun!
5 Denn du bist meine Hoffnung, mein Herr.
Von meiner Jugend an, HERR,
bist du der Grund für meine Zuversicht.
6 Seit ich zur Welt gekommen bin,
konnte ich mich auf dich verlassen.
Du hast mich vom Mutterleib entbunden,
darum galt immer nur dir mein Lobgesang.
7 Was ich erlebte, brachte viele zum Erschrecken.
Aber du warst für mich eine starke Zuflucht.

8 Mein Mund ist voll von deinem Lob.
Den ganzen Tag will ich dich rühmen.

9 Jetzt, wo ich alt bin, lass mich nicht fallen!
Jetzt, wo meine Kräfte abnehmen,
lass mich nicht im Stich!
10 Denn meine Feinde reden schon über mich.
Und die Leute, die mich belauern,
haben sich miteinander beraten:
11 »Gott hat ihn verlassen!
Verfolgt ihn und packt ihn!
Denn es gibt keinen, der ihm hilft!«

12 Ach Gott, bleib nicht fern von mir!
Mein Gott, komm mir schnell zu Hilfe!
13 Die mich vor Gericht beschuldigen,
sollen scheitern und untergehen.
Die mein Unglück herbeiführen wollen,
sollen Schimpf und Schande erleben.
14 Ich aber will stets nach dir Ausschau halten
und dazu beitragen, dass man dich noch mehr lobt.
15 Mein Mund soll von deiner Gerechtigkeit erzählen
und den ganzen Tag von deiner Hilfe berichten.
Denn ich kann nicht schreiben.
16 Ich komme, um die großen Taten meines Herrn zu preisen.
Nur an dich und deine Gerechtigkeit, HERR,
will ich erinnern.
17 Gott, du hast mich von Jugend an unterwiesen.
Bis heute mache ich deine Wunder bekannt.
18 Auch wenn ich alt bin und graues Haar habe,
so lass mich nicht im Stich, Gott!
Dann kann ich noch lange deine Taten verkünden,
Kindern und Enkeln von deiner Macht erzählen.
19 Deine Gerechtigkeit, Gott, reicht bis zum Himmel.
Große Dinge hast du getan!
Gott, wer ist wie du?
20 Viel Not und Unglück hast du mich erfahren lassen.
Nun schenk mir wieder neuen Lebensmut
und führ mich herauf aus den Fluten der Unterwelt!
21 Lass mein Ansehen wachsen!
Wende dich mir zu und tröste mich!

22 Mit dem Spiel der Bassleier will ich dir danken,
dass du zu mir gehalten hast, mein Gott.
Zur Leier will ich Loblieder für dich singen –
für Gott, den Heiligen Israels.
23 Meine Lippen sollen jubeln, wenn ich für dich singe –
zum Dank für mein Leben, das du gerettet hast.

Fluten der Unterwelt: Bild für den Herrschaftsbereich des Todes. Man stellte sich das Totenreich als Ort unter der Erde vor. Dort befand sich auch das unterirdische Meer.

Leier: Musikinstrument mit bis zu 10 Saiten, die gezupft wurden.

Heiliger Israels: Ehrenvolle Bezeichnung für Gott, die vor allem im Buch Jesaja vorkommt.

Salomo: Einer der berühmtesten Könige von Israel, der etwa 970–930 v. Chr. regierte.

König: Der von Gott eingesetzte Herrscher, der im Staat für Gerechtigkeit und Ordnung zu sorgen hat.

Regen: Der König soll für sein Land so gut sein wie Regen, der die Erde fruchtbar macht.

Strom: Meint den Paradiesstrom, der in der Mitte der Erde entspringt und bis zu ihrem äußersten Rand fließt; vgl. 1. Mose/Genesis 2,10.

Bewohner der Wüste: Meint alle Lebewesen, die in der Wüste leben, darunter auch wilde Tiere und böse Geister.

Tarschisch: Landschaft und Hafenstadt an der Südküste Spaniens, zur Zeit des Alten Testaments das westliche Ende der bekannten Welt.

Inseln: Bezeichnen den westlichen Rand der damals bekannten Welt.

Saba, Seba: Weit entfernte Königreiche in Südarabien und im heutigen Äthiopien.

Tribut: Geld- oder Sachleistungen, die ein unterworfenes Volk an die Großmacht zahlen muss.

Blut: Bild für das Leben der Armen, um das sich Gott sorgt.

24 Auch meine Zunge soll den ganzen Tag davon reden,
dass du mir Gerechtigkeit verschafft hast.
Denn die mein Unglück herbeiführen wollten,
wurden enttäuscht und beschämt.

Segenswünsche zur Krönung des Königs

72

1 VON SALOMO.

Gott, gib dem König deine Rechtsvorschriften!
Schenk dem Thronfolger deine Gerechtigkeit!
2 Er soll dein Volk gerecht regieren
und den Armen zum Recht verhelfen.
3 Die Berge mögen dem Volk Frieden bringen
und die Hügel sich in Gerechtigkeit hüllen.
4 Den Armen im Volk soll der König Recht schaffen.
Die Kinder der Besitzlosen soll er retten,
aber die Unterdrücker zermalmen.

5 Lange soll er leben im Schein der Sonne
und des Mondes von Generation zu Generation!
6 Wie ein Regen soll er über die Wiesen niedergehen
und wie ein Regenschauer den Boden befeuchten.
7 Die Gerechtigkeit soll aufblühen in seinen Tagen.
Und Frieden soll herrschen weit und breit,
so lange, bis es den Mond nicht mehr gibt.

8 Er wird herrschen von einem Meer bis zum andern,
vom Strom bis zum äußersten Rand der Welt.
9 Die Bewohner der Wüste sollen vor ihm niederknien
und seine Feinde den Staub vom Boden essen.
10 Die Könige von Tarschisch und den Inseln
sollen ihm Geschenke bringen.
Die Könige von Saba und Seba zahlen Tribut.
11 Alle Könige sollen sich ihm unterwerfen.
Alle Völker stellen sich in seinen Dienst.

12 Ja, er rettet den Besitzlosen, der um Hilfe schreit,
und den Armen, der keinen Beistand hat.
13 Er hat Mitleid mit Schwachen und Besitzlosen
und sorgt dafür, dass sie am Leben bleiben.
14 Er befreit ihr Leben aus Bedrückung und Gewalt.
So wertvoll ist ihr Blut in seinen Augen.

15 Hoch soll er leben!
Das Gold aus Saba soll man ihm geben!

Ständig soll man für ihn beten,
jeden Tag soll man ihm Segen wünschen!
16 Im Land soll es Getreide im Überfluss geben,
auf den Bergen wiegen sich die Felder im Wind.
Die Feldfrüchte sollen gedeihen wie auf dem Libanon,
die Ähren sprießen wie Gras aus dem Boden.
17 Sein Name soll für immer in Erinnerung bleiben,
im Schein der Sonne wächst sein Ruhm.
Die Völker sollen Segen empfangen durch ihn,
sie alle wünschen ihm Glück.

18 Gepriesen sei Gott, der HERR, der Gott Israels.
Er allein tut Wunder.
19 Gepriesen sei sein herrlicher Name alle Zeit,
seine Herrlichkeit erfülle die ganze Erde.
Amen! Und nochmals: Amen!

20 HIER ENDEN DIE GEBETE VON DAVID, DEM SOHN ISAIS.

Das dritte Buch der Psalmen 73–89

Gott nahe zu sein, ist gut für mich

73 1 EIN PSALM, VON ASAF.

Gott ist gut zu Israel,
zu denen, die ein reines Herz haben!
2 Ich aber wäre fast gestrauchelt mit meinen Füßen.
Um ein Haar hätte ich den Halt verloren.
3 Denn ich war neidisch auf die Angeber,
als ich sah, wie gut es den Frevlern ging.
4 Sie leiden ja offenbar keine Schmerzen,
ihr Leib ist gesund und wohlgenährt.
5 Die harte Arbeit der Menschen kennen sie nicht,
und die Sorgen der Leute berühren sie nicht.
6 Darum tragen sie ihren Hochmut wie eine Halskette
und hüllen sich in einen Mantel von Gewalt.
7 Aus ihren Augen grinst der Wohlstand hervor.
Vor lauter Einbildung hüpft ihnen das Herz.
8 Sie spotten und reden in böser Absicht daher,
verdrehen die Worte und schüchtern ein.
9 Sie reißen den Mund auf bis zum Himmel
und lassen auf der Erde ihrer Zunge freien Lauf.
10 Darum wendet sich das Volk ihnen zu,
von ihren Reden bekommt es nicht genug.

Segen, segnen: Besondere Zuwendung Gottes zu seinen Geschöpfen. Gott schenkt durch seinen Segen Leben, Kraft und Wohlergehen.

Libanon: Gebirgszug nördlich von Israel mit bis zu 3000 m hohen, dicht bewaldeten Bergen.

Zeichen, Wunder: Gottes Eingreifen in die Welt wird an seinen Wundertaten und Schöpfungswerken sichtbar.

Name Gottes: Steht für Gott selbst und seine Gegenwart, vor allem im Heiligtum.

Herrlichkeit: Bezeichnet das, was einer Person Ansehen und Macht verleiht. Gottes Herrlichkeit stellt man sich auch als strahlenden Lichtglanz vor.

Amen: Das hebräische Wort bedeutet »So ist es! / So soll es sein!«

David: Bedeutender König in der Geschichte Israels, der etwa 1000–960 v. Chr. regierte. Er gilt als Dichter zahlreicher Lieder und Gebete.

Asaf: Sänger und Leiter einer Gruppe von Musikern am Tempel in Jerusalem.

Israel: Nachkommen der zwölf Söhne Jakobs. Gott hat mit Israel einen Bund geschlossen.

Frevler: Menschen, die Gottes Gebote missachten und ihre eigenen Interessen gewaltsam durchsetzen.

der Höchste: Titel für Gott, der eng mit dem Tempel in Jerusalem verbunden ist.

Gemeinschaft deiner Kinder: Bezeichnung für die Zugehörigkeit zum Volk Gottes.

heilige Hallen: Meint den Tempel in Jerusalem.

Herz: Sitz des Verstandes und des Willens.

Nieren: Sitz innerer Gefühlsregungen und des Gewissens.

Plan Gottes: Gott leitet und bestimmt das Leben des Einzelnen wie auch den Fortgang der Geschichte.

Himmel: Im übertragenen Sinn beschreibt »Himmel« den Bereich, in dem Gott wohnt.

Fels: Ehrenvolle Bezeichnung für Gott, in der seine Stärke zum Ausdruck kommt.

Erbteil: Anstelle von Land haben die Leviten den Dienst für Gott am Heiligtum als Erbbesitz erhalten. Ihr Lebensunterhalt wird durch Opfergaben an das Heiligtum gesichert. Deshalb nennt der Beter Gott sein Erbteil.

Zuflucht: Ort, der Schutz bietet. Oft werden Gott oder sein Tempel als Zufluchtsort genannt.

11 Sie sagen: »Wie sollte Gott davon erfahren?
Was weiß denn schon der Höchste?«
12 Schaut nur hin: So leben die Frevler!
Alle Zeit sind sie frei von Sorgen
und vermehren ihr Vermögen.

13 Ja, umsonst behielt ich ein reines Herz
und wusch in Unschuld meine Hände.
14 Denn die Sorgen blieben mir Tag für Tag,
jeder Morgen war für mich eine Strafe.
15 Wenn ich gesagt hätte: »Ich will so reden wie sie«,
hätte ich die Gemeinschaft deiner Kinder verraten.
16 So dachte ich nach, um das zu verstehen.
Doch es war mühselig in meinen Augen.
17 Schließlich ging ich in Gottes heilige Hallen
und begriff, welches Ende die Frevler erwartet:
18 Ja, du hast sie auf glatten Grund geführt
und sie auf ihre Täuschung hereinfallen lassen.
19 Ganz plötzlich kam für sie das Entsetzen.
Schlagartig fanden sie ein schreckliches Ende –
20 wie bei einem Traum, dem ein böses Erwachen folgt.
Und wenn sie dann erwachen, Herr,
sind sie nur noch ein Schatten ihrer selbst.
21 Wenn mein Herz verbittert ist
und mich die Nieren stechen:
22 Dann bin ich so dumm wie ein Rindvieh
und steh vor dir wie ein Ochse vor dem Berg.

23 Trotzdem bleibe ich immer bei dir.
Du hast mich an die Hand genommen.
24 Du führst mich nach deinem Plan.
Und wenn mein Leben zu Ende geht,
nimmst du mich in deine Herrlichkeit auf.
25 Wen habe ich denn im Himmel?
Bei dir zu sein, ist alles,
was ich mir auf der Erde wünsche.
26 Auch wenn mein Leib und mein Leben vergehen,
bleibst du, Gott, trotz allem mein Fels
und mein Erbteil für immer!

27 Ja, wer sich von dir entfernt, der wird umkommen.
Wer sich von dir abwendet, den vernichtest du.
28 Ich aber bekenne: Gott nahe zu sein, ist gut für mich.
Bei Gott, dem HERRN, habe ich meine Zuflucht.
Von allen seinen Werken will ich gerne erzählen.

Der Tempel in Schutt und Asche

74 1 EIN LEHRGEDICHT, VON ASAF.

Warum, Gott, hast du uns für immer verstoßen?
Warum lodert dein Zorn gegen die Schafe
auf deinem Weideland?
2 Denk doch an deine Gemeinde!
Vor Urzeiten hast du sie erworben.
Du hast diesen Stamm als dein Eigentum freigekauft.
Es ist der Berg Zion, auf dem du wohnst.
3 Geh zu den Trümmern, die für immer daliegen!
Alles haben die Feinde zerstört im Heiligtum.
4 Mit Gebrüll stürmten sie deine Versammlungsstätte.
Auf dem Platz stellten sie ihre Feldzeichen auf.
5 Mit erhobenen Äxten schlugen sie drein,
wie man sie im Dickicht des Waldes schwingt.
6 Sogar all die kostbaren Schnitzereien
schlugen sie entzwei mit Beil und Hammer.
7 Dann steckten sie dein Heiligtum in Brand.
Den Ort, an dem man deinen Namen lobte,
entweihten sie bis auf den Grund.
8 Sie hatten bei sich beschlossen:
»Wir zwingen sie in die Knie, alle zusammen!«
Sie verbrannten alle Gotteshäuser im Land.

9 Zeichen, die uns hoffen ließen,
haben wir seit damals nicht mehr gesehen.
Auch ist kein Prophet mehr aufgetreten,
und niemand von uns weiß: Wie lange noch?
10 Wie lange noch, Gott, darf der Angreifer spotten?
Darf der Feind für immer deinen Namen lästern?
11 Warum hältst du deine Hand zurück,
lässt deine Faust im Futter deines Mantels stecken?

12 Doch Gott ist mein König seit Urzeiten.
Er vollbringt rettende Taten mitten auf der Erde:
13 Du hast das Meer durch deine Macht gespalten!
Die Köpfe der Seeungeheuer hast du zerschmettert,
als sie sich über dem Wasser zeigten.
14 Du hast die Köpfe des Leviatan zerstückelt
und den Haifischen zum Fraß vorgeworfen.
15 Du hast Quellen und Bäche hervorsprudeln lassen,
und reißende Ströme hast du trockengelegt.
16 Dir gehört der Tag und auch die Nacht.
Du hast Mond und Sonne bereitgestellt.
17 Du hast die Grenzen der Erde festgelegt.
Sommer und Winter hast du geschaffen.

Asaf: Sänger und Leiter einer Gruppe von Musikern am Tempel in Jerusalem.

Zorn Gottes: Sein Wille, Gericht zu halten.

Schafe: Hier Bild für das Volk Israel, das von Gott, seinem Hirten, eigentlich Schutz erwartet.

Eigentum: Bezeichnung für das Volk Israel und Ausdruck des engen Verhältnisses zwischen Gott, dem Land und seinem Volk.

Zion: Tempelberg von Jerusalem, aber auch Bezeichnung für die ganze Stadt.

Heiligtum: Meint den Tempel in Jerusalem, der 586 v. Chr. von den Babyloniern zerstört wurde.

Feldzeichen: Eine militärische Signalstange, die den Truppen Marschrichtung und Sammelplatz anzeigt.

Name Gottes: Steht für Gott selbst und seine Gegenwart, vor allem im Heiligtum.

Prophet: Verkündet, was Gott in einer bestimmten Situation zu sagen hat.

Leviatan: Chaoswesen, das im Meer lebt. Im Alten Testament ist es Sinnbild für die tobenden Wasserfluten, die die Welt bedrohen.

deine Taube: Hier Bild für das verängstigte Volk Gottes.

Bund: Vertrag, mit dem zwei Partner eine gegenseitige Verpflichtung eingehen. Ist Gott einer der Partner, kann er sich auch einseitig zur Treue gegenüber seinem Volk oder einzelnen Menschen verpflichten.

Name Gottes: Steht für Gott selbst und seine Gegenwart, vor allem im Heiligtum.

Zeichen, Wunder: Gottes Eingreifen in die Welt wird an seinen Wundertaten und Schöpfungswerken sichtbar.

ich: Es ist Gott selbst, der hier spricht.

Säulen: Man stellte sich vor, dass die Erdscheibe auf Säulen ruht, die im unterirdischen Meer verankert sind. Sie bilden die Fundamente der Welt.

Sela: Zeichen zum Atemholen.

Frevler: Menschen, die Gottes Gebote missachten und ihre eigenen Interessen gewaltsam durchsetzen.

Horn: Das Horn eines Stiers ist Bild für Macht und Stärke. Wer sein Horn erheben kann, ist siegreich gewesen.

Becher: Bild für das Gericht Gottes, das Menschen wie Betrunkene wanken lässt und zum Tod führt; vgl. Jeremia 25,15-29.

18 HERR, denk daran: Der Feind hat dich verhöhnt!
Ein nichtswürdiges Volk lästert deinen Namen.
19 Gib das Leben deiner Taube nicht wilden Tieren preis
und vergiss niemals das Leben deiner Armen!
20 Schau auf den Bund, der Leben bewahrt!
Denn im Land gibt es viele Schlupfwinkel,
und auf den Weiden herrscht rohe Gewalt.
21 Wehrlose sollen nicht wieder in Schande geraten.
Arme und Besitzlose sollen deinen Namen loben.
22 Steh auf, Gott! Führe du den Rechtsstreit!
Denk daran, wie du verhöhnt wurdest –
von nichtswürdigen Leuten Tag für Tag!
23 Vergiss nicht das Geschrei deiner Feinde –
den Lärm deiner Gegner, der zum Himmel dringt.

Der Becher zum Gericht

75 1 FÜR DEN CHORLEITER.
NACH DER MELODIE: ZERSTÖRE NICHT!
EIN PSALM, VON ASAF, EIN LIED.

2 Wir danken dir, Gott, wir danken dir,
dass du uns nahe bist in deinem Namen.
Deine Wunder erzählen davon.
3 »Ich werde einen Zeitpunkt bestimmen.
Dann halte ich umfassend Gericht.
4 Sollte die Erde auch beben,
mit allen Bewohnern, die auf ihr leben –
ich selbst habe die Säulen der Erde
auf festen Grund gestellt.« SELA.

5 Ich sagte zu den Angebern:
»Seid doch nicht so eingebildet!«
Und zu den Frevlern sagte ich:
»Hebt euer Horn nicht so hoch!
6 Streckt euer Horn nicht in die Höhe!
Reckt euren Hals nicht so empor,
um freche Reden zu schwingen!«
7 Denn weder vom Osten noch vom Westen
noch vom Süden habt ihr Grund dazu.
8 Denn Gott allein ist der Richter.
Den einen wird er erniedrigen,
den anderen erhöhen.
9 Ja, der HERR hält einen Becher bereit,
gefüllt mit schäumendem Wein,
vermischt mit bitteren Gewürzen.

Davon schenkt er ihnen der Reihe nach ein.
Selbst die Hefe müssen sie schlürfen.
Alle Frevler im Land müssen davon trinken.

10 Ich aber will es für alle Zeiten verkünden
und davon singen, was der Gott Jakobs sagt:
11 »Ich werde alle Hörner der Frevler abschlagen.
Aber die Hörner der Gerechten werden in die Höhe ragen.«

Gott zerbricht die Waffen

76 1 FÜR DEN CHORLEITER.
ZUR MUSIK VON SAITENINSTRUMENTEN.
EIN PSALM, VON ASAF, EIN LIED.

2 Gott ist in Juda wohlbekannt.
In Israel schätzt man seinen Namen.
3 In Salem hat er sein Versteck.
Auf dem Zion nahm er seine Wohnung.
4 Dort zerbrach er Köcher und Bogen,
Schild, Schwert und Waffen des Kriegs. SELA.

5 Im Feuerglanz bist du erschienen,
gewaltiger als ein reißender Löwe.
6 Zur Beute wurden die tapferen Krieger.
Sie sanken zu Boden wie im Schlaf.
Und kein einziger unter den starken Helden
konnte etwas ausrichten mit seinen Händen.
7 Als du sie bedroht hast, Gott Jakobs,
blieben Wagen und Rosse liegen wie betäubt.

8 Ja, wo du erscheinst, verbreitest du Furcht.
Wer kann dir standhalten, wenn du zornig bist?
9 Vom Himmel her hast du dein Urteil verkündet.
Da erschrak die Erde und schwieg still.
10 So hast du dich zum Gericht erhoben, Gott,
um alle Unterdrückten der Erde zu retten. SELA.

11 Sollen die Menschen doch kochen vor Wut,
sie müssen dich trotzdem preisen.
Und wenn dann einige noch immer kochen,
müssen auch sie dich feiern.
12 Legt Gelübde ab und erfüllt sie dem HERRN, eurem Gott!
Alle ringsum sollen ihm Geschenke bringen,
dem, der zu fürchten ist.
13 Er bricht den Hochmut der Fürsten.
Gefürchtet ist er bei den Königen der Welt.

Gott Jakobs: Bezeichnung für den Gott Israels. Sie steht für das persönliche Treueverhältnis zwischen Gott und dem Stammvater seines Volkes.

Gerechte: Menschen, die Gottes Gebote befolgen, sodass das Leben in Gemeinschaft miteinander gelingt.

Salem: Kurzbezeichnung für Jerusalem.

Versteck: Bezeichnung für den Tempel, der den Menschen Schutz vor Verfolgung bot.

Zion: Tempelberg von Jerusalem, aber auch Bezeichnung für die ganze Stadt.

Köcher: Behältnis für das Mitführen von Pfeilen.

Streitwagen: Ein für den Krieg ausgerüsteter Wagen mit zwei oder drei Mann Besatzung.

Himmel: Im übertragenen Sinn beschreibt »Himmel« den Bereich, in dem Gott wohnt.

Gericht, verurteilen: Als Herrscher über die ganze Welt ist Gott der Richter, der am Ende der Zeit ein Urteil über sie spricht.

Gelübde: Versprechen, das ein Mensch Gott gibt. Es muss in jedem Fall eingelöst werden.

Jedutun: Name eines Sängers, der für die Musik am Tempel zuständig war; vgl. 1. Chronik 25,1-7.

Asaf: Sänger und Leiter einer Gruppe von Musikern am Tempel in Jerusalem.

Gebet: Reden des Menschen mit Gott.

Seele: Ausdruck für die Empfindsamkeit, Sehnsucht und Lebendigkeit des Menschen.

Sela: Zeichen zum Atemholen.

Saitenspiel: Musik, die auf Saiteninstrumenten wie Harfe oder Leier gespielt wird.

Verheißung: Als Gott den Bund mit seinem Volk erneuert, erkennt Mose die Gnade Gottes; vgl. 2. Mose/Exodus 34,6-7. Das scheint hier infrage gestellt.

Zorn Gottes: Sein Wille, Gericht zu halten.

der Höchste: Titel für Gott, der eng mit dem Tempel in Jerusalem verbunden ist.

Nachkommen Jakobs und Josefs: Bezeichnung für das Volk Israel. Der Stammvater Jakob wird in 1. Mose/Genesis 32,29 in Israel umbenannt. Josef ist einer seiner Söhne.

Fluten der Urzeit: Das Wasser, das vor der Schöpfung die gesamte Erde bedeckte; vgl. 1. Mose/Genesis 1,2.

Gottes Spuren werden nicht erkannt

77

1 FÜR DEN CHORLEITER,
NACH DER MELODIE VON JEDUTUN.
VON ASAF, EIN PSALM.

2 Laut rufe ich zu Gott, ich schreie!
Laut rufe ich zu Gott, er wird mich hören!
3 Als ich in Not war, suchte ich den Herrn.
Nachts breitete ich meine Hände aus
und wurde nicht müde beim Gebet.
Aber meine Seele ließ sich nicht trösten.
4 Ich will an Gott denken, ich seufze!
Ich grüble und verliere den Mut. SELA.

5 Meine Augenlider hältst du offen.
Ich bin aufgewühlt und kann kaum reden.
6 So versinke ich in Gedanken an früher,
an die Jahre, die längst vergangen sind.
7 Nachts beim Saitenspiel denke ich nach.
Ich mache mir Gedanken in meinem Herzen.
In meinem Geist suche ich nach Antworten:
8 »Wenn der Herr jemanden verstößt,
wird er dann für immer daran festhalten?
Wird er nie wieder gut zu ihm sein?
9 Ist endgültig Schluss mit seiner Güte?
Gilt seine Verheißung nicht mehr
von Generation zu Generation?
10 Hat Gott seine Barmherzigkeit vergessen?
Oder überwiegt der Zorn sein Mitleid?« SELA.

11 Da sagte ich zu mir: »Es macht mich krank,
dass der Höchste so frei ist, sein Tun zu ändern.«
12 Darum will ich mich an die Taten des HERRN erinnern.
Ja, ich will deine Wunder in Erinnerung rufen,
aus der Zeit, die längst vergangen ist.
13 Ich denke nach über all dein Tun
und mache mir Gedanken über deine Werke:
14 »Gott, dein Weg ist heilig!
Welcher Gott ist so gewaltig wie du?
15 Du allein bist der Gott, der wirklich Wunder tut!
Unter den Völkern hast du deine Macht bewiesen:
16 Mit starkem Arm hast du dein Volk befreit,
die Nachkommen Jakobs und Josefs.« SELA.

17 Die Wasser sahen dich, Gott.
Die Wasser sahen dich und bebten.
Ja, die Fluten der Urzeit bebten vor Schreck!

18 Die Wasser ergossen sich aus Wolken,
Donnerschläge krachten im Gewölk.
Ja, deine Blitze schossen wie Pfeile hervor.
19 Dein Wagen donnerte über den Himmel.
Grelle Blitze erhellten den Erdkreis.
Da wankte und schwankte die Erde.
20 Durch das Schilfmeer führte dein Weg
und dein Pfad durch gewaltige Wasser.
Doch niemand hat deine Spuren erkannt.
21 Du hast dein Volk wie eine Herde geführt –
durch die Hand von Mose und Aaron.

Erzählt es euren Kindern

78

1 EIN WEISHEITSLIED, VON ASAF.

Höre, mein Volk, auf meine Weisung!
Spitzt eure Ohren, ich habe etwas zu sagen!
2 Ich will meinen Mund auftun und in Gleichnissen reden.
Geheimnisse von früher will ich verkünden. –
3 Wir haben davon gehört, es ist uns bekannt.
Schon unsere Eltern haben es weitererzählt.
4 Wir halten es nicht geheim vor unseren Kindern.
Wir erzählen davon der nächsten Generation:
vom Ruhm des HERRN und seiner Macht,
von seinen Wundern, die er getan hat.

5 Er machte Jakob seine Gebote bekannt,
und Israel übergab er seine Weisung.
Unseren Vorfahren hat er aufgetragen,
sie an ihre Kinder weiterzugeben.
6 So lernt die nächste Generation sie kennen,
in der wieder Kinder geboren werden.
Die sollen sie dann an ihre Kinder weitergeben,
7 damit auch diese Vertrauen fassen zu Gott.
So werden sie Gottes Taten nicht vergessen
und seine Gebote befolgen.
8 Denn sie sollen nicht wie ihre Eltern werden –
eine störrische und ungehorsame Generation:
Ihr Herz blieb nicht beständig bei Gott,
und ihr Geist hielt ihm nicht die Treue.
9 So wie die Männer aus Efraim –
sie waren ausgebildete Bogenschützen.
Als es zur Schlacht kam, liefen sie davon.
10 Sie hielten sich nicht an den Bund mit Gott
und wollten seiner Weisung nicht folgen.

Wagen Gottes: Im Hintergrund steht die Vorstellung, dass Gott mit seinem Wagen über den Himmel fährt und von dort seine Blitze auf die Erde schleudert.

Schilfmeer: Beim Auszug aus Ägypten rettete Gott sein Volk, indem er es durch das Schilfmeer führte; vgl. 2. Mose/Exodus 13,17–15,21.

Herde: Bild für das Volk Israel. Gott ist als Hirte seines Volkes verantwortlich für den Schutz und Bestand seiner Herde.

Mose: Führte Israel im Auftrag Gottes aus Ägypten und erhielt am Berg Sinai die Zehn Gebote.

Aaron: Bruder von Mose und erster Hohepriester Israels. Er gilt in der Bibel als Stammvater der Priester.

Wunder: Der Psalm ruft viele Geschichten in Erinnerung, die von Gottes Weg mit seinem Volk erzählen.

Israel übergab er seine Weisung: 5. Mose/Deuteronomium 5,1-22 erzählt, dass das Volk Israel von Gott die Zehn Gebote erhält. Sie stehen stellvertretend für die Weisung Gottes. Durch sie wird das Leben der Menschen so geordnet, wie es nach Gottes Willen sein soll.

Efraim: Stamm Israels, später auch Bezeichnung für das Nordreich.

Wunder: 2. Mose/Exodus 12–17 erzählt von Gottes Wundern bei der Befreiung seines Volkes aus der Sklaverei in Ägypten und auf dem Weg durch die Wüste in das verheißene Land.

der Höchste: Titel für Gott, der eng mit dem Tempel in Jerusalem verbunden ist.

forderten sie Gott heraus: 4. Mose/Numeri 11 erzählt, dass sich die Israeliten auf dem Weg durch die Wüste gegen Gott auflehnen, obwohl er sie gut versorgt.

Zorn Gottes: Sein Wille, Gericht zu halten.

Jakob: Bezeichnung für das Volk Israel. Der Stammvater Jakob wird in 1. Mose/Genesis 32,29 in Israel umbenannt.

Manna: Nahrung, die direkt vom Himmel kommt. Mit ihr versorgte Gott die Israeliten auf dem Weg durch die Wüste, vgl. 4. Mose/Numeri 11.

11 Seine Taten haben sie wieder vergessen
und seine Wunder, die er sie sehen ließ.

12 Wunder tat Gott auch bei ihren Vorfahren
im Land Ägypten, im Gebiet von Zoan.
13 Er zerteilte das Meer und führte sie hindurch.
Er staute das Wasser auf wie bei einem Damm.
14 Tagsüber zeigte er ihnen den Weg durch eine Wolke
und in der Nacht durch einen Feuerschein.
15 Unterwegs in der Wüste zerteilte er Felsen.
Da konnten sie trinken, mehr als genug.
16 Er ließ Bäche aus dem Gestein treten
und sie wie Wasserfälle herabfließen.
17 Trotzdem machten sie weiter mit ihrer Sünde
und widersetzten sich dem Höchsten im dürren Land.

18 Im Herzen forderten sie Gott heraus.
Sie verlangten nach Essen für ihre Kehle.
19 Gegen Gott gerichtet, fragten sie frech:
»Kann uns denn Gott den Tisch decken
in dieser kargen Wüste?
20 Gewiss, als er damals gegen den Felsen schlug,
quoll Wasser hervor und Bäche flossen heraus.
Aber wie steht's mit Brot? Kann er uns das geben?
Oder kann er Fleisch beschaffen für sein Volk?«
21 Als der HERR das hörte, wurde er zornig.
Er ließ ein Feuer gegen Jakob wüten,
und sein Zorn entflammte gegen Israel.
22 Denn sie hatten Gott nicht geglaubt
und nicht auf seine Hilfe vertraut.

23 Da befahl er den Wolken droben
und öffnete die Türen des Himmels.
24 Manna zum Essen ließ er auf sie regnen.
Das Korn des Himmels teilte er ihnen aus.
25 Vom Brot der Engel durften sie essen.
Er ließ ihnen sogar einen Vorrat zukommen,
sodass es ihnen an nichts fehlte.
26 Dann ließ er den Ostwind am Himmel auffrischen
und führte den Südwind mit Macht herbei.
27 Wie Staubkörner ließ er Fleisch auf sie regnen
und Geflügel wie Sandkörner am Meer.
28 Er ließ es mitten in das Lager fallen
und rings um die Wohnzelte herum.
29 Da aßen sie und wurden davon ganz satt.
Was sie verlangten, hatte er ihnen gewährt.

30 Doch ihre Gier war noch nicht gestillt.
Dabei hatten sie nicht einmal aufgegessen.
31 Wieder entflammte der Zorn Gottes gegen sie.
Er tötete viele ihrer kräftigsten Männer
und streckte die jungen Israeliten nieder.

32 Trotz allem machten sie weiter mit ihrer Sünde.
Sie glaubten nicht an seine Wunder.
33 Da ließ er ihre Tage wie im Wind verwehen
und ihre Jahre im Schrecken vergehen.
34 Wenn er aber ihre Leute tötete,
begannen sie wieder nach ihm zu fragen.
Sie kehrten um und suchten nach Gott.
35 Sie dachten daran, dass Gott ihr Fels ist.
Gott, der Höchste, würde sie schon retten.
36 Doch wieder betrogen sie ihn mit ihrem Mund
und belogen ihn weiter mit ihrer Zunge.
37 Ihr Herz blieb nicht beständig bei ihm.
Sie hielten seinem Bund nicht die Treue.
38 Doch er ist barmherzig und vergibt Schuld.
An Vernichtung liegt ihm nichts.
So ließ er viele Male seinen Zorn verrauchen
und dessen Glut nicht mehr aufglimmen.
39 Er dachte daran, dass die Menschen sterblich sind –
ein Wind, der verweht und nicht wiederkehrt.

40 Wie oft widersetzten sie sich ihm in der Wüste?
Wie oft haben sie ihn in der Steppe beleidigt?
41 Ständig forderten sie Gott heraus
und reizten den Heiligen Israels.
42 Sie dachten nicht mehr an seine starke Hand,
an den Tag, als er sie vom Feind befreite.
43 Damals in Ägypten setzte er seine Zeichen,
im Gebiet von Zoan tat er seine Wunder:
44 Er verwandelte das Nilwasser in Blut,
aus ihren Bächen konnten sie nicht mehr trinken.
45 Er schickte ihnen Stechmücken, die sie stachen,
und Frösche, die ihnen Verderben brachten.
46 Er übergab ihre Ernte dem Ungeziefer
und ihren Arbeitsertrag den Heuschrecken.
47 Er vernichtete ihre Weinstöcke durch Hagel
und ihre Obstbäume durch Wolkenbrüche.
48 Er überließ ihr gesamtes Vieh der Pest
und ihren Besitz an Tieren den Seuchen.
49 Er schickte ihnen die Glut seines Zorns entgegen:
Wut, Ärger und Bedrängnis,
eine Schar von Unheilsboten.

machten sie weiter: Obwohl Gott sein Volk in der Wüste gut versorgt, lehnt es sich immer wieder gegen ihn auf; vgl. beispielsweise 4. Mose/Numeri 16–17.

Fels: Ehrenvolle Bezeichnung für Gott, in der seine Stärke zum Ausdruck kommt.

Bund: Vertrag, mit dem zwei Partner eine gegenseitige Verpflichtung eingehen. Ist Gott einer der Partner, kann er sich auch einseitig zur Treue gegenüber seinem Volk oder einzelnen Menschen verpflichten.

Schuld: Konkrete Verfehlungen, die von Gott trennen und das Gewissen belasten können.

Heiliger Israels: Ehrenvolle Bezeichnung für Gott, die vor allem im Buch Jesaja vorkommt.

Zeichen: Meint die ägyptischen Plagen, mit denen Gott den Pharao dazu bewegt, die Israeliten aus der Sklaverei in Ägypten zu entlassen; vgl. 2. Mose/Exodus 7,8–11,10.

Zelte Hams: Poetische Bezeichnung für die Wohnungen der Ägypter. In 1. Mose/Genesis 10,6 wird Ägypten als Nachkomme von Ham, einem Sohn Noahs, bezeichnet.

Herde: Bild für das Volk Israel. Gott ist als Hirte seines Volkes verantwortlich für den Schutz und Bestand seiner Herde.

Erbbesitz: Der Anteil der Israeliten an dem Land, das Gott ihnen gibt. Sie dürfen das Land für ihren Lebensunterhalt nutzen, der Eigentümer bleibt Gott.

Stämme Israels: Israel versteht sich als Verband von zwölf Stämmen, die auf die Nachkommen der Söhne Jakobs zurückgehen.

wieder forderten sie Gott heraus: Im Buch Richter wird erzählt, wie sich die Israeliten nach dem Einzug in das von Gott verheißene Land verhalten; vgl. beispielsweise Richter 2,11-19.

Zeichen seiner Macht: Meint die Bundeslade, die nach 1. Samuel 4,2-11 von den Philistern erbeutet wurde.

Nachkommen Josefs: Bezeichnung für das Nordreich Israel.

Zion: Tempelberg von Jerusalem, aber auch Bezeichnung für die ganze Stadt.

50 Er ließ seinem Zorn freien Lauf.
Selbst vor dem Tod bewahrte er sie nicht,
sondern überließ ihr Leben der Pest.
51 Alle Erstgeburt in Ägypten ließ er sterben,
die erstgeborenen Kinder in den Zelten Hams.

52 Aber sein Volk ließ er wie Schafe ausziehen.
Er führte sie wie eine Herde durch die Wüste.
53 Er leitete sie sicher, sie hatten nichts zu fürchten.
Doch ihre Feinde bedeckte das Meer.
54 So brachte er sie in das Gebiet seines Heiligtums –
zum Berg, den er sich als Eigentum erwarb.
55 Er vertrieb vor ihnen die Völker aus dem Land
und verteilte es mit der Messschnur als Erbbesitz.
So sorgte er dafür, dass die Stämme Israels
in deren Zelten wohnen konnten.

56 Wieder forderten sie Gott heraus
und widersetzten sich dem Höchsten.
Seine Vorschriften beachteten sie nicht.
57 Sie verließen ihn treulos wie ihre Eltern.
Sie versagten wie Bogenschützen
mit einem zu schlaff gespannten Bogen.
58 Sie ärgerten ihn mit ihren Kultplätzen
und reizten ihn mit ihren Götterbildern.
59 Als Gott das hörte, wurde er zornig
und verwarf Israel ganz und gar.
60 Er räumte seine Wohnung in Schilo,
das Zelt, in dem er bei den Menschen gewohnt hatte.
61 Er überließ das Zeichen seiner Macht den Feinden
und gab das kostbare Stück in ihre Hand.
62 Er lieferte sein Volk dem Schwert aus.
So zornig war er über sein Eigentum.
63 Ein Feuer vernichtete die jungen Männer.
Und für die Mädchen in seinem Volk
sang man keine Brautlieder mehr.
64 Seine Priester kamen um durch das Schwert.
Zuletzt fehlte den Witwen sogar die Kraft zu trauern.

65 Da erwachte der Herr wie aus dem Schlaf –
wie ein Kriegsheld aus dem Weinrausch.
66 Er schlug seine Feinde in die Flucht
und brachte bleibende Schande über sie.
67 Er verwarf das Zelt der Nachkommen Josefs
und den Stamm Efraim erwählte er nicht.
68 Er erwählte den Stamm Juda,
den Berg Zion, den er liebt.

69 Dort errichtete er sein Heiligtum –
hoch wie der Himmel und fest wie die Erde,
die er für alle Zeit gegründet hat.
70 Dort erwählte er seinen Knecht David.
Von der Schafweide holte er ihn weg.
71 Von den Mutterschafen nahm er ihn fort,
damit er sein Volk Jakob weidete –
nämlich Israel, sein Eigentum.
72 Er weidete sie mit ehrlichem Herzen
und regierte sie mit kluger Hand.

Am Boden zerstört

79

1 EIN PSALM, VON ASAF.

Gott, Völker sind in dein Eigentum eingedrungen
und haben deinen heiligen Tempel entweiht.
Sie haben Jerusalem in Trümmer gelegt.
2 Die Leichen deiner Knechte gaben sie
den Vögeln unter dem Himmel zu fressen.
Die Körper deiner Frommen überließen sie
den wilden Tieren auf dem Feld.
3 Sie haben ihr Blut in Strömen vergossen,
in der gesamten Umgebung von Jerusalem.
Und es gab keinen, der die Toten begrub.
4 Wir sind zum Spott für unsere Nachbarn geworden.
Ringsum wurden wir verhöhnt und beschimpft.

5 Wie lange, HERR, soll das noch gehen,
willst du uns für immer böse sein?
Soll deine Leidenschaft noch weiter brennen
wie ein verzehrendes Feuer?
6 Richte doch deinen Zorn gegen die Völker,
die dich nicht anerkennen wollen!
Wende dich gegen die Königreiche,
die deinen Namen nicht anrufen!
7 Denn sie haben Jakob gefressen
und sein Weideland abgemäht.

8 Rechne uns die Schuld der Vorfahren nicht an!
Lass uns bald dein Erbarmen erfahren,
denn wir sind sehr schwach geworden.
9 Steh uns bei, Gott, du kannst uns retten!
Es geht doch um die Ehre deines Namens.
Befreie uns und vergib uns unsere Sünden!
Dafür stehst du mit deinem Namen ein.

Eigentum: Bezeichnung für das Volk Israel und Ausdruck des engen Verhältnisses zwischen Gott, dem Land und seinem Volk.

er weidete sie: König David kümmerte sich um das Volk, wie ein Hirte sich um seine Herde kümmert. Deshalb wird er auch als »königlicher Hirte« bezeichnet, vgl. 2. Samuel 7,8.

Jerusalem: Hauptstadt und Regierungssitz der Könige aus dem Haus David in Juda. 586 v. Chr. von den Babyloniern zerstört.

Knecht: Selbstbezeichnung von Menschen, die sich in den Dienst Gottes stellen und ihn dadurch als ihren Herrn anerkennen.

Fromme: Menschen, die ihr ganzes Leben auf Gott ausrichten und sich für die Befolgung seiner Gebote einsetzen.

Name Gottes: Steht für Gott selbst und seine Gegenwart, vor allem im Heiligtum.

Jakob: Bezeichnung für das Volk Israel. Der Stammvater Jakob wird in 1. Mose/Genesis 32,29 in Israel umbenannt.

Ehre, ehren: Einen Menschen oder Gott ehren heißt, ihn so zu behandeln, wie es seiner Stellung entspricht.

10 Warum dürfen die Völker sagen:
»Wo ist er denn nun, ihr Gott?«
Lass in der Völkerwelt bekannt werden,
dass du sie vor unseren Augen bestrafst.
Sie haben ja das Blut deiner Knechte vergossen.
11 Das Stöhnen der Gefangenen soll dich erreichen.
Die zum Tod verurteilt sind, erhalte am Leben.
So weit reicht deine Macht.
12 Lass unsere Nachbarn siebenfach dafür bezahlen,
dass sie dich so schwer beleidigt haben, Herr!
13 Wir aber sind dein Volk und Schafe deiner Weide.
Dafür wollen wir dir danken bis in alle Zukunft.
Von einer Generation zur anderen wollen wir
vom Ruhm deiner Taten erzählen.

Der Weinstock Gottes

80 1 FÜR DEN CHORLEITER.
NACH DER MELODIE: LOTUSBLÜTEN.
EINE URKUNDE, VON ASAF, EIN PSALM.

2 Hab ein offenes Ohr, Hirte Israels,
der du Josef auf die Weide führst wie eine Herde.
Erscheine doch, der du über den Kerubim thronst,
3 vor den Stämmen Efraim, Benjamin und Manasse.
Wecke die Kraft, die du besitzt,
und komm uns zu Hilfe!
4 Gott, *wende unser Schicksal wieder zum Guten!*
Lass dein Angesicht leuchten!
Dann ist uns schon geholfen.

5 HERR, Gott der himmlischen Heere:
Wie lange noch raucht dein Zorn
gegen das Volk, das zu dir betet?
6 Tränen sind das Brot,
das du ihnen zu essen gibst.
Voller Tränen sind die Krüge,
die du ihnen zu trinken reichst.
7 Du lässt uns zum Zankapfel werden,
um den sich unsere Nachbarn streiten.
Und unsere Feinde spotten darüber.
8 *Gott der himmlischen Heere,*
wende unser Schicksal wieder zum Guten!
Lass dein Angesicht leuchten!
Dann ist uns schon geholfen.

Knecht: Selbstbezeichnung von Menschen, die sich in den Dienst Gottes stellen und ihn dadurch als ihren Herrn anerkennen.

Schafe deiner Weide: Bild für das Volk Israel. Gott ist als Hirte seines Volkes verantwortlich für den Schutz und Bestand seiner Herde.

Asaf: Sänger und Leiter einer Gruppe von Musikern am Tempel in Jerusalem.

Hirte: Verantwortlich für den Schutz und Bestand der Herde. In der Antike steht das Hirtenbild oft für den König oder für Gott.

Josef: Einer der zwölf Stämme Israels, aus dem später die Stämme Efraim und Manasse hervorgingen.

Kerubim: Himmlische Wesen mit einem menschlichen Gesicht, Flügeln und einem Löwenkörper. Ihre Abbilder im Heiligtum tragen den Thron Gottes.

Benjamin: Einer der zwölf Stämme Israels. Sein Siedlungsgebiet liegt im judäischen Bergland, nördlich von Jerusalem.

Angesicht leuchten lassen: Meint die liebevolle Zuwendung Gottes zu den Menschen.

himmlische Heere: Hebräisch *Zebaot*. Der Beiname bringt die ganze Fülle von Gottes Macht zum Ausdruck.

Zorn Gottes: Sein Wille, Gericht zu halten.

9 Einen Weinstock hast du aus Ägypten geholt.
Fremde Völker hast du vertrieben
und ihn hier eingepflanzt.
10 Du hast ihm weiten Raum gegeben.
Da konnte er Wurzeln schlagen
und sich ausbreiten im Land.
11 Sein Schatten bedeckte die Berge
und seine Zweige die Zedern,
die Gott so hoch geschaffen hat.
12 Seine Ranken reichten bis zum Mittelmeer
und seine Triebe bis zum Strom Eufrat.
13 Warum hast du seine Mauern eingerissen?
Warum dürfen alle von ihm pflücken,
die auf dem Weg vorbeikommen?
14 Die Wildschweine aus dem Wald durchwühlen ihn,
die Heuschrecken auf dem Feld fressen ihn kahl.

15 Gott der himmlischen Heere, kehre zurück,
blicke vom Himmel herab und sieh!
Kümmere dich um diesen Weinstock,
16 erhalte, was du mit eigener Hand gepflanzt hast –
den Sohn, den du für dich stark gemacht hast!
17 Der Weinstock wurde verbrannt und abgeschnitten.
Zieh zur Verantwortung, die das getan haben!
Vor deinem Angesicht sollen sie umkommen.
18 Halte deine Hand über den König an deiner Seite –
über den Mann, den du für dich stark gemacht hast!
19 Wir wollen nicht von dir abfallen.
Nun schenk uns neues Leben!
Dafür preisen wir deinen Namen.
20 *Herr, Gott der himmlischen Heere,*
wende unser Schicksal wieder zum Guten!
Lass dein Angesicht leuchten!
Dann ist uns schon geholfen.

Feiern und hören

81 1 FÜR DEN CHORLEITER,
ZU SPIELEN AUF DEM MUSIKINSTRUMENT AUS GAT.
VON ASAF.

2 Jubelt Gott zu, er ist unsere Stärke,
lasst den Gott Jakobs hochleben!
3 Greift in die Saiten und schlagt die Pauke,
lasst Leier und Harfe schön erklingen!
4 Bei Neumond blast in das Widderhorn,
bei Vollmond feiern wir unser Fest.

Weinstock: Bild für das Volk Israel, das von Gott aus der Sklaverei in Ägypten befreit wurde.

Zeder: Bis zu 30 m hoher Gebirgsbaum, der vor allem im Libanon wächst.

Eufrat: Neben dem Tigris einer der beiden Hauptflüsse in Assyrien und Babylonien, im heutigen Irak.

seine Mauern: Meint die Mauern des Weinbergs, die den Weinstock schützen.

Heuschrecken: Flugfähige und gefräßige Insekten, die sich von Grünpflanzen ernähren. In Schwärmen von Millionen Einzeltieren können sie ganze Ernten vernichten.

Name Gottes: Steht für Gott selbst und seine Gegenwart, vor allem im Heiligtum.

Gott Jakobs: Bezeichnung für den Gott Israels. Sie steht für das persönliche Treueverhältnis zwischen Gott und dem Stammvater seines Volkes.

Neumond: Beginn eines neuen Monats und Anlass für ein religiöses Fest.

Widderhorn: Hebräisch *schofar*. Ein Musik- und Signalinstrument, das aus dem Horn eines Widders hergestellt wird.

Feste: Religiöse Feierlichkeiten, die zu bestimmten Anlässen im Laufe eines Jahres gefeiert wurden.

Volk Josefs: Hier anderer Name für das Volk Israel.

Tragkorb: Anspielung auf die Sklaverei, in der das Volk Israel in Ägypten lebte, wo es Ziegel aus Lehm herstellen musste; vgl. 2. Mose/Exodus 1,8-14.

Meriba: Ort auf der Wüstenwanderung Israels, an dem sich das Volk gegen Mose und Gott auflehnte; vgl. 2. Mose/Exodus 17,1-7.

Sela: Zeichen zum Atemholen.

Asaf: Sänger und Leiter einer Gruppe von Musikern am Tempel in Jerusalem.

himmlische Versammlung: Man stellte sich vor, dass die himmlischen Wesen bei Gott waren wie der Hofstaat bei einem König auf der Erde.

Götter: Götter, die von anderen Völkern verehrt werden. Israel hat nur einen einzigen Gott.

Frevler: Menschen, die Gottes Gebote missachten und ihre eigenen Interessen gewaltsam durchsetzen.

Waise: Kind, dessen Eltern gestorben sind und dessen Versorgung dadurch nicht mehr sicher ist. Von der Gemeinschaft wird gefordert, dass sie Waisen versorgt und niemand ihre schwache Stellung ausnutzt.

gerecht, Gerechtigkeit: Meint ein Leben nach dem Willen Gottes.

5 Denn das ist eine Bestimmung für Israel,
eine vom Gott Jakobs festgelegte Ordnung.
6 Als Gebot hat er es dem Volk Josefs gegeben,
als er gegen das Land Ägypten vorging.

In einer Sprache, die ich nicht kenne,
höre ich Worte vom Gott Israels:
7 Ich nahm Israel die Last von den Schultern
und den Tragkorb aus seinen Händen.
8 Als du riefst in der Not, da half ich dir,
ich gab dir Antwort aus Gewitterwolken.
An den Wasserquellen von Meriba
stellte ich dich auf die Probe. SELA.

9 Höre, mein Volk, ich muss dich warnen!
Willst du denn nicht auf mich hören, Israel?
10 Du sollst keinen andern Gott bei dir dulden!
Du sollst keinen fremden Gott anbeten!
11 Ich bin der HERR, dein Gott,
der dich aus dem Land Ägypten geführt hat.
Öffne deinen Mund, ich gebe dir zu essen!
12 Aber mein Volk wollte nicht auf mich hören,
Israel weigerte sich, mir zu gehorchen.
13 Da überließ ich sie ihrem Starrsinn.
Sollten sie doch ihren eigenen Plänen folgen!

14 Ach wenn mein Volk nur auf mich hören wollte
und Israel auf meinen Wegen gehen würde!
15 Wie bald würde ich ihre Feinde bezwingen
und mich gegen ihre Unterdrücker wenden.
16 Die den HERRN hassen, müssten ihm schmeicheln.
Dann wäre ihre Zeit für immer vorbei.
17 Aber sein Volk würde er mit bestem Korn ernähren:
»Mit Honig aus dem Felsen würde ich dich satt machen.«

Götter stürzen

82

1 EIN PSALM, VON ASAF.
Gott steht in der himmlischen Versammlung.
Vor ihm müssen sich die Götter verantworten:
2 »Wie lange wollt ihr noch verkehrte Urteile fällen
und dadurch die Frevler begünstigen? SELA.
3 Schafft Recht für die Geringen und Waisen,
Gerechtigkeit für die Armen und Bedürftigen!
4 Befreit die Geringen und Wehrlosen,
entreißt sie der Gewalt ihrer Unterdrücker!«

5 Doch sie zeigen weder Einsicht noch Verstand.
Vielmehr tappen sie im Dunkeln umher
und erschüttern die Fundamente der Erde.
6 Ich habe gesagt: Götter seid ihr doch,
vom Höchsten kommt ihr alle her.
7 Aber jetzt müsst ihr sterben wie Menschen.
Ihr werdet stürzen wie irgendein Fürst.
8 Steh auf, Gott, setz dein Recht durch in der Welt!
Ja, du sollst die Herrschaft über alle Völker übernehmen!

Völker erklären Gott den Krieg

83 1 EIN LIED, EIN PSALM, VON ASAF.

2 Gott, zieh dich nicht untätig zurück!
Schweig nicht und bleib nicht still, Gott!
3 Sieh doch, wie deine Feinde toben,
wie sie den Kopf hoch tragen,
wenn sie dich mit Hass verfolgen!
4 Sie planen Anschläge gegen dein Volk
und verschwören sich gegen alle,
die unter deinem Schutz stehen.
5 Sie sagen: »Kommt, wir wollen sie auslöschen!
Dann wird sich keiner mehr an ein Volk
mit dem Namen Israel erinnern!«
6 Ja, sie haben sich gegen dich verbündet
und erklären dir vereint den Krieg:
7 die Zelte Edoms und die Ismaeliter,
die Moabiter und die Hagariter.
8 Das Gebirge Seir, die Ammoniter und Amalekiter,
die Philister samt den Bewohnern von Tyros.
9 Sogar die Assyrer haben sich ihnen angeschlossen,
sie verstärken die Nachkommen Lots. SELA.

10 Mach sie nieder wie damals die Midianiter,
wie Sisera, wie Jabin am Bach Kischon!
11 Bei En-Dor wurden sie geschlagen.
Sie blieben liegen als Dünger für das Feld.
12 Behandle ihre Fürsten wie Oreb und Seeb,
alle ihre Anführer wie Sebach und Zalmunna!
13 Die haben gesagt: »Lasst uns das Gebiet erobern,
das Gott ihnen zum Wohnen gegeben hat!«
14 Mein Gott, wirble sie im Kreis umher
wie Strohbüschel vor dem Wind.
15 Zerstöre sie wie Feuer, das Wälder verbrennt,
wie eine Flamme, die Berghänge versengt.

Fundamente: Im Alten Orient gab es die Vorstellung, dass die Erde auf Pfeilern ruht, die im unterirdischen Meer verankert sind.

der Höchste: Titel für Gott, der eng mit dem Tempel in Jerusalem verbunden ist.

deine Feinde: In den Versen 7-8 werden verschiedene Nachbarvölker Israels aufgezählt, mit denen es immer wieder zum Krieg kam.

Assyrer: Militärische Großmacht, deren Kerngebiet im heutigen Irak lag.

Nachkommen Lots: Die zuvor genannten Moabiter und Ammoniter gelten als Nachkommen von Abrahams Neffen Lot, vgl. 1. Mose/Genesis 19,36-38.

wie damals die Midianiter: Anspielung auf den Sieg Gideons über die Midianiter, vgl. Richter 7,9-25.

Sisera, Jabin: Anspielung auf den Sieg Deboras über König Jabin und seinen Feldherrn Sisera, vgl. Richter 4,12-24.

Oreb, Seeb: Namen der Anführer Midians, gegen die Gideon kämpfte, vgl. Richter 7,9-25.

Sebach, Zalmunna: Könige Midians, die Gideon gefangen nahm; vgl. Richter 8,4-17.

der Höchste: Titel für Gott, der eng mit dem Tempel in Jerusalem verbunden ist.

Zebaot: Der Beiname bedeutet übersetzt »(Gott) der himmlischen Heere« und bringt die Fülle von Gottes Macht zum Ausdruck.

Tempel: Das zentrale Heiligtum in Jerusalem. Der Tempel galt als Wohnung Gottes und war Zufluchtsort für Verfolgte.

Zion: Ziel der Pilgerreise ist Zion, der Tempelberg von Jerusalem, auf dem Gott seinen Wohnsitz hat.

Gott Jakobs: Bezeichnung für den Gott Israels. Sie steht für das persönliche Treueverhältnis zwischen Gott und dem Stammvater seines Volkes.

König: Der von Gott eingesetzte Herrscher, der im Staat für Gerechtigkeit und Ordnung zu sorgen hat.

Schild: Abwehrwaffe in der Schlacht und Bild für Gottes Schutz.

Salbung, salben: Handlung, die eine besondere Wertschätzung zum Ausdruck bringt. Ein wohlriechendes Öl wird dabei über bestimmte Körperteile ausgegossen.

16 So jage sie auseinander durch deinen Wirbelwind!
Versetze sie in Schrecken durch deinen Sturm!
17 Treib ihnen die Schamesröte ins Gesicht!
HERR, nach deinem Namen sollen sie fragen!

18 Enttäuscht und voller Angst müssen sie davon,
für immer in Schimpf und Schande untergehen.
19 Dann werden sie erkennen: HERR ist dein Name,
du allein bist der Höchste über die ganze Erde.

In Gedanken auf Pilgerreise

84 1 FÜR DEN CHORLEITER,
ZU SPIELEN AUF DEM MUSIKINSTRUMENT AUS GAT.
EIN PSALM DER KORACHITER.

2 Wie lieb sind mir deine Wohnungen, HERR Zebaot.
3 Meine Seele sehnt sich danach und wünscht sich nur:
Ich möchte so gerne beim HERRN sein,
in den Höfen, die seinen Tempel umgeben.
Mit Leib und Seele schreie ich nach dir,
nach dem Gott meines Lebens.
4 Sogar der Sperling hat ein Zuhause gefunden
und die Schwalbe ein Nest für ihre Jungen.
So ist es auch bei deinen Altären, HERR Zebaot,
mein König und mein Gott:
5 Glücklich sind, die in deinem Haus wohnen
und dich dort für immer preisen! SELA.

6 Glücklich sind die Menschen,
die einen sicheren Platz bei dir finden.
Sie gehen schon in Gedanken
auf Pilgerreise zu deinem Haus.
7 Müssen sie durch ein dürres Tal,
stellen sie sich eine Quelle vor Augen.
Segensreich füllt der erste Regen den Teich.
8 So wandern sie dahin mit wachsender Kraft,
bis ihnen Gott auf dem Zion erscheint.
9 HERR, Gott Zebaot, hör meine sehnsuchtsvolle Bitte!
Hab ein offenes Ohr, Gott Jakobs! SELA.

10 Bewahre den König, Gott, er ist unser Schild!
Begegne ihm freundlich, du hast ihn gesalbt!
11 Einen Tag in deinen Höfen zu verbringen
ist besser als tausend, die ich selbst erwählt habe.
Im Haus meines Gottes auf der Schwelle zu stehen
ist besser, als in den Zelten der Frevler zu sitzen.

12 Ja, Gott, der HERR, ist Sonne und Schild.
Gnade und Würde verleiht uns der HERR.
Er verwehrt keinem das Glück,
der ein vorbildliches Leben führt.
13 Glücklich sind die Menschen, HERR Zebaot,
die sich ganz auf dich verlassen.

Gott macht einen Neuanfang

85 1 FÜR DEN CHORLEITER.
EIN PSALM DER KORACHITER.

2 HERR, du hast dein Land wieder lieb gewonnen
und das Schicksal Jakobs zum Guten gewendet.
3 Du hast deinem Volk die Schuld vergeben
und alle Sünden hast du ihm verziehen. SELA.
4 Du hast deinen ganzen Ärger aufgegeben
und deinen glühenden Zorn verrauchen lassen.

5 Gott, du bist unsere Hilfe, stell uns wieder her!
Sei nicht länger so aufgebracht gegen uns!
6 Willst du denn für immer auf uns zornig sein?
Soll sich dein Zorn noch ausdehnen
von der einen Generation auf die andere?
7 Willst du uns nicht wieder neues Leben schenken?
Dann wird sich dein Volk über dich freuen.
8 HERR, lass uns doch deine Güte erfahren!
Wir brauchen deine Hilfe, gib sie uns!

9 Ich will hören, was Gott zu sagen hat.
Der HERR redet vom Frieden.
Er verspricht ihn seinem Volk und seinen Frommen.
Doch sie sollen nicht mehr zurückkehren
zu den Dummheiten der Vergangenheit!
10 Ja, seine Hilfe ist denen nahe, die zu ihm gehören.
Dann wohnt seine Herrlichkeit wieder in unserem Land:

11 Güte und Treue finden zueinander.
Gerechtigkeit und Frieden küssen sich.
12 Treue wächst aus der Erde empor.
Gerechtigkeit scheint vom Himmel herab.
13 Auch schenkt uns der HERR viel Gutes,
und unser Land gibt seinen Ertrag dazu.
14 Gerechtigkeit zieht vor ihm her
und bestimmt die Richtung seiner Schritte.

Korachiter: Eine Gruppe von Sängern am Tempel in Jerusalem.

Jakob: Bezeichnung für das Volk Israel. Der Stammvater Jakob wird in 1. Mose/Genesis 32,29 in Israel umbenannt.

Sünden: Konkrete Verfehlungen, die von Gott trennen und das Gewissen belasten können.

Sela: Zeichen zum Atemholen.

Zorn Gottes: Sein Wille, Gericht zu halten.

Fromme: Menschen, die ihr ganzes Leben auf Gott ausrichten und sich für die Befolgung seiner Gebote einsetzen.

Herrlichkeit: Bezeichnet das, was einer Person Ansehen und Macht verleiht. Gottes Herrlichkeit stellt man sich auch als strahlenden Lichtglanz vor.

gerecht, Gerechtigkeit: Meint ein Leben nach dem Willen Gottes.

Frieden: Umfassender Zustand von Glück und Wohlergehen des Einzelnen und der Gemeinschaft, der aus der Beziehung mit Gott hervorgeht.

David: Bedeutender König in der Geschichte Israels, der etwa 1000–960 v. Chr. regierte. Er gilt als Dichter zahlreicher Lieder und Gebete.

niedrig und arm: Selbstbezeichnung einer Gruppe von Menschen, die damit ihre ehrfürchtige Haltung gegenüber Gott und ihre soziale Stellung in der Welt kennzeichnen.

Knecht: Selbstbezeichnung von Menschen, die sich in den Dienst Gottes stellen und ihn dadurch als ihren Herrn anerkennen.

Gnade: Liebevolle Zuwendung Gottes, die er den Menschen ohne Vorbedingung schenkt.

Götter: Einer alten Vorstellung zufolge thronte der höchste Gott im Himmel und war von anderen Göttern umgeben, die ihm dienten.

Name Gottes: Steht für Gott selbst und seine Gegenwart, vor allem im Heiligtum.

Zeichen, Wunder: Gottes Eingreifen in die Welt wird an seinen Wundertaten und Schöpfungswerken sichtbar.

Ehrfurcht: Eine Haltung größter Hochachtung gegenüber Gott, die sowohl Bewunderung als auch Erschrecken zum Ausdruck bringt.

Ehre, ehren: Einen Menschen oder Gott ehren heißt, ihn so zu behandeln, wie es seiner Stellung entspricht.

Gott meint es gut mit mir

86

1 EIN GEBET, VON DAVID.

HERR, hab ein offenes Ohr, antworte mir!
Denn ich bin niedrig und arm.
2 Bewahre mein Leben, ich bin dir doch treu!
Hilf deinem Knecht, du bist ja mein Gott!
Ich verlasse mich auf dich.
3 Hab Erbarmen mit mir, mein Herr!
Denn ich rufe zu dir den ganzen Tag.
4 Gib deinem Knecht ein fröhliches Herz!
Meine ganze Sehnsucht gilt doch dir, mein Herr.
5 Denn du, mein Herr, bist gut und bereit zu vergeben.
Deine Güte kommt zu allen, die zu dir rufen.
6 Hör auf mein Gebet, HERR!
Achte auf mein Flehen um Gnade!
7 In meiner Not rufe ich zu dir!
Denn du wirst mir antworten.

8 Keiner ist wie du, mein Herr, unter den Göttern.
Kein anderer kann deine Werke vollbringen.
9 Es kommen alle Völker, die du geschaffen hast.
Sie werfen sich vor dir nieder, mein Herr,
und geben deinem Namen die Ehre.
10 Ja, groß bist du und tust Wunder,
du bist Gott, du allein.
11 Lehre mich, HERR, deinen Weg!
Ich möchte nach deiner Wahrheit leben.
Lass eines in meinem Herzen wichtig sein,
dass ich deinem Namen mit Ehrfurcht begegne.
12 Herr, mein Gott, dir will ich von Herzen danken
und deinem Namen für immer die Ehre geben.
13 Denn deine Güte übertrifft alles in meinem Leben.
Du wirst mich aus dem Totenreich ziehen,
ganz unten aus der Tiefe.

14 Gott, unverschämte Leute stellen sich mir entgegen.
Zur Gewalt bereit, bedrohen sie mein Leben.
Doch dir schenken sie keine Beachtung.
15 Mein Herr, du bist ein einzigartiger Gott:
Reich bist du an Barmherzigkeit und Gnade,
unendlich geduldig, voller Güte und Treue.
16 Wende dich mir zu und hab Erbarmen mit mir!
Lass deinen Knecht aus deiner Kraft schöpfen
und schenk dem Sohn deiner Magd die Freiheit.

17 Zeig mir, dass du es gut mit mir meinst!
Alle, die mich hassen, sollen es sehen
und sich enttäuscht davonmachen.
Denn du allein bist der HERR!
Du hast mir geholfen und mich getröstet.

Daheim in der Stadt Zion

87

1 EIN PSALM, EIN LIED DER KORACHITER.

Die Stadt ist seine Gründung,
sie liegt auf heiligen Bergen:
2 Der HERR liebt Zion mit seinen Toren
mehr als alle anderen Orte Jakobs.
3 Ehrenvolles wird über dich gesagt,
du Stadt, die Gott gehört. SELA.

4 »Leute aus Ägypten und Babylonien
rechne ich zu denen, die mich kennen.
Seht, da sind welche aus dem Philisterland!
Andere kommen aus Tyros und Nubien.
Von vielen meiner Besucher kann ich sagen:
Dieser da ist in der Stadt Zion geboren!«

5 So nennt man die Stadt Zion auch eine Mutter.
Ob von hier oder von dort, alle sind in ihr daheim.
Der Höchste selbst sichert ihren Bestand.
6 Der HERR schreibt es in das Verzeichnis der Völker:
»Dieser da ist in der Stadt Zion geboren.« SELA.
7 Und sie singen und tanzen im Kreis:
»All meine Quellen entspringen in dir.«

Dem Totenreich nahe

88

1 EIN LIED, EIN PSALM DER KORACHITER.
FÜR DEN CHORLEITER, ZUM KREISTANZ.
EIN WEISHEITSLIED FÜR HEMAN, DEN ESRACHITER.

2 HERR, Gott, du kannst mich retten!
Am Tag schreie ich um Hilfe,
in der Nacht stehe ich vor dir:
3 »Ach, lass doch mein Gebet zu dir dringen!
Hab ein offenes Ohr für meine Klage!«
4 Denn ich habe es satt, so erbärmlich zu leiden.
Ich fühle mich dem Totenreich ganz nahe.

Korachiter: Eine Gruppe von Sängern am Tempel in Jerusalem.

Zion: Tempelberg von Jerusalem, aber auch Bezeichnung für die ganze Stadt.

Jakob: Bezeichnung für das Volk Israel. Der Stammvater Jakob wird in 1. Mose/Genesis 32,29 in Israel umbenannt.

Sela: Zeichen zum Atemholen.

Ägypten: Fruchtbares Land am Nil und Großmacht, die das politische Geschehen im Alten Orient beeinflusste.

Babylonien: Gebiet am Unterlauf der Flüsse Eufrat und Tigris, südöstlich des heutigen Bagdad.

ich: Hier spricht die Stadt Jerusalem.

Tyros: Hafenstadt am östlichen Mittelmeer und Hauptstadt der Phönizier, im heutigen Libanon gelegen.

Nubien: Wörtlich »Kusch«. Gebiet, das vom südlichen Ägypten bis in den heutigen Sudan reicht.

der Höchste: Titel für Gott, der eng mit dem Tempel in Jerusalem verbunden ist.

Heman: Name eines Musikers, der das Orchester am Tempel leitete; vgl. 1. Chronik 25,1-7.

Totenreich: Aufenthaltsort der Verstorbenen, der unter der Erde liegt.

Zorn Gottes: Sein Wille, Gericht zu halten.

Sela: Zeichen zum Atemholen.

Gebet: Reden des Menschen mit Gott.

Schatten: Die Verstorbenen sind im Totenreich nur noch ein Schatten.

Land, wo alles in Vergessenheit versinkt: Weitere Bezeichnung für das Totenreich.

ich aber: Der Beter distanziert sich von den Verstorbenen, die Gott nicht mehr loben können.

Angesicht verbergen: Wenn Gott sein Gesicht verbirgt, nimmt er die Bitten des Beters nicht an.

Finsternis: Bild für die Einsamkeit, in der der Beter lebt.

5 Man zählt mich schon zu denen,
die in die Grube hinabmüssen.
Ich bin wie ein Mann, der keine Kraft mehr hat.
6 Ich habe mein Lager schon bei den Toten,
wie die Erschlagenen, die im Grab liegen.
An sie denkst du nicht mehr.
Sie sind ja deiner Macht entzogen.

7 Du hast mich in die unterste Grube versetzt,
an finstere Orte, in tiefste Abgründe.
8 Dein Zorn ist über mich gekommen.
Mit gewaltigen Wellen hast du mich
unter Wasser gedrückt. SELA.
9 Meine Vertrauten hast du von mir entfernt.
Du hast sie dazu gebracht, sich vor mir zu ekeln.
Ich bin gefangen und komme nicht hinaus.
10 Mein Auge mag dieses Elend nicht mehr sehen.

Jeden Tag rufe ich zu dir, HERR.
Ich breite meine Hände aus zum Gebet.
11 Tust du Wunder an den Verstorbenen?
Oder stehen die Schatten der Toten auf,
um dich zu preisen? SELA.
12 Erzählt man im Grab von deiner Güte,
im Totenreich von deiner Zuverlässigkeit?
13 Sind am finstern Ort deine Wunder bekannt?
Und kennt man dort noch deine Gerechtigkeit,
im Land, wo alles in Vergessenheit versinkt?

14 Ich aber rufe zu dir, HERR, um Hilfe,
am Morgen schicke ich mein Gebet zu dir.
15 Warum verstößt du mich, HERR,
und verbirgst du dein Angesicht vor mir?
16 Ich fühle mich elend und sterbenskrank – von Jugend an.
Ich ertrug deine Zumutungen – starr vor Entsetzen.
17 Dein glühender Zorn ging über mich hinweg,
deine Schrecken ließen mich verstummen.
18 Sie umfluten mich täglich wie Wasser,
von allen Seiten dringen sie auf mich ein.
19 Du hast Freund und Nachbar von mir entfernt.
Meine Vertrauten sind fort – Finsternis!

Ps

Hat die Verheißung noch Bestand?

89

1 EIN WEISHEITSLIED FÜR ETAN, DEN ESRACHITER.

2 Du gibst uns Zeichen deiner Güte, HERR.
Davon will ich für immer Lieder singen.
Mein Mund soll deine Treue verkünden
von Generation zu Generation.
3 Ja, ich weiß, deine Güte ist fest gebaut wie ein Haus.
Im Himmel ist deine Treue beschlossen,
wie du verheißen hast:
4 »Ich habe mit meinem Erwählten einen Bund geschlossen
und meinem Knecht David einen Schwur geleistet:
5 Für alle Zeit will ich dir Nachkommen schenken.
Ich will die Herrschaft auf deinem Thron sichern
von Generation zu Generation.« SELA.

6 Die Himmel preisen deine Wunder, HERR.
Deine Treue loben die Engel in heiliger Schar.
7 Denn wer über den Wolken gleicht dem HERRN?
Oder gibt es eines unter den himmlischen Wesen,
das sich mit dem HERRN vergleichen kann?
8 Gott wird gefürchtet im Kreis seiner heiligen Engel.
Groß und gewaltig steht er über all den Wesen,
die ihn umgeben.
9 HERR, Gott der himmlischen Heere, wer ist wie du?
Stark bist du, HERR, und deine Treue umgibt dich.

10 Du kannst das stürmische Meer bändigen
und beruhigst seine aufgetürmten Wellen.
11 Du hast Rahab zermalmt wie einen,
der auf dem Schlachtfeld durchbohrt wird.
Deine Feinde hast du mit starkem Arm zerstreut.
12 Dir gehört der Himmel, dir gehört auch die Erde.
Den Erdkreis und was ihn füllt, hast du gegründet.
13 Norden und Süden hast du geschaffen.
Tabor und Hermon jubeln über deinen Namen.
14 Dein Arm ist voller Kraft.
Stark ist deine Hand, erhoben deine Faust.
15 Gerechtigkeit und Recht sind die Stützen deines Throns.
Güte und Treue gehen vor deinem Angesicht her.

16 Glücklich das Volk, das Grund zum Jubeln hat!
HERR, im Licht deines Angesichts gehen sie durchs Leben.
17 Über deinen Namen jubeln sie den ganzen Tag,
und deine Gerechtigkeit lassen sie hochleben.
18 Denn du bist ihr Stolz, gibst ihnen Kraft.
Nach deinem Willen wächst unsere Macht.

Etan: Sänger am Tempel in Jerusalem, vgl. 1. Chronik 15,19.

Himmel: Im übertragenen Sinn beschreibt »Himmel« den Bereich, in dem Gott wohnt.

Bund: David wurde von Gott versprochen, dass immer ein Nachkomme aus seinem Königshaus in Jerusalem regieren wird; vgl. 2. Samuel 7,12-16.

David: Bedeutender König in der Geschichte Israels, der etwa 1000–960 v. Chr. regierte. Er gilt als Dichter zahlreicher Lieder und Gebete.

himmlische Heere: Hebräisch *Zebaot*. Der Beiname bringt die ganze Fülle von Gottes Macht zum Ausdruck.

Rahab: Chaoswesen, das im Meer lebt. Im Alten Testament ist es Sinnbild für die tobenden Wasserfluten, die die Welt bedrohen.

Tabor: Markanter Bergkegel im Norden Israels.

Hermon: Bis zu 2814 m hohes Bergmassiv etwa 60 km nördlich des See Gennesaret.

Name Gottes: Steht für Gott selbst und seine Gegenwart, vor allem im Heiligtum.

Angesicht: Bezeichnet im übertragenen Sinn die Zuwendung Gottes zu den Menschen.

unser Schild: Abwehrwaffe in der Schlacht. Hier Titel für den König, der sein Volk beschützt.

Heiliger Israels: Ehrenvolle Bezeichnung für Gott, die vor allem im Buch Jesaja vorkommt.

Vision: Eine Erscheinung, in der Gott zu verstehen gibt, was er vorhat.

Fromme: Menschen, die ihr ganzes Leben auf Gott ausrichten und sich für die Befolgung seiner Gebote einsetzen.

Vater: In der Anrede »Vater« kommt zum Ausdruck, dass Gott den König als seinen Sohn angenommen hat.

Fels: Ehrenvolle Bezeichnung für Gott, in der seine Stärke zum Ausdruck kommt.

Himmel: Im übertragenen Sinn beschreibt »Himmel« den Bereich, in dem Gott wohnt.

Weisung: Hebräisch *Tora*. Sie umfasst die schriftliche und mündliche Mitteilung von Gottes Willen.

Stock: In der Antike ein übliches Mittel der Kindererziehung.

19 Denn dem HERRN gehört unser Schild,
dem Heiligen Israels unser König.

20 Damals hast du in einer Vision geredet.
Zu deinen Frommen hast du gesagt:
Ich habe dem Helden die Krone aufgesetzt,
dem jungen Mann das Volk unterstellt.
21 Es ist mein Knecht David, den ich fand.
Mit heiligem Öl salbte ich ihn zum König.
22 Meine Hand wird an ihm festhalten,
auch mein Arm wird ihm Kraft verleihen.
23 Kein Feind wird es wagen, ihn anzugreifen,
und kein Verbrecher kann ihn bezwingen.
24 Ich werde seine Gegner vor ihm vernichten
und alle niederschlagen, die ihn hassen.
25 Meine Treue und meine Güte werden mit ihm sein
und durch meinen Namen wächst seine Macht.
26 Ich werde seine Herrschaft auf das Meer ausdehnen
und die großen Ströme seiner Gewalt unterstellen.

27 Er wird zu mir sagen: »Du bist mein Vater!
Du bist mein Gott, mein Fels und meine Rettung!«
28 Ja, ich mache ihn zu meinem erstgeborenen Sohn,
zum Höchsten unter den Königen der Welt.
29 Für immer will ich ihm meine Güte bewahren,
und mein Bund mit ihm bleibt gewiss bestehen.
30 Ich will sein Königshaus auf die Dauer erhalten
und seinen Thron, solange der Himmel besteht.

31 Seinen Söhnen rede ich ins Gewissen –
für den Fall, dass sie meine Weisung verlassen
und nicht nach meiner Rechtsordnung leben.
32 Wenn sie meine Gesetze entweihen
und meine Gebote nicht halten,
33 bestrafe ich ihre Vergehen mit dem Stock.
Durch Schläge müssen sie ihre Schuld spüren.
34 Aber meine Güte werde ich David nicht entziehen.
Ich halte ihm die Treue und breche sie nicht.
35 Ich werde meinen Bund mit ihm nicht entweihen,
die Zusage von meinen Lippen ändere ich nicht.
36 Eines habe ich hochheilig geschworen:
Ich werde David gewiss nicht belügen.
37 Sein Königshaus soll für immer bestehen
und sein Thron so lange wie die Sonne.
38 Für immer soll er feststehen wie der Mond,
ein zuverlässiger Zeuge in den Wolken. SELA.

39 Dennoch hast du ihn verworfen und verstoßen.
So wütend hat dein Gesalbter dich gemacht.
40 Du hast den Bund mit deinem Knecht widerrufen,
seine Krone verächtlich auf den Boden geworfen.
41 Die Mauern um seine Stadt hast du niedergerissen,
seine Verteidigungsanlage in Trümmer gelegt.
42 Alle, die vorbeikamen, haben ihn ausgeplündert.
Er ist zum Spott für seine Nachbarn geworden.
43 Du hast seine Gegner über ihn siegen lassen.
Da durften alle seine Feinde sich freuen.
44 Ja, du hast seinem Schwert die Schärfe genommen.
Da konnte er die Niederlage nicht verhindern.
45 Du hast seinem Glanz ein Ende gemacht
und seinen Thron zu Boden gestürzt.
46 Du hast die Zeit seiner Jugend verkürzt
und ihn mit Schande bedeckt. SELA.

47 Wie lange, HERR, soll das noch gehen?
Willst du dich für immer verbergen?
Soll dein Zorn noch weiter brennen
wie ein verzehrendes Feuer?
48 Denk doch daran, Herr, wie kurz das Leben ist!
Hast du die Menschen als ein Nichts geschaffen?
49 Gibt es etwa einen, der lebt und nicht stirbt –
der sich retten kann aus dem Totenreich? SELA.
50 Wo sind die früheren Zeichen deiner Güte, Herr?
Hast du sie nicht David in deiner Treue zugesagt?
51 Denk doch, Herr, an die Schmach deiner Knechte!
Ich musste sie von all den vielen Völkern ertragen.
52 Deine Feinde, HERR, haben dich verhöhnt,
die Spuren deines Gesalbten haben sie verhöhnt.

53 Gepriesen sei der HERR alle Zeit!
Amen! Und nochmals: Amen!

verworfen und verstoßen: Meint die Zerstörung Jerusalems und die Verschleppung des Königs und eines Teils der Bevölkerung in die Verbannung nach Babylonien. Das wird hier als Strafe Gottes für den Ungehorsam des Königs verstanden.

Gesalbter: Hebräisch *Messias*. Bezeichnet den im Auftrag Gottes eingesetzten König Israels, später auch den zum Herrscher der Welt bestimmten Retter.

Knecht, Knecht Gottes: Ehrenvolle Bezeichnung für Menschen, die Gott in seinen Dienst nimmt.

Zorn Gottes: Sein Wille, Gericht zu halten.

Totenreich: Aufenthaltsort der Verstorbenen, der unter der Erde liegt.

Sela: Zeichen zum Atemholen.

Amen: Das hebräische Wort bedeutet »So ist es! / So soll es sein!«

Mose: Führte Israel im Auftrag Gottes aus Ägypten und erhielt am Berg Sinai die Zehn Gebote.

Versteck: Anspielung auf den Tempel, der Schutz vor Verfolgung bietet.

Geburtswehen: Bild für die Erschaffung der Welt.

Staub: Bild für das Totenreich, das unter der Erde liegt.

Menschenkinder: Poetischer Ausdruck für die Menschheit.

Zorn Gottes: Sein Wille, Gericht zu halten.

wie lange noch: Typische Frage im Klagelied, die Gott an seine Barmherzigkeit erinnern soll.

Knecht: Selbstbezeichnung von Menschen, die sich in den Dienst Gottes stellen und ihn dadurch als ihren Herrn anerkennen.

Das vierte Buch der Psalmen 90–106

Wertvolle Lebenszeit

90 1 EIN GEBET, VON MOSE, DEM MANN GOTTES.

Herr, ein Versteck bist du für uns gewesen
von Generation zu Generation.
2 Die Berge waren noch nicht geboren,
die ganze Welt lag in Geburtswehen.
Da bist du, Gott, schon da gewesen,
vom ersten Anfang bis in alle Zukunft.
3 Du bringst die Menschen zurück zum Staub.
Andere rufst du ins Leben und sprichst:
Kommt zur Welt, ihr Menschenkinder!
4 Denn tausend Jahre vergehen vor deinen Augen,
als wäre es gestern gewesen.
Sie gehen so schnell vorbei wie eine Nachtwache.
5 Du reißt die Menschen aus dem Leben,
sie vergehen wie der Schlaf.
Sie sind nichts weiter als Gras,
das am Morgen zu wachsen beginnt.
6 Am Morgen blüht es und wächst hoch,
am Abend wird es geschnitten und welkt.

7 Ja, durch deinen Zorn schwand unsere Lebenskraft,
deine Wut ließ uns zu Tode erschrecken.
8 Du hast dir unsere Vergehen vorgenommen.
Und was wir vor dir verbergen wollten,
hast du ins Licht deines Angesichts gestellt.
9 Ja, unsere Lebenszeit verging durch deinen Zorn,
wir verbrachten unsere Jahre wie einen Seufzer.
10 Unser Leben dauert etwa 70 Jahre,
und wenn wir bei Kräften sind, auch 80 Jahre.
Das meiste daran ist nur Arbeit und vergebliche Mühe.
Schnell ist es vorüber, im Flug sind wir dahin.
11 Wer weiß schon, wie mächtig dein Zorn ist?
Und wer kann ermessen, wie wütend du bist?
12 Lass uns begreifen, welche Zeit wir zum Leben haben,
damit wir klug werden und es vernünftig gestalten.

13 HERR, wende dich uns wieder zu!
Wie lange willst du noch zornig sein?
Hab Mitleid mit deinen Knechten!
14 Schenk uns doch schon am Morgen
die ganze Fülle deiner Güte!
So wollen wir jubeln und uns freuen
alle Tage unseres Lebens.

15 Mach uns so viele Tage wieder froh,
wie du uns zuvor niedergedrückt hast.
Schenk uns so viele gute Jahre,
wie wir zuvor Unglück erfahren haben.
16 Zeig an deinen Knechten deine Macht
und an ihren Kindern deine Herrlichkeit!
17 So soll sich an uns erweisen,
wie freundlich der Herr ist, unser Gott!
Lass das Werk unserer Hände gelingen!
Ja, das Werk unserer Hände, lass es gelingen!

Unter Gottes Flügeln

91 1 Wer unter dem Schutz des Höchsten wohnt,
wer im Schatten des Gewaltigen die Nacht verbringt,
2 der sagt wie ich über den HERRN:
»Meine Zuflucht ist er und meine Burg,
mein Gott, dem ich vertraue!«

3 Ja, er rettet dich vor dem Netz des Jägers,
vor den Verderben bringenden Pfeilspitzen.
4 Er breitet seine Schwingen aus über dir.
Unter seinen Flügeln findest du Zuflucht.
Wie ein Schild schützt dich seine Treue,
wie eine Schutzmauer umgibt sie dich.
5 Du brauchst keine Angst mehr haben:
weder vor den Gefahren, die in der Nacht drohen –
noch vor den Pfeilen, die am Tag daherfliegen.
6 Du brauchst dich nicht zu fürchten:
weder vor der Pest, die sich heimlich ausbreitet –
noch vor den Seuchen, die offen wüten.
7 Auch wenn tausend neben dir fallen,
zehntausend an deiner rechten Seite:
Dich wird das Unglück nicht erreichen.
8 Vielmehr wirst du es mit eigenen Augen sehen
und erleben, wie die Frevler bestraft werden.

9 Ja, du sagst wie ich: »Der HERR ist meine Zuflucht!«
Beim Höchsten hast du ein Versteck gefunden.
10 Kein Unheil wird über dich hereinbrechen
und kein Schicksalsschlag wird dein Zelt treffen.
11 Denn er wird seinen Engeln befehlen,
dich zu beschützen, wohin du auch gehst.
12 Auf ihren Händen werden sie dich tragen,
damit dein Fuß nicht an einen Stein stößt.
13 Über Löwen und Kobras wirst du hinwegschreiten.
Junglöwen und Giftschlangen wirst du zertreten.

Herrlichkeit: Bezeichnet das, was einer Person Ansehen und Macht verleiht. Gottes Herrlichkeit stellt man sich auch als strahlenden Lichtglanz vor.

der Höchste: Titel für Gott, der eng mit dem Tempel in Jerusalem verbunden ist.

der Gewaltige: Hebräisch *Schaddaj*. Titel für Gott, in dem seine überlegene Macht zum Ausdruck kommt.

Zuflucht: Ort, der Schutz bietet. Oft werden Gott oder sein Tempel als Zufluchtsort genannt.

Burg: Bild für Gottes Schutz, vgl. Psalm 46. Der Beter denkt dabei auch an den Tempel als Zufluchtsort.

Netz: Wird bei der Jagd eingesetzt, um Tiere darin zu fangen.

Schild: Abwehrwaffe in der Schlacht und Bild für Gottes Schutz.

Frevler: Menschen, die Gottes Gebote missachten und ihre eigenen Interessen gewaltsam durchsetzen.

Engel: Boten Gottes, die in seinem Auftrag unterwegs sind und seine Botschaft überbringen.

Kobra: Tödliche Giftschlange. Im Alten Orient ist das Schreiten über gefährliche Tiere ein Bild für die Herrschaft von Göttern und Königen.

ich: Hier spricht Gott.

Sabbat: In der Bibel der siebte Tag der Woche, heute unser Samstag. Er gilt im Judentum als Feiertag, an dem nicht gearbeitet werden darf.

Name Gottes: Steht für Gott selbst und seine Gegenwart, vor allem im Heiligtum.

der Höchste: Titel für Gott, der eng mit dem Tempel in Jerusalem verbunden ist.

Bassleier: Großes Musikinstrument mit tief klingenden Saiten.

Frevler: Menschen, die Gottes Gebote missachten und ihre eigenen Interessen gewaltsam durchsetzen.

Salböl: Ein mit wohlriechenden Zusätzen vermengtes, kostbares Öl. Es wird bei bestimmten religiösen Handlungen verwendet.

Gerechte: Menschen, die Gottes Gebote befolgen, sodass das Leben in Gemeinschaft miteinander gelingt.

Zeder: Bis zu 30 m hoher Gebirgsbaum, der vor allem im Libanon wächst.

Haus Gottes: Bezeichnet den Tempel in Jerusalem.

Höfe: Der Tempel in Jerusalem war von einem inneren und äußeren Vorhof umgeben.

14 »Weil er mit Liebe an mir hängt, will ich ihn retten!
Ich beschütze ihn, weil er meinen Namen kennt.
15 Wenn er mich ruft, antworte ich ihm.
Ich bin für ihn da, wenn ihm Gefahr droht.
Ich reiße ihn heraus und sorge dafür,
dass er wieder zu Ansehen kommt.
16 Ich werde ihm ein langes Leben schenken.
Meine heilvolle Zukunft soll er sehen.«

Voller Saft und Kraft

92 1 EIN PSALM, EIN LIED.
FÜR DIE FEIER AM SABBAT.

2 Schön ist es, dem HERRN zu danken
und deinen Namen, du Höchster, zu preisen.
3 Gerne verkünde ich am Morgen deine Güte
und erzähle in den Nächten von deiner Treue –
4 zum Klang der Bassleier mit zehn Saiten,
zum rhythmischen Spiel der Handleier.

5 Ja, dein Tun, HERR, hat mich froh gemacht.
Ich will jubeln über die Werke deiner Hände.
6 Wie großartig sind doch deine Werke, HERR.
Was du planst, hat einen tiefen Sinn.
7 Ein Dummkopf, wer das nicht erkennt!
Und wer seinen Verstand nicht gebraucht,
wird nichts davon begreifen.

8 Wenn Frevler wie Gras aus dem Boden wachsen,
dann sollen sie nur blühen, all diese Übeltäter!
Am Ende blüht ihnen, dass sie vernichtet werden!
9 Du aber thronst für immer in der Höhe, HERR!
10 Sieh hin, es sind ja deine Feinde, HERR!
Sieh hin, deine Feinde verschwinden.
Die Übeltäter zerstreuen sich in alle Winde.

11 Du aber hast mich stark gemacht wie einen Stier.
Mit frischem Salböl hast du mich übergossen.
12 Meine Augen sahen auf meine Verleumder herab.
Und von den Bösen, die mich bekämpft haben,
werden meine Ohren noch hören.
13 Doch der Gerechte wird wachsen wie eine Palme.
Er wird groß werden wie eine Zeder im Libanon.

14 Die beim Haus des HERRN eingepflanzt sind,
werden in den Höfen unseres Gottes wachsen.

15 Noch im hohen Alter tragen sie Frucht.
Voller Saft und Kraft werden sie sein.
16 Sie werden verkünden: »Der HERR ist gerecht!
Er ist mein Fels, bei ihm gibt es kein Unrecht.«

Gott herrscht als König

93 1 Der HERR herrscht als König,
er trägt seine Majestät wie ein Gewand.
Der HERR trägt sie wie ein Gewand,
Kraft hat er sich wie einen Gürtel umgebunden.
Die Erde ist fest gegründet, dass sie nicht wankt.
2 Seit jeher ist dein Thron fest gegründet.
Von Anfang an herrschst du als König.

3 Damals, HERR, brausten die Wasserströme.
Es brausten die Wasserströme mit Getöse.
Welle um Welle mit ohrenbetäubendem Lärm.
4 Gewaltig ist das Getöse der Wasserfluten.
Noch gewaltiger sind die Brecher des Meeres.
Am mächtigsten aber ist der HERR in der Höhe.
5 Deine Gebote stehen zuverlässig fest.
Heiligkeit schmückt dein Haus,
HERR, für alle Zeiten.

Der Richter der Welt

94 1 HERR, du Gott der Vergeltung,
du Gott der Vergeltung, erscheine!
2 Steh doch auf, du Richter der Welt!
Es gibt Leute, die voll Hochmut handeln.
Zahl ihnen ihre Taten heim!
3 Wie lange noch, HERR, dürfen die Frevler,
wie lange dürfen die Frevler triumphieren?
4 Sie reden wie ein Wasserfall und halten freche Reden.
Sie brüsten sich, alle diese Übeltäter!
5 Sie trampeln auf deinem Volk herum, HERR,
und unterdrücken dein Eigentum.
6 Sie töten die Witwen und Fremden
und ermorden die Waisenkinder.
7 Sie sagten: »Der HERR sieht es nicht!
Der Gott Jakobs merkt es nicht!«

8 Merkt euch das, ihr Dummen im Volk!
Habt ihr denn gar keinen Verstand?
Wann kommt ihr nur zur Vernunft?

Fels: Ehrenvolle Bezeichnung für Gott, in der seine Stärke zum Ausdruck kommt.

König: Ehrentitel für Gott, der als Herrscher der Welt verehrt wird und für Recht und Gerechtigkeit sorgt.

Wasserströme: Im Hintergrund steht die Vorstellung, dass Gott mit dem Sieg über das Meer als Chaosmacht seine Königsherrschaft antritt.

Gebote: Bestimmungen, die Gott den Menschen gegeben hat. Sie ordnen das Leben so, wie es nach Gottes Willen sein soll.

Haus Gottes: Bezeichnet den Tempel in Jerusalem.

Eigentum: Bezeichnung für das Volk Israel und Ausdruck des engen Verhältnisses zwischen Gott, dem Land und seinem Volk.

Fremder: Person, die nicht zur Gemeinschaft Israels gehört und häufig wirtschaftlich schlechter gestellt war. Fremde sind durch das Gastrecht geschützt.

Gott Jakobs: Bezeichnung für den Gott Israels. Sie steht für das persönliche Treueverhältnis zwischen Gott und dem Stammvater seines Volkes.

Heilige Schrift: Im Judentum die *Tora*, die Weisung Gottes, wie sie in den fünf Büchern Mose steht.

Frevler: Menschen, die Gottes Gebote missachten und ihre eigenen Interessen gewaltsam durchsetzen.

gerecht, Gerechtigkeit: Meint ein Leben nach dem Willen Gottes.

Totenstille: Steht hier für das Totenreich unter der Erde.

Gerechte: Menschen, die Gottes Gebote befolgen, sodass das Leben in Gemeinschaft miteinander gelingt.

Burg: Bild für Gottes Schutz, vgl. Psalm 46. Der Beter denkt dabei auch an den Tempel als Zufluchtsort.

Zuflucht: Ort, der Schutz bietet. Oft werden Gott oder sein Tempel als Zufluchtsort genannt.

Fels: Ehrenvolle Bezeichnung für Gott, in der seine Stärke zum Ausdruck kommt.

Angesicht schauen: Bei einem Besuch im Tempel die Gegenwart Gottes erfahren.

9 Er, der den Menschen Ohren schenkte:
Sollte der selbst nicht hören können?
Er, der die Augen geschaffen hat:
Sollte der selbst nicht sehen können?
10 Er, der die fremden Völker erzieht:
Sollte der denn nicht strafen können?
Er, der die Menschen Erkenntnis lehrt! –
11 Der HERR kennt die Pläne des Menschen.
Er weiß, dass sie sich in Luft auflösen.

12 Glücklich zu preisen ist der Mensch,
den du, HERR, für das Leben erziehst –
den du in der Heiligen Schrift unterrichtest.
13 So gibst du ihm Gelassenheit in schweren Zeiten,
bis man dem Frevler das Grab geschaufelt hat.
14 Denn der HERR lässt sein Volk nicht im Stich.
Sein Eigentum überlässt er keinem anderen.
15 Denn die Rechtsprechung kehrt zur Gerechtigkeit zurück.
Hinter ihr stehen alle, die aufrichtig sind.

16 Wer leistet mir Beistand gegen die Bösen?
Wer verteidigt mich gegen die Übeltäter?
17 Wäre der HERR mir nicht zu Hilfe gekommen,
wäre ich beinahe in Totenstille versunken.
18 Wenn ich dachte: »Mein Fuß verliert den Halt!«,
hat deine Güte, HERR, mich gestützt.
19 Als viele Sorgen mich im Innern bedrückten,
hat dein Trost mich wieder froh gemacht.

20 Darf sich das Willkürgericht auf dich berufen,
wenn es das Recht über die Maßen beugt?
21 Gegen den Gerechten rotten sie sich zusammen
und Unschuldige wollen sie schuldig sprechen.
22 Doch der HERR wurde für mich zur festen Burg,
mein Gott ist zum Fels meiner Zuflucht geworden.
23 Denn er zahlte ihnen ihre Verbrechen heim,
durch ihre eigene Bosheit vernichtet er sie.
Ja, er vernichtet sie, der HERR, unser Gott.

Gott und sein Volk

95

1 Auf, wir wollen dem HERRN zujubeln!
Lasst uns den Fels unserer Rettung preisen!
2 Wir wollen mit Dank vor sein Angesicht treten.
Lasst ihn mit unseren Gesängen hochleben.
3 Denn der HERR ist ein großer Gott
und ein großer König über alle Götter.

4 In seiner Hand sind die Tiefen der Erde,
und die Höhen der Berge gehören ihm.
5 Ihm gehört das Meer – er selbst hat es gemacht,
und das Land – seine Hände haben es geformt.
6 Kommt, wir wollen uns niederwerfen und beten!
Lasst uns vor dem HERRN niederknien,
vor unserem Schöpfer!
7 Denn er ist unser Gott und wir sind sein Volk –
die Schafe, die er auf sein Weideland führt.
Und wir sind es heute noch.
Ach, hört doch auf seine Stimme!

8 Seid nicht so starrsinnig wie in Meriba,
wie in Massa, als ihr in der Wüste gewesen seid.
9 Damals widersetzten sich eure Vorfahren.
Damals stellten sie mich auf die Probe,
obwohl sie mein Tun gesehen hatten.
10 40 Jahre lang war ich angewidert
von dieser Generation, sodass ich sagte:
»In ihren Herzen sind sie ein irregeleitetes Volk,
und meine Wege haben sie nicht erkannt.
11 So habe ich in meinem Zorn geschworen:
Nie sollen sie zu meinem Ruheplatz kommen!«

Ein neues Lied für den König der Welt

96 1 Singt dem HERRN ein neues Lied!
Singt dem HERRN, alle Länder!
2 Singt dem HERRN, preist seinen Namen!
Verkündet seine Hilfe von Tag zu Tag!
3 Erzählt den Völkern von seiner Herrlichkeit,
allen Nationen von seinen Wundertaten!
4 Ja, groß ist der HERR und hoch zu loben.
Man muss ihn mehr als alle Götter fürchten.
5 Denn die Götter der Völker sind nichts.
Aber der HERR hat den Himmel gemacht.
6 Pracht und Schönheit gehen von ihm aus.
Macht und Glanz erfüllen sein Heiligtum.

7 Gebt dem HERRN die Ehre, ihr Völkerscharen!
Gebt sie dem HERRN und erkennt seine Macht an!
8 Gebt dem HERRN die Ehre, die seinem Namen gebührt!
Bringt Opfergaben und kommt in sein Heiligtum!
9 Fallt auf die Knie vor dem HERRN in heiliger Pracht!
Zittert bei seinem Anblick, ihr Länder!

Tiefen, Höhen: Gottes Herrschaft umfasst die Todesmächte unter der Erde und die Himmelsmächte über den Bergen.

Meriba, Massa: Orte auf der Wüstenwanderung Israels, an denen das Volk sich gegen Mose und Gott auflehnte; vgl. 2. Mose/Exodus 17,1-7.

Zorn Gottes: Sein Wille, Gericht zu halten.

Ruheplatz: Bezeichnung für den Tempelberg in Jerusalem. Dort steht der Tempel, der auch »Wohnung Gottes« genannt wird.

Name Gottes: Steht für Gott selbst und seine Gegenwart, vor allem im Heiligtum.

Herrlichkeit: Bezeichnet das, was einer Person Ansehen und Macht verleiht. Gottes Herrlichkeit stellt man sich auch als strahlenden Lichtglanz vor.

Opfergabe: Eine Gabe für Gott als Zeichen des Danks oder der Bitte. Das Opfer wird auf dem Altar verbrannt und schafft Gemeinschaft mit Gott.

Inseln: Bezeichnen den westlichen Rand der damals bekannten Welt.

Herrlichkeit: Bezeichnet das, was einer Person Ansehen und Macht verleiht. Gottes Herrlichkeit stellt man sich auch als strahlenden Lichtglanz vor.

Götterbild: Aus Stein, Ton, Holz oder Metall gefertigtes kleines Standbild einer Gottheit. Seine Herstellung und Verehrung waren in Israel verboten.

Zion: Tempelberg von Jerusalem, aber auch Bezeichnung für die ganze Stadt.

Töchter Judas: Bild für die Städte Judas, die in der Umgebung von Jerusalem liegen.

der Höchste: Titel für Gott, der eng mit dem Tempel in Jerusalem verbunden ist.

Fromme: Menschen, die ihr ganzes Leben auf Gott ausrichten und sich für die Befolgung seiner Gebote einsetzen.

Frevler: Menschen, die Gottes Gebote missachten und ihre eigenen Interessen gewaltsam durchsetzen.

Gerechte: Menschen, die Gottes Gebote befolgen, sodass das Leben in Gemeinschaft miteinander gelingt.

10 Sagt den Völkern: »Der HERR herrscht als König!«
Die Erde ist fest gegründet, dass sie nicht wankt.
Er richtet die Nationen nach Recht und Ordnung.
11 Der Himmel soll sich freuen und die Erde jauchzen.
Das Meer soll brausen und alles, was in ihm lebt.
12 Das Feld sei fröhlich und alles, was auf ihm wächst.
Alle Bäume des Waldes sollen in Jubel ausbrechen –
13 vor dem Angesicht des HERRN, wenn er kommt.
Denn er kommt, um Gericht zu halten auf der Erde.
Über den Erdkreis wird er ein gerechtes Urteil fällen
und die Völker nach seiner Wahrheit richten.

Hoch über allen Göttern

97 1 Der HERR herrscht als König. Es juble die Erde!
Es sollen sich freuen die vielen Inseln!
2 Dichte und dunkle Wolken umgeben ihn.
Gerechtigkeit und Recht stützen seinen Thron.
3 Verzehrendes Feuer zieht vor ihm her
und steckt seine Feinde ringsum in Brand.
4 Seine Blitze erleuchten den Erdkreis.
Die Erde sieht es und bebt.
5 Berge schmelzen wie Wachs vor dem HERRN,
vor dem Herrscher über die ganze Welt.
6 Die Himmel erzählen von seiner Gerechtigkeit,
und alle Völker sehen seine Herrlichkeit.

7 Alle, die Götterbilder anbeten, werden scheitern.
Sie prahlen doch nur mit machtlosen Göttern.
Denn vor dem HERRN beugen alle Götter die Knie.
8 Die Stadt Zion hört es und freut sich.
Die Töchter Judas brechen in Jubel aus,
weil du ihnen zum Recht verholfen hast, HERR.
9 Denn du, HERR, bist der Höchste.
Du herrschst über die ganze Welt.
Du stehst hoch über allen Göttern.

10 Die ihr den HERRN liebt, hasst das Böse!
Er beschützt das Leben seiner Frommen.
Aus der Gewalt der Frevler reißt er sie heraus.
11 Ein Licht strahlt auf über den Gerechten.
Freude erfüllt die Herzen der Aufrechten.
12 Freut euch, ihr Gerechten, über den HERRN
und preist seinen heiligen Namen.

Ein neues Lied für den Herrscher der Welt

98 1 EIN PSALM.

Singt dem HERRN ein neues Lied,
denn Wunder hat er getan!
Geholfen haben ihm seine starke Hand
und sein heiliger Arm.
2 Der HERR hat seine Hilfe bekannt gemacht.
Vor den Augen der Völker hat er offenbart,
dass seine Gerechtigkeit allen Menschen gilt.
3 Er dachte an seine Güte und Treue,
die er dem Haus Israel erwiesen hat.
Menschen aus der ganzen Welt haben gesehen,
wie unser Gott geholfen hat.

4 Heißt den HERRN willkommen, alle Länder!
Brecht in Jubel aus, seid fröhlich und musiziert!
5 Musiziert für den HERRN mit der Leier,
mit der Leier und vollem Saitenklang!
6 Mit dem Schall von Trompeten und Widderhörnern
heißt den HERRN als König willkommen!

7 Das Meer soll brausen und alles, was in ihm lebt!
Der Erdkreis soll jubeln und alle seine Bewohner!
8 Die Flüsse sollen in die Hände klatschen,
und die Berge sollen im Chor jubeln –
9 vor dem Angesicht des HERRN.
Denn er kommt, um Gericht zu halten auf der Erde.
Über den Erdkreis wird er ein gerechtes Urteil fällen
und die Völker nach Recht und Ordnung richten.

Heiliger Gott – gerechter König

99 1 Der HERR herrscht als König! –
Die Völkerwelt gerät ins Wanken.
Er thront über den Kerubim! –
Die Fundamente der Erde schwanken.
2 Groß ist der HERR auf dem Zion.
Hoch steht er über allen Völkern.
3 Darum sollen sie deinen Namen preisen.
Man bewundert und man fürchtet ihn.
Heilig ist er!

4 Der König entfaltet seine Macht.
Sie beruht auf seiner Liebe zum Recht:
Ja, du hast Recht und Ordnung festgesetzt.

Zeichen, Wunder: Gottes Eingreifen in die Welt wird an seinen Wundertaten und Schöpfungswerken sichtbar.

Leier: Musikinstrument mit bis zu 10 Saiten, die gezupft wurden.

Widderhorn: Hebräisch *schofar.* Ein Musik- und Signalinstrument, das aus dem Horn eines Widders hergestellt wird.

Angesicht: Bezeichnet im übertragenen Sinn die Zuwendung Gottes zu den Menschen.

Gericht, verurteilen: Als Herrscher über die ganze Welt ist Gott der Richter, der am Ende der Zeit ein Urteil über sie spricht.

König: Ehrentitel für Gott, der als Herrscher der Welt verehrt wird und für Recht und Gerechtigkeit sorgt.

Kerubim: Himmlische Wesen mit einem menschlichen Gesicht, Flügeln und einem Löwenkörper. Ihre Abbilder im Heiligtum tragen den Thron Gottes.

Zion: Tempelberg von Jerusalem, aber auch Bezeichnung für die ganze Stadt.

Name Gottes: Steht für Gott selbst und seine Gegenwart, vor allem im Heiligtum.

Land Jakobs: Bezeichnung für das Land, in dem die Nachkommen Jakobs leben. Er wird in 1. Mose/Genesis 32,29 in Israel umbenannt und gilt als Stammvater des Volks Israel.

Schemel: Eine Art Fußbank, die vor dem Thron eines Herrschers steht.

Mose: Führte Israel im Auftrag Gottes aus Ägypten und erhielt am Berg Sinai die Zehn Gebote.

Aaron: Bruder von Mose und erster Hohepriester Israels. Er gilt in der Bibel als Stammvater der Priester.

Samuel: Prophet und Richter um 1000 v. Chr., in der Übergangszeit zum Königtum.

Name Gottes: Steht für Gott selbst und seine Gegenwart, vor allem im Heiligtum.

Wolkensäule: Senkrecht stehende Wolke in Form einer Säule. Durch sie zeigte Gott seinem Volk tagsüber den Weg durch die Wüste.

Schuld: Konkrete Verfehlungen, die von Gott trennen und das Gewissen belasten können.

Berg: Meint den Berg Zion mit dem Tempel in Jerusalem.

Höfe: Der Tempel in Jerusalem war von einem inneren und äußeren Vorhof umgeben.

Du hast im Land Jakobs dafür gesorgt,
dass Recht und Gerechtigkeit herrschen.
5 *Lasst den HERRN hochleben, unseren Gott!*
Fallt auf die Knie vor dem Schemel seiner Füße!
Heilig ist er!

6 Mose und Aaron waren seine Priester.
Und Samuel war einer von denen,
die im Gebet seinen Namen riefen.
Immer wieder riefen sie zum HERRN,
und der gab ihnen Antwort.
7 Aus der Wolkensäule redete er mit ihnen.
So hielten sie seine Gebote ein
und die Ordnung, die er festgesetzt hat.

8 HERR, unser Gott, du gabst ihnen Antwort.
Du hast dich ihnen als ein Gott gezeigt,
der Schuld vergeben kann und will.
Doch für die Taten, die sie begangen haben,
hast du sie zur Verantwortung gezogen.
9 *Lasst den HERRN hochleben, unseren Gott!*
Fallt auf die Knie vor seinem heiligen Berg!
Ja, heilig ist der HERR, unser Gott!

Einladung zum Danken

100

1 EIN PSALM ZUM DANKOPFER.

Heißt den HERRN willkommen, alle Länder!
2 Stellt euch fröhlich in den Dienst des HERRN!
Kommt mit Jubel vor sein Angesicht!
3 Erkennt: Der HERR allein ist Gott!
Er hat uns geschaffen und wir gehören ihm.
Wir sind sein Volk und die Schafe,
die er auf sein Weideland führt.

4 Tretet ein durch seine Tore mit Dank!
Kommt in seine Höfe mit Lobgesang!
Dankt ihm, preist seinen Namen!
5 Der HERR ist gut, für immer bleibt seine Güte
und seine Treue von Generation zu Generation.

Ps

Grundlagen einer guten Politik

101 [1] VON DAVID, EIN PSALM.

Von Gnade und Recht will ich singen!
Für dich, HERR, musiziere ich!
2 Ich will einen vorbildlichen Weg gehen.
Wann kommst du zu mir?
Ich will mich so in meinem Haus verhalten,
wie es mein ehrliches Herz verlangt.
3 Ich fasse keine Vorhaben ins Auge,
die Verderben mit sich bringen.
Ich hasse es, wenn Gebote übertreten werden.
Damit will ich nichts zu tun haben.
4 Verkehrte Gedanken lasse ich nicht zu.
Böses kommt mir gar nicht erst in den Sinn.
5 Wer seinen Freund heimlich verleumdet,
den bringe ich zum Schweigen.
Wer stolz dreinblickt und überheblich ist,
den kann ich nicht ertragen.

6 Meine Augen suchen die Treuen im Land.
Sie sollen in meiner Nähe wohnen.
Wer einen vorbildlichen Weg einschlägt,
den will ich in meinen Dienst nehmen.
7 Doch wer betrügerisch handelt,
den dulde ich nicht in meinem Haus.
Und wer sich aufs Lügen verlegt,
darf mir nicht unter die Augen treten.
8 Alle Frevler, die es im Land gibt,
bringe ich jeden Morgen zum Schweigen.
So sollen alle Übeltäter entfernt werden,
aus der Stadt, die dem HERRN gehört.

Wie ein Steinkauz in Ruinen

Der fünfte Bußpsalm

102 [1] GEBET EINES ARMEN, WENN ER VERZWEIFELT IST UND DEM HERRN SEIN HERZ AUSSCHÜTTET.

2 HERR, höre doch mein Gebet!
Mein Hilfeschrei soll dich erreichen!
3 Verbirg dein Angesicht nicht vor mir,
wenn ich in Schwierigkeiten bin.
Hab doch ein offenes Ohr für mich!
Wenn ich rufe, antworte mir bald!
4 Denn meine Lebenszeit löst sich auf in Rauch.
Meine Glieder brennen wie Feuer.

David: Bedeutender König in der Geschichte Israels, der etwa 1000–960 v. Chr. regierte. Er gilt als Dichter zahlreicher Lieder und Gebete.

Gnade: Liebevolle Zuwendung Gottes, die er den Menschen ohne Vorbedingung schenkt.

Haus: Bezeichnet hier nicht nur den Palast des Königs, sondern auch seine Familie und seine Regierungsbeamten.

Gebote: Bestimmungen, die Gott den Menschen gegeben hat. Sie ordnen das Leben so, wie es nach Gottes Willen sein soll.

Treue: Menschen, die sich zu Gott und zu seiner Gemeinschaft halten.

Frevler: Menschen, die Gottes Gebote missachten und ihre eigenen Interessen gewaltsam durchsetzen.

Stadt: Meint die Stadt Jerusalem mit dem Tempel.

Bußpsalm: Seit frühester Zeit werden Psalm 6; 32; 38; 51; 102; 130 und Psalm 143 von Christen als persönliche Schuldbekenntnisse gebetet.

Gebet: Reden des Menschen mit Gott.

Angesicht verbergen: Wenn Gott sein Gesicht verbirgt, nimmt er die Bitten des Beters nicht an.

Steinkauz: Eulenart, die Wüsten und Trümmerstätten bewohnt.

Zorn Gottes: Sein Wille, Gericht zu halten.

Thron: Bild für die Königsherrschaft Gottes.

Zion: Tempelberg von Jerusalem, aber auch Bezeichnung für die ganze Stadt.

Knecht: Selbstbezeichnung von Menschen, die sich in den Dienst Gottes stellen und ihn dadurch als ihren Herrn anerkennen.

Trümmer: Die Stadt Jerusalem und der Tempel wurden 586 v. Chr. von den Babyloniern zerstört.

Ehrfurcht: Eine Haltung größter Hochachtung gegenüber Gott, die sowohl Bewunderung als auch Erschrecken zum Ausdruck bringt.

Herrlichkeit: Bezeichnet das, was einer Person Ansehen und Macht verleiht. Gottes Herrlichkeit stellt man sich auch als strahlenden Lichtglanz vor.

Himmel: Im übertragenen Sinn beschreibt »Himmel« den Bereich, in dem Gott wohnt.

5 Ich fühle mich zerschlagen, matt wie verdorrtes Gras.
Ich mag nicht einmal mehr etwas essen.
6 Meine Stimme versagt vor lauter Stöhnen.
Nur noch Haut klebt an meinen Knochen.
7 Ich fühle mich wie eine Eule in der Wüste.
Ich gleiche einem Steinkauz in Ruinen.
8 Ich finde keinen Schlaf und klage
wie ein einsamer Vogel auf dem Dach.
9 Den ganzen Tag verhöhnen mich meine Feinde.
Beim Fluchen nennen sie meinen Namen,
um mich zu verspotten.
10 Was ich esse, schmeckt wie trockener Staub.
Was ich trinke, ist mit meinen Tränen vermischt.
11 Dein glühender Zorn macht mir Angst und Bange.
Du hebst mich hoch und wirfst mich wieder hin.
12 Mein Leben ist nur noch ein langer Schatten.
Ja, ich fühle mich matt wie verdorrtes Gras.

13 Du aber, HERR, sitzt für immer auf dem Thron.
Dein Name bleibt von Generation zu Generation.
14 Du wirst aufstehen und dich der Stadt Zion annehmen.
Denn es ist Zeit, die Stadt zu begnadigen,
ja, der Zeitpunkt dafür ist gekommen.
15 Denn deine Knechte lieben die Mauern Zions.
Dass sie in Trümmern liegen, tut ihnen weh.
16 Doch in Zukunft werden die fremden Völker
den Namen des HERRN mit Ehrfurcht nennen.
Und alle Könige der Welt zittern
vor deiner Herrlichkeit.
17 Denn der HERR hat Zion wieder aufgebaut
und sich dort in seiner Herrlichkeit gezeigt.
18 Er hat das Gebet der verlassenen Stadt gehört.
Ihr Bittgebet hat er nicht gering geschätzt.

19 So soll man es aufschreiben für die Späteren,
damit das neu erschaffene Volk den HERRN lobt.
20 Von seiner heiligen Höhe schaute der HERR herab,
vom Himmel blickte er auf die Erde nieder.
21 So hört er das Stöhnen der Gefangenen
und rettet die, die den Tod erwarten.
22 Dann werden sie in der Stadt Zion
den Namen des HERRN wieder verkünden.
In Jerusalem singen sie zu seinem Lob.
23 Völker und Königreiche werden kommen,
um gemeinsam dem HERRN zu dienen.

24 Mitten auf meinem Lebensweg
hat er mir die Kraft genommen.
Er hat meine Lebenszeit verkürzt.
25 Ich sagte: »Mein Gott, lass mich nicht sterben,
jetzt, in der Mitte meines Lebens!«
Deine Zeit überdauert die Generationen.
26 Du hast am Anfang die Erde gegründet,
der Himmel ist das Werk deiner Hände.
27 Eines Tages werden sie vergehen, du aber bleibst.
Alles Geschaffene wird zerfallen wie ein Kleid.
Du wechselst es wie ein Kleidungsstück,
so wird alles Geschaffene ausgewechselt.
28 Du aber bleibst, deine Zeit geht nicht zu Ende.
29 Lass nun die Kinder deiner Knechte im Land wohnen,
und ihre Nachkommen mögen vor dir bestehen.

Jung wie ein Adler

103

1 VON DAVID.

Lobe den HERRN, meine Seele!
Und alles in mir preise
seinen heiligen Namen!
2 Lobe den HERRN, meine Seele!
Und vergiss nicht das Gute,
das er für dich getan hat!
3 Er vergibt dir alle deine Sünden.
Er heilt alle deine Krankheiten.
4 Er führt dein Leben aus der Todesnähe.
Er schmückt dich mit einer Krone –
sie besteht aus Güte und Barmherzigkeit.
5 Er versorgt dich mit Gutem dein Leben lang.
So fühlst du dich jung wie ein Adler.

6 Der HERR schafft Gerechtigkeit.
Allen Unterdrückten verhilft er zum Recht.
7 Er hat Mose seine Wege offenbart
und den Israeliten seine Taten.
8 Reich an Barmherzigkeit und Gnade ist der HERR,
unendlich geduldig und voller Güte.
9 Er liegt nicht ewig mit uns im Streit
und ist nicht für immer böse mit uns.
10 Er straft uns nicht, wie wir es verdienen,
und unsere Sünden zahlt er uns nicht heim.

David: Bedeutender König in der Geschichte Israels, der etwa 1000–960 v. Chr. regierte. Er gilt als Dichter zahlreicher Lieder und Gebete.

Seele: Ausdruck für die Empfindsamkeit, Sehnsucht und Lebendigkeit des Menschen.

Name Gottes: Steht für Gott selbst und seine Gegenwart, vor allem im Heiligtum.

Sünden: Konkrete Verfehlungen, die von Gott trennen und das Gewissen belasten können.

Krone: Bild für die königliche Stellung des Menschen.

Adler: Großer Greifvogel, der sich kraftvoll und frei in die Luft schwingt. Er steht sinnbildlich für Kraft und Stärke.

Mose: Führte Israel im Auftrag Gottes aus Ägypten und erhielt am Berg Sinai die Zehn Gebote.

Gnade: Liebevolle Zuwendung Gottes, die er den Menschen ohne Vorbedingung schenkt.

Bund: Vertrag, mit dem zwei Partner eine gegenseitige Verpflichtung eingehen. Ist Gott einer der Partner, kann er sich auch einseitig zur Treue gegenüber seinem Volk oder einzelnen Menschen verpflichten.

Gebote: Bestimmungen, die Gott den Menschen gegeben hat. Sie ordnen das Leben so, wie es nach Gottes Willen sein soll.

König: Ehrentitel für Gott, der als Herrscher der Welt verehrt wird und für Recht und Gerechtigkeit sorgt.

himmlische Heere: Hebräisch *Zebaot*. Der Beiname bringt die ganze Fülle von Gottes Macht zum Ausdruck.

Seele: Ausdruck für die Empfindsamkeit, Sehnsucht und Lebendigkeit des Menschen.

himmlischer Ozean: 1. Mose/Genesis 1,6-8 erzählt, dass Gott bei der Schöpfung das Urmeer in ein Meer über und ein Meer unter dem Himmel teilt.

11 So hoch, wie der Himmel über der Erde steht,
so weit reicht seine Güte.
Sie umfasst alle, die zu ihm gehören.
12 So fern, wie der Osten vom Westen ist,
so weit rückt er unsere Vergehen von uns weg.
13 Wie ein Vater seinen Kindern mit Güte begegnet,
so barmherzig handelt der HERR an denen,
die zu ihm gehören.
14 Denn er weiß, was für Geschöpfe wir sind.
Er denkt daran, dass wir nur aus Staub bestehen.

15 Der Mensch ist so vergänglich wie das Gras,
er blüht wie eine Blume auf dem Feld.
16 Wenn der Wind über sie hinwegfegt, ist sie dahin.
Wo sie gestanden hat, bleibt keine Spur von ihr.
17 Doch die Güte des HERRN bleibt bestehen,
von Anfang an bis in alle Zukunft.
Sie bleibt bei denen, die zu ihm gehören,
und seine Gerechtigkeit bei den Kindern und Enkeln.
18 Sie gilt denen, die an seinem Bund festhalten,
an seine Gebote denken und danach handeln.

19 Der HERR hat im Himmel seinen Thron aufgestellt.
Als König herrscht er über die ganze Welt.
20 Lobt den HERRN, ihr dienstbaren Engel –
ihr starken Helden, die sein Wort ausführen
und seine Befehle entgegennehmen!
21 Lobt den HERRN, ihr himmlischen Heere –
ihr treuen Diener, die seinen Willen tun!
22 Lobt den HERRN, ihr alle, die er geschaffen hat –
an allen Orten, die seine Herrschaft umfasst!
Lobe den HERRN, meine Seele!

Gottes wunderbare Welt

104 1 Lobe den HERRN, meine Seele!
HERR, mein Gott, wie groß bist du!
In Pracht und Schönheit bist du gekleidet.
2 Du hüllst dich in Licht wie in einen Mantel.
Du spannst den Himmel aus wie ein Zeltdach.
3 Im himmlischen Ozean setzt du die Balken,
die das Obergeschoss deines Palastes tragen.
Du machst die Wolken zu deinem Wagen.
Flügel des Windes tragen dich überall hin.
4 Du machst die Stürme zu deinen Boten.
Feuer und Flamme nimmst du in Dienst.

5 Du hast die Erde auf ihre Pfeiler gesetzt.
Sie wird niemals wanken – zu keiner Zeit.
6 Die Fluten der Urzeit bedeckten sie wie ein Kleid.
Wassermassen standen hoch über den Bergen.
7 Doch dein Drohen zwang sie zurückzuweichen.
Vor deinem Donnerwetter liefen sie davon.
8 Sie strömten die Berge hoch und die Täler hinab –
bis zu dem Ort, den du für sie bestimmt hast.
9 Du hast ihnen eine Grenze gesetzt,
die sie nicht mehr überschreiten dürfen.
Nie wieder dürfen sie die Erde bedecken.

10 Quellwasser schickst du die Täler hinab.
In Bächen fließt es zwischen den Bergen dahin.
11 Alle Tiere auf dem freien Feld trinken daraus,
auch die Wildesel löschen dort ihren Durst.
12 Die Vögel des Himmels bauen Nester an ihren Ufern,
in den Zweigen trällern sie ihr Lied.
13 Aus den Wolken um deinen Palast
lässt du Regen auf die Berge niedergehen.
Wind und Wetter, die du gemacht hast,
schenken der Erde ihre Fruchtbarkeit.
14 Für das Vieh lässt du Gras wachsen
und Getreide für den Ackerbau des Menschen.

So kann die Erde Brot hervorbringen
15 und Wein, der das Menschenherz erfreut.
So gibt es Salböl für ein glänzendes Gesicht
und Nahrung, die das Menschenherz stärkt.
16 Die Bäume des Herrn erhalten Wasser genug,
die Zedern des Libanon, die er gepflanzt hat.
17 Dort in ihren Zweigen nisten die Vögel,
der Storch ist auf den Zypressen zu Hause.
18 Im Hochgebirge hat der Steinbock sein Revier.
Der Klippdachs versteckt sich in den Felsen.

19 Den Mond hast du für die Festzeiten gemacht.
Die Sonne weiß, wann sie untergehen soll.
20 Schickst du Finsternis, dann wird es Nacht.
Nun regen sich alle Tiere in den Wäldern.
21 Die jungen Löwen brüllen nach Beute,
sie fordern etwas zu fressen von Gott.
22 Geht die Sonne auf, ziehen sie sich zurück
und ruhen sich aus in ihren Verstecken.
23 Nun macht sich der Mensch ans Werk
und tut seine Arbeit bis zum Abend.

Pfeiler: Man stellte sich vor, dass die Erdscheibe auf Säulen ruht, die im unterirdischen Meer verankert sind. Sie bilden die Fundamente der Welt.

Fluten der Urzeit: Das Wasser, das vor der Schöpfung die gesamte Erde bedeckte; vgl. 1. Mose/Genesis 1,2.

Wein: Ein im Mittelmeerraum übliches Nahrungs- und Genussmittel. Wein ist zugleich Sinnbild für Lebensfreude und Wohlstand.

Salböl: Ein mit wohlriechenden Zusätzen vermengtes, kostbares Öl. Es wird bei bestimmten religiösen Handlungen verwendet.

Zeder: Bis zu 30 m hoher Gebirgsbaum, der vor allem im Libanon wächst.

Zypresse: Immergrüner Nadelbaum von säulenartiger Gestalt, der eine Höhe von 9–15 m erreicht.

Klippdachs: Mit einem gelbbraunen Pelz bedecktes kleines Säugetier, das in felsigem Gelände lebt.

Festzeiten: Der Zeitpunkt, zu dem die religiösen Feste gefeiert wurden, wurde nach dem Mondkalender bestimmt.

Leviatan: Chaoswesen, das im Meer lebt. Im Alten Testament ist es Sinnbild für die tobenden Wasserfluten, die die Welt bedrohen.

Lebensatem: Gott haucht dem Menschen Atem ein und macht ihn dadurch lebendig, vgl. 1. Mose/Genesis 2,7.

Herrlichkeit: Bezeichnet das, was einer Person Ansehen und Macht verleiht. Gottes Herrlichkeit stellt man sich auch als strahlenden Lichtglanz vor.

Frevler: Menschen, die Gottes Gebote missachten und ihre eigenen Interessen gewaltsam durchsetzen.

Seele: Ausdruck für die Empfindsamkeit, Sehnsucht und Lebendigkeit des Menschen.

Halleluja: Hebräisch für »Lobt den HERRN«. Im Gottesdienst wird die Gemeinde damit zum Gotteslob aufgefordert.

Zeichen, Wunder: Gottes Eingreifen in die Welt wird an seinen Wundertaten und Schöpfungswerken sichtbar.

Name Gottes: Steht für Gott selbst und seine Gegenwart, vor allem im Heiligtum.

Angesicht: Bezeichnet im übertragenen Sinn die Zuwendung Gottes zu den Menschen.

24 Wie zahlreich sind deine Werke, HERR.
In Weisheit hast du sie alle gemacht.
Die Erde ist voll von deinen Gütern.
25 Da ist das Meer, so groß und unermesslich weit.
Dort wimmelt es von Lebewesen ohne Zahl –
von kleinen und großen Meerestieren.
26 Dort ziehen Schiffe ihre Bahn –
auch der Leviatan, den du geschaffen hast.
So kann er im Meer sein Spiel treiben.

27 Mensch und Tier halten Ausschau nach dir,
damit du ihnen Essen gibst zur richtigen Zeit.
28 Du gibst es ihnen, sie sammeln es auf.
Du öffnest deine Hand, sie essen sich satt
an deinen guten Gaben.
29 Wendest du dich ab, erschrecken sie.
Nimmst du ihnen den Lebensatem,
dann sterben sie und werden zu Staub.
30 Schickst du deinen Lebensatem aus,
dann wird wieder neues Leben geboren.
So machst du das Gesicht der Erde neu.

31 Die Herrlichkeit des HERRN bleibe für immer.
Der HERR freue sich über seine Geschöpfe.
32 Ein Blick von ihm genügt, dass die Erde bebt –
eine einzige Berührung, dass die Berge rauchen.
33 Ich will den HERRN loben mein Leben lang!
Meinem Gott will ich singen, solange ich bin!
34 Mein Lobgesang soll ihm gefallen.
Ich, ja ich freue mich über den HERRN.
35 Mögen die Sünder vom Erdboden verschwinden.
Keinen einzigen Frevler soll es mehr geben.
Lobe den HERRN, meine Seele! Halleluja!

Gott sorgt für sein Volk

105

1 Dankt dem HERRN, ruft seinen Namen aus!
Verkündet seine Taten unter den Völkern!
2 Singt für ihn, musiziert für ihn!
Sprecht über alle seine Wunder!
3 Rühmt seinen heiligen Namen!
Von Herzen sollen sich alle freuen,
die den HERRN suchen.
4 Fragt nach dem HERRN und seiner Macht,
kommt vor sein Angesicht zu jeder Zeit!
5 Denkt an seine Wunder, die er getan hat,
an seine Zeichen und Urteilssprüche!

6 Denkt daran, ihr Nachkommen Abrahams, seines Knechts,
ihr Söhne Jakobs, die er erwählt hat!
7 Er, der HERR, ist unser Gott.
Seine Beschlüsse gelten im ganzen Land.
8 Er denkt für immer an seinen Bund.
Tausend Generationen gab er sein Wort.

9 Diesen Bund hat er mit Abraham geschlossen
und gegenüber Isaak durch einen Eid bekräftigt.
10 Für Jakob hat er ihn als Verheißung festgesetzt
und für Israel zum dauerhaften Bund erklärt:
11 »Dir will ich das Land Kanaan geben.
Als euer Erbbesitz soll es euch zufallen.«
12 Damals waren sie nur eine kleine Schar,
eine Handvoll Leute und Fremde im Land.
13 Sie zogen von Volk zu Volk,
von einem Königreich zum andern.
14 Doch er ließ nicht zu, dass man sie unterdrückte.
Zu ihrem Schutz warnte er sogar Könige:
15 »Vergreift euch nicht an meinen Gesalbten,
tut meinen Propheten keine Gewalt an!«

16 Dann ließ er eine Hungersnot kommen.
Landauf, landab zerbrach er jeden Stab,
auf dem noch ein Ring Brot als Vorrat lag.
17 Zuvor hatte er ihnen jemanden vorausgeschickt:
Josef wurde als Sklave nach Ägypten verkauft.
18 Sie fesselten seine Füße mit Ketten,
ein Eisen legte man ihm um den Hals.
19 Doch bald sollte sich sein Wort erfüllen.
Die Deutung der Träume erwies sich als wahr.
Sie kam vom HERRN.
20 Er schickte einen König, der kettete ihn los –
einen Befehlshaber der Völker, der ließ ihn frei.
21 Er machte ihn zum Verwalter über sein Haus
und zum Befehlshaber über all seinen Besitz.
22 So konnte Josef die Beamten an sich binden
und die Ältesten klug und weise unterrichten.

23 Dann kam Israel mit seiner Familie nach Ägypten,
und Jakob wohnte als Fremder im Lande Hams.
24 Gott aber ließ sein Volk sehr zahlreich werden.
Er machte es mächtiger als seine Unterdrücker.
25 Das änderte ihre Einstellung und sie begannen,
sein Volk zu hassen und hinterhältig zu täuschen.
26 Also schickte er Mose, seinen Knecht,
und Aaron, den er dazu erwählt hat.

Abraham: Stammvater des Volkes Israel, vgl. 1. Mose/Genesis 12–25.

Bund: Gott verpflichtet sich, für sein Volk Israel zu sorgen. Die Menschen entsprechen seinem Bund dadurch, dass sie nach seinen Geboten leben.

Kanaan: Bezeichnung für das Gebiet zwischen Jordantal und Mittelmeer bis zur Stadt Sidon, bevor es durch das Volk Israel in Besitz genommen wurde.

Prophet: Verkündet, was Gott in einer bestimmten Situation zu sagen hat.

Deutung der Träume: Anspielung auf die Träume, die Josef in Ägypten mit Gottes Hilfe deutet; vgl. 1. Mose/Genesis 40,1–41,36.

Israel: Anderer Name für Jakob, den er von Gott in 1. Mose/Genesis 32,23-33 erhält.

Ham: Einer der drei Söhne Noahs und der Stammvater der Ägypter, vgl. 1. Mose/Genesis 10,6.

Mose: Führte Israel im Auftrag Gottes aus Ägypten und erhielt am Berg Sinai die Zehn Gebote.

Aaron: Bruder von Mose und erster Hohepriester Israels. Er gilt in der Bibel als Stammvater der Priester.

Zeichen: Meint die ägyptischen Plagen, mit denen Gott den Pharao dazu bewegt, die Israeliten aus der Sklaverei in Ägypten zu entlassen; vgl. 2. Mose/Exodus 7,8–11,10.

Stämme Israels: Israel versteht sich als Verband von zwölf Stämmen, die auf die Nachkommen der Söhne Jakobs zurückgehen.

Wolke, Feuerschein: Beim Auszug aus Ägypten zeigte Gott seinem Volk den Weg durch die Wüste in einer Wolken- oder Feuersäule, vgl. 2. Mose/Exodus 13,21-22.

Brot vom Himmel: Auch »Manna« genannt. Nahrung, die direkt vom Himmel kommt. Mit ihr versorgte Gott die Israeliten auf dem Weg durch die Wüste, vgl. 2. Mose/Exodus 16.

Abraham: Stammvater des Volkes Israel, vgl. 1. Mose/Genesis 12–25.

Gesetz: Die Lebensvorschriften des Alten Testaments, besonders die fünf Bücher Mose.

Halleluja: Hebräisch für »Lobt den HERRN«. Im Gottesdienst wird die Gemeinde damit zum Gotteslob aufgefordert.

27 Sie taten bei ihnen die angekündigten Zeichen
und vollbrachten Wunder im Lande Hams.
28 Er schickte eine Finsternis, da wurde es stockfinster.
Doch die Ägypter achteten nicht auf sein Wort.
29 Er verwandelte ihre Gewässer in Blut
und ließ die Fische in ihnen sterben.
30 Es wimmelte von Fröschen in ihrem Land,
sogar in den Zimmern des königlichen Palasts.
31 Auf seinen Befehl kamen Schwärme von Fliegen,
Stechmücken bedeckten ihr gesamtes Gebiet.
32 Er ließ Regen als Hagel niedergehen,
Blitz und Feuer verheerten ihr Land.
33 Er zerschlug ihre Weinstöcke und Feigenbäume,
zerschmetterte die Bäume in ihrem Gebiet.
34 Auf seinen Befehl kamen Heuschrecken
und Ungeziefer in zahlloser Menge.
35 Alles Grüne in ihrem Land fraßen sie kahl
und vertilgten die Früchte des Feldes.
36 Er ließ alle Erstgeburt in ihrem Land sterben,
die erstgeborenen Kinder, ihr ganzer Stolz.

37 Beladen mit Gold und Silber, so führte er sie heraus.
Und keiner unter Israels Stämmen zweifelte noch.
38 Doch die Ägypter waren froh, dass sie wegzogen.
Denn sie hatten Angst vor ihnen bekommen.
39 Er formte eine Wolke, um sein Volk zu bedecken –
und einen Feuerschein, um die Nacht zu erhellen.
40 Sie baten um Essen – da schickte er Wachteln
und stillte ihren Hunger mit Brot vom Himmel.
41 Er spaltete Felsen – da sprudelte Wasser hervor,
es floss und wurde zum Bach in der Wüste.
42 Denn er erinnerte sich an sein heiliges Wort,
das er seinem Knecht Abraham gegeben hat.
43 Er führte sein Volk voll Freude in die Freiheit,
unter dem Jubel seines erwählten Volks.
44 Er gab ihnen die Länder von fremden Völkern.
So konnten sie die Güter in Besitz nehmen,
die sich die Nationen erworben hatten.
45 Darum sollen sie nach seinen Gesetzen leben
und seine Gebote halten. Halleluja!

Gott hat Mitleid mit seinem Volk

106 [1] Halleluja!
Dankt dem HERRN, denn er ist gut!
Ja, für immer bleibt seine Güte bestehen.
2 Wer kann die Taten des HERRN in Worte fassen?
Wer kann ihn so loben, wie er es verdient?
3 Glücklich ist, wer sich an das Recht hält,
wer zu jeder Zeit für Gerechtigkeit eintritt.
4 So denk auch an mich, HERR!
Tu es aus Liebe zu deinem Volk!
Schau nach mir! Du kannst mir helfen!
5 Lass mich das Glück deiner Erwählten erfahren!
Lass mich an der Freude deines Volkes teilhaben!
Dann werde ich mich glücklich preisen,
dass ich zu ihm gehöre, deinem Eigentum.

6 Wir haben Sünden begangen wie unsere Vorfahren.
Wir haben Unrecht getan und wie Frevler gehandelt.
7 Als unsere Vorfahren in Ägypten waren,
haben sie nichts aus deinen Wundern gelernt.
Keiner wollte sich an deine große Güte erinnern.
Als sie am Schilfmeer in Bedrängnis kamen,
haben sie sich sogar dem Höchsten widersetzt.
8 Dennoch half er ihnen! Er tat es für seinen Namen!
Er wollte ihnen seine Macht vor Augen führen.
9 Er drohte dem Schilfmeer – da trocknete es aus.
So konnte er sie durch die Fluten führen
wie durch eine Wüste.
10 Er rettete sie vor dem Hass ihrer Verfolger
und befreite sie aus der Gewalt ihrer Gegner.
11 Wasser bedeckte die nachdrängenden Feinde.
Kein Einziger von ihnen blieb am Leben.
12 Da glaubten sie seinen Verheißungen,
sangen wieder Lieder zu seinem Lob.
13 Doch bald hatten sie seine Taten vergessen.
Sie hatten keine Geduld mit seinem Plan.

14 Als sie in der Wüste waren, packte sie die Gier.
In trockenem Land forderten sie Gott heraus.
15 Dennoch gab er ihnen, wonach sie verlangten.
Mit Essen versorgte er ihre gierigen Kehlen.
16 Danach erregte Mose im Lager ihre Eifersucht,
ebenso Aaron, der Heilige des HERRN.
17 Da öffnete sich die Erde und verschlang Datan.
Auch die Schar um Abiram wurde verschüttet.
18 Ein Feuer entflammte gegen die abtrünnige Schar,
eine Flamme vernichtete die Frevler.

Eigentum: Bezeichnung für das Volk Israel und Ausdruck des engen Verhältnisses zwischen Gott, dem Land und seinem Volk.

Sünden: Konkrete Verfehlungen, die von Gott trennen und das Gewissen belasten können.

Wunder: Meint die ägyptischen Plagen, mit denen Gott den Pharao dazu bewegt, die Israeliten aus der Sklaverei in Ägypten zu entlassen; vgl. 2. Mose/Exodus 7,8–11,10.

Schilfmeer: Beim Auszug aus Ägypten rettete Gott sein Volk, indem er es durch das Schilfmeer führte; vgl. 2. Mose/Exodus 13,17–15,21.

der Höchste: Titel für Gott, der eng mit dem Tempel in Jerusalem verbunden ist.

Name Gottes: Steht für Gott selbst und seine Gegenwart, vor allem im Heiligtum.

Mose: Führte Israel im Auftrag Gottes aus Ägypten und erhielt am Berg Sinai die Zehn Gebote.

Datan, Abiram: 4. Mose/Numeri 16–17 erzählt vom Aufstand gegen Mose und Aaron und von Gottes Strafe.

Frevler: Menschen, die Gottes Gebote missachten und ihre eigenen Interessen gewaltsam durchsetzen.

Kalb: Die Geschichte vom goldenen Kalb wird in 2. Mose/Exodus 32 erzählt.

Herrlichkeit: Bezeichnet das, was einer Person Ansehen und Macht verleiht. Gottes Herrlichkeit stellt man sich auch als strahlenden Lichtglanz vor.

Wunderzeichen: Meint die ägyptischen Plagen, mit denen Gott den Pharao dazu bewegt, die Israeliten aus der Sklaverei in Ägypten zu entlassen; vgl. 2. Mose/Exodus 7,8–11,10.

Ham: Einer der drei Söhne Noahs und der Stammvater der Ägypter, vgl. 1. Mose/Genesis 10,6.

Zorn Gottes: Sein Wille, Gericht zu halten.

köstliches Land: Bezieht sich auf das verheißene Land, das Gott den Stämmen Israels zum Besitz gegeben hat.

Anhänger des Baal-Pegor: 4. Mose/Numeri 25,1-5 erzählt, dass die Israeliten den Gott Baal-Pegor verehrten.

Pinhas: 4. Mose/Numeri 25,6-15 erzählt, dass der Priester Pinhas sich gegen die Ehe eines Israeliten mit einer midianitischen Frau stellt, da die Ehe mit Nicht-Israelitinnen verboten war.

Meriba: Ort auf der Wüstenwanderung Israels, an dem sich das Volk gegen Mose und Gott auflehnte; vgl. 2. Mose/Exodus 17,1-7.

19 Danach machten sie am Berg Horeb ein Kalb.
Vor dem gegossenen Bild fielen sie auf die Knie.
20 Sie tauschten die Herrlichkeit ihres Gottes
gegen das Abbild eines grasfressenden Stiers.
21 Wieder hatten sie Gott, ihren Retter, vergessen,
der große Dinge in Ägypten geschehen ließ:
22 Wunderzeichen im Lande Hams,
gewaltige Taten am Schilfmeer.
23 Gott aber dachte daran, sie zu vernichten,
wäre nicht Mose gewesen, den er erwählt hat.
Der sprang für das Volk in die Bresche,
um Gott von seinem Zorn abzubringen.

24 Danach verschmähten sie das köstliche Land.
Sie wollten seiner Verheißung nicht glauben.
25 Vielmehr schimpften sie darüber in ihren Zelten.
Keiner hörte mehr auf die Stimme des Herrn.
26 Da streckte er seine Hand gegen sie aus,
um sie in der Wüste niederzuwerfen.
27 So unterwarf er ihre Nachkommen den Völkern,
und zerstreute sie in aller Herren Länder.
28 Danach wurden sie Anhänger des Baal-Pegor
und hielten Opfermahlzeiten für die Toten.
29 Durch ihr Treiben verärgerten sie Gott so sehr,
dass eine Plage über sie hereinbrach.
30 Da trat Pinhas als Anwalt für sie ein.
So konnte er die Plage noch aufhalten.
31 Sein Eintreten achtete man als gerecht,
über Generationen hinweg für alle Zeit.
32 Danach reizten sie Gott am Wasser von Meriba.
Diesmal hatte Mose die Folgen zu tragen.
33 Denn sie forderten seinen Zorn so lange heraus,
bis er sich zu unbedachten Worten hinreißen ließ.

34 Sie hatten die Völker nicht vernichtet,
wie der Herr es ihnen aufgetragen hat.
35 Vielmehr vermischten sie sich mit den Völkern
und übernahmen ihre Sitten und Gebräuche.
36 Sie verehrten ihre Götzenbilder.
Dadurch liefen sie in die Falle.
37 Sie brachten ihre Söhne und Töchter dar,
als Kinderopfer für die Dämonen.
38 Sie vergossen unschuldiges Blut,
das Blut ihrer eigenen Söhne und Töchter.
Die hatten sie den Göttern Kanaans geopfert
und durch ihr Blut das Land entweiht.

39 So wurden sie unrein durch ihr Handeln
und treulos gegen Gott durch ihr Treiben.
40 Da tobte der HERR vor Zorn gegen sein Volk.
Voller Abscheu sah er auf sein Eigentum.
41 Er gab sie in die Gewalt von fremden Völkern.
Die herrschten über sie voller Hass.
42 Ihre Feinde bedrängten sie hart.
Sie mussten sich ihrer Gewalt beugen.

43 Aus vielen Gefahren hat Gott sie gerettet.
Sie aber widersetzten sich hartnäckig seinem Plan
und verstrickten sich immer tiefer in ihre Schuld.
44 Dennoch schaute er nach ihnen in ihrer Not,
wann immer er ihr Klagegeschrei hörte.
45 Aus Liebe zu ihnen dachte er an seinen Bund.
Ja, sein Mitleid war so groß wie seine Güte.
46 Er zeigte ihnen seine Barmherzigkeit
vor den Augen aller, die sie gefangen hielten.
47 HERR, unser Gott, befreie uns doch!
Bring uns aus den Völkern wieder heim!
Dann wollen wir deinen heiligen Namen preisen
und uns rühmen, dass wir dich loben dürfen.

48 Gepriesen sei der HERR, der Gott Israels,
von Anfang an bis in alle Zukunft!
Das ganze Volk soll sagen: Amen!
Halleluja!

Eigentum: Bezeichnung für das Volk Israel und Ausdruck des engen Verhältnisses zwischen Gott, dem Land und seinem Volk.

sein Plan: Man stellte sich vor, dass Gott für alle Ereignisse einen Zeitpunkt festgelegt hat.

Schuld: Konkrete Verfehlungen, die von Gott trennen und das Gewissen belasten können.

Bund: Vertrag, mit dem zwei Partner eine gegenseitige Verpflichtung eingehen. Ist Gott einer der Partner, kann er sich auch einseitig zur Treue gegenüber seinem Volk oder einzelnen Menschen verpflichten.

Amen: Das hebräische Wort bedeutet »So ist es! / So soll es sein!«

Halleluja: Hebräisch für »Lobt den HERRN«. Im Gottesdienst wird die Gemeinde damit zum Gotteslob aufgefordert.

Das fünfte Buch der Psalmen 107–150

Viel Grund zum Danken

107

1 Dankt dem HERRN, denn er ist gut!
Ja, für immer bleibt seine Güte bestehen.
2 So sollen die sprechen, die der HERR befreit hat.
Er befreite sie aus Gewalt und Unterdrückung.
3 Er sammelte sie aus aller Herren Länder:
aus dem Osten und aus dem Westen,
aus dem Norden und den Gebieten am Meer.

4 Manche irrten in menschenleerer Wüste umher.
Sie suchten nach einer bewohnten Stadt,
konnten aber den Weg dorthin nicht finden.
5 Sie waren hungrig und durstig,
ihre Lebenskraft schwand dahin.

der Höchste: Titel für Gott, der eng mit dem Tempel in Jerusalem verbunden ist.

Tore des Todes: Bild für den Eingang zum Totenreich.

Dankopfer: Eine Opfergabe, die Gott zum Dank für die erfahrene Rettung im Tempel dargebracht wird.

6 *Da riefen sie zum HERRN in ihrer Not*
und er riss sie aus ihrer Verzweiflung.
7 Er führte sie auf den richtigen Weg,
sodass sie zu einer bewohnten Stadt kamen.
8 *Nun sollen sie dem HERRN danken für seine Güte*
und für seine Wunder an den Menschen.
9 Denn er hat sie erfrischt, als sie erschöpft waren,
und mit Gutem gestärkt, als sie Hunger hatten.

10 Andere hockten in finsteren Kerkern.
Sie waren gefesselt und in Eisen gelegt.
11 Denn sie hatten sich Gottes Anweisungen widersetzt
und wollten dem Plan des Höchsten nicht folgen.
12 Er aber brach ihren Widerstand in der Gefangenschaft.
Sie lagen am Boden und niemand half ihnen auf.
13 *Da schrien sie zum HERRN in ihrer Not*
und er rettete sie aus ihrer Verzweiflung.
14 Er befreite sie aus den finsteren Kerkern
und zerriss ihre Fesseln.
15 *Nun sollen sie dem HERRN danken für seine Güte*
und für seine Wunder an den Menschen.
16 Denn er hat die Bronzetüren aufgebrochen
und die eisernen Türriegel zerschlagen.

17 Manche kamen aus Dummheit auf die schiefe Bahn
und litten schrecklich unter ihren Vergehen.
18 Vor Ekel konnten sie nichts mehr essen
und klopften schon an die Tore des Todes.
19 *Da schrien sie zum HERRN in ihrer Not*
und er rettete sie aus ihrer Verzweiflung.
20 Er schickte ihnen sein Wort, um sie zu heilen
und sie vor dem sicheren Untergang zu retten.
21 *Nun sollen sie dem HERRN danken für seine Güte*
und für seine Wunder an den Menschen.
22 Sie sollen ihm Dankopfer darbringen
und jubelnd von seinen Taten erzählen.

23 Andere segelten mit Schiffen über das Meer.
Sie unternahmen Handelsreisen auf hoher See.
24 Auch die haben die Werke des HERRN gesehen
und seine Wunder über dem Abgrund:
25 Er rief einen Sturmwind in seinen Dienst,
der türmte die Wellen zu schwindelnden Höhen.
26 Mit dem Schiff fuhren sie dem Himmel entgegen,
dann stürzten sie wieder in die Tiefe hinab.
Das Unwetter ließ sie verzagen.

27 Sie tanzten und torkelten auf Deck wie Betrunkene.
Sie waren am Ende mit ihrer ganzen Seemannskunst.
28 *Da riefen sie zum HERRN in ihrer Not*
und er führte sie aus ihrer Verzweiflung.
29 Er brachte den Sturmwind zum Schweigen,
und die aufgepeitschte See beruhigte sich.
30 Sie waren froh, dass sich die Wogen legten.
So führte er sie in den ersehnten Hafen.
31 *Nun sollen sie dem HERRN danken für seine Güte*
und für seine Wunder an den Menschen.
32 Sie sollen ihn ehren in der Versammlung des Volkes
und ihn loben im Kreis der Alten.

33 Er kann Wasserströme zur Wüste machen
und Quellgebiete zu wasserlosem Land.
34 Er kann fruchtbaren Boden zur Salzwüste machen,
weil seine Bewohner so voller Bosheit sind.
35 Umgekehrt kann er die Wüste zur Oase machen
und das trockene Land zum Quellgebiet.
36 Dort ließ er sein ausgehungertes Volk siedeln,
sie gründeten eine Stadt, wo sie wohnen konnten.
37 Sie bestellten die Felder und pflanzten Weinberge.
Mit den Früchten erzielten sie einen guten Ertrag.
38 Er segnete sie, sodass sie viele Kinder bekamen.
Auch ihr Viehbesitz wurde nicht kleiner.
39 Aber dann wurden sie weniger und mussten sich beugen
unter der Last von Unglück und Kummer.
40 Da strafte er die Verantwortlichen mit Verachtung
und ließ sie ziellos in der Wüste umherirren.
41 Die Besitzlosen aber beschützte er vor dem Elend
und ließ ihre Familien wachsen wie eine Herde.
42 Die Aufrechten sollen es sehen und sich freuen.
Aber alle, die voller Bosheit sind, halten den Mund.

43 Wer klug ist, wird sich diese Geschichte merken,
und begreifen, was die Güte des HERRN bewirkt.

Gottes Güte in Kriegszeiten

108

1 EIN LIED, EIN PSALM, VON DAVID.

2 Mein Vertrauen steht fest, Gott.
Darum will ich singen und musizieren
für dich, du herrlicher Glanz:
3 Wach auf, du Harfe und Leier,
ich will das Morgenrot wecken.

Weinberg: Ein mit einer Mauer umgebener Garten, in dem Wein angebaut wird. In Israel war das ein wertvoller Besitz.

Segen, segnen: Besondere Zuwendung Gottes zu seinen Geschöpfen. Gott schenkt durch seinen Segen Leben, Kraft und Wohlergehen.

David: Bedeutender König in der Geschichte Israels, der etwa 1000–960 v. Chr. regierte. Er gilt als Dichter zahlreicher Lieder und Gebete.

herrlicher Glanz: Der Aufgang der Sonne ist hier Bild für die kommende Gerechtigkeit Gottes.

Leier: Musikinstrument mit bis zu 10 Saiten, die gezupft wurden.

Herrlichkeit: Bezeichnet das, was einer Person Ansehen und Macht verleiht. Gottes Herrlichkeit stellt man sich auch als strahlenden Lichtglanz vor.

Heiligtum: Meint den Tempel in Jerusalem.

verteilen: Nach seinem Sieg ordnet Gott die Völkerwelt neu. Es gelten neue Machtverhältnisse.

Herrscherstab: Bild für königliche Macht, ursprünglich ein Hirtenstab.

Schuh werfen: Die Redewendung bedeutet, dass man von etwas Besitz ergreift.

mich: Hier wendet sich der König an Gott.

David: Bedeutender König in der Geschichte Israels, der etwa 1000–960 v. Chr. regierte. Er gilt als Dichter zahlreicher Lieder und Gebete.

sie: Die Feinde des Beters.

4 Dir will ich danken unter den Völkern, HERR,
und für dich musizieren vor den Nationen.
5 Denn deine Güte reicht über den Himmel hinaus
und deine Treue bis zu den Wolken.
6 Erhebe dich, Gott, über den Himmel
und über die ganze Erde in deiner Herrlichkeit.
7 So werden deine Freunde gerettet.
Hilf mir mit deiner starken Hand
und antworte mir!

8 In seinem Heiligtum hat Gott gesagt:
»Ich werde jubeln über meinen Sieg!
Das Land von Sichem werde ich verteilen
und das Tal von Sukkot ausmessen.
9 Mir gehört Gilead und mir gehört Manasse.
Efraim ist mein Helm, Juda mein Herrscherstab.
10 Moab soll mir als Waschbecken dienen.
Auf Edom will ich meinen Schuh werfen.
Über die Philister werde ich triumphieren.«

11 »Wer kann mich in die befestigte Stadt bringen?
Wer wird mich sicher bis nach Edom führen?
12 Ach Gott, hast du uns wirklich verstoßen?
Ziehst du nicht mehr mit uns in den Krieg, Gott?
13 Steh uns bei und rette uns vor dem Feind!
Hilfe von Menschen kann da nichts ausrichten.
14 Doch mit Gott werden wir siegreich sein.
Er selbst wird unsere Feinde zertreten.«

Unschuldig vor Gericht

109

1 FÜR DEN CHORLEITER.
VON DAVID, EIN PSALM.

Gott, dir gilt mein Lobgesang!
Schweige nicht zu meiner Klage!
2 Denn sie haben ihren Mund aufgerissen,
boshaft und hinterhältig verleumdeten sie mich.
Mit falscher Zunge redeten sie gegen mich.
3 Um mich herum schürten sie Hass
und bekämpften mich ohne Grund.
4 Statt mich zu lieben, klagten sie mich an.
Trotzdem bleibe ich bei meinem Gebet.
5 Statt mir Gutes zu tun, wollten sie mir schaden.
Statt mich zu lieben, hassten sie mich.

6 Sie sprachen:
»Man soll gegen ihn einen falschen Zeugen aufstellen,
und ein Ankläger soll neben ihn treten.
7 Im Gericht soll er als Frevler verurteilt werden.
Sogar sein Gebet soll ihm angelastet werden.
8 Sein Leben soll nur kurze Zeit dauern
und sein Amt ein anderer übernehmen.
9 Seine Kinder sollen zu Waisen werden
und seine Frau zur Witwe.
10 Als Bettler sollen seine Kinder umherstreifen
und in den Trümmern suchen, was übrig ist.
11 Sein Gläubiger soll seine gesamte Habe einziehen.
Fremde sollen plündern, was er erarbeitet hat.
12 Kein Mensch soll ihm die Treue halten
und keiner mit seinen Waisen Mitleid haben.
13 Seine Nachkommen sollen vernichtet werden.
Wenn die nächste Generation kommt,
sollen ihre Namen bereits vergessen sein.
14 Die Schuld seiner Väter soll beim HERRN zählen,
die Sünde seiner Mutter nicht vergeben werden.
15 Das soll dem HERRN immer vor Augen stehen.
Er schafft die Erinnerung an sie aus der Welt.
16 So soll es geschehen, weil er nicht daran dachte,
andere mit Nachsicht zu behandeln.
Vielmehr verfolgte er einen Armen und Wehrlosen,
einen, dessen Herz zu Tode erschrocken ist.
17 Er liebte den Fluch, so kam er über ihn selbst.
Den Segen wollte er nicht, so blieb er ihm fern.
18 Er trug den Fluch wie ein Kleid an seinem Leib.
Er nahm ihn auf wie das Wasser, das man trinkt –
wie das Salböl, mit dem man die Glieder einreibt.
19 Darum soll der Fluch um ihn sein wie ein Kleid
und wie ein Ledergürtel, den man täglich trägt.«

20 So verhielten sich meine Ankläger,
ohne auf den HERRN zu achten.
Voller Bosheit redeten sie über mich.
21 Du aber, HERR, mein Gott, tritt für mich ein!
Dafür stehst du doch mit deinem Namen.
Ja, deine Gnade tut mir gut.
Reiß mich heraus aus dem Unglück!
22 Denn ich bin niedrig und arm.
Tief im Herzen bin ich verzweifelt.
23 Mein Leben zieht dahin
wie ein Schatten, der immer länger wird.
Ich bin wie eine Heuschrecke,
die man aus den Bäumen schüttelt.

sie sprachen: Der Beter zitiert die Rede seiner Gegner.

Frevler: Menschen, die Gottes Gebote missachten und ihre eigenen Interessen gewaltsam durchsetzen.

Waise: Kind, dessen Eltern gestorben sind und dessen Versorgung dadurch nicht mehr sicher ist. Von der Gemeinschaft wird gefordert, dass sie Waisen versorgt und niemand ihre schwache Stellung ausnutzt.

Witwe: Frau, deren Mann verstorben ist und die dadurch rechtlich, sozial und wirtschaftlich in eine schwierige Lage geriet.

Salböl: Ein mit wohlriechenden Zusätzen vermengtes, kostbares Öl. Es wird bei bestimmten religiösen Handlungen verwendet.

Gnade: Liebevolle Zuwendung Gottes, die er den Menschen ohne Vorbedingung schenkt.

niedrig und arm: Selbstbezeichnung einer Gruppe von Menschen, die damit ihre ehrfürchtige Haltung gegenüber Gott und ihre soziale Stellung in der Welt kennzeichnen.

Fasten: Der freiwillige Verzicht auf Essen und Trinken ist in der Bibel eine übliche religiöse Praxis.

Segen, segnen: Besondere Zuwendung Gottes zu seinen Geschöpfen. Gott schenkt durch seinen Segen Leben, Kraft und Wohlergehen.

Knecht: Selbstbezeichnung von Menschen, die sich in den Dienst Gottes stellen und ihn dadurch als ihren Herrn anerkennen.

David: Bedeutender König in der Geschichte Israels, der etwa 1000–960 v. Chr. regierte. Er gilt als Dichter zahlreicher Lieder und Gebete.

Schemel: Eine Art Fußbank, die vor dem Thron eines Herrschers steht.

Herrscherstab: Bild für königliche Macht, ursprünglich ein Hirtenstab.

Zion: Tempelberg von Jerusalem, aber auch Bezeichnung für die ganze Stadt.

Morgenröte, Tau: Bild für Lebenskraft. Die Einsetzung des Königs wird als eine Neugeburt verstanden.

Priester: Bringt Opfer im Heiligtum dar und deutet den Willen Gottes.

Melchisedek: Der hebräische Name bedeutet »König der Gerechtigkeit«. Nach 1. Mose/Genesis 14,18-20 war er zur Zeit Abrahams König von Salem, dem späteren Jerusalem.

24 Vom Fasten schlottern mir die Knie.
Mein Leib ist abgemagert, ohne Fett.
25 Ja, für viele bin ich eine lächerliche Gestalt.
Sie schütteln den Kopf, wenn sie mich sehen.
26 Ach HERR, mein Gott, hilf mir doch!
Rette mich, wie es deiner Güte entspricht!
27 Lass sie erkennen, dass es deine Hand ist –
dass du es bist, HERR, der das getan hat!
28 Sollen sie nur fluchen, du aber wirst segnen.
Als sie mich angriffen, sind sie gescheitert.
So hat dein Knecht allen Grund zur Freude.
29 Meine Ankläger sollen die Schmach am Leib tragen
und sich die Schande umhängen wie einen Mantel.

30 Ich will den HERRN preisen aus vollem Mund.
Mitten unter den Menschen will ich ihn loben.
31 Denn er steht fest an der Seite des Wehrlosen.
Er wird sein Leben vor denen retten,
die ihn schuldig sprechen.

Priester und König

110

1 VON DAVID, EIN PSALM.

Das ist ein Ausspruch, der vom HERRN kommt.
Er sagte zu meinem Herrn und König:
»Setz dich an meine rechte Seite,
bis ich deine Feinde unterwerfe!
Ich mache sie zum Schemel für deine Füße.«
2 Regiere mit deinem Herrscherstab!
Der HERR verleiht dir Macht vom Zion her.
Herrsche mitten unter deinen Feinden!
3 Dein Volk steht bereit in heiligem Schmuck,
wenn du dein Heer zum Kampf aufstellst.
Aus der Morgenröte wirst du neu geboren.
Frisch wie der Tau ist deine Jugendkraft.

4 Der HERR hat es geschworen.
Seine Zusage bereut er nicht:
»Du bist ein Priester für alle Zeit –
Priester und König in einer Person,
wie es nur Melchisedek gewesen ist!«
5 Der Herr steht an deiner rechten Seite.
Und kommt die Zeit für seinen Zorn,
zerschmettert er die Macht der Könige.

6 Er hält Gericht über die Völker.
Mit Leichen füllt er die Täler,
zerschmettert Schädel auf offenem Feld.
7 Er trinkt unterwegs Wasser aus einem Bach.
Gestärkt kehrt er heim mit erhobenem Kopf.

Loblied auf Gottes Taten

Alphabetpsalm

111

1 Halleluja!
א Ich will dem HERRN von ganzem Herzen danken
ב im Kreis der Aufrechten und seiner Gemeinde.
ג 2 Groß sind die Taten des HERRN.
ד Alle, die sie lieben, erkunden sie gern.
ה 3 Pracht und Schönheit umgeben sein Tun,
ו und seine Gerechtigkeit steht fest für immer.
ז 4 Feste hat er bestimmt, die an seine Wunder erinnern.
ח Reich an Gnade und Barmherzigkeit ist der HERR.
ט 5 Die ihn verehren, hat er mit Essen versorgt.
י Für alle Zeit denkt er an seinen Bund.
כ 6 Seinem Volk bewies er die Kraft seiner Taten.
ל Er gab ihnen Land aus dem Besitz der Völker.
מ 7 Was seine Hände tun, ist zuverlässig und gerecht.
נ Auf alle seine Gebote kann man bauen.
ס 8 Sie bleiben für immer und ewig,
ע zuverlässig und ehrlich werden sie befolgt.
פ 9 Er hat für die Befreiung seines Volkes gesorgt
צ und seinen Bund für immer festgesetzt.
ק Sein Name ist heilig und zu fürchten,
ר 10 Weisheit beginnt mit Ehrfurcht vor dem HERRN.
ש Rechte Einsicht gewinnen alle, die sich daran halten.
ת Das Lob seiner Taten bleibt für immer bestehen.

Loblied auf ein gerechtes Leben

Alphabetpsalm

112

1 Halleluja!
א Glücklich ist, wer zum HERRN gehört
ב und seine Gebote voller Freude befolgt.
ג 2 Dessen Kinder werden im Land angesehen sein,
ד man lobt sie als eine aufrechte Generation.
ה 3 Wohlstand und Reichtum sind in seinem Haus zu finden,
ו und seine Gerechtigkeit bleibt für immer bestehen.
ז 4 Im Dunkeln ist er ein Licht für aufrechte Menschen.
ח Gnade, Barmherzigkeit und Liebe strahlt er aus.

Alphabetpsalm: Poetische Kunstform, bei der die Anfangsbuchstaben der Verse oder Abschnitte in ihrer Reihenfolge dem hebräischen Alphabet entsprechen.

Halleluja: Hebräisch für »Lobt den HERRN«. Im Gottesdienst wird die Gemeinde damit zum Gotteslob aufgefordert.

Feste: Die religiösen Feste, die im Laufe eines Jahres gefeiert wurden standen ursprünglich meist in Verbindung mit Ernte oder Saat. Im Laufe der Zeit wurden sie mit Erinnerungen über Gottes Handeln für sein Volk Israel verbunden.

Bund: Vertrag, mit dem zwei Partner eine gegenseitige Verpflichtung eingehen. Ist Gott einer der Partner, kann er sich auch einseitig zur Treue gegenüber seinem Volk oder einzelnen Menschen verpflichten.

Gebote: Bestimmungen, die Gott den Menschen gegeben hat. Sie ordnen das Leben so, wie es nach Gottes Willen sein soll.

Name Gottes: Steht für Gott selbst und seine Gegenwart, vor allem im Heiligtum.

Gnade: Liebevolle Zuwendung Gottes, die er den Menschen ohne Vorbedingung schenkt.

ט 5 Gut ist der Mensch, der schenkt und verleiht.
י Bei seinen Geschäften hält er sich an das Recht.
כ 6 Ja, wenn er sich daran hält, wird er nie scheitern.
ל Immer wird man daran denken, wie gerecht er ist.
מ 7 Böse Gerüchte braucht er nicht zu fürchten.
נ Er bleibt standhaft, er vertraut dem HERRN.
ס 8 Er zeigt sich unbeugsam, er kennt keine Angst.
ע Am Ende wird er auf seine Feinde herabsehen.
פ 9 Er verteilt Spenden unter den Armen.
צ Seine Gerechtigkeit steht fest für immer.
ק Sein Ansehen wächst und wird in Ehren gehalten.
ר 10 Der Frevler sieht es und ärgert sich.
ש Er knirscht mit den Zähnen, es nützt ihm nichts.
ת Die Wunschträume der Frevler werden zerplatzen.

Gott im Himmel und auf der Erde

113 1 Halleluja!
Lobt ihn, die ihr Dienst tut für den HERRN!
Lobt fröhlich den Namen des HERRN!
2 Der Name des HERRN sei gepriesen
von heute an bis in alle Zukunft!
3 Vom Aufgang der Sonne bis zu ihrem Untergang
soll man den Namen des HERRN loben!
4 Hoch über allen Völkern steht der HERR,
über dem Himmel wohnt er in Herrlichkeit.
5 Wer ist wie der HERR, unser Gott?
Er steigt hinauf, um in der Höhe zu thronen.
6 Er beugt sich nieder, um in die Tiefe zu schauen.
Einzigartig ist er im Himmel und auf der Erde!
7 Den Geringen zieht er aus dem Staub,
den Armen holt er aus dem Dreck.
8 Er lässt ihn bei den Fürsten wohnen:
ja, bei den Fürsten seines Volkes.
9 Die unfruchtbare Frau lässt er im Haus wohnen:
ja, als eine fröhliche Mutter von Kindern.
Halleluja!

Auf dem Weg aus Ägypten

114 1 Als die Israeliten aus Ägypten flohen,
die Nachkommen Jakobs vor dem Volk,
dessen Sprache sie nicht verstanden:
2 Da machte Gott Juda zu seinem Heiligtum
und Israel zu seinem Herrschaftsbereich.
3 Das Meer sah es und zog sich zurück.
Auch das Wasser des Jordan wich zurück.

verleihen: Verleihen wurde als Hilfeleistung verstanden, Zinsen waren verboten; vgl. 3. Mose/Levitikus 25,35-38.

gerecht, Gerechtigkeit: Meint ein Leben nach dem Willen Gottes.

Frevler: Menschen, die Gottes Gebote missachten und ihre eigenen Interessen gewaltsam durchsetzen.

Halleluja: Hebräisch für »Lobt den HERRN«. Im Gottesdienst wird die Gemeinde damit zum Gotteslob aufgefordert.

im Haus: Die kinderlose Frau wird von ihrem Ehemann nicht verstoßen. Sie darf bleiben und wird Kinder bekommen.

aus Ägypten flohen: Von der Flucht der Israeliten aus der Sklaverei in Ägypten erzählt 2. Mose/Exodus 1–15.

Nachkommen Jakobs: Bezeichnung für das Volk Israel. Der Stammvater Jakob wird in 1. Mose/Genesis 32,29 in Israel umbenannt.

Meer: 2. Mose/Exodus 14,21-31 erzählt, dass Gott das Schilfmeer teilt und die Israeliten so auf der Flucht vor den Ägyptern rettet.

Jordan: Josua 3,14-17 erzählt, dass Gott den Jordan teilt, damit die Israeliten mit der Bundeslade trockenen Fußes in das von Gott verheißene Land ziehen können.

4 Die Berge sprangen hoch wie die Widder.
Die Hügel hüpften herum wie junge Lämmer.
5 Was ist los mit dir, Meer, dass du dich zurückziehst?
Was hast du nur, Jordan, dass du zurückweichst?
6 Ihr Berge, warum springt ihr wie die Widder?
Ihr Hügel, warum hüpft ihr wie junge Lämmer?
7 Du Erde, vor dem Herrn sollst du tanzen –
vor dem Gott Jakobs, vor seinem Angesicht!
8 Er machte aus dem Felsen einen Wasserfall.
Aus dem Gestein ließ er eine Quelle sprudeln.

Der lebendige Gott

115 1 Es geht nicht um uns, HERR, –
nicht um uns, sondern um deinen Namen.
Lass uns deinen Namen in Ehren halten,
wegen deiner Güte und deiner Treue.
2 Warum sollen die Völker sagen:
»Wo ist er denn nur, ihr Gott?«
3 Unser Gott herrscht doch im Himmel!
Alles, was ihm gefällt, das tut er auch.

4 Ihre Götterbilder sind nur Silber und Gold –
ein Werk, von Menschenhand gemacht:
5 Sie haben einen Mund, aber sie können nicht reden.
Sie haben Augen, aber sie können nicht sehen.
6 Sie haben Ohren, aber sie hören nichts.
Sie haben eine Nase, aber sie riechen nichts.
7 Ihre Hände, die können nicht tasten.
Ihre Füße, die können nicht gehen.
Keinen Laut bringen sie aus ihrer Kehle hervor.
8 Genauso sollen auch die Handwerker sein,
die diese Götterbilder geschaffen haben,
ja alle, die auf ihre Macht vertrauen.

9 Du Israel, vertraue dem HERRN!
Er allein bietet Hilfe und Schutz.
10 Ihr Nachkommen Aarons, vertraut dem HERRN!
Er allein bietet Hilfe und Schutz.
11 Ihr, die ihr zum HERRN gehört, vertraut dem HERRN!
Er allein bietet Hilfe und Schutz.

12 Der HERR hat sich an uns erinnert.
Er will uns seinen Segen geben:
Er segne die Nachkommen Israels!
Er segne die Nachkommen Aarons!

Gott Jakobs: Bezeichnung für den Gott Israels. Sie steht für das persönliche Treueverhältnis zwischen Gott und dem Stammvater seines Volkes.

Angesicht: Bezeichnet im übertragenen Sinn die Zuwendung Gottes zu den Menschen.

Name Gottes: Steht für Gott selbst und seine Gegenwart, vor allem im Heiligtum.

Götterbild: Aus Stein, Ton, Holz oder Metall gefertigtes kleines Standbild einer Gottheit. Seine Herstellung und Verehrung waren in Israel verboten.

Israel: Nachkommen der zwölf Söhne Jakobs. Gott hat mit Israel einen Bund geschlossen.

Nachkommen Aarons: Bezeichnet die Priester in Israel, die sich alle auf ihren Stammvater Aaron zurückführen.

Segen, segnen: Besondere Zuwendung Gottes zu seinen Geschöpfen. Gott schenkt durch seinen Segen Leben, Kraft und Wohlergehen.

Nachkommen Israels: Bezeichnung für das Volk Israel. Der Stammvater Jakob wird in 1. Mose/Genesis 32,29 in Israel umbenannt.

Totenstille: Steht hier für das Totenreich unter der Erde.

Halleluja: Hebräisch für »Lobt den HERRN«. Im Gottesdienst wird die Gemeinde damit zum Gotteslob aufgefordert.

Gnade: Liebevolle Zuwendung Gottes, die er den Menschen ohne Vorbedingung schenkt.

Totenreich: Aufenthaltsort der Verstorbenen, der unter der Erde liegt.

Seele: Ausdruck für die Empfindsamkeit, Sehnsucht und Lebendigkeit des Menschen.

Land der Lebenden: Lebenswelt des Beters im Gegensatz zum Totenreich.

13 Er segne alle, die zum HERRN gehören,
die kleinen und die großen Leute!
14 Der HERR schenke euch Nachwuchs,
euch und euren Kindern!
15 Gesegnet seid ihr vom HERRN,
der Himmel und Erde gemacht hat.

16 Der Himmel gehört dem HERRN allein.
Doch die Erde hat er den Menschen anvertraut.
17 Die Toten können den HERRN nicht mehr loben.
Sie sind schon in die Totenstille hinabgestiegen.
18 Doch wir, wir preisen den HERRN,
von heute an bis in alle Zukunft.
Halleluja!

Dank für die Rettung vor dem Tod

116 1 Ich liebe den HERRN, weil er mich hört.
Er hört mich, wenn ich um Gnade flehe.
2 Ja, er hat ein offenes Ohr für mich,
zu ihm will ich rufen mein Leben lang.

3 Stricke, die den Tod bringen, haben mich umschlungen.
Ängste, die im Totenreich herrschen, packten mich.
In Not und Kummer stecke ich fest.
4 Den Namen des HERRN will ich anrufen:
»Ach, HERR, rette doch mein Leben!«
5 Reich an Gnade ist der HERR und gerecht.
Unser Gott begegnet uns mit Erbarmen.
6 Der HERR beschützt die Unerfahrenen.
Ich brauchte seine Hilfe, und er half mir.

7 Komm wieder zur Ruhe, meine Seele!
Denn der HERR hat dir Gutes getan.
8 Ja, du hast mein Leben dem Tod entrissen.
Mein Auge muss nicht mehr weinen,
mein Fuß kommt nicht ins Stolpern.
9 Ich darf mein Leben vor dem HERRN führen,
hier im Land der Lebenden.

10 Ich vertraue, auch wenn ich sagen muss:
»Mir ist es wirklich schlecht ergangen!«
11 In meiner Angst dachte ich:
»Alle Menschen lügen nur!«
12 Wie kann ich nun dem HERRN danken
für alles, was er mir Gutes getan hat?

13 Den Becher, der meine Rettung bestätigt,
will ich zum Dank erheben
und dabei den Namen des HERRN anrufen.
14 Was ich dem HERRN versprochen habe,
will ich in aller Öffentlichkeit erfüllen.
15 Denn für den HERRN ist es ein teurer Verlust,
wenn einer von seinen Frommen stirbt.

16 Ach, HERR, ich gehöre dir!
Ich bin doch dein Knecht.
Ich bin dein Knecht, der Sohn deiner Magd.
Du hast meine Fesseln gelöst, ich bin frei.
17 Dir will ich ein Dankopfer darbringen
und dabei den Namen des HERRN anrufen.
18 Was ich dem HERRN versprochen habe,
will ich in aller Öffentlichkeit erfüllen –
19 in den Höfen vor dem Haus des HERRN,
in deiner Mitte, Jerusalem! Halleluja!

Kurzer Lobgesang

117 1 Lobt den HERRN, ihr Völker alle!
Preist ihn, ihr Menschen aus allen Nationen!
2 Ja, machtvoll breitet er seine Güte über uns aus.
Und die Treue des HERRN besteht für alle Zeit!
Halleluja!

Öffnet die Tore der Gerechtigkeit

118 1 *Dankt dem HERRN! Denn er ist gut.*
Für immer bleibt seine Güte bestehen.
2 So sollen alle in Israel bekennen:
»Für immer bleibt seine Güte bestehen.«
3 So sollen die Priester bekennen,
die zu den Nachkommen Aarons gehören:
»Für immer bleibt seine Güte bestehen.«
4 So sollen die Menschen bekennen,
die dem HERRN mit Ehrfurcht begegnen:
»Für immer bleibt seine Güte bestehen.«

5 Man hatte mich in die Enge getrieben.
Da schrie ich zum HERRN.
Der HERR gab mir Antwort
und verschaffte mir weiten Raum.
6 Der HERR ist für mich, ich fürchte mich nicht!
Was können mir Menschen schon antun?

Becher: Zum Abschluss einer Gerichtsverhandlung wird dem Angeklagten ein Becher gereicht, zusammen mit seinem Freispruch oder seinem Schuldspruch.

Fromme: Menschen, die ihr ganzes Leben auf Gott ausrichten und sich für die Befolgung seiner Gebote einsetzen.

Knecht: Selbstbezeichnung von Menschen, die sich in den Dienst Gottes stellen und ihn dadurch als ihren Herrn anerkennen.

Dankopfer: Eine Opfergabe, die Gott zum Dank für die erfahrene Rettung im Tempel dargebracht wird.

Höfe: Der Tempel in Jerusalem war von einem inneren und äußeren Vorhof umgeben.

Nachkommen Aarons: Bezeichnet die Priester in Israel, die sich alle auf ihren Stammvater Aaron zurückführen.

Ehrfurcht: Eine Haltung größter Hochachtung gegenüber Gott, die sowohl Bewunderung als auch Erschrecken zum Ausdruck bringt.

Zuflucht: Ort, der Schutz bietet. Oft werden Gott oder sein Tempel als Zufluchtsort genannt.

Name Gottes: Steht für Gott selbst und seine Gegenwart, vor allem im Heiligtum.

Zelt: Transportable Wohnung von Nomaden, die nicht sesshaft sind und mit ihren Tieren durch das Land ziehen.

Gerechte: Menschen, die Gottes Gebote befolgen, sodass das Leben in Gemeinschaft miteinander gelingt.

Tore der Gerechtigkeit: Bezeichnung für die Tore zum inneren Tempelhof. Die Priester ließen zum Gottesdienst nur Menschen eintreten, die darauf vorbereitet waren, in die Nähe Gottes zu kommen.

verworfen: Für das Fundament lassen sich nur Steine von bester Qualität gebrauchen. Die Bauleute begutachten sie und sortieren sie aus.

7 Der HERR ist für mich, er steht mir zur Seite!
So kann ich denen, die mich hassen,
unerschrocken in die Augen blicken.
8 Es ist besser, beim HERRN Zuflucht zu suchen,
als sich auf Menschen zu verlassen.
9 Es ist besser, beim HERRN Zuflucht zu suchen,
als sich auf Rang und Namen zu verlassen.

10 Feindliche Völker hatten mich eingekreist.
Beschützt vom Namen des HERRN
konnte ich ihren Angriff abwehren.
11 Sie zogen den Kreis immer enger um mich.
Beschützt vom Namen des HERRN
konnte ich ihren Angriff abwehren.
12 Sie umkreisten mich wie wütende Bienen,
wie Feuer das trockene Dorngestrüpp.
Beschützt vom Namen des HERRN
konnte ich ihren Angriff abwehren.
13 Man stieß mich hart, um mich zu Fall zu bringen.
Doch der HERR stand fest an meiner Seite.
14 Meine Kraft und meine Stärke ist der HERR.
Er ist für mich zum Retter geworden.

15 Jubelrufe und Siegeslieder erklingen in den Zelten,
wo die Gerechten wohnen:
»Die starke Hand des HERRN wirkt mit Macht!
16 Die starke Hand des HERRN ist hoch erhoben!
Die starke Hand des HERRN wirkt mit Macht!«
17 Ich werde nicht sterben, sondern leben
und erzählen, was der HERR getan hat!
18 Mit harter Hand hat der HERR mich erzogen,
aber dem Tod hat er mich nicht ausgeliefert.

19 Öffnet mir die Tore der Gerechtigkeit!
Ich darf hindurchgehen und dem HERRN danken.
20 Dies ist das Tor, das zum HERRN führt.
Nur die Gerechten gehen hindurch.
21 Ich will dir danken, dass du mir Antwort gabst.
Du bist für mich zum Retter geworden.
22 Der Stein, den die Bauleute verworfen haben,
der ist zum Grundstein geworden.
23 Vom HERRN wurde dies bewirkt.
Es ist ein Wunder in unseren Augen.
24 Dies ist der Tag, den der HERR gemacht hat.
Lasst uns jubeln und uns freuen über ihn!
25 Ach, HERR, bring doch die Rettung!
Ach, HERR, bring alles zum guten Ende!

26 Gesegnet sei, wer im Namen des HERRN kommt!
Vom Haus des HERRN her segnen wir euch.
27 Gott ist der HERR,
er ließ sein Licht für uns leuchten.
Schmückt den Festzug mit grünen Zweigen
bis zu den Hörnern des Altars.
28 Du bist mein Gott, ich danke dir!
Mein Gott, ich will dich hoch loben!
29 *Dankt dem HERRN! Denn er ist gut.*
Für immer bleibt seine Güte bestehen.

Leben nach Gottes Weisung

Alphabetpsalm

א **119** 1 Glücklich sind, die vorbildlich leben:
Sie halten sich an die Weisung des HERRN.
א 2 Glücklich sind, die seine Vorschriften einhalten:
Von ganzem Herzen suchen sie ihn.
א 3 Noch nie haben sie ein Unrecht getan,
sie gingen auf seinen Wegen.
א 4 Du hast deine Anweisungen gegeben,
damit sie genau befolgt werden.
א 5 Wäre doch mein Leben so gefestigt,
dass ich deine Gesetze befolge.
א 6 Dann würde ich nicht scheitern,
wenn ich auf alle deine Gebote schaue!
א 7 Mit ehrlichem Herzen will ich dich preisen,
wenn ich mir deine Rechtsordnung einpräge.
א 8 Ich will deine Gesetze befolgen.
Lass mich auf keinen Fall im Stich!

ב 9 Wie kann ein junger Mensch sein Leben meistern?
Dadurch, dass er sich nach deinem Wort richtet.
ב 10 Von ganzem Herzen habe ich dich gesucht.
Lass mich nicht von deinen Geboten abweichen!
ב 11 Ich habe dein Wort im Herzen bewahrt,
damit ich mich nicht gegen dich verfehle.
ב 12 Gepriesen seist du, HERR!
Lehre mich, deine Gesetze zu halten!
ב 13 Mit meinen Lippen habe ich alles aufgezählt –
alle Gesetze, die du bekannt gegeben hast.
ב 14 Ein Leben nach deinen Vorschriften,
das macht mir Freude, mehr als aller Reichtum.
ב 15 Über deine Anweisungen will ich nachdenken
und auf die Pfade schauen, die du mir zeigst.
ב 16 Über deine Gesetze freue ich mich sehr.
Lass mich dein Wort nicht vergessen!

Haus Gottes: Bezeichnet den Tempel in Jerusalem.

Segen, segnen: Wer einen anderen Menschen segnet, bittet Gott, dem Gesegneten Kraft, Leben und Wohlergehen zu schenken.

Hörneraltar: Typische Bauweise eines Altars. Die vier Ecken sind höher als die Opferfläche und werden »Hörner« genannt.

Alphabetpsalm: Poetische Kunstform, bei der die Anfangsbuchstaben der Verse oder Abschnitte in ihrer Reihenfolge dem hebräischen Alphabet entsprechen.

Weisung: Hebräisch *Tora*. Sie umfasst die schriftliche und mündliche Mitteilung von Gottes Willen.

Gebote: Bestimmungen, die Gott den Menschen gegeben hat. Sie ordnen das Leben so, wie es nach Gottes Willen sein soll.

Knecht: Selbstbezeichnung von Menschen, die sich in den Dienst Gottes stellen und ihn dadurch als ihren Herrn anerkennen.

Weisung: Hebräisch *Tora*. Sie umfasst die schriftliche und mündliche Mitteilung von Gottes Willen.

Fremder: Person, die nicht zur Gemeinschaft Israels gehört und häufig wirtschaftlich schlechter gestellt war. Fremde sind durch das Gastrecht geschützt.

Gebote: Bestimmungen, die Gott den Menschen gegeben hat. Sie ordnen das Leben so, wie es nach Gottes Willen sein soll.

Seele: Ausdruck für die Empfindsamkeit, Sehnsucht und Lebendigkeit des Menschen.

Gesetz: Die Lebensvorschriften des Alten Testaments, besonders die fünf Bücher Mose.

Staub der Erde: Bild für das Totenreich.

Zeichen, Wunder: Gottes Eingreifen in die Welt wird an seinen Wundertaten und Schöpfungswerken sichtbar.

Ehrfurcht: Eine Haltung größter Hochachtung gegenüber Gott, die sowohl Bewunderung als auch Erschrecken zum Ausdruck bringt.

ג 17 Sorge für deinen Knecht, so werde ich leben!
Dann kann ich mich nach deinem Wort richten.
ג 18 Öffne mir die Augen, so sehe ich die Wunder,
die durch deine Weisung geschehen.
ג 19 Auch wenn ich hier im Land ein Fremder bin:
Verbirg deine Gebote nicht vor mir!
ג 20 Meine Seele wünscht sich nichts mehr,
als jederzeit nach deinen Gesetzen zu leben.
ג 21 Du hast die unverschämten Menschen gewarnt.
Verflucht sei, wer von deinen Geboten abweicht.
ג 22 Befreie mich von Schimpf und Schande!
Denn ich habe deine Vorschriften befolgt.
ג 23 Fürsten haben getagt und gegen mich verhandelt.
Doch dein Knecht denkt nur an deine Gesetze.
ג 24 Deine Vorschriften sind meine größte Freude.
Sie sind für mich gute Ratgeber.

ד 25 Meine Seele haftet am Staub der Erde.
Erhalte mich am Leben durch dein Wort!
ד 26 Ich erzählte dir meine Wege, du hast mir geantwortet.
Lehre mich, deine Gesetze zu halten!
ד 27 Lass mich den Weg verstehen, den du mir weist.
Ich will über deine Wunder nachdenken.
ד 28 Vor Kummer weiß ich nicht mehr aus noch ein.
Richte mich wieder auf durch dein Wort!
ד 29 Lass mich nicht auf den Weg der Lüge geraten,
sondern schenke mir deine Weisung!
ד 30 Ich habe doch den Weg der Wahrheit gewählt.
Deine Gesetze habe ich mir vor Augen gestellt.
ד 31 Ich habe mich an deine Vorschriften geklammert.
Ach, Herr, lass mich nicht scheitern!
ד 32 Ich laufe auf dem Weg, den deine Gebote weisen.
Denn dazu machst du mein Herz weit.

ה 33 Zeige mir, Herr, den Weg deiner Gesetze!
Dann will ich ihm folgen bis ans Ende.
ה 34 Gib mir die Einsicht, deiner Weisung zu folgen!
Dann will ich sie mit ganzem Herzen bewahren.
ה 35 Lass mich den Pfad deiner Gebote betreten!
Denn ich habe Gefallen daran gefunden.
ה 36 Leg mir deine Vorschriften ans Herz
und nicht den Wunsch nach Gewinn!
ה 37 Lass nicht zu, dass mich sinnlose Dinge ablenken!
Wenn ich deinem Weg folge, ermutige mich!
ה 38 Erfülle, was du deinem Knecht versprochen hast.
Dann wird man dir mit Ehrfurcht begegnen.

ה 39 Mir graut vor Hohn und Spott, bewahre mich davor!
Denn deine Gesetze sind vollkommen.
ה 40 Ja, ich sehne mich nach deinen Anweisungen.
Ermutige mich durch deine Gerechtigkeit!

ו 41 Und deine Güte, HERR, soll mich erreichen,
ja deine Hilfe, wie du es versprochen hast.
ו 42 Und wer mich verhöhnt, dem widerspreche ich.
Denn ich habe auf dein Wort vertraut.
ו 43 Und lass meinen Mund die volle Wahrheit sagen.
Denn ich habe auf deine gerechten Urteile gewartet.
ו 44 Und stets werde ich deine Weisung befolgen,
für immer und alle Zeit.
ו 45 Und durch ein weites Land werde ich gehen.
Denn ich habe deine Anweisungen gesucht.
ו 46 Und von deinen Vorschriften werde ich reden.
Ich rede vor Königen und schäme mich nicht.
ו 47 Und ich werde mich über deine Gebote freuen,
die ich lieb gewonnen habe.
ו 48 Und meine Hände werde ich zu dir erheben
und über deine Gesetze nachdenken.

ז 49 Denk an die Zusage für deinen Knecht!
Denn darauf habe ich meine Hoffnung gesetzt.
ז 50 Dieser Trost ist mir in meinem Elend geblieben.
Dazu hat mich deine Verheißung ermutigt.
ז 51 Obwohl unverschämte Leute mich mit Spott überzogen,
bin ich von deiner Weisung nicht abgewichen.
ז 52 Ich hielt mich an deine schon immer gültigen Gesetze.
Dadurch fand ich wirklichen Trost, HERR.
ז 53 Wut packte mich allerdings wegen der Frevler.
Die kehren deiner Weisung den Rücken.
ז 54 Wie Psalmen klangen mir deine Gesetze im Ohr,
als ich das Ziel meiner Pilgerreise erreichte.
ז 55 Nachts kam mir dein Name, HERR, in den Sinn,
und deine Weisung wollte ich befolgen.
ז 56 Dieses Glück ist mir geschenkt worden.
Denn ich habe deine Anweisungen befolgt.

ח 57 Ich sagte: »Es ist meine Aufgabe, HERR,
mich nach deinen Worten zu richten.«
ח 58 Von ganzem Herzen wollte ich dich gnädig stimmen:
Verzeih mir doch, wie du es versprochen hast!
ח 59 Ich überdachte meine Wege
und kehrte um zu deinen Vorschriften.
ח 60 Ich zögerte keinen Moment und beeilte mich,
deine Gebote zu befolgen.

gerecht, Gerechtigkeit: Meint ein Leben nach dem Willen Gottes.

und: Der hebräische Buchstabe, mit dem die Zeilen dieser Psalmstrophe beginnen, bedeutet »und«.

Hände zu Gott erheben: Eine in der Antike übliche Gebetshaltung.

Frevler: Menschen, die Gottes Gebote missachten und ihre eigenen Interessen gewaltsam durchsetzen.

Name Gottes: Steht für Gott selbst und seine Gegenwart, vor allem im Heiligtum.

Weisung: Hebräisch *Tora*. Sie umfasst die schriftliche und mündliche Mitteilung von Gottes Willen.

Knecht: Selbstbezeichnung von Menschen, die sich in den Dienst Gottes stellen und ihn dadurch als ihren Herrn anerkennen.

Gebote: Bestimmungen, die Gott den Menschen gegeben hat. Sie ordnen das Leben so, wie es nach Gottes Willen sein soll.

Gesetz: Die Lebensvorschriften des Alten Testaments, besonders die fünf Bücher Mose.

geschaffen und gebildet: 1. Mose/Genesis 2,7 erzählt von der Erschaffung des Menschen durch Gott.

Seele: Ausdruck für die Empfindsamkeit, Sehnsucht und Lebendigkeit des Menschen.

ח 61 Frevler hatten Stricke um mich gelegt.
Doch deine Weisung habe ich nicht vergessen.
ח 62 So will ich mitten in der Nacht aufstehen,
um dich für deine Rechtsordnung zu preisen.
ח 63 Ich bin ein Freund von allen, die dich verehren
und deine Anweisungen befolgen.
ח 64 Deine Güte, HERR, erfüllt die ganze Erde.
Deine Gesetze zu halten, das lehre mich!

ט 65 Gutes hast du deinem Knecht getan,
HERR, wie du es versprochen hast.
ט 66 Gut und vernünftig zu urteilen, das lehre mich!
Denn deinen Geboten habe ich vertraut.
ט 67 Bevor ich leiden musste, ging ich in die Irre.
Doch dann hielt ich mich an deine Verheißung.
ט 68 Gut bist du und einer, der Gutes tut.
Lehre mich, deine Gesetze zu halten!
ט 69 Unverschämte Leute verbreiteten Lügen über mich.
Ich aber folge deinen Anweisungen von ganzem Herzen.
ט 70 Sie hatten ihr Herz fest verschlossen.
Doch mir machte deine Weisung Freude.
ט 71 Gut war es für mich, dass ich leiden musste.
Das brachte mich dazu, deine Gesetze zu lernen.
ט 72 Gut war es für mich, deine Weisung zu hören –
besser als ein Schatz an Gold- und Silbermünzen.

י 73 Deine Hände haben mich geschaffen und gebildet.
Gib mir die Einsicht, deine Gebote zu lernen!
י 74 Die dich verehren, sollen mit Freude auf mich schauen.
Denn auf dein Wort habe ich meine Hoffnung gesetzt.
י 75 Ich weiß, HERR, dass deine Gesetze gerecht sind.
Du warst im Recht, als du mich leiden ließest.
י 76 Deine Güte soll mich nun wieder trösten,
wie du es deinem Knecht versprochen hast.
י 77 Zeig dich barmherzig, dann bleibe ich am Leben.
Denn über deine Weisung freue ich mich sehr.
י 78 Doch die unverschämten Leute sollen scheitern,
weil sie mich mit ihren Lügen in Bedrängnis brachten.
Ich aber denke nach über deine Anweisungen.
י 79 Die dich verehren, sollen sich zu mir hinwenden.
Sie sind es, die deine Vorschriften anerkennen.
י 80 Ich will vorbildlich nach deinen Gesetzen leben.
Dann werde ich nicht scheitern.

כ 81 Meine Seele verlangte nach deiner Hilfe.
Auf dein Wort habe ich ja meine Hoffnung gesetzt.

כ 82 Meine Augen verlangten nach deiner Verheißung,
mit fragendem Blick: »Wann tröstest du mich?«
כ 83 Denn ich fühlte mich wie ein Weinschlauch,
den man in den Rauchfang gehängt hat.
Deine Gesetze aber habe ich nicht vergessen.
כ 84 Wie viele Tage noch bleiben deinem Knecht?
Wann hältst du Gericht über meine Verfolger?
כ 85 Unverschämte Leute hoben Fallgruben für mich aus.
Sie sind es, die nicht nach deiner Weisung leben.
כ 86 Alle deine Gebote dienen doch der Wahrheit
Sie aber verfolgten mich mit Lügen. Steh mir bei!
כ 87 Fast hätten sie mich hier im Land vernichtet.
Ich aber gab deine Anweisungen nicht preis.
כ 88 Erhalte mich am Leben, wie es deiner Güte entspricht!
Ich will befolgen, was dein Mund vorschreibt.

ל 89 HERR, dein Wort bleibt für immer,
im Himmel ist es so beschlossen.
ל 90 Deine Treue besteht von Generation zu Generation.
Du hast die Erde fest gegründet, damit sie besteht.
ל 91 Deine Ordnungen sind heute noch in Kraft.
Denn alle Dinge stehen in deinem Dienst.
ל 92 Wäre deine Weisung nicht meine größte Freude,
dann wäre ich in meinem Elend vergangen.
ל 93 Niemals werde ich deine Anweisungen vergessen.
Denn durch sie hast du mich am Leben erhalten.
ל 94 Zu dir gehöre ich, nun hilf mir!
Denn ich habe deine Anweisungen gesucht.
ל 95 Frevler stellten mir nach, um mich zu vernichten.
Ich aber halte mich genau an deine Vorschriften.
ל 96 Ich habe gesehen, dass alles Vollkommene begrenzt ist.
Doch dein Gebot reicht weit darüber hinaus.

מ 97 Wie lieb habe ich deine Weisung gewonnen.
Um sie kreisen meine Gedanken den ganzen Tag.
מ 98 Dein Gebot machte mich klüger als meine Feinde.
Denn es ist für mich von bleibender Bedeutung.
מ 99 Ich habe mehr verstanden als alle meine Lehrer.
Denn ich dachte über deine Vorschriften nach.
מ 100 Ich bin einsichtiger geworden als die Alten.
Denn ich habe deine Anweisungen befolgt.
מ 101 Ich ließ meine Füße nicht auf Abwege geraten.
So kann ich dein Wort befolgen.
מ 102 Von deinen Gesetzen bin ich nicht abgewichen.
Denn du selbst hast sie mir nahegebracht.
מ 103 Wie süß schmeckte mir deine Verheißung,
noch süßer als Honig in meinem Mund.

Weinschlauch: Aus Tierhäuten zusammengenähter Schlauch, der in der Antike zum Transport von Flüssigkeiten wie Wein diente.

Rauchfang: Vorrichtung über offenem Feuer, die dazu dient, den Rauch aus dem Raum nach außen zu leiten. Hier konnten Dinge zum Trocknen aufgehängt werden.

Gericht, verurteilen: Als Herrscher über die ganze Welt ist Gott der Richter, der am Ende der Zeit ein Urteil über sie spricht.

Himmel: Im übertragenen Sinn beschreibt »Himmel« den Bereich, in dem Gott wohnt.

Frevler: Menschen, die Gottes Gebote missachten und ihre eigenen Interessen gewaltsam durchsetzen.

Gesetz: Die Lebensvorschriften des Alten Testaments, besonders die fünf Bücher Mose.

Weisung: Hebräisch *Tora*. Sie umfasst die schriftliche und mündliche Mitteilung von Gottes Willen.

Frevler: Menschen, die Gottes Gebote missachten und ihre eigenen Interessen gewaltsam durchsetzen.

Schild: Abwehrwaffe in der Schlacht und Bild für Gottes Schutz.

Gebote: Bestimmungen, die Gott den Menschen gegeben hat. Sie ordnen das Leben so, wie es nach Gottes Willen sein soll.

Schlacke: Abfallprodukt bei der Silbergewinnung.

Knecht: Selbstbezeichnung von Menschen, die sich in den Dienst Gottes stellen und ihn dadurch als ihren Herrn anerkennen.

gerecht, Gerechtigkeit: Meint ein Leben nach dem Willen Gottes.

מ 104 Deine Anweisungen machten mich einsichtig.
Deshalb hasse ich jeden Weg der Lüge.

נ 105 Dein Wort ist eine Leuchte für meinen Fuß
und ein helles Licht auf meinem Lebensweg.
נ 106 Was ich geschworen habe, werde ich erfüllen.
Ich werde deine Rechtsordnungen befolgen.
נ 107 Ich habe großes Leid erfahren müssen.
HERR, ermutige mich doch durch dein Wort.
נ 108 Nimm meinen Dank als Opfergabe an, HERR!
Und lehre mich, deine Gesetze zu halten!
נ 109 Mein Leben ist ständig in Gefahr.
Aber ich habe deine Weisung nicht vergessen.
נ 110 Obwohl Frevler mir eine Falle stellen wollten,
bin ich nicht von deinen Anweisungen abgerückt.
נ 111 Deine Vorschriften sind für immer mein Besitz.
Denn sie bereiten meinem Herzen wahre Freude.
נ 112 Gerne will ich nach deinen Gesetzen handeln –
für immer und bis ans Ende.

ס 113 Ich hasse die Unentschiedenen.
Doch deine Weisung habe ich lieb.
ס 114 Du bist mein Schutz und mein Schild.
Auf dein Wort habe ich meine Hoffnung gesetzt.
ס 115 Lasst mich doch in Ruhe, ihr Übeltäter!
Ich will die Gebote meines Gottes einhalten.
ס 116 Erhalte mich am Leben, wie du es verheißen hast!
Lass meine Hoffnung nicht enttäuscht werden!
ס 117 Halte mich fest, dann werde ich gerettet!
Ich will ständig auf deine Gesetze schauen.
ס 118 Du hast alle aus deiner Nähe verbannt,
die von deinen Gesetzen abgewichen sind.
Denn lügen und betrügen ist ihre Art.
ס 119 Alle Frevler im Land hast du weggeräumt
wie die Schlacke beim Schmelzen von Metall.
Deshalb habe ich deine Vorschriften lieb.
ס 120 Aus Angst vor dir zittere ich am ganzen Leib.
Ich fürchte mich vor den Urteilen, die du fällst.

ע 121 Ich habe getan, was die Rechtsordnung fordert.
Überlass mich nicht denen, die mir Gewalt antun!
ע 122 Tritt für deinen Knecht ein, damit es ihm gut geht!
Unverschämte Leute sollen mir keine Gewalt antun.
ע 123 Meine Augen verzehrten sich nach deiner Hilfe
und nach der Verheißung deiner Gerechtigkeit.
ע 124 Handle an deinem Knecht, wie es deiner Güte entspricht!
Und lehre mich, deine Gesetze zu halten!

ע [125] Ich bin doch dein Knecht: Gib mir die Einsicht,
sodass ich deine Vorschriften verstehen kann!
ע [126] Es ist Zeit für den HERRN zu handeln.
Sie haben deine Weisung außer Kraft gesetzt.
ע [127] Ich aber liebe deine Gebote über alles,
mehr als Gold und reines Feingold.
ע [128] Darum folge ich allen deinen Anweisungen,
aber jeden Weg der Lüge hasse ich.

פ [129] Wunderbar sind deine Vorschriften.
Darum richtet sich meine Seele nach ihnen.
פ [130] Das Tor zu deinen Worten leuchtet hell.
Hindurchzugehen bringt Unerfahrene zur Einsicht.
פ [131] Meinen Mund habe ich begierig aufgesperrt,
denn nach deinen Geboten habe ich verlangt.
פ [132] Wende dich zu mir und hab Erbarmen mit mir,
wie es denen zukommt, die deinen Namen lieben.
פ [133] Mach meine Schritte fest durch deine Verheißung
und gib dem Unrecht keine Macht über mich!
פ [134] Befreie mich aus der Gewalt von Menschen,
damit ich deine Anweisungen befolgen kann!
פ [135] Lass dein Angesicht über deinem Knecht leuchten
und lehre mich, deine Gesetze zu halten!
פ [136] Wasserbäche flossen aus meinen Augen herab,
weil man deiner Weisung nicht folgen wollte.

צ [137] Gerecht bist du, HERR!
Deine Gesetze sind gut und richtig!
צ [138] Wie es recht ist, hast du deine Vorschriften erlassen.
Sie sind ganz und gar zuverlässig.
צ [139] Mein Einsatz für deine Sache hat mich aufgerieben.
Denn meine Feinde haben deine Worte vergessen.
צ [140] Doch deine Verheißung ist klar und rein.
Dein Knecht hat sie lieb gewonnen.
צ [141] Wenn ich auch niedrig und verachtet bin,
habe ich deine Anweisungen nicht vergessen.
צ [142] Deine Gerechtigkeit bleibt für immer gerecht,
und auf deine Weisung ist wirklich Verlass.
צ [143] Wenn ich auch in Not und Bedrängnis gerate,
sind deine Gebote doch meine größte Freude.
צ [144] Deine Vorschriften sind gerecht für alle Zeit.
Schenk mir Einsicht, dann bleibe ich am Leben.

ק [145] Ich habe von ganzem Herzen gerufen:
»Antworte mir, HERR!«
Deine Gesetze will ich einhalten.

Seele: Ausdruck für die Empfindsamkeit, Sehnsucht und Lebendigkeit des Menschen.

Name Gottes: Steht für Gott selbst und seine Gegenwart, vor allem im Heiligtum.

Angesicht leuchten lassen: Meint die liebevolle Zuwendung Gottes zu den Menschen.

Gesetz: Die Lebensvorschriften des Alten Testaments, besonders die fünf Bücher Mose.

Frevler: Menschen, die Gottes Gebote missachten und ihre eigenen Interessen gewaltsam durchsetzen.

Weisung: Hebräisch *Tora*. Sie umfasst die schriftliche und mündliche Mitteilung von Gottes Willen.

Frieden: Umfassender Zustand von Glück und Wohlergehen des Einzelnen und der Gemeinschaft, der aus der Beziehung mit Gott hervorgeht.

Gebote: Bestimmungen, die Gott den Menschen gegeben hat. Sie ordnen das Leben so, wie es nach Gottes Willen sein soll.

ק 146 Ich habe zu dir gerufen: »Hilf mir doch!«
Ich will deine Vorschriften befolgen.
ק 147 Noch vor Tagesanbruch schrie ich um Hilfe.
Auf dein Wort habe ich ja meine Hoffnung gesetzt.
ק 148 Die ganze Nacht hielt ich meine Augen offen.
Ich wollte über deine Verheißung nachdenken.
ק 149 Hör mein Rufen, wie es deiner Güte entspricht!
HERR, erhalte mein Leben durch deine Gesetze!
ק 150 Heimtückisch näherten sich meine Verfolger,
aber von deiner Weisung haben sie sich entfernt.
ק 151 Doch du, HERR, bist mir ganz nahe.
Auf alle deine Gebote ist wirklich Verlass.
ק 152 Seit jeher weiß ich aus deinen Vorschriften:
Du hast sie als Fundament für immer gesetzt.

ר 153 Sieh doch mein Elend und reiß mich heraus!
Denn ich habe deine Weisung nicht vergessen.
ר 154 Vertritt mich vor Gericht und rette mich!
Erhalte mein Leben, wie du es verheißen hast!
ר 155 Doch für die Frevler gibt es keine Rettung.
Denn sie haben deine Gesetze nicht gesucht.
ר 156 So grenzenlos ist dein Erbarmen, HERR.
Erhalte mein Leben durch deine Gesetze!
ר 157 So zahlreich meine Verfolger und Feinde auch sind,
von deinen Vorschriften bin ich nicht abgerückt.
ר 158 Ich habe mit Abscheu auf die Verräter gesehen,
die sich nicht an deine Verheißung hielten.
ר 159 Sieh doch, wie lieb ich deine Anweisungen habe!
HERR, erhalte mein Leben in deiner Güte!
ר 160 Auf die Richtschnur deines Wortes ist Verlass,
und deine ganze Rechtsordnung gilt für immer.

ש 161 Fürsten verfolgten mich ohne jeden Grund.
Doch nur dein Wort konnte mich erschrecken.
ש 162 Ich habe Freude an deiner Verheißung –
wie einer, der eine reiche Beute macht.
ש 163 Ich hasse die Lüge und verabscheue sie,
doch deine Weisung habe ich lieb.
ש 164 Siebenmal am Tag preise ich dich dafür,
dass du uns deine Rechtsordnung gegeben hast.
ש 165 Glücklich leben, die deine Weisung lieben.
Und es gibt nichts, was ihren Frieden stört.
ש 166 Ich habe auf deine Hilfe gehofft, HERR,
und alles getan, was deine Gebote fordern.
ש 167 Meine Seele hat deine Vorschriften befolgt
und sie sehr lieb gewonnen.

ש [168] Ich habe deine Anweisungen befolgt.
Ja, alle meine Wege sind dir bekannt.

ת [169] Mein Klagen soll zu dir dringen, HERR.
Gib mir Einsicht, wie es deinem Wort entspricht!
ת [170] Mein Flehen soll vor dich kommen.
Rette mich, wie es deiner Verheißung entspricht!
ת [171] Loblieder sollen über meine Lippen strömen.
Denn du lehrst mich, deine Gesetze zu halten.
ת [172] Meine Zunge soll deine Verheißung besingen.
Denn alle deine Gebote schaffen Gerechtigkeit.
ת [173] Deine Hand ist bereit, mir zu helfen.
Denn ich habe deine Anweisungen erwählt.
ת [174] Ich sehne mich nach deiner Hilfe, HERR,
und deine Weisung ist meine größte Freude.
ת [175] Lass meine Seele aufleben, sodass ich dich lobe!
Deine Gesetze sollen mir dabei helfen.
ת [176] Wie ein verlorenes Schaf habe ich mich verirrt.
Mach dich auf die Suche nach deinem Knecht!
Denn deine Gebote habe ich nicht vergessen.

In Frieden leben

120

[1] EIN LIED FÜR DIE PILGERREISE.

In höchster Not wandte ich mich an den HERRN.
Er antwortete mir, als ich zu ihm rief:
[2] »HERR, rette mein Leben vor denen,
die Lügen auf ihren Lippen tragen –
die Betrug mit ihrer Zunge begehen!«
[3] Was erwartest du denn, du falsche Zunge,
was soll er dir antun und dir zufügen?
[4] Spitze Kriegspfeile sollen dich treffen,
dazu glühende Kohlen vom Ginsterstrauch.
[5] Wehe mir, dass ich als Fremder in Meschech blieb.
Bei den Zelten von Kedar musste ich wohnen.
[6] Zu lange schon dauert mein Aufenthalt
unter denen, die den Frieden hassen.
[7] Ich möchte doch nur in Frieden leben.
Aber was ich auch sage, sie wollen Krieg.

gerecht, Gerechtigkeit: Meint ein Leben nach dem Willen Gottes.

Seele: Ausdruck für die Empfindsamkeit, Sehnsucht und Lebendigkeit des Menschen.

Knecht: Selbstbezeichnung von Menschen, die sich in den Dienst Gottes stellen und ihn dadurch als ihren Herrn anerkennen.

falsche Zunge: Bild für einen Menschen, der durch Lügen und Verleumden großen Schaden anrichtet.

Meschech: Eine Volksgruppe mit diesem Namen ist aus der Region bekannt, in der heute die Türkei liegt.

Zelte von Kedar: Bezeichnung für einen Beduinenstamm in Nordarabien.

Israel: Nachkommen der zwölf Söhne Jakobs. Gott hat mit Israel einen Bund geschlossen.

Schatten: Bild für den Schutz durch den König.

David: Bedeutender König in der Geschichte Israels, der etwa 1000–960 v. Chr. regierte. Er gilt als Dichter zahlreicher Lieder und Gebete.

Haus Gottes: Bezeichnet den Tempel in Jerusalem.

Tor: Torgebäude in der Stadtmauer. Der Platz davor diente als Marktplatz und Versammlungsort für Gerichtsverhandlungen.

Stämme Israels: Israel versteht sich als Verband von zwölf Stämmen, die auf die Nachkommen der Söhne Jakobs zurückgehen.

Throne für das Gericht: Die Verantwortung für die Durchsetzung von Recht und Gerechtigkeit lag beim König.

Könige aus Davids Haus: David ist ein bedeutender König von Israel. Ihm wird von Gott versprochen, dass immer ein Nachkomme aus seinem Königshaus auf dem Thron in Jerusalem sitzen wird; vgl. 2. Samuel 7,12-16.

Frieden: Umfassender Zustand von Glück und Wohlergehen des Einzelnen und der Gemeinschaft, der aus der Beziehung mit Gott hervorgeht.

Gott wacht über Israel

121

1 EIN LIED FÜR DIE PILGERREISE.

Ich schaue hoch zu den Bergen.
Woher kommt Hilfe für mich?
2 Hilfe für mich, die kommt vom HERRN!
Er hat Himmel und Erde gemacht.
3 Er lässt deinen Fuß nicht straucheln.
Der über dich wacht, schläft nicht.
4 Sieh doch: Der über Israel wacht,
der schläft und schlummert nicht.
5 Der HERR wacht über dich.
Der HERR ist dein Schutz,
er spendet Schatten an deiner Seite.
6 Am Tag wird dir die Sonne nicht schaden
und der Mond nicht in der Nacht.
7 Der HERR behütet dich vor allem Bösen.
Er wacht gewiss über dein Leben.
8 Der HERR behütet dein Gehen und Kommen
von heute an bis in alle Zukunft.

Frieden für Jerusalem

122

1 EIN LIED FÜR DIE PILGERREISE.
VON DAVID.

Wie habe ich mich gefreut, als man zu mir sagte:
»Wir wollen zum Haus des HERRN ziehen!«
2 Und jetzt stehen unsere Füße
tatsächlich in deinen Toren, Jerusalem.
3 Jerusalem, als sichere Stadt bist du gebaut.
Dicht beieinander stehen deine Häuser.
4 Zu dir pilgern die Stämme in Scharen –
die Stämme, die zum HERRN gehören.
Denn es gibt ein Gebot für Israel,
den Namen des HERRN dort zu preisen.
5 Ja, dort standen einst die Throne für das Gericht,
die Throne für die Könige aus Davids Haus.

6 Wünscht Frieden der Stadt Jerusalem:
»Alle, die dich lieben, sollen sicher leben!
7 Es herrsche Frieden in deinen Mauern,
es herrsche Wohlergehen in deinen Palästen!«
8 Ich denke an meine Brüder und meine Freunde
und spreche zum Abschied: »Friede sei mit dir!«
9 Ich denke an das Haus des HERRN, unseres Gottes,
und bitte für die Zukunft: »Alles Gute für dich!«

Erwartungsvolle Blicke

123

1 EIN LIED FÜR DIE PILGERREISE.

Meine Augen sehen auf zu dir,
der du im Himmel thronst.
2 Siehe, auch Sklaven sehen auf zu ihrem Herrn,
wenn sie auf ein Handzeichen warten.
Auch die Sklavin sieht auf zu ihrer Gebieterin,
wenn sie auf wohlwollende Behandlung hofft.
Genauso sehen wir auf zum HERRN, unserem Gott,
bis er sich uns gegenüber barmherzig zeigt.
3 Sei doch barmherzig, HERR, hab Erbarmen mit uns!
Denn wir haben es satt, verachtet zu werden.
4 Es tut uns in der Seele weh! Wir haben es satt,
dass uns die Sorglosen mit Spott überschütten –
dass uns die Hochmütigen wie Dreck behandeln.

Wie ein Vöglein

124

1 EIN LIED FÜR DIE PILGERREISE.
VON DAVID.

»Wäre der HERR nicht für uns gewesen«,
so soll Israel sprechen!
2 »Wäre der HERR nicht für uns gewesen,
als uns Menschen angegriffen haben:
3 Dann hätten sie uns lebendig verschlungen,
so sehr war ihr Zorn gegen uns entbrannt.
4 Dann hätten uns Wassermassen überschwemmt,
ein Sturzbach hätte sich über uns ergossen.
5 Dann wären wir übergossen worden
von schäumenden Wasserfluten.«

6 Gepriesen sei der HERR!
Er gab uns diesen Raubtieren nicht preis,
sie hätten uns mit ihren Zähnen zerrissen.
7 Wie ein Vöglein retteten wir unser Leben,
dem Netz des Jägers sind wir entschlüpft.
Die Vogelfalle zerbrach, und wir sind frei!
8 Beim Namen des HERRN finden wir Hilfe.
Himmel und Erde hat er gemacht.

Himmel: Im übertragenen Sinn beschreibt »Himmel« den Bereich, in dem Gott wohnt.

Sklaven: Sie gehörten zum Eigentum anderer Menschen, bekamen keinen Lohn für ihre Arbeit und konnten nicht frei über ihr Leben entscheiden.

Raubtiere: Bild für die Feinde des Beters, die ihn zu verschlingen drohen.

Netz: Wird bei der Jagd eingesetzt, um Tiere darin zu fangen.

Name Gottes: Steht für Gott selbst und seine Gegenwart, vor allem im Heiligtum.

Zion: Tempelberg von Jerusalem, aber auch Bezeichnung für die ganze Stadt.

Herrscherstab der Bosheit: Anspielung auf fremde Herrscher. Sie besetzten das Land, das eigentlich Gott gehört, und hielten sich nicht an seine Gebote. Das gilt beispielsweise für die Landverteilung in der Zeit, in der die Perser herrschten; vgl. Nehemia 9,36-37.

Erbbesitz: Der Anteil der Israeliten an dem Land, das Gott ihnen gibt. Sie dürfen das Land für ihren Lebensunterhalt nutzen, der Eigentümer bleibt Gott.

Gerechte: Menschen, die Gottes Gebote befolgen, sodass das Leben in Gemeinschaft miteinander gelingt.

Frieden: Umfassender Zustand von Glück und Wohlergehen des Einzelnen und der Gemeinschaft, der aus der Beziehung mit Gott hervorgeht.

Unerschütterlich wie der Zion

125

1 EIN LIED FÜR DIE PILGERREISE.

Wer auf den HERRN vertraut,
der gleicht dem Berg Zion:
Er wird nicht ins Wanken geraten,
für immer bleibt er bestehen.
2 Wie die Berge, die Jerusalem umgeben,
so schützt der HERR sein Volk ringsum –
von heute an bis in alle Zukunft.
3 Ja, der Herrscherstab der Bosheit darf nicht regieren
über den Erbbesitz der Gerechten.
Sonst strecken auch noch die Gerechten ihre Hand aus,
um sich am Unrecht zu beteiligen.
4 HERR, tu Gutes den guten Menschen
und denen, die ein ehrliches Herz haben.
5 Aber die anderen, die krumme Wege gehen,
lasse der HERR in ihr Unglück rennen –
zusammen mit denen, die Unheil stiften.
Friede breite sich aus über Israel!

Wie in einem Traum

126

1 EIN LIED FÜR DIE PILGERREISE.

Wir waren wie in einem Traum,
als der HERR das Schicksal Zions zum Guten wendete:
2 Da füllte Lachen unseren Mund,
und Jubel löste uns die Zunge.
Da sagte man unter den Völkern:
»Der HERR hat Großes an ihnen getan!«
3 Ja, der HERR hat Großes an uns getan!
Wir waren in einem Freudentaumel.

4 HERR, wende unser Schicksal zum Guten,
so wie du die Bäche in der Wüste füllst
nach langer Trockenzeit.
5 Wer unter Tränen mit der Saat beginnt,
wird unter Jubel die Ernte einbringen.
6 Noch geht er, geht weinend aufs Feld,
wenn er den Beutel zur Aussaat trägt.
Dann kommt er, kommt jubelnd zurück,
wenn er seine Garben nach Hause trägt.

Gottes Wirken und Segen

127

[1] EIN LIED FÜR DIE PILGERREISE.
VON SALOMO.

Wenn nicht der HERR das Haus baut,
nützt es nichts,
dass sich die Bauleute anstrengen.
Wenn nicht der HERR die Stadt bewacht,
nützt es nichts,
dass der Wächter wachsam bleibt.
2 Es nützt euch nichts,
dass ihr früh am Morgen aufsteht
und euch erst spät wieder hinsetzt.
Ihr esst doch nur das Brot,
für das ihr unermüdlich arbeitet.
Doch seinen Freunden schenkt
der Herr einen ruhigen Schlaf.

3 Seht, Kinder sind eine Gabe des HERRN.
Ein Lohn ist die Frucht,
die er dem Mutterleib schenkt.
4 Wie Pfeile in der Hand des Kämpfers –
so hilfreich sind die Söhne,
die ihm in frühen Jahren geboren wurden.
5 Glücklich zu preisen ist der junge Mann,
der seinen Köcher mit ihnen gefüllt hat.
Zusammen werden sie nicht scheitern,
wenn sie im Tor mit Feinden verhandeln.

Gottes Segen zur Hochzeit

128

[1] EIN LIED FÜR DIE PILGERREISE.

Glücklich zu preisen sind alle Menschen,
die dem HERRN mit Ehrfurcht begegnen –
die gerne auf seinen Wegen gehen.
2 Was deine Hände erarbeiten, darfst du genießen.
Sei glücklich, du hast es doch gut!
3 Deine Frau gleicht einer edlen Weinrebe.
Sie trägt Früchte im Innern deines Hauses.
Deine Kinder sind wie junge Wurzeltriebe.
Um den Olivenbaum herum wachsen sie auf,
um deinen Tisch herum werden sie groß.
4 Seht den jungen Mann, er wird gesegnet sein!
Denn er begegnet dem HERRN mit Ehrfurcht.

Salomo: König von Israel (etwa 970–930 v. Chr.), der den Tempel in Jerusalem baute.

Köcher: Behältnis für das Mitführen von Pfeilen.

zusammen: Gemeinsam mit seinen Söhnen kann der von Gott gesegnete Mann seine Rechtsangelegenheiten im Stadttor erfolgreich regeln.

Ehrfurcht: Eine Haltung größter Hochachtung gegenüber Gott, die sowohl Bewunderung als auch Erschrecken zum Ausdruck bringt.

Rebe: Einzelner Zweig, der aus dem Weinstock hervorgeht und an dem sich Blätter, Blüten und anschließend die Früchte bilden.

im Innern deines Hauses: Der hintere Teil des Hauses gehört im Alten Orient zum Wirkungsbereich der Hausfrau. Dort werden auch die Kinder geboren.

Olivenbaum: Hier Bild für den Vater und Ehemann.

Segen, segnen: Besondere Zuwendung Gottes zu seinen Geschöpfen. Gott schenkt durch seinen Segen Leben, Kraft und Wohlergehen.

Frieden: Umfassender Zustand von Glück und Wohlergehen des Einzelnen und der Gemeinschaft, der aus der Beziehung mit Gott hervorgeht.

Pflug: Landwirtschaftliches Gerät zum Lockern des Ackerbodens. Wer im übertragenen Sinn auf dem Rücken eines anderen Menschen »pflügt«, beutet ihn aus.

Jochbalken: Holzbalken, der Tieren über den Nacken gelegt wird, um einen Wagen oder Pflug zu ziehen. Hier Bild für die Ausbeutung durch andere Menschen.

Zion: Tempelberg von Jerusalem, aber auch Bezeichnung für die ganze Stadt.

Bußpsalm: Seit frühester Zeit werden Psalm 6; 32; 38; 51; 102; 130 und Psalm 143 von Christen als persönliche Schuldbekenntnisse gebetet.

Abgrund: Bild für das Totenreich, das unter der Erde liegt.

Sünden: Konkrete Verfehlungen, die von Gott trennen und das Gewissen belasten können.

Ehrfurcht: Eine Haltung größter Hochachtung gegenüber Gott, die sowohl Bewunderung als auch Erschrecken zum Ausdruck bringt.

5 So segne dich der HERR vom Zion her!
Dann wirst du das Glück Jerusalems sehen
alle Tage deines Lebens.
6 Dann wirst du die Kinder sehen,
die deinen Kindern geboren werden.
Friede breite sich aus über Israel!

Wie das Gras auf den Dächern

129 1 EIN LIED FÜR DIE PILGERREISE.

»Hart haben sie mich geschunden von Jugend an«,
so soll Israel sprechen!
2 »Hart haben sie mich geschunden von Jugend an,
aber sie konnten mich nicht in die Knie zwingen.
3 Statt den Pflug über ihren eigenen Acker zu ziehen,
haben sie auf meinem Rücken gepflügt.
Ja, lange Furchen haben sie gezogen.
4 Doch der HERR verhalf mir zum Recht.
Die Stricke am Jochbalken hat er durchtrennt
und mich so von den Unterdrückern befreit.«

5 Sie sollen scheitern und zurückweichen,
sie alle, die den Zion hassen!
6 Ihnen soll es gehen wie dem Gras auf den Dächern:
Bevor man es ausreißt, ist es schon verdorrt.
7 Wer es schneidet, hält kaum etwas in seiner Hand.
Wer es sammelt, macht seine Tasche nicht voll.
8 Und wer vorbeikommt, geht ohne Gruß vorüber.
Keiner sagt: »Der Segen des HERRN sei mit euch.«
Doch wir segnen euch im Namen des HERRN!

Tief aus dem Abgrund

Der sechste Bußpsalm

130 1 EIN LIED FÜR DIE PILGERREISE.

Tief aus dem Abgrund, HERR, rufe ich dich:
2 Mein Herr, höre meinen Hilfeschrei!
Deine Ohren sollen aufhorchen,
mein Flehen um Gnade sollen sie hören!
3 Wenn du, HERR, die Sünden zählen würdest:
Mein Herr, wer könnte vor dir bestehen?
4 Doch bei dir liegt die Kraft der Vergebung.
Dafür begegnet man dir mit Ehrfurcht.

5 Ich hoffe auf den HERRN.
Voller Sehnsucht hoffe ich auf ihn
und warte auf sein befreiendes Wort.
6 Voller Sehnsucht warte ich auf den Herrn,
mehr als die Wächter auf den Morgen –
ja, mehr als die Wächter auf den Morgen.
7 So soll auch Israel auf den HERRN warten!
Denn beim HERRN ist Gnade zu finden,
und er befreit von aller Schuld.
8 Ja, er wird Israel von Schuld befreien
und ihm alle seine Sünden vergeben.

Gebet einer Pilgerin

131

1 EIN LIED FÜR DIE PILGERREISE.
VON DAVID.

HERR, Hochmut hat in meinem Herzen keinen Platz.
In meinen Augen liegt keine Überheblichkeit.
Ich habe mich nicht mit Dingen abgegeben,
die zu groß sind und zu wunderbar für mich.
2 Vielmehr fand ich zur Gelassenheit zurück,
und meine Seele konnte zur Ruhe kommen.
Wie ein gestilltes Kind bei seiner Mutter,
wie das gestillte Kind an meiner Brust –
so ist meine Seele zur Ruhe gekommen.
3 So soll auch Israel auf den HERRN warten
von heute an bis in alle Zukunft.

Gottes Wohnung – Davids Haus

132

1 EIN LIED FÜR DIE PILGERREISE.

Erinnere dich, HERR, an David,
wie selbstlos er gewesen ist!
2 Dies hat er dem HERRN geschworen,
dem starken Gott Jakobs versprochen:
3 »Ich werde nicht ins Zelt gehen, in dem ich wohne,
und mich auf meinem Bett zur Ruhe legen.
4 Keinen Schlaf werde ich meinen Augen gönnen.
Nicht einmal für einen kurzen Schlummer
werde ich meine Augenlider schließen.
5 Nein! Das werde ich so lange nicht tun,
bis ich für den HERRN einen Platz gefunden habe –
eine Wohnung für den starken Gott Jakobs.«

Wächter: Hatte die Aufgabe, bei Nacht auf der Stadtmauer nach Gefahren Ausschau zu halten und die Bewohner zu warnen.

Israel: Nachkommen der zwölf Söhne Jakobs. Gott hat mit Israel einen Bund geschlossen.

Gnade: Liebevolle Zuwendung Gottes, die er den Menschen ohne Vorbedingung schenkt.

Seele: Ausdruck für die Empfindsamkeit, Sehnsucht und Lebendigkeit des Menschen.

Mutter: Bild für Gott, der sich um den Beter kümmert wie eine Mutter um ihr Kind.

David: Bedeutender König in der Geschichte Israels. 2. Samuel 7,1-16 erzählt davon, dass David einen Tempel für Gott bauen will.

Gott Jakobs: Bezeichnung für den Gott Israels. Sie steht für das persönliche Treueverhältnis zwischen Gott und dem Stammvater seines Volkes.

Zelt: Transportable Wohnung von Nomaden, die nicht sesshaft sind und mit ihren Tieren durch das Land ziehen.

Efrata: Ortschaft in der Gegend von Betlehem.

Lade: Eine an Stangen tragbare Truhe aus Holz mit goldener Deckplatte, die für die Gegenwart Gottes bei seinem Volk steht. 2. Mose/Exodus 25,16 zufolge werden in ihr die Tafeln mit den Zehn Geboten aufbewahrt.

Schemel: Eine Art Fußbank, die vor dem Thron eines Herrschers steht. Hier Bild für die Lade Gottes.

wie die Kleider am Leib tragen: Im Alten Orient gab es die Vorstellung, dass gute oder schlechte Eigenschaften wie Kleidungsstücke angezogen werden konnten.

Salbung, salben: Handlung, die eine besondere Wertschätzung zum Ausdruck bringt. Ein wohlriechendes Öl wird dabei über bestimmte Körperteile ausgegossen.

Horn eines Stieres: Bild für Macht und Stärke.

Leuchte: Die »Leuchte des Königs« ist ein Bild für den Fortbestand des Königshauses, vgl. 1. Könige 15,4.

6 Seht doch, in Efrata hörten wir von der Lade,
im Gebiet von Jaar haben wir sie gefunden.
7 Lasst uns zu Gottes Wohnung gehen
und vor dem Schemel seiner Füße auf die Knie fallen!
8 Komm, HERR, zu deinem Ruheplatz,
du mit deiner machtvollen Lade!
9 Deine Priester sollen die Gerechtigkeit
wie die Kleider am Leib tragen,
und deine Frommen sollen jubeln.
10 Du liebst doch David, deinen Knecht.
Darum denk an den König, den du gesalbt hast:
Weise ihn nicht zurück, wenn er vor dich tritt!

11 Der HERR hat David etwas geschworen,
kein einziges Wort davon nimmt er zurück:
»Von deinen leiblichen Nachkommen
will ich einen auf deinen Thron setzen!
12 Deine Söhne aber sollen meinen Bund halten
und meine Vorschriften, die ich ihnen einpräge.
Wenn sie das tun, werde ich auch ihre Söhne
für immer auf deinem Thron folgen lassen.«

13 Ja, der HERR hat den Berg Zion ausgewählt,
er hat ihn sich als Wohnsitz gewünscht:
14 »Hier soll für immer mein Ruheplatz sein,
an diesem Ort will ich gerne wohnen.
15 Was in der Stadt Zion auf den Tisch kommt,
werde ich ganz bestimmt segnen.
Ihre Armen mache ich satt mit Brot.
16 Ihre Priester lasse ich das Glück
wie die Kleider am Leib tragen,
und ihre Frommen sollen vor Freude jubeln.
17 Dort werde ich Davids Macht wachsen lassen
wie das Horn eines Stieres.
Ich habe ja für meinen Gesalbten
eine Leuchte in seinem Haus aufgestellt.
18 Seine Feinde lasse ich die Schande
wie die Kleider am Leib tragen.
Aber über ihm wird seine Krone glänzen.«

Leben in Gemeinschaft

133 [1] EIN LIED FÜR DIE PILGERREISE.
VON DAVID.

Seht, wie gut es ist und wie wohltuend,
wenn Menschen beisammenwohnen –
als wären sie Bruder und Schwester.
2 Es ist so wohltuend wie köstliches Salböl,
das über den Kopf ausgegossen wird:
Es fließt herab auf den Bart,
so wie einst auf den Bart Aarons.
Sogar auf seinen Kleidern verströmt es
einen herrlichen Duft.
3 Es ist so wohltuend wie der Tau vom Hermon,
der die Berge des Zion benetzt.
Ja, dort schenkt der HERR seinen Segen:
Er verheißt Leben bis in alle Zukunft.

Im nächtlichen Tempel

134 [1] EIN LIED FÜR DIE PILGERREISE.

Auf, preist alle den HERRN,
die ihr Dienst tut für den HERRN!
Ihr steht im Haus des HERRN
und durchwacht die Nächte.
2 Erhebt eure Hände zum Heiligtum
und preist den HERRN!
3 Der HERR segne dich vom Zion her!
Himmel und Erde hat er gemacht.

Der große Lobpreis – Gottes Wunder

135 [1] Halleluja!
Lobt den Namen des HERRN!
Lobt ihn, die ihr Dienst tut für den HERRN!
2 Ihr steht doch im Haus des HERRN,
in den Höfen am Haus unseres Gottes.
3 Lobt den HERRN! Denn der HERR ist gut.
Preist seinen Namen! Denn er ist schön.
4 Ja, der HERR hat Jakob erwählt.
Israel ist sein besonderes Eigentum.

5 Ja, ich weiß: Der HERR ist groß!
Unser HERR ist größer als alle Götter!

David: Bedeutender König in der Geschichte Israels, der etwa 1000–960 v. Chr. regierte. Er gilt als Dichter zahlreicher Lieder und Gebete.

herab auf den Bart: Bei der Einführung in das Amt des Priesters wurde Salböl über bestimmte Körperteile ausgegossen.

Aaron: Bruder von Mose und erster Hohepriester Israels. Er gilt in der Bibel als Stammvater der Priester.

Zion: Tempelberg von Jerusalem, aber auch Bezeichnung für die ganze Stadt.

Segen, segnen: Besondere Zuwendung Gottes zu seinen Geschöpfen. Gott schenkt durch seinen Segen Leben, Kraft und Wohlergehen.

Haus Gottes: Bezeichnet den Tempel in Jerusalem.

Hände erheben: Eine in der Antike übliche Gebetshaltung.

Halleluja: Hebräisch für »Lobt den HERRN«. Im Gottesdienst wird die Gemeinde damit zum Gotteslob aufgefordert.

Jakob: Bezeichnung für das Volk Israel. Der Stammvater Jakob wird in 1. Mose/Genesis 32,29 in Israel umbenannt.

Eigentum: Bezeichnung für das Volk Israel und Ausdruck des engen Verhältnisses zwischen Gott, dem Land und seinem Volk.

Fluten der Unterwelt: Bild für den Herrschaftsbereich des Todes. Man stellte sich das Totenreich als Ort unter der Erde vor. Dort befand sich auch das unterirdische Meer.

Speicher: Man stellte sich vor, dass die Winde in Kammern gehalten wurden, die in den Bergen am Rand der Erde lagen.

seine Macht bewiesen: Meint die ägyptischen Plagen, mit denen Gott den Pharao dazu bewegt, die Israeliten aus der Sklaverei in Ägypten zu entlassen; vgl. 2. Mose/Exodus 7,8–11,10.

Erbbesitz: Der Anteil der Israeliten an dem Land, das Gott ihnen gibt. Sie dürfen das Land für ihren Lebensunterhalt nutzen, der Eigentümer bleibt Gott.

Lebensatem: Gott haucht dem Menschen Atem ein und macht ihn dadurch lebendig, vgl. 1. Mose/Genesis 2,7.

Haus Israel: Ausdruck für das Zusammengehören Israels als Gottes Volk.

Nachkommen Aarons: Bezeichnet die Priester in Israel, die sich alle auf ihren Stammvater Aaron zurückführen.

Nachkommen Levis: Tempeldiener aus dem Stamm Levi, die Leviten genannt werden.

6 Alles, was dem HERRN gefällt, führt er aus –
im Himmel und auf der Erde,
in den Meeren und Fluten der Unterwelt.
7 Er lässt Wolken aufsteigen vom Rand der Erde.
Er lässt Blitze herabfahren im Gewitterregen
und holt den Sturmwind aus seinen Speichern.
8 In Ägypten hat er seine Macht bewiesen:
Dort ließ er die Erstgeburt erschlagen,
bei den Menschen und beim Vieh.
9 Er schickte Zeichen und Wunder
mitten hinein ins Land Ägypten,
gegen den Pharao und alle seine Knechte.
10 Viele Völker hat er besiegt
und mächtige Könige getötet:
11 Sihon, den König der Amoriter,
und Og, den König von Baschan.
Königreiche in ganz Kanaan hat er erobert.
12 Ihr Land hat er zum Erbbesitz erklärt,
zum ständigen Besitz für sein Volk Israel.

13 HERR, dein Name bleibt für immer bestehen.
An dich, HERR, wird man sich erinnern
von Generation zu Generation.
14 Denn der HERR schafft Recht für sein Volk
und ist barmherzig mit seinen Knechten.
15 Aber die Götterbilder der Völker
sind nichts weiter als Silber und Gold –
ein Werk, von Menschenhand gemacht:
16 Sie haben einen Mund, aber sie können nicht reden.
Sie haben Augen, aber sie können nicht sehen.
17 Sie haben Ohren, aber sie hören nichts.
Und kein Lebensatem ist in ihrem Mund.
18 Genauso sollen auch die Handwerker sein,
die diese Götterbilder geschaffen haben,
ja alle, die auf ihre Macht vertrauen.

19 Ihr vom Haus Israel preist den HERRN!
Ihr Nachkommen Aarons preist den HERRN!
20 Ihr Nachkommen Levis preist den HERRN!
Ihr, die ihr den HERRN verehrt, preist den HERRN!
21 Gepriesen sei der HERR vom Zion her,
der in Jerusalem wohnt.
Halleluja!

Der große Lobpreis – Gottes Güte

136 1 Dankt dem HERRN, denn er ist gut!
Ja, für immer bleibt seine Güte bestehen.
2 Dankt dem Gott, der über allen Göttern steht!
Ja, für immer bleibt seine Güte bestehen.
3 Dankt dem Herrn, der über allen Herren steht!
Ja, für immer bleibt seine Güte bestehen.

4 Er allein tut große Wunder.
Ja, für immer bleibt seine Güte bestehen.
5 Er hat den Himmel kunstvoll ausgespannt.
Ja, für immer bleibt seine Güte bestehen.
6 Er hat die Erde über dem Wasser festgemacht.
Ja, für immer bleibt seine Güte bestehen.
7 Er hat die großen Lichter geschaffen.
Ja, für immer bleibt seine Güte bestehen.
8 Die Sonne – sie herrscht über den Tag.
Ja, für immer bleibt seine Güte bestehen.
9 Mond und Sterne – sie herrschen über die Nacht.
Ja, für immer bleibt seine Güte bestehen.

10 In Ägypten ließ er die Erstgeburt erschlagen.
Ja, für immer bleibt seine Güte bestehen.
11 Er führte Israel mitten aus Ägypten heraus.
Ja, für immer bleibt seine Güte bestehen.
12 Mit starker Hand und mit ausgestrecktem Arm.
Ja, für immer bleibt seine Güte bestehen.
13 Er spaltete das Schilfmeer in zwei Teile.
Ja, für immer bleibt seine Güte bestehen.
14 Mitten hindurch ließ er die Israeliten ziehen.
Ja, für immer bleibt seine Güte bestehen.
15 Doch den Pharao und sein Heer trieb er ins Meer.
Ja, für immer bleibt seine Güte bestehen.

16 Er leitete sein Volk durch die Wüste.
Ja, für immer bleibt seine Güte bestehen.
17 Er besiegte große Könige.
Ja, für immer bleibt seine Güte bestehen.
18 Und er tötete mächtige Könige:
Ja, für immer bleibt seine Güte bestehen.
19 Sihon, den König der Amoriter.
Ja, für immer bleibt seine Güte bestehen.
20 Und Og, den König von Baschan.
Ja, für immer bleibt seine Güte bestehen.
21 Doch ihr Land erklärte er zum Erbbesitz.
Ja, für immer bleibt seine Güte bestehen.

Ja, für immer ...: Diese Zeile wird als Antwort der Gemeinde im Wechsel mit den Worten des Vorbeters wiederholt.

Wunder: In den Versen 4-9 wird Gottes Handeln als Schöpfer gepriesen. Von der Erschaffung der Welt erzählt 1. Mose/Genesis 1,1–2,4.

festgemacht: Man stellte sich vor, dass die Erdscheibe auf Säulen ruht, die im unterirdischen Meer verankert sind. Sie bilden die Fundamente der Welt.

Lichter: Bezeichnung für Sonne, Mond und Sterne, vgl. 1. Mose/Genesis 1,14-19.

die Erstgeburt erschlagen: Anspielung auf die zehnte Plage, von der in 2. Mose/Exodus 12,29-42 erzählt wird. Mit den Plagen bewegte Gott den Pharao dazu, die Israeliten aus der Sklaverei in Ägypten zu entlassen.

Schilfmeer: Beim Auszug aus Ägypten rettete Gott sein Volk, indem er es durch das Schilfmeer führte; vgl. 2. Mose/Exodus 13,17–15,21.

Sihon, Og: Vom Sieg Israels über die beiden Könige erzählt 4. Mose/Numeri 21,21-35.

Baschan: Fruchtbare Hochebene bei den Golanhöhen, östlich des See Gennesaret.

22 Zum Erbbesitz für Israel, seinen Knecht.
Ja, für immer bleibt seine Güte bestehen.

23 Als wir am Boden lagen, dachte er an uns.
Ja, für immer bleibt seine Güte bestehen.
24 Er befreite uns von unseren Feinden.
Ja, für immer bleibt seine Güte bestehen.
25 Mensch und Tier versorgt er mit Nahrung.
Ja, für immer bleibt seine Güte bestehen.
26 Dankt ihm, dem Gott des Himmels!
Ja, für immer bleibt seine Güte bestehen.

Im fernen Babylon

137

1 An den Kanälen von Babylon,
da saßen wir und weinten,
als wir an den Zion dachten.
2 Unsere Leiern hatten wir weggehängt
an die Pappeln mitten in der Stadt.
3 Denn dort verlangten unsere Bewacher:
Wir Kriegsgefangenen sollten singen.
Unsere Peiniger zwangen uns zur Fröhlichkeit:
»Singt uns eines von euren Zionsliedern!«

4 Doch wie könnten wir für den HERRN singen
in einem Land, das fremden Göttern dient?
5 Wenn ich dich je vergesse, Jerusalem,
soll meine Hand das Saitenspiel verlernen!
6 Meine Zunge soll am Gaumen kleben,
wenn ich mich nicht an dich erinnere –
wenn ich nicht in mir wachrufe,
dass Jerusalem der Gipfel meiner Freude ist!

7 Erinnere dich, HERR, was die Edomiter taten,
an dem Tag, als Jerusalem erobert wurde!
Sie riefen: »Reißt sie nieder, die Stadt!
Reißt sie nieder, bis auf die Grundmauern!«
8 Tochter Babylon, du Zerstörerin!
Glücklich sei, wer dir heimzahlt,
was du uns angetan hast.
9 Glücklich sei, wer deine Kinder packt
und sie am Felsen zerschmettert.

Knecht, Knecht Gottes: Ehrenvolle Bezeichnung für Menschen, die Gott in seinen Dienst nimmt.

Gott des Himmels: Seit der persischen Zeit Bezeichnung für den Gott Israels. Sie bringt zum Ausdruck, dass er der Gott der ganzen Welt ist.

Kanäle: Künstlich angelegte Flüsse, durch die Wasser aus dem Eufrat in die Stadt geleitet wurde.

Babylon: Hauptstadt Babyloniens. Nach der Eroberung Jerusalems 586 v. Chr. wurden viele Bewohner dorthin verschleppt.

Zion: Tempelberg von Jerusalem, aber auch Bezeichnung für die ganze Stadt.

Leier: Musikinstrument mit bis zu 10 Saiten, die gezupft wurden.

Jerusalem: Hauptstadt und Regierungssitz der Könige aus dem Haus David in Juda. 586 v. Chr. von den Babyloniern zerstört.

Tochter Babylon: Poetischer Ausdruck für die Stadt Babylon, der an die Bezeichnung Jerusalems als Tochter Zion erinnert.

glücklich sei: Die Betenden wünschen sich, dass den Babyloniern die Grausamkeiten heimgezahlt werden, die die Bewohner Jerusalems im Krieg erleiden mussten.

Dank für Gottes Verheißung

138

[1] VON DAVID.

Ich danke dir von ganzem Herzen.
Ich will dich mit Liedern preisen
vor der versammelten Götterschar.
2 Ich bete in Richtung deines heiligen Tempels.
Ich will dir danken für deinen Namen,
der für deine Güte und Treue steht.
Denn du hast eine große Verheißung gegeben,
wie es deinem Namen entspricht.
3 Als ich zu dir rief, gabst du mir Antwort
und hast meinem Leben neue Kraft gegeben.

4 Es danken dir, HERR, alle Könige der Welt.
Denn sie hören die Worte aus deinem Mund.
5 Sie sollen singen von den Wegen des HERRN:
»Groß ist der HERR in seiner Herrlichkeit.
6 Hoch ist der HERR, aber er sieht den Geringen.
Er thront in der Höhe, doch er nimmt alles wahr.«

7 Wenn ich mitten durch Gefahren gehen muss,
erhältst du mich am Leben.
Wenn meine Feinde vor Zorn toben,
streckst du deine Hand aus und rettest mich.
8 Der HERR bringt meine Sache zum guten Ende.
Deine Güte, HERR, bleibt für immer bestehen.
Lass nicht ab von allem, was deine Hände tun.

Gott kennt mich

139

[1] FÜR DEN CHORLEITER.
VON DAVID, EIN PSALM.

HERR, du hast mich erforscht
und kennst mich genau.
2 Ob ich sitze oder stehe: Du weißt es.
Meine Absicht erkennst du von fern.
3 Ob ich gehe oder ruhe: Du merkst es.
Alle meine Wege sind dir bekannt.
4 Noch liegt mir kein Wort auf der Zunge,
schon weißt du, HERR, was ich sagen will.
5 Von hinten und von vorn hast du mich umfasst
und hast deine Hand auf mich gelegt.
6 Zu wunderbar ist dieses Wissen für mich.
Es ist mir zu hoch: Ich kann es nicht begreifen.

David: Bedeutender König in der Geschichte Israels, der etwa 1000–960 v. Chr. regierte. Er gilt als Dichter zahlreicher Lieder und Gebete.

Götterschar: Man stellte sich vor, dass Gott im Himmel thront und von anderen Göttern umgeben war, die zur himmlischen Versammlung gehören.

Name Gottes: Steht für Gott selbst und seine Gegenwart, vor allem im Heiligtum.

Herrlichkeit: Bezeichnet das, was einer Person Ansehen und Macht verleiht. Gottes Herrlichkeit stellt man sich auch als strahlenden Lichtglanz vor.

Geist Gottes: Kraft, durch die Gott in der Welt wirkt.

Himmel: Höchster Punkt der mythischen Welt.

Unterwelt: Tiefster Punkt der mythischen Welt.

wo das Morgenrot leuchtet: Meint den äußersten Osten der Welt.

wo die Sonne im Meer versinkt: Meint den äußersten Westen der Welt.

Nieren: Sitz innerer Gefühlsregungen und des Gewissens.

buntes Gewebe: Gott, der Schöpfer, wird hier als Handwerker vorgestellt, der den Körper »herstellt« wie ein Weber den Stoff auf seinem Webrahmen.

dein Buch: Dahinter steht der Gedanke, dass Gott ein Buch über alle Menschen führt.

Frevler: Menschen, die Gottes Gebote missachten und ihre eigenen Interessen gewaltsam durchsetzen.

Herz: Sitz des Verstandes und des Willens.

falscher Weg: Bild für eine Lebensweise, die nicht Gottes Willen entspricht.

7 Wohin könnte ich gehen vor deinem Geist,
wohin fliehen vor deiner Gegenwart?
8 Würde ich in den Himmel steigen: Du bist dort.
Würde ich mich in der Unterwelt verstecken:
Dort bist du auch.
9 Würde ich hochfliegen, wo das Morgenrot leuchtet,
mich niederlassen, wo die Sonne im Meer versinkt:
10 Selbst dort nimmst du mich an die Hand
und legst deinen starken Arm um mich.
11 Da sagte ich: »Finsternis komme über mich!
Nacht soll mich umhüllen wie sonst das Licht!«
12 Doch für dich ist die Finsternis nicht finster,
und die Nacht leuchtet so hell wie der Tag:
Finsternis ist für dich wie das Licht.

13 Ja, du hast meine Nieren geschaffen,
mich im Bauch meiner Mutter gebildet.
14 Ich danke dir und staune,
dass ich so wunderbar geschaffen bin.
Ich weiß, wie wundervoll deine Werke sind.
15 Nichts war dir unbekannt am Aufbau meines Körpers,
als ich im Verborgenen geschaffen wurde –
ein buntes Gewebe in den Tiefen der Erde.
16 Ich hatte noch keine Gestalt gewonnen,
da sahen deine Augen schon mein Wesen.
Ja, alles steht in deinem Buch geschrieben:
Die Tage meines Lebens sind vorgezeichnet,
noch ehe ich zur Welt gekommen bin.
17 Wie kostbar sind für mich deine Gedanken, Gott!
Wie zahlreich sind sie doch in ihrer Summe!
18 Wollte ich sie zählen: Es sind mehr als der Sand.
Würde ich erwachen: Noch immer bin ich bei dir.

19 Ach Gott! Ich wünschte mir, dass du die Frevler tötest!
Und ihr Mörder, lasst mich doch endlich in Ruhe!
20 Ja, sie widersetzen sich dir in böser Absicht,
voller Tücke erheben sie sich – deine Feinde!
21 Sie hassen dich, Herr. Sollte ich sie nicht hassen?
Sollte ich deine Widersacher nicht verabscheuen?
22 Ja, ich hasse sie mit aller Leidenschaft.
Zu Feinden sind sie für mich geworden.
23 Erforsche mich, Gott, und erkenne mein Herz!
Verstehe mich und begreife, was ich denke!
24 Sieh doch, ob ich auf einem falschen Weg bin,
und führe mich auf dem Weg, der Zukunft hat!

Schlag um Schlag

140 [1] FÜR DEN CHORLEITER. VON DAVID, EIN PSALM.

2 Rette mich, HERR, vor bösen Menschen!
Vor gewalttätigen Leuten behüte mich!
3 Sie tragen böse Absichten im Herzen.
Jeden Tag suchen sie von Neuem Streit.
4 Sie züngeln gefährlich wie die Schlangen.
Schlangengift steckt hinter ihren Lippen. SELA.

5 Schütze mich, HERR, vor den Fäusten der Frevler!
Vor den gewalttätigen Leuten behüte mich!
Die wollen doch nur, dass ich zu Fall komme.
6 Hochmütige haben ein Klappnetz für mich versteckt.
Sie haben ein Netz von Fußschlingen ausgelegt.
Falle um Falle stellten sie mir unterwegs. SELA.

7 Ich sagte zum HERRN: »Du bist mein Gott!
Höre doch, HERR, mein lautes Flehen!
8 HERR, mein Herr, mein starker Schutz:
Wenn die Waffen sprechen, verteidigst du mich.
9 Gib den Forderungen der Frevler nicht nach, HERR!
Lass ihre Anschläge nicht gelingen!
Sonst werden sie noch überheblicher.« SELA.

10 Das Gift, das sie verspritzen,
das Unheil, das von ihren Lippen kommt,
soll über sie selbst hereinbrechen.
11 Er lasse glühende Kohlen auf sie fallen.
Er lasse sie in abgrundtiefes Wasser stürzen,
dass sie nicht wieder nach oben kommen.
12 Wer lästert, soll keinen Platz auf der Erde haben.
Wer Gewalt anwendet, soll sich nicht täuschen:
Das Böse trifft ihn selbst – Schlag um Schlag.

13 Ich weiß, wofür der HERR sich einsetzt:
Er vertritt den Armen vor Gericht,
er verhilft den Wehrlosen zu ihrem Recht.
14 Ja, die Gerechten werden deinen Namen loben,
die Aufrechten finden Platz in deiner Gegenwart.

David: Bedeutender König in der Geschichte Israels, der etwa 1000–960 v. Chr. regierte. Er gilt als Dichter zahlreicher Lieder und Gebete.

Sela: Zeichen zum Atemholen.

Klappnetz: Jagdgerät des Vogelfängers. Es besteht aus zwei Hälften, die über den angelockten Vögeln zusammenschnellen.

Fußschlinge: Zur Jagd verwendetes Seil mit einer Schlaufe, das am Boden versteckt wird, um wilde Tiere zu fangen.

glühende Kohlen: Bild der Vernichtung, das an einen Vulkanausbruch denken lässt.

Gerechte: Menschen, die Gottes Gebote befolgen, sodass das Leben in Gemeinschaft miteinander gelingt.

Name Gottes: Steht für Gott selbst und seine Gegenwart, vor allem im Heiligtum.

David: Bedeutender König in der Geschichte Israels, der etwa 1000–960 v. Chr. regierte. Er gilt als Dichter zahlreicher Lieder und Gebete.

Duft des Weihrauchs: Steigt beim morgendlichen Räucheropfer im Tempel auf.

Speiseopfer: Besteht aus Getreide, Mehl, ungesäuerten Backwaren und Öl. Ein Teil wird auf dem Altar verbrannt.

Hände erheben: Eine in der Antike übliche Gebetshaltung.

Wache vor meinem Mund: Gott soll dafür sorgen, dass nichts über die Lippen des Beters kommt, das Gott missfällt.

pflügen: Dient dem Lockern des Ackerbodens zur Vorbereitung für die Aussaat.

Totenreich: Aufenthaltsort der Verstorbenen, der unter der Erde liegt.

Klappnetz: Jagdgerät des Vogelfängers. Es besteht aus zwei Hälften, die über den angelockten Vögeln zusammenschnellen.

Frevler: Menschen, die Gottes Gebote missachten und ihre eigenen Interessen gewaltsam durchsetzen.

Wie der Duft des Weihrauchs

141

1 EIN PSALM, VON DAVID.

HERR, ich habe zu dir gerufen, hilf mir schnell!
Höre meine Stimme, wenn ich zu dir rufe!
2 Mein Gebet sei dir willkommen
wie der Duft des Weihrauchs am Morgen.
Wie das Speiseopfer am Abend soll es sein,
wenn ich meine Hände zu dir erhebe.
3 HERR, stelle eine Wache vor meinen Mund,
einen Posten an die Türe meiner Lippen!
4 Lass mich nicht einmal in Gedanken
eine schlechte Sache in Betracht ziehen!
Ich möchte keine bösen Taten begehen.
Mit den Übeltätern will ich nichts zu tun haben.
Von ihren Leckerbissen mag ich nichts essen.

5 Wenn mich ein Gerechter straft,
dann geschieht es aus Freundschaft.
Und weist er mich scharf zurecht,
dann ist es Balsam für meine Seele.
Dagegen habe ich nichts einzuwenden.
Denn mein Gebet richtet sich nur gegen die,
die mir wirklich Schaden zufügen wollen.
6 Die müssten ihren Richtern in die Hände fallen!
Dann würden sie auf meine Worte hören
und merken, wie freundlich mein Urteil ist.
7 Sonst ergeht es uns wie beim Pflügen,
wenn einer das Erdreich aufreißt und umgräbt:
Dann liegen unsere Knochen hingestreut
für den Rachen des Totenreichs.
8 Doch meine Augen richten sich auf dich, HERR!
Nur bei dir, mein Herr, suche ich Zuflucht.
Gib mein Leben nicht preis!

9 Bewahre mich vor dem Klappnetz,
das sie für mich ausgespannt haben,
und vor den anderen Fallen der Übeltäter.
10 Die Frevler sollen sich in den eigenen Netzen verfangen,
alle miteinander, während ich sicher vorübergehe.

Weit und breit kein Freund

142 [1]EIN WEISHEITSLIED, VON DAVID,
ALS ER IN DER HÖHLE WAR, EIN GEBET.

2 Aus voller Kehle schreie ich zum HERRN.
Laut flehe ich zum HERRN um Gnade.
3 Vor ihm schütte ich mein Herz aus.
Vor ihm erzähle ich von meiner Not.
4 Auch wenn ich allen Mut verlieren sollte,
du weißt immer einen Ausweg für mich.

Auf dem Weg, den ich gehen musste,
haben sie ein Klappnetz für mich versteckt.
5 Blicke ich nach rechts und schaue mich um:
Weit und breit ist kein Freund zu sehen!
Jede Zuflucht habe ich aus den Augen verloren.
Keiner ist da, der sich um mich kümmert.

6 Da schrie ich zu dir, HERR.
Ich sagte: Du bist doch meine Zuflucht!
Ich habe nur dich im Land der Lebenden!
7 Gib acht auf mein Klagen!
Denn ich bin völlig hilflos.
Rette mich vor meinen Verfolgern!
Denn sie sind viel zu stark für mich.
8 Führe mich heraus aus diesem Gefängnis,
damit ich deinen Namen preisen kann!
So werden sich die Gerechten um mich scharen.
Denn du tust mir Gutes.

Kein Mensch ist gerecht

Der siebte Bußpsalm

143 [1]EIN PSALM, VON DAVID.

HERR, höre mein Gebet!
Öffne dein Ohr für mein Flehen!
In deiner Treue antworte mir,
tu es um deiner Gerechtigkeit willen!
2 Geh mit deinem Knecht nicht ins Gericht!
Denn kein Mensch ist vor dir gerecht.

3 Ja, der Feind hat mich verfolgt.
Er hat mein Leben mit Füßen getreten.
Er stieß mich in tiefe Finsternis –
wie die Toten, die für immer tot sind.

in der Höhle war: Von einem Aufenthalt Davids in einer Höhle erzählt beispielsweise 1. Samuel 24.

Zuflucht: Ort, der Schutz bietet. Oft werden Gott oder sein Tempel als Zufluchtsort genannt.

Land der Lebenden: Lebenswelt des Beters im Gegensatz zum Totenreich.

Gefängnis: Bild für die Situation des Beters.

Name Gottes: Steht für Gott selbst und seine Gegenwart, vor allem im Heiligtum.

Gerechte: Menschen, die Gottes Gebote befolgen, sodass das Leben in Gemeinschaft miteinander gelingt.

Bußpsalm: Seit frühester Zeit werden Psalm 6; 32; 38; 51; 102; 130 und Psalm 143 von Christen als persönliche Schuldbekenntnisse gebetet.

Finsternis: Bild für das Totenreich, das als ein Ort der Dunkelheit gilt.

[4] Ich habe allen Mut verloren.
Mein Herz ist öde und leer in mir.
[5] Ich dachte an die früheren Zeiten.
Meine Gedanken kreisten um all dein Tun.
Ich will verstehen, was du geschaffen hast.
[6] Da streckte ich meine Hände aus nach dir.
Meine Seele war wie trockenes Land,
so sehr sehnte sie sich nach dir. SELA.

[7] Gib mir bald Antwort, HERR!
Ich verliere noch allen Mut.
Verbirg dein Angesicht nicht vor mir!
Sonst gleiche ich den Menschen,
die in die Grube hinabmüssen.
[8] Lass mich am Morgen deine Güte erfahren!
Denn auf dich setze ich mein Vertrauen.
Zeig mir den Weg, den ich gehen soll!
Denn zu dir bringe ich meine Sorgen.
[9] Rette mich vor meinen Feinden, HERR,
zu dir nehme ich meine Zuflucht.

[10] Lehre mich, deinen Willen zu tun!
Denn du bist mein Gott.
Dein guter Geist leitet mich,
wie es recht ist im Land.
[11] HERR, du hältst mich am Leben.
Dafür stehst du mit deinem Namen.
Du führst mich heraus aus der Bedrängnis.
So entspricht es deiner Gerechtigkeit.
[12] In deiner Güte vernichtest du meine Feinde,
lässt alle umkommen, die mich in die Enge treiben.
Denn ich bin dein Knecht.

Glückliches Volk – Gottes Volk

144

[1] VON DAVID.

Gepriesen sei der HERR, mein Fels!
Er lehrt meine Hände, wie man kämpft –
meine Finger, wie man mit Waffen umgeht.
[2] Er ist meine Stärke und meine Burg,
meine Festung und mein Retter.
Er ist mein Schild, und ich vertraue ihm!
Er unterwirft Völker meiner Herrschaft.
[3] HERR, was ist der Mensch, dass du ihn kennst,
das Menschenkind, dass du ihm Beachtung schenkst?

Seele: Ausdruck für die Empfindsamkeit, Sehnsucht und Lebendigkeit des Menschen.

Sela: Zeichen zum Atemholen.

Angesicht verbergen: Wenn Gott sein Gesicht verbirgt, nimmt er die Bitten des Beters nicht an.

Grube: Wörtlich »Zisterne«. Der aus dem Felsen gehauene, unterirdische Hohlraum zum Speichern von Wasser ist hier Bild für das Totenreich.

Zuflucht: Ort, der Schutz bietet. Oft werden Gott oder sein Tempel als Zufluchtsort genannt.

Geist Gottes: Kraft, durch die Gott in der Welt wirkt.

Name Gottes: Steht für Gott selbst und seine Gegenwart, vor allem im Heiligtum.

gerecht, Gerechtigkeit: Meint ein Leben nach dem Willen Gottes.

Fels: Ehrenvolle Bezeichnung für Gott, in der seine Stärke zum Ausdruck kommt.

Burg: Bild für Gottes Schutz, vgl. Psalm 46. Der Beter denkt dabei auch an den Tempel als Zufluchtsort.

4 Der Mensch gleicht doch einem Hauch.
Seine Tage ziehen dahin wie ein Schatten.

5 HERR, biege deinen Himmel nieder und steig herab!
Berühre die Berge, dass sie rauchen!
6 Schleudere Blitze und zerstreue die Feinde.
Schieß deine Pfeile ab und jage sie auseinander.
7 Aus der Höhe strecke mir deine Hände entgegen!
Rette mich und reiß mich heraus
aus den tosenden Wassermassen –
aus der Gewalt fremder Herrscher!
8 Wenn es zum Schwur kommt, lügen sie.
Kommt es zum Handschlag, täuschen sie.

9 Gott, ein neues Lied will ich für dich singen.
Auf den zehn Saiten der Bassleier
will ich für dich spielen.
10 Denn du schenkst Königen den Sieg
und rettest David, deinen Knecht,
vor dem mörderischen Schwert!
11 Rette mich und reiß mich heraus
aus der Gewalt fremder Herrscher!
Wenn es zum Schwur kommt, lügen sie.
Kommt es zum Handschlag, täuschen sie.

12 Unsere Söhne sind wie junge Bäume,
hochgewachsen in ihren Jugendtagen.
Unsere Töchter sind wie schlanke Säulen,
geschnitzt nach einem Palastmodell.
13 Unsere Speicher sind gut gefüllt
mit Vorräten jeglicher Art.
Unsere Schafe und Ziegen vermehren sich tausendfach,
zehntausendfach auf unseren Weiden.
14 Unsere Rinder sind fruchtbar und trächtig.
Es gibt keinen Verlust und keine Fehlgeburt.
Man hört keine Klagen aus unseren Dörfern.
15 Du glückliches Volk, dem es so ergeht!
Du glückliches Volk, dessen Gott der HERR ist!

Hauch: Bild für das flüchtige und vergängliche Dasein des Menschen.

Himmel: Im übertragenen Sinn beschreibt »Himmel« den Bereich, in dem Gott wohnt.

Bassleier: Großes Musikinstrument mit tief klingenden Saiten.

David: Bedeutender König in der Geschichte Israels, der etwa 1000–960 v. Chr. regierte. Er gilt als Dichter zahlreicher Lieder und Gebete.

Palastmodell: Solche aus Holz oder Elfenbein geschnitzten Modelle von Bauwerken wurden bei Ausgrabungen gefunden.

Geheiligt werde dein Name

Alphabetpsalm

145

1 EIN LOBGESANG, VON DAVID.

א Hoch über alles will ich dich loben,
mein Gott und König!
Ich will deinen Namen preisen
für immer und alle Zeit.
ב 2 Jeden Tag will ich dich preisen!
Ich will deinen Namen rühmen
für immer und alle Zeit.
ג 3 Groß ist der HERR und verdient höchstes Lob.
Niemand kann seine Größe erforschen.

ד 4 Generationen sollen deine Werke rühmen
und deine mächtigen Taten verkünden.
ה 5 Die Pracht deiner herrlichen Erscheinung,
die Geschichten von deinen Wundern –
auch ich will darüber nachdenken.
ו 6 Von deinen gewaltigen Taten sollen sie reden
und von deinen großartigen Werken –
auch ich will davon erzählen.
ז 7 An deine unendliche Güte sollen sie erinnern.
Jubeln sollen sie über deine Gerechtigkeit:
ח 8 »Reich an Gnade und Barmherzigkeit ist der HERR,
unendlich geduldig und groß in seiner Güte.«
ט 9 Der HERR ist gut zu allen Menschen.
Sein Mitleid gilt allen seinen Geschöpfen.
י 10 HERR, alle deine Geschöpfe sollen dich loben,
und deine Frommen sollen dich preisen.

כ 11 Von deinem herrlichen Königreich sollen sie reden
und von deinen mächtigen Taten sprechen.
ל 12 So erfahren die Menschen von Gottes Taten,
von der Pracht seines herrlichen Königreichs.
מ 13 Dein Königreich besteht für alle Zeit,
deine Herrschaft von Generation zu Generation.
נ Der HERR ist zuverlässig in allem, was er sagt.
Und er ist gütig in allem, was er tut.
ס 14 Der HERR stützt alle, die fallen,
und richtet alle auf, die niedergeschlagen sind.
ע 15 Mensch und Tier halten Ausschau nach dir.
Du gibst ihnen Nahrung zur richtigen Zeit.
פ 16 Du öffnest deine wohltuende Hand,
und alles, was lebt, wird davon satt.

Alphabetpsalm: Poetische Kunstform, bei der die Anfangsbuchstaben der Verse oder Abschnitte in ihrer Reihenfolge dem hebräischen Alphabet entsprechen.

David: Bedeutender König in der Geschichte Israels, der etwa 1000–960 v. Chr. regierte. Er gilt als Dichter zahlreicher Lieder und Gebete.

König: Ehrentitel für Gott, der als Herrscher der Welt verehrt wird und für Recht und Gerechtigkeit sorgt.

Name Gottes: Steht für Gott selbst und seine Gegenwart, vor allem im Heiligtum.

Zeichen, Wunder: Gottes Eingreifen in die Welt wird an seinen Wundertaten und Schöpfungswerken sichtbar.

gerecht, Gerechtigkeit: Meint ein Leben nach dem Willen Gottes.

Gnade: Liebevolle Zuwendung Gottes, die er den Menschen ohne Vorbedingung schenkt.

Der HERR ist zuverlässig …: Diese und die nächste Zeile fehlen in vielen hebräischen Handschriften. Sie sind nach einer alten Handschrift aus Qumran ergänzt. Damit wird das hebräische Alphabet in den Anfangsbuchstaben vollständig wiedergegeben.

צ [17] Der HERR ist gerecht in allem, was er tut.
Er ist gütig in allem, was er unternimmt.
ק [18] Der HERR ist allen nahe, die zu ihm rufen –
all denen, die aufrichtig zu ihm rufen.
ר [19] Er erfüllt die Bitten der Menschen,
die ihm mit Ehrfurcht begegnen.
Er hört ihr Schreien und hilft ihnen.
ש [20] Der HERR behütet alle, die ihn lieben.
Doch alle Frevler vernichtet er.
ת [21] Mein Mund soll das Lob des HERRN verkünden.
Alle sollen seinen heiligen Namen preisen
für immer und alle Zeit.

Gott hilft den Menschen

146

[1] Halleluja.
Lobe den HERRN, meine Seele!
[2] Ich will den HERRN loben mein Leben lang!
Meinem Gott will ich singen, solange ich bin!
[3] Verlasst euch nicht auf Fürsten!
Das sind nur Menschen, die können nicht helfen.
[4] Wenn ihnen der Lebensatem ausgeht,
kehren sie wieder zur Erde zurück.
Dann ist es vorbei mit ihren Plänen.

[5] Glücklich ist, wer den Gott Jakobs zum Helfer hat,
wer seine Hoffnung auf den HERRN setzt,
auf seinen Gott!
[6] Himmel und Erde hat er gemacht,
das Meer und alles, was sich darin bewegt.
Für alle Zeit hält er an seiner Treue fest.
[7] Er verhilft den Unterdrückten zum Recht.
Er gibt den Hungernden zu essen.
Der HERR macht die Gefangenen frei.
[8] Der HERR macht die Blinden sehend.
Der HERR richtet die Niedergeschlagenen auf.
Der HERR liebt die Gerechten.
[9] Der HERR beschützt die Fremden.
Er unterstützt Witwen und Waisen,
aber die Frevler führt er in die Irre.

[10] Der HERR herrscht als König für immer!
Er ist dein Gott, Zion, und bleibt es
von Generation zu Generation!
Halleluja!

Ehrfurcht: Eine Haltung größter Hochachtung gegenüber Gott, die sowohl Bewunderung als auch Erschrecken zum Ausdruck bringt.

Frevler: Menschen, die Gottes Gebote missachten und ihre eigenen Interessen gewaltsam durchsetzen.

Halleluja: Hebräisch für »Lobt den HERRN«. Im Gottesdienst wird die Gemeinde damit zum Gotteslob aufgefordert.

Seele: Ausdruck für die Empfindsamkeit, Sehnsucht und Lebendigkeit des Menschen.

Gott Jakobs: Bezeichnung für den Gott Israels. Sie steht für das persönliche Treueverhältnis zwischen Gott und dem Stammvater seines Volkes.

Fremder: Person, die nicht zur Gemeinschaft Israels gehört und häufig wirtschaftlich schlechter gestellt war. Fremde sind durch das Gastrecht geschützt.

Witwe: Frau, deren Mann verstorben ist und die dadurch rechtlich, sozial und wirtschaftlich in eine schwierige Lage geriet. Von der Gemeinschaft wird gefordert, dass sie Witwen versorgt und niemand ihre schwache Stellung ausnutzt.

Zion: Tempelberg von Jerusalem, aber auch Bezeichnung für die ganze Stadt.

Halleluja: Hebräisch für »Lobt den HERRN«. Im Gottesdienst wird die Gemeinde damit zum Gotteslob aufgefordert.

Jerusalem: Hauptstadt und Regierungssitz der Könige aus dem Haus David in Juda. 586 v. Chr. von den Babyloniern zerstört.

Dankopfer: Eine Opfergabe, die Gott zum Dank für die erfahrene Rettung im Tempel dargebracht wird.

Leier: Musikinstrument mit bis zu 10 Saiten, die gezupft wurden.

Schlachtrosse: Pferde, die vor allem im Krieg eingesetzt wurden.

Ehrfurcht: Eine Haltung größter Hochachtung gegenüber Gott, die sowohl Bewunderung als auch Erschrecken zum Ausdruck bringt.

Frieden: Umfassender Zustand von Glück und Wohlergehen des Einzelnen und der Gemeinschaft, der aus der Beziehung mit Gott hervorgeht.

Nachkommen Jakobs: Bezeichnung für das Volk Israel. Der Stammvater Jakob wird in 1. Mose/Genesis 32,29 in Israel umbenannt.

Gesetz: Die Lebensvorschriften des Alten Testaments, besonders die fünf Bücher Mose.

Gott wirkt in der Natur

147 1 Halleluja.
Es ist gut, unseren Gott mit Liedern zu preisen.
Schön und wohltuend klingt der Lobgesang:
2 Der HERR baut Jerusalem wieder auf.
Er bringt die Israeliten wieder heim,
die in fremde Länder zerstreut sind.
3 Er heilt die gebrochenen Herzen
und verbindet offene Wunden.
4 Er setzt die Zahl der Sterne fest
und gibt ihnen allen einen Namen.
5 Groß ist unser Herr, gewaltig ist seine Macht.
Seine Weisheit ist unermesslich.
6 Der HERR richtet die Unterdrückten auf,
doch die Frevler stößt er zu Boden.

7 Singt dem HERRN beim Dankopfer ein Lied!
Musiziert für unseren Gott mit der Leier!
8 Er lässt die Wolken am Himmel aufziehen.
Er bestimmt, wann Regen auf die Erde fällt.
Auf den Bergen lässt er die Wiesen blühen.
9 Den Tieren gibt er genug zu fressen.
Krächzen die jungen Raben, füttert er sie.
10 Die Stärke der Schlachtrosse beeindruckt ihn nicht.
Die Muskelkraft der Kämpfer gefällt ihm nicht.
11 Was dem HERRN gefällt, sind Menschen,
die ihm mit Ehrfurcht begegnen,
die auf seine Güte hoffen.

12 Jerusalem, preise den HERRN!
Stadt Zion, lobe deinen Gott!
13 Denn er hat deine Torriegel stark gemacht,
die Kinder gesegnet in deiner Mitte.
14 Frieden bringt er über dein Gebiet,
mit bestem Weizen macht er dich satt.
15 Er schickt sein Wort zur Erde.
Was es befiehlt, geschieht sogleich:
16 Er lässt Schnee wie Wollflocken fallen.
Den Reif streut er wie weiße Asche aus.
17 Eisbrocken lässt er im Hagel niedergehen.
Vor seinem Frost – wer kann da bestehen?
18 Er schickt sein Wort, und das Eis schmilzt.
Er lässt seinen Tauwind darüber wehen,
das Wasser beginnt wieder zu fließen.
19 Den Nachkommen Jakobs hat er sein Wort verkündet.
Israel schenkte er seine Gesetze und Gebote.

[20] Keinem anderen Volk hat er sie gegeben.
Darum kennen sie die Gebote nicht.
Halleluja!

Himmel und Erde loben Gott

148 [1] Halleluja.
Vom Himmel her – lobt den HERRN:
Lobt ihn in himmlischen Höhen!
[2] Lobt ihn, alle seine Engel!
Lobt ihn, alle seine Heere!
[3] Lobt ihn, Sonne und Mond!
Lobt ihn, alle funkelnden Sterne!
[4] Lobt ihn, ihr weiten Himmel
und ihr Ozeane über dem Himmel.
[5] Sie alle sollen den Namen des HERRN loben.
Denn sein Befehl rief sie ins Dasein.
[6] Er stellte sie für immer an ihren Platz.
Er gab den Gestirnen eine feste Ordnung,
ihre vorbestimmte Bahn verlassen sie nicht.

[7] Von der Erde her – lobt den HERRN:
ihr Seeungeheuer und Meeresfluten,
[8] Blitz, Hagel, Schnee und Nebelschwaden,
ihr Stürme, die seine Befehle ausführen.
[9] Lobt ihn, ihr Berge und Hügel,
ihr Obstbäume und Zedernwälder,
[10] ihr Raubtiere und alles Vieh,
ihr Kriechtiere und gefiederten Vögel.
[11] Lobt ihn, ihr Könige der Welt und alle Völker,
ihr Herrscher und alle Richter dieser Welt,
[12] ihr jungen Männer und auch ihr jungen Frauen,
ihr alten und jungen Leute miteinander!
[13] Sie alle sollen den Namen des HERRN loben.
Denn sein Name steht hoch über allem.

Sein Glanz überstrahlt Erde und Himmel,
[14] und seinem Volk hat er Macht verliehen.
Das ist ein wunderbarer Lobgesang für seine Frommen,
für die Israeliten, das Volk, das ihm nahe ist.
Halleluja!

Himmel: Im übertragenen Sinn beschreibt »Himmel« den Bereich, in dem Gott wohnt.

Heere: Die Gesamtheit der Himmelsmächte, die in Gottes Dienst stehen.

Ozean über dem Himmel: 1. Mose/Genesis 1,6-8 erzählt, dass Gott bei der Schöpfung das Urmeer in ein Meer über und ein Meer unter dem Himmel teilt.

Name Gottes: Steht für Gott selbst und seine Gegenwart, vor allem im Heiligtum.

Zeder: Bis zu 30 m hoher Gebirgsbaum, der vor allem im Libanon wächst.

Fromme: Menschen, die ihr ganzes Leben auf Gott ausrichten und sich für die Befolgung seiner Gebote einsetzen.

Halleluja: Hebräisch für »Lobt den HERRN«. Im Gottesdienst wird die Gemeinde damit zum Gotteslob aufgefordert.

Israel: Nachkommen der zwölf Söhne Jakobs. Gott hat mit Israel einen Bund geschlossen.

Schöpfer: 1. Mose/Genesis 1,1–2,4 erzählt von der Erschaffung der Welt durch Gott.

Zion: Tempelberg von Jerusalem, aber auch Bezeichnung für die ganze Stadt.

König: Ehrentitel für Gott, der als Herrscher der Welt verehrt wird und für Recht und Gerechtigkeit sorgt.

Name Gottes: Steht für Gott selbst und seine Gegenwart, vor allem im Heiligtum.

Ehre, ehren: Einen Menschen oder Gott ehren heißt, ihn so zu behandeln, wie es seiner Stellung entspricht.

Nachtlager: Es gab Besucher, die über Nacht im Tempel blieben. Deshalb hält der Jubel bis in die Nacht an.

Widderhorn: Hebräisch *schofar*. Ein Musik- und Signalinstrument, das aus dem Horn eines Widders hergestellt wird.

Gottes Atem: 1. Mose/Genesis 2,7 erzählt, dass Gott dem Menschen Lebensatem in die Nase bläst und ihn so lebendig macht.

Gotteslob im Zeichen des Gerichts

149 1 Halleluja.
Singt dem HERRN ein neues Lied,
einen Lobgesang in der Versammlung der Frommen!
2 Israel soll sich freuen über seinen Schöpfer!
Zions Kinder sollen jubeln über ihren König!
3 Tanzt im Kreis, lobt fröhlich seinen Namen!
Musiziert für ihn mit Handtrommel und Leier!
4 Denn der HERR hat Gefallen an seinem Volk.
Er schmückt die Unterdrückten mit einer Krone.
So stellt er seine Hilfe unter Beweis.

5 Die Frommen sollen jubeln zu seiner Ehre.
Sie sollen jauchzen auf ihren Nachtlagern.
6 Lobgesänge für Gott führen sie in ihrem Mund
wie ein zweischneidiges Schwert in der Hand:
7 So werden sie die Völker zur Rechenschaft ziehen,
die Nationen werden sie angemessen bestrafen.
8 Ihre Könige werden sie mit Stricken fesseln
und ihre Machthaber in eiserne Ketten legen.
9 So werden sie mit ihnen ins Gericht gehen,
wie es geschrieben steht.
Eine Ehre ist das für alle seine Frommen.
Halleluja!

Die Antwort des Menschen

150 1 Halleluja.
Lobt Gott in seinem Heiligtum!
Lobt ihn in seiner starken Himmelsburg!
2 Lobt ihn für seine kraftvollen Taten!
Lobt ihn für die Fülle seiner Macht!
3 Lobt ihn zum Schall des Widderhorns!
Lobt ihn zum Klang von Harfe und Leier!
4 Lobt ihn zur Handtrommel und tanzt im Kreis!
Lobt ihn mit Saitenspiel und Flötenmusik!
5 Lobt ihn mit kleinen hellen Zimbeln!
Lobt ihn mit großen dunklen Zimbeln!
6 Alles, was lebt durch Gottes Atem,
antworte dem HERRN mit Lobgesang!
Halleluja!

Anhang

Zu dieser Ausgabe

Das Übersetzungsprofil der BasisBibel

Die Bibel ist das am häufigsten übersetzte Buch der Welt. Dabei gibt es nicht nur Übersetzungen in verschiedene Sprachen, sondern auch unterschiedliche Fassungen innerhalb einer Sprache. Seit Martin Luther (1483–1546) hat die Übersetzung der Bibel in Deutschland einen besonderen Stellenwert. Heute gibt es zahlreiche Bibelübersetzungen in die deutsche Sprache. Und noch immer kommen neue hinzu – so auch die BasisBibel.

Jede Übersetzung steht vor der Herausforderung, eine Brücke zu schlagen zwischen dem Ausgangstext und den heutigen Leserinnen und Lesern. Daraus ergeben sich zwei Arten von Bibelübersetzungen. Die erste Art, die wörtliche Übersetzung, bleibt möglichst nah am Ausgangstext. Gleiche Vokabeln werden möglichst gleich übersetzt. Der Aufbau der Sätze folgt, wenn möglich, der Struktur der Ausgangssprache. Das, was den Leserinnen und Lesern der Bibel vor 2000 Jahren bekannt war, wird auch heute als bekannt vorausgesetzt. Erklärende Zusätze im Text gibt es deshalb nicht.

Die zweite Art, die kommunikative Übersetzung, legt dagegen besonderen Wert darauf, für Leserinnen und Leser heute verständlich zu sein. Sie orientiert sich stärker am Sinn des Ausgangstextes und versucht, diesen Sinn heute verständlich zu vermitteln. Hintergrundwissen zu bestimmten Sachverhalten kann hier als Teil der Übersetzung in den Text einbezogen werden. Das können Informationen zum Alltagsleben der damaligen Zeit sein, aber auch zu religiös oder theologisch komplexen Sachverhalten. Kommunikative Übersetzungen sind deshalb in der Regel etwas umfangreicher als wörtliche Übersetzungen. Für nicht so mit der Bibel vertraute Leserinnen und Leser sind sie oft leichter zu verstehen.

Zwischen diesen beiden Arten von Übersetzungen schlägt die BasisBibel einen neuen Weg ein. Sie findet innovative Lösungen, um die Treue zum Ausgangstext mit einer möglichst guten Verständlichkeit zu verbinden. In ihrer Wortwahl bleibt sie dichter beim Ausgangstext als andere kommunikative Übersetzungen. Theologische Grundbegriffe bleiben damit besser erkennbar. Sie verzichtet auch auf breite Erläuterungen direkt im Text. Stattdessen hat sie viele Anmerkungen am Rand oder in den digitalen Ausgaben als Link. Unbekannte Sachverhalte oder schwierige Begriffe werden so erklärt. Besonders wichtig ist der BasisBibel der einfache und leicht verständliche Aufbau der Sätze. Ein Satz in der BasisBibel hat in der Regel nicht mehr als 16 Wörter und höchstens einen Nebensatz. Darüber hinaus sind die Sätze in Sinneinheiten gegliedert, die das Lesen zusätzlich erleichtern. In manchen Druckausgaben und in den digitalen Fassungen werden diese Sinneinheiten jeweils in einer eigenen Zeile wiedergegeben.

Die BasisBibel ist also eine neue Übersetzung aus den biblischen Ursprachen Hebräisch, Aramäisch und Griechisch, die gut zu lesen und leicht zu verstehen ist. Lies selbst!

Der Gottesname in der BasisBibel

Im Alten Testament fällt ein Wort beim Lesen besonders auf: HERR. Schon die Schreibweise soll deutlich machen, dass es sich hier um ein ungewöhnliches Wort handelt. Aus dem unmittelbaren Zusammenhang geht meist klar hervor, dass mit »HERR« niemand anderes als Gott selbst gemeint ist. Im Hebräischen steht an diesen Stellen der Name Gottes: JHWH. Da in den ältesten hebräischen Texten nur Konsonanten überliefert sind, weiß man nicht mehr, wie der Name ausgesprochen wurde. Vieles spricht dafür, dass er *Jahwe* gelautet hat.

Für das hebräische Denken ist ein Name nicht nur irgendein Wort unter vielen. Er sagt etwas über den Namensträger bzw. die Namensträgerin aus und ist aufs Engste mit seinem bzw. ihrem Wesen und Wirken verbunden. Durch das Aussprechen des Gottesnamens wird Gott selbst gegenwärtig. Wenn Wünsche oder Segensworte mit seinem Namen verbunden werden, wirkt Gottes ganze Macht in diesen Worten.

In der Bibel gibt es eine Erzählung, in der dieser Gottesname eingeführt und gedeutet wird: 2. Mose/Exodus 3,1-14. Gott beruft Mose dazu, zu den Israeliten zu gehen und sie in seinem Auftrag aus der Sklaverei in Ägypten zu befreien. In den Zehn Geboten gibt es dann die Warnung davor, den Namen Gottes zu missbrauchen. Aus Respekt vor Gott und aus der Sorge, Gottes Namen in einem falschen Zusammenhang zu verwenden, hat man deshalb schon vor über 2000 Jahren den Namen Gottes nicht mehr ausgesprochen. Stattdessen verwendete man andere Bezeichnungen, am häufigsten »Herr«. Dieser Titel bzw. diese Anrede wird auch an anderen Stellen in der Bibel für Gott verwendet und wurde so zum Ersatzwort für den Gottesnamen. Schon die ersten Übersetzungen des Alten Testaments haben diesen Brauch übernommen. Wie der Gottesname selbst verweist das Ersatzwort darauf, dass der Gott Israels nur in Beziehung zu seinem Volk gesehen werden kann.

Auch das Neue Testament folgt dieser Tradition. Deshalb heißt es in Apostelgeschichte 2,21: »Jeder, der dann den Namen des Herrn anruft, wird gerettet werden!« Das ist ein Zitat aus Joel 3,5. Im hebräischen Original steht in Joel 3,5 der Gottesname JHWH.

Im Neuen Testament wird außerdem auch Jesus als »Herr« angeredet bzw. bezeichnet. Auf dem Hintergrund des Alten Testaments und dem dort verwendeten Ersatzwort für den Gottesnamen bekommt diese Anrede eine besondere Bedeutung: Wenn Jesus Christus der Herr ist, dann begegnet in ihm Gott selbst den Menschen.

Wenn Übersetzungen heute im Alten Testament diese Wiedergabe des Gottesnamens verwenden, folgen sie also einer schon im Neuen Testament und in den ältesten Übersetzungen des Alten Testaments belegten Tradition. Dabei darf aber nicht vergessen werden, dass HERR nicht der eigentliche Name Gottes ist, sondern nur ein Ersatzwort. Deshalb ist das Wort im Alten Testament im Druckbild gekennzeichnet. Das erinnert daran: Hier geht es um den Gott, der in Beziehung zu seinem Volk und den Menschen insgesamt ist.

Die Alphabetpsalmen – eine besondere poetische Kunstform

Unter den Texten der Bibel haben die Psalmen schon immer eine besondere Rolle gespielt. Sie sind das Gebetbuch der Bibel. Als poetische Texte sind sie oft auch besonders kunstvoll gestaltet. Eine ganz eigene poetische Kunstform ist der Alphabetpsalm. Dabei beginnt jeder Vers oder Abschnitt mit einem Buchstaben in der Reihenfolge des hebräischen Alphabets. Solche Alphabetpsalmen sind Psalm 25; 34; 37; 111; 112; 119 und 145. In der BasisBibel werden die 22 Buchstaben des hebräischen Alphabets dort jeweils mit abgedruckt.

Warum ein Text so gestaltet wurde, kann man nicht mit Sicherheit sagen. Vielleicht wollte man damit zeigen, dass ein bestimmtes Thema »von A bis Z«, also vollständig behandelt wird. Das könnte beispielsweise bei Psalm 119 der Fall sein, bei dem es um ein Leben nach der Weisung und dem Willen Gottes geht. Hier wird jeder Buchstabe des Alphabets nicht nur einmal, sondern gleich achtmal hintereinander verwendet.

Eine andere Möglichkeit der Deutung ist, dass auf eine bestimmte Ordnung, auch von A bis Z, hingewiesen werden soll. Das könnte beispielsweise bei Psalm 37 der Fall sein, in dem es um das Ende der Gewalt geht. Alles wird buchstäblich in Ordnung sein: Die Frevler, also Menschen, die Gottes Gebote missachten und ihre eigenen Interessen gewaltsam durchsetzen, werden am Ende nicht die Oberhand haben. Aber die Gerechten, Menschen also, die nach Gottes Willen leben und seine Gebote befolgen, finden bei Gott Schutz. Er wird ihnen in Notlagen zu Hilfe kommen.

Neben den genannten Psalmen gibt es in der Bibel weitere Texte, die als Alphabetpsalmen aufgebaut sind: Sprichwörter 31,10-31 und Klagelieder 1–4.

Das hebräische Alphabet

Hebräischer Buchstabe	Name des Buchstabens
א	Alef
ב	Bet
ג	Gimel
ד	Dalet
ה	He
ו	Waw
ז	Sajin
ח	Chet
ט	Tet
י	Jod
כ	Kaf
ל	Lamed
מ	Mem
נ	Nun
ס	Samech
ע	Ajin
פ	Pe
צ	Zade
ק	Qof
ר	Resch
ש	Sin/Schin
ת	Taw

Zitate aus dem Alten Testament im Neuen Testament

Zur Zeit des Neuen Testaments lagen die Schriften des Alten Testaments bereits vor. Personen aus dem Alten Testament werden als bekannt vorausgesetzt. An vielen Stellen im Neuen Testament wird auf Geschichten aus dem Alten Testament Bezug genommen und immer wieder wird aus dem Alten Testament zitiert. Je besser man also das Alte Testament kennt, desto besser kann man auch das Neue Testament verstehen. In den Erklärungstexten der BasisBibel finden sich daher immer wieder Hinweise auf die Zitate und Bezugstexte aus dem Alten Testament. In den digitalen Ausgaben der BasisBibel werden alle eindeutigen Zitate ausgewiesen und zusätzlich deutlich mehr besonders wichtige Bezugstexte aus dem Alten Testament genannt.

Die Fassung eines Verses im Alten Testament und das Zitat im Neuen Testament stimmen nicht immer Wort für Wort überein. Das liegt zum einen daran, dass das Alte Testament in Hebräisch und Aramäisch geschrieben wurde, das Neue Testament dagegen in Griechisch. Auch wenn in der BasisBibel alle Texte auf Deutsch stehen, sind also ganz verschiedene Übersetzungsvorgänge im Spiel. Und die griechische Übersetzung des Alten Testaments, die zur Zeit von Jesus verwendet wurde, weicht manchmal auch etwas stärker vom hebräischen Text ab. Wenn diese Übersetzung bei einem Zitat im Neuen Testament verwendet wurde, wird das in der BasisBibel in den Erläuterungstexten angegeben. Dazu kommt, dass die Schreiber der neutestamentlichen Texte häufig aus dem Gedächtnis zitieren mussten, da sie nicht alle Schriftrollen des Alten Testaments zur Verfügung hatten. Alles in allem zeigen die Zitate aber sehr deutlich, dass Altes und Neues Testament zusammengehören und sich aufeinander beziehen.

Verweise auf andere Bibelstellen

Bei manchen Überschriften in der BasisBibel finden sich am Ende Hinweise auf Bibelstellen:

> **Gott steht zu seinem Volk Israel** 9,1–11,36
>
> **Das Versprechen Gottes gegenüber Israel**
>
> **9** [1] Für das, was ich jetzt sage, berufe ich mich auf Christus. Es ist die
> Wahrheit, ich lüge nicht. Auch mein Gewissen bezeugt es und er-
> hält dafür die Bestätigung durch den Heiligen Geist: [2] Ich bin wirklich

Die Stellenangaben sind in der Regel kurz, beziehen sich immer auf das Buch, in dem sie stehen, und geben den Bereich an, für den eine Gliederungsüberschrift gilt.

In den Evangelien finden sich zusätzlich solche Angaben:

> **Die Frauen am leeren Grab**
>
> *→ Matthäus 28,1-8; Lukas 24,1-12; Johannes 20,1-13*
>
> **16** [1] Als der Sabbat vorbei war, kauften Maria aus Magdala, Ma-
> ria, die Mutter von Jakobus, und Salome wohlriechende Öle.
> Sie wollten die Totensalbung vornehmen. [2] Ganz früh am ersten

Das sind Parallelstellen. Sie zeigen an, dass der folgende Text ganz oder in Teilen auch an den genannten Stellen in den anderen Evangelien steht.

Auch im Alten Testament gibt es Texte, die an zwei verschiedenen Stellen in einer gleichen oder sehr ähnlichen Fassung überliefert sind. Die Angaben dazu finden sich in den digitalen Ausgaben der BasisBibel. Hier kann man ganz leicht durch Antippen der Bibelstelle zwischen den parallelen Texten hin und her springen.

Hinweise auf die Überlieferung der biblischen Texte

An manchen Stellen in der BasisBibel finden sich eckige Klammern: [ ]. Diese Stellen geben einen kleinen Einblick in die Geschichte der Überlieferung der biblischen Texte. Über viele Jahrhunderte wurden die Texte immer wieder von Hand abgeschrieben. Trotz aller Sorgfalt konnten dabei auch Fehler passieren. Manchmal fiel ein solcher Fehler einem späteren Schreiber auf und er konnte ihn korrigieren. Manchmal wurde aber auch etwas ergänzt oder korrigiert, das gar kein Fehler war. Da es meistens an einem Ort nicht mehr als eine Handschrift gab, konnten manche Fehler auch auf Dauer in den Text kommen. Nur wenn verschiedene Handschriften miteinander verglichen wurden, fiel so etwas auf. Heute gibt es für die gesamte Bibel wissenschaftliche Ausgaben, die die Unterschiede in den Handschriften dokumentieren und damit einen umfassenden Vergleich ermöglichen. So kann man erkennen, wo in manchen Handschriften etwas ergänzt wurde, das aber in anderen, älteren Handschriften noch fehlt. Beispiele dafür finden sich in Matthäus 6,13 oder in Markus 16,9-20.

Manchmal stehen die eckigen Klammern auch an Stellen, wo wahrscheinlich etwas fehlt. Ein Beispiel dafür ist 1. Chronik 4,18. Keine der alten Handschriften überliefert die Namensliste, die dort zu erwarten ist.

Die Schreibweise der biblischen Eigennamen

Bei der Schreibung der biblischen Namen gab es im Deutschen lange Zeit große Unterschiede zwischen der evangelischen und der katholischen Tradition. Das lag daran, dass in der evangelischen Tradition die Namen aus den hebräischen oder griechischen Urtexten übersetzt wurden. Die katholische Tradition hatte dagegen die Schreibweise der Namen aus der lateinischen Übersetzung der Bibel übernommen.

In den Jahren 1967–1970 wurden Richtlinien für eine einheitliche ökumenische Schreibweise biblischer Namen erarbeitet. Nach dem Ort, an dem sich diese Kommission traf, heißen sie »Loccumer Richtlinien«. Die BasisBibel folgt in der Regel diesen Richtlinien. Ausnahmen gibt es nur dort, wo Namen im Deutschen auch über die Bibel hinaus in einer anderen Form allgemein bekannt sind. Das ist zum Beispiel bei Hiob der Fall. Jeder kennt die »Hiobsbotschaft«, aber viele wären bei der in den Loccumer Richtlinien festgelegten Namensform »Ijob« irritiert.

Beteiligte an der Übersetzung

Bei der Übersetzung einer Bibel aus dem Urtext sind ganz unterschiedliche Aufgaben zu bewältigen. Neben der eigentlichen Übersetzung steht die germanistische und redaktionelle Bearbeitung und fachwissenschaftliche Überprüfung. Bei der BasisBibel kommt dazu noch das Erstellen der zahlreichen Erläuterungen und der Einleitungen. In den fast 20 Jahren, die es von der Idee »BasisBibel« zur Fertigstellung der Vollbibel gebraucht hat, haben viele an diesem Werk mitgearbeitet. Sie werden hier in alphabetischer Reihenfolge genannt:

Neues Testament und Psalmen (Erstveröffentlichung 2010 und 2012)
Tina Arnold, Christian Brenner, Sebastian Brenner, Jan-A. Bühner, Alexander Fischer, Georg Gäbel, Benjamin Hartmann, Markus Hartmann, Hannelore Jahr, Mathias Jeschke, Sonja Kuttler, Petra Müller-Uebele, Axel Schmitt, Kirsten Schmitt, Sabine Stückelberger, Andreas Tibbe, Christof Voigt, Ulrike Voigt.

Revision Neues Testament und Psalmen
Alexander Fischer, Georg Gäbel, Annette Graeber, Andrea Häuser, Wilfrid Haubeck, Hannelore Jahr, Matthias Jendrek, Walter Klaiber, Esther Kobel, Jürgen-Peter Lesch, Christoph Levin, Christoph Rösel, Katharina-Maria Schütz, Lorenz Timnik.

Über die hier genannten Personen hinaus gibt es noch eine Vielzahl von Menschen, die das Projekt BasisBibel auf ganz unterschiedliche Art und Weise unterstützt haben: im kollegialen Gespräch über Fachfragen, durch Rechercheaufgaben während der Ausbildung oder im Praktikum, durch Prüfaufträge unterschiedlichster Art, durch Rückmeldungen als Testleserin oder Testleser und in der letzten Phase durch das Korrekturlesen aller Texte. Auch ihnen allen gilt unser herzlichster Dank.

Förderer der BasisBibel

Wir danken allen Förderen, die diese Bibelübersetzung ermöglicht haben, für Ihre großzügigen Spenden! Stellvertretend nennen wir diejenigen, die einer Veröffentlichung ihrer Namen zugestimmt haben:

Dr. Ilsabe Alpermann, Uwe und Charlotte Altenmüller, Gundolf und Sandra Barenthin, Sascha O. Becker, Pfarrer Wolfram Behmenburg, Horst und Doris Bender, Günter Berls, Hans und Silke Bernhardt, Friedhelm Arno und Brigitte Berthold, Professorin Brigitte Beyer, Birgit Bidell, Dirk Bleckmann, Stefan Bohrmann und Annekatrin Schwarz, Pfarrer Georg Braunmüller, Harald Bredt, Dr. Felix Breidenstein, Von Cansteinsche Bibelanstalt in Westfalen e.V., Michael Da Silva Abreu, Jörg und Angela Danisch, Ulrich und Dorit Dirlt, Prof. Dr. Wilfried Eisele, Tobias Essinger, Ev. Bibelwerk im Rheinland, Ingrid Felber-Bischof und Wilhelm Bischof, Rena Fisch, Dipl.-Psych. Franz Erich Girkes und Ruth Juliane Girkes-Wilms, Dr. Wolfgang und Barbara Goll, Göttinger Bibelgesellschaft e.V., Dieter und Gabriele Hartwig, Dr. Wilfrid Haubeck, Klaus Hauber, Wolfram und Christa Heidenreich, Dr. Martin Hein, Wolfgang und Doris Hessenauer, Rainer und Christiane Heuschneider, Gerburg Hezinger-Schäffler, Dekan Hans und Renate Issler, Dr. Hannelore Jahr und Christian Schröter, Herbert John, Eva und Ingbert Jung, Michael Jung, Bibelgesellschaft Kurhessen-Waldeck, Prof. Dr. Gerhard und Klaudi Kauer, Karl Kircher, Hartmut und Edeltraud Klein, Pfarrer Frieder R.I. Kudis, Marion Küstenmacher, Heilwig Kafka, Pfarrerin Lucia Langer, Hermann Lebherz, Pascal und Natascha Leclerc, Oberkirchenrat i.R. Ernst Lippold, Manfred Lück, Maigen Mehne, Pfarrer i.R. Friedhelm und Alke Meier-Böke, Uwe Menzel, Sieghard und Sieglinde Müller, Alfred Musin, Dr. Gerrit und Anne-Lise Noltensmeier, Norwegische Bibelgesellschaft, Österreichische Bibelgesellschaft, Eckehard Oldenburg, Frank Pientka, Joachim Pioch, Ingeborg Pohle, Rainald und Julia Rasemann, Willi und Hilde Rebmann, Karl-Hermann Reich, Rüdiger Reitz, Eberhard und Monika Resch, Kai Rocke, Christian Rothe, Sascha Rotschiller, Jan Schafhauser, Dr. Günter Schulze, Schweizerische Bibelgesellschaft, Tobias und Antje Sickermann, Stader Bibel- und Missionsgesellschaft, Tobias und Julia Stahlschmidt, Frank Starke, Franziska Stocker-Schwarz und Jürgen Schwarz, Holger und Cathrine Steffe, Carsten Strohpagel, Dore Struckmeier-Schubert, Annelie Stumpp, Klaus und Petra Sturm, Csilla Vita-Molnár, Dr. Helmut Wächter, Hansjörg und Hilde Willhauck, Martina Wollesen, Dina Ziervogel

Auf Grund der längeren Projektdauer kann es vorkommen, dass ein Name in dieser Liste nicht abgedruckt ist. Dann bitten wir freundlich um Ihre Kontaktaufnahme mit Horst Scheurenbrand. E-Mail: info@dbg.de.

Weitere Informationen zu Projekten und Programmen rund um die BasisBibel erhalten Sie unter obiger E-Mail Adresse oder direkt im Internet: www.die-bibel.de; Spendenkonto: Evangelische Bank eG, IBAN: DE59 5206 0410 0000 4150 73, BIC: GENODEF1EK1

Unterstützer und Partner

Die Deutsche Bibelgesellschaft dankt der Evangelischen Kirche in Deutschland (EKD) für die großzügige Förderung der Übersetzungsarbeit am Alten und Neuen Testament der BasisBibel.

Die Deutsche Bibelgesellschaft dankt ihren BasisBibel-Partnern für die langjährige Unterstützung bei der Verbreitung und Etablierung der BasisBibel in den vielfältigen gemeinde- und religionspädagogischen Handlungsfeldern, insbesondere in der Arbeit mit jungen Menschen im Religionsunterricht, in der Konfirmandenarbeit und der christlichen Jugendarbeit.

Arbeitsgemeinschaft der Evangelischen Jugend in Deutschland e.V.

Arbeitsgemeinschaft Missionarische Dienste im Evangelischen Werk für Diakonie und Entwicklung e.V.

Christliches Jugenddorfwerk Deutschlands e.V.

Deutscher Jugendverband »Entschieden für Christus« (EC) e.V.

Evangelische Arbeitsstelle für missionarische Kirchenentwicklung und diakonische Profilbildung

Die Zeit des Neuen Testaments

Jesus von Nazaret

37–4 v. Chr.	Herodes der Große
7/6 v. Chr.	Geburt von Jesus
26–36 n. Chr	Pontius Pilatus, römischer Statthalter in Judäa
um 28	Auftreten von Johannes dem Täufer
28–30	Öffentliches Wirken von Jesus
um 30	Kreuzigung und Tod von Jesus

Mission und Reisen des Apostels Paulus

um 32	Berufung des Paulus
um 45	Erste Missionsreise nach Zypern und Kleinasien
48	Versammlung der Apostel in Jerusalem
48–52	Zweite Missionsreise nach Kleinasien und Griechenland
49	Vertreibung von Juden aus Rom durch Kaiser Klaudius
52–56	Dritte Missionsreise nach Kleinasien und Griechenland
60/61	Aufenthalt des Paulus in Rom

Anfangszeit der frühen Kirche

66–70	Jüdischer Aufstand gegen die Römer
70	Zerstörung des Tempels in Jerusalem durch die Römer
81–96	Domitian, römischer Kaiser
90–96	Christenverfolgungen in Kleinasien

In der Bibel finden sich viele Zeitangaben und Bezüge zu historischen Ereignissen. Sie erstrecken sich über mehr als 1000 Jahre. Manche Begebenheiten lassen sich ziemlich genau datieren. Bei anderen kennt man nur den Zeitraum, in dem sie sich zugetragen haben. Das ist für diese Jahrhunderte nicht ungewöhnlich. Die Zeittafel gibt einen Überblick über Begebenheiten, die sich historisch einordnen lassen. Für das Alte Testament folgt sie den großen geschichtlichen Epochen. Für das Neue Testament orientiert sie sich an den wichtigsten Ereignissen, die dort berichtet werden.

Die Welt des Neuen Testaments

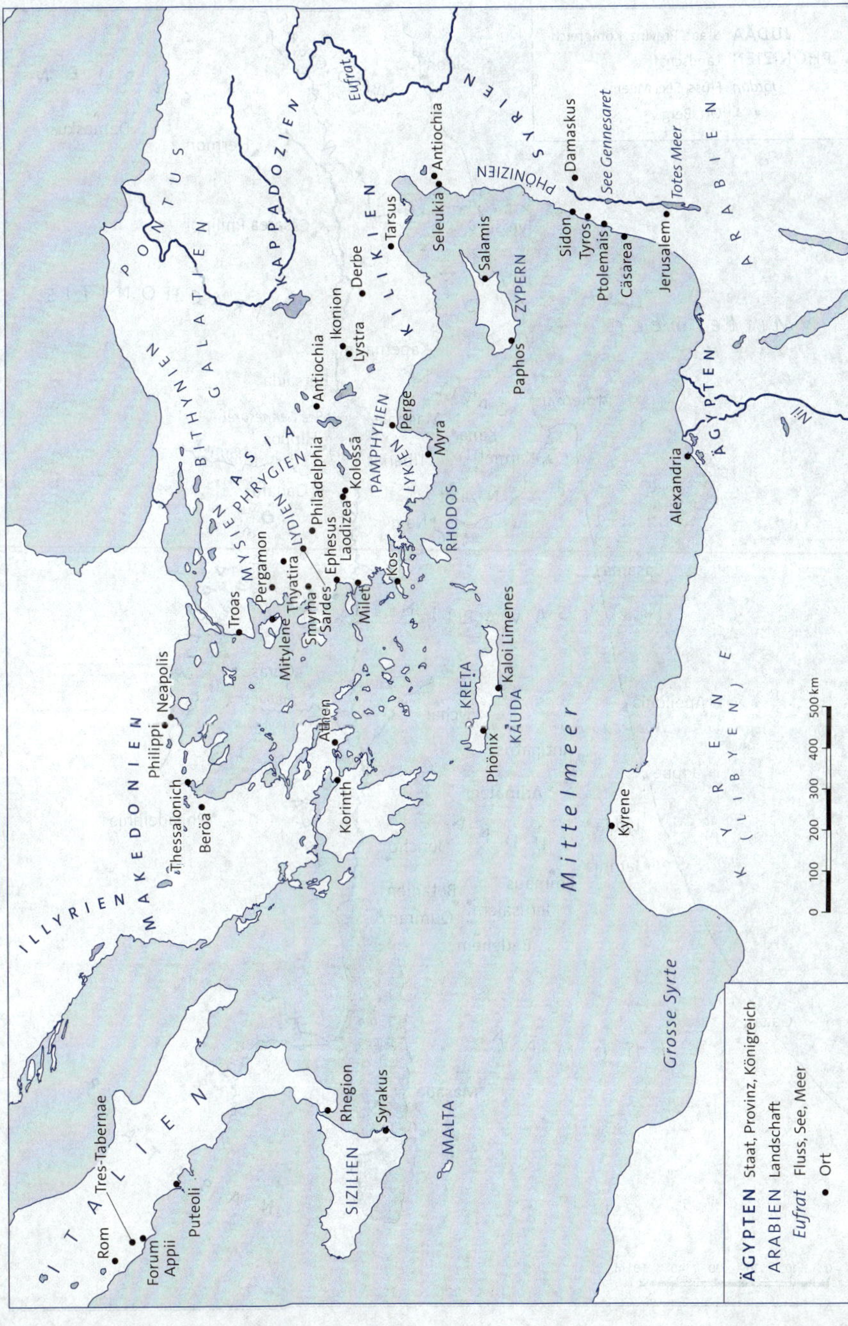

Das Heilige Land zur Zeit des Neuen Testaments

Jerusalem zur Zeit des Neuen Testaments

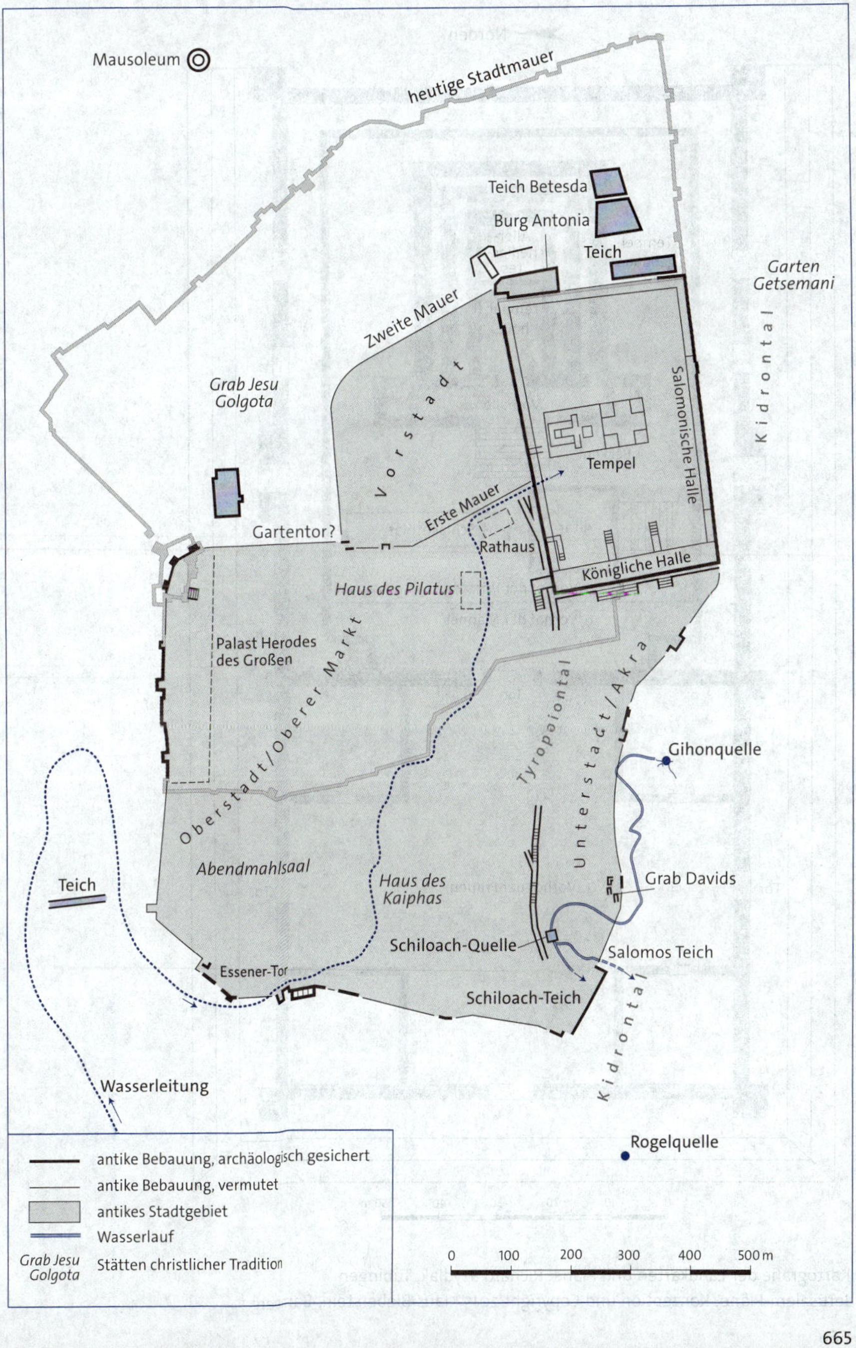

Plan des Tempels in Jerusalem zur Zeit des Neuen Testaments

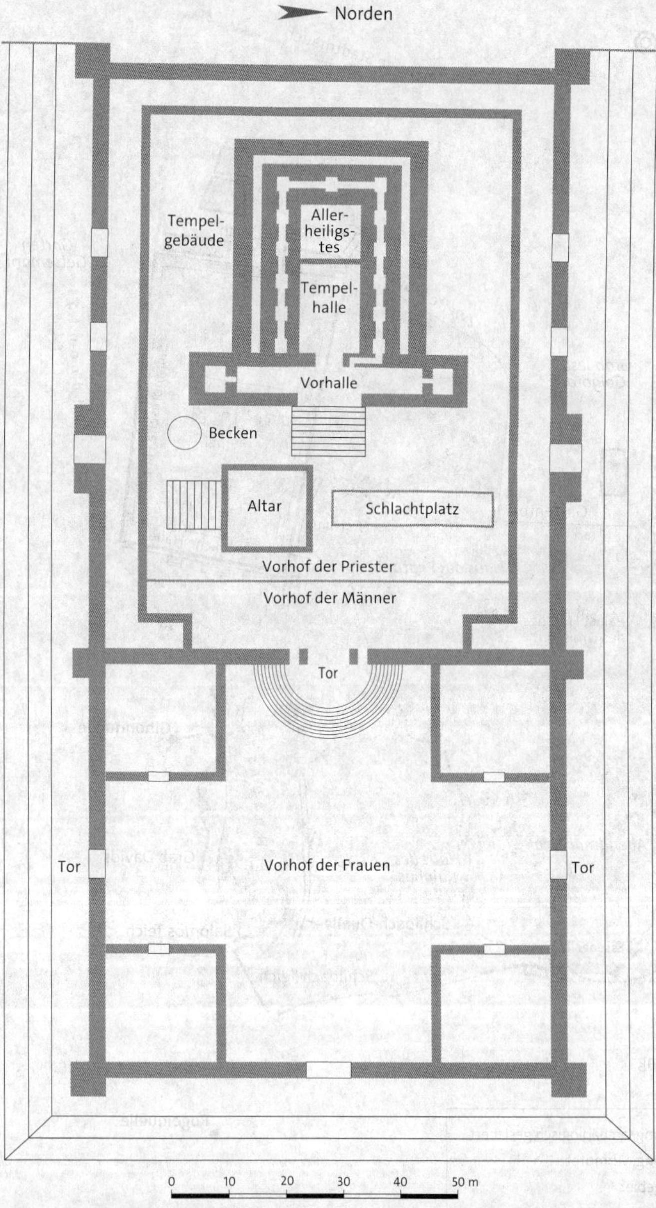

Kartografie der Landkarten und Pläne: Richard Szydlak, Tübingen